U0117917

中华国学文库

孟子正义

〔清〕焦 循 撰

沈文倬 点校

中 华 书 局

图书在版编目(CIP)数据

孟子正义/(清)焦循撰;沈文倬点校. —北京:中华书局,
2017.6(2023.6 重印)
(中华国学文库)
ISBN 978-7-101-12329-6

Ⅰ.孟… Ⅱ.①焦…②沈… Ⅲ.①儒家②《孟子》-注释
Ⅳ.B222.52

中国版本图书馆 CIP 数据核字(2016)第 280357 号

书　　名 孟子正义
撰　　者 〔清〕焦　循
点 校 者 沈文倬
丛 书 名 中华国学文库
责任编辑 石　玉
责任印制 管　斌
出版发行 中华书局
(北京市丰台区太平桥西里 38 号　100073)
http://www.zhbc.com.cn
E-mail:zhbc@zhbc.com.cn
印　　刷 河北新华第一印刷有限责任公司
版　　次 2017 年 6 月第 1 版
2023 年 6 月第 3 次印刷
规　　格 开本/880×1230 毫米　1/32
印张 27⅝　插页 2　字数 800 千字
印　　数 9001-10500 册
国际书号 ISBN 978-7-101-12329-6
定　　价 98.00 元

中华国学文库出版缘起

《中华国学文库》的出版缘起，要从九十年前说起。

1920 年，中华书局在创办人陆费伯鸿先生的主持下，开始编纂《四部备要》。这套汇集三百三十六种典籍的大型丛书，精选经史子集的“最要之书”，校订成“通行善本”，以精雅的仿宋体铅字排印。一经推出，即以其选目实用、文字准确、品相精美、价格低廉的鲜明特点，最大限度地满足了国人研治学问、阅读典籍的需要，广受欢迎。丛书中的许多品种，至今仍为常用之书。

新中国成立之后，党和国家倡导系统整理中国传统文献典籍。六十馀年来，在新的学术理念和新的整理方法的指导下，数千种古籍得到了系统整理，并涌现出许多精校精注整理本，已成为超越前代的新善本，为学界所必备。

同时，随着中华民族以前所未有的自信快速发展，全社会对中国固有的学术文化——国学，也表现出前所未有的关注和重视。让中华文化的优秀成果得到继承和创新，并在世界范围内进行传播和弘扬，普惠全人类，已经成为中华民族的历史使命。当此之时，符合当代国民阅读需要的权威的国学经典读本的出现，实为当务之急。于是，《中华国学文库》应运而生。

《中华国学文库》是我们追慕前贤、服务当代的产物，因此，它自当具备以下三个基本特点：

一、《文库》所选均为中国学术文化的“最要之书”。举凡哲学、历史、文学、宗教、科学、艺术等各类基本典籍，只要是公认的国学经典，皆在此列。

二、《文库》所选均为代表当代最新学术水平的“最善之本”，即经过精校精注的最有品质的整理本。其中既有传统旧注本的点校整理本，如朱熹《四书章句集注》，也有获得学界定评的新校新注本，如余嘉锡《世说新语笺疏》。总之，不以新旧为别，惟以善本是求。

三、《文库》所选均以新式标点、简体横排刊印。中国古籍向以繁体竖排为标准样式。时至当代，繁体竖排的标准古籍整理方式仍通行于学术界，但绝大多数国人早已习惯于现代通行的简体横排的图书样式。《文库》作为服务当代公众的国学读本，标准简体字横排本自当是恰当的选择。

《中华国学文库》将逐年分辑出版，每辑十种，一次推出；期以十年，以毕其功。在此，我们诚挚希望得到学术界、出版界同仁的襄助和广大读者的支持。

中华书局自 1912 年成立，至今已近百岁。我们将《中华国学文库》当作向中华书局百年诞辰敬献的一份贺礼，更是向致力于中华民族和平崛起、实现复兴大业的全国人民敬献的一份厚礼。我们自当努力，让《中华国学文库》当得起这份重任，这份荣誉。

中华书局编辑部

2010 年 12 月

本书点校说明

清代考据学发展到乾、嘉全盛时期，扬州学派中坚人物焦循撰著了一部采摭众家精义、具备疏体规模的孟子正义，由其弟焦征缮清付刊问世。

焦循（一七六三—一八二〇），字里堂，江都县人。他是一位博综群籍，尤精周易、孟子的朴学大师。他是阮元的族姊夫，在阮元出任山东学政、浙江学政、浙江巡抚时期，曾多次从游，留作幕宾，与并世宿儒硕士质疑问难，学业大进。嘉庆六年乡试中试，翌年入京会试，未成进士，从此绝意进取，隐遁于江都北湖黄珏桥村舍，闭户著书。焦氏三世传易，他虽继承家学，但不拘守汉、魏师法，只用卦爻经文比例推究，“全以己见贯串取精，前人所已言不复言”（焦廷琥撰先府君事略），著雕菰楼易学三书，成一家之言。他自幼好孟子书，鉴于伪孙疏体例踳驳、征引乖舛、文义俚鄙，早就有志重纂正义。待到易学三书卒业，即与其子廷琥，博采顾炎武以下六十余家著作中有关孟子和赵岐注的论述，编次长编十四帙，而后就长编以己意贯串推衍，撰著孟子正义三十卷，七十余万言。前后两稿的辑撰，只花三年多一点时间，用力勤，成就大，有清一代治孟子的无人能超过他。

"疏体"，它既要囊括诸家已有的成果，又要通过辨析折衷而有所创获。唐代孔颖达撰五经正义，贾公彦撰二礼疏，就是在总结南北朝经义的基础上而又能"融贯群言，包罗古义"，"洗前朝之固陋"（四库全书总目提要）的。清代前期朴学昌盛，学者们都能博证训诂名物以阐发汉学幽微，"或专一经以极其原流，或举一物以穷其宧奥"（孟子篇叙正义），百余年中，专书和札记相继刊印或传抄，为撰著具有清学特色的新疏提供必要的条件。焦氏之书是清代第一部用一家之注的新疏。他在书末概述编纂过程，说为孟子和赵注作疏有十难，而取资于诸家之书则"已得其八九"，如理气命性取戴震、程瑶田说，井田封建取顾炎武、毛奇龄说，天文历算取梅文鼎、李光地说，地理水道取胡渭、阎若璩说，逸书考订取江声、王鸣盛说，六书训诂取王念孙、段玉裁说，版本校勘取阮元、卢文弨说，凡释一义，往往征引两三家之说，对见解相似而所得有深有浅、持论分歧而所证有得有失者，无不"以己意裁成损益于其间"，以取得完善的结论。孟子在宋前本属诸子儒家，其性理诸义，焦氏结合戴震之说，以易、论语、中庸一贯仁恕之旨融会畅发，尤为此疏精要所在。此外，焦氏又突破唐、宋旧疏"疏不破注"的成法，"于赵氏之说或有所疑，不惜驳破以相规正"（孟子篇叙正义），也体现了清学实事求是的精神。综观全疏,立论既极坚实,疏解又甚明晰,阮元称之为“斯一大家”,实非过誉。

本书清稿前十二卷为焦氏病中手录,后十八卷由其子廷琥、其弟征在他死后誊录,传写误字未能在刊前校正。刊本有二:一为道光五年家刻单行本,后来的家刻焦氏丛书本及光绪二年衡阳魏纶先购得丛书版片印行的焦氏遗书本,名称虽异,实是同一雕版;二为皇清经解的两种翻刻本,有道光本,咸丰补刊本。这次整理,以咸丰十年补刊本作为工作本,参校了焦氏遗书本,遇有异文,择善而从,不出校。其引诸家之书有抄误者,据各原书改正;而诸家之书引经传有抄误者,据经传校定之字改正,均作校记。焦氏引书往往以意删节,甚至于接榫处改易其字以求文气融贯,经审察确非缮写致误者一律不改从原文;其偶有失检,亦只在校记中说明。

为古籍加上新式标点符号,好比是替作者做完未了的工作。因此,这一工作做得好不好,完全在于所加标点符号是否有助于作者原意的表达。各类典籍的文体不尽相同,标点方法不应强求一律。本书标点,就全疏范围,分别不同情况,略定统一的标准,因为这些规定很繁碎,在此不一一交代。

沈文倬　一九八三年二月五日

编者附记:孟子篇下分章,为查检方便,我们在每章正文之首用阿拉伯数字标明章次,并相应地将原目录加以改编,列出每一章所在的页数。

目　录

孟子正义卷一　孟子题辞 …………………………… 1

孟子正义卷二　梁惠王章句上(凡七章) ……………… 25

一章(29)　二章(37)　三章(42)

四章(51)　五章(53)

孟子正义卷三 ……………………………………… 57

六章(57)　七章(62)

孟子正义卷四　梁惠王章句下(凡十六章) …………… 81

一章(81)　二章(87)　三章(90)

四章(96)　五章(107)

孟子正义卷五 ……………………………………… 117

六章(117)　七章(118)　八章(121)

九章(121)　十章(124)　十一章(126)

十二章(130)　十三章(132)　十四章(133)

十五章(135))　十六章(139)

孟子正义卷六　公孙丑章句上(凡九章) ……………… 143

一章(143)　二章(155)

孟子正义卷七 …………………………………… 183

三章(183) 四章(184) 五章(188)
六章(193) 七章(196) 八章(199)
九章(201)

孟子正义卷八 公孙丑章句下(凡十四章) …………… 208

一章(208) 二章(211) 三章(217)
四章(219) 五章(222) 六章(226)

孟子正义卷九 …………………………………… 229

七章(229) 八章(236) 九章(241)
十章(245) 十一章(250) 十二章(253)
十三章(255) 十四章(258)

孟子正义卷十 滕文公章句上(凡五章) ……………… 260

一章(260) 二章(266) 三章(274)

孟子正义卷十一 ………………………………… 301

四章(301) 五章(331)

孟子正义卷十二 滕文公章句下(凡十章) …………… 338

一章(338) 二章(343) 三章(347)
四章(353) 五章(356) 六章(362)

孟子正义卷十三 ………………………………… 365

七章(365) 八章(369) 九章(369)
十章(384)

孟子正义卷十四 离娄章句上(凡二十八章)………… 391

一章(392) 二章(405) 三章(407)
四章(407) 五章(408) 六章(408)

七章(409)　八章(412)

孟子正义卷十五 …… 415

九章(415)　十章(418)　十一章(419)
十二章(419)　十三章(423)　十四章(425)
十五章(427)　十六章(429)　十七章(430)
十八章(431)　十九章(432)　二十章(434)
二十一章(435)　二十二章(435)　二十三章(436)
二十四章(437)　二十五章(438)　二十六章(439)
二十七章(440)　二十八章(442)

孟子正义卷十六　离娄章句下(凡三十三章) …… 444

一章(444)　二章(448)　三章(452)
四章(454)　五章(455)　六章(455)
七章(456)　八章(457)　九章(458)
十章(458)　十一章(459)　十二章(460)
十三章(462)　十四章(462)　十五章(463)
十六章(464)　十七章(465)　十八章(466)
十九章(469)　二十章(471)　二十一章(473)
二十二章(477)

孟子正义卷十七 …… 479

二十三章(479)　二十四章(480)　二十五章(482)
二十六章(484)　二十七章(491)　二十八章(493)
二十九章(494)　三十章(495)　三十一章(498)
三十二章(500)　三十三章(501)

孟子正义卷十八　万章章句上(凡九章) …… 505

一章(505) 二章(512) 三章(521)
四章(525)
孟子正义卷十九 …… 533
五章(533) 六章(536) 七章(541)
八章(544) 九章(549)
孟子正义卷二十 万章章句下(凡九章) …… 554
一章(554) 二章(559) 三章(571)
孟子正义卷二十一 …… 576
四章(576) 五章(585) 六章(587)
七章(594) 八章(599) 九章(601)
孟子正义卷二十二 告子章句上(凡二十章) …… 604
一章(605) 二章(608) 三章(609)
四章(613) 五章(616) 六章(618)
七章(627)
孟子正义卷二十三 …… 641
八章(641) 九章(644) 十章(648)
十一章(651) 十二章(651) 十三章(652)
十四章(653) 十五章(655) 十六章(659)
十七章(659) 十八章(662) 十九章(663)
二十章(664)
孟子正义卷二十四 告子章句下(凡十六章) …… 666
一章(666) 二章(670) 三章(676)
四章(681) 五章(683) 六章(686)
孟子正义卷二十五 …… 694

七章(694)　八章(703)　九章(707)
十章(708)　十一章(711)　十二章(711)
十三章(712)　十四章(714)　十五章(715)
十六章(723)
孟子正义卷二十六　尽心章句上(凡四十七章)…………724
一章(725)　二章(727)　三章(730)
四章(730)　五章(731)　六章(732)
七章(733)　八章(734)　九章(736)
十章(738)　十一章(739)　十二章(739)
十三章(740)　十四章(742)　十五章(743)
十六章(745)　十七章(746)　十八章(747)
十九章(748)　二十章(749)　二十一章(750)
孟子正义卷二十七　……………………………754
二十二章(754)　二十三章(755)　二十四章(756)
二十五章(757)　二十六章(758)　二十七章(762)
二十八章(763)　二十九章(763)　三十章(765)
三十一章(766)　三十二章(766)　三十三章(767)
三十四章(768)　三十五章(770)　三十六章(773)
三十七章(774)　三十八章(775)　三十九章(776)
四十章(778)　四十一章(780)　四十二章(781)
四十三章(783)　四十四章(784)　四十五章(784)
四十六章(785)　四十七章(787)
孟子正义卷二十八　盡心章句下(凡三十八章)…………789
一章(789)　二章(790)　三章(794)

四章(796)　五章(799)　六章(799)
七章(801)　八章(802)　九章(803)
十章(803)　十一章(803)　十二章(804)
十三章(805)　十四章(806)　十五章(808)
十六章(809)　十七章(809)　十八章(810)
十九章(810)　二十章(812)　二十一章(812)
二十二章(814)　二十三章(817)　二十四章(819)
二十五章(823)
孟子正义卷二十九 …………………………………… 825
二十六章(825)　二十七章(827)　二十八章(829)
二十九章(830)　三十章(831)　三十一章(833)
三十二章(836)　三十三章(837)　三十四章(839)
三十五章(842)　三十六章(843)　三十七章(848)
三十八章(856)
孟子正义卷三十　孟子篇叙 ……………………… 861

先兄壬戌会试后闭门注易。癸酉二月，自立一簿，稽考所业，戊寅春易学三书成。又以古之精通易理，深得伏羲、文王、周公、孔子之旨者莫如孟子，生孟子后而能深知其学者莫如赵氏。惜伪疏踳驳乖谬，文义鄙俚，未能发明其万一，思作正义一书。于是博采经史传注以及本朝通人之书，凡有关于孟子者，一一纂出，次为长编十四帙。逐日稽考，殚精研虑，自戊寅十二月起稿，逮己卯七月撰成孟子正义三十卷。又复讨论群书，删烦补缺，庚辰之春，修改乃定。手写清本，未半而病作矣，自言用思太猛，知不起，以誊校嘱廷琥而殁。廷琥处苫块中，且校且誊，急思付梓，又以病殁。征以事身羁旅舍，誊校先兄书，未敢少怠。更深人静，风雨凄凄，寒柝争鸣，一灯如豆，忆及兄侄，涕泗交横，废书待旦，非复人境矣。一年之中，迭遭丧病，先兄著述待刻者多，寒素之家，力难猝办。征衰病无能，营谋事拙，谨与家人相约，各减衣食之半，日积月累，以待将来。癸未岁终，总计田租所入，衣食之余，约积七百余金，急以孟子正义付刻，乙酉八月刻工告竣，庶使廷琥苦心，稍慰泉壤也。征校是书，难免错误，有能检出者，乞即详指邮寄，以便改正，受惠多矣。先兄稿本，每一篇末自记课程，如注易时，书之成仅八阅月耳。征为誊校，又有族孙授龄相助，旷日弥久，以至于今。先兄下世已六易寒暑矣，迁延之罪，实所难辞。其他二百余卷，急思尽刻，所需约数千金，非蓄积二十年，又无他故，不能完全。征虽未老，衰病日增，恐难目睹其成，然必竭力勉为，不敢少怠也。至于著书之义，末一卷已详尽言之，兹第述所以刻书之始末云尔。道光五年乙酉中秋日弟征谨识。

孟子正义卷一

孟子题辞【疏】正义曰：音义云："张镒云：'即序也。赵注尚异，故不谓之序，而谓之题辞也。'"阮氏元校勘记云："十行本、闽本无此篇。监、毛本有，山井鼎考文所谓'孟子题辞，注疏本或无之者'是也。"**赵氏【疏】**正义曰：校勘记云："音义孟子题辞下出'赵氏'字，今本无之，盖失其旧。"按后汉书本传云："赵岐字邠卿，京兆长陵人也。初名嘉，生于御史台，因字台卿。后避难，故自改名字，示不忘本土也。岐少明经，有才艺，娶扶风马融兄女。融外戚豪家，岐尝鄙之，不与融相见。仕州郡，以廉直疾恶见惮。年三十余，有重疾，卧蓐七年，自虑奄忽，乃为遗令，敕兄子曰：'大丈夫生世，遁无箕山之操，仕无伊吕之勋，天不我与，复何言哉！可立一员石于吾墓前，刻之曰：汉有逸人，姓赵名嘉，有志无时，命也奈何！'其后疾瘳。永兴二年，辟司空掾，议二千石得去官为亲行服，朝廷从之。其后为大将军梁冀所辟，为陈损益求贤之策，冀不纳，举理剧为皮氏长。会河东太守刘祐去郡，而中常侍左悺兄胜代之；岐耻疾宦官，即日西归。京兆尹延笃复以为功曹。先是，中常侍唐衡兄玹为京兆虎牙都尉，郡人以玹进不由德，皆轻侮之。岐及从兄袭，又数为贬议，玹深毒恨。延熹元年，玹为京兆尹，岐惧祸及，乃与从子戬逃避之。玹果收岐家属宗亲，陷以重法，尽杀之。岐遂逃难四方，江、淮、海、岱，靡所不历。自匿姓名，卖饼北海市中。时安丘孙嵩，年二十余，游市见岐，察非常人，停车呼与共载，岐惧失色。嵩乃下帷，令骑屏行人，密问岐曰：'视子非卖饼者，又相问而色动，不有重怨，即亡命乎？我北海孙宾石，阖门百口，势能相济。'岐素闻嵩名，即以实告之，遂以俱归，藏岐复壁中数年。岐作厄屯歌二十三章。后诸唐死灭，因赦乃出。三府闻之，同时并辟。九年，乃应司徒胡广之命。会南匈奴、乌桓、鲜卑反叛，公卿举岐，擢拜并州刺史。岐欲奏守边之策，未及上，会坐党事免，因撰次以为御寇论。灵帝初，复遭党锢十余岁。中平元年，四方兵起，诏选故刺史二千石有文武才用者，征岐，拜议郎。车骑将军张温西征关中，请补长史，别屯安定。大将军何进举为燉煌太守。行至襄武，岐与新除诸郡太守数人俱为贼边章等所执，欲胁以为帅，岐诡辞得免，展转还长安。及献帝西都，复拜议郎，稍迁太仆。及李傕专政，使太傅马日磾抚慰天下，以岐为副。日磾行至洛阳，表别遣岐宣扬国命，所到郡县，百姓皆喜曰：'今日乃复见使者车骑。'是时，袁绍、曹操与公孙瓒争冀州，绍及操闻岐至，皆自将兵数百里奉迎，岐深陈天子恩德，宜罢兵，安人臣之道。又移书公孙瓒，为言利害。绍等各引兵去，皆与期会洛阳，奉迎车驾。岐南到陈留，得笃疾，经涉二年，期者遂不至。兴平元年，诏书征岐。会帝还洛阳，先遣卫将军董承修理宫室。岐谓承曰：'今海内分崩，唯有荆州境广地胜，西通巴蜀，南当交阯，年谷独登，兵人差全。岐虽迫大命，犹志报国家，欲自乘牛车，南说刘表，可使其身自将兵，来卫朝廷，与将军并心同力，共奖王室，此安上救人之策也。'承即表遣岐使荆州督租粮。岐至，刘表即遣兵诣洛阳，助修宫室，军资委输，前后不绝。时孙嵩亦寓于表，表不为礼。岐乃称嵩素行笃烈，因共上为青州刺史。岐以老病，遂留荆州，曹操时为司空，举以自代。光禄勋桓典、少府孔融上书荐之，于是就拜岐为太常。年九十余，建安六年卒。先自为寿藏，图季札、子产、晏婴、叔向四像居宾位，又自画其像居主位，皆为赞颂。敕其子曰：'我死之日，墓中聚沙为床，布簟白衣，散发其上，覆以单被，即日便下，下讫便掩。'岐多所述作，著孟子章句、三辅决录传于时。"刘攽两汉刊误云："赵岐传'要子章句'，'要'当作'孟'，古书无'要子'，而岐所作孟子章句传至今，本传何得反不记也？”惠氏栋后汉书补注云：“刘氏既有刊误，明国子监本遂刊去‘要’字，改为孟子章句。”

孟子题辞者，所以题号孟子之书本末指义文辞之表也。【疏】正义曰：刘熙释名释书契云：“书称题，题，谛也，审谛其名号也。亦言第，因其第次也。”周礼春官司常：“官府各象其事，州里各象其名，家各象其号。”注云：“事、名、号者，徽识，所以题别众臣，树之于位，朝者〔一〕各就焉。”士丧礼曰：“为铭，各以其物；亡则以缁，长半幅，赪末，长终幅，广三寸，书名于末。”此盖其制也。徽识之书，则云某某之事，某某之名，某某之号。襄公十年左传“舞师题以旌夏”，注云：“题，识也。”赵氏自释称题辞之义，称述孟子氏名事实之本末，所以著书之指义，以表其文辞，犹徽识题号之在旌常，故谓之题辞也。

孟，姓也。子者，男子之通称也。此书，孟子之所作也，故总谓之孟子。【疏】正义曰：此题识孟子名书之义。孟，氏也。如下云“出自孟孙”，则与鲁同姓；后世姓氏不分，氏亦通称姓。文选褚渊碑文注引刘熙注云：“子，通称也。”论语学而篇“子曰”，集解引马曰：“子者，男子通称也。谓孔子也。”孟子称子，犹孔子称子。何异孙十一经问对云：“论语是诸弟子记诸善言而成编集，故曰论语而不号孔子。孟子是孟轲所自作之书，如荀子，故谓之孟子。”**其篇目，则各自有名。**【疏】正义曰：如梁惠王、公孙丑、滕文公、离娄、万章、告子、尽心。

孟子，邹人也。名轲，字则未闻也。邹本春秋邾子之国，至孟子时改曰邹矣。国近鲁，后为鲁所并；又言邾为楚所并，非鲁也。今邹县是也。【疏】正义曰：史记列传云：“孟轲，驺人也。”驺与邹通，驺衍，汉书古今人表作“邹衍”，是也。王应麟困学纪闻云：“孟子字未闻。孔丛子云：‘子车（注一作子居）居贫坎轲，故名轲字子居，亦称

〔一〕“者”字原脱，据阮元、卢文弨校记补。

字子舆。’圣证论云：‘子思书孔丛子有孟子居，即是轲也。’傅子云：‘孟子舆。’疑皆傅会。”史鹗三迁志云：“孟子字，自司马迁、班固、赵岐皆未言及。魏人作徐干中论序曰：‘孟轲、荀卿，怀亚圣之才，著一家之法，皆以姓名自书，至今厥字不传。原思其故，皆由战国之士，乐贤者寡，不早记录耳。’是直以孟子为逸其字矣。”按王肃、傅玄生赵氏后，赵氏所不知，肃何由知之？孔丛伪书，不足证也。王氏疑其傅会是矣。说文邑部云：“邹，鲁县，古邾娄国，帝颛顼之后所封。”段氏玉裁说文解字注云：“鲁国驺，二志同。周时或云‘邹’、或云‘邾娄’者，语言缓急之殊也。周时作‘邹’，汉时作‘驺’，古今字之异也。左、穀作‘邾’，公羊作‘邾娄’，邾娄之合声为‘邹’。国语、孟子作‘邹’。三者‘邹’为正，‘邾’则省文。汉时县名作‘驺’，如韩敕碑阴‘驺韦仲卿’足证。郑语曰‘曹姓邹、莒’，韦云：‘陆终第五子曰安，为曹姓，封于邹。’杜谱云：‘邾，曹姓。颛顼之后有六终，产六子，其第五子曰安，邾即安之后也。’周武王封其苗裔侠为附庸，居邾，前志曰：‘驺，故邾国，曹姓，二十九世为楚所灭。’按左传颛顼氏有子曰黎，为祝融，祝融之后八姓，妘、曹其二也。然则上文郐，祝融之后，妘姓所封；此云帝颛顼之后，互文错见也。今山东兖州府邹县东南二十六里，有古邾城。赵氏岐曰：‘邹本春秋邾子之国，至孟子时改曰邹。’此未知其始本名邹也。”周氏广业孟子出处时地考云：“邹有二，皆颛帝后所封国，一早著于幽王之世。国语史伯谓郑桓公曰：‘当成周者，东有齐、鲁、曹、宋、滕、薛、邹、莒。’又曰：‘黎为高辛氏火正，命曰祝融；其后以姓存者，妘姓邬、郐、路、偪、阳，曹姓邹、莒，皆为采卫。’此邹入春秋不复见。惟晏子载：‘景公为邹之长涂，晏子谏而息。’疑为齐所灭。汉志济南郡有邹平、梁邹二县。水经注谓：‘邹平古邹[一]侯国，舜后姚姓。’盖即今济南府邹平县地也。其一即邾。大戴记：‘颛顼子老童，产重黎及吴回，吴回产陆终，陆终六子，其五曰安，是为曹姓。’曹姓者，邾氏也。侠以下至仪父，始见春秋。十四世文公迁于绎，今兖州邹县北峄山是也。汉志属鲁国，今为兖州府邹县。其改邾为邹，齐乘谓始文公。但迁绎在鲁文公十三年，而终春秋不闻有邹，至战国更无邾名，故赵氏以谓至孟子时改也。艺文类聚引刘荟驺山记云：‘驺山，古之峄阳，鲁穆公改为驺。’徐铉

〔一〕“邹”字原脱，据水经注补。

说文亦云：'鲁穆公改邾为邹。'改名不应出鲁，或讹邹穆公为鲁穆公耳。"按邹即邾，不关更改，段氏说是也。杜预春秋释例世族谱云："邾国，春秋后八世而楚灭之。"此自本汉书地理志，赵氏又言是也。春秋时，鲁与邾为仇；哀公时，无岁不与为难，二年取漷东田及沂西田，三年城启阳，六年城邾瑕，七年入邾，处其公宫，以邾子益来，献于亳社。赵氏言"邾为鲁并"，或指此。然吴齐救之，邾子益得归，则邾未灭也。哀公七年左传云"鲁击柝闻于邾"，是国近鲁。

或曰："孟子，鲁公族孟孙之后，故孟子仕于齐，丧母而归葬于鲁也。三桓子孙，既以衰微，分适他国。"【疏】正义曰：鲁桓公生同，为庄公；次庆父为仲孙氏，次叔牙为叔孙氏，次季友为季孙氏，是为三桓。仲孙氏即孟孙氏。庆父生公孙敖，即孟穆伯；穆伯生文伯惠叔，文伯生仲孙蔑，即孟献子；献子生仲孙速，即孟庄子；庄子生孺子秩，秩生仲孙貜，即孟僖子；僖子生仲孙何忌，即孟懿子；懿子生孟孺子泄，即孟武伯；武伯生仲孙捷，即孟敬子；入春秋后，其献子次子懿伯，生仲孙羯。杜预世族谱以懿伯即子服仲叔它，生孟椒，椒生子服回，回生子服何，是为子服景伯，别为子服氏。孟氏之族有孟公绰、孟之反。孟懿子之弟有南宫敬叔。孟武伯之弟有公期。孟献子贤大夫，固尝为孟子所称矣。庄子之孝，公绰之不欲，之反之不伐，为孔子所称。僖子、懿子、武伯，皆知钦敬孔子；敬子则受教于曾子；孟氏尊师重道，其后宜有达人。孟子既以孟为氏，宜为孟孙之后，但世系不可详，故赵氏以"或曰"疑之耳。阎氏若璩孟子生卒年月考云："孟子，盖鲁公族孟孙之后，不知何时分适邹，遂为邹人。犹葬归于鲁者，太公子孙，反葬周之义也。然考今孟母墓碑，墓在邹县北二十里马鞍山阳，又非鲁地，疑古为鲁地，犹鲁邹邑今亦在邹县界内，二国密迩，左传'鲁击柝闻于邾'是也。"周氏广业孟子出处时地考云："刘昭注续汉志，驺本邾国，引刘荟驺山记：'邾城在山南，去山二里，北有绎山。'左传文十三年'邾迁于绎'，郭璞云：'绎山连属地，北有牙山，牙山北有唐口山，唐口山北有阳城，北有孟轲冢焉。'此葬邹之确证。宋孙复兖州邹县建孟庙记云：'景祐丁酉，龙图孔公为东鲁之二年，谓有功于圣门者，无先于孟子。且邹为孟子之里，今为所治之属，吾当访其墓而表之，新其祠而祀之，以旌其烈。于是符下官吏博求之，果于邑之东北三十里，有山曰四基；四基〔一〕之阳，得其墓焉。遂命去其榛莽，肇其堂宇，以公孙、万章之徒配。明年春，庙成。'其序地域墓山，尤为明切。又齐乘：'尼丘山在滕州邹县东北六十里，有宣圣庙。其东颜母山，有颜母庙。南有昌平山，夫子所生之乡。又南马鞍山，有孟母墓。又南唐口山，有孟子墓。'然则郰邑当金元时亦隶邹县，而唐口之墓，孙明复云'东北三十里'，于容思云'马鞍之南'，孟衍泰三迁志又谓'孟母墓在今县北二十五里，与孟子墓不甚远'，要之不越三十里内外也。自是而北，为昌平，为防山，又三十里。盖不特思近圣人之居，而墓亦接壤焉。"又云系孟孙之后，则祖墓自当在鲁，论语季氏篇云"故夫三桓之子孙微矣"，集解引孔曰："至哀公皆衰。"

孟子生有淑质，夙丧其父，幼被慈母三迁之教。【疏】正义曰：淑，善也。夙，早也。列女传母仪篇云："邹孟轲之母也，号孟母，其舍近墓。孟子之少也，嬉游为墓间之事，踊跃筑埋。孟母曰：'此非吾所以居处子。'乃去，舍市旁。其嬉戏为贾人炫卖之事。孟母又曰：'此非吾所以居处子也。'复徙，舍学宫之傍。其嬉游乃设俎豆，揖让进退。孟母曰：'真可以居吾子矣！'遂居。及孟子长，学六艺，卒成大儒之名，君子谓孟母善以渐化。"此三迁之事也。周氏广业孟子出处时地考云："赵氏题辞云：'孟子生有淑质，夙丧其父，幼被慈母三迁之教。'及注后丧逾前丧云：'孟子前丧父约，后丧母奢。'前后虽无定时，然以士大夫三鼎五鼎之言推之，相隔必不甚久远。礼曰：'丧从死者，祭从生者。'祭以三鼎，则孟子丧父，在为士之后甚明，其时年盖四十余矣。题辞所谓夙丧者，亦以父先母没耳，非必幼孤也。陈镐阙里志、薛应旂四书人物考遂谓孟子三岁丧父，考韩诗外传、列女传俱无此说。且列女传载孟母断机事云：'绩织而食，中道废而不为，宁能衣其夫子，而长不乏粮食哉！'观此言则非嫠恤可知，后人殆因孟父无闻，妄为说耳。夫士及三鼎，断非襁褓间事；且去丧母五六十年，鲁人亦何从知其前后丰俭悬绝，而臧仓得以行其毁鬲

〔一〕"四基"原作"四墓"。按孙复原文作"四墓"，周广业据陈镐阙里志、张泰邹志改作"四基"，以为孙集传写之讹，是也。焦氏引周文，不应又作"四墓"，据孟子四考改。

邪？王复礼曰：'若前丧在三岁，则丰啬非所自主，仓安得谮之？'盖孟父实未尝卒，其三迁断机，或者父出游，慈母代严父耳。"**长师孔子之孙子思，治儒术之道，通五经，尤长于诗书。**【疏】正义曰：列女传云："孟子旦夕勤学不息，师事子思，遂成天下之名儒。"汉书艺文志："儒家孟子十一篇，名轲，邹人，子思弟子，有列传。"风俗通穷通篇云："孟子受业于子思，既通。"与赵氏同。史记列传云"受业子思之门人"，索隐云："王劭以'人'为衍字。"则以轲亲受业孔伋之门也。今言门人者，乃受业于子思之弟子也。毛氏奇龄四书賸言云："王草堂谓史记世家子思年六十二。孔子卒在周敬王四十一年，伯鱼先孔子卒已三年；向使子思生于伯鱼所卒之年，亦止当在威烈王三四年之间。乃孟子实生于烈王四年，其距子思卒时，已相去五十年之久。又谓鲁缪公曾尊礼子思。然缪公即位，在威烈王十九年，则史记所云'子思年六十二'者，或是'八十二'之误。若孟子则断不能亲受业也。予只以孟子本文计之，梁惠王三十年，齐虏太子申，则孟子游梁，自当在三十年之后，何则？以本文有'东败于齐，长子死焉'之语也。然孟子居梁，不及二三年，而惠王已卒，襄王已立，何则？以本文有见梁襄王之语也。乃实计其时，梁惠王即位之年，距鲁缪公卒年，亦不过四十零年。然而孟子已老，本文有'王曰叟'是也。则受业子思，或未可尽非者与？"按史记鲁世家：哀公十六年，孔子卒。二十七年卒于有山氏，悼公立。三十七年卒，子元公立。二十一年卒，子显立，是为穆公。穆公立三十三年卒。自穆公元年，上溯至孔子卒之年，当有六十八年。孔子未卒，子思已生，而孟子明言子思当穆公时，则子思之年，不止六十二明矣。穆公子共公立，二十二年卒；子康公立，九年卒；子景公立，二十九年卒；子叔立，是为平公。平公元年，上溯穆公卒之年，当有六十年；再溯穆公初年，则九十年矣。则孟子不能亲受业于子思又明矣。草堂之说是也。乃六国表鲁穆公元年，即周威烈王十九年；魏惠王元年，当周烈王六年，相距三十八年。惠王三十五年，孟子来大梁，上溯鲁穆公时，已有七十余年，如以亲受业子思言之，则子思年必大耋，而孟子则童子时也。刘向、司马迁皆西汉人，一以为受业子思，一以为受业子思之门人。而史记纪年，多不可据，大抵异同不过此两端，识者察之。列女传言"通六艺"，史记滑稽传云："孔子曰：'六艺于治一也。礼以节人，乐以发和，书以道事，诗以达意，易以神化，春秋以义。’”汉书艺文志以六经为六艺，一百三家。赵氏以为“通五经”，七篇中言书凡二十九，言诗凡三十五。史记列传云：“序诗书，述仲尼之意。”故以为“尤长于诗书”。然孟子于春秋独标“乱臣贼子惧”，为深知孔子作春秋之旨。至于道性善，称尧舜，则于通德类情，变通神化，已洞然于伏羲、神农、黄帝、尧、舜、文王、周公、孔子之道，独诗书云乎哉！

周衰之末，战国纵横，用兵争强，以相侵夺。当世取士，务先权谋，以为上贤，先王大道，陵迟堕废。【疏】正义曰：史记列传云：“当是之时，秦用商君，富国强兵；楚、魏用吴起，战胜弱敌；齐威王、宣王用孙子、田忌之徒，而诸侯东面朝齐；天下方务于合纵连衡，以攻伐为贤。”刘向校战国策书录云：“仲尼既没之后，田氏取齐，六卿分晋，道德大废，上下失序，至秦孝公捐礼让而贵战争，弃仁义而用诈谲，苟以取强而已矣。晚世益甚，万乘之国七，千乘之国五，敌侔争权，盖为战国争强，胜者为右，兵革不休，诈伪并起。当此之时，虽有道德不得施谋，故孟子、孙卿，儒术之士，弃捐于世；而游说权谋之徒，见贵于俗，是以苏秦、张仪、公孙衍、陈轸、代、厉之属，生纵横短长之说，左右倾侧，苏秦为纵，张仪为横，横则秦帝，纵则楚王，所在国重，所去国轻。”荀子宥坐篇云“今夫世之陵迟亦久矣”，杨倞注云：“迟，慢也。陵迟，言丘陵之势渐慢也。”文选难蜀父老“反衰世之陵夷”，李善注云：“陵夷，即凌迟也。”史记张释之曰“秦凌迟而至于二世，天下土崩”，汉书作“陵夷至于二世”。汉书司马相如传注云：“陵夷，谓弛替也。”堕，说文自部作“陏”，云：“败城自曰陏。”篆文作“墒”。淮南子修务训“故名立而不堕”，高诱注云：“堕，废也。”礼记月令“毋有堕坏”，释文云：“堕，本作‘隳’，俗字也。”**异端并起，若杨朱、墨翟放荡之言，以干时惑众者非一。**【疏】正义曰：论语为政篇云：“攻乎异端，斯害也已。”何为异端？各持一理，此以为异己也而击之，彼亦以为异己也而击之，未有不成其害者。杨墨各持一说，不能相通，故为异端。孟子之学，通变神化，以时为中，易地皆然，能包容乎百家，故能识持一家之说之为害也。苟不能为通人，以包容乎百家，持己之说，而以异己者为异端，则辟异端者，即身为异端也。汉书艺文志言“道家”云：“及放者为之,则欲绝去礼学,兼弃仁义。”注云:“放,荡也。”广雅释诂云:“放,妄也。”吕氏春秋审分篇云“无使放悖”,悖亦妄也。论语阳货篇“好知不好学,其蔽也荡”,集解引孔曰:“荡,无所适守也。”又“今之狂也荡”,集解引孔曰:“荡,无所据也。”杨墨之言,虚妄无据,故云放荡。**孟子闵悼尧、舜、汤、文、周、孔之业将遂湮微,正涂壅底,仁义荒怠,佞伪驰骋,红紫乱朱。于是则慕仲尼周流忧世,遂以儒道游于诸侯,思济斯民;然由不肯枉尺直寻,时君咸谓之迂阔于事,终莫能听纳其说。**【疏】正义曰:说文水部云:“湮,没也。”小尔雅广诂云:“没,灭也。”昭公元年左传云“勿使有所壅蔽湫底”,注云:“底,滞也。”释文引服虔云:“底,止也。”“底止”,尔雅释诂文。止而不行故为滞。则,法也。慕,习也。以孔子为法而习之也。“周流”二字,见礼记仲尼燕居。文选甘泉赋云“据軨轩而周流兮”,李善注云:“周流,流行周遍也。”史记列传云:“道既通,游事齐宣王,宣王不能用。适梁,梁惠王不果所言,则见以为迂远而阔于事情。”风俗通穷通篇云:“游于诸侯,所言皆以为迂远而阔于事情,然终不屈道趣合,枉尺以直寻。”

孟子亦自知遭苍姬以讫录,值炎刘之未奋,进不得佐兴唐虞雍熙之和,退不能信三代之余风,耻没世而无闻焉,是故垂宪言以诒后人。【疏】正义曰:音义云:“信,音伸。谓三代遗风,郁塞不伸也。”史记孔子世家云:“子曰:‘弗乎弗乎!君子病没世而名不称焉。吾道不行矣,吾何以自见于后世哉!’乃因史记作春秋。”尔雅释诂云:“宪,法也。”汉书扬雄传云:“雄见诸子各以其知舛驰,大氐诋訾圣人,即为怪迂,析辩诡辞,以挠世事,虽小辩,终破大道。故人时有问雄者,常用法应之,撰以为十二卷,象论语,号曰法言。”宪言,犹法言也。**仲尼有云:“我欲托之空言,不如载之行事之深切著明也。”**【疏】正义曰:春秋繁露俞序篇云:“孔子曰:‘吾因其行事,而加乎王心焉。’以为见之空言,不如行事博深切明。”史记太史公自叙亦云。**于是退而论集所与高第弟子公孙丑、万章之徒难疑答问,又自撰其法度之言,著书七篇,**

【疏】正义曰：史记列传云："孟轲所如不合，退与万章之徒序诗书，述仲尼之意，作孟子七篇。"是七篇为孟子所自作，故赵氏前既云"此书孟子之所作也"，此又云"自撰法度之言"。阎氏若璩孟子生卒年月考云："七篇为孟子自作，至韩昌黎故乱其说。论语成于门人之手，故记圣人容貌甚悉；七篇成于己手，故但记言语或出处耳。"又云："卒后，书为门人所叙定，故诸侯王皆加谥焉。"赵氏注弟子十五人：万章、公孙丑、乐正子、陈臻、公都子、充虞、徐辟、高子、咸丘蒙、陈代、彭更、屋庐子、桃应、季孙、子叔。学于孟子者四人：孟仲子、告子、滕更、盆成括。吕氏春秋乐成篇"尽难攻中山之事也"，高诱注云："难，说也。"史记五帝本纪"死生之说，存亡之难"，索隐云："难，犹说也。"凡事是非未尽，假以往来之辞，则曰难。所以韩非著书，有说林、说难。难疑者，有疑则解说之也。答问者，有问则答之也。平日与诸弟子解说之辞，诸弟子各记录之，至是孟子聚集而论次之，如篇中诸问答之文是也。其不由问答，如离娄、尽心等章，则孟子自撰也。又有与齐、魏、邹、滕诸君所言，景子、庄暴、淳于髡、周霄、景春、宋牼、宋勾践、夷之、陈相、貉稽、戴盈之、戴不胜、储子、沈同、陈贾、慎子、王驩等相问答，盖亦诸弟子录之，而孟子论集之矣。**二百六十一章，三万四千六百八十五字。**【疏】正义曰：音义标梁惠王上七章，下十六章；公孙丑上九章，下十四章；滕文公上五章，下十章；离娄上二十八章，下三十二章；万章上九章，下七章；告子上二十章，下十六章；尽心上四十七章，下三十九章，共为二百五十九章。今以章指计之，尽心下篇止得三十八，则共为二百五十八章。校此题辞所云，少三章。崇文总目谓"陆善经删去赵岐章指，邵武士人作疏，依用陆本。章指既删，章数遂不可定。"戴氏震得朱氏文游校本二，云："一为虞山毛扆手校，何屺瞻云'毛斧季从真定梁氏借得宋椠本影钞'，今未见其影钞者。而此本尽心下，惟梓匠轮舆章有章指，余并缺。一为何仲子手校，末记云：'文注用盱郡重刊廖氏善本校。'而尽心上有事君人者一章，孔子登东山以下三章，尽心下吾今而后知以下七章，并缺章指。二校各有详略，得以互订外，有章丘李氏所藏北宋蜀大字章句本，毛斧季影钞者，并得赵岐孟子篇叙，于是台卿之学，残失之余，合之复完。然则今孔氏所刻章指，亦拾掇于残缺之余，焉保无分合之讹。然欲傅会于二百六十一之数，而强分以足之，则亦非后学所敢矣。”陈士元孟子杂记云:“赵氏谓三万四千六百八十五字,今计字数,梁惠王篇上下共五千三百六十九,公孙丑篇上下共五千一百四十四,滕文公篇上下共五千零四十五,离娄篇上下共四千七百八十九,万章篇上下共五千一百二十五,告子篇上下共五千二百五十五,尽心篇上下共四千六百八十三,统之实有三万五千四百一十字,较赵说多七百二十五字。详考赵注孟子文,与今本不差,赵盖误算也。”周氏广业孟子异本考云:“赵注孟子,三年乃成,谓可寤疑辨惑。字数易明,岂复疏于布算,但旧书古简,脱漏居多。唐宋本固应减于汉,否亦不能加多。今兹剩字,得毋有后人所羼入者乎?”按:今以孔本经文计之,梁惠王共五千二百六十四字,公孙丑共五千一百四十二字,滕文公共四千九百八十字,离娄共四千七百八十九字,万章共五千一百五十四字,告子共五千二百二十三字,尽心共四千六百七十四字,七篇共三万五千二百二十六字,较赵氏所云,实多五百四十一字。别详见篇叙正义中。**包罗天地,揆叙万类,仁义道德,性命祸福,粲然靡所不载。帝王公侯遵之,则可以致隆平,颂清庙;卿大夫士蹈之,则可以尊君父,立忠信;守志厉操者仪之,则可以崇高节,抗浮云。有风人之托物,二雅之正言,可谓直而不倨,曲而不屈,命世亚圣之大才者也。**【疏】正义曰:命世,即名世也。详见公孙丑下篇。亚,次也。命世亚圣,即所谓名世次圣也。“包罗天地”至“曲而不屈”,皆发明所以名世之实。

孔子自卫反鲁,然后乐正,雅颂各得其所,乃删诗定书,系周易,作春秋。【疏】正义曰:论语子罕篇云:“吾自卫反鲁,然后乐正,雅颂各得其所。”集解引郑曰:“反鲁,鲁哀公十一年冬也。是时道衰乐废,夫子来还,乃正之也。”史记孔子世家云:“孔子之去鲁凡十四岁,而反乎鲁;然鲁终不能用孔子,孔子亦不求仕。孔子之时,周室微而礼乐废,诗书缺,追迹三代之礼,序书传,上纪唐虞之际,下至秦缪,编次其事。语鲁太师:乐其可知也,始作翕如,从之纯如、皦如、绎如也,以成。吾自卫反鲁,然后乐正,雅颂各得其所。古者诗三千余篇,至孔子去其重,取其可施于礼乐三百五篇,皆弦歌之，以求合韶、武、雅、颂之音。晚而喜易，序彖、系、象、说卦、文言，乃因史记作春秋，笔则笔，削则削，子夏之徒，不能赞一辞。”**孟子退自齐、梁，述尧、舜之道而著作焉，此大贤拟圣而作者也。**【疏】正义曰：拟圣，即所谓述仲尼之意也。

七十子之畴，会集夫子所言，以为论语。论语者，五经之錧鎋，六艺之喉衿也。【疏】正义曰：何晏论语叙云：“汉中垒校尉刘向言：鲁论语二十篇，皆孔子弟子记诸善言也。”汉书艺文志有“论语家”，列六艺之中，次五经之后，故云五经之錧鎋，六艺之喉衿也。音义出“錧鎋”，丁云：“上音管，方言作‘輨’，车釭也。下音黠，车辖也。”按錧鎋当作“輨辖”。说文车部云：“輨，毂耑錔也。”“辖，键也。”辖与舝通。舛部云：“舝，车轴耑键也。”戴氏震考工记释车云：“毂空壶中，所以受轴，以金裹毂中谓之釭，毂端沓谓之輨；以铁为管，约毂外两端。轴端之键，以制毂者谓之舝，亦作辖。行车者，脂釭中以利转，又设舝以制毂。”邶风“载脂载舝”，小雅“间关车之舝兮”，淮南子“车之能转千里者，其要在三寸舝”，盖车之转运在轴毂，而輨如环约于毂，辖如笄约于轴，非此则轴与毂不可以运。五经非论语则无以运行，故为五经之輨辖也。说文口部云：“喉，咽也。”衿与襟通。任氏大椿深衣释例云：“尔雅‘衣眥谓之襟’，孙炎曰：‘襟，交领也。’文选魏都赋‘不以边陲为襘也’，注引声类曰：‘襘，衣交领也。’曲礼‘天子视不上于袷’，注云：‘袷，交领也。’夹属于襟，即与襟同体。襟交则袷交，故袷谓之交领，与襟谓之交领，一也。说文曰：‘襟，交衽也。’战国齐策‘辄以颈血溅足下之襘’，注云：‘襘，交衽也。’方言：‘襟谓之交。’襟无不交，则袷无不交矣。”小儿拥咽领，则即服虔广川王传注云“颈下施衿，领正方直”者也。诂训诸书，多以襟言领，亦以领统于襟，遂名曰襟。玉篇云：“襘，衣领也。”诗“青青子衿”，传：“青衿，青领也。”正义云：“衿领一物。”然则衿为交领、交衽之通名。此与喉并言，则正以为领人之一身，内则辖之以喉，外则键之以领，谓论语为六艺之总领也。**孟子之书，则而象之。**【疏】正义曰：易系辞传云：“象也者，像也。”像之言似也。谓以孔子为法则，而似续其道也。**卫灵公问陈于孔子，孔子答以俎豆；**

梁惠王问利国，孟子对以仁义。宋桓魋欲害孔子，孔子称："天生德于予。"鲁臧仓毁鬲孟子，孟子曰："臧氏之子，焉能使予不遇哉？"旨意合同，若此者众。【疏】正义曰：卫灵公、桓魋事，俱见论语。音义出"毁鬲"，云："丁音隔，盖谮毁之，使情隔耳。又音历。"按鬲为鼎属，其音历，此鬲自当读如隔。说文自部云："隔，障也。"汉书五行志引京房易传云："上下皆蔽，兹谓之隔。"是也。按以孟子似续孔子，自赵氏发之。其后晋咸康三年，国子祭酒袁瑰、太常冯怀上疏云："孔子恂恂，道化洙、泗；孟轲皇皇，诲诱无倦；是以仁义之声，于今犹存；礼让之风，千载未泯。"见宋书礼志。韩愈原道云："斯道也，尧以是传之舜，舜以是传之禹，禹以是传之汤，汤以是传之文、武、周公，文、武、周公传之孔子，孔子传之孟轲。"皆本诸赵氏。

又有外书四篇：性善、辩文、说孝经、为政。其文不能宏深，不与内篇相似，似非孟子本真，后世依放而托之者也。【疏】正义曰：汉书艺文志："孟子十一篇。"风俗通穷通篇云："作书中外十一篇。"是七篇为中，余四篇为外。王应麟困学纪闻云："汉七略所录，若齐论之问王、知道，孟子之外书四篇，今皆无传。"孙奕履斋示儿篇云："昔尝闻前辈有云：亲见馆阁中有孟子外书四篇：曰性善辩，曰文说，曰孝经，曰为政。"刘昌诗芦浦笔记云："予乡新喻谢氏，多藏古书，有性善辩一帙。"翟氏灏考异云："赵氏不为外书章句，嗣后传孟子者，悉以章句为本，外书悉以废阁致亡。南宋去赵氏时千有余岁，不应馆阁中能完然如故也。孙氏仅得耳闻，当日在馆阁诸公，未有以目击详言之者，道听涂说，必不足为按据。新喻谢氏所藏一帙，刘氏似及见之。隋书经籍志录有梁綦毋邃孟子注九卷。他家注俱七卷，独綦毋氏多出二卷，岂所谓四篇者，在梁时尝得其二，至宋乃仅存刘氏所见之一篇邪？但綦毋氏书，李善注文选，犹引用之，似流行于唐世。而其有无外书，唐人绝无片言论及，则又难以质言。且外书之篇目，自宜以性善为一，辩文为一，说孝经为一。刘氏以所见之性善辩，遂以'辩'字上属，而谓文说一篇，孝经一篇。据论衡本性篇，但云孟子作性善之篇，不缀'辩'字，疑新喻谢氏所藏性善辩，又属后人依放而作，非外书本真也。"周氏广业孟子逸文考云："史记十二诸侯表云:'荀卿、孟子、韩非之徒,各往往捃摭春秋之文以著书,不可胜记。'今考孟子内书,言春秋者,止迹熄诗亡及知我罪我无义战三章,亦未尝捃摭其文。至若列女传'拥楹之叹',韩诗外传'辍织杀豚'及'不敢去妇'二条中,所载孟子之言,皆琐屑不足述。明季姚士粦等所传孟子外书四篇,云是熙时子注,友人吴骞板行,丁杰为之条驳甚详,显属伪托,概无取焉。"按熙时子相传以为刘贡父,此书前有马廷鸾叙。夫外书四篇,赵氏斥为依托,其亡已久;孙奕所闻,新喻所藏,已难信据,况此又赝之尤者乎。顾氏炎武日知录云:"史记、法言、盐铁论等所引孟子,今孟子书无其文,岂俱所谓外篇者邪?"是则然矣。

孟子既没之后,大道遂绌,逮至亡秦,焚灭经术,坑戮儒生,孟子徒党尽矣!其书号为诸子,故篇籍得不泯绝。【疏】正义曰:史记:"秦始皇三十四年,丞相李斯言曰:'臣请史官非秦纪皆烧之。非博士官所职,天下敢有藏诗书百家语者,悉诣守尉杂烧之。所不去者,医药卜筮种树之书。'三十五年,使御史案问诸生四百六十余人,皆坑之咸阳。"汉书艺文志云:"秦燔书,而易为筮卜之事,传者不绝。"又云:"诸子之言,纷然淆乱,至秦患之,乃燔灭文章,以愚黔首。"是时所最忌者,学古道古之士,所坑者皆诵法孔子,长子扶苏之言可证。不知孟子何得与周易同不焚?逢行珪注鬻子,叙云:"遭秦暴乱,书纪略尽,鬻子虽不与焚烧,编帙由此残缺。"此亦以诸子不焚也。翟氏灏考异云:"汉书河间王传称孟子为献王所得,似亦遭秦播弃,至汉孝武世始复出者。然孝文已立孟子博士,而韩氏诗外传,董氏繁露,俱多引孟子语,则赵氏所云'书号诸子,得不泯绝',定亦不虚。"**汉兴,除秦虐禁,开延道德,孝文皇帝欲广游学之路,论语、孝经、孟子、尔雅皆置博士。后罢传记博士,独立五经而已。**【疏】正义曰:王应麟五经通义说云:"懒哉!汉之尊经乎!儒五十三家,莫非贤传也;而孟子首置博士。"翟氏灏考异云:"孟子尊立最久,时论语、孝经通谓之传,而孟子亦谓之传,如论衡对作篇曰:'杨墨不乱传义,则孟子之传不造。'刘向传引'传曰:圣人不出,其间必有名世者'。后汉书梁冀传引'传曰:以天下与人易,为天下得人难'。越绝书序外传记引'传曰:于厚者薄,则无所不薄矣’。说文解字引‘传曰：箪食壶浆’。诗邶风正义引‘传曰：外无旷夫，内无怨女’。中论夭寿篇引‘传曰：所好有甚于生者，所恶有甚于死者’。又法象篇曰：‘传称大人正己，而物自正。’皆可为证。故赵氏以论语、孝经、孟子、尔雅博士，统言之曰传记博士。”钱氏大昕潜研堂答问云：“问：刘子骏移太常博士书言：‘孝文帝时，天下众书，往往颇出，皆诸子传说，犹广立于学官，为置博士。’据赵邠卿孟子题辞，则论语、孝经、孟子、尔雅，孝文时皆立博士，所谓‘传记博士’也。此等博士，未识罢于何时？曰：汉书赞武帝云：‘孝武初立，卓然罢黜百家，表章六经。’以本纪考之，建武五年，置五经博士，则传记博士之罢，当在是时矣。”按礼记正义引卢植云：“汉文皇帝令博士诸生，作此王制之书。”今王制篇中，制禄爵关市等文，多取诸孟子，则孝文时立孟子博士审矣。**讫今诸经通义，得引孟子以明事，谓之博文。**【疏】正义曰：后汉书儒林传云：“建初中，大会诸儒于白虎观，考详同异，连月乃罢。肃宗亲临称制，如石渠故事，顾命史臣，著为通义。”注云：“即白虎通义是。”观赵氏此文，孟子虽罢博士，而论说诸经，得引以为证，如盐铁论载贤良文学对丞相御史，多本孟子之言。而郑康成注礼笺诗，许慎作说文解字，皆引之。其见于史记、两汉书、两汉纪，如邹阳引“不含怒不宿怨”，终军引“枉尺直寻”，倪宽引“金声玉振”，王褒引“离娄、公输”，贡禹引“民饥马肥”，梅福引“位卑言高”，冯异称“民之饥渴，易为饮食”，李淑引“缘木求鱼”，郅恽言“强其君所不能为忠，量君所不能为贼”，冯衍言“臧仓言泰山、北海”，班彪引“梼杌春秋”，崔骃言“登墙搂处”，申屠蟠言“处士横议”，王畅言“贪夫廉，懦夫有立志”，傅燮言“浩然之气”，亦当时引以明事之证。

孟子长于譬喻，辞不迫切，而意已独至，其言曰：“说诗者不以文害辞，不以辞害志；以意逆志，为得之矣。”斯言殆欲使后人深求其意，以解其文，不但施于说诗也。今诸解者，往往摭取而说之，其说又多乖异不同。【疏】正义曰：方言云：“摭，取也。陈、宋之间曰摭。”说文手部云：“拓，拾也。陈、宋语。或从庶。”拾取而说之，谓未能通其全书，悉其旨趣，仅拾取一章一句而解说之，既不能贯通其义，自然乖异矣。**孟子以来五百余载，传之者亦已众**

多。【疏】正义曰：阎氏若璩孟子生卒年月考云："孔子生卒出处年月，具见史记孔子世家，而孟子独略，于是说者纷纭。余尝以七篇为主，参以史记等书，然后历历可考，盖生为邹人，卒当是赧王之世。"万氏斯同群书疑辨云："山阳阎百诗著孟子生卒年月考，究不知生卒在何年，盖实无可考也。孟子世谱言孟子生于周烈王四年己酉，卒于赧王二十六年壬申，年八十四，其言似可信。"今姑以万氏此言推之：赧王立五十九年，则历三十四年至乙巳而卒。又八年壬子周亡，为秦庄襄王元年，三年卒。始皇立，三十七年卒。二世立，三年秦亡。又五年，天下为汉。汉高帝至平帝十二主，共二百十年。新莽十八年，更始立三年，光武中兴至献帝十二主，共一百九十五年。自孟子没至汉末，五百十三年。赵氏卒于建安六年，而出亡著书，则尚在延熹时；自周赧王二十六年，至汉桓帝延熹间，仅四百五十年耳。此云"五百余载"，盖赵氏以孟子亲受业于子思，则其生卒之年，必前于烈王四年、赧王二十六年也。故赵氏注"由周而来，七百有余岁"，必推自太王、文王以来。然则孟子谓"由孔子而来，至于今百有余岁"，盖谓孔子没后至孟子著书之年，非谓孔子没之年至孟子生之年也。赵氏言"孟子以来五百余载"，谓孟子没后至赵氏著书之年，非谓孟子没之年至赵氏生之年也。孟子后征引孟子者，如荀卿、韩婴、董仲舒、刘向、扬雄、王充、班固、张衡、郑康成、许慎、何休等，皆所谓摭取而说之。汉文时，立孟子博士，必有授受之人，惜不可考。河间献王所得先秦旧本，不详得自何人。至东观汉纪言"章帝以孟子赐黄香"，则香能传之读之与否，不可知。刘陶复孟轲，其所以复者不传。惟后汉书儒林传云："程曾字秀升，豫章南昌人，作孟子章句。建初三年，举孝廉，迁海西令。"建初为章帝年号，则生东汉之初，在赵氏前，专为孟子之学者，自此始著。乃其章句不传，莫可考究。高诱吕氏春秋叙自言"正孟子章句"，诱，涿郡人，从卢植学，建安十年，辟司空掾，除东郡濮阳令。十七年，迁监河东。所注战国策、吕氏春秋、淮南子皆存，惟孟子章句亡。诱于建安十年，始举孝廉，赵氏卒于建安六年，年已九十余，是诱为赵氏后辈。隋书经籍志有"汉郑康成孟子注七卷，汉刘熙孟子注七卷"。郑康成本传，详列所著书，不言孟子，隋志所载，未知所据。熙尝撰释名，毕氏沅释名疏证叙云："隋书经籍志：'释名八卷，刘熙撰。'又大戴礼记十三卷，下注云：'梁有谥法三卷，后汉安南太守刘熙注，亡。'后汉无安南郡，惟汉阳郡注引秦州记曰：'中平五年，分置南安郡。'则'安南'或'南安'之误。晋李石续博物志云：'汉博士刘熙。'宋陈振孙书录解题、马端临文献通考并云'汉征士北海刘熙，字成国'，不知何本。三国吴志韦昭言'见刘熙所作释名，信多佳者'。程秉传言'秉避乱交州，与刘熙考论大义'。又薛综传言'综避地交州，从刘熙学'。交州，孙吴之地也。"按程秉逮事郑康成，避乱交州，与熙考论，遂博通五经，其后士燮乃命为长史。然则程秉、薛综与刘熙在交州，乃士燮为交阯太守时。燮附孙权，在建安十五年，时秉、综俱已为权所得，是其师事刘熙时，仍远在建安十五年以前。秉为太子太傅，黄武四年，太子登亲迎秉进说，病卒官。登以赤乌四年卒，秉当卒于登前。自建安十五年至此，止二十余年，盖秉已老矣。而薛综卒于赤乌六年，距建安十五年，亦止三十二年。其师事熙盖少时，当在献帝初年，则是时交州仍为汉地，刘熙为汉人无疑。士燮附孙权时，熙盖已前没，何也？秉、综，权尚以其名儒而礼征之，况所师事者乎？或谓熙及魏受禅后，非也。其相传为安南太守者，亦以其在交州而讹，非南安之误也。刘熙、高诱，皆与赵氏先后同时，刘熙注见于史记、汉书、后汉书、文选等注所引，今散著各经文之下。高诱章句，无引之者，而所注诸书，多及孟子，尚可考见：吕氏春秋至忠篇："人主无不恶暴劫者，而日致之，恶之何益。"注云："日致为暴劫之政也。孟子曰：'恶湿而居下。'故曰恶之何益也。"谕大篇："及匡章之难，惠子以王齐王也。"注云："匡章乃孟轲所谓通国称不孝者。"本味篇："己成而天子成。"注云："己成仁义之道，而成为天子。孟子曰：'得乎丘民为天子。'"慎人篇："百里奚之未遇时也，亡虢而虏晋。"注云："虢当为虞。孟子曰：'百里奚，虞人也。晋人以垂棘之璧，假道于虞以伐虢。宫之奇谏之，百里奚知虞公之不可谏也，而去之秦。'此云亡虢，误矣。"去私篇："尧有子十人。"注云："孟子曰：'尧使九男二女事舜。'此曰十子，殆丹朱为胄子，不在数中。"当染篇："汤染于伊尹、仲虺。"注云："孟子曰：'王者师臣也。'"尽数篇："故凡养生，莫若知本；知本，则疾无由至矣。"注云："传曰：人受天地之中以生，所谓命也。孟子曰：'人性无不善。'本其善性，闭塞利欲，疾无由至矣。"论人篇："凡论人，通则观其所礼。"注云："通，达也。孟子曰：'达则兼善天下。'故观其所宾礼。"用众篇："今使楚人长乎戎，戎人长乎楚，则楚人戎言，戎人楚言矣。"注云："孟子曰：'有楚大夫，欲其子之齐言也，使一齐人傅之，众楚人咻之，虽日挞而求其齐也，不可得矣。引而置之庄岳之间，数年，虽日挞而求其楚，亦不可得矣。'此之谓也。"怀宠篇："诛国之民，望之若父母，行地滋远，得民滋众。"注云："所诛国之民，睎望义兵之至，若望其父母，滋益众多也。孟子曰：'百姓箪食壶浆，以迎王师，奚为后予？'此之谓也。"骄恣篇："齐宣王为大室，大益百亩。"注云："宣王，齐威王之子，孟子所见易衅钟之牛者也。"开春篇："魏惠王死，葬有日矣。"注云："孟子所见梁惠王也。秦伐魏，魏徙都大梁，梁在陈留浚仪西大梁城是也。"壹行篇："强大之国诚可知，则其王不难矣。"注云："孟子曰：'以齐王，犹反手也。'故曰不难矣。"自知篇："钻荼、庞涓、太子申，不自知而死。"注云："钻荼、庞涓，魏惠王之将。申，魏惠王之太子也。与庞涓东伐齐，战于马陵，齐人尽杀之。故惠王谓孟子曰：'晋国天下莫强焉，叟之所知也。及寡人身，东败于齐，长子死。'此之谓也。"乐成篇："贤者得志则可，不肖者得志则不可。"注云："贤者得志则忠，故曰可也。不肖得志则骄，骄则乱，故曰不可。公孙丑曰：'伊尹放太甲于桐宫；太甲贤，又反之。贤者之为人臣，其君不贤，则可放与？'孟子曰：'有伊尹之志则可，无伊尹之志则篡也。'"又："中主以之，讻讻也止善；贤主以之，讻讻也立功。"注云："孟子见梁襄王，出语人曰：'望之而不似人君，就之而不见所畏焉。'何能决善哉？此言复谬也。"审应篇："魏惠王使人谓韩昭侯。"注云："惠王，魏武侯子也。孟子所见梁惠王也。"不屈篇："齐威王几弗受。"注："威王，田和之孙，孟子所见宣王之父。"又："匡章谓惠子于魏王之前。"注云："匡章，孟子弟子。"淮南子俶真训："若夫墨、杨、申、商之于治道。"注云："墨，墨翟也。其术兼爱非乐，摩顶放踵而利国者，为之。杨，杨朱。其术全性保真，虽拔骭一毛而利天下，弗为也。"又："是故圣人之学也，欲以返性于初。"注云："人受天地之中以生。孟子曰：'性无不善，而情欲害之。'故圣人能返其性于初也。"修务训："今夫毛嫱、西施，天下之美人，若使之衔腐鼠，蒙猬皮，衣豹裘，带死蛇，则布衣韦带之人过者，莫不左右睥睨而掩鼻。"注云："言虽有美姿，人恶闻其臭，故睥睨掩其鼻。孟子曰：'西子蒙不洁，则人皆掩其鼻而过之。'是也。"主术训："故握剑锋以离北宫子。"注云："北宫子，齐人，孟子所谓北宫黝也。"缪称训："鲁以偶人葬而孔子叹。"注云："偶人，相人也。叹其象人而用之。"齐俗训："岂必邹鲁之礼。"注云："邹，孟轲邑。"说山训："此全其天器者。"注云："器，犹性也。孟子曰：'人性善。'故曰全其天性。”氾论训：“舜不告而娶，非礼也。”注云：“尧知舜贤，以二女妻舜，不告父。父顽，常欲杀舜，舜知告则不得娶也。不孝莫大于无后，故孟子曰：‘舜不告犹告耳。’”又：“全性保真，不以物累形，杨子之所立也，而孟子非之。”注云：“全性葆真，谓不拔骭毛以利天下。弗为，不以物累己身形也。孟子受业于子思之门，成唐、虞、三代之德，叙诗、书、孔子之意，塞杨、墨淫辞，故非之也。”又：“尧无百户之郭，舜无置锥之地，以有天下；禹无十人之众，汤无七里之分，以王诸侯；文王处岐、周之间，地方不过百里，而立为天子者，有王道也。”注云：“尧、舜、禹、汤、文王，皆王有天下。孟子曰：‘以德行仁者王，王不待大。’是也。”又：“夏桀、殷纣之盛也，人迹所至，舟车所通，莫不为郡县。然而身死人手，而为天下笑者，有亡形也。”注云：“孟子曰：‘恶死亡乐不仁。’不仁必死亡，故曰有亡形也。”又：“故溺则捽父，祝则名君。”注云：“孟子曰：‘嫂溺而不拯，是豺狼也。’而况父兄乎！”又：“季襄、陈仲子，立节抗行，不入洿君之朝，不食乱世之食，遂饿而死。”注云：“季襄，鲁人，孔子弟子。陈仲子，齐人，孟子弟子，居於陵。”战国策齐策：“威王薨，宣王立。”注云：“宣王，孟轲所见以羊易衅钟之牛者也。”又：“田忌为齐将，系梁太子申，禽庞涓。”注云：“申，梁惠王太子也。庞涓，魏将也。田忌与战于马陵而系获之也。故梁惠王谓孟子曰：‘寡人东伐，败于马陵，太子死，庞涓禽。’此之谓也。”又：“攻燕三十日而举燕国。”注云：“孟子曰：‘子哙无王命而与子之国，子之无王命擅受子哙国。’故齐宣王伐而取之也。”秦策：“四国为一，将以攻秦，秦王召群臣宾客六十人而问曰，姚贾对曰云云。”注云：“姚贾讥周公诛管蔡不仁不知者，在孟子之篇也。”其训诂有与孟子可参考者，亦藉以窥见其概，故正义引高氏吕氏春秋、淮南子注为多。

余生西京，世寻丕祚，有自来矣。【疏】正义曰：赵氏为京兆长陵人。长陵，前汉属冯翊，后汉属京兆。京兆为西汉所都，故云西京，张衡有西京赋。说文寸部云：“寻，绎理也。”文选东都赋“汉祚中缺”，注引国语贾注云：“祚，位也。”史记赵世家云：“赵氏之先，与秦共祖，至中衍为帝大戊御。”秦本纪云：“秦之先帝，颛顼之苗裔。”潜夫论志氏姓云：“皋陶事舜，其子伯翳，能议百姓以佐舜、禹，扰驯鸟兽，舜赐姓嬴。后有仲衍，为夏帝大戊御。嗣及费仲，生恶来、季胜；季胜之后有造父，以善御事周穆王，封造父于赵城，因以为氏。”至于赵夙仕晋卿大夫，十一世而为列侯，五世而为赵灵王。赵世之先为列卿诸侯王。溯其始原，出帝颛顼，故寻绎其丕祚，有自来也。**少蒙义方，训涉典文。**【疏】正义曰：传称生于御史台，李贤注云："以其祖为御史，故生于台。其祖父之名不详。"传有从兄袭，从子戬，注引决录注云："袭字元嗣，先是杜伯度、崔子玉以工草书称于前代，袭与罗晖拙书，嗤于张伯英。英颇自矜高，与朱赐书云：'上比崔、杜不足，下方罗、赵有余。'"又云："岐长兄磐，州都官从事，早亡。次兄无忌，字世卿，部河东从事。"王允传："允及宗族十余人，皆见诛害，莫敢收允尸者。惟故吏平陵令赵戬，弃官营丧。赵戬字叔茂，长陵人，性质正多谋。初平中，为尚书，典选举，董卓数欲有所私授，戬辄坚拒不听，言色强厉，卓怒，召将杀之，众人悚栗，而戬辞貌自若，卓悔谢，释之。长安之乱，客于荆州，刘表厚礼焉。及曹操平荆州，乃辟之，执戬手曰：'恨相见晚。'卒相国钟繇长史。"此即与岐同避难者也。从兄袭，三国志阎温传注〔一〕引魏略孙宾硕传作"赵息"，息、袭音同，息即袭也。云："唐衡弟为京兆虎牙都尉，不修敬〔二〕于京兆尹，入门不持版，郡功曹赵息呵廊下曰：'虎牙仪如属城，何故放臂入府门？'促收其主簿。衡弟顾促取版，既入见尹，尹欲修主人，敕外为市买。息又启曰：'左悺子弟，来为虎牙，非德选，不足为特酤买，宜随中舍菜食而已。'及其到官，遣吏奉笺谢尹，息又敕门，言无常见此无阴儿辈子弟邪！用其笺记为通乎？晚乃通之，又不得即令报。衡弟皆知之，甚恚，欲灭诸赵，因书与衡，求为京兆尹，旬月之间，得为之。息自知前过，乃逃走。时息从父仲台，见为凉州刺史。于是唐衡为诏征仲台，遣归。遂诏中都官及郡部督邮，捕诸赵尺儿以上，及仲台皆杀之。时息从父岐，为皮氏长，闻有家祸，因从官舍逃走，之河间，变姓名，又转诣北海，著絮巾布裤，常于市中贩胡饼。"赵氏兄弟族属可考者，附录于此。**知命之际，婴戚于天，遘屯离蹇，诡姓遁身，经营八纮之内，十有余年，心剿形瘵，何勤如焉！**【疏】正义曰：谓延熹元年逃难四方事也。赵氏年九十余，卒于建安六年辛巳。上溯延熹元年戊戌，四十四年，是年五十。然则赵氏年九十四卒也。盖生

〔一〕"注"原作"云"。按此为裴松之注引魏略，"云"当作"注"，今改。

〔二〕"敬"字原脱，据三国志裴注补。

于安帝永初二年。遘，遇也。离，丽也。屯蹇，皆谓难也。列子汤问篇“八纮九野之水”，张湛注云：“八纮，八极也。”淮南子墬形训云“八殡之外，而有八纮”，高诱注云：“纮，维也。”经营八纮之内，即所谓“江、淮、海、岱，靡所不历”也。传云“数年乃出”，此云“十有余年”，或连灵帝时禁锢言与？音义云：“勦，子小切，绝也。”按说文刀部云：“剿，绝也。夏书曰：‘天用剿绝其命。’”力部云：“勦，劳也。春秋传曰：‘安用勦民，天用剿绝其命。’”今在尚书甘誓作“剿”。曹宪博雅音云：“剿从刀而勦从力。”此云心勦，乃从力之勦，当训劳，谓心劳也。音义训绝，则是从刀之剿为剿字矣。心不可言绝也，失之矣。尔雅释诂云：“瘵，病也。”诗大雅瞻卬篇“邦靡有定，士民其瘵”，笺云：“天下骚扰，邦国无有安定者，士卒与民皆劳病。”勦、瘵义皆为劳，故以勦字总承之。**尝息肩弛担于济、岱之间，或有温故知新，雅德君子，**【疏】正义曰：谓安丘孙嵩也。汉书地理志：“北海郡安丘，其地在济、岱之间。”息肩弛担，谓藏复壁中。**矜我劬瘁，睠我皓首，访论稽古，慰以大道。**【疏】正义曰：睠，说文作“眷”，云：“顾也。诗曰：‘乃眷西顾。’”人经困瘁，则毛发易白，故赵氏五十而皓首也。访论稽古，谓孙嵩与之论学也。后汉书郑康成传云：“及党事起，乃与同郡孙嵩等四十余人，俱被禁锢。”三国志注引邴原别传云：“欲远游学，诣安丘孙崧。”崧即嵩，嵩在当时与郑、邴等交，则亦读书稽古之士也。**余困吝之中，精神遐漂，靡所济集，**【疏】正义曰：说文辵部云：“遴，行难也。易曰：‘以往遴。’”今易作“吝”，则吝之义为难行。说文水部云：“漂，浮也。”易杂卦传云：“既济，定也。”毛诗鄘风载驰篇“不能旋济”，传云：“济，止也。”止与定义同。集，犹聚也。精神遐远而漂浮，故无所定止而敛聚也。**聊欲系志于翰墨，得以乱思遗老也。**【疏】正义曰：音义云：“张云：‘乱，治也。’思，去声。”按思谓忧思也。著书明道，则可治其忧思。说文辵部云：“遗，亡也。”亡即忘，礼记乡饮酒义“知其能弟长而无遗矣”，注云：“遗，犹脱也，忘也。”遗老，谓忘其老。论语述而篇云：“发愤忘食，乐以忘忧，不知老之将至云尔。”**惟六籍之学，先觉之士，释之辩之者既已详矣。**【疏】正义曰：备见汉书儒林传、艺文志、后汉书儒林传。

儒家惟有孟子，闳远微妙，缊奥难见，宜在条理之科。【疏】正义曰：礼记月令"其器圜以闳"，注云："闳，读如纮，纮谓中宽，象土含物。"闳与宏通，考工记梓人"其声大而宏"，注云："宏读如纮綖之纮，谓声音大也。"闳、宏通借字。汉书艺文志"昔仲尼没而微言绝"，注引李奇云："微言，隐微不显之言也。"妙与眇同，扬雄传"闳意眇旨"，儒林张山拊传"严然总五经之眇论"，注皆云："眇读曰妙。"方言云："眇，小也。"盖言其大闳而且远，言其小微而且妙。礼记玉藻"缊为袍"，注云："缊，今之纩及故絮也。"尔雅释宫云："西南隅谓之奥。"缊在袍之里，奥在室之内，故不易见。条理见万章下篇。说文木部云："条，小枝也。"自根发而为干，自干分而为枝，枝又分而为条。故条之义为分，分则畅达，故义又为畅为达。韩非子解老云："凡理者，方圆短长粗靡坚脆之分也。"荀子儒效篇云"井井乎其有理也"，杨倞注云："有条理也。"广雅释言云："科，条也。"又云："科，品也。"盖当时著书之法，各有科等。孟子之意旨，既缊奥难见，则宜条分缕析，使之井井著明，故宜在条理之科，如下所云是也。**于是乃述己所闻，证以经传，为之章句，具载本文，章别其旨，分为上下，凡十四卷。**【疏】正义曰：赵氏自述少蒙义方，则所学授诸祖父，别无师传。子孙述祖父，往往讳其名字，久而转致无闻，此其憾也。本传注引三辅决录注云："岐娶马敦女宗姜为妻，敦兄子融尝至岐家，问赵处士所在。岐厉节，不以妹婿之故，屈志于融。与其友书曰：'马季常虽有名当世，而不持士节，三辅高士，未尝以衣裾撇其门也。'岐曾读周官二义不通，一往造之。"然则岐虽鄙融之为人，而义有不通，亦往请问，则其虚心取善可知，虽无常师，而非不知而作者矣。故声音训诂之学，不殊马、郑。证以经传，注中所引是也。毛诗正义云："汉初为传训者，皆与经别行。三传之文，不与经连，故石经书公羊传，皆无经文。"艺文志云："毛诗经二十九卷。毛诗故训传三十卷。"是毛为诂训，亦与经别也。及马融为周礼之注，乃云："欲省学者两读，故具载本文。"然则东汉以来，始就经为注。按赵氏用马融之例，故具载本文。然汉世说经诸家各有体例，如董仲舒之春秋繁露，韩婴之诗外传，京房之易传，自抒所见，不依章句。伏生书传，虽分篇附著矣，而不必顺文理解。然其书残缺，不睹其全。毛诗传全在矣，训释简严，言不尽意；郑氏笺之，则后世疏义之滥觞矣。郑于三礼,详说之矣,乃周礼本杜子春、郑司农而讨论,则又后人集解之先声也。何休公羊学专以明例,故文辞广博,不必为本句而发。盖经各有义,注各有体;赵氏于孟子,既分其章,又依句敷衍而发明之,所谓"章句"也。章有其旨,则总括于每章之末,是为"章旨"也。叠诂训于语句之中,绘本义于错综之内,于当时诸家,实为精密而条畅。文多,故分七篇为十四;为上下而不以十四为次弟者,不敢紊七篇之旧目也。**究而言之,不敢以当达者;**【疏】正义曰:史记孔子世家云:"孟釐子曰:'吾闻圣人之后,虽不当世,必有达者。今孔丘年少好礼,其达者与!'"庄子齐物论云:"惟达者知通为一。"**施于新学,可以寤疑辩惑;**【疏】正义曰:广雅释言云:"新,初也。"新学即初学也。毛诗周南关雎篇"寤寐求之",传云:"寤,觉也。"说文心部云:"悟,觉也。"寤与悟通。**愚亦未能审于是非,后之明者,见其违阙,傥改而正诸,不亦宜乎!**【疏】正义曰:赵氏后为孟子注者,梁七录有綦毋邃孟子注九卷。周氏广业孟子古注考云:"綦毋,复姓,左传有晋大夫綦毋张,见广韵'毋'字注;战国有綦毋子,见刘向别录;后汉有东莞綦毋君,见谢承书;刘表在荆州时,有儒士綦毋闿;邃世次行事无考,隋志载其列女传七卷,在皇甫谧后。又云:'二京赋二卷,李轨、綦毋邃撰。邃又注三都赋三卷,撰诫林三卷,并梁有今亡。'宋裴骃注史记,尝两引其说,知为晋人。正义不考,但云在梁时又有綦毋邃注九卷,疏也。"唐志作"綦毋邃注孟子七卷。又陆善经注孟子七卷。张镒孟子音义三卷"。崇文总目云:"善经,唐人。以轲书初为七篇,因删去赵岐章指与其注之繁重者,复为七篇。"旧唐书:"张镒,苏州人,朔方节度使齐邱之子也。大历五年,除濠州刺史,为政清静,州事大理,乃招经术之士,讲训生徒,撰三礼图九卷、五经微旨十四卷、孟子音义三卷。寻拜中书侍郎平章事、集贤殿学士。卢杞忌镒名重道直,无以陷之,以方用兵,因荐镒以中书侍郎为凤翔陇右节度使。李楚琳作乱,镒出凤翔三十里,为候骑所得,楚琳杀之。赠太子太傅。"新唐书镒传在第七十七,言其字季权,一字公度。宋史艺文志:"张谥孟子音义三卷。丁公著孟子手音一卷。"张谥盖"镒"之讹。手音不载唐志。唐书列传八十九:"丁公著,字平子,苏州吴人。三载丧母,甫七岁,见邻媪抱子,哀感不肯食,请于父绪,愿绝粒,学老子道，父听之。稍长，父勉敕就学，举明经高第，授集贤校书郎，不满秩辄去。侍养于家，父丧，负土作冢，貌力癯惙，见者忧其死孝。观察使薛苹表上至行，诏刺史吊问，赐粟帛，旌阙其闾。淮南节度使李吉甫表授太子文学，兼集贤校理。会入辅政，擢为右补阙，迁直学士，充皇太子诸王侍读，因著太子诸王训十篇。穆宗立，擢给事中，迁工部侍郎，知吏部选事。辞疾求外迁，授浙西观察使，徙为河南尹，治以清静闻。四迁礼部尚书、翰林侍讲学士。长庆中，浙东灾疠，拜观察使，诏赐米七万斛，使赈饥瘠。久之，入为太常卿。太和中，以病丐身还乡里，卒年六十四，赠尚书右仆射。"按作孟子手音者，盖即其人。宋孙奭孟子音义叙云："自陆善经已降，其所训说，虽小有异同，而共宗赵氏。张氏徒分章句，漏略颇多。丁氏稍识指归，讹谬时有。与尚书虞部员外郎同判国子监臣王旭，诸王府侍讲太常博士国子监直讲臣马龟符，镇宁军节度推官国子学说书臣吴易，前江阴军江阴县尉国子学说书臣冯元等，推究本文，参考旧注，集成音义二卷。"宋史儒林传云："孙奭字宗古，博州博平人。幼与诸生师里中王彻。彻死，有从奭问经者，奭为解析微指，人人惊服。于是门人数百，皆惊服奭。后徙居须城，九经及第，为莒县主簿。上书愿试讲说，迁大理评事，为国子监直讲。太宗幸国子监，召奭讲书，赐五品服。真宗以为诸王府侍读。会召百官转对，奭上十事，判太常礼院、国子监、司农寺，累迁工部郎中，擢龙图阁待制。大中祥符初，得天书于左承天门，帝将奉迎，召问奭。奭对曰：'臣愚，所闻天何言哉？岂有书也？'仁宗即位，宰相请择名儒，以经儒侍讲读，乃召为翰林侍讲学士，知审官院，判国子监。丁父忧，起复兼判太常寺及礼院，三迁兵部侍郎、龙图阁学士。每讲读至前世乱君亡国，必反复规讽。仁宗意或不在书，奭则拱默以俟，帝为竦然改听。尝书无逸图上之，帝施于讲读阁；三请致仕，召对承明殿，敦谕之，以不得请，求近郡，优拜工部尚书。复知兖州，改礼部尚书。既而累表乞归，以太子少傅致仕，卒赠左仆射，谥曰宣。常掇五经切于治道者，为经典徽言五十卷。又撰崇祀录、乐记图、五经节解、五服制度。尝奉诏与邢昺、杜镐校定诸经正义、庄子、尔雅释文，考正尚书、论语、孝经、尔雅谬误及律音义。"此皆生赵氏后治赵氏学者也。陆善经删削，实为赵氏之蠹，若孙氏其有裨于赵氏矣。

孟子正义卷二

孟子卷第一【疏】正义曰：周氏广业孟子古注考云："山井鼎考文详说古本、足利篇题：古本首行'孟子卷第一'，次行'梁惠王章句上'，三行低二格'赵氏注'下夹注'梁惠王者，魏惠王也'云云。四行'孟子见梁惠王'。足利本前二行同古本，第三行低一格夹注'梁惠王'云云，第四行低三格'后汉太常赵岐邠卿注'，五行'孟子见梁惠王'。与今孔氏、韩氏新刻本不同。"按今孔氏刻本首行以"梁惠王章句上"六字顶格，而此行之下，系之以"孟子卷第一"五字，次行"赵氏注"。今依古本，提"孟子卷第一"在前。**赵氏注**【疏】正义曰：阮氏元校勘记云："闽、监、毛三本并作'汉赵氏注'，足利本作'后汉赵岐邠卿注'，与各本皆不合，非也。廖莹中经注本作'赵岐'，亦非。"毛诗正义云："不言名而言氏者，汉承灭学之后，典籍出于人间，各专门命氏，以显其家之学，故诸为传训者，皆云氏不言名。"

梁惠王章句上凡七章。【注】梁惠王者，魏惠王也。魏，国名。惠，谥也。王，号也。时天下有七王，皆僭号者也。犹春秋之时，吴楚之君称王也。魏惠王居于大梁，故号曰梁王。圣人及大贤有道德者，王公侯伯及卿大夫咸愿以为师，孔子时，诸侯问疑质礼，若弟子之问师也。鲁卫之君，皆尊事焉。故论语或以弟子名篇，而有卫灵公、季氏之篇。孟子亦以大儒为诸侯所师，是以梁惠王、滕文公题篇，与公孙丑等而为一例也。【疏】"梁惠王章句上"○正义曰：文心雕龙云："夫设情有宅，置言有位；宅情曰章，位言曰句。章者，明也。

句者，局也。局言者，解字以分疆；明情者，总义以包体。道畛相异，而衢路交通矣。”汉书艺文志：易章句，有施、孟、梁丘各二篇。书有欧阳章句三十一卷，大小夏侯章句各二十九卷。春秋有公羊章句三十八篇，穀梁章句三十三篇。汉书张禹传：“禹为论语章句。”后汉书儒林传：“包咸入授太子论语，又为其章句。”赵氏以“章句”命名，其来尚矣。周氏广业孟子古注考云：“意林云：‘蜀郡赵台卿作章句，章句曰指事。’广按：台卿京兆人，而称蜀郡者，盖因避难改籍也。章句曰指事者，谓断章而揭其大指，离句而证以实事也。意林录自梁庾仲容子钞，当是庾所见旧本标题如此。或云：‘史记称庄周善属书离辞，指事类情，指事之名本此。’案指事为六书之一，许慎说文叙云：‘视而可识，察而可见，上下是也。’赵意盖兼取显著之义。”后汉书儒林传云：“程曾字秀升，著书百余篇，又作孟子章句。”高诱吕氏春秋序云：“诱正孟子章句。”程、高生赵氏先后，均有章句而今不传。孔氏继涵、韩氏岱云所刻赵氏章句本，无“凡七章”三字，然则此三字非赵氏之旧。山井鼎考文：“古本亦无此三字，孙氏音义有之。”○注“梁惠”至“王也”○正义曰：史记魏世家云：“魏之先，毕公高之后也。其苗裔曰毕万，事晋献公。十六年，赵夙为御，毕万为右，以伐霍、耿、魏，灭之，以魏封毕万为大夫，从其国名为魏氏。生武子，治于魏。生悼子，徙治霍。生魏绛，徙治安邑，卒谥为昭子。生魏嬴，嬴生魏献子，为国政，与赵简子、中行文子、范献子并为晋卿。生魏侈，侈之孙桓子，与韩康子、赵襄子共灭智伯，分其地。桓子之孙曰文侯都。魏二十一年，魏、赵、韩列为诸侯。二十五年，子击生子罃，文侯卒，子击立，是为武侯。武侯卒，子罃立，是为惠王。”六国表：“周威烈王二十三年，韩、赵、魏始列为诸侯。安王二年，太子罃生。二十六年，魏、韩、赵灭晋。”烈王六年为魏惠王元年，距始列为侯凡三十四年，距分晋仅六年。诗魏谱云：“魏者，虞舜、夏禹所都之地，在禹贡冀州雷首之北，析城之西，周以封同姓焉。其封域南枕河曲，北涉汾水。至春秋闵公元年，晋献公竟灭之，以其地赐大夫毕万，是魏为国名也。”周书谥法解云：“谥者，行之迹也。号者，功之表也。仁义所在曰王，柔质慈民曰惠，爱民好与曰惠。”是惠为谥，王为号也。周氏广业孟子出处时地考云：“史序列国称王之年多舛出，详考之，则魏最先，齐次之，秦又次之。然惟齐大书于田完世家，云：‘威王二十六年，击魏，大败之桂陵。于是齐最强于诸侯，自称为王，以令天下。’魏秦或晦或显，二国史〔一〕亦不公言之。盖以魏先强后弱，秦先弱后强，其王号皆数称而后定也。何以明之？魏世家称王始惠王，其后乃云：‘襄王元年，与诸侯会徐州，相王也。追尊父惠王为王。’追尊固无是理。国策：‘苏秦说齐闵王曰：昔者魏王拥土千里，带甲三十六万，恃其强，拔邯郸，西围定阳。又从十二诸侯，朝天子以西谋秦，秦王恐，为战具守备。卫鞅曰：魏氏功大，而令行于天下，有十二诸侯而朝天子，其与必多。乃见魏王曰：大王有伐齐、楚从天下之志，不如先行王服，然后图之。魏王悦其言，广公宫，制丹衣柱，建九斿之旗。此天子之位也，而魏王居之，于是齐、楚怒，伐魏，杀其太子，覆其十万之众。当是时，秦王垂拱而得西河之外。’是魏之僭号，早在商鞅用事秦孝公之日，故杜平之会，俨然称王也。显王二十六年致伯于秦孝公，三十三年贺秦惠王，三十五年致文武胙于秦惠王，四十四年秦惠君立王，其后诸侯皆称王。秦本纪：‘孝公卒，子惠文君立。’又云：‘惠文君二年天子贺，三年王冠，四年天子致文武胙。齐、魏为王。十三年四月戊午，魏君为王，韩亦为王。’夫周纪之不先齐魏，以秦之王为代周之渐，特以首恶归之。独计贺及致胙之日，去致伯未远，何遽改称王。而秦纪上两称惠文君，下忽书曰‘王冠’，殊不可解。及观始皇纪后序秦世系云：‘惠文王二年初行钱，有新生婴儿曰：秦且王。’然后知秦应谶称王，即在受天子贺之年也。是时魏已寖弱，方改元与民更始，闻秦称王，欲厚结以为援；既与议婚，复远涉齐境，藉其威力，以胁诸侯，名为自王，实欲王秦。史于会徐州相王，魏齐世家及年表备书之。盖其事虽未惬众心，而魏固以名震河山以东，秦亦侈然自肆于国中矣。秦史特变文曰：‘齐魏为王。’意盖谓齐魏皆奉之为王，故与天

〔一〕“史”字原脱，据孟子四考补。

子致胙连书以为荣。而年表复书'魏夫人来',以见魏实为之谋主。苏秦所谓有西面事秦称东藩者也。特以崛起西陲,又值六国从亲,兵不敢窥函谷,旋自韬晦耳。及灭巴蜀,取河西,益富厚,轻诸侯,而王号遂达于周京焉。张仪传:'秦惠王十年以仪为相。仪相秦四年,立惠王为王。'与周纪正合,是再称而后定也。魏是杜平之后,兵败子虏,国威日替,中间颇示贬损。故其为王,一见于秦孝公之初,再见于徐州之会,最后秦纪所云:'魏君为王,凡三称而后定也。'魏终称王,殆亦张仪所为。仪,魏人而相秦,其还魏蒲阳,公子繇出质;欲魏先事秦,而诸侯效之,因使与秦并立为王;史独书日月者,欲自诩其功耳。否则魏王久矣,何尚称君?且亦何与于秦,而必详书之哉!"七王者,魏、齐、秦、韩、赵、燕、楚也。说文云:"僭,假也。"隐公五年穀梁传云:"下犯上谓之僭。"史记楚世家云:"三十七年,楚熊通怒曰:'吾先鬻熊,文王师也。早终,成王举我先公,乃以子男田,令居楚。蛮夷皆率服,而王不加位,我自尊耳。'乃自立为武王。"吴太伯世家云:"寿梦立而吴始益大,称王。称王寿梦,王诸樊,王余眛,王僚,王阖闾,王夫差。"此吴楚之君称王之事也。○注"魏惠王"至"梁王"○正义曰:魏世家云:"秦用商君,地东至河,而齐赵数破我,安邑近秦,于是徙治大梁。"徐广云:"今浚仪。"水经注云:"浚仪县大梁城,本春秋之阳武高阳乡。于战国为大梁,周梁伯之故居,魏惠王自安邑徙都之,故曰梁。"战国策称"魏惠王",又称"梁王魏婴",是当时亦号梁王也。赵氏佑温故录云:"孟子独称梁,不一言魏,则是时必有因迁都而并改国号之事。"○注"圣人"至"例也"○正义曰:周氏广业孟子出处时地考云:"史称孟子困于齐、梁,而扬雄解嘲有云:'孟子虽连蹇,犹为万乘师。'盖以齐宣称'夫子明以教我',梁惠言'寡人愿安承教',皆以师道尊之故也。"孟子言五教,而答问居其一,故诸侯质疑问礼,即是以师道尊之。乃论语名篇,但举篇首以为之目。其称卫灵公,以篇首有卫灵公问陈。其称季氏,以篇首有季氏将伐颛臾,与学而、述而等篇同。孟子以梁惠王、滕文公名篇,亦如是耳。非谓例卫灵公、季氏于子路、颜渊,例梁惠王、滕文公于公孙丑、万章也。

赵氏所云，恐未尽然。

1　**孟子见梁惠王，**【注】孟子适梁，魏惠王礼请孟子见之。【疏】注"孟子"至"见之"○正义曰：魏世家云："惠王数被军旅，卑礼厚币，以招贤者，邹衍、淳于髡、孟轲皆至梁。"六国表云："魏惠王三十五年，孟子来，王问利国。"**王曰："叟不远千里而来，亦将有以利吾国乎？"**【注】曰，辞也。叟，长老之称也，犹父也。孟子去齐，老而之魏，故王尊礼之曰父。不远千里之路而来至此，亦将有可以为寡人兴利除害乎。【疏】注"曰辞"至"父也"○正义曰：说文曰部云："曰，词也。"司部云："词，意内而言外也。"辛部云："辞，讼也。从䜌。䜌，犹理辜也。䜌，理也。"曰，宜训词，此注作"辞"，通借字也。方言云："傁，艾，长，老也。东齐、鲁、卫之间，凡尊老谓之傁，或谓之艾。周、晋、秦、陇谓之公，或谓之翁。南楚谓之父，或谓之父老。"戴氏震疏证云："傁，本作'叜'。说文云：'老也。'俗通作'叟'。"史记冯唐列传云："文帝辇过，问唐曰：父老，何自为郎？"后又曰："父知之乎？"广雅云："傁，艾，长，老也。翁，叜，父也。"史记集解引刘熙孟子注云："叟，长老之称，依皓首之言。"○注"孟子"至"害乎"○正义曰：史记孟子列传云："孟子，驺人也。受业子思之门人。道既通，游事齐宣王，宣王不能用，适梁。"此赵氏所本也。周氏柄中辨正云："孟子于齐梁先后，当以六国年表及魏世家为据，不当以孟子列传为据。年表魏惠王三十五年，齐宣王之七年也。是年特书曰'孟子来'。若孟子于齐宣七年以前先已游齐，年表何以不书？则孟子传所谓'游事齐宣王，宣不能用，而后适梁'者，乃史公驳文，非实事也。以本书观之，篇首即载见梁惠王诸章，及见襄王有出语云云，自此以下十数章，皆在齐与宣王问答事；此其先后踪迹，较然可知，不必如通鉴移下宣王十年，以合伐燕杀哙之事，然后见孟子先游梁后至齐也。"江氏永群经补义云："孟子见梁惠王，当在周慎靓王元年辛丑。是年为惠王后元之十五年。至次年壬寅，惠王卒，子襄王立，孟子一见，即去梁矣。盖魏罃于周显王三十五年丁亥，与齐威王会于徐州以相王，是年为惠王即位后三十七年，于是始称王，而改元称一年也。"二说与赵氏异，未知孰是。时秦用商君，富国强兵，惠王所以迁梁，故曰亦将有以利吾国，谓亦如商君之于秦，俾富国强兵也。论衡刺孟篇述此文，作“将何以利吾国乎”。

孟子对曰：“王何必曰利，亦有仁义而已矣。【注】孟子知王欲以富国强兵为利，故曰王何必以利为名乎，亦惟有仁义之道者，可以为名。以利为名，则有不利之患矣。因为王陈之。【疏】注“孟子”至“陈之”○正义曰：孟子谓宋轻云：“先生之号则不可。”名犹号也。曰利，即是以利为号。广雅释言云：“曰，言也。”国语周语云“有不祀则修言”，韦昭注云：“言，号令也。”名、言义皆为号，故用以解曰利之义。惟以利为号令，故大夫士庶人应之。洪范：“初一曰五行：一曰木，二曰火，三曰水，四曰金，五曰土。”桓〔一〕公二年左传：“以条之役生太子，命之曰仇；其弟以千亩之战生，命之曰成师。”又：“嘉耦曰妃，怨耦曰仇。”曰之为词，所以标名号，故赵氏以名释曰。**王曰‘何以利吾国’，大夫曰‘何以利吾家’，士庶人曰‘何以利吾身’，上下交征利，而国危矣！**【注】征，取也。从王至庶人，故云上下交争。各欲利其身，必至于篡弑，则国危亡矣。论语曰：“放于利而行，多怨。”故不欲使王以利为名也。又言交为俱也。【疏】注“征取也”○正义曰：尽心篇下“有布缕之征”，注云：“征，赋也。”哀公十二年公羊传何休注云：“赋者，敛取其财物也。”僖公二十七年左传“赋纳以言”，杜预注云：“赋，犹取也。”荀子富国篇“其于货财取与”，杨倞注云：“取谓赋敛。”是征、赋、取三字转注，故赵氏训征为赋，又训征为取也。○注“从王”至“名也”○正义曰：从，自也。自王取于大夫，大夫取于士庶人，为上征下；士庶人又取利于大夫，大夫取利于王，为下征上：是交征也。云交争者，魏世家云：“孟子至梁，梁惠王曰：‘叟，不远千里，幸辱敝邑之庭，将何以利吾国？’孟轲曰：‘君不可以言利若是。夫君欲利，则大夫欲利；大夫欲利，则庶人欲利；上下争利，国则危矣。’”司马迁每以改易字代解诂，上下交取，势则必争，故以争利解交征，赵氏所本也。征无争训，故先以取训之，而后本史记言交争，惟争而国乃危。国策秦策云“王

〔一〕“桓”原误“隐”，据左传改。

攻其南，寡人绝其西，魏必危”，高诱注云：“危，亡也。”以亡训危，与赵氏此注同。监本、毛本脱“亡”字。引论语者，里仁第四篇文。○注“又言交为俱”○正义曰：前言上下交争，是以交为交互之交。交又训俱，高诱注齐策、韦昭注国语，皆如此训。赵氏兼存之，故云又言。谓天子以至庶人，俱惟利是取，不必上取下、下取上。此别一义也。**万乘之国，弑其君者，必千乘之家。**【注】万乘，兵车万乘，谓天子也。千乘，兵车千乘，谓诸侯也。夷羿之弑夏后，是以千乘取万乘也。【疏】注“万乘兵车”至“侯也”○正义曰：汉书刑法志云：“因井田而制军赋：地方一里为井，井十为通，通十为成，成方十里；成十为终，终十为同，同方百里；同十为封，封十为畿，畿方千里。有税有赋，税以足食，赋以足兵。故四井为邑，四邑为丘，丘十六井也，戎马一匹，牛三头。四丘为甸，甸六十四井也，有戎马四匹，兵车一乘，牛十二头，甲士三人，卒七十二人，干戈备具，是谓乘马之法。一同百里，提封万井，除山川、沉斥、城池、邑居、园囿、术路，三千六百井，定出赋六千四百井，戎马四百匹，兵车百乘：此卿大夫采地之大者也，是谓百乘之家。一封三百一十六里，提封十万井，定出赋六万四千井，戎马四千匹，兵车千乘：此诸侯之大者也，是谓千乘之国。天子畿方千里，提封百万井，定出赋六十四万井，戎马四万匹，兵车万乘，故称万乘之主。”论语“道千乘之国”，集解：“马氏云：‘司马法：六尺为步，步百为亩，亩百为夫，夫三为屋，屋三为井，井十为通，通十为成，成出乘车一乘。然则千乘之赋，其地千成，居地方三百一十六里有奇，惟公侯之封，乃能容之；虽大国之赋，亦不是过焉。’包氏曰：‘千乘之国者，百里之国也。古者井田，方里而井，十井为乘，百里之国，适千乘也。’融依周礼，包依王制、孟子，疑故两存焉。”毛氏奇龄经问云：“古千乘之国，地方百里，出兵车千乘，故称千乘之国。方里而井，百里之国为万井，而出千乘，是十井出一乘，不问可知。周礼乃谓九夫为井，四井为邑，四邑为丘，四丘为甸，甸六十四井，出车一乘。则是百里之国，止出兵车一百五十六乘，何名千乘乎？曰：周礼小司徒职惟有‘九夫为井，四井为邑，四邑为丘，四丘为甸’四句，其下‘甸出一乘’云云，皆司马法文。杜预引此注左传，不注明‘司马法’三字，而混并在周礼文下，或遂以之诟周礼。特所谓司马法者，原非周制，史记：‘齐景公时，有司马穰苴曾著兵法，至战国时，齐威王使大夫追论古司马兵法，而附穰苴于其中，名司马法。'今其书不传久矣，然且有两司马法，两言出车之制，其一又曰'六尺为步，步百为亩，亩百为夫，夫三为屋，屋三为井，井十为通，通十为成，成出革车一乘'。此马融引之注论语，郑康成引之注周礼，然皆非是。大抵侯国以百里为断，百里之地，以开方计之，实得万里。孟子方里而井。万里者，万井也。乃以甸出一乘计之，甸方八里，实得六十四井。以成出一乘计之，成方十里，实得百井；百井出一乘，则万夫止百乘。六十井出一乘，则万夫止出一百五十有六乘矣。虽为之说者曰：成之十里，即是甸之八里。以甸八里外，有治沟洫之夫，各受一井，得二里，不出车赋，仍是十里。然其与千乘之赋，则总不合。于是马融谓侯封不止百里，当有方三百一十六里有奇。而郑康成则直据周礼，谓公五百里，侯四百里，伯三百里，子二百里，男一百里，以求合于成甸出车之数。夫列爵惟五，分土惟三，真周制也。公侯百里，伯七十里，子男五十里，王制之等也。故易曰'震惊百里'，言建侯象雷震地，止百里。而春秋传曰'列国一同'，一同者，百里之地。孟子谓周公、太公，其始封俱止百里，非地有不足，而限制如此。此在汉后五经诸家，如何休、张苞、包咸、范宁辈，皆历为是说，而乃以五等班禄乱周家三等之制。以一人之书，尽反易、春秋、尚书、孟子、王制诸经传之文，岂可训也！"王氏鸣盛周礼军赋说云："大国三军，车五百乘；若计地出赋，则得千乘。千乘出赋之法，则服虔注左传所引司马法，载诗正义，所谓'甸六十四井，出车一乘，士卒共七十五人'者是。马、郑注论语引之，欲见邦国疆域实数，故改甸为成，其实一耳。孙子云：'兴师十万，日费千金，怠于操事者，七十万家。'盖谓七家而赋一兵也。今以此法推六十四井、五百七十六家，可出八十二人，尚余二夫。今只出七十五人，则是七家又十之五强出一人也。此说本无可疑。自何休注公羊传'初税亩'云：'圣人制井田之法，十井共出兵车一乘。'包咸因之，亦谓十井为乘，百里之国应千乘也。何楷辨之，谓使十井出一甸之赋，则其虐又过于成公之丘甲矣。此说最精。顾后儒犹有惑于其说者，则以邦国疆域，诸国参差不合也。王制云：'公侯田方百里，伯七十里，子男五十里。'孟子云：'诸侯之地方百里；不百里不足以守宗庙之典籍。周公之封于鲁，为方百里也；地非不足，而俭于百里。太公之封于齐也，亦为方百里也；地非不足，而俭于百里。'今考王制云云，康成以为夏制五等之爵，三等受地，至殷变爵为三等，合子男与伯以为一，其地亦三等不变。则白虎通详言之，武王克商，复增子男爵为五等，其受地则与夏、殷三等同。齐鲁之封，皆在武王之世。孟子所谓‘地非不足，而俭于百里’者，大都据初制而言。贾公彦职方氏疏申郑意，谓其时九州之界尚狭，至武王崩，成王幼，周公摄政，致太平，制礼乐，成武王之意，斥大九州，于是五等之爵，以五等受地。则周礼大司徒云：‘凡建邦国：诸公之地，封疆方五百里；诸侯之地，封疆方四百里；诸伯之地，封疆方三百里；诸子之地，封疆方二百里；诸男之地，封疆方百里。’是也。左氏传言‘不过半天子之军’，坊记言‘不过千乘’，不过云者，谓军赋以是为限，非地止三百一十六里，故马云：‘大国亦不是过。’史记云：‘周封伯禽于鲁，地方四百里。’明堂位则以成王欲广鲁于天下，故封周公于曲阜，地方七百里。然其言鲁之赋，亦不过革车千乘而已。若孟子对北宫锜曰：‘周室班爵禄，公侯皆方百里，伯七十里，子男五十里。不能五十里，不达于天子，附于诸侯曰附庸。’此以夏制为周制者。其言曰‘轲也尝闻其略’，则为传闻约略之词，而非载籍之明据可知。王与之云：‘孟子见战国争雄，壤地广袤，遂援百里、七十里、五十里之制，以抑当时并吞无厌之心。若今之偏州下邑，奚啻百里？周礼所载，不为过也。’此说得之。盖千乘其地千成，则九万井有余，其为百里已九有奇矣，尚得以为百里乎？左传襄二十五年，郑子产适晋献捷，晋人责之何故侵小，子产对曰：‘昔天子之地一圻，列国之地一同，今大国多数圻矣，若无侵小，何以至焉。’此亦救时之谭，非核实之论也。”谨按：说者多以千乘三百一十六里为长，乃孟子说公侯百里，则孟子言千乘，当自以百里矣。录毛氏、王氏两说，以俟识者参之。○注“夷羿”至“乘也”○正义曰：襄公四年左传云：“昔有夏之方衰也，后羿自鉏迁于穷石，因夏民以代夏政，不修民事，而淫于原兽。弃武罗、伯因、熊髡、龙圉而用寒浞；寒浞，伯明氏之谗子弟也。伯明后寒弃之，夷羿收之。”杜预注云：“夷，氏也。”哀公元年左传云：“昔有过浇，杀斟灌以代斟鄩，灭夏后相。”然则羿代夏政，不言弑君，其灭相者，自是浇，非羿也。书序称“太康失邦，昆弟五人，须于洛汭”。周书尝麦云：“其在夏之五子，忘伯禹之命，假国无正，用胥兴作乱，遂凶厥国。皇天哀禹，赐以彭寿，思正夏略。”五子，武观也。彭寿者，彭伯也。是太康失国，由于五观。惟伪古文尚书言“羿距于河”，某氏传以为“羿废太康，立其弟仲康”。赵氏所据未闻。**千乘之国，弑其君者，必百乘之家。**

【注】天子建国，诸侯立家。百乘之家，谓大国之卿，食采邑有兵车百乘之赋者也，若齐崔、卫宁、晋六卿等是。以其终亦皆弑其君，此以百乘取千乘也。上千乘当言国而言家者，诸侯以国为家，亦以避万乘称国，故称家。君臣上下之辞。【疏】注"天子建国诸侯立家"○正义曰：春秋桓公二年左传文。周礼地官载师"以家邑之田任稍地"，注云："家邑，大夫之采地。"夏官大司马"家以号名"，注云："家，谓食采地者之臣也。"○注"若齐崔"至"乘也"○正义曰：齐崔谓崔杼。卫宁谓宁喜。春秋襄公二十五年夏五月乙亥，齐崔杼弑其君光；二十六年春王二月辛卯，卫宁喜弑其君剽，是其事。马氏骕绎史云："晋三卿韩、魏、赵氏，起于献公之世，卒分晋国。"夫晋自三郤之亡，七族并盛，知罃、范匄、荀偃、韩起、栾黡、范鲂、魏绛、赵武，襄八年传称悼公之八卿也。其后栾氏复亡，韩起、赵成、荀吴、魏舒、范鞅、知盈，五年传称平公之六卿也。至于定公，而范、荀亡，晋止四卿矣。至于哀公而知伯灭，晋又止三卿矣。○注"上千"至"之辞"○正义曰：诸侯称国，大夫称家，上云"千乘之家"，故赵氏说之。太史公以吴太伯以下，凡诸侯目为世家。索隐引董仲舒云："王者封诸侯，非官之也，得以代代为家者也。"是诸侯以国为家也。按孟子言天子之卿，受地视侯，大夫受地视伯，元士受地视子男。然则天子之卿大夫，其采地同于侯；则千乘之家，正指畿内之卿。如王孙苏杀毛、召而王室乱，尹氏召伯立王子朝而王室乱，虽无弑君之迹，而争夺之衅，起自王臣矣。**万取千焉，千取百焉，不为不多矣。**【注】周制：君十卿禄，君食万钟，臣食千钟，亦多矣，不为不多矣。【疏】注"周制"至"多矣"○正义曰："君十卿禄"，万章下篇文。王制亦云，故以为周制也。王制："诸侯之下士，禄食九人，中士食十八人，上士食三十六人，下大夫食七十二人，卿食二百八十八人，君食二千八百八十人。"周礼廪人："凡万民之食食者，人四鬴，上也；人三鬴，中也；人二鬴，下也。"注云："此皆谓一月食米也。六斗四升曰鬴。"贾氏疏云："此虽列三等之年，以中年是其常法。"以是推之，人一月三鬴，一岁十二月，食三十六鬴；二百八十八人，则每岁食一万零三百六十八鬴。考工记㮚氏"量之以为鬴"，注云："四升曰豆，四豆曰区，四区曰鬴；鬴六斗四升也。鬴十则钟。"然则一万零三

百六十八鬴，为钟一千零三十六八〔一〕，总其整数，是为千钟。君食二千八百八十人，是岁食十万零三千六百八十鬴，为一万零三百六十八钟，总其整数，是为万钟。云君食万钟者，指诸侯千乘也。云臣食千钟者，指大夫百乘也。经文承上万乘千乘百乘，则万千百仍指乘言。是诸侯于天子，万乘中取其千。大夫于诸侯，千乘中取其百。赵氏以禄言之，则君臣实取之数，诸侯于千乘中食万钟，大夫于百乘中食千钟，推之天子于万乘中食十万钟，其千乘之家，即于万乘中食万钟。食万钟者非一家，食千钟于千乘者亦非一家。分各定，不容更溢，故不为不多也。**苟为后义而先利，不夺不餍。**【注】苟，诚也。诚令大臣皆后仁义而先自利，则不篡夺君位，不足自餍饱其欲矣。【疏】注"苟诚"至"欲矣"○正义曰：苟诚，论语"苟志于仁矣"孔注、诗采苓"苟亦无信"毛传皆如此训。白虎通诛伐篇云："篡，犹夺也，取也。"说文厶部云："逆而夺取曰篡。"故以篡训夺。国语晋语云"属厌而已"，韦昭注云："厌，饱也。"餍与厌通，故以饱训餍。**未有仁而遗其亲者也，未有义而后其君者也。**【注】仁者亲亲，义者尊尊。人无行仁而遗弃其亲、行义而忽后其君者。【疏】"未有"至"者也"○正义曰：篡夺，则不止遗其亲、后其君矣。以利为名，其弊至此。行仁义，则爱其亲，敬其君，不遗不后，讵至篡夺乎？○注"忽后"○正义曰：论语"忽焉在后"，忽之故后之也。监本、毛本作"无行义而忽后其君长"。**王亦曰仁义而已矣，何必曰利。"**【注】孟子复申此者，重嗟叹其祸。【疏】注"孟子"至"其祸"○正义曰：监本、毛本无"嗟"字，音义有之。

章指言：治国之道明，当以仁义为名，然后上下和亲，君臣集穆。天经地义，不易之道，故以建篇立始也。【疏】"章指言"○正义曰：汉书艺文志诗有鲁故二十五卷，颜师古云："故者，通其指义也。"又春秋左氏微二篇，颜师古云："微，谓释其

〔一〕按：以"鬴十为钟"计之，此句疑当作"为钟一千零三十六，余八鬴"，原文有脱误。

微指。”今毛诗关雎篇后云：“关雎五章，章四句。故言三章，一章章四句，二章章八句。”释文云：“五章是郑所分，故言是毛公本意。”然则名故者即分章句之指也。钱氏大昕养新录云：“赵岐注孟子，每章之末，括其大旨，间作韵语，谓之章指，文选注所引赵岐孟子章指是也。南宋后，伪正义出，托名孙奭所撰，尽删章指正文，仍剽掠其语，散入正义。明国子监刊十三经，承用此本，世遂不复见赵氏原本矣。”考崇文总目载陆善经注孟子七卷，称善经删去赵岐章指与其注之繁重者，复为七篇。是删去章指，始于善经，邵武士人作疏，盖用善经本也。周氏广业孟子古注考云：“章句者，檃括一章之大指也。董生言春秋文多数万，其指数千。知文必有指，赵氏因举以为例。”又云：“考文言古本‘章旨’，当作‘章指’。旨，意也。易系‘其旨远’是也。指，归趣也。孟子‘愿闻其指’是也。传记用意指、事指、经指等字，间有通借，其实非也。颜师古汉书注，指谓义之所趋，如人以手指物也。”周氏有疏证孟子章指一卷，今依用其原文，而稍增损之。山井鼎考文云：“古本、足利本无章注，末有章指。孔本、韩本注末别行载章指。宋本章指下皆有‘言’字。”考文亦然，盖谓此章大旨，所言如此也。孔本作“章指曰”，无“言”字，恐非赵氏之旧。○“治国”至“始也”○正义曰：史记汉兴以来诸侯年表云：“形势虽强，要当以仁义为本。”魏武帝秋胡行云：“仁义为名，礼乐为荣。”礼记乐记云：“礼义立，则贵贱等矣。乐文同，则上下和矣。仁以爱之，义以正之。”又云：“乐在宗庙之中，君臣上下同听之，则莫不和敬。在闺门之内，父子兄弟同听之，则莫不和亲。”音义云：“集穆，张镒云：‘当为辑穆。’”左传随武曰“卒乘辑穆”，季武子曰“其天下辑睦”，黄公绍韵会云：“穆，通作‘睦’。”引此及史记司马相如传“旼旼睦睦”，汉书作“旼旼穆穆”为证。大戴记虞戴德篇云：“众则集，寡则缪。”孔氏广森补注云：“缪，古通以为‘穆’字，‘集缪’皆和也。孟子章指：‘上下和亲，君臣集穆。’”昭公二十五年左传：“子太叔曰：‘礼，天之经也，地之义也。’”礼乐必本仁义，故为不易之道。孟子七篇，主明仁义，以此立首也。

2　孟子见梁惠王，王立于沼上，顾鸿鴈麋鹿，曰："贤者亦乐此乎？"【注】沼，池也。王好广苑囿，大池沼，与孟子游观，顾视禽兽之众多，心以为娱乐，夸咤孟子曰，贤者亦乐此乎。【疏】注"沼池也"○正义曰：毛诗传文。○注"王好"至"此乎"○正义曰：国策魏策云："梁王魏嬰觞诸侯于范台，鲁君兴，避席择言曰：'楚王登强台而望崩山，左江而右湖，其乐忘死，遂盟强台而弗登，曰：后世必有以高台陂池亡其国者。今主君前夹林而后兰台，强台之乐也。'"是惠王好广苑囿、大池沼也。毛诗小雅鸿雁篇传云："大曰鸿，小曰雁。"说文鸟部云："鸿，鹄也。""鴈，鹅也。"隹部云："雁，鸟也。"雁鴈字异物异，此"鸿鴈"连文，鴈宜是雁，古字通也。又鹿部云："麋，鹿属。""鹿，兽也。"言雁又言鸿，言鹿又言麋，以见禽兽众多，余可例也。音义云："咤，丁：丑嫁切，诧也。玉篇作'诧'。"史记司马相如传云"子虚过诧乌有先生"，集解引郭璞云："诧也。"潜夫论浮侈篇云："骄侈僭主，转相夸诧。"又述赦篇云："令恶人高会而夸诧。"后汉书王符传注云："诧，诧也。"咤与诧通。咤，说文训"叱怒"，与夸连文，故亦为诧，夸亦诧也。

孟子对曰："贤者而后乐此；不贤者，虽有此不乐也。【注】惟有贤者然后乃得乐此耳。谓修尧舜之道，国家安宁，故得有此以为乐也。不贤之人，亡国破家，虽有此，当为人所夺，故不得以为乐也。【疏】注"谓修尧舜之道"○正义曰：孟子道性善，言必称尧舜，故知孟子之意，在修尧舜之道。尧舜通其变，使民不倦；神而化之，使民宜之；神化民宜，即文王有灵德也。诗云：'经始灵台，经之营之，庶民攻之，不日成之。【注】诗，大雅灵台之篇也。言文王始经营规度此台，众民并来治作之，而不与之相期日限，自来成之也。【疏】注"诗大"至"之也"○正义曰：诗序云："灵台，民始附也。文王受命，而民乐其有灵德，以及鸟兽昆虫焉。"毛传云："神之精明曰灵，四方而高曰台。经，度之也。攻，作也。不日有成也。"笺云："文王应天命，度始灵台之基趾，营表其位。众民则筑作，不设期日而成之。观台而曰灵者，文王化行，以神之精明，故以名焉。"赵氏此注，与毛、郑同。云规度此台，本毛以度训经也。云并来治作之，本毛以作训攻也。又以规明度义，以治明作义，说文夫部云："规，有法度也。"考工记"攻木之工"，注云："攻，犹治也。"云不与之相期日限，即不设期日也。国语引此诗，韦昭注云："不课程以时日。"赵氏佑温故录云："古者工必计日，左传宣十一年'蒍艾猎城沂，量功命日'，杜预注云：'命作日数。'昭三十二年'士弥牟营成周，量事期'，注云：'知事几时成。'皆于事前预为期限。"文王使民不劳，不急于成功，故曰不日成之。宋本作"不与期日限"，廖本作"不与期日"。**经始勿亟，庶民子来。**【注】言文王不督促使之。亟，疾也。众民自来趣之，若子来为父使也。【疏】注"言文"至"使也"〇正义曰：督，音义云："丁作'裻'。"阮氏元校勘记云："裻，疑'裻'之误。古裻与督义同音同。"毛诗笺云："亟，急也。度始灵台之基趾，非有急成之意，众民各以子成父事而来攻之。"疾，犹急也。云子来为父使，即是子成父事。经始勿亟申不日意，庶民子来申攻之成之意也。**王在灵囿，麀鹿攸伏；麀鹿濯濯，白鸟鹤鹤。**【注】麀鹿，牸鹿也。言文王在此囿中，麀鹿怀任，安其所而伏，不惊动也。兽肥饱则濯濯，鸟肥饱则鹤鹤而泽好。【疏】注"麀鹿"至"泽好"〇正义曰：鹤鹤，诗作"翯翯"。毛诗传云："囿，所以域养禽兽也。天子百里，诸侯四十里。灵囿，言灵道行于囿也。麀，牝也。濯濯，娱游也。翯翯，肥泽也。"笺云："攸，所也。文王亲至灵囿，视牝鹿所游伏之处，言爱物也。鸟兽肥盛喜乐。"赵氏解，与传笺有同有异。牸鹿，毛本作"牝鹿"，牸亦牝也。攸伏，笺以所游伏解之。游指下濯濯，伏与游对，则游言其动，伏言其静耳。赵氏云"怀任安其所而伏"，以伏为怀任者。任亦作"妊"，孕也。伏古与包通，伏羲氏一作"包羲氏"。伏、包皆训藏。说文包部云："包，象人裹妊也。巳在中，象子未成形也。"夏小正"鸡孚粥"，传云："妪伏也。"方言云："北燕朝鲜洌水之间，谓伏鸡曰抱。其卵伏而未孚，始化谓之涅。"禽鸟之伏卵，犹兽畜之怀任，故诗言伏，赵氏以怀任解之。国语楚语引诗，韦昭注亦云："视牝鹿所伏息，爱牸任之类。"此或齐、鲁、韩三家所传也。广雅释训云："濯濯，肥也。皠皠，白也。"王氏念孙疏证云："释器云：'皠，白也。'重言之，则曰皠皠。何晏景福殿赋'皠皠白鸟'，并与皠皠同。"按从隺从隺从高，古多通用。释名云："膗，蒿也。"说文手部云："搉，敲也。"尔雅释器云："篧谓之罩。"说文匕部云："卓，高也。"易"家人嗃嗃"，释文云："荀作

'确'。"一切经音义:"確,埤苍作'塙',又字书作'碻'。"哀公四年左传释文引郭璞解诂云:"鄗者脽。"汉书韩信传注引李奇云:"鄗,音龔脽之脽。"史记秦始皇纪索隐云:"鹄,古'鹤'字。"说文冂部云:"隺,高至也。"鹤之名鹤以高至;望及于高,故脽为望,亦取义于高。鹤亦作"鹤",从隺与从霍同。诗作"翯翯",孟子引作"鹤鹤",其字通也。赵氏云肥饱则濯濯鹤鹤,非以濯濯鹤鹤为肥饱,其以泽好申之,仍用毛传肥泽之训,因肥而泽,因泽而白也。濯濯未训娱游,盖以泽申鹤鹤,以好申濯濯。诗文王有声"王公伊濯",释文引韩诗云:"美也。"美即好也。**王在灵沼,於牣鱼跃。'**【注】文王在池沼,鱼乃跳跃喜乐,言其德及鸟兽鱼鳖也。【疏】注"文王"至"鳖也"○正义曰:毛诗传云:"灵沼,言灵道行于沼也。牣,满也。"笺云:"灵沼之水,鱼盈满其中皆跳跃,亦言得其所。"音义云:"牣,丁公著本作'仞'。"吴氏玉搢别雅云:"史记殷本纪'充仞宫室',司马相如传'充仞其中者,不可胜纪',仞皆与牣通。"按文选上林赋"虚馆而勿仞",郭璞注云:"仞,满也。"云德及鸟兽鱼鳖,即毛传所谓"灵道行于囿,灵道行于沼"也。**文王以民力为台为沼,而民欢乐之,谓其台曰灵台,谓其沼曰灵沼,乐其有麋鹿鱼鳖。**【注】孟子为王诵此诗,因曰文王虽以民力筑台凿池,民由欢乐之,谓其台沼若神灵之所为,欲使其多禽兽以养文王者也。【疏】注"孟子"至"所为"○正义曰:为,治也。故以筑台解为台,以凿沼解为沼。由,毛本作"犹",犹、由通也。臧氏琳经义杂记云:"宋孙氏音义云:'欢乐,本亦作劝乐。'案左传昭九年叔孙昭子引诗曰:'经始勿亟,庶民子来。'杜注:'诗大雅言文王始经营灵台,非急疾之,众民自以为子义来,劝乐为之。'正义云:'众民以为子成父事而来,劝乐而早成之耳。'是可知晋、唐时本皆作'劝乐'。故杜注孔疏据之,与孙宣公音义正合。盖经言'庶民子来',孟子以'而民劝乐'释之,犹礼记中庸谓'子庶民则百姓劝'也。因欢与劝形相近,故经注皆讹为欢。汉书王莽传上'诗之灵台',师古曰:'始立此台,兆庶自劝,就其功作,故大雅灵台之诗云云。'当亦本孟子云'谓其台沼,若神灵之所为'者。"周氏柄中辨正云:"诗小序:'民乐文王有灵德。'据此,则灵台因文德命名。说苑修文篇云:'积恩为爱,积爱为仁,积仁为灵。灵台之所以为灵者,积仁也。'其义与小序合。"赵氏佑温故录云:"赵注

'神灵之所为',殆乎托意鬼神然者。然灵之训善,书传于'吊由灵'、'丕灵承帝事'、'惟我周王灵承于旅'、'苗氏弗用灵',皆云'善也'。诗'灵雨'笺亦云'善',盖犹好雨之谓。其兼神言之者,如黄帝生而神灵之类,则与明同义,故序云'民乐文王有灵德',传云:'神之精明者称灵。'笺云:'文王化行,若神之精明。'则皆以文王之德言,初不系乎台成之速,有归诸冥冥不可得知之意,后世始有以灵为鬼神奇异之称者。又谥法灵若厉之灵,不可与文王之神灵相出入也。"谨按:灵训善,此说是也。灵德即善德也,灵道即善道也。则灵台即善台,灵沼即善沼。汉书地理志:"济阴成阳有尧冢灵台。"水经注:"成阳城西二里有尧陵,陵南一里,有尧母庆都陵,称曰灵台。"此陵墓称灵台,当以鬼神之义言之。文王之灵台灵沼,自以善称。诗云"经始灵台",则名自此始,故笺云:"本观台而曰灵台,非尧冢灵台之例也。"赵氏与毛、郑异。○注"欲使"至"者也"○正义曰:吕氏春秋务大篇"然后皆得其所乐",高诱注云:"乐,愿也。"愿,犹欲也。故以欲解乐。易杂卦传云:"大有,众也。"系辞传云:"富有之谓大业。"有之义为众,为富,众富即多,故以多解有。乐其有麋鹿鱼鳖,即欲其多麋鹿鱼鳖也。**古之人与民偕乐,故能乐也。**【注】偕,俱也。言古之贤君,与民共同其所乐,故能乐之。【疏】注"偕俱"至"乐之"○正义曰:"偕,俱也",毛诗传文。说文人部云:"俱,皆也。"偕与皆通。皆亦同也,故又以共同申言之。监本、毛本作"与民同乐,故能得其乐"。**汤誓曰:'时日害丧?予及汝偕亡!'**【注】汤誓,尚书篇名也。时,是也。日,乙卯日也。害,大也。言桀为无道,百姓皆欲与汤共伐之,汤临士众而誓之,言是日桀当大丧亡,我及女俱往亡之。【疏】注"汤誓"至"亡之"○正义曰:书序云:"伊尹相汤伐桀,升自陑,遂与桀战于鸣条之野,作汤誓。"其书今存,作"时日曷丧,予及汝偕亡"。伏生大传云:"夏人饮酒,醉者持不醉者,不醉者持醉者,相和而歌曰:'盍归乎亳,亳亦大矣。'故伊尹退而闲居,深听乐声。更曰:'觉兮较兮,吾大命假兮!去不善而就善,何乐兮!'伊尹入告于王曰:'大命之去有日矣。'王僩然叹,哑然笑曰:'天之有日,犹吾之有民也,日亡吾亦亡矣。'"郑康成本此注汤誓云:"桀见民欲叛,乃自比于日曰:'是日何尝丧乎,日若丧亡,我与汝亦皆丧亡。'引不亡之征,以胁恐下民也。"孟子引此文而申之云:

"民欲与之皆亡。"则伏、郑之解,乖于孟子矣。江氏声尚书古文集注音疏云:"桀自比于日,民即假日以谕桀,言是日何时丧乎。我将与汝皆亡,甚欲桀之亡也。予者,民自予也。及,与也。汝,汝日也。假日以谕桀,实则汝桀也。"谨按:赵氏以此为汤谕民之言;以予及汝偕亡,为我及汝俱往亡之。则我为汤自我,汝谓民,乃书文于此下云:"夏德若兹,今朕必往。"语为重沓矣。孟子引诗称文王之德,全在而民劝乐之。引书言桀之失德,全在民欲与之皆亡。若作汤谕民往亡桀之辞,无以见桀之失德矣。赵氏之旨,既殊孟子,亦违伏、郑,未知所本。其训时为是,尔雅释诂文。日为乙卯日者,礼记檀弓杜蒉饮师旷曰"子卯不乐",注云:"纣以甲子死,桀以乙卯亡。"左传:"昭公十八年春王二月乙卯,周毛得杀毛伯过而代之,苌宏曰:'毛得必亡,是昆吾稔之日也。'"杜预注云:"以乙卯日与桀同诛。"是桀以乙卯日亡也。害大者,音义云:"害,如字。张音曷。"如字则读伤害之害,伤害字无训大之义。盖曷与盍通,说文皿部云:"盍,覆也。"尔雅释诂云:"曷,盍也。"赵氏读害为曷,而通其义于覆。覆何以有大义?覆义与奄同,说文大部云:"奄,覆也。大有余也。"诗皇矣"奄有四方",传云:"奄,大也。"是奄覆有大义也。覆亦通于幠,说文巾部云:"幠,覆也。"尔雅释诂云:"幠,大也。"是幠、覆有大义也。阮氏元校勘记云:"宋本、孔本'日乙卯日',上日作'时',非。当作是日乙卯日也。"**民欲与之皆亡,虽有台池鸟兽,岂能独乐哉?"**【注】孟子说诗书之义以感喻王。言民皆欲与汤共亡,桀虽有台池禽兽,何能复独乐之哉。复申明上言不贤者虽有此不乐也。【疏】注"何能复独乐之哉"○正义曰:始侈而独乐,既民欲与之皆亡,则不能独乐矣。章指言"不能保守其所乐",故云何能复独乐哉。闽、监、毛三本无复字,非也。

章指言:圣王之德,与民共乐,恩及鸟兽,则忻戴其上,大平化兴;无道之君,众怨神怒,则国灭祀绝,不得保守其所乐也。【疏】"恩及"至"化兴"○正义曰:恩及鸟兽,即章句言"德及鸟兽鱼鳖"也。白虎通封禅篇云"王者德至鸟兽"是也。忻戴者,忻与欣同。国语周语云:"祭公谋父谏穆王曰:商王帝辛,大恶于民,庶民弗忍,欣戴武王,以致戎于商牧。是先王非务武也,勤恤民隐而除其害也。”韦昭注云：“戴，奉也。”晋语：“史苏朝[一]告大夫曰：昔者之伐也，起百姓，以为百姓也，是以民能欣之。”韦昭注云：“欣，欣戴也。”又：“郭偃曰：夫人美于中，必播于外而越于民，民实戴之。”韦昭注云：“戴，欣戴也。”音义云：“大平，丁音泰。”○“众怨神怒则国灭祀绝”○正义曰：国语周语：“内史过曰：国之将亡，其君贪冒辟邪，淫佚荒怠，粗秽暴虐；其政腥臊，馨香不登；其刑矫诬，百姓携贰；明神弗蠲，而民有远志，民神怨恫，无所依怀，故神亦往焉，观其苛慝而降之祸。昔夏之兴也，融降于崇山；其亡也，回禄信于聆隧。”汤誓言众怨，赵氏兼言神怒者，以文王灵台灵沼所以称灵，是为神所佑。众乐则神佑，众怨则神怒矣。

3　**梁惠王曰：“寡人之于国也，尽心焉耳矣。**【注】王侯自称孤寡。言寡人于治国之政，尽心欲利百姓。焉耳者，恳至之辞。【疏】注“王侯自称孤寡”○正义曰：礼记曲礼下云：“庶方小侯，入天子之国曰某人，于外曰子，自称曰孤。”又云：“诸侯与民言，自称曰寡人。”注云：“谦也。于臣亦然。”吕氏春秋君守篇云“君名孤寡而不可障壅”，高诱注云：“孤寡，人君之谦称也。”○注“言寡”至“百姓”○正义曰：下言移民移粟，皆是利百姓之事，故知尽心指欲利百姓。○注“焉耳者恳至之辞”○正义曰：焉耳当作“焉尔”。礼记三年问云：“然则何以三年也？曰：加隆焉尔也。”隐公二年公羊传云“托始焉尔”，何休注云：“焉尔，犹于是也。”然则此言尽心焉尔者，犹云尽心于是矣。**河内凶，则移其民于河东，移其粟于河内。河东凶亦然。**【注】言凶年以此救民也。魏旧在河东，后为强国，兼得河内也。【疏】“河内”至“亦然”○正义曰：凶谓荒年，移民之壮者，就食于河东；移河东之粟，以赈河内之老稚也。亦然，则移河东之壮者于河内，而移河内之粟于河东也。○注“魏旧”至“内也”。○正义曰：汉书地理志：“河东郡安邑，魏绛

〔一〕“朝”原作“明”，据国语改。

自魏徙此，至惠王徙大梁也。"是魏旧在河东。又云："河内本殷之旧都，周既灭殷，分其畿内为三国，诗风邶、庸、卫国是也。周公诛之，尽以其地封弟康叔。至十六世，懿公亡道，为狄所灭。齐桓公帅诸侯伐狄，而更封卫于河南曹楚丘。而河内殷墟，更属于晋。"魏分晋，则河内为魏得，故云后为强国，兼得河内。阎氏若璩四书释地又续云："梁河东，今之安邑等县。梁亦有河西，六国表'魏入河西地于秦'是也。梁河内，今之河内、济源等县。梁亦有河外，苏秦传'大王之地，北有河外'，注云：'谓河南地。'是也。河东西亦谓之河内外。左传僖十五年：'赂秦伯以河外列城五，内及解梁城。'魏世家：'无忌曰：所亡于秦者，河外河内。'是也。至河内外，则梁之河北河南地。苏代曰：'秦正告魏，我陆攻则击河内，水攻则灭大梁。'是也。然则梁之地，自河西逶迤而至河南，几将二千里。苏秦曰：'魏地方千里。'盖从长而横不足，绝长补短算耳。"

察邻国之政，无如寡人之用心者。【注】言邻国之君，用心忧民，无如己也。【疏】注"用心忧民"○正义曰：用心，即尽心。忧民，即欲利百姓。**邻国之民不加少，寡人之民不加多，何也？"**【注】王自怪为政有此惠，而民人不增多于邻国者何也。【疏】注"王自"至"何也"○正义曰：加多是增多，则加少是增少。邻国之民，归附于我，则邻之民少而益增其少，我之民多而益增其多矣。

孟子对曰："王好战，请以战喻。【注】因王好战，故以战事喻解王意。【疏】注"喻解王意"○正义曰：广雅释言云："喻，晓也。"汉书翼奉上封事云"何闻而不谕"，颜师古云："谕，谓晓解之。"谕与喻通。**填然鼓之，兵刃既接，弃甲曳兵而走，或百步而后止，或五十步而后止。以五十步笑百步，则何如？"**【注】填，鼓音也。兵以鼓进，以金退。孟子问王曰：今有战者，兵刃已交，其负者弃甲曳兵而走，五十步而止，足以笑百步止者不。【疏】注"填鼓"至"金退"○正义曰：说文土部云："填，塞也。"荀子非十二子云"填填然"，杨倞注云："填填然，满足之貌。"声之满足为填填，犹貌之满足为填填。僖公十六年公羊传云："贾石记闻，闻其磌然。"填然亦磌然也。楚辞九歌云："雷填填兮雨冥冥。"鼓声之满盛犹雷声也。

云兵以鼓进以金退者，荀子议兵篇云："闻鼓声而进，闻金声而退。"哀公十一年左传云"吾闻鼓而已，不闻金矣"，杜预注云："鼓以进军，金以退军。"亦本荀子也。此兵刃交接之时，鼓声督战，故填填充塞而盛也。李文仲字鉴云："鼓，说文从壴，从支持之支。五经文字云：'作皷，非。鼓，说文击鼓也。'孟子：'填然鼓之。'从支从壴。支，音扑。"○注"今有"至"者不"○正义曰：既，即已也。接，即交也。赵氏以已交解既接。曳，拖也。弃甲拖兵，是奔败也，故云其负者。闽、监、毛三本作"足以笑百步者否"。音义出"者不"，是旧作"不"。不、否字通也。

曰："不可！直不百步耳，是亦走也。"【注】王曰：不足以相笑也。是人俱走，直争不百步耳。【疏】注"不足"至"步耳"○正义曰：不足以相笑解不可，是人解是字，指五十步而止之人。云直争不百步者，谓争衡其轻重也。王氏引之经传释词云："直，犹特也，但也。直、特古同声。史记叔孙通传云'吾直戏耳'，汉书直作特。"

曰："王如知此，则无望民之多于邻国也。【注】孟子曰：王如知此不足以相笑，王之政犹此也。王虽有移民转谷之善政，其好战残民，与邻国同，而犹望民之多，何异于以五十步笑百步者乎。【疏】注"孟子曰"○正义曰：赵氏凡于经文，但称"曰"字必实指何人曰，如前云"王曰"，此云"孟子曰"。推之称"乐正子曰"、"丑曰"、"薛君曰"、"大夫曰"、"贾曰"、"相曰"、"周霄曰"、"彭更曰"、"不胜曰"、"匡章曰"、"髡曰"、"克曰"、"万章曰"、"告子曰"、"公都子曰"、"轻曰"、"白圭曰"、"高子曰"，皆然。惟云"某某以为某某"，以者，原其意旨，与云"某某曰"者为异。又有云"某某言"、"某某问"，亦犹"某某曰"也。○注"王虽"至"者乎"○正义曰：闽、监、毛三本谷作"粟"，无"以"字。**不违农时，谷不可胜食也。**【注】从此以下，为王陈王道也。使民得三时务农，不违夺其要时，则五谷饶穰，不可胜食。【疏】注"为王陈王道也"○正义曰：胡氏煦篝灯约旨云："春秋时，五霸迭兴，臣强君弱，渐有驱制同侪，决裂臣道，渺视周君之意。是君权将替，而臣道已亢，故孔子作春秋，寓意于尊周，所以维持臣道也。孟子时，七国雄据其地，强悍自用，君道亦已不振，而草菅人命，各图恢扩，故孟子游齐梁，说以王道，所以维持君道而已，与孔子非有异也。”○注“使民得三时务农”○正义曰：荀子王制篇云：“以春耕夏耘，秋收冬藏，四者不失时。”赵氏云三时者，春秋庄公三十一年：“秋，筑台于秦。”穀梁传云：“不正罢民三时。”桓公六年左传云“谓其三时不害而民和年丰也”，杜预注云：“三时，春夏秋。”**数罟不入洿池，鱼鳖不可胜食也。**【注】数罟，密网也。密细之网，所以捕小鱼鳖者也，故禁之不得用。鱼不满尺不得食。【疏】注“数罟”至“得用”○正义曰：毛诗豳风“九罭之鱼”，传云：“九罭缨罟，小鱼之网也。”释文云：“缨，又作‘总’。”小雅“鱼丽于罶”，毛传云：“庶人不数罟，罟必四寸，然后入泽梁。”释文云：“数，七欲反。又所角反。”陈氏云：“数，细也。”孔氏正义云：“庶人不总罟，谓罟目不得总之使小，言使小鱼不得过也。集本总作‘缨’，依尔雅定本作‘数’，义俱通也。”按诗召南“素丝五总”，毛传云：“总，数也。”陈风“越以鬷迈”，毛传云：“鬷，数也。”商颂“鬷假无言”，毛传云：“鬷，总也。”鬷、缨同声，缨、总、数三字同。趋数即迫促。文公十六年左传云“无日不数于六卿之门”，杜预注云：“数，不疏。”不疏是密也。说文糸部云：“总，聚束也。”聚束即促速，促束即趋数也。倪氏思宽二初斋读书记云：“周礼言‘罗襦’，犹孟子言‘数罟’。蜡则作罗襦，明非蜡则不用罗襦矣。周礼取禽，孟子取鱼，其实是一例。”韩非子说林云：“君闻大鱼乎，网不能止，缴不能絓也。”是缴所以取小鱼。盐铁论散不足篇：“贤良曰：鸟兽鱼鳖，不中杀不食，故缴网不入于泽。”说文糸部云：“繁，生丝缕也。”盖以生丝缕作网，则其目小，缴网即数罟也。今俗犹以细密者为丝网是也。○注“鱼不满尺不得食”○正义曰：吕氏春秋具备篇云：“宓子贱治亶父三年，巫马旗往观化，见夜渔者，得则舍之。巫马旗问焉，对曰：‘宓子不欲人之取小鱼也，所舍者小鱼也。’”高诱注云：“古者鱼不尺不升于俎。宓子体圣人之化为尽类也，故不欲人取小鱼。”淮南子主术训云：“鱼不长尺不得取，彘不期年不得食。”**斧斤以时入山林，材木不可胜用也。**【注】时，谓草木零落之时。使林木茂畅，故有余。【疏】注“时谓”至“有余”○正义曰：礼记王制云：“草木零落，然后入山林。”毛诗小雅“鱼丽于罶”，传云：“太平而后，微物众多，取之有时，用之有道，则物莫不多矣。古者草木不折，不操斧斤，不入山林。”翟氏灏考异云：“盐铁论通有章引孟子曰：‘不违农时，谷不可胜食。蚕麻以时，布帛不可胜衣也。斧斤以时入，材木不可胜用。佃鱼以时，鱼肉不可胜食。'荀子王制篇云：'春耕夏耘，秋收冬藏，四者不失时，故五谷不绝，而百姓有余食也。网罟毒药不入泽，洿池渊沼，谨其时禁，故鱼鳖优多，而百姓有余用也。斩伐长养，不失其时，故山林不童，而百姓有余材也。'逸周书大聚解云：'禹之禁：春三月，山林不登斧斤，以成草木之长。夏三月，川泽不入网罟，以成鱼鳖之长。且以并农力，执成男女之功。夫然，则有生而不失其宜。'孟荀之言，并本如此。"**谷与鱼鳖不可胜食，材木不可胜用，是使民养生丧死无憾也。**【注】憾，恨也。民所用者足，故无恨。【疏】注"憾恨也"○正义曰：论语"敝之而无憾"孔氏注、淮南子本经训高诱注，皆如此训。**养生丧死无憾，王道之始也。**【注】王道先得民心，民心无恨，故言王道之始。**五亩之宅，树之以桑，五十者可以衣帛矣。**【注】庐井邑居，各二亩半以为宅，冬入保城二亩半，故为五亩也。树桑墙下。古者年五十，乃衣帛矣。【疏】注"庐井"至"亩也"○正义曰：汉书食货志云："六尺为步，步百为亩，亩百为夫，夫三为屋，屋三为井，井方一里，是为九夫。八家共之，各受私田百亩，公田十亩，是为八百八十亩，余二十亩以为庐舍。春令民毕出在野，冬则毕入于邑。"赵氏所本也。毛氏奇龄四书賸言补云："'庐井邑居，各二亩半'，则已五亩。又云'冬入保城二亩半'，何解？汉书食货志云'在野曰庐'，则庐井者，井间之庐也。又云'在邑曰里'，则邑居者，里邑之居也。尔雅'里，邑也'，郑康成称里居，与赵称邑居，并同。盖庐井二亩半在公田中，一名庐舍。何休云：'一夫受田百亩，又受公田十亩，庐舍二亩半。'谓一夫受田一百十亩，又分受公田之二十亩，各得二亩半作庐居也。此易晓也。至在邑之二亩半，以国城当之，则大谬不然。管子内政云：'四民勿使杂处，处工就官府，处商就市井，处农就田野。'而韦昭谓：'国都城郭之域，惟士工商而已，农不与焉。'则二亩半在邑，只在井邑，与国邑无涉。盖古王量地制邑，其在国邑外，如公邑、家邑、丘邑、都邑，类凡所属井地，皆可置宅。然且诸井邑中，亦惟无城者可处农民；若有城如费邑、郈邑所称都邑者，则农不得入。管子与韦氏之言稍可据。然而赵邠卿乃有'冬入保城'之说，或系衍文，或有脱简，且或原有师承。如周礼'夫一廛'，郑康成所谓'城邑之居'者，则或诸邑有城者亦置里居，事未可知。若在国城，则周礼载师氏明有'国宅无征，园廛二十而一'之文，郑司农注云：'国宅，国城中宅也。'而郑康成即云：'国宅者，凡官所有之宫室，与吏所治者，又名国廛。'与园宅园廛农民所居者，正相分别，安可以农民园廛，溷当之官吏之国宅乎？则此二亩半当云'在井邑'，不问有城与无城，并得入保。此举近地井里而言，如四井为邑，则必邑中有里居，可为保守之地，故其居名里居，又名邑居。"倪氏思宽二初斋读书记云："晋语：'尹铎请于赵简子曰：以为茧丝乎，抑为保障乎？'韦昭注：'小城曰保。'引礼记遇入保者以为证。然则赵注当亦指井邑中小城言之。若既无城，何云入保？毛氏说未免于率。"周氏柄中辨正云："季彭山读礼疑图言：农民所宅，必是平原可居之地，别以五亩为一处，不占公田，取于便农，功迩馈饷，去田亦不宜远，其所聚居，或止八家，或倍八家以上，各随便宜，聚为一邑，置堡以相守望。故举成数言，则有十室之邑，千室之邑，非必都邑然后为邑，而都邑亦岂可寓农民哉？农民之宅，乡里也，即制里以导其妻子养老者也。国中之廛，市廛也，但为士旅寄居之所，工商懋迁之区而已。"段氏玉裁说文解字注云："说文：'庐，寄也。秋冬去，春夏居。''廛，二亩半也。一家之居。'大雅'于时庐旅'，毛传云：'庐，寄也。'小雅'中田有庐'，笺云：'中田，田中也。农人作庐焉，以便其田事。'春秋宣十五年公羊传注云：'一夫受田百亩，公田十亩，庐舍二亩半，凡为田一顷十二亩半。八家而九顷，共为一井。在田曰庐，在邑曰里。春夏出田，秋冬入保城郭。'按许'庐'义与下'廛'义互相足，在野曰庐，在邑曰廛，皆二亩半也。赵氏尤明里即廛也。诗伐檀毛传云：'一夫之居曰廛。'遂人'夫一廛'，先郑云：'廛，居也。'后郑云：'廛，城邑之居。'载师'以廛里任国中之地'，后郑云：'廛里者，若今云邑居。廛，民居之区域也。里，居也。'毛、郑皆未明言二亩半，要其意同也。许于'庐'不曰'二亩半'，于'廛'曰'二亩半'，以错见互足。"○注"古者年五十乃衣帛"○正义曰：任氏大椿深衣释例云："大司徒'六曰同衣服'，注：'民虽有富者，衣服不得独异。'按杂记注：'麻衣，白布深衣。'深衣注：'庶人吉服深衣。'管子立政篇云：'刑余戮民，不敢服丝。'然则非刑余戮民，可以服丝矣。春秋繁露服制篇：'散民不敢服采，刑余戮民不敢服丝。'然则散民不敢服采耳，丝得服也。又繁露度制篇：'古者庶人衣缦。'缦，无文帛也。尚书大传：'命民得乘饰车骈马，衣文骈锦。未有命者，不得衣,不得乘。庶人墨车单马,衣布帛。'然则命民亦得衣文,不命之民亦得衣帛,与郑注庶人白布深衣异说。今考士昏礼注:'士而乘墨车,摄盛。'盖士庶人往往有摄盛之事,郑注深衣为庶人之服,言其常服皆布也。若行盛礼,或当摄盛则衣丝也。刑余戮民,并不得摄盛矣。周礼闾师'凡庶民不蚕者不帛',疏引孟子曰:'五十可以衣帛。'以不蚕故,身不得衣帛。然则不蚕虽五十不得衣帛,蚕而未五十亦不得衣帛,则庶人布深衣,其常也。盐铁论:'古者庶人,耄老而后衣丝,其余则麻枲而已,故命曰布衣。'"**鸡豚狗彘之畜,无失其时,七十者可以食肉矣。**【注】言孕字不失时也。七十不食肉不饱。【疏】注"七十不食肉不饱"○正义曰:礼记王制云:"五十始衰,六十非肉不饱,七十非帛不暖。"此云七十不食肉不饱者,六十宿肉,已非肉不饱矣,至七十益可知。五十可以衣帛,或不衣帛尚可暖,至七十则非帛不暖矣。诗无羊正义引孟子曰"七十者可以食鸡豚",盖撮孟子之文。如遂人注引孟子"五亩之宅,树之以桑麻"。古人引经不拘,往往增损,非孟子经文有作此本也。**百亩之田,勿夺其时,数口之家可以无饥矣。**【注】一夫一妇,耕耨百亩。百亩之田,不可以徭役夺其时功,则家给人足。农夫上中下所食多少各有差,故总言数口之家也。【疏】"可以无饥矣"○正义曰:监本、毛本作"无饑"。阮氏元校勘记云:"饥饿之字当作'饥',饑乃饑馑字,此经当以'饥'为正。"按下文"黎民不饥不寒",毛本正作"饥"。**谨庠序之教,申之以孝悌之义,颁白者不负戴于道路矣。**【注】庠序者,教化之宫也。殷曰序,周曰庠。谨修教化,申重孝悌之义。颁者,班也。头半白班班者也。壮者代老,心各安之,故曰颁白者不负戴于道路也。【疏】注"庠序"至"之义"○正义曰:尔雅释宫云:"宫谓之室,室谓之宫。"刘熙释名释宫室云:"宫,穹也。屋见于垣上,穹隆然也。"凡有屋皆通称宫,故云教化之宫。教化不修,则弛废。谨,严也。振起其废弛而谨严之,故云谨修教化。"申重",尔雅释诂文。○注"颁者"至"路也"○正义曰:阮氏元校勘记云:"'头半白班班者也',闽、监、毛三本同。宋本白下有'曰'字。岳本、廖本、韩本者上并有'然'字。孔本作'头半白曰颁,斑斑然者也'。以斑为班,古字假借。毛本、孔本、韩本班作‘斑’，非也。”段氏玉裁说文解字注云：“说文：‘䰉，须发半白也。’此孟子‘颁白’之正字也。赵注云：‘颁者，斑也。头半白斑斑者也。’卑与斑双声，是以汉地理志卑水县，孟康音斑。盖古䰉读如斑，故亦假大头之颁。藉田赋‘士女颁斌’，李注：‘颁斌，相杂之貌也。’其引申之义也。”礼记王制云“道路轻任并，重任分，斑白不提挈”，注云：“皆谓以与少者。杂色曰斑。”祭义云“斑白者不以其任，行乎道路”，注云：“斑白者，发杂色也。任，所担持也。不以任，少者代之。”负谓负于背，戴谓戴于首。汉书东方朔传颜师古注云：“寠薮，戴器也。以盆盛物戴于头者，则以寠数荐之。”此戴之谓也。提挈以手，颁白之老，一身俱宜安佚，可互见矣。毛本作“故颁白者不负戴也”。周氏广业古注考云：“宋本作‘故斑白者’。”**七十者衣帛食肉，黎民不饥不寒，然而不王者，未之有也。**【注】言百姓老稚温饱，礼义修行，积之可以致王也。孟子欲以风王何不行此，可以王天下，有率土之民，何但望民多于邻国。【疏】注“然而不王者”○正义曰：王氏引之经传释词云：“然，词之转也。然而者，亦词之转也。孟子公孙丑篇：‘夫二子之勇，未知其孰贤，然而孟施舍守约也。’今人用然而二字，皆与此同义。然而者，词之承上而转者也，犹言如是而也。梁惠王篇‘然而不王者未之有也’，谓如是而也。今人用然而二字，则与此异义矣。”○注“有率土之民”○正义曰：诗小雅北山：“率土之滨，莫非王臣。”天下之民，皆归附于梁，何止邻国。**狗彘食人食而不知检，涂有饿莩而不知发；**【注】言人君但养犬彘，使食人食，而不知以法度检敛也。涂，道也。饿死者曰莩。诗曰：“莩有梅。”莩，零落也。道路之傍有饿死者，不知发仓廪以用振救之也。【疏】注“言人”至“敛也”○正义曰：汉书食货志赞云：“孟子亦非狗彘食人之食不知敛，野有饿莩而弗知发。”应劭云：“养狗彘者使食人之食，而不知以法度敛之也。”颜师古云：“孟子，孟轲之书。言岁丰孰，菽粟饶多，狗彘食人之食，此时可敛之也。”赵氏之义，同于应氏。师古不从者，食货志云：“李悝为魏文侯作尽地力之教，云粜甚贵伤民，甚贱伤农。民伤则离散，农伤则国贫。善平粜者，必谨观岁有上中下孰。上孰其收自四，余四百石；中孰自三，余三百石；下孰自倍，余百石。小饥则收百石，中饥七十石，大饥三十石。故大孰则上籴三而舍一，中孰则籴二，下孰则籴一，使民适足，贾平则止。小饥则发小孰之所敛，中饥则发中孰之所敛，大饥则发大孰之所敛，而粜之。故虽遇饥馑水旱，籴不贵而民不散，取有余以补不足也。"此敛发正用孟子。则敛指丰年，发指凶岁。管子国蓄篇云："岁适美，则市粜无与，而狗彘食人食；岁适凶，则市籴釜十镪，而道有饿民，故人君敛之以轻，散之以重。"食货志赞既引孟子，即承云管氏之轻重，李悝之平籴，固以孟子与管、李之义同也。罗大经鹤林玉露云："孟子'狗彘食人食而不知检'，检字一本作'敛'，盖狗彘食人食，粒米狼戾之岁也，法当敛之。涂有饿莩，凶岁也，法当发之。"此皆用管子以明孟子。赵氏虽以敛释检，而义同于应，则与管、班不合。阎氏若璩释地三续云："古虽丰穰，未有以人食予狗彘者。狗彘食人食，即下章庖有肥肉意，谓厚敛于民，以养禽兽者耳，不必泥班志也。"钱氏大昕养新录则从汉书之说云："发敛之法，丰岁则敛之于官，凶岁则粜之于民。记所谓'虽遇凶旱水溢，民无菜色'者，用此道也。惠王不修发敛之制，丰岁任其狼戾，一遇凶歉，食廪空虚，不得已为移民移粟之计，自以为尽心，惑矣。"闽、监、毛三本，犬彘作"狗彘"。陆宣公奏议云"犬彘厌人之食而不知检"，盖用注以参经文。○注"涂道"至"之也"○正义曰：论语阳货篇"遇诸涂"，集解孔氏云："涂，道也。"高诱注吕氏春秋、王逸注楚辞，皆以涂为道。汉书食货志赞引孟子莩作"莩"，注引郑氏云："莩音'蔈有梅'之蔈。莩，零落也。人有饿死零落者，不知发仓廪贷之也。"此注颇与赵同。颜师古云："莩音频小反。诸书或作'殍'字，音义亦同。"说文𠬪部云：𠬪，物落上下相付也。读若诗摽有梅。"毛诗传云："摽，落也。"尔雅释诂云："落，死也。"然则饿莩犹云饿落。楚辞离骚"惟草木之零落兮"，王逸注云："零，落，皆坠也。"人生则纵立，死则横坠。方其行于道，尚能纵立，以饿而横坠于地，故云饿莩。赵既以饿死者释莩字，又以莩为零落之名，因连饿字，乃为饿死，故引诗以明莩字本义也。段氏玉裁说文解字注云："毛诗摽字，正𠬪之假借。孟子作'莩'者，莩之字误。丁公著云：'莩有梅，韩诗也。'"阮氏元校勘记云："'以用赈救之也'，廖本、考文古本、足利本同。宋本、孔本、韩本赈作'振'，闽、监、毛三本用'周'。按振即古之赈字，作'赈'者非。"**人死，则曰：'非我也，岁也。'是何异于刺人而杀之，曰：'非我也，兵也。'**【注】人死，谓饿疫死者也。王政使然，而曰非我杀之，岁杀之也。此何以异于用兵杀人，而曰非我也，兵自杀之也。【疏】注"用兵杀人"○正义曰：顾氏炎武日知录云："古之言兵，非今日之兵，谓五兵也。故曰天生五材，谁能去兵。世本：'蚩尤以金作兵，一弓，二殳，三矛，四戈，五戟。'周礼司右'五兵'，注引司马法云：'弓矢围，殳矛守，戈戟助。'是也。'诘尔戎兵'，诘此兵也。'踊跃用兵'，用此兵也。'无以铸兵'，铸此兵也。秦汉以下，始谓执兵之人为兵，五经无此语也。以执兵之人为兵，犹之以被甲之人为甲。"王无罪岁，斯天下之民至焉。"【注】戒王无归罪于岁，责己而改行，则天下之民皆可致也。【疏】注"皆可致也"○正义曰：致，犹至也。故以致明至。

章指言：王化之本，在于使民。养生送死之用备足，然后导之以礼义，责己矜穷，则斯民集矣。【疏】"导之"至"矜穷"○正义曰：国语晋语云："礼宾矜穷，礼之宗也。"

4　梁惠王曰："寡人愿安承教！"【注】愿安意承受孟子之教令。

孟子对曰："杀人以梃与刃，有以异乎？"【注】挺，杖也。【疏】注"挺杖也"○正义曰：吕氏春秋简选篇云："锄櫌白梃，可以胜人之长铫利兵。"高诱注云："梃，杖也。"阮氏元校勘记云："闽本经、注并作'挺'。按音义云从木，则闽本误也。"

曰："无以异也。"【注】王曰梃刃杀人，无以异也。

"以刃与政，有以异乎？"【注】孟子欲以政喻王。

曰："无以异也。"【注】王复曰政杀人，无以异也。

曰："庖有肥肉，厩有肥马，民有饥色，野有饿莩，此率兽而食人也。【注】孟子言人君如此，为率禽兽以食人也。兽相食，且人恶之；为民父母行政，不免于率兽而食人，恶在其为民父母也？【注】虎狼食禽兽，人犹尚恶视之。牧民为政，乃率禽兽食人，安在其为民父母之道也。【疏】"庖有"至"母也"○正义曰：毛氏奇龄四书賸言云："汉王吉传：'今民大饥而死，死又不葬，为犬猪所食。而厩马食粟，苦其太肥。王者受命于天，为民父母，固当若是乎？'此借孟子语疏而为言，乃吉言犬猪所食，则是实有兽食人。揆赵氏义，盖以人君以人之食养禽兽，故禽兽肥；不以食养百姓，故民之生者有饥色，其死者莩于野，不异率兽食人，非真使禽兽食人也。"盐铁论园池章云："厨有腐肉，国有饥民；厩有肥马，路有馁人。"古文苑扬雄太仆箴云："孟子盖恶夫厩有肥马，而野有饿殍。"皆同赵义。**仲尼曰：'始作俑者，其无后乎！'为其象人而用之也。如之何其使斯民饥而死也。"**【注】俑，偶人也。用之送死。仲尼重人类，谓秦穆公时以三良殉葬，本由有作俑者也。夫恶其始造，故曰此人其无后嗣乎，如之何其使此民饥而死邪。孟子陈此以教王爱民。【疏】注"俑偶"至"送死"○正义曰：说文人部云："偶，桐人也。"淮南子缪称训云"鲁以偶人而孔子叹"，高诱注云："偶人，相人也。"说文"桐人"疑是"相人"之误。相人，即象人也。礼记檀弓云："涂车刍灵，自古有之，明器之道也。孔子谓为刍灵者善，谓为俑者不仁，不殆于用人乎哉。"注云："刍灵，束茅为人马。谓之灵者，神之类。俑，偶人也。有面目机发，似于生人。"周礼春官冢人"及葬，言鸾车象人"，注云："郑司农云：'象人，谓以刍为人。'玄谓：孔子谓为刍灵者善，谓为俑者不仁，非作象人者，不殆于用生乎。"后郑不用先郑，以俑与刍人异。盖以刍为人，但形似而不能转动；俑则能转动，象生人。以其象生人，故即名象人。冢人之象人，即俑之名也。孟子言为其象人，则所以名象人之故也。说文人部云："俑，痛也。"足部云："踊，跳也。"广韵引埤苍云："俑，木人送葬，设关而能跳俑，故名之。"然则俑为踊之假借，以其能跳踊，斯名为俑，则为其象人者，谓为其象人之转动跳踊也。春秋僖公十九年："己酉，邾娄人执鄫子，用之。"公羊传云："恶乎用之？用之社也。"左传司马子鱼曰："古者六畜，不相为用。小事不用大牲，而况敢用人乎？"此用生人，故春秋恶之。象人而用之送葬，虽非生人，其用之云者，犹执鄫子用之之用也。○注"谓秦"至"者也"○正义曰：文子微明篇云："鲁以俑人葬而孔子叹，见其所始，即知其所终。"终谓至于以生人为殉也，故赵氏引三良殉死事。事见诗秦风黄鸟篇。文公六年左传云："秦伯任好卒，以子车氏之三子奄息、仲行、鍼虎为殉。”是其事也。推孟子之意，盖谓木偶但象人耳，用之，孔子尚叹其无后，况真是人而使之饥而死，其为无后，更当何如？赵氏推孔子之意，以其始于作俑，终至用生人为殉；此孔子叹无后之意，非孟子引以况使斯民饥死之意也。○注“夫恶”至“爱民”○正义曰：闽、监、毛三本无“夫”字，邪作“也”。阮氏元校勘记云：“音义出‘夫恶’，山井鼎考文云：‘古本本由有作俑者也下有夫字。’以夫字属上读，非也。音义出‘死邪’，毛本作‘爱其民也’。”

章指：言王者为政之道，生民为首。以政杀人，人君之咎犹以白刃，疾之甚也。

5　梁惠王曰：“晋国，天下莫强焉，叟之所知也。【注】韩魏赵本晋六卿，当此时号三晋，故惠王言晋国天下强也。【疏】注“韩魏”至“强也”○正义曰：史记六国表云：“六卿擅晋权，征伐会盟，威重于诸侯，终之卒分晋。量秦之兵，不如三晋之强也。”楚世家云：“宣王六年，三晋益大，魏惠王尤强。”战国策楚策张子曰“王无求于晋国乎”，魏策王钟云“此晋国之所以强也”，是当时称魏为晋国。**及寡人之身，东败于齐，长子死焉，西丧地于秦七百里，南辱于楚，寡人耻之，愿比死者壹洒之，如之何则可？”**【注】王念有此三耻，求策谋于孟子。【疏】“东败”至“死焉”○正义曰：史记魏世家：“惠王十七年，围赵邯郸。十八年，拔邯郸。赵请救于齐，齐使田忌、孙膑救赵，败魏桂陵。二十八年，齐威王卒，中山君相魏。三十年，魏伐赵，赵告急齐，齐宣王用孙子计，救赵击魏。魏遂大兴师，使庞涓将，而令太子申为上将军，与齐人战，败于马陵。齐虏魏太子申，杀将军涓，军遂大破。”周氏柄中辨正云：“齐救赵败魏者，桂陵之役。救韩败魏者，马陵之役。魏世家俱以为救赵，与国策异。而孙膑传又以为救韩，则自相矛盾矣。又国策苏代说齐闵王篇曰：‘昔魏王拥土千里，带甲三十六万，恃其强而拔邯郸，西围定阳。又从十二诸侯，朝天子以西谋秦，秦王用卫鞅之谋，说魏王先行王服，然后图齐楚。魏王悦于卫鞅之言，故身广公宫，制丹衣柱，建九斿，从七星之旟，此天子之位也，而魏王处之。于是齐楚怒，诸侯奔齐。齐人伐魏，杀其太子，覆其十万之军。'此又与前策不同。战国时，纪载之异如此。"曹氏之升四书摭余录云："梁惠王曰：'及寡人之身，东败于齐，长子死焉。'此经文也。然魏世家云：'魏伐赵，赵告急齐。'田齐世家云：'魏伐赵，赵与韩亲，共击魏。赵不利，韩请救于齐。'孙子列传云：'魏与赵攻韩，韩告急于齐。'史载异辞，以经证之。孟子曰：'梁惠王以土地之故，糜烂其民而战之，大败，将复之。恐不能胜，故驱其所爱子弟以殉之。'按周显王十五年，魏围赵邯郸。十六年，邯郸降齐，齐伐魏，败魏桂陵。惠王初立，即与二家不和，后遂相仇靡已。曩者邯郸垂拔，中北于齐，固无时不图报复。至三十年，为周显王之二十八年，又令太子申为上将军以伐赵。惟其为赵也，故曰'复'。惟其在桂陵之败之后也，故曰'大败将复之'。此孟子经文之明注也。然则魏世家魏伐赵之说，不为无据。因赵与韩亲，共击魏不利，致韩有南梁之难，而请救于齐，故又曰'齐起兵救韩赵以击魏'也。列传谓魏与赵攻韩，误矣。阎百诗释地谓：'惠王九年己未，秦魏战于少梁。六国表秦云虏其太子，魏云虏我太子，此太子即名申，后死于齐者。中相距二十二年，必虏后复归魏为太子，复令之将庞涓兵。'余以为不然。秦本纪：'献公二十三年，与魏晋战少梁，虏其将公孙痤。'魏世家：'九年，与秦战少梁，虏我将公孙痤。'痤是魏相，即卫公孙鞅所事者。故明年痤卒而鞅乃奔秦，表误为太子耳。且即是太子，亦是痤，不是申。赵世家所谓'秦献公使庶长国伐魏少梁，虏其太子痤'是也。阎说误。"○"西丧"至"百里"○正义曰：魏世家云："三十一年，秦赵齐共伐我。秦将商君，诈我将军公子卬而袭夺其军，破之。秦用商君，东地至河；而齐赵数破我。安邑近秦，于是徙治大梁。"商君列传云："齐败魏军于马陵，虏其太子，杀将军庞涓。其明年，卫鞅说孝公，孝公使卫鞅将而伐魏，魏使公子卬将而击之。军既相距，鞅遗魏将公子卬书，与公子面相见盟，乐饮而罢兵。鞅伏甲士而袭虏公子卬，因攻其军，尽破之以归秦。魏惠王兵数破于齐秦，国内空，日以削，恐，乃使割河西之地，献于秦以和。而魏遂去安邑，徙都大梁。"阎氏若璩释地又续云："班固曰：'魏界自高陵以东。'此距安邑，指东西言。张守节曰：'自华州北至同州，并魏河西之地。'此指南北言。其地四至固可按。又有上郡，襄王七年癸巳始入秦。守节曰：'今丹、鄜、延、绥等州，北至固阳，并其地。'又即惠文君十年魏纳上郡十五县者也。盖至是而魏河西滨洛之地，筑长城以界秦者，尽失之矣。自属两截事。”〇“南辱于楚”〇正义曰：周氏柄中辨正云：“史记魏世家及楚世家，惠王在位三十六年，未尝与楚构兵。故南辱于楚，赵注阙其事。惟战国策载魏围赵邯郸，楚使景舍救赵，取魏睢濊之间，乃惠王时事。‘南辱’指此无疑。史记楚将昭阳攻魏，在梁襄十二年，魏世家所称‘楚败我襄陵’者。而在楚世家则云：‘怀王六年，楚使柱国昭阳将兵而攻魏，破之于襄陵，得八邑。’此襄王时事，而说者引之，亦据竹书惠王改元又十六年之说也。”〇“愿比死者壹洒之”〇正义曰：广雅释诂云：“比，代也。”洒、洗古通。说文水部云：“洒，涤也。”音义云：“洒之，丁音洗，谓洗雪其耻也。”死者，旧疏谓死不惜命者，盖即长子死之死。太子申之死，西河之丧，睢濊之辱，三者俱宜洗雪。死重于丧辱，举死者以互见耳。谓愿代死者专壹洗雪之。或谓比读比方之比，盖将不顾其生，愿效前之战死者，与敌决战，以雪其耻也。闽、监、毛三本壹作“一”。

孟子对曰：“地方百里而可以王。【注】言古圣人以百里之地，以致王天下，谓文王也。【疏】注“谓文王也”〇正义曰：“文王以百里”，公孙丑上篇文。**王如施仁政于民，省刑罚，薄税敛，深耕易耨，壮者以暇日，修其孝弟忠信，入以事其父兄，出以事其长上，可使制梃以挞秦、楚之坚甲利兵矣。**【注】易耨，芸苗令简易也。制，作也。王如行此政，可使国人作杖以捶敌国坚甲利兵，何患耻之不雪也。【疏】注“易耨”至“易也”〇正义曰：尔雅释器云：“斪劚谓之定。”广雅释器云：“定谓之耨。”说文木部云：“槈，薅器也。或作‘鎒’。”吕氏春秋任地篇云：“耨，柄尺，此其度也。其耨六寸，所以间稼也。”高诱注云：“耨，所以芸苗也。刃广六寸，所以入苗间也。”耨、槈、鎒字同。芸苗之器名耨，因而即称芸苗为耨。尽心篇“易其田畴”，注训易为治，本诗“禾易长亩”毛传也。此耨为芸苗，若训易为治，治耨于辞为不达。且上云“深耕”，谓耕之深；此云“易耨”，则为耨之易也。禾中有草杂之，则烦扰矣，故芸之使简易。阎氏若璩释地三续云：“即朱虚侯刘章为高后言田立苗欲疏之意。”〇注“制作”至“利兵”〇正义曰：楚辞招魂云“晋制犀比”，王逸注云：“制，作也。”制作古多连文，故以作释制。然备乃弓矢，锻乃戈矛，砺乃锋刃，无敢不善，王者以弧矢威天下，岂容自损其兵。谓使民作梃，言近于迂。按刘熙释名释姿容云："掣，制也。制顿之使顺己也。"制宜读为掣，谓可使提掣木梃，以挞其坚甲利兵。若诚自恃施仁，造作此梃，即宋公不禽二毛之智矣。广雅挞、捶皆训击，故以捶释挞。礼记文王世子云："成王有过，则挞伯禽。"说文手部云："捶，以杖击也。"挞人用杖，其义一也。"省刑罚"以下八句，赵氏以行此政括之，未详注，以其易明也。惟省刑罚，薄税敛，使得深耕易耨，所以得有暇日。潜夫论爱日篇云："国之所以为国者，以有民也。民之所以为民者，以有谷也。谷之所以丰殖者，以有人功也。功之所以能建者，以有日力也。治国之日舒以长，故其民闲暇而力有余；乱国之民促以短，故其民困务而力不足。诗云：'王事靡盬，不遑将父。'言在古闲暇，而得行孝，今迫促不得养也。迫促不得养，则夺其农时，使不得耕耨之谓也。富而后教，民有暇日，以养其父母，及其兄弟妻子，乃可修其孝弟忠信也。民知孝弟忠信，则入以事其父兄，出以事其君上矣。此所以可以以梃挞强也。"**彼夺其民时，使不得耕耨，以养其父母；父母冻饿，兄弟妻子离散。彼陷溺其民，王往而征之，夫谁与王敌？**【注】彼，谓齐、秦、楚也。彼困其民，愿王往征之也。彼失民心，民不为用，夫谁与共御王之师，为王敌乎。【疏】注"彼谓齐秦楚也"○正义曰：惠王所问，举齐秦楚三国；孟子对，仅称秦楚，便文耳。其实制梃挞秦楚，亦兼挞齐，故赵氏申明之。○注"为王敌乎"○正义曰：闽、监、毛三本作"而为王之敌乎"。**故曰：仁者无敌，王请勿疑！"**【注】邻国暴虐，己修仁政，则无敌矣。王请行之，勿有疑也。

章指言：以百里行仁，天下归之；以政伤民，民乐其亡；以梃服强，仁与不仁也。

孟子正义卷三

6　**孟子见梁襄王，出语人曰："望之不似人君，【注】**襄，谥也。梁之嗣王也。望之无俨然之威仪也。【疏】注"襄谥"至"王也"○正义曰：周书谥法解云："辟地有德曰襄，甲胄有劳曰襄。"是襄为谥也。史记魏世家集解荀勖曰："和峤云：'纪年起自黄帝，终于魏之今王。'今王者，魏惠成王子。按太史公书，惠成王但言惠王，惠王子曰襄王，襄王子曰哀王。惠王三十六年卒，襄王立，十六年卒。并惠、襄王为五十二年。今按古文：惠成王立三十六年，改元称一年，改元后十七年卒。太史公书为误分惠、成之世，以为二王之年数也。世本：惠王生襄王，而无哀王。然则今王者，魏襄王也。"索隐辨之云："按系本襄王生昭王，无哀王，盖脱一代耳。而纪年说惠成王三十六年，又称后元一十七年卒。今此文分惠王之秝以为二王之年，又有哀王凡二十三〔一〕年，纪事甚明，盖无足疑。而孔衍叙魏语，亦有哀王。盖纪年之作，失哀王之代，故分襄王之年为惠王后元，即以襄王之年包哀王之代耳。"近时顾氏炎武日知录主古文之说，以襄哀字相近，史记误分为二人。江氏永群经补义申其说云："魏罃于周显王三十五年丁亥，与齐威王会于徐州以相王，是年为惠王即位后三十七年，于是始称王，而改元称一年。司马温公通鉴考异，既从纪年书魏惠王薨，子襄王立；于慎靓王二年壬寅，又载孟子一见而出语，是矣。乃于显王三十三年乙酉，书邹人孟轲见魏惠王，岂孟子在魏十八年乎？误矣。盖

〔一〕"三"原作"二"，据史记魏世家及索隐改。

惠王卑礼厚币以招贤，在后元之末年，而史记误谓在惠王即位之三十五年也。此年尚未称王，孟子何得称之为王。”依顾氏、江氏之说，史记襄王之年，仍惠王之后元。则襄王五年予河西之地，六年秦取汾阴、皮氏、焦。七年尽入上郡于秦，秦降我蒲阳，皆在七百里中。而十二年楚败我襄陵，则所云“辱于楚”也。然近所行之竹书纪年，固浅人伪托；即和峤所引，亦魏、晋间赝书，不足征信。西京杂记记广川王发古冢，有魏襄王冢、哀王冢，然则襄、哀二冢，汉时尚存，显然可考，故世本虽失纪哀王，而司马公则核实言之。和峤所引，又何庸议？阎氏若璩孟子生卒年月考云：“魏世家云：‘惠王三十一年辛巳，徙都大梁。三十五年乙酉，卑礼厚币，以招贤者，孟轲等至梁。’故六国表于三十五年，特书‘孟子来，问利国，对曰君不可言利’。三十六年丙戌，惠王卒，子嗣立，是为襄王。孟子入而见王，出而告人，有不似人君之语。盖储君初即位之辞。不然，如通鉴五十二年壬寅，惠始卒而襄王立，孟子入见，岂孟子竟久淹于梁如是邪？不然，以襄王之庸，岂能以礼聘孟子而复至梁邪？不以礼聘孟子，而孟子肯枉见邪？果受其礼聘，至而初见时即讥议之邪？此史记所以可信也。或曰：竹书纪年彼既魏史，所书魏事，司马公以为必得其真，故从焉。余曰不然。纪年云：‘惠成王九年四月甲寅，徙都大梁。’不知是年秦孝公甫立，卫公孙鞅来相，魏公子卬未虏，地不割，秦不逼，魏何遽徙都以避之邪？即一徙都事如此，尚谓其生卒年月尽足信邪？此余所以信史记以信孟子也。”闽、监、毛三本作“魏之嗣王”。○注“望之”至“仪也”○正义曰：论语云：“望之俨然。”又云：“俨然人望而畏之。”**就之而不见所畏焉，**【注】就与之言，无人君操秉之威，知其不足畏。【疏】注“就与”至“足畏”○正义曰：望之既指威仪，则就之当指言论，故云与之言。秉，闽、监、毛三本作“柄”。柄，说文重文作“棅”，通于秉。仪礼大射仪“有柄”，释文云：“刘本作‘秉’。”文选六代论注云“秉即柄字”是也。诗定之方中毛传云：“秉，操也。”礼运注云：“柄，所操以治事。”庄子天道篇司马彪注云：“棅，威权也。”故赵氏云操柄之威。**卒然问曰：‘天下恶乎定？’**【注】卒暴问事，不由其次也。问天下安所定，言谁能定之。【疏】注“卒暴”至“次也”○正义曰：汉书成帝纪云“兴卒暴之作”，注云：“卒，谓急也。”师丹传云“卒暴无渐”，注云：“卒读曰猝。”说文犬部云：

"猝，犬从草暴出逐人也。"古卒暴二字连文，故赵氏以卒暴明卒然。不由其次，即无渐也。○注"问天"至"定之"○正义曰：恶，犹安也，何也。字亦作"乌"。高诱注吕氏春秋本生篇曰："恶，安也。"昭三十一年公羊传曰"恶有言人之国贤若此者乎"，何注曰："恶有，犹何有。"又庄二十年公羊传曰"鲁侯之美恶乎至"，注曰："恶乎至，犹何所至。"由公羊传注及孟子注推之，盖恶本训何，恶乎犹言何所。**吾对曰：'定于一。'**【注】孟子谓仁政为一也。【疏】注"孟子"至"一也"○正义曰：易文言传云："元者，善之长也。君子体仁足以长人。"董子繁露重政篇云："唯圣人能属万物于一，而系之元也。终不及本所从来而承之，不能遂其功，是以春秋变一谓之元。"元即仁，仁即一，故赵氏以仁政为一。孟子对滕文公亦云："夫道一而已。"赵氏章指言"定天下者，一道而已"。谓孟子对梁襄王之定于一，即对滕文公之道一也。赵氏之说正矣。然下云"能一之"，又云"民归之"，则谓时无王者，不能统一，故天下争乱而不能定；惟有王者布政施教于天下，天下皆遵奉之而后定。孔子作春秋，书"王正月"，公羊传云："大一统也。"孟子当亦谓此。**'孰能一之？'**【注】言孰能一之者。**对曰：'不嗜杀人者能一之。'**【注】嗜，犹甘也。言今诸侯有不甘乐杀人者，则能一之。【疏】注"嗜犹"至"杀人"○正义曰：说文口部云："嗜，嗜欲喜之也。"吕氏春秋诬徒篇高诱注云："嗜，犹乐也。"淮南子览冥训高诱注云："甘，犹耆也。"耆与嗜同。一切经音义引广雅云："甘，乐也。"是嗜、甘、乐三字义同。**'孰能与之？'**【注】王言谁能与不嗜杀人者乎。【疏】"孰能与之"○正义曰：齐语云"桓公知天下诸侯多与己也"，韦昭注云："与，从也。"吕氏春秋执一篇高诱注云："与，犹归也。"**对曰：'天下莫不与也。**【注】孟子曰：时人皆苦虐政，如有行仁，天下莫不与之。**王知夫苗乎！七八月之间旱，则苗槁矣。天油然作云，沛然下雨，则苗浡然兴之矣。其如是，孰能御之？**【注】以苗生喻人归也。周七八月，夏之五六月。油然，兴云之貌。沛然下雨，以润槁苗，则浡然已盛，孰能止之。【疏】注"以苗"至"六月"○正义曰：夏小正"匽之兴”，传云：“其不言生而言兴何也？不知其生之时，故曰兴。”广雅释诂云：“兴，生也。”苗生即下苗浡然兴，以生释兴，故下云浡然已盛，不复解兴义也。白虎通三正篇云：“正朔有三何？本天有三统，谓三微之月也。明王者当奉顺而成之，故受命各统一正也。礼三正记曰：‘十一月之时，阳气始养根株，黄泉之下，万物皆赤，赤者，盛阳之气也。故周为天正，色尚赤也。十二月之时，万物始芽而白，白者阴气，故殷为地正，色尚白也。十三月之时，万物始达，孚甲而出，皆黑，人得加功，故夏为人正，色尚黑。’尚书大传云：‘夏以孟春月为正，殷以季冬月为正，周以仲冬月为正，夏以十三月为正，色尚黑，以平旦为朔；殷以十二月为正，色尚白，以鸡鸣为朔；周以十一月为正，色尚赤，以夜半为朔。’”后汉书陈宠奏云：“夫冬至之节，阳气始萌，故十一月有兰、射干、芸、荔之应。时令曰：‘诸生荡，安形体。’天以为正，周以为春。十二月阳气上通，雉雊鸡乳，地以为正，殷以为春。十三月阳气已至，天地已交，万物皆出，蛰虫始振，人以为正，夏以为春。”春秋昭公十七年“夏六月朔，日有食之”，左传：“太史曰：当夏四月，是谓孟夏。”又“冬有星孛于大辰”，左传：“梓慎曰：火出于夏为三月，于商为四月，于周为五月。”推之周之七八月，为夏之五六月；夏之五月建午，六月建未；周之七月建午，八月建未也。说者或以孟子七八月为夏正，赵氏佑温故录云：“若是夏正之月，则豳风‘八月其获’，月令‘七月登谷’，是时安得尚言苗邪？”○注“油然”至“之貌”○正义曰：大戴记文王官人篇云“喜色由然以生”，注云：“由当为油。油然，新生好貌。”礼记祭义云“则易直子谅之心油然生矣”，注云：“油然，物始生好美貌。”又乐记注云：“油然，新生好貌也。”油与由通，由与甹通。说文马部云：“甹，木生条也。古文言由枿。”惠氏栋九经古义云：“经传由字，皆训为生，毛诗序云：‘由仪，万物之生，各得其宜。’是由训为生，仪训为宜。春秋传云‘吉凶由人’，言吉凶生乎人也。”段氏玉裁说文解字注云：“左传史赵云：‘陈，颛顼之族也。岁在鹑火，是以卒灭，陈将如之。今在析木之津，犹将复由。’此以生灭对言，由即甹之假借。”由训为生，故云之新生，木之新生，以及喜色之新生，易直子谅之心新生，其自未生而始生之状，皆为“油然”，故赵以兴云之貌解之。○注“沛然下雨”至“止之”○正义曰：文选思玄赋“冻雨沛其洒涂”，旧注云：“沛，雨貌也。”文公十四年公羊传云“力沛若有余”，注云：“沛，有余貌。”音义云：“沛字亦作‘霈’。”初学记、太平御览俱引作“霈”。华严经音义引文字集略云：“霈，谓大雨也。”大雨亦有余意。诗信南山云：“益之以霢霂，既优既渥，既沾既足。”笺云：“冬有积雪，春而益之以小雨，润泽则饶洽。”沛有泽义，泽有润义，赵氏以润释沛，与诗笺同。苗当枯槁之时，非小雨所能生，刘熙此注云：“霈然，注雨貌。”惟大雨倾注，枯苗乃得润泽，义乃备也。广雅释诂云：“浡，盛也。”又释训云：“勃勃，盛也。”庄公十一年左传“其兴也悖焉”，注云：“悖，盛貌。”释文云：“悖，本亦作‘勃’。”悖、勃、浡字通。尔雅云：“御，禁也。”禁义同止，郑康成注书大传、高诱注吕氏春秋、张揖广雅，皆以御训止。**今夫天下之人牧，未有不嗜杀人者也。如有不嗜杀人者，则天下之民，皆引领而望之矣。诚如是也，民归之，由水之就下，沛然谁能御之。’”**【注】今天下牧民之君，诚能行此仁政，民皆延颈望欲归之，如水就下，沛然而来，谁能止之。【疏】注“今天下”至“止之”〇正义曰：书尧典“觐四岳群牧”，立政“宅乃牧”，郑氏注云：“殷之州牧曰伯，虞夏及周曰牧。”周礼大宰“一曰牧，以地得民”，大司马“建牧立监”，注皆云：“牧，州牧也。”曲礼云：“九州之长，入天子之国曰牧。”是天下之人牧即天下之人君也。说文支部云：“牧，养牛人也。”牧之义为养，每一州之中，天子选诸侯之贤者，以养一州之人，即以名之为牧，故赵氏云牧民之君即养民之君也。君所以养民，而反嗜杀人，失其为君之道，赵氏探孟子称人牧之义而说之也。赵氏以一为仁政，故云行此仁政。吕氏春秋顺说篇云“莫不延颈”，高诱注云：“延颈，引领也。”引延，义皆为长而引申也。望则伸其颈，故为引领也。音义云：“由与犹同，古字通用，犹即如也。”故赵氏云如水就下。翟氏灏考异言“宋九经本由作‘如’”。经已作“如”，注不必以如释之，宋本非也。广雅释训：“沛沛，流也。”刘熙释名释水云：“水从河出曰雍沛。”言在河岸限内，时见雍出，则沛然也。水之壅出，与雨之下注同，故皆云沛然。赵氏解两沛然不同者，经以沛然下雨，比不嗜杀人者以仁恩及民，故以润泽解之。此水之就下，比天下来归，故云沛然而来，谓民之来，如水之涌也。

章指言：定天下者一道，仁政而已；不贪杀人，人则归之，是故文王视民如伤，此之谓也。【疏】“言定”至

"而已"○正义曰:孟子言道二:仁与不仁而已。以仁定天下,故为一道。韩本、足利本无"一道"二字。○"不贪"至"谓也"○正义曰:郑氏檀弓注、广雅、韦昭注楚语皆云:"嗜,贪也。"故前既以甘、多、乐释之,此又云贪也。"文王视民如伤",离娄下篇文。

7 齐宣王问曰:"齐桓、晋文之事,可得闻乎?"【注】宣,谥也。宣王问孟子,欲庶几齐桓公小白、晋文公重耳。孟子冀得行道,故仕于齐,齐不用而去,乃适于梁。建篇先梁者,欲以仁义为首篇,因言魏事,章次相从,然后道齐之事也。【疏】注"宣谥也"○正义曰:周书谥法解云:"圣善周闻曰宣。"又云:"施而不成为宣。"○注"宣王"至"重耳"○正义曰:齐桓公名小白,晋文公名重耳,见春秋。欲庶几,谓心慕桓文之所为,思有以近之。○注"孟子"至"事也"○正义曰:周氏广业孟子出处时地考云:"孟子书先梁后齐,此篇章之次,非游历之次也。赵氏注可谓明且核矣。后儒不喜赵注,见其展卷即云孟子见梁惠王,遂断为历聘之始。今考田完世家,桓公六年,威王三十六年,宣王十九年,湣王四十年。索隐'桓公卒',注云:'纪年:梁惠王十三年,当齐桓公十八年,后威王始见,则桓公十九年而卒也。''宣王二年,田忌议蚤救韩,败魏马陵',注云:'纪年:威王十四年,田盼伐梁,战马陵。'又孟尝君传'宣王二年杀魏将庞涓',注云:'纪年:当梁惠王二十八年,至三十六年,改为后元。'又'七年,韩昭侯与魏惠王会齐宣王东阿南。明年,复与梁惠王会甄,是岁梁惠王卒',注云:'宣王七年,纪年当惠王后元十一年,作平阿。又云:十三年,会齐威王于甄。与此齐宣王与梁惠王会甄文同,但齐之威、宣二王,文舛互不同也。'又'湣王三年,封田婴于薛',注云:'纪年以为梁惠王后元十三年四月,齐威王封田婴于薛。十五年,齐威王薨。皆与此文异。'按:此五引纪年,今本所无;又字多错午,无可覆核,就其言考之,为威为宣,必有一误。战国策苏子谓秦王曰:'齐威宣者,古之贤王也。德博而地广,国富而民用,将武而民强。宣王用之,后破韩威魏,以南伐楚,西攻秦。'上言'威宣',下言'宣王'。又曰:'今富非齐威宣之余也。'邹阳书:'齐用越人蒙而强威宣。'史记'威宣'连称者非一,则威宣是两谥,如魏惠成、安釐,韩宣惠,秦惠文、庄襄之例。周自考王以下皆两谥。吕氏春秋开春论'韩昭釐侯',注:'覆谥也。'或先谥威,后改谥宣,国策因误分之,实非有两人也。据纪年桓公之立,在年表威王之四年;而桓公十九年卒,与世家宣王卒年正同。秦纪本无年月,史盖因其错简而倒置之,又以桓公附见康公之表,故读者愈不可晓。今诚以桓公之元当魏武侯十二年,至惠十三年,适得十八年。明年十九年卒,宣王之元当惠十四年,尽前元二十五年,如后元十五年始卒,适得三十六年。是史所云威王乃桓公,宣王即威王。战国赵策鲁仲连曰'昔齐威王尝行仁义矣,率天下诸侯朝周,居岁余,周烈王崩,诸侯皆吊,齐侯往'云云。按烈王之崩,史表齐威王十七年,考其实为桓公十七年,此威王为桓公之证也。而湣王前三年,实属宣王,桓公未称王,故国策但称田侯及陈侯。宣有复谥,故亦称威王,淳于髡所谓'威行三十六年'者是也。而世家所载邹忌以鼓琴见威王事,见刘向新序。威王与魏惠论宝事,见韩诗外传。俱明指宣王,参错不同,皆由于此。更有证者,庄子胠箧篇及索隐引鬼谷子,俱云'田成子十二世而有齐国'。今由田完数至威宣王,正得十二世。史记田完世家:敬仲生稚孟夷,稚孟夷生湣孟庄,湣孟庄生文子须无,须无生桓子无宇,无宇生釐子乞,乞生成子常,常生襄子盘,盘生庄子白,白生太公和,篡齐,自立为齐侯。和生桓公午,午生威王因齐,因齐生宣王辟疆,共十三世。并威宣为一人,恰十二世。此后惟湣王、襄王,至王建为秦所灭。庄子与宣王同时,鬼谷书苏秦所述,言必不谬。使分威宣为二,则当云十三世矣。又威王名因齐,尤可疑。名不以国;既名之,子孙臣庶,不闻避讳。或作'婴齐',则又与庶子田婴同名,皆必无之事。汉书人表阙而不书,盖亦疑之。庄子释文则阳篇:'魏莹与田侯,一本作田侯牟。司马云:齐威王也,名牟,桓公子。按史记威王名因,不名牟。'齐事莫详于孟子,史公尝自言读孟子书而作田完世家,终不敢采录一字,虽足用为善如宣王,亦止以用淳于髡等当之。非因紊其昭穆世次,兼误以梁惠王卒系诸宣王八年,与孟子中事实百无一合,有不得不尽行割弃者哉!通鉴、大事记等书,徒增损威、湣年代,以曲从孟子之书,而终未知史之误分威宣为二也。今亦未敢臆断,伐燕总在宣王三十年内外。如是则不特国策'储子请宣王伐燕,王令章子将兵'与孟子'币交与游'相合,而'吾惛'之言,适当'倦勤'之日。宣王三十年,当显王四十二年，去孔子百五十二年，去武王克商七百二十三年〔一〕，与去圣未远，数过时可亦合；而游梁之岁，乃得而定之矣。”又云：“建篇之首梁惠王也，赵氏之说韪矣。风俗通穷通〔二〕篇首叙孟子仕齐为卿，去之邹、薛，作书中外十一篇，终言梁惠王复聘请之为上卿，庶为得实。其体依仿论语，不似诸子自立篇目。大率起齐宣王至滕文公为三册，记仕宦出处；离娄以下为四册，记师弟问答杂事。迨归自梁，而孟子已老于行，文既绝少，又暮年所述，故仅与鲁事分附诸牍末。其后门人论次遗文，分篇列目，以齐宣王旧君，不可用以名篇；而仁义两言，为全书纲领，孟子所谓愿学孔子，以直接尧、舜、禹、汤、文、武、周公之心法治法，无出乎此。因割其六章冠首，而以梁惠王题篇。又特变文曰孟子见梁惠王，以尊其师。今尽心卷下，尚有梁惠王一章，可证也。”

孟子对曰：“仲尼之徒，无道桓文之事者，是以后世无传焉。臣未之闻也。【注】孔子之门徒，颂述宓戏以来至文、武、周公之法制耳。虽及五霸，心贱薄之，是以儒家后世无欲传道之者，故曰臣未之闻也。【疏】注“孔子”至“之者”○正义曰：孔子赞易系辞传云：“包羲氏之有天下也，始作八卦，以通神明之德，以类万物之情。”又云：“包羲氏没，神农氏作；神农氏没，黄帝、尧、舜氏作。通其变，使民不倦；神而化之，使民宜之。”治天下之道，开于包羲，备于尧舜，故删书首尧典、舜典，禹、汤、文、武、周公之法制，皆法尧舜者也。孔子以易、书、诗、礼教门弟子，故所颂述，惟宓羲氏以来至文、武、周公之法制也。春秋大文王之统，而书桓文之事，是及五霸也。书齐桓救邢城楚丘，实与而文不与。盟葵丘，书“日”以危之。伐郑，书“围”以恶之。书晋文盟践土，书“日”以著其谲。书天子狩于河阳，为不与再致天子，是心贱薄之也。汉书艺文志云：“儒家者流，盖出于司徒之官，助人君顺阴阳、明教化者也。游文于六经之中，留意于仁义之际，祖述尧舜，宪章文武，宗师仲尼，以重其言。”其五十三家，八百三十六篇，孟子十一篇列于内。今存者：荀卿子、陆贾新语、贾谊新书、董仲舒春秋繁露、桓宽盐铁论、刘向说苑、新序、列

〔一〕按周广业原文作“去孔子卒百五十五年，去文武受命七百五十八年”。此文经焦氏删订，但无申说，遽难判断。焦氏引文往往如此，下不悉校。

〔二〕“穷通”二字原脱，据孟子四考补。

女传、扬雄太玄、法言。新语道基篇首述宓羲图画乾坤，以定人道。贾山言治乱之道，称述文王好仁。荀子仲尼篇云："仲尼之门人，五尺之竖子，言羞称乎五伯，是何也？曰：然。彼非本政教也，非致隆高也，非綦文理也，非服人之心也。乡方略，审劳佚，畜积修斗，而能颠倒其敌者也，诈心以胜矣。彼以让饰争，依乎仁而蹈利者也，小人之杰也，彼固曷足称乎大君子之门哉？"董子对胶西王云："春秋之义，贵信而贱诈；诈人而胜之，虽有功，君子弗为也。是以仲尼之门，五尺之童子，言羞称五伯，为其诈以成功，苟为而已也，故不足称于大君子之门。"扬雄解嘲云："五尺童子，羞称晏婴与夷吾。"凡此皆后世儒家称述宓羲以来至文王周公之法，而贱薄桓文，不欲传道之也。颂与诵通，颂述即诵述。闽、监、毛三本作"宓羲"。**无以，则王乎？"**【注】既不论三皇、五帝，殊无所问，则尚当问王道耳，不欲使王问霸事也。【疏】注"不论三皇五帝"○正义曰：周礼春官外史："掌三皇、五帝之书。"邱光庭兼明书云："郑康成以伏羲、女娲、神农为三皇，宋均以燧人、伏羲、神农为三皇，白虎通以伏羲、神农、祝融为三皇，孔安国以伏羲、神农、黄帝为三皇。明曰女娲、燧人、祝融事，经典未尝以帝皇言之，盖霸而不王者也。且祝融乃颛顼之代火官之长，可列于三皇哉！则知诸家之论，唯安国为长。郑康成以黄帝、少昊、颛顼、帝喾、唐尧、虞舜为五帝，六人而云五帝者，以其俱合五帝座星也。司马迁以黄帝、颛顼、帝喾、唐尧、虞舜为五帝，孔安国以少昊、颛顼、高辛、唐、虞为五帝，明曰：康成以女娲为皇，轩辕为帝。按轩辕之德，不劣女娲，何故不为称皇，而沦之入帝，仍为六人哉！考其名迹，未为允当者也。司马迁近遗少昊，而远收黄帝，其为疏略，一至于斯。安国精详，可为定论。按尚书说：'皇者，皆天德也。皇王，人也。帝，谛也。公平通达，举事审谛也。人主德周天覆，故德优者谓之皇，其次谓之帝。'然则皇者帝者，皆法天为名。或曰：'子以轩辕为皇，何故谓之黄帝？'答曰：凡言有通析，析而言之，则皇尊于帝；通而言之，则帝皇一也。月令云'其帝太昊'，则伏羲亦谓之帝也。吕刑云'皇帝清问下民'，则尧亦谓之皇也。"按赵氏以则王之王指三王，故云不论三皇五帝。慈湖家记云："孟子凡与齐宣王言王，皆如字耳。后儒读者，多转为去声，非也。"○注"殊无"至"事也"○正义曰：殊无所问解无以二字，盖谓孔子之徒所道者，三皇、五帝及王道也，所不道者，五伯也。王乃问桓文之事，岂舍此遂无所问乎？纵不问三皇、五帝，亦当问王道，而不当问桓文霸者之事。元人四书辨疑云："无以，无以言也。桓文之事，既无以言，则言王道可乎？"此以无以二字属上，解以为用，谓桓文之事，儒者不道，无用言之，与赵氏义异。

曰："德何如则可以王矣？"【注】王曰：德行当何如，而可得以王乎。【疏】注"行德"至"王乎"○正义曰：陆贾新语云："齐桓公尚德以霸。"然则霸功亦不离乎德，但德之用于霸，与用于王，自有别。

曰："保民而王，莫之能御也。"【注】保，安也。御，止也。言安民则惠，黎民怀之，若此以王，无能止也。【疏】注"保安也"○正义曰：周礼大司徒"以保息六养万民"，注云："保息，谓安使蕃息也。"毛诗传多以安训保。○注"言安"至"怀之"○正义曰：尚书皋陶谟文。

曰："若寡人者，可以保民乎哉？"【注】王自恐怀不足以安民，故问之。

曰："可。"【注】孟子以为如王之性，可以安民也。

曰："何由知吾可也？"【注】王问孟子何以知吾可以安民。

曰："臣闻之胡龁曰：'王坐于堂上，有牵牛而过堂下者，王见之曰：牛何之？对曰：将以衅钟。王曰：舍之！吾不忍其觳觫，若无罪而就死地。对曰：然则废衅钟与？曰：何可废也，以羊易之。'不识有诸？"【注】胡龁，王左右近臣也。觳觫，牛当到死地处恐貌。新铸钟，杀牲以血涂其衅郄，因以祭之，曰衅。周礼大祝曰："堕衅，逆牲逆尸，令钟鼓。"天府："上春，衅宝钟，及宝器。"孟子曰，臣受胡龁言，王尝有此仁，不知诚有之否。【疏】注"胡龁"至"臣也"○正义曰：周礼天官寺人注云："寺之言侍也。"贾氏疏云："取亲近侍御之义。"夏官司士："正朝仪之位：王族故士、虎士，在路门之右，南面东上。大仆、大右、大仆从者，在路门之左。"惠氏士奇礼说云："春秋时，周礼未改，列国犹重大仆一官，位虽下大夫，而正王服位，出入王命，王视朝则前，王燕饮则相，王射则赞，王视燕朝则摈；而上士小臣，中士祭仆，下士御仆，皆其僚属，为群仆侍御之臣。荀子曰：‘便嬖左右者，人主之所以窥远收众之门户牖向也。’故人主必将有便嬖左右足信者，然后可。秦武王令甘茂择仆与行事，则亲近之臣，自古重之。贾谊官人篇曰：‘修身正行，道语谈说，服一介之使，能合两君之欢，执戟居前，能举君之失过，不难以死持之者，左右也。事君不敢有二心，居君旁，不敢泄君之谋，君有失过，憔悴有忧色，不劝听从者，侍御也。’盖古亲近之臣若此。”诸侯无大仆，而仪礼小臣，小臣正，小臣师，仆人正，仆人师，仆人士，皆左右亲近之官。胡龁所居，未知何职。然堂上堂下，牵牛问答，非左右近臣无以知之，故赵氏注之如此。○注“觳觫”至“恐貌”○正义曰：广雅释训云：“踧踖，畏敬貌。”又文选东京赋薛综注云：“局蹐，恐惧之貌。”赵氏盖以觳觫音近踧局，故以为恐貌。王氏念孙广雅疏证云：“广韵云：‘殑殜，死貌。出广雅。’又殑、殜、殕、殔、殙五字，诸书并训为死。玉篇：‘殑殜，死貌。’孟子梁惠王篇：‘吾不忍其觳觫，若无罪而就死地。’义与殑殜同。”荀子王霸篇云：“出若入若。”史记礼书云：“若者必死。”若皆训为如此。此云若无罪而就死地，犹云如此无罪而就死地也。○注“新铸”至“宝器”○正义曰：衅本间隙之名，故杀牲以血涂器物之隙，即名为衅。隙即郤字。汉书高帝纪“衅鼓”，注：“应劭云：‘衅，祭也。杀牲以血涂鼓衅呼为衅。’”呼同罅，衅罅犹言衅隙。今人以瓦器有裂迹者为璺，读若问，即衅也。以木之有裂缝者为罅，读若呵，呵乎，音之转也。周礼大祝、天府，俱属春官。大祝作“隋衅”，郑氏注云：“谓荐血也。凡血祭曰衅。”疏引贾氏云：“衅，衅宗庙。”马氏云：“血以涂钟鼓。”郑不从。然则血祭之衅，与衅器之衅，自是两事。赵氏合为一事，与应劭同。天府：“上春，衅宝镇及宝器。”赵氏引作“衅宝钟”。阮氏元校勘记云：“当依周礼作‘镇’，形相涉而误。”赵氏佑温故录云：“古人用衅之礼不一，定四年左传：‘君以军行，祓社衅鼓。’文王世子：‘始立学者，既兴器用币。’注：‘兴，读为衅。’月令：‘孟冬，命太史衅龟策。’杂记下：‘成庙则衅之，其礼，雍人举羊，升屋自中，中屋南面刲羊，血流于前，乃降。门夹室皆用鸡，其衈皆于屋下。割鸡，门，当门；夹室，中室。’又云：‘路寝成，则考之而不衅。衅屋〔一〕者，交神明之道也。凡宗庙之器，其名者成，

〔一〕“屋”字原脱，据礼记补。

则衅之以豭豚。'大戴礼亦有'衅庙',独为篇。其具在周官者,大祝、天府而外,春官则有肆师:'以岁时序其祭祀,及其祈珥。'小祝:'大师掌衅祈号祝。'龟人:'上春衅龟。'鸡人:'凡祭祀禳衅,共其鸡牲。'夏官则大司马:'若大师,帅执事莅衅主及军器。'小子:'掌珥于社稷,祈于五祀,衅邦器及军器。'羊人:'凡祈珥衅积共其羊牲。'圉师:'春除蓐衅厩。'秋官则士师:'凡刉衈则奉犬牲。'犬人:'凡几衈用駹可也。'司约:'若有讼者,则珥而辟藏。'康成注皆以祈即刉字,珥即衈字。用毛牲者刉,用羽牲者衈,皆取血以衅之事;衅之者,神之也。先郑则衅读曰徽,谓'饰美之也'。是凡器物皆用衅,龟玉亦衅之,庙社皆用衅,主亦衅,马厩亦衅之,盖非止为涂其郤。其牲则以羊为大,亦用豚犬与鸡,独未有言牛者,牛为牲之最大,不轻用也。此以一钟而用牛,明非礼之正经定制,亦见古礼失之一端,孟子则第就事论事而已。"周氏柄中辨正谓:"衅之义有三:一是祓除不祥,一是弥缝罅隙,使完固之义,一是取其膏泽护养精灵。钟为邦器,衅钟是涂其罅隙。"按涂其罅隙,即是郑司农读徽,贾疏以为取饰义也,亦康成所不从。

曰:"有之。"【注】王曰有之。

曰:"是心足以王矣。百姓皆以王为爱也,臣固知王之不忍也。"【注】爱,啬也。孟子曰,王推是仁心,足以至于王道。然百姓皆谓王啬爱其财,臣知王见牛恐惧不欲趋死,不忍,故易之也。【疏】注"爱啬也"○正义曰:周书谥法解云:"啬于赐予曰爱。"汉书窦婴传云"岂以为臣有爱",集注云:"爱,犹惜也。"惜亦吝啬之义,故下注云"爱惜"。

王曰:"然。诚有百姓者,齐国虽褊小,吾何爱一牛?即不忍其觳觫,若无罪而就死地,故以羊易之也。"【注】王曰,亦诚有百姓所言者矣,吾国虽小,岂爱惜一牛之财费哉。即见其牛,哀之;衅钟又不可废,故易之以羊耳。

曰:"王无异于百姓之以王为爱也。以小易大,彼恶知之。王若隐其无罪而就死地,则牛羊何择焉?"【注】异,怪也。隐,痛也。孟子言无怪百姓之谓王爱财也,见王以小易大故也。王如痛其无罪,羊亦无罪,何为独释牛而取羊。【疏】注"异怪也隐痛也"○正义曰:昭公二十六年左传云"然据有异焉",贾氏注云:"异,犹怪也。"史记鲁世家"有异焉",集解引服虔云:"异,犹怪也。"是异之义与怪同也。王氏念孙广雅疏证云:"逸周书谥法解云'隐哀之方也',檀弓云'拜稽颡,哀戚之至隐也',隐与㥼通,隐、哀一声之转,哀之转为㥼,犹薆之转为隐矣。"

王笑曰:"是诚何心哉!我非爱其财。而易之以羊也,宜乎百姓之谓我爱也。"【注】王自笑心不然,而不能自免为百姓所非,乃责己之以小易大,故曰宜乎其非我也。【疏】注"王自"至"我也"○正义曰:自笑心不然解首二句,不然二字解我非爱其财,谓我之心,果何心哉!自信非爱财也。乃责己之以小易大解而易之以羊也句,故曰宜乎其非我也解末句,于其间隔以而不能自免为百姓所非一句,明我非爱其财断句,不与下而字连。而易之以羊也不断句,与宜乎一气接下。赵氏此书名"章句",故其分析明白如此,举此以例其余。

曰:"无伤也,是乃仁术也,见牛未见羊也。君子之于禽兽也,见其生不忍见其死,闻其声不忍食其肉,是以君子远庖厨也。"【注】孟子解王自责之心曰,无伤于仁,是乃王为仁之道也。时未见羊,羊之为牲次于牛,故用之耳。是以君子远庖厨,不欲见其生食其肉也。【疏】"君子"至"厨也"○正义曰:贾子新书礼篇云:"礼,圣王之于禽兽也,见其生不忍见其死,闻其声不忍尝其肉,故远庖厨,仁之至也。"大戴礼保傅篇云:"于禽兽,见其生不食其死,闻其声不尝其肉,故远庖厨,所以长恩,且明有仁也。"翟氏灏考异云:"大戴礼保傅篇即自贾子采录,而篇置不同,文亦小异。'君子远庖厨',本礼记玉藻文,孟子述之,故加有'是以'二字。"○注"无伤"至"道也"○正义曰:贾子新书道术篇云:"道者所从接物也,其末者谓之术。"说文行部云:"术,邑中道也。"郑康成注礼记,高诱注淮南子、吕氏春秋、韦昭注国语,皆以道释术,故赵氏以仁道解仁术。○注"羊之"至"之耳"○正义曰:周礼宰夫注云:"三牲牛羊豕具为一牢。"桓公八年公羊传注云:"牛羊豕凡三牲曰大牢。羊豕凡二牲曰少牢。"王制云:"天子社稷皆太牢,诸侯社稷以少牢。诸侯无故不杀牛，大夫无故不杀羊。”是羊之为牲，次于牛也。

王说曰：“诗云：‘他人有心，予忖度之。’夫子之谓也。夫我乃行之，反而求之，不得吾心；夫子言之，于我心有戚戚焉。此心之所以合于王者，何也？”【注】诗，小雅巧言之篇也。王喜悦，因称是诗以嗟叹孟子忖度知己心，戚戚然心有动也。寡人虽有是心，何能足以王也。【疏】注“诗小”至“己心”○正义曰：诗小序云：“巧言，刺幽王也。大夫伤于谗，故作是诗也。”笺云：“因己能忖度谗人之心。”王引此，盖断章取义。毛诗释文云：“忖，本又作‘寸’。”汉书律历志云：“寸者，忖也。”忖与寸义同。前此诘驳，王意不能解。孟子以仁术言之，王乃解悦，解悦则喜矣，喜故叹美孟子，以为知己心。○注“戚戚”至“王也”○正义曰：王氏念孙广雅疏证云：“方言：‘衝，俶，动也。’衝俶与广雅‘衝俅’同，衝亦动也，方俗语有轻重耳。释训：‘衝衝，行也。’说文：‘憧，不定也。’咸：‘九四，憧憧往来。’皆动之貌也。声转为俶，尔雅：‘动，俶，作也。’是俶与动同义。说文：‘埱，气出于土也。’义亦与俶同。孟子‘于我心有戚戚焉’，赵氏注云：‘戚戚然心有动也。’戚与俶，亦声近义同。”合与洽义同，说文水部云：“洽，沾也。”沾有足义，故赵氏以足以王解合于王。闽、监、毛三本作“何能足以合于王也”，非是。

曰：“有复于王者，曰：‘吾力足以举百钧，而不足以举一羽；明足以察秋豪之末，而不见舆薪。’则王许之乎？”【注】复，白也。许，信也。人有白王如此，王信之乎。百钧，三千斤也。【疏】注“复白也许信也”○正义曰：曲礼云“愿有复也”郑氏注、国语“正月之朔，乡长复事”韦昭注、吕氏春秋勿躬篇“管子复于桓公”高诱注，皆训复为白。周礼宰夫“诸臣之复”，注云：“复，谓奏事也。”说文言部云：“许，听也。”吕氏春秋首时篇“王子信”，高诱注云：“许诺。”惟信之，故诺之听之也。○注“百钧三千斤也”○正义曰：说苑辨物篇云“三十斤为一钧”，百钧故三千斤。

曰：“否。”【注】王曰我不信也。

“今恩足以及禽兽，而功不至于百姓者，独何与？然则一羽之不举，为不用力焉；舆薪之不见，为不用明焉；百姓之不见保，为不用恩焉。故王之不王，不为也，非不能也。”【注】孟子言王恩及禽兽，而不安百姓，若不用力不用明者也。不为耳，非不能也。

曰：“不为者与不能者之形，何以异？”【注】王问其状何以异也。

曰：“挟太山以超北海，语人曰‘我不能’，是诚不能也。为长者折枝，语人曰‘我不能’，是不为也，非不能也。故王之不王，非挟太山以超北海之类也；王之不王，是折枝之类也。【注】孟子为王陈为与不为之形若是，王则不折枝之类也。折枝，案摩折手节解罢枝也。少者耻见役，故不为耳，非不能也。太山、北海皆近齐，故以为喻也。【疏】“挟太山以超北海”○正义曰：墨子兼爱篇云：“挈太山以超江河，生民以来，未尝有也。”盖当时有此语，墨子之书，孟子未必引之。○注“折枝”至“见役”○正义曰：毛氏奇龄四书賸言云：“赵氏注折枝‘案摩折手节解罢枝’，此卑贱奉事尊长之节。内则：‘子妇事舅姑，问疾痛疴痒而抑搔之。’郑注：‘抑搔即按摩。’屈抑枝体，与折义正同。以此皆卑役，非凡人屑为，故曰是不为，非不能。后汉张晧王龚论〔一〕云：‘岂同折枝于长者，以不为为难乎？’刘熙注：‘按摩不为非难为。’可验。”若刘峻广绝交论“折枝舐痔”，卢思道北齐论“韩高之徒，人皆折枝舐痔”，朝野佥载“薛稷等舐痔折枝，阿附太平公主”，类皆朋作媕诌之具。音义引陆善经云：“折枝，折草树枝。”赵氏佑温故录云：“文献通考载陆筠解为‘罄折腰枝’，盖犹今拜揖也。”元人四书辨疑以枝与肢通，谓敛折肢体，为长者作礼，与徐行后长意类，正窃其意而衍之。○注“太山北海皆近齐”○正义曰：阎氏若璩四书释地云：“禹贡海岱惟青州，故苏秦说齐宣王：齐南有太山，北有渤海。司马迁言吾适齐，自泰山属之琅邪，北被于海。降至汉景帝，犹置北海郡于营陵，营陵，旧营丘地。左传云‘君处北海’是也。高帝置泰山郡，领博县，县有泰山庙，岱在其西北。礼记云‘齐人将有

〔一〕“论”原误“伦”，据后汉书张王种陈列传张晧、王龚合论改。

事泰山'是也。以知挟泰山以超北海，皆取齐境内之地设譬耳。"**老吾老，以及人之老；幼吾幼，以及人之幼：天下可运于掌。**【注】老，犹敬也。幼，犹爱也。敬吾之老，亦敬人之老。爱我之幼，亦爱人之幼。推此心以惠民，天下可转之掌上，言其易也。【疏】注"老犹"至"易也"○正义曰：礼记大学篇云："上老老而民兴孝，上长长而民兴弟。"注云："老老长长，谓尊老敬长也。"此老吾老幼吾幼，犹云老老长长。老无敬训，幼无爱训，故云犹敬犹爱也。广雅释诂云："运，转也。"故以转解运。**诗云：'刑于寡妻，至于兄弟，以御于家邦。'言举斯心加诸彼而已。**【注】诗，大雅思齐之篇也。刑，正也。寡，少也。言文王正己适妻，则八妾从，以及兄弟。御，享也。享天下国家之福，但举己心加于人耳。【疏】注"刑正"至"妾从"○正义曰：诗释文引韩诗云："刑，正也。"毛诗传云："寡妻，适妻也。"白虎通嫁娶篇云："天子诸侯一娶九女。"一为适妻，余为八妾。○注"御享"至"之福"○正义曰：享之义为献，御之义为进。进、献同。诗六月"饮御诸友"，传云："御，进也。"谓饮享诸友也。独断云："所至曰幸，所进曰御。"又云："御者，进也。"凡衣服加于身，饮食入于口，妃妾接于寝，皆曰御。天下国家之福，皆进于天子，故御享天下国家之福也。○注"但举"至"人耳"○正义曰：阮氏元校勘记云："监、毛本心作'以'，形近而误。"**故推恩足以保四海，不推恩无以保妻子。古之人所以大过人者，无他焉，善推其所为而已矣。**【注】大过人者，大有为之君也。善推其心所好恶，以安四海也。**今恩足以及禽兽，而功不至于百姓者，独何与？**【注】复申此言，非王不能，不为之耳。**权，然后知轻重。度，然后知长短。物皆然，心为甚，王请度之！**【注】权，铨衡也，可以称轻重。度，丈尺也，可以量长短。凡物皆当称度乃可知，心当行之乃为仁；心比于物，尤当为之甚者也。欲使王度心如度物也。【疏】注"权铨"至"长短"○正义曰：汉书律历志云："衡，平也。权，重也。衡所以任权而均物，平轻重也。"广雅释器云："锤谓之权。"又云："称谓之铨。"吕氏春秋仲秋纪"平权衡"，高诱注云：

"权，秤衡也。"说文金部云："铨，衡也。"韦昭注国语云："铨，称也。"是铨衡即称，衡权为锤衡之轻重，视乎锤之进退，而所以铨衡轻重，全视乎锤，故孟子举权，赵氏以铨衡明之。汉书律历志云："度者，分寸尺丈引也。所以度长短也。举丈尺以概其余。"尚书尧典"同律度量衡"，郑氏注亦云："度，丈尺也。"阮氏元校勘记云："闽、监、毛三本量作'度'。按音义云：'度之，待各切。'注'称度''度心''度物'皆同。不云度长短，是音义本亦当作'量'。改为'度'者，闽本之误，监、毛二本因而不革也。"○注"凡物"至"物也"○正义曰：赵氏之意，谓凡物皆有轻重长短，必宜以权度度之，故云物皆然。以行字解为字，读心为一顿。心之所为，即心之所行，故云心当行之。又云尤当为之甚者也，盖以心为之为即上善推其所为之为。善推其所为之为既解作心所好恶，则此云度心，即度心之所好恶，如度物之轻重长短也。乃近人通解以心字一顿，为甚二字连读。按物有轻重长短，以权度度之；心之轻重长短，即以心度之。物之轻重长短，不度犹可；心之轻重长短，不度则不知推恩以保四海，故为甚也。心爱禽兽，心之轻短者也。心爱百姓，心之重长者也。不以心度心，则不知爱禽兽之心轻于爱百姓之心也。**抑王兴甲兵，危士臣，构怨于诸侯，然后快于心与？"**【注】抑，辞也。孟子问王，抑亦如是乃快邪。【疏】注"抑辞也"○正义曰：礼记中庸"抑而强与"注、宣公十一年左传"抑人亦有言"注，皆以抑为辞。诗十月之交"抑此皇父"，笺云："抑之言噫。"释文引韩诗云："抑，意也。"国语"敢问天道抑人故也"，贾子新书礼容语下作"意人"。是抑即意。意其如此，辞之未定者也。故昭公八年左传"抑臣又闻之"，注云："抑，疑辞。"论语"抑亦先觉者是贤乎"，王氏引之经义述闻云："系辞传：'噫亦要存亡吉凶，则居可知矣。'噫亦，即抑亦也。大戴礼武王践祚篇云'黄帝、颛顼之道存乎，意亦忽不可得见与'，荀子修身篇云'将以穷无穷，逐无极与，意亦有所止之与'，秦策云'诚病乎，意亦思乎'，史记吴王濞传'愿因时循理，弃躯以除患害于天下，億亦可乎'，汉书億作'意'字，并与抑亦同。"赵以抑亦犹抑，故云抑亦如是。

王曰："否！吾何快于是，将以求吾所大欲也。"【注】王言不然，我不快是也。将欲以求我心所大欲者耳。

曰:"王之所大欲,可得闻与?"【注】孟子虽心知王意而故问者,欲令王自道,遂缘以陈之。

王笑而不言。【注】王意大,而不敢正言。

曰:"为肥甘不足于口与?轻暖不足于体与?抑为采色不足视于目与?声音不足听于耳与?便嬖不足使令于前与?王之诸臣,皆足以供之,而王岂为是哉?"【注】孟子复问此五者,欲以致王所欲也。故发异端以问之也。【疏】注"孟子"至"之也"○正义曰:汉书公孙弘传云"致利除害",注云:"致,谓引而至也。"王笑而不肯言,孟子以言引之,故云欲以致王所欲也。异端者,论语云"攻乎异端",何晏注云:"异端,不同归也。"又以小道为异端,皇侃义疏以异端为诸子百家之书,谓其与圣经大道异也。汉贤良策问云:"良玉不琢。"又云:"非文无以辅德,二端异焉。"韩诗外传云:"序异端,使不相悖。"异端之云,第谓说之不同耳。故诸葛长民贻刘敬宣书云:"异端将尽,世路方夷。"则凡异已者,通称为异端。礼记大学篇云"断断兮无他技",注云:"他技,异端之技也。"异即他也,此与彼异,是为他端。后汉书尚书令韩歆上疏,欲立费氏易、左氏春秋,范升以为异端。杜预春秋序云:"简二传而去异端。"范升习二传,故以左氏为异端。杜预注左氏,故以二传为异端。袁绍客多豪俊,并有才说,见郑康成儒者,未以通人许之,竞设异端,百家互起,儒者必拘守旧说,故竞违异前儒之说以难之也。康成依方辨对,咸出问表,则韩诗外传所谓"序异端"矣。王之大欲,本在辟土地,朝秦楚,莅中国,而抚四夷,而故举肥甘、轻暖、采色、声音、便嬖五者。此五者非王之所大欲,则为所大欲外之他端,故云发异端以问之也。

曰:"否!吾不为是也。"【注】王言我不谓是也。

曰:"然则王之所大欲可知已,欲辟土地,朝秦楚,莅中国而抚四夷也。【注】莅,临也。言王意欲庶几王者,莅临中国,而安四夷者也。【疏】注"莅临"至"者也"○正义曰:莅即涖。涖之为临,经典传注,不胜举数。尔雅释诂云:"临,涖视也。"说文手部云:"抚,安也。"周礼大行人云"王之所以抚邦国诸侯者",淮南子原道训云"以抚四方",郑康成、高诱皆以抚训安。闽、监、毛三本作“临莅中国”。**以若所为，求若所欲，犹缘木而求鱼也。”**【注】若，顺也。顺向者所为，谓搆兵诸侯之事。求顺今之所欲莅中国之愿，其不可得，如缘乔木而求生鱼也。【疏】注“若顺”至“鱼也”○正义曰：“若顺”，尔雅释言文。按若，宜同若无罪而就死地之若。若，如此也。谓以如此所为，求如此所欲。解为顺，于辞不达。管子形势解云：“缘高出险，猱猿之所长，而人之所短也。”此云缘木，故知其为乔木。缘木求鱼，或小木，或枯鱼，犹或有之。若乔木生鱼，则必无可求之理，故赵氏申明之。

王曰：“若是其甚与？”【注】王谓比之缘木求鱼为大甚。

曰：“殆有甚焉！缘木求鱼，虽不得鱼，无后灾。以若所为，求若所欲，尽心力而为之，后必有灾。”【注】孟子言尽心战斗，必有残民破国之灾，故曰殆有甚于缘木求鱼者也。【疏】“殆有甚焉”○正义曰：王氏引之经传释词云：“有，犹又也。”言殆又甚焉。

曰：“可得闻与？”【注】王欲知其害也。【疏】注“王欲知其害也”○正义曰：易复“上六，有灾眚”，释文引子夏传云：“伤害曰灾。”隐公五年公羊传云“记灾也”，注云：“灾者，有害于人物，随事而至者。”是灾即害也。

曰：“邹人与楚人战，则王以为孰胜？”【注】言邹小楚大也。

曰：“楚人胜。”【注】王曰楚人胜也。

曰：“然则小固不可以敌大，寡固不可以敌众，弱固不可以敌强，海内之地，方千里者九，齐集有其一，以一服八，何以异于邹敌楚哉？【注】固，辞也。言小弱固不如强大。集会齐地，可方千里，譬一州耳。今欲以一州服八州，犹邹欲敌楚。【疏】“海内”至“者九”○正义曰：王制云：“凡四海之内九州，州方千里。”注云：“大界方三千里，三三而九，方千里者九也。其一为县内，余八，各立一州，此殷制也。周公制礼，九州大界方七千里，七七四十九，方千里者四十有九也。其一为畿内，余四十八，八州各方千里者六。”又云：“夏末既衰，夷狄内侵，诸侯相并，土地减，国数少。殷汤承之，更制中方三千里之界，亦分为九州。周公复唐虞之旧域。"尚书皋陶谟云："弼成五服，至于五千。"释文引郑氏注云："五服已五千，又弼成为万里。"王制疏亦引此。郑注云："辅五服而成之，至于面方各五千里，四面相距为方万里。尧初制五服，服各五百里。要服之内，方四千里曰九州，其外荒服曰四海，此禹所受地。记书曰'昆仑山东南，地方五千里，名曰神州'者，禹弼五服之残数，亦每服者合五百里，故有万里之界。万国之封焉，犹用要服之内为九州，州更方七千里，七七四十九，得方千里者四十九，其一以为圻内，余四十八，八州分而各有六。"然则唐虞与殷，海内之地方三千里，夏周海内之地方七千里，孟子所说唐虞及殷之制也。古者内有九州，外有四海，尔雅释地云："九夷，八狄，七戎，六蛮，谓之四海。"此海内即指四海之内，谓要服之内也。○注"固辞"至"强大"○正义曰：高诱注国策及吕氏春秋，皆训固为必，固然者，必然之辞。固不如强大，即必不如强大。礼记投壶注云："固之言如也。"如故，即不可迁移之辞也。○注"集会"至"州耳"○正义曰："集会"，尔雅释言文。凡方千里，则为积一百万里。国策苏秦为赵合从，说齐宣王曰："齐南有泰山，东有琅邪，西有清河，北有渤海，此所谓四塞之国也。"齐地方二千里，苏秦侈言齐之强大，孟子言齐地小弱，故一言"方二千里"，一言"方千里"，大抵俱约略之辞。太山至渤海，南北不足千里，自清河至琅邪，东西不止千里，绝长补短，计其积数，约方千里，故云集会也。**盖亦反其本矣。**【注】王欲服之之道，盖当反王道之本。【疏】注"盖当"至"之本"○正义曰：盖与盍古通。周氏广业孟子异本[一]考云："增修礼部韵略盍韵盖字，引孟为证。韵会合韵'盍或作盖'，亦引孟。按史记孔子世家'夫子盖少贬焉'，檀弓'子盖慎诸'，并以盍为盖。"此从闽、监、毛、孔诸本作"盖"，韩本、足利本作"盍"，盖与盍同也。赵氏以当明盖，尔雅释诂云："盍，合也。"史记司马相如传索隐引文颖云："盖，合也。"赵氏读盖为合，故以当释盖，盖当犹合当也。下文"则盍反其本矣"，与此义同，故赵氏不复注。或谓此文盖字乃"盍"字之误，或谓下文盖字该改"盍"字，说者又谓盖是疑辞，盍是决辞，皆非是。王氏引之经

〔一〕"异本"原误"逸文"，据孟子四考改。

传释词云："凡言'盍亦'者，以亦为语助。左传僖二十四年'盍亦求之'，盍求之也。昭元年'子盍亦远绩禹功，而大庇民乎'，盍远绩禹功而大庇民也。吴语'王其盍亦鉴于人'，盍鉴于人也。孟子'盍亦反其本矣'，盍反其本也。"**今王发政施仁，使天下仕者皆欲立于王之朝，耕者皆欲耕于王之野，商贾皆欲藏于王之市，行旅皆欲出于王之涂，天下之欲疾其君者，皆欲赴愬于王，其若是，孰能御之？"**【注】反本道行，仁政若此，则天下归之，谁能止之者。

王曰："吾惛，不能进于是矣。愿夫子辅吾志，明以教我，我虽不敏，请尝试之。"【注】王言我情思惛乱，不能进行此仁政，不知所当施行也。欲使孟子明言其道，以教训之，我虽不敏，愿尝使少行之也。【疏】注"王言"至"惛乱"○正义曰：说文心部云："惛，不憭也。"国策"皆惛于教"，高诱注云："惛，不明也。"不明犹不憭。广雅释训云："惛惛，乱也。"诗民劳"以谨惛怓"，毛传云："惛怓，大乱也。"惛与昏同。吕氏春秋贵直篇云"先生之老与昏与"，高诱注云："昏，乱也。"楚辞涉江篇"固将重昏而终身"，王逸注云："昏，乱也。"国语"僮昏不可使谋"，韦昭注云："昏，闇乱也。"故赵氏以乱解惛。○注"不能"至"之也"○正义曰：周礼大司马"徒衔枚而进"，注云："进，行也。"考工记轮人"进而行之"，注云："进，犹行也。"故赵氏以进为行。广雅释诂云："试，尝也。"檀弓注云："尝，试也。"尝试二字义同。文选思玄赋"非余心之所尝"，旧注云："尝，行也。"则尝试亦训为行。桓公八年公羊传注云："尝者，先辞也。秋谷成者非一，黍先熟，可得荐，故曰尝。"一切经音义引广雅云："尝，暂也。"尝试之义，谓未即全行，先暂行之。如饮食未大歠，先以口尝之。故说文旨部云："尝，口味之也。"赵氏云尝使少行之，少行即暂行，解试字，谓先使暂行之也。

曰："无恒产而有恒心者，惟士为能；若民，则无恒产，因无恒心。【注】孟子为王陈其法也。恒，常也。产，生也。恒产，则民常可以生之业也。恒心，人所常有善心也。惟有学士之心者，虽穷不失道，不求苟得耳。凡民迫于饥寒，则不能守其常善之心。【疏】注"恒常"至"业也"

○正义曰："恒常"，尔雅释诂文。服虔注左传、韦昭注国语，皆以生训产。诗谷风"既生既育"，笺云："生谓财业也。"汉书严助传云"民生未复"，注云："生谓生业。"大宗伯"天产"谓六牲之畜，"地产"谓土地之性。吕氏春秋上农篇高诱注云："地产，嘉谷也。"然则恒产者，田里树畜，民所恃以长养其生者也。**苟无恒心，放辟邪侈，无不为已。及陷于罪，然后从而刑之，是罔民也。**【注】民诚无恒心，放溢辟邪，侈于奸利，犯罪触刑，无所不为，乃就刑之，是由张罗罔以罔民者也。【疏】注"放溢"至"奸利"○正义曰：汉书五行志引京房易传云"君乐逸人兹谓放"，韦贤传集注引臣瓒云："逸，放也。"说文兔部云："逸，失也。"逸、泆、失、溢，音同义通，故赵氏以溢释放，谓纵佚放荡也。淮南子精神训"而不僻矣"，高诱注云："僻，邪也。"汉书晁错传云"使主内无邪僻之行"，董仲舒传云"邪僻之说息"，杜钦传云"反因时信其邪僻"，谷永传云"荡涤邪僻之恶志"，佞幸石显传云"知显专权邪辟"，辟即僻。文选登徒子好色赋注云："邪，僻也。"邪、辟二字可互注。赵以邪释辟，即以辟释邪，明辟、邪二字义同。音义云："侈，丁作'移'。"阮氏元校勘记云："考工记凫氏'侈弇之所由兴'，注云：'故书侈作移。'又仪礼少牢篇'侈袂'，又礼记'衣服以移之'，是移为侈之假借。"按礼记表记注云："移读如水氾移之移，移犹广大也。"水氾移犹云水氾溢。仪礼少牢馈食注："侈者，盖半士妻之袂以益之。"以益训侈，益犹溢也。赵氏以溢释放，则放义同侈，故侈不训其义，而云侈于奸利。奸利二字，统承放辟邪侈而言。罔与网同。说文网部云："网，庖牺所结绳以渔。罔或从亡。䋄或从糸。"罔即罔罗之罔也。音义云："罔民，张如字。丁作'司民'，不同。"阮氏元校勘记："丁本作'司'，读为伺。司伺古通用。依赵注则是'罔'字。丁作'司'者，非赵本也。"**焉有仁人在位，罔民而可为也？**【注】安有仁人为君，罔陷其民，是政何可为也。**是故明君制民之产，必使仰足以事父母，俯足以畜妻子，乐岁终身饱，凶年免于死亡，然后驱而之善，故民之从之也轻。**【注】言衣食足，知荣辱，故民从之，教化轻易也。【疏】注"言衣"至"荣辱"○正义曰：管子牧民篇云："仓廪实，知礼节；衣食足，知荣辱。"说苑说丛亦引此。〇注"故民"至"易也"〇正义曰:汉书贾谊传集注引苏林云:"轻,易也。"高诱注吕氏春秋知接篇亦云:"轻,易也。"故赵氏以易释轻。**今也制民之产,仰不足以事父母,俯不足以畜妻子,乐岁终身苦,凶年不免于死亡,此惟救死而恐不赡,奚暇治礼义哉!**【注】言今民困穷,救死恐冻饿而不给,何暇修礼行义也。【疏】"今也"至"身苦"〇正义曰:赵氏佑温故录云:"或问明君制民之产,如下五亩之宅云云是也。迨古法既坏,但有夺民之产,未有能制民之产者也。孟子何以于今无异辞?盖凡古法变易之初,未尝不托于权时制宜之说,是故齐作内政,晋作辕田,鲁作丘甲,用田赋,郑作丘赋,固皆以为制民之产也。李悝之尽地力,商鞅之开阡陌,莫不以为制民之产也。而适使民仰不足以事,俯不足以畜,为其本不从民起见也。夫彼即不为民,亦何乐使至此,而不知其必使至此也!为夫制之非其制也。后世井法,既万无可复,限民名田之议,亦有不能行,民生田宅,一切皆民自营之,上之人听其自勤自惰,自贫自富,自买自卖于其间,而惟征科之是计,安问所谓制民之产,民亦无取乎上之制,何也?立一法,反增一扰也。宋之营田制置诸使,其已事也。然则善长民者,又将以何为知本乎?"〇注"今民"至"义也"〇正义曰:仰不足事,俯不足畜,乐岁苦,凶年死亡,所谓困穷也。汉书食货志、东方朔传、赵充国传集注皆云:"赡,给也。"说文糸部云:"给,相足也。"凶年死于冻饿,有衣食则不冻饿,可救其死,故救死者,恐冻饿也。恐冻饿而不足,尚不能免于冻饿也。治,犹理也。修之行之,即是治礼义也。**王欲行之,则盍反其本矣!五亩之宅,树之以桑,五十者可以衣帛矣。鸡豚狗彘之畜,无失其时,七十者可以食肉矣。百亩之田,勿夺其时,八口之家可以无饥矣。谨庠序之教,申之以孝悌之义,颁白者不负戴于道路矣。老者衣帛食肉,黎民不饥不寒,然而不王者,未之有也。"**【注】其说与上同。八口之家,次上农夫也。孟子所以重言此者,乃王政之本,常生之道,故为齐梁之君,各具陈之。当章究义,不嫌其重也。【疏】注"其说"至"重也"〇正义曰:此节与第三章末节同。但彼言"数口",此言"八口";彼言"七十者",此言"老者",

故赵氏以次上农夫解之。虽随意立文，然以老者与七十者互明，谓不独七十，凡六十及八十以上例此也。以八口与数口互明，谓不独八口，凡九人及七人以下例此也。王政即仁政，常生即恒产，上两言反其本，至此详言之，故云王政之本，常生之道也。列子天瑞篇云："常生常化者，无时不生，无时不化。"义各异而大指则同。

章指言：典籍攸载，帝王道纯，桓文之事，谲正相纷，拨乱反正，圣意弗珍，故曰后世无传未闻。仁不施人，犹不成德；衅钟易牲，民不被泽；王请尝试，欲践其跡；答以反本，惟是为要。此盖孟子不屈道之言也。

【疏】"典籍"至"未闻"○正义曰：此言首两节之指也。典籍，谓易、尚书、诗、礼、春秋也。淮南子原道训云"纯德独存"，高诱注云："纯，不杂糅也。"文选西京赋薛综注云："纷，杂也。"纯与纷相反，帝王之道，专一于正，故纯；桓文之事，谲正相杂，故纷。纷亦乱也。哀公十四年公羊传云："君子曷为为春秋？拨乱世，反诸正，莫近诸春秋。"何休注云："拨，犹治也。圣人治桓文之纷乱，反乎尧舜之正道。"尔雅释诂云："珍，美也。"广雅释诂云："珍，重也。"谓孔子之意，不重桓文之事也。○"仁不"至"言也"○正义曰：此言德何如以下至末之指也。仁但施于禽兽，不施于人，犹不可成其为德。易牲，考文古本作"易性"，误也。易牲则泽及于牛，未至于民也。泽，即恩也。被，犹及也。周氏广业作"饮泽"，云："按王者德泽如膏雨，故曰饮。旧唐书音乐志云：'百蛮饮泽，万国来王。'本此。"跡与迹同。楚辞天问王逸注云："迹，道也。"践其迹犹言履其道也。考文古本跡作"路"。史记孟子列传云："天下方务合从连横，以攻伐为贤，而孟轲乃述唐虞之德，是以所如者不合。"又云："孟轲困于齐梁。"故赵氏以崇王黜霸为不屈道之言。

孟子正义卷四

孟子卷第二

梁惠王章句下 凡十六章。

1　庄暴见孟子曰："暴见于王，王语暴以好乐，暴未有以对也。曰：好乐何如？"【注】庄暴，齐臣也，不能决知之，故无以对，而问曰王好乐何如。【疏】注"庄暴齐臣也"○正义曰：此章承上章。上章为齐宣王，此章之王，亦宣王也。王为齐王，知庄暴为齐臣矣。下注以世俗之乐为郑声，则赵氏以好乐为好音乐也。

孟子曰："王之好乐甚，则齐国其庶几乎！"【注】王诚能大好古之乐，齐国其庶几治乎。【疏】注"王诚"至"治乎"○正义曰：赵氏以甚训大，故以诚能大好解好乐甚。云古之乐者，探下文言之。

他日见于王曰："王尝语庄子以好乐，有诸？"【注】孟子问王有是语不。【疏】"王尝"至"有诸"○正义曰：阎氏若璩释地又续云："庄暴，齐臣。君前臣名，礼也。庄子对孟子，犹三称名，而孟子于王前，不一斥其名，曰'庄子'，此为记者之误。"○注"有是语不"○正义曰：阮氏元校勘记云："考文古本不作'否'，按古可否字只作'不'。"

王变乎色曰："寡人非能好先王之乐也，直好世俗之乐耳！"【注】变乎色，愠恚庄子道其好乐也。王言我不能好先王之乐也，直好世俗之乐，谓郑声也。

曰："王之好乐甚，则齐其庶几乎！今之乐，由古之乐也。"【注】甚，大也。谓大要与民同乐，古今何异也。【疏】"由古之乐也"○正义曰：由与犹通用。阮氏元校勘记云："石经、宋本、岳本、咸淳衢州本、孔本、考文古本由作'犹'。"○注"甚大"至"异也"○正义曰：后汉书樊准传注云："大，犹甚也。"大甚之大，读若泰，与广大之大古通。素问标本病传论云"谨察间甚，以意调之"，注云："甚，谓多也。"礼记郊特牲云"大报天而主日也"，注云："大，犹遍也。"遍与多义亦相近。然则王之好乐甚即谓王之好乐遍，遍则充满广众，合人己君民而共之矣。汉书陈咸传注云："大要，大归也。"无论古乐今乐，俱要归于与民同乐，故云大要。赵氏以大训甚，不属于前"齐国其庶几"之下，而属于此下，大要二字，承而言之，似以前之好乐甚谓大好古乐，此之好乐甚谓大要与民同乐，甚之为大同，而前后义异。前浑言好乐，则自宜古不宜今；王既自明为世俗之乐，则孟子顺其意而要归于与民同乐。乃揆经文，前后两称好乐甚，皆谓好乐能遍及于民，不宜殊异。赵氏大要之大，不必即训甚为大之大。大要二字，自解今乐犹古乐之义，惟甚大之训，误系于此，转令学者惑耳。

曰："可得闻与？"【注】王问古今同乐之意，宁可得闻邪。

曰："独乐乐，与人乐乐，孰乐？"【注】孟子复问王独自作乐乐邪，与人共听乐乐也。

曰："不若与人。"【注】王曰独听乐，不如与众共听之乐也。

曰："与少乐乐，与众乐乐，孰乐？"【注】孟子复问王与少人共听乐乐邪，与众人共听乐乐也。

曰："不若与众。"【注】王言不若与众人共听乐乐也。

"臣请为王言乐：【注】孟子欲为王陈独乐与众人乐之状。【疏】"曰独"至"言乐"○正义曰：音义云："独乐乐，丁上音岳，下音洛。下文及注'乐乐'皆同。'孰乐'音洛，此章内'孰乐''乐邪''乐也'，同'乐乐'，其字皆同。余并音岳。"赵氏解独乐乐、与人乐乐、与少乐乐、与众乐乐，凡上乐字为作乐、听乐，则上音岳，下音洛是也。阎氏若璩释地又续云："宋陈善扪虱新语云：'庄暴一章，皆言悦乐之乐，而世读为礼乐之乐，误矣。惟鼓乐当为礼乐，其他独乐乐、与众乐乐，亦悦乐之乐也。不然，方言礼乐，又及田猎，无乃非类乎？'真通人之言也。盖孟子告齐宣，以先王无流连之乐，荒亡之行，一旦语及其心病，故不觉变色，答以云云。若果为好礼乐，庄暴庸臣，纵不能对其所以，亦何至向孟子而犹咨询何如乎？正缘好欢乐，与好货、好色一例事耳。今乐古乐之异，子夏对魏文侯辩之甚悉。即齐音敖辟乔志，与韶乐之在齐者，可比而同邪？不可比而同，岂孟子之言，先顺其君以非道，而后转之于当道邪？应不至此。必读为悦乐字，文义方协。郝氏孟子解亦云，'乐乐，犹言乐其乐，上乐谓好，下乐谓所乐之事也。至所乐之事，下文鼓乐其一也，田猎又其一也，故曰臣请为王言乐。'"释地三续云："或谓子解'今之乐由古之乐'为欢乐之乐，但'古之乐'三字，别未见。愚曰：左传昭公二十年，晏子曰'古而无死，则古之乐'，非与？"翟氏灏孟子考异云："仪礼乡射礼'请以乐乐宾'。释文音义云：'下乐音洛，又皆如字。'旧注读上乐如字，仪礼堪为证。后汉书臧宫传引黄石公记云：'有德之君，以所乐乐人；无德之君，以所乐乐身。'晏子春秋杂上篇：'乐者上下同之，故天子与天下，诸侯与境内，自大夫以下，各与其僚，无有独乐。今上乐其乐，下伤其费，是独乐也。'说苑载晏子语同。陈氏欲读诸乐字尽为悦乐，观晏子春秋与后汉书，亦不为无因。旧注所倚，既属有经传大典，其他子史中，依稀之说，终恐难为据。"**今王鼓乐于此，百姓闻王钟鼓之声，管籥之音，举疾首蹙頞而相告曰：'吾王之好鼓乐，夫何使我至于此极也！父子不相见，兄弟妻子离散。'**【注】鼓乐者，乐以鼓为节也。管，笙。籥，箫。或曰籥若笛，短而有三孔。诗云"左手执籥"，以节众也。疾首，头痛也。蹙頞，愁貌。言王击鼓作乐，发赋徭役，皆出于民，而德不加之，故使百姓愁。【疏】"举疾首蹙頞"○正义曰：音义云："丁云：'举，犹皆也。属下句。'"举俱音近，假借与俱同，故犹皆。左传注、汉书集注、荀子注、庄子注、史记索隐多如此训，丁氏特标属下，然则当时固有属上者。○注"鼓乐"至"节也"○正义曰：周礼地官鼓人："掌教六鼓四金之音声，以节声乐。"是乐以鼓为节也。礼记学记云："鼓无当于五声，五声弗得弗和。"荀子乐论云："鼓其乐之君邪？"周礼大司乐以下，皆属春官，惟鼓人属地官,标异于众乐之外,故众乐统谓之乐,而鼓专谓之鼓,与乐相配,称为鼓乐。赵氏以击鼓解鼓字,以作乐解乐字。〇注“管笙”至“众也”〇正义曰:尔雅释乐云:“大管谓之簥,其中谓之篞,小者谓之篎。大籥谓之产,其中谓之仲,小者谓之箹。又大笙谓之巢,小者谓之和。大箫谓之言,小者谓之筊。”笙与管别,箫与籥别。赵氏以笙释管,以箫释籥者,说文竹部云:“竽,管三十六簧也。”“笙,十三簧。”广雅释乐云:“笙以瓠为之,十三管,宫管在左方。”“竽,象笙,三十六管,宫管在中央。”段氏玉裁说文解字注云:“竽,管三十六簧也。管下当有乐字。凡竹为者皆曰管。‘笙十三簧’,蒙上‘管乐’而言。”然则竽笙,说文并以管字冠之。管之三十六簧者为竽,管之十三簧者为笙,是笙为管也。说文竹部云:“籁,三孔龠也。大者谓之笙,其中谓之籁,小者谓之箹。”又云:“箹,小籁也。”广雅释乐云:“籁谓之箫,大者二十四管,小者十六管,有底。”淮南子齐俗训云“若风之过箫”,高诱注云:“箫,籁也。”籥之中者名籁,与箫名籁同,故赵氏以箫释籥也。又引或说者,周礼笙师注云:“籥,如篴,三空。”说文竹部云:“别为书僮竹笘。”龠部:“龠,乐之竹管,三孔,所以和众声也。”籥、龠古通用。三孔即三空,和众声即节众,笛即篴也。引诗“左手执籥”,邶风简兮篇文。毛传云:“籥,六孔。”笺云:“硕人多材多艺,又能籥舞。”周礼籥师“掌教国子舞羽吹籥”,注云:“文舞有持羽吹籥者,所谓籥舞也。”文王世子曰:“秋冬学羽籥。”诗曰:“左手执籥,右手秉翟。”赵氏以籥舞之籥,即此节众音之籥,故引诗耳。唯毛以为六孔,与郑氏、赵氏俱异。按说文以籁为三孔龠,管为如篪六孔,笛为七孔筩,广雅释乐云:“龠谓之笛,有七孔。管象篪,长尺围寸,六孔,无底。篪长尺四寸,八孔。一孔上出寸三分。”然则篪八孔最长,笛七孔次之,管六孔又次之,龠三孔最小,四物同类,以长短异名。毛传以籥为六孔,盖以管为龠也。广雅以籥有七孔,盖以笛为籥也。杜子春注笙师,读篴为荡涤之涤,今时所吹五空竹篴,则篴有五孔,为汉时所有也。史记索隐以篪为今之横笛,七孔,一孔上出,则以笛为篪矣。郑司农以管如篪六孔,康成则谓管如篴而小,并两而吹之,今大子乐官有焉。此据当时所见,与司农异,盖别一管也。要之,管之名有二:其一为笙竽篪篴等器之统名,此赵氏以笙释管者也。其一为六孔之名,与籥同类而小别者也。籥为如篴三孔之器,篴七孔,籥故短于篴,其名籁与箫同。故赵氏直以籥为箫,而箫编管参差象凤翼,与三孔之籁实别,故赵氏以若笛短而有三孔者为或说，与箫别也。○注“疾首”至“愁貌”○正义曰：诗卫风云：“愿言思伯，甘心首疾。”因忧思而头为之病。说文疒部云：“疾，病也。”“痛，病也。”疾、痛义同。周礼天官疾医“春时有痟首疾”，注云：“痟，酸削也。首疾，头痛也。阳气为忧愁所郁，犹春木为金沴也。”说文页部云：“頞，鼻茎也。齃[一]，或从鼻曷。”广雅释亲云：“頞，頗也。”王氏念孙疏证云：“頞为鼻頗之頞，頗通作准，汉高帝纪‘隆准而龙颜’，服虔曰：‘准，音拙。’李斐曰：‘准，鼻也。’文颖曰：‘音准的之准。’李说文音是也。”段氏玉裁说文解字注云：“鼻谓之准，鼻直茎谓之頞。史记唐举相蔡泽曰：‘先生曷鼻巨肩，魋颜蹙齃。’既言鼻又言頞者，曷同遏，遏鼻，言其内不通而齆。蹙齃，则言在外鼻茎也。鼻有中断者，蔡泽、诸葛恪之相是也。有忧愁而蹴缩者，孟子言‘蹙頞’是也。有病而辛頞者，此言其内酸辛，素问所言是也。”**今王田猎于此，百姓闻王车马之音，见羽旄之美，举疾首蹙頞而相告曰：‘吾王之好田猎，夫何使我至于此极也？父子不相见，兄弟妻子离散。’此无他，不与民同乐也。**【注】田猎无节，以非时取牲也。羽旄之美，但饰羽旄，使之美好也。发民驱兽，供给役使，不得休息，故民穷极而离散奔走也。【疏】注“田猎”至“牲也”○正义曰：周礼夏官大司马：“中春教振旅，遂以蒐田；中夏教茇舍，遂以苗田；中秋教治兵，遂以狝田；中冬教大阅，遂以狩田。”隐公五年左传臧僖伯曰：“春蒐夏苗，秋狝冬狩，皆于农隙以讲事也。”是田猎有时也。桓公四年穀梁传云：“春曰田，夏曰苗，秋曰蒐，冬曰狩，四时也，四用三焉。”何休注公羊谓：“夏但去害苗，不田猎。”礼记月令：“季春，田猎，罝罘、罗网、毕翳、喂兽之药，毋出九门。”“孟夏之月，驱兽毋害五谷，毋大田猎。”王制云：“獭祭鱼，然后虞人入泽梁。豺祭兽，然后田猎。鸠化为鹰，然后设罻罗。”则田猎有节，不可以非时取也。诗齐风序云：“还，刺荒也。哀公好田猎，从禽兽而无厌。”“卢令，刺荒也。襄公好田猎，毕弋而不修民事，百姓苦之。”此谓田猎无节者也。天官太宰：“以八则治都鄙，八曰田役，以驭其众。”地官大司徒：“大田役，以旗致万民，而治其徒庶之政

〔一〕“齃”字，据说文补。

令。"乡师:"凡四时之田,出田法于州里,简其鼓铎旗物兵器,修其卒伍。"其州长、党正、族师、县师、遂人、遂师、县正、稍人等,皆掌作民起众。是田猎必发民驱兽,供给役使也。○注"羽旄"至"好也"○正义曰:禹贡荆州"厥贡羽毛",史记夏本纪作"羽旄"。旄、毛二字通也。僖公二十三年左传重耳对楚子曰:"羽毛齿革,则君地生焉。"楚语王孙圉亦云:"楚之所宝,齿角皮革羽毛,所以备赋用。"襄公十四年左传云"范宣子假羽毛于齐",注云:"析羽为旌,王者游车之所建,齐私有之,因谓之羽毛。"定公四年左传云"晋人假羽旄于郑",注亦云:"析羽为旌,王者游车之所建,郑私有之,因谓之羽旄。"尔雅释天云:"注旄首曰旌,错革鸟曰旟。"诗疏引孙炎云:"析五采羽注旄上也,其下亦有旒縿。"又引李巡云:"旄,牛尾,注于首。"郑氏注明堂位云:"绥为注旄牛尾于杠首,所谓大麾。"周礼:"大麾以田也。"曲礼云:"前有水,则载青旌;前有尘埃,则载鸣鸢;前有车骑,则载飞鸿;前有士师,则载虎皮;前有挚兽,则载貔貅。"注云:"载,谓举于旌首以警众也。"鸿鸢则载其羽,虎貔则载其皮,是皆饰羽毛,使之美好也。晋既假于齐,又假于郑,必齐、郑所饰精美异常,惟晋人所欲见矣。

今王鼓乐于此,百姓闻王钟鼓之声,管籥之音,举欣欣然有喜色而相告曰:'吾王庶几无疾病与?何以能鼓乐也!'【注】百姓欲令王康强而鼓乐也。今无赋敛于民,而有惠益,故欣欣然而喜也。**今王田猎于此,百姓闻王车马之音,见羽旄之美,举欣欣然有喜色而相告曰:'吾王庶几无疾病与?何以能田猎也!'此无他,与民同乐也。**【注】王以农隙而田,不妨民时,有愍民之心,因田猎而加抚恤之,是以民悦也。【疏】注"有愍民之心"○正义曰:闽、监、毛三本愍作"悯"。说文心部云:"愍,痛也。"昭公元年左传云"吾代二子愍矣",服虔注云:"愍,忧也。"广雅释诂一训忧,一训爱,惟其爱故忧之,义亦相备。僖公二十年穀梁传云"是为闵宫也",汉书五行志作"愍宫"。毛诗序、礼记儒行释文并云:"闵,本作'愍'。"是愍或通闵。惟淮南子主术训云"年衰志悯",高诱注云:"悯,忧也。"愍之作"悯",非其旧也。**今王与百姓同乐,则王矣。"**【注】孟子言王何故不大好乐,效古贤君,与民同乐,则可以王天下也。何恶庄子之言王好乐也。

章指言：人君田猎以时，钟鼓有节，发政行仁，民乐其事，则王道之阶，在于此矣。故曰"天时不如地利，地利不如人和"矣。【疏】"故曰"至"和矣"○正义曰：考文古本"矣"作"也"。周氏广业云："按尉缭子兵议篇引'天时'二句作'古语'。陆机辨亡论引称'古人之言'。意孟子自有所本。史记引'亲之欲其贵，爱之欲其富'，亦以为古人之言。"

2 **齐宣王问曰："文王之囿，方七十里，有诸？"**【注】王言闻文王苑囿方七十里，宁有之。【疏】注"王言"至"有之"○正义曰：说文口部云："囿，苑有垣也。一曰禽兽曰囿。"艸部云："苑，所以养禽兽也。"国语周语云"囿有林池"，楚辞愍命篇云"熊罴群而逸囿"，韦昭、王逸皆注云："囿，苑也。"淮南子本经训云"侈苑囿之大"，高诱注云："有墙曰苑，无墙曰囿。"一切经音义引吕忱字林同。然则说文言苑有垣，三字连属，明囿无垣也。吕氏春秋重己篇高诱注云："畜禽兽所，大曰苑，小曰囿。"周礼天官阍人"王宫每门四人，囿游亦如之"，注云："囿，御苑也。游，离宫也。"地官囿人"掌囿游之兽禁"，注既云"囿，今之苑"，又云："囿游，囿之离宫小苑观处也。养鸟兽以宴乐视〔一〕之。"贾氏疏云："孟子：'文王之囿七十里，刍荛者往焉。'天子之囿百里，并是田猎之处。又书传云：'乡之取于囿，是勇力取。'是为蒐狩之常处也。今此云禁，故知非大囿，是小苑观处也。"离宫小于御苑，故小为囿；此囿方七十里，则即苑也，盖散文则通耳。

孟子对曰："于传有之。"【注】于传文有是言。【疏】注"于传文有是言"○正义曰：刘熙释名释典艺云："传，传也。以传示后人也。"传述为文，故云传文。毛诗疏引作"书传有之"。

曰："若是其大乎？"【注】王怪其大。

〔一〕"视"原误"观"，据周礼郑注改。

曰："民犹以为小也。"【注】言文王之民，尚以为小也。

曰："寡人之囿，方四十里，民犹以为大，何也？"【注】王以为文王在岐、丰时，虽为西伯，土地尚狭，而囿已大矣。今我地方千里，而囿小之，民以为寡人囿大，何故也。【疏】注"王以"至"故也"○正义曰：阎氏若璩释地云："从来说者，皆以文王七十里之囿为疑。三辅黄图云：'灵囿在长安县西四十二里。'王伯厚以'文王之囿方七十里'注于下。余谓今鄠县东三十里，正汉地理志所谓'文王作酆，有鄠杜竹林，南山檀柘，号称陆海，为九州膏腴'者。文王当日弛以与民，悉其刍猎以往，但有物以蕃界之，遂名之曰囿云尔。此实作邑于丰时事，非初岐山事也。丰去岐三百余里，说者不察乎囿之所在，徒执以岐山国仅百里，不知文王由方百里起耳，岂终于是者哉？"阎氏据闽、监、毛三本赵注作"岐山之时"，故辨囿在丰不在岐也。宋本、廖本、考文古本、孔本、韩本并作"岐丰时"，则赵氏已兼丰言之。诗大雅灵台篇"王在灵囿"，毛传云："囿，所以域养禽兽也。天子百里，诸侯四十里。"孔氏正义云："解正礼耳。其文王之囿则七十里，故孟子云：'文王之囿，方七十里，寡人之囿，方四十里。'是宣王自以为诸侯而问，故云诸侯四十里。以宣王不举天子，而问及文王之七十里，明天子不止七十里，故宜以为百里也。"毛诗举百里四十里明灵囿，则文王七十里之囿，即灵囿无疑，阎氏说是也。穀梁成公十八年"筑鹿囿"。疏引毛诗传作"天子百里，诸侯三十里"。此"三十"自是误文。乃扬雄羽猎赋云："文王囿百里，民尚以为小；齐宣王囿四十里，民以为大。"袁宏后汉纪乐松云："宣王之囿五十里，民以为大；文王百里，民以为小。"后汉书杨震传"乐松等言齐宣五里"，则脱落"十"字也。然则文王之囿百里，古有此说，故毛氏以为天子百里，非因孟子言七十里而约言之也。唐陆贽奏罢琼林库状云："周文王之囿百里，时患其尚小；齐宣王之囿四十里，时病其太大。"此本扬雄说也。惟乐松言"宣王囿五十里"，与孟子异，亦与毛传殊。臧氏琳经义杂记云："穀梁成十八年'筑鹿囿'，疏云：'毛诗传云：囿者，天子百里，诸侯三十里。诗传盖据孟子称文王囿七十里，寡人囿三十里，故约之为天子百里，诸侯三十里耳。'琳案：袁、范汉书皆言文王囿百里，宣王囿五十里。杨疏引毛诗传'诸侯三十里'，三即五字之讹。古本孟子盖作'文王之囿方百里，寡人之囿方五十里'，故毛公据之以分天子诸侯之制。"按周礼天官阍人疏引白虎通云："天子百里，大国四十里，次国三十里，小国二十里。"成公十八年公羊传注云："天子囿方百里，公侯十里，伯七里，子男五里，皆取一也。"意者，公羊传所指为离宫，毛诗传、白虎通所指为御苑与？乃天子则皆云百里，而白虎通自四十里以下析言之，无五十里者，则乐松五十里之说，未足为三十里之证。公羊传疏以"天子囿方百里，公侯十里，伯七里，子男五里"为孟子文，司马法亦云："今孟子固无此文也。"赵氏佑温故录云："文王必不得有七十里之囿，孟子以为于传有之，非正答也。"闽本已作"以"，阮氏元校勘记云："以、已古通用，此处自作'已'为长。"

曰："文王之囿方七十里，刍荛者往焉，雉兔者往焉，与民同之；民以为小，不亦宜乎？【注】刍荛者，取刍薪之贱人也。雉兔，猎人取雉兔者。言文王听民往取禽兽，刈其刍薪，民苦其小，是其宜也。【疏】注"刍荛"至"人也"〇正义曰：毛诗板篇"询于刍荛"，传云："刍荛，采薪者。"说文草部云："刍，刈草也。象包束草之形。""荛，薪也。""薪，荛也。"盖刍所以饲牛马，荛所以供燃火。刍义易明，故以刍薪释刍荛。月令"收秩薪柴"，注云："大者可析谓之薪，薪施炊爨。"是也。扬雄羽猎赋云："麋鹿芻荛，与百姓共之。"芻，刍之俗字。**臣始至于境，问国之大禁，然后敢入。**【注】言王之政严刑重也。**臣闻郊关之内，有囿方四十里，杀其麋鹿者如杀人之罪；**【注】郊关，齐四境之郊皆有关。【疏】注"郊关"至"有关"〇正义曰：周礼地官司关注云："关，界上之门。"仪礼聘礼："宾及竟，乃谒关人。"是关在界上。赵氏谓"四境之郊皆有关"，似即指此。阎氏若璩释地续云："杜子春曰：'五十里为近郊，百里为远郊。'白虎通：'近郊五十里，远郊百里。'则孟子郊关之郊，自属远郊，苟近郊何能容四十里之囿？赵氏注却说得辽阔，云'齐地四境之郊皆有关'，齐地方二千里，以二千里之地，为陷阱者四十里，民亦不以病。古天子九门，此为第八层门，又外此则第九层曰关门。"按赵氏以经文云"始至于境"，又云"郊关"，故合称四境之郊。然境与郊不同也，襄公十四年左传云"蘧伯玉从近关出"，注云："欲速出竟。"此界上之关也。哀公十四年左传云："丰丘人执子我，杀诸郭关。"此郊上之关也。

尔雅释地云:“邑外谓之郊,郊外谓之牧,牧外谓之野,野外谓之林,林外谓之坰。”坰,说文作“冂”,云“象远界也”。然则四境分界之地为坰。如王畿千里,每面五百里,则竟上之关,远在五百里矣。说文邑部云:“距国百里为郊。”牧在郊外。郑氏注尚书君陈序云:“天子之国,近郊半远郊,去国五十里。”礼记大传云:“牧之野,武王之大事也。既事而退,柴于上帝,祈于社,设奠于牧室。”注云:“牧室,牧野之室也。古者郊关,皆有馆焉。”牧室而郑以为郊关之馆,盖牧通谓之郊,分言之,则近郊为郊,远郊为牧。郊关在此,则去城百里也。国之称有三:其一大曰邦,小曰国,如“惟王建国”、“以佐王治邦国”是也。其一郊内曰国,齐语云“参其国而伍其鄙”,韦昭注云:“国郊以内,鄙郊以外。”是也。其一城中曰国,小司徒:“稽城中及四郊都鄙之夫家。”质人:“国中一旬,郊二旬,野三旬。”是也。合天下言之,则每一封为一国;就一国言之,则郊以内为国,外为野;就郊以内言之,又城内为国,城外为郊。此经云“臣始至于境”,始至界上也。“问国之大禁”,此国指一国而言。“然后敢入”,谓入竟也。是时尚未至郊,而闻郊关之内有囿方四十里也。“为阱于国中”,此国中指郊以内。囿在郊关之内,故为阱于国中也。周广业孟子逸文考云:“后汉纪灵帝作灵泉毕圭苑,司徒杨赐上书曰:‘六国之际,取兽者有罪,伤槐者被诛,孟轲为梁惠王极陈其事。’”伤槐事,见晏子春秋;取兽有罪,亦非梁惠王,此误引也。**则是方四十里为阱于国中,民以为大,不亦宜乎?”**

【注】设陷阱者,不过丈尺之间耳。今王陷阱,乃方四十里,民苦其大,不亦宜乎。【疏】注“设陷”至“宜乎”○正义曰:说文𨸏部云:“阱,陷也。穽,或从穴。”世说政事篇注引孟子此文作“穽”,穽、阱同也。尚书费誓云“获敜乃穽”,郑氏注云:“山林之田,春始穿地为穽,所以陷坠之。”周礼雍氏“春令为阱,获沟渎之利于民者”,郑氏注云:“阱穿地为堑,所以御禽兽,其或超逾则陷焉,世谓之陷阱。”阱可敜塞,其度狭小,故云不过丈尺之间也。阮氏元校勘记云:“闽、监、毛三本苦作‘言’,误。”

章指言:讥王广囿专利,严刑陷民也。

3 **齐宣王问曰:“交邻国有道乎?”**【注】问与邻国交

接之道。

孟子对曰："有。【注】欲为王陈古圣贤之比。【疏】注"欲为"至"之比"○正义曰：阮氏元校勘记云："闽、监、毛三本'比'作'交'，误。"按比如文公元年左传"亦其比也"之比，谓比例以况之也。释名释言语云："事类相似谓之比。"监、毛本圣贤作"圣王"，亦非。下举勾践，不可为圣王也。**惟仁者为能以大事小，是故汤事葛，文王事混夷。**【注】葛伯放而不祀，汤先助之祀，诗云"混夷兑矣，唯其喙矣"，谓文王也。是则圣人行仁政，能以大事小者也。【疏】注"诗云"至"王也"○正义曰：引诗者，大雅緜第八章文。今诗作"混夷駾矣，维其喙矣"，毛传云："駾，突也。喙，困也。"笺云："混夷见文王之使者将士众，过己国，则惶怖惊走奔突，入此柞棫之中而逃，甚困剧也。是之谓一年伐混夷。"又皇矣诗云"串夷载[一]路"，笺云："串夷即混夷，西戎国名也。"串同患，与混一音之转。串亦与犬一音之转，故书大传、说文作"畎夷"。依郑笺，此言文王伐昆夷，不可为"以大事小"之证。诗正义引"帝王世纪云：'文王受命四年，周正丙子，混夷伐周，一日三至周之东门，文王闭门修德，而不与战。'王肃同其说，以申毛义，以为柞棫生柯、叶拔然时，混夷伐周"。推此，则诗言"肆不殄厥愠，亦不陨厥问"，谓昆夷伐周奔突，而周为之困如此。文王虽不绝愠怒，然且使聘问而不废交邻之礼，是正文王事昆夷之事，故赵氏引诗以证。若郑笺则谓文王使将士聘问他国，过昆夷之地，昆夷见之而惊困，与赵氏引诗义殊也。阮氏元校勘记云："音义、石经作'混夷'，闽、监、毛三本作'昆'，非也。"**惟智者为能以小事大，故大王事獯鬻，句践事吴。**【注】獯鬻，北狄强者，今匈奴也。大王去邠避獯鬻。越王句践退于会稽，身自臣事吴王夫差。是则智者用智，是故以小事大，而全其国也。【疏】注"獯鬻"至"獯鬻"○正义曰：史记周本纪云："古公亶父修后稷、公刘之业，薰育戎狄攻之，欲得财物，予之。"又匈奴列传云："匈奴，其先祖夏后氏之苗裔，曰淳维。唐虞以上，有山戎、猃狁、荤粥，居于北蛮，随畜牧而转

〔一〕"载"原误"在"，据毛诗改。

移。夏道衰,而公刘失其稷官,变于西戎,邑于豳。其后三百有余岁,戎狄攻太王亶父,亶父亡走岐下。”集解引晋灼云:“尧时曰荤粥,周曰猃狁,秦曰匈奴。”汉书作“薰粥”。荤、薰与獯通,粥、育与鬻通也。毛诗采薇序云:“文王之时,西有昆夷之患,北有猃狁之难。”是时周已拓大,尚以天子命命将帅,遣戍役以守卫之。则在太王时强大可知。诗称“猃狁”,孟子称“獯鬻”者,举古名也。音义作“大王”,闽、监、毛三本作“太”。阮氏元校勘记云:“经文皆作〔一〕大,作‘太’者非。‘北狄强者’,监、毛本作‘疆’。按唐人彊弱字通作‘彊’。“强勉”强字作‘强’。宋人避所讳,多作‘彊’。疆乃疆界字,非也。”○注“越王”至“夫差”○正义曰:句践,越王允常子。夫差,吴王阖庐子。哀公元年左传云:“吴王夫差败越于夫椒,遂入越。越子以甲楯五千保于会稽,使大夫种因吴太宰嚭以行成。”此退于会稽之事也。史记越王句践世家云:“越王乃以余兵五千人,保栖于会稽,吴王追而围之,乃令大夫种行成于吴,膝行顿首曰:‘君王亡臣句践,使陪臣种,敢告下执事,句践请为臣,妻为妾。’”国语云:“越人饰美女八人,纳之太宰嚭,卑事夫差,宦士三百人于吴,其身亲为夫差前马。”此身自臣事之事也。闽、监、毛三本作“身自官事”。按国语“入宦于吴”,韦昭注云:“宦为臣隶也。”则官事或作“宦事”,亦通。**以大事小者,乐天者也。以小事大者,畏天者也。乐天者保天下,畏天者保其国。诗云:‘畏天之威,于时保之。’”**【注】圣人乐天行道,如天无不盖也,故保天下,汤、文是也。智者量时畏天,故保其国,大王、句践是也。诗,周颂我将之篇。言成王尚畏天之威,于是时故能安其太平之道也。【疏】“以大”至“其国”○正义曰:易系辞传云:“乐天知命,故不忧。”此以知命申明乐天之义,圣人不忍天下之危,包容涵畜,为天下造命,故为知命,是为乐天。天之生人,欲其并生并育,仁者以天为量,故以天之并生并育为乐也。天道又亏盈而益谦,不畏则盈满招咎,戮其身即害其国。智者不使一国之危,故以天之亏盈益谦为畏也。而究之乐天者无不畏天,故引周公之颂申明之。畏天为畏天之威,则乐天为乐天之德也。○注“圣人”至“是也”○正义曰:天

〔一〕“作”字原脱,据阮元校勘记补。

生万物无不盖，圣人道济天下无不容，行道者所以乐天也。不知时不可为，则将以所养人者害人，量时者所以畏天也。国语范蠡对句践云："圣人随时以行，是谓守时。天时不作，弗为人客。今君王未盈而溢，未盛而骄，不劳而矜其功；天时不作，而先为人客。此逆于天而不和于人，将妨于国家。"此谓不量时则不保其国也。其后卑辞尊礼，身为之市，蠡又戒王勿早图，谓人事必与天地相参，然后乃可以成功，此亦能量时者矣。○注"诗周"至"道也"○正义曰：毛诗我将笺云："于，於。时，是也。早夜敬天，於是得安文王之道。"赵氏以是释时，以安释保，与郑氏同。周颂我将承维天之命后，序云："维天之命，太平告文王也。""我将，祀文王于明堂也。"郑解"我其收之，骏惠我文王"，引洛诰"考朕昭子刑，乃单文祖德"二句。郑解洛诰云："成我所用明子之法度者，乃尽明堂之德。"诗正义云："文王之德，我制之以授子，是用文王之德，制作之事。彼注直以文祖为明堂，不为文王。彼上文注云：'文祖者，周曰明堂，以称文王。'是文王德称文祖也。"然则周公成文王之德，以制礼作乐，成王时，乃克致太平，是太平由文王之道也。能保安文王之道，即能保安太平之道。赵氏于我将言"太平"，郑氏于维天之命引"文祖"，同一互见之义也。成王为天子，只宜乐天保天下，乃周公欲其保太平之道，而以畏天戒之，天子且然，况诸侯乎？故云成王尚畏天之威也。

王曰："大哉言矣！寡人有疾，寡人好勇。"【注】王谓孟子之言大，不合于其意，答之云寡人有疾，疾在好勇，不能行圣贤之所履也。【疏】注"王谓"至"其意"○正义曰：大如表记"不自大其事"之大。王问交邻，孟子比以古圣贤之所履，故以为夸大也。

对曰："王请无好小勇。夫抚剑疾视曰：'彼恶敢当我哉！'此匹夫之勇，敌一人者也。【注】疾视，恶视也。抚剑瞋目曰人安敢当我哉，此一夫之勇，足以当一人之敌者也。【疏】注"疾视"至"者也"○正义曰：郑康成注少仪、王逸注楚辞惜诵皆云："疾，恶也。"说文目部云："瞋，张目也。"张目，其状不善，故为恶视。说文又云："瞁，目疾视也。""矉，恨张目也。诗曰：'国步斯矉。'"今诗"矉"作"频"，毛传云："急也。"张目有急疾义，是疾视与张目，可互见也。说文手部云："抚，安也。"仪礼士丧礼"君坐抚当心”，注云：“抚手案之。”案与安通，抚剑即按剑。盖手按下其剑，而张其两目也。赵氏每以安释恶，故以恶敢为安敢。僖公三十三年公羊传注云：“匹马，一马也。”赵氏解轻身先于匹夫为一夫，此注云“一夫”，以一解匹也。史记项羽本纪云：“剑一人敌。”故孟子云“敌一人”，赵氏以当一人之敌解之。尔雅释诂云：“敌，当也。”闽、监、毛三本作“一匹夫”，阮氏元校勘记云：“以一夫释匹夫，不得云一匹。”**王请大之！诗云：‘王赫斯怒，爰整其旅，以遏徂莒，以笃周祜，以对于天下。’此文王之勇也。文王一怒而安天下之民。**【注】诗，大雅皇矣之篇也。言文王赫然斯怒，于是整其师旅，以遏止往伐莒者，以笃周家之福，以扬名于天下。文王一怒而安民，愿王慕其大勇，无论匹夫之小勇。【疏】注“诗大”至“天下”○正义曰：诗毛传云：“旅，师。按，止也。旅，地名也。对，遂也。”笺云：“赫，怒意。斯，尽也。五百人为旅。对，答也。文王赫然与群臣尽怒曰：整其军旅而出，以却止徂国之兵众，以厚周当王之福，以答天下乡周之望。”释文云：“斯，毛如字，此也。郑音赐。”赵氏不破解斯字之义，而云赫然斯怒，盖以斯为此，赫然者，此怒也。即以怒解赫然，是赫为怒意，与郑同也。郑以曰解爰，赵氏以于是解爰，与郑异，盖用毛义。师旅，亦用毛义也。遏，今诗作“按”，释文云：“按，本又作‘遏’，此二字俱训止也。”莒，诗亦作“旅”，毛以为地名。赵氏言遏止往伐莒者，是亦以莒为国名。国名地名，义亦相近。郑以阮、徂、共为三国，故以徂旅为徂国之兵众。孔氏广森经学卮言云：“毛诗虽作‘徂旅’，其传曰：‘旅，地名也。’则亦与莒同义。古书音同相借者多。莒字从吕，即音吕可耳，未可遂易为师旅之旅也。依郑君说，徂为国名。遏徂之事，古书散轶，不可复考。遏莒之事见于韩非子，云‘文王侵孟克莒’是已。”王氏念孙广雅疏证云：“篆即筥字。众经音义云：‘筥，又作篆。古者筥篆同声。’周礼掌客注云：‘筥读如栋梠之梠。’大雅‘以遏徂旅’，孟子作‘徂莒’，皆其证也。”以笃周祜，诗作“以笃于周祜”，以福解祜，与郑同。郑以厚解笃，赵氏不破者，以其易识也。郑以对为答，毛以对为遂，孔氏诗正义申毛，谓“遂天下心”，则义与答天下向周之望义近。广雅释诂云：“对，扬也。”诗江汉“对扬王休”，礼记祭统“对扬以辟之”，以扬连对，而毛传、郑注皆训对为遂。对扬乃叠字，对即遂，遂即扬。赵氏用毛义，以遂于天下为扬名于天下，不用郑义，孔氏申毛，殊于赵也。月令"遂贤良"，注云："遂，进也。"进贤良即举贤良。说文手部云："扬，飞举也。"是扬、遂之义相叠也。月令"庆赐遂行"，注云："遂，达也。"此遂行亦犹云举行，达行犹云通行，亦相叠为义。或以遂扬为己遂称扬君命，是以遂为因事之辞。时孔悝方稽首，讵突冠虚助之辞乎？为不然矣。祭统云："福者，备也。百顺之名也。"注云："世所谓福者，谓受鬼神之祐助也。贤者之所谓福者，谓受大顺之显名也。"扬名于天下，乃为笃祜，赵氏之说长也。**书曰：'天降下民，作之君，作之师，惟曰其助上帝宠之。四方有罪无罪惟我在，天下曷敢有越厥志？'**【注】书，尚书逸篇也。言天生下民，为作君，为作师，以助天光宠之也。四方善恶皆在己，所谓在予一人，天下何敢有越其志者也。【疏】注"书尚书逸篇也"○正义曰：惠氏栋古文尚书考云："孔安国古文五十八篇，汉世未尝亡也。三十四篇与伏生同；二十四篇增多之数，篇名具在。刘歆造三统历、班固作律历志、郑康成注尚书序，皆得引之。特以当日未立于学官，故贾逵、马融等，虽传孔学，不传逸篇。融作书序，亦云'逸十六篇，绝无师说'。盖汉重家学，习尚书者，皆以二十九篇为备。于时虽有孔壁之文，亦止谓之逸书，无传之者。然其书已入中秘，是以刘向校古文，得录其篇，著于别录。至东京时，虽亡武成一篇，而艺文志所载，五十七篇而已。其所逸十六篇，当时学者咸能案其篇目，举其遗文，虽无章句训故之学，翕然皆知为孔氏之逸书也。今世所传古文，乃梅赜之书，非壁中之文。"按此孟子所引书，在梅赜书泰誓上篇，江氏声尚书集注音疏云："太誓上中下三篇，孔氏古文亦有之，不在二十四篇逸书之数。以当时列于学官，博士所课，不目之为逸书也。"按泰誓不为逸书，而此赵氏以逸书目之，则非泰誓之文矣。臧氏琳经义杂记云："孟子所引，为尚书逸篇，赵氏亦未言所属，今见于泰誓，不知其何本也。"○注"言天"至"者也"○正义曰：赵氏读"惟曰其助上帝宠之"八字句，"四方"二字连下"有罪无罪惟我在"九字句。易师九二传云"承天宠也"，释文引郑注云："宠，光耀也。"诗蓼萧"为龙为光"，毛传云："龙，宠也。"赵氏以光解宠。论语尧曰篇言"百姓有过，在予一人"，有过在予，与有罪惟我在相近，故赵氏引以证之。尚书集注音疏云："赵氏'以助天光宠之'者，谓以其能助天，故光宠之。作两句解，义了明白。赵氏联言助天光宠，意旨不明。又惟我在之言，非在我之谓，而乃引在予一人以况，殊不合。故声不取，而自为解：宠，尊居也。言天降生下民，为作之君，为作之师者，惟曰其助天牧民，故尊宠之，使居君师之任。我，我君师也。在，察也。四方有罪无罪惟我君师司察焉。天下何敢有逾越其志者乎。"襄十四年左传云："天生民而立之君，使司牧之，勿使失性。"是作君师为牧民也。云故尊宠之，使居君师之任者，从赵氏读"宠之"绝句也。**一人衡行于天下，武王耻之，此武王之勇也。**【注】衡，横也。武王耻天下一人有横行不顺天道者，故伐纣也。【疏】"一人"至"耻之"〇正义曰：王氏鸣盛尚书后案云："孟子所引，自'天降下民'起，直到'一人衡行于天下，武王耻之'，皆书词，皆史臣所作，故孟子从而释之曰：此武王之勇也。亦犹上文引诗毕，然后从而释之曰：此文王之勇也。"臧氏琳经义杂记云："赵注读'四方有罪无罪'为句，与孟子释书意'一人衡行于天下'句正合，或云书词至'武王耻之'止，非也。赵注亦断'天下曷敢有越厥志'住。"〇注"衡横"至"纣也"〇正义曰：考工记玉人注云："衡，古文'横'，假借字也。"周礼野庐氏"禁野之横行径逾者"，注云："横行，妄由田中。"是横行为不顺，纣不顺天道，故亦以为横行。史记周本纪集解引瓒云："以威势相胁曰横。"是也。曲礼"天子自称予一人"，故以一人指纣。越厥志，故横行也。**而武王亦一怒而安天下之民。今王亦一怒而安天下之民，民惟恐王之不好勇也。"**【注】孟子言武王好勇，亦则文王一怒而安天下之民也。今王好勇，亦则武王一怒而安天下之民，民恐王之不好勇耳。王何为欲小勇，而自谓有疾也。【疏】注"孟子"至"勇耳"〇正义曰：国语周语云"奕世载德"，韦昭注云："奕，亦前人也。"谓前人如是，后人效法之。故赵氏以则解亦，谓武王亦一怒，为武王效法文王。今王亦一怒，为今王效法武王。

章指言：圣人乐天，贤者知时，仁必有勇；勇以讨乱而不为暴，则百姓安之。

4　齐宣王见孟子于雪宫，王曰："贤者亦有此乐乎？"

【注】雪宫,离宫之名也。宫中有苑囿台池之饰,禽兽之饶,王自多有此乐,故问曰贤者亦能有此乐乎。【疏】注"雪宫"至"之饶"○正义曰:文选雪赋云:"臣闻雪宫,建于东国。"注引刘熙孟子注云:"雪宫,离宫之名也。"与赵氏同。离宫,即囿人、阍人所掌也。礼记杂记云:"公馆者,公宫与公所为也。"注云:"公所为,君所作离宫别馆也。"多,谓夸大也。阎氏若璩释地云:"解者谓雪宫孟子之馆,宣王就见于此,因夸其礼遇之隆。贤者指孟子,与梁惠王贤者指人君不同。果尔,孟子当正色而对,以明不屑。汉章帝祀阙里,大会孔氏男子六十二人,谓孔僖曰:'今日之会,其于卿宗有光荣乎?'对曰:'臣闻明王圣主,莫不尊师贵道;今陛下亲屈万乘,辱临敝里,此乃崇礼先师,增辉圣德。至于光荣,非所敢承。'僖尚能为斯言,况岩岩之孟子耶?贤者指人君言。元和郡县志:'齐雪宫故址,在青州临淄县。县即齐都东北六里,晏子春秋所谓齐侯见晏子于雪宫。'盖齐离宫之名,游观胜迹。宣延见孟子于其地,非就见之谓。管晏,孟子羞称,兹详及晏子,盖亦以其地曾为先齐君臣共游观,以近事为鉴,则言易及。"曹氏之升摭余说云:"阎氏说非也。赵氏注孟子将朝王章亦云'寡人就孟子之馆相见也'。盖雪宫如汉甘泉、唐九成之属。齐宣尊礼孟子,馆之离宫,不使侪于稷下,故景丑氏以为丑见王之敬子也。齐宣以孟子为宾师,极致尊礼,其问隐然自表其优遇之至意。"赵氏佑温故录亦云:"此盖齐王馆孟子于雪宫而来就见也。贤者,即谓孟子,与梁惠王之问不同。"按孟子见梁惠王,与宣王见孟子于雪宫,文顺逆不同。谓孟子在雪宫,宣王就见,义似为长。齐宣有此雪宫之乐,今馆孟子于此,则贤者亦有此雪宫之乐,见能与贤者共此乐也。赵氏下云:"非其矜夸雪宫,而欲以苦贤者。"则此贤者即阴指孟子,非指贤君也。翟氏灏考异云:"齐侯见晏子于雪宫,今晏子春秋无此语,当因下文述晏子事,元和志遂讹孟子为晏子也。"

孟子对曰:"有人不得则非其上矣。不得而非其上者,非也。为民上而不与民同乐者,亦非也。【注】有人不得,人有不得志者也。不责己仁义不自修,而责上之不用己,此非君子之道。人君适情从欲,独乐其身,而不与民同乐,亦非在上不骄之义也。【疏】注"有人"至"义也"○正义曰:何异孙十一经问对云:"有字是句。人不得则非其上矣是句。或曰：有人当作人有。”韩愈送徐皞下第序云：“吾观于人有不得志，则非其上者众矣。”盖赵氏解有人为人有，韩氏本赵氏也。不得志为上不用己，故以指下第。齐宣馆孟子，自以能用孟子，孟子之志得，乃能亦有此乐。孟子推及于凡人，以为不特贤者得志有此乐，凡人皆得志乃有此乐；有此乐，则不非其上；不与民同乐，则民不得志也。音义云：“从欲，丁音纵，本亦作‘纵’。”**乐民之乐者，民亦乐其乐；忧民之忧者，民亦忧其忧。**【注】言民之乐，君与之同，故民亦乐使其君有乐也。民之所忧者，君助忧之，故民亦能忧君之忧，为之赴难也。**乐以天下，忧以天下，然而不王者，未之有也。**【注】言古贤君乐则以己之乐与天下同之，忧则以天下之忧与己共之，如是未有不王者。孟子以是答王者，言虽有此乐，未能与人共之。【疏】注“言虽”至“共之”〇正义曰：齐宣王自多以己有此乐，能与贤者共之。孟子推及于人，谓其有此乐，未与人共之。小人，即民也。贤者亦有此乐，民未尝亦有此乐也。**昔者，齐景公问于晏子曰：‘吾欲观于转附、朝儛，遵海而南，放于琅邪，吾何修而可以比于先王观也？’**【注】孟子言往者齐景公尝问其相晏子若此也。转附、朝儛，皆山名也。又言朝，水名也。遵，循也。放，至也。循海而南，至于琅邪，琅邪，齐东南境上邑也。当何修治，可以比先王之游观乎。先王，先圣之王也。【疏】注“孟子”至“王也”〇正义曰：王逸离骚注云：“昔，往也。”尔雅释诂云：“遵，循也。”高诱注淮南子氾论训云：“循，遵也。”礼记祭义云“推而放诸东海而准”，注云：“放，至也。”论语“敢问崇德修慝辨惑”，集解引孔注云：“修，治也。”高诱注吕氏春秋季春纪“禁妇女无观”云：“观，游也。”故赵氏用以为释。阎氏若璩释地云：“赵注：‘琅邪，齐东南境上邑。’汉郊祀志作‘在齐东北’，非也。今诸城县东南一百五十里有琅邪山，山下有城，即其处。余曾遍考转附、朝儛二山，杳不知所在。惟赵氏德，南宋人，有‘转附，附作鲋，属莱州’之说，殊无依据。意此二山当在海之东尽头，如成山、召石山之类，登之可以观海，然后回辙，循海之滨西行，以南至琅邪，亦可观海焉。”按史记秦始皇纪二十八年，并渤海以东，过黄、腄，穷成山，登之罘，立石颂秦德焉而去。南登琅邪，大乐之。三十七年，自琅邪北至荣成山，至之罘。汉书郊祀志："后五年，东幸琅邪，礼日成山，登之罘，浮大海。"司马相如子虚赋云："且齐东陼巨海，南有琅邪，观乎成山，射乎之罘。"晋灼曰："之罘山在东莱腄县。"盖之罘即转附也。之与转一声之转，之之为转，犹之之为旃也。罘与附古音通，罘之为附，犹不之为拊也。山川之名，古今更变，乃以声音求之尚可得。秦皇、汉武所游，自琅邪而北，则至之罘、成山；自之罘、成山而南，则至琅邪。齐景欲观乎转附、朝儛，转附即之罘也，朝儛即成山也。于钦齐乘云："召石山在文登之东。"三齐略云："始皇造石桥渡海，观日出处，有神人召石山下，城阳一山石，岌岌相随而行，石去不驶，神人鞭之见血，今召石山石色皆赤。"伏琛齐记云："始皇造桥观日，海神为之驱石竖柱，今验成山东入海道水中有竖石，往往相望，似桥柱之状。又有柱石二，乍出乍没。"又云："召石山与成山相近，因始皇会海神，故后世遂呼成山曰神山。"然则召石即成山也。刘向九叹远逝篇云"朝四灵于九滨"，王逸注云："朝，召也。召四方之神，会于大海九曲之涯也。"董子繁露朝诸侯篇云："朝者，召而问之也。"左传"蔡朝吴"，公羊传作"昭吴"。是朝、召古通。朝宜读朝夕之朝，俗读为朝廷之朝，非也。朝儛即柱之缓声。盖以石形似柱，而缓呼之为"朝儛"，古儛石声近。顾氏炎武唐韵正云："石，上声，常主切。汉书杨王孙传：'口含玉石，与棺椁朽腐，乃得归土。'通腐土为韵。"段氏玉裁六书音均表所立十七部，舞声石声同第五部。孔氏广森诗声类，从无从石同阴声，第三鱼类，古读石为上声，声近于舞，是朝儛即召石，海神鞭石，则后人附会之妄也。阎氏疑此二山当如成山、召石山之类，未以声音转借求之，故不能定尔。或谓转附朝儛即华不注，乃华不注在今济南历城之西，去齐都不远，无烦欲观。毛氏奇龄四书賸言补引管子戒篇，谓转附朝儛即犹轴转斛。按傅子谓管子乃后之好事者所加，剌取孟子之文入之。是犹轴转斛为转附朝儛之讹，不得谓转附朝儛即犹轴转斛之讹也。然即其斛字，益知儛字为石字之声，何也？聘礼记"十斗曰斛"，说苑辨物篇"十斗为一石"，周语单穆公引夏书云"关石龢钧"，韦昭注云："石，今之斛也。"庄子田子方篇"鍾斛不敢入于四竟"，释文："斛音庾，司马本作'鍾斞'，鍾读曰钟，斞读曰臾。"斞为十六斛，与斛自异，而与石之音则近。斛即石，石古读若暑，故斛一作"斞"。以孟子之朝儛，而管子用之作"斛"，则儛字当时或本与石字通借，而好事者乃变石为斛，以加入管子也。其文云：

"桓公将东游,问于管子曰:'我游,犹轴转斛,南至琅邪。'""我游"二字句,谓我之东游也。犹与由通,谓由转附、朝斛,南至于琅邪也。轴字衍文,因转字而误也。转轴二字之间,缺附朝二字。幸存斛字,可知孟子之儛字即斛字之借;而斛字则石字之转注,亦即舆字之近音也。细绎管子之文,益信朝儛为"召石"矣。房玄龄注"犹轴转斛",谓犹轴之转载斛石,乃望文生意,失之矣。赵氏虽未详,而以为皆山名则是,又言"朝水名"者,存异说也。淮南子修务训云"耳未尝闻先古",高诱注云:"先古,谓圣贤之道也。"文选东京赋"宪先灵而齐轨",薛综注云:"先灵,先圣之神灵。"是凡称先,皆谓先古圣贤。先王为先圣之王,犹先灵为先圣之神灵也。**晏子对曰:'善哉问也!天子适诸侯曰巡狩,巡狩者,巡所守也。诸侯朝于天子曰述职,述职者,述所职也。无非事者,春省耕而补不足,秋省敛而助不给。**【注】言天子诸侯出,必因王事有所补助于民,无非事而空行者也。春省耕,问耒耜之不足。秋省敛,助其力不给也。【疏】注"春省耕"至"给也"○正义曰:管子戒篇云:"春出,原农事之不本者。秋出,补人之不足者。"朱长春云:"不本,春从不足于耕稼者,原省助之。春种为本,秋获为利,今田家谚'下工用本'是也。耒耜用于耕,耒耜不足,即谓耕稼之本不足也。"房玄龄云:"秋谓西成,尚有不足者,当补之。秋稼已敛,而力仍有不给于衣食,故云力不给也。力即力田之力,谓虽力田,而所获不足以养其父母妻子。"又国蓄篇云:"春以奉耕,夏以奉芸,耒耜械器,种饷粮食,毕取赡于君。"又轻重丁云:"使吾萌春有以傳耜,夏有以决芸。"**夏谚曰:吾王不游,吾何以休?吾王不豫,吾何以助?一游一豫,为诸侯度。**【注】晏子道夏禹之世,民之谚语也。言王者巡狩观民,其行从容,若游若豫,豫亦游也。春秋传曰:鲁季氏有嘉树,晋范宣子豫焉。吾王不游,我何以得见劳苦蒙休息也。吾王不豫,我何以得见赈赡助不足也。王者一游一豫,行恩布德,应法而出,可以为诸侯之法度也。【疏】注"晏子"至"语也"○正义曰:说文言部云:"谚,传言也。"广雅释诂云:"谚,传也。"然则夏谚谓夏世相传之语。国语"谚有之",韦昭注云:"谚,俗之善谣也。"俗所传闻,故云民之谚语,而其辞如歌诗，则谣之类也。〇注“言王”至“度也”〇正义曰：易观象传云：“先王以省方观民设教。”是巡狩所以观民也。游为优游，豫为暇豫。诗都人士序云“从容有常”，笺云：“从容，谓休燕也。”史记留侯世家云“良尝间从容步游下邳圯上”，索隐云：“从容，闲暇也。”故以其行从容解游豫也。引春秋传者，昭公二年传文。其文作“宴于季氏，有嘉树焉，宣子誉之”。彼正义引服虔云：“誉，游也。宣子游其树下。夏谚曰：‘一游一誉，为诸侯度。’”惠氏栋左传补注云：“周易序卦传‘豫必有随’，郑康成注引孟子‘吾君不豫’以为证。则知此传誉字本作‘豫’，故服、赵互引为证。孙子兵法云：‘人效死而上能用之，虽优游暇誉，令犹行也。’外传作‘暇豫’。李善云：‘誉与豫古字通。’”尔雅释诂云：“休，息也。”说文云：“度，法制也。”故以息释休，以法释度。孔氏广森经学卮言云：“晏子春秋曰：‘春省耕而补不足者，谓之游。秋省实而助不给者，谓之豫。’故于游言休，谓休息耕者；于豫言助，所谓助不给也。”东京赋云：“既春游以发生，启诸蛰於潜户；度秋豫以收成，观丰年之多稌。”薛综注：“秋行曰豫。”是汉人旧说，犹以游豫分春秋也。赵氏章句，始混为一。管子云：“先王之游也，春出，原农事之不本者，谓之游。秋出，补人之不足者，谓之夕。”变豫言夕，古音之转注也。古读夕如榭，诗曰：“三事大夫，莫肯夙夜。邦君诸侯，莫肯朝夕。”是也。古读豫亦如榭，故仪礼乡射礼“豫则钩楹内”，通作宣榭之榭。榭、豫并音序。为诸侯度者，言诸侯法之，亦以春秋行其境内，岁举不过再。倪氏思宽读书记云：“春为发生，生气可观，故曰游。秋为收成，成功可喜，故曰豫。秋行曰豫，则春行曰游可知。盖先王之观，惟以物成为可乐，他无所乐也。”翟氏灏考异云：“管、晏二书，俱有后人附托，或反从孟子袭入之，盖百家之书，尤多窜易。”**今也不然，师行而粮食，饥者弗食，劳者弗息，睊睊胥谗，民乃作慝。**【注】今也者，晏子言今时天下之民，人君兴师行军，皆远转粮食而食之，有饥不得饱食，劳者致重，亦不得休息；在位者又睊睊侧目相视，更相谗恶，民由是化之而作慝恶也。【疏】注“人君”至“恶也”〇正义曰：周礼夏官序官云：“二千有五百人为师，万有二千五百人为军。”师、军亦通称。国语鲁语“天子作师”，韦昭注云：“师，谓六军之众也。”小司徒：“五人为伍，五伍为两，四两为卒，五卒为旅，五旅为师，五师为军。”注云：“伍、两、卒、旅、师、军，皆众之名。”是也。论语子路曰“则礼乐不兴”，皇侃义疏云：“兴，犹行也。”赵氏此注，以军释师，以兴释行。闽、监、毛三本作“行师兴军”。按经先师后行，赵氏以师行犹军兴而互明之也。毛氏奇龄賸言补云：“管子戒篇云：‘夫师行而粮食其民者，谓之亡。’予幼读‘师行粮食’句，疑粮食二字难通，似有脱误，今始知粮食其民为确不可易也。”钱氏大昕潜研堂答问云：“周礼廪人职云：‘凡邦有会同师役之事，则治其粮食。’注：‘行道曰粮，谓糒也。止居曰食，谓米也。’郑锷云：‘远者治其粮。’庄子‘适百里者宿舂粮，适千里者三月聚粮’，盖言远也。近者治其食，诗‘朝食于株’，左传‘食时而至’，盖言近也。予按说文训糒为干。诗‘乃裹糇粮，于橐于囊’，孟子谓‘居者有积仓，行者有裹粮’，此粮与食之辨。”按赵氏云“远转粮食而食之”，此以食释粮。而食之三字解食字。说文云：“粮，谷食也。”国策西周策云“而藉兵乞食于西周”，注云：“食，粮也。”粮食二字，亦可通称，故以食释粮。粮食与师行对言，谓军师之兴，以粮米为食。粮既是行道所治之名，则以粮为食，必须远转，转即运也。远行转运，则必负重，不得休息矣。晏子春秋问下篇云：“今君不然，师行而粮食。”与孟子同。则孟子“粮食”之下，非有脱误，亦非食于民之义也。音义云：“睊，古县切，字亦作‘诮’。”王氏念孙广雅疏证云：“睊睊，视也。说文：‘睊，视貌。’重言之则曰睊睊。”然则赵氏不单言视而云侧目相视者，汉书邹阳传云：“太后怫郁泣血，无所发怒，切齿侧目于贵臣矣。”然则侧目者忿恨之貌，说文心部云：“悁，忿也。”后汉书陈蕃传云“至于陛下，有何悁悁”，注：“悁悁，恚忿也。”盖赵氏以睊睊与悁悁通合言之。尔雅释诂云：“胥，相也。”邹阳传云“羊胜、公孙诡疾阳，恶之孝王”，下云“阳客游以谗见禽”，是恶之即谗，故颜师古注云：“恶，谓谗毁也。”樊哙、爰盎等传注亦多以恶为谗，谮言人罪恶。更，代也。互相谗短，则其目亦互相忿视，故知睊睊为侧目相视。下言民乃作慝，知此胥谗者，为在位之人矣。闽、监、毛三本在位下有“在职”二字。诗大雅民劳篇云“无俾作慝”，毛传云：“慝，恶也。”是作慝即作恶也。周礼秋官小行人云“其悖逆暴乱作慝，犹犯令者为一书”，注云：“慝，恶也。犹，图也。”然则作恶谓悖逆暴乱，希图犯令之谓也。**方命虐民，饮食若流；流连荒亡，为诸侯忧。**【注】方，犹放也。放弃不用先王之命，但为虐民之政，恣意饮食，若水流之无穷极也。谓沉湎于酒，熊蹯不熟，怒而杀人之类也。流连荒亡，皆骄君之溢行也。言王道亏，诸侯行霸，由当相匡正，故为诸侯忧也。【疏】注“方犹”至“行也”〇正义曰：方犹放者，假借字也。尧典云“方命圮族”。汉书傅喜传、朱博传并作“放命”。尚书正义郑康成注云：“方，放。谓放弃教命。”赵氏与之同。闽、监、毛三本作“方，犹逆也。逆先王之命”，非是。引“沉湎于酒”者，尚书序云：“羲和湎淫，废时乱日。”酒诰云“罔敢湎于酒”，又云“殷之迪诸臣，惟工乃湎于酒”，郑氏注云：“饮酒齐色曰湎。”诗大雅荡云“天不湎尔以酒”，笺云：“天不同女颜色以酒，有沉湎于酒，是乃过也。”论衡云：“纣沉湎于酒，以糟为丘，以酒为池，牛饮者三千人。”说文水部云：“湎，湛于酒也。”湛与沉同。“熊蹯不熟怒人”，晋灵公事，见左传宣公四年。溢与泆通。溢行，谓淫泆之行也。骄君，指夏之羲和、殷纣之臣工、周之晋灵公之属。〇注“言王”至“忧也”〇正义曰：忧，思也，虑也，亦劳也。由与犹通。赵氏之意，谓骄君流连荒亡，王道既亏废，天子虽不能讨，而诸侯之行霸，如齐桓、晋文者，思匡救其恶，犹将问罪而伐之。匡即正也。即一匡天下之义。行霸之诸侯，不能置此骄君于度外，而加之师旅，则国且危矣，故云犹当相匡正。当相匡正解忧字，如公羊传“桓公有忧中国之心”之忧也。盖指当时晋、楚将加兵于齐，不质言者，对君之体，宜如此也。全氏祖望经史问答云：“为诸侯忧，古注以为列国诸侯。试观僖公四年，桓公欲循海而归，辕宣仲谓申侯曰：‘师出陈、郑之间，供其资粮扉屦，国必甚病。’哀公时，吴为黄池之会，过宋、郑，杀其丈夫，囚其妇人，霸者之世，役小役弱，不可胜道，岂但征百牢、索三百乘而已。春秋之晚，虽鲁亦困于征输，愿降而与邾、滕为伍，而杞至自贬为子，则其与附庸之君相去不远。”此申赵氏之说，则以骄君之流连荒亡，即指行霸之君。而为诸侯忧之诸侯，则事霸国之诸侯，非行霸之诸侯。乃赵氏称诸侯行霸，是以行霸解为诸侯忧之诸侯也。云当相匡正，似不谓骄君矣。或云如同盟，或姻国，皆忧其国之将亡。**从流下而忘反谓之流，从流上而忘反谓之连，从兽无厌谓之荒，乐酒无厌谓之亡；先王无流连之乐，荒亡之行，惟君所行也。’**【注】言骄君放游，无所不为。或浮水而下、乐而忘反谓之流，若齐桓与蔡姬乘舟于囿之类也。连者，引也。使人徒引舟船，上行而忘反以为乐，故谓之连。书曰"罔水行舟"，丹朱慢游，无水而行舟，岂不引舟于水而上行乎，此其类也。从兽无厌，若羿之好田猎，无有厌极，以亡其身，故谓之荒乱也。乐酒无厌，若殷纣以酒丧国也，故谓之亡。言圣人之行，无此四者，惟君所欲行也。晏子之意，不欲使景公空游于琅邪而无益于民也。【疏】注"或浮"至"类也"○正义曰：浮水而下，谓顺流而下也。齐桓与蔡姬乘舟于囿，见僖公三年左传。其下文云："荡公，公惧变色。"杜氏注云："荡，摇也。囿，苑也。盖鱼池在苑中。"推其义，盖蔡姬摇动桓公。赵氏引为流之证者，流犹放也，放犹荡也。管子宙合篇云"君失音则风律必流"，注云："流，谓荡散。"以荡与流义合，取为流之证也。○注"连引"至"类也"○正义曰：连训引者，段氏玉裁说文解字注云："连，负车也。各本作'员连'，今正。连即古文辇也。周礼乡师'辇辇'，故书辇作'连'，大郑读为辇。巾车'连车'，本亦作'辇车'。负车者，人挽车而行，车在后如负也。"说文云："辇，挽车也。从车扶，扶在车前引之也。"又云："挽，引车也。"连、辇同字，而辇为挽，挽为引，是连训引也。逆水而上，必用徒役挽引之，如负车然，故其名曰连。引书者，见虞书皋陶谟。其文云："无若丹朱傲，惟慢游是好，傲虐是作，罔昼夜额额。""罔水行舟"一句是书辞，"丹朱慢游，无水而行舟"是赵氏申释书辞。谓无水行舟，必用人挽引，引以为名连之证也。郑氏注书此文云："丹朱见洪水时人乘舟，今水已治，犹居舟中额额使人推行之。"王氏鸣盛尚书后案云："郑云云者，即孟子'从流忘反'也。传以论语'奡荡舟'，孔安国云'陆地行舟'，遂取以解此经。陆地行舟，事之所无，孔彼注失之。"孔氏广森经学卮言云："论语'奡荡舟'，即所谓'罔水行舟'也。旧说以为夏时浇，非是。"按无水行舟即陆地行舟，孔安国注论语，以陆地行舟为寒浞之子奡，而说文夰部云："奡，嫚也。虞书曰：'若丹朱奡。'读若傲。论语：'奡荡舟。'"是当时有以荡舟即丹朱傲之事，故赵氏以罔水为无水，即陆地行舟。郑氏谓"水已治"，则以水由地中，前此泛滥已平，亦是以罔水为无水。鸿水泛滥，人居舟中，今水已落，仍为陆地，而丹朱犹居舟中，使人推行。郑虽不明言陆地行舟，而其意可见也。赵氏以陆地方使人推引，其在水使人推引可知，故以为类例也。○注"从兽"至"乱也"○正义曰：易屯"六三，即鹿无虞"，传云："以从禽也。"从禽犹从兽也。厌，足也。引羿之好田猎者，襄公四年左传云："后羿自鉏迁于穷石，因夏民以代夏政。恃其射也，不修民事，而淫于原兽。弃武罗、伯因、熊髡、龙圉而用寒浞以为己相，浞行媚于内，施赂于外，愚弄其民而虞羿于田，树之诈慝，以取其国家，外内咸服，羿犹不悛，将归自田，家众杀而亨之。”此羿好田亡身之事也。诗魏风蟋蟀“好乐无荒”，笺云：“荒，废乱也。”废乱者，荒忽迷乱。羿好于田，遂忽于浞之谋己，是为田所迷也。故引以为名荒之证。〇注“乐酒”至“之亡”〇正义曰：引殷纣者，史记殷本纪云：“帝纣好酒淫乐，以酒为池，县肉为林，使男女裸相逐其间，为长夜之饮，百姓怨望，而诸侯有畔者。”是以酒丧国事也。翼孟音解读乐酒若乐山、乐水，乐酒即好酒也。论语雍也篇“亡之命矣夫”，孔安国注云：“亡，丧也。”白虎通崩薨篇云：“丧者，亡也。”故引以为名亡之证。管子戒篇云：“夫师行而粮食于民者谓之亡，从乐而不反者谓之荒。”晏子春秋问下篇云：“夫从南历时而不反谓之流，从下而不反谓之连，从兽而不归谓之荒，从乐而不归谓之亡。”管、晏书刺取孟子，而文有不同。〇注“言圣”至“民也”〇正义曰：圣人即先王也。先王但有春游秋豫，一休一助，为民而出，无此从上从下从兽乐酒之事也。先王既非无事空行，故晏子欲效法，亦不无事空行也。对其“何修以比先王之观”如此。**景公说，大戒于国，出舍于郊，于是始兴发，补不足。**【注】景公说晏子之言也。戒，备也。大修戒备于国。出舍于郊，示忧民困，始兴惠政，发仓廪以振贫困不足者也。【疏】注“戒备”至“者也”〇正义曰：郑康成注礼记曾子问、高诱注淮南子精神训，皆云：“戒，备也。”大修戒备，谓预备补助之事，即晏子春秋所谓“命吏计公掌之粟，籍长幼贫氓之数”是也。景公将身亲振给，故出舍于郊，示忧民困也。兴与发义同，并言则有别。周礼地官遂大夫“则帅其吏而兴甿”，注云：“兴，举也。”故谓举行惠政。广雅释诂云：“发，开也。”月令“雷乃发声”，注云：“发，出也。”故谓开发仓廪而出其粟。闽、监、毛三本作“以振贫困不足者也”。振，即古赈字。晏子春秋云：“吏所委发仓廪出粟以予贫民者三千钟，公所身见癃老者七十人，赈赡之，然后归也。”**召大师曰：‘为我作君臣相说之乐。’盖徵招、角招是也。**【注】大师，乐师也。徵招、角招，其所作乐章名也。【疏】注“大师”至“名也”〇正义曰：周礼春官：“大司乐中大夫二人，乐师下大夫四人，大师下大夫二人。”天子之官，乐师与大师自别。赵氏以太师为乐师，盖以诸侯之官，大师为之长，即乐师也。胡氏匡衷仪礼释官云："'仆人正徒相大师，仆人师〔一〕相少师，仆人士相上工。'注云：'大师、少师，工之长也。凡国之瞽矇正焉。杜蒯曰：旷也，大师也。'按论语有大师挚，少师阳，是诸侯亦有大师、少师之官。凡言工，皆瞽矇也。大师、少师亦瞽者为之，故通称工。大师，乐工之长，非乐官之长。周礼春官有大司乐、乐师，同官，其职掌教国子，与尚书典乐官同，非瞽者为之。"刘氏台拱经传小记云："国语：'细钧，有钟无镈，昭其大也。大钧，有镈无钟，甚大无镈，鸣其细也。大昭小鸣，和之道也。'按细大有以声言者，上章言'大不逾宫，细不过羽'是也。有以调言者，此言'细钧大钧'是也。有以器言者，此言'昭其大，鸣其细'是也。钧亦作均，春秋昭二十年服注云：'黄钟之均：黄钟为宫，大蔟为商，姑洗为角，林钟为徵，南吕为羽，应钟为变宫，蕤宾为变徵。'续汉志云：'天子常以日冬夏至阴气应，则乐均浊。'西京郊祀宗庙乐，惟用黄钟一均，章帝时，太常丞鲍业始旋十二宫，旋宫以七声为钧，盖古所谓均，即今所谓调。五声十二律，旋相为宫，为六十调，皆具五声，故有五均。而韦注'细钧为徵羽角，大钧为宫商'者，古人以声命调，若孟子言'徵招、角招'，师旷言'清商、清徵、清角'，皆是调名，韦氏之意，或亦尔也。"**其诗曰：'畜君何尤？'畜君者，好君也。"**【注】其诗，乐诗也。言臣说君谓之好君，何尤者，无过也。孟子所以道晏子、景公之事者，欲以感喻宣王，非其矜夸雪宫而欲以苦贤者。

【疏】注"言臣"至"过也"○正义曰：王氏念孙广雅疏证云："说文：'嫱，媚也。'孟康注汉书张敞传云：'北方人谓媚好为诩畜。'畜与嫱通。说文：'媚，说也。'故媚好谓之畜，相说亦谓之畜，又谓之好。孟子梁惠王篇：'畜君者，好君也。'本承上君臣相悦而言，故赵氏注云：'言臣悦君谓之好君。'好畜古声相近，畜君何尤即好君何尤。祭统云：'孝者，畜也。顺于道不逆于伦，是之谓畜。'孔子闲居及坊记注并云：'畜，孝也。'释名云：'孝，好也。爱好父母，如所悦好也。'畜孝好声并相近。畜君者，好君也。洚水者，洪水也。皆取声近之字为训。后世声转义乖，而古训遂不可通矣。"阮氏元毛诗王欲玉女解云："许

〔一〕"师"上原衍"正"字，据仪礼大射仪删。

氏说文金玉之玉无一点，其加一点者，解云'朽玉也。从王有点，读若畜牧之畜'。毛诗玉字，皆金玉之玉。惟民劳篇'王欲玉女'，玉字专是加点之玉。诗言玉女者，畜女也。畜女者，好女也。好女者，臣悦君也。召穆公言'王乎，我正惟欲好女畜女，不得不用大谏也'。孟子曰：'为我作君臣相悦之乐，其诗曰：畜君何尤？畜君者，好君也。'孟子之畜君，与毛诗召穆公之玉女无异也。后人不知玉为假借字，是以郑笺误解为金玉之玉矣。"段氏玉裁说文解字注云："訧，罪也。邶风毛传：'訧，过也。亦作郵。'释言：'郵，过也。亦作尤。'孟子引诗'畜君何尤'。"○注"孟子"至"贤者"○正义曰：道，言也。闽、监、毛三本作"导晏子、景公之事者"，阮氏元校勘记云："道、导古今字，古书多用道。'矜夸雪宫'，闽、监、毛三本夸作'誇'，误增言旁。'而欲以苦贤者'，闽、监、毛三本同。廖本、孔本、考文古本苦作'若'，形相涉而误也。"按苦有困辱之义，汉书冯奉世传"为外国所苦"是也。广雅释诂云："苦，穷也。"谓宣王言贤者亦有此乐乎，是自矜夸其雪宫，而用以困辱贤者，故孟子言晏子、景公之事，以感喻而非斥之。

章指言：与天下同忧者，不为慢游之乐，不循肆溢之行，是以文王不敢盘于游田也。【疏】"与天"至"之行"○正义曰：贾子新书道术篇云："反敬为嫚。"嫚与慢同。说文心部云："慢，惰也。"先王因助给而游，非无事而空行也。无事空行，是为慢游矣。肆，古本作"四"。周氏广业云："注云'流连荒亡，皆暴君之溢行'，则四溢为是。董子繁露云：'桀纣骄溢妄行。'"阮氏元校勘记云："孔本、韩本作四〔一〕是也。"○"是以"至"田也"○正义曰："文王不敢盘于游田"，周书无逸篇文。

5　齐宣王问曰："人皆谓我毁明堂，毁诸，已乎？"

【注】谓泰山下明堂，本周天子东巡狩朝诸侯之处也。齐侵地而得有之，人劝宣王，诸侯不用明堂可毁坏，故疑而问于孟子：当毁之乎。已，止也。【疏】

〔一〕"四"原误"事"，据阮元校勘记改。

注"谓泰"至"毁坏"○正义曰：阎氏若璩释地云："封禅书：'初，天子封太山，太山东北址，古时有明堂处。'是古明堂至汉武帝时犹有遗踪。"释地续云："左传隐八年：'郑伯使宛来归祊，不祀泰山也。'注云：'郑桓公封郑，有助祭泰山汤沐邑，在祊。'祊在琅邪国费县东南，郑以天子不能复巡狩，故欲以祊易于鲁，以从鲁所宜。计尔时距东迁五十六年，泰山下汤沐邑，郑尚能守之，则明堂仍为周天子所有，齐焉敢侵？不知几何时而为齐得。又至宣王时，不复东巡者四百四十年矣，人咸谓齐毁明堂，无王愈可知。"孔氏广森经学卮言云："此非如国中明堂为五室十二堂之制。荀子曰：'筑明堂于塞外而朝诸侯。'杨倞注云：'明堂，坛也。谓巡狩至方岳之下，会诸侯，为宫方三百步，四门，坛十有二寻，深四尺，加方明于坛上，盖其堂祀方明，故以明堂名之。而朝事义言方明之下，公侯伯子男觐位亦并与明堂位同。'汉时公玉带上明堂图，中有一殿，四面无壁，近泰山明堂之遗象。"金氏榜礼笺云："巡狩则方岳之下觐其方之群后，亦曰明堂。孟子书齐宣王曰'人皆谓我毁明堂'，左氏传'为王宫于践土'，亦其类也。"宋吴仁杰两汉刊误补遗并主斯说，此皆用赵氏义。毛氏奇龄四书賸言云："明堂在鲁地，而后为齐有，不知所始。若谓泰山明堂，因巡狩而设，则西南诸岳，其有无明堂，不见经传。且欲行王政，而但以文王治岐为言，其于立言之意，亦多不合。不知此即出王配帝所也。古明堂之制，原为飨帝而设，自黄帝以来，唐虞夏商俱有之。但飨帝必有配，后稷既配天于郊，而文王则配天于明堂。且天子继祖为宗，必有宗祀，而周制以文王当之。孝经所云'宗祀文王于明堂'者，是宗祖之祭。周颂我将诗小序所云'祀文王于明堂'，则配帝之祭也。特鲁本侯国，诸侯不敢祖天子，则祖文宗武，非鲁宜有，而独文王以出王之故，大宗之国，不祖而宗，因特立周庙在祖庙之外，而又以文当配帝，特设明堂为出王配帝之所。盖天子二郊，既祭昊天上帝，而于明堂则兼及五帝，原是杀礼，故明堂九室，只以中央太室与东西南北之太庙，合名五室，而祀方明于其中，故天子祖文王于明堂，而鲁则得以大宗宗之；天子以岁祭飨上帝于明堂，而鲁亦得以四时迎气，五方飨帝，十二月听朔降及之。盖周郊在二至，而鲁郊只在孟春祈谷，季秋报享。镐京明堂，并祀文武；而泰山明堂，则只祀文王。孝经所谓'严父配天，则周公其人'者，专指此泰山明堂为言。若然，则其举文王治岐，亦即因祭文王而推本及之。以治岐者，亦宗祀所自来也。"春秋文公十六年“毁泉台”,注云:“毁,坏之也。”故赵氏以坏释毁。○注“已止也”○正义曰:毛诗传笺、郑氏礼注、韦昭国语注、高诱战国策、吕氏春秋、淮南子注皆然,不胜数。

孟子对曰:“夫明堂者,王者之堂也。王欲行王政,则勿毁之矣。”【注】言王能行王道者,则可无毁也。【疏】“夫明堂者王者之堂也”○正义曰:阮氏元明堂论云:“粤惟上古,水土荒沉,橧穴犹在,政教朴略,宫室未兴。神农氏作,始为帝宫,上圆下方,重盖以茅,外环以水,足以御寒暑,待风雨,实惟明堂之始。明堂者,天子所居之初名也。是故祀上帝则于是,祭先祖则于是,朝诸侯则于是,养老尊贤教国子则于是,飨射献俘馘则于是,治天文告朔则于是,抑且天子寝食恒于是,此古之明堂也。黄帝尧舜氏作,宫室乃备,洎夏商周三代,文治益隆,于是天子所居,在邦畿王城之中,三门三朝,后曰路寝,四时不迁。路寝之制,准郊外明堂四方之一,乡南而治,故路寝犹袭古号曰明堂。若于祭昊天上帝,则有圆丘;祭祖考,则有应门内左之宗庙;朝诸侯,则有朝廷;养老尊贤教国子献俘馘,则有辟雍学校;其地既分,其礼益备,故城中无明堂也。然而圣人事必师古,礼不忘本,于近郊东南,别建明堂,以存古制,藏古帝治法册典于此;或祀五帝,布时令,朝四方诸侯,非常典礼,乃于此行之,以继古帝王之迹。譬之上古衣裳未成,始有韨皮;椎轮初制,惟尚越席;后世圣人,采备绘绣,无废赤芾之垂;车成金玉,不增大路之饰,此后世之明堂也。自汉以来,儒者惟蔡邕、卢植,实知异名同地之制,尚昧上古中古之分。后之儒者,执其一端,以蔽众说,分合无定,制度鲜通,盖未能融洽经传,参验古今,二千年来,遂成绝学。试执吾言,以求之经史百家,有相合无相戾者,别勒成书,以备稽览,括其大指,著于斯篇。”

王曰:“王政可得闻与?”【注】王言王政当何施,其法宁可得闻。

对曰:“昔者文王之治岐也,耕者九一,仕者世禄,关市讥而不征,泽梁无禁,罪人不孥。【注】言往者文王为西伯时,始行王政,使岐民修井田,八家耕八百亩,其百亩者,以为公田及庐井,故曰九一也。纣时税重,文王复行古法也。仕者世禄,贤者子孙必有土地。关以讥难非常，不征税也。陂池鱼梁不设禁，与民共之也。孥，妻子也。诗云："乐尔妻孥。"罪人不孥，恶恶止其身，不及妻子也。【疏】注"言往"至"王政"〇正义曰：往，即昔也。史记周本纪云："公季卒，子昌立，是为西伯，西伯曰文王。自岐下而徙都丰，明年西伯崩。"然则文王为西伯，治丰未久，故孟子以为治岐，赵氏以为为西伯时也。〇注"使岐"至"法也"〇正义曰：史记殷本纪言"纣厚赋税，以实鹿台之钱，而盈钜桥之粟"。淮南子要略训云："纣为天子，赋敛无度。"是纣时税重也。赵氏佑温故录云："王制：'古者，公田藉而不税，市廛而不税，关讥而不征，林麓川泽，以时入而不禁，夫圭田无征。'与孟子此文吻合。郑氏注谓'古者为殷时'，则正是纣废其法，而文独修行之。"〇注"贤者"至"土地"〇正义曰：王制云："天子之县内，诸侯禄也。外诸侯嗣也。"注云："选贤置之于位，其国之禄，如诸侯不得位。有功乃封之，使之世也。冠礼记曰：'继世以立诸侯，象贤也。'"孔氏正义云："得采国为禄而不继世，故云禄。下云'大夫不世爵'是也。此谓畿内公卿大夫之子，父死之后，得食父之故国采邑之地，不得继父为公卿大夫也。畿外诸侯，世世象贤，传嗣其国。公卿大夫，辅佐于王，非贤不可，故不世也。"然则世禄两分，世谓继世为诸侯，禄谓但食采地。此仕者世禄，比例天子之内诸侯，不可世爵，只可世禄。则世禄谓世食其采地，故云贤者子孙解世字也，必有土地解禄字也。昭公三十一年公羊传云："贤者子孙，宜有地也。"赵氏所本也。五经异义引古春秋左氏说："卿大夫得世禄，不世位，父为大夫死，子得食其故采地；如有贤才，则复父故位。"毛诗大雅文王篇"凡周之士，不显亦世"，传云："世者，世禄也。"〇注"关以"至"税也"〇正义曰：广雅释诂云："讥，问也。"问亦难也。周礼地官大司徒"制天下之地征"，注云："征，税也。"〇注"陂池"至"之也"〇正义曰：毛诗陈风"彼泽之陂"，传云："陂，泽障也。"周礼雍氏注云："池，谓陂障之水道也。"是泽为陂池也。毛诗"无逝我梁"，传云："梁，鱼梁也。"周礼𣀮人"掌以时𣀮为梁"，郑司农注云："梁，水偃也。偃水为关空，以笱承其空。"王制云"然后渔人入泽梁"，注云："梁，绝水取鱼者。"此云泽梁，故知为鱼梁也。〇注"孥妻"至"子也"〇正义曰：孥与奴同，假借作"帑"。国语郑语"寄孥与贿焉"，楚语"见蓝尹亹载其孥"，注皆云："妻子曰孥。"晋语"以其孥适西山"，注云："孥，妻子也。"文公六年左传"宣子使臾骈送其帑"，注云："帑，妻子也。"引诗者，小雅常棣第八章。毛传云:"帑,子也。"礼记中庸引此诗,郑氏注云:"古者谓子孙曰帑。"诗正义云:"上云妻子好合,子即此帑也。左传曰'秦伯归其帑',书曰'予则帑戮汝',皆是子也。"周礼秋官司厉:"其奴,男子入于罪隶,女子入于舂稾。"郑司农云:"谓坐为盗贼而为奴者,输于罪隶、舂人、稾人之官也。由是观之,今之为奴婢,古之罪人也。故书曰'予则奴戮汝',论语曰'箕子为之奴',罪隶之奴也。故春秋传曰:'斐豹隶也,著于丹书。请焚丹书,我杀督戎。耻为奴,欲焚其籍也。'"玄谓:"奴,从坐而没入县官者,男女同名。"贾氏疏云:"先郑引尚书'予则奴戮汝',及论语'箕子为之奴',皆与此经奴为一。若后郑义,尚书奴为子,若诗'乐尔妻奴',奴即子也。后郑不破者,亦得为一义。玄谓'奴男女从坐没入县官者',谓身遭大罪合死,男女没入县官,汉时名官为县官,非谓州县也。"按说文女部云:"奴,奴婢,皆古之罪人也。周礼曰:'其奴,男子入于罪隶,女子入于舂稾。'"吕氏春秋开春论云"叔向为之奴",高诱注云:"奴,戮也。律坐父兄没入为奴。"然则凡父兄妻子,从坐没入之罪名为奴。"罪人不孥",谓罪及本身,不没入其父兄妻子为奴也。故贾氏谓先郑、后郑义同。不罪其妻子,即是不以其妻子为奴。说文别无"孥"字,是罪人为奴婢为此奴,因而妻子子孙通称为奴。古者大罪,坐其妻子,亦仅没为奴婢,殊于秦人族诛之法;而文王犹除之,仅及本身,非谓本身奴罪亦除之也。潜夫论述赦篇云:"养稊稗者伤禾稼,惠奸轨者贼良民,书曰:'文王作罚,刑兹无赦。'先王制刑,非好伤人肌肤,断人寿命,乃以威奸惩恶,除民害也。"又论荣篇云:"尧圣父也,而丹朱傲;舜圣子也,而叟顽恶;鲧殛而禹兴;管、蔡为戮,周公佑王,故书称父子兄弟不相及也。"僖三十三年左传,晋季臼引康诰云:"父不慈,子不祗,兄不友,弟不恭,不相及也。"昭公二十年传,苑何忌引康诰曰:"父子兄弟,罪不相及。"此正文王罪人不孥之事也。罪人,谓加罪于人,即不慈不孝不友不恭,文王作罚,刑兹无赦也。不孥,谓本身恶宜加罪,其父子兄弟不从恶,则不坐也。若从恶,即是本身有罪,当不止奴戮。故王符引丹朱有圣父,鲧有圣子,管蔡有圣兄,不当因其本身之罪,概及其父子兄弟也。孙氏星衍罪不相及论云:"康诰云'元恶大憝,矧惟不孝不友'者,说文'矧,词也',字作'矤'。言此元恶大憝,其惟不孝不友之人,所为大恶,必不谋于骨肉亲戚,下云'子不祗厥父事'等是也。云'惟吊兹不于我政人得罪'者,吊,善也。吊兹犹兹吊,言惟慈善者，不为政人所罪。政人，即下文‘惟厥正人’，若大正少正之属也。下云‘天惟与我民’，当断句，言有常之民，为天意所与。下云‘大泯乱，曰乃其速由’，又当断句。言大泯乱彝常之人，乃其召罪也。曰同爰。速，召也。由同邮，过也，谓罪也。速由，即酒诰‘自速辜’之义。书意言大恶之人，所听父兄教诲，子弟劝阻，而其父兄子弟亦有善者，不可株连坐罪。此善人有彝常，为天所与；惟泯乱彝常之人，乃自取罪，尤应加以文王不教之罚耳。”**老而无妻曰鳏，老而无夫曰寡，老而无子曰独，幼而无父曰孤，此四者天下之穷民而无告者。文王发政施仁，必先斯四者。**【注】言此四者皆天下之穷民，文王常恤鳏寡，存孤独也。【疏】“文王”至“四者”〇正义曰：书无逸：“文王怀保小民，惠鲜鳏寡。”是其事也。**诗云：‘哿矣富人，哀此煢独。’”**【注】诗，小雅正月之篇。哿，可也。诗人言居今之世，可矣富人，但怜悯此茕独羸弱者耳。文王行政如此也。【疏】注“诗小”至“此也”〇正义曰：引诗在正月篇第十三章。茕作“惸”。毛传云：“哿，可。独，单也。”笺云：“此言王政如是，富人犹可，惸独将困也。”说文云：“哀，闵也。”悯即闵，闵亦怜也。单则弱，困则羸，赵氏本毛传而申之也。王氏念孙广雅疏证云：“郑注大司寇云‘无兄弟曰惸’，洪范云‘无虐茕独’，小雅正月篇云‘哀此惸独’，唐风杕杜篇云‘独行睘睘’，周颂闵予小子篇云‘嬛嬛在疚’，说文‘赹，独行也’，并字异而义同。孟子梁惠王篇：‘老而无妻曰鳏，老而无夫曰寡，老而无子曰独，幼而无父曰孤。’襄二十七年左传‘齐崔杼生成及强而寡’，则无妻亦谓之寡。鳏、寡、孤一声之转，皆与独同义，因事而异名耳。”

王曰：“善哉言乎！”【注】善此王政之言。

曰：“王如善之，则何为不行？”【注】孟子言王如善此王政，则何为不行也。

王曰：“寡人有疾，寡人好货。”【注】王言我有疾，疾在好货，故不能行。

对曰："昔者公刘好货，诗云：'乃积乃仓，乃裹糇粮，于橐于囊，思戢用光，弓矢斯张，干戈戚扬，爰方启行。'故居者有积仓，行者有裹囊也，然后可以爰方启行。王如好货，与百姓同之，于王何有？"【注】诗，大雅公刘之篇也。乃积谷于仓，乃裹盛干食之粮于橐囊也。思安民，故用有宠光也。戚，斧。扬，钺也。又以武备之四方启道路。孟子言公刘好货若此，王若则之，于王何有不可也。

【疏】"行者有裹囊也"○正义曰：阮氏元校勘记云："宋本、孔本同。石经、闽、监、毛三本、韩本囊作'粮'。"按盐铁论："公刘好货，居者有积，行者有囊。"与裹囊合。臧氏琳经义杂记云："孟子以积与裹对，仓与囊对，谓积谷于仓，裹粮于囊也。诗云：'乃积乃仓，乃裹糇粮，于橐于囊。'有三乃字，二于字，曰糇又曰粮，曰橐又曰囊，皆重文以助句；至孟子释诗，止积仓裹囊四言也。俗本改裹囊为裹粮，则诗'于橐于囊'句似赘矣。旧疏释孟子之言云：'故居者有谷积于仓，行者有粮裹于囊。'则北宋作疏时，尚作'行者有裹囊'。"○注"诗大"至"光也"○正义曰：诗在公刘篇首章。乃，诗作"迺"，古字通也。音义作"糇"，诗作"餱"，诗释文云："字或作'糇'。"说文无"糇"字。食部："餱，干食也。"毛本作"餱"。戢，诗作"辑"。毛传云："公刘居于邰，而遭夏人乱，迫逐公刘；公刘乃辟中国之难，遂平西戎，而迁其民，邑于豳焉。乃积乃仓，言民事时和，国有积仓也。小曰橐，大曰囊。思辑用光，言民相与和睦，以显于时也。"笺云："邰国乃有积委及仓也。安安而能迁，积而能散，为夏人迫逐己之故，不忍斗其民，乃裹粮食于橐囊之中，弃其余而去，思在和其民人，用光大其道，为今子孙之基。"诗以积仓与上场疆对，场疆是二事；故郑以积为委积，与仓对，亦为两事。赵氏谓"积谷于仓"，与郑异也。尔雅释诂云："辑，和也。"故毛、郑皆以和释之。说文戈部云："戢，藏兵也。诗云：'载戢干戈。'"藏兵不战，所以安民，故赵氏以安释之。惟和则安，亦惟安则和，二义可相备。以宠释光，诗长发笺云："宠，荣名之谓。"荣名即毛传"显于时"之义。郑云"光大"，则读光为广，与毛、赵异也。○注"戚斧扬钺也"○正义曰：程氏瑶田通艺录考工创物小记云："斧属之器，说文云：'斧，斫也。''戉，大斧也。''戚，戉也。'余谓斧斤异于戈戟者，戈戟锐锋，斧斤阔锋也。故用之为斫击。戈戟之锋，锐同于矛之刺，但矛直刺，而戈戟则横击以刺之也。公刘之诗云'干戈戚扬'，毛传云：'戚，斧也。扬，戉也。'正义云：'广雅：钺，戚，斧也。则戚扬皆斧钺之别名。传以戚为斧，以扬为钺，钺大而斧小。太公六韬云：太阿斧重八斤，一名大钺。是钺大于斧也。'戚之言蹙也，其刃蹙狭。对戉名扬者言之，彼为发越飞扬，故其刃侈张。蹙之张之，顾名思义，曰戚曰扬，弗可易也。戉今俗名月斧，以为象形，然实戉声之讹也。"赵氏不释干戈，笺云："干，盾也。戈，句矛戟也。"考工创物小记云："冶氏为戈，广二寸，内倍之，胡三之，援四之；倨句外博，重三锊。戟，广寸有半寸，内三之，胡四之，援五之；倨句中矩，与刺重三锊。戈戟并有内，有胡，有援，二者之体，大略同矣。其不同者，戟独有刺耳。故说文云：'戈，平头戟也。''戟，有枝兵也。'然则戈为戟之无枝者矣。说文言枝，考工言刺，枝、刺一物也。是故戈之制有援，援其刃之正者，横出以啄人，其本即内也。内横贯于柲之銎而出之，故谓之内。援接内处下垂谓之胡。胡上不冒援而出，故曰平头也。方言：'凡戟而无刃，秦、晋之间谓之釨，或谓之鏔；吴、扬之间谓之戈。'此言内之无刃者谓之戈也。说文：'孑，无右臂也。'戈右无刃谓之孑者，假借会意而象其形以名之也。又云：'三刃枝，南楚、宛、郢谓之匽戟。'此言戈内之有刃者谓之戟也。戈之刃，在援与胡，其用主于援。戟则刃之在援在胡，依然一戈，而复有刺之刃，则其用主于刺。三刃者，一援一胡一刺也。"○注"又以"至"道路"○正义曰：闽、监、毛三本作"又以武备之曰方启行道路"。按毛传云："张其弓矢，束其干戈戚扬，以方开道路，去之豳。"笺云："爰，曰也。公刘之去邰，整其师旅，设其兵器，告其士卒曰：'为女方开道而行。'"郑释爰为曰，用尔雅释诂文。毛但云"方开道路"，则不释爰为曰，第作于是而已。尔雅释诂又云："爰，于也。"是也。赵氏云"又以武备"，解"弓矢斯张，干戈戚扬"也。云"之四方"，之字释行，四方释方。谓爰方启行为于四方启行，参用毛传，与郑不同。以赵推毛，毛传"以方"疑是"四方"之讹。

王曰："寡人有疾，寡人好色。"【注】王言我有疾，疾在好色，不能行也。

对曰："昔者太王好色，爱厥妃，诗云：'古公亶甫，来朝走马，率西水浒，至于岐下；爰及姜女，聿来胥宇。'当是时也,内无怨女,外无旷夫,王如好色,与百姓同之,于王何有?"【注】诗,大雅緜之篇也。亶甫,太王名也,号称古公。来朝走马,远避狄难,去恶疾也。率,循也。浒,水涯也。循西方水浒,来至岐山下也。姜女,太王妃也。于是与姜女俱来相土居也。言太王亦好色,非但与姜女俱行而已也,普使一国男女,无有怨旷;王如则之,与百姓同欲,皆使无过时之思,则于王之政,何有不可乎。【疏】注"诗大"至"古公"○正义曰:诗在緜篇第二章。甫,诗作"父",古字通也。毛传于首章云:"古公,豳公也。古言久也。亶父,字。或殷以名言,质也。"为名为字,毛氏不定;赵氏以为名者,如春秋齐侯禄父、季孙行父,皆以父为名,不必字也。按古,犹昔也。当谓古昔公亶甫,"公亶甫"三字称号,犹公刘、公非、公祖类,加公于名上而已。○注"来朝"至"疾也"○正义曰:笺云:"来朝走马,言其辟恶,早且疾也。"早解来朝,疾解走马,辟恶解其早且疾之故。刘熙释名释姿容云:"疾行曰趋,疾趋曰走。"赵氏云疾,解走字也。来朝为早,易明,故不释耳。○注"率循"至"下也"○正义曰:毛传云:"率,循也。浒,水厓也。"笺云:"循西水厓,沮、漆水侧也。""率循",尔雅释诂文。"浒水厓",释水文。涯、厓字通也。阎氏若璩释地云:"太史公周本纪云:'遂去豳,渡漆、沮,逾梁山,止于岐下。'将自邠抵岐,东南二百五十余里,登山涉水,叙次如画。然程大昌雍录谓渭水实在梁山下之南,循渭西上,可以达岐,则诗水字,又与漆、沮无涉,似益精确矣。"○注"姜女"至"居也"○正义曰:毛传云:"姜女,太姜也。胥,相也。宇,居也。"笺云:"爰,于。及,与。聿,自也。于是与其妃太姜自来相可居者,著太姜之贤智也。"太姜为太王妃,与太任、太姒为周室三母,详见列女传。赵氏以于是释爰,以与释及,以相释胥,以居释宇,与毛、郑同。惟不用自来之训,而以聿来为俱来,聿犹律,说文彳部云:"律,均布也。"蔡邕月令章句云:"律,率也。"汉书宣帝纪杜注云:"率者,总计之言也。"均、总即俱,赵氏以自来之义不协,故读聿为律为率也。"相土居",即诗正义云"相土地之可居也"。管子枢言篇"与人相胥",注云:"胥,视也。"说文云:"相,省视也。"胥之为视,即相之为省视也。

章指言:夫子恂恂然善诱人,诱人以进于善也。齐王好货好色,孟子推以公刘、太王,所谓"责难于君

谓之恭"者也。【疏】"夫子"至"诱人"〇正义曰：论语子罕篇文。论语作"循循"，后汉书赵壹传云："失恂恂善诱之德。"三国志步骘传云："论语言夫子恂恂然善诱人。"并作"恂恂"，与此章指同。

孟子正义卷五

6 孟子谓齐宣王曰："王之臣，有托其妻子于其友而之楚游者，【注】假此言以为喻。**比其反也，则冻馁其妻子，则如之何？"**【注】言无友道，当如之何。【疏】"比其反也"○正义曰：音义云："比，丁必二切，及也。"高诱注吕氏春秋达郁篇云："比，犹致也。"致即密推之致为至，故论语"比及三年"，皇侃义疏云："比，至也。"孙氏以比及连文，故以比有及义。按比之义为方，比方犹言譬如。孟子谓托孥于友，而友诺之矣。设若其反，则其友未尝顾恤，而致冻馁其妻子。今人设言，尚云比方，正其义也。论语"比及三年"，当亦云比方及于三年尔。

王曰："弃之。"【注】言当弃之，绝友道也。【疏】注"绝友道也"○正义曰：哀公十五年左传云"绝世于良"，注云："绝世，犹言弃也。"

曰："士师不能治士，则如之何？"【注】士师，狱官吏也。不能治狱，当如之何。【疏】注"士师狱官吏也"○正义曰：见周礼秋官。

王曰："已之。"【注】已之者，去之也。【疏】注"已之者去之也"○正义曰：诗陈风墓门篇"知而不已"，笺云："已，犹去也。"按去之谓罢退其职。礼记学记云："古者仕焉而已者。"论语："令尹子文三已之。"

曰："四境之内不治，则如之何？"【注】境内之事，王所当理，不胜其任，当如之何。孟子以此动王心，令戒惧也。

王顾左右而言他。【注】王惭而左右顾视，道他事，无以答此言也。【疏】注“王惭”至“言也”〇说文页部云：“顾，还视也。”诗晋风“顾瞻周道”，笺云：“回首曰顾。”左右立王少后，视之必回首，故云左右顾视，即回旋视之也。周礼训方氏“掌道四方之政事”，撢人“道国之政事”，注并云：“道，犹言也。”故以道解言。

章指言：君臣上下，各勤其任，无堕其职，乃安其身也。【疏】“无堕其职”〇正义曰：堕，许规切，亦音隋。堕，广韵在四支，俗作“隳”。吕氏春秋必己篇“爱则隳”，高诱注云：“隳，废也。”礼记月令“毋有坏堕”，释文云：“堕，本作‘隳’。”周礼守祧“既祭则藏其隋”，仪礼士虞[一]礼注作“既祭则藏其堕”。是堕又读隋也。此当为堕败之堕。

7 **孟子见齐宣王曰：“所谓故国者，非谓有乔木之谓也，有世臣之谓也。**【注】故者，旧也。乔，高也。人所谓是旧国也者，非但见其有高大树木也，当有累世修德之臣，常能辅其君以道，乃为旧国可法则也。【疏】注“故者”至“高也”〇正义曰：国策秦策“寡人与子故也”，楚辞招魂“乐先故些”，高诱、王逸注并云：“故，旧也。”“乔高”，尔雅释诂文。〇注“人所”至“则也”〇正义曰：尚书君奭云：“则商实百姓，王人罔不秉德。明恤小臣，屏侯甸。矧咸[二]奔走，惟兹惟德称，用乂厥辟。”江氏声集注音疏云：“百姓，异姓之臣。王人，王之族人，同姓之臣也。无不秉持其德，明恤政事。乂读当为艾，艾，相也。辟，君也。惟此群臣，各称其德，以辅相其君，此指上伊尹、伊陟、臣扈、巫咸、巫贤、甘盘等，所谓累世修德之臣，常能辅其君以道也。”

王无亲臣矣！【注】今王无可亲任之臣。【疏】注“今王”至“之臣”〇正义曰：诗邶风“仲氏任只”，笺云：“任，以恩相亲信也。”大戴记文王官人篇云“观其任廉”，注云：“任，以信相亲也。”是亲臣为亲任之臣。**昔者所进，今**

〔一〕“虞”原误“仪”，据仪礼改。

〔二〕“咸”原误“惟”，据尚书改。

日不知其亡也。”【注】言王取臣不详审，往日之所知，今日为恶当诛亡，王无以知也。【疏】注“言王”至“知也”○正义曰：往日解昔者，所知解所进，进者，引也，登也。知其人乃登进之，使为臣也。诛，责也。亡，丧，弃也。始不详审而登进之，固以为知其贤也。久而为恶，至于诛责而弃去之，则是始以为知之者，原未尝知之也。今日不知其亡，谓不知其今日之亡，经文倒言之也，故下王问何以先知其不才。闽、监、毛三本〔一〕作“我无以名之”，非。

王曰：“吾何以识其不才而舍之？”【注】王言我当何以先知其不才而舍之不用也。

曰：“国君进贤，如不得已，将使卑逾尊，疏逾戚，可不慎与！【注】言国君欲进用人，当留意考择；如使忽然不精心意，如不得已而取备官，则将使尊卑亲疏相逾，岂可不重慎之。【疏】注“如使”至“慎之”○正义曰：忽之言迷忘也。荀子正名篇云：“故愚者之言，芴然而粗。”芴然即忽然，粗即不精心意。精，犹静也。静其心意，乃能详审。今忽忽若迷若忘，解如不得已之状也。已，止也。不得已者，本不当用，因无人充职，姑且用之，故云不得已而取备官。不得已而取备官，乃是明知其不才而姑且用之。今原非明知其不才，但以不精心意，若迷若忘，昏昏忽忽，故言如不得已。如者，拟而形容之之词也。经以如不得已形容不详审之状，赵氏以忽然不精心意形容如不得已之状。国语鲁语“使僮子备官而未之闻耶”，注云：“僮，僮蒙，不达也。”正忽然不精心意之谓。左右皆曰贤，未可也；诸大夫皆曰贤，未可也；国人皆曰贤，然后察之；见贤焉，然后用之。【注】谓选大臣，防比周之誉，核乡愿之徒。论语曰：“众好之，必察焉。”【疏】注“选大”至“察焉”○正义曰：累世修德，辅君以道，是大臣也。文公十八年左传云：“昔帝鸿氏有不才子，掩义隐贼，好行凶德，丑类恶物，顽嚚不友，是与比周。”汉书谷永传云“无用比周之虚誉”，注云：“比周，言阿党亲密也。”乡愿之徒，若汉之胡广，晋之王祥，以虚名而登上位，宜核其实。引论语者，卫灵公篇文。左右

〔一〕“三本”二字据文义及前后文例补。

皆曰不可，勿听；诸大夫皆曰不可，勿听；国人皆曰不可，然后察之；见不可焉，然后去之。【注】众恶之，必察焉。恶直丑正，实繁有徒，防其朋党，以毁忠正。【疏】注“众恶之必察焉”○正义曰：亦论语卫灵公篇文。○注“恶直”至“忠正”○正义曰：昭公二十八年左传云：“郑书有之，恶直丑正，实繁有徒。”文选上林赋注云：“蕃与繁，古字通。”管子参忠篇云：“行邪者不变，则群臣朋党，才能之人去亡。”荀子臣道篇云：“不邺公道通义，朋党比周，以环主图私为务，是篡臣者也。”注云：“环主，环绕其主，不使贤臣得用。”此朋党毁忠正也。春秋繁露五行相胜篇云：“司农为奸，朋党比周，以蔽主明，退匿贤士，绝灭公卿。”左右皆曰可杀，勿听；诸大夫皆曰可杀，勿听；国人皆曰可杀，然后察之；见可杀焉，然后杀之。故曰国人杀之也。【注】言当慎行大辟之罪，五听三宥，古者刑人于市，与众弃之。【疏】注“言当”至“三宥”○正义曰：尚书吕刑云：“大辟之罚，其属二百。”礼记文王世子云：“其死罪，则曰某之罪在大辟。”周礼秋官掌戮“掌斩杀”，注云：“杀以刀刃，若今弃市也。”司刑“掌五刑之法，杀罪五百”，注云：“杀，死刑也。”经言可杀，故知为大辟之罪也。五听者，周礼秋官小司寇：“以五声听狱讼，求民情：一曰辞听，二曰色听，三曰气听，四曰耳听，五曰目听。”是也。三宥者，司刺：“掌三刺三宥三赦之法，以赞司寇听狱讼：壹宥曰不识，再宥曰过失，三宥曰遗忘。”是也。○注“刑人于市与众弃之”○正义曰：礼记王制文。如此，然后可以为民父母。”【注】行此三慎之听，乃可以子畜百姓也。

章指言：人君进贤退恶，翔而後集；有世贤臣，称曰旧国，则四方瞻仰之，以为则矣。【疏】“人君进贤退恶”○正义曰：白虎通云：“进善乃以退恶。”○“翔而後集”○正义曰：论语乡党篇文。周氏广业孟子古注考云：“後，古本作‘后’。韩诗外传载楚王使人赍金请接舆治河南，辞不受，其妻曰：‘不如去之。’乃变姓名，莫知所之。论语曰：‘色斯举矣，翔而後集。’接舆之妻是也。诗卷阿‘凤凰鸣矣，于彼高冈’，郑笺云：‘喻贤者待礼乃行，翔而後集。’赵引此，见人君当审慎用人之意。'其进锐者其退速',注云:'不审人而过进不肖越其伦,退而悔之必速矣。当翔而後集,慎如之何?'正与此同。"

8　齐宣王问曰:"汤放桀,武王伐纣,有诸?"【注】有之否乎。

孟子对曰:"于传有之。"【注】于传文有之矣。

曰:"臣弑其君,可乎?"【注】王问臣何以得弑其君,岂可行乎。

曰:"贼仁者谓之贼,贼义者谓之残,残贼之人,谓之一夫。闻诛一夫纣矣,未闻弑君也。"【注】言残贼仁义之道者,虽位在王公,将必降为匹夫,故谓之一夫也。但闻武王诛一夫纣耳,不闻弑其君也。书云"独夫纣",此之谓也。【疏】注"书云独夫纣"○正义曰:荀子议兵篇云:"诛桀纣若诛独夫,故太誓云'独夫纣',此之谓也。"赵氏引书,盖即谓此。又正论篇云:"诛暴国之君,若诛独夫。汤武非取天下也,修其道,行其义,兴天下之同利,除天下之同害,而天下归之也。天下归之之谓王,天下去之之谓亡,故桀纣无天下,而汤武不弑君,由此效之也。"汉书刘向传"以萧望之、周堪、刘向为三独夫",颜师古云:"独夫,犹言匹夫。"

章指言:孟子言纣以崇恶,失其尊名,不得以君臣论之,欲以深寤齐王,垂戒于后也。

9　孟子谓齐宣王曰:"为巨室,则必使工师求大木。工师得大木,则王喜,以为能胜其任也。匠人斫而小之,则王怒,以为不胜其任矣。【注】巨室,大宫也。尔雅曰:"宫谓之室。"工师,主工匠之吏。匠人,工匠之人也。将以此喻之也。【疏】注"巨室"至"人也"○正义曰:广雅释诂云:"巨,大也。"引尔雅者,释宫文也。春秋隐公五年"考仲子之宫",公羊传云:"考宫者何?考犹入室也。"诗鄘风"作于楚宫",

又"作于楚室",毛传云:"室,犹宫也。"此皆宫室通称之证也。吕氏春秋骄恣篇云:"齐宣王为大室,大益百亩,堂上三百户,以齐之大,具之三年而未能成。"翟氏灏考异云:"孟子巨室之言,疑即睹斯而发。"月令"季春之月,命工师,令百工,审五库之量",注云:"工师,司空属官也。"又"孟冬之月,命工师效功",注云:"工师,工官之长也。"为司空属官,故为主工匠之吏,吏即官也。庄公二十二年左传云"陈公子完奔齐,齐侯使为工正",注云:"掌百工之官。"胡氏匡衷仪礼释官云:"工正,工官之长,总掌百工,如月令工师之职。"然则工师又名工正也。考工记攻木之工有匠人,为百工中之一工。礼记杂记云"匠人执羽葆",注云:"匠人,工人也。"是匠亦通称工。此经上言工师,下言匠人,故赵氏于工师互称主工匠之吏,于匠人互称工匠之人。国语鲁语云"严公丹桓公之楹而刻其桷,匠师庆言于公",注云:"匠师庆,掌匠大夫御孙之名。"周礼地官乡师:"及葬,执纛以与匠师御柩而治役。及窆,执斧以莅匠师。"注云:"匠师,事官之属。其于司空,若乡师之于司徒。由乡师主役,匠师主众匠。"仪礼释官云:"据国语,则匠师之官,诸侯亦有之。乡师下大夫,匠师与乡师同。诸侯之官,降于天子,匠师盖士为之。"赵氏以工师为主工匠,然则匠师即工师,月令以其令百工称工师,周礼国语以其专主攻木称匠师欤?抑主百工者自有工师,专主攻木者,别有匠师欤?**夫人幼而学之,壮而欲行之,王曰'姑舍女所学而从我',则何如?**【注】姑,且也。谓人少学先王之正法,壮大而仕,欲施行其道,而王止之曰,且舍置汝所学,而从我之教命,此何如也。【疏】注"姑且"至"如也"○正义曰:诗卷耳"我姑酌彼金罍",毛传云:"姑,且也。"姑且叠韵字也。定公五年左传云"吾未知吴[一]道",注云:"道犹法术。"法即是道。吕氏春秋仲春、上农等篇高诱皆注云:"舍,置也。"又必己篇云"舍故人之家",高诱注云:"舍,止也。"故以置释舍,而云王止之。说文教部云:"教,上所施,下所效也。"易象传"习教事",虞氏注云:"巽为教令。"令犹命也。下文言"何以异于教玉人",则此姑舍女所学而从我,即下所云教也。故预于此以命释教。尔雅释诂云:"使,从也。"此云使工

〔一〕"吴"原误"吾",据左传改。

师求大木，下云使玉人雕琢之，皆任使之义。求木琢玉，必从工匠玉人为之，能胜任与不能胜任，王董其成，而喜之怒之可也。今不从彼而从我，所以求之斫之雕琢之之法岂能之，故云从我之教命。**今有璞玉于此，虽万镒必使玉人雕琢之。至于治国家，则曰‘姑舍女所学而从我’，则何以异于教玉人雕琢玉哉？”**【注】二十两为镒。雕琢，治饰玉也。诗曰：“雕琢其章。”虽有万镒在此，言众多也，必须玉人能治之耳。至于治国家而令从我，是为教玉人治玉也。教人治玉，不得其道，则玉不得美好。教人治国，不以其道，则何由能治者乎。【疏】注“二十两为镒”○正义曰：礼记丧大记云“朝一溢米，莫一溢米”，注云：“二十两为溢。于粟米之法，一溢为米一升二十四分升之一。”仪礼既夕注同。史记平准书“黄金以溢名”，孟康云：“二十两为溢。”汉书张良传“赐良金百溢”，服虔云：“二十两为溢。”吕氏春秋异宝篇“金千镒”，高诱注云：“二十两为一镒。”汉儒解镒字，皆与赵氏同。国语晋语“黄金四十镒”，韦昭注亦云：“二十两为镒。”惟文选咏怀诗“黄金百溢尽”，注引贾逵国语注云：“一镒，二十四两。”又吴都赋“金镒磊砢”，刘渊林注云：“金二十四两为镒。”二者皆见文选注，当是李善误羡四字。贾公彦既夕疏云：“二十四两曰溢。”亦羡四字。按孙子算经云：“称之所起，起于黍，十黍为一絫，十絫为一铢，二十四铢为一两，十六两为一斤，三十斤为一钧，四钧为一石。”四钧为一百二十斤，故一百二十斤为一石。以每斤十六两通之，是一石为一千九百二十两，一斗为一百九十二两，一升为一十九两二钱。古以二十四铢为两，不以十钱为两。以一十九两二钱，乘二十四铢，得四百六十铢零八絫；于四百八十铢，减去四百六十铢零八絫，余一十九铢零二絫。置一升四百六十铢零八絫，以二十四除之，确得一十九铢零二絫。是一升二十四分升之一，为四百八十铢，即是二十两。甄鸾五经算术云：“置一斛米，重一百二十斤，以十六乘之，为积一千九百二十两。以溢法二十两除之，得九十六溢。为法，以米一斛为百升为实，实如法，得一升，不尽四升，与法俱再半之，名曰二十四分升之一。”此不用铢法，而用石法，以九十六溢除百升，每溢一升，除去九十六升，尚余四升，故云不尽四升。半其四升为二升，再半其二升为一升，半其九十六为四十八，再半其四十八为二十四。二十四分升之一即九十六分升之四。以九十六分升之四约为二十四分升之一，所谓可半则半之术也。郑氏以为粟米法本溢法、石法言之，则明其为二十两。贾氏作疏，不致违背之，以为二十四，知二十四之四必为羡字，推之文选注，盖亦羡也。阮氏元校勘记云："经注中镒字，皆俗字也。当依仪礼作'溢'。溢之言满也，满于十六两，为一斤之外也。"○注"雕琢"至"其章"○正义曰：尔雅释器云："玉谓之雕。"又云："玉谓之琢。"说文云："雕，琢文也。""琢，治玉也。"则雕、琢同。礼记少仪注云："雕，画也。"礼器注云："琢，当为篆。画者，分界之名。篆者，文饰之名。"是雕第治之，而琢则饰之，说文盖互见之。散文则通，故雕亦为琢，琢亦为治也。考工记玉人之事，所掌圭、璧、冒、瓒、琮、璋等，有"终葵首""羡""好""射""勺""鼻""衡"等篆饰，别有雕人，文阙，盖言雕琢之事也。璞，犹朴也。玉之未治者为璞，必治之饰之而后成器，故赵氏以治饰解之。引诗者，大雅棫朴第五章也。诗作"追琢其章"，毛传云："追，雕也。金曰雕，玉曰琢。"毛以下言金玉，故以雕属金，与尔雅异。孔氏正义以为对文则别，是也。郑氏笺云："追琢玉，使成文章。"赵氏以雕易追，本毛氏也。用以证治玉饰玉，专指玉言，则同郑氏矣。○注"虽有"至"治乎"○正义曰：万镒为一万二千五百斤，故众多。言玉虽众多，不能不委任于人，犹国虽广大，不能不委任于人也。盖玉人学治玉之道，乃能治；以其众多而矜重之，既不能自治，而又不委任之而掣其肘，虽有良工，弗能善其事矣。教人治玉，谓舍其雕琢之正法，而从己之教命，所教违其所学，乌能得其道哉？

章指言：任贤使能，不违其学，则功成而不堕。屈人之是，从己之非，则人不成道，玉不成圭，善恶之致，何可不察哉！【疏】"人不成道玉不成圭"○正义曰：礼记学记云："玉不琢，不成器；人不学，不知道。"赵氏语本此。古本作"玉不成器"，周氏广业云："依韵当作'圭'。"

10 齐人伐燕，胜之。宣王问曰："或谓寡人勿取，或谓寡人取之，以万乘之国伐万乘之国，五旬而举之，人力不至于此，不取必有天殃，取之何如？"【注】万乘，非诸侯之号。时燕国皆侵地广大，僭号称王，故曰万乘。五旬，五十日也。书曰："期三百有六旬。"言五旬未久而取之，非人力，乃天也。天与不取，惧有殃咎，取之何如。

【疏】注"五旬"至"六旬"○正义曰：说文勹部云："旬，遍也。十日为旬。"郑康成注仪礼、礼记，高诱注吕氏春秋、淮南子，皆以旬为十日，故五旬为五十日。战国策齐策云："张仪以秦魏伐韩，齐王曰：'韩，吾与国也。秦伐之，吾将救之。'田臣思曰：'王之谋过矣，不如听之。子哙与子之国，百姓不戴，诸侯弗与，秦伐韩，楚、赵必救之，是天下以燕赐我也。'王曰：'善。'因起兵攻燕，三十日而举燕国。"此三字当是"五"字之讹。引书者，尧典文。王肃注尧典云："期，四时也。一期，三百六十五日四分日之一，又入六日之内，举全数以言之，故云三百六十六日也。"引此以明旬为十日之证。○注"天与不取惧有殃咎"○正义曰：说文歺部云："殃，咎也。"国语越语云："得时无怠，时不再来；天与不取，反为之灾。"史记张耳陈余列传云："臣闻天与不取，反受其咎。"淮阴侯列传云："天与弗取，反受其咎；时至不行，反受其殃。"说苑说丛引作"时至不迎"。

孟子对曰："取之而燕民悦，则取之。古之人有行之者，武王是也。【注】武王伐纣，而殷民喜悦，篚厥玄黄而来迎之，是以取之也。**取之而燕民不悦，则勿取。古之人有行之者，文王是也。**【注】文王以三仁尚在，乐师未犇，取之惧殷民不悦，故未取之也。

【疏】注"三仁尚在乐师未犇"○正义曰：论语云："微子去之，箕子为之奴，比干谏而死，孔子曰：'殷有三仁焉。'"史记殷本纪云："西伯既卒，周武王之东伐，至盟津，诸侯叛殷会周者八百，诸侯皆曰：'纣可伐也。'武王曰：'尔未知天命。'乃复归。纣愈淫乱不止，微子数谏不听，乃与太师少师谋，遂去。比干曰：'为人臣者，不得不以死争。'乃强谏纣，纣怒曰：'吾闻圣人心有七窍。'剖比干，观其心。箕子惧，乃徉狂为奴，纣又囚之。殷之太师少师，乃持其祭乐器犇周，周武王遂率诸侯伐纣。"周本纪云："诸侯不期而会盟津者，八百诸侯，诸侯皆曰：'纣可伐矣。'武王曰：'女未知天命，未可也。'乃还师归。居二年，闻纣昏乱暴虐滋甚，杀王子比干，囚箕子，太师疵、少师强抱其乐器而犇周。"乐师即所云太师疵、少师强也。当武王会孟津时，且以天命未去，未可伐纣，必俟三仁既丧，乐师既去，乃率诸侯伐纣。然则在文王时，其未可伐益可知也。燕策云："孟轲谓齐宣王曰：'今伐燕，此文武之时，不可失也。'"孟子言"文武之时不可失"，即孟子所谓"取之而燕民悦，则取之，武王是也。取之而燕民不悦，则勿取，文王是也"。而策不达其辞耳。**以万乘之国伐万乘之国，箪食壶浆，以迎王师，岂有他哉，避水火也。如水益深，如火益热，亦运而已矣！"**【注】燕人所以持箪食壶浆来迎王师者，欲避水火难耳。如其所患益甚，则亦运行犇走而去矣。今王诚能使燕民免于水火，亦若武王伐纣殷民喜悦之时，则可取之。【疏】注"则亦运行犇走而去矣"○正义曰：尔雅释诂云："运，徙也。"淮南子原道、终身、览冥等篇高诱注皆云："运，行也。"故以行释运，以行字未了，以犇走申之。犇走而去，是行亦即是避也。

章指言：征伐之道，当顺民心。民心悦则天意得，天意得，然后乃可以取人之国也。【疏】"征伐"至"国也"○正义曰：吕氏春秋顺民篇云："先王先顺民，故功名成。"古本无复"天意得"三字。

11　齐人伐燕，取之。诸侯将谋救燕，宣王曰："诸侯将谋伐寡人者，何以待之？"【注】宣王贪燕而取之，诸侯不义其事，将谋伐齐救燕，宣王惧而问之。

孟子对曰："臣闻七十里为政于天下者，汤是也。未闻以千里畏人者也。【注】成汤修德以七十里而得天下，今齐方千里，何畏惧哉。**书曰：'汤一征，自葛始。'天下信之，东面而征西夷怨，南面而征北狄怨，曰：'奚为后我？'民望之，若大旱之望云霓也。归市者不止，耕者不变，诛其君而吊其民，若时雨降，民大悦。书曰：'徯我后，后来其苏。'**【注】此二篇，皆尚书逸篇之文也。言汤初征自葛始，诛其君，恤其民，天下信汤之德。面者，向也。

东向征西夷怨者，去王城四千里夷服之国也，故谓之四夷。言远国思望圣化之甚也，故曰何为后我。霓，虹也。雨则虹见，故大旱而思见之。徯，待也。后，君也。待我君来，则我苏息也。【疏】注“此二”至“息也”○正义曰：逸篇，义见前。王氏鸣盛尚书后辨云：“书序云：‘汤征诸侯，葛伯不祀，汤始征之，作汤征。’则‘葛伯仇饷’及‘汤一征，自葛始’云云，正汤征中语。”江氏声尚书集注音疏云：“天下信之之言，不似尚书之文。又滕文公篇云‘汤始征，自葛载，十一征而无敌于天下，东面而征’云云，云‘汤始征，自葛载’，与梁惠王篇所引小异，而梁惠王篇明称‘书曰’，滕文公篇则否。言‘十一征而无敌于天下’，与‘天下信之’之文绝殊，信乎皆非尚书文也。”僖公四年公羊传云：“古者周公东征则西国怨，西征则东国怨。”按荀子王制篇云：“周公南征而北国怨，曰：‘何独不来也？’东征而西国怨，曰：‘何独后我也？’”后汉书班固奏记：“古者周公，一举则三方怨，曰：‘奚为而后己？’”然则东西而征云云，乃本周公事，孟子引以释书耳。襄公十四年左传云“有君不吊”，注云：“吊，恤也。”史记宋微子世家云“鲁使臧文仲往吊水”，集解引贾逵云：“问凶曰吊。”恤，即问凶也。郑氏注周礼撢人、考工记匠人、礼记玉藻，皆云：“面，犹乡也。”乡同嚮，亦同向。郑氏注皋陶谟云：“禹弼成五服，去王城五百里曰甸服；其弼当侯服，去王城千里。其外五百里为侯服；当甸服，去王城一千五百里。其弼当男服，去王城二千里。又其外五百里为绥服；当采服〔一〕，去王城二千五百里。其弼当卫服，去王城三千里。又其外五百里为蛮〔二〕服，与周要服相当，去王城五千五百里。四面相距为七千里，是九州之内也。要服之弼，当其夷服，去王城当四千里。又其外五百里曰荒服；当镇服，其弼当蕃服，去王城五千里。”赵氏此注云“去王城四千里夷服之国”，本“禹弼成五服”而言也。臧氏琳经义杂记云：“西夷北狄，尝见前明翻刻北宋板赵注本上下皆作夷字。赵注梁惠王篇云：‘东向征西夷怨者，去王城四千里夷服之国也，故谓之四夷。’又注尽心云：‘四夷怨望。’滕文公正义云：‘汤之十一征而天下无敌者，故东面而征其君，则西夷之国怨之，以为不征其我君之罪；南面而征其君，则北夷之国怨之，以为不征其我

〔一〕“服”字原脱，据王制孔疏引尚书郑注补。

〔二〕“蛮”原误“要”，据王制孔疏引尚书郑注补。

君之罪，而先于彼。'尽心正义云：'故南面而征则北夷怨，东面而征则西夷怨，曰奚为后我。'惟梁惠王正义引仲虺之诰：'乃葛伯仇饷，初征自葛，东征西夷怨，南征北狄怨。'次释孟子西夷北夷之言亦同。书作'西夷北狄'，孟子三处皆作'西夷北夷'，魏、晋间采孟子作尚书，始改'北夷'为'北狄'，以与'西夷'俪句。北宋时为正义者，犹未误作'狄'字。"尔雅释天云："蝃蝀，虹也。霓为挈贰。"注云："双出色鲜盛者为雄曰虹，闇者为雌曰霓。"说文雨部云："霓，屈虹，青赤或白色。"盖青赤，所谓双色也。白色，所谓闇也。虹青赤而湾曲，故云屈也。诗蝃蝀云："朝隮于西，崇朝其雨。"周礼视祲注云："隮，虹也。"故云雨则虹见。当其望也，雨犹未降，及诛君吊民，乃若时雨降也。吕氏春秋慎大篇云："汤立为天子，夏民大悦，朝不易位，农不去畴，商不变肆。"大戴礼主言篇云："孔子曰：'明主之所征，必道之所废也。'彼废道而不行，然后诛其君，致吊其民，故曰明主之征也，犹时雨也，则民悦矣。"孟子释书之辞，盖当时传闻如是也。"徯待"，"后君"，皆尔雅释诂文。汉书武帝纪集注引应劭云："苏，息也。"王氏念孙广雅疏证云："穌，生也。郑注乐记云：'更息曰苏。'孟子梁惠王篇引书'后来其苏'，苏与穌通。"**今燕虐其民，王往而征之，民以为将拯己于水火之中也，箪食壶浆，以迎王师，若杀其父兄，係累其子弟，毁其宗庙，迁其重器，如之何其可也？**

【注】拯，济也。係累，犹缚结也。燕民所以悦喜迎王师者，谓济救于水火之中耳。今又残之若此，安可哉？【疏】"今燕"至"王师"○正义曰：战国策燕策云："燕王哙既立，苏秦死于齐，齐宣王复用苏代。燕哙三年，子之相燕。苏代为齐使于燕，燕王问之曰'齐宣王何如'云云。王因收印，自三百石吏而效之子之。子之南面行王事，而哙老不听政，顾为臣，国事皆决子之。子之三年，燕国大乱，百姓恫怨。储子谓齐宣王：'因而仆之，破燕必矣。'孟轲谓齐宣王曰：'今伐燕，此文武之时，不可失也。'王因令章子将五都之兵，以因北地之众以伐燕。士卒不战，城门不闭，燕王哙死，齐大胜燕，子之亡。"此齐往征燕，燕民迎王师之事也。○"迁其重器"○正义曰：战国策望诸君报燕书曰："奉令击齐，大胜之，轻率锐兵，长驱至国，齐王逃遁走莒，仅以身免。珠玉财宝，车甲珍器，尽收入燕，大吕陈于元英，故鼎反乎历室。"高诱注云："子哙乱，齐伐燕，杀

哙，得鼎。”鲍彪注云：“故鼎，齐所得燕鼎。”然则重器即指历室之鼎也。昭七年左传云：“齐侯次于虢，燕人行成，曰：‘敝邑知罪，敢不听命，先君之敝器，请以谢罪。’二月戊午，盟于濡上，燕人归燕〔一〕姬，赂以瑶瓮、玉椟、斝耳，不克而还。”此亦燕器之可考者。○注“拯济”至“可哉”○正义曰：易涣“初六用拯马壮吉”，释文引伏曼容注云：“拯，济也。”文选思玄赋“蒙厖褫以拯民”，旧注同。周礼大司徒注云：“抍，捄天民之穷者也。”抍同拯，捄同救，赵氏既以济释拯，又云济救，义详备也。闽、监、毛三本作“拯捄也”，十行本作“拯所也”，误。国语吴语“係马舌”，注云：“係，缚也。”礼记儒行“不累长上”，注云：“累，犹縶也。”縶与係通。说文云：“係，絜束也。”絜犹结，束即缚。汉书张释之传“跪而结之”，注云：“结，读曰絜。”仪礼士丧礼注云：“组縶为可结也。”是係累为缚结也。国策秦策云“张仪之残樗里疾也”，高诱注云：“残，害也。”又云“昔智伯瑶残范中行”，注云：“残，灭也。”史记樊郦滕灌传云“凡二十七县残”，集解引张晏云：“残，有所毁也。”列子说符篇云“遂共盗而残之”，注云：“残，贼杀之。”是残兼杀害毁灭之名，故统括杀其父兄，係累其子弟，毁其宗庙，迁其重器，而谓之残。**天下固畏齐之强也，今又倍地而不行仁政，是动天下之兵也。**【注】言天下诸侯素畏齐强，今复并燕一倍之地，以是行暴，则多所危，是动天下之兵共谋齐也。【疏】注“言天”至“齐也”○正义曰：礼记投壶注云：“固之言如故也。”国策魏策注云：“固，久也。”仪礼丧服传“饭素食”，注云：“素，犹故也。”后汉书吕布传注云：“素，旧也。”旧即久也。是素、固同义，故赵氏以素解固。不仁则为暴，故以行暴解不行仁政，即上所谓残也。国策云：“齐破燕，赵欲存之，乃以河东易齐，楚魏憎之，令淖滑、惠施之赵，请伐齐而存燕。”又云：“楚许魏六城，与之伐齐而存燕。”此天下诸侯谋齐救燕之事也。**王速出令，反其旄倪，止其重器，谋于燕众，置君而后去之，则犹可及止也。”**【注】速，疾也。旄，老耄也。倪，弱小縶倪者也。孟子劝王急出令，先还其老小，止勿徙其宝重之器，与燕民谋置所欲立君而去之归齐，天下之兵，犹可及其未发而止之也。【疏】注“疾速”至“老

〔一〕“燕”字原脱，据左传补。

小”〇正义曰:“速疾”,尔雅释诂文。礼记曲礼云:“八十九十曰耄。”射义“旄期”,注云:“八十九十曰旄。”是旄即耄也。刘熙释名释长幼云:“人始生曰婴儿,或曰嫛婗。嫛,是也。言是人也。婗,其啼声也。”说文儿部云:“儿,孺子也。”女部云:“婗,嫛婗也。”礼记杂记云“中路婴儿失其母焉,何常声之有”,注云:“婴,犹鷖弥也。言其若小儿亡母啼号,安得常声乎。”鷖即嫛,緊为婴字,声之转。緊、婗叠韵字,为小儿啼声,緊倪即婴儿,释名解嫛为“是人”,非也。王氏念孙广雅疏证云:“释亲:‘婗,儿子也。’婗亦儿也,方俗语有轻重耳。凡物之小者谓之倪,婴儿谓之婗,鹿子谓之麑,小蝉谓之蜺,老人齿落更生细齿谓之齯齿,义并同也。”阮氏元校勘记云:“‘弱小倪倪者也’,闽、监、毛三本同。音义出緊字。旄倪下云:‘详注意,倪谓緊倪,小儿也。’作倪倪者误也。”说文云:“返,还也。商书曰:‘祖甲返。’”返与反同,故以还释反。史记燕世家云:“燕人共立太子平,是为燕昭王。”是燕所立君也。

章指言:伐恶养善,无贪其富,以小王大,夫将何惧也。【疏】“伐恶”至“惧也”〇正义曰:宣公十一年左传:“申叔时曰:‘夏征舒弑其君,其罪大矣。讨而戮之,君之义也。今县陈,贪其富也。以讨召诸侯,而以贪归之,无乃不可乎!’”伐恶无贪富,义本此。考文古本作“以小至大”,足利本作“以大王小”。

12　邹与鲁閧,穆公问曰:“吾有司死者三十三人,而民莫之死也。诛之则不可胜诛,不诛则疾视其长上之死而不救,如之何则可也?”【注】閧,斗声也。犹构兵而斗也。长上,军率也。邹穆公忿其民不赴难,而问其罚当谓何也。【疏】注“閧斗”至“斗也”〇正义曰:音义云:“閧,张胡弄切,云‘斗声,从门下共,下降切,义与巷同。’此字从鬥,丁豆切,与门不同。丁又胡降切。刘熙曰:‘閧,构也。构兵以斗也。’说文云:‘斗也。’”王氏念孙广雅疏证云:“字亦作‘鬨’。吕氏春秋慎行篇‘崔杼之子相与私鬨’,高诱注云:‘鬨,斗也。’鬨读近鸿,缓气言之。大雅召旻篇‘蟊贼内讧’,郑笺云:‘讧,争讼相陷人之言也。’义与閧相近。”〇注“长上军率也”○正义曰：音义本作“率”，率与帅通，监本、毛本误作“师”，非也。周礼夏官叙官云：“凡制军，万有二千五百人为军。王六军，大国三军，次国二军，小国一军，军将皆命卿。二千五百人为师，师帅皆中大夫。五百人为旅，旅帅皆下大夫。百人为卒，卒长皆上士。二十五人为两，两司马皆中士。五人为伍，伍皆有长。”注云：“军、师、旅、卒、两、伍，皆众名也。伍一比，两一闾，卒一旅，旅一党，师一州，军一乡，家所出一人。将、帅、长、司马者，其师吏也。言军将皆命卿，则凡军帅不特置，选于六官六乡之吏。自卿以下，德任者使兼官焉。”贾氏疏云：“六军之将，还选六卿中有武者为军将。又别言六乡之吏者，据六乡大夫及州长、党正、族师、闾胥、比长中有武者，今出军之爵，还遣在乡所管之长为军吏也。兼官者，在乡为乡官，在军为军吏。若无武德不堪任为军吏者，则众属他军吏，身不得为军吏。”此穆公以小国一军，所云长上，盖合指军、师、旅、卒、两、伍等帅而言，故有三十三人之多，赵氏但举军帅，以例其余也。若以一军言之，仅有一帅矣。以此时之军吏，即平时之乡官，故凶年饥岁有救民之责，宜上告也。虽临时选择，有兼官，有不为军吏，不必皆所属之乡官，而有司平日不能爱民，不必所属而皆疾视不救，其情势有然矣。

孟子对曰：“凶年饥岁，君之民，老弱转乎沟壑，壮者散而之四方者，几千人矣。而君之仓廪实，府库充，有司莫以告，是上慢而残下也。【注】言往者遭凶年之厄，民困如是，有司诸臣无告白于君，有以振救之，是上骄慢以残贼其下也。【疏】注“有司”至“下也”○正义曰：吕氏春秋赞能篇云“敢以告于先君”，高诱注云：“告，白也。”白乃明显之义，民间困苦，达之于君，使之明显，不使壅于上闻，故以白释告也。战国策秦策云“王兵胜而不骄”，高诱注云：“骄，慢也。”吕氏春秋期贤篇云“吾安敢骄之”，高诱注云：“骄，慢之也。”说文歺部云：“残，贼也。”故以骄释慢，以贼释残，贼之言害也。**曾子曰：‘戒之戒之！出乎尔者，反乎尔者也。’**【注】曾子有言，上所出善恶之命，下终反之，不可不戒也。**夫民今而后得反之也，君无尤焉？**【注】尤，过也。孟子言百姓乃今得反报诸臣不哀矜耳，君无过责之也。【疏】注“尤过也”○正义曰：毛诗鄘风“许人尤之”，传云：“尤，过也。”尔雅释言作“郵”，古字通。襄公十五年左传云“尤其室”，注云：“尤，责过也。”**君行仁政，斯民亲其上，死其长矣。”**【注】君行仁恩，忧民困穷，则民化而亲其上，死其长矣。【疏】“君行”至“长矣”○正义曰：“夫民今而后得反之”，谓出命而恶，以恶反之也。“行仁政斯民亲上死长”，谓出命而善，以善反之也。故前赵氏兼善恶之命言之。忧民穷困，则是哀矜，不哀矜，即是不行仁政，注亦互明之。周氏广业孟子出处时地考云：“穆公行仁政，见于贾谊新书。有云：‘邹穆公有食凫雁者必以秕，毋得以粟，于是仓无秕而求易于民，二石粟得一石秕。吏以为费，请以粟食雁，公曰：粟，人之上食也，奈何以养鸟也。君者，民之父母，取仓中之粟，移之于民，此非吾子粟乎？粟在仓与在民，与我何择？邹民闻之，皆知私积之与公家为一体也。’又新序称：‘穆公食不重味，衣不杂采，自刻以广民，亲贤以定国，亲民如子，邹国之治，路不拾遗，臣下顺从，故以邹子之细，鲁卫不能轻，齐楚不能胁，穆公死，邹之百姓，若失慈父，行哭三日，四境之邻于邹者，士民向方而道哭。’据其言，与孟子所谓上慢而残下者迥异。岂壅于上闻，罪固专在有司，而孟子一言悟主，乃侧身修行，发政施仁，以致此欤？”

章指言：上恤其下，下赴其难；恶出乎己，害及其身，如影响自然也。【疏】“如影响自然也”○正义曰：管子心术篇云：“若影之象形，响之应声也。”语亦见任法篇。列子天瑞篇引黄帝书云：“形动不生形而生影，声动不生声而生响。”又说符篇云：“言美则响美，言恶则响恶，身长则影长，身短则影短。”董子繁露保位权云：“有声必有响，有形必有影，声出于内，响报于外，形立于上，影报于下。”贾子新书大政篇云：“君乡善于此，则佚佚然协民皆乡善于彼矣，犹景之写形也。君为恶于此，则啍啍然协民皆为恶于彼矣，犹响之应声也。”汉书天文志云：“政失于此，则变见于彼，如景之象形，响之应声，自然之符也。”论衡寒温篇云：‘虎啸而谷风至，龙兴而景云起，同气共类，动相招致，故曰以形逐影，以龙致雨，雨应龙而来，影应形而去。”

13　滕文公问曰：“滕，小国也。间于齐楚，事齐乎？

事楚乎?”【注】文公言我居齐楚之间,非其所事,不能自保也。【疏】注“非其所事”○正义曰:言非其所当事也。

孟子对曰:“是谋,非吾所能及也。无已,则有一焉,凿斯池也,筑斯城也,与民守之,效死而民弗去,则是可为也。”【注】孟子以二大国之君皆不由礼,我不能知谁可事者也。不得已有一谋焉,惟施德义以养民,与之坚守城池,至死使民不畔去,则可为矣。【疏】“无已”○正义曰:管子大匡篇云:“公汗出曰:勿已,其勉霸乎。”又戒篇云:“勿已,朋其可乎。”吕氏春秋尊师篇云:“勿已者,则好学而不厌,好教而不倦。”勿已即无已。史记鲁仲连说燕将曰:“亡意,亦捐燕弃世,东游于齐乎。”亡意即无已。

章指言:事无礼之国,不若得民心,与之守死善道也。

14　滕文公问曰:“齐人将筑薛,吾甚恐,如之何则可?”【注】齐人并得薛,筑其城以偪于滕,故文公恐也。【疏】注“齐人”至“恐也”○正义曰:杜预春秋释例世族谱云:“薛国任姓,黄帝之苗裔奚仲封为薛侯,今鲁国薛县是也。奚仲迁于邳,仲虺居薛,以为汤左相。武王复以其胄为薛侯,齐桓霸诸侯,黜为伯,献公始与鲁同盟。小国无记,世不可知,亦不知为谁所灭。”按孟子言“齐人筑薛”,则薛已属齐,故以为齐人所并。抑赵氏有所据,今不详耳。江氏永群经补义云:“齐威王以薛封田婴为靖郭君,齐人将筑薛,其时薛已灭也。史记正义‘薛故城在徐州滕县南四十四里,与滕切近’,是也。”阎氏若璩释地云:“依田齐世家、孟尝君传,谓湣王三年庚子,封田婴于薛。今考战国策齐策:‘靖郭之交,大不善于宣王,辞而之薛。齐貌辨见宣王曰:靖郭君曰受薛[一]于先王,且先王之庙在薛。’此云先王,谓威王也。又:‘齐王夫人死,有七孺子皆近,薛公欲知王所欲立。’高诱注云:‘齐威王子宣王

〔一〕“受薛”原误“薛受”,据国策改。

也。'又:'孟尝君在薛,齐王制其颜色。'高诱注云:'齐宣王也。威王之子。'淮南子人间训云:'唐子短陈骈子于齐威王,威王欲杀之,陈骈子与其属出亡奔薛。孟尝君闻之,使人以车迎之。'然则田婴封于薛,在威王时无疑。此筑薛,即田氏筑之。孟子于薛,薛馈兼金七十镒,亦田氏也。"周氏广业孟子出处时地考云:"国策靖郭君将城薛,客多陈戒,谒者勿通。后有谏者曰:'君失齐,虽隆薛之城到于天,犹无益也。'乃辍城薛。薛本有城,靖郭君欲更筑而崇隆之,故谏者甚多,而客言如是。滕文公言齐人将筑薛,筑即'筑斯城也'之筑。曰将,则固其初议也。"

孟子对曰:"昔者大王居邠,狄人侵之,去之岐山之下居焉。非择而取之,不得已也。【注】大王非好岐山之下,择而居之,迫不得已,困于强暴,故避之。【疏】"居邠"○正义曰:顾氏炎武日知录云:"唐书言邠州故作'豳',开元十三年,以字类'幽',故改为'邠'。今惟孟子书用邠字,盖唐以后传录之变也。"翟氏灏考异云:"说文'邠'字下云:'周太王国。'重文作'豳'。是邠实古字。汉书匡衡传疏:'大王躬仁邠国,贵恕已用之。'师古注云:'邠即今豳州。'师古尚在开元前,得云传录变乎?"段氏玉裁说文解字注云:"邠,周太王国,在右扶风美阳,从邑,分声。豳美阳亭,即豳也。民俗以夜市,有豳山,从山,从豩。阙。按此二篆说解可疑。豳者,公刘之国,史记云'庆节所国',非大王国。疑一。汉地理志、毛诗笺、郡国志皆云'豳在右扶风栒邑',不在美阳。疑二。地理、郡国二志皆云:'栒邑有豳乡。'徐广曰:'新平漆县之东北有豳亭。'疑三。从山,豩声,非有阙也,而云'从豩阙'。疑四。假令许果以豳合邠,当云'或邠字',而不言及。疑五。盖古地名作'邠',山名作'豳',而地名因于山名同音通用,如郊岐之比。是以周礼籥章经文作'豳',注作'邠'。汉人于地名,用邠不用豳,经典多作'豳',惟孟子作'邠',唐开元十三年,始改豳州为邠州,见通典、元和郡县志,郭忠恕云:'因似幽而易误也。'"按顾氏谓孟子多近今字,于豳之作"邠"外,又举强之作"彊",知之作"智",辟之作"避",女之作"汝",说之作"悦"。说文虫部云:"强,蚚也。""蚚,强也。"是强为虫名。弓部:"彊,有力也。"与强字异。其力部云:"勥,迫也。从力,强声。"重文作"勥",云"古文从彊"。然则"彊而后可"之彊当作“㢟”，孟子作“彊”，为㢟之省。㢟省作彊，犹㢟省作强也。说文矢部云：“知，词也。”白部云：“𥏼，识词也。”智乃𥏼省，礼智小智解作智识者，皆宜作“智”，他书作“知”者，通用也。说文辵部云：“避，回也。”口部云：“辟，法也。从口，从辛，节制其罪也。”然则辟为刑辟之辟，大王避狄之避，正宜作“避”，他书作“辟”者，省文也。说文汝为水名，女为妇人名，其为尔汝之汝，本属假借。书盘庚“格汝众”，康诰“汝为小子”，亦作“汝”，则女之为汝，不特孟子也。悦字，说文所无。言部之说，为词说之说。而尔雅释诂云：“悦，乐也。”亦从心。孟子诸字，皆非近今字也，顾氏失之。**苟为善，后世子孙必有王者矣。**【注】诚能为善，虽失其地，后世乃可有王者，若周家也。**君子创业垂统，为可继也。若夫成功，则天也。君如彼何哉？彊为善而已矣。”**【注】君子造业垂统，贵令后世可继续而行耳。又何能必有成功，成功乃天助之也。君岂如彼齐何乎，但当自强为善法，以遗后世也。【疏】注“君子”至“世也”○正义曰：说文云：“刅，造法刅业也。从井，刅声。读若创。”盖创之义为惩艾，经典多借创为刅，故此经作创，赵氏以造释之。国语周语云“以创制天下”，注云：“创，造也。”亦刅作创矣。说文云：“继，续也。”故以续释继。毛本经作“彊”，注作“强”。石经经作“强”，宋本经亦作“强”。翟氏灏考异云：“注文以平声读，则为有力之彊。”按尔雅释诂云：“彊，勤也。”淮南子修务训云“功可彊成”，高诱注云：“彊，勉也。”自彊为善法即自勉为善法也。

章指言：君子之道，正己任天，强暴之来，非己所招，谓穷则独善其身者也。【疏】“正己任天”○正义曰：古本作“在天”。

15　滕文公问曰：“滕，小国也。竭力以事大国，则不得免焉，如之何则可？”【注】问免难全国于孟子。

孟子对曰：“昔者大王居邠，狄人侵之，事之以皮币，不得免焉；事之以犬马，不得免焉；事之以珠玉，不得免焉。

【注】皮，狐貉之裘。币，缯帛之货也。【疏】注"皮狐"至"货也"○正义曰：毛诗豳风七月篇云："一之日于貉，取彼狐狸，为公子裘。"传云："于貉，谓取貉。貉，貉皮。狐狸[一]，狐狸皮也。狐貉之厚以居。"是狐貉为豳地所有，故赵氏以皮为狐貉之皮也。周礼太宰"九贡"有"币贡"，郑氏注云："币贡，玉马皮帛也。"小行人："合六币：圭以马，璋以皮，璧以帛，琮以锦，琥以绣，璜以黼。"然则皮马玉帛，皆通名为币；乃此皮币对举，下别言"犬马""珠玉"，则币非统名，故以帛缯释之。说文云："币，帛也。"战国策齐策云"请具车马皮币"，高诱注云："币，束帛也。"淮南子时则训云"用圭璧更皮币"，高诱注云："币，谓玄纁束帛也。"仪礼士昏礼记云"皮帛必可制"，注云："皮帛，俪皮束帛也。"此皮帛即皮币。秦策云"约车并币"，高诱注云："币，货也。"故赵氏释币为缯帛之货。说文云："缯，帛也。""帛，缯也。"大宗伯云"孤执皮帛"，注云："帛，如今璧色缯也。"是缯帛一物。毛诗七月篇云"八月载绩，载玄载黄，我朱孔阳，为公子裳"，传云："玄，黑而有赤也。朱，深纁也。阳，明也。祭服玄衣纁裳。"然则玄纁束帛亦豳地所有矣。**乃属其耆老而告之曰：'狄人之所欲者，吾土地也。吾闻之也，君子不以其所以养人者害人。二三子何患乎无君，我将去之。'去邠，逾梁山，邑于岐山之下居焉。**【注】属，会也。土地生五谷，所以养人也，会长老告之如此而去之。【疏】"逾梁"至"居焉"○正义曰：阎氏若璩释地续云："雍州有二梁山，一在今韩城、郃阳两县境，书'治梁及岐'，诗'奕奕梁山'，春秋'梁山崩'，尔雅'梁山，晋望也'，皆是于孟子之梁山无涉。孟子梁山，则在今乾州西北五里，其山横而长，自邠抵岐二百五十余里，山适界乎一百三十里之间，太王当日必逾此山，然后可远狄患，营都邑，改国曰周。"○注"属会"至"去之"○正义曰：伏生尚书大传略说云："狄人将攻大王亶父，召耆老而问焉，曰：'狄人何欲？'耆老对曰：'欲得菽粟财货。'大王曰：'与之。'每与之至无而攻不止，大王赘其耆老而问之曰：'狄人又何欲乎？'耆老对曰：'欲君之土地。'大王曰：'与

〔一〕今本毛传作"于貉，谓取狐狸皮也"，无"貉貉貉皮狐狸"六字。

之。'耆老曰:'君不为社稷乎?'大王曰:'社稷所以为民也,不可以所为民者亡民也。'耆老曰:'君纵不为社稷,不为宗庙乎?'大王曰:'宗庙吾私也,不可以吾私害民也。'遂策杖而去,过梁山,邑岐山,国人之东徙奔走而从之者三千乘,一止而成三千户之邑。"翟氏灏考异云:"按桑柔诗'具赘卒荒',传训赘为属,疏云'谓系缀而属之',故书大传述为赘其耆老。"王氏念孙广雅疏证云:"说文:'赘,最也。'隐元年公羊传'会,犹最也',何休注云:'最,聚也。'汉书武帝纪'毋赘聚',如淳注云:'赘,会也。'会、最、聚并同义。说苑奉使篇'梁王赘其群臣',即属其群臣也。"又云:"孟子曰'大王属其耆老',书传曰'赘其耆老',是赘为属也。襄十六年公羊传注云:'赘系属之辞。'若今俗名就婿为赘婿矣。刘熙释名说'赘肬'之义云:'赘,属也。横生一肉,属着体也。'并事异而义同。"然则赵氏以会释属,正以赘释属也。经上言土地,下言养人,土地何以能养人,以其能生五谷供人饭食,故赵氏申言之。列子说符篇:"牛缺谓盗曰:君子不以所养害其所养。"盐铁论刑德章云:"闻以六畜禽兽养人,未闻以所养害人者也。"然则"不以其所以养人者害人",盖古有此语,不必专指土地。

邠人曰:'仁人也,不可失也。'从之者如归市。【注】言乐随大王,如归趋于市,若将有得也。【疏】注"言乐"至"得也"○正义曰:史记孟尝君传云"君独不见夫朝趋市者乎",淮南子氾论训云"故终身而无所定趋",俶真训云"若周员而趋",高诱注并云:"趋,归也。"归市即趋市,故赵氏以趋释归。凡赴市者,以所有易所无,交易而退,各有所得,日用之需,皇皇求利,故乐趋之。邠人乐随大王而趋,故云若将有所得也。孟子所述,亦见庄子让王篇,云:"大王亶父居邠,狄人攻之,事之以皮帛而不受,事之以犬马而不受,事之以珠玉而不受,狄人之所求者,土地也。大王亶父曰:'与人之兄居而杀其弟,与人之父居而杀其子,吾不忍也。子皆勉居矣。为吾臣与为狄人臣,奚以异?且吾闻之,不以所用养害所养。'因杖策而去之,民相连而从之,遂成国于岐山之下。"吕氏春秋审为篇、淮南子道应训俱录庄子之文。高诱注吕氏春秋云:"所以养者,土地也。所养者,谓民人也。连,结也。民相与结檐随之众多,复成为国也。"庄与孟小异而事略同。史记刘敬传说高帝云:"大王以狄伐,故去豳,杖马箠居岐,国人争随之。"马箠即策,所谓"来朝走马"也。毛诗大雅緜篇传云:“古公处豳,狄人侵之,事之以皮币,不得免焉;事之以犬马,不得免焉;事之以珠玉,不得免焉。乃属其耆老而告之曰:‘狄人之所欲,吾土地。吾闻之,君子不以其所以养人而害人,二三子何患乎无君?’去之,逾梁山,邑乎岐山之下。豳人曰:‘仁人之君,不可失也。’从之如归市。”孔氏正义云:“皆孟子对滕文公之辞也。唯彼云大王居豳,此因古公之下即云处豳为异耳。”庄子与吕氏春秋、书传略说与此大意皆同。此言“不得免焉”,略说云“每与之不止”,吕氏春秋言“不受”,异人别说,故不同耳。此言“犬马”,略说言“菽粟”,明国之所有,莫不与之。故郑于稷起及易注,皆云“事之以牛羊”,明当时亦有之。史记周本纪云:“古公亶父复修后稷、公刘之业,积德行义,国人皆戴之。薰育戎狄攻之,欲得财物,与之;已复攻,欲得地与民,民皆怒,欲战,古公曰:‘有民立君,将利之。今戎狄所为攻战,以吾地与民,民之在我与其在彼何异,民欲以我故战,杀人父子而君之,予不忍为。’乃与私属,遂去邠,渡漆沮,逾梁山,止于岐下,豳人举国扶老携弱,尽复归古公于岐下。及他旁国闻古公仁,亦多归之。”说苑至仁篇云:“大王有至仁之恩,不忍战其百姓,故事勋育戎氏以犬马珍币,而伐不止,问其所欲者,曰:‘土地也。’于是属其群臣耆老而告之曰:‘土地者,所以养人也,不以所以养人而害其养也。吾将去之。’遂居岐山之下,邠人负幼扶老,从之如归父母。”吴越春秋太伯传云:“古公亶甫修公刘、后稷之业,积德行义,为狄人所慕,薰鬻戎妒而伐之。古公事之以犬马牛羊,其伐不止;事之以皮币金玉重宝,而亦伐之不止。古公问所欲,曰:‘欲其土地。’古公曰:‘君子不以养害所养,国所以亡也而为身害,吾所不居也。’古公乃杖策去邠,逾梁山而处岐周,曰:‘彼君与我何异。’邠人父子兄弟,相帅负老携幼,揭釜甑而归古公。居三月,成城郭,一年成邑,二年成都,而民五倍其初。”周氏广业孟子逸文考云:“赵注交邻章云:‘獯鬻,北狄强者,今匈奴也。’大王去邠,避獯鬻,此章狄人无注,是獯鬻即狄也。吴越春秋似狄与獯鬻为二种。按吴越春秋,后汉赵氏所撰,盖剌取史记、说苑等书为之。其书视诸说最后,而獯鬻妒狄之说,前此无之,未足为据也。”**或曰:‘世守也,非身之所能为也,效死勿去。’君请择于斯二者。”**【注】或曰土地,乃先人之所受也。世世守之,非己身所能专为,至死不可去也。欲令文公择此二者，惟所行也。【疏】注"非己"至"去也"○正义曰：尔雅释诂云："身，我也。"赵氏注尽心篇"杨子取为我"云："为我，为己也。"是身、己、我三字转注也。吕氏春秋贵生篇云"譬之若官职，不得擅为"，高诱注云："为，作也。"专为犹擅为，作者，自我作之，不继述也。中本有专擅之义，故以专释为也。淮南子主术训云"以效其功"，又云"所以效善也"，高诱注皆云："效，致也。"战国策西周、齐、秦诸策高诱注皆云："效，致也。"致即至，故以致释效。

章指言：太王去邠，权也。效死而守业，义也。义权不并，故曰择而处之也。【疏】"太王"至"之也"○正义曰：毛诗大雅緜正义云："曲礼下曰：'国君死社稷。'公羊传曰：'国灭君死之，正也。'则诸侯为人侵伐，当以死守之，而公刘、太王皆避难迁徙者，礼之所言，谓国正法；公刘、太王，则权时之宜。论语曰：'可与适道，未可与权。'公羊传云：'权者，反经合义。权者，称也。称其轻重，度其利害而为之。太王为狄人所攻，必求土地；不得其地，攻将不止。战以求胜，则人多杀伤，故弃戎狄而适岐阳，所以成三分之业，建七百之基，虽于礼为非，而其义则是。此乃贤者达节，不可以常礼格之。"按梁惠王上下篇，至此二十二章，皆对时君之言，而结之以"君请择于斯二者"，赵氏以权解之是也。权之义，孟子自申明之。圣人通变神化之用，必要归于巽之行权。请择者，行权之要也。孟子深于易，七篇之作，所以发明伏羲、神农、黄帝、尧、舜之道，疏述文王、周公、孔子之言，端在于此。儒者未达其指，犹沾沾于井田封建，而不知变通，岂知孟子者哉！

16　鲁平公将出，嬖人臧仓者请曰："他日君出，则必命有司所之；今乘舆已驾矣，有司未知所之，敢请？"【注】平，谥也。嬖人，爱幸小人也。【疏】注"平谥"至"人也"○正义曰：史记鲁世家云："悼公之时，三桓胜，鲁如小侯，卑于三桓之家。三十七年，悼公卒，子嘉立，是为元公。元公二十一年卒，子显立，是为穆公。穆公三十三年卒，子奋立，是为共公。共公二十二年卒，子屯立，是为康公。康公九年卒，子匽立，是为景公。景公二十九年卒，子叔立，是为平公。是时六国皆称王。二十二年，平公卒。”汉书律历志鲁平公名旅，与史记异。周书谥法解云：“治而无眚曰平，执事有制曰平，布纲治纪曰平。”说文女部云：“嬖，便嬖爱也。”隐公三年左传“公子州吁，嬖人之子也”，注云：“嬖，亲幸也。”此嬖人指妃妾之宠爱者。礼记缁衣云“毋以嬖御人疾庄后，毋以嬖御士疾庄士大夫卿士”，注云：“嬖御人，爱妾也。嬖御士，爱臣也。”然则男女之贱而得幸者通称嬖人。史记有佞幸列传，云：“非独女以色媚，而仕宦亦有之，昔以色幸者多矣，高祖至暴抗也，然籍孺以佞幸，孝惠时有闳孺，此两人非有才能，徒以婉佞贵幸，与上卧起。”嬖人臧仓，籍孺、闳孺之类也。

公曰：“将见孟子。”【注】平公敬孟子有德，不敢请召，将往就见之。

曰：“何哉！君所为轻身以先于匹夫者，以为贤乎？礼义由贤者出，而孟子之后丧逾前丧。君无见焉。”【注】匹夫，一夫也。臧仓言君何为轻千乘而先匹夫乎，以为孟子贤故也。贤者当行礼义，而孟子前丧父约，后丧母奢，君无见也。

公曰：“诺。”【注】诺止不出。【疏】注“诺止不出”○正义曰：说文言部云：“诺，应也。”宣公十五年公羊传注云：“诺者，受语辞。”臧仓云君无见焉，戒止平公之出见孟子也。平公诺之，即受其无见之言，故以止不出解之。

乐正子入见曰：“君奚为不见孟轲也？”【注】乐正，姓。子，通称。孟子弟子也。为鲁臣。问公何为不便见孟轲。【疏】注“乐正”至“孟轲”○正义曰：礼记王制云“乐正崇四术”，注云：“乐正，乐官之长。”乐正盖以官为氏者，鲁人曾子弟子有乐正子春是也。论语学而篇“子曰”，集解引马注云：“子者，男子之通称也。”白虎通云：“子者，丈夫之通称也。”云不便见孟轲也，便，犹利也。利，犹快也。谓其迟滞不即见。

曰：“或告寡人曰：‘孟子之后丧逾前丧。’是以不往见也。”【注】公言以此故也。

曰："何哉？君所谓逾者，前以士后以大夫，前以三鼎而后以五鼎与？"【注】乐正子曰：君所谓逾者，前者以士礼后者以大夫礼，士祭三鼎大夫祭五鼎故也。【疏】注"礼士"〔一〕至"五鼎"○正义曰：仪礼士虞礼云："陈三鼎于门外之右，北面北上，设扃鼏。"是士用三鼎也。少牢馈食礼云："雍人陈鼎五，三鼎在羊镬之西，二鼎在豕镬之西。"是大夫用五鼎也。礼记郊特牲云"鼎俎奇而笾豆偶"，孔氏正义云："少牢陈五鼎：羊一，豕二，肤三，鱼四，腊五。特牲三鼎：牲鼎一，鱼鼎二，腊鼎三。"杨复仪礼旁通鼎数图云："三鼎特豕，而以鱼腊配之也。羊豕曰少牢。凡五鼎皆用羊豕，而以鱼腊配之。少牢五鼎，大夫之常事；又有杀礼而用三鼎者，如有司彻乃升羊豕鱼三鼎，腊为庶羞，肤从豕，去腊肤二鼎，陈于门外如初，以其绎祭杀于正祭，故用少牢而鼎三也。又士礼特牲三鼎，有以盛葬奠加一等用少牢者，如既夕遣奠，陈鼎五于门外是也。"桓二年公羊传注云："礼祭，天子九鼎，诸侯七，卿大夫五，元士三。"徐氏疏云："春秋、说文、士冠礼、士丧礼，皆一鼎者，士冠士丧，略于正祭故也。"

曰："否！谓棺椁衣衾之美也。"【注】公曰不谓鼎数也，以其棺椁衣衾之美恶也。

曰："非所谓逾也，贫富不同也。"【注】乐正子曰，此非薄父厚母，令母丧逾父也。丧父时为士，丧母时为大夫，大夫禄重于士，故使然，贫富不同也。

乐正子见孟子曰："克告于君，君为来见也。嬖人有臧仓者沮君，君是以不果来也。"【注】克，乐正子名也。果，能也。曰克告君以孟子之贤，君将欲来，臧仓者沮君，故君不能来也。【疏】"君为来见也"○正义曰：礼记檀弓注云："为，犹行也。"君为来见犹云君行来见也。今人称事之将然者，每云行将。毛诗传多以行训将。广雅释诂云："将，欲也。"是将、欲、为三字转注互训。君为来即君行将来，君行将来即君将欲来，故赵氏

〔一〕"礼士"，据注当作"士祭"。

以将欲释为字也。王氏引之经传释词云："为，犹将也。赵氏注'君将欲来'是也。史记卢绾传：'卢绾妻子亡降汉，会高后病，不能见。舍燕邸，为欲置酒见之。高后竟崩，不得见。'言高后将欲置酒见之，会高后崩，不得见也。卫将军骠骑传曰：'骠骑始为出定襄当单于，捕虏；虏言单于东，乃更令骠骑出代郡。'言始将出定襄，后更出代郡也。"○"沮君"○正义曰：音义出"沮"字，云："本亦作'阻'。"按毛诗巧言篇"乱庶遄沮"，传云："沮，止也。"吕氏春秋至忠篇"人不知不为沮"，高诱注云："沮，止也。"又知士篇云"故非之弗为阻"，高诱注亦云："阻，止也。"是沮、阻同训止，其字可通也。○注"果能也"○正义曰：王氏念孙广雅疏证云："果，能也。见西征赋注。孟子梁惠王篇'君是以不果来也'，离娄篇'果有以异于人乎'，赵氏注并云：'果，能也。'晋语'是之不果奉而暇晋是皇'，韦昭注云：'果，克也。'克亦能也。"

曰："行或使之，止或尼之，行止非人所能也。吾之不遇鲁侯，天也。臧氏之子，焉能使予不遇哉？"【注】尼，止也。孟子之意，以为鲁侯欲行，天使之矣。及其欲止，天令嬖人止之耳。行止天意，非人所能为也。如使吾见鲁侯，冀得行道，天欲使济斯民也。故曰吾之不遭遇鲁侯，乃天所为也。臧仓小人，何能使我不遇哉。【疏】注"尼止也"○正义曰：尔雅释诂文。音义云："尼，女乙切。丁本作'屔'，云居字。"按吕氏春秋慎人篇云"胼胝不居"，高诱注云："居，止也。"义亦同。周氏广业孟子逸文考云："颜元孙干禄字书平声有𡰥、尼二字。注云：'上俗下正。'疑屔是𡰥之讹。"○注"吾之不遭遇鲁侯"○正义曰：吕氏春秋长攻篇云"必有其遇"，注云："遇，犹遭也。"说文辵部云："遭，遇也。"遭遇二字转注。

章指言：谗邪搆贤，贤者归天，不尤人也。【疏】"谗邪搆贤"○正义曰：汉书刘向上封事云："谗邪进则众贤退。"周氏广业逸文考云："刘峻辨命篇云：'孟子舆困臧仓之诉。'李师政辨惑论云：'孟轲干鲁，不憾臧仓之蔽。'夫孟子既非干鲁，亦何尝为臧仓所困哉？"按治平之要，归之于权；出处之命，归之于天。此梁惠王一篇之大旨，亦即七篇之大旨也。

孟子正义卷六

孟子卷第三

公孙丑章句上凡九章。【注】公孙丑者，公孙，姓。丑，名。孟子弟子也。丑有政事之才，问管晏之功，犹论语子路问政，故以题篇。【疏】注"公孙"至"题篇"○正义曰：鲁公孙兹为叔孙氏，公孙敖为仲孙氏，公孙归父为东门氏，公孙婴齐为叔氏。郑公孙舍之为罕氏，公孙申为孔氏，公孙黑、公孙夏为驷氏，公孙侨为国氏，公孙虿为游氏。此如公子王子之称，非氏也。齐有公孙氏，未知所出。董子繁露云："公孙之养气曰：礼义泰实，则气不通，泰虚则气不足，泰劳则气不入，泰佚则气宛，至怒则气高，喜则气衰，忧则气狂，惧则气慑，凡此皆气之害。"陶渊明圣贤群辅录八儒篇云："公孙氏传易为道，为洁净精微之儒。乐正氏传春秋为道，为属辞比事之儒。"说者谓即公孙丑、乐正克。赵氏谓丑有政事之才，未详所出。齐乘人物篇云："公孙丑，滕州北公村有墓。"

1　**公孙丑问曰："夫子当路于齐，管仲、晏子之功，可复许乎？"**【注】夫子，谓孟子。许，犹兴也。如使夫子得当仕路于齐而可以行道，管夷吾、晏婴之功，宁可复兴乎。【疏】注"许犹兴也"○正义曰：毛诗大雅"昭兹来许"，传云："许，进也。"兴亦进义，故以兴释许。○注"当仕路于齐"○正义曰：文选阮嗣宗咏怀诗注引晋綦毋邃孟子注云："当路，当仕路也。"

孟子曰："子诚齐人也，知管仲、晏子而已矣。【注】诚，实也。子实齐人也，但知二子而已。岂复知王者之佐乎。【疏】注"诚实也"○正义曰：吕氏春秋论威篇云"此之谓至威之诚"，淮南子主术训云"抱德推诚"，高诱注并云："诚，实也。"或问乎曾西曰：'吾子与子路孰贤？'曾西蹴然曰：'吾先子之所畏也。'【注】曾西，曾子之孙。蹴然，犹蹴踖也。先子，曾子也。子路在四友，故曾子畏敬之。曾西不敢比。【疏】注"曾西"至"敢比"○正义曰：毛氏奇龄四书賸言云："经典序录：'曾申字子西，子夏以诗传曾申。左丘明作传，以授曾申。'则是曾西即曾申，为曾子之子，非孙也。其以申字西者，或以申枝为西方之辰，如春秋楚斗宜申、公子申皆字子西可验。"江氏永群经补义云："曾西即曾申，曾子之子，非曾子之孙。称先子者，谓父非谓祖父也。"阎氏若璩释地亦同。周氏柄中辨正云："曾子二子元、申，见礼记檀弓。而大戴礼云：'曾子疾病，曾元持首，曾华抱足。'华即申之字也。申既字华，不当又字子西。曲礼孔疏亦以曾西为曾子之孙。疑赵注为是。"赵氏佑温故录云："以楚斗宜申字子西、公子申字子西例之，申西止为一人名字，近是。但必谓曾西是曾子子非孙，则未见其确。何者？第言曾元养曾子，檀弓所记，曾子寝疾病，曾元、曾申坐于足者，安见其非子孙并侍，曾子以老寿终，自宜有孙也。"翟氏灏四书考异云："礼记曲礼注引曾子曰：'吾先子之所畏。'檀弓：'穆公之母卒，使人问于曾子。'时称曾申为曾子也。史记：'吴起事曾子。'其曾子亦是曾申，记述曾子语独多，未必皆子舆子矣。"王氏念孙广雅疏证云："释训：'跦踖，畏敬也。'论语乡党篇'踧踖如也'，马融注云：'踧踖，恭敬之貌。'孟子公孙丑篇'曾西蹴然'，赵氏注云：'蹴然，犹蹴踖也。'踖、蹴并与跦同。"伏生尚书大传云："周文王胥附奔辏先后御侮，谓之四邻，以免乎羑里之害。懿子曰：'夫子亦有四邻乎？'孔子曰：'吾有四友焉：自吾得回也，门人加亲，是非胥附乎？自吾得赐也，远方之士日至，是非奔辏乎？自吾得师也，前有光，后有辉，是非先后乎？自吾得由也，恶言不至于门，是非御侮乎？'"曰：'然则吾子与管仲孰贤？'曾西艴然不悦曰：'尔何曾比予于管仲？【注】艴然，愠怒色也。何曾，犹何乃也。

【疏】注"艴然"至"乃也"○正义曰:王氏念孙广雅疏证云:"说文'艴'字注引论语'色艴如也',今本作'勃'。玉篇、广韵、类篇'艴'字并音勃。集韵、类篇引广雅:'艴,频色也。'频与艴同。凡人敬则色变,若论语'色勃如'是也。怒则色变,若孟子'曾西艴然不悦'、'王勃然变乎色'是也。说文'孛'字注又引论语'色孛如也',秦策云'秦王悖然而怒',楚策云'王怫然作色',淮南子道应训云'佽非瞋目教然',并字异而义同。"段氏玉裁说文解字注云:"曾之言乃也,诗'曾是不意','曾是在位','曾是在服','曾是莫听',论语'曾是以为孝乎','曾谓泰山不如林放乎',孟子'尔何曾比予于管仲',皆训为乃。"按尔雅释诂云:"仍,乃也。"仍从乃声,乃声古与仍同,与曾为叠韵,故曾、乃义同。

管仲得君,如彼其专也;行乎国政,如彼其久也;功烈,如彼其卑也。尔何曾比予于是?'【注】曾西答或人,言管仲得遇桓公,使之专国政如彼,行政于国其久如彼,功烈卑陋如彼。谓不帅齐桓公行王道而行霸道,故言卑也。重言何曾比我,耻见比之甚也。【疏】注"得遇桓公"○正义曰:庄子大宗师注云:"当所遇之时,世谓之得。"淮南子精神训云"故事有求之于四海之外而不能遇",高诱注云:"遇,得也。"易小过"弗过遇之",注云:"过而得之谓之遇。"故赵氏以遇释得。**曰管仲,曾西之所不为也,而子为我愿之乎?"**【注】孟子心狭曾西,曾西尚不欲为管仲,而子为我愿之乎。非丑之言小也。【疏】"曰管"至"之乎"○正义曰:四书辨疑云:"自子诚齐人也下,连此节,皆孟子言,此处不当又有孟子发语之辞。'曰'本衍字无疑。"王氏引之经传释词云:"此述古语既毕,而更及今事也。吕氏春秋骄恣篇李悝述楚庄王之言毕,则云'曰此霸王之所忧也,而君独伐之'。文义与此同。"而子为我愿之者,国语晋语云"为后世之见之也",鲁语云"其为后世昭前之令闻也",韦昭注并云:"为,使也。"此为字同之,盖谓子乃使我愿之乎。经传释词云:"家大人曰:为,犹谓也。言子谓我愿之也。宣二年穀梁传曰:'天乎天乎,予无罪,孰为盾而忍弑其君者乎?'公羊传曰:'吾不弑君,谁谓吾弑君者乎?'是其证。"廷琥云:"史记殷本纪曰:'帝乙崩,子辛立,是为帝辛,天下为之纣。'按为之纣即谓之纣也。亦为、谓可通之证。"○注"孟子心狭曾西”○正义曰:说文阜部云:“陕,隘也。”陕与狭同。文选东京赋云“狭三王之趢起”,薛综注云:“狭,谓陋也。”狭隘即小,故云非丑之言小。

曰:“管仲以其君霸,晏子以其君显,管仲、晏子犹不足为与?”【注】丑曰:管仲辅桓公以霸道,晏子相景公以显名,二子如此,尚不可以为邪。【疏】“晏子以其君显”○正义曰:马氏骕绎史云:“晏平仲之在齐也,历事三君,皆暗主也。崔、庆既亡,陈氏得政,所际之时,则季世也。方庄公之弑,晏子伏尸成礼,大宫之歃,舍命不渝,是可谓仁者之勇矣。景公嗣位,若能委权任用,承霸国之余烈,晋失诸侯,齐国之兴,日可俟也。乃景公固非能大有为之君也,所宠任者,梁丘据、裔款之流;所好者,宫室台榭之崇,声色狗马之玩。婴也随事补救,以讽谏匡君心者,朝夕不怠,危行言孙,故能身处乱世,显名诸侯,而齐国赖之。”

曰:“以齐王,由反手也。”【注】孟子言以齐国之大,而行王道,其易若反手耳。故讥管晏不勉其君以王业也。【疏】“由反手也”○正义曰:音义云:“由,义当作犹,古字借用耳。”按赵氏以若字释由字,则由读为犹矣。

曰:“若是,则弟子之惑滋甚。且以文王之德,百年而后崩,犹未洽于天下;武王、周公继之,然后大行。今言王若易然,则文王不足法与?”【注】丑曰,如是言,则弟子惑益甚也。文王尚不能及身而王,何谓王易然也。若是,则文王不足以为法邪。【疏】“今言王若易然”○正义曰:翟氏灏考异云:“或读然属下文,后文‘今时则易然也’,知此然字必不当属下。”按赵氏云“何谓王易然也”,断然字句甚明。

曰:“文王何可当也。由汤至于武丁,贤圣之君六七作,天下归殷久矣,久则难变也。武丁朝诸侯,有天下,犹运之掌也。【注】武丁,高宗也。孟子言文王之时难为功,故言何可当也。从汤以下,贤圣之君六七兴,谓太甲、太戊、盘庚等也。运之掌,言易也。【疏】注“武丁高宗也”○正义曰:史记殷本纪云:“武丁修政行德,天下咸欢,殷道复兴。帝武丁崩,子帝祖庚立,祖己嘉武丁之以祥雉为德,立其庙为高宗。”是武丁为高宗也。○注“孟子”至“当也”○正义曰:此当字,与下“当今之时”当字相应。赵氏注下“是以难也”云:“文王当此时,故难也。”与此注互明。近通解谓文王之德,何可敌也。与赵氏异。○注“从汤”至“等也”○正义曰:殷本纪云:“汤崩,太子太丁未立而卒,立太丁之弟外丙。帝外丙即位三年崩,立外丙之弟中壬。帝中壬即位四年崩,伊尹乃立太丁之子太甲。帝太甲称太宗,太宗崩,子沃丁立。沃丁崩,弟太庚立。帝太庚崩,子帝小甲立。帝小甲崩,弟雍己立,殷道衰,诸侯或不至。帝雍己崩,弟太戊立,殷复兴,诸侯归之,故称中宗。中宗崩,子帝仲丁立。帝仲丁崩,弟外壬立。帝外壬崩,弟河亶甲立,殷复衰。河亶甲崩,子帝祖乙立,殷复兴。祖乙崩,子帝祖辛立。帝祖辛崩,弟沃甲立。帝沃甲崩,立沃甲兄祖辛之子祖丁。帝祖丁崩,立弟沃甲之子南庚。帝南庚崩,立帝祖丁之子阳甲,殷衰。帝阳甲崩,弟盘庚立,渡河南,复居成汤之故居,殷道复兴。帝盘庚崩,弟小辛立,殷复衰。帝小辛崩,弟小乙立。帝小乙崩,子帝武丁立,修政行德,天下咸欢,殷道复兴。”然自汤兴以来,若太甲、若太戊、若祖乙、若盘庚、若武丁,皆当殷衰而复兴之君共六人。尚书序汤、武丁之间,太甲、沃丁、太戊、仲丁、河亶甲、祖乙、盘庚七君,皆有所纪述。则六七作者,或离汤、武丁,即指其间之六七君。乃史记称河亶甲时殷复衰,则不得与于贤圣之君矣。赵氏仅数太甲、太戊、盘庚,以太甲、盘庚,尚书详之。而太戊为中宗,见称于无逸,亦明有可征,故略举此耳。赵氏佑温故录云:“注谓自汤以下,太甲、太戊、盘庚等,脱去祖乙。然以四君连汤、武丁,亦止六而非七,岂孟子‘七’字虚设邪?窃以书无逸明言及高宗乃祖甲,祖甲为武丁后一代贤君,自史记以为帝甲淫乱,殷复衰,盖因国语‘帝甲乱之,五世而陨’之文,于是二孔皆以太甲当祖甲。郑氏注:‘祖甲,武丁子帝甲也。有兄祖庚贤,武丁欲废兄立弟,祖甲以为不义,逃之民间,故曰不义惟王,旧为小人。’以经证史,亦可见殷纪之疏。是‘六七作’宜兼数祖甲。或曰:然则孟子何以独言‘由汤至于武丁’,纣之去武丁,皆不及祖甲。曰:子统于父也。祖甲即武丁子,且其兄亦贤,两世皆承武丁之烈,则以武丁统之可矣。惟由武丁历祖甲,皆能以贤嗣贤,享年又长,有深仁厚泽,以绵殷道,故益见其久而难变。不然,仅至武丁而止,则纣之去武丁,中间更无接续,相越且百年,亦不得言未久也。”按此说是也。六七非约略之辞,汤、太甲、太戊、祖乙、盘庚、武丁六作,及祖甲则七作，不直云七作六作，连云六七作，正以祖甲在武丁后，故如此属文也。马融无逸注云："祖甲有兄祖庚，而祖甲贤，武丁欲立之。祖甲以王废长立少不义，逃之民间，此是也。惟祖庚不甚贤，祖甲贤，故武丁欲废长立少。"郑氏注："有兄祖庚贤，武丁欲废兄立弟。"岂武丁而有此？郑注已残，当是传写者有缺误。不然则郑不及马。若祖庚亦贤，则是贤圣之君不止六七，惟祖庚不甚贤，不能承武丁之化，祖甲复振兴之，与太戊、祖乙、盘庚、武丁同，乃为六七作也。吕氏春秋义赏篇高诱注云："兴，作也。"周礼舞师注云："兴，犹作也。"故以兴释作。**纣之去武丁，未久也。其故家遗俗，流风善政，犹有存者。又有微子、微仲、王子比干、箕子、胶鬲，皆贤人也。相与辅相之，故久而后失之也。尺地莫非其有也，一民莫非其臣也，然而文王犹方百里起，是以难也。**【注】纣得高宗余化，又多良臣，故久乃亡也。微仲、胶鬲，皆良臣也，但不在三仁中耳。文王当此时，故难也。【疏】"纣之去武丁未久也"○正义曰：史记殷本纪云："帝武丁崩，子帝祖庚立。帝祖庚崩，弟祖甲立，是为帝甲。帝甲崩，子帝廪辛立。帝廪辛崩，弟庚丁立。帝庚丁崩，子帝武乙立。武乙无道，震死，子帝太丁立。帝太丁崩，子帝乙立。帝乙长子曰微子启，启母贱，不得嗣。少子辛，辛母正后，辛为嗣。帝乙崩，子辛立，是为帝辛，天下为之纣。"盖武丁之后，祖甲爰知小人之依，能保惠于庶民，故高宗嘉靖殷邦之化，虽历武乙之无道，余化犹存。今文尚书"高宗飨国百年"，汉书五行志及刘向、杜钦二传，王充论衡无形、异虚二篇，皆本今文，则以高宗百年，加以祖甲三十三年，百余年深仁厚泽，其下历五世至纣。无逸固云："或十年，或七八年，或五六年，或四三年。"此即指廪辛、庚丁、武乙、太丁、帝乙而言，故孟子言未久。晋人伪作竹书纪年谓武乙三十五年，太丁十三年，显与无逸相悖，是不足议也。○"其故"至"存者"○正义曰：故家，勋旧世家，谓臣也。遗俗，敦庞善俗，谓民也。流风之播，恩泽之政，谓君上也。尚书微子篇云："殷罔不小大好草窃奸宄，卿士师师非度，凡有辜罪，乃罔恒获，小民方兴，相为敌仇。"马融注云："非但小人学为奸宄，卿士以下，转相师效，为非法度。"郑氏注云："群臣皆有是罪，其爵禄又无常得之者，言屡相攻夺。"又云："天毒降灾荒殷邦，方兴沉酗于酒，乃罔畏畏，咈其耇长旧有位人。今殷民乃攘窃神祇之牺牷牲，用以容，将食无灾。"按卿士为非，群臣相夺，则故家不存矣。小民奸宄，窃攘以容，则遗俗无存矣。顾氏炎武日知录云："自古国家，承平日久，法制废弛，而上之令不能行于下，未有不亡者也。纣以不仁而亡天下，人人知之，吾谓不尽然。纣之为君，沉湎于酒，而逞一时之威，至于刳孕斫胫，盖齐文宣之比耳。商之衰也久矣，一变而盘庚之书，则卿大夫不从君令；再变而微子之书，则小民不畏国法；至于'攘窃神祇之牺牷牲，用以容，将食无灾'，可谓民玩其上，而威刑不立者矣。即以中主守之，犹不能保，而况以纣之狂酗昏虐，又祖伊奔告而不省乎？文宣之恶，未必减于纣，而齐以强；高纬之恶，未必甚于文宣，而齐以亡者，文宣承神武之余，纪纲粗立，而又有杨愔辈为之佐，主昏于上而政清于下也。至高纬而国法荡然矣，故宇文得而取之。"按小民草窃，至于盗牺牷牲而容之不问，此遗俗之所以不存，而奸民无忌畏矣。酒诰云："在昔殷先哲王，自成汤咸至于帝乙，不敢自暇自逸，矧曰其敢崇饮。越在外服，侯、甸、男、卫、邦伯，越在内服，百僚庶尹，惟亚惟服宗工。越百姓里居，罔敢湎于酒。"周续之诗序义云："由我化物，则谓之风。上不崇饮，则下不湎酒，此遗风之善也。自纣酣身，荒腆于酒，于是庶群自酒，至康诰尚谆谆以群饮民湎于酒为戒，此流风不存，而愚民无惩戒矣。至于重刑辟有炮烙之法，厚赋税以实鹿台之钱，盈钜桥之粟，则祖宗之善政乃无存，而良民皆尽蠹矣。云犹有存者，文王时尚未尽丧也。故家与国同休戚，与民相系属，故盘庚迁殷，民因在位之言不乐从，盘庚必再三告诫，反复于乃祖乃父，以驯服其心。然则故家存则君有所顾忌，不即妄作；民有所系属，不即离心。于盘庚之诰，正见阳甲时乱虽九世，而故家大臣尚存，故盘庚藉是而兴，此孟子所以以故家之存，冠乎遗俗流风善政之首也。○"又有"至"相之"○正义曰：微子、箕子、比干，孔子称三仁，其贤可知。微仲、胶鬲，非孔子所称，故赵特表云"皆良臣也，但不在三仁中耳"。吕氏春秋当务篇云："纣之同母三人，其长曰微子启，其次曰仲衍，其次曰受德。受德，乃纣也。纣之母生微子启与仲衍也，其时尚犹为妾；已而为妻而生纣。"史记宋微子世家云："微子故能仁贤，微子开卒，立其弟衍，是为微仲。"是皆以微仲为微子弟。唯郑氏注礼记檀弓"舍其孙腯而立衍"云："微子適子死，立其弟衍，殷礼也。"似是以衍为微子適子之弟。阎氏若璩释地续云："微，畿内国名。微子既国于此，其长子应曰微伯，早卒，有子名腯。次子曰微仲,名衍,即后国于宋者。以周礼適子死立適孙,次子不得干焉。微子则从其故殷之礼,舍己之长子之子腯,而立己次子衍。故微仲实微子之第二子,非其弟也。此与子服伯子引以况公仪仲子者吻合。其证一。班固古今人表于微子下注云'纣兄',宋微仲下注云'启子'。其证二。启既殷帝乙之元子,衍果属次子,王畿千里,岂少闲土,断无兄弟并封一国之理。其证三。则知微仲也者,子袭父氏,上有伯兄,字降而次氏者,胙之土而命之氏,字者五十以伯仲之字也。"顾氏炎武日知录云:"微子之于周,但受国而不受爵。受国,所以存先王之祀,不受爵,所以示不臣之节,故终身称微子也。微子卒,立其弟衍,是为微仲。然继宋非继微也,而称微仲者,犹微子之心也。至于衍之子稽则远矣,于是始称宋公。后之经生,不知此义,而抱器之臣,倒戈之士,接迹于天下矣。"毛氏奇龄经问云:"檀弓所谓舍孙腯而立衍者,固是微仲。然是微子之弟,非微子子也。其云舍孙立衍者,谓微子之子死,不立孙腯,而立弟微仲也。自郑氏注礼记,遂有疑衍是庶子,为適子之弟者。此终是误解。考殷代传弟之法,先传及而后传世。及者,兄终弟及,如微子传弟衍是也。世者,父子相继,谓传弟之后,弟即传己子,而不传兄子兄孙,如微仲传己子稽,而不传微子之孙腯是也。此是殷法。至微仲传子宋公稽后,始不称微而称宋,始遵周法。若微仲是微子之子,则微子舍適立庶,非殷法,亦非周法,于礼家何取焉?且微子之子,不得称微伯与微仲也。微是畿内国名,纣以封其兄;而其后武王伐纣,仍使居微,故仲以微君介弟称为微仲,犹季札以吴君之弟称吴季也。若微子之子,则长世子,次公子也。虽蔡叔之子,亦称蔡仲,然彼仍封于蔡,故仍以蔡名。微子之子,未尝再封微也。即周初立国,尚有袭殷遗法传弟者,鲁伯禽之子考公传弟炀公是也。然断无鲁公之子称鲁伯、鲁仲者。此必见卫世家康叔之子即名康伯,谓国号可袭称,而作系本、世记及古史考诸书者,遂伪造此名,不知康叔国号,康伯者谥也。且孟子称微子、微仲、王子比干、箕子、胶鬲辈,同时并称,且称为贤人,又称相与辅相之,又称久而后失,则直是商辛老臣,何微子之子之有?"又辨日知录云:"微子存国抱器是实,若封微又封宋,则直受爵矣。微,商畿内国号,商所封也。至武王伐纣,微子持祭器,造于军门,史称武王乃释微子,复其位如故,则在周已仍封微矣。至成王戮武庚,封微子于宋,则初以武庚续殷祀,微子不过具臣备子爵耳。至是改封宋为公,承殷祀,以守三恪，则既为周臣，复为周宾，诗称‘侯服于周，祼将于京’者，其始终臣周之心，极其明白。若其终身称微子而不称宋公，康叔初封康，亦畿内国也。及成王封康叔于卫，则卫侯矣。然而尚书、春秋传皆称康诰，不称卫诰，叔亦终其身称康叔，不称卫侯，岂康叔受国不受爵邪？抑亦倒戈之士有不臣之心邪？然则弟衍称微仲，则衍未尝封微也。何也？周有同封而同称者，虢仲、虢叔是也。仲、叔皆封虢而两分其地，遂以并称，微仲不同封也。有先后立国而亦同称者矣，吴太伯、吴仲雍是也。太伯、仲雍先后君吴国而亦以并称，微仲同宋国，未尝同微国也。然而称微仲者，其称微则以国君介弟，原得称兄之国号以为号，春秋书吴季是也。其称仲则以既为国君，仍得称己之字以为字，诗序美秦仲是也。皆史例也。”周氏柄中辨正云：“檀弓郑注：‘微子適子死，立其弟衍，殷礼也。’北齐刁柔云：‘然则殷適子死，立世子之母弟。’按诗大明疏引郑康成书序注云：‘纣母本帝乙之妾，生启及衍，后立为后，生受德。’是郑本以衍为微子之弟，非谓立適子之弟也。刁柔误解郑注，不可为据。”胶鬲之事，见于吕氏春秋者二：一诚廉篇云：“武王即位，使叔旦就胶鬲于次四内而与之盟曰：‘加富三等，就官一列。’为三书同辞，血之以牲，埋一于四内，皆以一归。”其一贵因篇云：“武王至鲔水，殷使胶鬲候周师，武王见之，胶鬲曰：‘西伯将何之？无欺我也。’武王曰：‘不子欺，将之殷也。’胶鬲曰：‘朅至？’武王曰：‘将以甲子至殷郊，子以是报矣。’胶鬲行，天雨，日夜不休，武王疾行不辍，军师皆谏曰：‘卒病，请休之。’武王曰：‘吾已令胶鬲以甲子之期报其主矣。今甲子不至，是令胶鬲不信也。胶鬲不信也，其主必杀之，吾疾行以救胶鬲之死也。’”国语晋语云：“妹喜有宠，于是乎与伊尹比而亡夏。妲己有宠，于是乎与胶鬲比而亡殷。”注云：“比，比功也。伊尹欲亡夏，妹喜为之作祸，其功同也。胶鬲殷贤臣，自殷适周，佐武王以亡殷也。”韩非子喻老篇云：“周有玉版，纣令胶鬲索之，文王不予。费仲来求，因予之。是胶鬲贤而费仲无道也。”音义出“辅相”二字，云：“丁作‘押’，音甲。广雅云‘辅也’。义与夹同。”王氏念孙广雅疏证云：“说文云：‘挟，押持也。’古通作夹。押、挟声相近。”**齐人有言曰：‘虽有智慧，不如乘势；虽有镃基，不如待时。’今时则易然也。**

【注】齐人谚言也。乘势，居富贵之势。镃基，田器耒耜之属。待时，三农时

也。今时易以行王化者也。【疏】注“镃基”至“之属”○正义曰：王氏念孙广雅疏证云：“释器：‘镃錤，鉏也。’鉏之言除也。说文：‘鉏，立薅斫也。’又云：‘斫，齐谓之兹其。’众经音义引仓颉篇云：‘鉏，兹其也。’孟子：‘虽有镃基，不如待时。’汉书樊郦滕灌傅靳周传赞作‘兹其’，周官薙氏注作‘兹其’，月令注作‘镃錤’，并字异而义同。”程氏瑶田通艺录磬折古义云：“考工车人之事，半矩之倨句谓之宣。宣之为物，未知其审也。又判其宣为半宣，以加于半矩之宣，其倨句谓之欘。欘之为物，鉏属也。郑注云：‘欘，斫斤。’引尔雅‘句欘谓之定’。尔雅字作‘斪斸’。说文：‘欘，斫也。齐谓之镃錤。’按说文有‘欘’字，又有‘斸’字，并训斫。斫训击。吾于欘从木当为鉏，斸从斤则斤属，一以起土，田器之句而斫之者也，故曰镃錤；一以攻木，今木工斧劈之后，木已粗平，然后用阔斤向怀句斫之，俗呼绑子。二者同名异实，然皆击而用之，故同训斫也。盖曰欘曰斸，皆言其器之为曲体，无论治田攻木，并向怀而斫击之。其倨句之度，则皆一宣有半。元人王桢农书载三器，一曰镈，耨别名也。良耜诗曰：‘其镈斯赵，以薅荼蓼。’释名：‘镈，迫也。迫地去草也。’二曰耨，除草器。吕氏春秋曰：‘耨，柄尺，此其度也。其耨六寸，所以间稼也。’三曰耰鉏，古云斪斸，一名定，耰为鉏柄也。齐民要术曰：‘其刃如半月，比木垄稍狭，上有短銎，以受鉏钩，钩如鹅项，下带深袴，皆以铁为之，以受木柄。钩长二尺五寸，柄亦如之。’上三事皆鉏属，倨句形之已句者，而有浅深之殊。又云‘车人为耒，庛长尺有一寸，中直者三尺有三寸，上句者二尺有二寸。自其庛缘其外以至于首以弦，其内六尺有六寸，与步相中也。’瑶田谓注内外二字误解。‘其内六尺有六寸’七字连读为一句。‘自其庛缘其外以至于首以弦’十二字连读为一句。内谓本体之实数，耒木三折之，六尺有六寸也。外谓空中之虚数，所弦中步之六尺也。此持表弦之之法以示人，谓欲据其内之六尺有六寸而弦之，其法当如何，只须自其庛缘其外以至于首，如是以弦之，则得其弦之数为六尺，以与步相中也。后郑注‘庛读为棘刺之刺。刺，耒下前曲接耜’。则耜为耒头金，上有銎以贯耒末，庛即耒末之木，以纳于耜銎者。先郑以庛为耜之异文，谓耒下岐。耒下岐者，后郑‘耜广五寸’注所谓‘今之耜岐头两金’也。今指庛为木材，故宜与耜金材异也。”程氏所说镃基耒耜，分别精详。赵氏以皆田器，故以相既耳。○注“待时三农时也”○正义曰：周礼天官大宰“以九职任万民，一曰三农生九谷”，注：“郑司农云：‘三农，平地山泽也。’玄谓：三农，原隰及平地。”三农时，谓此原隰平地之农所种九谷，各有其时。**夏后殷周之盛，地未有过千里者也，而齐有其地矣。鸡鸣狗吠相闻，而达乎四境，而齐有其民矣。地不改辟矣，民不改聚矣，行仁政而王，莫之能御也。**【注】三代之盛，封畿千里耳。今齐地土民人已足矣，不更辟土聚民也。鸡鸣狗吠相闻，言民室屋相望而众多也。以此行仁而王，谁能止之也。【疏】注“不更辟土聚民也”〇正义曰：说文云：“改，更也。”此经言地不改辟即是地不更辟，民不改聚即是民不更聚，故赵氏以更释改。〇注“鸡鸣”至“多也”〇正义曰：庄子胠箧篇云：“昔者，齐国邻邑相望，鸡狗之音相闻。”翟氏灏考异云：“此必时俗语，故老子亦云：‘乐其俗，安其居，邻里相望，鸡犬之声相闻。’百家之书，凡非孟子后时而其辞有同者，如‘挟山超海’‘杯水车薪’‘绝长补短’‘过化存神’之类，均当持此论观。”**且王者之不作，未有疏于此时者也。民之憔悴于虐政，未有甚于此时者也。饥者易为食，渴者易为饮，孔子曰：‘德之流行，速于置邮而传命。’**【注】言王政不兴久矣，民患虐政甚矣，若饥者食易为美，渴者饮易为甘，德之流行，疾于置邮传书命也。【疏】注“言王”至“甚矣”〇正义曰：作，兴也。故以不兴释不作。淮南子氾论训云“体大者节疏”，高诱注云：“疏，长也。”长与久同义，故以久释疏。说文云：“顇，顦顇也。”顦顇与憔悴古字通。楚辞离世篇云“身憔悴而考旦”，王逸注云：“憔悴，忧貌也。”忧与患同义，故以患释憔悴。〇注“疾于置邮传书命也”〇正义曰：尔雅释诂云：“速，疾也。”阎氏若璩释地续云：“颜师古汉书注云：‘传，若今之驿。古者以车，谓之传车。其后单置马，谓之驿骑。’字书曰：‘马递曰置，步递曰邮。’马递指驾车之马，非徒马也。”周氏广业孟子异本〔一〕考云：“毛晃礼部增韵：‘马递曰置，步递曰邮。’汉乌孙传‘有便宜因骑置以闻’，师古曰：‘即今铺置也。’黄霸传‘邮亭乡官’，师古曰：‘行书舍，传送文书所止处，如今驿馆。’引孟子为证，此

〔一〕“异本”原误“逸文”，据孟子四考改。

解置邮甚明。"王氏念孙广雅疏证云："邮，置，驿也。方言：'驿，传也。'郭璞注云：'传，宣语也。'尔雅'驲，遽，传也'，注云：'皆传车驿马之名。'玉篇云：'驿，译也。'三者皆取传递之义，故皆谓之驿。置邮[一]者，说文：'邮，竟上行书舍也。''驿，置骑也。'孟子'速于置邮而传命'。"段氏玉裁说文解字注云："释言：'邮，过也。'按经过与过失，古不分平去，故经过曰邮，过失亦曰邮。"按置、邮、传三字同为传递之称。以其车马传递，谓之置邮，谓之驿。其传递行书之舍，亦即谓之置邮，谓之驿。自竟上行书之舍而传，亦即传递所行之书于舍止之处。置邮即传命之名，经文传命二字，已足申明置邮二字，故赵氏于"置邮"二字不复解。置邮本亦名传，而经文传命之传则言其传递，故以而字间之。周礼春官典命注云："命，谓王迁秩群臣之书。"是书谓之命，故以书释命。吕氏春秋上德篇云："三苗不服，禹请攻之。舜曰：'以德可也。行德三年而三苗服。孔子闻之曰：'通乎德之情，则孟门、太行不为险矣。故曰德之速，疾乎以邮传命。'"此为孟子引孔子言之证。**当今之时，万乘之国行仁政，民之悦之，犹解倒悬也。故事半古之人，功必倍之，惟此时为然。"**【注】倒悬，喻困苦也。当今所施恩惠之事，半于古人，而功倍之矣。言今行之易也。【疏】"民之悦之"○正义曰：文选论盛孝章书注引孟子作"民悦而归之"，又马汧督诔注作"民悦之"。按李善注文选，与李贤注后汉书，每引孟子，不与今本同，当是唐人以意增损，或据以为别本，非也。陆机豪士赋序云："故曰才不半古，而功已倍之，盖得之于时势也。"用孟子语，以事为才。按赵氏自是事，机文士，亦不足为孟子解矣。

章指言：德流之速，过于置邮；君子得时，大行其道；是以吕望睹文王而陈王图，管晏虽勤，犹为曾西所羞也。【疏】"吕望睹文王而陈王图"○正义曰：睹，见也。图，谋也。史记齐太公世家云："周西伯政平，及断虞、芮之讼，而诗人称西伯受命曰：'文王伐崇、密须、犬夷，大作丰邑，天下三分，其二归周者，太公之谋

〔一〕"置邮"原误"邮置"，据经文、注文改。

计居多。'"汉书艺文志:"太公二百三十七篇:谋八十一篇,言七十一篇,兵八十五篇。"

2　公孙丑曰:"夫子加齐之卿相,得行道焉,虽由此霸王不异矣。如此则动心否乎?"【注】加,犹居也。丑问孟子,如使夫子得居齐卿相之位,行其道德,虽用此臣位而辅君行之,亦不异于古霸王之君矣。如是宁动心畏难,自恐不能行否邪?丑以此为大道不易,人当畏惧之,不敢欲行也。【疏】注"加犹居也"○正义曰:淮南子主术训云"虽愚者不加体焉",高诱注云:"加,犹止也。"吕氏春秋慎人篇云"胼胝不居",高诱注云:"居,止也。"加、居并有止义,故转注加亦犹居也。说文云:"家,居也。"家通嘉,桓公公羊、左传"家父",汉书古今人表作"嘉父"是也。嘉亦通加,诗行苇笺云"以脾函为加,故谓之嘉"是也。加之犹居,又家之假借也。○注"行其"至"君矣"○正义曰:大戴礼王言篇云:"道者,所以明德也。"又盛德篇云:"冢宰之官以成道,司徒之官以成德。"贾谊新书道德篇云:"道者,德之本也。"故经言行道,赵氏以行其道德解之。毛诗"君子阳阳,右招我由房",传云:"由,用也。"赵氏断虽由此三字为句,以此字指卿相之位,故云用此臣位辅君行之,行即行道也。云不异于古霸王之君,是解异为同异之异。公孙丑倒言之,注顺解之也。近解不异,谓虽从此而成霸王之业,不足怪异。与赵氏异。

孟子曰:"否,我四十不动心。"【注】孟子言礼四十强而仕,我志气已定,不妄动心有所畏也。【疏】注"礼四十强而仕"○正义曰:"四十曰强而仕",礼记曲礼上篇文。孔氏正义云:"强有二义:一则四十不惑,是智虑强;一则气力强也。"吕氏春秋知分篇云"有所达则物弗能惑",高诱注云:"惑,动也。"然则强即不惑,不惑即不动,故引以释不动心也。惟智虑气力未能坚强,则有所疑惑,疑惑则生畏惧,故以动心为畏难自恐也。顾氏炎武日知录云:"凡人之动心与否,固在其加卿相行道之时也。枉道事人,曲学阿世,皆从此而始矣。我四十不动心者,不动其'行一不义,杀一不辜,而得天下,有不为也'之心。"

曰:"若是,则夫子过孟贲远矣。"【注】丑曰,若此,夫子志意坚勇过孟贲。贲，勇士也。孟子勇于德。【疏】注"贲勇士也"○正义曰：吕氏春秋用众篇云："故以众勇，无畏乎孟贲矣。田骈谓齐王曰：'孟贲庶乎，患术而边境弗患。'"注云："孟贲，古之大勇士。"必己篇云："孟贲过于河，先其五。船人怒而以楫虓其头，顾不知其孟贲也。中河，孟贲瞋目而视船人，发植目裂鬓指，舟中之人，尽扬播入于河。使船人知其孟贲，弗敢直视，涉无先者，又况于辱之乎。此以不知故也。"高诱注云："船人不知孟贲为勇士故也。"史记范雎列传集解引许慎曰："孟雎，卫人。"史记袁盎传索隐引尸子云："孟贲水行不避蛟龙，陆行不避兕虎。"汉书东方朔传注引尸子云："人问孟贲：'生乎勇乎？'曰：'勇。''贵乎勇乎？'曰：'勇。''富乎勇乎？'曰：'勇。'三者人之所难能，而皆不足以易勇，此其所以能摄三军、服猛兽之故也。"毛氏奇龄逸讲笺云："夫子过孟贲，非借之赞不动心之难，正以气强之人，心有捍护，易于不动。故勇者多桀傲自逞，遗落一切，此正与养勇养气相接人。"○注"孟子勇于德"○正义曰：音义引扬子曰："请问孟轲之勇，曰：勇于义而果于德，不以贫富贵贱死生动其心，于勇也其庶乎。"

曰："是不难，告子先我不动心。"【注】孟子言是不难也，告子之勇，未四十而不动心矣。

曰："不动心有道乎？"【注】丑问不动心之道云何。

曰："有。【注】孟子欲为言之。北宫黝之养勇也：不肤桡，不目逃，思以一豪挫于人，若挞之于市朝；不受于褐宽博，亦不受于万乘之君；视刺万乘之君，若刺褐夫，无严诸侯；恶声至，必反之。【注】北宫，姓。黝，名也。人刺其肌肤，不为桡卻。刺其目，目不转睛逃避之矣。人拔一毛，若见捶挞于市朝之中矣。褐宽博，独夫被褐者。严，尊也。无有尊严诸侯可敬者也。以恶声加己，己必恶声报之。言所养育勇气如是。【疏】注"北宫"至"中矣"○正义曰：钱氏大昕潜研堂答问云："问：孟子书有北宫黝、北宫锜，赵氏注以锜为卫人，而黝独未详，亦可考否？曰：黝事固不可考，然淮南子有云：'握剑锋以离北宫子、司马蒯蒉，不使应敌。操其觚，招其末，则庸人能以制胜。'高诱注：'北宫子，齐人也。孟子所谓北宫黝也。'诱生于汉世，所见书籍尚多，以黝为齐人，宜可信。春秋之世，卫亦有北宫氏，世为正卿，战国策赵威后问齐使云：'北宫之女，婴儿子无恙。'则齐亦有北宫氏也。"翟氏灏考异云："韩非子显学篇云：'漆雕之议，不色桡，不目逃，行曲则违于臧获，行直则怒于诸侯，世主以为廉而礼之。'按韩非所称漆雕之议，上二语与此文同，下二语与曾子谓子襄意似。其漆雕为北宫黝字欤？抑子襄之出于漆雕氏也？韩言儒分为八，有漆雕氏之儒，汉志儒家有漆雕子十二篇，其书久亡，无能案验矣。"春秋繁露度制篇云："肌肤血气之情也。"刘熙释名释形体云："肌，懻也。肤幕坚懻也。"故以肌释肤。音义云："桡，丁奴效切。五经文字云：'枉桡之桡，女绞反。俗从手者，挠扰之挠，火刀反。'"阮氏元校勘记云："闽、监、毛三本桡作'挠'。按音义出'桡'字，作'挠'非也。"易大过"栋桡"，释文云："曲折也。"成公二年左传云"师徒桡败"，注云："桡，曲也。"曲，犹屈也。郤同却，广雅释言云："郤，退也。"史记鲁仲连邹阳传云"勇士不却死而灭名"，索隐云："却死，犹避死也。"广雅释诂云："逃，避也。"畏其刺，则必退却逃避。黝不畏其刺，是不因肤被刺而屈，不因目被刺而避也。桡郤逃避互明。文选注引声类云："豪，长毛也。"故以毛释豪。挫之训为摧，素问五常政大论云"其变振拉摧拔"，是挫亦拔也。说文手部云："挞，乡饮酒'罚不敬，挞其背'。遽，古文挞。周书：'遽以记之。'"捶同箠，司马迁报任安书云："其次关木索被箠楚受辱。"汉书吾丘寿王传云："民以耰钼捶挺相挞击。"捶本马杖之名，用以挞击，故挞亦谓之捶矣。顾氏炎武日知录云："若挞之于市朝，即书所言'若挞于市'。古者朝无挞人之事，市则有之。周礼司市：'市刑，小刑宪罚，中刑徇罚，大刑扑罚。'又曰：'胥执鞭度而巡其前，掌其坐作出入之禁令，凡有罪者，挞戮而罚之。'是也。礼记檀弓：'遇诸市朝，不反兵而斗。'兵器非可入朝之物。奔丧哭辟市朝，奔丧亦但过市，无过朝之事也。其谓之市朝者，史记孟尝君传'日莫之后，过市朝者，掉臂不顾'，索隐云：'言市之行列，有如朝位，故曰市朝。'"阎氏若璩释地续云："市朝二字，见论语者，乃杀人陈尸之所。左传杀三郤，皆尸诸朝；董安于缢而死，赵孟尸诸市是也。见孟子者，仅得一市字，盖古者挞人，各有其所，容有于市，于市则辱之极矣，是以断断无挞之于朝者。或曰：市朝乃连类而及之文，若躬稼本稷，而亦称禹；三过不入本禹，而亦称稷；以纣为兄之子，本指王子比干而亦及微子启；善哭其夫而变国俗，本指杞梁之妻，而亦及华周之妻；皆因其一，而并言其一，古文体则有然者。”赵氏佑温故录云：“朝市双言，朝也，市也。朝市单言，市之朝也。若挞之于市朝，正是司市之朝耳。古者朝之名通于上下，冉子退朝，周生烈云‘君之朝’，郑康成云‘季氏朝’。则有司听事之处言朝，犹是公所矣。今京城内外衢市，多立堆拨，设员役以备巡儆，其大者谓之官厅，汉唐谓之街弹室。”○注“褐宽”至“褐者”○正义曰：诗七月篇“无衣无褐，何以卒岁”，笺云：“人之贵者无衣，贱者无褐。”是褐为贱者所服。上言“褐宽博”，下言“褐夫”，则褐宽博即是衣褐之匹夫，故云独夫被褐者。“褐宽博”盖当时有此称也。老子云：“圣人被褐怀玉。”○注“严尊”至“是也”○正义曰：吕氏春秋审应篇高诱注云：“严，尊也。”礼记学记云“严师为难”，注云：“严，尊敬也。”广雅释诂云：“尊，敬也。”尊、严、敬三字义同。严字连诸侯，谓可尊敬之诸侯。黝心目中蔑视之，无有可尊敬之诸侯，故云无尊严诸侯可敬者也。先以尊释严，又申言可敬，谓无尊严，即无可敬也。恶声，犹恶言也。史记仲尼弟子列传云：“自吾得由，恶言不入于耳。”集解引王肃云：“子路为孔子侍卫，故侮慢之人，不敢有恶言。”恶，犹过也。指斥过恶之言也。至，犹来也。恶声至即恶言来矣。汉书外戚传云“为致椁”，注云：“致，谓累也。”又酷吏传云“致令辟为郭”，注云：“致，谓积累之也。致，至也。积累加也。”是至亦有加义，故云加已。国语晋语云“反使者”，注云：“反，报也。”必反之，是必报之也。尔雅释诂云：“育，养也。”故以育释养。礼记中庸“万物育焉”，注云：“育，生也，长也。”养育勇气即是生长勇气。养勇即是养气。但孟子之气，以直养而无害，则为善养。黝等之气，不以直养，则不善也。善在直其养，所以不同也。**孟施舍之所养勇也，曰：‘视不胜，犹胜也。量敌而后进，虑胜而后会，是畏三军者也。舍岂能为必胜哉？能无惧而已矣。’**【注】孟，姓。舍，名。施，发音也。施舍自言其名则但曰舍。舍岂能为必胜哉，要不恐惧而已也。以为量敌少而进，虑胜者足胜乃会，若此畏三军之众者耳，非勇者也。【疏】“虑胜而后会”○正义曰：诗大明篇“会朝清明”，笺云：“会，合也，合兵以清明。”诗又云“殷商之旅，其会如林”，笺云：“殷盛合其兵众，陈于商郊之牧野。”此云虑胜而后会，谓合兵也。○注“孟姓”至“曰舍”○正义曰：阎氏若璩释地又续云："原赵氏之意，以古人二字名，无单称一字者。今曰舍，则舍其名也。古未见有复姓孟施者，则孟其姓也。遂以发音当施字。不知发声在首，如吴曰勾吴，越曰於越。若在中，则语助词多用之字，未闻以施字者。且孔子时鲁有少施氏，安知孟施非少施一例乎？"翟氏灏考异云："古人二字名，或称一字，如纣名受德，书但称商王受。曹叔名振铎，国语但称叔振。晋文公名重耳，左传但称晋重。鲁叔孙氏名何忌，春秋经定六年但称忌，孟施舍不嫌其自称舍也。"○注"舍岂"至"而已矣"○正义曰：孔本、韩本、考文古本无"舍"字，闽、监、毛三本有之。经言"能无惧"，赵氏言"要不恐惧"者，要，约也。以下言"孟施舍守约"，豫言之也。**孟施舍似曾子，北宫黝似子夏，夫二子之勇，未知其孰贤，然而孟施舍守约也。**【注】孟子以为曾子长于孝，孝百行之本；子夏知道虽众，不如曾子孝之大也。故以舍譬曾子，黝譬子夏。以施舍要之以不惧，为约要也。【疏】注"孟子"至"要也"○正义曰：史记仲尼弟子列传云："曾参，南武城人，字子舆，孔子以其能通孝道，故受之业，作孝经。"陆贾新语云："曾子孝于父母，昏定晨省，调寒温，适轻重，勉之于糜粥之间，行之于衽席之上，而德美重于后世。"是曾子长于孝也。孝经云："孝，德之本也。"论衡书说篇云："实行为德。"周礼师氏注云："德行内外之称，在心为德，施之为行。百行之本，即是德之本。"后汉书江革传云："夫孝，百行之冠，众善之始也。"颜氏家训勉学篇云："孝为百行之首。"是也。说苑言子夏读易，尚书大传言子夏读书，韩诗外传言子夏读诗，新序称其论五帝师，大戴礼记称其言易之生人，是知道众也。大戴记曾子大孝篇云："夫孝者，天下之大经也。"是道虽众，不如孝之大也。北宫黝事事皆求胜人，故似子夏知道之众。孟施舍不问能必胜与否，但专守己之不惧，故似曾子得道之大。约之训为要，于众道之中得其大，是得其要也。下言大勇，是知得其要为得其大也。

昔者曾子谓子襄曰：'子好勇乎？吾尝闻大勇于夫子矣。自反而不缩，虽褐宽博，吾不惴焉；自反而缩，虽千万人，吾往矣。'孟施舍之守气，又不如曾子之守约也。"【注】子襄，曾子弟子也。夫子，谓孔子也。缩，义也。惴，惧也。诗云："惴惴其栗。"曾子谓子襄言孔子告我大勇之道：人加恶于己，己内自省，有不义不直之心，虽敌人被褐宽博一夫，不当轻惊惧之也。自省有义，虽敌家千万人，我直往突之。言义之强也。施舍虽守勇气，不如曾子守义之为约也。【疏】注“子襄”至“约也”○正义曰：子襄，薛应旂人物考以为南武城人，未知所本。礼记投壶篇注“奇则缩诸纯”〔一〕，释文云：“缩，直也。”广雅释诂云：“直，义也。”缩之为义，犹缩之为直。盖缩之训为从，从故直。从亦顺也，顺故义；义者，宜也。赵氏既以义训缩，又申之云“不义不直”，明义即直也。引诗者，秦风黄鸟篇。传云：“惴惴，惧也。”是惴即惧也。易传言“惊远而惧迩”，是惊惧义同。褐夫易于惊惧之；不惴，是不惊惧之也。谓不以气临之，使之惴惴也。王若虚孟子辨惑云：“不字为衍。不然，则误尔。”阎氏若璩释地三续云：“不，岂不也。犹经传中敢为不敢、如为不如之类。”此以惴为自己惊惧，与赵氏异。王氏引之经传释词云：“不，语词。不惴，惴也。言虽被褐之夫吾惧之。”赵氏前引礼记，以不动心为强，强犹勇也。黝以必胜为强，不如施舍以不惧为强。然施舍之不惧，但以气自守，不问其义不义也。曾子之强，则以义自守，是为义之强也。推黝之勇，生于必胜；设有不胜，则气屈矣。施舍之勇，生于不惧；则虽不胜，其气亦不屈，故较黝为得其要。然施舍一以不惧为勇，而不论义不义；曾子之勇，则有惧有不惧，一以义不义为断：此不独北宫黝之勇不如，即孟施舍之守气，亦不如也。

曰：“敢问夫子之不动心，与告子之不动心，可得闻与？”【注】丑曰，不动心之勇，其意岂可得闻与。

“告子曰：‘不得于言，勿求于心；不得于心，勿求于气。’不得于心，勿求于气，可。不得于言，勿求于心，不可。【注】不得者，不得人之善心善言也。求者，取也。告子为人，勇而无虑，不原其情。人有不善之言加于己，不复取其心有善也，直怒之矣，孟子以为不可也。告子知人之有恶心，虽以善辞气来加己，亦直怒之矣，孟子以为是则可，言人当以心为正也。告子非纯贤，其不动心之事，一可用一不可用也。【疏】“告

〔一〕“注”字原无，“缩”原作“直”。案投壶篇无“奇则直诸纯”句，而郑注有“奇则缩诸纯”，释文云：“缩，子六反，直也。”是焦氏盖引郑注，而“篇”下脱“注”字，“缩”又误作“直”，今补正。

子”至“不可”○正义曰:“不得于言”,“不得于心”,与“不得于君”、“不得于亲”句同。不得于君亲,为失意于君亲。则此不得于言,不得于心,亦指人之言,人之心。谓人以恶言加己,而己受之;人以恶心待己,而己受之也。成公三年公羊传注云:“得曰取。”淮南子说山训高诱注云:“求,犹得也。”然则求、得、取三字可同义。盖人有恶心,而诈善其辞气以欺我,我之心不为之动,则能知其心,而不惑于其诈,故可也。若人本有善心,而言语之间,不免暴戾,如鬻拳之谏、先轸之唾是矣。我则但怒其言,不复能知其心,故不可也。若是则告子所言“勿求于心”,“不得于心”,皆人之心。而告子之不动心,第于两“勿求”见之。毛氏奇龄逸讲笺云:“告子惟恐求心即动心,故自言‘勿求于心’。心焉能不动?裁说不动,便是道家之‘嗒然若丧’,佛氏之‘离心意识参’,儒者无是也。孟子平日,亦以存心求放心为主,未尝言不动。存心是工夫,不动心是效验。心之本体,不能不动。学人用功,则不使不动,此不过以卿相王霸不撄于心,直是得失不耆,宠辱不惊,一镇定境界,故孟子自言不动心有道,则明有前事矣。卿相王霸,有何恐惧?孟子生平,何许学问而虑其恐惧,在公孙弟子,并无此意。此不动心,只是老子所云‘宠辱不惊’,孟子所云‘大行不加’,孟子自言将降大任,必动心忍性,岂有大任是身,而尚可侈言无惧,肆然称不动心者?”又云:“不动心有养勇一道,皆以气制心,而使之不动,此即告子所云‘求气’也。有直养一道,则专以直道养其心,使心得慊然而气不馁,此即孟子所云‘持志’,告子所云‘求心’也。是不动心之道,有直从心上求者,自反是也。有转从心之所制上求者,养勇是也。曾子自反只求心;北宫黝、孟施舍养勇,则但求气;惟告子则不求心,并不求气。大抵生人言行,皆从心出,言行得失,即与心之动不动两相关合。假如心不得于言,则当求心。何则?言之诐淫邪遁,皆由心之蔽陷离穷所生,所云‘生于其心’是也。则言有不得,毋论人之言与己之言,皆当推其所由生,而求之于心,此所贵乎知言也。而告子则惟恐动心,而强而勿求。又如行不得于心,则仍当求心。何则?志与气本不相持,而转相为用,故以直养者言之,则自反而缩,使气常不馁,则不问得心与不得心,而心自不动,此曾子与孟子求心不求气也。以养勇者言之,则稍不得于心,惟恐心动,当急求之气,以强制其心,此黝、舍之所‘养勇’也,求于气也。而告子则又但力制其心,而并不求气。是既不能反,又不能养,举凡心所不得,与不得于心，皆一概屏绝，而更不求一得心与心得之道，徒抱此冥顽方寸，谓之不动，此其所以卿相不惊，霸王不怪，有先于孟子者。盖其自言有如此，不得心而勿求气，则合当如是，故曰可也。生平既不能自反，直养无害，而一有不得，则又借此虚矫之气以为心之制，此黝、舍之学，岂可为法？且养气能得心，不能强之制不得之心。自反而惴，行不慊于心，则动心已耳，焉得有急急求气之理？若心不得于言，则言为心声，心有所害，则正当在心上求。于此不急求，当复何待。故犹是心之不得与不得于心，而不求气则可，不求心则不可，此断断然者。”**夫志，气之帅也。气，体之充也。**【注】志，心所念虑也。气，所以充满形体为喜怒也。志帅气而行之，度其可否也。【疏】“夫志”至“充也”○正义曰：毛诗序云：“在心为志。”仪礼聘礼记注云：“志，犹念也。”大射仪注云：“志，意所拟度也。”故赵氏以“心所念虑”为志，又云“度其可否”。礼记祭义云：“气也者，神之盛也。”淮南子原道训云：“夫形者，生之舍也。气者，生之充也。神者，生之制也。夫举天下万物蚑蛲贞虫蠕动跂作，皆知其所喜憎利害者，何也？以其性之在焉而不离也。忽去之，则骨肉无论矣。今人之所以眭然能视，瞀然能听，形体能抗，而百节可屈伸，察能分白黑、视丑美，而知能别同异、明是非者，何也？气为之充，而神为之使也。”论衡无形篇云：“形气性，天也。生之舍，生之充，生之制，生即性也。性情神志，皆不离乎气，以其能别同异，明是非，则为志以帅乎气。万物皆有喜憎利害，而不能别同异，明是非，则第为物之性，而非人之性，仅为气而已。故喜憎、利害、视听、屈伸，皆气也。骨肉，则形体也。”赵氏言气，专指喜怒，以上勿求于心，勿求于气，作以怒言，故于此言之耳。人有志而物无志，故人物皆有是性，皆有是气，而人能以志帅，则能度其可否，而性乃所以善也。阮氏元校勘记云：“音义出‘之帅’，云：‘本亦作师。’按据干禄字书，唐人帅字多作‘師’，乃俗字也。既又讹‘师’。”**夫志至焉，气次焉，**【注】志为至要之本，气为其次。【疏】注“志为”至“其[一]次”○正义曰：赵氏以至为至极，次为说文“不前”之义，谓次于志也。毛氏奇

〔一〕“其”字原脱。案焦氏标注，标二字、三字、四字不等，以二字为多而无标一字者，今据注补“其”字。

龄逸讲笺云:“此次字,如毛诗传‘主人入次’、周礼‘宫正掌次’之次,言舍止也。”若然,则至为来至之至,志之所至,气即随之而止,正与赵氏下注志向气随之意合。**故曰持其志,无暴其气。”**【注】暴,乱也。言志所向,气随之,当正持其志,无乱其气,妄以喜怒加人也。【疏】注“暴乱”至“人也”○正义曰:淮南子主术训高诱注云:“暴,虐乱也。”吕氏春秋慎大篇高诱注云:“持,守也。”持其志,即曾子之守义,异乎孟施舍之守气矣。直,即正也。自反而缩,故为正持其志。可喜则喜,可怒乃怒,即义也,即不妄以喜怒加人也。毛氏奇龄逸讲笺云:“心为气之主,气为心之辅,志与气不相离也。然而心之所至,气即随之。志与气,又适相须也。故但持其志,力求之本心,以直自守,而气之在体,则第不虐戾而使之充周已耳。是不求于心者,谓之不持志,无一而可。”

“既曰志至焉气次焉,又曰持其志无暴其气者,何也?”【注】丑问暴乱其气云何。

曰:“志壹则动气,气壹则动志也。今夫蹶者趋者,是气也而反动其心。”【注】孟子言壹者,志气闭而为壹也。志闭塞则气不行,气闭塞则志不通,蹶者相动。今夫行而蹶者,气闭不能自持,故志气颠倒。颠倒之间,无不动心而恐矣,则志气之相动也。【疏】“志壹”至“其心”○正义曰:赵氏读壹为噎。说文口部云:“噎,饭窒也。”一切经音义引通俗文:“塞喉曰壹。”史记贾谊传云:“子独壹郁其谁语。”段氏玉裁说文解字注云:“易曰‘天地壹壶’,虞翻以否之闭塞解絪缊,赵岐亦以闭塞释志壹气壹,其转语为抑郁。”淮南子精神训云“形劳而不休则蹶”,高诱注云:“蹶,颠也。”荀子富国篇注云:“蹶,颠倒也。”国语越语云“蹶而趋之”,注云:“蹶,走也。”吕氏春秋慎小篇云:“人之行不蹶于山,则蹶由于行。”广雅释诂云:“趋,行也。”经云“蹶者趋者”,赵氏以行而蹶者解之,则蹶者趋,犹云蹶而趋矣。志壹则动气,气壹则动志,故云相动。按说文壹部云:“壹,专壹也。”文公三年左传云“与人之壹也”,注云:“壹无贰心。”持其志使专壹而不贰,是为志壹。守其气使专壹而不贰,是为气壹。黝之气在“必胜”,舍之气在“无惧”,是气壹也。曾子"自反而缩,虽千万人吾往",是志壹也。毛氏奇龄逸讲笺云:"志一动气,自然之理。且志亦不容不一者,不一则二三,安所持志?此所谓一,正志至之解。惟志一能动气,故志帅而气即止也。若气一动志,则帅转为卒所动,反常之道,故须善养,使不一耳。"按毛氏此说,陈组绶近圣居燃犀解已言之,云:"志至之志是至到之至,气次之次是次舍之次,至如行,次如止。曰气之帅,体之充,是帅其气以充体者,志也。曰至曰次,言至其处,即次其处。丑问志气既不相离,持志即是养气,何必又无暴其气。志本不动,不壹则涣散无其帅;气本周流,不动则枯槁无其充。故志可壹而气不可壹,气可动而志不可动,如无心而蹶,是所壹之气也。而反动其心,非气壹动志之明验欤?此告子勿求气可也。但既不得于心,则全不知持志之道耳。"按丑问夫子之不动心与告子之不动心,孟子述告子之言,以明告子之不动心有可有不可也。志至气次,所以申言可不可之故。志帅气以充体,志至而气即随之而止,此勿求气所以可,而勿求心所以不可也。求于心,即持其志也。"毋暴其气",似是又当求气,故丑又问之,赵氏言丑问暴乱其气云何是也。故孟子发明之,仍申明勿求于气之可也。不得于心,有所逆于心也。斯时能持其志,则度其可否,而知其直不直、义不义,义则伸吾气以往矣,不义则屈吾气以退矣,此持志以帅气之道也,志壹则动气也。若不能持志,不度其可否,不问其直不直、义不义,而专以伸吾气为主,是气壹也。此孟施舍守气之道也,是不持志而暴其气也。彼不论直义,而徒暴其气,固以此为不动心,而不知气壹心转,不能不动,故云"气壹则动志"也。因举一行而颠蹶者以例之,行而颠蹶,是不持志而暴其气也。当其蹶也,心且因之动矣。则可知徒任气者,不能不动其心,此告子"不得于心,勿求于气"所以为可也。然告子勿求于气,并不求于心,虽不暴其气,而亦不持其志。则是屏心与气于空虚寂灭,虽直与义所在,而亦却而不前,视曾子自反而持守其志者殊矣。虽不求气而不可不善养气,求气以为养气,是黝之养勇,舍之守气,不如告子之勿求于气也。不求气而求心,以为养气,是曾子之自反,孟子之持志,乃为善养气也。施舍有气无志,告子无志无气,曾子、孟子以志帅气,则有志有气。施舍养气而不善者也,告子不善养气者也,以气养气,则不善养;以心志养气,乃为善养。所养者气,所以善养者心,心之所以善养者,在直与义,此孟子所以为善养浩然之气也。此上但言告子之不动心,未明孟子之不动心,故下文丑又问孟子何以长于告子也。

“敢问夫子恶乎长？”【注】丑问孟子才志所长何等。

曰：“我知言，我善养吾浩然之气。”【注】孟子云，我闻人言，能知其情所趋，我能自养育我之所有浩然之大气也。【疏】注“我能”至“气也”○正义曰：淮南子墬形训高诱注云：“浩亦大也。”故以浩然之气为大气。臧氏琳经义杂记云：“文选班孟坚答宾戏‘仲尼抗浮云之志，孟轲养浩然之气’，李善注：‘孟子曰：我善养吾浩然之气。项岱曰：皓，白也。如天之气皓然也。’后汉书傅燮传‘世乱不能养浩然之气’，李贤注：‘孟子曰：养吾浩然之气。赵岐曰：浩然，天气也。’按春秋繁露循天之道云：‘阳者，天之宽也。阴者，天之急也。中者，天之用也。和者，天之功也。举天地之道而美于和，是故物生皆贵气而迎养之。孟子曰：我养吾浩然之气者也。’则董子以养浩然之气为养天之和气，班孟坚以浩然与浮云相对，亦是以浩然为天气。赵、项之释，有所本矣。今本赵注作‘浩然之大气’，当是俗人所改。汉书叙传上注：‘师古曰：浩然，纯一之气也。’文选五臣注：‘刘良曰：浩然自放逸也。’与古义异。”

“敢问何谓浩然之气？”【注】丑问浩然之气状何如。

曰：“难言也。其为气也，至大至刚，以直养而无害，则塞于天地之间。【注】言此至大至刚正直之气也。然而贯洞纤微，洽于神明，故言之难也。养之以义，不以邪事干害之，则可使滋蔓，塞满天地之间，布施德教，无穷极也。【疏】注“言此”至“极也”○正义曰：云至大至刚正直之气者，惟正直，故刚大。下言养之以义解以直养三字，直即义也。缘以直养之，故为正直之气；为正直之气，故至大至刚。或谓赵氏以“至大至刚以直”为句，非也。淮南子原道训云：“故植之而塞于天地，横之而弥于四海，施之无穷，而无所朝夕。”高诱注云：“塞，满也。施，用也。用之无穷竭也。”又云：“约而能张，幽而能明，甚淖而滒，甚纤而微。”高诱注云：“言道能小能大，能昧能明。”精神训云：“夫静漠者，神明之宅也。”赵氏云“贯洞纤微，洽于神明”，谓其微而未著，虚而未彰，故难于言也。说文干部云：“干，犯也。”国语周语云“水火之所犯”，注云：“犯，害也。”故以干释害，谓以邪事干害之也。既以满释塞，又云滋蔓者，隐公元年左传云“无使滋蔓”，谓如草之由小而蔓延也。当其纤微静漠，难于言之；及其养以直而无干害以邪，则蔓延由微而著，由静而动，则用之德教，无穷竭也。毛氏奇龄逸讲笺云：“以直养者，集义所生，自反而缩也。无害者，不助长也。以助长，则非徒无益，而又害之也。”**其为气也，配义与道。无是，馁也。**【注】重说是气。言此气与道义相配偶俱行。义谓仁义，可以立德之本也。道谓阴阳大道，无形而生有形，舒之弥六合，卷之不盈握，包络天地，禀授群生者也。言能养此道气而行义理，常以充满五脏；若其无此，则腹肠饥虚，若人之馁饿也。【疏】注“重说”至“饿也”〇正义曰：易丰“初九遇其配主”，释文云：“郑作‘妃’。”桓公二年左传云：“嘉耦曰妃。”耦通作偶。周礼掌次“射则张耦次”，注云：“耦，俱升射者。”故以偶释配，又申之以俱行也。贾谊新书道德说云：“义者，理也。”又云：“义者，德之理也。”礼记礼运云：“义者，仁之节也。”祭统云：“夫义者，所以济志也。诸德之发也。”故以义兼言仁，又以理释义，而为立德之本也。道谓阴阳大道者，阮氏元校勘记云：“汉人皆以阴阳五行为天道。易曰：‘一阴一阳之谓道。’赵氏用此语。”按列子云：“昔者，圣人因阴阳以统天地。夫有形者，生于无形。”有形生于无形，故云无形生有形也。疏本作“生于无形”，非是。淮南子原道训云：“包裹天地，禀受无形。”又云：“舒之幎于六合，卷之不盈于一握。”赵氏本此，以上言无形，故改云群生。落与络古字通。络为缠绕，亦裹之义也。道既为阴阳，阴阳是气，故云道气。阴阳分之为五行，五行各属于五藏，白虎通性情篇云：“人本含五行六律之气而生，而内有五藏六府，此情性之所由出入也。五藏：肝仁，肺义，心礼，肾智，脾信也。”淮南子精神训云：“血气者，人之华也。而五藏者，人之精也。夫血气能专于五藏而不外越，则胸腹充而嗜欲省矣。胸腹充而嗜欲省，则耳目清、听视达矣。耳目清、听视达谓之明。五藏能属于心而无乖，则教志胜而行不僻矣。教志胜而行之不僻，则精神盛而气不散矣。”又云：“使耳目精明，元达而无诱慕；气志虚静，恬愉而省嗜欲；五藏定安，充盈而不泄。”此赵氏所本也。说文食部云：“餧，饥也。”餧同馁，饥即饿也。不能以直养而邪或干害之，则气以诱慕嗜欲而散，五藏外越而不能充满，故肠腹饥虚，若人之不饮食而餧饿也。毛氏奇龄逸讲笺云：“配义与道，正分疏直养。无论气配道义，道义配气，总是气之浩然者，藉道义以充塞耳。无是者，是无道义。馁者是气馁，道义不能馁也。"李氏绂配义与道解云："心之裁制为义，因事而发，即羞恶之心也。身所践履为道，顺理而行，即率性之谓也。未尝集义养气之人，自反不缩。尝有心知其事之是非而不敢断者，气不足以配义也。亦有心能断其是非而身不敢行者，气不足以配道也。吾性之义，遇事而裁制见焉。循此裁制而行之，乃谓之道。义先而道后，故曰配义与道，不曰配道与义也。"全氏祖望经史问答云："配义则直养而无害矣。苟无是义，便无是气，安能免于馁？然配义之功在集义。集义者，聚于心以待其气之生也。曰生，则知所谓配者，非合而有助之谓也，盖氤氲而化之谓也。不能集而生之，而以袭而取之，则是外之也。袭则偶有合，仍有不合而不慊于心，气与义不相配，仍不免于馁矣。"**是集义所生者，非义袭而取之也。**【注】集，杂也。密声取敌曰袭。言此浩然之气，与义杂生，从内而出，人生受气所自有者。【疏】注"集杂"至"有者"○正义曰：杂从集，方言云："杂，集也。"古杂集二字皆训合。与义杂生即与义合生也。与义合生，是即配义与道而生也。生即育也，育即养也。气因配义而生，故为善养，与徒养勇守气者异矣。庄公二十九年左传云："凡师有钟鼓曰伐，无曰侵，轻曰袭。"淮南子氾论训云"秦穆兴兵袭郑"，高诱注云："以兵伐国，不击鼓密声曰袭。"僖公三十三年公羊传注云："轻行疾至，不戒以人曰袭。"**行有不慊于心，则馁矣。**【注】慊，快也。自省所行仁义不备，干害浩气，则心腹饥馁矣。【疏】注"慊快也"○正义曰：吕氏春秋本生篇云"耳听之必慊"，又知接篇云"以慊寡人"，高诱注并云："慊，快也。"慊与嗛同。国策魏策"齐桓公夜半不嗛"，高诱注云："嗛，快也。"**我故曰告子未尝知义，以其外之也。**【注】孟子曰，仁义皆出于内，而告子尝以为仁内义外，故言其未尝知义也。【疏】注"孟子"至"义也"○正义曰：赵氏以密声取敌解袭字，而未详"义袭而取"之意。推其解集义而生为从内而出，则义袭而取乃自外而取矣。气合义而生，则有此气，即有此义，故为人生受气所自有者。义袭而取，则义本在气之外，取以附于气耳。若然，则义不关于内，即所行义有不附，将于心无涉矣。乃自省所行，仁义不具备，而邪事干之，则心必不快，可见义在于内，关系于心，不与气配，气则馁矣。告子勿求于气，并不求于心，是不知义在于内，与气俱生，故造为外义之说。不知义，故不知持志，即不知善养浩然之气也。赵氏佑温故录云："告子固讥孟子之集义为袭而取之也，由其不知在内，妄疑为徒取于外。取如色取仁而行违之取，加一袭字，如表裘袭裘之袭，言其多事增益掩盖之劳，孟子特辨正之。此'非义袭而取之也'句意与'非由外铄我也'皆反覆揭示。讲者以义袭而取之属告子说。告子本外义，安肯取义；彼全是助长，与袭取亦殊。"按以直养，则气合义，自内而生。不以直养，而邪事干害之。则气不与义合，即是暴其气，无所为义袭也。义袭而取，自指言义外者之说如此，故直非斥之。一事合义，即是以直养。一事不合义，即是事害之。集为杂，杂为合，合为配，一也。生为育，育为养，一也。义为直，直为缩，一也。取为求，一也。赵氏训诂，能贯通其脉。集合在内，袭取在外，是集非袭，则是内非外。集之训未明，则袭之说遂窒，六书训诂，所关于道义者深矣。**必有事焉而勿正，心勿忘，勿助长也。**【注】言人行仁义之事，必有福在其中，而勿正但以为福，故为仁义也。但心勿忘其为福，亦勿汲汲助长其福也。汲汲则似宋人也。【疏】注"言行"至"福也"○正义曰：经言"必有事"，赵氏以"必有福在其中"解之，是以福释事，乃事无福训也。翟氏灏考异云："通段凡十见福字。古文福但作'畐'，中笔引长，形便类事。旧本孟子当作'必有畐焉'，故赵氏注之如此。"而勿正但以为福故为仁义也者，盖以但字解正字，赵氏于训诂，每以二字相叠为释，此常例也。诗终风序笺云："正，犹止也。"庄子应帝王篇云"不正"，释文云："正本作'止'，正之义通于止也。"为仁义即上云行仁义之事，自然得福，不可止以得福之故，始行仁义之事。"而勿正但以为福故为仁义也"十二字一气。"正但"连下，此赵氏之义也。淮南子精神训云"非直夏后氏之璜也"，高诱注云："直，但也。"直、正义同，正之为但，犹直之为但也。赵氏以必有事焉为必有福焉，故而勿正是不可止为此福也。心勿忘是心不忘其为福也，勿助长是不可助长其福也。隐公元年公羊传云："及，犹汲汲也。及，我欲之。"此云"汲汲助长其福"，谓心急欲其长而助之也。按赵氏读事为福，其所本不可详；其读正为止，而以"心勿忘"为句，则经义可明。盖正之为止，即是已止之止，"必有事焉而勿止"，谓必有事于集义而不可止也。何以不止？心勿忘，则不止也。心何以勿忘？时时以不得于言者求诸心，即时时以不得于心者求诸心，使行无不慊于心，则心勿忘而义集也。凡事求诸心，即曾子之"自反而缩，虽千万人吾往"，往者气也，然自反而缩乃往，自反而不缩则不往，是不徒恃气，而以心帅气。以心帅气，则能善养气而不暴其气；若不求诸心，而但求诸气，则无论缩不缩而皆往，务以气胜人，是为北宫黝、孟施舍之养勇也，是暴其气也。能自反，则持其志，不致暴其气。凡气之所往，皆自反而缩；自反而缩，则配义与道；配义与道，则以直养而无害其气；缘集义而生，乃浩然充塞于天地之间而不馁矣。北宫黝、孟施舍不求诸心但求诸气者也。故告子不得于心，勿求于气，孟子以为可也。不得于言，勿求于心，即是不得于气，勿求于心。盖告子以外其义者忘其心，以忘其心者制其气；北宫黝、孟施舍一味用气，告子一味不用气，而皆不求心，皆不持志，即皆不能集义。在黝、舍则暴其气，在告子则馁其气，惟孟子之学，在自反以求心，持志以帅气，缩而合乎义道则气不馁，不缩而乖乎义道则气不暴，全以心勿忘为要而已。忘通妄，即易无妄之妄。事即通变之谓事之事。正通止，即终止则乱之止。通变则为道为义，勿止则自强不息，勿妄则进德修业，此孟子发明周易之旨，故深于易者，莫如孟子也。**无若宋人然：宋人有闵其苗之不长而揠之者，芒芒然归，谓其人曰：'今日病矣，予助苗长矣！'其子趋而往视之，苗则槁矣。**【注】揠，挺拔之，欲亟长也。病，罢也。芒芒，罢倦之貌。其人，家人也。其子，揠苗者之子也。趋，走也。槁，干枯也。以喻人助情邀福者必有害，若欲急长苗而反使之枯死也。

【疏】注"揠挺"至"死也"○正义曰：方言云："揠，擢，拂，戎，拔也。自关而西或曰拔，或曰擢。自关而东，江、淮、南楚之间或曰戎。东齐、海、岱之间曰揠。"郭璞注云："今呼拔草心者为揠。"说文手部云："挺，拔也。"吕氏春秋仲冬纪云"荔挺出"，高诱注云："挺，生出也。"拔或连根拔起，云"挺拔"，则但拔之使高出，如荔之挺生，不出其根也，故云挺拔之欲亟长。礼记少仪云"师役曰罢"，注云："罢之言罢劳也。"春秋传曰"师还曰疲"，孔氏正义引庄公八年公羊传云："此灭同姓，何善尔？病之也。"何休云："慰劳其罢病也。"是郑用公羊为注也。罢与疲同，广雅释诂疲罢皆训劳，国语齐语云"罢士无伍，罢女无家”，注云：“罢，病也。”今日病，谓今日劳苦疲惫也。赵氏以芒芒为罢倦之貌，音义云：“丁音忙。”则读若茫茫。方言云：“茫，遽也。”急遽所以致罢倦，罢倦则怠缓，不急遽矣。诗“仆夫况瘁”，楚辞忧苦篇作“仆夫慌悴”。广雅释言云：“慌，梦也。”释诂云：“忽，慌忘也。”文选叹逝赋“何视天之芒芒”，注云：“芒芒，犹梦梦也。”尔雅释训云：“梦梦讻讻，乱也。儚儚，昏也。”孙炎注云：“梦梦昏昏，昏乱也。”释文引顾野王云：“梦梦讻讻，烦懑乱也。”楚辞九章云：“中闷瞀瞀忳忳。”贾谊新书先醒篇云：“不知治乱存亡之所由，忳忳然犹醉也。”云“烦懑”，云“闷瞀”，云“如醉”，皆倦罢之状。赵氏盖读芒芒为梦梦，慌之训为梦，与芒芒为梦梦同。慌悴谓慌忽憔悴，慌忽者疲其神，憔悴者疲其形，此芒芒所以为倦罢之貌也。诗桃夭“宜其家人”，毛传云：“一家之人。”笺云：“犹室家也。”赵氏以其人为家人，盖即谓一家之人也。若国语齐语云“罢女无家”，注云：“夫称家。”是妇以夫为家。楚辞离骚云“浞又贪夫厥家”，注云：“妇谓之家。”是夫亦以妻为家。周礼小司徒注云：“有夫有妇，然后为家。”故周易家人卦统言男女父子夫妇兄弟，而诗笺以家人犹室家，亦男女夫妇统称。此宋人为男子，其揠苗而归，不必专告一人，则其人之为家人，概指一家而言耳。其子，亦家人中之一人也。说文走部云：“趋，走也。”高诱注吕氏春秋、淮南子皆以走释趋。说文木部云：“槀，木枯也。”周礼小行人注云：“故书‘槁’为‘槀’。”国语鲁语云“稓鱼鳖以为夏槁”，注云：“槁，干也。”是干、枯、槁义同。闽、监、毛三本作“喻人之情邀福者必有害”。者与也义同，俱连下之词。列子黄帝篇“邀于郊”，释文云：“邀，抄也，遮也。”情非中节而发，则气不由直养而生，助其喜怒之情，以要求呵护之福，势败援缓，身名俱丧，是反使有害也。赵氏义如此。**天下之不助苗长者寡矣。以为无益而舍之者，不耘苗者也。助之长者，揠苗者也。非徒无益，而又害之。”**

【注】天下人行善，皆欲速得其福，恬然者少也。以为福禄在天，求之无益，舍置仁义，不求为善，是由农夫任天，不复耘治其苗也。其邀福欲急得之者，由此揠苗之人也。非徒无益于苗，而反害之。言告子外义，常恐其行义，欲急得其福。故为丑言，人之行当内治善，不当急欲求其福。【疏】注“天下”至“者矣”○正义曰：邀福，闽、监、毛三本作“迟福”。阮氏元校勘记云：“迟，是也。

读如迟客之迟。常恐其行义，考文古本作'常恐其作义'。又闽、监、毛三本注末多'亦若此揠苗者矣'七字。"按孟子经文，辞句明达，不似诗书艰奥，而赵氏注顺通其意，亦极详了，不似毛、郑简严，待于申发。故但疏明训诂典籍，则赵氏解经之意明，而经自明。而赵氏有未得经义者，以经文涵泳之，亦可会悟而得其真，固无取乎强经以从注也。此注既读"必有事"为必有福，故皆以邀福、得福、求福言之。说文心部云："恬，安也。"老子云"恬澹为上"，谓不求福也。由即犹也。毛诗甫田"或耘或耔"，传云："耘，除草也。"礼记曲礼云"驰道不除"，注云："除，治也。"故以治释耘。言告子外义，常恐其行义，欲急得其福，盖谓告子既以义为外，则必不行义，故惟恐其行义也。行义，福不可必得，故不行义而别有以助之，以急求其福。行义即是内治善。内治善则福不能急得。欲急得福，故告子不内治善，且惟恐其行义，以碍其急求福也。孟子与之相反，故言当内治善，不当急求其福。此赵氏义也。乃以孟子经文核之：告子者，"不得于言，勿求于心；不得于心，勿求于气"者也。勿求心，勿求气，正老子所谓"恬澹"，淮南子所谓"恬愉"，岂尚有急求其福之事？则是以急求其福拟告子者，诬也。若谓勿求心、勿求气即是助长，长即生也，亦即养也。告子勿求心则不集义，因不能如孟子之善养气，告子勿求气则不守气，亦并不似孟施舍之养勇。告子本不欲气之生长，又何用助长？且告子之学虽偏，而其勿求心、勿求气，自造为义外之说，亦当时处士之杰出者。使助长即指告子，则孟子明云"天下之不助苗长者寡矣"，然则天下皆助长之人，岂天下皆为告子之勿求心勿求气，则赵氏以揠苗助长比急求其福，以急求其福为告子之惟恐行义，于孟子经文，殊难吻合矣。试即经文涵泳之：不得于言，勿求于心，忘其为心者也。忘其心而勿求则无事，此告子外义、不善养浩然之气之说也。孟子既辨明义非外袭，必事内集，故云必有事焉而勿止，必有事，则必求于心而勿止，则非一求而已，且心勿忘矣。此辨明告子之不动心与孟子之不动心已毕，以下勿助长，则推黝、舍之养勇而言之。谓不可为告子之必无事而馁，亦不可为黝、舍之守气以养气也。守气以养气，是助长也。长即养也，亦即生也。以直养而无害，则气由义生，为善养即为善长，而非助长助养。以守气为养勇，则气由气生，为不善养，即不善长，而为助长助养。天下能自反持志，直养集义者，能有几人。大抵多暴其气，以生长其气，故云天下之不助苗长者寡矣。以为无益而舍之，是不有事而止，而不求气者也，此不芸苗者也。是告子之不得于心勿求其气而可者也，故无害也。助之长者，气本不能从义直而生，而助之生，此揠苗者也。是黝、舍之守气以暴其气者也。暴其气则不能自反，不能持志，不能集义。凡无义无道，虽不慊于心，而一以其气行之。以直长养之而无害者，以不直长养而有害必矣，故非徒无益，而又害之也。此“害”字，即申明以直养而无害之害。以直养，则气自生长于义，而无容助之。然则助长者，不能以直养之谓也。治田者，培其苗之根，除其非种，苗自生于根矣，无以揠为也。总之以持志自反为要，则心勿忘三字为善养浩然之学。忘其心为黝、舍之暴气，非也。为告子之勿求气，亦非也。勿求气虽较暴气为无害，然勿求气，即不复求心以生气，虽无害而实无益。譬如不揠苗，亦不耘苗，苗之槁虽不自我害之，而苗亦莫能长矣，安用此枯槁寂寞之学为哉！程氏瑶田通艺录论学小记云：“人于日用之间，无时无地之非事，即无时无地之非动。圣人之言敬也，道国曰敬事，事君曰敬其事，论仁曰执事敬，论君子曰执事敬，又曰事上敬，交久敬，行笃敬，敬鬼神，祭思敬，盖悉数之不能终其物，静时涵养，以收敛放心，是敬之一事。盖人生日用之间，动处多，静处少，以三达德行五达道，处处是动，处处当用敬。其或有少间静时，亦须以敬联属之，故曰‘君子不动而敬’，‘君子戒慎乎其所不睹，恐惧乎其所不闻’，言其用功于动，用功于睹闻，已无丝毫之不敬。而于万动中或有一静，于万睹闻中或有一不睹不闻，亦以敬联属之。如此言敬，始谓之‘修己以敬’，始谓之‘敬而无失’。以静时继续其动时之敬，非主于静而以动时继续其静时之敬也。孟子不动心有道，以能养气也。气何以得养？以集义也。义何以集？以格物而致其知也。能致其知，则心有主而义以集，然后见之于行事，事皆合于义，易所谓‘义以方外’。如此义方外者，必敬直内。敬义相须，无舍敬而能义，亦无舍义而能敬者。故义虽方外，而实谓之内，行吾敬，故谓之内。告子未尝知义，以其外之也。此孟子之论义，即孟子之论敬也。敬也者，用其心焉而已矣。夫子曰‘无所用心’，心不用，则于不可已者而亦已，故斥之曰难。孟子之不动心，非释氏之专一寂守以主静，得以冒其号而谓之曰不动心也。而告子之不动心，所以异于孟子之不动心，一在动处用功，一在静处用功，乌得不相背而驰哉？”

“何谓知言？”【注】丑问知言之意谓何。

曰:"诐辞知其所蔽,淫辞知其所陷,邪辞知其所离,遁辞知其所穷。【注】孟子曰:人有险诐之言,引事以褒人,若宾孟言雄鸡自断其尾之事,能知其欲以誉子朝蔽子猛也。有淫美不信之辞,若骊姬劝晋献公与申生之事,能知其欲以陷害之也。有邪辟不正之事,若竖牛劝仲壬赐环之事,能知其欲行谮毁以离之于叔孙也。有隐遁之辞,若秦客之廋辞于朝,能知其欲以穷晋诸大夫也。若此四者之类,我闻能知其所趋者也。【疏】注"人有"至"猛也"○正义曰:王氏念孙广雅疏证云:"诐,诐也。见集韵、类篇。诐,玉篇音虚俭、息廉二切。说文引立政'勿以诐人',徐锴传云:'诐,犹险也。'今本诐作'憸',马融注云:'憸利,佞人也。'说文:'憸,憸诐也。憸利于上,佞人也。''思,疾利口也。'引盘庚'相时思民'。今本思作'憸'。马融注云:'憸利,小小见事之人也。'韩非子诡使篇云:'损仁逐利,谓之疾险。'并字异而义同。文选颜延之和谢监灵运诗注引仓颉篇云:'诐,佞谄也。'孟子公孙丑篇'诐辞知其所蔽',赵岐注云:'险诐之言。'荀子成相篇云:'谗人罔极,险诐倾侧[一]。'诗序云:'内有进贤之志,而无险诐私谒之心。'并字异而义同。"宾孟言雄鸡自断其尾之事,见昭公二十二年左传。广雅释诂云:"蔽,障也。"景王太子寿卒,既立子猛,又欲立王子朝,故宾起因雄鸡断尾以说王。国语周语宾起云:"吾见雄鸡自断其尾,而人曰惮其牺也。吾以为信畜矣,人牺实难,己牺何害?抑其恶为人用也乎?则可也。人异于是,牺者实用人也。"注云:"人牺,谓鸡也。谓人作牺实难,言将见杀也。己谓子朝,己自为牺,当何害乎?鸡恶为人所用,自断其尾可也。人之美,则宜君人事宗庙也。"人自作牺,则能治人,此誉子朝欲王立之,不必毁子猛,子朝立,猛自废矣,故云蔽也。宾起为子朝傅,谋立子朝以废子猛,是为诐诐。○注"有淫美"至"之也"○正义曰:说文水部云:"淫,浸淫随理也。"浸,犹渐也。由渐而入,随其脉理,则不违逆,故云淫美。毛诗雨无正"巧言如流",笺云:"巧,犹善也。"善即美也。淫美犹云淫巧。诗小雅"僭始既涵",笺云:"僭,不信也。"骊姬劝晋献公与申生之事,见庄公二十八年左传。骊姬本欲废申生,而先言"曲沃,君之宗也,不可以无主;若

〔一〕"倾侧"原误"颠倒",据荀子改。

使大子主曲沃，则可以威民而惧戎，且旌君伐”。晋侯说之。是巧言不信，欲杀之先与之也。惟其与之，使居曲沃，而乃由是得罪，是陷害之也。周礼雍氏注云：“穿地为堑，所以御禽兽，其或超踰，则陷焉，世谓之陷阱。”禽兽不知有坑阱，人巧设以害之，骊姬欲害申生，故先为此巧美之言，使之坠入，如禽兽之陷于阱，故为陷害也。○注“有邪”至“孙也”○正义曰：邪，辟也。邪则不正，故云邪辟不正。竖牛劝仲壬赐环之事，见昭公四年左传。竖牛者，叔孙穆子在庚宗所私妇生也。仲壬，穆子在齐娶国姜所生也。壬与公御莱书私游于公宫，昭公与仲壬玉环。壬使牛入告穆子，牛入不告，而诈传穆子命使壬佩之，乃谗于叔孙曰：“不见而自见矣。公与之环而佩之矣。”遂逐仲壬。仲壬被逐，是父子相离也。○注“有隐”至“夫也”○正义曰：淮南子缪称训云“不身遁，斯亦不遁人”，高诱注云：“遁，隐也。”故遁辞为隐遁之辞。秦客廋辞于朝事，见国语晋语。韦昭注云：“廋，隐也。谓以隐伏诡谲之言闻于朝也。”东方朔曰：“非敢试也，乃与为隐耳。”是也。大夫莫之能对，故云欲以穷晋诸大夫也。○注“若此”至“趋也”○正义曰：知其所趋，谓知其趋向所在也。按宾孟、骊姬、竖牛同一谗诈，无以分其为诐、淫、邪，且当时晋献公、周景王虽惑之，而史苏、刘蚠辈皆能知之，不必孟子大贤也。至秦客廋辞，即所谓隐，汉艺文志有隐书八十篇，刘向别录云：“隐书者，疑其言以相问，对者以虑思之，可以无不谕。”吕氏春秋重言篇言“荆庄王好隐”，韩非子难篇言“人有设桓公隐者”，古人托言谲谏，与诗人比兴正同，无所为穷知之，尤无足为难，故晋大夫莫能对，范文子且知其三也，岂遂为孟子之知言乎？鹖冠子能天篇云：“诐辞者，革物者也。圣人知其所离。淫辞者，因物者也。圣人知其所合。诈辞者，沮物者也。圣人知其所饰。遁辞者，请物者也。圣人知其所极。”陆佃注云：“诐辞，盖若告子之类。告子外义，圣人无之，故曰革物者也。淫辞，盖若墨子之类。兼爱，圣人有之，故曰因物者也。诈，犹邪也。饰又从而为之辞。极，犹穷也。”鹖冠之说，与孟子小异。以诐辞圣人知其所离，盖此诐辞即孟子所云邪辞，其别云诈辞，则孟子所未言也。说文言部云：“诐，辨论也。古文以为颇字。”颇，广雅训邪，说文训偏，书洪范云“颇僻”，即邪僻，故鹖冠以诐即邪。又“无偏无颇，遵王之义”，此颇与偏并举，颇即偏也。段氏玉裁说文解字注云：“凡从皮之字，皆有分析之意。”分则偏，偏则各持一说，则辨论，此诐之正义也。圣人变通神化，不执于一，孔子称六言六蔽，虽仁、知、信、直、勇、刚，不学以通之，则有所蔽而为愚、荡、贼、绞、乱、狂。荀子解蔽篇云："凡人之患，蔽于一曲，而闇于大理。"又云："凡万物异，则莫不相为蔽。墨子蔽于欲而不知得，慎子蔽于法而不知贤，申子蔽于执而不知知，惠子蔽于辞而不知实，庄子蔽于天而不知人。"即诐辞之由于有所蔽也。淫为浸淫随理，鹖冠以为因，陆佃证以墨子之兼爱是也。班固汉书艺文志言九流之学："儒家出于司徒之官，道家出于史官，阴阳家出于羲和之官，法家出于理官，名家出于礼官，墨家出于清庙之守，纵横家出于行人之官，杂家出于议官，农家出于农稷之官。"所谓因也。然各引一端，崇其所善：儒则违离道本，五经乖析；道则独任清虚，兼弃仁义；阴阳则舍人事而任鬼神；法则伤恩薄厚；名则钩鈲析乱；墨则不知别亲疏；纵横则上诈谖而弃其信；杂则漫羡而无所归；农则欲使君臣并耕，悖上下之序。盖水循理隙而入，浸渐其中，不能复出。荀子非十二子所谓"持之有故，言之成理"，是淫辞之有所陷入也。至于"邪辟之辞"，则显然悖谬于伦理道义，鹖冠所谓"革"是也。万氏斯大学春秋随笔云："春秋弑君有称名称人称国之异。左氏定例，以为'称君君无道，称臣臣之罪'，甚矣其说之颇也。孟子曰：'世衰道微，邪说暴行有作。'所谓暴行，即弑父弑君是也。所谓邪说，即乱臣贼子，与其侪类，将不利于君，必饰君之恶，张己之功，造作语言，诬惑众庶是也。有邪说以济其暴，遂若其君真可弑，而己可告无罪然者。相习既久，政柄下移，群臣知有私门而不知有公室，且邻封执政，相倚为奸，凡有逆节，多蔽过于君，鲜有罪及其臣者，如鲁卫出君，师旷、史墨之言可证也。左氏之例，亦犹是耳。于弑君而谓君无道，是春秋非讨乱贼，而反为之先导矣。邪说之惑人，一至是乎！"盖邪说直造为悖道之言，其甘于为此说者，则心久离于伦理道义，乃至于是，故邪辞由于有所离也。沮之言止，请之言乞，止之使去，乞之使来，若明白直质言之，未能售也，故曲言之，亦隐言之。鹖冠合邪辞于诐辞，而分遁辞为诈辞，陆佃以诈为邪，非也。何则？所憎者欲其止，所好者欲其来；不能必其止与来也，故以诡诈行之。在本意则隐而不明，是为遁；任所言则妄而不实，是为诈。遁即诈也。离谓离于道义，穷谓穷于道义。心中本无义无道，惟恃此诡诈隐藏，以为钩致，此遁辞所以由于穷也。战国时张仪、苏代等之言，大多如是也。此四者，非通于大道，明于六经，贯乎伏羲、神农、黄帝、尧、舜、文王、周公、孔子之学，鲜克知之。孟子闻而能知其趋，则好古穷经之学深矣。**生于其心，害于其政；发于其政，害于其事：圣人复起，必从吾言矣。”**【注】生于其心，譬若人君有好残贼严酷心，必妨害仁政，不得行之也。发于其政者，若出令欲以非时田猎，筑作宫室，必妨害民之农事，使百姓有饥寒之患也。吾见其端，欲防而止之。如使圣人复兴，必从吾言也。【疏】“生于”至“言矣”〇正义曰：按此与滕文公下篇好辩章互相发，彼云：“吾为此惧，闲先圣之道，距杨墨，放淫辞，邪说者不得作。作于其心，害于其事；作于其事，害于其政；圣人复起，不易吾言矣。”又云：“我亦欲正人心，息邪说，放淫辞。”则是诐、淫、邪三者，杨墨兼有之。盖杨偏执于为我，墨偏执于兼爱，是诐也。杨之为我，有合于曾子居武城；墨子兼爱，有合于禹、稷三过其门而不入；各浸淫失其本，则淫也。至于无父无君，则邪也。特不似仪、秦之诈饰耳。此“生于其心”四句，承上蔽陷离穷，皆心也。诐淫邪遁，生于心之蔽陷离穷，是生于其心也。此诐淫邪遁之言，造之自下，大有碍乎圣人治天下之法，故害于政也。若将此诐淫邪遁之言见之于政，则天下效之，三纲由是沦，百行由是坏，故害于事也。政，谓法教也。事谓事为也。吾言指以直养而无害以下，至必有事焉而勿正，心勿忘，勿助长之言，告子义外之言，不免诐邪，圣人复起，必从吾配义集义之言也。注以政为仁政，故指人君言之。

“宰我、子贡善为说辞，冉牛、闵子、颜渊善言德行，孔子兼之，曰：‘我于辞命，则不能也。’【注】言人各有能，我于言辞命教，则不能如二子。【疏】注“言辞命教”〇正义曰：礼记表记注云：“辞，谓解说也。”说亦言也。上言说辞，则辞即言也。诗下武“永言配命”，笺云：“命，教令也。”是命为教。**然则夫子既圣矣乎？”**【注】丑见孟子但言不能辞命，不言不能德行，谓孟子欲自比孔子，故曰夫子既已圣矣乎。【疏】注“丑见”至“矣乎”〇正义曰：赵氏以上节仍孟子之言。“曰我于辞命则不能也”，为孟子自言其不能此。“然则”，乃丑问之言。然“必从吾言矣”已结上文。近时通解以“宰我”以下皆丑问之言，“曰我于辞命则不能也”乃孔子之言，是也。

曰："恶，是何言也！昔者子贡问于孔子曰：'夫子圣矣乎？'孔子曰：'圣则吾不能，我学不厌而教不倦也。'子贡曰：'学不厌，智也。教不倦，仁也。仁且智，夫子既圣矣。'夫圣，孔子不居，是何言也！"【注】恶者，不安事之叹辞也。孟子答丑言，往者子贡、孔子相答如此。孔子尚不敢安居于圣，我何敢自谓为圣，故再言"是何言也"。【疏】注"恶者"至"辞也"○正义曰：叶梦得避暑录话述此文恶作"乌"，云："乌盖齐鲁发语不然之辞，至今用之，作鼻音，亦通于汝、颍。"周氏广业孟子逸文考云："音义恶音乌，非作乌也。韩诗外传、新序载楚邱先生答孟尝君曰：'恶，何君谓我老。'则乌、恶信齐音。"王氏引之经传释词云："恶，不然之词也。庄子人间世篇曰：'恶，恶可。'上恶字不然之词，下恶字训为安。荀子法行篇云：'恶，赐，是何言也。'韩子难篇云：'哑，是非君人者之言也。'哑与恶同。"按哑、恶二音，今皆有之，实一声之转。意不然而惊咤之则云哑，意不然而直拒之则云恶。○注"言往者孔子子贡相答如此"○正义曰：吕氏春秋尊师篇云："子贡问孔子曰：'后世将何以称夫子？'孔子曰：'吾何足以称哉！勿已者，则好学而不厌，好教而不倦，其惟此耶？'"翟氏灏考异云："论语'为之不厌，诲人不倦'，是向公西华言之，此向子贡言之。日知录谓孟子书所引孔子之言，其载于论语者，'我学不厌，而教不倦'，一也。今据吕氏春秋，则此实别一时语。""学不厌"，论衡引作"餍"。

"昔者窃闻之：子夏、子游、子张，皆有圣人之一体；冉牛、闵子、颜渊，则具体而微。【注】体者，四枝股肱也。孟子言昔日窃闻师言也。丑方问欲知孟子之德，故谦辞言窃闻也。一体者，得一枝也。具体者，四枝皆具。微，小也。比圣人之体微小耳。体以喻德也。【疏】"昔者"至"而微"○正义曰：近通解以为丑问之言，是也。○注"体者四枝股肱也"○正义曰：文选注引刘熙注云："体者，四支股脚也。具体者，皆微者也。皆具圣人之体微小耳。体以喻德也。"与赵氏此注同。毛诗相鼠"人而无体"，传云："体，支体也。"礼记丧大记注云："体，手足也。"周书武顺篇云："左右手各握五，左右足各履五，曰四枝，肱属手，股属足。"故云四枝股肱。枝与支通，说文作"肞",亦作"肢"。**敢问所安?"**【注】丑问孟子所安比也。【疏】注"所安比也"○正义曰:赵氏读安为案。周礼县正"各掌其县之政令征比",注云:"比,案比也。"按安,犹处也。处,犹居也。谓夫子于诸贤,欲何居也。

曰:"姑舍是。"【注】姑,且也。孟子曰,且置是,我不愿比也。【疏】注"姑且"至"比也"○正义曰:毛诗卷耳传云:"姑,且也。"吕氏春秋贵生、上农等篇高诱注并云:"舍,置也。"

曰:"伯夷、伊尹何如?"【注】丑曰,伯夷之行何如,孟子心可愿比伯夷不。【疏】注"可愿比伯夷不"○正义曰:阮氏元校勘记云:"卢文弨抱经堂文集云:'依赵氏注,经文但云伯夷何如,无伊尹二字。'按此说极确,赵注本憭然,丑问伯夷一人,孟子乃及伊尹。"

曰:"不同道。【注】言伯夷之行,不与孔子、伊尹同道也。**非其君不事,非其民不使,治则进,乱则退,伯夷也。**【注】非其君,非己所好之君也。非其民,不以正道而得民,伯夷不愿使之,故谓之非其民也。**何事非君,何使非民,治亦进,乱亦进,伊尹也。**【注】伊尹曰,事非其君者,何伤也。使非其民者,何伤也。要欲为天理物,冀得行道而已矣。【疏】注"要欲"至"已矣"○正义曰:五经通义云:"荷天命以为王,使理群生,此所谓为天理物也。"**可以仕则仕,可以止则止,可以久则久,可以速则速,孔子也。**【注】止,处也。久,留也。速,疾去也。【疏】注"止处"至"去也"○正义曰:说文几部云:"処,止也。"重文作"处"。是止即处也。庄公八年公羊传云"何言乎祠兵为久也",注云:"为久,稽留之辞。"说文辵部云:"速,疾也。"久属仕言,故云留速属止言,故云去。**皆古圣人也,吾未能有行焉。乃所愿,则学孔子也。"**【注】此皆古之圣人,我未能有所行,若此乃言我心之所庶几,则愿欲学孔子所履,进退无常,量时为宜也。【疏】注"乃言"至"宜也"○正义曰:尔雅释诂云:"几,近也。"淮南子要略云"所以使学者孳孳以自几也",高诱注云:"几,庶几也。"然则庶几即几也。我心之所庶几,言我心之所近也。进退无常,量时为宜,即集义矣。

义之所在，即仕即久，是进也。义之所不在，即止即速，是退也。礼记学记云："当其可之谓时。"仕止久速，皆视其可，是为量时。

"伯夷、伊尹于孔子，若是班乎？"【注】班，齐等之貌也。丑嫌伯夷伊尹与孔子相比，问此三人之德，班然而等乎。【疏】注"班齐"至"等乎"○正义曰：方言云："班，列也。北燕曰班。"仪礼既夕注云："班，次也。"文选东京赋云"次和树表"，薛综注云："次，比也。"礼记服问注云："列，等比也。"淮南子精神训高诱注云："齐，等也。"原道训高诱注云："齐，列也。"是班、列、次、比、等、齐同义转注，故赵氏以齐、等解班，又以相比解之。说文女部云："嫌，疑也。"谓丑疑三人相等也。

曰："否！自有生民以来，未有孔子也。"【注】孟子曰：不等也。从有生民以来，非纯圣人，则未有与孔子齐德也。

曰："然则有同与？"【注】丑曰，然则此三人有同者邪。

曰："有，得百里之地而君之，皆能以朝诸侯、有天下；行一不义，杀一不辜，而得天下，皆不为也。是则同。"【注】孟子曰，此三人君国，皆能使邻国诸侯尊敬其德而朝之。不以其义得之，皆不为也。是则孔子同之矣。【疏】"行一"至"为也"○正义曰：荀子王霸篇云："故用国者，义立而王，信立而霸；行一不义，杀一无罪，而得天下，仁者不为也。"又儒效篇云："行一不义，杀一无罪，而得天下，不为也。"与孟子同。不义则自反而不缩也。不为则不惴也。

曰："敢问其所以异？"【注】丑问孔子与二人异谓何。

曰："宰我、子贡、有若，智足以知圣人，污不至阿其所好。【注】孟子曰，宰我等三人之智，足以识圣人。污，下也。言三人虽小污不平，亦不至阿其所好以非其事，阿私所爱而空誉之。其言有可用者，欲为丑陈三子之道孔子也。【疏】注"污下"至"用者"○正义曰：说文水部云："洼，窊也。"穴部云："窊，污衺下也。"音义云："丁音蛙，不平貌。赵氏读污为洼也。"按污本作"洿"，孟子盖用为夸字之假借。夸者，大也。谓言虽大而不至于阿曲。成公绥啸赋云:“大而不洿。”苏洵有三子知圣人污论,以污属上读,则智足以知圣人污,亦是智足以知圣人之大也。**宰我曰:‘以予观于夫子,贤于尧舜远矣。’**【注】予,宰我名也。以为孔子贤于尧舜。以孔子但为圣,不王天下,而能制作素王之道,故美之。如使当尧舜之处,贤之远矣。【疏】注“如使当尧舜之世”○正义曰:阮氏元校勘记云:“‘如使当尧舜之世观其制度’,闽、监、毛三本、足利本同。廖本、孔本、韩本、考文古本世作‘处’,无‘观其制度’四字。按无者是。”**子贡曰:‘见其礼而知其政,闻其乐而知其德,由百世之后,等百世之王,莫之能违也。自生民以来,未有夫子也。’**【注】见其制作之礼,知其政之可以致太平也。听闻其雅颂之乐,而知其德之可与文武同也。春秋外传曰“五声昭德”,言五音之乐声可以明德也。从孔子后百世,上推等其德于前百世之圣王,无能违离孔子道者。自从生民以来,未有能备若孔子也。【疏】“子贡”至“子也”○正义曰:赵氏佑温故录云:“李文贞读孟子札记云:‘夫子所以超于群圣者,以其祖述尧舜,宪章文武,使先王之道传之无穷也。宰我、子贡、有若推尊之意,盖皆以此,而子贡独显言之。如能言夏殷之礼,知韶武之美善,告颜子为邦之类,皆所谓见礼知政,闻乐知德,等百王而莫违者也。孟子引之,以是为孔子所以异者,盖圣则同德,孔子则神明天纵,有以考前王而不谬,俟后圣而不惑,非列圣所可同也。’”○注“春秋”至“德也”○正义曰:引见国语周语随会聘周篇。韦昭国语解叙云:“昔孔子发愤于旧史,垂法于素王;左丘明因圣言以摅意,托王义以流藻,以为国语,其文不主于经,故号曰外传。”宋庠国语补音叙云:“魏晋以后,书录所题,皆曰春秋外传国语,是则左传为内,国语为外。”按赵氏生后汉,已称外传,则外传之题,不始魏晋矣。韦昭注云:“昭德,谓政平者其乐和也。”亦谓见其乐知其德。○注“从孔”至“道者”○正义曰:吕氏春秋贵公篇云“而莫知其所由始”,注云:“由,从也。”毛诗谷风传及说文辵部皆云:“违,离也。”故以从释由,以离释违。孔子无可无不可,其道大备,故从孔子百世后,上推孔子,又比孔子之德于百世前之圣王,皆莫能越孔子之范围。上推,即“推而放诸东海而准”之推。**有若曰:‘岂惟民**

哉！麒麟之于走兽，凤凰之于飞鸟，泰山之于丘垤，河海之于行潦，类也。圣人之于民，亦类也。出于其类，拔乎其萃，自生民以来，未有盛于孔子也。’”【注】垤，蚁封也。行潦，道傍流潦也。萃，聚也。有若以为万类之中，各有殊异，至于人类卓绝，未有盛美过于孔子者也。若三子之言孔子，则所以异于伯夷、伊尹也。夫圣人之道，同符合契，前圣后圣，其揆一也，不得相逾。云生民以来无有者，此三子皆孔子弟子，缘孔子圣德高美而盛称之也。孟子知其言太过，故贬谓之污下，但不以无为有耳。因事则褒，辞在其中矣。亦以明师徒之义，得相褒扬也。【疏】注“垤蚁”至“聚也”○正义曰：诗豳风“鹳鸣于垤”，毛传云：“垤，螘冢也。”方言云：“垤，封场也。楚郢以南蚁土谓之封。垤，中齐语也。”螘同蚁。礼记乐记云“封比干之冢”，注云：“积土为封。”广雅释丘云：“封，冢也。”是蚁封即螘冢也。法言问神篇云：“太山之于螘垤。”诗召南“于彼行潦”，大雅“泂酌彼行潦”，毛传皆云：“行潦，流潦也。”孔氏正义云：“行者，道也。”说文水部云：“潦，雨水也。”然则行潦，道路之上流行之水。汉书司马相如传注引应劭云：“潦，流也。”此云“道旁流潦”，以道释行，以流释潦也。“萃聚也”，周易象传文。阮氏元校勘记云：“‘泰山之于丘垤’，咸淳衢州本泰作‘太’。”○注“有若”至“尹也”○正义曰：吕氏春秋论人篇云“人同类而智殊”，高诱注云：“殊，异也。”文选荐祢衡表云“英才卓跞”，注云：“卓跞，绝异也。”万类，统人物而言。麒麟与众兽异，凤凰与众鸟异，泰山河海与丘垤行潦异，圣人与凡民异，是万类各有殊异也。圣人在人类之中，本是卓然绝异于凡俗，是出于其类，拔乎其萃也。而孔子在卓绝之中，尤为盛美，此所以异于伯夷、伊尹也。盖以黝、舍、告子之“不知求心，不知集义”，必要之于曾子之“自反”。自反而缩，则得百里之地而君，皆能朝诸侯，有天下；自反不缩，则行一不义，杀一不辜，得天下，皆不为。是伯夷、伊尹与孔子，皆自反而配道义矣。乃伯夷之“非其君不仕，非其民不使”，尚专于清；伊尹之“何仕非君，何使非民”，尚专于任。任之不已，则流于黝、舍；清之不已，则流于告子。故虽能“集义”，又必“量时合宜”，而要之于孔子之“可仕可止，可久可速”。易之道，大中而上下应之，此志帅气之学也。分阴分阳，迭用柔刚，通其变使民不倦，神而化之使民宜之，此

"可仕可止，可久可速"之学也。至于通变神化，而集义之功，极于精义，求心之要，妙于先心，此伏羲、神农、黄帝、尧、舜、文王、周公相传之教，孔子备之，而孟子传之。惟得乎此，而诐、淫、邪、遁之言，乃不致以似是而非者，惑乱而昧所从也。○注"夫圣"至"扬也"○正义曰：赵氏佑温故录云："此章旧注特多违失，如以子夏不如曾子孝之大，以告子之言心气，皆属人言；宰我、子贡善为说辞一节，昔者窃闻之一节，皆为孟子自言。莫不善于有若曰节注'此三人皆孔子弟子'云云，直说成阿其所好，全相触背，此汉注之所以不可废而有可废也。"

章指言：义以行勇，则不动心；养气顺道，无效宋人。圣人量时，贤者道偏，是以孟子究言情理，而归之学孔子也。

孟子正义卷七

3　**孟子曰："以力假仁者霸，霸必有大国。以德行仁者王，王不待大，汤以七十里，文王以百里。**【注】言霸者以大国之力，假仁义之道，然后能霸，若齐桓、晋文等是也。以己之德，行仁政于民，小国则可以致王，若汤、文王是也。【疏】"汤以"至"百里"○正义曰：顾氏炎武日知录云："汤以七十里，文王以百里，孟子为此言，以证王之不待大尔。其实文王之国，不止百里，周自王季伐诸戎，疆土日大，文王自岐迁丰，其国已跨三四百里之地，伐崇伐密，自河以西，举属之周。至于武王，而西及梁、益，东临上党，无非周地。纣之所有，不过河内殷墟，其从之者，亦但东方诸国而已。一举而克商，宜其如振槁也。书之言文王曰'大邦畏其力'，文王何尝不藉力哉？"按：孟子前言"文王由方百里起，是以难也"，谓其起自百里，非谓迁丰之后仍止百里也。孟子之文，彼此互见，贯而通之，乃见其备。汤文始小而终大，由能行仁政而诸侯归之，谓文王藉力，当未必然。史记平原君列传毛遂曰："遂闻汤以七十里之地王天下，文王以百里之地而臣诸侯。"荀子仲尼篇云："文王载百里地而天下一。"韩诗外传云："客有说春申君者曰：汤以七十里，文王以百里，皆兼天下，一海内。"陆贾新语明诫篇云："汤以七十里之封，而升帝王之位。"史记三代世表后，褚先生答张夫子问云："尧知稷、契皆贤人，天之所生，故封之契七十里；后十余世，至汤王天下。尧知后稷子孙之后王也，故益封之百里，其后世且千岁，至文王而有天下。"**以力服人者，非心服**

也，力不赡也。以德服人者，中心悦而诚服也。如七十子之服孔子也。【注】赡，足也。以己力不足，而往服从于人，非心服也。以己德不如彼，而往服从之，诚心服者也。如颜渊、子贡等之服于仲尼，心服者也。【疏】注"赡足"至"者也"○正义曰：赡，古作"澹"。吕氏春秋顺民篇云"愁悴不赡者"，高诱注云："赡，犹足也。"又先己篇云"期年而有扈氏服"，注云："服，从也。"闽、监、毛三本作"服就于人"。广雅释诂云："就，归也。"非心服承以力服人，则以力服人即指此非心服者而言，故云以己力不足，而往服从于人。上但言以力，未言以力不赡，故下以力不赡也补明之。以力服人，既是以力不赡而从人，则以德服人即是以德不赡而从人，故云以己德不如彼而往服从之。颜渊、子贡于孔子，无力可言，其从之惟心悦于德耳。若以力服人者，即上以力假仁之人，则与下非心服也不贯；且以德行仁者，岂用以服人乎？**诗云：'自西自东，自南自北，无思不服。'此之谓也。"**【注】诗，大雅文王有声之篇。言从四方来者，无思不服武王之德，此亦心服之谓也。【疏】注"诗大"至"谓也"○正义曰：诗在大雅文王有声篇第六章。笺云："自，由也。武王于镐京行辟廱之礼，自四方来观者，皆感化其德，心无不归服者。"是诗谓服武王之德也。自训由，亦训从，东西南北，谓自镐京之四方来也。无思不服，犹云无不心服，故郑笺谓"心无不归服"。赵氏亦云此亦心服之谓。

章指言：王者任德，霸者兼力，力服心服，优劣不同，故曰远人不服，修文德以怀之。【疏】"王者任德"○正义曰：汉书礼乐志云："天任德，不任刑。"○"远人"至"怀之"○正义曰：论语季氏篇文。足利本怀作"来"，韩本同。

4 孟子曰："仁则荣，不仁则辱。今恶辱而居不仁，是犹恶濕而居下也。【注】行仁政，则国昌而民安，得其荣乐。行不仁，则国破民残，蒙其耻辱。恶辱而不行仁，譬犹恶濕而居埤下近水泉之地也。【疏】注"行仁"至"地也"○正义曰：国语晋语云"非以翟为荣"，注云："荣，乐也。"濕宜作"溼",素问生气通天论云"秋伤于溼",注云:"溼,谓地溼气也。"埤,闽、监、毛三本作"卑",卑、埤通。管子水地篇云:"人皆赴高,己独赴下,卑也。卑也者,水以为都居。"注云:"都,聚也。水聚居于下,卑也。"荀子宥坐篇云:"其流也埤下,裾拘必循其理。"注云:"埤读为卑。裾与倨同,方也。拘读为钩,曲也。其流必就卑下,或方或曲,必循卑下之理。"是卑下为近水泉之处,为水渐洳,不免于溼也。**如恶之,莫如贵德而尊士,贤者在位,能者在职,**【注】诸侯如恶辱之来,则当贵德以治身,尊士以敬人,使贤者居位得其人,能者居职任其事也。【疏】注"使贤"至"事也"○正义曰:广雅释诂云:"在,尻也。"说文几部云:"尻,处也。"今通作居,故以两居释两在。礼记文王世子云:"记曰:虞夏商周,有师保,有疑丞,设四辅及三公,不必备,唯其人。"注云:"无则已,小人处其位,不如且阙。"今贤者处位,是有其人,故云得其人。淮南子俶真训云"大夫安其职",高诱注云:"职,事也。"居职,故任其事。**国家闲暇,及是时明其政刑,虽大国必畏之矣。**【注】及无邻国之虞,以是闲暇之时,明修其政教,审其刑罚,虽天下大国,必来畏服。【疏】注"及无"至"畏服"○正义曰:国语晋语:"平公谓阳毕曰:'自穆侯以至于今,乱兵不辍,民志无厌,祸败无已,离民且速寇,恐及吾身,若之何?'阳毕对曰:'今若大其柯,去其枝叶,绝其本根,可以少闲。'"注云:"闲,息也。"闲暇谓安息,此以除去栾氏内乱为少闲,则不独无敌国之虞。国家闲暇,谓不用兵戈,无论外患内乱,战攻则不得休息。赵氏举其外以概其内也。国语晋语注云:"明,著也。"说文彡部云:"修,饰也。"广雅释诂云:"饰,著也。"是明、著、修三字义通。管子宙合篇云:"见察之谓明。"淮南子本经训云"审于符著",高诱注云:"审,明也。"明之义:一为修明,一为明审。赵氏以政教宜修,刑罚宜审,故分释之。畏之训亦有二:一为畏惧,广雅释诂"畏惧也"是也。一为畏服,曲礼"畏而爱之"注云"心服曰畏"是也。大国无容畏惧,故以畏服言之。**诗云:'迨天之未阴雨,彻彼桑土,绸缪牖户。今此下民,或敢侮予。'孔子曰:'为此诗者,其知道乎?能治其国家,谁敢侮之。'**【注】诗,邠国鸱鸮之篇。迨,及。彻,取也。桑土，桑根也。言此鸱鸮小鸟，尚知及天未阴雨而取桑根之皮，以缠绵牖户。人君能治其国家，谁敢侮之。刺邠君曾不如此鸟。孔子善之，故谓此诗知道也。【疏】注"诗邠"至"道也"○正义曰：诗在今毛诗鸱鸮篇第二章。传云："迨，及。彻，剥也。桑土，桑根也。"笺云："绸缪，言缠绵也。"赵氏注与传、笺同。王肃云："鸱鸮及天之未阴雨，剥取彼桑根，以缠绵其牖户。"桑根之皮，必须剥而取之，故毛传训彻为剥。赵氏训彻为取，广雅释诂云："撤，取也。"撤、彻字通。毛诗释文云："土音杜，韩诗作'杜'。"方言云："东齐谓根曰杜。"大雅"自土沮漆"，汉书地理志注云："齐诗作'自杜'。"荀子解蔽篇所言"乘杜"，即"相土"，是土、杜古字通也。绸缪即缠绵之转声，广雅释诂云："绸缪，缠也。"谓以桑根之皮，绞结束缚之成巢也。尔雅释鸟云："鸱鸮，鸋鴂。"陆玑诗疏云："鸱鸮，似黄雀而小。"是鸱鸮为小鸟也。"今此下民"，今毛诗作"今女下民"。诗序云："鸱鸮，周公救乱也。成王未知周公之志，公乃为诗以遗王，名之曰鸱鸮焉。"事见周书金縢篇。赵氏则以为刺邠君曾不如此鸟，此盖三家之说与毛异者。**今国家闲暇，及是时，般乐怠敖，是自求祸也。祸福无不自己求之者。**【注】般，大也。孟子伤今时之君，国家适有闲暇，且以大作乐，怠惰敖游，不修政刑，是以见侵而不能距，皆自求祸者也。【疏】注"般大也"○正义曰：段氏玉裁说文解字注云："伴，大貌。方言、广雅、孟子注皆云：'般，大也。'亦谓般即伴。"○注"怠惰敖游"○正义曰：礼记少仪云"怠则张而相之"，注云："怠，惰也。"毛诗小雅"嘉宾式燕以敖"，传云："敖，游也。"说文出部云："敖，出游也。"敖同遨。**诗云：'永言配命，自求多福。'**【注】诗，大雅文王之篇。永，长。言，我也。长我周家之命，配当善道，皆内自求责，故有多福也。【疏】注"诗大"至"福也"○正义曰：诗在文王篇第六章。毛传云："永，长。言，我也。"赵氏训诂与毛同，皆尔雅释诂文。广雅释诂云："配，当也。"笺云："常言当配天命而行，则福禄自来。"亦以当释配。分于道谓之命，配当善道，则配当天命矣。庄公二十五年公羊传云"求乎阴之道也"，注云："求，责求也。"故自求即是自责。易杂卦传云："大有，众也。"众与多义同，故以有释多。谓能自责，则有福也。**太甲曰：'天作孽，犹可**

违；自作孽，不可活。'此之谓也。"【注】殷王太甲言天之妖孽，尚可违避，譬若高宗雊雉，宋景守心之变，皆可以德消去也。自己作孽者，若帝乙慢神震死，是为不可活也。【疏】注"殷王"至"活也"○正义曰：尚书太甲三篇，今文古文皆不传，不在逸书之列，故赵氏但云"殷王太甲言"，不言逸书也。周氏广业孟子逸文考云："说文：'蠥，从虫，薛声。衣服歌谣草木之怪谓之祅，禽兽虫蝗之怪谓之蠥。'又：'孽，庶子也。从子，薛声。'玉篇：'蠥，或作孽。'"江氏声尚书集注音疏云："高宗雊雉者，经云：'高宗融日，越有雊雉。'叙云：'高宗祭成汤，有飞雉升鼎耳而雊。'史记云：'武丁祭成汤，明日有飞雉登鼎耳而雊，武丁惧，祖己曰王勿忧，先修政事。武丁修政行德，天下咸欢，殷道复兴。'是其事。云宋景守心者，吕氏春秋制乐篇云：'宋景公之时，荧惑在心。公惧，召子韦而问焉。子韦曰：荧惑者，天罚也。心者，宋之分野也。祸当于君。虽然，可移于宰相。公曰：宰相所与治国家也，而移死焉，不祥。子韦曰：可移于民。公曰：民死，寡人将谁为君乎？宁独死。子韦曰：可移于岁。公曰：岁害则民饥，民饥必死，为人君而杀其民以自活，其谁以我为君乎？是寡人之命固尽矣。子毋复言矣。子韦还走北面再拜曰：臣敢贺君，天处高而听卑，君有至德之言三，天必三赏君，今夕荧惑其徙三舍，君延年二十一岁。公曰：子何以知之？对曰：有三善言必有三赏，荧惑三徙舍，舍行七星，星一徙当一年，三七二十一，臣故曰君延年二十一岁。臣请伏于陛下，以司候之。荧惑不徙，臣请死。公曰：可。是夕，荧惑果徙三舍。'是其事也。高宗、宋景皆以德弭灾，故云皆可以德消去也。云帝乙慢神震死者，史记云：'帝武乙无道，为偶人，谓之天神，与之搏，令人为行，天神不胜，乃僇辱之。为革囊盛血，仰而射之，命曰射天。武乙猎于河、渭之间，暴雷，武乙震死。'是其事也。故云是为不可活。声谓活或为'逭'，礼记缁衣引太甲曰：'天作孽，可违也；自作孽，不可以逭。'与孟子所引字虽有异，而大旨无殊。惟逭之与活，义训不同，郑康成曰：'逭，逃也。'"

章指言：国必修政，君必行仁；祸福由己，不专在天。言当防患于未乱也。【疏】"言当防患于未乱也"○正义曰：易既济象传云："君子以思患而豫防之。"老子德经云："其安易持，其未兆易谋;其脆易泮,其微易散;为之于未有,治之于未乱。"

5　孟子曰:"尊贤使能,俊杰在位,则天下之士,皆悦而愿立于其朝矣。【注】俊,美才出众者也。万人者称杰。【疏】注"俊美"至"称杰"〇正义曰:鹖冠子能天篇云:"德万人者谓之俊,德千人者谓之豪,德百人者谓之英。"史记屈原贾生传索隐引尹文子云:"千人曰俊,万人曰杰。"春秋繁露爵国篇云:"故万人者曰英,千人者曰俊,百人者曰杰,十人者曰豪。"淮南子泰族训云:"故智过万人者谓之英,千人者谓之俊,百人者谓之豪,十人者谓之杰。明于天道,察于地理,通于人情;大足以容众,德足以怀远,信足以一异,知足以知变者,人之英也。德足以教化,行足以隐义,仁足以得众,明足以照下者,人之俊也。行足以为仪表,知足以决嫌疑,廉足以分财,信可使守约,作事可法,出言可道者,人之豪也。守职而不废,处义而不比,见难不苟免,见利不苟得者,人之杰也。英俊豪杰,各以小大之材处其位,得其宜。"白虎通圣人篇引礼别名记云:"五人曰茂,十人曰选,百人曰俊,千人曰英,倍英曰贤,万人曰杰,万杰曰圣。"礼记月令正义引蔡氏辩名记,宣公十五年左传正义亦引辩名记,辩名即别名也。惟作"倍人曰茂,倍选曰俊",所说各异。东汉人注书:说文人部云:"俊,材过千人也。""杰,埶也。材过万人也。"高诱注吕氏春秋孟秋、孟夏两纪皆云:"才过万人曰桀,千人曰俊。"而注功名篇则云:"才过百人曰豪,千人曰桀。"注国策齐策又云:"才胜万人曰英,千人曰桀。"王逸注楚辞大招云:"千人才曰豪,万人才曰杰。"注九章怀沙篇云:"千人才曰俊,一国高曰杰焉。"郑注尚书皋陶谟云:"才德过千人为俊,百人为乂。"均无定说。大要皆才美出众者之名,故典籍随举为称,或言"俊杰",或言"俊乂",或言"豪杰",或言"英杰"。赵氏虽以万人者称杰,而俊则不言千人,而但云美才出众也。**市廛而不征,法而不廛,则天下之商,皆悦而愿藏于其市矣。**【注】廛,市宅也。古者无征,衰世征之。王制曰:"市廛而不税。"周礼载师曰:"国宅无征。"法而不廛者,当以什一之法,征其地耳,不当征其廛宅也。【疏】注"市廛"至"宅也"〇正义曰:王制,小戴礼记篇名。郑氏注云:"廛,市物邸舍,税其舍不税其物。"载师,周礼地官之职。注云："征，税也。郑司农云：'国宅，城中宅也。无征，无税也。'玄谓：国宅，凡官所有宫室，吏所治者也。"载师职云："以廛里任国中之地。"注云〔一〕："郑司农云：'廛，市中空地未有肆，城中空地未有宅者。'玄谓：廛里者，若今云邑里居矣。廛，民居之区域也。里，居也。"盖商与民居于国中，皆有廛。商贾所居之廛在市，王制"市廛而不税"是也。此国宅不专指市中之宅，凡民之居，与官吏之居，皆可统称。赵氏以市宅亦在其中，故引以为证。然则廛而不征谓商贾居此宅，不征其税，与郑氏"税其舍不税其物"之说不同，故云古者无征，衰世征之。谓古者并此舍亦不征税；税其舍者，衰世也。地官廛人："凡珍异之有滞者，敛而入于膳府。"注云："故书滞或作'廛'。郑司农云：'谓滞货不售者，官为〔二〕居之，货物沉滞于廛中不决，民待其直以给丧疾，而不可售贾贱者也。廛，谓市中之地，未有肆而可居以蓄藏货物者也。孟子曰：市廛而不征，法而不廛，则天下之商，皆悦而愿藏于其市矣。谓货物諸藏于市中而不租税也，故曰廛而不征。其有货物久滞于廛而不售者，官以法为居取之，故曰法而不廛。'玄谓：不售而在廛久则将瘦臞腐败，为买之入膳夫之府，所以舒民事而官不失实。"此先郑解说廛而不征，谓货物藏于此而不征税，与后郑异。赵氏盖本先郑廛人"掌敛布絘布总布质布罚布廛布而入于泉府"注云："廛布者，货贿诸物邸舍之税。"后郑据此，故注王制，以廛为"税其舍"，即此货贿诸物邸舍之税也。但明曰"廛而不征"，是不征即不征此廛之税。贾公彦疏云："周则廛有征，上文'廛布'是也。云'不征'者，非周法。"盖赵氏以周礼非文王之法，文王治岐，关市不征，故不依周礼也。赵氏谓法而不廛者，当以什一之法，征其地耳，不当征其廛宅。则是法而不廛乃申明上廛而所以不征之故，谓当以什一之法，征其一夫百亩之地，不当征其市中之舍，与先郑所说亦不同。先郑以货物有滞而不售，以法出之，使不久滞于市廛，赵氏所不用也。序官廛人注云："故书廛为'坛'。杜子春读坛为廛，说云'市中空地'。玄谓：廛，民居区域之称。"贾氏疏云："遂人云'夫一廛，田百亩'及载师'廛里任国中之地'，皆是民之所居区域。又其职有廛布，谓货贿停储邸舍之税，即市屋舍名之为廛，不得为市

〔一〕"注云"二字据前后文例加。

〔二〕"为"原误"而"，据周礼郑注改。

中空地。”按杜子春仍兼顾坛墠之义，故以市中空地解之，司农与之同。然廛非坛墠也。星之次舍为躔，廛犹躔也。故后郑以为民居区域，市物邸舍，商贾货物，宜藏居舍之中，不得储于空地。赵氏不用空地之说，以为市宅，是也。**关讥而不征，则天下之旅，皆悦而愿出于其路矣。**【注】言古之设关，但讥禁异言，识异服耳，不征税出入者也。故王制曰：“古者关讥而不征。”周礼大宰曰：“九赋，七曰关市之赋。”司关曰：“国凶札则无关门之征，犹讥。”王制谓文王以前也。文王治岐，关讥而不征，周礼有征者，谓周公以来。孟子欲令复古去征，使天下行旅悦之也。【疏】注“言古”至“之也”〇正义曰：王制注云：“讥，讥异服，识异言。征亦税也。周礼：国凶札，则无门关之征，犹讥也。”孔氏正义云：“关，境上门也。讥，谓呵察。公家但呵察非违，不税行人之物。此夏殷法，周则有门关之征，但不知税之轻重，若凶年则无税也，犹须讥禁。”大宰，天官冢宰也。司关，地官职，司货贿之出入者，掌其治禁与其征廛。注云：“征廛者，货贿之税，与所止邸舍也。”关下亦有邸客舍，其出布如市之廛，是周礼关市有征也。周礼，相传以为周公所作，故以为周公以来也。“犹讥”，周礼作“几”，古字通。贾氏疏云：“孟子陈正法与周异。”闽、监、毛三本关市之赋作“之征”，去征作“之征”，并非。**耕者助而不税，则天下之农，皆悦而愿耕于其野矣。**【注】助者，井田什一，助佐公家治公田。不横税赋，若履亩之类。【疏】注“助者”至“之类”〇正义曰：王制云“古者公田藉而不税”，注云：“藉之言借也。借民治公田，美恶取于此，不税民之所自治也。孟子曰：‘夏后氏五十而贡，殷人七十而助，周人百亩而彻。’则所云古者，谓殷时。”借民力，则藉即是助。履亩者，春秋宣公十五年“初税亩”，公羊传云：“初者何？始也。税亩者何？履亩而税也。古者什一而藉。”注云：“时宣公无恩信于民，民不肯尽力于公田，故履践按行，择其善亩谷最好者税取之。”左传云：“初税亩，非礼也。谷出不过藉，以丰财也。”注云：“公田之法，十取其一，今又履其余亩，复十收其一，故哀公曰‘二，吾犹不足’，遂以为常。”按何休、杜预二说不同，然因民不力于公田，因践其私田，而收其善亩之谷，仍是什一，不为横征。若民因有惩，明年加力于公田，使公田之谷好于私田，则仍收公田之谷，不践其私田矣。惟于公田之外，又收其私田之什一，乃是加赋。赵氏以为横，则当如杜说矣。**廛无夫里之布，则天下之民，皆悦而愿为之氓矣。**【注】里，居也。布，钱也。夫，一夫也。周礼载师曰："宅不毛者有里布，田不耕者出屋粟。凡民无职事者，出夫家之征。"孟子欲使宽独夫去里布，则人皆乐为之民矣。氓者，谓其民也。【疏】注"里居"至"民也"○正义曰：载师注："郑司农云：'宅不毛者，谓不树桑麻也。布，泉也。孟子曰：廛无夫里之布，则天下之民，皆悦而愿为其民矣。故曰宅不毛者有里布，民无职事出夫家之征。欲令宅树桑麻，民就四业，则无税赋以劝之也。'玄谓：宅不毛者，罚以一里二十五家之泉。空田者，罚以三家之税粟。民虽有闲无职事者，犹出夫税家税也。夫税者，百亩之税。家税者，士徒车辇给繇役。"郑氏注礼记檀弓云："古者谓钱为帛布。"韦昭注国语周语云："钱者，金币之名，古曰泉，后转曰钱。"是布为钱，即为泉也。江氏永群经补义云："凡民居区域关市邸舍通谓之廛，上文'廛而不征，法而不廛'之廛是市宅，此廛谓民居，即周礼'上地夫廛'、'许行愿受一廛'之廛，非市宅也。布者，泉也，亦即钱也。非布帛之布。夫布见周礼闾师'凡无职者出夫布'，谓闲民为民佣力者，不能赴公旬三日之役，使之出一夫力役之泉，犹后世之雇役钱也。里谓里居，即孟子'收其田里'之里，非二十五家也。里布见地官载师：'凡宅不毛者有里布。'谓有宅不种桑麻，或荒其地，或为台榭游观，则使之出里布，犹后世凡地皆有地税也。此皆民之常赋。战国时一切取之非佣力之闲民，已有力役之征，而仍使之别出夫布。宅有种桑麻，有嫔妇布缕之征，而仍使之别出里布。是额外之征，借夫布、里布之名而横取者，今皆除之，则居廛者皆受惠也。"周氏柄中辨正云："周礼闾师'凡民无职者出夫布'，载师'凡宅不毛者有里布'，即此'夫里之布'是已。注中止据载师而不及闾师，载师之'无职事'者，是游手浮泛之人，夫家之征，所以罚之也。闾师之'无职'者，则九职中之闲民，非游手也。夫布乃其常赋，非罚也。太宰九职，一曰闲民无常职，转移执事。载师之'无职事'者，无职而并不事事也。闾师之'无职'者，无常职也。而转移职事，则犹有事也。故但曰'无职'而不曰'无职事'。闾师疏：刘氏问：'夫家之征与夫布，其异如何？'郑答云：'夫家之征者田税，如今租矣。夫布者，如今算敛在凡赋中者也。'按郑氏解两夫字不同，解夫字，不当用一夫百亩之税之说。夫布者，论丁出钱以为赋，犹汉口税之法。汉口率出泉，概施之有职，周则惟施之闲民而已。”赵氏佑温故录云：“夫家之征，乃夫税、家税二事，本非经所及，赵氏注广言之也。”段氏玉裁说文解字注云：“氓，民也。从民，亡声。读若盲。诗‘氓之蚩蚩’，传云：‘氓，民也。’方言亦云：‘氓，民也。’孟子：‘则天下之民，皆悦而愿为之氓矣。’赵注：‘氓者，谓其民也。’按此则氓与民小别，盖自他归往之民则谓之氓，故字从民亡。”阮氏元校勘记云：“音义出‘氓’字，云：‘或作萌，或作甿。’按作‘萌’最古，汉人多用萌字，经典内萌多改氓改甿，如说文引周礼‘以兴锄利萌’是也。‘氓者谓其民也’，闽、监、毛三本同，廖本、孔本、韩本、考文古本无‘者谓其’三字。按寻谓字，则经文当本作‘萌’。”翟氏灏考异云：“一读以‘天下之民皆悦’断句，上士商旅农，悉连下‘皆悦’二字句，似亦可通。”王氏引之经传释词云：“吕氏春秋音律篇注云：‘之，其也。’故为之氓。周官载师注引作‘为其民’，之可训为其，其亦可训为之。”**信能行此五者，则邻国之民，仰之若父母矣。率其子弟，攻其父母，自有生民以来，未有能济者也。**【注】今诸侯诚能行此五事，四邻之民，仰望而爱之如父母矣。邻国之君，欲将其民来伐之，譬率勉人子弟，使自攻其父母，生民以来，何能以此济成其所欲者也。【疏】注“今诸”至“者也”○正义曰：说文言部云：“信，诚也。”故以诚释信。仰之义为向，自卑向高，自近向远，皆望也。孟子离娄篇言“仰望而终身”，则仰之义同于望，故云仰望。广雅释诂云：“爱，仁也。”仁之于父子，云“若父母”，是爱之也。小尔雅广诂云：“率，劝也。”劝之义与勉同，故以勉释率。尔雅释言云：“济，成也。”故以成释济。**如此，则无敌于天下。无敌于天下者，天吏也。然而不王者，未之有也。”**【注】言诸侯所行能如此者，何敌之有，是为天吏。天吏者，天使也。为政当为天所使，诛伐无道，故谓之天吏也。【疏】注“言诸”至“吏也”○正义曰：使从吏声，故吏之义通于使。襄公三十年左传“使走问于朝”，释文云：“使，本作‘吏’。”段氏玉裁说文解字人部注云：“水部：‘沺，水吏也。’吏同使。”

章指言：修古之道，邻国之民，以为父母；行今之

政，自己之民，不得而子。是故众夫扰扰，非所常有，命曰天吏，明天所使也。【疏】"众夫扰扰"○正义曰：国语晋语云："范文子谓厉公曰：'唯有诸侯，故扰扰焉。'"广雅释训云："扰扰，乱也。"

6 **孟子曰："人皆有不忍人之心。**【注】言人人皆有不忍加恶于人之心也。**先王有不忍人之心，斯有不忍人之政矣；以不忍人之心，行不忍人之政，治天下可运之掌上。**【注】先圣王推不忍害人之心，以行不忍伤民之政，以是治天下，易于转丸于掌上也。【疏】注"易于转丸于掌上"○正义曰：说文丸部云："丸，圜也。倾侧而转者。"置丸掌上，其转易易也。**所以谓人皆有不忍人之心者，今人乍见孺子将入于井，皆有怵惕恻隐之心，非所以内交于孺子之父母也，非所以要誉于乡党朋友也，非恶其声而然也。**【注】乍，暂也。孺子，未有知小子也。所以言人皆有是心，凡人暂见小小孺子将入井，贤愚皆有惊骇之情，情发于中，非为人也，非恶有不仁之声名，故怵惕也。【疏】注"乍暂"至"怵惕也"○正义曰：僖公三十三年公羊传云"诈战不日"，注云："诈，卒也。"广雅释诂云："暂，猝也。"释言云："乍，暂也。"乍与诈通，卒与猝通。乍、暂、卒三字转注也。说文子部云："孺，乳子也。"刘熙释名释长幼云："儿始能行曰孺子。孺，濡也。言濡弱也。"礼记内则云"孺子蚤寝晏起"，注云："孺子，小子也。"始能行而尚无知识，不知井之溺人，故将入井也。国语周语"芮良夫云犹曰怵惕惧怨之来也"，注云："怵惕，恐惧也。"文选东京赋云"犹怵惕于一夫"，薛综注云："惕，惊也。"惊即骇，惊骇犹恐惧也。赵氏解梁惠王上篇"隐其无罪"为痛，说文心部云："恻，痛也。"汉书鲍宣传云"岂有肯加恻隐于细民"，注云："恻，隐，皆痛也。"然则怵惕恻隐，谓惊惧其入井，又哀痛其入井也。以隐之义已见前经文，下亦自申明之，言恻隐为仁，故略之耳。音义云："内，本亦作'纳'。"纳交于孺子之父母，要誉于乡党朋友，皆为人之事，故统之云非为人也。孔本作“发于中非为其人也”，无“情”字，有“其”字。吕氏春秋过理篇云“臣闻其声”，淮南子修务训云“声施千里”，高诱注并云：“声，名也。”礼记表记云“先王谥以尊名”，注云：“名者，谓声誉也。”故以名释声。**由是观之：无恻隐之心，非人也；无羞恶之心，非人也；无辞让之心，非人也；无是非之心，非人也。**【注】言无此四者，当若禽兽，非人心耳。为人则有之矣，凡人但不能演用为行耳。【疏】注“言此”至“行耳”○正义曰：孟子道性善，谓人之性皆善，禽兽之性则不善也。禽兽之性不善，故无此四者。禽兽无此四者，以其非人之心也。若为人之心，无论贤愚，则皆有之矣。孟子四言“非人”，乃极言人心必有此四者。赵氏此注，深得孟子之旨，不愧通儒。三国志钟繇传注引先贤行状，李膺谓钟觐曰：“孟子以为人无好恶是非之心非人也。”礼记曲礼注引孟子“人无是非之心非人也”。孔氏正义兼引“人无恻隐之心非人也，人无是非之心非人也”，于句首俱加“人”字。则四称“非人”，竟为指斥骂詈之辞，非孟子义。赵氏云“人但不能演用为行”，正申明人必有此心，惟禽兽无之耳。**恻隐之心，仁之端也。羞恶之心，义之端也。辞让之心，礼之端也。是非之心，智之端也。**【注】端者，首也。人皆有仁义礼智之首，可引用之。【疏】注“端首”至“用之”○正义曰：仪礼乡射礼注云：“序端，东序头也。”头，首也。故端为首。端与耑通。说文耑部云：“耑，物初生之题也。”题亦头也，故考工记“轮人凿端”，注云：“内题方有头，可由此推及全体。”惠氏士奇大学说云：“大学致知，中庸致曲，皆自明诚也。中庸谓之曲，孟子谓之端，在物为曲，在心为端。致者，扩而充之也。”戴氏震孟子字义疏证云：“仁者，生生之德也，民之质矣。日用饮食，无非人道。所以生生者，一人遂其生，推之而与天下共遂其生，仁也。言仁可以赅义，使亲爱长养，不协于正大之情，则义有未尽，亦即仁有未至。言仁可以赅礼，使无亲疏上下之辨，则礼失而仁亦未为得。且言义可以赅礼，言礼可以赅义，先王之以礼教，无非正大之情，君子之精义也。断乎亲疏上下，不爽几微，而举义举礼，可以赅仁，又无疑也。举仁举礼，可以赅智，智者，知此者也。易曰：‘立人之道曰仁与义。’而中庸曰：‘仁者，人也。亲亲为大。义者，宜也。尊贤为大。亲亲之杀，尊贤之等，礼所生也。'益之以礼，所以为仁至义尽也。语德之盛者，全乎智仁而已矣。而中庸曰：'智仁勇三者，天下之达德也。'益之以勇，盖德之所以成也。就人伦日用，究其精微之极致，曰仁，曰义，曰礼。合三者以断天下之事，如权衡之于轻重，于仁无憾，于礼义不愆，而道尽矣。自人道溯之天道，自人之德性溯之天德，则气化流行，生生不息，仁也。由其生生有自然之条理，观其条理之秩然有序，可以知礼矣。观于条理之截然不可乱，可以知义矣。在天为气化之生生，在人为生生之心，是乃仁之为德也。在人为气化推行之条理，在人为其心知之通乎条理而不紊，是乃智之为德也。惟条理是以生生，条理苟失，则生生之道绝。凡仁义对文，及智仁对文，皆兼生生条理而言之者也。"程氏瑶田通艺录论学小记云："仁主于爱，与忍相反，故言仁政，则曰'以不忍人之心，行不忍人之政'也。凡视听言动之入于非礼者，皆生于己心之忍，忍则己去仁，己去仁则己去礼，故曰克己复礼为仁。"按贾谊新书道术篇云："恻隐怜人谓之慈，反慈为忍。"不忍人之心即是恻隐之心。恻隐为仁之端，仁义礼智，四端一贯，故但举恻隐，而羞恶、辞让、是非即具矣。但有仁之端，而义礼智之端即具矣。**人之有是四端也，犹其有四体也；有是四端而自谓不能者，自贼者也。**【注】自谓不能为善，自贼害其性，使不为善也。【疏】"人之"至"体也"○正义曰：四端之有于心，犹四支之有于身，言必有也。毛氏奇龄賸言补云："恻隐之心，仁之端也。言仁之端在心，不言心之端在仁，四德是性之所发，藉心见端，然不可云心本于性。观性之得名，专以生于心为言，则本可生道，道不可生本明矣。"**谓其君不能者，贼其君者也。**【注】谓君不能为善而不匡正者，贼其君使陷恶也。**凡有四端于我者，知皆扩而充之矣，若火之始然，泉之始达。苟能充之，足以保四海；苟不充之，不足以事父母。"**【注】扩，廓也。凡有端在于我者，知皆廓而充大之，若水火之始微小，广大之则无所不至，以喻人之四端也。人诚能充大之，可保安四海之民；诚不充大之，内不足以事父母。言无仁义礼智，何以事父母也。【疏】注"扩廓"至"母也"○正义曰：音义云："扩，音郭，字亦作'彍'，音霍。"

王氏念孙广雅疏证云："说文：'彉，满弩也。'孙子兵势篇云：'势如彍弩。'太平御览引尸子云：'扞弓彍弩。'汉书吾丘寿王传'十贼彍弩'，颜师古注云：'引满曰彍。'并字异而义同。孟子公孙丑篇'知皆扩而充之矣'，赵氏注云：'扩，廓也。'方言云：'张小使大谓之廓。'义亦与彍同。"按说文弓部云："彉，读若郭。"郭即廓，释名云："郭，廓也。廓落在城外。"是也。赵氏本作"彍"，以满弩之训于此文不切，故以廓解之，即说文"读若郭"之义。淮南子原道训云"廓四方"，高诱注云："廓，张也。"说文弓部云："引，开弓也。"开弓与满弩义同。赵氏上注云："可引用之。"引用即此彍矣。彍亦广也，下注云："广，大也。"即谓彍而充之。淮南子说山训云"近之则钟声充"，高诱注云："充，大也。"故以大释充。彍而充之即引而大之也。说文火部云："然，烧也。"火始烧，泉始通，其势不可遏止，故由微小而无所不至，犹人之有四端，既知扩而充之，则亦无所不至也。惟无所不至，故放诸四海，而民皆安保也。论语里仁篇"苟志于仁矣"孔氏注、毛诗秦风"苟亦无信"传皆云："苟，诚也。"毛诗小雅"保艾尔后"，传云："保，安也。"保四海即安四海之民也。人不能事父母，即是不仁不义，无礼无智。虽愚蒙岂不知父母之当事，惟贼害其性，遂至不能顺于父母。赵氏言无仁义礼智，何以事父母？不能事父母，岂尚能保安四海？此言性善之切，可谓通儒矣。

章指言：人之行当内求诸己，以演大四端，充广其道，上以匡君，下以荣身也。

7　孟子曰："矢人岂不仁于函人哉？矢人惟恐不伤人，函人惟恐伤人，巫匠亦然，故术不可不慎也。【注】矢，箭也。函，铠也。周礼曰："函人为甲。"作箭之人，其性非独不仁于作铠之人也，术使之然。巫欲祝活人。匠，梓匠，作棺欲其蚤售，利在于人死也。故治术当慎修其善者也。【疏】注"矢箭"至"为甲"○正义曰：方言云："箭，自关而东谓之矢，江淮之间谓之镞，关西曰箭。"尔雅释地云："东南之美者，有会稽之竹箭焉。"太平御览引字林云："箭，矢竹也。"箭为竹名，可为矢，故矢即名箭也。闽、监、毛三本作"函甲也"，音义出"铠"字，则铠是也。武氏亿释甲云："铠为甲之通名。释名:‘铠犹垲,坚重之言也。’礼记注:‘甲,铠也。’广雅:‘函,甲,介,铠也。’自周礼司甲注‘甲,今之铠也’,世乃有以金制铠之名。礼记疏言古用皮谓之甲,今用金谓之铠。书费誓正义:‘古之作甲用皮,秦汉以来用铁。铠鍪二字皆从金,盖用铁为之,而因以为名。’仪礼既夕礼‘甲胄干笮’疏:‘甲铠胄兜鍪者,古者用皮,故名甲胄。后代用金,故名铠兜鍪,随世为名故也。’亿考之独不谓然。郑氏注‘甲今之铠’者,今盖以汉制况之,谓汉名甲为铠。诗正义云:‘经典皆谓之甲,后世乃名为铠,笺以今晓古。’此疏所指,亦谓以汉制况也。其实用皮用金,在古并有此制。管子地数篇:‘葛卢之山发而出水,金从之,蚩尤受而制之,以为剑铠矛戟。’蚩尤造兵之始者,已以金作铠,铠所由来远矣,非自后世为然。春秋时,此制益广,车马被甲,皆得用金。郑风‘驷介旁旁’,传云:‘介,甲也。’秦风‘俴驷孔群’,笺云:‘俴,浅也。谓以薄金为介之札。介,甲也。’僖二十八年传‘驷介百乘’,成二年传‘不介马而驰之’,注:‘介,甲也。’是马亦用金为铠。定八年传‘主人焚冲’,注云:‘冲,战车。’考淮南子览冥训‘大冲车’,高氏注云:‘冲车,大铁著其辕端。马被甲,车被兵,所以冲于敌城也。’是车亦用金为铠。昭二十五年传:‘季氏介其鸡,郈氏为之金距。’吕氏春秋察微篇注:‘介,甲也。作小铠著鸡头。’郑众亦云:‘介甲为鸡著甲。’见仪礼疏。按此介与金距对,则小铠亦以金为之。此又可为证,以见当时斗鸡之戏尚如此,盖必有所仿效为然。其人得用金为铠者,吴越春秋:‘王僚乃被棠铁之甲。’又战国策‘当敌则斩坚甲盾鞮鍪铁幕’,刘氏云:‘谓以铁幕为臂胫之衣。’吕氏春秋贵卒篇:‘赵氏攻中山,中山之人多力者,曰:吾兵皖衣铁甲,操铁杖以战,而所击无不碎,所冲无不陷。’此又自春秋至战国,世变益甚,所备益密,则甲用金与革,古盖兼之。而诸说妄为区分,其义非也。”函人为甲,见考工记。○注“巫欲”至“死也”○正义曰:周礼春官男巫:“掌望祀、望衍、授号,旁招以茅;冬堂赠,无方无算;春招弭以除疾病。”注云:“衍读为延。望祀,谓有牲粢盛者。延,进也。谓但用币致其神。二者诅祝所授类造攻说禬禜之神号,男巫为之招。杜子春云:‘堂赠,谓逐疫也。’招,招福也。弭,读为敉。敉,安也。安凶祸也。招敉皆有祀衍之礼。”祝号掌于大祝小祝,而授男巫,是祝之事巫为之也。逐疫,祝于未病时。除疾病,祝于已病时。皆所以求活人也。惠氏士奇礼说云:“古者巫彭初作医,故有祝由之术,移精变气以治病，春官大祝、小祝、男巫、女巫，皆传其术焉。大祝言甸读祷，代受眚烖；小祝将事候禳，求远罪疾；男巫祝衍旁招，弭宁疾病；女巫岁时衅浴，祓除不祥：故曰病者寝席，医之用针石，巫之用糈藉，所救钧也。"梓人匠人，并见考工记，皆不言作棺，而宫室属之匠人，棺椁亦宫室之类。地官乡师："及葬，执纛以与匠师御柩而治役。及窆，执斧以莅匠师。"注云："匠师主众匠。"又云："匠师主丰碑之事。"檀弓云："公室视丰碑，三家视桓楹。"注云："丰碑，天子斫大木为之，形如石碑，于椁前后四角树之。桓楹，斫之形如大楹耳，四植谓之桓。"窆内之碑，匠师主之，则棺椁亦匠人所为明矣。故仪礼既夕记云："既正柩，宾出，遂匠纳车于阶间。"注云："遂匠，遂人、匠人也。匠人主载柩窆。"杂记云："匠人执羽葆御柩。"襄公四年左传："定姒薨。初，季孙为己树六槚于蒲圃东门之外，匠庆请木。"请木则棺为匠所作。惟匠人作棺，故载柩御柩之事，皆匠人主之。此国之职事，而士大夫之棺，亦必匠人所作。故孟子为母治棺，使虞敦匠事。此云作棺欲其蚤售者，则主买棺者而言。盖士庶之家不能自治，必市于匠人；而匠人即以棺为售。阎氏若璩释地三续云："汉书刑法志引谚曰：'鬻棺者，欲岁之疫，非憎人欲杀之，利在于人死也。'即孟子'巫匠亦然'意。"**孔子曰：'里仁为美，择不处仁，焉得智？'**【注】里，居也。仁，最其美者也。夫简择不处仁为不智。【疏】注"简择不处仁"○正义曰：尔雅释诂云："柬，择也。"说文手部云："择，柬选也。"柬部云："柬，分别简之也。"柬，古简字。**夫仁，天之尊爵也，人之安宅也。莫之御而不仁，是不智也。**【注】为仁则可以长天下，故曰天所以假人尊爵也，居之则安。无止之者，而人不能知入是仁道者，何得为智乎？【疏】注"为仁"至"智乎"○正义曰：易文言传云："元者，善之长也。""体仁足以长人"，故为仁可以长天下也。假如汉书儒林传"假固利兵"之假，颜师古注云："给与也。"谓天以仁给与人，使得长人也。尔雅释言云："宅，居也。"安宅是安居，故云居之则安。御，止也。莫之御是无止之者也。智属知，此言不仁是不智，故云不能知入是仁道也。**不仁不智，无礼无义，人役也。**【注】若此，为人所役者也。**人役而耻为役，由弓人而耻为弓，矢人而耻为矢**

也。【注】治其事而耻其业者，惑也。【疏】注"惑也"○正义曰：智者不惑，上云"不仁是不智"，故云惑。阮氏元校勘记云："'矢人而耻为矢也'，各本同。孔本上有'由'字。按音义'由反手'下云：'下文由弓人、由矢人义同。'是音义本此文上有'由'字。"如耻之，莫如为仁。【注】如其耻为人役而为仁，仁则不为役也。仁者如射：射者正己而后发，发而不中，不怨胜己者，反求诸己而已矣。"【注】以射喻人为仁，不得其报，当反责己仁恩之未至。【疏】"仁者"至"已矣"○正义曰：礼记射义云："射者，仁之道也。射求正诸己，己正而后发，发而不中，则不怨胜己者，反求诸己而已矣。"孟子此文，盖有所本。首言术不可不慎，术承上矢、函、巫、匠，则指艺术而言。艺术，人之所习也。习于争战，则糜烂其民，如矢人之不仁矣。所以习于争战者，以欲胜人也。故此以射为喻，而戒其不怨胜己也。不特诸侯之习争战也，推之士庶人，惟知利己损人，则时以忮害为心，以争胜于人。此不能胜，必多方乞助于他人。役于彼以求伸于此，心日益刻，气日益卑。苟始以正己，继以反求，本无倾轧之心，无事屈身之辱。儒者求胜以学，市人求胜以利，朋党阿比，托一人以为庇，其趋同也。

章指言：各治其术，术有善恶；祸福之来，随行而作。耻为人役，不若居仁；治术之忌，勿为矢人也。

8　孟子曰："子路人告之以有过则喜，禹闻善言则拜。【注】子路乐闻其过，过而能改也。尚书曰："禹拜谠言。"【疏】注"尚书"至"谠言"○正义曰：段氏玉裁说文解字注云："咎繇谟曰'禹拜昌言'，今文尚书作'党'。赵注孟子引尚书'禹拜党言'，逸周书祭公解'拜手稽首党言'，张平子碑'党言允谐'，刘宽碑'对策嘉党'，皆'昌言'字之假借也。至于'谠言'，亦见汉人文字，字林：'谠言，美言也。'此又因'党言'而为之言傍，谓之正俗字可。"卢氏文弨校逸周书祭公解云："党、谠古字通。"荀子非相篇"博而党正"，注："谓直言也。"大舜有大焉，善与人同，舍己从人，乐取于人以为善。【注】大舜，虞帝也。孔子称曰"巍巍"，故言大舜有大焉。能舍己从人，故为大也。于子路与禹同者也。【疏】注“大舜”至“者也”〇正义曰：阮氏元校勘记云：“‘虞帝也’，闽、监、毛三本、孔本、韩本同。廖本、考文古本作‘虞也’。按当本作‘虞舜也’，浅人或删舜，或改为帝。”论语子罕篇云：“巍巍乎，舜禹之有天下也，而不与焉。”又云：“大哉尧之为君也，巍巍乎！”是孔子称舜“巍巍”，而巍巍则为大也。云“于子路与禹同”者，赵氏以善与人同之人指子路与禹。谓舜之善在舍己从人，而舍己从人，此舜之善与子路、禹同者也。经文“善与人同”在上，注倒言之耳。按周易同人彖传云：“同人，柔得位得中而应乎乾，曰同人。惟君子惟能通天下之志。”序卦传云：“物不可以终否，故受之以同人。与人同者，物必归焉。”同即通也。上下交而其志同，所谓善与人同也。礼记中庸云：“舜其大知矣乎！舜好问而好察迩言，隐恶而扬善，执其两端，用其中于民。”其两端，人之两端也。执两而用中，则非执一而无权。执一无权，则与人异；执两用中，则与人同。执一者，守乎己而不能舍己，故欲天下人皆从乎己。通天下之志者，惟善之从，故舍己从人，乐取于人以为善。意林引尸子云：“见人有善，如己有善；见人有过，如己有过：此虞氏之盛德也。”礼记大学篇引秦誓云：“断断兮，无他技，其心休休焉，其如有容焉。人之有技，若己有之；人之彦圣，其心好之，不啻若自其口出。”注云：“他技，异端之技也。若己有之，不啻若自其口出，皆乐人有善之甚也。”乐人有善，则无他技；无他技，是不为异端；不为异端，是善与人同也。舍己即子路之“改过”。从人即禹之“拜昌言”。圣贤之学，不过舍己从人而已。孟子辟杨墨，以其执一，此章发明专己执一之非也。**自耕稼陶渔以至为帝，无非取于人者；取诸人以为善，是与人为善者也。故君子莫大乎与人为善。”**【注】舜从耕于历山及其陶渔，皆取人之善谋而从之，故曰莫大乎与人为善。【疏】注“舜从”至“为善”〇正义曰：史记五帝本纪云：“舜耕历山，历山之人皆让畔；渔雷泽，雷泽上人皆让居；陶河滨，河滨器皆不苦窳。一年所居成聚，二年成邑，三年成都。”此舜耕稼陶渔之事也。尔雅释诂云：“谟，谋也。”书序云：“皋陶矢厥谟，禹成厥功，帝舜申之，作大禹、皋陶谟、弃稷。”今大禹、弃稷篇不存，唯存皋陶谟。禹既拜皋陶之言，帝乃命“禹亦昌言”，又曰“迪朕德，时乃功惟叙”，及“皋陶拜手稽首飏言”，赓元首丛脞之歌，而帝且拜而俞之,可为舜取善谋之证,乃此其为帝时也。孟子则溯言自耕稼陶渔以至于帝,无非取于人者。然则舍己从人之道,自天子以至庶人,无不当如是。取诸人以为善,是与人为善者也。与人为善,犹云善与人同。上言"善与人同",而下申言其所以同者为"舍己从人"。舍己从人即是乐取于人以为善,是取人为善,则是与人同为此善也。莫大乎与人为善,此舜之"舍己从人"所以大也。

章指言:大圣之君,由采善于人,故曰"计及下者无遗策,举及众者无废功"也。【疏】"由采善于人"○正义曰:董子春秋繁露云:"春秋采善不遗小。"○"故曰"至"功也"○正义曰:桓宽盐铁论刺骄篇云:"谋及下者无失策,举及众者无顿功。"周氏广业云:"文选注有'计及下'句,岂此二语皆外书之文,而赵称之欤?"

9 孟子曰:"伯夷非其君不事,非其友不友;不立于恶人之朝,不与恶人言。立于恶人之朝,与恶人言,如以朝衣朝冠坐于涂炭。推恶恶之心,思与乡人立,其冠不正,望望然去之,若将浼焉。【注】伯夷,孤竹君之长子,让国而隐居者也。涂,泥。炭,墨也。浼,污也。思,念也。与乡人立,见其冠不正,望望然,惭愧之貌也。去之,恐其污己也。【疏】注"伯夷"至"己也"○正义曰:史记伯夷列传云:"伯夷叔齐,孤竹君之二子也。父欲立叔齐,及父卒,叔齐让伯夷,伯夷曰'父命也',遂逃去。叔齐亦不肯立而逃之。国人立其中子。于是伯夷、叔齐闻西伯昌善养老,盍往归焉。及至,西伯卒,武王载木主,号为文王,东伐纣。伯夷、叔齐叩马而谏曰:'父死不葬,爰及干戈,可谓孝乎?以臣弑君,可谓仁乎?'左右欲兵之。太公曰:'此异人也。'扶而去之。武王已平殷乱,天下宗周,而伯夷、叔齐耻之,义不食周粟,隐于首阳山,采薇而食之,及饿且死。"此让国而隐居之事也。毛诗角弓"如涂涂附",传云:"涂,泥也。"说文火部云:"炭,烧木未灰也。""灰,死火余烬也。从火又。又,手也。火既灭,可以执持。""灺,烛烬也。""烬,火余也。"广雅释诂云:"炭,烬灺也。"然则炭为烧木已隶之名，但未成死灰而已无火矣。木经火烧未灰，其黑能污白，故赵氏以墨释之。滕文公上篇"面深墨"，注云："墨，黑也。"王氏鸣盛尚书后辨云："炭与涂联言，是无火之黑炭，非如左传'废于炉炭'之炭。"周氏柄中辨正云："若是炭火，岂必朝衣朝冠而后不坐哉！赵氏云'涂泥炭墨'，则非炭火明矣。"王氏念孙广雅疏证云："䤶，污也。方言：'氾，浼，澖，洼，洿也。自关而东或曰洼，或曰氾。东齐、海、岱之间或曰浼，或曰澖。'洿与污同。孟子公孙丑篇'若将浼焉'，赵岐注云：'浼，污也。'丁公著音漫。庄子让王篇云：'欲以辱行漫我。'吕氏春秋离俗览'不漫于利'，高诱注云：'漫，污也。'漫、浼并与䤶通。庄子让王篇云：'其并乎周以涂吾身也，不如避之以絜吾行。'吕氏春秋诚廉篇涂作'漫'。汉书王尊传云：'涂污宰相，摧辱公卿。'污、涂、漫义相同，故污谓之漫，亦谓之涂。涂墙谓之墁，亦谓之圬矣。"尔雅释诂云："念，思也。"是思为念也。礼记问丧云："其送往也，望望然，汲汲然，如有追而弗及也。"注云："望望，瞻望之貌也。"此云惭愧，赵氏盖读为惘惘。惘惘即罔罔，文选西征赋注云："惘犹罔。罔，失志之貌。"失志，故惭愧也。按毛诗大雅"思皇多士"，传云："思，辞也。"此"思与乡人立"，思当亦语辞，非有义也。**是故诸侯虽有善其辞命而至者，不受也。不受也者，是亦不屑就已。**【注】屑，絜也。诗云："不我屑已。"伯夷不絜诸侯之行，故不忍就见也。殷之末世，诸侯多不义，故不就之，后乃归西伯也。【疏】注"屑洁"至"伯也"○正义曰：絜与洁通。楚辞招魂篇云"朕幼清以廉洁兮"，注云："不污曰洁。"引诗者，邶风谷风第三章。已作"以"，古已、以通。毛传云："屑，洁也。"笺云："言君子不复洁用我。"盖不我屑以，谓不以我为洁而用我也。此不屑就，谓不以诸侯为洁而就之也。言"不忍就见"者，说文心部云："忍，能也。"能即耐，故广雅释言云："忍，耐也。"既以为污，故不耐就之矣。毛诗大雅荡篇云："文王曰咨，咨女殷商，如蜩如螗，如沸如羹，小大近丧，人尚乎由行，内奰于中国，覃及鬼方。"此言商纣失道，其奰然恶行，延及中国之外，至于远方诸侯。是当时诸侯，皆化于纣之不善，多党纣而为暴乱大恶，所谓询尔仇方，如虞、芮未质成之先，则争田而讼，此不义之小者。文王所伐，有犬戎、密须、阮徂、共、耆、邘、孟莒等，皆不义之国，不独崇侯虎蔑侮父兄，不敬长老，听狱不中，分财不均，百姓尽力，不得衣食也。故云殷之末世，诸侯多不义。**柳下惠不羞污君，不卑小官，进不隐贤，必以其道，遗佚而不怨，阨穷而不悯。故曰：'尔为尔，我为我，虽袒裼裸裎于我侧，尔焉能浼我哉！'**

【注】柳下惠，鲁公族大夫也。姓展，名禽，字季，柳下是其号也。进不隐己之贤才，必欲行其道也。悯，懑也。云善己而已，恶人何能污我也。【疏】"遗佚而不怨阨穷而不悯"○正义曰：阮氏元校勘记云："音义出'遗佚'，云：'或作迭，或作失，皆音逸。'音义出'阨穷'，云：'本亦作戹。'"按说文兔部云："逸，失也。"人部云："佚，佚民也。"逸、佚、失三字古通，此云遗佚即遗失也。柳下惠贤人，而鲁不能得之，是遗失之也。一切经音义引苍颉篇云："戹，困也。"汉书翟义传集注引晋灼云："阨，古戹字。"阨穷即困穷，由遗佚至于困穷也。文选嵇康绝交书注引孟子阨字作"戹"。○"袒裼裸裎"○正义曰：段氏玉裁说文解字注云："但，裼也。衣部曰：'裼者，但也。古但裼字如此。袒则训衣缝，今之绽裂字也。今经典凡但裼字，皆改为袒裼矣。衣部又云：'蠃者，但也。''裎者，但也。'释训、毛传皆曰'袒裼，肉袒也'。肉袒者，肉外见无衣也。引申为徒，凡曰徒曰但，皆一声之转，空也。"王氏念孙广雅疏证云："蠃，裎，徒，裼，袒也。蠃者，说文：'蠃，袒也。'僖公二十三年左传'欲观其裸'，王制'蠃股肱'，释文'蠃本又作蠃'，大戴礼天圆篇'唯人为倮匈而生也'，史记陈丞相世家'躶身而佐刺船'，并字异义同。蠃之言露也，月令'中央土，其虫倮'，郑注云：'象物露见不隐藏，虎豹之属恒浅毛。'荀子蚕赋'有物于此，儽儽兮其状'，杨倞注云：'儽儽，无毛羽之貌。'义并与蠃同。裎者，说文：'裎，袒也。'孟子公孙丑篇云：'虽袒裼裸裎于我侧。'裎之言呈也，方言：'禅衣无袍者，赵、魏之间谓之裎衣。'义亦相近也。徒与袒一声之转也。韩非子初见秦篇云：'顿足徒裼。'韩策云：'秦人捐甲徒裎以趋敌。'裼者，说文：'裼，袒也。'凡去上衣见裼衣谓之裼，或谓之袒裼。玉藻'裘之裼也，见美也'，内则'不有敬事，不敢袒裼'，是也。其去衣见体，亦谓之袒裼。郑风太叔于田篇'襢裼暴虎'，尔雅云'襢裼肉袒'，是也。襢与袒同。"毛氏奇龄经问云："沈玉亮问：内则云'不有敬事，不敢袒裼'。夫袒裼裸裎见于孟子，此大不敬之事，乃以袒裼属敬事。郑康成注则云'父党无容'，谓居父之侧，不事容饰。则袒与裼有何

容饰？经与注皆不可解。曰：往读乐记云：'周旋裼袭，礼之文也。'又玉藻云'不文饰也不裼'。又云'裘之裼也，见美也。君在则裼者，尽饰也'。此所为裼，谓裼衣裼裘，使美见于外，正文饰之事，与孟子袒裼秽亵截然不同。袒裼见美，本为文饰，而即以之为敬君之事，此正与'不有敬事，不敢袒裼'两相发明。盖袒裼者，事君之敬；不敢袒裼者，事父母之情也。然则何以同一袒裼，而一以为亵，一以为敬？曰：袒裼本不同，有去衣之袒裼，有加衣之袒裼。去衣之袒裼，如射礼'袒决'，丧礼'袒括发'，郑诗'袒裼暴虎'，郊特牲'肉袒割牲'，左传'郑伯肉袒牵羊'，史记微子世家'面缚肉袒'，俱是也。此脱衣见体，不必皆敬事也。若加衣之袒裼，则卫风'衣锦絅衣'，'裳锦絅裳'，谓夫人衣锦，必加单衣于其上，谓之裼衣。但又加一衣，袒而不袭，则其美见焉。又有裼裘，如狐白加锦衣，狐青加绡衣，狐黄加黄衣，羔裘加缁衣，皆加单衣于裘上。但外又加一衣，袒则裼之而美见，袭则掩之而美不见，檀弓所云"袭裘而吊'、'裼裘而吊'是也。去衣之袒裼为亵，加衣之袒裼为敬，明有分别矣。"○注"柳下"至"我邪"○正义曰：春秋释例世族谱云："展氏，司空无骇，公子展之孙。鲁公族夷伯，展氏祖父。展禽食邑柳下。"隐公八年左传云："无骇卒，公命以字为展氏。"注云："无骇，公子展之孙，故为展氏。"僖公十五年左传云："震夷伯之庙，罪之也。于是展氏有隐慝焉。"注云："夷伯，鲁大夫展氏之祖父。"二十六年左传云："公使展喜犒师，使受命于展禽。"注云："柳下惠。"国语鲁语云："齐孝公来伐，臧文仲欲以辞告，问于展禽，对曰：'获闻之。'"注云："展禽，鲁大夫展无骇之后柳下惠也。字季禽。获，展禽之名也。"是为鲁公族大夫也。又鲁语海鸟爰居篇云"文仲闻柳下季之言"，注云："柳下，展禽之邑。季，字也。"庄子盗跖篇称"孔子与柳下季友"，国策齐策颜斶对齐宣王亦称"秦攻齐，令有敢去柳下季垄五十步而樵采者"，则季为字也。文选陶征士诔注引郑氏论语注云："柳下惠，鲁大夫展禽，食采柳下，谥曰惠。"淮南子说林训"柳下惠见饴"，高诱注云："柳下惠，鲁大夫展无骇之子，名获字禽，家有大柳树，惠德，因号柳下惠。一曰：柳下，邑。"柳下有此二说，赵氏同高前说以为号也。号，如史记"吕尚号曰太公望"，荀子"南郭惠子居南郭，因以为号"，是也。惟名获字季，而赵氏以为名禽字季，未知所本。孔氏左传正义云"季是五十字，禽是二十字"，是也。隐，藏也。以，用也。不隐己之贤才，谓不肯自藏晦其贤才也。必以其道，是必用其道，即是必欲行其道也。韩非子难三云："故群公公正而无私，不隐贤，不进不肖。"盐铁论刺权篇云："受禄以润贤，非私其利；见贤不隐，食禄不专：此公叔[一]之所以为文，魏成子之所以为贤也。"潜夫论明闇篇云："且凡骄臣之好隐贤也，既患其正义以绳己矣，又耻居上位而明不及下，尹其职而策不出于己。"此隐贤，谓隐蔽贤人，与赵氏义异。淮南子主术训云"年衰志悯"，注云："悯，忧也。"汉书佞幸石显传"忧满不食"，注云："满，读曰懑。"说文心部云："闷，懑也。"鬼谷子云："忧者，闭塞而不泄也。"然则悯即忧闷，凡忧闷不能泄则愤，故懑又训愤也。善己而已解我为我，恶人何能污于我，以恶人解袒裼裸裎之人。**故由由然与之偕而不自失焉，援而止之而止。援而止之而止者，是亦不屑去已。"**【注】由由，浩浩之貌。不惮与恶人同朝并立。偕，俱也。与之俪行于朝何伤，但不失己之正心而已耳。援而止之，谓三绌不暂去也。是柳下惠不以去为洁也。【疏】注"由由"至"洁也"○正义曰：广雅释训云："浩浩油油，流也。"由与油通，故以由由为浩浩。赵氏解浩然之气为大气，注"予然后浩然有归志"云："浩然，心浩浩有远志也。"远与大义同，楚辞怀沙云"浩浩沅湘"，王逸注云："浩浩，广大貌。"是也。此由由为浩浩，亦谓其不似伯夷之隘，而宽然大而能容也。乃油油本新生之状，详见前"油然作云"。而礼记玉藻云"三爵而油油然"，注云："油油，悦敬貌。"史记微子世家云"禾黍油油"，索隐云："油油，禾黍之苗光悦貌。"油油为悦，故韩诗外传引万章"由由然不忍去也"作"愉愉然不去也"。大戴记文王官人云："喜色由然以生。"由为生，亦为喜，喜悦，生之象也。流动，生之机也。水生则流，物生则悦。禾黍之油油，犹云木欣欣而向荣也。列女传贤明篇云："柳下惠处鲁，三黜而不去，忧民救乱，妻曰：'无乃渎乎？'柳下惠曰：'油油之民，将陷于害，吾能已乎？且彼为彼，我为我，彼虽裸裎，安能污我？'油油然与之处，仕于下位。其妻诔曰：'夫子之不伐兮！夫子之不竭兮！夫子之信诚，而与人无善兮！屈柔从俗，不强察兮！蒙耻救民，德弥大兮！虽遇三黜，终不蔽兮！恺悌君子，永能厉兮！嗟乎惜哉！乃下世兮！庶几遐年，今遂逝兮！呜呼哀哉！魂

〔一〕"叔"原误"禄"，据盐铁论改。

神泄兮！夫子之谥，宜为惠兮！’门人从之以为诔。”此与孟子相表里。两言“油油”，其云“油油之民”，即谓此“生生之民”，与下“将陷于害”相贯。害则将戕其生矣，故忧之而救之。惟忧民救乱之心切，故不惮委蛇容忍，周旋补救于其间，所谓“进不隐贤，必行其道”，谓不藏此忧民救乱之才，欲行此蒙耻救民之道也。推此裸裎之人即害民之人，彼自害民，我自救民，所为“尔为尔，我为我”也。因其人害民而洁身远去，则不与之偕；因其人害民而诡随阿附，则与之偕而自失。惟惠则油油然救斯民，全其生生者，与此害民之人并处于朝，彼焉能浼我？盖我染其所为而附之，则彼能浼我；我以救民者，补救挽回其害，则与之偕而不自失，彼焉能浼我哉？不自失，所以不能浼。必行其道，所以三黜不去。以两“油油”相例，则油油即由由，由由即生生矣。赵氏不解“袒裼裸裎”四字，而云“与恶人同朝”。即使脱衣露体，何致遂为恶人？且恶人居朝，亦岂脱衣露体？则赵氏明本列女传为说，以此袒裼裸裎即指陷害斯民之人，故以一恶字明之。管子七臣七主篇云：“春无杀伐，无割大陵，倮大衍。”注云：“倮，谓焚烧，令荡然俱尽。”周礼大司徒“以虎豹为羸物”，列子“以豹为裎羸”，裎即裸裎也。然则柳下惠所云“裸裎”，假借脱衣赤体，以喻害民者之割剥，犹管子以焚烧为倮也。荀子议兵篇云：“仁人之兵，不可诈也。彼可诈者，怠慢者也，路亶者也。”注云：“路，暴露也。亶读为袒，谓上下不相覆。”露袒与怠慢并言，亦假借之言矣，故为恶人也。若徒以赤体之人在侧，而以为焉能浼我，此即寻常之人，亦岂见有为赤体之人浼者？无救民行道之心，援之即止，黜之不去，何以为柳下惠哉？后世秉国者，一言未合，乞骸而退，以为洁身去乱。不知执一己幸直之名，而以军国生民之重，一任诸群小之为，莫或救止，则亦岂得为洁哉？故位不以去为洁，而悠游下位，足为以矫洁为高者示之鹄也。孟子举一伯夷以戒人之轻进，举一柳下惠以戒人之轻退，岂徒然哉！阮氏元校勘记云：“‘谓三黜’，闽、监、毛三本同。廖本、孔本、韩本黜作‘绌’，是。音义出‘绌’字。”**孟子曰：“伯夷隘，柳下惠不恭。隘与不恭，君子不由也。”**【注】伯夷隘，惧人之污来及己，故无所含容，言其太隘狭也。柳下惠轻忽时人，禽兽畜之，无欲弹正之心，言其大不恭敬也。圣人之道，不取于此，故曰君子不由也。先言二人之行，孟子乃评之。【疏】注“伯夷”至“评之”○正义曰：礼记礼器云“君子以为隘矣”，注云：“隘，犹狭陋也。”音义云：“隘，或作‘阸’，或作‘阨’，并乌懈切。”文选吴都赋“邦有湫阨”，刘逵注云：“阨，小也。”湫阨即湫隘。小犹狭也。文选注引晋綦毋邃孟子注云：“隘，谓疾恶太甚，无所容。不恭，谓禽兽畜人，是不敬。然此不为褊隘，不为不恭。”此解隘、不恭与赵氏同。而其不同赵氏者，赵氏谓伯夷之不屑就为隘，柳下惠之不屑去为不恭，以君子不由为圣人不取。由，用也。取，亦用也。然孟子以夷为圣之清，惠为圣之和，夷、惠既是圣人，则隘、不恭圣人不由，不得谓夷、惠为隘、不恭，故綦毋邃易赵氏义云：“此不为褊隘，不为不恭。”此字指夷之“不屑就”，惠之“不屑去”，谓如是为隘，如是为不恭，若谓伯夷隘，柳下惠不恭，则伯夷、柳下惠皆君子也，隘与不恭君子皆不为，则夷不为隘，惠不为不恭也。后汉书黄琼传李固遗琼书云：“君子谓伯夷隘，柳下惠不恭，故传曰：‘不夷不惠，可否之间。’”赵氏之义，固有所本矣。

章指言：伯夷、柳下惠，古之大贤，犹有所阙。介者必偏，中和为贵，纯圣能然，君子所由，尧舜是尊。

【疏】“介者必偏”○正义曰：文选注引者作“然”。音义云：“介者，丁云字多作‘分’，误也。”

孟子正义卷八

孟子卷第四

公孙丑章句下凡十四章。

1　**孟子曰："天时不如地利，地利不如人和。三里之城，七里之郭，环而攻之而不胜。夫环而攻之，必有得天时者矣；然而不胜者，是天时不如地利也。**【注】天时，谓时日、支干、五行、王相、孤虚之属也。地利，险阻城池之固也。人和，得民心之所和乐也。环城围之，必有得天时之善处者。然而城有不下，是不如地利。【疏】"天时"至"人和"○正义曰：尉缭子战威篇云："故曰天时不如地利，地利不如人和，圣人所贵，人事而已。"又武议篇引此二句，亦断之曰"古之圣人，谨人事而已"。翟氏灏考异云："尉缭与孟子同时，两述斯言，皆以圣人称之。荀子王霸篇亦云：'上不失天时，下不失地利，中得人和。'斯言也，孟子之前，应见古别典。"○"三里"至"利也"○正义曰：臧氏琳〔一〕经义杂记云："晋书段灼传云：'臣闻天时不如地利，地利不如人和。三里之城，五里之郭，圆围而攻之，有不克者，此天时不如地利。城非不高，池非不深，杀非不多，兵非不利，委而去之，此地利不如人和。然古之王者，非不先推恩德，结固人心；人心苟和，虽三里之城，五里之郭，不可攻也；人心不和，虽金城汤池，不能守也。'此本孟

〔一〕"琳"原作"玉林"，案臧琳字玉林。焦氏引诸家说，称名不称字，前后引经义杂记均称臧琳，今据改。

子。今公孙丑下作'三里之城,七里之郭',疑误也。郭为外城,犹椁为外棺,开广二里,已不为狭;若城三里而郭七里,是外城反过倍于内城矣。外城既有七里,内城又当不止三里,段两言'五里之郭',必非误。"按战国策齐策貂勃云"三里之城,五里之郭",田单又云"五里之城,七里之郭",皆指即墨而言。其城郭之小,七里五里,固未可拘也。阎氏若璩释地又续云:"左传疏曰:'天子之城方九里,诸侯礼当降杀,则知公七里,侯伯五里,子男三里。'尚书大传云:'古者七十里之国,三里之城。'然则孟子盖谓伯子男之城也。"尉缭子天官篇云:"今有城,东西攻不能取,南北攻不能取,四方岂无顺时而乘之者耶?不能取者,城高池深,兵器备具,财谷多积,豪士一谋者也。若城下池浅守弱,则取之矣。由是观之,天官时日,不若人事也。"此言东西攻,南北攻,即所云环而攻之。吕氏春秋爱士篇云"晋人已环缪公之车矣",高诱注云:"环,围也。谓周旋围绕之也。"周氏柄中辨正云:"周礼春官簭人'九曰簭环',注:'谓筮可致师不也。'孟子'环而攻之'之环,即周礼'筮环'之环。环而攻之谓筮而攻之也。"张氏尔岐蒿庵闲话云:"赵注似长兵家言,天时多言向背,如'背孤击虚''背亭亭击白奸'之类。每日每时,各有其宜背宜向之方,环而攻之,则四面必有一处合天时之善者。"○注"天时"至"属也"○正义曰:时,十二辰,地支也。日,即十日,天干也。太玄玄数篇云:"五行用事者王,王所生相,故王废,胜王囚王,所胜死。"淮南子墬形训云:"木壮,水老火生,金囚土死。火壮,木老土生,水囚金死。土壮,火老金生,木囚水死。金壮,土老水生,火囚木死。水壮,金老木生,土囚火死。"论衡难岁篇云:"立春,艮王震相,巽胎离没,坤死兑囚,乾废坎休。王之冲死,相之冲囚,王相冲位,有死囚之气。"此王相之说也。史记龟策列传云:"日辰不全,故有孤虚。"集解云:"甲乙谓之日,子丑谓之辰。六甲孤虚法:甲子旬中无戌亥,戌亥即为孤,辰巳即为虚。甲戌旬中无申酉,申酉为孤,寅卯为虚。甲申旬中无午未,午未为孤,子丑为虚。甲午旬中无辰巳,辰巳为孤,戌亥即为虚。甲辰旬中无寅卯,寅卯为孤,申酉即为虚。甲寅旬中无子丑,子丑为孤,午未即为虚。刘歆七略有风后孤虚二十卷。"此孤虚之说也。周礼春官太史职:"太师抱天时,与太师同车。"郑司农云:"大出师,则太史主抱式,以知天时处吉凶。史官主知天道,故国语曰:'吾非瞽史,焉知天道?'春秋传云:'楚有云如众赤鸟,夹日以飞。楚子使问诸周太史,太史主天道。'"周时术士,以七政占验为天道,故裨灶云:"天道多在西北。"子产虽正斥之云:"天道远,人道迩,灶焉知天道?"然其时则混以天时为天道,至孔子赞易,明元亨利贞为天之道,言"天道亏盈而益谦",言"立天之道,曰阴与阳;立地之道,曰柔与刚;立人之道,曰仁与义",而天道乃明。孟子以"天道"与"仁义礼智"并言,而此五行时日之术,别之为"天时",而天时天道乃晓然明于世也。**城非不高也,池非不深也,兵革非不坚利也,米粟非不多也,委而去之,是地利不如人和也。**【注】有坚强如此而破之走者,不得民心,民不为守,卫懿公之民曰:"君其使鹤战,余焉能战?"是也。【疏】注"有坚"至"是也"○正义曰:破之走者解委而去之,走字释去之矣。委无破义,阮氏元校勘记云:"岳本破作'被'。"淮南子精神训云"委万物而不利",高诱注云:"委,弃也。"汉书地理志千乘郡被阳,注引如淳云:"一作'疲',音罢军之罢。"罢即疲。国语周语注云:"弃,废也。"礼记中庸"半涂而废",注云:"废,犹罢止也。"表记"中道而废",注云:"废,喻力极罢顿,不能复行,则止也。"赵氏当作"疲之走者",通疲为被,传写误作"破"也。罢而去之即弃而去之也,岳本得之。引卫懿公之事,见闵公二年左传,云:"狄人伐卫,卫懿公好鹤,鹤有乘轩者。将战,国人受甲者皆曰:'使鹤,鹤实有禄位,余焉能战?'"是其事也。**故曰域民不以封疆之界,固国不以山溪之险,威天下不以兵革之利。**【注】域民,居民也。不以封疆之界禁之,使民怀德也。不依险阻之固,恃仁惠也。不冯兵革之威,仗道德也。【疏】注"域民居民也"○正义曰:荀子礼论篇云:"是君子之坛宇宫廷也。人有是,士君子也。"史记礼书云:"是以君子之性,守宫廷也。人域是域,士君子也。"毛诗"正域彼四方",传云:"域,有也。"有是即域是。索隐云:"域,居也。言君子之行,非人居亦弗居也。"上言宫廷,下言域,故知域是居,与赵氏同也。阎氏若璩释地云:"汉地理志言齐初封地舄卤,寡人民,乃劝业通商,而人物始辐凑。先发端云'古者有分土,无分民',颜师古注:'无分民者,谓通往来,不常厥居也。'最是。所以硕鼠之诗'逝将去女',论语之书'襁负而至'。若至七国便不然,'域民不以封疆之界',则当时封疆之界,固以域其民矣。"按吕氏春秋慎人篇云"胼胝不居",高诱注云:"居,止也。"以法禁之,使民止于此居也。

以德怀之,未尝禁之,而民自止于此,亦居也。居民不以封疆之界,谓止民不以法禁之,以德怀之也。居此民则止此民,止此民即有此民矣。**得道者多助,失道者寡助。寡助之至,亲戚畔之;多助之至,天下顺之。以天下之所顺,攻亲戚之所畔,故君子有不战,战必胜矣。"**【注】得道之君,何向不平。君子之道,贵不战耳。如其当战,战则胜矣。【疏】"得道"至"胜矣"○正义曰:音义云:"'寡助之至',至或作'主'。"按多助之至亦当作"多助之主"。赵氏云"得道之君",即解多助之主。上言"得道者多助",则多助之主即是得道之君也。有不战,不当战也。当战则战矣。当战则战,所以必胜。

章指言:民和为贵,贵于天地,故曰得乎丘民为天子也。

2　孟子将朝王,王使人来曰:"寡人如就见者也,有寒疾,不可以风,朝将视朝,不识可使寡人得见乎?"【注】孟子虽仕于齐,处宾师之位,以道见敬,或称以病,未尝趋朝而拜也。王欲见之,先朝使人往谓孟子云,寡人如就见者,若言就孟子之馆相见也。有恶寒之病,不可见风,傥可来朝,欲力疾临视朝,因得见孟子也。不知可使寡人得相见否。【疏】注"王欲"至"见否"○正义曰:云寡人如就见者,若言就孟子之馆相见也。此以若言释如字。仪礼乡饮酒礼云"如大夫入",注云:"如,读若今之若。"广雅释言云:"如,若也。"云若言者,尔雅释诂云:"图,如,猷,谋也。"释言云:"猷,图也。""猷,若也。"然则如与若义同。而如之为谋为图为猷,与若之为猷为图同。寡人如就见者也,即寡人图就见者也。释诂又云:"猷,言也。"赵氏叠若言二字释如字,谓如者若也言也。若之为如,不必为图猷之义。必叠言字,则其为猷为图,了然明白,此赵氏训释之精也。或训如为往,不及赵氏远矣。王氏引之经传释词云:"如字亦与将同义。"阎氏若璩释地三续云:"古者鸡鸣而起朝,辨色始入,君日出而视之。以知孟子将朝王,盖鸡鸣之后,辨色之前;朝将之朝,则日出时也。愚初解如此,复阅赵注云:'傥可来朝,欲力疾临视朝。'视朝内仍带有力疾不得已之意，颇妙。不然，既恶寒，大廷之上与道涂奚别焉？'朝将视朝'，上朝字当读住，齐王以孟子肯来朝，方视朝。不然，仍以疾罢，语颇婉切。"按张仲景伤寒论云："太阳之为病，脉浮，头项强痛而恶寒。"又云："太阳中风，啬啬恶寒，淅淅恶风。"此云不可以风，则是恶风。恶风而云寒疾，盖是太阳中风，寒水之经疾也。赵以云"寒疾不可以风"，故以为恶寒之疾。高诱注吕氏春秋、淮南子，多云："识，知也。"故以不知解不识。

对曰："不幸而有疾，不能造朝。"【注】孟子不悦王之欲使朝，故称有疾。**明日，出吊于东郭氏。公孙丑曰："昔者辞以病，今日吊，或者不可乎？"**【注】东郭氏，齐大夫家也。昔者，昨日也。丑以为不可。【疏】注"东郭"至"日也"〇正义曰：史记平准书"东郭咸阳"，索隐引风俗通云："东郭牙，齐大夫，咸阳其后也。"是齐有东郭氏为大夫家也。翟氏灏考异云："愚谓〔一〕孟子所重，贤而已矣，何必定大夫。韩诗外传云〔二〕：'齐有东郭先生梁石君，不诎身下志以求仕，世之贤也。'孟子所吊梁石君，应其人耳。"按东郭先生盖住居东郭，未必即东郭氏，此明称氏为大夫家是也。文选悼亡诗注引苍颉篇云："昨，隔日也。"广韵云："昨，隔一宵也。"昔之训为久为旧为往，则通隔日以前，俱谓之昔。孟子辞疾，仅隔一宵，故云明日出吊。下计隔日为明日，上计隔日为昨日，故以昔者为昨日也。庄子齐物论云"今日适越而昔至也"，释文引向秀注云："昔者，昨日之谓也。"与赵氏此注同。阮氏元校勘记云："'今日吊'，闽、监本、孔本、韩本同。廖本、毛本日作'以'，形近之讹。考文引作'今以吊'，云'今下古本有日字'。足利本同。尤非。"

曰："昔者疾，今日愈，如之何不吊。"【注】孟子言我昨日病，今日愈，我何为不可以吊。

王使人问疾医来，【注】王以孟子实病，遣人将医来，且问疾也。**孟仲子对曰："昔者有王命，有采薪之忧，不能造朝；今病小**

〔一〕"愚谓"二字，据考异补。

〔二〕"韩诗外传云"五字原误植"孟子所重"上，据考异改。

愈，趋造于朝，我不识能至否乎？"【注】孟仲子，孟子之从昆弟，学于孟子者也。权辞以对如此。忧，病也。曲礼云："有负薪之忧。"【疏】注"孟仲"至"者也"○正义曰：孟仲子之名，两见毛诗传所引。一维天之命传云："孟仲子曰：大哉！天命之无极，而美周之礼也。"一閟宫传云："孟仲子曰：是禖宫也。"孔氏正义云："孟子云：'齐王以孟子辞病，使人问医来，孟仲子对。'赵岐云：'孟仲子，孟子从昆弟，学于孟子者也。'谱云：'孟仲子者，子思弟子。盖与孟子共事子思，后学于孟轲，著书论诗。'毛氏取以为说。"曹氏之升摭余说云："孟子且不亲受业于子思之门，何有仲子？以赵氏从昆弟之说为信，而告子篇之孟季子，又当为仲子之弟也。至序录所称子夏传曾申，申传魏人李克，克传鲁人孟仲子者，当别是一人。"按东莱读诗记引陆玑草木鸟兽虫鱼疏云："子夏传鲁人申公，申公传魏人李克，李克传鲁人孟仲子，孟仲子传赵人孙卿。"陆德明释文序录既引徐整说，谓子夏授高行子，高行子授薛仓子，薛仓子授帛妙子，帛妙子授河间人大毛公。又引一说云："子夏传曾申，申传魏人李克，克传鲁人孟仲子，孟仲子传根牟子，根牟子传赵人孙卿子，孙卿子传鲁人大毛公。"后一说同于陆氏，而仲子于孙卿中间多一根牟子，皆不言孟仲子受学于子思、孟子。赵氏谓为孟子从昆弟，必有所出，今未详矣。礼记乐记云"病不得其众也"，注云："病，忧也。"是忧即病也。引曲礼者，见礼记曲礼下篇云："君使士射，不能则辞以疾，言曰某有负薪之忧。"是也。

使数人要于路曰："请必无归而造于朝。"【注】仲子使数人要告孟子，君命宜敬，当必造朝也。

不得已，而之景丑氏宿焉。【注】孟子迫于仲子之言不得已，而心不欲至朝，因之其所知齐大夫景丑之家而宿焉。且以语景子。【疏】"景丑氏"○正义曰：翟氏灏考异云："汉书艺文志有景子三篇，列儒家者流。此称景丑为景子，其言父子主恩，君臣主敬，及引礼父召君召诸文，颇有见于儒家大意，景子似即著书之景子也。孟子宿于其家，盖亦以气谊稍合往焉。"○注"而心不欲至朝"○正义曰：仪礼乡饮酒礼贾氏疏云："齐王召孟子不肯朝，后不得已而朝之。宿于大夫景丑氏之家。"此解不得已为不得已而朝是也。赵氏言"迫于仲子之言不得已"，已，止也。不得止者，不得不往朝也。但身虽至朝而心不欲至朝，盖是时王未视朝，或已视朝而退，孟子虽造朝而未见王，故宿于景丑氏，而以所以辞疾之故告也。考文古本心作"必"，非。

景子曰："内则父子，外则君臣，人之大伦也。父子主恩，君臣主敬，丑见王之敬子也，未见所以敬王也。"【注】景丑责孟子不敬何义也。

曰："恶！是何言也！齐人无以仁义与王言者，岂以仁义为不美也？其心曰'是何足与言仁义也'云尔，则不敬莫大乎是。【注】曰恶者，深嗟叹。云景子之责我何言乎，今人皆谓王无知，不足与言仁义。云尔，绝语之辞也。人之不敬，无大于是者也。【疏】注"云尔绝语之辞也"○正义曰：云尔，分言之，皆语词也。文选古诗"故人心尚尔"，注引字书云："尔，词之终也。"叠云尔两字，是终竟无疑之词，故为语绝也。**我非尧舜之道，不敢以陈于王前，故齐人莫如我敬王也。"**【注】孟子言我每见王，常陈尧舜之道以劝勉王，齐人岂如我敬王者邪。

景子曰："否！非此之谓也。礼曰：'父召无诺，君命召不俟驾。'固将朝也，闻王命而遂不果，宜与夫礼若不相似然。"【注】景子曰：非谓不陈尧舜之道，谓为臣固自当朝也。今有王命而不果行，果，能也。礼"父召无诺"，无诺而不至也。君命召，辇车就牧，不坐待驾，而夫子若是，事宜与夫礼若不相似然乎，愚窃惑焉。【疏】注"景子"至"惑焉"○正义曰：非谓不陈尧舜之道解"否非此之谓也"句，谓为臣固自当朝也解"固将朝也"。以自当二字释将字，自当，将之缓声。近时通解，谓将朝即指"孟子将朝王"而言。礼记曲礼云："父召无诺，先生召无诺，唯而起。"玉藻云："父命呼，唯而不诺。"又云："君召以三节：二节以走，一节以趋。在官不俟屦，在外不俟车。"曲礼注云："应辞，唯恭于诺。"论语乡党篇云"君命召不俟驾行矣"，集解云："郑曰：急趋君命，行出而车驾随之。"赵氏言"无诺而不至"，与"唯而不诺"义异。云辇车就牧者，荀子大略篇云："诸侯召其臣，臣不俟驾，颠倒衣裳而走，礼也。诗曰：'颠之倒之，自公召之。'天子召诸侯，辇舆就马，礼也。诗曰：‘我出我车，于彼牧矣。自天子所，谓我来矣。’”注云：“辇谓人挽车，言不暇待马至，故辇舆就马也。”出车就马于牧地，赵氏撮其辞。音义云：“‘宜与’，丁音余。下‘是与’‘死与’‘言与’‘伐与’‘杀与’‘之与’‘过与’皆同。此‘宜与’，亦如字。”翟氏灏考异云：“书斋夜话曰：宜与之与音欤。古者欤字皆作与字，宜欤即可乎之谓，当以与字绝句，不当连下文。”尔雅释诂云：“宜，事也。”故以事释宜。宜与夫礼，谓夫子之事，与礼所云，若不相似。赵氏读与如字，孙奭谓“宜与如字”，是也。丁读宜与为句，非也。王氏引之经传释词云：“家大人曰：宜，犹殆也。成二年左传‘宜将窃妻以逃者也’，孟子公孙丑篇‘宜与夫礼若不相似然’，滕文公篇‘不见诸侯宜若小然’，又‘枉尺而直寻，宜若可为也’，离娄篇‘宜若无罪焉’，尽心篇‘宜若登天然’，齐策‘救赵之务，宜若奉漏瓮，沃燋釜’，宜字并与殆同义。”

曰：“岂谓是与？曾子曰：‘晋楚之富，不可及也。彼以其富，我以吾仁；彼以其爵，我以吾义，吾何慊乎哉？’夫岂不义而曾子言之，是或一道也。【注】孟子答景丑云，我岂谓是君臣召呼之间乎。谓王不礼贤下士，故道曾子之言，自以不慊晋楚之君。慊，少也。曾子岂尝言不义之事邪，是或者自得道之一义，欲以喻王犹晋楚，我犹曾子，我岂轻于王乎。【疏】注“慊少也”○正义曰：王氏念孙广雅疏证云：“歉，少也。说文：‘歉，食不满也。’襄二十四年穀梁传‘一谷不升谓之嗛’，范宁注云：‘嗛，不足貌。’韩诗外传作‘鎌’，广雅释天作‘歉’。孟子公孙丑篇‘吾何慊乎哉’，赵岐注云：‘慊，少也。’逸周书武称解云：‘爵位不谦，田宅不亏。’并字异而义同。”翟氏灏考异云：“吕氏春秋魏文侯曰：‘段干木光乎德，寡人光乎地；段干木富乎义，寡人富乎财，吾安敢骄之？’与此语意相同。文侯尝受经义于子夏，宜得闻曾子言也。”**天下有达尊三：爵一，齿一，德一。朝廷莫如爵，乡党莫如齿，辅世长民莫如德。恶得有其一，以慢其二哉？**【注】三者，天下之所通尊也。孟子谓贤者长者，有德有齿；人君无德，但有爵耳，故云何得以一慢二乎。【疏】注“贤者长者有德有齿”○正义曰：仪礼乡饮酒礼注云：“凡乡党饮酒，必于民聚之时，欲其见化，知尚贤尊长也。孟子曰：'天下有达尊三：爵也，德也，齿也。'"德是尚贤，齿是尊长，故云贤者长者。**故将大有为之君，必有所不召之臣，欲有谋焉则就之，其尊德乐道，不如是不足与有为也。**【注】言古之大圣大贤，有所兴为之君，必就大贤臣而谋事，不敢召也。王者师臣，霸者友臣也。【疏】注"有所兴为之君"○正义曰：为，作也。兴，亦作也。故以兴释为。○注"王者师臣，霸者友臣"○正义曰：荀子王制篇云："臣诸侯者王，友诸侯者霸，敌诸侯者亡。"又尧问篇引中蘬之言云："诸侯自为得师者王，得友者霸，得疑者存，自为谋而莫己若者亡。"白虎通王者不臣篇引韩诗内传云："师臣者帝，友臣者王，臣臣者霸，鲁臣者亡。"**故汤之于伊尹，学焉而后臣之，故不劳而王。桓公之于管仲，学焉而后臣之，故不劳而霸。**【注】言师臣者王，桓公能师臣，而管仲不勉之于王，故孟子于上章陈其义，讥其烈之卑也。**今天下地丑德齐，莫能相尚，无他，好臣其所教，而不好臣其所受教。**【注】丑，类也。言今天下之人君，土地相类，德教齐等，不能相绝者，无他，但好臣其所教敕役使之才可骄者耳，不能好臣大贤可从受教者。【疏】注"丑类"至"教者"○正义曰：礼记哀公问云"节丑其衣服"，注云："丑，类也。"是丑之义为类。戴氏震方言疏证云："方言：'掩，丑，掍，綷，同也。江、淮、南楚之间曰掩，宋、卫之间曰綷，或曰掍，东齐曰丑。'按掩、奄古通用，诗周颂'奄有四方'，毛传：'奄，同也。'丑训类，类亦同也。孟子'今天下地丑德齐，莫能相尚'，赵岐注云：'丑，类也。'以方言证之，于义尤明。"高诱注吕氏春秋、淮南子皆云："齐，等也。绝，过也。"故以等释齐。相类相等，则不能相过矣。广雅释诂云："教，敕语也。"是教与敕义同。刘熙释名释书契云："敕，饬也。使自警饬，不敢废慢也。"教敕之使不敢慢，是我所使役之才也。礼记内则云"降德于众兆民"，注云："德，犹教也。"当时诸侯，无德可言，故德齐，亦谓其所教敕于臣民者同也。**汤之于伊尹，桓公之于管仲，则不敢召；管仲且犹不可召，而况不为管仲者乎？"**【注】孟子自谓不为管仲，故非齐王之召己，己是以不往也。

章指言：人君以尊德乐义为贤，君子以守道不回为志。【疏】“君子”至“为志”○正义曰：毛诗大雅“厥德不回”，传云：“回，违也。”小雅“其德不回”，传云：“回，邪也。”

3 陈臻问曰：“前日于齐，王馈兼金一百而不受；于宋，馈七十镒而受；于薛，馈五十镒而受。前日之不受是，则今日之受非也。今日之受是，则前日之不受非也。夫子必居一于此矣。”【注】陈臻，孟子弟子。兼金，好金也。其价兼倍于常者，故谓之兼金。一百，百镒也。古者以一镒为一金。镒，二十两也。【疏】注“古者”至“两也”○正义曰：国策秦策云“黄金万溢”，高诱注云：“万溢，万金也。”二十两为一溢，是一溢为一金也。闽、监、毛三本误作“二十四两”。阮氏元校勘记云：“廖本、考文古本、孔本、韩本作‘镒二十两也’。作二十两乃与为巨室章合。”

孟子曰：“皆是也。当在宋也，予将有远行，行者必以赆，辞曰‘馈赆’，予何为不受？【注】赆，送行者赠贿之礼也。时人谓之赆。【疏】注“赆送”至“之赆”○正义曰：臧氏庸述其高祖琳经义杂记云：“论衡刺孟引孟子云：‘行者必以賮，辞曰归賮。’文选魏都赋‘繦负賮贽’，刘渊林注：‘賮，礼贽也。孟子曰：将有远行，行者必以賮。苍颉篇曰：賮，财货也。’赭白马赋‘或逾远而纳賮’，李善注：‘孟子曰：有远行者，必以賮。’知孟子本作‘賮’，今作赆乃俗字。”段氏玉裁说文解字注云：“賮，会礼也。以财货为会合之礼也。或假进为之，如汉高纪曰‘萧何为主吏主进’是也。”当在薛也，予有戒心，辞曰‘闻戒’，故为兵馈之，予何为不受？【注】戒，有戒备不虞之心也。时有恶人欲害孟子，孟子戒备，薛君曰闻有戒，此金可鬻以作兵备，故馈之。我何为不受也。【疏】“当在薛也”○正义曰：周氏广业孟子出处时地考云：“孟子所在之薛，乃齐靖郭君田婴封邑，非春秋之薛也。左传隐十一年'薛侯',注云:'鲁国薛县。'公羊哀四年注云:'滕薛侠毂。'此春秋之薛也。史记孟尝君列传:'湣王三年,封婴于薛。婴卒,子文代立。'续汉志'鲁国薛县'本注云:'本国六国时曰徐州。'补注引皇览曰:'靖郭君冢在城中东南陬。'此战国之薛也。其时薛为齐有,地邻于楚,故国策载齐将封婴于薛,楚王闻之大怒,将伐齐。公孙闬往见楚王曰:'齐削地以封婴,是以所以弱也。'楚王乃止。后昭阳又请以数倍之地易〔一〕薛,婴不可。时婴以宣王庶弟,相齐十数年,得于薛立先王之庙,至田文直称薛公,盖不特大都耦国,其名数亦俨同列侯,故孟子过此,亦受其馈也。薛与滕近,文公闻筑薛而恐是也。齐湣王将之薛,假途于邹;而太史公言吾尝过薛,其俗与邹、鲁殊,则地近邹、鲁,又可知矣。方孟子在宋,而有远行,其欲游梁无疑。但梁、宋接境,史记货殖传:'自鸿沟以东,芒砀以北,属钜鹿,此梁宋也。陶睢阳,亦一都会也。'徐广曰:'梁为今陶之浚仪。陶睢阳,今之定陶。'又国策:'魏太子申之攻齐也,过宋外黄。'高诱曰:'今陈留外黄,故宋城也。后徙睢阳。'然则自梁至齐,必先过宋,孟子之游梁,固宜由睢阳西达大梁,否亦径归邹,而反折而东,自薛归邹者,有戒心故也。赵岐言'时有恶人欲害孟子',应劭云:'又绝粮于邹、薛,困殆甚。'薛之俗在孟尝未招致任侠奸人之前,其子弟已多暴桀,异于邹、鲁,故恶孟子欲害之耶?抑上下无交,有如孔子之厄于陈、蔡者耶?是皆未可知。而孟子设兵戒备,则非寻常剽掠明矣。孟子在齐,东郭、公行辈皆所往还,宁独遗一田婴,是其取道于薛,固因避祸,而馈金以其困乏,亦东道主之义也。"江氏永群经补义云:"孟子过薛,薛君馈五十镒,当宣王时,即孟尝君田文也。"○注"戒有"至"受也"○正义曰:襄公三年左传云"不虞之不戒",又十三年左传云"吴乘我丧,谓我不能师也,必易我而不戒",注并云:"戒,备也。"说文云:"戒,警也。从廾持戈,以戒不虞。"为,犹作也。赵氏以作兵释为兵。

若于齐,则未有处也。无处而馈之,是货之也。焉有君子而可以货取乎?"【注】我在齐时无事,于义未有所处也。义无所处而馈之,是以货财取我,欲使我怀惠也。安有君子而以货财见取乎。

〔一〕"易"字原脱,据国策补。

章指言：取与之道，必得其礼。于其可也，虽少不辞；义之无处，兼金不顾。【疏】“义之无处兼金不顾”○正义曰：后汉书张衡传衡作应间云：“意之无疑，则兼金盈百，而不嫌辞，孟轲以之。”

4 孟子之平陆，谓其大夫曰：“子之持戟之士，一日而三失伍，则去之否乎？”【注】平陆，齐下邑也。大夫，治邑大夫也。持戟，战士也。一日三失其行伍，则去之否乎，去之，杀之也。戎昭果毅。【疏】注“平陆”至“果毅”○正义曰：毛诗鄘风“在浚之都”，传云：“下邑曰都。”下言“王之为都者”，平陆是都，故云下邑也。秦风无衣云：“王于兴师，修我矛戟。”序云：“秦人刺其君好攻战，亟用兵。”宣二年左传云：“灵辄为公介，倒戟以御公徒。”韩非子势难篇云：“地方数千里，持戟数千万。”战国策秦策云：“楚地持戟百万。”是持戟为战士也。“戎昭果毅”，亦见宣二年左传云：“戎昭果毅以听之之谓礼。杀敌为果，致果为毅，易之，戮也。”军法以杀敌为令，故宜听之，常存于耳，若易之则戮。此失伍是不听政令，故当杀戮之。国语吴语云：“明日徙舍，斩有罪者以徇，曰：莫如此不从其伍之令。”是失伍者当杀也。阎氏若璩释地云：“读〔一〕史记商君列传‘持矛而操闟戟者，旁车而趋’，聂政列传‘韩相侠累，方坐府上，持兵戟而卫侍者甚众’，因悟孟子‘持戟之士’亦然。盖为大夫守卫者，非指战士，伍亦非行间，七国时尚武备，多奸变生于不测，而平陆又属齐边邑，故虽治邑大夫，亦日日陈兵自卫，孟子即所见以为喻。郝京山曰：‘伍，班次也。失伍，不在班也。去之，罢去也。’亦指守卫者言。或问：平陆之为齐边邑者，何也？余曰：六国表、田齐世家康公贷十五年，鲁败我平陆，徐广曰：‘东平陆县。’余谓汉属东平国，为古厥国，孔子时为鲁中都邑地，尔时属齐，即今汶上县是。又有陶平陆，则梁门不开。张守节云：‘平陆，唐兖州县。’即中都，在大梁东界。故曰平陆齐边邑也。”周氏柄中辨正云：“史

〔一〕“读”字原脱，据四书释地补。

记封禅书、汉书郊祀志云：‘蚩尤在东平陆监乡，齐之西竟。’水经注：‘汶水又西南径东平陆故城北。’应劭曰：‘古厥国也。’‘又西南径致密城’，郡国志曰：‘须昌县有致密城，古中都也。即夫子所宰之邑。’则东平陆为厥国，须昌为中都，其地相近。后汉省平陆入须昌，遂合而为一耳。”

曰：“不待三。”【注】大夫曰：一失之则行罚，不及待三失伍也。

“然则子之失伍也亦多矣：凶年饥岁，子之民，老羸转于沟壑，壮者散而之四方者，几千人矣。”【注】转，转尸于沟壑也。此则子之失伍也。【疏】注“转转”至“壑也”○正义曰：淮南子主术训云“生无乏用，死无转尸”，高诱注云：“转，弃也。”刘熙释名释丧制云：“不得埋曰弃，谓弃之于野也。”国语吴语云“子有父母耆老，而子为我死，子之父母将转于沟壑”，注云：“转，入也。”入于沟壑，亦谓无以送死，与转尸之义同耳。周书大聚解“则生无乏用，死无传尸”，注云：“传于沟壑。”惠氏栋云：“传尸，犹转尸也。淮南子‘郁而无转’，高诱注云：‘转读作传。’盐铁论通有篇云：‘今吴越之竹，随唐之材，不可胜用，而曹、卫、梁、宋采棺转尸。’”卢氏文弨群书拾补云：“当即近世以旧用之棺卖与人者。”按文学对云：“是以生无乏资，死无转尸。”即用周书，与淮南主术同。

曰：“此非距心之所得为也。”【注】距心，大夫名。曰此乃齐王之大政，不肯赈穷，非我所得专为也。

曰：“今有受人之牛羊而为之牧之者，则必为之求牧与刍矣。求牧与刍而不得，则反诸其人乎，抑亦立而视其死与？”【注】牧，牧地。以此喻距心不得自专，何不致为臣而去乎，何为立视民之死也。【疏】注“牧牧地”○正义曰：周礼天官大宰“以九职任万民，四曰薮牧，养蕃鸟兽”，注云：“牧，牧田，在远郊，皆畜牧之地。”贾氏疏云：“载师云‘牧田赏田在远郊之地’，郑注云：‘牧田，畜牧者之家所受田也。’非畜牧之地，但牧六畜之地无文，郑约与家人所受田处，即有六畜之地，故云在远郊也。”国语周语云“周制有之曰，国有郊牧”，注云：“国外曰郊牧，放牧之地。”

曰：“此则距心之罪也。”【注】距心自知以不去位为罪也。

他日见于王曰："王之为都者，臣知五人焉。知其罪者惟孔距心。"为王诵之。

王曰："此则寡人之罪也。"【注】孔，姓也。为都，治都也。邑有先君之宗庙曰都。诵，言也。为王言所与孔距心语者也。王知本之在己，故受其罪。【疏】注"孔姓"至"其罪"〇正义曰：前自称距心是名，此加孔字，知是姓也。为，治也。为都，犹论语言善人为邦，能以礼让为国，吕氏春秋举难篇言说桓公以为天下，淮南子俶真训言与造物者为人，是即治都也。庄二十八年左传云："凡邑有宗庙先君之主曰都，无曰邑。"说文邑部云："有先君之旧宗庙曰都。"阎氏若璩释地续云："都与邑，虽有大小、君所居、民所聚、有宗庙及无之别，其实古多通称。如'商邑翼翼，四方之极'，'即伐于崇，作邑于丰'，此都称邑之明征也。赵良曰'君何不归十五都'，孟子曰'王之为都者'，此邑称都之明征也。"释地又续云："向谓都与邑可通称，今不若直以曲沃证，庄二十八年'宗邑无主'，闵元年云'分之都城'；更证以费，昭十三年云'谁与居邑'，定十二年云'将堕三都'，是非尔雅'宫谓之室，室谓之宫'一例乎？"以言释诵者，亦见广雅释诂。汉书吕后纪云："勃尚恐不胜，未敢诵言诛之。"注引郑展云："诵言，公言也。"说文言部云："讽，诵也。""诵，讽也。"周礼春官大司乐"以乐语教国子兴道讽诵言语"，注云："倍文曰讽，以声节之曰诵，发端为言，答述曰语。"盖讽、诵、言、语四字，分言之义别，单举之义通。诵可训讽，亦可训言矣。毛诗公刘传云："直言曰言。"直言即公言。为王诵之为王直言之，与孔距心语为王述之，即是倍诵之也。

章指言：人臣以道事君，否则奉身以退。诗云："彼君子兮，不素餐兮。"言不尸其禄也。【疏】"人臣"至"禄也"〇正义曰：论语先进篇云："所谓大臣者，以道事君，不可则止。"襄公二十六年左传云："臣之禄，君实有之。义则进，否则奉身而退。专禄以周旋，戮也。"哀公六年左传云："义则进，否则退。"引诗者，魏风伐檀篇文。毛传云："素，空也。"文选注引薛君韩诗章句云："何谓素餐，素者，质也。人但有质朴，而无治民之材，名曰素餐。"尸禄者，颇有所知善恶，不宜默之不语，苟欲得禄而已，譬若尸焉。汉书鲍宣传上书云"以拱默尸禄为智”，颜师古注云：“尸，主也。不忧其职，但言食禄而已。”又贡禹传上书云：“所谓素餐尸禄，洿朝之臣。”尸禄犹云专禄也。

5　孟子谓蚳蛙曰：“子之辞灵丘而请士师，似也。为其可以言也。今既数月矣，未可以言与？”【注】蚳蛙，齐大夫。灵丘，齐下邑。士师，治狱官也。周礼士师曰：“以五戒先后刑罚，毋使罪丽于民。”孟子见蚳蛙辞外邑大夫，请为士师，知其欲近王，以谏正刑罚之不中者。数月而不言，故曰未可以言与，以感责之也。【疏】注“蚳蛙”至“之也”〇正义曰：杨桓六书统引石经孟子作“䖤蛙”。周氏广业孟子逸文考云：“此石经当是蜀中所刻，说文‘蚳’字重文有三，其籀文从氏从䖵，疑䖤为蝱字之讹也。”阎氏若璩释地云：“灵丘，亦属齐边邑，赵世家‘敬侯二年，败齐于灵丘’，六国表‘敬侯九年，魏武侯九年，韩文侯九年，因齐丧共伐之，至灵丘’，又赵世家‘惠文王十四年，乐毅将赵、秦、韩、魏攻齐，取灵丘，明年，燕独深入取临淄’，加以蚳蛙去王远，无以箴王阙，特辞灵丘，请士师，足征为边邑，实不知其所在。尔时赵别有灵丘，以葬武灵王得名，即今灵丘县。孝成王以灵丘封黄歇，绛侯击破陈豨于灵丘，皆其地。注史记者，以此之灵丘为齐之灵丘，无论齐境不得至代北，而敬侯时安得国有灵丘？胡三省注齐灵丘，又以汉清河郡之灵县当之，抑出臆度，毋宁阙疑。”江氏永群经补义云：“蚳蛙辞灵丘，赵岐注云‘齐下邑’，胡三省注通鉴谓即汉清河郡之灵县，今之高唐、夏津皆其地，疑此说是。楚魏皆尝伐齐至灵丘，正是汉清河郡，今之东昌府地也。于钦齐乘则云：‘今滕县东三十里明水河之南有灵丘故城。’未知何据。”士师为刑官之属，在大司寇小司寇下，是为治狱官。五戒者，“一曰誓，用之于军旅。二曰诰，用之于会同。三曰禁，用诸田役。四曰纠，用诸国中。五曰宪，用诸都鄙”。注云：“先后，犹左右也。”五戒皆告语于民，使不犯刑罚，则士师得掌刑狱之言语。但五戒下告于民，推之则刑罚不中，亦可上谏于君，故引以为可言之证也。

蚳蛙谏于王而不用，致为臣而去。【注】三谏不用，致仕而去。【疏】注“三谏”至“而去”〇正义曰：礼记曲礼下云：“为人臣之礼，不显谏；三谏而不听，则逃之。”庄公二十四年公羊传云：“三谏不从，遂去之，故君子以为得君臣之义也。”何休注云：“谏必三者，取月生三日而成魄，臣道就也。不从得去者，仕为行道，道不行，义不可以素餐。”

齐人曰：“所以为蚳蛙则善矣，所以自为则吾不知也。”【注】齐人论者讥孟子为蚳蛙谋，使之谏而去，则善矣。不知自谏，又不去，故曰我不见其自为谋者。【疏】注“我不见其自为谋者”○正义曰：吕氏春秋自知篇云“知于颜色”，注云：“知，犹见也。”盖调之云：孟子既为蚳蛙谋如是，则亦必自为谋，特吾未见之耳。

公都子以告。【注】公都子，孟子弟子也。以齐人语告孟子也。【疏】注“公都”至“子也”○正义曰：广韵“公”字注云：“汉复姓八十五氏，孟子称公都子有学业，楚公子食邑于都，后氏焉。”

曰：“吾闻之也：有官守者，不得其职则去。有言责者，不得其言则去。我无官守，我无言责也，则吾进退，岂不绰绰然有余裕哉！”【注】官守，居官守职者。言责，献言之责，谏争之官也。孟子言人臣居官，不得守其职，谏正君不见纳者，皆当致仕而去。今我居师宾之位，进退自由，岂不绰绰乎。绰，裕，皆宽也。【疏】注“官守”至“宽也”○正义曰：汉书谷永传永对曰：“臣为大中大夫，备拾遗之臣，从朝者之后。进不能尽思纳忠，辅宣圣德，迁至北地太守。臣闻事君之义：有言责者，尽其忠；有官守者，修其职。臣永幸得免于言责之辜，有官守之任。当毕〔一〕力遵职，养绥百姓而已，不宜复关得失之辞。”淮南子俶真训云“大夫安其职”，高诱注云：“职，事也。”师宾之位者，礼记文王世子云：“记曰：虞夏商周，有师保，有疑丞。”学记云：“君之所不臣于其臣者二，当其为师，则弗臣也。”注云：“尊师重道，不使处臣位也。武王践阼，召师尚父而问焉。曰：‘昔黄帝、颛顼之道有乎？意亦忽不可得见与？’师尚父曰：‘在丹书，王欲闻之，则齐矣。’王齐三日，端冕，师尚父亦端冕，奉书而入，负屏而立，王下堂南面而立，师尚父曰：‘先王之道，不北面。’王行西折而南，东面而立，师尚父西面道书之言。”史记

〔一〕“毕”原误“果”，据汉书改。

齐太公世家云："周西伯遇太公于渭之阳，载与俱归，立为师。"此不臣而师之事也。周礼地官乡大夫："三年则大比，考其德行道艺，而兴贤者能者。乡老及乡大夫帅其吏，与其众寡，以礼礼宾之。"注云："郑司农云〔一〕：'宾，敬也。敬所举贤者能者。'玄谓：合众而尊宠之，以乡饮酒之礼，礼以宾之。"吕氏春秋高义篇云："墨子曰：若越王听吾言，用吾道，翟度身而衣，量腹而食，比于宾萌，未敢求仕。"高诱注云："宾，客也。萌，民也。"庄子徐无鬼篇云："徐无鬼见武侯，武侯曰：先生居山林，食芧栗，以宾寡人久矣。"释文引李氏云："宾，客也。"然则凡贤能盛德之士，未食君禄，俱为宾，此宾之事也。孟子之盛德，足为诸侯师，而仕不受禄，所以为师宾也。周氏广业孟子出处时地考云："山东之国，号齐强大，其地势雄于天下，宣王侈然有抚莅华夷之意，招徕文学游学之士，以为图王不成，犹可以霸也。孟子见天下大乱，民生憔悴，冀王可为汤武，跋涉千里，始至境，问禁而入，然未即见王也。过平陆，与大夫孔距心善处焉。齐相储子以币交，且言于王。王疑其必有异，使人瞷之，而孟子终守不见之义，万章、陈代之徒并疑之。既而王求见甚迫，乃由平陆之齐，屋庐子以季任故事，度必一往报储子，孟子卒不往。三见齐王，未尝言事，适从胡龁闻易牛之事，喜曰：'是心可以王矣。'他日，王问桓文，孟子即语以王道，王虽自言惛不能进，而敬礼有加，奉为宾师，班视列大夫，前后进说甚多，所陈必尧舜之道，王稍稍厌之，甚至语以境内不治，顾左右而言他。而孟子亦以母丧去职，自齐葬鲁，棺椁衣衾之美，殆过父丧时，后竟因此为臧仓所毁。事毕，反于齐，止于嬴。既免丧，自范之齐，见王于崇，退有去志。王命孟子为卿，致禄十万，辞不受禄，号为客卿，盖不欲变其初心，且可为进退地也。时弟子日益进，公孙丑、公都子、陈臻、咸丘蒙、盆成括、高子等，皆齐人来学者，因材施教，引而不发，跃如也。顾孟子志在行道以王齐，而国无亲臣，都无良牧，盖大夫王驩方嬖幸用事，进爵右师，举朝视其君如国人，绝无以仁义与王言者。王怠于政事，或数日不视朝，谏言不用，孟子进见固罕，而王之意且欲孟子舍所学而从之。会燕王哙让国子之，齐伐燕胜之，王谓天与不可不取，于是毁其宗庙，迁其重器，尽有其地；诸侯多谋伐齐，孟子言急为燕置君，则诸侯之师可及止也。王勿听。未

〔一〕"郑司农云"四字，据周礼郑注补。此下为郑注引郑司农语，焦氏偶有失照。

几,燕人畔,王甚惭悔,有陈贾者乃从为之辞;而当时且有讹传孟子劝齐伐燕者,齐人之虚诈不情好议论如此。初孟子无意仕齐,有以师命不可以请,然非有官守言责之得失也。齐人不知,漫以蚳蛙之义绳之,而公孙丑亦以素餐为疑。不知君子居国,为功于君及子弟者甚大,即有故而去,亦岂小丈夫之悻悻哉!孟子知难与有为,不得已致为臣而归。王卒不改,犹欲以授室万钟,馈金一百,为虚拘货取之计,齐人亦卒无善于留行者。及出昼而终不追,然后浩然有归志。此则爱君泽民之深意,固非尹士所知;而淳于髡名实未加之谓,尤不识君子所为矣。孟子在齐最久,先后凡数载,时年已六十内外,去齐之日,计自周以来七百余岁;方孟子在齐,自王子以及卿大夫,皆愿见颜色,承风旨,子敖骤膺宠任,尤以得见亲比为幸,然出吊于滕,朝夕进见,欲一与言行事而不可得,至公行之丧,朝士争趋,孟子独否,卒亦不能加恶焉。同寮则庄暴、时子、景子、东郭、公行,虽尝往来,不必莫逆;至若不孝之匡章,独与之游;巨擘之仲子,则不之信,则更有察之众好众恶者。初至日少,继至日多;初至为大夫,继至加卿相。七篇中纪齐事者凡四十六章,称宣王者十四章,亦可见其久居于齐也。"毛诗小雅角弓"绰绰有裕",传云:"绰绰,宽也。"礼记表记引此诗,注云:"绰绰,宽裕貌也。"周易蛊"六四裕父之蛊",释文引马注云:"裕,宽也。"是绰、裕皆宽也。闽、监、毛三本作"岂不绰绰然舒缓有余裕乎"。舒缓亦宽也。

章指言:执职者劣,藉道者优,是以臧武仲雨行而不息,段干木偃寝而式闾。【疏】"臧武仲雨行而不息"〇正义曰:臧武仲,鲁大夫臧孙纥也。襄公二十二年左传云:"臧武仲如晋,雨。过御叔,御叔在其邑,将饮酒,曰:'焉用圣人?我将饮酒而已,雨行何以圣为?'穆叔闻之曰:'不可使也,而傲使人。'"注云:"言御叔不任使四方。"此引以为执职者劣证也。武仲有官守,当使四方,故虽遇雨,不敢止息,所以为劣。广雅释言云:"劣,鄙也。"犹云食肉者鄙也。〇"段干木偃寝而式闾"〇正义曰:吕氏春秋尊师篇云:"段干木,晋国之大驵也。学于子夏。"高诱注云:"驵,侩人也。"期贤篇云:"魏文侯过段干木之闾而轼之,其仆曰:'君胡为轼?'曰:'此非段干木之闾与?段干木盖贤者也,吾安敢不轼?且吾闻段干木未尝肯以己易寡人也,吾安敢骄之？段干木光乎德，寡人光乎地；段干木富乎义，寡人富乎财。'其仆曰：'然则君何不相之？'于是君请相之，段干木不肯受，则君乃致禄百万，而时往馆之。于是国人皆喜，相与诵之曰：'吾君好正，段干木之敬。吾君好忠，段干木之隆。'居无几何，秦兴兵欲攻魏。司马唐谏秦君曰：'段干木贤者也，而魏礼之，天下莫不闻，无乃不可加兵乎？'秦君以为然，乃按兵辍不敢攻之。"高诱注云："闾，里也。轼，伏轼也。"又顺说篇云："田赞可谓能立其方矣。若夫偃息之义，则未之识也。"高诱注云："段干木偃息以安魏，田赞辩说以服荆，比之偃息，故曰未知。"淮南子修务训云："段干木阖门不出，以安秦魏。"所述事，与吕氏春秋期贤篇同。文选班孟坚幽通赋云："木偃息以蕃魏兮。"左太冲魏都赋云："闲居隘巷，室迩心遐。富仁宠义，职竞弗罗。千乘为之轼庐，诸侯为之止戈，则干木之德，自解纷也。"又咏史诗云："吾希段干木，偃息藩魏君。"赵氏云偃寝，即偃息也。引此以为藉道者优之证也。谓段干木无官守之职，故优裕而闲居，偃息于隘巷之间，致魏文侯过而轼之也。

6　孟子为卿于齐，出吊于滕，王使盖大夫王驩为辅行。王驩朝暮见，反齐、滕之路，未尝与之言行事也。【注】孟子尝为齐卿，出吊滕君。盖，齐下邑也。王以治盖之大夫王驩为辅行。辅，副使也。王驩，齐之谄人，有宠于王，后为右师。孟子不悦其为人，虽与同使而行，未尝与之言行事，不愿与之相比也。【疏】注"孟子"至"滕君"○正义曰：告子下篇淳于髡曰："夫子在三卿之中。"是孟子尝为齐卿也。阎氏若璩释地云："予少时习孟子，疑盖大夫王驩与兄戴盖禄之盖，当是二邑。后读左氏春秋传'赵衰为原大夫'，于时先轸亦称原轸，子赵同为原同，于时先谷亦称原谷，唐孔氏云：'盖分原邑而共食之。'僖二十五年'狐溱为温大夫'，文六年'阳处父至自温'，故成十一年刘子、单子曰：'襄王劳文公，而赐之温，狐氏、阳氏先处之。'亦共食一邑者。因悟盖一也，以半为王朝之下邑，王驩治之。以半为卿族之私邑，陈氏世有之。"按汉书地理志泰山郡有盖，本注云："临乐子山，洙水所出，西北至盖入池水，又沂水南至下邳入泗。"即此盖也。毛氏奇龄改错云："明称齐卿，且云位不小，古侯国卿有左师右师，故赵有左师触龙，宋有右师华元，皆是正卿。驩是右师，侯国上卿多以邑冠，如楚司马沈氏，以食叶名叶公；晋卿赵氏，以守原名原大夫，不止邑宰专称也。赵岐谓右师在后，总疑右师必不当与盖大夫作同时称耳。宋向戌以左师而食采于合，春秋传名合左师。则此盖大夫即直云盖右师，何不可焉。"周氏柄中辨正云："左传凡大夫加邑号者，皆治邑之大夫。僖二十五年传'晋赵衰为原大夫'，二十七年传'命衰为卿'，则当其守原之日未为卿也。楚僭号，县尹俱称公，如申公、郧公、白公之类，皆邑大夫，惟叶公尝为令尹司马，以老于叶，故始终称叶公，此固不可为例者。王驩为盖大夫，犹距心为平陆大夫也。"陈组绶燃犀解引徐伯聚云："经文明言孟子为卿，驩为大夫，则公孙丑所言之卿，盖孟子也。"按此说是也。赵氏言"王以盖邑之大夫王驩为辅行"，辅是副使，是时孟子以卿为正使，驩以大夫副之。副使原不必摄卿，且卿遂可与言，大夫遂不可与言乎？惟是时，孟子以卿为正使，驩以大夫为副使，凡一切使事，驩宜听命于孟子；乃驩则自专而行，此丑所以问也。言夫子以卿为正使，位不为小，何得听其自专而不与言？故孟子所答云云。赵氏于"齐卿之位"二句不注者，正以此卿位即孟子为卿之卿，不必更注。而下言驩专知自善，则孟子之不与言，正非徒以不悦其为人，而不与相比而已也。"出吊于滕"，赵氏云"出吊滕君"，按滕定公薨，孟子时居邹，非此为齐卿时也。季本孟子事迹图谱云："其与王驩使滕，为文公之丧也。非大国之君，无使贵卿及介往吊之礼。此固重文公之贤，而隆其数，亦孟子欲亲往吊，以尽存没始终之大礼也。"事虽无据，可存以备参考。或谓即滕定公之丧，则谬矣。

公孙丑曰："齐卿之位，不为小矣。齐、滕之路，不为近矣。反之而未尝与言行事，何也？"【注】丑怪孟子不与驩议行事也。

曰："夫既或治之，予何言哉？"【注】既，已也。或，有也。孟子曰，夫人既自谓有治行事，我将复何言哉。言其专知自善，不知咨于人也。【疏】注"既已"至"人也"○正义曰：毛诗周南"既见君子"，传云："既，已也。"王氏念孙广雅疏证云："微子'殷其弗或乱正四方'，史记宋世家作'殷不有治政，不治四方’。洪范‘无有作好’，吕氏春秋贵公篇作‘无或作好’。高诱注云：‘或，有也。’小雅天保篇‘无不尔或承’，郑笺云：‘或之言有也。’”此或训有之证。礼记曲礼“若夫坐如尸”，注云：“言若欲为丈夫也。”檀弓云“夫犹赐也见我”，释文云：“夫，旧音扶，皇如字，谓丈夫，即伯高。”又云“二夫人相为服”，注云：“二夫人，犹言此二人也。”昭公十年左传云“丧夫人之力”，注云：“夫人谓子尾。”又三十一年左传云“则不能见夫人，己所能见夫人者，有如河”，注云：“夫人谓季孙。”此孟子称王驩为夫，赵氏以夫人解之，其义一也。驩原为副使，而自专行事，孟子若与之言，谦卑则转似为驩所帅，高亢则又似忌其揽权而争之，故为往反千里，一概以默而不言处之。既不啻彼司其职，我统其成，又不致以伺问之嫌，阴成疑隙，孟子与权臣共事，所处如此。若驩果以孟子为之主事，事诸问而行，则孟子岂拒之不言乎？丑因驩自专行事，疑孟子当言；孟子因驩已自专行事，而以为又何言。丑以孟子卿位不小于驩，疑孟子当言；孟子正以卿位不小于驩，而不必言。至驩为谄人，孟子不悦与比，此丑所知之。苟孟子徒以其谄人，不悦与比而不言，则亦狭隘者所有，非大贤之学矣。

章指言：道不合者，不相与言。王驩之操，与孟子殊，君子处时，危行言逊，故不尤之，但不与言。至于公行之丧，以礼为解也。【疏】“道不”至“解也”○正义曰：“道不同，不相为谋。”“邦有道，危言危行；邦无道，危行言逊。”皆论语文。闽本以“道不合者不相与言”误入注中。

孟子正义卷九

7　孟子自齐葬于鲁，反于齐，止于嬴。充虞请曰："前日不知虞之不肖，使虞敦匠，事严，虞不敢请。今愿窃有请也，木若以美然。"【注】孟子仕于齐，丧母，归葬于鲁。嬴，齐南邑。充虞，孟子弟子。敦匠，厚作棺也。事严，丧事急。木若以泰美然也。【疏】注"孟子"至"然也"○正义曰：顾氏炎武日知录云："孟子自齐葬于鲁，言葬而不言丧，此改葬也。礼改葬缌，事毕而除，故反于齐，止于嬴，而充虞乃得承间而问。若曰奔丧而还，营葬方毕，即出赴齐卿之位，而门人未得发言，可谓三月无君则皇皇如也，而身且不行三年之丧，何以教滕世子哉？"阎氏若璩释地云："京山郝氏解孟子为行三年之丧云：'或问孟子归葬于鲁，时未几也。充虞治木，言前日耳。辄反于齐，岂不终丧而遂复为齐卿乎？按丧礼，三日成服，杖拜君命及众宾，不拜棺中之赐。礼凡尊者有赐，则明日往拜。丧则孝子不忍遽死其亲，故赠襚之赐，拜于葬后。孟子奉母仕于齐，母卒，王以卿礼含襚，及归鲁三月而葬，反于齐，拜君赐也。其止于嬴，何也？礼衰绖不入公门，大夫去国，逾竟为坛位，乡国而哭，此丧礼也。故自鲁越国至齐境上为坛位，成礼于嬴，毕将遂反也。'郝氏可为精矣。少错解'止于嬴'句。嬴，齐南邑。春秋桓三年'公会齐侯于嬴'，杜注云：'嬴，今泰山嬴县。'按嬴县故城在莱芜县西北四十里，北汶水之北，去齐都临淄尚三百余里，安有拜君赐于三百余里之外者。且衰绖不入公门，未闻不入国门也。为坛位而哭，乃出亡礼，非丧者所用。盖孟子母殁于齐，及奉丧来归，皆哀戚匆遽，无暇可语。惟至往齐拜赐，舍于逆旅，始得以一论匠事耳。”又曰:“或问:子以孟子奉母仕于齐,亦有征乎?余曰:征之刘向列女传云‘孟子处齐有忧色,拥楹而叹,孟母见之’云云,则知母盖同在齐。自齐葬于鲁,则知母即殁于齐也。然则既殁而葬,宜终丧于家,曷为而遽反于齐?余曰:此盖终三年丧,复至齐而为卿,非遽也。果尔,何以为前日解?余曰:孟子之书,有以昔与今对言,昔似在所远而亦有指昨日者,‘昔者辞以疾’是也。以前日与今日对言,前日似在所近而亦有指最远者,‘前日愿见而不可得’是也。夫孟子久于齐而后去,去齐之日,上溯其未游齐之日,犹目之为前日,安在仅三年者而不可目以前日耶?或讶曰:充虞蓄一疑于心,至三年始发之与?余曰:此尤足见孟门弟子之好问也。陈臻从于齐于宋于薛辞受之后而问,屋庐子从居邹处平陆以至见季任不见储子之后而问,其事之相距诚非止一二年,而历历记忆,反覆以究其师之用心者,犹一日也。夫充虞亦犹是耳。且尤可证者,孝子之丧亲言不文,今也援古论今,几于文矣;三年之丧言而不语,语为人论说也。后魏孝文帝以与公卿往复,追用恸绝,曰‘朕在不言之地,不应如此喋喋’。然则孟子反喋喋邪?故充虞问答,断自于免丧之后者,为得其实。”毛氏奇龄经问云:“孔子要绖而赴季氏之飨,孟子甫葬即来齐,圣贤行事,有不可以凭臆断者。先仲氏尝谓自齐葬鲁,则必丧在齐而葬于鲁者。若母丧在鲁,则其文当云:‘孟子自齐奔丧于鲁。’战国游士,多家于寄,以孟母嫠妇,孟子孤儿,则出必偕出,处必偕处,未有抛母居鲁而可独身仕齐者。故列女传云:‘孟子处齐,有忧色,孟母见之。’是孟母与孟子同在齐国有明据矣。特以坟墓在鲁,不得不至鲁合葬。而究之鲁翻无家而齐有家,故记曰:‘反于齐。’反者,反哭之反也。且本文序事,原有文法:其云‘自齐’者,谓葬自齐也,非谓孟子自齐而还鲁也。若谓孟子自齐还鲁,则葬需三月,未有甫还鲁即葬者;亦未有在齐闻赴,至三月而始还葬于鲁者。是必敛尸殡堂,献材井椁诸节,行之在齐,至三月而归葬于鲁,故甫葬而即反齐,以亡者噫歆尚在齐也。近儒阎潜丘云‘葬鲁反齐,当是终三年丧后,复至齐为卿’云云。吾仍以孟子本文解之:其曰止嬴而充虞问者,谓充虞之问,在止嬴时也。然则何故止嬴,以反于齐也。何以反齐,以葬于鲁也。然则此止嬴接葬鲁时矣。若在三年后,则直以‘充虞问曰’记作起句,与‘陈臻问曰’正等,何必序自齐反齐诸来历乎?且充虞明曰‘严,虞不敢请,今愿有请’,两请相接,正顶严字,谓大敛时也。三年后，不严久矣，其所以不敢请者，以‘三年不言’故，初非以‘三年严’故，何必又接此句。若以‘孝子丧亲言不文’‘三年之丧言而不语’为据，则居丧不言不对之说，言人人殊。孝经云‘言不文’，谓不饰语词耳，非不言也。若曲礼‘居丧不言乐’，第不言作乐之事，而他事皆可言。杂记云‘三年之丧，言而不语，对而不问’，则他事自可言，而不得告语；可对人之问，而不得问人；非谓言事与答问皆当绝也。至间传与丧服四制皆云‘斩衰唯而不对，齋衰对而不言’，此则又稍刻者。然孟子齋衰亦尚在对之之列，虽在他事尚可对，而况只问丧，而三年之间，竟不置对，并无此礼。况人第知居丧不言，而不知居丧则必言。丧事重大，正须言说讲论，以求其故，故既夕礼云‘非丧事不言’，谓丧事必言，非丧事故不言耳。盖论议丧事，古分贵贱，天子诸侯，不自言丧事，臣下得代言之，四制所云‘百官备，百官具，不言而事行’者，此天子诸侯礼也。若大夫与士，则必身为论议，然后得备物具礼，四制所云‘言而后事行’者，此大夫士礼也。至庶人，则不止言之，论议之，且必身执其事，故曰‘身自执事而后行’。则在大夫与士，正当论议，而以不对不言之例律之，是戒谏官以缄口，于礼悖矣。是以曲礼‘居丧未葬读丧礼，既葬读祭礼’，所谓读者，谓讲说而讨论之。则孟子此时可讲祭礼，而况棺椁厚薄之间乎？”周氏广业孟子出处时地考云：“孟子居母忧三年，非丧事不言；独充虞一答，为丧葬尽礼之大者，故记之。‘自齐’至‘止嬴’十一字，括数年行止，藏无限心事，后人误认止为舍于逆旅，遂使异说纷起，可叹也。夫止嬴非即至齐也。止如绵诗‘曰止曰时’之止，留也。留于此而终丧也。诚使既至于齐，则言反足矣，何必复言‘止于嬴’。若云因充虞敦匠事于此，故系之，则后有路问之例，亦不必详其地。况往送如慕，其反如疑，当此时而信宿中途，何为乎？盖嬴去临淄尚远，史记正义‘故嬴县在兖州博城县东北百里’，乃齐之边境近鲁与邹者也。或谓孟子葬母于鲁，乃不即庐于鲁，或径归邹，而必反齐止嬴，何也？古无庐墓之说，盖葬以藏体魄，其魂气每于居常游息之地，有余恋焉。故送形而往，迎精而反，葬日必速反而虞，孟子所以不庐于鲁而反也。遭丧去国，未尝致为臣，安得遽旋故里？孟子所以不反于邹而反于齐也。反齐矣，于嬴是止者，孟子之自齐葬鲁，以孟母之生，就养于齐也。列女传载：‘孟子处齐有忧色，孟母问之，对曰：道不用于齐，愿行而母老，是以忧也。孟母曰：夫死从子，礼也。子行乎子礼，吾行乎吾礼。'揆当日情事，孟子之久留齐，固由王足为善，实因母老待养，而又不欲借口禄仕，故特不受其田里，亦不拘于职守，因得优游终养，以终母余年。晋书刘长盛曰：'子舆所以辞大夫，良以色养无主故耳。'斯言深得其意。迨葬母而反，终丧之礼又可以义起。丧服小记云：'远[一]葬者，比反哭者皆冠，及郊而后免反哭。'此言本国臣民，墓在四郊之外者也。孟子居师宾之位，不与在朝廷诸臣一律，且已奉丧越竟而葬，其去始死才三月余，方哀亲[二]之在外而居于倚垩，哀亲之在土而寝苫枕块，岂忍遽加冠饰，远入人国都之理？于是权其所止，赢为齐地而介邹、鲁之间，可以展坟墓，望宗庙，衔恤以待丧毕，因以为三[三]虞卒哭练祥之所，此实孟子有望弗至之至情，权而不失其经者也。"毛诗邶风"王事敦我"，传云："敦，厚也。"故以敦为厚。匠为作棺。事为丧事。严为急。急者，谓不暇也。赵氏读敦匠句，事严句。孔氏广森经学卮言云："敦，治也。读如'敦商之旅'之敦。"

曰："古者棺椁无度，中古棺七寸，椁称之，自天子达于庶人；非直为观美也，然后尽于人心。【注】孟子言古者棺椁薄厚无尺寸之度。中古，谓周公制礼以来。棺厚七寸，椁薄于棺，厚薄相称相得也。从天子至于庶人，厚薄皆然。但重累之数、墙翣之饰有异，非直为人观视之美好也。厚者难腐朽，然后能尽于人心所不忍也。谓一世之后，孝子更去辟世，是为人尽心也。过是以往，变化自其理也。【疏】注"中古"至"理也"○正义曰：周易系辞传云："古之葬者，厚衣之以薪，葬之中野，不封不树，丧期无数。后世圣人易之以棺椁，盖取诸大过。"礼记檀弓云"有虞氏瓦棺"，注云："始不用薪也。"又云"夏后氏堲周，殷人棺椁，周人墙置翣"，注云："有虞氏上陶。火熟曰堲，烧土冶以周于棺也。或谓之土周，由是也。椁，大也。以木为之，言椁大于棺也。殷人上梓。墙，柳衣也。"然则棺始于唐虞，而椁始于殷人。殷虽备棺椁，尚无尺寸之度，是古者指殷以前。而周乃有尺寸，是中古指周公制礼以来也。孔氏广森经学卮言云："中古尚指周公以前，周公制礼，则

〔一〕"远"原误"速"，据礼记改。
〔二〕"亲"字原脱，据孟子四考补。
〔三〕"三"原误"五"，据孟子四考改。

自天子至于庶人皆有等，故丧大记曰：'君大棺八寸，属六寸。下大夫大棺六寸，属四寸。士棺六寸。'夫子制于中都，亦为四寸之棺，五寸之椁，是庶人不得棺椁同七寸矣。易系辞'后世圣人易之以棺椁'，大抵通言黄帝尧舜。墨子偏主节葬之说，然已云'禹有桐棺三寸'，则木椁代瓦，不始于殷，而檀弓特举殷人棺椁，似殷正始定棺椁尺寸之度者也。孟子多言殷法，分田则取助不取彻，分国则言三等不言五等。春秋变周之文，从殷之质，孟子学长春秋，每于此见之。"赵氏云重累之数墙翣之饰者，檀弓云："天子之棺四重，水兕革棺被之，其厚三寸，杝棺一，梓棺二，四者皆周。"注云："诸公三重，诸侯再重，大夫一重，士不重。以水牛兕牛之革以为棺，被革各厚三寸，合六寸，此为一重。杝棺，所谓椑棺也。梓棺，所谓属与大棺。"丧大记于天子言"属六寸，椑四寸；上大夫属六寸；下大夫属四寸"，注云"大棺，棺之在表者也。檀弓曰'天子之棺四重'"云云。此以内说而出也。然则大棺及属用梓，椑用杝，以是差之，上公革棺不被，三重也。诸侯无革棺，再重也。大夫无椑，一重也。士无属，不重也。礼器云："天子七月而葬，五重八翣；诸侯五月而葬，三重六翣；大夫三月而葬，再重四翣。"注云："五重者，谓抗木与茵也。葬者抗木在上，茵在下。"士丧礼下篇陈器曰："抗木横三缩二，加抗席三，加茵，用疏布，缁剪有幅，亦缩二横三。"此士之礼一重者。以此差之，上公四重。正义引皇氏云："下棺之后，先加折于圹上，以承抗席。折，犹庪也。方凿连木为之，盖如床。缩者三，横者五，无箦，于上加抗木，抗木之上加抗席三，此为一重。如是者五，则为五重。"然则棺有重数在棺内，椁有重数在棺外，所谓重累之数也。周礼天官缝人："掌王宫之缝线之事，缝棺饰焉，衣翣柳之材。"注云："孝子既启见棺，犹见亲之身；既载饰而以行，遂以葬。若存时居于帷幕，而加文绣。"丧大记所云"诸侯礼也"。礼器曰："天子八翣。"汉礼器制度："饰棺，天子龙火黼黻，皆五列；又有龙翣二，其戴皆加壁。"柳之言聚，诸饰之所聚。丧大记云："饰棺，君龙帷，三池，振容，黼荒，火三列，黻三列，素锦褚，加伪荒，纁纽六，齐五采五贝，黼翣二，黻翣二，画翣二，皆戴圭。鱼跃拂池。君纁戴六，纁披六。大夫画帷，二池，不振容，画荒，火三列，黻三列，素锦褚，纁纽二，玄纽二，齐三采三贝，黼翣二，画翣二，皆戴绥。鱼跃拂池。大夫戴前纁后玄，披亦如之。士布帷布荒，一池，揄绞，纁纽二，缁纽二，齐三采一贝，画翣二，皆戴绥。士戴前纁后缁，二披用纁。”注云：“饰棺者，以华道路及圹中，不欲众恶其亲也。荒，蒙也。在旁曰帷，在上曰荒，皆所以衣柳也。士布帷布荒者，白布也。君大夫加文章焉。黼荒，缘边为黼文。画荒，缘边为云气，火黻为列于其中耳。伪当为帷。大夫以上有褚，以衬覆棺，乃加帷荒于其上。纽，所以结连帷荒者也。池以竹为之，如小车笭，衣以青布。柳象宫室，县池于荒之爪端，若承霤然。云君大夫以铜为鱼，县于池下。揄，揄翟也。青质五色，画之于绞，缯而垂之，以为振容，象水草之动摇，行则又鱼上拂池。杂记云：'大夫不揄绞，属于池下。'是不振容也。士则去鱼。齐，象车盖，蕤缝合杂采为之，形如瓜分然，缀贝络其上及旁。戴之言值也，所以连系棺束与柳材，使相值，因而结前后披也。汉礼：翣以木为筐，广三尺，高二尺四寸，方两角高，衣以白布。画者，画云气，其余各如其象。柄长五尺，车行使人持之而从；既窆，树于圹中。檀弓曰：'周人墙置翣。'是也。绥当为'緌'，读如冠蕤之蕤，盖五采羽注于翣首也。”此所谓墙置翣之饰也。“孝子更去辟世”，辟世犹殁世也。父死子继曰世，终己之身，不可使父母棺椁腐朽，己身后以往，其腐朽原不能免，但及人子之身不腐朽，为尽人心所不忍也。**不得不可以为悦，无财不可以为悦，得之为有财，古之人皆用之，吾何为独不然？**【注】悦者，孝子之欲厚送亲，得之则悦也。王制所禁，不得用之，不可以悦心也。无财以供，则度而用之。礼，丧事不外求，不可称贷而为悦也。礼得用之，财足备之，古人皆用之，我何为独不然。然，如是也。【疏】“不得”至“不然”○正义曰：翟氏灏考异云：“檀弓子思与柳若论丧礼曰：'吾闻有其礼无其财，君子弗行也。有其礼无其财无其时，君子弗行也。'孟子此言，乃即受之于子思者。得之为，犹云有其礼。”礼记檀弓上云“不仁而不可为也”，注云：“为，犹行也。”方言云：“用，行也。”为、用皆训行，故荀子富国篇云“仁人之用国”，注云：“用，为也。”郊特牲云“以为稷牛”，注云：“为，用也。”赵氏云礼得用之解“得之为”句，财足备之解“有财”句，以用释为，以足备释有也。大传云“其义然也”，注云：“然，如是也。”淮南子主术训云“治国则不然”，高诱注亦云：“然，如是也。”吕氏春秋应言篇云“墨者师曰然”，高诱注云：“然，如是也。”赵氏以如是释然字，与郑氏、高氏同。闽、监、毛三本作“不然者不如是也”，意亦同。王引之经传释词云：“家大人曰：为，犹与也。管子戒篇'自妾之身之不为人持接也',尹知章注云:'为,犹与也。'孟子'得之为有财',言得之与有财也。"○注"丧事不外求"○正义曰:隐公三年公羊传云:"武氏子来求赙,何以书?讥。何讥尔?丧事无求。求赙,非礼也。"注云:"礼本为有财者制,有则送之,无则制哀而已。不当求,求则主伤孝子之心。"即赵氏不外求之说也。庄公二十八年穀梁传云:"古者税什一,丰年补败,不外求而上下皆足。"此不外求谓粪田已足,不烦称贷益之。**且比化者,无使土亲肤,于人心独无恔乎?【注】**恔,快也。棺椁敦厚,比亲体之变化,且无令土亲肌肤,于人子之心,独不快然无所恨乎。**【疏】**注"恔快"至"恨乎"○正义曰:方言云:"逞,晓,恔,苦,快也。自关而东或曰晓,或曰逞,江、淮、陈、楚之间曰逞,宋、郑、周、洛、韩、魏之间曰苦,东齐、海、岱之间曰恔,自关而西曰快。"戴氏震方言疏证云:"孟子'于人心独无恔乎',赵氏云:'恔,快也。'义本此。"高诱注吕氏春秋、淮南子皆云:"化,变也。"淮南子精神训云:"故形有摩而神未尝化者,以不化应化,千变万抮,而未始有极,化者复归于无形也。"高诱注云:"化,犹死也。不化者精神,化者形骸,死者形为灰土,为日化也。"说文肉部云:"肌,肉也。"广雅释诂云:"肤,肉也。"刘熙释名释形体云:"体,第也。骨肉毛血,表里大小相次第也。"是肤即肌,肌肤即体。比,犹至也。亲,近也。棺椁不厚,则木先腐,肌肤尚存,必与土近。惟棺椁敦厚,则肌肤先木而化,故至肌肤不存,而木犹足以护之,不使近于土。化虽有死训,而不言死言化者,以形体变化言也。成公二年左传臧宣叔言"知难而有备,乃可以逞",注云:"逞,解也。"亦本方言。逞之训为快亦为解,恔之训为快即为逞。独无恔乎犹云乃可以逞。知齐楚之伺我,而有以备之,则难可解免。知亲体之将亲于土,而先厚其棺椁以护之,则恨可解免。倘无财不可以厚,则一思及泉壤之间,终身大恨,何日解乎。**吾闻之也:君子不以天下俭其亲。"【注】**我闻君子之道,不以天下人所得用之物俭约于其亲,言事亲竭其力者也。

章指言:孝必尽心,匪礼之逾,论语曰:"生事之以礼,死葬之以礼,可谓孝矣。"【疏】"论语"至"孝矣"○正义曰:"生事之以礼,死葬之以礼",见为政篇第二。"可谓孝矣",见学而篇第一。闽、监、毛三本以此羼入注中。

8 沈同以其私问曰:"燕可伐与?"

孟子曰:"可。子哙不得与人燕,子之不得受燕于子哙。【注】沈同,齐大臣。自以其私情问,非王命也,故曰私。子哙,燕王也。子之,燕相也。孟子曰可者,以子哙不以天子之命而擅以国与子之,子之亦不受天子之命而私受国于子哙,故曰其罪可伐。【疏】"沈同"至"子哙"○正义曰:史记燕世家云:"易王立十二年卒,子燕哙立。燕哙既立,齐人杀苏秦。苏秦之在燕,与其相子之为婚,而苏代与子之交。及苏秦死,而齐宣王复用苏代。燕哙三年,与楚、三晋攻秦,不胜而还。子之相燕,贵重主断。苏代为齐使于燕,燕王问曰:'齐王奚如?'对曰:'必不霸。'燕王曰:'何也?'对曰:'不信其臣。'苏代欲以激燕王以尊子之也。于是燕王大信子之。子之因遗苏代百金,而听其所使。鹿毛寿谓燕王不如以国让相子之,燕王因属国于子之;子之南面行王事,而哙老不听政,顾为臣,国事皆决于子之。"此燕王子哙让国与其相子之之事也。史记此文,全本战国策燕策,明云"齐宣王复用苏代",与策同也。惟策云"储子谓齐宣王:'因而仆之,破燕必矣。'孟子谓齐宣王曰:'今伐燕,此文武之时,不可失也'"。燕世家则改云"诸将谓齐湣王曰:'因而赴之,破燕必矣。'孟子谓齐王曰:'今伐燕,此文武之时,不可失也'"。阎氏若璩孟子生卒年月考云:"史记与孟子不同者,惟伐燕一事,史记以为湣王,孟子以为宣王。然就史记燕世家载哙初立,有齐宣王复用苏代之文,是哙与宣王同时,与孟子合,而与六国表异。六国表燕王哙五年乙巳,让国于子之,当湣王八年。七年丁未,哙及子之死,当湣王十年。后年己酉,燕立太子平,是为昭王,当湣王十二年。若移此五年事置于宣王八年丙戌后丁酉前,以合孟子游齐之岁月,则战国策载储子谓宣王宜仆燕,而储子正为相者也。王令章子将五都兵以伐燕,而章子正与游者也。"王氏懋竑白田杂著孟子叙说考云:"通鉴据孟子,以伐燕为齐宣王;而宣王卒于周显王之四十五年,又三年,慎靓王元年,燕王哙始立;又七年,齐人伐燕,则不可以为宣王之事也。于是上增齐威王之十年，下减湣王之十年，以就伐燕之岁。其增减皆未有据，而又以伐燕为宣王时，燕人畔为湣王时，与孟子亦不合。齐湣王初年，强于天下，与秦为东西帝，其所以自治其国者，亦必有异矣。末年骄暴，以至于败亡，此则[一]唐玄宗、秦苻坚之比。玄宗开元之治几于贞观，苻坚始用王猛，有天下大半，其初岂可不谓之贤君哉？故孟子谓以齐王由反手，王由足用为善，皆语其实。而湣王之好色好货好乐好勇，卒不能以自克，末年之祸，亦基于此。后来传孟子者，乃改湣王为宣王，以为孟子讳，盖未识此意。今以宣王为湣王，则处处相合，而通鉴之失，亦可置而不论矣。"周氏广业孟子出处时地考云："孟子事齐宣王始末，本书甚明。自史记误以伐燕一事系之湣王十年，以致诸家聚讼。通鉴割湣王十年以属宣王，似矣。而录其文不计其世。赧王元年逆推至武王，有天下已八百有九年，可云'由周以来七百有余岁'乎？古史直云先事齐宣王，后见梁惠襄，又事齐湣。黄氏日抄据史记伐燕有二事：一为宣王，即梁惠王篇所载。一为湣王，即公孙丑篇所载。时湣王尚在，故不称谥，止称齐王，皆泥史记而变乱孟子之游历者也。史记于攻伐，靡不详记；独齐之伐燕，世家、年表俱绝不道一字，惟燕表书君哙及相子之皆死，其年当湣王十年耳，然亦不言为齐所破。至燕世家本极疏略，如惠侯以下皆失名，又不言属；桓、献二公为他书所无；而伐燕事则捋扯国策之文，云：'易王初立，齐宣因丧伐我，取十城，苏秦说使复归。'又云：'哙既立，齐人杀苏秦，齐宣王复用苏代。'夫复用苏代者为齐宣王，则哙立秦死俱不在湣王初明矣。而其下又言湣言齐，何也？且秦惠王十一年，燕王让其臣子之。据表，是年子之死，是较迟二年。赵世家武灵王十年，齐破燕，燕相子之为君，君反为臣。据表在十二年。十一年王召公子职于韩，立为燕王，使乐地送之，是较早二年，而立职即在明年，则燕之畔齐，亦不待二年矣。同在一书，而前后背驰若此。试以国策考之，燕策燕王哙既立篇，其用苏代及储子劝齐宣王伐燕，孟轲谓齐王等语，俱明指宣王，与孟子悉合。史乃取其文而改'储子'为'诸将'；于'宣王'之字，一改为'湣王'，以曲护年表之失，一改为'齐王'，以影附孟子之书，此其当从策而弃世家，不待智者决矣。又其前苏秦死一篇，载苏代见燕王哙曰：'臣闻王居处不安，饮食不甘，思报齐，有之乎？'

〔一〕"则"原误"时"，据白田杂著改。

王曰:'我有深意积怒于齐,欲报之二年矣。齐者,我仇国也。寡人所欲报也。'代又言'齐王,长主也。南攻楚,西攻秦,又举五千乘之劲宋'云云,大事记谓此说昭王之辞,策误为哙是也。然此齐王决非湣王。何也?湣王即位未久,其对齐貌辨自言'寡人少殆',不知此何得遽称'长主'?其所称举宋者,据宋策康王前两言齐攻宋,又言拔宋五城,即其事也。如依田完世家,以湣王三十八年灭宋事当之,则燕昭王已立二十六年,与'欲报二年'更不合。则知是时宣王尚在也,宣王年老,故称长主也。齐策曰:'张仪以秦魏伐韩,齐王将救之。田臣思曰:王之谋过矣。子哙与子之国,百姓勿戴,诸侯勿与,秦伐韩,楚赵必救之,是天以燕赐我也。齐因起兵攻燕,三十日而举燕。'所谓'三十日举燕'者,非即孟子称'五旬而举'者乎?策系之闵王即湣王固误,史则删却子哙句,辄举其词杂入邯郸之难、南梁之难二篇,系之桓公五年,又系之威王二十六年,又系之宣王二十二年,文虽三见,终不及伐燕子哙一语,大可怪也。按田臣思,索隐谓即田忌。史谓其与邹忌不善,亡之楚,宣王召而复之,其说王伐燕,为宣王甚明。又赵策武灵王首篇云:'齐破燕,赵欲存之。乐毅请以河东易燕地于齐王,从之。楚魏憎之,令淖滑、惠施之赵,请伐齐而存燕。'武灵元年,史表当齐宣王十八年,策系于首,则知破燕在其前矣。魏策襄王记云:'楚许魏六城,与之伐齐而存燕。张仪欲败之,谓魏王曰:齐畏三国之合也,必反燕地以下楚。'据史,仪相魏在襄十三年,张仪传魏入上郡、少梁于秦,又在其前数年,则知败魏伐齐之事,必在相秦惠王时,约其年,亦宣王时也。夫史之踳驳既如彼,策之明白又如此,伐燕之断非湣王十年,而在宣王三十年内外,灼然无疑矣。至谓伐燕前事,即梁惠王篇所载,尤非。夫易王初立,何至虐民?而谋置君,乘丧伐人,岂得云'拯之水火'?取仅十城,旋因苏秦之说归之,何云'倍地'?且欲出令反旄倪、止重器也?若以称谥与否为断,则庄暴章终篇不见宣字,将亦谓之湣王邪?"林希元四书存疑云:"宣王曾以取燕问,不用孟子言而致燕畔,此所以惭于孟子也。若湣王,何惭之有?不曰宣王而曰王,亦偶然致辞不同耳。"○注"沈同齐大臣"○正义曰:沈同无考。知为齐大夫者,以下云"彼然而伐之",则同必齐王左右之臣,能主军国大事,是大臣也。**有仕于此,而子悦之,不告于王而私与之吾子之禄爵,夫士也亦无**

王命而私受之于子，则可乎？何以异于是！”【注】子，谓沈同也。孟子设此，以譬燕王之罪。【疏】“有仕于此”○正义曰：论衡刺孟篇述此文仕作“士”。四书辨疑云：“仕当作‘士’，传写之差也。”翟氏灏考异云：“礼记曲礼‘士载言’，注云：‘士或为仕。’周礼载师‘以宅田士田贾田任近郊之地’，注云：‘士读为仕。’后汉书赵壹传‘昔人或思士而无从’，注以思士为孟轲，盖亦以士读仕。仕与士古多通用，不必定传写差也。”○“夫士也”○正义曰：夫士犹言夫人。王氏引之经传释词云：“夫，犹此也。礼记檀弓曰‘夫夫也为习于礼者’，郑注曰：‘夫夫，犹言此丈夫也。’僖三十年左传曰：‘微夫人之力不及此。’成十六年曰：‘夫二人者，鲁国社稷之臣也。’襄二十六年曰：‘君淹恤在外十二年矣，而无忧色，亦无宽言，犹夫人也。’言犹然如此之人也。鲁语曰：‘鳖于何有，而使夫人怒也。’论语先进篇曰：‘夫人不言，言必有中。’孟子公孙丑篇曰：‘夫士也，亦无王命而私受之于子。’夫皆此也。”

齐人伐燕。【注】沈同以孟子言可，因归劝其王伐燕。或问曰：“劝齐伐燕，有诸？”【注】有人问孟子劝齐王伐燕，有之？

曰：“未也。沈同问燕可伐与，吾应之曰可，彼然而伐之也。【注】孟子曰：我未劝王也。同问可伐乎，吾曰可，彼然而伐之。彼如曰：孰可以伐之？则将应之曰：为天吏则可以伐之。【注】彼如将问我曰，谁可以伐之，我将曰：为天吏则可以伐之。天吏，天所使，谓王者得天意者也。彼不复问孰可，便自往伐之。今有杀人者，或问之曰：人可杀与？则将应之曰：可。彼如曰：孰可以杀之？则将应之曰：为士师则可以杀之。今以燕伐燕，何为劝之哉！”【注】今有杀人者，问此人可杀否，将应之曰可，为士官主狱，则可以杀之矣。言燕虽有罪，犹当王者诛之耳。譬如杀人者虽当死，士师乃得杀之耳。今齐国之政犹燕政也，不能相逾，又非天吏也，我何为当劝齐伐燕乎。【疏】注“问此人可杀否”○正义曰：问人可杀，不得应之曰可。惟杀人者死，则可杀也。故“人”，可杀之人，指此杀人之人。○注“我何为当劝齐伐燕乎”

○正义曰：国语晋语云"非德不当雍"，注云："当，犹任也。"谓沈同等劝王伐燕，何为以我为任此劝齐伐燕之事乎？文选甘泉赋注引郑氏注云："当，主也。"意亦与任同。论衡刺孟云："夫或问孟子劝王伐燕，不诚是乎？沈同问燕可伐与，此挟私意，欲自伐之也。知其意慊于是，宜曰：'燕虽可伐，须为天吏，乃可以伐之。'沈同意绝，则无伐燕之计矣。不知有此私意，而径应之，不省其语，是不知言也。孟子知言者也，又知言之所起之祸，其极所致之福。见彼之问，则知其措辞所欲之矣。"按燕哙之事，君臣易位，其乱极矣。观燕民箪食壶浆，以迎齐师，则燕民望救，如望云霓矣。例以孔子沐浴而朝，则为齐赞画出师，固孟子之心也。而不遽发者，特以握权主事别自有人，万一齐师既出，未必终其拯救之心，将有如储子之破燕必矣。田臣思云"天以燕赐我"者，溯厥所由，倡谋有在，形迹已著，分辨未能。迨至沈同私问，未必非阴承王旨，将假大贤一语，以为戡克借端。斯时孟子岂不知之？阻之非拯乱之心，详之失进言之体，第以可应之，言子哙、子之当伐，诚立言之当矣。自是匡章将五都之兵，因北地之众，士卒不战，城门不闭，虽汤武之举，诚未过此，所谓"齐人伐燕胜之"也。是时宣王以齐师之出，端由孟子，故质之以诸臣之议，告之以天与之机，孟子是时，慨然陈文王武王之事，戒之以益深益热之虞，是即明告以天吏之为，与所以可伐之故，使宣王是时听而从之，则以德行仁之道，于齐见之。而劝齐伐燕之策，孟子亦何不可当之乎？乃庙毁器迁，诸侯兵动，王又咨焉，孟子是时，固又反覆详明，陈其利害。显告以王速出令，反旄倪，止重器，谋于燕众，为之置君，则仍天吏之所为也。乃至王终不悟，而诸侯之谋定，燕人立太子平，此王所以惭也。而时人不知，仍以劝伐之谋，惟孟子当之。此孟子所以以天吏明之，而以为燕伐燕也。盖沈同之私问，在未伐燕之先，斯时诚无容阻而绝之。既两对宣王之问，则燕所以可伐，所以须为天吏，孟子非不朗朗言之。而时人劝齐伐燕之疑，则在取燕之后。方伐燕，未取燕，王师也，拯民水火也，非燕伐燕也，可劝也。既取燕，则水益深也，火益热也，是乃燕伐燕也，不可劝也。至于以燕伐燕，而以劝齐疑孟子，孟子所不受矣。梁惠王篇所载，皆对齐王之言，故与梁惠王、滕文公、邹穆公、鲁平公等相次。公孙丑篇所载，皆对齐臣之言，故与景丑氏、孔距心、蚳蛙、王驩等相次。其互见之旨，思之自著。孟子两对宣王，皆明燕虽可伐，须为天吏之说，岂必沈同私问之时不耐而预刺刺言之乎？

王充浅学,讵足知大贤哉!

章指言:诛不义者,必须圣贤,礼乐征伐自天子出,王道之正也。【疏】“礼乐征伐自天子出”〇正义曰:见论语季氏篇第十六。

9 **燕人畔,王曰:“吾甚惭于孟子。”**【注】燕人畔,不肯归齐。齐王闻孟子与沈同言为未劝王,今竟不能有燕,故惭之。【疏】注“燕人”至“惭之”〇正义曰:宣王欲取燕,孟子告以置君,及燕人立公子平,则燕人自立君,不肯归附于齐矣。此所谓“燕人畔”也。畔与叛同,违背之意,故以不肯归齐为畔。此皆宣王事,至燕昭王用乐毅下齐城,乃湣王事耳。

陈贾曰:“王无患焉。王自以为与周公,孰仁且智?”王曰:“恶!是何言也?”【注】陈贾,齐大夫也。问王曰,自视何如周公仁智乎。欲为王解孟子意,故曰王无患焉。王叹曰,是何言,言周公何可及也。【疏】注“陈贾齐大夫”〇正义曰:国策秦策“四国为一,将以攻秦,秦王召群臣宾客六十人而问焉,姚贾对曰”云云。高诱注云:“姚贾讥周公诛管蔡不仁不智者,在孟子之篇也。”鲍彪注云:“高诱,妄人也。此策以姚贾为陈贾,初不考其岁月,贾乃与李斯同时,安得见于孟子之书?”魏策:“周最入齐,秦王怒,令姚贾让魏王。”鲍彪注云:“按此姚贾与始皇所问之人,相去八十余年。高诱欲以为陈贾,若此人者可也。盖陈舜后,得为姚姓,而孟子与秦武、魏哀时犹得相及,独以最〔一〕、韩非相毁之人为此人,则年时相绝太远矣。”按高诱尝注孟子,其以陈贾即秦臣姚贾,当时必有书可证。赵策又有姚贾,赵使约韩魏,茅举以为赵之忠臣,吴师道以为时不可考。顾韩非以贾为梁之大盗,赵之逐臣,而不言其仕齐。此陈贾为齐王说,则齐臣也。赵氏注孟子,训诂多与高氏同,而此但云齐大夫,其言慎矣。

曰:“周公使管叔监殷,管叔以殷畔。知而使之,是不

〔一〕“最”原误“毁”,据战国策鲍注改。

仁也。不知而使之，是不智也。仁智，周公未之尽也，而况于王乎？贾请见而解之。"【注】贾欲以此说孟子也。【疏】注"贾欲以此说孟子也"○正义曰：诗卫风氓"犹可说也"，淮南子道应训"以说于众"，高诱注皆云："说，解也。"故以说释解。

见孟子，问曰："周公何人也？"【注】贾问之也。

曰："古圣人也。"【注】孟子曰：周公古之圣人也。

曰："使管叔监殷，管叔以殷畔也，有诸？"【注】贾问有之否乎。

曰："然。"【注】孟子曰如是也。

曰："周公知其将畔而使之与？"【注】贾问之也。

曰："不知也。"【注】孟子曰：周公不知其将畔也。

"然则圣人且有过与？"【注】过，谬也。贾曰：圣人且犹有谬误。【疏】注"过谬"至"谬误"○正义曰：国策秦策云"王之料天下过矣"，高诱注云："过，谬也。"又"过听于张仪"，高诱注云："过，误也。"

曰："周公弟也，管叔兄也，周公之过，不亦宜乎？【注】孟子以为周公虽知管叔不贤，亦不必知其将畔，周公惟管叔弟也，故爱之。管叔念周公兄也，故望之。亲亲之恩也。周公于此过谬，不亦宜乎。【疏】注"周公"至"恩也"○正义曰：周书金縢云"管叔及其群弟乃流言于国"，某氏传云："周公摄政，其弟管叔及蔡叔、霍叔乃放言于国，以诬周公。"孔氏正义云："孟子曰：'周公弟也，管叔兄也。'史记亦以管叔为周公之兄。孔似不用孟子之说，或可；孔以其弟谓武王之弟，与史记亦不违也。"乃下"公将不利于孺子"传云："三叔以周公大圣，有次立之势。"然则孔自以周公为武王弟，管叔为周公弟，乃为有次立之势。"其弟管叔"承"周公摄政"之下，自指为周公弟，非承上为武王弟也。盖汉时原有二说：史记管蔡世家："武王同母兄弟十人，其长子曰伯邑考，次曰武王发，次曰管叔鲜，次曰周公旦。"此以管叔为周公之兄也。列女传母仪篇云："太姒生十男，长伯邑考，次武王发，次周公旦，次管叔鲜。”白虎通姓名篇“文王十子”引诗传云：“伯邑考，武王发，周公旦，管叔鲜。”此以周公为管叔之兄也。卢氏文弨校白虎通引孙侍御云：“此所引诗传，疑出韩诗内传，以周公为管叔之兄，与赵岐注孟子合。”按白虎通诛伐篇云：“尚书曰‘肆朕诞以尔东征’，诛弟也。又云‘诞以尔东征’，诛禄甫也。”诛弟正指管、蔡，不可以蔡统管。若管是周公兄，则宜以管统蔡云诛兄；今云“诛弟”，则管、蔡皆周公弟也。高诱注淮南子氾论训云：“管叔，周公兄也。”此用史记。注吕氏春秋开春篇云：“管叔，周公弟。”又注察微篇云：“管叔，周公弟也。蔡叔，周公兄也。”诱亦尝注孟子者也。后汉书樊鯈传鯈云“周公诛弟”，注云：“周公之弟，管、蔡二叔，流言于国。”又张衡传思玄赋云“旦获讟于群弟兮，启金縢而乃信”，注云：“成王立，周公摄政，其弟管叔、蔡叔等谤言，云‘公将不利于孺子’，周公乃诛二叔。”魏志毌丘俭讨司马师表云：“春秋之义，大义灭亲，故周公诛弟。”嵇康管蔡论云：“按记管、蔡流言，叛戾东都，周公征讨，诛凶逆，顽恶显著，流名千里；且明父圣兄，曾不鉴凶愚于幼稚，觉无良之子弟，而乃使理乱殷之弊民。”下云：“文王列而显之，发、旦二圣，举而任之。”又云：“三圣未为不明，则圣不佑恶而任顽凶，不容于时世，则管、蔡无取私于父兄。”此论正本孟子发之，而以文、武、周公为管、蔡之父兄，与赵氏同。李商隐杂记云：“周公去弟。”此皆以周公为兄者。毛氏奇龄四书賸言云：“予尝以此质之仲兄及张南士，亦云此事有可疑者三：周公称公，而管叔以下皆称叔，一。周公先封周，又封鲁，而管叔并无畿内之封，二。周制立宗法，以嫡弟之长者为大宗，周公、管、蔡皆嫡弟，而周公为大宗，称鲁宗国，三。赵氏所注，非无据也。”周氏柄中辨正云：“赵氏以周公为兄，管叔为弟，列女传母仪篇数太姒十子，亦以管、蔡为周公弟。邓析子无厚篇云：‘周公诛管、蔡，此于弟无厚也。’傅子通志篇云：‘管叔、蔡叔，弟也。为恶，周公诛之。’又举贤篇云：‘周公诛弟而典型立。’汉晋诸儒，固有以管叔为周公弟者，不特台卿此注也。”按赵氏自有所本，但孟子直云“周公弟也，管叔兄也”，自是以管叔为周公之兄。程氏瑶田通艺录论学小记云：“父子相隐，是事已露而私之也。周公使管叔监殷，是事未形而私之也。周公之为不知而使，不待言。然自陈贾言之，以为不智，何说之辞？自孟子言之，则曰‘周公弟也，管叔兄也’，故私其兄而不疑之，此乃天理人情之至，断无疑其兄畔之理，故曰：‘周公之过，不亦宜乎？’惟孟子为能善道圣人,天下无于兄弟而动畔之念者,则无疑于兄弟畔之人也。一切不仁不智,皆以私心测圣人,而不知圣人之公,不过自遂其私而已。故可以使而使之,可以过而过之,陈贾何知焉!"**且古之君子,过则改之;今之君子,过则顺之。古之君子,其过也如日月之食,民皆见之,及其更也,民皆仰之;今之君子,岂徒顺之,又从为之辞。"**【注】古之所谓君子,真圣人贤人君子也。周公虽有此过,乃诛三监,作大诰,明敕庶国,是周公改之也。今之所谓君子,非真君子也。顺过饰非,就为之辞。孟子言此,以讥贾不能匡君,而欲以辞解之。【疏】注"乃诛"至"之也"○正义曰:尚书序云:"武王崩,三监及淮夷畔,周公相成王,将黜殷,作大诰。"毛诗正义引郑氏注云:"三监,管叔、蔡叔、霍叔三人,为武庚监于殷国者也。"王氏鸣盛尚书后案云:"逸周书作雒解云:'武王克殷,立王子禄父,俾守商祀;建管叔于东,蔡叔、霍叔于殷,俾殷监臣。'是管、蔡、霍为三监之明文。"金縢云:"武王既丧,管叔及其群弟乃流言于国曰:'公将不利于孺子。'周公乃告二公曰:'我之弗辟,我无以告我先王。'周公居东二年,则罪人斯得。"列子杨朱篇云:"四国流言,周公居东三年,诛兄放弟。"史记周本纪云:"管叔、蔡叔群弟疑周公,与武庚作乱畔周。周公奉成王命,伐诛武庚、管叔,放蔡叔。"此周公诛三监之事也。大诰云:"王若曰:猷大诰尔多邦,越尔御事。"又云:"肆予告我友邦君,越尹氏庶士御事曰:予得吉卜,予惟以尔庶邦于伐殷逋播臣。"是明敕庶国之事也。刘氏台拱周公居东论云:"武庚席胜国之余业,地方千里,连大国以窥周室,而管、蔡以骨肉至亲,为之阴伺虚实,相机举事,表里相应,动出百全;然犹以周公之故,不敢遽发,故以流言之谤,为反间之谋,意欲先陷周公,而后逞志于成王。诗曰:'相彼雨雪,先集为霰。'祸乱之萌,见于此矣。而周公于此,顾乃懵然而不察,坦然而无疑,引嫌畏罪,去不旋踵,以堕于敌人之术中。直至四国并起,猖獗中原,然后仓皇奔命,侥幸于一日之成功,则周公之智,何远出管、蔡下哉?论者必曰:'周公弟也,管叔兄也,岂忍料其将变哉?'此以施于使监之时,则至言也。施之于流言之后,则妄说也。今有人闻谤而不辨者,是君子也。无故加己以篡弑之名,而安然不问,则冥顽不灵之人而已矣。况其为反间之谋,觊觎之渐,岂有安然受之而不究所从来者乎?是故流言之初起也,周公万万不料其为管、蔡，而心识其为商人之间己，则不敢以不察。察而得之，必且始而骇，中而疑，终则痛哭流涕，引以为终身之大戚，此天理人情之至，以义推之而可见者也。而谓周公必当守不忍料之意以终身，则舜何以知象之将杀己哉？‘鸱鸮鸱鸮，既取我子，无毁我室。’‘迨天之未阴雨，彻彼桑土，绸缪牖户。’成王二公，未始以为忧，而周公独识之，此所谓罪人斯得者也。鸱鸮取子，以喻管、蔡为武庚之所胁从。‘恩斯勤斯，鬻子之闵斯。’所以未减其倡乱之罪，而不忍尽其辞，亲亲之道也。至于闵王业之艰难，惧覆亡之无日，情危辞蹙，几于大声而疾呼，自书契以来，哀恸迫切，未有若此诗之甚者。而说者纷纭颠倒，致使周公救乱之志，闇而不章，岂不惜哉！”按三监之建在武王时，贾以为周公使之，已非其实；至于东征破斧，零雨心悲，公自行其所当然，原非谓先此误使，为斯救败之举也。惟孟子不为周公辨过，而转为周公任过，且谓其能改过，特以取燕之举，过于前，不能改于后，假周公之事以覫齐耳。必谓诛三监作大诰为周公改过之征，尚非孟子之旨矣。〇注“顺过饰非”〇正义曰：荀子成相篇云：“拒谏饰非，愚而上同。”

章指言：圣人亲亲，不文其过；小人顺非，以谄其上也。【疏】“圣人”至“上也”〇正义曰：论语子张第十九云：“小人之过也必文。”礼记王制云：“顺非而泽。”荀子宥坐篇孔子论少正卯亦云：“顺非而泽。”按泽即释，谓顺其非而为之解释。或云润泽，失之。

10 **孟子致为臣而归。**【注】辞齐卿而归其室也。【疏】注“辞齐”至“室也”〇正义曰：礼记王制云“七十致政”，注云：“致政，还君事。”明堂位云“七年致政于成王”，注云：“致政，以王事归授之。”宣公元年公羊传云“退而致仕”，注云：“退，退身也。致仕，还禄位于君。”然则致之义为还。孟子为卿于齐，是为齐之臣也。致为臣，是还此为臣于齐，不为其臣也。还此为臣于齐，即是辞齐卿也。下“王就见”，则孟子尚在齐，故非归邹，是不立朝而退归其室也。

王就见孟子曰：“前日愿见而不可得，【注】谓未来仕齐也。遥闻孟子之贤而不能得见之。**得侍同朝，甚喜，**【注】来就为卿，君臣同朝，得相见，故喜也。【疏】注“来就”至“喜也”○正义曰：孔氏广森经学卮言云：“章句言：‘来就为卿，君臣同朝，得相见，故喜之也。’然则得侍同朝者，谦辞。言与孟子得为君臣而同朝也。‘甚喜’，王自言甚喜也。俗读‘得侍’绝句者谬。”按说文人部云：“侍，承也。”手部云：“承，奉也，受也。”惟孟子来就齐王，乃得承受之，与之同朝。礼记丧大记云“大夫之丧，大胥侍之”，注云：“侍，犹临也。”或赵氏解侍为临，谓孟子来临于齐，故云来就为卿。**今又弃寡人而归，**【注】今致为臣，弃寡人而归也。**不识可以继此而得见乎？”**【注】不知可以续今日之后，遂使寡人得相见否。

对曰：“不敢请耳，固所愿也。”【注】孟子对王，言不敢自请耳，固心之所愿也。孟子意欲使王继今当自来谋也。

他日，王谓时子曰：“我欲中国而授孟子室，养弟子，以万钟，使诸大夫国人皆有所矜式，子盍为我言之。”【注】时子，齐臣也。王欲于国中央为孟子筑室，使养教一国君臣之子弟，与之万钟之禄。中国者，使学者远近钧也。矜，敬也。式，法也。欲使诸大夫国人皆敬法其道。盍，何不也。谓时子何不为我言之于孟子，知肯就之否。【疏】注“时子”至“之否”○正义曰：薛应旂人物考云：“齐大夫时子，古今姓纂：‘齐有贤人时子著书，见孟子、新论。’”荀子大略篇云：“欲近四旁，莫如中央。”赵氏以中央解中国，谓中于国也。钧，闽、监、毛三本作“均”，均、钧字通。论语卫灵公篇云“君子矜而不争”，包氏注云：“矜，庄也。”吕氏春秋孝行篇云“居处不庄”，高诱注云：“庄，敬也。”以此通之，是矜为敬也。“式，法也”，见周书谥法解。礼记檀弓云“盍尝问焉”，论语公冶长篇云“盍各言尔志”，注皆云：“盍，何不也。”

时子因陈子而以告孟子。【注】陈子，孟子弟子陈臻。**陈子以时子之言告孟子，孟子曰：“然，夫时子恶知其不可也？如使予欲富，辞十万而受万，是为欲富乎？**【注】孟子曰，如是，夫时子安能知其不可乎？时子以我为欲富，故以禄诱我，我往者飨十万钟之禄，以大道不行，故去耳。今更当受万钟，是为欲富乎。距时子之言也。

【疏】注“孟子”至“言也”○正义曰：以如是释然字，以安释恶。王氏引之经传释词云：“范望注太玄务测云：‘然，犹是也。常语也。’广雅：‘然，应也。’礼记檀弓‘有子曰：然，然则夫子有为言之也’，论语阳货篇‘然，有是言也’，孟子公孙丑篇曰‘然，夫时子恶知其不可也’，此三然字但为应词，而不训为是。”吕氏春秋忠廉、谨听、务本、遇合、慎大、权勋、长利、求人等篇，高诱注皆云：“恶，安也。”恶与乌、焉通。荀子多言案，即安也。汉书多言乌，即恶也。襄公二十九年公羊传云“僚焉得为君乎”，释文：“焉本又作‘恶’。”广雅释诂云：“焉，安也。”阎氏若璩孟子生卒年月考云：“或问于余曰：‘养弟子以万钟，齐宣亦自侈其厚矣；而孟子又云曾辞十万钟，然则齐卿之禄，厚至此与？’余应之曰：此盖孟子通计仕齐所辞之数，非一岁有也。晏子曰：‘齐旧四量，豆、区、釜、钟。四升为豆，各自其四，以登于釜，釜十则钟。’然则区一斗六升也，釜六斗四升也，钟六石四斗也。万钟则六万四千石矣，十万钟则六十四万石矣，此岂齐卿一岁所能有哉？以孟子所云‘陈戴盖禄万钟’，戴为齐公族，禄所入如此。而孟子在三卿之中，使其禄同于陈戴，则仕齐当十年矣；倍于陈戴，则仕齐当五年矣；或少倍于陈戴，当亦不下六七年矣。夫燕哙让国，君臣被戮，太子复兴，俱孟子仕齐所见闻者，则固已历五年矣。又况于崇见王，丧母复归，又必有一二年，故曰当不下六七年也。”周氏广业孟子出处时地考引冯氏景少作论万钟云：“六石四斗曰钟，则六万四千石足以食其徒一万八千余人。盖古量甚少，汉二斗七升，当今五升四合。六万四千石，今犹得一万二千八百石，乃叹崇儒重道之风，虽战国不替也。”弟子为一国君臣之子弟，使孟子教养之。则读“养弟子”三字为句，属上。尔雅释诂云：“应，当也。”广雅释言云：“应，受也。”毛诗周颂：“我应受之。”当受即应受也。故以当释受。**季孙曰：‘异哉！子叔疑。**

【注】二子，孟子弟子也。季孙知孟子意不欲，而心欲使孟子就之，故曰异哉弟子之所闻也。子叔心疑，亦以为可就也。【疏】注“二子”至“就也”○正义曰：周氏广业孟子出处时地考云：“鲁有季孙氏、子叔氏，并见左传。二子，当是其后，氏而不名，与公都子同例。孟门从游者，赵氏注弟子十五人：乐正子、公孙丑、陈臻、公都子、充虞、季孙、子叔、高子、徐辟、咸丘蒙、陈代、彭更、万章、屋庐子、桃应。学于孟子四人：孟仲子、告子、滕更、盆成括。见汉书古今人表

者五人:公孙丑、万章、告子、乐正子、高子。宋政和五年,从祀孟庙,视赵注无盆成括,为十八人,详宋史礼志。吴莱孟子弟子考序称十九人,则与赵注同。张九韶群言拾唾载孟门十七弟子,去季孙、子叔、滕更、盆成括,而益以孟季子、周霄。经义考亦去季孙、子叔,而谓告子与浩生不害是二人,因去告子而列浩生不害。窃谓从者数百,彭更既明言之,则弟子之姓名湮没者,何可胜数。季孙、子叔、盆成括等,幸附见七篇,尚何去取之纷纷乎?”**使己为政,不用则亦已矣。又使其子弟,为卿。’人亦孰不欲富贵,而独于富贵之中有私龙断焉。**【注】孟子解二子之异意疑心曰,齐王使我为政,不用则亦自止矣。今又欲以其子弟故,使我为卿,而与我万钟之禄。人亦谁不欲富贵乎,是犹独于富贵之中,有此私登龙断之类也。我则耻之。

【疏】注“孟子”至“耻之”○正义曰:赵氏以季孙、子叔为孟子二弟子。“子叔疑”,犹论语言“门人惑”也。此则孟子解之之辞。“又使其子弟为卿”,子弟,即上弟子,使教养其子弟。使我为卿,则读“为卿”二字不属上。赵氏佑温故录云:“以季孙、子叔为孟子弟子,不应但书氏而绝无名称,不合一也。‘异哉’一语既不了,‘疑’字更未有言,遽接以孟子自解语,与上节全不相属,不合二也。就注文‘齐王使我为政,不用则亦自止矣,今又欲以其子弟故,使我为卿’云云,孟子正因王不使为政而去,何忽云尔。本文‘使其子弟为卿’,忽倒换‘使我为卿’,上文‘养弟子以万钟’,自当指孟子之弟子,忽易为齐王子弟,不合三也。”按今通解以此皆季孙讥子叔疑之言。周氏广业孟子出处时地考云:“以子叔疑为名,莫知其为何人。惟左传昭二十九年经‘叔诣卒’,公羊、穀梁俱作‘叔倪’,释文倪有‘五计’‘五兮’二音,‘五兮’颇与‘疑’音相近,意即其人。此子叔敬子之孙,尝欲纳昭公,故季孙意如曰:‘叔倪无疾而死,此皆无公也,是天命也,非我罪也。’以是推之,龙断之说,或出爱憎之口欤?然赵岐孰于左传,不应忘之。”**古之为市也,以其所有易其所无者,有司者治之耳。有贱丈夫焉,必求龙断而登之,以左右望而罔市利,人皆以为贱,故从而征之。征商自此贱丈夫始矣。”**

【注】古者市置有司,但治其争讼,不征税也。贱丈夫,贪人可贱者也。入市

则求龙断而登之,龙断,谓堁断而高者也。左右占望,见市中有利,罔罗而取之。人皆贱其贪,故就征取其利,后世缘此,遂征商人。孟子言我苟贪万钟,不耻屈道,亦与此贱丈夫何异也。古者,谓周公以前,周礼有关市之赋也。

【疏】"古之"至"无者"○正义曰:易系辞传云:"日中为市,致天下之民,聚天下之货,交易而退,各得其所,盖取诸噬嗑。"交易,即以所有易所无。彼此各有所有,各有所无,一交易,而无者皆有,故各得其所。虞书皋陶谟云"贸迁有无化居",史记夏本纪云"食少,调有余补不足徙居"是也。周氏广业逸文考云:"'古之为市也',石经、宋本同。白帖引作'者'。"翟氏灏考异云:"'古之为市者',宋本、宋石经者俱作'也',张南轩本、孟子集疏本亦俱作'也',文选魏都赋注引作'也'。"阮氏元校勘记云:"'古之为市也',石经、闽、监、毛三本、韩本同,孔本也作'者'。"○注"古者"至"税也"○正义曰:周礼地官有司市、质人、廛人、胥师、贾师、司虣、司稽,皆市官。司市以质剂结信而止讼,以贾民禁伪而除诈,以刑罚禁虣而去盗,凡市入,胥执鞭度守门,市之群吏平肆,展成奠贾,上旌于思次以令市,市师莅焉,而听大治大讼。胥师、贾师莅于介次,而听小治小讼。此有司治争讼也。廛人掌敛布、絘布、总布、质布、罚布、廛布而入于泉府。是周时有征税。不征税,是周公以前也。详见上篇。音义出"龙断",云:"丁云:'案龙与隆,声相近。隆,高也。盖古人之言耳,如胥须之类也。'张云:'断如字,或读如断割之断,非也。'陆云:'龙断,谓冈垄断而高者。'如陆之释,则龙音垄。"又出"堁"字,云:"丁云:'广雅音课,开元文字音块。'"翟氏灏考异云:"列子汤问篇说愚公移山事云:'自此冀之南,汉之阴,无陇断焉。'可为陆善经说'龙断'之确证。说文'买'字下引下文,直作'登垄断'。三家之释,要惟陆氏为长。"段氏玉裁说文解字注云:"买,市也。从网贝。孟曰登垄断而网市利,此引以证从网贝之意也。垄,孟子作'龙',丁公著读为隆,陆善经乃读为垄,谓冈垄断而高者。按赵注释为'堁断而高者也'。堁,尘塺也。高诱云:'楚人谓尘为堁。'赵本盖作'龙断'。龙,尘杂之貌。嚣尘不到,地势略高之处也。古书龙、龙二字多相乱,许书亦当作'龙断',浅人以陆善经说,改为'垄'耳。"方言云:"占,犹瞻也。"毛诗邶风:"瞻望弗及。"此以占释望,占望即瞻望也。罔,说文作"网",重文"罔",今作"網"。毛诗王风"雉离于罗",传云:"鸟網曰罗。"是罔市利为罔罗而取利也。礼记檀弓云"从而谢焉”，注云：“从，犹就也。”故以就释从。

章指言：君子正身行道，道之不行，命也。不为利回，创业可继，是以君子以龙断之人为恶戒也。【疏】“道之不行命也”〇正义曰：论语宪问第十四云：“道之将行也与？命也。”〇“不为利回”〇正义曰：昭公二十年左传云“不为利疚于回”，注云：“疚，病也。回，邪也。以利故不能去，是病身于邪。”又三十一年左传云：“君子动则思礼，行则思义，不为利回，不为义疚。”注云：“回，正心也。”

11 **孟子去齐，宿于昼，有欲为王留行者。**【注】昼，齐西南近邑也。孟子去齐，欲归邹，至昼地而宿也。齐人之知孟子者，追送见之，欲为王留孟子之行。【疏】“孟子”至“行者”〇正义曰：阎氏若璩孟子生卒年月考云：“系致为臣章于燕畔王惭之后，盖君臣之隙既开，有不可以复合者矣。故孟子决然请去。”释地又续云：“当日为王留行者，岂有不通姓名之理。为其人可略，作七篇时，遂从而略之。”〇注“昼齐”至“宿也”〇正义曰：周密齐东野语云：“高邮黄彦利谓孟子去齐宿昼，读如昼夜之昼，非也。史记田单传‘画邑’，注云：‘齐西南近邑，音获。’故孟子三宿而出，时人以为濡滞也。”毛氏奇龄经问云：“齐固有画邑，然焉知无昼邑？赵岐云：‘昼，齐西南近邑。’是明有昼邑矣。且赵岐注孟子，正在齐郡，其地有昼邑，城在临淄县西南，相传孟子出宿处，故凿然注此。此真身历其地，见之真故言之确者。若画邑，在临淄西北三十里，即戟里城。战国燕破齐时，将封王蠋以万家，即此地。是燕从西北至齐，当是画邑。孟子从西南至滕，当是昼邑。一南一北，字形虽相蒙，地势无可混也。”阮氏元校勘记云：“‘宿于昼’，各本同。孔本、韩本昼作‘画’，注同。按此当是采用旧说。广韵四十九宥‘昼’字下云：‘又姓，昼邑大夫之后，因氏焉。出风俗通。’孟子昼字，不当改为‘画’字。”按史记田单列传“燕之初入齐，闻画邑人王蠋贤”，集解引刘熙云：“齐西南近邑。画音获。”此刘熙云云，盖即其孟子注。裴骃引以为“画邑”之注，则是骃所见孟子本固作“画”字邪？**坐而言，不应，隐几而卧。**【注】客危坐而言，留孟子之言也。

孟子不应答，因隐倚其几而卧也。【疏】注“客危”至“而卧”○正义曰：刘熙释名释姿容云：“跪，危也。两膝隐地，体危阢也。”礼记曲礼“授立不跪，授坐不立”，释文云：“跪，本又作‘危’。”昭公二十七年左传云“坐行而入”，注云：“坐行，膝行。”礼记曲礼云“先生书策琴瑟在前，坐而迁之”，孔氏正义云：“坐亦跪也。坐通名跪，跪名不通坐。”赵氏以危坐解坐字，谓此坐为跪也。白虎通衣裳篇云：“衣者，隐也。”说文衣部云：“衣，依也。”𤔔部云：“𤔔，所依据也。”𤔔即隐。毛诗商颂“依我磬声”，传云：“依，倚也。”隐、依、倚三字义同，故以倚释隐。段氏玉裁说文解字注云：“卧，伏也。从人臣，取其伏也。伏，大徐作‘休’，误。卧与寝异，寝于床，论语‘寝不尸’是也。卧于几，孟子‘隐几而卧’是也。卧于几，故曰伏，统言之则不别，故宀部云：‘寝者，卧也。’曲礼云：‘寝毋伏。’则谓寝于床者，毋得俯伏也。”

客不悦曰：“弟子齐宿而后敢言，夫子卧而不听，请勿复敢见矣！”【注】齐，敬。宿，素也。弟子素持敬心来言，夫子慢我，不受我言。言而遂起，退欲去，请绝也。【疏】注“齐敬”至“我言”○正义曰：音义云：“齐字亦作‘斋’，今孔氏本作‘斋’，经典通作齐。”毛诗召南“有齐季女”，传云：“齐，敬也。”是齐为敬也。礼记礼器云“三日宿”，注云：“宿，致齐也。”赵氏释为素者，宿、素一声之转。小尔雅广诂云：“宿，久也。”汉书霍去病传注云：“宿，旧也。”桓公元年公羊传注云：“宿，先诫之辞。”论语“子路无宿诺”，注云：“宿，预也。”后汉书吕布传注云：“素，旧也。”礼记丧大记正义引皇氏云：“素，先也。”文选关中诗注引国语贾逵注云：“素，预也。”是宿、素二字之义，本得相通。素持敬心，谓预持敬心，亦久持敬心也。周礼地官鄙长“凡岁时之戒令皆听之”，注云：“听之，受之而行也。”国策秦策云“则王勿听其事”，注云：“听，从也，受也。”隐几而卧，礼记乐记云：“吾端冕而听古乐，则惟恐卧；听郑卫之音，则不知倦。”是卧为倦怠。心爱之故不倦，心厌之故卧。说文心部云：“慢，惰也。”惰，犹倦也。是倦怠，疏慢之也。不听，是不受其言也。○注“言而”至“绝也”○正义曰：阎氏若璩释地又续云：“两膝著地，伸腰及股而势危者为跪。两膝著地，以尻著跖而少安者为坐。赵氏于‘坐而言’曰危坐，于‘坐我明语子’单曰‘坐’，盖危坐者，客跪而言留孟子之言，迨不听，然后变色而起，孟子于是命之以安坐以听我语。此两坐字殊不同。赵氏注于'勿敢见'下先云:'言而遂起,退欲去,请绝也。'为下文坐字张本。郝氏解亦云:'请勿复敢见矣,起而告退之辞。'"

曰:"坐,我明语子:【注】孟子止客曰,且坐,我明告语子。【疏】注"我明告语子"○正义曰:周礼春官大司乐"讽诵言语",注云:"答述曰语。"吕氏春秋节丧篇云"传以相告",高诱注云:"告,语也。"**昔者鲁缪公无人乎子思之侧,则不能安子思;泄柳、申详无人乎缪公之侧,则不能安其身。**【注】往者鲁缪公尊礼子思,子思以道不行则欲去;缪公常使贤人往留之,说以方且听子为政,然后子思复留。泄柳、申详,亦贤者也。缪公尊之不如子思,二子常有贤者在缪公之侧,劝以复之,其身乃安也。【疏】注"往者"至"复留"○正义曰:以往释昔。尔雅释诂云:"安,止也。"说文田部云:"留,止也。"安、留皆训止,故以留释安。○注"泄柳"至"安也"○正义曰:礼记杂记"泄柳之母死",注云:"泄柳,鲁缪公时贤人也。"孔氏正义云:"孟子云:'鲁缪公之时,公仪子为政,子柳、子思为臣,鲁之削也滋甚,若是乎贤者之无益于国也。'彼子柳即此泄柳也,故云鲁缪公时贤人。"檀弓云"子张病,召申详而语之",注云:"申详,子张子。太史公传曰:'子张姓颛孙。'今曰申详,周秦之声,二者相近,未闻孰是。"又"申详之哭言思也亦然",注云:"说者曰:言思,子游之子,申详妻之昆弟。"故阎氏若璩释地又续云:"申详,子张之子,子游之婿;是陈之颛孙氏,与吴之言氏,远为婚姻。"檀弓又云:"季子皋葬其妻,犯人之禾,申详以告曰:请庚之。"注云:"申祥,子张子。"祥、详古字通。说文力部云:"劝,勉也。"文选注云:"劝者,进善之名。"周礼夏官大仆注云:"复,谓奏事也。"吕氏春秋勿躬篇云"管仲复于桓公",高诱注云:"复,白也。"劝而复之,谓有贤者在缪公之侧,以善言劝勉而奏白之,泄柳、申详乃留止于鲁而不去。子思之贤,鲁人无过之者,故必听子思之言为政,乃不去。二子贤不及子思,不必听二子之言。必有贤如子思,进言于君,而君听之,二子乃留。二子视子思之留为留也,非虚言所能止。**子为长者虑而不及子思,子绝长者乎,长者绝子乎?"**【注】长者,老者也。孟子年老,故自称长者。言子为我虑,不如子思时贤人也。不劝王使我得行道,而但劝我留,留者何为哉。此为子绝我乎,又我绝子乎,何为而愠恨也。【疏】注"长者"至"长者"○正义曰:仪礼乡饮酒礼、乡射礼皆云"众宾之长升",注皆云:"长,其老者。"是长者为老者也。

章指言:惟贤能安贤,智能知微,以愚喻智,道之所以乖也。

12 孟子去齐,尹士语人曰:"不识王之不可以为汤武,则是不明也。识其不可,然且至,则是干泽也。千里而见王,不遇故去,三宿而后出昼,是何濡滞也!士则兹不悦。"【注】尹士,齐人也。干,求也。泽,禄也。尹士与论者言之,云孟子不知,则为求禄。濡滞,犹稽也。既去,近留于昼三日,怪其犹久,故云士于此事不悦也。【疏】注"干求"至"悦也"○正义曰:"干,求也",尔雅释言文。泽无禄训,风俗通穷通篇云:"孟子尝仕于齐,位至卿,后不能用,孟子去齐。尹士曰:'不识王之不可以为汤武,则是不明也。识其不可,然且至,则是干禄也。'"此亦以禄代泽。说文水部云:"泽,光润也。"干求人君光宠,以得禄位,故干泽亦即干禄也。阮氏元校勘记云:"'濡滞淹久也',闽、监、毛三本、足利本同。廖本、孔本作'犹稽也',韩本作'孰稽也',考文古本作'熟稽也',考文一本作'淹留'。"按史记平准书集解引李奇云:"稽,贮滞也。"贮滞犹濡滞。说文稽部云:"稽,留止也。从禾,从尤,旨声。"淮南子时则训云"流而不滞",高诱注云:"滞,止也。"楚辞涉江篇云"淹回水而凝流",注云:"滞,留也。"滞与稽义同。滞从带声,带声与旨声同韵,段氏玉裁六书音均表同列十五部。孔氏广森诗声类六脂、十二齐、五十二霁,同属阴声脂类第十二,则滞、稽音近,故以濡滞犹稽也。尔雅释诂云:"伫,久也。"国语鲁语云"敢告滞积,以舒执事",注云:"滞,久也。"故又以久解之。云犹久者,对下孟子以三宿为犹速也。兹之义为此,故解兹为此事,悦之义为解。士则兹不悦,谓士于此事不解也。

高子以告。【注】高子亦齐人，孟子弟子，以尹士之言告孟子也。

曰："夫尹士恶知予哉？千里而见王，是予所欲也。不遇故去，岂予所欲哉！予不得已也。【注】孟子曰，夫尹士安能知我哉，我不得已而去耳，何汲汲而驱驰乎。予三宿而出昼，于予心犹以为速，王庶几改之。王如改诸，则必反予。【注】我自谓行速疾矣，冀王庶几能反覆招还我矣。【疏】注"我自"至"我矣"○正义曰：速之义为疾，即上所云汲汲驱驰也。毛诗周颂"福禄来反"，传云："反，复也。"说文又部云："反，还也。"攴部云："改，更也。"吕氏春秋慎人篇云"反瑟而弦"，高诱注云："反，更也。"此经文云"王庶几改之，王如改诸，则必反予"，赵氏以冀王庶几能反覆招还我解之，以反复释改字，以招还释反字也。夫出昼而王不予追也，予然后浩然有归志。【注】浩然，心浩浩然有远志也。予虽然岂舍王哉？王由足用为善；王如用予，则岂徒齐民安，天下之民举安。王庶几改之，予日望之。【注】孟子以齐大国，知其可以行善政，故恋恋望王之改而反之，是以安行也。岂徒齐民安，言君子达则兼善天下也。【疏】注"孟子"至"下也"○正义曰：用，以也。为，犹行也。故足用为善是可以行善政也。易小畜"有孚挛如"，释文云："子夏传作'恋'。"汉书外戚李夫人传云"上所以挛挛顾念我者"，注云："挛，音力全反，又读曰'恋'。"此经云"岂舍王哉"，赵氏解云恋恋，即挛挛，谓系念于王，不忍舍也。襄公七年左传云"吾子其少安"，注云："安，徐也。"后汉书崔骃传骃作达旨云"縶余马以安行"，注云："安行，不奔驰也。"三宿而后出昼，故为徐行，即不汲汲驱驰也。"达则兼善天下"，见下尽心篇。予岂若是小丈夫然哉！谏于其君而不受则怒，悻悻然见于其面，去则穷日之力而后宿哉！"【注】我岂若悁急小丈夫，恚怒其君而去，极日力而宿，惧其不远者哉。论语曰"悻悻然小人哉"，言己志大，在于济一世之民，不为小节也。【疏】注"我岂"至"节也"○正义曰：说文心部云："悁，忿也。"急，说文作"忣"，云"褊也"。淮南子缪称训云"忣于不己知者"，注云：

"悁,急也。"悁急,赵氏为怒字解也。所以为小丈夫者,缘其谏君不受则怒也。因怒而小,故以悁急加"小丈夫"上,谓其因忿悁而小也。怒即恚也。穷之言极也。音义云:"悻悻,丁云:'字当作婞,形顶切,很也,直也。'又胡耿切,字或作'悻悻然',论语音铿。"今论语子路篇作"硁硁然小人哉"。礼记乐记"石声磬",史记乐书作"石声硁"。集解引王肃礼记注云:"硁声果劲。"说文石部:"磬,古文从巠,硁即磬字。"刘熙释名释乐器云:"磬,罄也。其声罄罄然坚致也。"离骚云:"鲧婞直以亡身兮。"说文女部云:"婞,很也。"楚辞曰鲧婞直果劲,与很直义近。盖坚执不回,不知通变,故郑氏注论语云:"硁硁,小人之貌也。"婞婞、磬磬声近相通借也。闽、监、毛三本作"论曰",阮氏元校勘记云:"赵注多称论。"赵氏不解是字,盖以是字为语助,无所指实。王氏引之经传释词云:"是,犹夫也。礼记三年问'今是大鸟兽',荀子礼论篇作'今夫'。宥坐篇'今夫世之陵迟亦久矣',韩诗外传作'今是'。是小丈夫,夫小丈夫也。是训为夫,故夫亦训为是。"

尹士闻之曰:"士诚小人也!"【注】尹士闻义则服。

章指言:大德洋洋,介士察察,贤者志其大者,不贤者志其小者,此之谓也。【疏】"大德"至"谓也"○正义曰:史记礼书云"洋洋美德乎",索隐云:"洋洋,美盛貌。"老子云"俗人察察",注云:"察察,疾且急也。"论语子张第十九"贤者识其大者,不贤者识其小者",汉石经识作"志"。汉书刘歆传让太常博士引亦作"志",与此同。周礼保章氏注云:"志,古文识。"

13 孟子去齐,充虞路问曰:"夫子若有不豫色然。前日虞闻诸夫子曰:'君子不怨天,不尤人。'"【注】路,道也。于路中问也。充虞谓孟子去齐,有恨心,颜色不悦也。【疏】注"路道"至"悦也"○正义曰:"路,道也",尔雅释宫文。论衡刺孟篇以途代路,路亦途也。易豫卦郑氏注云:"豫,喜豫悦乐之貌也。"是不豫即不悦也。说文心部云:"恨,怨也。"心有怨恨,则颜色不悦。

曰："彼一时，此一时也。五百年必有王者兴，其间必有名世者。由周而来，七百有余岁矣，以其数则过矣，以其时考之则可矣。【注】彼前圣贤之出是有时也，今此时，亦是其一时也。五百年有王者兴，有兴王道者也。名世，次圣之才。物来能名，正一世者，生于圣人之间也。七百有余岁，谓周家王迹始兴，大王、文王以来，考验其时，则可有也。【疏】注"彼前"至"有也"○正义曰：赵氏以彼一时为以前圣贤兴王道之时。圣指王者，贤指名世者。彼即前也。谓前此圣贤之出，是应此五百年之运而出，是圣贤之出有时也。此即今也。此一时为孟子之时，谓今时已是圣贤当出之时也。论衡引此作"彼一时也，此一时也"，文选答客难、五等诸侯论二注引孟子亦云"彼一时也，此一时也"。观赵氏注则彼一时下当有"也"字。近通解以彼一时为充虞所闻"君子不怨天不尤人"之时，时为暇豫之时，则论为经常之论也。此一时为今孟子去齐之时，为行藏治乱关系之时也。则忧天悯人之意，不得不形诸颜色也。国语鲁语云"黄帝能成命百物，以明民共财"，注云："命，名也。"尹文子云："大道无形，称器有名。名也者，正形者也。形正由名，则名不可差，故仲尼曰：'必也正名乎！名不正则言不顺也。'名有三科：一曰命物之名，方圆白黑是也。二曰毁誉之名，善恶贵贱是也。三曰况位之名，贤愚爱憎是也。今万物具存，不以名正之则乱。"荀子有正名篇云："圣王没，名守慢，奇辞起，名实乱，是非之形不明，则虽守法之吏，诵数之儒，亦皆乱也。若有王者起，必将有循于旧名，有作于新名，贵贱不明，同异不别，如是则志必有不喻之患，而事必有困废之祸。故知者为之分别，制名以指实，上以明贵贱，下以别同异。贵贱明，同异别，如是则志无不喻之患，事无困废之祸，此所为有名也。物来能以名正于一世，则贵贱明而同异别。"汉书古今人表列九等之叙，上上为圣人，上中为仁人，上下为智人。此明贵贱、别同异之人为智者，故为"次圣之才"。汉书楚元王传赞云："仲尼称材难，不其然欤！自孔子后，缀文之士众矣，惟孟轲、孙况、董仲舒、司马迁、刘向、扬雄，此数公者，皆博物洽闻，通达古今，其言有补于世，传曰：'圣人不出，其间必有命世者焉。'岂近是乎？"命世即名世，谓前圣既没、后圣未起之间，有能通经辨物，以表章圣道，使世不惑者也。江氏永群经补义云："孟子去齐，在燕人畔之后，盖当周赧王三年己酉。孟子言'由周而来,七百有余岁',邵子皇极经世、金吉甫通鉴纲目前编考之:周武王伐殷己卯,距赧王己酉八百一十一年,与孟子言不合。盖周初自共和庚申以前,有误衍之年,其误衍始于刘歆历谱也。共和庚申以前之年,史迁不能纪,惟鲁世家自考公以下有其年:考公四年,炀公六年,幽公十四年,魏公五十年,厉公三十七年,献公三十二年,真公三十年。真公之十四年,厉王出奔彘,共和行政,为共和前年己未。自考公至真公十四年,凡一百五十七年。鲁公伯禽,史记未著卒年,历谱谓成王元年为命鲁公之岁。鲁公四十六年,至康王六年而薨。以四十六加一百五十七,则成王元年至厉王己未,二百单三年耳。而历谱累推七十六年之朔旦冬至,数诸公之年,谓世家炀公即位六十年,是得史记误本,以六年为六十年也。又谓献公即位五十年,是又误以三十二年为五十年也。炀公衍五十四年,献公衍十八年,共衍七十二年。则自成王元年至厉王己未,有二百七十五年。今经世诸书,成王立于乙酉,至厉王己未二百七十五年,正承刘歆之误也。前计武王己卯至赧王己酉八百一十一年,除去七十二年,实得七百三十九年,正与孟子语七百有余岁合矣。否则孟子生于周,岂不知其年数,乃缺去七十余年邪?"按赵氏解"七百有余岁",推本太王、文王以来,于刘歆历谱之年尤羡矣。赵氏盖以孟子去齐在显王时,阎氏若璩孟子生卒年月考云:"孟子在齐,不独不在赧王时,亦不在慎靓王时,当在显王四十五年。乃赵氏谓孟子去齐后至梁;既以显王三十三年乙酉至梁,则去齐在三十三年以前。于武王己卯至赧王己酉七百三十九年,又除去赧王己酉上溯显王甲申共二十五年,止存七百一十四年,加以太王、文王之年,仍是七百有余岁也。"周礼大司马"以待考其诛赏",注云:"考,谓考校其功。"吕氏春秋察传篇云"必验之以理",高诱注云:"验,效也。"淮南子主术训云"验在近",高诱注云:"验,效也。"効、效、校通,是考即验也。**夫天未欲平治天下也。如欲平治天下,当今之世,舍我其谁也?吾何为不豫哉!"**

【注】孟子自谓能当名世之士,时又值之,而不得施,此乃天自未欲平治天下耳,非我之愆。我固不怨天,何为不悦豫乎。【疏】"夫天"至"豫哉"〇正义曰:赵氏佑温故录云:"此正申所以不豫之故。上言数已过,时已可,而未有王者兴,是天未欲平治天下也。我所以有不豫,为此也。否则天诚厌乱而兴王

者，使我得如古之名世，大展其尧舜君民之素，何不豫之有。盖旧解如此。”按赵氏之意，云我固不怨天，何为不悦豫哉。乃是辨其未尝怨天，未尝不豫。谓是天不欲平治天下，非我之愆，我自不必怨天而不悦也。故章指言“知命者不忧不惧”。

章指言：圣贤兴作，与时消息，天非人不因，人非天不成，是故知命者不忧不惧也。【疏】“天非人不因，人非天不成”○正义曰：扬子法言重黎篇云：“兼才尚权，右计左数，动谨于时，人也。天不人不因，人不天不成。”管子势篇云：“天因人，圣人因天。”扬氏所本也。

14　孟子去齐居休，公孙丑问曰：“仕而不受禄，古之道乎？”【注】休，地名。丑问古人之道，仕不受禄邪。怪孟子于齐不受其禄也。【疏】注“休地名”○正义曰：阎氏若璩释地续云：“孟子致为臣而归，归于邹也。中间经过地名休者，少憩焉，与丑论在齐事，故曰居休。故休城在今兖州府滕县北一十五里，距孟子家约百里。”

曰：“非也。于崇，吾得见王，退而有去志；不欲变，故不受也。【注】崇，地名。孟子言不受禄，非古之道也。于崇，吾始见齐王，知其不能纳善，退出，志欲去矣。不欲即去，若为变诡，见非泰甚，故且宿留。心欲去，故不复受禄。【疏】注“崇地名”○正义曰：周氏广业孟子古注考云：“宋本作‘崇，齐地’，今作‘地名’。”○注“不欲”至“受禄”○正义曰：赵氏云“不欲即去，若为变诡”，以诡字释变字也。礼记曾子问“日有食之则变乎”，注云：“变谓异体。”荀子礼论云“惮诡”，注云：“惮，变也。诡，异也。”吕氏春秋孟春纪云“无变天之道”，高诱注云：“变，戾也。”文选长笛赋“窊隆诡戾”，注云：“诡戾，乖违之貌。”又幽通赋云“变化故而相诡兮”，曹大家注云：“诡，反也。”是变与诡义同。始见于王，退而即去，形迹近似乖戾诡异，变动不常。非，犹责也。为此诡异，人必以太甚见责矣。不欲即去，是不欲迹似诡异，致见讥让为太甚也。闽、监、毛三本泰作“太”，太、泰字通也。不欲迹似诡异，致见讥让为太甚,故宿留不即去也。音义云:“宿留,上音秀,下音溜。”孔氏广森经学卮言云:“易需象传郑君注云:‘需读为秀。’古语迟延有所俟曰宿留。封禅书‘宿留海上’,汉五行志‘其宿留告晓人,具备深切’,李寻传‘宿留瞽言’,来历传‘此诚圣恩所宜宿留’,何氏春秋僖元年解诂‘宿留城之’,赵氏孟子万章下章句‘宿留以答之’,并上音秀,下音溜。东观汉记和帝诏‘且复宿留’,后汉书作‘须留’。需与须同,故读为秀也。汉世训诂,皆音义相将,即六书转注之学。”按风俗通过誉篇亦云:“何敢宿留。”**继而有师命,不可以请;久于齐,非我志也。”**【注】言我本志欲速去,继见之后,有师旅之命,不得请去,故使我久而不受禄耳。久,非我本志也。【疏】注“言我”至“志也”〇正义曰:知师命是师旅之命者,圣贤之道,不为太甚,旁通以情,故孟子于始见王,志虽不合,必宿留而后去;既宿留,可以去矣,而仍不去者,既居其国,被其款遇,惟此军戎大事,即当休戚相关,岂容度外置之,飘然远引,此所以不可以请也。说者不察,徒以孟子为岩岩难近。旧疏以不欲〔一〕变为不欲遽变其欲去之心,又以师命为宾师之命。顾命以宾师,有何不可请之有?中国授室,养弟子以万钟,使诸大夫国人有所矜式,此正命之为师矣。何以辞而不就邪?孟子之学,惟赵氏知之深矣。

章指言:禄以食功,志以率事,无其事而食其禄,君子不由也。

〔一〕“欲”原误“可”,据孟子原文“不欲变”改。

孟子正义卷十

孟子卷第五

滕文公章句上 凡五章。【注】滕文公者，滕，国名。文，谥也。公者，国人尊君之称也。文公于当时尊敬孟子，问以古道，犹卫灵公问陈于孔子，论语因以题篇。【疏】注“滕文”至“题篇”○正义曰：春秋隐公七年“滕侯卒”，始见于经。汉书地理志“沛郡公丘”，注云：“故滕国，周懿王子错叔绣所封，三十一世为齐所灭。”师古云：“左氏传云：‘郜、雍、曹、滕，文之昭也。’系本亦云：‘错叔绣，文王子。’此志云懿王子，未详其义。”春秋释例土地名云：“沛国公丘县东南有滕城。”世族谱云：“自叔绣及宣公十七世，乃见春秋隐公以下。春秋后六世而齐灭滕矣。”周书谥法解文之谥有六：一“经纬天地”，二“道德博闻”，三“学勤好问”，四“慈惠爱民”，五“愍民惠礼”，六“锡民爵位”。又云“施为文也”，乃宣公婴齐之孙、昭公毛伯之子文公绣亦谥文公，名与叔绣相犯。而孟子之文公，又复谥文，未可考也。尔雅释诂云：“公，君也。”国君有公侯伯子男五等，公之爵最尊；自侯以下，国人统称为公，是尊之也。

1 **滕文公为世子，将之楚，过宋而见孟子。孟子道性善，言必称尧舜。**【注】文公为世子，使于楚而过宋，孟子时在宋，与相见也。滕侯，周文王之后也。古纪世本录诸侯之世，滕国有考公麋，与文公之父定公相直；其子元公弘，与文公相直。以后世避讳，改“考公”为“定公”；以元公行文德，故谓之文公也。孟子与世子言人生皆有善性，但当充而用之耳。又言尧舜之治天下，不失仁义之道，欲劝勉世子也。【疏】"滕文"至"孟子"○正义曰：庄公三十二年"子般卒"，公羊传云："君存称世子。"注云："明当世父位为君。"僖公五年"春，晋侯杀其世子申生。夏，会王世子于首戴"，公羊传云："世子贵也，犹世世子也。"礼记丧服小记注云："世子，天子诸侯之適子也。"是时滕定公在位，故文公称为世子。则其之楚，是君命之也。阎氏若璩释地续云："余向主孟子游宋当在慎靓王三年癸卯后，宋称王故也。是时楚地久广至泗上，泗上十二诸侯者，宋、鲁、滕、薛、郳、莒，在淮泗之上国。滕南与楚邻，苟有事于楚，一举足则已入其境，何必迂而西南行三百五十余里过宋都乎？过宋都者，以孟子在焉。往也如是，反也如是，不惮假道于宋之劳，其贤可知。"周氏柄中辨正云："顷襄王二十一年，始徙都陈。是时楚都于鄀，在今湖北襄阳府宜城县西南九十里。宋都商丘，在今河南归德府商丘县。滕在今山东兖州府滕县西南十四里，自滕之楚，而取道商丘，路稍回远。谓非迂道固谬，谓一举足即入其境，亦未明悉。"周氏广业孟子出处时地考云："孟子去齐居休，旋归于邹，年六十余矣。闻宋王偃将行仁政，往游焉。时滕文公为世子，将之楚，过宋来见，盖孟子尝以齐卿出吊于滕，稔知其贤故也。"○"孟子道性善言必称尧舜"○正义曰：孟子生平之学，在道性善，称尧舜，故于此标之。太史公以孟子、荀子合传，乃孟子道性善，荀子则言性恶；孟子称尧舜，荀子则法后王。其言云："今人之性，生而离其朴，离其资，必失而丧之。所谓性善者，不离其朴而美之，不离其资而利之也。人之性恶明矣，其善者伪也。"此驳孟子道性善也。又云："略法先王而不知其统，案往旧造说，谓之五行，甚僻违而无类，幽隐而无说，闭约而无解。"此讥孟子称尧舜也。为荀氏之学者，调和而文饰之云："孟子言性善，欲人之尽性而乐于善。荀言性恶，欲人之化性而勉于善。伪，即为也。乃作为之为，非诈伪之伪。孟、荀生于衰周之季，闵战国之暴，欲以王道救之。孟子言先王，荀言后王，皆谓周王。与孔子从周之义不异也。"按孟子之学，述孔子者也。孔子之学，述伏羲、神农、尧、舜、文王、周公者也。陆贾新语道基篇云："先圣仰观天文，俯察地理，图画乾坤，以定人道。民始开悟，知有父子之亲，君臣之义，夫妇之道，长幼之序，于是百官立，王道乃生。"白虎通畅其说云："古之时，未有三纲六纪，民人但知其母，不知其父，能覆前，不能覆后，卧之法法，起之吁吁，饥即求食，饱即弃余，茹毛饮血而衣皮苇。于是伏羲观象于天，俯法于地，因夫妇，正五行，始定人道，画八卦以治天下。”系辞传云：“以通神明之德，以类万物之情。”神明之德，即所谓性善也，善即灵也，灵即神明也。荀子云：“今人之性，饥而欲饱，寒而欲暖，劳而欲休，此人之情性也。”是也。人如此，禽兽亦如此也。荀子又云：“今人饥，见长而不敢先食者，将有所让也。劳而不敢求息者，将有所代也。”夫子之让乎父，弟之让乎兄；子之代乎父，弟之代乎兄：此正人性之善之证也，而荀子乃以为性恶之证焉。试言之，人之有男女，犹禽兽之有牝牡也。其先男女无别，有圣人出，示之以嫁娶之礼，而民知有人伦矣；示之以耕耨之法，而民知自食其力矣。以此教禽兽，禽兽不知也。禽兽不知，则禽兽之性不善；人知之，则人之性善矣。圣人何以知人性之善也？以己之性推之也。己之性既能觉于善，则人之性亦能觉于善，第无有开之者耳。使己之性不善，则不能觉；己能觉，则己之性善。己与人同此性，则人之性亦善，故知人性之善也。人之性不能自觉，必待先觉者觉之。故非性善无以施其教，非教无以通其性之善。教即荀子所谓伪也为也。为之而能善，由其性之善也。如鸟兽，则性不善者也。故同此饮食男女，嫁娶以别夫妇，人知之，禽兽不知之。耕凿以济饥渴，人知之，禽兽不知之。禽兽既不能自知，人又不能使之知，虽为之亦不能善。然人之性，为之即善，非由性善而何？人纵淫昏无耻，而己之妻不可为人之妻，固心知之也。人纵贪饕残暴，而人之食不可为己之食，固心知之也。是性善也。故孔子论性，以不移者属之上知下愚，愚则仍有知；禽兽直无知，非徒愚而已矣。世有伏羲，不能使禽兽知有夫妇之别；虽有神农，不能使鸟兽知有耕稼之教，善岂由为之哉？文学技艺，才巧勇力，有一人能之，不能人人能之。惟男女饮食，则人人同此心。人不能孝其父，亦必知子之当孝乎己；不能敬其长，亦必知卑贱之当敬乎己。子让食于父，而代劳于兄，此可由教而能之，所谓为之者，善也。然荀子能令鸟让食乎？能令兽代劳乎？此正“率性”之明证，乃以为“悖性”之证乎？故孟子之道性善，由读书好古，能贯通乎伏羲、神农、尧、舜、文王、周公、孔子之道，而后言之者也。非荀子所知也。羲农之前，人苦于不知，既人人知有三纲六纪，其识日开，其智日深，浸而至于黄帝、尧、舜之世，则民不患其不知，转患其太知。许氏说文解字叙云：“庶业其繁，饰伪萌生，黄帝之史苍颉，初造书契。”是知黄帝之时,民情饰伪矣。于是尧舜时有“静言庸违,象恭滔天”之人,于是有“方命圮族”之人。当羲农之前,人苦于不知,故羲农尽人物之性,以通其神明,其时善不善显然易见,积之既久,灵智日开,凡仁义道德忠孝友悌,人非不能知,而巧伪由以生,奸诈由以起,故治唐虞以后之天下,异于治羲农以后之天下。夫谋而能言,以方自命善也。而实则庸违滔天圮族,绩用弗成,朝士如是,庶民可知,固羲农以来所未有,亦尧舜以前之人所未知,故圣人治天下之道,至尧舜而一变。系辞传云:“黄帝、尧、舜氏作,通其变,使民不倦;神而化之,使民宜之。”又云:“易穷则变,变则通,通则久。”黄帝、尧、舜,垂衣裳而天下治。盖尧舜以变通神化治天下,不执一而执两端,用中于民,实为万世治天下之法,故孔子删书首唐虞,而赞易特以通变神化,详著于尧舜。孟子称尧舜,正称其通变神化也。荀子云:“逢衣浅带,解果其冠,略法先王而足乱世术,呼先王以欺愚者,而求衣食焉。”此正不知通变神化之道者也。夫通变神化之道,尧舜所以继羲农而开万世,故称尧舜,欲天下后世法其通变神化,不执一而执两端,以用中于民,非徒以其揖让都俞,命羲和咨二十二人之迹也。若云“法后王”,后王,无定之称也。荀子固云“有治人无治法”矣,治人,即能通变神化之人也。后王而如是,则是能法尧舜者,法后王仍法尧舜矣。故称尧舜,即法后王之能通变神化者。若但云“法后王”,则后王不皆能通变神化如尧舜,其说为诐矣。盖孟子之称尧舜,即孔子删书首唐虞,赞易特以通变神化归于尧舜之意也。又非荀子所知也。孟子学孔子之学,惟此“道性善”“称尧舜”两言尽之。提其纲于此篇之首,其后申言之,可按而得也。○注“古纪”至“公也”○正义曰:汉书艺文志春秋二十三家,有世本十五篇,注云:“古史官记黄帝以来讫春秋时诸侯大夫。”此云古纪世本是也。礼记檀弓“邾娄考公之丧”,注云:“考或为‘定’。”高诱注吕氏春秋、淮南子皆云:“定,成也。”隐公五年穀梁传云:“考之者,成之也。”是考与成字义皆通,此考公所以为定公也。翟氏灏考异云:“春秋传:‘成十六年夏四月,滕文公卒。’滕之先君,已有谥文者,后世不应犯同,信乎文非本谥,而但以行文德称也。同时鲁文公见于史记,在世本乃云湣公。宋康王见于国策,在荀子乃云献王。微弱之国,垂至于亡,故臣民各怀旧德,私谥不独一滕君矣。”赵氏佑温故录云:“滕文公为周末弟一贤君,孟子深取其人,故一见即举生平所得于圣教者教之。惜其国小而逼,终以不振,至今庙食在滕，犹与邹国邻并相望，谁谓贤愚千古知谁是也。”注据古纪世本以文公当元公宏，则文公名宏，然元亦文之讹耳，未必既谥元又谥文也。

世子自楚反，复见孟子。【注】从楚还，复诣孟子，欲重受法则也。**孟子曰：“世子疑吾言乎？夫道一而已矣。**【注】世子疑吾言有不尽乎，夫天下之道，一言而已，惟有行善耳。复何疑也。【疏】“夫道一而已矣”○正义曰：戴氏震孟子字义疏证云：“孟子答公孙丑曰：‘大匠不为拙工改废绳墨，羿不为拙射变其彀率。’言不因人之圣智不若尧舜文王，有二道也。盖才质不齐，有生知安行，有学知利行，且有困知及勉强行。中庸曰：‘及其知之一也，及其成功一也。’”**成覸谓齐景公曰：‘彼丈夫也，我丈夫也，吾何畏彼哉？’**【注】成覸，勇果者也。与景公言曰，尊贵者与我同丈夫耳，我亦能为之，何为畏之哉。【疏】注“成覸勇果者也”○正义曰：音义云：“覸，古览切。一音闲，古览切，是瞯字。”说文云：“戴目也。江淮之间谓视曰瞯。”“王使人瞯夫子”，是此字也。音闲，则当作“覵”。说文云：“覵，很视也。齐景公之勇臣有成覵者。”广韵云：“覵，人名，出孟子。”段氏玉裁说文解字注云：“成覵，淮南子齐俗训作‘成荆’。覵为荆，犹考工记故书顾或作轻也。”按淮南子齐俗训云：“孟贲、成荆无所行其威。”注云：“成荆，古勇士也。”汉书广川王传“其殿门有成庆画，短衣大绔长剑”，师古云：“成庆，古之勇士，事见淮南子。”成庆即成荆。战国策赵策郑同云“内无孟贲之威，荆、庆之断”，鲍彪注云：“荆，成荆。”史记范雎传云“成荆、孟贲、王庆忌、夏育之勇焉而死”，集解引许慎云：“成荆，古勇士。”荆、庆、覵古字通也。赵氏以彼为尊贵者，盖指景公言，即所为无严诸侯也。**颜渊曰：‘舜何人也？予何人也？’有为者亦若是。**【注】言欲有所为，当若颜渊庶几，成覸不畏，乃能有所成耳。又以是勉世子也。【疏】注“欲有”至“子也”○正义曰：赵氏以“舜何人也？予何人也”二句为颜渊之言。“有为者亦若是”，乃总上成覸、颜渊两言，为孟子勉世子之言。经文是字，指颜渊庶几，成覸不畏。盐铁论执务章引颜渊曰“舜独何人也？回何人也”，亦不连下句。近通解以“有为者亦若是”为颜渊之言，谓有为者亦如舜。**公明仪曰：‘文王我师也，周公**

岂欺我哉！'【注】公明仪，贤者也。师文王，信周公，言其知所法则也。【疏】注"公明"至"则也"○正义曰：礼记檀弓云："子张之丧，公明仪为志焉。"祭义云："公明仪问于曾子曰：夫子可为孝乎？"注云："公明仪，曾子弟子。"仪学于曾子而得闻其道，当时称贤者，故子张卒，乞其为志。孔颖达谓是子张弟子，则注无文也。赵氏言"师文王，信周公"，下云"言其知所法则"，则是知法文王、周公两人。**今滕绝长补短，将五十里也，犹可以为善国。**【注】滕虽小，其境界长短相补，可得大五十里子男之国也，尚可以行善者也。【疏】"今滕"至"善国"○正义曰：翟氏灏考异云："墨子非命篇云：'古者，汤封于亳，绝长继短，方地百里。文王封于岐周，绝长继短，方地百里。'战国策韩非说秦王曰：'今秦地形，断长续短，方数千里。'又庄辛对楚王曰：'今楚虽小，绝长续短，犹以数千里。'绝长补短，乃当时通言，故诸家俱言之。周礼医师疏引孟子'滕文公为世子，将之楚，过宋见孟子而谓之云：今滕绝长补短，将五十里，犹可以为善国乎'。以此为文公问辞。"按赵氏不以为问辞，贾氏未知何本，当有误也。○注"可得大五十里"○正义曰：尔雅释诂云："将，大也。"赵氏以大释将，故云大五十里。广雅释诂云："方，大也。"大五十里即方五十里也。**书曰：'若药不瞑眩，厥疾不瘳。'"**【注】书，逸篇也。瞑眩，药攻人疾，先使瞑眩愦乱，乃得瘳愈也。喻行仁当精熟，德惠乃洽。【疏】注"书逸"至"乃洽"○正义曰：国语楚语云："武丁于是作书曰：'以余正四方，恐余德之不类，兹故不言。'如是而又使以象梦求四方之贤〔一〕，得傅说以来，升以为公，而使朝夕规谏，曰：'若金，用汝作砺；若津水，用汝作舟；若天旱，用汝作霖雨。启乃心，沃朕心。若药不瞑眩，厥疾不瘳；若跣不视地，厥足用伤。'"江氏声尚书集注音疏云："贾逵、唐固皆以武丁所作书为说命，韦昭曰：'非也，其时未得傅说。'声按：'以余正四方'云云，不类尚书之文，盖是白公子张说武丁求傅说之意。'若金'以下，则皆命说之辞。孟子滕文公篇引'若药不瞑眩'，明称'书曰'，自是说命之文矣。"按说命三篇，今文古文皆

〔一〕"贤"下原衍"圣"字，据国语删。

无，此云"逸篇"，未知所属也。音义云："瞑眩，莫甸切，下音县。又作'眠眴'，音同。"周礼天官医师"聚毒药以共医事"，注云："毒药，药之辛苦者。药之物恒多毒，孟子曰：'若药不瞑眩，厥疾不瘳。'"方言云："凡饮药傅药而毒，南楚之外谓之瘌，北燕、朝鲜之间谓之痨，东齐、海、岱之间谓之瞑，或谓之眩，自关而西谓之毒。"韦昭注楚语云："瞑眩顿瞀，攻己急也。"金匮痓湿暍病脉篇"白朮附子汤"下云："一服觉身痹，半日许再服、三服都尽，其人如冒状，勿怪。"如冒状，即顿瞀也。一服再服三服都尽，药乃充满而得此状，故喻仁当精熟，德惠乃洽。史记司马相如传大人赋云"视眩眠而无见兮"，汉书扬雄传甘泉赋云"目冥眴而亡见"，凡冒者眩乱目视不明，愦乱亦犹是也。毛诗郑风云"胡不瘳"，传云："瘳，愈也。"方言云："愈，或谓之瘳。"

章指言：人当上则圣人，秉仁行义，高山景行，庶几不倦。论语曰"力行近仁"，盖不虚云。【疏】"人当"至"虚云"〇正义曰：阮氏元校勘记云："韩本人下有'主'字。"音义云："'力行近仁'，论语无此语，是礼记中庸篇。赵氏以为论语，文之误也。"

2　**滕定公薨，世子谓然友曰："昔者孟子尝与我言于宋，于心终不忘。今也不幸，至于大故，吾欲使子问于孟子，然后行事。"**【注】定公，文公父也。然友，世子之傅也。大故，谓大丧也。【疏】注"然友世子之傅也"〇正义曰：说文人部云："傅，相也。"礼记文王世子云："太傅在前，少傅在后。"是世子有傅相也。〇注"大故谓大丧也"〇正义曰：礼记曲礼云"君无故玉不去身"，注云："故，谓灾患丧病。"周礼春官大宗伯"国有大故"，注云："故，谓凶烖。"

然友之邹，问于孟子，【注】孟子归在邹也。【疏】注"孟子归在邹也"〇正义曰：孟子盖自宋归邹也。史记正义云："今邹县，去徐州滕县四十余里。"盖往反不过大半日，故可问而后行事。

孟子曰："不亦善乎！亲丧固所自尽也。【注】不亦者，亦也。问此亦其善也。【疏】注"不亦"至"善也"〇正义曰:亦,重也。世子本善,今又问此,不重见其善乎。**曾子曰:'生事之以礼,死葬之以礼,祭之以礼,可谓孝矣。'**【注】曾子传孔子之言,孟子欲令世子如曾子之从礼也。时诸侯皆不行礼,故使独行之也。【疏】注"曾子"至"之也"〇正义曰:曾子之言,见论语为政第二,乃孔子对樊迟之言,故云传孔子之言也。翟氏灏考异云:"四书辨疑言曾字本是'孔'字,盖后人传写之误。按大戴礼曾子本孝篇:'孝子之于亲也,生则有义以辅之,死则哀以莅焉,祭祀则莅之以敬。'曾子固尝诵此告门人矣。下文'齐疏'数语,亦明出自曾子。祭义:'乐正子春云:吾闻曾子,曾子闻诸夫子。'彼原其详,此从其省,孟子学由曾子递传,据所及闻,'曾'字何足疑焉。"曾子从礼,故欲世子亦如曾子之从礼。云诸侯皆不行礼,故使独行之,解上故所自尽之意。自尽即独行也。**诸侯之礼,吾未之学也。虽然,吾尝闻之矣:三年之丧,齐疏之服,飦粥之食,自天子达于庶人,三代共之。"**【注】孟子言我虽不学诸侯之礼,尝闻师言,三代以前,君臣皆行三年之丧。齐疏,齐衰也。飦,糜粥也。【疏】注"尝闻师言"至"粥也"〇正义曰:礼记檀弓云:"穆公之母卒,使人问于曾子曰:'如之何?'对曰:'申也闻诸申之父曰:哭泣之哀,齐斩之情,饘粥之食,自天子达。'"是孟子亦述曾子之言,盖尝闻诸师者也。阮氏元校勘记云:"'齐疏之服',闽、监、毛三本、孔本斋作'齐',韩本作'齋'。按音义出'齋',作'齐',经典假借字也。作'齋'者,正字也。作'斋'者,齋之误。"仪礼丧服首章云"斩衰裳、苴绖、杖、绞带,冠〔一〕绳缨、菅屦者",次章云"疏衰裳齐、牡麻绖、冠布缨、削杖、布带、疏屦三年者",三章云"疏衰裳齐、牡麻绖、冠布缨、削杖、布带、疏屦期者",传云:"斩者何?不缉也。齐者何?缉也。"注云:"凡服,上曰衰,下曰裳。疏,犹麤也。"按此自齐衰三年以下,皆用疏衰,故赵氏以齐衰释齐疏也。襄公十七年左传云:"齐晏桓子卒,晏婴麤缞斩,其老曰:'非大夫之礼也。'曰:'唯卿为大夫。'"礼记杂记云:"大夫为其父母兄弟之未

〔一〕"冠"字原脱,据仪礼补。

为大夫者之丧服如士服，士为其父母兄弟之为大夫者之丧服如士服。”注引晏婴麤衰斩以证云：“言己非大夫，故为父服士服耳。麤衰斩者，其缕在齐斩之间，谓缕如三升半而三升不缉也。斩衰以三升为正，微细焉，则属于麤也。然则士与大夫为父服异者，有麤衰斩、枕草矣。其为母五升缕而四升，为兄弟六升缕而五升乎？惟大夫以上，乃能备仪尽饰；士以下，则以臣服君之斩衰为其父，以臣从君而服之齐衰为其母与兄弟，亦勉人为高行也。”按斩衰不称疏，齐衰以下乃称疏，此天下诸侯大夫之礼。士既降于大夫，则斩亦用疏，此晏婴用士礼，所以称麤衰斩也。孟子言未学诸侯之礼，则所言乃士礼，其称齐疏内原包有斩衰。孟子言齐疏，犹曾申言齐斩耳。孔氏杂记正义云：“士与大夫为父异，大夫以上斩衰、枕甴〔一〕，士则疏衰、枕草。”是也。檀弓释文云：“饘，本作‘飦’。”是飦、饘字通。说文食部云：“饘，糜也。周谓之饘，宋、卫谓之餰。”又䰞部云：“鬻，鬻也。”重文“餰”“飦”“健”。又云：“鬻，健也。”“鬻，健也。”尔雅释言云：“糊，饘也。”糊即鬻，粥即鬻。刘熙释名释饮食云：“糜，煮米使糜烂也。粥，浊于糜粥粥然也。”盖今俗以整米煮为粥，粉米煮为糊。古之饘，即今之粥；古之粥，则今之糊。饘为糜，飦为粥；而糜亦通称糊，粥亦通称饘。赵氏释飦为糜粥，则粥之清而稀者，异于糊之浊而膏者，是飦宜为饘也。赵注“飦，糜粥也”，汲古本作“糜”，孔本作“麐”，音义出“麐”，云：“字亦作‘麐’，音义与‘糜’同。”按说文有“糜”字，无麐麐字。

然友反命，定为三年之丧。父兄百官皆不欲，曰：“吾宗国鲁先君莫之行，吾先君亦莫之行也。至于子之身而反之，不可。【注】父兄百官，滕之同姓异姓诸臣也。皆不欲使世子行三年。滕、鲁同姓，俱出文王：鲁，周公之后；滕，叔绣之后。敬圣人，故宗鲁者也。

【疏】“定为”至“之丧”○正义曰：毛氏奇龄賸言云：“滕文公问孟子，始定为三年之丧，岂战国诸侯，皆不行三年丧乎？若然，则齐宣欲短丧，何与？然且曰‘吾宗国鲁先君不行，吾先君亦不行’，则是鲁周公、伯禽、滕叔绣并无一行三年之丧者。往读论语子张问高宗三年不言，夫子曰：‘何必高宗，古之人皆

〔一〕“甴”原误“草”，据礼记孔疏改。

然。’遂疑子张此问，夫子此答，其周制当必无此事可知。何则？子张以高宗为创见，而夫子又言古之人，其非今制昭然也。及读周书康王之诰，成王崩，方九日，康王遽即位冕服，出命令诰诸侯，与三年不言绝不相同。然犹曰此天子事耳。后读春秋传，晋平公初即位，改服命官，而通列国盟戒之事。始悟孟子所定三年之丧，引三年不言为训，而滕文奉行，即又曰‘五月居庐，未有命戒’，是皆商以前之制，并非周制。周公所制礼，并未有此。故侃侃然曰周公不行，叔绣不行，悖先祖，违授受，历历有辞，而世读其书而通不察也。盖其云‘定三年之丧’，谓定三年之丧制也。然则孟子何以使行商制？曰：使滕行助法，亦商制也。”顾氏栋高春秋大事表云：“滕文公欲行三年之丧，父兄百官，群然骇怪。孟子去孔子之世未百年，而当日之习尚如此，则其泯焉废坠，岂一朝夕之故哉。余尝详考左氏传，而知天子诸侯丧纪，已废绝于春秋时无疑也。盖自周道陵迟，皇纲解纽，有以诸侯不奔天子之丧，不会天王之葬，而甘仆仆于晋楚者矣。有以天子贫乏，不备丧具，至七年乃葬，于鲁求赙求金；甚至景王三月而葬，以天子而用大夫之礼者矣。逮子朝作乱，王室如沸，奉周之典籍以奔楚，而周天子之礼遂亡。列国不守侯度，其侈者如宋文公之椁有四阿，棺有翰桧，俨然用王礼；而苟简不备者，如晋栾书以车一乘，葬公于东门之外；齐崔杼葬庄公，四翣不跸，邻封不与知，公卿不备位；鲁号秉礼，而葬昭公于墓道之南；檀弓载孟敬子之言，明知食粥为天下之达礼，而居然食食；其余列国，尤放肆不轨，由是恶其害己，而皆去其籍，而诸侯之礼亦亡。孔子以大圣人而不得位，退与门弟子讲习于杏坛之上，故孺悲曾学士丧礼于孔子，而天子诸侯之礼，无由厘正。三传之所记，仅存什一于千百，至孟子时，有士之君，腼焉人面，以三年之丧之达礼，而怪骇为不经，杞、宋之无征，岂独为夏殷之礼叹哉！”○“吾宗国鲁先君莫之行”○正义曰：阎氏若璩释地续云：“汉梅福有言，‘诸侯夺宗’，如淳曰：‘夺宗，始封之君尊为诸侯，则夺其旧为宗子之事也。’盖大小宗法，大夫士有之，诸侯则绝。然亦间有见于诸侯者，如鲁与邢、凡、蒋、茅、胙、祭同出于周公，故称六国为同宗。襄十二年：‘凡诸侯之丧，同宗临于祖庙。’是管、蔡、郕、霍、卫、毛、聃、郜、雍、曹、滕、毕、原、丰、郇，与鲁同出于文王，皆称鲁为宗国，滕父兄百官所谓‘吾宗国鲁先君’是。赵氏注云：‘鲁，周公之后。滕，叔绣之后。敬圣人，故宗鲁。’真得其旨矣。”毛氏奇龄经问云：“古者立宗法，国君无宗，只以相传之诸君为宗，故除一祖外，余皆为宗，不立小宗。若天子诸侯之弟，则不敢与天子诸侯为一宗，而别为宗族，使天子诸侯之嫡弟一人立为大宗，而诸兄弟之为小宗者宗之。如鲁，周公之弟皆宗周公，而称鲁国为宗国。然人孰无父，周公不敢祖王季，而可立文王之庙于鲁国；郑桓公不敢祖夷王，而可立厉王之庙于郑国。不敢祖，非不敢父也。故大传云：'宗其继别子之所自出者，百世不迁者也。'夫别子，宗子也。别子所自出，则宗子之父也。继宗子之父，而可有百世不迁之庙，则父君矣。赵氏注云：'滕与鲁，皆出自文王。'此据春秋鲁以文王名出王，以文王之庙名出王庙而言，此正是宗法。特其称宗圣，则不可解，或者周公以宗子而为圣人，当时或原有宗圣之称，亦未可知。或曰：'宗国者，同宗之称，滕可称鲁，鲁亦可称滕。'则不然。国语舟之侨曰：'宗国既卑，诸侯远己，内外无亲，其谁救之。'专以宗国指鲁言，宗在故也。哀八年，公山不狃对叔孙辄曰：'以小恶而覆宗国，不亦难乎。'哀十五年，子贡见公孙成曰：'利不可得而丧宗国，将焉用之。'皆指鲁国言，宗在故也。宗法，自天子诸侯外，固以庶子宗嫡子。倘皆庶，则以长庶为别子，而诸庶子皆宗之。倘皆嫡，则只以次嫡为别子，而其余诸嫡皆宗之。周公为武王母弟之弟二人，不当为宗，无如长伯邑考早卒，次武王为天子，次管叔已辟，则周公升为次嫡，即别子矣。"程氏瑶田通艺录宗法小纪云："宗法载大传及丧服小记，列其节目，明其指归。大宗小宗之名，有迁与不迁之别，又为之通宗道之穷，究立宗之始，此所谓宗法也。宗法者，大夫士别于天子诸侯者也。公子不得祢先君，公孙不得祖诸侯矣。使无宗法，则支分派衍无所统，诸侯将无以治其国，天子将无以治其天下。故宗法者，为大夫士立之，以上承夫天子诸侯，而治其家者也。若夫太戊之称中宗，传以为殷家中世，尊其德也。武丁之称高宗，传以为德高可尊也。皆与宗法无与。至于公刘之诗，虽毛氏传以谓'为之大宗'，而郑笺则曰'群臣尊之'。所以易传者，以国君尊族人，不敢以其戚戚君，不当有大小宗之名也。故毛公于板之诗，亦曰'王者，天下之大宗'。而郑氏亦易之，以为'大宗，王同姓之適子'。同姓之適子，所谓'继别为宗'者也。若天子诸侯，则固绝其宗名矣。维'宗子维城'，郑氏以为'王之適子'。盖宗者，主也。即震彖传所谓'守宗庙社稷以为祭主'，春秋传里克所谓'太子奉冢祀社稷之粢盛'，而士蔿以为'修德以固宗子'者也。皆非宗法之谓。祭法：'有虞氏宗尧，夏后氏宗禹，殷人宗汤，周人宗武王。'此祭上帝于明堂，尊之以配食，孝经所谓'宗祀文王于明堂以配上帝'是也。盖宗之言尊也，凡有所尊，皆可以宗。孟子称滕之父兄百官曰'吾宗国鲁先君'，亦谓兄弟之国尊之，岂得以宗法例之哉!"

且志曰：'丧祭从先祖。'"曰："吾有所受之也。"【注】父兄百官且复言也。志，记也。周礼"小史掌邦国之志"，曰丧祭之事，各从其先祖之法。言我转有所承受之，不可于己身独改更也。一说"吾有所受之"，世子言我受之于孟子也。【疏】注"父兄百官且复言也"○正义曰：阮氏元校勘记云："'且志曰'，此与左传'且谚曰：匪宅是卜，惟邻是卜'文法正同。依注疑且字下夺'曰'字，左传亦然。"○注"志记"至"子也"○正义曰：刘熙释名释典艺云："记，纪也。纪识之也。"周礼保章氏注云："志，古文识。"志之为记，即记之为识也。小史属春〔一〕官，郑司农云："志，谓记也。春秋传所谓周志、国语所谓郑书之属是也。"小史所掌之志，记世系昭穆之事，容有"丧祭从先祖"云云，故赵氏引以为证，实不知为何书也。仪礼丧服云"受以小功衰"，注云："受，犹承也。"故以承释受，承受则遵而从之，故不改更也。阎氏若璩释地又续云："吾有所受之也，为世子答父兄百官语。吾与下谓然友曰吾字，正一人。此解首发于赵氏。"按赵氏前说，以此言父兄百官之言，受是承受先祖。然则句上不应加"曰"字。加曰字则自明其为世子答言。言定为三年之丧，非我臆见，吾受之于孟子，孟子则闻之于师说也。故下"谓然友曰"上，更不加"世子"，否则谓然友竟似父兄百官谓然友矣。赵氏不以前说为安，故称"一说"，盖前说当时相传之说，一说则赵氏所折衷也。

谓然友曰："吾他日未尝学问，好驰马试剑；今也父兄百官不我足也，恐其不能尽于大事，子为我问孟子。"【注】父兄百官见我他日所行，谓我志行不足，似恐我不能尽大事之礼，故止我也。为我问孟子，当何以服其心，使信我也。【疏】"恐其不能尽于大事"○正义曰：赵氏以其字乃指他人之辞。若世子自恐，不当用其字，直云恐不能尽于大事可矣。今云恐其不能，是连上句一贯，乃父兄百官恐世子且不我足也，连下

〔一〕"春"原误"天"，据周礼改。

意乃足也。

然友复之邹问孟子，孟子曰："然，不可以他求者也。孔子曰：'君薨，听于冢宰。'歠粥，面深墨，即位而哭，百官有司莫敢不哀，先之也。【注】孟子言，如是，不可用他事求也。丧尚哀，惟当以哀戚感之耳。国君薨，委政冢宰大臣，嗣君但尽哀情，歠粥不食，颜色深墨。深，甚也。墨，黑也。即丧位而哭，百官有司莫敢不哀者，以君先哀故也。【疏】注"孟子"至"故也"○正义曰：以如是释然字，以用字释以字。他为他事，虚言之以起下文也。论语子张篇云"丧思哀"，为政篇云"丧与其易也宁戚"，礼记少仪云"丧事主哀"，庄子渔父篇云"处丧以哀为主"，是丧尚哀也。论语宪问篇云："子张曰：'书云：高宗谅阴，三年不言，何谓也？'子曰：'何必高宗，古之人皆然。君薨，百官总己，以听于冢宰三年。'"集解孔氏云："冢宰，天官卿，佐王治者也。三年丧毕，然后王自听政也。"礼记檀弓云："子张问曰：'书云：高宗三年不言，言乃讙。有诸？'仲尼曰：'胡为其不然也？古者天子崩，王世子听于冢宰三年。'"注云："冢宰，天官卿，贰王事者。三年之丧，使之听朝。"尚书大传亦引书曰："高宗梁闇，三年不言。子张曰：'何谓也？'孔子曰：'古者君薨，世子听于冢宰三年，不敢服先王之服、履先王之位而听焉。'"是"君薨听于冢宰"为孔子之言也。礼记曲礼云"食居人之左"，注云："食，饭属也。"说文歠部云："歠，饮也。"重文"吷"。歠粥不食，谓但饮粥不饭也。深、甚音近相通。国策秦策云"三国之兵深矣"，高诱注云："深，犹盛也。"盛、甚义皆为多。吕氏春秋禁塞篇云"害莫深焉"，高诱注云："深，重也。"惟其甚，故重义亦同也。哀十三年左传云："肉食者无墨，今吴王有墨，国胜乎？"国语吴语云："臣观吴王之色，类有大忧。"注引左传云："墨，黑气也。"盖心忧痛不舒，则色形于面；居丧哀戚之甚，故面上晦黑深重也。士丧礼云："有大夫，则特拜之。即位如西阶下，庶兄弟襚，使人以将命于室，主人拜于位。设明衣裳，主人入即位。奉尸侇于堂。男女如室位，踊无算，主人拜宾，即位，踊。卒涂，祝取铭置于肂，主人复位，踊，袭。阖门，主人揖就次。三日成服，朝夕哭，不辟子卯。妇人即位于堂，南上，哭。丈夫即位于门外，西面北上。辟门。"是自始死以至朝夕哭，皆有位，所谓丧位也。是时父兄百官俱在，故主人即位哭，则众主人、众兄弟、众宾无不感而哭矣。**上有好者，下必有甚焉者矣。君子之德，风也。小人之德，草也。草尚之风必偃。是在世子。"**【注】上之所欲，下以为俗。尚，加也。偃，伏也。以风加草，莫不偃伏也。是在世子以身帅之也。【疏】注"上之"至"之也"○正义曰：礼记缁衣篇云："子曰：下之事上也，不从其所令，从其所行。上好是物，下必有甚者矣。"注云："甚者，甚于君也。"论语颜渊篇云："孔子曰：子欲善，而民善矣。君子之德风，小人之德草，草上之风必偃。"集解孔氏曰："偃，仆也。加草以风，无不仆者。犹民之化于上也。"释文云："尚，本或作'上'。"是陆德明所见论语作"草尚之风"，与孟子同。赵氏以加解尚，与孔氏同也。说文人部云："偃，僵也。"淮南子说山训云"致释驾而僵"，注云："僵，仆也。"赵氏以僵仆乃偾毙之义，于小人向化之义不合，故改训为伏。易系辞释文引孟喜、京房云："伏，服也。伏地犹仆地。"伏为服，则从化之象也。"必偃"以上，皆孟子述孔子之言。"是在世子"为孟子勉世子之言。

然友反命，世子曰："然，是诚在我。"【注】世子闻之，知其在身，欲行之也。

五月居庐，未有命戒，百官族人可谓曰知。【注】诸侯五月而葬，未葬居倚庐于中门之内也。未有命戒，居丧不言也。异姓同姓之臣可谓曰，知世子之能行礼也。【疏】"百官族人可谓曰知"○正义曰：说文可部云："可，肯也。"尔雅释言云："肯，可也。"始而云"至于子之身而反之，不可"，是不肯谓之曰知也。至是乃肯谓曰知，心服而首肯之也。○注"诸侯"至"礼也"○正义曰：隐公元年左传云："天子七月而葬，同轨毕至；诸侯五月，同盟至；大夫三月，同位至；士逾月，外姻至。"是诸侯五月而葬也。仪礼丧服斩衰章传云："居倚庐，寝苫枕块，哭昼夜无时。歠粥，朝一溢米，夕一溢米。寝不脱绖带。既虞，翦屏柱楣，寝有席。"注云："楣谓之梁，柱楣所谓梁闇。舍外寝于中门之外，屋下垒墼为之，不涂塈，所谓垩室也。"既夕记云"居倚庐"，注云："倚木为庐，在中门外，东方北户。"贾氏疏云："北户者，以倚东壁为庐，一头至北，明北户乡阴。至既虞之后，柱楣翦屏，乃西乡开户也。"按既虞之后，始有楣有柱。谓之垩室，以其虽有梁楣，而冥闇不高明，故亦谓之梁闇，即谅阴也。其未葬之前，无柱无楣，但用两木斜倚于东壁，作堑堵形。向西顺斜倚之木，以草为屏，故名倚庐。高宗三年不言，谓既葬居梁闇中，故云高宗谅阴。滕文五月居庐，谓未葬居倚庐中。在高宗三年居梁闇，则未葬之七月居倚庐可知。滕文既定三年之丧，则未葬居倚庐，其既葬亦居梁闇可知。何以知之？方父兄百官不可时，且必使然友之邹，反复咨问，至是百官族人无不感悦，则孟子之言已验，世子之心益坚，五月既葬，岂反自怠乎？或谓文公仅能五月未葬前守谅阴之制，洵坐井之见耳。"可谓曰知"，赵氏增成其义云"可谓曰知世子之能行礼也"，是知谓百官族人自谓其知，始时皆不欲其行三年之丧，以为不可；至是首肯而谓之曰：吾今乃知。知，犹觉也，亦解也。若曰吾始闻其定行三年之丧，不以为可者，不解其义也，今则解矣。知如字平声。或读若智，非也。孟子之文，微奥通神，每同左传、檀弓。可谓曰知，曰字是矣。**及至葬，四方来观之，颜色之戚，哭泣之哀，吊者大悦。**【注】四方诸侯之宾来吊会者，见世子之憔悴哀戚，大悦其孝行之高美也。

章指言：事莫大于奉礼，孝莫大于哀恸。从善如流，文公之谓也。【疏】"从善如流"○正义曰：昭公十三年左传文。

3 滕文公问为国，孟子曰："民事不可缓也。【注】问治国之道也。民事不可缓之使怠惰，当以政督趣，教以生产之务也。【疏】注"问治"至"务也"○正义曰：高诱注吕氏春秋、淮南子皆云："为，治也。"是为国即治国也。易序卦传云："解者，缓也。"解即懈，义为怠惰。不可缓即不可使怠惰也。何以不使怠惰，故又申言之云：以政督趣，教以生产之务。如下所云。**诗曰：'昼尔于茅，宵尔索绹，亟其乘屋，其始播百谷。'**【注】诗，豳风七月之篇。言教民昼取茅草，夜索以为绹。绹，绞也。及尔闲暇，亟而乘盖尔野外之屋，春事起，尔将始播百谷矣。言农民之事无休已。【疏】注"诗豳"至"休已"○正义曰：诗在七月第七章。毛传云："宵，夜。绹，绞也。乘，升也。”笺云：“尔，女也。女当昼日往取茅归，夜作绞索，以待时用。亟，急。乘，治也。十月定星将中，急当治野庐之屋〔一〕。其始播百谷，谓祈来年百谷于公社。”赵氏与之略同。毛诗周南“之子于归”，传云：“于，往也。”郑氏以往释于，以取茅释茅。赵氏不言往者，以于之为往，易知也。取茅谓之茅，犹搏貉谓之貉也。“绹，绞也”，尔雅释言文。李巡云：“绹，绳之绞也。”方言云：“车纣，自关而东周、洛、韩、郑、汝、颍而东谓之緧，或谓之曲绹。”郭氏注云：“绹亦绳名。”仪礼丧服传云：“绞带者，绳带也。”是绞即绳；绹是绞，即是绳矣。易说卦传云“一索而得男”，马融注云：“索，数也。”毛诗陈风“越以鬷迈”，传云：“鬷，数也。”笺云：“鬷，总也。”盖以两股摩而交之，总为一绳，以其绞之索之而成，故亦名为索为绞，犹绳为定名，而弹正之即谓之绳，尔雅释器“绳之谓之缩之”是也。此又绹是绳，索是索此绹，故云夜索以为绹。郑云“夜作绞索”，则以绞释索，以索释绹，其义同也。以茅盖屋，用绳固之，故云乘盖尔野外之屋。农至冬月，可以闲暇，犹督趣其取茅索绹以治屋，昼夜不缓，恐妨来春田事，所以终岁无休已也。笺以播百谷为祈谷于公社，与赵氏说异。

民之为道也，有恒产者有恒心，无恒产者无恒心；苟无恒心，放辟邪侈，无不为已，及陷乎罪，然后从而刑之，是罔民也。焉有仁人在位，罔民而可为也！【注】义与上篇同。孟子既为齐宣王言之，滕文公问，复为究陈其义，故各自载之也。**是故贤君必恭俭礼下，取于民有制。**【注】古之贤君，身行恭俭，礼下大臣；赋取于民，不过什一之制也。**阳虎曰：‘为富不仁矣，为仁不富矣。’**【注】阳虎，鲁季氏家臣也。富者好聚，仁者好施；施不得聚，道相反也。阳虎非贤者也，言有可采，不以人废言也。【疏】注“阳虎”至“言也”○正义曰：春秋定公八〔二〕年“盗窃宝玉大弓”，公羊传云：“盗者孰谓？谓阳虎也。阳虎者，曷为者也？季氏之宰也。季氏之宰，则微者也。”九年左传齐鲍文子曰：“夫阳

〔一〕“屋”原误“外”，据毛诗郑笺改。
〔二〕“八”原误“九”，据春秋改。

虎有宠于季氏，而将杀季孙，以不利鲁国而求容焉。亲富不亲仁，君焉用之?"论语阳货篇"阳货欲见孔子"，集解孔氏曰："阳货，阳虎也。季氏家臣，而专鲁国之政。"家臣即宰也。专政，春秋以盗书，是非贤者也。虎亲富不亲仁，则重在富，孟子引之，则重在仁。仁人不为罔民之政，则不为富而为仁矣。"不以人废言"，论语卫灵公篇文。盐铁论地广章引杨子云"为仁不富，为富不仁"，误以阳虎为杨子。**夏后氏五十而贡，殷人七十而助，周人百亩而彻，其实皆什一也。彻者，彻也。助者，藉也。**【注】夏禹之世，号夏后氏。后，君也。禹受禅于君，故夏称后。殷周顺人心而征伐，故言人也。民耕五十亩，贡上五亩；耕七十亩者，以七亩助公家；耕百亩者，彻取十亩以为赋：虽异名而多少同，故曰皆什一也。彻，犹人彻取物也。藉者，借也，犹人相借力助之也。【疏】注"夏禹"至"人也"〇正义曰：礼记檀弓正义引白虎通云："夏称后者，以揖让受于君，故称后。殷周称人者，以行仁义，人所归往，故称人。"此赵氏所本也。皇侃论语义疏谓："夏以揖让受禅为君，故褒之称后。后，君也。又重其世，故氏系之也。殷周以干戈取天下，故贬称人也。"以称人为贬，非赵氏义矣。〇注"民耕"至"一也"〇正义曰：顾氏炎武日知录云："古来田赋之制，实始于禹，水土既平，咸则三壤，后之王者，不过因其成迹而已。故诗曰：'信彼南山，维禹甸之。畇畇原隰，曾孙田之。我疆我理，南东其亩。'然则周之疆理，犹禹之遗法也。孟子乃曰：'夏后氏五十而贡，殷人七十而助，周人百亩而彻。'夫井田之制，一井之地，画为九区，故苏洵谓万夫之地，盖三十二里有半；而其间为川为路者一，为浍为道者九，为洫为涂者百，为沟为畛者千，为遂为经者万。使夏必五十，殷必七十，周必百，则是一王之兴，必将改畛涂，变沟洫，移道路以就之，为此烦扰无益于民之事也，岂其然乎？盖三代取民之异，在乎贡、助、彻，不在乎五十、七十、百亩；其五十、七十、百亩，特丈尺之不同，而田未尝易也，故曰其实皆什一也。王制曰：'古者以周尺八尺为步，今以周尺六尺四寸为步。'而当日因时制宜之法，亦有可言：夏时土旷人稀，故其亩特大；殷周土易人多，故其亩渐小。以夏之一亩为二亩，其名殊而实一矣。"钱氏塘溉亭述古录[一]三代田制考云:"三代田制,曷以异?曰:无异也。无异则孟子何以言五十亩七十与百亩?曰:名异而实不异,非不欲异其制,固不能异也。其不能异奈何?曰:井田始于黄帝,洪水之后,禹修而复之,孔子所谓尽力乎沟洫也。沟洫既定,不可复变,殷周遵而用之耳。考工记匠人为沟洫,始于广尺深尺之甽,田首倍之为遂;为井间之沟,倍其沟为成间之洫,倍其洫为同间之浍。贾公彦绘一成之图,谓甽纵遂横,沟纵洫横,浍纵自然川横。然则见甽知亩,见遂知夫,见沟知井,见洫知成,见浍知同也。一同之田,川与浍为方;一成之田,洫与沟为方;一井之田,沟与遂为方;一夫之田,遂与甽为方。甽,伐也。不为夫田限,故夫三为屋,遂与沟遇也。至沟与洫遇,则为通矣。洫与浍遇,则为终矣。屋者,三分夫之一;通者,十分成之一;终者,十分同之一:皆不为方,水道有纵横故也。禹自言'浚甽浍距川',明甽浍纵而川则横,周制本乎夏制矣。使周异于殷,殷异于夏,必尽更夏后氏之制。更其甽遂固易也,沟洫则难矣,川浍抑又难矣。我因川浍沟洫之不能更,而知周用夏制也。我因周用夏制,而知殷与周之未尝各异也。然则亩数之不同,何欤?曰:所谓异其名也。其名何以异?曰:以度法之各异也。蔡邕谓夏以十寸为尺,殷以九寸为尺,周以八寸为尺。夫殷之尺,非遂得夏之九寸也,盖九寸则不足。周之尺,非止得夏之八寸也,盖八寸而有余。何则?夏之百分,殷以为百一十二分,周以为百二十分,通其率,则五十之为五十六与六十也,而夫田之广长与其步法俱得矣。是故同此一夫之田:夏以广十尺长五百尺为亩,殷以广八尺长五百六十尺为亩,周以广六尺长六百尺为亩;如其亩法,而五十、七十与百亩之数立矣。步则夏以五尺,殷以五尺六寸,周以六尺;一亩同长百步,而夏广二步,殷广一步五十六分步之二十四,周广一步。推之一里,则广长皆三百步,其积皆九万步也。夫如是,则自遂以上,殷周皆不必更,而独更其甽,岂不甚易也哉?夫三代步法,与其夫田之广长,皆与率数相应,故夫有异亩,亩无异步,是之谓名异而实同。少康有田一成,即考工之十里,其明证也。曰:井与夫皆方,亩何以不方?曰:亩之水,注于遂;遂在田首,故不能方。犹沟之水,注于洫;洫在通首,亦不能方。即诗所谓'南东其亩',而韩婴谓之'长一步,广一

〔一〕"溉亭述古录"原误"溉堂考古录",据钱氏原书改。

步’者也。南亩之长，即东亩之广；分言之，则皆一步。而或者疑之，则亩必广长皆十步邪？曷为晋欲令齐尽东其亩也？孟子又谓皆什一，奈何？曰：此殷周侯国之制也。康成所谓‘公田不税夫’，故其名曰助与彻；夏则税夫，无公田而名为贡：贡为什一，助与彻为九一，九一之与什一，盈朒异名耳，故曰皆什一。禹贡赋有九等，果什一欤？曰：禹以九州为等，非一井也。乌得言非什一？”钱氏大昕潜研堂答问云：“郑康成注周礼，尝引孟子‘野九夫而税一，国中什一’之文，孔颖达诗正义申其旨云：‘周制有贡有助：助者，九夫而税一夫之田；贡者，什一而贡一夫之谷。通之二十夫而税二夫，是为什中税一也。九一而助，为九中一。知什一自赋，非什中一者，以言九一，即云而助，明九中一助也。国中言什一，乃云使自赋，是什一之中使自赋之，明非什中一为赋也。’孟子又云：‘方里而井，井九百亩，其中为公田，八家皆私百亩，同养公田；公事毕，然后敢治私事，所以别野人也。’言别野人者，别野人之法，使与国中不同也。尔雅云：‘郊外曰野。’则野人为郊外也。野人为郊外，则国中为郊内也。郊内谓之国中者，以近国，故系国言之亦可。地在郊内，居在国中故也。郊外国中人，各受田百亩，或九而取一，或什一而取一，通内外之率，则为什而取一，故曰彻。彻之为言通也，康成之义，得孔氏而益明。若分公田为庐舍，八家各二亩半，其说始于班固，而何休注公羊、赵岐注孟子、范宁注穀梁、宋均注乐纬皆因之，非郑义也。”段氏玉裁说文解字注云：“耡，殷人七十而耡。耡，耤税也。从耒，助声。周礼曰：‘目兴耡利萌。’今孟子作‘助’，周礼注引作‘莇’。耡即以耤释之。耤税者，借民力以食税也。遂人注云：‘郑大夫读耡为藉。杜子春读耡为助，谓起民人令相佐助。’按郑意，耡者，合耦相助，以岁时合耦于耡，谓于里宰治处合耦，因谓里宰治处为耡也。许意以周礼证七十而耡，谓其意同。”王氏念孙广雅疏证云：“大雅韩奕篇‘实亩实藉’，郑笺云：‘藉，税也。’宣十六年左传‘谷出不过藉’，杜预注云：‘周法，民耕百亩，公田十亩，借民力而治之，税不过此。’王制‘古者公田藉而不税’，郑注云：‘藉之言借也，借民力治公田，美恶取于此，不税民之所自治也。’说文：‘殷人七十而耡。耡，耤税也。’耡字亦作‘莇’，又作‘助’，助与藉古同声，孟子公孙丑篇‘耕者助而不税’，即藉而不税也。论语颜渊篇‘盍彻乎’，郑注云：‘周法什一而税谓之彻。彻，通也。为天下之通法。’孟子滕文公篇：‘夏后氏五十而贡，殷人七十而助，周人百亩而彻，其实皆什一也。彻者,彻也。助者,藉也。’赵氏注云云。郑氏注匠人云:‘贡者,自治其所受田,贡其税谷。莇者,借民之力以治公田,又使收敛焉。彻者,通其率以什一为正也。’按赵氏注‘彻彼桑土’,释彻为取,此注同之。孝经正义引刘熙孟子注云:‘家耕百亩,彻取十亩以为赋也。’亦以彻为取,与郑氏义异。”姚氏文田求是斋自订稿云:“彻之名义,尝屡求其说而不得,因考公刘、崧高两诗,毛传皆训彻为治。郑氏公刘笺云:‘什一而税谓之彻。’又于匠人注云:‘周之畿内,税有轻重,诸侯谓之彻者,通其率以什一为正。’论语注云:‘彻,通也。为天下之通法。’赵氏孟子注:‘耕百亩者,彻取十亩以为赋。彻犹人彻取物也。’贾氏匠人疏引之。孔氏公刘疏亦云:‘彻取此隰原所收之粟,以为军国之粮。’是又以彻为取。以他处‘彻俎’‘彻乐’之类证之,皆是收取之义。孟子亦言‘彻者彻也’,不烦更增一解,似彻取之义,尤为了当。然其制度何若,终不能明。惟周官司稼云:‘巡野观稼,以年之上下出敛法。’是知彻无常额,惟视年之凶丰,此其与贡异处。助法正是八家合作,而上收其公田之入,无烦更出敛法,然其弊,必有如何休所云‘不尽力于公田者’,故周直以公田分授八夫,至敛时则巡野观稼,合百一十亩通计之,而取其什一,其法亦不异于助,故左传云‘谷出不过藉’。然民自无公私缓急之异,此其与助异处。至鲁宣公因其旧法而倍收之,是为什而税二矣。谓之彻者,直是通盘核算,犹彻上彻下之谓,并非通融之义,于此求之,则彻法亦可想见。故孟子既分释彻、助之义,而又据大田之诗,以证其与助同法。先儒以贡、助兼用为词,殆未然矣。”倪氏思宽读书记云:“彻者彻也二句,承上文言之。不及贡法者,有龙子云云在也。商助周彻,乃先说彻后说助者,孟子意在行助,彻为宾,助为主。谓彻之为彻,其法固良;而助之为藉,其法尤美也。”**龙子曰:‘治地莫善于助,莫不善于贡。贡者,挍数岁之中以为常,**【注】龙子,古贤人也。言治土地之赋,无善于助者也。贡者,挍数岁以为常类而上之,民供奉之,有易有不易,故谓之莫不善也。【疏】“挍数岁之中以为常”○正义曰:翟氏灏考异云:“旧赵注本‘校’字从手作‘挍’,与下学校字不同。释文云:‘校,户教反,从木。若从手,是比挍字,今人多乱之。’五经文字云:‘校,音教,又音效,皆从木。’字鉴云:‘校字元有二音,借为比挍字,明末避讳,校省作挍。’汲古阁注疏本此校与下学校,俱作'挍'。"〇注"龙子古贤人也"〇正义曰:列子仲尼篇有龙叔谓文挚云:"吾乡誉不以为荣,国毁不以为辱,得而不喜,失而弗忧,视生如死,视富如贫,视人如豕,视吾如人。处吾之家,如逆旅之舍;观吾之乡,如戎蛮之国。"或其人与? **乐岁粒米狼戾,多取之而不为虐,则寡取之;凶年粪其田而不足,则必取盈焉。'**【注】乐岁,丰年。狼戾,犹狼藉也。粒米,粟米之粒也。饶多狼藉,弃捐于地,是时多取于民不为暴虐也,而反以常数少取之。至于凶年饥岁,民人粪治其田尚无所得,不足以食,而公家取其税,必满其常数焉。不若从岁饥穰以为多少,与民同之也。【疏】注"乐岁"至"之也"〇正义曰:鹖冠子学问篇云:"所谓乐者,无菑者也。"年丰无菑,故称乐岁。淮南子览冥训云"孟尝君为之增欷歍唈,流涕狼戾不可止",高诱注云:"狼戾,犹交横也。"广雅释诂云:"狼,盭也。"盭即戾。狼、戾一声之转。国策燕策云"赵王狼戾无亲",汉书严助传"狼戾不仁",以其遗弃不甚爱恤,故为不仁无亲之名。而涕之零落于地,与粟之抛弃于地,其名不同,而义实相引也。告子篇"狼疾",赵氏亦以狼藉释之。汉书燕刺王旦传云"首籍籍兮亡居",注云:"籍籍,纵横貌。"纵横犹交横,故狼戾犹狼籍也。段氏玉裁说文解字注云:"今俗语谓米一颗为一粒,孟子'乐岁粒米狼戾',赵注云:'粒米,粟米之粒也。'皋陶谟'烝民乃粒',周颂'立我烝民',郑笺:'立当作粒。'诗书之粒,皆王制所谓粒食。"按"粒米狼戾",言米之粒,不爱恤而纵横于地也。因丰年饶多,故不爱恤而弃捐之也。盐铁论未通篇云:"乐岁粒米粱粝,而寡取之。"此即本之孟子,粱粝即狼戾之同声。张之象注本依孟子改作"狼戾",不知古人声音通借之例也。周书金縢"遘厉虐疾",某氏传云:"虐,暴也。"高诱淮南子注训虐为害,说文训虐为残,残害亦暴也。周礼地官司关"国凶札",郑司农注云:"凶,谓凶年饥荒也。"孟子亦言凶年饥岁,是凶年即饥岁也。礼记月令:"季夏,大雨时行,烧薙行水,利以杀草,如以热汤,可以粪田畴,可以美土疆。"孔氏正义云:"粪,壅苗之根也。蔡云:'谷田曰田,麻田曰畴,言烂草可以粪田使肥也。'"是粪其田即是治其田,故云粪治其田。说文皿部云:"盈,满器也。"取盈,是取其税而满其常数,如器定受若干如其量以盈之也。从岁饥穰以为多少,则助是矣。孔氏广森经学卮言云:"均是田也,粪之则收自倍，然未有不费而食利者也。羊麋犬豕之骨汁，所以为粪种之具者，孰非待粟而易之。岁凶则粟不足食，幸而足食，亦无余粟以易其所无，于是来岁所以粪其田者，无以为资矣。又凶之甚者，其所获不足以偿今岁粪田之费矣，遑供税乎！且来岁之田粪既不足，则土疆不美，虽自天降康，亦将不逮其平岁之获，故一岁遇凶㞕，三岁而后，其力可复，此稼穑之艰难，有国所当知也。”**为民父母，使民盻盻然，将终岁勤动不得以养其父母，又称贷而益之，使老稚转乎沟壑，恶在其为民父母也？**【注】盻盻，勤苦不休息之貌。动，作。称，举也。言民勤身动作，终岁不得以养食其父母。公赋当毕，有不足者，又当举贷子倍而益满之。至使老小转尸沟壑，安可以为民之父母也。【疏】注“盻盻”至“母也”○正义曰：音义云：“盻，说文五礼切，亦四苋切。丁作‘肹肹然’，许乙切。”阮氏元校勘记云：“盻字见说文，云‘恨视貌’。但赵注以‘勤苦不休息’为训，赵作‘肹’不作‘盻’也。说文：‘肹，蛮布也。’‘佾，振也。’肹、佾古通用。肹肹犹屑屑，方言云：‘屑屑，不安也。’”“动，作也”，尔雅释诂文。周礼天官小宰“以官府之八成经邦国，四曰听称责以传别”，郑司农云：“称责，谓贷子。”贾氏疏云：“称责，谓举责生子，彼此俱为称意，于官于民，俱是称也。”段氏玉裁说文解字注云：“称，并举也。从爪冓省。冓为二爪者，手也。一手举二，故曰并举，赵注孟子‘称贷’曰：‘称，举也。’凡手举字当作爯，凡偁扬当作偁，凡诠衡当作称，今字通用称。”礼记郊特牲云：“食养，阴气也。”淮南子说山训云“幸善食之而勿苦”，高诱注云：“食，养也。”养其父母即食其父母。贷，借也。周礼地官泉府“凡民之贷者，与其有司辨而授之，以国服为之息”，郑司农云：“贷者，谓从官借本贾也，故有息使民弗利。”“玄谓以国服为之息，受园廛之田而贷万泉者，则朞出息五百。”礼记月令注云：“火出而毕赋。”此言赋冰。此公赋当毕，谓公家之税当完纳也。税尽赋，犹冰尽赋矣。当尽赋则不敢亏缺，无如田之所出不足，故假借于人而举债焉。子，即息也。史记货殖传云：“子贷金千贯。”又云：“吴、楚七国兵起时，长安中列侯封君行从军旅，赍贷子钱，子钱家以为侯邑国在关东，关东成败未决，莫肯与，唯无盐氏出捐千金贷，其息什之。三月，吴、楚平，一岁之中，则无盐氏之息什倍。”盖每岁万息二千，此常息也。至窘急时，则利息必加倍于常，如无盐氏之利，所以什之矣。万息二千，二其子也。什之，则贷万息亦万为倍，故云子倍。益之言加也，即上取盈之义。因毕赋不足，又称贷于子钱家，以益满此不足之数。而所贷子钱，乃倍于所不足之数。由此积累，至使父母妻子饥寒而死矣。阎氏若璩释地三续云："胡朏明曰：'龙子言贡者挍数岁之中以为常，乐岁粒米狼戾，多取之而不为虐，则寡取之；凶年粪其田而不足，则必取盈焉。此贡之所以不善也。某谓贡异于助，惟无公田耳。其取民〔一〕之制，虽云于一夫受田五十亩之中，税其五亩之所收，然亦每岁各视其丰凶，以为所入之多寡，与助法无异。非上之人科定此五亩者出谷若干斗斛以为常也。藉令乐岁不多取，凶年必取盈，赋何以有上上错乎？然则龙子之言非与？曰：龙子盖有为言之也。'夏氏僎曰：'战国诸侯，重敛掊克，立定法以取民，不因丰凶而损益；且托贡法以文过，故孟子有激而云。其所谓不善者，特救战国之失耳，禹法实不然也。'盖自鲁宣公税亩以后，诸侯废公田而行贡法，取民数倍于古，乐岁犹可勉供，凶年则不胜其诛求之苦，而皆藉口于夏后氏以文其贪暴，龙子所以痛心疾首而为是言。孟子方劝滕君行助，以革当时之弊，意在伸助，不得不抑贡，故举龙子之言以相形，而未暇深求其义理。其实龙子所谓莫不善者，乃战国诸侯之贡法，非夏后氏之贡法也。"**夫世禄，滕固行之矣。**【注】古者诸侯卿大夫士有功德，则世禄赐族者也。官有世功者，其子虽未任居官，得世食其父禄，贤者子孙必有土之义也。滕固知行是矣，言亦当恤民之子弟，闵其勤劳者也。【疏】注"古者"至"义也"○正义曰：隐公八年左传云："天子建德，因生以赐姓，胙之土而命之氏。诸侯以字为谥，因以为族。官有世功，则有官族，邑亦如之。"白虎通封公侯篇云："大夫功成未封，子得封者，善之及子孙也。春秋传曰：'贤者子孙宜有土地也。'"赵氏本此为说也。详见梁惠王下篇。阮氏元校勘记云："'其子虽未任居官'，闽、监、毛三本、韩本同。孔本、考文古本'任'作'士'，音义出'未任'，音壬，作'任'是也。"**诗云：'雨我公田，遂及我私。'惟助为有公田。由此观之，虽周亦助也。**【注】诗，小雅大田之篇。言太平时民悦其上，愿欲天之先雨公田，遂以次及我私田

〔一〕"民"字原脱，据释地三续补。

也。犹殷人助者，为有公田耳。此周诗也，而云“雨公田”，知虽周家时亦助也。【疏】注“诗小”至“助也”○正义曰：诗在小雅大田第三章。笺云：“古者阴阳和，风雨时，其来祈祈然而不暴疾，其民之心先公后私，今天主雨于公田，因及私田尔。此言民怙君德，蒙其余惠。”赵氏言“太平时”，本上“兴雨祈祈”言也。万氏斯大学春秋随笔云：“孟子言三代田制莫善于助，言助法之形体曰：‘方里而井，井九百亩，其中为公田，八家皆私百亩，同养公田。’非谓成周之彻法如此也。汉书食货志直本此以言周制，后儒多相因不变，若是，则周人乃百亩而助矣，何名为彻哉？惟赵岐孟子注云：‘周人耕百亩者，彻取十亩以为赋。’斯言得之矣。司马法云：‘亩百为夫，夫三为屋，屋三为井。’小司徒亦云：‘夫九为井。’据此二文，是周人井九百亩，分之九夫，每夫百亩，中以十亩为公田，君取其入，而不收余亩之税。宣公于公田之外，更税余亩之十一，故曰税亩也。”周氏柄中辨正云：“充宗之说，良不诬也。彻本无公田，故孟子云‘惟助为有公田’，言惟助有则彻无，以明其制之异。言‘虽周亦助’，见助丰凶相通，彻亦丰凶相通，明其意之同。若彻原是助，则人人共知，孟子何用辞费。彻无公田，诗曰‘雨我公田’者，商家同井，公田在私田外；周九夫为井，公田在私田中。夏小正云：‘三农服于公田。’公田之称，可施于贡，独不可施于彻乎？然则周何以变八家为九夫，此则任钓台尝言之矣。盖自商至周，历六百余年，生齿必日繁，无田可给，不得不举公田授之民。及列国兵争，杀戮过甚，民数反少于周初，而彻法之坏已甚，故孟子欲改行助法，所谓与时宜之者，此真通人之论也。”钟氏怀菣厓考古录云：“孟子论井田之制，以夏为贡，殷为助，周为彻，显分其制。及引大田之诗，又谓虽周亦助，可知助、彻乃通名也。夏后氏五十而贡，其实亦是什一，独不得通助、彻之名者，盖因诸侯去籍，孟子末由考之耳。夏小正：‘正月，农及雪泽，初服于公田。’传云：‘古有公田焉者，古言先服公田，而后服其田也。’可知公田之制，自夏已然，公刘虽由夏居戎，亦循有邰之旧而不改也。然则贡即助即彻，皆不离乎什一而税，误以公刘创什一之税，可乎？大抵周家一切典礼，多夏殷之制，特其斟酌损益，少有不同耳。”阮氏元校勘记云：“‘犹殷人助者’，宋本、孔本、考文古本、足利本同。闽、监、毛三本、韩本犹作‘惟’。按犹当独字之误，闽本改为惟，非也。”**设为庠序学校以教**

之。【注】以学习礼教化于国。庠者,养也。校者,教也。序者,射也。夏曰校,殷曰序,周曰庠,学则三代共之,皆所以明人伦也。【注】养者,养耆老。教者,教以礼乐。射者,三耦四矢以达物导气也。学则三代同名,皆谓之学,学乎人伦。人伦者,人事也。犹洪范曰"彝伦攸叙",谓常事所叙也。【疏】"庠者"至"伦也"○正义曰:史记儒林传:"公孙弘乃谨与太常臧、博士平等议曰:'闻三代之道,乡里有教,夏曰校,殷曰序,周曰庠。'"汉书儒林传则作"殷曰庠,周曰序",说文与汉书同,未知孰是也。阎氏若璩释地又续云:"陈氏礼书曰:'孟子论井地,而及夏曰校,商曰序,周曰庠,盖校、庠、序者,乡学也。乡饮酒:主人迎宾于庠门之外,乡简不帅教,耆老皆朝于庠,则庠乡学名也。周官:州长会民射于州序,党正属民饮酒于序,则序亦乡学名也。郑人之所欲毁者,谓之乡校,则校亦乡学名也。然乡曰庠,记言党有庠;州曰序,记言遂有序,何也?古之致仕者,教子弟于闾塾之基,则家有塾云者,非家塾也。合二十五家而教之闾塾,谓之家有塾;则合五党而教之乡庠,谓之党有庠可也。周礼遂官各降乡官一等,则遂之学亦降乡一等矣。降乡一等而谓之州长,其爵与遂大夫同,则遂之学,其名与州序同可也。'小戴本杂记之书,陈氏能将仪礼、周官、左氏及孟子融会于一,无少抵牾,真经术之文也。"周氏柄中辨正云:"孟子言夏曰校、殷曰序、周曰庠,此乡学也。而王制所载虞曰庠,夏曰序,为国学之称。考之周礼,则州党之学皆曰序,而庠校不见于经。学记云'党有庠'者,庾氏谓夏殷制,非周法,其说皆与孟子不合。读孟子书,当就孟子求其义,不得又以他说汩乱之。安溪李文贞公云:'立太学以教于国,设庠序以化于邑,董子虽言之而莫行也。故在汉代,辟雍太学之制,博士弟子员之设,仅于京师而已。自后天下州邑,亦徒庙事孔子而无学。宋之中世,始诏天下有州者皆得立学,而县之学士满二百人,始得为之,少则不能中律,今荒州僻县,无不设之学矣。意三代相承亦如此。夏之时,乡为置校而已;殷之时,州莫不有序焉;周人修而兼用之,而党庠以遍:此自古及今,其制浸广也。党近于民,故主于上齿尊长,而以养为义;乡近于国,故总乎德行道艺,而以教为义;州则自党而升,而将宾于乡,故修乎礼乐容节,而以射为义:此则自上而下,其法浸备也。'文贞此说最善,盖党统于州,州统于乡,故序以承校,庠以承序，制以渐而始大备。俗说谓三代之乡学各一，而惟递变其名，不可通矣。”王氏念孙广雅疏证云：“孟子滕文公篇：‘庠者，养也。校者，教也。序者，射也。’广雅卷四云：‘校，教也。’卷五云：‘序，射也。’皆本孟子。引之云：说文：‘庠，礼官养老也。’王制‘有虞氏养国老于上庠’，郑注云：‘庠之言养也。’赵岐注孟子云：‘养者，养耆老。射者，三耦四矢以达物导气。’此皆缘辞生训，非经文本意也。养国老于上庠，谓在庠中养老，非谓庠以养老名也。州长职云‘春秋以礼会民而射于州序’，谓在序中习射，非谓序以习射名也。王制：‘耆老皆朝于庠，元日习射上功。’而庠之义独取义于养老，何也？文王世子：‘适东序养老。’而序之义独取于习射，何也？庠序学校，皆为教学而设；养老习射，偶一行之，不得专命名之义。庠训为养，序训为射，皆是教导之名，初无别异也。文王世子：‘立太傅少傅以养之，欲其知父子君臣之道也。’郑注云：‘养，犹教也。’言养者，积浸养成之。保氏职云：‘掌养国子以道。’此庠训养之说也。射、绎古字通。尔雅云：‘绎，陈也。’周语云：‘无射，所以宣布哲人之令德，示民轨仪也。’则射者陈列而宣示之，所谓‘谨庠序之教，申之以孝弟之义’也。此序训为射之说也。养，射，皆教也。教之为父子，教之为君臣，教之为长幼，故曰皆所以明人伦也。彻者，彻也。助者，藉也。庠者，养也。校者，教也。序者，射也。皆因本事以立训，岂尝别指一事以名之哉！”○注“养者”至“叙也”○正义曰：赵氏以养为养耆老，即本王制“养国老于上庠”，说文亦以庠为“礼官养老”也。郑风诗序云：“子衿，刺学校废也。乱世则学校不修焉。”其三章“一日不见，如三月兮”，毛传云：“言礼乐不可一日而废。”赵氏本此，故以教礼乐言之。其实不仅教以礼乐，故郑笺云：“郑国谓学为校，言可以校正道艺。”道艺则不止礼乐也。仪礼乡射云“豫则钩楹内”，注云：“豫者，谓州学也。读如成周宣榭灾之榭，周礼作序，今文豫为序。”序即榭，榭、射声通，是榭因乡射而立名。乡射礼云“三耦俟于堂西[一]”，注云：“选[二]弟子之中德行道艺之高者，以为三耦。”又云“兼挟乘矢”，又云“三耦皆执弓，搢三而挟一个”，注云：“乘矢，四矢也。”白虎通乡射篇云：“天子所以亲射何？助阳气，达万物也。春

〔一〕“西”原误“东”，据仪礼改。
〔二〕“选”原误“迁”，据仪礼郑注改。

阳〔一〕气微弱，恐物有窒塞，不能自达者。夫射自内发外，贯坚入刚，象物之生，故以射达之也。"是所云达物导气之义也。学，谓大学也。庠、序、校，皆乡学，在郊。礼记王制云："耆老皆朝于庠，元日习射上功，习乡上齿，大司徒帅国之俊士与执事焉。不变，命国之右乡，简不帅教者移之左；命国之左乡，简不帅教者移之右。不变，移之郊。不变，移之遂。"此由乡下移于郊遂，皆乡学也。又云："命乡论秀士，升之司徒曰选士；司徒论选士之秀者，而升之学。"此学即大学，在城中王宫之左者也。三代同名为学，无异名也。文王世子云："春夏学干戈，秋冬学羽籥，皆于东序。春诵夏弦，大师诏之瞽宗。秋学礼，执礼者诏之；冬读书，典书者诏之。礼在瞽宗，书在上庠。"又云："凡祭与养老、乞言、合语之礼，皆小乐正诏之于东序。"周礼大司乐："掌成均之法，以治建国之学政，而合国之子弟焉。凡有道有德者使教焉，死则以为乐祖，祭于瞽宗。"又有"成均""东序""瞽宗""上庠"等名者，盖统名为学而分为四：其东为东序也；其西为瞽宗，瞽宗即西学，故祭义云"祀先贤于西学"，即"祭有道德者于瞽宗"也；其北为上庠，秋学礼在瞽宗为西学，则冬学书在上庠为北学矣；东序瞽宗上庠分列东西北三方，则成均为南学。青阳总章元堂，统其名于明堂；则东序瞽宗上庠，统其名于成均。故大司乐分言之则云东序瞽宗，统言之则言掌成均之法也。虽分有四名，而实统谓之学。祭义云："天子设四学。"大戴记云："帝入东学，帝入南学，帝入西学，帝入北学。"但仍仅谓之学也。吴氏鼎易堂问目云："今考定五学：东学，周名东胶，又名东序，本夏学总名；西学，周名瞽宗，又名右学，本殷学总名；北学，周名上庠，本虞学总名；南学，周名成均，旧说五帝学名，盖陶唐以前，学之总名；大学，周名辟雍。鲁兼四代之学，序在东，瞽宗在西，米廪在北，頖宫在南。文王世子：'王乃命公侯伯子男及群吏曰：反养老幼于东序。'则诸侯国学，疑皆同此制。"郑氏注礼记曲礼、乐记皆以伦为类，高诱注吕氏春秋达郁、淮南子说林等篇皆以类为事，赵氏注告子篇"此之谓不知类也"，亦云"类，事也"。此以伦为事，即以伦为类也。洪范，周书篇名。"惟十有三祀，王访于箕子，王乃言曰：呜乎箕子，惟天阴骘下民，相协厥居，我不知其彝伦攸叙。"王肃注云："言天深定下民，与之五常之性，王者当助天和，合其居

〔一〕"阳"字原脱，据白虎通补。

所，行天之性，我不知常道伦理所以次叙。”汉书五行志引洪范此文，应劭注云：“阴，覆。骘，升。相，助。协，和。伦，理。攸，所也。言天覆下民，王者当助天居，我不知居天常理所次叙也。”礼记乐记云“理之不可易者也”，注云：“理，犹事也。”伦之为事，即伦之为理，与应劭、王肃义同。顾氏炎武日知录云：“彝伦者，天地人之常道，如下所云五行、五事、八政、五纪、皇极三德、稽疑庶征、五福、六极，皆在其中，不止孟子之言人伦而已。能尽人之性，尽物之性，则可以赞天地之化育，而彝伦叙矣。”按赵氏引洪范“彝伦”以证孟子之“人伦”，谓其常事有叙，则正以孟子此言“人伦”即洪范之“彝伦”。盖国学乡学，为王大子、王子、群后之大子、卿大夫元士之適子、国之俊选，皆由此出；乐正崇四术，立四教，顺先王诗、书、礼、乐以造士，虽申之以孝弟之义，而一切人事常理，无不讲明也。**人伦明于上，小民亲于下，有王者起，必来取法，是为王者师也。**【注】有行三王之道而兴起者，当取法于有道之国也。**诗云：‘周虽旧邦，其命惟新。’文王之谓也。子力行之，亦以新子之国。”**【注】诗，大雅文王之篇。言周虽后稷以来旧为诸侯，其受王命，惟文王新复修治礼义以致之耳。以是劝勉文公，欲使庶几新其国也。【疏】注“诗大”至“国也”○正义曰：诗在文王篇首章。闽、监、毛三本惟作“维”。阎氏若璩孟子生卒年月考云：“春秋公羊传君存称世子，君薨称子某，既葬称子，逾年称公。左氏例则未葬称子，既葬称君，不待逾年始称君，此二传之同异也。及以孟子证则又有异，君存称世子，‘滕文公为世子’是。君薨亦称世子，‘滕定公薨，世子谓然友’是。未葬称子，不独既葬为然，‘至于子之身而反之’是。若孟子所称‘子力行之’，则在既葬之后，但未逾年耳。何以验之？滕文公既定为三年之丧，五月居庐，未有命戒，则亦无礼聘贤人之事可知。惟至葬后，始以礼聘孟子至滕而问国事焉，故孟子犹称之为子。直至逾年改元，然后两称为君，曰‘君如彼何哉’，曰‘君请择于斯二者’，然则孟子于滕行踪岁月，亦略可睹矣。”按礼记坊记云：“未没丧不称君，示民不争也。故鲁春秋记晋丧曰：‘杀其君之子奚齐，及其君卓。’”注云：“没，终也。春秋传曰‘诸侯于其封内三年称子’，至其臣子，逾年则谓之君矣。”孟子未臣于齐，恐其称君在终丧之后，未必既葬即聘贤人，盖滕文行三年之丧，丧将终，乃聘孟子；孟子至，未几即终丧。故此仍在三年之内则称子，既三年丧毕，则称君也。

使毕战问井地，【注】毕战，滕臣也。问古井田之法。时诸侯各去典籍，人自为政，故井田之道不明也。【疏】注"毕战"至"明也"○正义曰：毕战为文公所使，知为滕臣也。考工记匠人注引"滕文公问为国于孟子"云云，"文公又问井田"，贾氏疏云："彼是文公使毕战问，今以为文公问者，毕战，文公臣。君统臣功，亦得为文公问也。郑氏以井田代井地，是井地即井田也。"毛氏奇龄经问云："滕文公使毕战问井地，岂战国时无井地与？曰：据春秋有'井衍沃'之文，则晋亦尚作井地，但惟坦衍而沃膏者间一行之，他无是也。若战国则未必有矣。史记秦孝公四十一年，为田开阡陌，正在战国，与魏惠王、齐威王同时，则此时方改阡陌废井地之际，虽间或有是，亦将毁弃，况未必有也。"**孟子曰："子之君将行仁政，选择而使子，子必勉之！夫仁政必自经界始。经界不正，井地不钧，谷禄不平。**【注】子，毕战也。经，亦界也。必先正其经界，勿侵邻国，乃可钧井田，平谷禄。谷，所以为禄也。周礼小司徒曰"乃经土地而井牧其田野"，言正其土地之界，乃定受其井牧之处也。【疏】注"子毕"至"处也"○正义曰：毕战来问，此云子之君，君指文公，则子指毕战也。周礼地官司市"以次叙分地而经市"，注云："经，界也。"赵氏以此经界，即各国之疆界。封建与井田相表里，故先不相侵夺，而井田乃可钧也。阮氏元校勘记云："'井地不钧'，石经、岳本、咸淳衢州本、廖本、孔本、韩本、考文古本、足利本同。闽、监、毛三本钧作'均'。按均、钧古字通也。""谷，禄也"，尔雅释言文。周礼天官冢宰"以八柄诏王驭群臣，二曰禄，以驭其富"，注云："班禄所以富臣下。书曰：'凡厥正人，既富方谷。'"是以谷释禄。天府"祭天之司民司禄"，注云："禄之言谷也。"诗小雅"蔌蔌方有谷"，笺亦云："谷，禄也。"禄奉以谷，故谷即禄矣。小司徒，地官职也，云："乃经土地而井牧其田野，九夫为井，四井为邑，四邑为丘，四丘为甸，四甸为县，四县为都，以任地事而令贡赋。凡税敛之事。"注云："此谓造都鄙也。采地制井田，异于乡遂。重立国，小司徒为经之，立其五沟五涂之界，其制似井之字，因取名焉。孟子曰：'夫仁政必自经界始。经界不正，井地不均，谷禄不平。是故暴君奸吏，必慢其经界。经界既正，分田制禄，可坐而定也。’九夫为井者，方一里九夫所治之田也。此制小司徒经之，匠人为之，沟洫相包乃成耳。”郑氏以小司徒所经即井田之界，经土地之经为“经始灵台”之经，谓小司徒经度之，与赵氏说异。**是故暴君污吏，必慢其经界。经界既正，分田制禄，可坐而定也。**【注】暴君，残虐之君。污吏，贪吏也。慢经界，不正本也。必相侵陵长争讼也。分田，赋庐井也。制禄，以庶人在官者比上农夫，转以为差，故可坐而定也。【疏】注“暴君”至“定也”○正义曰：周礼地官大司徒：“辨其邦国都鄙之数，制其畿疆而沟封之。凡建邦国，以土圭土其地而制其域；凡造都鄙，制其地域而封沟之。”邦国为公侯伯子男附庸，各有界矣。都鄙为王子弟公卿大夫采地，亦各有界矣。盖建邦国，造都鄙，必审井田之形势以为之界，各满其为通、为成、为终、为同、为封、为畿以界之。邦国都鄙之界，视井田之界而定；则井田之在各国各采邑者乃均。自诸侯之残虐者侵夺邻国，而邦国之界不正；自卿大夫之贪污者侵占邻邑，而采地之界不正：于是为成、为通、为井者，将不能满其数，合其度，而亦不均矣。惟外而邦国之大界正，内而都鄙采邑之小界正，而井田乃正。以之分授于夫，以之制诸臣之禄，皆可定也。此赵氏以正经界为勿侵邻国之义也。荀子性恶篇云：“所见者，污慢淫邪贪利之行也。”列女传贞顺篇云：“且夫弃义从欲者，污也。见利忘死者，贪也。夫贪污之人，王何以为哉？”是污即贪也。刘熙释名释言语云：“慢，漫也。漫漫，心无所限忌也。”心轻慢之，不以先王所定为制，在邦国必相侵陵，即所云侵邻国也。在都鄙则长争讼，如郤锜夺夷阳五田，郤犨与长鱼矫争田是也。前但言侵邻国，此兼言之也。庐谓二亩半在田，井谓一夫百亩也。“以庶人在官者比上农夫，转以为等差”者，礼记王制云：“诸侯之下士，禄食九人，中士食十八人，上士食三十六人，下大夫食七十二人，卿食二百八十人，君食二千八百八十人。”是也。**夫滕壤地褊小，将为君子焉，将为野人焉；无君子莫治野人，无野人莫养君子。**【注】褊小，谓五十里也。为，有也。虽小国，亦有君子，亦有野人，言足以为善政也。【疏】注“为有也”○正义曰：梁惠王篇“善推其所为而已矣”，说苑引作“善推其所有而已”。诗大雅“妇有长舌”，大戴记本命注作“妇为长舌”。是有、为二字古通。

请野九一而助，国中什一使自赋，【注】九一者，井田以九顷为数而供什一，郊野之赋也。助者，殷家税名也，周亦用之，龙子所谓莫善于助也。时诸侯不行助法。国中什一者，周礼："园廛二十而税一。"时行重赋，责之什一也。而，如也。自，从也。孟子欲请使野人如助法，什一而税之；国中从其本赋，二十而税一以宽之也。【疏】注"九一"至"之也"○正义曰：宣公十五年公羊传云："古者什一而籍，什一者，天下之中正也。"注云："夫饥寒并至，虽尧舜躬化，不能使野无寇盗；贫富兼并，虽皋陶制法，不能使强不凌弱。是故圣人制井田之法而口分之，一夫一妇，受田百亩，以养父母妻子，五口为一家，公田十亩，即所谓什一而税也。庐舍二亩半，凡为田一顷十二亩半，八家而九顷，共为一井。"盖百亩为一顷，九顷者，九百亩也。郊野在郊外，自百里至五百里，通都鄙言之也。地官载师："园廛二十而一。"又云："以廛里任国中之地，以场圃任园地。"是园廛在国中，故以此国中为园廛二十有一也。而与汝通，故亦与如通，诗小雅"垂带而厉"，笺云："而，如也。"是也。郑康成笺毛诗、高诱注吕氏春秋、淮南子，皆以自为从。赵氏以当时郊野之税不止什一，孟子欲其什一而藉，如殷人之行助。其国中园廛之税，本二十取一，当时则什取一，是为行重赋。民不能什一，而以什一诛求之，故云责之什一也。野宜什一，则不止什一，国中不宜什一，乃重赋而责其什一，是国中什一也，非郊野什一也。国中不可什一而什一，孟子则欲其仍从旧赋二十取一，故云宽之也。赵氏义如此。程氏瑶田通艺录周官畿内经地考云："王畿千里，自王城居中视之，四面皆五百里。五十里为近郊，百里为远郊，二百里为甸地，三百里为稍地，四百里为县地，五百里为畺地。大司徒之职：'令五家为比，五比为闾，四闾为族，五族为党，五党为州，五州为乡。'乡凡万二千五百家。如此者六，综计之，受地者凡七万五千家也。六乡之地在郊。遂人：'掌邦之野，造都鄙形体之法：五家为邻，五邻为里，四里为酂，五酂为鄙，五鄙为县，五县为遂。'六遂亦受地者凡七万五千家，数如六乡，但异其名耳。其地在甸。六遂之授地也，亦遂人掌之。其职云：'辨其野之土，上地中地下地，以颁田里：上地夫一廛，田百亩，莱五十亩；余夫亦如之。中地夫一廛，田百亩，莱百亩；余夫亦如之。下地夫一廛，田百亩，莱二百亩；余夫亦如之。'其治沟洫以制地也，亦遂人掌之。其职云：'凡治野，夫间有遂，遂上有径；十夫有沟，沟上有畛；百夫有洫，洫上有涂；千夫有浍，浍上有道；万夫有川，川上有路，以达于畿。’此六遂之田制也。而六乡田制，不见于经。经独见乡之军法，故郑氏注云：‘乡之田制与遂同，遂之军法如六乡。’六乡军法，在小司徒之职：‘五人为伍，五伍为两，四两为卒，五卒为旅，五旅为师，五师为军。’军万二千五百人，出于乡，家一人也。六乡六军，夏官大司马之职所谓‘王六军’也。此郊甸经地之法，在二百里内者也。其外则稍地、县地、畺地，谓之都鄙。都鄙者，王子弟及公卿大夫之采地，其界曰都，而鄙则其所居者也。大司徒之职：‘凡造都鄙，制其地域而封沟之，以其室数制之。不易之地家百晦，一易之地家二百晦，再易之地家三百晦。’其造都鄙也，则小司徒经之。其职云：‘乃经土地而井牧其田野：九夫为井，四井为邑，四邑为丘，四丘为甸，四甸为县，四县为都。’郑氏注云：‘隰皋之地，九夫为牧，二牧而当一井。今造都鄙，授民田，有不易，有一易，有再易，通率二而当一，是之谓井牧。’据此，是郑氏以都鄙授井田，为不易一易再易之地，与经所谓‘以室数制之’者，无异义矣。乃其注载师职之‘任地’，则又以易不易之田归之六乡；以上中下有莱之田归之甸稍县都，且云：‘郊内谓之易，郊外谓之莱，善〔一〕言近。’‘六遂之民奇受一〔二〕廛，上地有莱，为所以饶远也。’不但与经相戾，即与其自注亦不相蒙。岂谓遂人所掌之野得包甸、稍、县、都，授以有莱之地为从其类，而易不易之田在大司徒，司徒主六乡，因以所制田授之与？井田沟洫之制，在考工记：‘匠人为沟洫，耜广五寸，二耜为耦。一耦之伐，广尺深尺谓之𤰝。田首倍之，广二尺深二尺谓之遂。九夫为井，井间广四尺深四尺谓之沟。方十里为成，成间广八尺深八尺谓之洫。方百里为同，同间广二寻深二仞谓之浍。专达于川。’郑氏所谓‘井牧之制，小司徒经之，匠人为之，沟洫相包乃成’者是也。此都鄙经地之法也。载师职云：‘以廛里任国中之地，以场圃任园地，以宅田、士田、贾田任近郊之地，以官田、牛田、赏田、牧田任远郊之地，以公邑之田任甸地，以家邑之田任稍地，以小都之田任县地，以大都之田任畺地。’按六乡之田在郊，宅田、士田、贾田、官田、牛田、赏田、牧田则六乡之余地也。六遂

〔一〕“善”上衍“为”字，据周礼郑注删。

〔二〕“一”字原脱，据周礼郑注补。

之田在甸，公邑则六遂之余地也。家邑之田在稍，小都之田在县，大都之田在畺，稍、县、畺皆有余地，亦谓之公邑。今于甸言余地，于稍、县、畺言其正田，既互相足，亦以乡遂形体详司徒、遂人职中，不烦复言其正田也。家邑方二十五里，凡四甸，大夫之采地也。小都方五十里，凡四县，卿之采地也。大都方百里，凡四都，公之采地也。王母弟，王之庶子，与公同食百里地于畺。王子弟稍疏者，与卿同食五十里地于县。其又疏者，与大夫同食二十五里地于稍。其人税于王也，皆四之一，四甸入一甸，四县入一县，四都入一都。四都者，一同之地，故曰大都。四县者，一都之地，故曰小都。四甸者，一县之地，故曰家邑。"王氏鸣盛周礼军赋说云："郑康成以遂人所言为沟洫之法，即夏之贡法，乡遂公邑用之。匠人所言为井田之法，即殷之助法，都鄙用之。其沟洫与井田之异，则正义：'遂人云：夫间有遂，十夫有沟，百夫有洫，千夫有浍，万夫有川，方三十三里少半里。九而方一同，九浍而川周其外，则百里之内，九九八十一浍。井田则一同惟一浍。'一沟浍稠多，一沟浍稀少。其异一。匠人井田之法，畎纵遂横，沟纵洫横，浍纵川横。其夫间纵者，分夫间之界耳，无遂；其遂注入沟，沟注入洫，洫注入浍，浍注入川，略举一成，以三隅反之，一同可见矣。遂人云'夫间有遂'，以南亩图之，则遂纵而沟横。匠人不云夫间有遂，云'田首倍之谓之遂'，遂则横，沟纵也。自余洫浍川依此遂沟纵横参之可知。其异二。遂人云'九浍而川周其外'，川是人造之。匠人百里有浍，浍水注入川，相去逆，宜为自然大川，非人所造。其异三。沟洫之法，只就夫税之十一而贡；井田之法，九夫为井，井税一夫，美恶取于此，不税民之所自治。其异四。"倪氏思宽读书记云："郑氏匠人注云：'野九夫而税一。'甫田笺云：'井税一夫，其田百亩。'窃尝据郑旨核分数，八家九百亩而公田百亩，通公私之率，无异家别一百一十二亩半。于一百一十二亩半，抽其一十二亩半，则于九分之中而税其一分，正合九一之旨。其数甚明，不待持筹而知也。马端临谓遂人之十夫，特姑举成数言之，不必拘以十数。此言殊谬。十夫有沟，明系古人成法。盖国中行乡遂之法，皆五五相连属，而五倍之则十也。如五家为比，二比则十夫。五家为邻，二邻则十夫。十夫有沟，当起义于此，岂得谓姑举成数言之？至谓行贡之地，无问高原下隰，截长补短，所为沟洫者，不过随地高下而为之蓄泄，异于井田之沟洫，有一定之尺寸。此言也，适足以启慢其经界之弊矣。古人于高原下隰，别有通融之法，如楚蔿掩所书者，既言乡遂用贡法，十夫有沟，则经界森列，有条不紊，庸讵得如马说也。‘其实皆什一也’，圣贤立言，文无虚设。假令贡助果皆什一，则‘其实’一语为赘文矣。唯立法‘九一’‘什一’不同，而论其实，则于中正之准，初无不合。郑注载师云：‘周税轻近而重远，近者多役也。’则是国中什一而役多，野九一而役少，会而通之，总皆什一，其理易明。孟子特立此文，以明助法九一之善。若郑氏又谓孟子言‘其实皆什一’，据通率而言耳。则经文‘九一’‘什一’，文联义对，郑说虽巧，而近于凿，不得从之。”按赵氏以国中为城中，野为乡遂都鄙通称，则九一之制，自国门外皆然。依郑氏则以国中当乡遂用贡，野当都鄙用助，乃郑氏又以周制畿内用夏之贡法，税夫无公田；邦国用殷之助法，制公田不税夫。既以都鄙井田异于乡遂，遂人注又谓野为甸、稍、县、都，甸是六遂，则遂亦通为野，与都鄙异于乡遂之说异。盖又以郊内六乡为国中，遂以外皆野矣。一人之说，已参差不一，其与赵氏之异，又何若矣。备载之以俟考。**卿以下必有圭田，圭田五十亩，余夫二十五亩。**【注】古者卿以下至于士，皆受圭田五十亩，所以共祭祀。圭，絜也。士田，故谓之圭田，所谓“惟士无田则亦不祭”，言绌士无絜田也。井田之民，养公田者受百亩，圭田半之，故五十亩。余夫者，一家一人受田，其余老小尚有余力者，受二十五亩，半于圭田，谓之余夫也。受田者，田莱多少有上中下，周礼曰“余夫亦如之”，亦如上中下之制也。王制曰“夫圭田无征”，谓余夫圭田，皆不出征赋也。时无圭田余夫，孟子欲令复古，所以重祭祀，利民之道也。【疏】注“古者”至“十亩”○正义曰：周礼地官载师“以士田任近郊之地”，注云：“郑司农云：‘士田者，士大夫之子得而耕之田也。’玄谓士读为仕，仕者亦受田，所谓圭田也。孟子曰：‘自卿以下必有圭田，圭田五十亩。’”圭田既是仕田，则“卿以下”通大夫士而言，即载师之士田也。毛诗小雅天保篇“吉蠲为饎”，传云：“蠲，絜也。”秋官蜡氏“凡国之大祭祀，令州里除不蠲”，注云：“蠲，读为‘吉圭惟饎’之圭，圭，洁也。”仪礼士虞礼记云“圭为而哀荐之飨”，注亦云：“圭，洁也。诗曰：‘吉圭为饎。’”吕氏春秋尊师篇云“必蠲絜”，高诱注云：“蠲读曰圭。”是圭之义为絜也。礼记王制云“夫圭田无征”，注云：“夫，犹治也。征，税也。孟子曰：‘卿以下必有圭田。’治圭田者不税，所以厚贤也。此则周礼之士田，以任近郊之地税什一。”孔氏正义云：“圭，洁也。言德行洁白也。而与之田。殷所不税者，殷政宽厚，重贤人；周则税之。”士以洁白而升，则与以圭田，使供祭祀；若以不洁白而黜，则收其田里，故士无田则不祭，有田以表其洁，无田以罚其不洁也。说文田部云：“畦，田五十亩曰畦。从田，圭声。”段氏玉裁说文解字注云：“离骚〔一〕‘畦留夷与揭车’，王逸注：‘五十亩曰畦。’蜀都赋刘注云：‘楚辞倚沼畦瀛，王逸云：瀛，泽中也。班固以为畦田五十亩也。’孟子曰：‘圭田五十亩。’然则畦从圭田，会意兼形声与？”孙氏兰舆地隅说云：“孟子‘圭田’，或以圭训洁，非也。九章方田有圭田求广从法，有直田截圭田法，有圭田截小截大法，凡零星不成井之田，一以圭法量之。圭者，合二句股之形。井田之外有圭田，明系零星不井者也。”此上二说，与赵氏异。按郑司农以士田为士大夫之子所耕，荀子王制篇云：“虽王公士大夫之子孙，不能属于礼义，则归之庶人。”然则士大夫之子孙，其不能嗣为士大夫者，即授之田，正与余夫一例。若然，则圭田不以洁取义，正指不能成井者而言。不能成井，则以五十亩为一畦。畦之数，又即由圭形而称焉者也。史记货殖传云“千畦姜韭”，集解引徐广云：“一畦二十五亩。”文选注引刘熙注“病于夏畦”云：“今俗以二十五亩为小畦，以五十亩为大畦。”然则余夫二十五亩，亦即蒙上圭田而言。○注“余夫”至“制也”○正义曰：宣公十五年公羊传注云：“多于五口，名曰余夫，以率受田二十五亩。”此赵氏义也。多于五口，则不拘何人，故赵氏兼言老少也。汉书食货志云：“民受田，上田夫百亩，中田夫二百亩，下田夫三百亩。岁耕种者为不易上田，休一岁者为一易中田，休二岁者为再易下田，三岁更耕之，自爰其处。农民户人已受田，其家众男为余夫，亦以口受田如比。士工商家受田，五口乃当农夫一人。”此云如比，则如一夫百亩之例，与孟子“余夫二十五亩”之余夫不同。地官遂人：“辨其野之土，上地中地下地，以颁田里：上地夫一廛，田百亩，莱五十亩；余夫亦如之。中地夫一廛，田百亩，莱百亩；余夫亦如之。下地夫一廛，田百亩，莱二百亩；余夫亦如之。”注云：“莱，休不耕者。郑司农云：‘户计一夫一妇而赋之田，其一户有数口者，余夫亦受此田也。廛，居也。扬子云有田一廛，谓百亩之居也。’”后郑此处不注，而注

〔一〕“离骚”二字原脱，据说文段注补。

于载师云："余夫在遂地之中如比，则士工商以事入在官，而余夫以力出耕公邑。"贾氏疏云："六乡七万五千家，家以七夫为计，余子弟多，三十壮有室，其合受地，亦与正夫同。孟子云：'圭田五十亩，余夫二十五亩。'彼余夫与正夫不同者，彼余夫是年〔一〕二十九已下未有妻，受口田，故二十五亩。若三十有妻，则受夫田百亩。故郑注内则云：'三十受田，给征役。'士与工商之家，丈夫成人，受田各受一夫，则云半农夫者是也。其家内无丈夫，其余家口，不得如成人，故五口乃当农夫一人。百里内置六乡，以九等受地，皆以一夫为计，其地则尽。至于余夫无地可受，则六乡余夫等，并出耕在遂地之中，百里之外，其六遂之余夫，并亦在遂地之中受田矣。"如是则遂人之余夫，不同于孟子之余夫，乃赵氏引周礼遂人余夫以证孟子，则是以遂人所云"余夫亦如之"，即此"余夫二十五亩"之余夫也。彼注者，因上言"夫一廛，田百亩"，下言"余夫亦如之"，故以为此三十授田之余夫，所授亦如一夫之百亩。赵氏解遂人，谓一夫所受田莱多少有上中下，余夫亦如上中下之等，非亦如百亩也。陈祥道礼书云："先王之于民，受地虽均百亩，然其子弟之众，或食不足而力有余，则又以余夫任之。此载芟诗所谓'侯强'、周礼所谓'以强予任甿'者也。然余夫之田不过二十五亩，以其家既受田百亩，而又以百亩予之，则彼力有所不逮矣。故其田四分农夫之一而已。上地田二十五亩，莱半之；中地二十五亩，莱亦二十五亩；下地二十五亩，莱五十亩。所谓如之者，如田莱之多寡而已，非谓余夫亦受百亩之田如正农夫也。"此得赵氏义矣。○注"王制"至"道也"○正义曰：赵氏佑温故录云："王制'夫圭田无征'，注云云。依郑注，则王制夫字直下读，而夫之训治，既少证佐。依赵注，则以夫为余夫，当读夫字断，与圭田为二事。而余夫独省去余字，以何明之？或读夫音扶，则本文上承'古者，公田藉而不税，市廛而不税，关讥而不征，林麓川泽，以时入而不禁'，皆以次衔接，不应别用助辞。今按周礼每言夫受田征税，皆必计夫为率，故有'夫家之征'，注谓'夫税家税'。夫税者，百亩之税；家税者，出士徒车辇给繇役。考工记匠人注云：'载师职云：园廛二十而一，近郊十一，远郊二十而三，甸、稍、县、都皆无过十二。谓田税也，皆就夫税之近轻远重耳。'下即引孟子此章文。云：'以载师职及司

〔一〕"年"字原脱，据周礼贾疏补。

马法论之，则周制畿内用夏之贡法，税夫无公田；以诗、春秋、论语、孟子论之，周制邦国用殷之助法，制公田不税夫也。'则此圭田在畿内，当税夫而谓无征，正言圭田不税夫，倒夫字于句上也。盖井田计夫，亩百为夫；圭田半之，不合计夫，故不税夫，以优恤卿士之子孙，使得专力于祭祀也。是王制原可作夫字一句读，与上市、关等一例，不必训治，更无余夫在内。余夫二十五亩，又半于圭田，其人老弱，或当亦不计夫。"**死徙无出乡，**【注】死，谓葬死也。徙，谓爰土易居，平肥硗也。不出其乡，易为功也。【疏】注"死谓"至"功也"○正义曰：荀子礼论云："死，人之终也。夫厚其生而薄其死，是敬其有知而慢其无知也。"此但云死，则送死也。送死，惟葬则有出乡不出乡之别，故云葬死也。周书大聚解云："坟墓相连，民乃有亲。"是也。阮氏元校勘记云："'谓受土易居也肥硗也'，闽、监、毛三本如此。廖本、孔本、韩本受作'爰'，上也字作'平'。作爰作平是。爰土，即国语之辕田。贾侍中云：'辕，易也。为易田之法。'左传作'爰田'，食货志云：'三岁更耕之，自爰其处。'公羊传注云：'三年一换土易居。'然则爰者，换也。平肥硗者，谓一易之地家百亩，再易之地家二百亩，三易之地家三百亩，无偏枯不均也。"按"晋于是作爰田"，见僖公十五年左传，孔疏引服虔、孔晁皆云："爰，易也。"赏众以田，易其疆畔，易亦换也。古爰音与换近，故畔换即畔援也。说文走部云："趄，田易居也。"段氏玉裁说文解字注云："周礼大司徒：'不易之地家百亩，一易之地家二百亩，再易之地家三百亩。'大郑云：'不易之地，岁种之，美，故家百亩。一易之地，休一岁乃复，地薄，故家二百亩。再易之地，休二岁乃复种，故家三百亩。'遂人：'辨其野之土上地中地下地，以颁田里：上地夫一廛，田百亩，莱五十亩。中地夫一廛，田百亩，莱百亩。下地夫一廛，田百亩，莱二百亩。'注：'莱，谓休不耕者。'公羊何注云：'司空谨别田之高下美恶，分为三品：上田，一岁一垦；中田，二岁一垦；下田，三岁一垦。肥饶不得独乐，硗埆不得独苦，故三年一换主易居，财均力平。'汉书食货志云：'民受田，上田夫百亩，中田夫二百亩，下田夫三百亩。岁耕种者为不易上田，休一岁者为一易中田，休二岁者为再易下田，三岁更耕，自爰其处。'地理志云'秦孝公用商君制辕田'，张晏云：'周制三年一易，以同美恶。商鞅始割列田地，开立阡陌，令民各有常制。'孟康云：'三年爰土易居，古制也。末世浸废。商鞅相秦，复立爰田。上田不易，中田一易，下田再易，爰自在其田，不复易居也。'按何云'换主易居'，班云'更耕自爰其处'，赵云'爰土易居'，许云'趄田易居'，爰、辕、趄、换四字音义同也。古者每岁易其所耕，则田庐皆易。云三年者，三年而上中下田遍焉，三年后一年仍耕上田，故曰自爰其处。孟康说古制易居为爰田，商鞅自在其田不复易居为辕田，名同实异，孟说是也。依孟，则商鞅田分上中下而少多之，得上田者百亩，得中田者二百亩，得下田者三百亩，不令得田者彼此相易。其得中田二百亩者，每年耕百亩，二年而遍。得下田三百亩者，亦每年耕百亩，三年而遍。故曰上田不易，中田一易，下田再易，爰自在其田，不复易居。周礼之制，得三等田者，彼此相易，今年耕上田百亩，明年耕中田二百亩之百亩，又明年耕下田三百亩之百亩，又明年仍耕上田之百亩，如是乃得有休一岁休二岁之法，故曰三岁更耕，自爰其处。与商鞅法虽异而实同也。鞅之害民，在开阡陌。"**乡田同井，出入相友，守望相助，疾病相扶持，则百姓亲睦。**【注】同乡之田，共井之家，各相营劳也。出入相友，相友耦也。周礼太宰曰："八曰友，以任得民。"守望相助，助察奸也。疾病相扶持，扶持其羸弱，救其困急，皆所以教民相亲睦之道。睦，和也。【疏】注"同乡"至"和也"○正义曰：说文䣈部云："鄉，国离邑，民所封乡[一]也。啬夫别治。从䣈，皀声。封圻之内六乡，六卿治之。"段氏玉裁说文解字注云："离邑，如言离宫别馆。国与邑，名可互称。析言之，则国大邑小，一国中离析为若干邑。封，犹域也。所封，谓民域其中。所乡，谓归往也。"刘熙释名释州国云："乡，向也。众所向也。"以同音为训也。啬夫别治，言汉制。六乡六卿治之，谓周礼。按此分别乡之名甚析，畿内六乡，别乎六遂都鄙而言，此乡之专名也。凡民所向往，国之别邑，皆谓之乡，此乡之通名也。逸周书大聚解云："以国为邑，以邑为乡，以乡为闾，祸灾相恤，资丧比服；合闾立教，以威为长；合族同亲，以敬为长；饮食相约，兴弹相庸；耦耕曰耘，男女有婚；坟墓相连，民乃有亲。"孟子此文略同。同乡之田，即同国同邑之谓，非专指六乡也。韩诗外传云："古者八家而井，田方里而为井，广三百步，长三百

〔一〕"乡"字原脱，据说文补。

步，一里其田九百亩。八家为邻，家得百亩，余夫各得二十五亩。家为公田十亩，余二十亩，共为庐舍，各得二亩半。八家相保，出入更守，疾病相忧，患难相救，有无相贷，饮食相召，嫁娶相谋，渔猎分得，仁恩施行，是以其民和亲而相好。"此本孟子而衍之。共井之人，即此八家为邻之谓也。吕氏春秋辨土篇云："所谓今之耕也，营而无获者。"广雅释地云："营，耕也。"尔雅释诂云："劳，勤也。"各相营劳，谓各耕治其田而各尽其勤苦也。周礼天官大宰："以九两系邦国之民，八曰友，以任得民。"注云："友，谓同井相合耦耡作者。"引孟子此文。赵氏以耦释友，故引大宰职证之。说文又部云："同志为友。"淮南子时则训云"令农计耦耕事"，高诱注云："耦，合也。"农夫同志合耕，亦是友也。广雅释诂云："望，候覗也。"覗同伺，一切经音义引字林云："伺，候也，察也。"伺亦通作司，秋官禁杀戮"掌司斩杀戮者"，注云："司，察也。"是也。故赵氏解"守望相助"云"助察奸恶"，以察释望也。楚辞招魂云"天地四方，多贼奸些"，淮南子氾论训"奸符节"，高诱注云："奸私，亦盗也。"是奸指盗贼而言。守者，防备所已知。望者，伺察所未形。守之义易明，故略之，专言察。伺察之，又戒备之，言察而守在矣。鬼谷子捭阖篇云："是故望人一守司其门户，审察其所先后。"守司即守望。上兼言守司，而以审察自解之，则审察明司，亦兼明守矣。汉书食货志引孟子云："出入相友，守望相助，疾病相救，民是以和睦，而教化齐同，力役生产，可得而平也。"以救字代扶持，方言云："扶，护也。"护亦救也。荀子荣辱篇云"以相群居，以相持养"，注云："持养，保养也。"扶、持二字义同。人有疾病，则羸弱困急，保养之，即救护之矣。凡此皆由有以教化之本，食货志言之。志言"民是以和睦"，是睦即和也。**方里而井，井九百亩，其中为公田，八家皆私百亩，同养公田，公事毕，然后敢治私事，所以别野人也。**【注】方一里者，九百亩之地也，为一井。八家各私得百亩，同共养其公田之苗稼。公田八十亩，其余二十亩，以为庐井宅园圃，家二亩半也。先公后私，"遂及我私"之义也。则是野人之事，所以别于士伍者也。【疏】注"方一"至"伍者也"〇正义曰：方者，开方也。方一里，谓纵横皆一里。画为九，则积九百亩者，其方三百亩也。其形如井字，故为一井也。或云：方是法，不是形。古九数，一曰方田。若其田本方，安用算。

山水之性，皆以曲而善走，即广野平畴，其脉必自山出。大约中出者必中高，边出者必边高，断无百十里直如绳、平如砥者。孟子方里云云，亦举一方者以为例耳。阮氏元校勘记云："'以为庐井宅园圃家一亩半也'，闽、监、毛三本同，廖本、孔本、韩本、考文古本无'井'字，一作'二'。按[一]无'井'字非也。穀梁传云：'古者公田为居，井灶葱韭取焉。'一作'二'，是也。此二亩半合城保二亩半，是为五亩之宅。"彻法九夫为井，则每家受田一顷一十二亩半，税其一十二亩半，是九分取一也，无所为公私也。助法八家皆私百亩，同养公田，则每以二亩半为庐井宅园圃，余八十亩，八家同养。是八百八十亩税其八十亩，名为九一，实乃什一分之一也。此助法所以善也。惟是公私之田既分，而先后之期乃定也。野人，谓都鄙之人。国语齐语云"罢士无伍"，注云："无行曰罢。无伍，无与为伍也。"然则士伍犹云士列也，即谓食禄之君子。公田，君子所食，先之；私田，野人所食，后之：是别野人于君子也。又地官小司徒："乃会万民之卒伍而用之：五人为伍，五伍为两，四两为卒，五卒为旅，五旅为师，五师为军。"尚书费誓云："鲁人三郊三遂。"孔氏正义云："天子六军，出自六乡。"则诸侯大国三军，亦当出自三乡也。周礼又云："万二千五百人为遂。"遂人职云："以岁时稽其人民，简其兵器，以起征役。"则六遂亦当出六军，乡为正，遂为副也。设百里之国，去国十里为郊，则诸侯之制，亦当乡在郊内，遂在郊外。然则军伍属乡郊。毛诗小雅采芑传云："宣王能新美天下之士。"笺云："士，军士也。"荀子王制篇云："故王者富民，霸者富士。"注云："士，卒伍也。"则士伍指乡遂之人，乡遂什一自赋，无公田私田之分，则无先公后私之法，是别都鄙之人于乡遂之人也。二者未知孰是。校勘记云："韩本、考文古本伍作'位'。"

此其大略也。若夫润泽之，则在君与子矣。"【注】略，要也。其井田之大要如是。而加慈惠润泽之，则在滕君与子，共戮力抚循之也。

【疏】注"略要"至"如是"○正义曰：淮南子本经训云"其言略而循理"，高诱注云："略，约要也。"约之义为要，略、约音近义通也。○注"而加"至"循之也"○正义曰：风俗通山泽篇云："泽者，言其润泽万物，以阜民用也。"井田大

〔一〕"按"字原脱，据阮氏校勘记补。

要如是。此法也，若无慈惠之心行之，则法虽立，而民仍不被其泽。荀子富国篇云："垂事养民，拊循之，唲呕之。"注云："拊与抚同。抚循，慰悦之也。"无井田之法，而徒抚循唲呕之，则为小惠；井田之法立，而无抚循慈惠之意，则法亦槁馁而无光泽，所谓有治人无治法也。注"而加慈惠润泽之"，孔本无"而"字。

章指言：尊贤师，知采人之善，善之至也。修学校，劝礼义，敕民事，正经界，均井田，赋什一，则为国之大本也。【疏】"知采人之善"○正义曰：史记太史公自序云："春秋采善贬恶。"又礼书云："悉内六国礼仪，采择其善。"韩本无"善之至也"四字。

孟子正义卷十一

4　**有为神农之言者许行，自楚之滕，踵门而告文公曰："远方之人，闻君行仁政，愿受一廛而为氓。"**【注】神农，三皇之君，炎帝神农氏也。许，姓。行，名也。治为神农之道者。踵，至也。廛，居也。自称远方之人愿为氓。氓，野人之称。【疏】注"神农"至"之称"○正义曰：以神农氏为三皇者，白虎通号篇云："三皇者，何谓也，谓伏羲、神农、燧人也。或曰：伏羲、神农、祝融也。"按易系辞传首称伏羲，次神农，次黄帝，尧舜并称，淮南子以伏羲、神农为"泰古二皇"是也。女娲、祝融，孔子所未言，何足以配羲农哉？汉书艺文志云："农家者流，神农二十篇，六国时诸子疾时怠于农业，道耕农事，托之神农。"颜师古云："刘向别录云：'疑李悝及商君所说。'"商子画策篇云："神农之世，公耕而食，妇织而衣，刑政不用而治。"吕氏春秋爱类篇云："神农之教曰：士有当年而不耕者，则天下或受其饥矣。女有当年而不绩者，则天下或受其寒矣。故身亲耕，妻亲绩，所以见致民利也。"神农之教，即所谓神农之言也。太平御览皇王部引尸子云："神农氏夫负妻戴，以治天下。尧曰：朕之比神农，犹旦之与昏也。"北堂书钞帝王部引尸子云："神农氏并耕而食，以劝农也。"尸佼，鲁人，其书属杂家，商鞅师之，其言"并耕而治"，与许行同。许行之学，盖出于尸佼。吕氏春秋审时篇"夫稼为之者人也"，高诱注云："为，治也。"礼记大学篇"道学也"，注云："道，言也。"是为神农之言即治神农之道也。古之人民，食鸟兽蠃蛖之肉，多疾病毒伤之害，故神农因天时，分地利，制耒耜，教民播种五谷，久而耒耨之利，民皆粒食。黄帝、尧、舜，垂衣裳而天下治，通变神化，定尊卑，辨上下，为万世法，故孟子言必称尧舜。尸、商之徒，仍托神农之言，以惑天下；许行从而衍之，犹墨者之于翟耳。国策齐策“军重踵高宛”，高诱注云：“踵，至也。”毛诗“胡取禾三百廛兮”，传云：“一夫之居曰廛。”是廛即居也。氓与甿同，周礼地官遂人“凡治野，以下剂治甿”云云，注云：“变民言甿，异外内也。甿犹懵，懵，无知貌也。”贾氏疏云：“大司徒、小司徒主六乡，皆云民不言甿。此变民言甿，直是异内外而已。”然则乡遂称民，都鄙称甿，甿属都鄙，故为野人。国策秦策云“而不忧民氓”，淮南子修务训云“以宽民氓”，高诱注皆云：“野民曰氓。”史记三王世家索隐出“边甿”，云：“三苍云边人云甿。”边人亦即都鄙之民也。

文公与之处，其徒数十人，皆衣褐，捆屦织席以为食。【注】文公与之居处，舍之宅也。其徒，学其业者也。衣褐，贫也。捆，犹叩椓也。织屦欲使坚，故叩之也。卖屦席以供食饮也。【疏】注“文公与之居处舍之宅也”〇正义曰：吕氏春秋功名篇云“故民无常处”，高诱注云：“处，居也。”文公与之处即文公与之居，故以居解处。毛诗羔裘笺云：“舍，犹处也。”尔雅释言云：“宅，居也。”荀子王制篇云：“定廛宅。”赵氏既以居释宅，仍以其意未明，故又以舍之宅申明之，谓与之居处者，止舍之以廛宅也。〇注“捆犹”至“叩之也”〇正义曰：音义出“捆屦”，云：“丁音阃，案许叔重曰：‘捆，织也。’埤仓曰：‘捆，儆也。’从扌。从木者误也。张作‘裍’，音同。”又出“叩椓”，云：“丁音卓，击也。从扌旁豖。”此所引许说盖淮南子注。淮南子修务训云：“蔡之幼女，卫之稚质，捆纂组。”高诱注云：“捆，叩椓。纂，织〔一〕。组，邪文。如今之绶，没黑见赤，亦其巧也。”谓织组而叩椓之也。毛诗大雅“室家之壶”，笺云：“壶之言捆也，室家先以相捆致。”孔氏正义云：“捆逼而密致。”儆即致。叩之使坚，坚亦致也。高注淮南同于许，赵注孟子同于高矣。捆屦织席，何以为食，知其卖之以供饮食也。

陈良之徒陈相，与其弟辛，负耒耜，而自宋之滕，曰：“闻君行圣人之政，是亦圣人也。愿为圣人氓。”【注】陈良，

〔一〕“织”字原脱，据淮南子高注补。

儒者也。陈相，良之门徒也。辛，相弟。圣人之政，谓仁政也。

陈相见许行而大悦，尽弃其学而学焉。【注】弃陈良之儒道，更学许行、神农之道也。【疏】注"弃陈良之儒道"○正义曰：汉书艺文志云："儒家者流，游文于六经之中，留意于仁义之际，祖述尧舜，宪章文武，宗师仲尼，以重其言，于道为最高。"荀子儒效篇："言大儒之效，首推周公；其对秦昭王，则以仲尼为归。"陈良悦周公、仲尼之道，是儒家者流也。

陈相见孟子，道许行之言曰："滕君则诚贤君也。虽然，未闻道也。【注】陈相言许行以为滕君未达至道也。**贤者与民并耕而食，饔飧而治。今也滕有仓廪府库，则是厉民而以自养也，恶得贤？"**【注】相言许子以为古贤君当与民并耕而各自食其力。饔飧，熟食也。朝曰饔，夕曰飧。当身自具其食，兼治民事耳。今滕赋税有仓廪府库之富，是为厉病其民，以自奉养，安得为贤君乎。三皇之时，质朴无事，故道若此也。【疏】注"饔飧"至"事耳"○正义曰：说文食部云："饔，孰食也。""飧，餔也。从夕食。""餔，申时食也。"段氏玉裁说文解字注云："小雅传云'孰食曰饔'，魏风传云'孰食曰飧'，然则饔、飧皆谓孰食，分别之则谓朝食夕食，许于饔不言朝，于飧不言孰，互文错见也。赵注孟子曰：'朝食曰饔，夕曰飧。'此析言之。公羊传'赵盾食鱼飧'，左传'僖负羁馈盘飧，赵衰以壶飧从'，皆不必夕时，浑言之也。司仪注云：'小礼曰飧，大礼曰饔饩。'掌客：'上公飧五牢，饔饩九牢；侯伯飧四牢，饔饩七牢；子男飧三牢，饔饩五牢。'此饔飧与常食不同，且多腥，不皆孰食。"王氏念孙广雅疏证云："释器：'孰食谓之馂饔。'馂读若飧。小雅祈父篇'有母之尸饔'，毛传云：'孰食曰饔。'大东篇'有[一]饛簋飧'，传云：'飧，熟食也。'合言之则曰飧饔，周礼外饔云'宾客之飧饔飧食之事'是也。昭二十五年公羊传'馂饔未就'，何休注云：'馂，熟食。饔，熟肉。'馂饔即飧饔。淮南子道应训'釐负羁遗之壶馂而加璧焉'，壶馂即壶飧，是飧、馂古通用。倒言之则曰饔飧，孟子滕文公篇'饔飧而治'是也。"○

〔一〕"有"原误"可"，据毛诗改。

注"是为"至"君乎"○正义曰:毛诗大雅思齐篇"烈假不瑕",笺读烈为厉,云:"厉,病也。"论语子张篇云"信而后劳其民,未信则以为厉己也",王肃云:"厉,病也。"此厉民,正论语所云"厉己",故以病释之也。昭公六年左传云"奉之以仁",注云:"奉,养也。"说文食部云:"养,供养也。"周书谥法"敬事供上曰恭",注云:"供,奉也。"是养为奉养也。上云"滕君则诚贤君",此又云"恶得贤",贤即指上贤君。恶之言安也。

孟子曰:"许子必种粟而后食乎?"【注】问许子必自身种粟,乃食之邪。**曰:"然。"**【注】相曰然,许子自种之。

"许子必织布而后衣乎?"【注】孟子曰,许子自织布然后衣之乎。

曰:"否,许子衣褐。"【注】相曰,不自织布,许子衣褐。以毳织之,若今马衣者也。或曰:褐,枲衣也。一曰:粗布衣也。【疏】注"以毳"至"衣也"○正义曰:周礼春官司服郑司农注云:"毳,罽衣也。"天官掌皮"共其毳毛为毡",注云:"毳毛,毛细缛者。"淮南子览冥训云"短褐不完",注云:"短褐,处器物之人也。褐,毛布,如今之马衣也。"定公八年左传云"侵齐,攻廪丘之郛,主人焚冲,或濡马褐以救之",注云:"马褐,马衣。"说文衣部云:"褐,编枲袜,一曰粗衣。"赵氏云马衣,本左传及高注也。云枲衣,本说文"编枲袜"也。云粗布衣,本说文"粗衣"也。段氏玉裁说文解字注云:"取未绩之麻,编之为足衣,如今草鞋之类。枲衣,亦谓编枲为衣。"按说文云"编枲袜",此云"衣褐",非袜,故赵氏不言袜但言衣也。任氏大椿深衣释例云:"说文:'褐,编枲袜。一曰粗衣。'急就篇'靸鞮卬角褐袜巾',注:'褐毛为衣,或曰麤衣也。'按诗七月笺、孟子注、急就篇注并以褐为毛布,孟子注又以褐为编枲衣,又以褐为粗布衣。淮南子齐物训注:'楚人谓袍为短褐大布。'潘岳籍田赋'被褐振裾',注:'褐,粗布也。'然则褐一衣耳,而毛枲布各异。说文曰'粗衣',盖统毛枲布而言之也。诗七月'无衣无褐',笺云:'贵者无衣,贱衣无褐。'则别褐于衣。史记刘敬曰'臣衣褐,衣褐见;衣帛,衣帛见',则别褐于帛,即说文所云'粗衣'也。褐为粗衣,又为短衣,晏子谏上篇:'百姓老弱冻寒,不得短褐而欲窃。'荀子大略篇'衣则竖褐不完',注:'竖褐,童竖之褐,亦短褐也。'淮南子齐俗训:'必有菅屩跐踦短褐不完者。'览冥训:'霜雪亟集,短褐不完。'新序:'无盐乃拂短褐,自请宣王。'史记秦始皇帝纪'夫寒者利短褐',索隐曰:'谓褐布竖裁为劳役之衣,短而且狭,故谓之短褐,亦曰监褐。'凡此言褐者,必曰短褐。师古贡禹传注以褐为布长襦,演繁露又以褐为'裾垂至地',岂褐之长短,亦有古今之异与?"

"许子冠乎?"【注】孟子问相。

曰:"冠。"【注】相曰冠也。

曰:"奚冠?"【注】孟子问许子何冠也。

曰:"冠素。"【注】相曰许子冠素。

曰:"自织之与?"【注】孟子曰许子自织素与。

曰:"否。以粟易之。"【注】相言许子以粟易素。

曰:"许子奚为不自织?"【注】孟子曰许子何为不自织素乎。

曰:"害于耕。"【注】相曰,织妨害于耕,故不自织也。【疏】注"织妨害于耕"○正义曰:阮氏元校勘记云:"'织纺害于耕',闽、监、毛三本、孔本、韩本同,廖本纺作'妨'。按作'妨'是也。"说文女部云:"妨,害也。"故以妨释害。

曰:"许子以釜甑爨,以铁耕乎?"【注】爨,炊也。孟子曰,许子宁以釜甑炊食,以铁为犁用之耕否邪。【疏】注"爨炊也"○正义曰:说文火部云:"炊,爨也。"又爨部云:"爨,齐谓炊爨。"段氏玉裁说文解字注云:"齐谓炊爨者,齐人谓炊曰爨。古言谓则不言曰,如毛传'妇人谓嫁归'是也。特牲、少牢礼注皆曰:'爨,灶也。'此因爨必于灶,故谓灶为爨。楚茨传云:'爨,雍爨、廪爨也。'此谓灶。又曰:'踖踖,爨灶有容也。'此谓炊。"按此言以釜甑爨,釜甑作灶,则爨不得又为灶,故是炊矣。说文牛部云:"犁,耕也。"段氏玉裁说文解字注云:"犁、耕二字互训。"皆谓田器,故云以铁为犁。爨本灶名,用以炊,即以炊为爨;犹犁本田器,用以耕,即以耕为犁也。

曰:"然。"【注】相曰用之。

"自为之与?"【注】孟子曰许子自冶铁陶瓦器邪。【疏】注"冶铁陶瓦器”○正义曰：考工记：“㮚氏为量，改煎金锡则不耗，量之以为鬴，深尺，内方尺而圜其外，其实一鬴。”说文鬲部云：“鬴，鍑属也。”重文：“釜，或从父，金声。”是釜属金冶为之也，故云冶铁。考工记：“陶人为甗，实二鬴，厚半寸，唇寸。甑实二鬴，厚半寸，唇寸，七穿。”郑司农云：“甗，无底甑。”说文瓦部云：“甑，甗也。”“甗，甑也。一穿。”段氏玉裁说文解字注云：“无底，即所谓一穿。盖甑七穿而小，甗一穿而大。一穿而大，则无底矣。”“其底七穿，故必以箅蔽甑底，而加米其上而馈之，而馏之。”甑属瓦陶为之也，故云陶瓦器。按古釜有足如鼎，今釜无足，别以土为垆承其下，说文言“秦名土釜曰鬲”是也。鬲读若过，今俗作“锅”。然土其下仍铁其上，俗犹呼其上之铁为锅，其下土为锅台耳。甑今以木为之，其下亦以木为椂，则七穿之遗制矣。或以竹为之，俗呼蒸笼，亦甑之类也。

曰：“否，以粟易之。”【注】相曰，不自作铁瓦，以粟易之也。

“以粟易械器者，不为厉陶冶；陶冶亦以其械器易粟者，岂为厉农夫哉？且许子何不为陶冶，舍皆取诸其宫中而用之，何为纷纷然与百工交易，何许子之不惮烦？”【注】械，器之总名也。厉，病也。以粟易器，不病陶冶；陶冶亦何以为病农夫乎。且许子何为不自陶冶。舍者，止也。止不肯皆自取之其宫宅中而用之，何为反与百工交易，纷纷为烦也。【疏】注“械器之总名也”○正义曰：说文木部云：“械，桎梏也。一曰器之总名。”桎梏为刑罚之器。庄三十二年公羊传以攻守之器为械，而实非桎梏兵甲之专名，故荀子王制篇言“丧祭械用”，礼记王制云“器械异制”，注云：“谓作务之用。”孟子此文，又指釜甑耕犁而言，是凡器皆得称械，故云器之总名也。○注“舍者止也”至“用之”○正义曰：舍为居止之止，此为禁止之止，故又申解止为不肯。尔雅释宫云：“宫谓之室，室谓之宫。”邵氏晋涵正义云：“春秋隐五年：‘考仲子之宫。’穀梁文十三年传云：‘伯禽曰大〔一〕室，群公曰宫。’是宫庙通称宫室也。左氏庄二十一年传云：‘虢公为王宫于玤。’鄘诗：‘定之方中，作于楚宫。’又云：‘作于楚室。’是天子诸侯所居通称

〔一〕“大”原误“世”，据穀梁传改。

宫室也。左氏僖二十八年传云：'令无入僖负羁之宫。'檀弓云：'季武子成寝，杜氏之丧在西阶之下，请合葬焉。许之，入宫而不敢哭。'是大夫通称宫室也。士昏礼云：'请吾子之就宫。'丧服传云：'所适者，以其货财为之筑宫庙。'大戴礼千乘篇云：'百姓不安其居，不乐其宫。'是士庶人通称宫室也。释文云：'古者贵贱同称宫，秦汉以来，惟王者所居称宫焉。'"按宫是贵贱通称，此许行所居即廛宅，故以宅解宫也。毛氏奇龄四书賸言云："舍皆取诸其宫中而用之，舍，止也。言止取宫中，不须外求也。赵注舍止，又以不肯为止，谓不肯皆自取宫室之中，则犹是止字而解又不同。"

曰："百工之事，固不可耕且为也。"【注】相曰，百工之事，固不可耕且为，故交易也。

"然则治天下独可耕且为与？【注】孟子言百工各为其事，尚不可得耕且兼之；人君自天子以下，当治天下政事，此反可得耕且为邪。欲以穷许行之非滕君不亲耕也。孟子谓五帝以来，有礼义上下之事，不可复若三皇之道也。言许子不知礼也。**有大人之事，有小人之事。且一人之身而百工之所为备，如必自为而后用之，是率天下而路也。**【注】孟子言人道自有大人之事，谓人君行教化也。小人之事，谓农工商也。一人而备百工之所作，作之乃得用之者，是率导天下之人以羸路也。【疏】注"一人而备百工之所作"○正义曰：尔雅释言云："作，为也。"诸经注或以为释作，或以作释为，二字转注。此以百工之所作解百工之所为，以备字倒加句上，明为字断，不与备字连也。作之乃得用之解自为而后用之，作即为也。荀子富国篇云："故百技所成，所以养一人也。而能不能兼技，人不能兼官。"○注"是率导"至"路也"○正义曰：礼记中庸云："率性之谓道。"管子君臣篇云："道也者，上之所以导民也。"道为导，而以率性解之，是率即导也。音义出"路也"，云："丁、张并云：'路与露同。'"又出"羸路"，云："力为切，字亦作'羸'，郎果切。"各本作"是率天下之人以羸困之路也"。阮氏元校勘记云："音义出'羸路'，云：'字亦作羸。'则宣公所见本无'困之'二字。路与露古通用。露羸见于古书者多矣。大雅'串夷载路'，郑笺以瘠释路，俗人乃改瘠为应，此添'困之'二字，其谬同也。力为切，瘦也。羸路，谓瘦瘠暴露也。音义前说是，亦作者非。”翟氏灏考异云：“赵注谓‘导人羸困之路’，丁、张觉其未安，而欲改字为露。不若奔走道路为得，管子四时篇云‘不知五谷之故，国家乃路’，房氏注曰：‘路谓失其常居。’可为此路字之证。”**故曰或劳心，或劳力。劳心者治人，劳力者治于人；治于人者食人，治人者食于人：天下之通义也。**【注】劳心者，君也。劳力者，民也。君施教以治理之，民竭力治公田以奉养其上，天下通义，所常行也。【疏】“故曰”至“义也”○正义曰：襄公九年左传知武子云：“君子劳心，小人劳力，先王之制也。”国语鲁语公父文伯之母云：“君子劳心，小人劳力，先王之训也。”是劳心劳力，古有此法。孟子上言大人小人，此云或劳心，即君子劳心也。云或劳力，即小人劳力也。以先王之法，是以加“故曰”二字。“劳心者治人”以下，则孟子申上之辞也。○注“君施”至“其上”○正义曰：荀子修身篇云“少而理曰治”，淮南子说山训云“幸善食之而勿苦”，注云：“食，养也。”前章言“无君子莫治野人，无野人莫养君子”，此云“劳心者治人，治人者食于人”，即君子治野人也。此云“劳力者治于人，治于人者食人”，即野人养君子也。彼云养云食，正是食即是养，故以理释治，而以奉养释食。施教化以治理之，即使之同乡共井，相友相助相扶持以亲睦也。民竭力治公田，则八家同养公田，公事毕，然后敢治私事也。战国时诸侯卿大夫，但知多取于民，故不乐分别公私之界，不知助法行，则先公后私之分定，而君子野人之辨明，不特小人之利，正君子之福也。许行以孟子分别尊卑贵贱，持其并耕之说，同君子于小人，思有以破之，故孟子复引先王劳心劳力之辨，以申明君子治野人、野人养君子之义。义而通，非一人之私言矣，故云所常行者也。**当尧之时，天下犹未平，洪水横流，泛滥于天下，草木畅茂，禽兽繁殖，五谷不登，禽兽偪人，兽蹄鸟迹之道交于中国。尧独忧之，举舜而敷治焉。**【注】遭洪水，故天下未平。水盛，故草木畅茂。草木盛，故禽兽繁息众多也。登，升也。五谷不足升用也。猛兽之迹，当在山林，而反交于中国，惧害人，故尧独忧念之。敷，治也。书曰“禹敷土”，治土也。【疏】“当尧之时”○正义曰：孟子举尧舜之事，明通变神化，必法尧舜。神农之言，非其时也。○注“遭洪”至“害人”○正义曰:洪与鸿通。吕氏春秋执一篇“神农以鸿”,高诱注云:“鸿,盛也。”说文水部云:“滥,泛也。”“泛,滥也。”二字转注。以叠韵,故连称之。楚辞九辩云“何泛滥之浮云兮”,注云:“浮云晻翳。”晻翳,云之盛也。史记韩非传云:“泛滥博文,则多而久之。”博,多,说之盛也。刘向九叹忧苦篇云“折锐摧矜,凝泛滥兮”,注云:“泛滥,犹浮沉也。”水盛,故浮沉于中国。经先言天下未平,注先言洪水,明“洪水横流”二句,申上天下犹未平也。凡事纵则顺,横则逆。横行,水逆行也。天下所以未平缘洪水,水所以盛缘逆流,惟逆流则浮沉于天下,而天下所以未平也。毛诗秦风小戎传云:“畅毂,长毂也。”吕氏春秋知度篇“此神农之所以长”,高诱注云:“长,犹盛也。”说文草部云:“茂,草丰盛。”是畅茂为草木之盛也。毛诗“正月繁霜”,传云:“繁,多也。”淮南子氾论训“当市繁之时”高诱注、楚辞离骚“佩缤纷其繁饰兮”王逸注皆云:“繁,众也。”繁通作蕃,周礼地官大司徒“以蕃鸟兽”,注云:“蕃,蕃息也。”国语晋语“恶不殖也”,注云:“殖,蕃也。”鲁语云“所以生殖也”,注云:“殖,长也。”昭公十八年左传云“夫学殖也”,注云:“殖,生长也。”史记孔子世家云“自大贤之息”,索隐云:“息者,生也。”然则繁、殖二字义同,繁殖即繁息,繁息即众多也。隐公五年左传“不升于俎”,服虔注云:“登为升。”是登即升也。尔雅释诂云:“登,成也。”淮南子时则训云“农始升谷”,高诱注云:“升,成也。”其义亦同。吕氏春秋明理篇云“五谷萎败不成”,又贵信篇云“则五种不成”,高诱注并云:“成,熟也。”五谷不登则五谷不成,故登即成。礼记檀弓云“是故竹不成用”,毛诗齐风“仪既成兮”,笺云:“成,犹备也。”成用犹备用,备用犹升用也。郑氏解不成用为不可善用,竹无边縢,则不可善用,犹谷不秀实,则不足升用也。偪,古逼字。尔雅释言云:“逼,迫也。”猛兽与人相迫近则害人,惟害人,故尧独忧念之,谓尧惧其伤害人,故忧念之也。经言禽兽、注单言猛兽者,举兽以见鸟也。见于山海经者,多猛兽,亦多怪鸟矣。尔雅释诂云:“忧,思也。”“念,思也。”是忧亦念也。王氏念孙广雅疏证云:“傅,治也。孟子滕文公篇‘尧独忧之,举舜而敷焉’,赵岐注云:‘敷,治也。’引禹贡‘禹敷土’。敷与傅同,故史记夏本纪作‘傅土’。今本孟子敷下有‘治’字,后人取注义加之也。”按禹贡“禹敷土”,史记集解引马氏注云:“敷,分也。”敷之训布,布,散也。散亦分也。然则敷治即分治。尧一人独忧,不能一人独治,故使舜分治之。下文使益掌火,使禹疏河，舜又使益、禹等分治之也。赵氏以治释敷，则赵本似无“治”字，乃今各本皆无无“治”字者。仪礼丧服传云“故名者，人治之大者也”，注云：“治，犹理也。”淮南子原道训“夫能理三苗”，高诱注云：“理，治也。”二字转注。毛诗小雅“我疆我理”，传云：“理，分地里也。”礼记乐记云“乐者，通伦理者也”，注云：“理，分也。”理之训分，则治之义亦为分。盖赵氏以治释敷，即以理释敷，亦正以分释敷，赵氏注经，每有此例，无碍经之有治字也。**舜使益掌火，益烈山泽而焚之，禽兽逃匿。**【注】掌，主也。主火之官，犹古火正也。烈，炽也。益视山泽草木炽盛者而焚烧之，故禽兽逃匿而远窜也。【疏】注“掌主”至“正也”○正义曰：周礼天官“凌人掌冰”，杜子春读掌冰为主冰，是掌为主也。掌火犹掌冰，故掌火即主火之官。云犹古之火正者，襄公九年左传晋士弱对晋侯曰：“古之火正，或食于心，或食于味，以出内火。陶唐氏之火正阏伯，居商丘，祀大火，而火纪时焉。相土因之，故商主大火。”唐时有此官，盖先使益为之，后命益为虞，阏伯乃代益为火正，其后又相土代之也。说文火部云：“烈，火猛也。”吕氏春秋尽数篇“无以烈味重酒”，高诱注云：“烈，犹酷也。”赵氏以益焚草木乃焚所当焚，不可谓之酷猛。以烈之从火与炽同，尔雅释言：“炽，盛也。”毛诗商颂“如火烈烈”，笺云：“其威势如猛火之炎炽。”是烈可训炽，炽为盛，烈亦为盛，即上所云“草木畅茂”也。故以烈属草木，谓视山泽草木炽盛者，以炽释烈，又以盛释炽也。视山泽为炽，故云炽山泽。犹视以为陋，则云陋之；视以为美，则云美之。此视以为烈，则云烈山泽也。胡氏渭禹贡锥指云：“书言‘刊木’，而孟子云‘舜使益掌火，益烈山泽而焚之’。其说不同。盖刊乃常法，间有深林穷谷，荟蔚蒙茏，斧斤不可胜除者，则以炬空之，殊省人力。”按皋陶谟“随山刊木”，江氏声尚书集注音疏云：“史记夏本纪作‘行山栞木’，又录禹贡‘随山栞木’作‘行山表木’。说文：‘栞，槎识也。’国语鲁语云‘山不槎蘖’，贾逵注云：‘槎，衺斫也。’说文木部亦云：‘槎，衺斫也。’槎识，谓衺斫其木以为表识也。”段氏玉裁说文解字注云：“斫之以为表识，如孙膑斫大树白而书之曰‘庞涓死此树下’，是其意也。”然则刊木自为表识道里，与此焚草木、驱禽兽不同，非孟子异于尚书也。楚辞大招云“魂无逃只”，注云：“逃，窜也。”淮南子说林训云“清则见物之形，弗能匿也”，高诱注云："匿，犹逃也。"说文穴部云："窜，匿也。"三字转注，故以窜释逃匿。逃窜则远去，故加远字也。闽、监、毛三本远窜上多"奔走"二字。**禹疏九河，瀹济、漯而注诸海，决汝、汉，排淮、泗而注之江，然后中国可得而食也。当是时也，禹八年于外，三过其门而不入，虽欲耕得乎？**【注】疏，通也。瀹，治也。排，壅也。于是水害除，故中国之地可得耕而食也。禹勤事于外，八年之中，三过其家门而不得入。书曰："辛壬癸甲，启呱呱而泣，予弗子。"如此宁得耕乎。【疏】"禹疏九河"○正义曰：禹贡："济、河为兖州，九河既道。"又云："导河积石，至于龙门，南至于华阴，东至于底柱，又东至于孟津，东过洛汭，至于大伾，北过洚水，至于大陆，又北播为九河，同为逆河，入于海。"毛诗正义引郑氏注云："河水自上至此，流盛而地平无岸，故能分为九，以衰其势。壅塞，故通利之也。九河之名：徒骇、太史、马颊、覆鬴、胡苏、简絜、钩盘、鬲津，周时齐桓公塞之，同为一河。今河间、弓高以东，至平原、鬲津，往往有其遗处焉。"又云："播，散也。"谢氏身山黄河图说云："水降土升，则河底日低而地日高；水升土降，则河底日高而地日低。凡水过寒凉，则反凝结坚实而成冰；土过寒凉，则反融化柔虚而为尘。黄河之水，出积石之西，寒凉之甚者也。但水虽坚流于众石之间，则不能浊，此积石以西之水所以最清；至积石东，渐遇柔虚之土，所以渐浊。水降土升，随之而去，则沟底渐下。今观底柱以上，地高河低，则水降土升，确然可见；荥阳以下，则水复上升，土复下降，此河底所以日高。在西北寒凉之地，则水反坚实，土反柔虚，此荥武以上所以水降土升也。至东南温暖之地，则水复柔虚，土复坚实，此荥武以下所以水升土降也。且汾、洛、泾、渭之源，皆出西北寒凉之地，故水上容土，土下容水，彼此相混而皆为浊河，此荥武以上所以水降土升也。济、伊、洛、瀍、涧、池、沁之源，皆出东南温暖之地，故水不容土，土不容水，彼此相拒而皆为清河焉，此荥武以下所以水升土降也。夫浊河之水，容土者也。清河之水，不容土者也。清河之水入于浊河之中，则浊河之土必不容于清水之上，自必渐降于下，而河底渐高，以致水行地上，左右冲决也。鲧之治河，绩用弗成，固宜罪之。然九载河事，所行虽错，亦未必非大禹八年于外之一助。盖大禹两世于此，熟悉水土之性，故深以水由地上行为忧，故掘地注海，使水由地中行，又何泛滥冲决之有？而圣人犹忧深虑远，惟恐日后之水升土降，水复行于地上，乃思惟有浚去河底之淤。然黄河之水，万里奔涛，直趋而下，又何能使之暂停于上以取其泥哉？圣人于此，再四踌躕，乃于河外加河，而作逐一递浚之法，遂将一河播为九道，每至夏秋水涸之后，乃以八河通流注海，一河闸断上流之口，使河底之淤尽露，然后浚而去之。则此一河之内无淤塞之泥，因而二河三河以及八九河，复至一二河，轮流更替，一岁必深浚一河，九岁必各浚一次，周而复始，永浚勿废，万载千年，可无患焉。后世不明其意，乃误解之曰，播九河者，杀水势也。是岂知水之势者哉？"○"瀹济漯"○正义曰：禹贡云："导沇水，东流为济，入于河，溢为荥，东出于陶丘北，又东至于菏，又东北会于汶，又北东入于海。"兖州云："浮于济、漯，达于河。"段氏玉裁说文解字注云："泲，沇也。东入于海。从水，𠂔声。四渎之泲字如此。而尚书、周礼、春秋三传、尔雅、史记、风俗通、释名皆作'济'。毛诗邶风有'泲'字，而传云'地名'，则非水也。惟地理志引禹贡、职方作'泲'，然以济南、济阴名郡，志及汉碑皆作'济'，则知汉人皆用'济'，班志、许书仅存古字耳。"胡氏渭禹贡锥指云："孟子曰'禹疏九河，瀹济、漯'，皆在兖域。而经于济、漯不言施功，以贡道见之，曰'浮于济、漯'，则二水之治可知矣。济漯之漯，说文本作'㶟'。燥湿之湿，说文本作'溼'。隶改日为田，又省一糸，遂作'漯'。而㶟转为湿，㶟、湿二字混而无别。"王氏鸣盛尚书后案云："汉志言漯水所经，除东武阳，尚有四县：一，平原郡高唐，桑钦言漯水所出；二，漯阴；三，千乘郡千乘；四，漯沃。所过郡三者，谓东郡、平原、千乘也。高唐之水，当为漯水别支，河渠书云：'禹导河，至大伾，于是禹以为河所从来者高，水湍悍，数为败，乃厮二渠以引其河。'孟康曰：'二渠，其一出贝丘西南南折者，即河之经流也；其一则漯川也。河自王莽时遂定，惟用漯耳。'孟康言河徙惟用漯，虽似小误，其以禹酾二渠，一为漯川，此用古义，不可改也。以水经注、元和志、寰宇记诸书考之，济水最南，漯水在中，河水最北。今小清河所经，自历城以东，如章丘、长山、新城、高苑、博兴、乐安诸县，皆古济水所行，而大清河所经，自历城以上至东阿，固皆济水故道；而自历城东北，如济阳、齐东、青城诸县，则皆古漯水所行；蒲台以北，则古河水所经。盖宋时河尝行漯渎，及河去则大清河兼行河、漯二渎，其小清河则断为济水故道也。"○"决汝汉"○正义曰：禹贡云："嶓冢导漾，东流为汉，又东为沧浪之水，过三澨，至于大别，南入于江。”而汝水，禹贡无之。汉书地理志汝南郡定陵云：“高陵山，汝水出，东南至新蔡，入淮，过郡四，行千三百四十里。”南阳郡鲁阳县注云：“有鲁山，滍水所出，东北至定陵，入汝。又有昆水，东南至定入汝。”颍川郡亦有定陵，续郡国志颍川郡有定陵，汝南郡无定陵。刘昭注于颍川定陵引地道记云：“高陵山，汝水所出。汝南定陵，盖即颍川定陵，前汉有一县分隶两郡者，定陵在汝南、颍川之间，故分属之。光武时省并为一，仅存为一，故续志属颍川耳。”班氏于鲁阳序滍水至定陵入汝，于定陵序汝入淮，定陵以西统汝于滍，滍亦汝也。连滍水数之，历南阳、河南、颍川、汝南，故有四县。杜预春秋释例、郭璞山海经注并云：“汝出南阳鲁阳县大盂山东北，至河南梁县东南，经襄城、颍川、汝南，至汝阴褒信县入淮。”襄城晋置，汝阴魏置，在晋则历六县也。说文言汝水出弘农卢氏还归山，班志卢氏县熊耳在东，伊水出东北，然则汉时卢氏县在伊水之南，与鲁阳为接壤，郦氏目验之，故水经注言汝出鲁阳县大盂山蒙柏谷西，即卢氏界。许氏虽与班氏异，而其指则同。若水经言出河南梁县勉乡西天息山，此本山海经，非班、许义也。郦注于滍、汝分流，始言汝水趣狼皋山。狼皋在梁县西南六十里，见寰宇记。盖汝自鲁阳，越百余里始至梁县，元和志谓出鲁山县是矣。谓出鲁山县之天息山，是又以鲁阳大盂混入勉乡之天息也。淮南子墬形训云：“汝出猛山。”猛与蒙柏长短读，蒙谷即猛山，而猛与盂形近而讹，大盂山，即猛山也。高诱注云：“猛山，一名高陆也。在汝南定陵县，汝水所出，东南至新蔡入淮。”此据班氏而未知其指。〇“排淮泗而注之江”〇正义曰：禹贡云：“导淮自桐柏，东会于泗、沂，东入于海。”扬州云：“沿于江海，达于淮、泗。”孙氏兰舆地隅说云：“淮水发源胎簪，至桐柏流百里而伏，溢为二潭。又见流千里会泗，至清江浦入海。扬州地势散漫，不能约束淮流，禹则开清江一渠，堰其下流入扬之处，一自清江浦入海，其余波之流散不尽者，又导之由庐州巢湖、胭脂河以入江，又导之由天长、六合以入江，所谓‘排淮泗’者也。久而入江之口渐淤，今故迹犹存也。或曰高堰始于陈登，是不然。若禹不筑堰，则下流散漫，何以入海？盖高堰创于神禹，修补或登耳。”兰字滋九，居吾乡北湖，顺治、康熙时人，于天算地图研究极精，此说实能羽翼孟子。近时则有阳湖孙氏星衍作分江导淮论，大略与兰同而加详，其言云：“孟子言‘排淮、泗而注之江’，今不得其解，或以为误，或以为据吴沟通江、淮之后言之。不知禹贡扬州已云'沿于江海,达于淮泗',解者又谓沿江入海,自淮入泗,此伪孔之言,本不足信。贡道迂回,海运古无是法。又有泥四渎各独入海,以为淮必不注江者。不知各独入海,言入海处与江分道,不谓上游支流也。孟子言排者,通其上游支流,以杀淮之势。水经注:'淮水与沘水、泄水、施水合。'泄水注濡须口,施水受肥东南流,径合肥县城,又东注巢湖,谓之施口。而应劭汉书注并以夏水为出城父东南,至此与肥合,故曰合肥。合肥、寿春之间,有芍陂、船官湖、东台湖、逍遥津,见于水经注。王象之舆地纪胜云:'古巢湖水北合于肥河,故魏窥江南,则循涡入淮,自淮入肥,由肥而趋巢湖。吴人挠魏,亦必由此。'又引货殖传'合肥受南北湖',今史记湖误作潮也。欧阳忞舆地广记、王存元丰九域志:'合肥有肥水、淮水,宋时庐州有镇淮楼。'盖肥合于淮,淮水盛则被于肥,此淮水至合肥之证。孙叔敖时开芍陂,当因旧迹为渠。方舆胜览引合肥旧志'肥水北支入淮,南支入巢湖',合于尔雅归异同出之说。合肥城在四水中,故梁韦睿堰水破城。近世水利不修,淮、肥流断,然巢湖之水,夏间犹达合肥,古迹可寻求也。且古说大别在安丰,为今霍丘地,禹迹至此排淮,故导江有'至大别'之文,此又淮流与江通之证矣。然则夏时贡道,正可由巢湖溯施、泄、肥水之流通淮,达于菏泽,菏泽合泲、泗之流,故云达于淮、泗。从此达河,则至禹都矣。江、淮、泗通流,不必在吴王沟通之后也。淮之上游寿春,东则有施、肥通流,西则有芍陂宣泄,盛夏水涨,则径合肥入巢湖,以达于江,故宋以前淮流不为洪泽湖之患。"上言注诸海,此言注之江,之诸异者,王氏引之经传释词云:"之,犹诸也。之、诸一声之转,互文耳。诗伐檀篇'置之河之侧兮',汉书地理志作'置诸'。襄二十六年左传'弃诸堤下',五行志作'弃之'。"○注"疏通"至"壅也"○正义曰:说文疋部云:"疏,通也。"国语周语云"疏为川谷,以导其气"是也。说文水部云:"瀹,渍也。"字同于鬻。一切经音义引通俗文云:"以汤煮物曰瀹。"皆与此文不合。庄子知北游云:"汝齐戒疏瀹其心。"瀹与疏连文,当与疏同义。广雅云:"疏,治也。"赵氏以治释之,仍以为疏耳。按淮南子原道训高诱注云:"疏,分也。既酾为二,又播为九。"酾、播皆分,疏、瀹亦皆分也。开通亦分义。赵氏上以治释敷,此以治释瀹,皆兼有分义也。说文手部云:"排,挤也。""挤,排也。""抵,挤也。""推,排也。"排、抵、挤、推,皆拒而退去之之名,与通相反,故赵氏以壅解之。壅与雍同，周礼雍氏注云："雍，谓堤防止水者也。"淮将南溢，蔽塞其南以拒之，壅即抵之推之使东去也。赵氏盖指高堰与？且说者疑淮、泗不入江，乃汝入淮，亦不入江。而孟子以汝、汉并称为决，下承注江，岂孟子不知淮，并不知汝邪？尝细推之，有精义焉。淮自桐柏而东，在上则汝、颍、沙、涡等水入之，在下则泗挟沂入之。以一淮受诸水，泗口以东，地势散漫，难于专流入海，故在上则决之，在下则排之。赵氏以壅解排，义为至精。何为壅？于泗口之下，筑堤以束之，不使其流涨泄于樊良、射阳之间，推抵之逼令东入于海。有此排而淮乃挟泗入海，而不致南涨于江矣。乃壅障之功，施于泗入淮以下。可以壅泗，而汝、颍诸流之入于淮者，不可以此壅之，故于泗口以西，决之使注于江。此地泗未入淮，所决者淮，实决汝也。泗既入淮，所壅者淮，实壅泗也。言排泗而沂在其中，言决汝而颍、涡等水在其中。下以泗与淮并言，明泗入淮；此汝即入淮之汝，不可云决淮、汝，致与下句沓复，故云决汝、汉。是时汉在安丰之间入江，汝入淮而决之入江，盖与汉合，故云决汝、汉，谓决汝以合于汉，而南注之江也。盖注江者，汝、汉之决也。注海者，淮、泗之排也。以上文言注诸海，故此但言注江，此古人属文互见之法也。以今推之，汝水至汝宁、凤阳之间汝口入淮，至霍丘西，决出会于巢湖入江，淮决即汝决，而汝入淮之势泄矣。又东则颍水，自颍上县入淮，沙水、涡水自怀远县入淮，而淮势又盛。至盱眙又决出，由天长、六合入江，而颍、沙、涡诸水入淮之势又泄矣。又东，沂、泗乃自宿迁入淮，而淮势又盛，遂不决之入江，转壅障入江之路，排之使专由安东注海。汝入淮，则决之使合汉水以注之江；泗入淮，则壅之使并入于海，故云"决汝汉，排淮泗而注之江"。自汉不至安丰，而汝、汉之合遂莫可解。于孟子称"决汝、汉"，可以考见当时之地势，益知杜预、郦道元疑大别不在安丰之非也。宣王命召公平淮夷，而诗言"江汉浮浮"，孔氏正义引大别在庐江安丰县界，则江汉合处在扬州之境。汉近淮，故淮水之决出者与之合。不言决淮而言决汝，明决淮所以决汝入淮之势也。不言决汝、淮而言决汝、汉，明淮决于六安、安丰间入汉，与汉合入江也。孟子此文，至精至妙，补禹贡所未详。赵氏以壅释排，孟子之义益显。班固撰汉书地理志，其言水道，多用互见，最为奇奥，而为地理之学者，尚不能识之，况孟子乎！○注"书曰"至"弗子"○正义曰：皋陶谟文。**后稷教民**

稼穑，树艺五谷，五谷熟而民人育。【注】弃为后稷也。树，种。艺，殖也。五谷为稻、黍、稷、麦、菽也。五谷所以养人也，故言民人育也。

【疏】注"弃为后稷也"○正义曰：尚书尧典云："帝曰：弃，黎民阻饥，汝后稷，播时百谷。"是弃为后稷也。○注"树种艺殖也"○正义曰：吕氏春秋任地篇云"而树麻与菽"，淮南子本经训"益树莲菱"，高诱并注云："树，种也。"方言云："树，植立也。"礼记中庸"地道敏树"，注云："树，殖也。"毛诗齐风"艺麻如之何"，传云："艺，树也。"说文丮部云："艺，种也。"木部云："树，生植之总名也。"是树、艺、种、植四字义通，故树可训种，亦可训植，艺可训植，亦可训种也。○注"五谷谓稻黍稷麦菽也"○正义曰：素问金匮真言论云："东方青色，其谷麦；南方赤色，其谷黍；中央黄色，其谷稷；西方白色，其谷稻；北方黑色，其谷豆。"周礼夏官职方："扬州、荆州宜稻，豫州、并州宜五种，青州宜稻麦，兖州宜四种，雍州、冀州宜黍稷，幽州宜三种。"注云："三种，黍、稷、稻。四种，黍、稷、稻、麦。五种，黍、稷、菽、稻、麦。"赵氏所本也。程氏瑶田九谷考云："郑康成氏注周官大宰职之'九谷'：黍、稷、稻、粱、麻、大豆、小豆、麦、菰。南方无黍，而稷、粱二者，言人人殊。郑氏注三礼及笺诗，独不详稷之形状；吕氏、淮南子，其所著书，往往言诸谷之得时，及太岁所值之年，谷之或昌或疾，东西南朔之地，地各有所宜种矣，而独不及于稷；而郑众、班固、服虔、孙炎、韦昭、郭璞之流，其言稷者，类皆冒粟之名。唐以前，以粟为稷；唐以后或以黍之黏者为稷，或以黍之不黏者为稷。今读说文，较然不可相冒。及搜寻郑氏说，稷、粱兼收，黍、稷不溷，足正诸家之谬。"其考"粱"云："说文'禾，嘉谷也。二月始生，八月而孰，得时之中，故谓之禾。禾，木也。木王而生，金王而死'。'粟，嘉谷实也'。'米，粟实也'。'粱，米名也'。聘礼米禾，皆兼黍、稷、稻、粱言之。以他谷连稿者，不别立名，假借通称，抑以事难件系，有足相包者，属文之法耳，非谓禾为诸谷大名也。七月诗云'禾麻菽麦'，禾为诸谷中之一物明矣。纳稼专言禾者，稼以禾为主，故重见于上以目之也。周官仓人职'掌粟入之藏'，注：'九谷尽藏焉，以粟为主。'郑氏注大宰职'九谷'中无粟；此言九谷以粟为主，则是粱即粟矣。史记索隐载三苍云：'粱，好粟。'其证也。内则言饭有粱，又有黄粱，是粱者白粱也，今北方犹呼粟米之纯白者曰粱米。先郑注'九谷'有稷无粱,然于'六谷'则稷、粱并录。韦昭注国语,直曰'稷,粱也',显与礼经相畔;及其注'百谷',于稷之外,又复举粱。稷、粱二谷,见于经者,判然两事。秦汉以后,溷而一之,举粱辄逸稷,举稷又逸粱。后郑知稷、粱之不可相无也,而毅然改司农九谷之说,吾于是服康成氏之识之卓也。其注疾医职之'五谷'曰'麻、黍、稷、麦、豆',据月令之文。膳夫'王用六谷',从司农说'稌、黍、稷、粱、麦、苽',盖据食医'会膳食之宜'而知之。于九谷必入粱者,据食医'六谷'有粱而入之也。五谷于六谷中缺其一,不知宜缺何谷?不能据六谷意为增损。且五谷养疾,宜与藏气相应,故直据月令配五行者为之注。其注职方'宜五种'不据月令者,以本经他州所见有稻、黍、稷、麦四种,四种有稻,而月令五谷无稻,故据所已见之四种而益之以菽。诸家言五谷者,月令曰'麻、黍、稷、麦、豆',郑氏据之注疾医。史记天官书与月令同物。颜师古注汉书食货志之'五种'、卢辨大戴礼注亦皆同之。素问论五方之谷曰:'麦、黍、稷、稻、豆。'郑氏注职方氏之'五种'曰'黍、稷、菽、麦、稻'。汉书地理志引职方氏,师古注之,全同后郑。管子地员:'五土所宜,曰黍、秫、菽、麦、稻。'淮南子'五谷'注:'菽、麦、黍、稷、稻。'汉书音义韦昭曰:'五种:黍、稷、菽、麦、稻也。'五常政大论又进麻为'木谷',至'火谷'则麦、黍互用。以上言五谷者十二事,皆有稷无粱。楚辞大招'五谷六仞,设苽粱只',王逸注:'五谷:稻、稷、麦、豆、麻也。'大招于五谷外,明言有苽有粱,而王逸则以粱为苽米之美称,是亦有稷无粱。汲冢周书言五方之谷曰'麦、黍、稻、粟菽、粟粱也',是为有粱无稷。汉书平当传注如淳曰:'律:稻米一斗,得酒一斗为上尊;稷米一斗,得酒一斗为中尊;粟米一斗,得酒一斗为下尊。'稷、粟二谷,两不相冒,亦可以为诸经之左证矣。"其考"稷"云:"说文:'稷,齋也。五谷之长。''齋,稷也。粢,齋重文。''秫,稷之黏者。'稷,齋大名也。黏者为秫,北方谓之高粱,或谓之红粱,通谓之秫。秫又谓之蜀黍,盖穄之类而高大似芦。月令:'孟春行冬令,首种不入。'郑氏注:'旧说首种谓稷。'今以北方诸谷播种先后考之:高粱最先,粟次之,黍糜又次之,则首种者高粱也。诸谷惟高粱最高大,而又先种,谓之五谷之长,不亦宜乎?周官食医职宜稌,宜黍,宜稷,宜粱,宜麦,宜苽,见稷则不见秫。内则'菽、麦、蕡、稻、黍、粱、秫,惟所欲',见秫则不见稷。故郑司农说九谷,稷、秫并见;后郑不从,入粱去秫,以其阙粱而秫重稷也。良耜之笺云:'丰年之时,虽贱者犹食黍。'疏云:'贱者食稷耳。'今北方富室食以粟为主,贱者食以高粱为主,是贱者食稷,不可以冒粟为稷也。"其考"黍"云:"说文:'黍,禾属而黏者也。以大暑而种,故谓之黍。''糜,穄也。''穄,糜也。'说文以禾况黍,谓黍为禾属而黏者,非谓禾为黍属而不黏者也。禾属而黏者黍,则禾属而不黏者糜,对文异,散文则通。饭用不黏者,黏者酿酒及为饵糍酏粥之属,故簠簋实糜为之。以供祭祀,故异其名曰穄。黍之不黏者独有异名,祭尚黍也。不黏者有糜与穄之名,于是黏者得专称黍矣。说文糜、穄互释,稷、齋互释,其为二物甚明。"程氏考"九谷",精确不移,见载通艺录中,略录其粱、稷、黍三条,其麦、稻、菽、菰等考不具录。○注"五谷所以养人也"○正义曰:说文𠫓部云:"育,养子使作善也。"是育即养,故以五谷养解民人育。**人之有道也,饱食暖衣,逸居而无教,则近于禽兽。圣人有忧之,使契为司徒,教以人伦:父子有亲,君臣有义,夫妇有别,长幼有叙,朋友有信。【注】**司徒主人,教以人事:父父子子,君君臣臣,夫夫妇妇,兄兄弟弟,朋友贵信,是为契之教也。【疏】"人之"至"有信"○正义曰:虞书尧典云:"帝曰:契,百姓不亲,五品不逊,汝作司徒,敬敷五教,在宽。"此使契为司徒之事也。戴氏震孟子字义疏证云:"人道,人伦日用,身之所行皆是也。在天地,则气化流行,生生不息,是谓道。在人物,则凡生生所有事,亦如气化之不可已,是谓道。易曰:'一阴一阳之谓道。继之者,善也。成之者,性也。'言有天道以有人物也。大戴礼记曰:'分于道谓之命,形于一谓之性。'言人物分于天道,是以不齐也。中庸曰:'天命之谓性,率性之谓道。'言日用事为皆由性起,无非本于天道然也。中庸又曰:'君臣也,父子也,夫妇也,昆弟也,朋友之交也,五者天下之达道也。'言身之所行,举凡日用事为,其大经不出乎五者也。孟子称'契为司徒,教以人伦,父子有亲,君臣有义,夫妇有别,长幼有序,朋友有信',此即中庸所言'修道之谓教'也。曰性曰道,指其实体实事之名。曰仁曰礼曰义,称其纯粹中正之名。人道本于性,而性原于天道,天地之气化,流行不已,生生不息。然而生于陆者,入水而死;生于水者,离水而死;生于南者,习于温而不耐寒;生于北者,习于寒而不耐温:此资之以为养者,彼受之以害生。天地之大德曰生,物之不以生而以杀者,岂天地之失德哉!故语道于天地，举其实体实事而道自见，'一阴一阳之谓道'、'立天之道曰阴与阳，立地之道曰柔与刚'是也。人之心知有明闇，当其明则不失，当其闇则有差谬之失，故语道于人，人伦日用，咸道之实事，'率性之谓道'、'修身以道'、'天下之达道五'是也。此所谓'道不可不修'者也。'修道以仁'，及'圣人修之以为教'是也。其纯粹中正，则所谓'立人之道曰仁与义'，所谓'中节之为达道'是也。中节之为达道，纯粹中正，推之天下而准也。君臣父子夫妇昆弟朋友之交，五者为达道，但举实事而已。智仁勇以行之，而后纯粹中正；然而即谓之达道者，达诸天下而不可废也。易言'天道'，而下及'人物'，不徒曰'成之者性'，而先曰'继之者善'，继谓人物于天地，其善固继承不隔者也。善者，称其纯粹中正之名。性者，指其实体实事之名。一事之善，则一事合于天，成性虽殊，而其善也则一。善其必然也，性其自然也，归于必然，适完其自然，此之谓自然之极致。天地人物之道，于是乎尽；在天道不分言，而在人物分言之始明。易又曰：'仁者见之谓之仁，智者见之谓之智，百姓日用而不知，故君子之道鲜矣。'言限于成性，而后不能尽斯道者，众也。"程氏瑶田通艺录论学小记云："吾学之道在有，释氏之道在无。有父子，有君臣，有夫妇，有长幼，有朋友。父子则有亲，君臣则有义，夫妇则有别，长幼则有序，朋友则有信。以有伦故尽伦，以有职故尽职，诚者实有焉而已矣。"毛氏奇龄四书賸言补云："契所教人伦，在尚书旧传，极是明白。总见春秋文十八年传季文子引臧文仲之言，使史克告曰：'高辛氏举八元，使布五教于四方，父义，母慈，兄友，弟恭，子孝，谓之五教。'而杜预注云：'契作司徒，五教在宽。'是当时五伦只父母兄弟子五者，而其为教，则又与春秋'义方'、大学'慈孝'、康诰'友恭'相左证。五帝纪述五教，亦无异辞。因之虞书'慎徽五典'，传云：'五典者，五常之教，父义、母慈、兄友、弟恭、子孝五者是也。'至'五品不逊'，正义谓'五品，即父母兄弟子五者'；'敬敷五教'，正义谓'五教即教之义、慈、友、恭、孝五者'。汉唐儒者不以五达道为五伦，不使孟子'人伦'阑入一字。孟子所言，必战国相传别有如此。大来曰：孟子所言人伦，在春秋时已有之。论语子路曰：'长幼之节，不可废也。君臣之义，如之何其废之？欲洁其身，而乱大伦。'则亦以君臣长幼为人伦之二矣。曰古经极重名实，犹是君臣父子诸伦。而名实不苟，偶有称举，必各为区目，如管子称'六亲'，是父、母、兄、弟、妻、子；卫石碏称'六顺'，是君义、臣行、父慈、子孝、兄爱、弟敬；王制称‘七教’，是父子、兄弟、夫妇、君臣、长幼、朋友、宾客；礼运称‘十义’，是父慈、子孝、兄良、弟弟、夫义、妇听、长惠、幼顺、君仁、臣忠；齐晏婴称‘十礼’，是君令、臣恭、父慈、子孝、兄爱、弟敬、夫和、妻柔、姑义、妇听；祭统称‘十伦’，是事鬼神、君臣、父子、贵贱、亲疏、爵赏、夫妇、政事、长幼、上下；白虎通称‘三纲六纪’，是君臣、父子、夫妇、兄弟、诸父、族人、诸舅、师长、朋友。虽朝三暮四，总此物数，而十伦非十义，五道非五常，中庸‘三德’断非洪范之‘三德’，则五达道必非五伦也。”按史记集解引郑氏注尧典云：“五品，父母兄弟子也。”又云：“五典，五教也。”盖试以司徒之职。马融注尧典云：“五教，五品之教。”王肃注云：“五品，五常也。”郑氏自本文十八年左传，以所云“五教”之目如是，乃取以为尧典“五教”注耳。然史克所举，不必即为尚书疏义，书命契，此举八元，已不相合。如管子五辅篇言“圣王饬八礼以道民”，八者，君中正无私，臣忠信不党，父慈惠以教，子孝弟以肃，兄宽裕以诲，弟比顺以敬，夫敦蒙以固，妻劝勉以贞。夫然，则下不倍上，臣不杀君，贱不逾贵，少不陵长，远不间亲，新不间旧，小不加大，淫不破义。隐公三年左传石碏言“六逆”“六顺”，则省“下倍上”“臣杀君”，但言“君义”“臣行”“父慈”“子孝”“兄爱”“弟敬”。惠氏栋九经古义云：“石碏止举六者，为君陈古义，倍弑之事，非所宜言。又公方昵嬖人，夫妇之际，所宜深讳。”然则古人议事，原无一定，史克所说，乌知非石碏一例。孟子深于诗书，所目“五教”，宜得其真。礼记乐记云：“道五常之行。”论衡问孔篇云：“五常之道，仁义礼智信也。”王肃以五常为五品，亦不同于郑氏。司徒五教，宜以孟子为定论，未可据左传以疑孟子也。王氏引之经传释词云：“家大人曰：人之有道也，言人之为道如此也，若言人之为道也。有恒产者有恒心，无恒产者无恒心。为、有一声之转。圣人有忧之，言圣人又忧之也。又字承上文忧洪水而言。”○注“司徒”至“教也”○正义曰：礼记祭法云：“契为司徒而民成。”民即人也。白虎通封公侯篇云：“司徒主人；不言人言徒者，徒，众也。重民众。”赵氏所本也。赵氏前解明人伦为人事，此教以人事，亦以人事解人伦也。易家人彖传云：“父父、子子、兄兄、弟弟、夫夫、妇妇而家道正。”论语颜渊篇：“孔子对齐景公曰：君君、臣臣、父父、子子。”家人专以门内言之，故不及君臣、朋友。对齐景切其时事，故仅举君臣、父子，亦立言各有其当。乃序卦传云：“有夫妇而后有父子，有父子而后有君臣。”兑象传言“朋友讲习”，则君臣、夫妇、朋友与父子、兄弟五者，自不可缺一，故赵氏合易、论语而言父父、子子、君君、臣臣、夫夫、妇妇、兄兄、弟弟，又益以朋友，贵信也。是为契之所教，则五教之中不得偏指父子、兄弟，而缺君臣、夫妇、朋友矣。**放勋日劳之来之，匡之直之，辅之翼之，使自得之，又从而振德之。**【注】放勋，尧号也。遭水灾，恐其小民放辟邪侈，故劳来之，匡正直其曲心，使自得其本善性，然后又复从而振其羸穷，加德惠也〔一〕。【疏】“放勋日”○正义曰：臧氏琳经义杂记云：“孙宣公音义引丁音日音驲，或作‘曰’，误也。按赵注云云，意不以为尧之言，则今读日为越者，误。自上文‘当尧之时天下犹未平’至此，皆叙事之辞也。盖曰、日二字，形近易讹，唐石经日字皆作‘曰’，释文于曰字每加音别之，亦有不能别而具越、实两音者。无识者横取此‘劳之来之’以下窜入尚书‘敬敷五教在宽’之后，妄甚。”按孔本作“放勋日”，与音义同。他本俱作“曰”，作“日”是也。言既命益、禹、稷、契而不自已也，日日劳来，匡直辅翼，所以然者，使自得之也而未已也，又从而振德之。日字与又字相应，与大学“日日新又日新”同。下云“圣人之忧民如此”，紧承此数语。不然徒使益、禹等勤劳，放勋转有暇矣。“而暇耕乎”四字，正从日字一贯。○注“放勋尧号也”○正义曰：阎氏若璩释地又续云：“古帝王有名有号，如尧、舜、禹，其名也。放勋、重华、文命，皆其号也。孟子引古尧典曰‘放勋乃殂落’，许氏说文正同。屈原赋二十五篇最近古，离骚云‘就重华而陈词’，九章涉江云‘吾与重华游乎瑶之圃’，怀沙云‘重华不可牾兮’，重华凡三见，皆实谓舜，岂本史臣赞舜之词，屈子因以为舜号乎？”江氏声尚书集注音疏云：“大戴礼帝系篇云：‘少典产轩辕，是为黄帝。’又‘昌意产高阳，是为帝颛顼’。又‘蟜极产高辛，是为帝喾。帝喾产放勋，是为帝尧’。是放勋与轩辕、高阳等同称也。汉书古今人表云黄帝轩辕氏、帝颛顼高阳氏，左传亦称高阳氏、高辛氏，轩辕、高阳等既皆是氏，则放勋当同。”按古之称氏，如宓牺氏、神农氏、女娲氏、共工氏、夏后氏是。其号如斟灌氏、斟寻氏，皆国号

〔一〕“加德惠也”，闽、监、毛三本作“德恩惠之德也”。阮元校勘记仅录其异同而未作断语，未详孰是。焦氏正义标注，作“‘遭水’至‘德也’”，又引论语注“德，恩惠之德也”，是焦氏从闽、监、毛三本，而此文有误。

而系以氏。以轩辕、高阳例之，放勋之为号信矣。尧典称胤子朱，称鲧，皆名。其云"有鳏在下曰虞舜"，郑氏注云"虞氏舜名"，是也。史记五帝本纪云："黄帝者，名曰轩辕。虞舜者，名曰重华。夏禹，名曰文命。"名号通称。淮南子原道训云"则名实同居"，高诱注云："势位爵号之名也。"周书谥法解云"大行受大名，细行受细名"，注云："名谓号谥。"是也。○注"遭水"至"德惠也"○正义曰：赵氏读"放勋日"，故如是解也。遭水灾，民为不善，故尧劳来之，不罚责之也。王氏念孙广雅疏证云："说文：'勑，劳勑也。'尔雅：'劳，来，勤也。'大雅下武篇'昭兹来许'，郑笺云：'来，勤也。'史记周纪武王曰'日夜劳来，定我西土'，墨子尚贤篇云'垂其股肱之力，而不相劳来'，皆谓勤也。孟子滕文公篇'放勋日劳之来之'，亦谓圣人之勤民也。"又云："軭，盭也。戾与盭通。说文：'軭，车戾也。'字通作'匡'，考工记轮人'则轮虽敝不匡'，郑众注云：'匡，枉也。'枉亦匡也，说文云：'兽皮之韦，可以束枉戾相违背。'是也。管子轻重甲篇'弓弩多匡轸者'，枉谓之匡，故正枉亦谓之匡，孟子滕文公篇云：'匡之直之。'义有相反而实相因者，皆此类也。"赵氏以正释匡，"匡，正也"，尔雅释言文。直其曲心，则匡为正其邪心也。人性本善，遭水灾则心曲而不直，邪而不正，放勋不惮其勤，而匡之直之，使有以开牖其蒙，而复归于善焉。匡正而必申以使自得者，此圣人无为而治，无一日息其勤民之念，实无一日见其勤民之迹，通其变使民不倦，神而化之使民宜之，所以匡之直之者，如是所为，使自得之也。大戴记子张问入官篇云："枉而直之，使自得之。"孟氏所本欤？吕氏春秋季春纪"振乏绝"，高诱注云："振，救也。"昭公十四年传云"分贫振穷"，此振义同。羸穷即乏绝贫穷也。吕氏春秋报恩篇云"张仪所德于天下者"，高诱注云："德，犹恩也。"论语宪问篇云"何以报德"，注云："德，恩惠之德也。"又从而振救其羸穷而加以恩德，皆孟子称述放勋勤民之事也。阮氏元校勘记云："'尧号也'，廖本、考文古本号作'名'。'遭水灾恐其小民放僻邪侈'，宋本恐作'愆'。闽、监、毛三本灾恐作'逆行'。"圣人之忧民如此，而暇耕乎？【注】重喻陈相。尧以不得舜为己忧，舜以不得禹、皋陶为己忧。夫以百亩之不易为己忧者，农夫也。分人以财谓之惠，教人以善谓之忠，为天下得人者谓之仁。【注】言圣人以不得贤圣之臣为己忧,农夫以百亩不易治为己忧。【疏】"舜以不得禹皋陶为己忧"○正义曰:大戴礼主言篇云:"昔者舜左禹而右皋陶,不下席而天下治。"孟子本曾子之言,故于舜所得贤圣之臣,举禹、皋陶也。○注"农夫以不易治为己忧"○正义曰:毛诗甫田"禾易长亩",传云:"易,治也。"故以治释易。**是故以天下与人易,为天下得人难。**【注】为天下求能治天下者难得也,故言以天下传与人尚为易也。**孔子曰:'大哉尧之为君!惟天为大,惟尧则之,荡荡乎民无能名焉!君哉舜也!巍巍乎!有天下而不与焉。'尧舜之治天下,岂无所用其心哉?亦不用于耕耳。**【注】天道荡荡乎大无私,生万物而不知其所由来,尧法天,故民无能名尧德者也。舜得人君之道哉,德盛乎,巍巍乎有天下之位,虽贵盛不能与益。舜巍巍之德,言德之大,大于天子位也。尧舜荡荡巍巍如此,但不用心于躬自耕也。【疏】注"天道"至"耕也"○正义曰:引孔子之言,见论语泰伯第八。其云"巍巍乎,舜禹之有天下也,而不与焉",与此小异。集解引包云:"荡荡,广远之称。"广远亦大也。所以大者以其无私,故赵氏既以大释荡荡,又以无私申大之义也。方言云:"巍,高也。"楚辞远游"貌揭揭以巍巍",注云:"巍巍,大貌。"高、大亦盛,故赵氏以盛释之。礼记射义云"与为人后者",注云:"与,犹奇也。"仪礼士昏礼记"我与在",注云:"与,犹兼也。"奇、兼皆加多之义,故以益释与。音义出"不与",云:"下音预,又如字。"如字则读"与之庾"、"与之釜"之与,有所施于人,亦有所滋益于人也。周书谥法解云:"民无能名曰神。"孟子言"圣而不可知之之谓神"、"杀之而不怨,利之而不庸,民日迁善而不知为之者,故君子所过者化,所存者神"。不可知,故无能名;无为而治,故不可知。论语:"为政以德,譬如北辰,居其所而众星共之。"包氏注云:"德者无为。"天以寒暑日月运行为道,圣人以元亨利贞运行为德,用中而不执一,故无为。民运行于圣人之元亨利贞,犹众星运行于天之寒暑日月,故黄帝、尧、舜承伏羲、神农之后,以通变神化,立万世治天下之法。论语凡言尧舜,皆发明之也。孟子述孔子之言而申明之云"岂无所用心哉",盖惟恐说者误以"民无能名"、"有天下而不与"为屏弃一切,无所用心。盖尧舜之

"无为",正尧舜之"用心"。曰"为政以德",曰"恭己正南面",曰"修己以敬",曰"使民不倦",曰"使民宜之",非用心,何以为德?何以为恭为敬?何以能使民不倦,使民宜之?故尧舜治天下,非不以政不以法,其政逸而心以运之则劳,其法疏而心以联之则密,非运以心,联以心,不能"无为而治",即不能"民无能名",亦即不能"有天下而不与",是为"为政以德"。执其两端,用其中于民,此尧舜所以通变神化,此尧舜之用其心也。用心即劳心,劳心如此,何能劳力以躬耕乎?**吾闻用夏变夷者,未闻变于夷者也。**【注】当以诸夏之礼义化变夷蛮之人耳,未闻变化于夷蛮之人,则其道也。【疏】注"则其道也"○正义曰:则,法也。谓效法夷蛮之道。闽、监、毛三本作"同其道"。**陈良,楚产也。悦周公、仲尼之道,北学于中国,北方之学者,未能或之先也。彼所谓豪杰之士也。子之兄弟事之数十年,师死而遂倍之。**【注】陈良生于楚,北游中国,学者不能有先之者也。可谓豪杰过人之士也。子之兄弟,谓陈相、陈辛也。数十年师事陈良,良死而倍之,更学于许行,非之也。【疏】"师死而遂倍之"○正义曰:音义出"倍之",云:"丁云:'义当作偝,古字借用耳。'下'子倍'同。"按荀子大略篇云:"教而不称师,谓之倍。"礼记大学云"而民不倍",注云:"倍,或作偝。"刘熙释名释形体云:"背,倍也。在后称也。"楚辞招魂云"工祝招君,背行先些",注亦云:"背,倍也。"偝、背、倍三字通。"偝"字见礼记坊记。**昔者孔子没,三年之外,门人治任将归,入揖于子贡,相向而哭,皆失声,然后归。子贡反,筑室于场,独居三年,然后归。**【注】任,担也。失声,悲不能成声。场,孔子冢上祭祀坛场也。子贡独于场左右筑室复三年,慎终追远也。【疏】注"任担也"○正义曰:毛诗大雅生民篇云"是任是负",笺云:"抱负以归。"国语齐语云"负任儋何,服牛轺马,以周四方",注云:"背曰负,肩曰儋。任,抱也。何,揭也。"毛诗小雅"我任我辇,我车我牛",传云:"任者,辇者,车者,牛者。"笺云:"有负任者,有挽辇者,有将车者,有牵傍牛者。"淮南子道应训云:"宁越欲干齐桓公,困穷无以自达,于是为商旅,将任车以商于齐。"高诱注云:"任,载也。"按妇人怀子为任子也,礼记乐记注云："孕，任也。"郊特牲注云："孕，任子也。"孕怀抱在前，则任之为抱，其本义也。因而担于肩者，载于车者，通谓之任，散言之则通也。〇注"失声悲不能成声"〇正义曰：方言云："自关而西秦晋之间，凡大人小儿泣而不止谓之唴，哭极音绝亦谓之唴，平原谓啼极无声谓之唴哴。"哭极音绝，啼极无声，此赵氏所云悲不能成声也。按失亦与佚通，佚之言放，失声或亦谓放声也。礼记檀弓云："文伯卒，朋友诸臣未有出涕者，而内人皆哭失声。"此失声正谓放声。太平御览引汉名臣奏云："王莽斥出王闳，太后怜之，闳伏泣失声，太后亲自以手巾拭闳泣。"此言先伏地而泣，继而至于放声也。〇注"场孔"至"三年"〇正义曰：尔雅释宫云："场，道也。"说文土部云："场，祭神道也。"国语楚语云"坛场之所"，注云："除地曰场。"盖于冢墓之南，筑地使平坦以为祭祀，扬子法言谓之"灵场"，说文谓之"祭神道也"，后人树碑于此，谓之神道碑。神道在冢前，未可当正中而室，故知在偏左偏右，犹倚庐垩室之偏倚东壁也。毛诗周颂"福禄来反"，传云："反，复也。"赵氏以复释反，故云复三年。读"子贡反筑室于场"为一句，反字连筑室也。阎氏若璩释地续云："反云者，子贡送诸弟子各归去，已独还次于墓所。或曰反，复也。"**他日，子夏、子张、子游以有若似圣人，欲以所事孔子事之。强曾子，曾子曰：'不可，江汉以濯之，秋阳以暴之，皜皜乎不可尚已！'**【注】有若之貌似孔子，此三子者思孔子而不可复见，故欲尊有若以作圣人，朝夕奉事之，如事孔子，以慰思也。曾子不肯，以为圣人之洁白，如濯之江汉，暴之秋阳。秋阳，周之秋，夏五六月，盛阳也。皜皜，甚白也。何可尚，而乃欲以有若之质，放圣人之坐席乎。尊师道，故不肯。【疏】注"有若"至"孔子"〇正义曰：史记仲尼弟子列传云："孔子既没，弟子思慕，有若状似孔子，弟子相与共立为师，师之如夫子时也。"赵氏所本也。礼记檀弓云："子游曰：甚哉！有子之言似夫子也。"然则有子之似夫子，不特状貌然矣。〇注"秋阳"至"阳也"〇正义曰：段氏玉裁说文解字注云："昜，日出也。洪范'八庶征，曰雨曰昜'，某氏传云：'雨以润物，昜以干物。'祭义'夏后氏祭其闇，殷人祭其阳，周人祭日，以朝及闇'，郑云：'闇，昏时也。阳读为曰雨曰昜之昜，谓日中时也。朝，日出时也。'昜之义当从郑。孟子'秋阳以暴之'，亦当作'秋昜'。"周正建子，改时改月，故周之秋，乃夏之夏；周之七八月，乃夏之五六月。又当日中，最能干物。文选注引綦毋邃孟子注云："周之秋，于夏为盛阳也。"亦仍赵氏也。○注"皜皜甚白也"○正义曰：王氏念孙广雅疏证云："释训：'杲杲，白也。'汉书司马相如传云：'暠然白首。'暠与杲同，字又作'皜'，重言之则曰皜皜。"又云："杲之言皎皎也。说文：'杲，明也。'卫风伯兮篇：'杲杲出日。'管子内业篇云：'杲乎如登乎天。'孟子滕文公篇'皜皜乎不可尚已'，赵氏注云：'皜皜，甚白也。'义与杲相近。"毛氏奇龄四书索解云："江汉以濯之，秋阳以暴之，从来训作洁白。夫道德无言洁白者，惟志行分清浊，则有是名。故夫子称'丈人欲洁其身'，孟子称'西子蒙不洁'，又称狷者为'不屑不洁之士'，司马迁称屈原'其志洁'，大抵独行自好者始有高洁之目，此非圣德也。夫子自云'不曰白乎，涅而不缁'，只以不为物污，与屈原传之'皭然泥而不滓'语同。岂有曾子拟夫子，反不若子贡之'如天如日'，宰我之'超尧越舜'，而仅云'洁白'，非其旨矣。况洁白二字，曾见之诗序'白华，孝子之洁白'，此但以物言，并不以德言也。"按毛氏说是也。列子汤问篇云"皓然疑乎雪"，释文云："皜，又作'皓'。"文选李少卿与苏武诗云"皓首以为期"，注云"皓与颢，古字通"。说文页部云："颢，白貌。楚词曰：'天白颢颢。'"皜皜即是颢颢。尔雅释天云："夏为昊天。"刘熙释名释天云："其气布散皓皓也。"然则皜皜谓孔子盛德如天之元气皓旰。尚，即上也。不可上，即子贡云"犹天之不可阶而升也"。以此推之，江汉以濯之，以江汉比夫子也。秋阳以暴之，以秋阳比夫子也。皜皜乎不可上，以天比夫子也。同一水，池沼可濯也，不能及江汉之濯也。同一火，燔燎可暴也，不能及秋阳之暴也。乃以江汉拟之，犹未足也；以秋阳拟之，犹未尽也；其如天之皜皜，不可上矣。此曾子之推崇比拟，尤逾于宰我、子贡也。徒以为洁白，良非矣。○注"放圣"至"席乎"○正义曰：史记仲尼弟子列传云："他日弟子进问曰云云，有若默然无以应。弟子起曰：有子避之，此非子之座也。"赵氏意本此。阮氏元校勘记云："'于圣人之坐席乎'，闽、监、毛三本同。廖本、孔本、韩本、考文古本于作'放'。音义出'质放'，放是也。放者，今之'仿'字。"**今也南蛮鴃舌之人，非先王之道，子倍子之师而学之，亦异于曾子矣。吾闻出于幽谷，迁于乔木者，未闻下乔木而入于幽谷**

者。【注】今此许行乃南楚蛮夷，其舌之恶如鴃鸟耳。鴃，博劳也。诗云："七月鸣鴃。"应阴而杀物者也。许子托于大古，非先圣王尧舜之道，不务仁义，而欲使君臣并耕，伤害道德，恶如鴃舌，与曾子之心亦异远也。人当出深谷，上乔木；今子反下乔木，入深谷。【疏】注"其舌"至"物者也"○正义曰：尔雅释鸟云："鵙，伯劳也。"引诗在豳风七月篇第二章，亦云"七月鸣鵙"。礼记月令云："仲夏之月，鵙始鸣。"大戴礼夏小正云："五月鴃则鸣。鴃者，百鷯也。"百鷯即伯劳，是鵙通作鴃，故赵氏以鴃为博劳。郑氏月令注亦云："鵙，博劳也。"高诱注吕氏春秋仲夏纪云："鵙，伯劳也。是月，阴作于下，阳发于上，伯劳夏至后，应阴而杀蛇，磔之于棘，而鸣其上。"注淮南时则训云："五月，阴气生于下，伯劳夏至应阴而鸣。"伯劳即博劳，伯、博一声之转也。豳风独云七月者，王肃谓古五字如七，则诗亦本是五月鸣鵙。郑氏谓"豳地晚寒"，豳极西北，寒当早于中国，晚寒之说，恐未然也。曹植恶鸟论云："伯劳以五月鸣，应阴气而动；阳为生仁养，阴为杀残贼，伯劳盖贼害之鸟也。"赵氏谓许子伤害道德，恶如鴃舌，正以鴃应阴气而鸣，鸣则伤害天地之生气，尧舜仁义之道，亦天地之生气也。许子以并耕之说害之，故恶如伯劳之舌，非谓其声之哓哓啅噪也。礼记王制云："南方曰蛮。"许行楚人，故称南蛮。赵氏明以夷释蛮，非谓其音之蛮，与鴃舌同也。南蛮不皆鴃舌，鴃舌不必南蛮。南蛮言其地，鴃舌言其贼害也。○注"与曾子"至"入深谷"○正义曰：说文异部云："异，分也。"吕氏春秋知接篇"愿君之远易牙"，高诱注云："远，犹疏也。"淮南子道应训"襄子疏队而击之"，高诱注云："疏，分也。"以是通之，则异有远义，故以远释异。孟子谓陈相之倍陈良而从许行，异于曾子之尊孔子而不事有若。赵氏注"恶如鴃舌"以上斥许行，"与曾子之心亦远异也"贯下斥陈相。尔雅释言云："幽，深也。"故解幽谷为深谷。下云"下乔木"，则迁是上乔木矣。俗本作"止乔木"，非是。**鲁颂曰：'戎狄是膺，荆、舒是惩。'周公方且膺之，子是之学，亦为不善变矣！"**【注】诗，鲁颂閟宫之篇也。膺，击也。惩，艾也。周家时击戎狄之不善者，惩止荆、舒之人，使不敢侵陵也。周公常欲击之，言南夷之人难用，而子反悦是人而学其道，亦为不善变更矣。孟子究陈此者，深以责陈相也。【疏】注"诗鲁"至"相也"○正义曰：引诗在鲁颂閟宫

第三章。毛传云:“膺,当也。”笺云:“惩,艾也。”尔雅释诂云:“应,当也。”毛氏读膺为应,故以当训之。史记建元以来侯者年表引作“戎狄是应”。音义出“膺击”,云:“丁本作‘应’云。”按古训应训当,此注训击,盖以当对是击敌之义,故转训耳。吕氏春秋察微篇“宋华元帅师应之大棘”,又处方篇“荆令唐蔑将而应之”,高诱注并云:“应,击也。”淮南子主术训云“不使应敌”,高诱注云:“应,犹击也。”是应有击义,赵氏亦读膺为应矣。国策齐策云“车轚击”,注云:“击,相当。”是当与击义亦相近。下文“周公方且膺之”,不可云方且当之,故以击释之也。毛诗小雅沔水篇“宁莫之惩”,传云:“惩,止也。”赵氏既释以艾,又释以止,明艾之即所以止之。礼记内则云“方物出谋发虑”,注云:“方,犹常也。”故以常释方。郑氏以此为僖公与齐桓举义兵之事,阎氏若璩释地又续云:“左氏僖十三年秋,为戎难故,诸侯戍周,齐仲孙湫致之。十六年秋,王以戎难告于齐,齐征诸侯而戍周。齐桓举义兵,僖公无役不从;况勤王戍周,尤为第一义,岂有两诸侯无鲁在其中者?”周氏柄中辨正云:“春秋宣八年,楚灭舒蓼;成十七年,灭舒庸;襄二十五年,灭舒鸠,当僖公从齐桓伐楚时,舒尚未灭。正义云:‘舒,楚之与国,故连言荆、舒。’此说得之。”翟氏灏考异云:“诗序云:‘閟宫,颂僖公能复周公之宇也。’首二章止陈姜嫄、后稷、太王、文、武之勋。三章言成王封鲁,鲁子孙率由不愆,祭则受福。‘戎狄是膺,荆、舒是惩’,第四章文也。上三章未暇序及周公,所云周公之宇者,非于此章颂之而孰颂哉?故自‘公车千乘’至‘莫我敢承’,皆周公而不属僖公也。‘俾尔昌而炽,俾尔寿而富’,周公俾之也。五章六章,继周公而颂伯禽,所谓‘淮夷来同,遂荒徐宅’,显系伯禽事,见诸尚书费誓者也。七章八章,方颂僖公复宇。如此说之,则诗、书、春秋、孟子,彼此悉无疑义,而诗简亦未尝有错。孟子两引此文,皆确指为周公,必有自圣门授受师说,不得以汉儒笺注之讹反疑孟子。‘子是之学’,子字一顿,是指许行,故云子反悦是人而学其道。反悦者,应上方且之词也。”

“从许子之道,则市贾不贰,国中无伪,虽使五尺之童适市,莫之或欺。布帛长短同,则贾相若;麻缕丝絮轻重同,则贾相若;五谷多寡同,则贾相若;屦大小同,则贾相若。"【注】陈相复为孟子言此,如使从许子淳朴之道,可使市无二贾,不相伪诞,不相欺愚小也。长短谓丈尺,轻重谓斤两,多寡谓斗石,大小谓尺寸,皆言其同贾,故曰无二贾者也。【疏】注"可使市无二贾"○正义曰:礼记王制"丧事不贰",注云:"贰之言二也。"故经言"市价不贰",赵氏云无二贾也。闽、监、毛三本贾作"价"。○注"不相伪诞"○正义曰:说文人部云:"伪,诈也。"赵氏注万章篇"然则舜伪喜者与"亦云:"伪,诈也。"淮南子本经训"其心愉而不伪",高诱注云:"伪,虚诈也。"诈兼以虚,国语楚语"是言诞也",注云:"诞,虚也。"吕氏春秋应言篇云"令许绾诞魏王",高诱注云:"诞,诈也。"故赵氏此注,以诞释伪。闽、监、毛本作"伪诈",义同。十行本作"为诈"。为即伪也。○注"不相欺愚小也"○正义曰:闽、监、毛三本作"不相欺愚小大",阮氏元校勘记云:"孔本、韩本作'不欺愚小民也',考文古本作'不相欺愚小也'。愚小,谓五尺之童也。考文古本得之。"○注"大小谓尺寸"○正义曰:布帛长至数丈,故云丈尺;屦大极尺,无至丈者,故云尺寸。

曰:"夫物之不齐,物之情也。或相倍蓰,或相什百,或相千万,子比而同之,是乱天下也。巨屦小屦同贾,人岂为之哉?从许子之道,相率而为伪者也。恶能治国家?"【注】孟子曰,夫万物好丑异贾,精粗异功,其不齐同,乃物之情性也。蓰,五倍也。什,十倍也。至于千万相倍。譬若和氏之璧,虽与凡玉之璧尺寸厚薄适等,其贾岂可同哉?子欲以大小相比而同之,则使天下有争乱之道也。巨,粗屦也。小,细屦也。如使同贾而卖之,人岂肯作其细者哉。时许子教人伪者耳,安能治国家者也。【疏】注"其不齐同乃物之情性也"○正义曰:楚辞云中君"与日月兮齐光",注云:"齐,同也。"是不齐即不同也。吕氏春秋上德篇"此之谓顺情",淮南子本经训"人爱其情",高诱注并云:"情,性也。"性情有阴阳之分,而实一贯。荀子正名篇云:"性之好恶喜怒哀乐谓之情。"易文言传云:"利贞者,性情也。"亦性情并称,故赵氏以性释情。长短、轻重、多寡、大小,此形也。形同而情或不同,则好丑、精粗是也。○注"蓰五倍也什十倍也"○正义曰:音义出"倍蓰",云:"丁音师,云:'从竹下徙。'"开元礼文字音义曰："倍谓半倍而益之。又音丽，山绮切。"史记作"倍灑"，徐广云："一作五倍曰蓰。"按倍为半倍而益者，即一倍也。如本有三，倍之为六，得六而三为半矣。主原数则益数为倍，主益数则原数为半，故云半倍而益之。蓰字说文所无。"竹下徙"，说文训"簁箄，竹器也。所绮切"。丁音师，则宜是簏。说文竹器可以取麤去细，簏亦通簁也。簁通簏，故亦作"灑"。尔雅释乐"大瑟谓之灑，大琴谓之离"，离亦丽也。丽者，连也。盖五弦相丽则离也。由琴之五弦，五倍之为二十五弦而为灑。以其数五五而称灑，故凡五倍即通称为灑。灑通簏，又通于簁。蓰则传写之讹也。周书大聚篇云："十夫为什。"管子立政篇云："十家为什。"由一夫一家数之，皆十倍也。○注"譬若和氏"至"同哉"○正义曰：史记蔺相如传云："赵惠文王时得和氏璧，秦昭王闻之，使人遗赵王书，愿以十五城请易璧。"璧之尺寸等耳，此璧值十五城，不已千万相倍乎。○注"则使天下有争乱之道也"○正义曰：大戴礼记曾子事父母篇云："争辨者，作乱之所由兴也。"故以争释乱。○注"巨粗屦也小细屦也"○正义曰：吕氏春秋荡兵篇云"有巨有微而已矣"，高诱注云："巨，觕略也。"觕同粗，即麤字。淮南子主术训云"而枹鼓为小"，高诱注云："小，细也。"汉书扬雄传集注引应劭云："精，细也。"礼记乐记云"凝是精粗之体"，注云："精粗，谓万物大小也。"是精粗通谓之大小，巨为大，即为麤也。小为精，即为细也。粗疏易成，细巧功密，此物情之迥异。许子屦大小以形论，此巨小以情论；治国家以情不以形，此尧舜所以用心而通变神化也。岂特一屦之微哉！

章指言：神农务本，教于凡民；许行蔽道，同之君臣；陈相倍师，降于幽谷，不理萬情，谓之敦朴：是以孟子博陈尧舜上下之叙以匡之也。【疏】"神农务本"○正义曰：吕氏春秋上农篇云："古先圣王之所以导其民者，先务于农。民农非徒为地利也，贵其志也。民农则朴，朴则易用。"又云："民舍本而事末则不令，后稷曰：'所以务耕织者，以为本教也。'"○"不理萬情谓之敦朴"○正义曰：萬，考文古本作"万"，足利本、韩本作"物情"。敦朴者，老子云："敦兮其若朴。"赵氏所本也。考文引足利本作"淳朴"。敦通纯，纯亦通淳也。○"博陈尧舜上下之叙以匡之"○正义曰：汉书艺文志云：

"农家者流,及鄙者为之,以为无所事圣王,欲使君臣并耕,悖上下之序。"又云:"儒家者流,祖述尧舜。"君臣并耕,即所谓[一]同之君臣也。悖乱上下之叙,故以上下之叙匡正之。

5 墨者夷之,因徐辟而求见孟子。【注】夷之,治墨家之道者。徐辟,孟子弟子也。求见孟子,欲以辩道也。【疏】注"夷之治墨家之道者"○正义曰:汉书艺文志云:"墨家者流,盖出于清庙之守。茅屋采椽,是以贵俭;养三老五更,是以兼爱;选士大射,是以上贤;宗祀严父,是以右鬼;顺四时而行,是以非命;以孝视天下,是以上同:此其所长也。及蔽者为之,见俭之利,因以非礼,推兼爱之意,而不知别亲疏。"共六家:尹佚二篇、田俅子三篇、我子一篇、随巢子六篇、胡非子三篇、墨子七十一篇。随巢、胡非,皆墨翟弟子;我子为墨子之学。韩非子显学篇云:"自墨子之死也,有相里氏之墨,有相夫氏之墨,有邓陵氏之墨。儒分为八,墨分为三。"吕氏春秋墨者有巨子腹䵍居秦,又墨者巨子孟胜,又东方之墨者谢子。淮南子墨者有田鸠者。田鸠亦见韩非子。马氏骕绎史云:"田鸠盖即田俅子。"论衡:"墨家之役缠子。"皆所谓"墨者"也。

孟子曰:"吾固愿见,今吾尚病,病愈,我且往见。"【注】我常愿见之,今值我病,不能见也。病愈,将自往见。以辞却之。

夷子不来。他日,又求见孟子。【注】是日,夷子闻孟子病,故不来。他日,复往求见。【疏】"夷子不来"○正义曰:赵氏以"夷子不来"是记其实事,近时通解谓亦孟子言,谓我病愈,往见夷子,夷子不必来。王氏引之经传释词云:"不,毋也,勿也。"言我将往见夷子,夷子勿来也。

孟子曰:"吾今则可以见矣。不直则道不见,我且直之。【注】告徐子曰,今我可以见夷子矣。不直言攻之,则儒家圣道不见,我且欲直攻之也。吾闻夷子墨者,墨之治丧也,以薄为其道也。

〔一〕"谓"原作"为",据文义改。案二字本通。

夷子思以易天下，岂以为非是而不贵也？然而夷子葬其亲厚，则是以所贱事亲也。【注】我闻夷子为墨道，墨者治丧，贵薄而贱厚，夷子思欲以此道易天下之化使从己，岂肯以薄为非是而不贵之也。如使夷子葬其父母厚也，是以所贱之道奉其亲也。如其薄也，下言"上世不葬"者，又可鄙足为戒也。吾欲以此攻之也。【疏】"墨之治丧以薄为其道也"○正义曰：墨子有节葬三篇，上中亡，下篇尚存。其言云："古圣王治为葬埋之法，曰棺三寸，足以朽体；衣衾三领，足以覆恶。以及其葬也，下毋及泉，上毋通臭，垄若参畊之亩，则止矣。"此以薄为道也。孙氏星衍墨子后序云："其节葬，亦禹法也。尸子称禹之丧法：死于陵者葬于陵，死于泽者葬于泽，桐棺三寸，制丧三月。见后汉书注。韩非子显学称墨者之葬也，冬日冬服，夏日夏服，桐棺三寸，服丧三月。然则三月之丧，夏有是制，墨始法之矣。"汪氏中述学云："古者丧期无数，黄帝、尧、舜垂衣裳而天下治，则五服精粗之制立矣。放勋殂落，百姓如丧考妣，其可见者也。夏后氏三年之丧，既殡而致事，则禹之为父三年矣。禹崩三年之丧毕，益避禹之子于箕山之阴，则夏之为君三年矣。士丧礼自小敛奠，朔月半荐，遣奠，大遣奠，皆用夏祝，使夏后氏制丧三月，祝岂能习其礼，以赞周人三年之丧哉？若夫'陵死陵葬，泽死泽葬'，此为天下大水不能具礼者言之；荒政杀哀，周何尝不因于夏礼以聚万民哉？墨子者，盖学焉而自为其道者也。故其节葬曰：'圣王制为节葬之法。'又曰：'墨子制为节葬之法。'则谓墨子自制者是也。故曰墨子之治丧，以薄为其道也。"○"然而夷子葬其亲厚"○正义曰：赵氏"如使"云云，则是设辞。近时通解以"夷子葬其亲厚"乃是夷子实事，孟子因其有此实事，异乎墨子之道，故直指为以所贱事亲，攻其隙所以激发其性也。此说为得。

徐子以告夷子，夷子曰："儒者之道，'古之人若保赤子'，此言何谓也？之则以为爱无差等，施由亲始。"【注】之，夷子名也。言儒家曰，古之治民，若安赤子，此何谓乎。之以为当同其恩爱，无有差次等级相殊也，但施爱之事，先从己亲属始耳。若此何为独非墨道也。【疏】注"若安赤子"○正义曰："若保赤子"，周书康诰文。毛诗魏风"他人是保"，传云："保，安也。"故以安释保。○注"之以为"至"始耳"○正义曰：毛诗豳风鸱鸮篇云"恩斯勤斯"，传云："恩，爱也。"是爱即恩也。广雅释诂云："差，次也。"吕氏春秋召类篇"土阶三等"，高诱注云："等，级也。"礼记乐记"然后立之乐等"，注云："等，差也。"是差、等二字义同。有阶级即有次第也。国语晋语"夫齐侯好示务施"，注云："施，惠也。"周书谥法解云："惠，爱也。"尔雅释诂同。故赵氏以爱释施，恩、施、爱三字义通。爱无差等即施无差等。施由亲始即爱由亲始。孔本、韩本作"施厚之事"。

徐子以告孟子，孟子曰："夫夷子信以为人之亲其兄之子为若亲其邻之赤子乎？彼有取尔也：赤子匍匐将入井，非赤子之罪也。【注】亲，爱也。夫夷子以为人爱兄子，与爱邻人之子等邪。彼取赤子将入井，虽他人子亦惊救之，谓之爱同也。但以赤子无知，非其罪恶，故救之耳。夷子必以此况之，未尽达人情者也。【疏】"赤子"至"罪也"〇正义曰：江氏声尚书集注音疏云："赤子无知，或触陷于死地，惟在保之者安全之，小民亦犹是也。保民如保赤子，则民其安治矣。孟子滕文公篇墨者夷之求见孟子，称儒者之道，'古之人若保赤子'，以为'爱无差等，施由亲始'。孟子解之曰：'彼有取尔也：赤子匍匐将入井，非赤子之罪也。'详孟子之意，谓愚民无知，与赤子同，其或入于刑辟，犹赤子之入井，非其罪也。保赤子者，必能扶持防护之，使不至于入井。保民者当明其政教以教道之，使不陷于罪戾，是之谓'若保赤子'。此孟子说书之意。"〇注"亲爱也"〇正义曰：论语："樊迟问仁，子曰爱人。"礼记中庸云："仁者，人也。亲亲为大。"一切经音义引苍颉篇云："亲，爱也。"亲之为爱，犹爱之为仁也。康诰此言主用刑，言民无知而将犯刑罚，不必为吾之亲近始保救之。犹赤子无知而将入井，不必为吾兄之子始保救之，故云若，若之言同也。故赵氏云，虽他人子亦惊救之，谓之爱同也。盖赤子唯保救其将入井，愚民惟保救其将犯刑罚。至于平时亲爱之，则邻之赤子终不若兄之子，愚民终不若己之父兄。是以邻里有丧，非不助之殡葬，然断不必厚如葬其亲也，此人情也。夷子不知此，是为不达人情。孔本、韩本亦爱救之作"惊救之"。**且天之生物也，使之一本，而夷子二本故也。**【注】天生万物，各由一本而出。今夷子以他人之亲，与己亲等，是为二本，故欲同其爱也。**盖上世尝有不葬其亲者，其亲死，则举**

而委之于壑。【注】上世，未制礼之时。壑，路旁坑壑也。其父母终，举而委弃之壑中也。【疏】注"上世未制礼之时"○正义曰：易系辞传云："古之葬者，厚衣之以薪，葬之中野。"翟氏灏考异云："此云上世，乃上古也。故与易所言古事不同。然二事相因，自有蘽梩之掩，遂渐成衣薪葬野之世。"○注"壑路"至"中也"○正义曰：尔雅释诂云："壑，阬阬，虚也。"注云："壑，溪壑也。阬阬，谓阬堑也。"阬即坑字。礼记郊特牲"水归其壑"，注云："壑，犹坑也。"赵氏以坑释壑而云路旁者，以下云"他日过之"，过则偶然行路过此，是壑在路旁也。楚辞离骚云"委厥美以从容兮"，注云："委，弃也。"故以弃释委。**他日过之，狐狸食之，蝇蚋姑嘬之，其颡有泚，睨而不视。夫泚也，非为人泚，中心达于面目。盖归反蘽梩而掩之。掩之诚是也，则孝子仁人之掩其亲，亦必有道矣。"**【注】嘬，攒共食之也。颡，额也。泚，汗出泚泚然也。见其亲为兽虫所食，形体毁败，中心惭，故汗泚泚然出于额。非为他人而惭也，自出其心，圣人缘人心而制礼也。蘽梩，笼臿之属，可以取土者也。而掩之实是其道，则孝子仁人，掩其亲有以也。【疏】"狐狸食之"○正义曰：阮氏元校勘记云："石经狸作'貍'。案诗'取彼狐狸'，释文、唐石经皆作'貍'。"○"蝇蚋姑"○正义曰：音义出此三字，云："张音讷，云'诸本或作蜹'，误也。丁云：'蜹，未详所出。或以蜹与蚢同，谓蜉蚢也。音由。'又一说云：'蜹姑，即蝼姑也。'"赵氏佑温故录云："姑，蝼蛄也。南人谓之地瞉。瞉读为狗。北人谓之喇喇姑，亦曰蝼狗。初生鸣土中，食谷种，最在螟蛉蟊贼先。东俗每于布谷后，候苗将发，则以小石轮周塍左右压治之。及秋飞出，趁灯光，能咬人起疮，虫之毒者。音义一说蚋或作'蜹'，一说'蜹姑，即蝼姑也'。则似以蚋姑为一物。予在山东，一老门子为予言甚详，因及月令'孟夏蝼蝈鸣'，即此物也。蝈与姑声相乱耳。"王氏念孙广雅疏证云："蝼蛄叠韵字，声转为蝼蜮，倒言之则为蛞蝼。方言：'蝼螲谓之蝼蛄，或谓之蟓蛉。南楚谓之杜狗，或谓蛞蝼。'今人谓此虫为土狗，即杜狗也。顺天人谓之拉拉古，即蝼蛄之转声也。其单言之则或为蝼，吕氏春秋应同篇'黄帝之时，天先见大螾大蝼'，高诱注云：'蝼，蝼蛄也。'慎小篇云'巨防容蝼'，注云：

'堤有孔穴，容蝼蛄也。'或又谓之蟠蛄，埤雅引广志小学篇云：'蝼蛄，会稽谓之蟠蛄。'孟子音义：'蚋，诸本或作蟠。一说云：蟠姑，即蝼蛄也。'蟠与蝼声正相近矣。蝼蛄，短翅四足，穴土而居，至夜则鸣，声如蚯蚓。"按赵氏无训，但以一虫字括之。为蝇，为蟠蛄，则二物。为蝇，为蚋，为姑，则三物。说文虫部云："蚋，秦晋谓之蚋，楚谓之蚊。"阮氏元释且云："且字加口为咀，春秋左传僖二十八年'晋侯梦楚子伏己而盬其脑'，盬与咀同，谓咀嗻其脑。故方言云：'盬，且也。'且与姑同音，故姑亦有咀义。孟子滕文公'蝇蚋姑嘬'之姑，与方言盬同，即咀也。谓蝇与蚋同咀嘬之也。"〇注"嘬攒共食之也"〇正义曰：礼记曲礼云"毋嘬炙"，注云："嘬，谓一举尽脔。"盖兽食之余，诸虫又尽之也。赵氏谓攒共食之者，嘬从最，隐公元年公羊传云"会犹最也"，注云："最，聚也。"最之为言聚，文选西都赋注引苍颉篇云："攒，聚也。"赵氏读嘬为聚，故以攒共解之。〇注"颡额"至"出于额"〇正义曰：方言云："中夏谓之额，东齐谓之颡。"颡即额也。考工记"车人为耒，庛长尺有一寸"，注云："庛，读为'其颡有疵'之疵。"贾氏疏云："俗人谓颡额之上有疵病，故从之也。"尔雅释诂云："疵，病也。"是孟子本有作"疵"者。其颡有疵，谓头额病，犹云疾首也。赵氏本作"泚"，毛诗邶风"新台有泚"，传云："泚，鲜明貌。"说文作"玼"，而训泚为清。盖颡色鲜明，必为汗渍，故以为汗出泚泚然。说文心部云："惭，愧也。"人愧则汗出于额，故以为惭。然以为惭，不如以为哀痛而疾首，泚宜为疵之借耳。〇注"虆梩"至"取土者也"〇正义曰：段氏玉裁说文解字注云："梠，臿也。从木，㠯声。一曰徙土輂。齐人语也。梩，或从里。周礼注引司马法曰：'輂，一斧一斤一凿一梩。'疏云：'梩，或解作臿，或解作锹，锹、臿亦不殊。孟子'盖归反虆梩而掩之'，赵曰：'虆梩，笼臿之属，可以取土者也。'虆即欙之假借，可以舁土者。梩同梠，可以臿地揠土者。一曰徙土輂，此别一义，谓梠即欙。孙奭孟子音义云：'梩，土舆也。'本此。"王氏念孙广雅疏证云："尔雅'斛谓之疀'，郭注云：'皆古鍫锸字。'管子度地篇云'笼臿版筑各什六'，齐策云'坐而织蒉，立而杖插'，并字异而义同。"按笼蒉即虆臿，插即梩，故云笼臿之属。〇注"而掩之实是其道"〇正义曰：高诱注吕氏春秋、淮南子皆云："诚，实也。"

徐子以告夷子，夷子怃然，为间，曰："命之矣。"【注】孟子言是以为墨家薄葬，不合道也。徐子复以告夷子，夷子怃然者，犹怅然也。为间者，有顷之间也。命之，犹言受命教矣。【疏】注"夷子怃然者犹怅然也"○正义曰：一切经音义引三苍云："怃然，失意貌也。"失意则怅恨，故以为犹怅然也。按论语微子篇："子路行以告，夫子怃然。"集解云："谓其不达己意。"与赵氏此注义同。乃说文心部云："怃，爱也。韩郑曰怃。一曰不动。"尔雅释言云："怃，抚也。"广雅释诂既训抚为安，又训抚为定，安、定皆不动之义。盖夫子闻子路述沮、溺之言，寂然不动，久而乃有"鸟兽不可同群"之言。此夷之闻徐辟述孟子之言，寂然不动，久而乃有"命之"之言。是"夷子怃然"四字绝句，"为间"二字绝句，谓不动声色者良久也。后汉书文苑祢衡传云："表尝与诸文人共草章奏，并极其才思。时衡出，还见之，开省未周，因毁以抵地，表怃然为骇。"盖是时刘表必正称誉欢笑，衡突将章奏掷诸地，表乃寂然不动，揣其心以为此时所以不动者，为骇之也。蔡邕传："邕在陈留，其邻人有以酒食召邕者。客有弹琴于屏，邕至门，试潜听之，曰：'憘！以乐召我而有杀心，何也？'遂反。主人遽自追问其故，邕具以告，莫不怃然。"此怃然，亦谓众闻邕言，莫知所谓，都寂然不动也。孔融传："曹操激厉融云：'当收旧好，而怨毒渐积，志相危害，闻之怃然，中夜而起。'"大凡闻人之言，见人之事，与己所期所见不同，往往静默不动，踌躇既久。有以见其说之非，则夫子之辨沮、溺是也。有以见其说之是，则夷之之从孟子是也。亦有踌躇不解其故，或蓄怒而未形，或怀疑而莫决，如刘表之于祢衡，陈留宾客之于蔡邕是也。说文以"不动"二字括之，精矣。○注"为间者有顷之间也"○正义曰：吕氏春秋去私篇云"居有间"，高诱注云："间，顷也。"国策秦策云"乃留止间日"，高诱注云："间，须臾也。"列子黄帝篇云"立有间，不言而出"，释文云："间，少时也。"○注"命之犹言受命教矣"○正义曰：礼记坊记云"命以防欲"，注云："命谓教命。"

章指言：圣人缘情，制礼奉终；墨子元同，质而违中；以直正枉，怃然改容：盖其理也。【疏】"墨子元同质而违中"○正义曰：墨子有尚同三篇，同即无差等之谓也。老子云："和其光，同其尘。"是谓"玄同"。左思魏都赋云："道洪化隆，世笃元同。"后汉书张衡传注引桓谭新论云："元者，天也，道也。"此元同谓道同也。太史公自序云："墨者俭而难遵，是以其事不遍循。"质，犹俭也。违中，故不可遍从也。

孟子正义卷十二

孟子卷第六

滕文公章句下凡十章。

11 陈代曰："不见诸侯，宜若小然。今一见之，大则以王，小则以霸。且志曰'枉尺而直寻'，宜若可为也。"【注】陈代，孟子弟子也。代见诸侯有来聘请孟子，孟子有所不见，以为孟子欲以是为介，故言此介得无为狭小乎。如一见之，傥得行道，可以辅致霸王乎。志，记也。枉尺直寻，欲使孟子屈己信道，故言宜若可为也。【疏】"且志曰枉尺而直寻"○正义曰：翟氏灏考异云："隶释议郎元宾碑'进退不枉尺直捋'，用孟子，而以捋为寻。文子上义篇：'屈寸而申尺，小枉而大直，圣人为之。'尸子引孔子曰：'诎寸而信尺，小枉而大直，吾为之也。'文子，东周初人；而尸佼为商鞅师，穀梁传尝引其言，亦略前于孟子。陈代所云志，或者即此等书。"○注"得无为狭小乎"○正义曰：汉金广延毋纪产碑云"耕殖陕少"，陕少即狭小也。礼记表记云"仁有数义，有长短小大"，注云："性仁义者，其数长大；取仁义者，其数短小。"孔氏正义云："小谓所施狭近也。"

孟子曰："昔齐景公田，招虞人以旌，不至，将杀之。【注】虞人，守苑囿之吏也。招之当以皮冠而以旌，故不至也。【疏】"昔齐"至"杀之"○正义曰：昭公二十年左传云："十二月，齐侯田于沛，招虞人以弓，不进。公使执之，辞曰：'昔我先君之田也，旃以招大夫，弓以招士，皮冠以招虞人。臣不见皮冠，故不敢进。'乃舍之。仲尼曰：'守道不如守官，君子韪之。'"阎氏若璩释地三续云："虞人，守苑囿之吏也。周礼山虞每大山中士四人，泽虞每大泽大薮中士四人，迹人掌田猎者，亦中士四人，余皆下士及府史等，自不敢上拟乎大夫。招以旌，岂敢进？此守官也，而即守道也。左氏生六国初，孟子之前，不知于何闻之？所传尹公佗学射庾公差，齐侯田于沛二事，与孟子辄异。"**志士不忘在沟壑，勇士不忘丧其元，孔子奚取焉？取非其招不往也。如不待其招而往，何哉？**【注】志士，守义者也。君子固穷，故常念死无棺椁，没沟壑而不恨也。勇士，义勇者也。元，首也。以义则丧首不顾也。孔子奚取，取守死善道，非礼招己则不往。言虞人不得其招尚不往，如何君子而不待其招，直事妄见诸侯者，何为也。【疏】注"志士"至"善道"○正义曰：韩诗外传云："子路与巫马期薪于韫丘之下，陈之富人有处师氏者，脂车百乘，觞于韫丘之上。子路与巫马期曰：'使子无忘子之所知，亦无进子之所能，得此富终身，无复见夫子，子为之乎？'巫马期喟然仰天而叹，阘然投镰于地曰：'吾尝闻之夫子，勇士不忘丧其元，志士仁人不忘在沟壑，子不知予与？试予与？意者其志与？'"此以志士、仁人并称。论语卫灵公篇云："志士仁人，无求生以害仁，有杀身以成仁。"集解引孔曰："无求生以害仁，死而后成仁，则志士仁人不爱其身也。"孔子谓"杀身成仁"，孟子谓"舍生取义"，惟取义乃成仁，故志士为仁人，即亦守义者也。巫马期不愿处师氏之富，固死无棺椁、弃尸沟壑而不恨者也。死不爱其身，则生可丧其元；生不爱其元，则死何难于在沟壑。志与勇，皆以义揆之，故赵氏均以义言。论语阳货篇云："君子义以为上。君子有勇而无义为乱，小人有勇而无义为盗。"故云义勇者也。勇而非义，虽丧元不顾，第要离、聂政之流，非君子所贵矣。"元，首也"，尔雅释诂文。僖公三十三年左传："先轸曰：'匹夫逞志于君而无讨，敢不自讨乎？'免胄入狄师，死焉。狄人归其元，面如生。"哀公十一年传："公使大史固归国子之元。"皆丧其元之事也。"守死善道"，论语泰伯篇文。○注"直事妄见诸侯者"○正义曰：韩非子喻老篇云："事，为也。"直事者，不俟其招，径直为此见诸侯之事。无端而往，是为妄也。**且夫枉尺而直寻者，以利言也。如以利，则枉寻直尺而利，亦可为与？**【注】尺小寻大，不可枉大就小，而以要利也。【疏】"则枉"至"为与"○正义曰：风俗通十反篇云："孟轲称不枉尺以直寻，况于枉寻以直尺。"盖不待招而见，实不能一见即霸王，是枉寻直尺而已。赵氏之义，与应劭正同。**昔者赵简子使王良与嬖奚乘，终日而不获一禽，嬖奚反命曰：'天下之贱工也。'**【注】赵简子，晋卿也。王良，善御者也。嬖奚，简子幸臣。以不能得一禽，故反命于简子，谓王良天下鄙贱之工师也。【疏】注"赵简子晋卿也"○正义曰：史记赵世家云："晋献公赐赵夙耿。夙生共孟。共孟生赵衰。赵衰生盾。赵盾卒，谥为宣孟。子朔嗣，屠岸贾杀赵朔。平公十二年，赵武为正卿。赵武生景叔。赵景叔卒，生赵鞅，是为简子。"○注"王良善御者也"○正义曰：哀公二年左传云"邮无恤御简子"，注云："邮无恤，王良也。"孔氏正义云："下云'子良授绥'是也。服虔曰：'王良也。'"孟子说王良善御之事，古者车驾四马，御之为难，故为六艺之一。王良之善御最有名，于书传多称之。楚辞云："当世岂无骐骥兮，诚无王良之善御；见执辔者非其人兮，故驹跳而远去。"国语晋语云"赵简子使尹铎为晋阳，邮无正进曰"云云。又云"初，伯乐与尹铎有怨，以其赏如伯乐氏"，注云："无正，晋大夫邮良伯乐。"又云："伯乐，无正字。"淮南子览冥训云："昔者王良、造父之御也，上车摄辔，马为整齐而敛谐，投足调匀，劳逸若一，心怡气和，体便轻毕，安劳乐进，驰骛若灭。"高诱注云："王良，晋大夫邮无恤子良也。所谓御良也。一名孙无政，为赵简子御，死而托精于天驷星，天文有王良星是也。"○注"天下鄙贱之工师也"○正义曰：王良为大夫，不可为卑贱。贱与下良对，故释为鄙，谓其技艺鄙陋，鄙野异于国中，言其俚野，非国工也。以师释工者，仪礼燕礼"大师告于乐正"，注云："大师，上工也。"是工亦称师也。

"或以告王良，良曰：'请复之。'【注】闻嬖奚贱之，故请复与乘。**强而后可，**【注】强嬖奚，乃肯行。**一朝而获十禽。嬖奚反命曰：'天下之良工也。'**【注】以一朝得十禽，故谓之良工。**简子曰：'我使掌与女乘。'**【注】掌，主也。使王良主与女乘。【疏】注"掌主也"○周礼天官凌人注云："杜子春读掌冰为主冰。"小尔雅广言云：

"掌,主也。"**谓王良,良不可。**【注】王良不肯。**曰:'吾为之範我驰驱,终日不获一;为之诡遇,一朝而获十。**【注】範,法也。王良曰:我为之法度之御,应礼之射,正杀之禽,不能得一。横而射之曰诡遇。非礼之射,则能获十。言嬖奚小人也,不习于礼。【疏】注"範法"至"于礼"○正义曰:"範,法也",尔雅释诂文。昭公八年:"秋,蒐于红。"穀梁传云:"艾兰以为防,置旃以为辕门,以葛覆质以为槷,流旁握,御轚者不得入。车轨尘,马候蹄,掩禽旅,御者不失其驰。然后射者能中,过防弗逐,不从奔之道也。面伤不献,不成禽不献。"所云车轨尘马候蹄者,法度之御也。毛诗小雅车攻篇传云:"一曰乾豆,二曰宾客,三曰充君之庖。故自左膘而射之,达于右腢为上杀,达右耳本次之,射左髀达于右䯚为下杀。面伤不献,践毛不献,不成禽不献。"孔氏正义云:"上杀以其贯心死疾,肉最洁美,故以为乾豆。次杀以其远心,死稍迟,肉已微恶,故以为宾客。下杀以其中胁,死最迟,肉又益恶,充君之庖也。凡射兽,皆逐从左厢而射之,达于右䯚;独言射左髀为上杀,达于右腢,当自左胁也。次达右耳本,当自左肩腢也。不言自左,举下杀之射左髀,可推而知也。面伤不献者,谓当面射之。剪毛不献,谓在旁而逆射之。二者皆为逆射。"按此上杀、次杀、中杀,皆为应礼之射,正杀之禽。王氏念孙广雅疏证云:"释天:'王者以四时畋,以奉宗庙,因简戎事,刈草为防,驱而射之,不题禽,不垝遇,不伎草,越防不追。'题禽,题,迎禽而射之。垝遇,谓旁射也。垝,或作'诡',孟子滕文公篇'为之诡遇,一朝而获十',赵岐注云:'横而射之曰诡遇。'比:'九五,王用三驱,失前禽。'桓四年左传正义引郑注云:'失前禽者,谓禽在前来者,不逆而射之,旁去又不射。惟背走者,顺而射之。用兵之法亦如之,降者不杀,奔者不御,加以仁恩养威之道。'亦其义也。说苑修文篇云:'不抵禽,不诡遇。'班固东都赋云:'弦不睼禽,辔不诡遇。'抵、睼并与题通。"按此题禽、诡遇,皆为非礼之射。王良仅云诡遇,盖亦括题禽言之。如穀梁传但言面伤,亦括横射言之也。音义出"範我",云:"或作范氏。范氏,古之善御者。"範,古与范通。範或作范者有之,我、氏形近,其作氏者,讹也。赵氏训范为法,则其经文必不作"范氏"矣。音义见误本而以为古之善御者,班固东都赋云:"游基发射,范氏施御,弦不失禽,辔不诡遇。"文选李善注引括地图云:"夏德盛，二龙降之，禹使范氏御之，以行程南方。”又引孟子此文，仍作“吾为之範我驰驱”，连下“为之诡遇”，又引刘熙注“横而射之曰诡遇”，则引括地图注“范氏施御”句，引孟子注“彊不诡遇”句，非“范氏”即孟子之“範我”也。李贤注后汉书班固传此文则云“范氏，赵之御人也”，此赵字误，当是古字。引孟子此文亦作“範我”，又引赵注“範法也”云云，然则李贤所引孟子不作“范氏”可知。又云：“弦不失禽，谓由基也。彊不诡遇，谓范氏也。”范氏指赋所云之范氏，非孟子之“範我”也。宋书乐志马君篇云：“愿为范氏驱，雝容步中畿，岂效诡遇子，驰骋趣危机。”此则本班固赋言之，皆未足以证孟子之为“范氏驰驱”也。凡说经先求辞达，若作“范氏”，则云我为之范氏驰驱，于辞不达，而王良何取于范氏？赋以范氏俪由基，范氏为範我矣，由基何属邪？即使诚有异本孟子作“范氏驰驱”，究以赵氏为正而已。白氏六帖执御篇引孟子此文及注云：“範，法也。为以法式为御，故不获禽。诡，谲也。不依御，故苟得矣。”与赵氏注异。白氏引之，盖唐以前旧注，其释範为法，亦同于赵。音义作“范氏”，非也。**诗云：“不失其驰，舍矢如破。我不贯与小人乘，请辞。”**【注】诗，小雅车攻之篇也。言御者不失其驰驱之法，则射者必中之。顺毛而入，顺毛而出，一发贯臧，应矢而死者如破矣。此君子之射也。贯，习也。我不习与小人乘，不愿掌与嬖奚同乘，故请辞。【疏】注“诗小”至“射也”○正义曰：引诗在小雅车攻篇第六章。毛传云：“言习于射御法也。”不失其驰驱之法，则範我驰驱也。顺毛而入，顺毛而出，则不践毛。不顺，则毛蹂躏狼藉矣。“一发贯臧”，阮氏元校勘记云：“足利本臧作‘机’。音义出‘贯臧’，作机非。臧即今五脏字，徂浪切。一发贯臧，应矢而死，所谓‘贯心死疾为上杀’也。孙宣公云‘臧如字’，非也。”郑氏笺云：“御者之良，得舒疾之中；射者之工，矢发则中，如椎破物也。”孔氏正义云：“如椎破物，则中而驶也。”王氏引之经传释词云：“如，犹而也。‘不失其驰，舍矢如破。’如破，而破也。家大人曰：舍矢而破，与舍拔则获同意，皆言其中之速也。楚策云‘壹发而殪’，意亦与此同。郑笺及孟子赵注皆误解如字。”○注“贯习也”○正义曰：“贯，习”，尔雅释诂文。段氏玉裁说文解字注云：“贯，假借作掼字，习也，如孟子‘我不贯与小人乘’是也。毛诗曰‘串夷’，传云：‘串，习也。’串即毌之隶变，传即谓贯字。”**御者且羞与射者比，比而得禽兽，虽若丘陵，弗为也。如枉道而从彼，何也？**【注】孟子引此以喻陈代。云御者尚知耻羞此射者，不欲与比，子如何欲使我枉正道而从彼骄慢诸侯而见之乎。【疏】注“御者尚知耻羞此射者”〇正义曰：国语周语云“奸礼为羞”，注云：“羞，耻也。”闽、监、毛三本作“羞耻”。**且子过矣！枉己者，未有能直人者也。”**【注】谓陈代之言过谬也。人当以直矫枉耳，己自枉曲，何能正人。【疏】注“过谬也”〇正义曰：国策秦策云“王之料天下过矣”，高诱注云：“过，谬也。”淮南子本经训云“坏险以为平，矫枉以为直”，高诱注云：“矫，正也。枉，曲也。”说文矢部云：“矫，揉箭钳也。”易说卦传云“坎为矫揉”，宋衷注云：“曲者更直为矫。”盖物之曲者，以直物纠戾之使同直，故云以直矫枉也。

章指言：修礼守正，非招不往；枉道富贵，君子不许，是以诸侯虽有善其辞命，伯夷亦不屑就也。【疏】“是以”至“就也”〇正义曰：周氏广业孟子章指考正云：“伯夷不就辞命，无考。惟韩非子和氏篇：‘古有伯夷、叔齐者，武王让以天下而弗受，二人饿死首阳之陵。’庄子让王篇：‘昔周之兴，伯夷、叔齐相谓曰：吾闻西方有人似有道者，盍往观焉。至于岐阳，武王闻之，使叔旦往见之，与之盟曰：加富二等，就官一列，血牲而埋之。二人相视而笑曰：嘻异哉！此非吾所谓道也。比入至首阳之山，遂饿而死焉。’孟子所云，或即指此。”

2 **景春曰：“公孙衍、张仪，岂不诚大丈夫哉！一怒而诸侯惧，安居而天下熄。”**【注】景春，孟子时人，为从横之术者。公孙衍，魏人也。号为犀首，常佩五国相印为从长。秦王之孙，故曰公孙。张仪，合从者也。一怒则构诸侯使强凌弱，故言惧也。安居不用辞说，则天下兵革熄也。【疏】注“景春”至“术者”〇正义曰：汉书艺文志云：“从横家者流，盖出于行人之官。孔子曰：‘诵诗三百，使于四方，不能专对，虽多亦奚以为！’又曰:'使乎使乎!'言其当权事制宜,受命而不受辞,此其所长也。及邪人为之,则上谖诈而弃其信。"凡十二家,以苏秦、张仪为首。周氏广业孟子出处时地考云:"景春称仪、衍而不及苏秦,秦时已为齐所杀矣。"又孟子古注考云:"汉艺文志兵形势[一]家有景子十三篇,疑即此人。"○注"公孙"至"从长"○正义曰:史记秦本纪云:"惠文君五年,阴晋人犀首为大良造。六年,魏纳阴晋,阴晋更名宁秦。"裴骃集解云:"犀首,官名,姓公孙,名衍。"徐广曰:"阴晋,今之华阴也。"衍为大良造时,阴晋尚属魏,衍为阴晋人,是魏人也。又张仪列传附公孙衍传云:"犀首者,魏之阴晋人也。名衍,姓公孙氏。与张仪不善。张仪已卒之后,犀首入相秦,尝佩五国之相印,为约长。"集解引司马彪云:"犀首,魏官名,若今虎牙将军。"按此则衍在魏为犀首之官,在秦为大良造之官。赵氏云号为犀首,未详所本。国策秦策云:"王用仪言,取皮氏卒万人,车百乘,以与魏犀首。"吴师道云:"年表'阴晋人犀首为大良造',则非官名。而韩策缪留以犀首、张仪并言,何为一人独以官称乎?恐犀首或姓名也。魏亦有犀武。"按犀首即公孙衍,明见史记。意者先在魏为此官,后遂以为号,故人通称之。史记言约长、赵氏言从长者,周氏柄中辨正云:"衍本衡人,史记以仪、衍同传而赞云:'夫言从衡强秦者,大抵皆三晋之人。'是衍亦衡人之强秦者也。所以离秦魏之交,致义渠之袭者,特以倾张仪而然,非合从也。即其用陈轸之计,三国委事,亦并无合从事迹;其为秦败楚,则见于韩非子、史记等书,黄东发谓衍或从或衡,殊非其实。赵注云'衍尝佩五国相印为从长',史记'犀首入秦为约长',此言衍相秦,约五国与秦衡亲,正破从为横之事。约长非从长也,未有相秦而合从者也。衍生长于魏,赵氏谓'秦王之孙,故曰公孙',亦未知所出。"○注"张仪合从者也"○正义曰:吕氏春秋报更篇云:"张仪,魏氏余子也。将西游于秦,过东周,昭文君送而资之。至于秦,留有间,惠王悦而相之。张仪所德于天下者,无若昭文君。"史记张仪列传云:"张仪者,魏人也。苏秦已说赵王而得相约从亲,然恐秦之攻诸侯败约后[二]负,念莫可使用于秦者,乃使人微感张仪。张仪遂得以见秦惠王,惠王以为客卿。"二说不同。索隐云:"张仪

〔一〕"兵形势"原误"兵阴阳",据汉书改。
〔二〕"后"字原脱,据史记补。

说六国,使连衡而事秦,故云'成其衡道'。然山东地形从长,苏秦相六国,合从亲而宾秦也。关西地形衡长,张仪相六国,令破其从而连秦之衡。"故苏为合从,张为连衡也。乃赵氏以仪为合从者,未详所本。

孟子曰:"是焉得为大丈夫乎?子未学礼乎:丈夫之冠也,父命之。女子之嫁也,母命之,往送之门,戒之曰:'往之女家,必敬必戒,无违夫子。'以顺为正者,妾妇之道也。

【注】孟子以礼言之,男子之道,当以义匡君,女子则当婉顺从人耳。男子之冠,则命曰就尔成德。今此二子,从君顺指,行权合从,无辅弼之义,安得为大丈夫也。【疏】"丈夫之冠也父命之"○正义曰:江氏永群经补义云:"父命之者,迎宾冠子,父主其事。至于士冠礼诸祝辞,皆宾祝之,非父命也。父醮则有辞矣。"周氏柄中辨正云:"陈亦韩曰:'士冠礼无父命之文,宾则有三加祝辞,又有醴辞字辞。冠后以贽见于卿大夫乡先生,如晋赵文子冠,见栾武子、范文子、韩献子、智武子,皆有言以劝勉之。盖父不自命,而以其命之意出于宾,亦不亲教子之意也。'"○"女子"至"夫子"○正义曰:阎氏若璩释地又续云:"门,即父母家之门,非女子所适之婿家之门。今人只缘俗有母送其女至婿家礼,遂以为婿门。不知妇人迎送不出门,又内言不出于梱,古岂有是耶?然孟子此一礼,与仪礼士昏礼记亦殊不同。记云:'父在阼阶上西面戒女,母戒诸西阶上,不降。'又云:'父送女,命之曰:戒之敬之,夙夜无违命。母施衿结帨,曰:勉之敬之,夙夜无违宫事。庶母及门内施鞶,申之以父母之命,命之曰:敬恭听,宗尔父母之言,夙夜无愆,视诸衿鞶。'是戒者非止母一人,与所送亦非止门一处。大抵孟子言礼多主大纲,不暇及详。抑仪礼定于周初,而列国行之久,颇各随其俗。如卫人之祔也离之,鲁人之祔也合之。虽孔子善鲁,而卫当日仍行自若。"周氏柄中辨正云:"士昏礼女父不降送,母戒诸西阶上,亦不降,而孟子言'往送之门',穀梁传亦言'送女不出祭门',乃指庙之大门,则送不止于阶矣。或说送至婿门,毛西河引战国策'妇车至门,送诸母还',谓诸母有送至婿门者。按穀梁传诸母兄弟送不出阙〔一〕门,谓祭门外两观门也。所指诸侯

〔一〕"阙"原误"关",据桓公三年穀梁传改。

嫁女之礼，与士昏礼传所言'庶母及门内'略同，并无送至婿门之说，国策恐未可据。"〇注"男子"至"丈夫也"〇正义曰：毛诗邶风燕婉传云："婉，顺也。"说文女部云："婉，顺也。"春秋传曰："太子痤婉。"是顺之义为婉也。以义匡君，义不可从，则须谏正，是以义为正也。不论义之当从当违，一概无违，是以顺为正，非以义为正者也。故赵氏以婉解之，别其不能以义匡君矣。赵氏佑温故录云："注'男子之冠，则命曰就尔成德'，补义甚好，此出士冠礼'祝曰：令[一]月吉日，始加元服，弃尔幼志，顺尔成德'之文也。"按仪礼士冠礼作"顺尔成德"，此改为"就"者，以孟子斥顺为妾妇，故易顺为就。广雅释诂云："就，归也。"贾子道术篇云"行归而过谓之顺"，庄子人间世云"就不欲入"，注云："就者，形顺。"是就亦顺也。乃所顺在成德，成德则能以义匡君，是以义为顺者也。惟以无违为顺而不以义，则妾妇之顺也。言有古今之不同，赖圣贤发明之。文王系易，以利为重，其时所谓利，以利物言，故孔子赞之云："利者，义之和也。利物足以和义。"盖至孔子时所谓利，其以为利己，于是以"放利而行"为利，故孔子罕言利而以义为利。易以坤为顺，孔子赞易，屡以顺言，其时以"辅弼正君"为顺，荀子臣道篇云："以从命而利君谓之顺，从命而不利君谓之谄。"是也。至孟子时，则徒以"从君顺指"为顺，故孟子斥为"妾妇之道"。孟子之斥顺，犹孔子之斥利也。妻道犹臣道，妻之顺夫，亦当谔谔有以调和而补救之。惟妾妇婢媵之流，徒以取容为婉媚耳。**居天下之广居，立天下之正位，行天下之大道，得志与民由之，不得志独行其道，富贵不能淫，贫贱不能移，威武不能屈，此之谓大丈夫。"**

【注】广居，谓天下也。正位，谓男子纯乾正阳之位也。大道，仁义之道也。得志行正与民共之，不得志隐居独善其身，守道不回也。淫，乱其心也。移，易其行也。屈，挫其志也。三者不惑，乃可以为大丈夫矣。【疏】注"广居"至"道也"〇正义曰：赵氏以广居为天下，则居天下之广居即谓人生天地间也。天地之间至广大，随在可以自得，必以富贵而婉顺求之，是天下至广而所营至狭矣。男女共生天地之间，在女子则当婉顺；既身为男子，则在八卦为乾，易

〔一〕"令"原误"今"，据仪礼改。

家人象传云："女正位乎内，男正位乎外。"内则囿于一家，外则周乎天下，故居天下之正位也。说卦传云："是以立天之道曰阴与阳，立地之道曰柔与刚，立人之道曰仁与义。分阴分阳，迭用柔刚。"异乎妾妇之徒以柔顺为道，故为大道也。盖既生于天地间，居如此其广也，又身为男子，位如此其正也，则所行自宜为天下之大道，而奈何局蹐而效妾妇为也。下数句即申明行天下之大道，以全其居广居、立正位之身也。赵氏注精矣。○注"得志行"至"夫矣"○正义曰：论语颜渊篇云："政者，正也。"周礼地官党正注云："正之言政也。"赵氏以行正解得志，行正即为政也。天下之居既广，而男子行仁义之道可仕而为政，则以此仁义之道共之于民；不可仕则隐居，而以此仁义之道独行于身，何处不可居，何处不可行道也。吕氏春秋古乐篇云"有正有淫矣"，高诱注云："淫，乱也。"又荡兵篇云"而工者不能移"，高诱注云："移，易也。"汉书扬雄传音义引诸诠云："屈，古诎字。"广雅释诂云："诎，屈也。挫，诎，折也。"是屈即挫也。男子行仁义之道，故富贵不能乱其心，贫贱不能易其行，威武不能挫其志，自强不息，乃全其为男子；全其为男子，斯得为大丈夫也。

章指言：以道匡君，非礼不运，称大丈夫。阿意用谋，善战务胜，事虽有刚，心归柔顺，故云妾妇，以况仪、衍。【疏】"非礼不运"○正义曰：周氏广业孟子章指考证云："戴记有礼运篇。"按庄子山木篇云："运，物之泄也。"释文引司马注云："运，动也。"

3　周霄问曰："古之君子仕乎？"【注】周霄，魏人也。问君子之道当仕否。【疏】注"周霄魏人也"○正义曰：战国魏策云："魏文子、田需、周霄相善，欲罪犀首。"鲍彪注云："周霄，孟子时有此人，至是三十年矣。"吴师道正云："田文前相魏，当襄王时，孟子见梁襄王，相去不远也。"周氏广业孟子出处时地考云："按史田需、犀首皆在秦惠王时，故霄得问于孟子也。"魏策又云："周肖谓宫他曰：'子为肖谓齐王曰：肖愿为外臣，今齐资我于魏。'"鲍彪注云："疑即霄。"吴师道正云："孟子记魏人，若以为此人，则非安釐之世矣。"

孟子曰："仕。传曰：'孔子三月无君，则皇皇如也。出疆必载质。'【注】质，臣所执以见君者也。三月，一时也。物变而不佐君化，故皇皇如有求而不得。【疏】注"质臣所执以见君者也"○正义曰：音义出"载质"，云："张音贽，云'义质贽同'。"白虎通瑞贽篇云："贽者，质也。质己之诚，致己之悃愊也。"仪礼士相见礼云："贽，冬用雉，夏用腒，左头奉之，曰：'某也愿见，无由达，某子以命，命某见。'"注云："贽，所执以至者。君子见于所尊敬，必执贽以将其厚意也。"士冠礼云："奠挚见于君，遂以挚见乡大夫乡先生。"注云："挚，雉也。"是见君用挚也。贽、挚、质三字通。○注"三月"至"不得"○正义曰：大戴记本命篇云："人生而不具者五，目无见，不能食，不能行，不能言，不能化。三月而彻眴，然后能有见。"注云："三月万物一成。"易系辞传云："变通莫大乎四时。"春秋繁露官制象天篇云："三人而为一选仪，于三月而为一时也。天有四时，时三月；如天之时，固有四变也。"白虎通四时篇云："岁时何谓？春夏秋冬也。时者，期也。阴阳消息之期也。春夏物变盛，秋冬气变盛。"此三月为一时而物变之说也。变即化也。历一时而物变化，君子亦当趣时为变化。春秋繁露四时之制篇云："天之道，春暖以生，夏暑以养，秋清以杀，冬寒以藏。暖暑清寒，异气而同功，皆天之所以成岁也。圣人副天之所行以为政，故以庆副暖而当春，以赏副暑而当夏，以罚副清而当秋，以刑副寒而当冬。庆赏罚刑，异事而同功，皆王者之所以成德也。庆赏罚刑，与春夏秋冬以类相应也。"礼记檀弓上云："既殡，瞿瞿如有求而弗得，皇皇如有望而弗至。"注云："皆忧悼在心之貌也。"檀弓下云："始死，皇皇焉如有求而弗得。"问丧篇云："其往送也，望望然，汲汲然，如有追而弗及也。其反哭也，皇皇然，如有求而弗得也。"楚辞离世篇云"征夫皇皇其孰依兮"，注云："皇皇，惶遽貌。"广雅释训云："惶惶，剧也。"惶惶即皇皇也。公明仪曰：'古之人，三月无君则吊。'"【注】公明仪，贤者也。而言古人三月无君则吊，明当仕也。

"三月无君则吊，不以急乎？"【注】周霄怪乃吊于三月无君，何其急也。

曰："士之失位也，犹诸侯之失国家也。礼曰：'诸侯耕

助,以供粢盛;夫人蚕缫,以为衣服。牺牲不成,粢盛不絜,衣服不备,不敢以祭。惟士无田,则亦不祭。'牲杀器皿衣服不备,不敢以祭,则不敢以宴,亦不足吊乎?"【注】诸侯耕助者,躬耕劝率其民,收其藉助,以供粢盛。粢,稷。盛,稻也。夫人亲执蚕缫之事,以率女功。衣服,祭服。不成,不实肥腯也。惟,辞也。言惟绌禄之士,无圭田者不祭。牲必特杀,故曰杀。皿所以覆器者也。不祭则不宴,犹丧人也,不亦可吊乎。【疏】"礼曰"至"衣服"○正义曰:礼记祭统云:"天子亲耕于南郊,以共齐盛。王后蚕于北郊,以共纯服。诸侯耕于东郊,亦以共齐盛。夫人蚕于北郊,以共冕服。"注云:"齐,或为粢。"孟子所引之礼,盖如是也。桓公十四年穀梁传云:"天子亲耕以共粢盛,王后亲蚕以共祭服。"又成十七年穀梁传云:"宫室不设,不可以祭;车马器械不备,不可以祭;有司一人,不备其职,不可以祭。"与孟子所言略同。然则"牺牲不成"以下,亦孟子述礼之文也。礼记曲礼云:"无田禄者,不设祭器。"又王制云:"大夫士宗庙之祭,有田则祭,无田则荐。"○注"诸侯"至"祭服"○正义曰:国语周语云:"宣王即位,不藉千亩。虢文公谏曰:'不可。夫民之大事在农,上帝之粢盛,于是乎出。'"又云:"及期,王祼鬯乃行,百吏庶民毕从。及藉,后稷监之,膳夫农正陈藉礼,大史赞王,王敬从之。王耕一墢,班三之,庶人终于千亩。"注云:"藉,借也。借民力以为之。天子藉田千亩,诸侯百亩。"盖田名藉田,以借助于民,故名。天子先亲耕,而后民终之,是躬耕劝率于民也。天子虽躬耕,不过三推而已。其终收获,得共粢盛,实由民之助力,故云收其藉助也。是耕为躬耕,助为民助,若礼记乐记云:"耕藉,然后诸侯知所以敬。"此耕藉专谓躬耕藉田,与孟子云耕助不同。助虽与藉义同,然藉指田名,助为民助也。"粢稷",尔雅释草文。桓公十四年公羊传注云:"黍稷曰粢,在器曰盛。"说文皿部云:"齍,黍稷器,所以祀者。"盛黍稷在器中以祀者也。地官舂人"祭祀共其齍盛之米",注云:"齍盛,谓黍稷稻粱之属,可盛以为簠簋实。"春官小宗伯"辨六齍之名物",注云:"齍读为粢,六粢谓六谷,黍稷稻粱麦苽。"然则以器内之实言之,谓之齍,即粢也。稷为谷长,以统众谷而名也。以诸谷在器言之,谓之盛。黍稷稻粱等皆在器,皆为盛也。解者以黍稷曰粢、在器曰盛为互释,赵氏以黍稷曰粢,则是稻粱曰盛,故云盛稻也。其实黍稷在器亦名盛,稻粱为簠簋实,亦统名粢。段氏玉裁说文解字注云:"周礼一书,或兼言齍盛,若甸师[一]、舂人、肆师、小祝是也。单言齍,若大宗伯、小宗伯、大祝是也。单言盛,若饎人、廪人是也。小宗伯'逆齍',注云:'受饎人之盛以入。'然则齍、盛可互称也。甸师注云:'粢,稷也。'谷者,稷为长,是以名。齍、粢古今字也。毛诗甫田作'齐',亦作'齍',用古文。礼记作'粢盛',用今文。左传作'粢盛',则用今字之始。左传曰'絜粢丰盛',毛传云:'器实曰齍,在器曰盛。'郑注周礼,齍或专训稷,或训黍稷稻粱;盛则皆训在器。是则粢之与盛别者,齍谓谷也,盛谓在器也。许则云:'器曰齍,实之则曰盛。'似与毛、郑异。盖许主说字,其字从皿,故谓'其器可盛黍稷曰齍'。要之齍可盛黍稷,而因谓其所盛黍稷曰齍。凡文字故训,引伸每多如此,说经与说字,不相妨也。"礼记祭义云:"古者,天子诸侯必有公桑蚕室。及大昕之朝,君皮弁素积,卜三宫之夫人世妇之吉者,使入蚕于蚕室,奉种浴于川,桑于公桑,风戾以食之。"此夫人蚕之事也。又云:"世妇卒蚕,奉茧以示于君,遂献茧于夫人。及良日,夫人缫三盆手,遂布于三宫夫人世妇之吉者,使缫,遂朱绿之,玄黄之,以为黼黻文章,君服以祀先王先公。"注云:"三盆手者,三淹也。凡缫,每淹大总,而手振之以出绪也。"此夫人缫之事也。周礼天官内宰:"中春,诏后帅外内命妇,始蚕于北郊,以为祭服。"帅即率也。是衣服即祭服也。○注"不成"至"辞也"○正义曰:礼记曲礼云"豚曰腯肥",注云:"腯,亦肥也。腯,充貌也。"桓公六年左传云:"吾牲牷肥腯。"又云:"故奉牲以告曰:博硕肥腯,谓民力之普存也,谓其畜之硕大蕃滋也,谓其不疾瘯蠡也,谓其备腯咸有也。"牺牲而云不成,礼记中庸云:"诚者,自成也。"诚之义为实,则成之义亦为实,故以不实解不成。吕氏春秋明理篇云"五谷萎败不成",又贵信篇云"则五种不成",高诱注并云:"成,熟也。"此不成亦即不实。但五谷之不实谓其不熟,牺牲之不实谓其不肥腯,故又申之以肥腯也。刘熙释名释言语云:"成,盛也。"肥腯为充盛也。诗齐风"仪既成兮",笺云:"成,犹备也。"不成亦为不备腯也。文选羽猎赋云"帝将惟田,于灵之囿",注引薛君韩诗章句云:"惟,辞也。"○注"牲必特杀故曰杀"○正义曰:仪礼特牲馈食礼为诸侯

〔一〕"甸师"二字原脱,据说文段注补。

大夫士祭祖祢,少牢馈食礼为诸侯卿大夫祭祖祢之礼,以少牢、特牲名篇。少牢礼:"主人朝服即位于庙门之外,东方南面,宰、宗人西面北上,牲北首东上。司马刲羊,司士击豕,宗人告备,乃退。"注云:"刲,击,皆谓杀之。"特牲礼:"宗人视牲,告充,雍正作豕。夙兴,主人立于门外东方,南面,视侧杀。"注云:"侧杀,杀一牲也。"此皆特杀之事也。○注"皿所以覆器者也"○正义曰:说文:"皿,饭食之用器也。象形,与豆同意。读若猛。"段氏玉裁说文解字注谓:"汲古阁本饭作'饮',误。孟子'牲杀器皿',赵注:'皿,所以覆器者。'此谓皿为幎之假借,似非孟意。"廷琥按:皿本无覆器之训,皿读若猛,古音冥、孟同为一部,孟津亦曰盟津。扬子太玄经:"冥者,明之藏也。"皿幎假借,段说是也。段又谓"赵氏覆器之训,似非孟意",岂以器之有幎,无关礼制乎?说文:"幎,幔也。"周礼有幎人,幎即幂,亦作幂。幂亦与鼏通。公食大夫礼"甸人陈鼎,设扃鼏,鼏若束若编",少牢馈食礼"皆设扃幂",幂即鼏,此覆鼎之幂也。以其覆鼎,故字作"鼏"。鼎鼏以茅为之。天子诸侯有牛鼎,大夫有羊鼎,士有豕鼎鱼鼎,庶人鱼炙之荐无鼎,则亦无鼏,此不待言。周礼天官幂人注云:"以巾覆物曰幂。"小尔雅广服云:"大巾谓之幂。"幂即巾也。以其幂物,故亦谓之幂,用布或用葛。大射仪"膳尊两甒,幂用锡若絺",乡饮酒礼"尊绤幂",乡射礼"尊绤幂",燕礼"公尊瓦大两,幂用绤若锡",少牢"尊两甒于房户之间,同棜,皆有幂",所以覆尊者也。特牲礼"覆两壶卒奠幂",所以覆壶者也。特牲礼"笾巾以绤,纁里",所以覆笾者也。士昏礼"醓酱二豆,菹醢四豆,兼巾之",所以覆豆者也。公食大夫礼"簠有盖幂",有司彻"簠有盖幂",所以覆簠者也。尊壶笾豆簠簋皆有幂,故赵氏以覆器二字统之,而上下等杀,由此分焉。天子祀天地,则以疏布巾幂八尊;祭宗庙,则以画布巾幂八彝。幂人"凡王巾皆黼",则诸侯大夫士之巾不黼矣。贾公彦乡射礼疏:"凡用醴不见用幂,质故也。醮用酒亦无幂者,从礼于质也。或以尊厌卑,亦无幂。燕礼君尊有幂,方圜壶则无幂。昏礼尊于室,故有幂;尊于房户外,为媵御贱,故无幂。"陈用之云:"人君,尊也。故燕与大射之幂用葛若锡,冬夏异也。人臣,卑也。故乡饮士昏丧祭之幂,用葛而已,冬夏同也。"是幂之有无,分乎文质,即分乎尊卑贵贱。庶人分卑,鱼炙之荐,质而无文,则其无幂也宜矣。燕礼:"公尊瓦大两,有幂,尊于东楹之西,两方壶尊;士旅食于门西,两圜壶。"注:"尊方壶,为卿大夫士也。旅,众也。士众食，谓未得正禄，所谓庶人在官者也。"方圜壶无幂，亦足为"庶人不用幂"之一证。曲礼："为天子削瓜者副之，巾以絺；为国君者华之，巾以绤；为大夫累之，士疐之，庶人龁之。"大夫降于诸侯，即不用巾。孔疏谓"此削瓜，当在公庭"。则不用巾者，亦以尊厌卑。又巾幂等级之可考见者也。士之祭礼用幂，礼有明文。孟子"惟士无田"云云，蒙上礼字。若皿是饭食之器，则本文器字已可该括，故赵氏以幎字假借解之。曰牲杀，杀即所以用牲也。曰器皿，皿即所以覆器也。杀字与牲字一贯，皿字与器字一贯，赵氏之训，未必非孟意也。○注"不祭则不宴犹丧人也"○正义曰：礼记檀弓下云"丧亦不可久也"，又云"丧人无宝"，注云："丧谓亡失位。"昭公二十五年公羊传云"丧人不佞，失守鲁国之社稷"，注云："自谓亡人。"

"出疆必载质，何也？"【注】周霄问出疆何为复载质。

曰："士之仕也，犹农夫之耕也。农夫岂为出疆舍其耒耜哉！"【注】孟子言仕之为急，若农夫不可不耕。

曰："晋国亦仕国也，未尝闻仕如此其急。仕如此其急也，君子之难仕何也？"【注】魏本晋也。周霄曰，我晋人也，亦仕，而不知其急若此。君子何为难仕，君子谓孟子，何为不急仕也。【疏】注"我晋人也亦仕而不知其急若此"○正义曰：推赵氏注，似赵氏所据之本作"晋人亦仕国也"。我晋人也解晋人二字。亦仕解亦仕国也四字。谓我为晋人，亦仕于晋国也。乃相传诸本俱作"晋国亦仕国也"，则赵氏注"我晋人也"为无所附矣。近解谓晋国亦君子游宦之国。

曰："丈夫生而愿为之有室，女子生而愿为之有家，父母之心，人皆有之。不待父母之命，媒妁之言，钻穴隙相窥，逾墙相从，则父母国人皆贱之。【注】言人不可触情从欲，须礼而行。【疏】"媒妁之言"○正义曰：音义出"媒妁"，云："音酌。丁云：'谓媒氏酌二姓之可否，故谓之媒妁也。'"周礼地官媒氏注云："媒之言谋也。谋合异类，使和成者。今齐人名麴麸曰媒。"说文女部云："媒，谋也。谋合二姓。"

"妁[一],酌也。斟酌二姓也[二]。"段氏玉裁说文解字注云:"斟者,酌也。酌者,盛酒行觞也。斟酌二姓者,如挹彼注兹,欲其调适也。"

"古之人未尝不欲仕也,又恶不由其道;不由其道而往者,与钻穴隙之类也。"【注】言古之人虽欲仕,而不由其正道,是与钻穴隙者何异。【疏】注"是与钻穴隙者何异"○正义曰:赵氏与字属下读。何异解类字。疑赵氏所据本作"与钻穴隙类也"。闽、监、毛三本作"亦与钻穴隙者无异"。孔氏广森经学卮言云:"与音欤,绝句。"此以与字属上句读。王氏引之经传释辞云:"与,语助也。无意义。"

章指言:君子务仕,思播其道,达义行仁,待礼而动。苟容干禄,逾墙之女,人之所贱,故弗为也。【疏】"苟容干禄"○正义曰:韩诗外传云:"偷合苟容,以持禄养身者,是谓国贼也。"

4 **彭更问曰:"后车数十乘,从者数百人,以传食于诸侯,不以泰乎?"**【注】泰,甚也。彭更,孟子弟子。怪孟子徒众多而传食于诸侯之国,得无为甚奢乎。【疏】"后车数十乘"○正义曰:阎氏若璩释地三续云:"诗绵蛮讲义云:'古人惟尊贵有后车,微贱则无之。'孟子后车,即弟子所乘者。不然,从者徒步矣。"○"传食于诸侯"○正义曰:音义出"传食",云:"丁直恋切,言转食也。"按尔雅释言云:"驲,遽,传也。"成公五年左传云"晋侯以传召伯宗",注云:"传,驿也。"刘熙释名释宫室云:"传,传也。人所止息而去,后人复来,转转相传,无常主也。"然则传食谓舍止诸侯之客馆而受其饮食也。○注"泰甚也"○正义曰:诗小雅巧言"昊天泰怃",笺云:"泰,言甚也。"荀子王霸篇云"县乐奢泰,游抏之修",注云:"泰与汰同。"奢泰连文,是泰亦奢也。

〔一〕"妁"原误"灼",据说文改。
〔二〕"也"原误"人",据说文改。

孟子曰："非其道，则一箪食不可受于人；如其道，则舜受尧之天下，不以为泰。子以为泰乎？"【注】箪，笥也。非以其道，一笥之食，不可受也。子以舜受尧天下为泰乎。【疏】注"箪笥也"○正义曰：礼记曲礼云"凡以弓剑苞苴箪笥问人者"，注云："箪，笥，盛饭食者。圆曰箪，方曰笥。"仪礼士冠礼云"栉实于箪"，注云："箪，笥也。"盖虽有方圆之别，亦得通称之也。

曰："否。士无事而食，不可也。"【注】彭更曰，不以舜为泰也。谓士无功事而虚食人者，不可也。

曰："子不通功易事，以羡补不足，则农有余粟，女有余布；子如通之，则梓匠轮舆，皆得食于子。【注】孟子言凡人当通功易事，乃可各以奉其用。梓匠，木工也。轮人舆人，作车者。交易则得食于子之所有矣。周礼攻木之工七，梓匠轮舆，是其四者。羡，余也。【疏】注"周礼"至"其四"○正义曰：见考工记。○注"羡余也"○正义曰：毛诗小雅十月之交"四方有羡"，传云："羡，余也。"赵氏以余释羡，明孟子"农有余粟，女有余布"两余即上"以羡"之羡。女以所羡之布易农所羡之粟，两相补，则皆无不足。惟不相补则各有所余，斯各有所不足矣。于此有人焉，入则孝，出则悌，守先王之道，以待后之学者，而不得食于子。子何尊梓匠轮舆而轻为仁义者哉？"【注】入则事亲孝，出则敬长顺也。悌，顺也。守先王之道，上德之士，可以化俗者。若此不得食子之禄。子何尊彼而贱此也。【疏】注"悌顺也"○正义曰：白虎通三纲六纪篇云："弟，悌也。心顺行笃也。"是悌为顺也。由长而幼，不失次第之序则顺；若以幼陵长，则失其序而非顺矣。○注"守先"至"俗者"○正义曰：上，尚也。尚德之士解守先王之道，可以化俗解以待后之学者。待无化义，仪礼公食大夫礼"左人待载"，注云："古文待为偫。"周礼服不氏"以旌居乏而待获"，杜子春云："待，当为持，书亦或为持。"盖赵氏读待为持，谓扶持后之学者，使不废古先之教。惟守先道以扶持后学，所以有功。

曰："梓匠轮舆，其志将以求食也。君子之为道也，其

志亦将以求食与?"【注】彭更以为彼志于食,此亦但志食也。【疏】注"此亦但志食也"〇正义曰:也字当作"邪"字。荀子正名篇云:"其求物也,养生也,粥寿也?"三也字皆与欤、邪同。

曰:"子何以其志为哉?其有功于子,可食而食之矣。且子食志乎,食功乎?"【注】孟子言禄以食功,子何食乎。

曰:"食志。"【注】彭更以为当食志也。

曰:"有人于此,毁瓦画墁,其志将以求食也,则子食之乎?"【注】孟子言人但破碎瓦,画地则复墁灭之,此无用之为也。然而其意反欲求食,则子食乎。【疏】注"孟子"至"为也"〇正义曰:广雅释诂云:"破,碎,坏也。"小尔雅广言云:"毁,坏也。"孝经释文引苍颉篇云:"毁,破也。"说文石部云:"破,碎石也。"是毁瓦即破碎瓦也。音义云:"墁,张武安切,云'与谩同'。"阮氏元校勘记云:"谩必误字。谩者,欺也。于此文理不顺。依注云'墁灭',则当云'与槾同'。集韵镘、槾、墁三字同也。墁乃槾之俗。"翟氏灏考异云:"赵氏以'毁瓦画墁'四字为一义,则画墁是画脂镂冰,费日损功之意。宋张芸叟著杂说一卷名画墁集,盖取此。"按尔雅释宫云:"镘谓之杇。"说文木部云:"杇,所以涂也。秦谓之杇,关东谓之槾。槾,杇也。"金部云:"镘,铁杇也。或从木。"段氏玉裁说文解字注云:"此器,今江浙以铁为之,或以木。战国策:'豫让变姓名,入宫涂厕,欲以刺襄子。襄子如厕,心动,执问涂者,则豫让也。刃其杅,曰:欲为智伯报仇。'杅谓涂厕之杅,今本皆作'扞',谬甚。刃其杅,谓皆用木而独刃之。"然则墁杅皆器名。论语八佾篇云"粪土之墙,不可圬也",王肃注云:"圬,槾也。"襄公三十一年左传云"圬人以时塓馆宫室",注云:"圬人,涂者。塓,涂也。"圬、槾皆器,用以涂墙,则涂谓之圬,即谓之槾,因而涂墙之人即谓之圬人。塓即墁,一声相转。推赵氏之义,盖破碎瓦为一事,即谓将全瓦破碎之,非以破碎瓦画地也。"画地则复墁灭之",别为一事。说文云:"画,界也。象田四界。聿,所以画之。"又刀部云:"则,等画物也。"谓物有差等,画以为界。赵氏谓田地已有界画,而复将所界画之迹,用泥涂而灭去之。瓦破碎,则无能造屋。所画界圬灭,则等差无所验。是皆以有用为无用也。若划为古文画。说文刀部云:"刉,划伤也。""𠞋,剥也,划也。""划,锥刀曰划。"依此则谓新圬墁之墙,而用锥刀𠞋划之,义亦通。

曰:"否。"【注】彭更曰:不食也。

曰:"然则子非食志也,食功也。"【注】孟子曰:如是则子果食功也。

章指言:百工食力,以禄养贤;修仁尚义,国之所尊。移风易俗,其功可珍,虽食诸侯,不为素餐。【疏】"移风易俗"○正义曰:语见孝经广要道章。又礼记乐记云:"移风易俗,天下皆宁。"

5 万章问曰:"宋,小国也。今将行王政,齐楚恶而伐之,则如之何?"【注】问宋当如齐楚何也。【疏】"今将"至"伐之"○正义曰:史记宋世家云:"偃自立为宋君。君偃十一年,自立为王。东败齐,取五城;南败楚,取地三百里;西败魏军。乃与齐魏为敌国。盛血以韦囊,县而射之,命曰射天。淫于酒妇人。群臣谏者,辄射之。于是诸侯皆曰:'桀宋,宋其复为纣所为,不可不诛。'告齐伐宋。王偃立四十七年,齐湣王与魏楚伐宋,杀王偃,遂灭宋,三分其地。"按史记称宋王为桀纣,与万章"行王政"之言迥别,或出于齐楚恶之之口,史非其实欤?周氏广业孟子出处时地考云:"孟子去齐居休,旋归于邹,年六十余矣。闻宋王偃将行仁政,往游焉。会齐楚恶而伐之,万章以国小为虑,孟子以汤武之事告之,盖以吊伐望宋王也。观孟子与万章问答,意其初政尚有可观者。战国策所谓'射天笞地',世家所书'淫于酒妇人'、'诸侯皆谓桀宋'者,乃其晚节不终,时孟子去宋已久矣。齐楚之伐,国策云:'齐攻宋,使臧子索救于荆,荆王许救而卒不至,齐因拔宋五城。'是也。策系于剔成之世,鲍彪注因言'孟子所称,审皆剔成矣',吴师道已讥其傅会。又史苏秦传:'齐伐宋,宋急,苏代乃遗燕昭王书,劝之伐齐。'亦正在杀子哙后。"

孟子曰:"汤居亳,与葛为邻。葛伯放而不祀,汤使人问之曰：'何为不祀？'曰：'无以供牺牲也。'汤使遗之牛羊，葛伯食之，又不以祀。【注】葛，夏诸侯，嬴姓之国。放纵无道，不祀先祖。【疏】"汤居亳与葛为邻"○正义曰：汉书地理志"陈留郡宁陵"，孟康曰："故葛伯国，今葛乡是。""山阳郡薄"，臣瓒曰："汤所都。""河南郡偃师，尸乡，殷汤所都"，臣瓒曰："汤居亳，今济阴县是也。今亳有汤冢。"师古曰："瓒说非也。皇甫谧所云'汤都在谷熟'，事并不经。刘向云：'殷汤无葬处。'安得汤冢乎？"阎氏若璩尚书古文疏证云："亳有三：一南亳，后汉梁国谷熟县是，汤所都也。一北亳，梁国蒙县是，即景亳，汤所盟地。一西亳，河南尹偃师县是，盘庚之迁都也。郑康成谓汤亳在偃师，皇甫谧即据孟子以正之曰：'汤居亳，与葛为邻，葛即今梁国宁陵之葛乡，若汤居偃师，去宁陵八百余里，岂当使民为之耕乎？亳，今谷熟县是也。'其说精矣。"王氏鸣盛尚书后案云："皇甫谧以偃师为西亳，而别以蒙为北亳，谷熟为南亳。案续志梁国属县有蒙有谷熟，刘昭注即引谧帝王世纪'蒙北亳、谷熟南亳'之文。梁国属县又有薄，司马彪自注'汤所都'，此盖彪本之臣瓒者。刘昭又引杜预左传注注之云：'蒙县西北有薄城，中有汤冢。'于是张守节史记正义云：'汤即位，都南亳，后徙西亳。'谧又以孟子'汤居亳，与葛邻'，葛在宁陵，去偃师八百里，太远，故知汤本居南亳谷熟，后乃迁西亳偃师。与葛邻，乃是居南亳时事，见帝告、釐沃序疏。盘庚言商先王五迁，郑、马、王皆以汤始居商丘，后迁于亳，当五迁之二。水经注'汳水东径大蒙城北'，大蒙城在今河南归德府商丘县北四十里，谷熟故城在今商丘县东南四十里，汤本居此，后乃迁偃师。即其后微子封此，亦以汤之旧邑而封之，谧说似非无稽。但马、郑惟言汤曾居商丘，商丘本不名亳。观汉志但于偃师言'汤都'，而梁国蒙县、山阳郡薄县不言是亳，可见谧因经言三亳，遂造北亳、南亳配偃师而名三。其实蒙、谷熟古但名商丘，不名亳也。杜预、臣瓒、司马彪皆晋人，刘昭梁人，妄相附和，岂如班固、郑康成之可信乎？其辨一也。既名三亳，宜远近相等。商丘、偃师，相去七八百里；蒙、谷熟，相去只数十里，分之无可分也。即如其说，只有东西二亳耳，奈何于数十里中，强分为二，欲以充数乎？其辨二也。商丘平衍，与成皋等地大不类，何山险之有而云阪乎？其辨三也。汉志云：'宋地，今之沛、梁、楚、山阳、济阴、东平，及东郡之须昌、寿张，皆宋分也。’盖诸郡国皆微子所封，社犹称亳，当时人或以亳在宋地。班氏于此文下又云：‘昔尧游成阳，舜渔雷泽，汤止于薄。’则此为汤尝游息之地，后人遂往往指称亳在梁国沛阴、山阳之间，而其实汤都则在偃师，与宋地无涉也。盖薄县者，汉本属山阳郡，后汉分其地，置蒙、谷熟与薄，并改属梁国。晋又改薄为亳，且改属沛阴，故臣瓒所谓‘汤都在沛阴亳县’者，即其所谓‘在山阳薄县’者也。亦即司马彪所谓‘在梁国薄县’、杜预所谓‘在蒙县北亳城’者也。而亦即皇甫谧所分属于蒙、谷熟者也。本一说也。薄，薄也，非亳也。立政‘三亳’，郑解为‘迁亳之民而分为三亳’，本一耳，焉得有三？汤都定在偃师，而所谓偃师，去葛太远，不便代耕，不足辨矣。”○注“葛夏诸侯嬴姓之国”○正义曰：僖公十七年左传云“葛嬴生昭公”，葛嬴为如夫人之一，以卫姬、郑姬、华子等例之，则葛为国、嬴为姓矣。说文女部云：“嬴，帝少皞之姓也。”春秋时，秦、徐、江、黄、郯、莒皆嬴姓，葛嬴犹徐嬴，齐桓时，葛尚存欤？○注“放纵无道”○正义曰：楚辞离骚云“夏康娱以自纵”，注云：“纵，放也。”**汤又使人问之曰：‘何为不祀？’曰：‘无以供粢盛也。’汤使亳众往为之耕，老弱馈食。葛伯率其民，要其有酒食黍稻者夺之，不授者杀之。有童子以黍肉饷，杀而夺之。书曰‘葛伯仇饷’，此之谓也。**【注】童子未成人，杀之尤无状。书，尚书逸篇也。仇，怨也。言汤所以伐杀葛伯，怨其害此饷也。【疏】注“童子”至“无状”○正义曰：礼记曲礼云“自称于其君曰小童”，注云：“小童，若云未成人也。”杂记称“阳童某甫”，注云：“童，未成人之称也。”少仪“童子曰听事”，注云：“童子，未成人。”诗芄兰正义以十九岁以下皆是。汉书东方朔传“窦太主徒跣顿首谢曰：妾无状，负陛下，身当伏诛”，师古曰：“状，形貌也。无状，犹言无颜面以见人也。一曰自言所行丑恶无善状。”按赵氏用无状为葛伯罪，当谓其丑恶无善状也。○注“书尚”至“饷也”○正义曰：王氏鸣盛尚书后案云：“考之书序：‘汤征诸侯，葛伯不祀，汤始征之，作汤征。’则‘葛伯仇饷’及‘汤一征自葛始’云云，正汤征中语。上引仇饷既言书曰，则中虽间以释书，至其下引‘一征’则不复言书曰，至其下‘徯我后’，则又加书曰，其非一篇甚明。”桓公二年左传云“怨耦曰仇”，是仇为怨也。葛伯不当怨饷者，云“仇饷”，是谓其杀童子,使饷者仇怨之。不云饷者仇葛伯,而云葛伯仇饷,古人属文,每如是也。下云为匹夫匹妇复仇,则仇在匹夫怨葛伯也。葛仇杀饷,是葛伯以仇怨授饷者,故云仇饷也。江氏声尚书集注音疏云:“仇饷,谓葛伯杀饷者。”是仇此饷者矣。**为其杀是童子而征之,四海之内皆曰:非富天下也,为匹夫匹妇复雠也。**【注】四海之民皆曰:汤不贪天下富也,为一夫报仇也。【疏】注“为一夫报仇也”○正义曰:周礼天官宰夫“诸侯之复”,注云:“复,报也。”是复雠即报仇。史记晋世家云:“仇者,雠也。”书作“仇”,孟子以雠释之。赵氏以仇释雠,明孟子言雠,即书仇饷之仇也。**汤始征,自葛载,十一征而无敌于天下,东面而征西夷怨,南面而征北狄怨,曰:‘奚为后我?’民之望之,若大旱之望雨也。归市者弗止,芸者不变,诛其君,吊其民,如时雨降,民大悦。书曰:‘徯我后,后来其无罚!’**【注】载,始也。言汤初征自葛始也。十一征而服天下。一说言当作“再”字,再十一者,汤再征十一国。再十一,凡征二十二国也。书,逸篇也。民曰待我君,君来我则无罚矣。归市不止,不以有军来征故,市者止不行也。不使芸者变休也。【疏】注“载始”至“国也”○正义曰:载与哉通,尔雅释诂云:“哉,始也。”故毛诗周颂“载见辟王”,传云:“载,始也。”梁惠王篇云:“汤一征,自葛始。”与此文略同。一即始也。始即载也。尔雅释天云“唐虞曰载”,孙炎注云:“载取万物,终而复始。”终而复始,义为再,故一说以载作“再”。载属下读则“汤始征自葛”为句,晚出古文尚书仲虺之诰作“初征自葛”,盖本此一说也。隋书炀帝伐高丽诏云:“黄帝五十二战,成汤二十七征。”此又多于二十二,古书残缺,未知所本矣。王氏鸣盛尚书后案云:“其苏、无罚互异,乃古人引经不拘处,犹上文易一为始,易始为载耳。”○注“不使芸者变休也”○正义曰:尔雅释诂云:“休,息也。”谓芸者本勤动,变而止息。**‘有攸不惟臣,东征绥厥士女,匪厥玄黄,绍我周王见休,惟臣附于大邑周。’其君子实玄黄于匪以迎其君子,其小人箪食壶浆以迎其小人。救民于水火之中,取其**

残而已矣。【注】从“有攸”以下，道周武王伐纣时也。皆尚书逸篇之文。攸，所也。言武王东征，安天下士女，小人各有所执往，无不惟念执臣子之节。匪厥玄黄，谓诸侯执玄三纁二之帛，愿见周王，望见休善，使我得附就大邑周家也。其君子小人，各有所执，以迎其类也。言武王之师，救殷民于水火之中，讨其残贼也。【疏】注“从有攸”至“贼也”○正义曰：江氏声尚书集注音疏云：“不类孟子之文而大类尚书，虽不称书曰，自是尚书文也。据孟子本文承‘大邑周’之下，云‘其君子实玄黄于匪’，至‘取其残而已矣’，赵氏章指于‘而已矣’〔一〕，乃云‘从有攸以下，道武王伐纣时也，皆尚书逸篇之文也’，是则统‘其君子’以下云云皆为逸书文矣。详绎其文，则‘其君子’以下乃孟子申说书意，非尚书文。”“攸，所也”，尔雅释言文。大戴记夏小正“绥多士女”，传云：“绥，安也。”绥厥士女，即安天下士女也。尔雅释诂云：“惟，思也。”诗维天之命序释文引韩诗云：“惟，念也。”云小人各有所执往，解“有攸”二字。无不惟念执臣子之节，不惟惟也，犹不显显也，不承承也，故以无不解不字。诗商颂“有截其所”，笺云：“所，处也。”孟子云“无处而馈之”，此有攸即有所，有所即有处。因下言“其小人箪食壶浆”，小人即士女，故通下而言有所执往也。谓其执往，非无处也。其有所处也，即惟念执臣子之节也。有攸不惟臣，乃小人，故申言东征绥厥士女，谓士女所以有所惟臣者，以武王东征来安之也，赵氏倒解之耳。音义出“匪厥”，云：“丁云：‘义当作篚，篚以盛贽币，此作匪，古字借用。’”阮氏元校勘记云：“说文匚部：‘匪，似竹筐。’引周书‘实玄黄于匪’。非借用，乃正字也。竹部篚训‘车笭也’。”仪礼聘礼云“释币，制玄纁，束”，注云：“凡物十曰束。玄纁之率，玄居三，纁居二。”贾氏疏云：“言率皆如是，玄三纁二者，象天三覆、地二载也。”禹贡：“荆州厥篚玄纁。”说文糸部云：“绛，大赤也。”“纁，浅绛也。”盖赤和以黄则浅，赤合黄为纁，赤合黑为玄，故玄黄即玄纁也。史记鲁仲连列传“平原君曰：胜请为绍介而见之于先生”，集解引郭璞云：“绍介，相佑助者。”赵氏以愿见释绍字，本此。凡请见必由介绍也，周礼秋官司仪：“及将币，交摈三辞，车逆，拜辱，宾车进，答拜，三揖三让，每门止一相，及

〔一〕“矣”下原有“下”字，据尚书集注音疏删。又“章指”当作“章句”。

庙，唯上相入。”注云：“相，谓主君擯者及宾之介也。谓之相者，于外传辞耳。介绍而传命者，君子于其所尊不敢质，敬之至也。”是时诸侯匪厥玄黄来请见，谓相者曰：其介绍我周王，传我愿见之意，使我得见休，而臣附于大邑周也。曰我周王，亲之也。曰大邑周，尊之也。二句乃述诸侯请见之辞也。以望释见，以善释休，以就释附，惟臣即不惟臣，亦念也。**太誓曰：‘我武惟扬，侵于之疆，则取于残，杀伐用张，于汤有光。’**【注】太誓，古尚书百二十篇之时太誓也。我武王用武之“时惟鹰扬”也。侵于之疆，侵纣之疆界。则取于残贼者，以张杀伐之功也。民有箪食壶浆之欢，比于汤伐桀，为有光宠，美武王德优前代也。今之尚书太誓篇，后得以充学，故不与古太誓同。诸传记引太誓，皆古太誓。【疏】注“太誓”至“古太誓”○正义曰：尚书序正义引郑氏书论依尚书纬云：“孔子求书，得黄帝玄孙帝魁之书，迄于秦穆公，凡三千二百四十篇，断远取近，定可以为世法者百二十篇。以百二篇为尚书，十八篇为中候。”此赵氏云“古尚书百二十篇”所本也。史记儒林传云：“秦时焚书，伏生壁藏之。其后兵大起，流亡，汉定，伏生求其书，亡数十篇，独得二十九篇。”刘向别录云：“武帝末，民有得泰誓书于壁内者，献之，与博士读说之。”汉书艺文志：“尚书古文经四十六卷，为五十七篇。经二十九卷，大、小夏侯二家。”楚元王传注臣瓒曰：“当时学者谓尚书惟有二十八篇。”惠氏栋古文尚书考云：“二十八篇者，伏生也。二十九篇者，夏侯也。依伏生数，增太誓一篇。”盖伏生所藏百篇，仅存二十八篇，已无太誓；其时列于学官二十九篇之太誓，乃民间于壁中得之，故云后得以充学也。此文明云太誓当时后得之，太誓无此文，故赵氏以为是古太誓也。后得之泰誓，今亦不存，惟史记周本纪载之。近儒王氏鸣盛、江氏声、孙氏星衍皆掇拾成篇，然坊记引“大誓曰”云云，郑氏注云：“此武王誓众以伐纣之辞也。今太誓无此章，则其篇散亡。”郑云“今太誓无此章”，则亦以为古太誓矣。马融书叙云：“泰誓后得，按其文似若浅露。春秋引太誓曰‘朕梦协朕卜，袭于休祥，戎商必克’。孟子引太誓曰‘我武惟扬，侵于之疆，取彼凶残，我伐用张，于汤有光’。孙卿引太誓曰‘独夫受’。礼记引太誓曰‘予克受，非予武，唯朕文考无罪；受克予，非朕文考有罪，惟予小子无良’。今文太誓皆无此语。吾见书传多矣，所引太誓而不在太誓者甚多，弗复悉记。"赵氏云"诸传记引太誓皆古泰誓",固马氏说也。孔氏广森经学卮言云:"经典释文云:'汉宣帝本始中,河内女子得太誓一篇,献之,与伏生所诵合三十篇。汉世行之。'按刘向别录云:'武帝末,有得泰誓于壁内者。'陆谓本始中,非也。然其云'太誓一篇'者,得之。盖汉世仅见三篇之一,故语、孟、左传所引太誓,皆适在其所未见两篇中。意时博士有附会书序,强分为三者,乃适致马融之疑耳。""时维鹰扬",毛诗大雅大明第八章文。传云:"如鹰之飞扬也。"易师九二传云"承天宠也",释文引郑注云:"宠,光耀也。"是光即宠也。

不行王政云尔。苟行王政,四海之内,皆举首而望之,欲以为君,齐楚虽大,何畏焉?"【注】万章忧宋迫于齐楚,不得行政,故孟子为陈殷汤、周武之事以喻之。诚能行之,天下思以为君,何畏齐楚焉。

章指言:修德无小,暴慢无强,是故夏商之末,民思汤武,虽欲不王,末由也已。【疏】"修德无小暴慢无强"○正义曰:韩非子内储说卫嗣君曰"治无小而乱无大",亦此意。○"民思汤武"○正义曰:淮南子道应训云:"尹佚曰:'天地之间,四海之内,善之则吾畜也,不善则吾仇也。昔夏商之臣,反雠桀纣而臣汤武。'"是其义也。

6 孟子谓戴不胜曰:"子欲子之王之善与?我明告子:【注】不胜,宋臣。【疏】注"不胜宋臣"○正义曰:荀子解蔽篇云"唐鞅蔽于欲权而逐载子",注云:"载读为戴。戴不胜使薛居州傅王者,见孟子。或曰:戴子,戴驩也。"按戴驩为宋太宰,见韩非子内储说上。杨倞以或曰别之,则不胜非驩矣。赵氏佑温故录云:"戴不胜即戴盈之一名一字也。宋之公族执政者。唯宋始终以公族为政,左传纪列最详。至战国晋分齐篡,而宋犹线脉相延,不失旧物,本枝之道得也。"全氏祖望经史问答云:"潜丘谓孟子去齐适宋,当周慎靓王之三年,正康王改元之岁,宋始称王是也。孟子不见诸侯,故问答止于梁齐,小国则滕而已。虽曾游宋,而于康王无问答,则不足以定其见与否也。然所以游宋亦有故,盖康王初年,亦尝讲行仁义之政。其臣如盈之，如不胜，议行什一，议去关市之征，进居州以辅王，斯孟子所以往而受七十镒之馈也。谓孟子在辟公时游宋，盖是鲍彪，其考古最疏略。”**有楚大夫于此，欲其子之齐语也，则使齐人傅诸，使楚人傅诸？”**【注】孟子假喻有楚大夫在此，欲变其子使学齐言，当使齐人傅之邪，使楚人自傅相之邪。

曰：“使齐人傅之。”【注】不胜曰使齐人。

曰：“一齐人傅之，众楚人咻之，虽日挞而求其齐也，不可得矣。引而置之庄、岳之间数年，虽日挞而求其楚，亦不可得矣。【注】言使一齐人傅相，众楚人咻之，咻之者，讙也。如此虽日挞之，欲使齐言，不可得矣。言寡不胜众也。庄、岳，齐街里名也。多人处之数年，而自齐也。【疏】注“咻之者讙也”○正义曰：音义出“嚾也”，云：“丁云：‘按玉篇音嚣，召呼也。今释注意，音欢为便，盖字讙哗同。’”阮氏元校勘记云：“韩本作‘讙’是，孔本、卢本作‘嚾’，非。讙即今之喧哗字也。‘玉篇音嚣召呼也’，此语甚误。讙不得有嚣音。考玉篇㗊部：‘嚻，荒贯切，呼也。’与‘唤’同。”然则丁云“按玉篇作嚻”，转写讹作“音嚻”。○注“庄岳齐街里名也”○正义曰：顾氏炎武日知录云：“庄是街名，岳是里名。左传襄二十八年‘得庆氏之木百车于庄’，注云：‘六轨之道。’‘反陈于岳’，注云：‘岳，里名。’昭十年‘又败诸庄’，哀六年‘战于庄，败’，注并同。”阎氏若璩释地引炳烛斋随笔与顾同。按宋费兖梁溪漫志解孟子“庄岳”，即引左氏襄公二十八年传。又云：“曹参为齐相，属后相曰：‘以齐岳市为寄，勿扰也。’狱字合从岳音，盖谓岳市乃齐阛阓之地，奸人所容，故当勿扰之耳。”**子谓薛居州善士也，使之居于王所。在于王所者，长幼卑尊皆薛居州也，王谁与为不善？**【注】孟子曰，不胜常言居州宋之善士也，欲使居于王所。如使在王所者，小大皆如居州，则王谁与为不善也。**在王所者，长幼卑尊皆非薛居州也，王谁与为善？一薛居州，独如宋王何！”**【注】如使在王左右者，皆非居州之俦，王当谁与为善乎。一薛居州独如宋王何而能化之也。周之末世,列国皆僭号自称王,故曰宋王也。【疏】“独如宋王何”〇正义曰:独,犹一也。仅一居州,独能如宋王何乎?此赵氏义也。王氏引之经传释词云:“独,犹将也。宣四年左传曰:‘弃君之命,独谁爱之?’楚语曰:‘其独何力以待之?’孟子滕文公篇曰:‘一薛居州,独如宋王何?’”

章指言:自非圣人,在所变化,故谚曰:“白沙在涅,不染自黑;蓬生麻中,不扶自直。”言辅之者众也。

【疏】“白沙”至“众也”〇正义曰:大戴礼记曾子制言上云:“蓬生麻中,不扶自直;白沙在泥,与之俱黑。”注云:“古说云扶化之者众。”荀子劝学篇云:“蓬生麻中,不扶而直,故君子居必择乡,游必就士,所以防邪僻而近中正也。”褚先生补史记三王世家云:“传曰‘蓬生麻中,不扶自直;白沙在泥中,与之俱黑’者,土地教化使之然也。”说文水部云:“涅,谓黑土在水中者也。”黑土在水中即污泥耳。故广雅释诂三云:“涅,泥也。”故赵氏以涅代泥。文选潘安仁为贾谧作赠陆机诗云“在涅则渝”,注既引曾子曰:“沙在泥,与之俱黑。”又引赵岐孟子章句云:“白沙入泥,不染自黑。”此泥字乃涅之讹。诗作涅,注并引曾子、赵岐,明涅是泥。若均作泥,何以释诗之涅矣?说苑作“白沙入泥”,李善盖以是误也。音义出“涅”字,云:“奴结切。”是赵氏作涅不作泥也。说苑又作“蓬生枲中”,枲亦麻也。扶即辅也。

孟子正义卷十三

7　**公孙丑问曰："不见诸侯何义?"**【注】丑怪孟子不肯。每辄应诸侯之聘,不见之,于义谓何也。

孟子曰:"古者不为臣,不见。【注】古者不为臣,不肯见不义而富且贵者也。【疏】注"不义而富且贵也"〇正义曰:论语述而篇文。**段干木逾垣而辟之,泄柳闭门而不内,是皆已甚,迫,斯可以见矣。**【注】孟子言魏文侯、鲁缪公有好义之心,而此二人距之太甚,迫窄则可以见之。【疏】"段干木逾垣而辟之"〇正义曰:史记老子列传云:"老子之子名宗,宗为魏将,封于段干。"裴骃集解云:"此云封于段干,段干应是魏邑名也。"而魏世家有段干木、段干子,田完世家有段干明,疑此三人是姓段干也。本盖因邑为姓。风俗通氏姓注云:"姓段,名干木。"恐或失之矣。魏世家云:"文侯受子夏经艺,客段干木,过其闾未尝不轼也。秦尝欲伐魏,或曰:'魏君贤人是礼,国人称仁,上下和合,未可图也。'文侯由此得誉于诸侯。"张守节正义引皇甫谧高士传云:"木,晋人也,守道不仕。魏文侯欲见,造其门,干木逾墙避之。文侯以客礼待之。"吕氏春秋下贤篇云:"魏文侯见段干木,立倦而不敢息。"然则其始虽逾垣避,其后亦见矣。〇"泄柳闭门而不内"〇正义曰:闽、监、毛三本内作"纳"。阮氏元校勘记云:"音义出'不内',作'内'是也。"〇注"迫窄"〇正义曰:说文竹部云:"笮,迫也。"辵部云:"迫,近也。"盖谓君既来近我,我则可以见之。窄即笮字,又通作迮。尔雅释言云:"逼,迫也。"小尔雅广诂云："逼，近也。"是逼、迫义亦为近。**阳货欲见孔子而恶无礼，大夫有赐于士，不得受于其家，则往拜其门。**【注】阳货，鲁大夫也。孔子，士也。【疏】"大夫"至"其门"○正义曰：毛氏奇龄四书賸言云："大夫有赐于士，不得受于其家，则往拜其门。此大夫礼也，乃引之以称阳货。向以此询之座客，皆四顾骇愕。不知季氏家臣原称大夫，季氏是司徒，下有大夫二人，一曰小宰，一曰小司徒，此大国命卿之臣之明称也。故邑宰家臣，当时通称大夫，如郈邑大夫、郕邑大夫、孔子父鄹邑大夫，此邑大夫也。陈子车之妻与家大夫谋；季康子欲伐邾，问之诸大夫；季氏之臣申丰，杜氏注为'属大夫'；公叔文子之臣，论语称为'臣大夫'。此家大夫也。然则阳货大夫矣。"全氏祖望经史问答云："尝考小戴记玉藻篇有云：'大夫亲赐于士，士拜受，又拜于其室。敌者不在，拜于其室。'则是大夫有赐，无问在与不在，皆当往拜。若不得受而往拜者，是乃敌体之降礼。阳虎若以大夫之礼来，尚何事瞰亡？正惟以敌者之故，不得不出此苦心曲意，而乃谓其所行者为大夫之故事，则不惟诬孔子，亦并冤阳货也。或曰，然则孟子非与？曰：孟子七篇，所引尚书、论语及诸礼，文互异者十之八九。古人援引文字，不必屑屑章句，而孟子为甚。孔子所行者是玉藻，非如孟子所云也。"周氏柄中辨正云："既拜受，而又拜于其室者，礼谓之'再拜'。此记上言'酒肉之赐弗再拜'，孔疏云：'酒肉轻，但初赐至时则拜，至明日不重往拜也。'下言'大夫亲赐士，士拜受，又拜于其室'，孔疏云：'此非酒肉之赐，故再拜。'阳货馈蒸豚，正所谓酒肉之赐弗再拜者，故必瞰亡而来，非以敌体之礼而然也。全氏读礼不审，而反以孟子为冤诬，妄矣。"**阳货瞯孔子之亡也而馈孔子蒸豚，孔子亦瞯其亡也而往拜之。当是时，阳货先，岂得不见？**【注】瞯，视也。阳货视孔子亡而馈之者，欲使孔子来答，恐其便答拜使人也。孔子瞯其亡者，心不欲见阳货也。论语曰"馈孔子豚"，孟子曰"蒸豚"，豚非大牲，故用熟馈也。是时阳货先加礼，岂得不往拜见之哉。【疏】注"瞯视"至"见之哉"○正义曰：王氏念孙广雅疏证云："覸，瞯，视也。玉篇、广韵并云：'覸，视也。'集韵、类篇：'覸，又音时。'引广雅：'覸，视也。'释言篇云：'时，伺也。'论语阳货篇'孔子时其亡也而往拜之'，义与覸同。瞯与瞰字同。字亦作'瞯'，说文：'瞯，望也。'"阮氏元校勘记云："音义：'瞯或作阚。'依说文则阚是正字。"赵氏佑温故录云："阳货援大夫赐士之礼以尝孔子，又瞯亡而馈，无礼已明，不得谓货之能先也。亦瞯亡而往，乃孔子之以人治人，终于不见，不得谓之往见也。孟子盖即从往拜一事原圣人不为已甚之心，以申'迫斯可见'之意，言以货之悖慢，孔子犹往拜之，使是时货果能先加礼如文侯、缪公之来就见孔子，岂有必不见之如逾垣闭门之甚者哉？注似能体之，故云孔子瞯其亡者，心不欲见阳货也。明以不见为实事，而先为设辞，'岂得'二字，为反言以申之，不似俗解直以货之馈为先，而孔子之往拜为见也。盖此两节，皆正答不见之义，以见之必待于先。段、泄先犹不见，孔子不先不见也。不先而见，则小人而已矣。"方言云："猪，北燕、朝鲜之间谓之豭，关东西谓之彘，或谓之豕，其子或谓之豚。"是豚非大牲也。**曾子曰：'胁肩谄笑，病于夏畦。'**【注】胁肩，竦体也。谄笑，强笑也。病，极也。言其意苦劳极，甚于仲夏之月治畦灌园之勤也。

【疏】注"胁肩竦体也谄笑强笑也"○正义曰：诗大雅抑篇云"视尔友君子，辑柔尔颜"，笺云："今视女诸侯及卿大夫，皆胁肩谄笑，以和安女颜色。"文选扬雄解嘲注引刘熙孟子注云："胁肩，悚体也。"赵氏注与之同，悚、竦字通也。阎氏若璩释地又续云："汉书外戚传上官太皇太后亲霍后之姊子，故常霍后朝，竦体敬而礼之，岂谄之谓乎？吴王濞传'胁肩累足'，邹阳传'胁肩低首'，师古注并云：'胁，翕也。'谓敛之也。扬雄传则作'翕肩'，注则云：'翕，敛也。'盖敛其两肩，为卑缩之状，小人之事人者耳。"按赵氏以为竦体者，胁、翕声相近。说文羽部云："翕，起也。"翕肩正是竦起其肩，盖人低首为恭敬，则两肩必竦起。吴王刘濞列传应高说胶西王曰："常患见疑，无以自白，胁肩絫足，犹惧不见释。"邹阳列传公孙玃为济北王说梁王曰："功义如此，尚见疑于上，胁肩低首，絫足抚衿。"两胁肩正言竦惧，则胁正是竦，邹阳于胁肩絫足之间，加入低首二字，尤为明白。列女传鲁义姑姊云："如是则胁肩无所容，而絫足无所履也。"此正以卑谄言，谓虽卑谄亦不吾与。师古不知翕训为起而徒以敛训之，阎氏依以讥赵氏，未为得也。荀子修身篇云："从命而不利君谓之谄。"庄子渔父云："希意道言谓之谄。"因人之意为笑，是为谄笑，笑非由中，故是强也。胁肩者，故为竦敬之状也。谄笑者，强为媚悦之颜也。○注"病极"至"之勤也"

○正义曰：吕氏春秋适音篇云"以危听清则耳谿极"，高诱注云："极，病也。"又权勋篇云"触子苦之"，高诱注云："苦，病也。"淮南子精神训云"好憎者使人之心劳"，高诱注云："劳，病也。"是苦、劳、极皆病也。孟子言周正，则夏为夏之二月三月四月。赵氏以仲夏言，则周之五月，夏之三月也。史记货殖传云"千畦姜韭"，楚辞离骚篇云"畦留夷与揭车兮"，是畦为菜圃之埒也。何氏焯读书记云："治畦，是先筑土为行水之道。灌园，则桔槔俯仰，引水注之。"庄子天地篇叙汉阴丈人方为圃畦，凿隧而入井，抱瓮而出灌。子贡告以凿木为机，后重前轻，挈水若抽，其名为槔，日浸百畦。是其事也。**子路曰：'未同而言，观其色赧赧然，非由之所知也。'**【注】未同，志未合也。不可与言而与之言谓之失言也。观其色赧赧然，面赤，心不正貌也。由，子路名。子路刚直，故曰非由所知也。【疏】注"未同"至"言也"○正义曰：淮南子说林训云"异形者不可合于一体"，高诱注云："合，同也。"易同人彖传云："唯君子为能通天下之志。"上九传云："同人于郊，志未得也。"是同以志言，故未同为志未合也。"不可与言而与之言失言"，论语卫灵公篇文。方言云："赧，愧也。晋曰㥙，或曰慙，秦晋之间凡愧而见上谓之赧。梁宋曰慙。"说文赤部云："赧，面惭赤也。"小尔雅广名云："不直失节谓之惭。惭，愧也。面惭曰戁，心惭曰恧，体惭曰逡。"郭璞方言注引作"面赤愧曰赧"。赧、戁音近，古通也。不直失节，是心不正也。**由是观之，则君子之所养，可知已矣。"**【注】孟子言，由是观曾子、子路之言，以观君子之所养志可知矣。谓君子养正气，不以入邪也。【疏】注"以观"至"邪也"○正义曰：孟子言"所养"，即养浩然之气。养气在于持志，故可知谓志。可知胁肩谄笑，未同而言，皆不正，故云邪。

章指言：道异不谋，迫斯强之，段、泄已甚，瞰亡得宜。正己直行，不纳于邪，赧然不接，伤若夏畦也。

【疏】"不纳于邪"○正义曰：隐公三年左传石碏语。○"赧然"至"畦也"○足利本脱此九字。

8　戴盈之曰："什一，去关市之征。今兹未能，请轻之，以待来年然后已，何如？"【注】戴盈之，宋大夫。问孟子欲使君去关市征税，复古行什一之赋。今年未能尽去，且使轻之，待来年然后复古，何如。【疏】注"今年未能尽去"○正义曰：阎氏若璩释地三续云："兹，年也。左传僖十六年：'今兹鲁多大丧，明年齐有乱。'杜注曰：'今兹，此岁。'吕氏春秋：'今兹美禾，来兹美麦。'史记苏秦传：'今兹效之，明年又复求割地。'后汉明帝纪：'昔岁五谷登衍，今兹蚕麦善收。'"

孟子曰："今有人日攘其邻之鸡者，或告之曰：'是非君子之道。'曰：'请损之，月攘一鸡，以待来年然后已。'如知其非义，斯速已矣，何待来年？"【注】攘，取也。取自来之物也。孟子以此为喻，知攘之恶当即止，何可损少月取一鸡，待来年乃止乎。谓盈之之言，若此类者也。【疏】注"攘取"至"物也"○正义曰：周书吕刑云"夺攘矫虔"，郑氏注云："有因而盗曰攘。"淮南子氾论训云"直躬其父攘羊"，高诱注云："凡六畜自来而取之曰攘之。"

章指言：从善改非，坐而待旦；知而为之，罪重于故。譬犹攘鸡，多少同盗；变恶自新，速然后可也。【疏】"罪重于故"○正义曰：论衡答佞篇云："故曰刑故无小，宥过无大。"某氏书传云："不忌故犯，虽小必刑。"说文攴部云："故，使为之也。"知而使之即知而为之也。○"变恶自新"○正义曰：阮氏元校勘记云："孔本新作'心'，非。"

9　公都子曰："外人皆称夫子好辩，敢问何也？"【注】公都子，孟子弟子也。外人，他人论议者也。好辩，言子好与杨墨之徒辩争。【疏】注"公都子孟子弟子也"○正义曰：广韵"公字"，注云："汉复姓，八十五氏。孟子称公都子有学业，楚公子食邑于都，后氏焉。"○注"好辩"至"辩争"○正义曰：大戴记曾子事父母篇云："孝子之谏，达善而不敢争辩。争辩者，作乱之所由兴也。”说文言部云：“讼，争也。”淮南子俶真训云“分徒而讼”，高诱注云：“讼，争是非也。”又易讼卦释文引郑注云：“辩财曰争。”是辩有争义。孟子时圣道湮塞，百家妄起，许行农家，景春、周霄从横家，他如告子言性，高子说诗，慎到、宋钘各鸣所见，孟子均与辩论其是非，不独杨朱、墨翟也。故云杨墨之徒。

孟子曰：“我岂好辩哉，予不得已也。【注】曰我不得已耳，欲救正道，惧为邪说所乱，故辩之也。**天下之生，久矣一治一乱。当尧之时，水逆行，泛滥于中国，蛇龙居之，民无所定，下者为巢，上者为营窟。**【注】天下之生，生民以来也。迭有乱治，非一世。水生蛇龙，水盛则蛇龙居民之地也。民患水避之，故无定居。埤下者于树上为巢，犹鸟之巢也。上者，高原之上也。凿岸而营度之，以为窟穴而处之。【疏】注“埤下”至“处之”○正义曰：礼记礼运云：“昔者先王未有宫室，冬则居营窟，夏则居橧巢。”注云：“寒则累土，暑则聚薪柴居其上。”此上古之世，五帝时已有台榭宫室牖户，不为巢窟。尧时洪水泛滥，民居荡没，故仍为巢为窟也。尔雅释兽云：“豕所寝，橧。”邵氏晋涵正义云：“礼运‘夏则居橧巢’，是上古穴居野处，橧亦为人所居。既有宫室，则橧为豕所寝矣。方言云：‘其槛及蓐曰橧。’今牧豕者积草以居之，旁为之槛。”按此缘夏月暑热，故架柴为阑槛，或依树为之，故称橧巢，不必在树上。此以水溢之，故卑下已沉水中，故必巢于树上，如鸟之巢。吕氏春秋孟冬纪云“营丘垄之小大高卑”，高诱注云：“营，度也。”高原水所未溢，而民无力为屋，故凿而为窟。郑氏以累土解营窟，则是于窟穴之上又增累以土。淮南子氾论训云“古者民泽处复穴”，注云：“复穴，重窟也。一说穴毁堤防，崖岸之中，以为窟室。”重窟即郑所云累土。穴毁堤防即赵所云凿岸。按说文宫部云：“营，市居也。”凡市阛军垒，周匝相连皆曰营。此营窟当是相连为窟穴。营度即是为，不得云为为窟矣。**书曰‘洚水警余’。洚水者，洪水也。**【注】尚书逸篇也。水逆行，洚洞无涯，故曰洚水。洪，大也。【疏】注“尚书”至“大也”○正义曰：谓之逸篇，不知百篇中何篇也。江氏声尚书集注音疏云：“尧典曰‘汤汤洪水方割’，孟子释此洚水，即尧典所谓洪水也。孟子告子篇云‘水逆行谓之洚水’,说文水部云‘洚水不遵其道’,故赵氏云水之逆行,洚洞无涯。”说文言部云:“警,戒也。”尔雅释诂云:“余,我也。”段氏玉裁说文解字注云:“洪水,洚水也。从水,共声。洚水不遵道。尧典、皋陶谟皆言‘洪水’。释诂曰:‘洪,大也。’引申之义也。孟子以洪释洚,许以洚释洪,是曰转注。水不遵道,正谓逆行,惟其逆行,是以绝大。洚洪二字,义实相因。”淮南子原道训云“靡滥振荡,与天地鸿洞”,高诱注云:“鸿,大也。洞,通也。”鸿与洪通,鸿洞即洚洞,马融长笛赋云“港洞坑谷”,李善注云:“港洞相通也。”港,胡贡切。港洞亦即洚洞。**使禹治之,禹掘地而注之海,驱蛇龙而放之菹,水由地中行,江淮河汉是也。险阻既远,鸟兽之害人者消,然后人得平土而居之。**【注】尧使禹治洪水,通九州,故曰掘地而注之海也。菹,泽生草者也。今青州谓泽有草者为菹。水流行于地而去也,民人下高就平土,故远险阻也。水去,故鸟兽害人者消尽也。【疏】注“菹泽”至“为菹”○正义曰:礼记王制云“居民山川沮泽”,注云:“沮,谓莱沛。”孔氏正义云:“何允云:‘沮泽,下湿地也。草所生曰莱,水所生曰沛。’言沮地是有水草之处也。”左思蜀都赋云“潜龙蟠于沮泽”,李善注云:“綦毋邃孟子注曰:‘泽生草曰葅。’沮与葅通。”然则孟子之“菹”,即王制之“沮”,綦毋邃作“葅”,黄公绍韵会引孟子作“葅”。葅即菹字,葅为葅之通也。○注“水流行于地而去也”○正义曰:说文沝部云:“㴠,水行也。”重文“流”。越绝书篇叙外传记云:“行者,去也。”郑氏注檀弓,高诱注吕氏春秋、淮南子,皆以去释行,是水由地中行即水由地中流去也。○注“水去故鸟兽害人者消尽也”○正义曰:说文水部云:“消,尽也。”**尧舜既没,圣人之道衰,暴君代作,坏宫室以为污池,民无所安息;弃田以为园囿,使民不得衣食;邪说暴行又作,园囿污池沛泽多而禽兽至。**【注】暴,乱也。乱君更兴,残坏民室屋,以其处为污池;弃五谷之田,以为园囿;长逸游而弃本业,使民不得衣食,有饥寒并至之厄。其小人则放辟邪侈,故作邪伪之说,为奸寇之行。沛,草木之所生也。泽,水也。至,众也。田畴不垦,故禽兽众多,谓羿、桀之时也。【疏】注“暴乱也乱君更兴”

○正义曰：淮南子主术训云"其次赏贤而罚暴"，高诱注云："暴，虐乱也。"易系辞传云"以待暴客"，干宝注云："卒暴之客为奸寇也。"故下"暴行"，赵氏又以奸寇释之。说文人部云："代，更也。"代作，谓更代而作，非一君也。○注"故为邪伪之说"○正义曰：文选西京赋云"邪嬴优而足恃"，薛综注云："邪，伪也。"吕氏春秋离谓篇云"辨而不当理则伪"，高诱注云："伪，巧也。"淮南子本经训云"其心愉而不伪"，高诱注云："伪，虚诈也。"巧诈则不正，故以邪为伪。○注"沛草"至"水也"○正义曰：后汉书崔骃传注引刘熙孟子注云："沛，水草相半。"风俗通山泽篇云："沛者，草木之蔽茂，禽兽之所蔽匿也。"僖公四年公羊传云"大陷于沛泽之中"，注云："草棘曰沛，渐洳曰泽。"盖分言之，则沛以草蔽芾名，泽以水润泽名，故赵氏注与何休同。通言之，则沛之草即生于水，此刘熙释名专以"下而有水"为泽，注孟子又以"水草相半"为沛，是也。泽之水亦草所生，此风俗通既以"草木"属沛，又云"水草交厝"名之为泽，是也。○注"至众"至"众多"○正义曰：周礼夏官大司马注郑司农云："致，谓聚众也。"至与致通，故以至为众多。○注"谓羿桀之时也"○正义曰：上云"暴君代作"，下云"及纣之身"，纣之前，暴君著于书传者惟羿、桀，故举之耳。**及纣之身，天下又大乱。周公相武王，诛纣伐奄，三年讨其君，驱飞廉于海隅而戮之，灭国者五十，驱虎豹犀象而远之，天下大悦。**【注】奄，东方无道国。武王伐纣，至于孟津还归，二年复伐，前后三年也。飞廉，纣谀臣。驱之海隅而戮之，犹舜放四罪也。灭与纣共为乱政者五十国也。奄大国，故特伐之。尚书多方曰："王来自奄。"【疏】注"奄东"至"自奄"○正义曰：说文邑部云："郁，周公所诛。郁国在鲁。"段氏玉裁说文解字注云："玉篇作'周公所诛叛国商奄'是也。奄、郁二字，周时并行。单呼曰奄，累呼曰商奄。书序、孟子、左传皆云奄，如'践奄''归自奄''伐奄'，昭元年'周有徐奄'，是也。左传又云商奄，如昭九年'蒲姑商奄，吾东土也'，定四年'因商奄之民，命伯禽而封于少皞之墟'，是也。大部云：'奄，覆也。'尔雅云：'弇，盖也。'故商奄亦呼商盖。墨子曰：'周公旦非关叔辞三公，东处于商盖。'韩非子：'周公将攻商盖，辛公申曰：不如服众，小以劫大，乃攻九夷，而商盖服矣。'商盖即商奄也。奄在淮北近鲁，故许云'在鲁'。郑注书序云：'奄在淮夷之北。'注多方云:'奄在淮夷旁。'是也。祝鮀说因商奄之民封鲁者,杜云:'或迸散在鲁。'是也。今山东兖州府曲阜县县城东二里有奄城,云'故奄国',即括地志之'奄里',此可证'迸散在鲁'之说。豳风'四国是皇',毛传云:'四国,管、蔡、商、奄也。'商谓武庚,则此传商、奄为二。"按奄在淮夷旁,为周所伐,是东方无道国也。武王伐纣,至于孟津还归,二年复伐,详见史记周本纪。然则三年讨其君,指武王伐纣伐奄,与诛纣并言,则亦此三年时事矣。秦本纪云:"中潏在西戎,保西垂,生蜚廉,蜚廉生恶来。恶来有力,蜚廉善走,父子俱以材力事殷纣。周武王之伐纣,并杀恶来。是时蜚廉为纣石北方,还无所报,为坛霍太山,而报得石棺。死遂葬于霍太山。"然则武王未杀飞廉,但驱之海隅以戮辱之,故赵氏比诸舜放四罪而已。或云:"戮即杀也。史记非其实。"阎氏若璩释地续云:"说者谓武王诛纣,并杀恶来,飞廉独以善走漏网,窜伏海隅,以为周无如我何。岂知圣人除恶务尽,于穷无复之之地,仍执而戮之,以彰天讨。此亦是随文诠解。而皇甫谧云:'河东皛县十五里有飞廉冢,民常祠之。'郦道元云:'霍太山上有飞廉墓。'皆与秦纪文合。盖杀者一处,葬者又一处,其详不可得闻矣。"翟氏灏考异云:"逸周书世俘篇云:'武王既克殷,狩禽虎二十有二,犀十有二,熊罴牦麈等若干。遂征四方,凡憝国九十有九,馘俘若干。凡服国六百五十有二。'憝国,谓不顺服国也。本九十有九而灭止五十,盖又宥其半也。狩禽文但未及象,而吕氏仲夏纪言'象为虐于东夷,周公以师逐之,至于江南,乃为三象乐以嘉其德'。适补周书所缺。武周灭国、驱兽二事,正经中不得明证,故边旁之书,未可以驳杂而全置也。"赵氏佑温故录云:"灭国者五十,诸家无说。惟逸周书'凡所征熊盈族十有七国,俘殷献民,迁于九里'。熊,楚之先。盈即嬴,飞廉同姓。可备五十之一。"孔氏广森经学卮言云:"书序:'武王伐殷,往伐,归兽,识其政事,作武成。'归兽之事,盖孟子所谓'驱虎豹犀象而远之'者出于此篇。书序云:'成王东伐淮夷,遂践奄,作成王征。成王既践奄,将迁其君于薄姑,周公告召公,作将薄姑。成王归自奄,在宗周,诰庶邦,作多方。'多方云:'惟五月丁亥,王来自奄。'郑氏注云:'奄国在淮夷之旁。周公居摄之时亦叛,王与周公征之,三年灭之。'此自周公相成王时事。奄非武王所灭,故说者谓'三年讨其君'专指伐奄。则'诛纣'二字当属上'周公相武王'句,'伐奄'二字属下'三年讨其君'句。盖'三年讨其君'一句,不得既为武王伐纣之三年,又为成王践奄之三年也。”倪氏思宽读书记云:“据书所言,伐奄总在成王之时,故顾亭林曰:‘伐奄,成王时事。’上言相武王,因诛纣而连言之耳。而毛西河又谓多方本文明言‘至于再至于三’,旧儒亦明注‘再叛三叛’,是以周公伐奄有三:一是相武王时伐奄,孟子所云是也。一是周公摄政初年又伐奄,多士所云是也。相武王时伐奄,孟子本文也,何得因他经书无考,而转孟子伐奄亦是成王时事?且据事理论之,当时助纣为虐,惟奄为最大之国,岂有既诛纣而可以不伐奄之理?岂有讨纣而可以不讨奄君之理?反覆思之,觉西河考订之学,诚有出于亭林之上者矣。”按赵氏以伐奄与诛纣皆武王一时事,又引多方者,明奄为大国耳。赵氏以孟子特以奄与纣并称,而不混入五十国之内,故申明之。且五十国则灭矣,奄虽特伐,实未灭,故至周公摄位时,又嗾禄父请举事,叛至再三,仍但迁之于蒲姑而已,终不灭也。**书曰:‘丕显哉!文王谟。丕承哉!武王烈。佑启我后人,咸以正无缺。’**【注】书,尚书逸篇也。丕,大。显,明。承,缵。烈,光也。言文王大显明王道,武王大缵承天光烈,佑开后人,谓成康皆行正道,无亏缺也。此周公辅相以拨乱之功也。【疏】注“书尚”至“功也”○正义曰:此引书,亦不见二十八篇中,是逸书也。“丕,大”,“烈,光”,尔雅释诂文。礼记祭法云“显考庙”,注云:“显,明也。”说文页部云:“显,明饰也。”毛诗秦风“不承权舆”,传云:“承,缵也。”豳风“载缵武功”,传云:“缵,继也。”是承即缵也。尔雅释诂云:“谟,谋也。”文王所图谋论说,一如大禹、皋陶,显明帝王之道,故云大显明王道。易师九二传云“承天宠也”,光亦宠也,故云承天光烈。启之义为开,咸之义为皆,缺之义为亏,文王、武王后人,是为成王、康王。邪说既消,正道复著,周公辅相拨乱反之正,故咸以正也。僖公二十八年左传云“奉扬天子之丕显休命”,昭公三年左传云“昧旦丕显”,注皆云:“丕,大也。”丕显与此丕显同。王氏引之经传释词云:“玉篇曰:‘不,词也。’经传所用或作‘丕’。显哉承哉,赞美之词。丕则发声也。”赵注训丕为大,失之。**世衰道微,邪说暴行有作,臣弑其君者有之,子弑其父者有之,孔子惧,作春秋。春秋,天子之事也。是故孔子曰:‘知我者其惟春秋**

乎，罪我者其惟春秋乎？'【注】世衰道微，周衰之时也。孔子惧王道遂灭，故作春秋。因鲁史记，设素王之法，谓天子之事也。知我者，谓我正王纲也。罪我者，谓时人见弹贬者。言孔子以春秋拨乱也。【疏】"世衰"至"春秋乎"○正义曰：毛氏奇龄四书賸言云："管子法法篇云：'故春秋之记，臣有弑其君，子有弑其父者矣。'此二语似孟子'臣弑其君者有之，子弑其父者有之'所本，然此是旧时春秋，非夫子春秋也。则意封建之世，多有此祸，特夫子以前，简策总不传耳。"万氏斯大学春秋随笔云："暴行，即弑父弑君是也。所谓邪说，即乱臣贼子与其侪类将不利于君，必饰君之恶，张己之功，造作语言，诬惑众庶是也。有邪说以济其暴，遂若其君真可弑而己可告无罪然者。相习既久，政柄下移，群臣知有私门而不知公室。且邻封执政，相倚为奸，凡有逆节，多蔽过于君，鲜有罪及其臣者，如鲁卫出君，师旷、史墨之言可证也。"惠氏士奇春秋说云："人皆知春秋尊宗周，莫知春秋尊宗国。春秋以鲁为列国之宗而尊之，故孟子曰：'春秋，天子之事也。'董仲舒亦谓'春秋有王鲁之文'。诸儒闻之，群起而哗，譊譊讙咋，以为王鲁诚不可，匹夫而行天子之事，可乎哉？且宗国之尊，非自春秋始也。古者太史采风献之天子，而鲁不陈诗，故鲁诗列于颂。次周颂而在商颂之上，则宗国之尊久矣，是以孔子独尊之。以为至尊无弑道，故不书弑而书薨，不地亦不葬，至尊之体当然，故曰'鲁王，礼也'。天子崩，诸侯薨，大夫卒。春秋诸侯薨皆书卒者，临天下之辞；独鲁称薨者，临一国之辞，亦所以尊宗国。虽尊宗国之礼如尊宗周而为僭焉，故曰'知我者其惟春秋乎，罪我者其惟春秋乎'。四方乱狱，莫大于弑君，天王先命讶士成之。成之者，断之也。断其孰为首孰为从而后行刑。如负固不服，大司马以九伐之法，或正之或残之。春秋九伐之法不行于邦国，而讶士亦失其官，故君子于宋督弑君，特著其法曰：'会于稷，以成宋乱。'言宋之乱天王不能成，而以成之之责予鲁，明宗国亦得奉天王之命而往成之。自是宗周微，而宗国亦微，顾往朝齐晋及楚而听命焉，四方乱狱，莫有往而成之者矣。故春秋特一书不再书者以此。庄公三十有二年'冬十月乙未，子般卒，公子庆父如齐'。明弑子般者，庆父也。文公十有八年'子卒，季孙行父如齐'。明弑子赤者，非独襄仲，而行父亦与闻焉。春秋书法，有离而书者，事异而情亦异；有连而书者，事同而情亦同。庆父、行父前后如齐，皆以子般、子赤之卒连而书之者也。据经核传，前后若一，其情不更显乎？或曰：鲁桓非其人，曷为以成之之责予之？曰：以成之之责予鲁，非予桓公也。若夫桓公不能成，乃假成之之名而反取赂焉，春秋因直书之而不讳矣。春秋有书一事而两义并见者类此。春秋之初，四方乱狱，未闻告乱于宗周，犹来告乱于宗国。隐公四年春'卫州吁弑其君，卫人来告乱'。盖以鲁为列国之宗而来告也。隐公不能会诸侯往而成之，则宗国之微，自隐公始。桓公二年，宋督之乱亦来告，可知桓公乃假成之之名而取赂焉。由是宗国益微，不可复振矣。宋两弑君，晋一弑君，凡三书'及'，所以旌死难之臣也。弑君何为或称名或称国，称国谓专国者，晋之专国者栾书，故称国。栾书弑厉公，犹赵盾弑灵公。盾直称名，书独隐其名而称国，则晋之董狐失其官矣。董史失其官，曷为孔子不正之？孔子曰：'吾犹及史之阙文也。'又曰：'其文则史，其义则丘窃取之。'然则其义安在？称国者其义，不称名者其文，仍其文而存其义。左氏虽虚张郤至之伐，仍不能掩其忠；虽盛称栾书之美，仍不能掩其恶。春秋数称栾书帅师，一救郑，一侵蔡，一伐郑，明专国也。及厉公死而书乃弑君之贼，其名卒不复见矣。公羊〔一〕谓'弑君贱者穷诸人'，莒称人者，贱之。文公十有六年'冬，宋人弑其君杵臼'。杵臼者，宋昭公。弑昭公者，乃其君祖母王姬，使帅甸师攻而杀之。而谓之贱，可乎？宋平公杀其子，可直斥宋公；襄夫人杀其孙，不可直斥君祖母。直斥君祖母，则名不正而言不顺，辞穷故称人以贱之。以君祖母王姬之尊且贵，而与贱者同辞，此春秋之特笔。后世君母临朝，而擅废置其君之柄者，亦当以春秋为鉴焉。文公十有四年'九月，齐公子商人弑其君舍'，此未逾年之君也。曷为直称君？逾年称君者，缘孝子之心不忍当君位也。在朝之臣，固已北面稽首而君之矣，一国之人，亦莫不奉以为君，其谁曰非君也。哀公四年'春，盗弑蔡侯申，蔡公孙辰出奔吴'。明弑蔡侯申者，公孙辰也。此连而书者，与鲁庆父弑闵公、宋万弑殇公同，而经称盗何也？蔡人以盗赴，故称盗。又蔡昭公将如吴，明不在国而在涂，则其称盗也亦宜。传称文之锴杀公孙翩，经书'蔡杀其大夫公孙姓、公孙霍'，明皆辰之党而辰独出奔，讥失盗也。左传谓'蔡人逐之'，则庆父亦鲁人逐之可知。不杀之而逐

〔一〕"公羊"原误"穀梁"，据哀公四年公羊传改。

之，是为逸贼。宋万出奔陈，宋人力不能讨也，春秋犹书以示讥。鲁季友力能讨庆父，乃不讨而缓追逸贼，使庆父出奔莒，君子谓季友有无君之心，当坐与闻乎弑之罪，虽酖叔牙，缢庆父，其功未足以掩其罪也。”○注“设素王之法”○正义曰：赵氏佑温故录云：“知春秋者，无如孟子。天子，周天子也。孔氏宪章文武，学礼从周，为下不倍；以周时之人纪周时之事，岂有出于周外，先自为倍，而犹以责人者？赵岐‘设素王之法’一语，似孔子意中别设一天子，盖从公羊家黜周王鲁之说出，及宋以后，又多谓孔子改制行权，直以天子自处，当时之天子，听其忽贬忽褒，甚至以天自处，天子又不足言。惟明新郑相国高文襄拱春秋正旨一卷，可称焉。首论春秋乃明天子之义，非以天子赏罚之权自居；次论孔子必不敢改正朔，用夏时；次论托之鲁史者，以其尚存周礼，非以其周公之后而假之；次论王不称天，乃偶然异文，滕、薛称子，乃时王所黜，圣人必无贬削天子升降诸侯之理；次论齐人归三田小事，非圣人自书其功，深斥以天自处之文；次论哀十四年乃孔子卒前二年，适遇获麟，因而书之，非感麟而作，麟亦非应经而至。其后又述嘉靖己酉，郑州生麟二，事亲见之。麟固有种，麟之时有时无，俱无关系，非天特生以示瑞。可谓迥出诸儒之上。素王本出史记殷本纪伊尹从汤言素王及九主之事。索隐：‘素王者，太素上皇，其道质素，故称素王。九主者，三皇五帝及夏禹也。’杜预左传序辨素王、素臣，孔疏述董仲舒对策云：‘孔子作春秋，先正王，而系以万事，是素王之文焉。’贾逵春秋序云：‘就是非之说，立素王之法。’盖皆以素王为古皇之称。赵岐所言由此。至郑氏六艺论：‘孔子既西狩获麟，自号素王异矣。’即杜所诮‘非通论’。而孔亦引家语：‘齐太史子余叹美孔子云：天其素王之乎。’素，空也。言无位而空王之，非孔子自号。先儒盖因此而谬，遂谓春秋立素王之法。其以丘明为素臣，又未知谁所说。呜呼，孔子被诬久矣！赖杜预始雪之者也。若彼造祖庭广记者，复有‘水精之子，生衰周而为素王’之语，益妖妄不足道。”**圣王不作，诸侯放恣，处士横议，杨朱、墨翟之言盈天下，天下之言，不归杨则归墨。杨氏为我，是无君也。墨氏兼爱，是无父也。无父无君，是禽兽也。**【注】言孔子之后，圣王之道不兴，战国纵横，布衣处士，游说以干诸侯，若杨墨之徒，无尊异君父之义，而以横议于世也。【疏】

注“言孔子”至“世也”○正义曰：吕氏春秋禁塞篇云“而无道者之恣行”，高诱注云：“恣，放也。”说文心部云：“恣，纵也。”列子黄帝篇云“横心之所念”，释文云：“横，放纵也。”是放恣即纵横也。汉书异姓诸侯王表云：“秦既称帝，患周之败，以为起于处士横议。”注云：“处士，谓不官朝而居家者也。横音胡孟反。”又贾山传至言云：“夫布衣韦带之士，修身于内，成名于外。”注云：“言贫贱之人也。”布衣之士即不仕家居之士也，故云布衣处士。荀子非十二子云：“古之所谓处士者，德盛者也，能静者也，修正者也，知命者也，著是者也。今之所谓处士者，无能而云能者也，无知而云知者也，利心无足而佯无欲者也，行伪险秽而强高言谨悫者也，以不俗为俗离纵而跂訾者也。士君子之所不能为。”注云：“离纵，谓离于俗而放纵。跂訾，亦谓跂足自高而訾毁于人。”按离纵、跂訾，即横议也。段氏玉裁说文解字注云：“议者，谊也。谊者，人所宜也。言得其宜之谓议。至于诗言‘出入风议’，孟子言‘处士横议’，而天下乱矣。”按从则顺，横则逆，故政之不顺者为横政，行之不顺者为横行，则议之不顺者为横议。庖羲以前，无三纲六纪，人与禽兽同。既设卦观象，定人道，辨上下，于是有君臣父子之伦，此人性之善，所以异于禽兽也。自杨墨之说行，至于无父无君，仍与禽兽等矣。**公明仪曰：‘庖有肥肉，厩有肥马，民有饥色，野有饿莩，此率兽而食人也。’**【注】公明仪，鲁贤人。言人君但崇庖厨，养犬马，不恤民，是为率禽兽而食人也。**杨墨之道不息，孔子之道不著，是邪说诬民，充塞仁义也。仁义充塞，则率兽食人，人将相食。**【注】言仁义塞则邪说行，兽食人则人相食，此乱之甚也。【疏】注“言仁”至“甚也”○正义曰：无父是不仁，无君是不义，无父无君之说满于天下，则仁义之道不明。是仁义为邪说所挤，故为充塞仁义也。但知为我，不顾民之饥寒，故率兽食人。因而民亦但知为我，互相残害，故将相食。此似专指诸侯放恣，为杨氏“为我”之害。乃杨氏厚身而薄人，固人受其害，而墨氏厚人而薄亲，夫以布衣处士，舍其亲以施惠于人，此尤乱贼所为，故其祸与杨等。当时杨墨之言满天下，天下不归杨则归墨，必其言足以惑天下，故孟子切指之曰无父无君，且深斥之曰是禽兽。自有孟子而后，世乃知杨墨之非道也。小心斋札记云：“圣人之仁义，何以为杨墨所塞？曰：圣人随时顺应，无可惊可喜。墨氏之仁，至于摩顶放踵利天下亦为之，是何如慈惠。圣人亲亲而仁民，仁民而爱物，反若多所分别。杨氏之义，至于拔一毛而利天下不为，是何如清净。圣人立必欲立人，达必欲达人，反若多所牵揽。故曰恶紫夺朱，恶郑夺雅，岂惟乱之，又能夺之。何者？朱不如紫之艳，雅不如郑之浓也。为我、兼爱之能充塞仁义，亦若是。”按孔子之道，乃述伏羲、神农、黄帝、尧、舜、文王、周公之道。立天之道曰阴与阳，立人之道曰仁与义，仁义即一阴一阳也。赵氏谓孔子之后，圣王之道不兴，即此帝王相传之道载在六经者，莫有述而明之者也。孟子明于六经，能述孔子之道，即能知伏羲以来圣人所传述之道，故深悉杨墨之非。然则欲知言之邪正是非者，仍求诸六经可矣。**吾为此惧，闲先圣之道，距杨墨，放淫辞，邪说者不得作。**【注】闲，习也。淫，放也。孟子言我惧圣人之道不著，为邪说所乘，故习圣人之道以距之。【疏】注“闲习”至“距之”○正义曰：“闲，习”，尔雅释诂文。此字或训防，或训法，然非讲习于六经，无以知其道。既习之，乃能知之，知之乃能法之，法之乃能防之。未习六经，空凭心臆，而依附以为先圣，此曰吾防卫乎道也，彼曰吾守法乎圣也，因而门户各立，倾轧相加，不自知其身为杨墨，而此杨墨者又互相杨墨焉，天下国家遂阴受其害，而不知是皆不习故也。孟子与杨墨辨，必原本于习先圣之道；习先圣之道，即讲习六经，不空凭心悟也。赵氏训闲为习，其义精矣。礼记哀公问云“淫德不倦”，注云：“淫，放也。”周礼宫正“去其淫怠与其奇衺之民”，注云：“淫，放滥也。”杨墨不习六经，违悖先圣之道，作为为我、兼爱之言，因而天下人亦不习六经，由杨墨之言而又放滥之，遂成一无父无君之害，所谓淫辞也。孟子习六经先圣之道，知此无父无君之淫辞起于杨墨，故先距之。距与拒通，论语子张篇“其不可者拒之”，石经作“距”。淮南子本经训“戴角出距之兽”，高诱注云：“距读为拒守之拒。”是也。既拒杨墨，以涤其原，于是放逐其依附淫佚之辞，以绝其流。宣公元年穀梁传云：“放，屏也。”说文攴部云：“放，逐也。”小尔雅广言云：“放，投弃也。”盖不啻舜之放驩兜，屏之远方，投畀豺虎，深绝之也。诗大雅常武“王舒保作”，笺云：“作，行也。”使天下后世深知其无父无君必乱天下，不复兴起，以行于世，皆习六经明先圣之道故也。**作于其心，害于其事；作于其事，害于其政。圣人复起，**

不易吾言矣。【注】说与上篇同。【疏】注“说与上篇同”○正义曰：上篇，公孙丑上篇养气章也。彼云“生于其心”，此云“作于其心”；彼云“发于其政”，此云“作于其事”。彼先言政后言事，此先言事后言政，彼此不同，互相发明，非偶然也。彼谓诐淫邪遁之辞皆生于心之蔽陷离穷，而心之蔽陷离穷则由于不习六经，不知先圣之道，凭己心之空悟而无所凭依，遂自以为是，造作语言。其黠者以心争心，则杨之外有墨，墨之外有杨，杨墨之外，又有似杨似墨之言；其钝者以心袭心，则杨有归杨之人，墨有归墨之人；似杨似墨者，又有归似杨似墨之人。皆未尝习六经，知先圣之道，其邪说由心而生，即由心而作，故云生于其心者，习于其心也。作于其心，非述于其心也。惟习于其心，因而述于其心，故以其言措之于事而事不悖，施之于政而政不乱。乃不习不述，惟凭心之空悟，自道其道，自仁其仁，自义其义，未尝不攀援古昔，附会圣贤，而已沦于无父无君之害。苟无习六经知先圣之道者，出而距之放之，其说行于天下，以其言措之于事而事害矣。述先圣之道以为法，则事有所凭而非妄作；今不述先圣之道而凭诸心，则措之于事，无所法守，是为“作于其事”矣。为下者妄作其言，妄作其事，愚者惑之，黠者传之，遂成一无父无君之天下，而君之政有为所格拒而莫能行矣，故“害于其政”也。自下行其邪说，于事则害君上之政；自上用其邪说，于政则害士民之习。圣人治天下，教学为先，师氏以三德、三行教国子，保氏养国子以道，教之六艺、六仪，大司徒以六德、六行、六艺教万民而宾兴之，王制言“乐正崇四术，立四教，顺先王诗书礼乐以造士，春秋教以礼乐，冬夏教以诗书”。习于诗书礼乐，则不致以邪说害政。孔子好古敏求，下学上达，古即先王之道也，学即诗书六艺之文也。大戴礼曾子立事篇云：“君子既学之，患其不博也。既博之，患其不习也。既习之，患其无知也。”论语学而篇曾子云“传不习乎”，注云：“言凡所传之事，得无素不讲习而传之乎。”不习而传诸人，是“生于其心”、“作于其心”之言也。杨墨无所习而言为邪说，孟子博学而习，故知其邪说而距之。舍六德、六行、六艺、诗、书、礼、乐而以心悟为宗者，皆乱天下之杨墨也。孟子本习述先圣之言，故圣人复起，不易吾言。吾言，指此辨杨墨之言。**昔者禹抑洪水而天下平，周公兼夷狄、驱猛兽而百姓宁，孔子成春秋而乱臣贼子惧。**【注】抑，治也。

周公兼怀夷狄之人，驱害人之猛兽也。言乱臣贼子惧春秋之贬责也。【疏】注“抑治也”○正义曰：广雅释诂云：“道，抑，治也。”抑洪水，即道河道江道汉道淮也。荀子成相篇云：“禹有功，抑下鸿。”抑下连称，是抑即下。说文手部云：“抑，按也。”按之亦下之也。洪水高溢地上，道之使归地中，是为下鸿，亦即所以治之也。○注“周公兼怀夷狄之人”○正义曰：荀子非相篇云：“故君子贤而能容罢，知而能容愚，博而能容浅，粹而能容杂，夫是之谓兼术。诗曰：‘徐方既同，天子之功。’此之谓也。”上言容，下引诗言同，中言兼术，是兼、同、容三字义同。故杨倞注以“兼术”为“兼容之法”。君子之容物，亦犹天子之同徐方。广雅释诂云：“兼，同也。”本诸此。容之义为包，包之义为怀。宣公十二年左传云：“兼弱攻昧，武之善经也。”下又云：“抚弱耆昧。”抚弱即是兼弱，故孔颖达尚书正义解“兼昧”云：“兼谓包之。”包亦怀也，故赵氏以怀释兼。○注“言乱臣”至“责也”○正义曰：顾氏栋高春秋大事表有孔子成春秋而乱臣贼子惧论云：“谓乱臣贼子惧者，第书其弑逆之名于策而惧乎？吾恐元凶劭及安庆绪、史朝义之徒，虽日揭其策，以示于前，而彼不知惧也。且此亦夫人能书之，何待圣人？况人已成其篡弑，惧之亦复何益，圣人之作春秋，盖有防微杜渐之道，为为人君父者言之，则书所云‘制治于未乱，保邦于未危’是也。为为人臣子者言之，则礼所云‘齿路马有诛’是也。圣人尝自发其旨于坤卦文言曰：‘臣弑其君，子弑其父，非一朝一夕之故，其所由来者渐矣，由辨之不早辨也。’”按顾氏说未尽善。若谓作春秋为为人君父者言之，则孔子成春秋，非使乱臣贼子惧，是使君父惧矣。人之性所以异于禽兽者，以其知有父子君臣也。惟邪说如师旷、史墨之言有以蔽之，则有所恃而不知惧。自孔子作春秋，直书其弑，邪说者曰：君无道，可弑也。春秋则无论君有道无道，弑之罪皆在臣。邪说者曰：君无道，可逐也。春秋则无论君有道无道，逐之罪皆在臣。以为可弑可逐，则有所借口而无惧，无惧则渐视为固然，而世莫以为怪。以为不可弑不可逐，则无所借口而惧，春秋全为邪说暴行而作，赵氏谓惧春秋之贬责是也。自孔子作春秋，而天下后世无不明大义所在。宋劭、梁珪固即伏诛，即司马师、刘裕、萧道成、高欢、宇文泰之流，奸窃已成，而举义师以讨贼者，代不乏人。明成祖亦欢、泰之类也，以靖难为名，自饰以周公辅佐成王，一闻方孝孺、卓敬等篡夺之言，遂怒而磔其身，夷其族，其怒也即其惧也。伏羲之前，人不知有夫妻父子，自伏羲作八卦而人尽知之。孔子之前，人不知弑父与君之为乱臣贼子，自孔子作春秋而人尽知之。谓"乱臣贼子，夫人能书之，何待孔子"，得毋曰"夫妻父子，夫人能定之，何待伏羲"？譬如五谷，神农未教之前，人不能知，既有神农教之，无论智愚，无不知五谷，岂曰五谷夫人能辨之，何待神农乎？伏羲定人道之后，不能无淫奔，然人人知其为淫奔也而贱之。孔子作春秋之后，不能无乱贼，然人人知其为乱贼也而诛之。易治未乱，春秋治已乱，臣弑其君，子弑其父，非一朝一夕之故，所以戒天下后世辨之于早也。惟不能辨之于早，而臣已乱子已贼，此时仍理早辨之说，譬诸病已危急，宜审其寒热虚实，以大温大寒大补大攻，挽回于俄顷，而仍从徐徐责其不善调和保护可乎？使春秋之作，仍不过履霜早辨之义，则孔子赞易已足明之，何必又作春秋？戒早辨，治未乱，防其乱也。惧乱贼，治已乱，还其未乱也。余春秋左传补疏中详言之。**诗云：'戎狄是膺，荆舒是惩，则莫我敢承。'**【注】此诗已见上篇说。**无父无君，是周公所膺也。**【注】是周公所欲伐击也。**我亦欲正人心，息邪说，距诐行，放淫辞，以承三圣者，岂好辩哉，予不得已也。**【注】孟子言我亦欲正人心，距诐行，以奉禹、周公、孔子也。不得已而与人辩耳，岂好之哉。**能言距杨墨者，圣人之徒也。"**【注】孟子自谓能距杨墨也。徒，党也。可以继圣人之道，谓名世者也。【疏】注"徒党也"○正义曰：淮南子俶真训云"分徒而讼"，吕氏春秋报更篇云"与天下之贤者为徒"，高诱注并云："徒，党也。"周氏广业孟子逸文考云："扬子法言：'古者杨墨塞路，孟子辞而阙之，廓如也。'此即距杨墨之言，而推衍之也。王充论衡亦云：'杨墨之道不乱仁义，则孟子之传不造。'牟子理惑论：'杨墨塞群儒之路，车不得定，人不得步，孟子阙之，乃知所从。'陆倕答法云书：'昔者异学争途，孟子抗周公之法，于是杨墨之党舌举口张。'皆此意也。杨之学无传。淮南子氾论训云：'全性保真，不以物累形，杨子之所立也。而孟子非之。'此可见其大略也。"

章指言：忧世拨乱，勤以济之，义以匡之，是故禹稷骈蹍，周公卬思，仲尼皇皇，墨突不及污，圣贤若是，

岂得不辩也。【疏】“禹稷骈踬”○正义曰：音义云：“蒲田切，下张尼切。丁云：‘史记作胼胝，谓手足生胝也。’”此踬乃颠踬字，音致。宜依史记读之为是。周氏广业孟子章指考证云：“文子自然篇称‘胼胝’，史记李斯传称‘禹手足胼胝’，毛晃礼部增韵引赵注作‘骈踬’，韵会先韵‘骈’字注云：‘胼胝，皮坚也。或作跰，通作骈。’引孟注为证。支韵‘胝’字注引广韵云：‘皮厚也。又跰也。或作跠，亦作踬。’其下亦引孟注。一似胼、骈、踬、胝之字初无异义。然说文但有骈字，无胼字。胝训为腄，谓瘢胝也，竹尼切。踬训为跲，引诗‘载踬其尾’，言颠踬也，陟利切。则其音义固判然矣。吕氏春秋求人篇云：‘禹颜色黧黑，窍气不通，足不相过。’荀子非相篇‘禹跳汤偏’，杨倞注引尸子云：‘禹手不爪，胫不生毛，偏枯之病，步不相过，人曰禹步。’尚书大传云‘禹其跳’，其跳者，踦也。所谓足不相过者，穀梁昭二十年传有云：‘两足不能相过，齐谓之綦，楚谓之疏，卫谓之辄。’陆德明释文据刘兆云：‘綦，连并也。疏，聚合不解也。辄本亦作縶，如见縶绊也。’据此，则‘骈踬’正言手足不仁，非直重茧明矣。盖骈是‘挛局不分’，与左传‘骈胁’、庄子‘骈指’一例。列子杨朱篇‘禹身体偏枯，手足骈胝’，正作骈，其确证也。踬谓‘痿蹶弱行’，列子说符篇‘其行足踬株焰’，焦赣易林‘担载差踬，踠跌右足’，又‘跛踬未起，失利后市’，皆此义。其以骈踬为胼胝，乃后人传写之误。然颜师古注汉书‘胼’字云：‘并也。’犹不失其本。自字书不审本末，辄云相通，去之远矣。”稷骈踬，无可考，盖因禹及之，犹论语“禹稷躬稼”，孟子“禹稷当平世，三过其门而不入”也。○“周公仰思”○正义曰：音义云：“按字书：‘卬读如仰。’”又离娄下章云：“周公思兼三王，以施四事，其有不合者，仰而思之，夜以继日，幸而得之，坐以待旦。”是其事也。○“仲尼皇皇墨突不及污”○正义曰：周氏广业孟子章指考证云：“‘仲尼皇皇’，出扬子法言学行篇。文子自然篇、淮南子修务训并云：‘孔子无黔突，墨子无暖席。’陆贾新语亦云：‘墨子皇皇，席不暇暖。仲尼栖栖，突不暇黔。’则黔突本系孔子事。自班固答宾戏‘圣哲之治，栖栖遑遑，孔席不暇，墨突不黔’，始颠倒其语。唐韩昌黎因之，云‘孔席不暇暖，而墨突不得黔’，其实非也。赵虽稍后于班，未必遽袭其误。况本书距杨墨以承三圣，墨安得与禹、稷、周、孔并列？家语：'孔子厄于陈蔡，颜回、仲由次于坏屋之下，有埃墨堕饭中，回取食之。'是墨突即尘甑之谓。'去齐接淅'，又孔子实事，故赵氏以此证其皇皇耳。其改黔为污，盖以协韵故也。"

10　匡章曰："陈仲子岂不诚廉士哉！居於陵，三日不食，耳无闻，目无见也。井上有李，螬食实者过半矣，匍匐往，将食之，三咽然后耳有闻，目有见。"【注】匡章，齐人也。陈仲子，齐一介之士，穷不苟求者，是以绝粮而馁也。螬，虫也。李实有虫，食之过半，言仲子目不能择也。【疏】注"匡章齐人也"○正义曰：匡章见于战国策，一在齐策："秦假道韩魏以攻齐，齐威王使章子将而应之，秦兵大败。"一在燕策："齐宣王令章子将五都之兵，以因北地之众以伐燕，齐大胜燕。"然则章子在齐，历仕两朝，屡掌军伐，当孟子在齐时，章年固亦长矣。赵氏但云齐人，不以为弟子也。吕氏春秋不屈篇云"匡章谓惠子于魏王之前"，高诱注云："匡章，孟子弟子也。"周氏广业孟子出处时地考云："章在孟门，所礼异于滕更，称子有同乐正，谓为著录也宜。吕览有匡章与惠王及惠施问答，殆从游于梁者欤？"阎氏若璩释地又续云："战国策齐宣王与群臣皆称为章子，盖于人名下系以'子'字，当时多有此称谓，田蚡人称为蚡子，田婴人称为婴子，田文人称为文子，以及秦魏冉亦称为冉子，皆此类。"庄子盗跖篇云"匡子不见母"，释文引司马彪注云："匡子名章，齐人。谏其父，为父所逐，终身不见父。"按此事见孟子，是匡为姓，章为名。○注"陈仲子"至"馁也"○正义曰：陈仲子见于战国策齐策赵威后问齐使云："於陵子仲尚存乎？是其为人也，上不臣于王，下不治其家，中不索交诸侯，此率民而出于无用者，何为至今不杀乎？"周氏柄中辨正云："鲍彪注：'此自一人。若孟子所称，已是七八十年矣。'愚按：陈仲子齐宣王时，赵威后齐王建时，考六国表，自宣王元年至王建元年，凡七十有九年，仲子若寿考，何妨是时尚在；况云'其率民而出于无用'，明是孟子所称。"韩非子外储说左云："齐有居士田仲者，宋人屈谷曰：'田仲不恃仰人而食，亦无益人之国，亦坚瓠之类也。'"田仲即陈仲。不仰人而食，所谓一介之士穷不苟求者也。淮南子氾论训云:“季襄、陈仲子立节抗行,不入洿君之朝,不食乱世之食,遂饿而死。”高诱注云:“陈仲子齐人,孟子弟子,居於陵。”以仲子为孟子弟子,未详所出,赵氏所不用也。○注“螬虫”至“择也”○正义曰:尔雅释虫云:“蟦,蛴螬。蝤,蛴蝎。”方言云:“蠀螬谓之蟦。自关而东谓之蝤蠀,或谓之卷蠾,或谓之蝖毂;梁益之间谓之蛒,或谓之蝎,或谓之蛭蛒;秦晋之间谓之蠹,或谓之天蝼。”说文蚰部云:“蠹,木中虫。”论衡商虫篇云:“桂有蠹,桑有蝎。”螬食李,即李木中蠹也。文选刘伶酒德颂注引刘熙孟子注云:“槽者,齐俗名之如酒槽也。”周氏广业孟子古注考云:“槽疑螬字之讹,说文作‘蠤,𧓍蠤也’。以背行驶于足状似酒槽,以齐俗所名,故谓之蛴螬也。”按淮南子氾论训“槽矛无击”,高诱注云:“槽读领如蛴螬之螬。”螬、槽固可假借,而蛴与蠀通,皆与螬为声之转,缓呼为蛴螬,急呼则单为螬。以为“齐俗名之”,非也。又文选张景阳杂诗注引孟子章句云:“陈仲子岂不诚廉士哉!居於陵,三日不食,耳无闻,目无见。井上有李实,螬食者过半矣,匍匐往将食之。”下引刘熙曰:“陈仲子,齐一介之士也。螬,虫也。李实有虫,食之过半,言仲子目无见也。”此注与赵氏略同,而章句则以实字连李字,在螬字上。是时仲子匍匐而往,则必李实之坠于地者。然文选注引孟子每有增减,未可为据,盖古人属文,每多倒置,赵氏注亦恒颠倒明之,故孟子实字原在食字下,而刘、赵倒置于上,以明井上有李指李实,不指李树也。尔雅释言云:“将,资也。”谓匍匐而往井上,资此李实食之。说文口部云:“咽,嗌也。”刘熙释名释形体云:“嚥,嚥物也。”嚥即咽,食物下于咽嗌,故即谓之嚥。三咽者,不及细嚼也。井上之李实非一,特取此螬食者,是目盲不知择也。夫螬食之余,匍匐就食,极形仲子之不堪,匡章非以仲子为可尚也。

孟子曰:“于齐国之士,吾必以仲子为巨擘焉。虽然,仲子恶能廉?充仲子之操,则蚓而后可者也。夫蚓上食槁壤,下饮黄泉。【注】巨擘,大指也。比于齐国之士,吾必以仲子为指中大者耳,非大器也。蚓,蚯蚓之虫也。充满其操行,似蚓而可行者也。蚓食土饮泉,极廉矣,然无心无识;仲子不知仁义,苟守一介,亦犹蚓也。【疏】注“巨擘”至“器也”○正义曰:曹氏之升摭余说云:“春秋正义:‘手,五指之名。

曰巨指、食指、将指、无名指、小指。'巨指，即仪礼大射仪所谓'左巨指钩弦'是也。孟子称巨擘，亦称大擘，郑注'右巨指，右手大擘'是也。亦称擘指，乡射礼贾疏'以左擘指拓弓，右擘指钩弦'是也。食指、将指，俱见左传。乡射礼'凡挟矢于二指之间横之'，郑注：'二指谓左右之第二指。此以食指、将指挟之。'贾疏以左传'子公之食指动'释第二指是也，而以左传'阖闾伤于将指'释第三指则不然。第三指，既夕礼亦名'中指'，盖足以大指为将指，手以中指为将指。说文：'拇，将指也。'易'咸其拇'疏：'拇是足大指。'阖闾所伤是足，故下云'取其一屦'，而贾误以解手之中指，非也。无名指，仅一见于孟子，赵岐注：'以其余皆有名，无名指者，非手之用指也。'按大射仪'朱极三'注：'极，犹放也。所以韬指利放弦也。以朱韦为之。三者，食指、将指、无名指。'则第四指，亦非竟无用也。郑惟谓小指短不用，然敖氏继公谓'凡挟矢，有挟一矢者，有挟四矢五矢者。寡则挟以食指将指，多则以余指分挟之'。小指，亦余指也。又作'季指'，特牲馈食、少牢馈食礼'挂于季指'，注：'季，犹小也。'而敖氏则直谓'季指，左手之小指'是也。"○注"蚓蚯蚓"至"蚓也"○正义曰：礼记月令："孟夏，蚯蚓出。""仲冬，蚯蚓结。"淮南子时则训作"丘螾"。单名之则为蚓为螾，荀子劝学篇云："螾无爪牙之利，筋骨之强，上食埃土，下饮黄泉，用心一也。"螾即蚓也。大戴礼易本命云"食土者无心而不息"，注云："蚯蚓之属，不气息也。"郭璞尔雅赞云："蚯蚓土精，无心之虫。"故赵氏谓蚓无心。荀子以喻目不能两视，耳不能两听，故言螾之心一。孟子以蚓喻仲子之不知仁义，故赵氏言无心无识也。大戴礼劝学篇作"上食晞土"，晞乃"日暴干"之名，土干则成尘，故荀子作"埃土"，埃即尘也。土枯无泽，故孟子谓之"槁壤"。隐公元年左传云"不及黄泉，无相见也"，注云："地中之泉，故曰黄泉。"黄泉至清而无浊，槁壤至洁而无污，充其操，必食此至清至洁，如蚓乃可也。**仲子所居之室，伯夷之所筑与，抑亦盗跖之所筑与？所食之粟，伯夷之所树与，抑亦盗跖之所树与？是未可知也。"**【注】孟子问匡章，仲子岂能必使伯夷之徒筑室树粟，乃居食之邪，抑亦得盗跖之徒使作也。是殆未可知也。【疏】"仲子"至"知也"○正义曰：蚓必至清至洁而食，使仲子如蚓，则所居所食，必伯夷所筑所树乃可；若为盗跖所筑所树，则不清不洁，便不可居食。然筑者树者不可知，则不能决其为至清至洁矣。不可知而漫居之食之，是不能如蚓也。下“是何伤哉”，专指盗跖之所筑所树。知此“是未可知也”，专属盗跖所筑所树而言。

曰：“是何伤哉！彼身织屦，妻辟纑，以易之也。”【注】匡章曰，恶人作之何伤哉，彼仲子身自织屦，妻缉纑，以易食宅耳。缉绩其麻曰辟，练麻缕曰纑，故曰辟纑。【疏】注“缉绩”至“辟纑”○正义曰：文选张景阳杂诗注引刘熙孟子注云：“仲子自织屦，妻纺纑以易食也。缉续其麻曰辟，练丝曰纑也。”与赵氏略同。段氏玉裁说文解字注云：“𣏟，葩之总名也。当云‘治葩枲之总名’，下文云‘𣏟人[一]所治也’可证。赵岐、刘熙注孟子‘妻辟纑’皆云：‘缉绩其麻曰辟。’辟，音劈。今俗语绩麻析其丝曰劈，即𣏟也。”“糸部云：‘纑，布缕也。’刘熙孟子注云：‘练丝曰纑。’练丝，谓取所缉之缕湅治之也。练者，湅也。湅者，湁也。汏诸漂潎之也。已湅曰纑，未湅曰䌎。广雅曰：‘䌎，绡也。’绡是生丝未湅之缕，如生丝然，故曰绡也。如成国谓已湅曰练丝。”“言布缕者，以别乎丝缕也。绩之而成缕，可以为布，是曰纑。礼经缕分别若干升以为麤细，五服之缕不同也。赵岐曰：‘湅麻曰纑。’麻部：‘䌎，未湅治纑也。’然则湅治之乃曰纑。盖缕有不湅者，若斩衰齐衰大功小功之缕皆不湅，缌衰之缕则湅之。若吉服之缕则无不湅者。不湅者曰䌎，湅者曰纑，统呼曰缕。”周氏广业孟子古注考云：“缉，即绩也。毛诗陈风释文：‘西州人谓绩为缉。’按说文糸部云：‘缉，绩也。’‘绩，缉也。’二字转注。赵氏缉绩相叠者，盖二字亦有别，尔雅释诂云：‘缉，光也。’‘绩，继也。’先以爪剖而分，则辟也。续其短者而连之使长，则绩也。其续绩处以两手摩娑之使不散，则缉也。故刘熙作‘缉续其麻’。缉续即缉绩也。”**曰：“仲子，齐之世家也。兄戴，盖禄万钟。以兄之禄为不义之禄而不食也，以兄之室为不义之室而不居也，避兄离母，处于於陵。**【注】孟子言仲子，齐之世卿大夫之家。兄名戴，为齐卿，食采于盖，禄万钟。仲子以为事非其君，行非其道，以居富贵，故不义之，窜于於陵。【疏】注“兄名”至“于盖”○正义

〔一〕“人”字原脱，据说文段注补。

曰:水经注济水篇引孟子云:"仲子,齐国之世家,兄戴,禄万钟,仲子非而不食。"古人引书,每自增损,乃此去"盖"字,则"戴"字连"兄"字,是为其兄之名,用赵氏注也。孔氏广森经学卮言云:"元李治敬斋古今黈读'兄戴盖'为句,云'戴盖,只是乘轩'。愚按:盖既为王驩邑,不当又为仲子兄邑。扬子八十一家务之次四曰:'见矢自升,升羽之朋,盖戴车载。'是李氏'戴盖'之语未为无本矣。"○注"窜于於陵"○正义曰:阎氏若璩释地续云:"顾野王舆地志:'齐城有长白山,陈仲子夫妻所隐处。'郦注:'鱼子沟水,南出长白山,东抑泉口山,即陈仲子夫妻之所隐。'唐张说石泉驿诗目下自注:'於陵仲子宅,汉於陵故城。'章怀太子贤曰:'在今淄川长山县南。'与通典合。石泉,非孟子所谓井者邪?江,绣江〔一〕,发源长白山南,今章丘县淯河是。计於陵仲子家,离其母所居,几二百里矣。"**他日归,则有馈其兄生鹅者,已频顣曰:'恶用是鶃鶃者为哉?'**【注】他日,异日也。归省其母,见兄受人之餽而非之。已,仲子也。频顣不悦曰,安用是鶃鶃者为乎。鶃鶃,鹅鸣声。【疏】注"频顣不悦"○正义曰:音义出"已频顣",云:"上音纪。频亦作'嚬',同。下子六切。"易复卦"六三频复",释文云:"本又作'嚬'。嚬,眉也。郑作'颦',音同。"又巽卦"九三频巽",李鼎祚集解虞翻云:"频,頞也。"王弼注云:"频,频蹙不乐,而穷不得已之谓也。"文选鲁灵光殿赋云:"憯嚬蹙而含悴。"憯,悴即不乐,不乐即不悦也。说文云:"频,水涯人所宾附,颦戚不前而止。"又:"颦,涉水颦戚也。从频,卑声。"频为颦省,戚为顣省也。文选吊魏武帝文云"执姬女而嚬瘁",注云:"孟子曰嚬蹙而言,嚬蹙谓人嚬眉蹙頞,忧貌也。"此孟子盖注文传写讹误,不详何人。嚬蹙而言四字,即解已频顣曰,而下又申明频为频眉,顣为蹙頞。頞即頞。庄子至乐篇云"髑髅深矉蹙頞",矉即频字之假借,蹙頞连文,则深频指频眉可知。乃通俗文云"蹙頞为矉",虞翻因以频为頞,失之矣。四书释疑云:"已当作'已'。上皆言仲子之文,未尝间断,至此不当又有'己'字谓称仲子也。'己频顣'亦不成文。从已字,说初见其所

〔一〕按:阎氏原文"江,绣江"上有"张说诗云:长白临江上,於陵入济东,我行吊遗迹,感叹石泉空"二十四字,焦氏删之。然"江,绣江,发源长白山南"正承"长白临江上"言,不宜删。

馈生鹅，固已频顣而恶之矣。他日偶食其肉，闻兄之言而哇之，则前后意有伦次。”按此说非也。生鹅之馈，乃交际之常，人人不以为怪，独仲子一己以为不是也。用一“己”字，正见其孤矫非人情。“克己复礼为仁”，正克此己耳。○注“鶃鶃鹅鸣声”○正义曰：音义出“鶃鶃”，云：“丁五历切，鹅也。”阮氏元校勘记云：“五历切与鹅鸣声不相似，盖孟子书本作‘儿’，如今人之读小儿，与鹅声相近也。俗人加鸟作‘鶃’，则为说文‘六鶃’字。”**他日，其母杀是鹅也，与之食之。其兄自外至，曰：‘是鶃鶃之肉也。’出而哇之。以母则不食，以妻则食之；以兄之室则弗居，以於陵则居之：是尚为能充其类也乎？若仲子者，蚓而后充其操者也。”**【注】异日母食以鹅，不知是前所频顣者也。兄疾之，告曰是鶃鶃之肉也。仲子出门而哇吐之。孟子非其不食于母，而食妻所作屦纑易食也。不居兄室，而居于於陵人所筑室也。是尚能充人类乎。如蚓之性，然后可以充其操也。【疏】注“仲子出门而哇吐之”○正义曰：论衡刺孟篇述此文作“出而吐之”。以吐代哇，是哇即吐也。○注“孟子”至“操也”○正义曰：全氏祖望经史问答云：“问：陈仲子之生平，孟子极口诋之，国策中赵后亦诋之。厚斋王氏则又称之。何也？曰：厚斋先生之言是也。仲子若生春秋之世，便是长沮、桀溺、荷蒉、荷蓧、楚狂、晨门一流。然诸人遇孔子，则孔子欲化之；仲子遇孟子，则孟子力诋之：便是圣贤分际不同。须知仲子辞三公而灌园，岂是易事？孟子是用世者，故七篇之中，不甚及隐士逸民，较之孔子之惓惓沮溺一辈，稍逊之矣。平情论之，若如孟子之讥仲子，则母不食以兄不食，直是不孝不弟。然仲子岂真不食于母，不过不食于兄。其兄之盖禄万钟，虽未知其为何如人，然谅亦未必尽得于义，故仲子孑然长往；但观其他日之归，则于寝门之敬亦未尝竟绝，孟子责之过深矣。故厚斋谓其清风远韵，视末世徇利苟得之徒如腐鼠，乃公允之论。若赵后何足以知此？彼第生于七国之时，所谓‘天子不臣，诸侯不友’之士，不特目未之见，抑亦耳未之闻，而以为‘帅民出于无用’，亦岂知隐士逸民之有补于末俗，正在无用中得之也。”周氏柄中辨正云：“孟子以仲子为齐之巨擘，自非徇利苟得之徒可比，何待厚斋发此公论？但其辟兄离母，不可为训，故孟子极诋之。而全氏谓兄戴之禄，未必尽得于义，他日之归，未尝竟绝寝门之敬，以此为仲子解说，则大不然。陈为齐之同姓，固公族也。盖禄万钟，受之先君，传之祖父，有何不义而汲汲去之？於陵在今济南府长山县西南，离其母所几二百里，他日之归，亦仅事耳。笃寝门之敬者，固如是乎？孔子之语丈人曰：'欲洁其身，而乱大伦。'彼丈人犹知有长幼之节也，特以不仕无义，即为乱伦；而仲子辟兄离母，并长幼之节而废之，故曰无亲戚君臣上下。孔孟之言，若出一口。而全氏左袒仲子，拾王充刺孟之唾余，沾沾焉动其喙，不亦妄乎！"

章指言：圣人之道，亲亲尚和；志士之操，耿介特立；可以激浊，不可常法，是以孟子喻以丘蚓，比诸巨擘也。【疏】"可以激浊不可常法"○正义曰：尸子君治篇云："水有四德，扬清激浊，荡去滓秽，义也。"汉书两龚传赞云："清节之士，大率多能自治而不能治人，所以不可常法也。"僖公十六年公羊传注云："石者，阴德之专者也。鹢者，鸟中之耿介者也。宋襄欲行霸事，不纳公子目夷之谋，事事耿介自用，卒以五年见执，六年终败，如五石六鹢之数。天之与人，昭昭著明，甚可畏也。"古人不重耿介如此。

孟子正义卷十四

孟子卷第七

离娄章句上凡二十八章。【注】离娄，古之明目者，黄帝时人也。黄帝亡其玄珠，使离朱索之。离朱即离娄也。能视于百步之外，见秋毫之末，然必须规矩，乃成方员。犹论语"述而不作，信而好古"，故以题篇。【疏】注"离娄"至"方员"○正义曰：庄子天地篇云："黄帝游乎赤水之北，登乎崑㟞之丘而南望，还归，遗其玄珠，使知索之而不得，使离朱索之而不得。"又骈拇篇云："是故骈于明者乱五色，淫文章，青黄黼黻之煌煌非乎，而离朱是已。"释文引司马云："黄帝时人。百步见秋毫之末。一云'见千里针锋'。孟子作'离娄'是矣。"列子汤问篇云："离朱、子羽方昼，拭眦扬眉而望之，弗见其形。"注云："离朱，黄帝时明目人，能百步望秋毫之末。"朱、娄音近。朱之为娄，犹邾人呼邾声曰娄也。凡治器工，必以目程之，故执柯伐柯，睨而视之，犹以为远。然目必凭以规矩准绳，以为方员平直。考工记："匠人建国，水地以县，置槷以县，视以景。为规，识日出之景与日入之景，昼参诸日中之景，夜考之极星，以正朝夕。"注云："于四角立植而县以水，望其高下。高下既定，乃为位而平地，于所平之地中央树八尺之臬，以县正之。视之以其景，将以正四方也。日出日入之景，其端则东西正也。又为规以识之者，为其难审也。"望地之高下，视景之出入，目为之也。乃必水地以县、为规而后审，则目虽明不可恃也。此目必以规也。周髀算经："商高曰：'数之法出于圆方。

圆出于方，方出于矩，矩出于九九八十一，故折矩以为句广三，股修四，径隅五，既方其外，半其一矩，环而共盘，得成三四五，两矩共长二十有五，是为积矩。'周公曰：'请问用矩之道？'商高曰：'平矩以正绳，偃矩以望高，覆矩以测深，卧矩以知远，环矩以为圆，合矩以为方。方属地，圆属天，天圆地方，方数为典。'"以方出圆，正绳望高，测深知远，皆目之明也。非平矩、偃矩、覆矩、卧矩，目虽明无可恃也。此目必以矩也。所以离娄之明，必待规矩，乃成方圆也。孟子习先圣之道，辟杨墨，放邪说，指其为生于其心，作于其心；作于其心，则不习先圣之道，故此章首发明之。目虽明如离娄，耳虽聪如师旷，心虽仁如尧舜，不以规矩，则目无所凭；不以六律，则耳无所凭；不以先王之道，则心无所凭。明人讲学，至徒以心觉为宗，尽屏闻见，以四教六艺为桎梏，是不以规矩，便可用其明；不以六律，便可用其聪。于是强者持其理以与世竞，不复顾尊卑上下之分，以全至诚恻怛之情；弱者恃其心以为道存，不复求诗、书、礼、乐之术，以为修齐治平之本；以不屈于君父为能，以屏弃文艺为学，真邪说诬民，孟子所距者也。孟子之学，在习先圣之道，行先王之道；习先圣之道，行先王之道，必诵其诗，读其书，博学而详说之，所谓因也。仰观于天，俯察于地，近取诸身，远观于物，伏羲所因也。神农则因于伏羲，故云"伏羲氏没，神农氏作"。黄帝、尧、舜则因于神农，故云"神农氏没，黄帝、尧、舜氏作"。惟其因，乃有所变通，"通其变使民不倦"，通其所因，变其所因也。"神而化之，使民宜之"，神其所因，化其所因也。"殷因于夏礼，所损益可知也。周因于殷礼，所损益可知也"，损其所因也，益其所因也。先王之道，载在六经，非好古敏求，何以因？即何以通变神化？何以损益？故非习则莫知所因，非因则莫知所述，孔子云："述而不作，信而好古。"孟子云："为高必因丘陵，为下必因川泽。"其义一也。彼但凭心觉者，真孟子所距者也。赵氏引论语以证孟子，可谓深知孟子者矣。

1　孟子曰："离娄之明，公输子之巧，不以规矩，不能

成方员；【注】公输子鲁班，鲁之巧人也。或以为鲁昭公之子。虽天下至巧，亦犹须规矩也。【疏】注"公输"至"之子"〇正义曰：礼记檀弓云："季康子之母死，公输若方小，敛，般请以机封。"注云："公输若，匠师。方小，言年尚幼。般，若之族多技巧者。见若掌敛事而年尚幼，请代之，而欲尝其技巧。"般为公输若之族，则亦氏公输，故称公输子。班与般同。战国策宋策云："公输般为楚设机，将以攻宋。"高诱注云："公输般，鲁般之号也。"盖般为鲁人，故又称鲁般，当时有此号也。周氏柄中辨正云："事亦见墨子鲁问篇，说者因谓有两输般。班固答宾戏'班、输摧巧于斧斤'，颜师古注：'鲁班与公输氏，皆有巧艺，故乐府云公输与鲁般。'吴斗南谓墨子之书，恐非事实，未必有两公输般，一在春秋，一在战国也。愚按：公输班或以为鲁昭公之子，虽未可信，而与季康子同时，则为春秋时人无疑。墨翟亦生春秋之末，史记云：'或曰并孔子时，或曰在其后。'盖生稍后而实同时也。班为楚攻宋，墨翟御之，战国策在宋景公时。景公即位，在鲁昭公二十六年，两人正当其世。颜注固非，而斗南疑墨子不足据，亦未之考耳。"**师旷之聪，不以六律，不能正五音；**【注】师旷，晋平公之乐太师也。其听至聪，不用六律，不能正五音。六律，阳律太蔟、姑洗、蕤宾、夷则、无射、黄钟也。五音，宫、商、角、徵、羽也。【疏】注"师旷"至"至聪"〇正义曰：襄公十八年左传云："晋人闻楚师，师旷曰：'不害，吾骤歌北风，又歌南风。南风不竞，多死声，楚必无功。'"又："齐师夜遁，师旷告晋侯曰：'鸟乌之声乐，齐师其遁。'"吕氏春秋长见篇云："晋平公铸为大钟，使工听之，皆以为调。以师旷曰不调，请更铸之。"皆其听至聪之事也。〇注"六律"至"羽也"〇正义曰：周礼春官大师："掌六律六同，以合阴阳之声。阳声，黄钟、大蔟、姑洗、蕤宾、夷则、无射。阴声，大吕、应钟、南吕、函钟、小吕、夹钟。皆文之以五声：宫、商、角、徵、羽。"注云："黄钟，子之气，十一月建焉。大吕，丑之气，十二月建焉。大蔟，寅之气，正月建焉。应钟，亥之气，十月建焉。姑洗，辰之气，三月建焉。南吕，酉之气，八月建焉。蕤宾，午之气，五月建焉。林钟，未之气，六月建焉。夷则，申之气，七月建焉。中吕，巳之气，四月建焉。无射，戌之气，九月建焉。夹钟，卯之气，二月建焉。辰与建，交错贸处如表里然，是其合也。其相生，则以阴阳六体为之，黄钟初九也，下生林钟之初六，林钟又上生大蔟之九二，大蔟又下生南吕之六二，南吕又上生姑洗之九三，姑洗又下生应钟之六三，应钟又上生蕤宾之九四，蕤宾又下生大吕之六四，大吕又上生夷则之九五，夷则又下生夹钟之六五，夹钟又上生无射之上九，无射又上生中吕之上六。同位者，象夫妻；异位者，象子母：所谓律取妻而吕生子也。黄钟长九寸，其实一龠，下生者三分去一，上生者三分益一，五下六上，乃一终矣。大吕长八寸二百四十三分寸之一百四，大蔟长八寸，夹钟长七寸二千一百八十七分寸之千七十五，姑洗长七寸九分寸之一，中吕长六寸万九千六百八十三分寸之万二千九百七十四，蕤宾长六寸八十一分寸之二十六，林钟长六寸，夷则长五寸七百二十七分寸之四百五十一，南吕长五寸三分寸之一，无射长四寸六千五百六十一分寸之六千五百二十四，应钟长四寸二十七分寸之二十。文之者，以调五声使之相次，如锦绣之有文章。”尚书皋陶谟云“予欲闻六律五声八音”，郑氏注云：“举阳从阴可知也。”盖举六律以该六吕也。大师自子丑为次，六律首黄钟，终无射。赵氏盖依月令，自夏时孟春数之，故始大蔟，终黄钟也。国语周语王问泠州鸠曰“七律者何”，注云：“周有七音，王问七音之律，意谓七律为音器，用黄钟为宫，大蔟为商，姑洗为角，林钟为徵，南吕为羽，应钟为变宫，蕤宾为变徵。”汉书律历志引尚书“在治忽”三字作“七始咏”，李氏光地谓即宫、徵、商、羽、角、变宫、变徵也。然则七音自虞已有之。止云正五音者，吴氏鼎考律绪言云：“音有万而统之以五者，犹五星五行五常之理，不可减，不可增，故二变两声，仍名之为宫徵，所谓变化而不离乎五音者也。音既七，律何以不止七？律既不止七，又何故止于十二？惟七，故十二也。盖五音者，正宫、正徵、正商、正羽、正角之律。二变者，比宫、比徵之律。既有比宫、比徵之律，则必有比商、比羽、比角之律。是故宫商之间有律焉，蕤宾所以生大吕也。徵羽之间有律焉，大吕所以生夷则也。商角之间有律焉，夷则所以生夹钟也。羽宫之间有律焉，夹钟所以生无射也。角徵之间有律焉，无射所以生仲吕也。盖以五该七，犹以六该十二也。”礼记礼运云：“五声六律十二管，还相为宫也。”注云：“五声，宫、商、角、徵、羽也。其管阳曰律，阴曰吕，布十二辰，始于黄钟，管长九寸，下生者三分去一，上生者三分益一，终于仲吕，更相为宫，凡六十也。”此即韦昭国语注“七律”之说。不数变宫变徵，故止六十声；以二变参之，则为八十四声。二变不可为调，故调止用六十，此六律五音之大略也。

管子地员篇云:“凡将起五音凡首,先主一而三之,四开以合九九,以是生黄钟小素之首以成宫;三分而益之以一,为百有八,为徵;不无有三分而去其乘,适足,以是生商;有三分而复于其所,以是成羽;有三分去其乘,适足,以是成角。”律吕正义云:“丝之为乐,其器虽十余种,而弦音所应,不外乎十二律吕所生五声二变之音。夫十二律吕之管,既分音于长短而不在围径,则弦音似亦宜分于长短而不在巨细矣。不知弦之长短同者分音于巨细,弦之巨细同者分音于长短,而丝乐之中,用弦之多寡,又各不同,故必案各器之体制,而定其取分之大小焉。总之以各弦全分之音,与各弦内所分之音,互相应合为准,是以不外乎十二律吕所生之七音也。管子、淮南子、司马氏律书,此三者,丝乐弦音之大本也。又考之白虎通曰:‘八音法易八卦,弦,离音也。盛德象火,其音徵。’盖谓丝之属于卦为离,其德象火,故其音尚徵也。夫审弦音,无论某弦之全分,定为首音,因而半之,平分为二,其声既与首音相合,而为第八音矣。次以首音之全分,因而四之,去其一分,而用其三分,其声应于全分首音之第四音,此度乃全分首音与半分八音之间,又平分为二分之度,是即管子所谓‘凡将起五音凡首,先主一而三之,四开以合九九’者也。先主一而三之者,以全分首音一分之度为主,而以三因之,其数大于全分之度为三倍也。四开以合九九者,以三倍全分之数,四分之而取其一,以合九九八十一之度,为宫声之分也。小素云者,素,白练,乃熟丝,即小弦之谓。言此度之声,立为宫位,其小于此弦之他弦,皆以是为主,故曰‘以是生黄钟小素之首以成宫’也。以八十一三分益一为百有八为徵,乃此弦首音全分之度也。于是以百有八三分去一为七十二,是为商;商之七十二,三分益一为九十六,是为羽;羽之九十六,三分去一为六十四,是为角。按司马氏律书‘徵羽之数小于宫’,而管子‘徵羽之数大于宫’者,用徵羽之倍数,所谓‘下徵’‘下羽’者也。其首弦起于下徵,即白虎通‘弦音尚徵’之义。然而犹有不得不起于下徵之故焉。以下徵之百有八,取其四分之三为八十一,所谓‘去其乘而适足’也。若以宫之八十一,取其四分之三,则为六十分小余七五,比宫之变徵五十六则大,比宫之角六十四则小,此所以弦音之度必起于下徵,而理始明也。”又云:“乐之节奏,成于声调;而声调之原,本自旋宫。声也者,五声二变之七音;而调也者,所以调七音而互相为用者也。旋宫乃秦汉以前谐声之法,声调为隋唐以后度曲之名。稽之于古六律五声八音，肇自虞书，而周官太师掌六律六同，以合阴阳之声。七音之名，见于左传、国策，至管子、淮南子始著五声二变之数。礼运篇：‘五声六律十二管，旋相为宫。’孟子曰：‘不以六律，不能正五音。’此旋宫之义所自来也。迨及汉晋之世，乐经残缺，律吕失度，杂以郑声，所见于经史注者，类多臆见，故旋宫之理，晦而不明。然周人遗书，犹可考证，如管子‘徵羽之数大于宫’，国语泠州鸠曰‘宫逐羽音’，即此二者，旋宫之法可定焉。古旋宫之法，合竹与丝并著之，而自隋以迄于今，独以弦音，发明五声之分，律吕旋宫，遂失其传。夫旋宫者，十二律吕皆可为宫，立一均之主，各统七声，而十二律吕皆可为五声二变也。声调者，声自为声，调自为调，而又有主调、起调、转调之异，故以转调合旋宫言之，名为宫调。五声二变，旋于清浊二均之一十四声，则成九十八声，此全音也。若夫八十四声六十调，实皆生于弦度，以弦音七声之位，递配以十二律吕之分，则为八十四声。除二变不用，止以五声之位，递配以十二律吕之分，则为六十调。此乃案分以命声调，非旋宫转调之法也。周礼大司乐未载商调，唐宋以来无徵调。夫以宫立羽位主调，则商当变宫不用，以羽立羽位主调，则徵不起调，所谓无商调与无徵调，二者名异而理则同也。主调起调，皆以宫位为主，故曰宫调。然调虽以宫为主，而宫又自为宫，调又自为调；如宫立一均之主，而下羽之声又大于宫，故为一调之首，即国语之‘宫逐羽音’也。羽主调，宫立宫，一均七声之位已定，则当二变者不起调，而与调首音不合者，亦不得起调。盖调以羽起调，徵在其前，变宫居其后，二音与羽相近，得声淆杂，故不相合，而变徵为六音，亦与羽首音淆杂不合，此所以当二变之位，与五正声中当徵位者，俱不得起调也。至于止调，亦取本调相合，可以起调之声终之。当二变与徵位者，亦不用焉。”按尚书尧典云：“诗言志，歌永言，声依永，律和声，八音克谐，无相夺伦。”郑氏注云：“声之曲折，又依长言，声中律，乃为和。”国语周语泠州鸠云：“律所以立均出度也。古之神瞽，考中声而量之，以制度律均钟。”注云：“度律，度律吕之长短，以平其钟，和其声。”又云：“声以和乐，律以平声，物得其常曰乐极。极之所集曰声，声应相保曰和，细大不逾曰平，音以和平为正。”以六律正五音，即以律和声以律平声也。律吕正义已得音之精微，近时学者研求实学，多有自得之解，略附于后：王氏坦琴音云：“孟子曰：‘不以六律，不能正五音。’盖以六律六吕三分损益、隔八相生之理正此五音也。黄钟之长九十黍，为分寸尺丈引曰度，以较匏竹之音；黄钟之容千二百黍，为龠合升斗斛曰量，以较土乐之音；黄钟所容千二百黍之重，为铢两斤钧石曰权衡，以较金石之音。因五声之数以取声，无迹可见，故用律吕相生之理，而象乐之长短多寡轻重，皆得其指归。丝乐之取声，虽与律吕之理相通，若核其至，要用五声相生之理，最为简便。丝声之较以五声，而不用律吕，犹之众乐较以律吕，而不用五声。”都四德乾文氏黄钟通韵云：“孟子曰：‘师旷之聪，不以六律，不能正五音。’细详孟子之言，五音有音无律，六律有律无音。以六律多寡之数，正五音轻重之声，是知欲正五音，非六律不可；欲正六律，非管弦无凭。阳为律，黄钟为阳律之本，在管为筒内声，在琴为第一弦，声气至重至低，六阴一阳属子为第一律，上升大吕丑为二阳第二律，大蔟寅为三阳第三律，夹钟卯为四阳第四律，姑洗辰为五阳第五律，仲吕巳为六阳第六律。阳极生阴，阴为吕，蕤宾为阴吕之本，在管为极上孔，在琴为第七弦，声气至轻至高，六阳一阴属午为第一吕，下降林钟未为二阴第二吕，夷则申为三阴第三吕，南吕酉为四阴第四吕，无射戌为五阴第五吕，应钟亥为六阴第六吕。阴阳各六管，自筒内声，上升至第五孔为阳六律；自极上孔，下降至第六孔为阴六律。琴自第一弦，前进至第六弦为阳六律；自第七弦，后退至第二弦为阴六律。六律定，然后能正五音宫、商、角、徵、羽。五音必得律吕二声合为七均，方能循环一调，所以管有七声，琴有七弦，左传谓‘七音’，汉前志谓‘七始’。自黄钟上升至蕤宾为七均，自蕤宾下降至黄钟为七均，循环消长，共为一调。十二律对待则为六律，错综则为七均，七均合为一调；若更插一声，便不合管孔、琴弦。管只有七孔，琴只有七弦，不能分为方圆；十二律以五音循环，加变宫变徵，只可将十二律错综为七均，以五音来往为循环，方能被于管弦。律吕各家，尽知七均为一调，而俱不以阴阳六律错综为七均；惟以五音加二变为七均，不分阴阳各为六律，而浑用阴阳十二律；不以黄钟为律本，而以黄钟为宫，大蔟为商，姑洗为角，林钟为徵，南吕为羽；五音不敷六律，乃以应钟为变宫；变宫犹不敷七均，乃以蕤宾为变徵。变宫变徵，虽敷七均，而十二律中，犹虚五律，乃又以宫循环遍临五律，以敷其数，致有高低夺伦轻重失次者。又作变律半声之例，犹如不用枝，惟用干；不以子午月为二至，卯酉月为二分，惟凭甲乙循环推算，其寒暑失节，春秋失序，亦理之所必至。况惟六律能正五音，五音不能正六律；若因五音不敷循环十二律之故,以十二律作为变宫变徵,变律半声,是五音能正六律矣。窃谓欲正五音,仍依汉志所载以黄钟为律本,以六律多寡之数,正五音轻重之位。宫居中,以五数论;宫居三位,自重至轻为羽、角、宫、商、徵,自轻至重为徵、商、宫、角、羽。以黄钟为律本,以羽、角、宫、商、徵为五位;以蕤宾为吕本,以徵、商、宫、角、羽为五位;黄钟属子,声至低;蕤宾属午,声至高;二律单用,其余十律同位同音,阴阳并用。律有十二,不曰十二律而曰六律者,只用一边之故。一边阳律合管,一边阴律合琴;琴是六阴律用一阳律,管是六阳律用一阴律。阴阳六律,俱是各自相生:一宫为土属第四律,二商为金属第五律,三角为木属第三律,四徵为火属第六律;第六律是管之正中孔,琴之第六弦,与第一律黄钟合律同声,故只有六律。五羽为水属第二律,第二律是管之极下孔,琴之第二弦,与第七律蕤宾合律同音,故只有七均。七均只有六律,六律只有五音,故孟子曰:'不以六律,不能正五音。'五音如四时,十二律如十二月,四时惟依寒暑,五音亦惟依高低,自寒至暑,俱是正律,并无变声。蔡季通律吕新书有八十四声图、六十调图,内注正律、变律、正声、半声之处甚为详细,然止可施之于笔墨,不能被之于管弦。今之管弦七均:第一均八十一,第二均七十二,第三均六十三,第四均五十四,第五均四十八,第六均四十二,第七均三十六;至重至低之均八十一,至轻至高之均三十六,方成一调。五十四为阴阳际会之中,理应为宫。宫者,中也。中声定,其余轻重高低之声,皆依律数可定,是以五声之中,以宫为首。图内所载七均:宫八十一,商七十二,角六十三,变徵五十六,正徵五十四,羽四十八,变宫四十二。四十二为至轻至高之均,与今之管弦三十六不相合,少一轻六分之均,不能成调,是知变宫宫不成宫。变徵五十六,在大蔟六十四、夹钟五十四之间,与夹钟止间得一分多一间一分之律,管孔琴徽,又不见有相间一分之律,是知变徵徵不成徵。宫不成宫,徵不成徵,古人谓之'和缪'。正徵五十四,变徵五十六,相间甚微,虽师旷之聪,亦未必易正,故前人有'变声非正,故不为调'之说。"凌氏廷堪燕乐考原云:"律者,六律六同也。其长短分寸有定者也。如黄钟之长,不可为无射也。应钟之短,不可为大吕也。声者,五声二变也。其高下相旋于六律六同之中无定者也。如大司乐黄钟为角,又可为宫;大蔟为徵,又可为角;姑洗为羽,又可为徵。尧典'律和声',大师'掌六律六同',皆文之以五声。礼运'五声六律十二管,还相为宫',孟子'不以六律，不能正五音'，皆此义也。燕乐之字谱，即五声二变也。盖出于龟兹之乐，中外之语不同，故其名亦异。当其初入中国时，郑译以其言不雅驯，故假声律缘饰之，其言曰：'应用林钟为宫，乃用黄钟为宫。所谓林钟者，即徵声也。黄钟者，即宫声也。所谓宫者，则字谱之合字也。犹言应用徵声为合字者，乃用宫声为合字也。以声配律，实始于此。黄钟声最浊，故以合字配之。'又云：'应用林钟为宫，则亦疑徵声当为合字。'宫声不当为合字。至宋杨守斋以琴律考之，确然知宫声非合字，乃以仲吕为宫声；燕乐以仲吕配上字，是以上字为宫声也。盖琴律一弦为黄钟，三弦为仲吕，正宫调一弦为合字，故以合字配黄钟；三弦为上字，故以上字配仲吕也。何尝以合字为宫声，上字为角声哉？宋人乐谱所注十二律吕及四清声者，盖即字谱高下之别名耳，不可以称谓之古，遂疑其别有神奇也。自学者不明律有定、声无定之理，遂泥定黄钟一均，不可移易，不论何均，遇黄钟之律，则以为宫声；遇大蔟之律，则以为商声；遇姑洗之律，则以为角声；遇林钟之律，则以为徵声；遇南吕之律，则以为羽声；遇应钟之律，则以为变宫声；遇蕤宾之律，则以为变徵声，而旋宫之义遂晦。于是论燕乐者，以宫声为合字，而有一凡不当应钟蕤宾之疑；论雅乐者，以七声用七律，而有隋废旋宫止存黄钟一均之疑；论琴律者，以三弦独下一徽，而有不用姑洗而用仲吕为角之疑。而尚书、周礼、孟子诸书，举不可读矣。皆以声配律之说启之也。不知燕乐字谱，即五声二变也，非六律六同也。宋人以六律六同代字谱者，盖缘饰之以美名，即郑译之意也。以声配律，始于郑译，成于沈括，皆无他奥义；后儒不遑深求其故，遂怖其言，若河汉之无极，苟明律与声不同之故，则千古不解之惑，可片言而决矣。"程氏瑶田通艺录论黄才伯乐典书云："古者一律一吕，各为一声，其每管设孔，备五声二变之数，兼旋宫换调之法，乃后世乐器律吕之用也。未可以是推求制律之本，是书言吹无孔之管，则气从下泄，无复清浊高下，五音何由而正。夫以律正音，即今之吹笙定弦，其遗矩也。只以一律正一音，不闻无孔之管不能正五音也。"**尧舜之道，不以仁政，不能平治天下。**【注】当行仁恩之政，天下乃可平也。**今有仁心仁闻，而民不被其泽，不可法于后世者，不行先王之道也。**【注】仁心，性仁也。仁闻，仁声远闻也。虽然，犹须行先王之道，使百姓被泽，乃可为后法也。【疏】注"仁心性仁也"〇正义曰：白虎通性情篇云："阳气者仁，阴气者贪，故情有利欲，性有仁也。"又云："五性者何？谓仁义礼智信也。五藏，肝仁，肺义，心礼，肾智，脾信。"性既有五，而独言仁者，仁足以贯五性也。五藏心主礼，而赵氏以性仁解仁心者，淮南子原道训云："心者，五藏之主也。"虽或以心配土，或以心配火，而五藏实统以心。性之仁，发诸心也。人性仁，皆有恻隐之心，故白虎通亦云："心之言任也，任于恩也。"任于恩，即任于仁矣。〇注"仁闻"至"闻也"〇正义曰：毛诗小雅车攻篇"有闻无声"，传云："有善闻。"又大雅卷阿篇"令闻令望"，笺云："人闻之，则有善声誉。"淮南子修务训云"声施千里"，高诱注云："声，名也。"是仁闻谓仁之声名播于远方也。人以仁惠之心所发，有所施济，其名亦可播于远，然惠及一人，不能遍于人人，惠及一方，不能普于天下，且或恩及此而害在彼，祝在甲而诅在乙，此未习先王之道，不足为后世法也。〇注"乃可为后世之法也"〇正义曰：阮氏元校勘记云："闽、监、毛三本同。廖本无'之'字，孔本、考文古本无'世之'二字，韩本、足利本无'之'字'也'字。"**故曰徒善不足以为政，徒法不能以自行。**【注】但有善心而不行之，不足以为政；但有善法度而不施之，法度亦不能独自行也。【疏】注"但有善"至"行也"〇正义曰：吕氏春秋离俗篇云"惕然而寤，徒梦也"，高诱注云："徒，但也。"故徒善是但有善心，徒法是但有善法度。行仁政必有法，徒有仁心而无法，不可用为政也。有法而不以仁心施之，仍与无法等。有善心而不以法，与无善心以施行法，同一不行先王之道也。先王之道，既不行于无善心之人，又不行于有善心之人，孟子为作于其心不习先王之道者发，赵氏能发明之。易系辞传云："制而用之谓之法，利用出入、民咸用之谓之神。"非法，无以为通变神化之用也。**诗云：'不愆不忘，率由旧章。'遵先王之法而过者，未之有也。**【注】诗，大雅嘉乐之篇。愆，过也。所行不过差矣。不可忘者，以其循用旧故文章，遵用先王之法度，未闻有过也。【疏】注"诗大"至"过也"〇正义曰：诗在大雅假乐第二章。毛传云："假，嘉也。"礼记中庸引作"嘉乐"。此作"嘉乐"，与中庸同。音义出"嘉乐"，则赵氏作"嘉"。闽、监、毛三本作"假"，盖以诗改之也。

笺云:“愆,过也。率,循也。成王之令德不过误,不遗失,循用旧典之文章。”赵氏注略同。惟郑以不愆不忘平对,赵氏以孟子下申言专指出过字,故以不愆为不过差,而不忘别属下谓不可忘者,因其遵旧法而无过也。按郑义是也。愆,过也。忘为遗失,亦过也。孟子言过,兼该愆、忘。遵用先王之法,乃不愆不忘,则屏弃诗书,专恃心觉者,其愆忘可胜言哉! **圣人既竭目力焉,继之以规矩准绳,以为方员平直,不可胜用也。**【注】尽己目力,续以四者,方员平直,可得而审知,故用之不可胜极也。【疏】注“尽己”至“极也”○正义曰:礼记大传云“人道竭矣”,注云:“竭,尽也。”说文糸部云:“继,续也。”文选神女赋云“不可胜赞”,注云:“胜,尽也。”尽之言穷也,穷之言极也。若果无待于规矩准绳,则以圣人之聪明睿智,而既竭尽其力,可凭其目力,以为方圆平直矣。乃圣人既竭目力,仍必继之以规矩准绳。规矩准绳,先王所制而用也,虽圣人不能不继述之。惟其继述规矩准绳,而目力所竭,乃能不穷其用;倘舍去规矩准绳,但准目力,方圆平直必不能以臆成之,而其用穷矣。不可胜用犹云用之不穷。圣人原非全恃规矩准绳而不竭目力,然其通变神化,在耳目心思,而必继述规矩准绳,而耳目心思所竭乃能通变神化,运用不穷也。**既竭耳力焉,继之以六律正五音,不可胜用也。**【注】音须律而正也。【疏】注“音须律而正也”○正义曰:易需卦彖传云:“需,须也。”须即待也,音必待律而正,方圆平直必待规矩准绳而成,仁心必待先王不忍人之政而覆天下,可勿继述之乎? **既竭心思焉,继之以不忍人之政,而仁覆天下矣。**【注】尽心欲行恩,继以不忍加恶于人之政,则天下被覆衣之仁也。【疏】注“尽心”至“仁也”○正义曰:楚辞招魂云“皋兰被径兮”,注云:“被,覆也。”易系辞传九家注云:“衣取乾,乾居上覆物。”是被、覆、衣三字同义。经言“仁覆天下”,是圣人以仁衣芘天下,而天下皆被其泽,是天下被其所覆衣之仁也。不行先王之道,虽有仁心,而民不被其泽;今既有仁心,又能继述先王之道,民被其泽可知矣。不忍人之政,仁政也,即先王之道也。以仁心行仁政而法行,非徒法矣。法行而心之仁乃行,非徒善矣。徒法不能以自行,荀子所谓“有治人无治法”也。有治人,即有此既竭心思,又继述先王之道之人也。舍治法亦无治人矣。**故曰为高必因丘陵，为下必因川泽；为政不因先王之道，可谓智乎？**【注】言因自然，则用力少而成功多矣。【疏】注"言因"至"多矣"〇正义曰：礼记礼器云："故作大事必顺天时，为朝夕必放于日月，为高必因丘陵，为下必因川泽。"注云："谓冬至祭天于圜丘之上，夏至祭地在方泽之中。"孟子引此二句，以起为政必因先王之道。赵氏谓"因自然则用力少而成功多"，是以为高为累土，为下为掘深，与郑异义。因即所云继也。**是以惟仁者宜在高位；不仁而在高位，是播其恶于众也。**【注】仁者，能由先王之道。不仁逆道，则自播扬其恶于众人也。【疏】注"仁者"至"人也"〇正义曰：昭公三十年左传云："将焉用自播扬焉。"周礼春官大师"皆播之以八音"，注云："播，犹扬也。"谓之仁者，则不独有仁心仁闻，乃实能因先王之道，遵先王之法，而继之以不忍人之政也，非徒善者也。不因先王之道，不遵先王之法，不能竭心思而继之以不忍人之政，则为不仁，如下所云。**上无道揆也，下无法守也，朝不信道，工不信度，君子犯义，小人犯刑，国之所存者，幸也。**【注】言君无道术可以揆度天意，臣无法度可以守职奉命，朝廷之士不信道德，百工之作不信度量，君子触义之所禁，谓学士当行君子之道也，小人触刑，愚人罹于密罔也，此亡国之政，然而国存者，侥幸耳，非其道也。【疏】注"言君"至"道也"〇正义曰：国语吴语云"道将不行"，注云："道，术也。"贾谊新书道术篇云："道者，所从接物也。其本者谓之虚，其末者谓之术。虚者言其精微也，平素而无设施也。术也者，所从制物也，动静之数也，凡此皆道也。"又云："术者，接物之队，其为原无屈，其应变无极，故圣人尊之。"尔雅释言云："揆，度也。"一阴一阳之谓道，元亨利贞，谓之四德。显道神德行，全在能揆度以合天德，此通变神化，所以垂衣裳而天下治也。若无道术，则不能揆度；不能揆度，则不能制而用之为法，臣下遂无以守职奉命矣。揆度天意，乾健之不已也。守职奉命，坤顺之承天也。奉命犹承天，故以守职为奉命也。以揆度言为术，以施行言为德，皆道也。不以道揆则不信道，故云朝廷之士不信道德也。赵氏以工为百工，以度为度量。赵氏佑温故录云："工为四民之一，特言之者，奇技淫巧之兴，皆以荡人心，蠹风俗也。”按毛诗周颂“嗟嗟臣工”，传云：“工，官也。”国语鲁语“夜儆百工”，尚书尧典“允釐百工”，百工即谓百官，度谓法度也。史记天官书“其入守犯太微”，集解引韦昭云：“自下触之曰犯。”淮南修务训云“犯津关”，注云：“犯，触也。”是犯义即触义，犯刑即触刑也。有道术而后知义禁，不以道术揆度，则不知义，故君子触义之所禁而妄为也。上既不知义，则小人诈伪欺诬，无所不至，而愚人罹于密罔矣。此皆不能因先王之道、遵先王之法者也。虽有仁心，而不能以道揆，则下无法守，至于工不信度，而犯义犯刑，亦仍归于不仁。孟子言因言继先王之道，在通变神化。因者，因此也。继者，继此也。不揆度，则徒法不能自行矣。王氏引之经传释词云：“所，犹若也，或也。‘国之所存者幸也’，言国之或存者幸也。”**故曰城郭不完，兵甲不多，非国之灾也。田野不辟，货财不聚，非国之害也。上无礼，下无学，贼民兴，丧无日矣！**【注】言君不知礼，臣不学法度，无以相检制，则贼民兴。亡在朝夕，无复有期日，言国无礼义必亡。【疏】注“言君”至“必亡”○正义曰：赵氏以“下无学”为臣不学法度，近时通解以“下”指民。赵氏佑温故录云：“古之教者，五家为比，五比为闾，闾有塾；四闾为族，五族为党，党有庠；五党为州，州有序。大而六乡六遂皆有序曰学，匪独国有学也。学非特以教国子，国之贵游子弟，国之俊秀也，举彼耕甿杂作，至愚且贱，自六尺以上，皆比而使入其中。故大司徒颁职事十有二于邦国都鄙，以登万民，一曰稼穑，十曰学艺，终曰服事。小司徒颁比法于六乡之大夫，以施政教，行征令。乡师、乡大夫各掌其乡之教，以正月之吉，受教法于司徒，退而颁之于其乡吏，使各以教其所治，考其德行，察其道艺，有乡射之礼，大比之礼。州长各属其州之民而读法，岁时祭祀州社亦如之，有会民而射于州序之礼。党正各掌其党，有属民而饮酒于序，以正齿位之礼。族师掌书其孝弟睦姻有学者。以逮闾胥比长所掌，莫不设之学，董之官。其平日相保相受，既有以察知其众寡之数，明其禁令，又择夫仕焉而已者，为之大师小师。民自新谷既成，余子皆入学，距冬至四十五日出学。学有进，则由比闾而升之族党，以次升于州学乡学。民不皆选司徒入太学，而已知礼乐诗书之文，孝弟忠信礼义廉耻之事。一国之中，贵贱贤否，等列有常，自其上世以来，习知贱之不可以干贵，愚之不可以敌贤，各循其分，而不敢肆浸淫渐摩，虽有桀黠不帅，一里老得而黼挞之，无有党同相济者。官长贤，易于治；官长不贤，亦难于乱也。盖教学之功如此。降而春秋，此意亦既微矣。然而郑存乡校，鲁闻弦歌，原伯不说学，则以取讥于时，理之者盖非无人，故其民犹知先王之泽。一时相攻相取，皆强力之诸侯卿大夫为之，至于征役烦兴，暴骨如莽，而罕闻有穷巷小民起而相抗挠为寇乱，如后世史书之事者，岂其民性之淳哉？由教化之积也。迨战国，遂以荡然。其君方日寻干戈，遑问学校；民皆救死不赡，疾视其上，去从椎埋。孟子盖逆知六国之必亡，暴秦之不终，而闾左之祸将作也，故为归本于'上无礼'。其于下也，不曰无义而曰无学，谓夫学也者，乃所以明义也。汉荀悦有云：'人不畏死，不可惧以罪；人不乐生，不可劝以义。故在上者先丰民财以定其志，是谓养生。礼教荣辱，以加君子，化其情也。桎梏鞭扑，以加小人，化其形也。若教化之废，推中人而坠于小人之域；教化之行，引中人而纳于君子之涂，是谓章化。'斯言也，为能洞于道揆法守，不可以老生之常谈忽之。"**诗云：'天之方蹶，无然泄泄。'泄泄犹沓沓也。事君无义，进退无礼，言则非先王之道者，犹沓沓也。**【注】诗，大雅板之篇。天，谓王者。蹶，动也。言天方动，女无敢沓沓，但为非义非礼，背弃先王之道，而不相匡正也。

【疏】注"诗大"至"正也"○正义曰：诗在大雅板篇之第二章。毛传云："蹶，动也。泄泄，犹沓沓也。"笺云："天，斥王也。"段氏玉裁说文解字注云："呭，多言也。从口，世声。诗曰：'无然呭呭。'孟子、毛传皆曰：'泄泄，犹沓沓也。'日部云：'沓，语多沓沓也。'言部又云：'詍，多言也。'引诗'无然詍詍'，盖四家之训也。'誻，謎誻也。''謎，謎誻，语相及也。'誻与日部'沓'字音义皆同。荀卿书'愚者之言，誻誻然而沸'，注：'誻誻，多言也。'"按荡篇笺云："其笑语沓沓，又如汤之沸，羹之方熟。"亦以沓沓属笑语。孟子以"言则非先王之道"为沓沓，言则非先王之道即生于其心，而为诐为淫为邪为遁之言。言不本诸诗书，道不揆诸先圣，徒以心觉心悟，自以为是，一倡百和，真沓沓矣。赵氏以"无然"为无敢，郑氏以"然泄泄"为泄泄然，"无然泄泄"即无泄泄然也。**故曰责难于君谓之恭，陈善闭邪谓之敬，吾君不能谓之贼。"**

【注】人臣之道，当进君于善，责难为之事，使君勉之，谓行尧舜之仁，是为恭

臣。陈善法以禁闭君之邪心,是为敬君。言吾君不肖,不能行善,因不谏正,此为贼其君也。【疏】注"人臣"至"君也"○正义曰:后汉书郅恽传云:"孟轲以强其君之所不能为忠,量其君之所不能为贼。"强其君之所不能,谓责难于君也。强即勉也。强其君之所不能,即勉其君之所能也。礼记中庸云:"或安而行之,或利而行之,或勉强而行之,及其成功一也。"刘熙释名释言语云:"难,惮也。人所忌惮也。"难为之事,惮为之事也。说文贝部云:"责,求也。"定公元年穀梁传云:"求者,请也。"君所惮为,臣请求之,使君勉强为之。何以责难于君,即陈善闭邪是也。君有邪心,故惮于为善。吕氏春秋君守篇云:"外欲不入谓之闭。"乃不知所以闭之之道,而婞直以触之,矫拂以争之,言不可得而入,邪究不可闭塞,且激而成害矣。故欲闭其邪,惟婉陈其善道,善道明,则邪心自绝,此所以为恭为敬。白虎通谏诤篇云:"人怀五常,故知谏有五:其一曰讽谏,二曰顺谏,三曰窥谏,四曰指谏,五曰陷谏。讽谏者,智也。知祸患之萌深,睹其事未彰而讽告焉,此智之性也。顺谏者,仁也。出辞逊顺,不逆君心,此仁之性也。窥谏者,礼也。视君颜色不悦,且却,悦则复前,以礼进〔一〕退,此礼之性也。指者,质也。质相其事而谏,此信之性也。陷谏者,义也。恻隐发于中,直言国之害,励志忘生,为君不避丧身,此义之性也。故孔子曰:'谏有五,吾从讽之谏。'事君进思尽忠,退思补过,去而不讪,谏而不露,故曲礼曰:'为人臣者不显谏。'纤微未见于外,如诗所刺也。"孔子取讽谏,则指与陷所不取矣。

章指言:虽有巧智,犹须法度,国由先王,礼义为要,不仁在位,播越其恶,诬君不谏,故谓之贼,明上下相须而道化行也。【疏】"国由先王"○正义曰:周氏广业孟子章指考证云:"国,小字宋本作'因'。"

2 孟子曰:"规矩,方员之至也。圣人,人伦之至也。

〔一〕"进"字原脱,据白虎通补。

【注】至，极也。人事之善者，莫大取法于圣人，犹方员须规矩也。【疏】注"至极"至"矩也"○正义曰：至之为极，通训也。人伦，即人事也。毛诗小雅节南山笺云："至，犹善也。"故又以人伦之至为人事之善。**欲为君尽君道，欲为臣尽臣道，二者皆法尧舜而已矣。**【注】尧舜之为君臣道备。【疏】注"尧舜之为君臣道备"○正义曰：礼记月令"农事备收"，注云："备，犹尽也。"君臣是人伦，尧舜是圣人。**不以舜之所以事尧事君，不敬其君者也。不以尧之所以治民治民，贼其民者也。**【注】言舜之事尧，敬之至也。尧之治民，爱之尽也。**孔子曰：'道二，仁与不仁而已矣。暴其民，甚则身弑国亡，不甚则身危国削。名之曰幽厉，虽孝子慈孙，百世不能改也。'**【注】仁则国安，不仁则国危亡。甚谓桀纣，不甚谓幽厉。厉王流于彘，幽王灭於戏，可谓身危国削矣。名之，谓谥之也。谥以幽厉，以章其恶，百世传之，孝子慈孙，何能改也。【疏】注"甚谓桀纣不甚谓幽厉"○正义曰：赵氏佑温故录云："暴其民句，甚不甚各为句。以后之遭祸言，非以暴之有甚不甚。幽厉之暴，岂犹得为不甚？"按赵氏以甚指桀纣，以下引诗言，厉王不能鉴纣，犹纣之不能鉴桀也。尧舜之道，仁其民者也。鉴于桀纣则法尧舜，故叠引孔子之言及诗之言以明之。○注"名之"至"其恶"○正义曰：逸周书谥法解云："是以大行受大名，细行受细名，行出于己，名生于人。"是名即谥也。又云："壅遏不通曰幽。动静乱常曰幽。""杀戮无辜曰厉。"是幽厉为章其恶也。**诗云：'殷鉴不远，在夏后之世。'此之谓也。"**【注】诗，大雅荡之篇也。殷之所鉴视，近在夏后之世耳，以前代善恶为明镜也。欲使周亦鉴于殷之所以亡也。【疏】注"诗大雅"至"亡也"○正义曰：诗在大雅荡第八章。笺云："此言殷之明镜不远也，近在夏后之世，谓汤诛桀也。后武王诛纣，今之王者，何以不用为戒？"尔雅释诂云："监，视也。"监与鉴通，亦作鑑。考工记辀人云"金锡半谓之鉴燧之齐"，注云："鉴，镜也。"是鉴为视，亦为镜也。

章指言：法则尧舜，以为规矩；鉴戒桀纣，避远危

殆。名谥一定，千载而不可改也。【疏】“法则尧舜以为规矩”○正义曰：春秋繁露楚庄王篇云：“春秋之道，奉天而法古，是故虽有巧手，弗修规矩，不能正方员；虽有察耳，不吹六律，不能定五音；虽有知心，不览先王，不能平天下。然则先王之遗道，亦天下之规矩六律也。故圣者法天，贤者法圣。”盖孟子之学，在习先圣之道，而行先王之法，故言称尧舜，愿学孔子，承前章而又申明之如此。

3　孟子曰：“三代之得天下也以仁，其失天下也以不仁，国之所以废兴存亡者亦然。【注】三代，夏商周。国，谓公侯之国。存亡在仁与不仁也。【疏】注“三代夏商周”○正义曰：失天下，谓礼乐征伐不自天子出，天下不奉天子之令也。故周自东迁以后，祚虽未改，亦为失天下也。天子不仁，不保四海；诸侯不仁，不保社稷；卿大夫不仁，不保宗庙；士庶人不仁，不保四体。今恶死亡而乐不仁，是由恶醉而强酒。”【注】保，安也。四体，身之四肢。强酒则必醉也。

章指言：人所以安，莫若为仁，恶而勿去，患必在身，自上达下，其道一焉。

4　孟子曰：“爱人不亲反其仁，治人不治反其智，礼人不答反其敬，行有不得者，皆反求诸己，其身正而天下归之。【注】反其仁，己仁犹未至邪。反其智，己智犹未足邪。反其敬，己敬犹未恭邪。反求诸身，身已正则天下归就之，服其德也。【疏】“爱人”至“其敬”○正义曰：僖公二十二年穀梁传云：“故曰：礼人而不答则反其敬，爱人而不亲则反其仁，治人而不治则反其知。”荀子法行篇引曾子云：“同游而不见爱者，吾必不仁也；交而不见敬者，吾必不恭也；临财而不见信者，吾必不信也。三者在身，曷怨人？怨人者穷，怨天者无识，失之己而反诸人，岂不亦迂哉。”

○注"则天下归就之"○正义曰:广雅释诂云:"归,就也。"**诗云:'永言配命,自求多福。'"**【注】此诗已见上篇,其义同。

章指言:行有不得于人,一求诸身,责己之道也。改行饬躬,福则至矣。

5 孟子曰:"人有恒言,皆曰天下国家。【注】恒,常也。人之常语也。天下谓天子之所主,国谓诸侯之国,家谓卿大夫也。【疏】注"恒常也"○正义曰:尔雅释诂文。**天下之本在国,国之本在家,家之本在身。"**【注】治天下者,不得良诸侯,无以为本。治其国者,不得良卿大夫,无以为本。治其家者,不得良身,无以为本也。

章指言:天下国家,各依其本;本正则立,本倾则踣。虽曰常言,必须敬慎也。

6 孟子曰:"为政不难,不得罪于巨室。【注】巨室,大家也。谓贤卿大夫之家、人所则效者。言不难者,但不使巨室罪之,则善也。【疏】注"巨室"至"善也"○正义曰:以巨室为大家者,尚书梓材云:"以厥庶民,暨厥臣,达大家。"王氏鸣盛尚书后案云:"大家者,封建诸侯,使与大家巨室共守之,以为社稷之镇,九两所谓'宗以族得民',公刘所谓'君之宗之'。周公分康叔以殷民七族,陶氏、施氏、繁氏、锜氏、樊氏、饥氏、终葵氏,即卫之大家。降至春秋,犹有晋六卿,鲁三桓,齐诸田,楚昭、屈、景之类是也。"周氏用锡尚书证义云:"大家若伊、巫之族。"礼记少仪云"不愿于大家",注云:"大谓富之广也。"孔氏正义云:"大家,谓富贵广大之家,谓大夫之家也。"赵氏佑温故录云:"不得罪巨室,非狗巨室也。巨室之资力有余,气习深固,易为善,亦易为恶。彼其谨厚世传,为德乡里,与或妄自尊大、武断把持者,所在多有。古之为政,有行法不避贵戚大姓,为史书称者。果其人积负不仁,如律所谓势恶土豪,为世指疾,何足言'一国之所慕'?为政者自宜亟创惩之,为齐民先,而何得罪之与有？注故深体经文，以巨室为贤卿大夫之家、人所则效者。惟贤，故不愧为巨室，不可以得罪，能使一国慕之，天下慕之，而有裨吾德教也。不得罪奈何？曰：礼而已矣。礼以类族辨物，无过也，无不及也。后世政不古若，庸才下吏，专阿势利而虐愚柔，固龌促不足道；其有故持成见，务为刻深，偏乐得搢绅素封之事而文致之，不察其平居之望实，事理之是非，下以饱欲壑，上以弋能名，其亦为巨室者有以阶之厉邪。”**巨室之所慕，一国慕之；一国之所慕，天下慕之：故沛然德教溢乎四海。”**【注】慕，思也。贤卿大夫，一国思随其所善恶，一国思其善政，则天下思以为君矣。沛然大洽德教，可以满溢于四海之内。【疏】注“慕思”至“之内”○正义曰：楚辞怀沙云“邈不可慕兮”，注云：“慕，思也。”政善则巨室善之，而一国随其所善也。政不善则巨室恶之，而一国随其所恶也。广雅释诂云：“沛，大也。”“溢，满也。”一切经音义引三仓云：“洽，遍澈也。”遍澈亦盈满之义，故以大洽释沛然。大洽即是满溢，满溢即是沛然也。德教溢乎四海，然则巨室之所慕，慕其德教也。有此德教，即不得罪于巨室，而为政不难矣。

章指言：天下倾心，思慕乡善，巨室不罪，咸以为表，德之流行，可以充四海也。

7　孟子曰：“天下有道，小德役大德，小贤役大贤；天下无道，小役大，弱役强：斯二者，天也。顺天者存，逆天者亡。【注】有道之世，小德小贤乐为大德大贤役，服于贤德也。无道之时，小国弱国畏惧而役于大国强国也。此二者，天时所遭也。当顺从之，不当逆也。**齐景公曰：‘既不能令，又不受命，是绝物也。’涕出而女于吴。**【注】齐景公，齐侯。景，谥也。言诸侯既不能令告邻国，使之进退，又不能事大国，往受教命，是所以自绝于物。物，事也。大国不与之通朝聘之事也。吴，蛮夷也。时为强国，故齐侯畏而耻之，泣涕而与为婚。【疏】“涕出而女于吴”○正义曰：说苑权谋篇云：“齐景公以其子妻阖庐，送诸郊，泣曰：'余死不汝见矣。'高梦子曰：'齐负海而县山，纵不能全收天下，谁干我君，爱则勿行。'公曰：'余有齐国之固，不能以令诸侯，又不能听，是生乱也。寡人闻之，不能令，则莫若从。'遂遣之。"吴越春秋阖闾内传云："阖闾谋伐齐，齐侯使女为质于吴，因为太子波聘齐女。"注云："齐景公女，孟子所谓'涕出而女于吴'，即此也。"翟氏灏考异云："左传僖公七年，孔叔言于郑伯曰：'既不能强，又不能弱，所以毙也。'景公言，盖本其意。"〇注"物事"至"事也"〇正义曰：毛诗大雅烝民"有物有则"，传云："物，事也。"周礼大司徒"以乡三物教万民"，礼记文王世子"行一物而三善皆得者"，注并云："物，犹事也。"两国相交之事，莫如朝聘，故以绝物为不与通朝聘之事也。**今也小国师大国而耻受命焉，是犹弟子而耻受命于先师也。**【注】今小国以大国为师学法度焉，而耻受教命，不从其进退，譬犹弟子不从师也。【疏】注"今小国"至"度焉"〇正义曰：礼记学记云："夫然，故安其学而亲其师。"又云："师也者，所以学为君也。"故赵氏以学释师，谓"师大国"即学大国也。书大传云："学，效也。"淮南子修务训"以趣明师"，高诱注云："师，所以取法则。"法则即法度。以大国为师，即是以大国为法度，故叠以师学法度明之。**如耻之，莫若师文王。师文王，大国五年，小国七年，必为政于天下矣。**【注】文王行仁政，以移殷民之心，使皆就之。今师效文王，大国不过五年，小国七年，必得政于天下矣。文王时难，故百年乃洽。今之时易，文王由百里起，今大国乃逾千里，过之十倍有余，故五年足以为政；小国差之，故七年。**诗云：'商之孙子，其丽不亿，上帝既命，侯于周服。侯服于周，天命靡常，殷士肤敏，祼将于京。'**【注】诗，大雅文王之篇。丽，亿数也。言殷帝之子孙，其数虽不但亿万人，天既命之，惟服于周，殷之美士，执祼畅之礼，将事于京师，若微子者。肤，大。敏，达也。此天命之无常也。【疏】注"诗大雅"至"常也"〇正义曰：诗在大雅文王第四章及第五章。四章毛传云："丽，数也。盛德不可为众也。"笺云："于，於也。商之孙子，其数不徒亿，多言之也。至天已命文王之后，乃为君于周之九服之中，言众之不如德也。"五章毛传云："则见天命之无常也。殷士，殷侯也。肤，美。

敏，疾也。祼，灌鬯也。周人尚臭。将，行。京，大也。”笺云：“无常者，善则就之，恶则去之。殷之臣，壮美而敏，来助周祭。”赵氏义略同。方言云：“䴡，数也。”注云：“偶物为䴡。”䴡与丽同。周礼夏官校人注云：“丽，耦也。”小尔雅广言云：“丽，两也。”凡物自两以上，皆数也。其丽不亿，谓其偶不止于亿也。十万为亿，亿而偶，则二十万也。谓不止二十万也。郑以“侯于周服”为“为君于周之九服之中”，是以君释侯，以九服释周服。赵氏此句无释，而注“侯服于周”云“惟服于周”，则是以惟释侯，以服为服从。乃郑氏云“善则就之”，是以服于周为就于周，与赵义不殊。微子封于微，赵氏举此为殷士，则亦以殷士为殷侯。隐公五年公羊传云：“美，大之之辞也。”毛诗小雅“以奏肤公”，传亦云：“肤，大也。”大与美，其义亦通也。敏为疾，才识捷速，正其达也。音义出“畅”字，丁云：“谓鬯酒也。”古鬯通作畅，礼记杂记云“畅臼以椈”，春秋繁露执贽篇云“天子用畅”是也。**孔子曰：‘仁，不可为众也。夫国君好仁，天下无敌。’**【注】孔子云，行仁者，天下之众不能当也。诸侯有好仁者，天下无敢与之为敌。**今也欲无敌于天下而不以仁，是犹执热而不以濯也。诗云：‘谁能执热，逝不以濯。’”**【注】诗，大雅桑柔之篇。谁能持热而不以水濯其手，喻为国谁能违仁而无敌也。【疏】注“诗大”至“敌也”○正义曰：诗在大雅桑柔篇第五章。毛传云：“濯，所以救热也。”笺云：“当如手持热物之用濯。”与赵氏义同。礼记内则云：“炮，取豚若〔一〕将，涂之〔二〕以谨涂。炮之，涂皆干，擘之，濯手以摩之。”孔氏正义云：“手既擘泥不净，其肉又热，故濯手摩之，去其皽莫〔三〕。”此执热以濯之事也。

章指言：遭衰逢乱，屈服强大，据国行仁，天下莫敌，虽有亿众，无德不亲，执热须濯，明不可违仁也。

〔一〕“若”原误“及”，据礼记改。

〔二〕“之”字原脱，据礼记补。

〔三〕“莫”原误“矣”，据礼记孔疏改。

8　孟子曰："不仁者可与言哉？安其危而利其菑，乐其所以亡者。不仁而可与言，则何亡国败家之有？【注】言不仁之人，以其所以为危者反以为安，必以恶见亡，而乐行其恶。如使其能从谏从善，可与言议，则天下何有亡国败家也。【疏】"不仁者"至"之有"○正义曰：以上四章，示人反身改过之义。前言改其师大国者师文王，则转弱为强，化小为大。此言不仁者改其不可与言而为可与言，则国可不亡，家可不败。此孟子发明周易之旨也。危即菑也。安之即利之也。故赵氏于"利其菑"不复注。**有孺子歌曰：'沧浪之水清兮，可以濯我缨！沧浪之水浊兮，可以濯我足！'孔子曰：'小子听之，清斯濯缨，浊斯濯足矣。自取之也。'**【注】孺子，童子也。小子，孔子弟子也。清浊所用，尊卑若此。自取之，喻人善恶见尊贱乃如此。【疏】"有孺子"至"我足"○正义曰：楚辞渔父云："渔父莞尔而笑，鼓枻而去。歌曰：'沧浪之水清兮，可以濯吾缨！沧浪之水浊兮，可以濯吾足！'"水经"沔水过武当县东北"，注云："县西北四十里，汉水中有洲名沧浪洲。庾仲雍汉记谓之千龄洲，非也。是世俗语讹，音与字变矣。地说曰：'水出荆山东南，流为沧浪之水。'是近楚都，故渔父歌曰：'沧浪之水清兮，可以濯我缨！沧浪之水浊兮，可以濯我足！'按尚书禹贡言'导漾水，东流为汉，又东为沧浪之水'。不言过而言为者，明非他水决入也。盖汉、沔水自下有沧浪通称耳。缠络鄢、郢，地连纪、鄀，咸楚都矣。渔父歌之，不违水地。"按歌出孺子，孔子所闻，远在屈原之前。屈原取此，假为渔父之辞耳，非其本也。阎氏若璩释地云："沧浪，盖地名也。汉水流经此地，遂得名沧浪之水。善乎宋叶梦得言：'大抵禹贡水之正名，可以单举者，若汉若济之类是。不可单举者，则以水足之，若黑水、弱水之类是。非水之正名，而因以为名，则以水别之，若沧浪之水是。'"胡氏渭禹贡锥指云："水名或单举，或配水字，各有所宜。弱、黑并配水，漾单举，沇配水，皆属辞之体应尔，非有他义。山海经凡山水二字为名者，其上必加之字，犹此沧浪之水也。亦古人属辞之体，安见沧浪为地名而非水名乎？"王氏鸣盛尚书后案云："水经夏水篇引郑注下即引刘澄之永初山水记云：'夏水，古文以为沧浪，渔父所歌也。'郑云:‘今谓之夏水。’意以今之所谓夏水,即古之所谓沧浪也。水经云:‘夏水出江,流于江陵县东南,又东过华容县南。’即所谓‘又东为沧浪’者也。郦氏强以千龄洲改为沧浪洲,以当禹贡‘沧浪之水’,其说诡甚。郦所指者,乃均州汉水中一小洲,即庾仲雍所云千龄洲。千龄沧浪,音义全别。即屈原游江潭,遇渔父,并不在均州之境。又思念楚都而托歌沧浪,正当在古郢都,今江陵,故地说援此歌以为楚都之切证。郦乃云‘渔父歌之,不达水地’,尤为妄谬。张平子南都赋:‘流沧浪而为隍,廓方城而为墉。’李善注引左传屈完所谓‘楚国方城以为城,汉水以为池’,则是沧浪旋绕楚都,正当在江陵。”卢氏文弨钟山札记云:“仓浪,青色。在竹曰苍筤,在水曰沧浪,古词东门行‘上用仓浪天’,天之色正青也。艳歌何尝行‘上惭沧浪之天’,俱见晋、宋书乐志。又吕氏春秋审时篇‘麦后时者,弱苗而苍狼’,亦言其青色。苍、仓、沧三字并通用,非谓天之色如水,以沧浪相比况也。”周氏广业孟子古注考云:“文选塘上行刘熙注:‘沧浪之水清兮,沧浪,水色也。’苏子美于吴下作沧浪亭,正取此义。叶梦得避暑录话谓‘沧浪地名,非水名’,非也。”○“清斯”至“自取之也”○正义曰:周氏柄中辨正云:“或云汉水本清,而沧浪又去源未远,名之沧浪者,惟其清也。则可以濯缨者其本然,而濯足之辱,乃水自取之也。愚按:水经注,汉水自发源嶓冢,流至武当之沧浪洲,几二千里,去源远矣。襄阳县志云:‘汉水重浊,与大河相似。’童承叙亦谓‘汉水至浊,与江湖水合,其流必澄,故常填淤’。然则汉水本浊,其时而清者,正以合他水而流澄,安得言清者其本然乎?”按沧浪是夏水,本以清得名,则其清是本然,浊乃习染。下云“自侮”“自毁”“自伐”,俱从“浊斯濯足”相贯,是水本可濯缨,由自浊而濯足;人本可活,由自作孽而不可活。周氏之辨,非也。“自作孽不可活”,是本清而自变为浊,由善而恶也。“不仁而可与言”,是既浊而自改为清,由恶而善也。清斯濯缨承上,浊斯濯足起下,尊而贱,贱而尊,皆自取矣。○注“孺子童子也”○正义曰:钱氏大昕养新录云:“今人以孺子为童稚之通称,盖本于孟子。考诸经传,则天子以下嫡长为后者,乃得称孺子。金縢、洛诰、立政之孺子,谓周成王也。晋语里克、先友、杜原款称申生为孺子,里克又称奚齐为孺子,晋献公之丧,秦穆公使人吊公子重耳,称为孺子,而舅犯亦称之,是时秦欲纳之为君也。孺子𫌀之丧,哀公欲设拨,亦以世子待之也。齐侯荼已立为君,而陈乞、鲍牧称为孺子,其死也谥之曰安孺子，则孺子非卑幼之称矣。栾盈为晋卿，而胥午称为栾孺子。左传称孟庄子为孺子速，武伯曰孺子泄，庄子之子秩虽不得立，犹称孺子，是孺子贵于庶子也。齐子尾之臣称子良曰‘孺子长矣’，韩宣子称郑子齹曰‘孺子善哉’，皆世卿而嗣立者也。内则‘异为孺子室于宫中，母某敢用时日，只见孺子’，亦贵者之称。惟檀弓载‘有子与子游立，见孺子慕者’，‘弁人有其母死而孺子泣者’，此为童子通称，与孟子同。”○注“小子孔子弟子也”○正义曰：礼记少仪“小子走而不趋”，注云：“小子，弟子也。”诗小雅思齐篇“肆成人有德，小子有造”，笺云：“成人，谓大夫士也。小子，其弟子也。”论语泰伯篇“曾子有疾，召门弟子曰：吾知免夫，小子”，集解引周生曰：“小子，弟子也。”又子张篇“子夏之门人小子”，集解引包曰：“言子夏弟子。”此小子自孔子呼之，是孔子弟子也。**夫人必自侮，然后人侮之；家必自毁，而后人毁之；国必自伐，而后人伐之。**【注】人先自为可侮慢之行，故见侮慢也。家先自为可毁坏之道，故见毁也。国先自为可诛伐之政，故见伐也。【疏】注“人先”至“伐也”○正义曰：吕氏春秋遇合篇云“是侮也”，高诱注云：“侮，慢也。”小尔雅广言云：“毁，坏也。”荀子议兵篇“尧伐驩兜”，注云：“伐，亦诛也。”**太甲曰：‘天作孽，犹可违；自作孽，不可活。’此之谓也。”**【注】已见上篇，说同也。

章指言：人之安危，皆由于己，先自毁伐，人乃攻讨，甚于天孽，敬慎而已，如临深渊，战战恐栗也。

【疏】“如临深渊战战恐栗”○正义曰：恐栗，一本作“恐惧”。音义出“恐栗”，丁云：“义当作‘慄’，古字借用。赵氏本作‘栗’也。”毛诗小雅小闵篇云“战战兢兢，如临深渊”，传云：“战战，恐也。”后汉书注引太公金匮云：“黄帝居民上，惴惴如临深渊；禹居民上，慄慄如不满日。”史记乐书云：“战战恐惧。”说苑说丛篇云：“战战慄慄，日慎其事。”淮南子人间训引尧戒曰：“战战慄慄，日慎一日。”

孟子正义卷十五

9　孟子曰："桀纣之失天下也，失其民也。失其民者，失其心也。【注】失其民之心，则天下畔之，箪食壶浆，以迎武王之师是也。得天下有道，得其民，斯得天下矣。得其民有道，得其心，斯得民矣。得其心有道，所欲与之聚之，所恶勿施，尔也。【注】欲得民心，聚其所欲而与之。尔，近也。勿施行其所恶，使民近，则民心可得矣。【疏】注"欲得"至"与之"○正义曰：聚之义有二：礼记曲礼注云："聚，犹共也。"国语晋语云"聚居异情"，注云："聚，共也。"所欲与之聚之即所欲与之共之也。左传颜涿聚，说苑正谏篇作"烛趋"，是聚与趋通。易萃卦彖传云"聚以正也"，释文云："荀本作'取'。"刘熙释名释言语云："取，趣也。"趣亦即趋，是聚与趋、趣、取通。赵氏言聚其所欲而与之即是趣其所欲而与之也。王氏引之经传释词云："家大人曰：与，犹为也。为字读去声。'所欲与之聚之'，言〔一〕所欲则为民聚之也。楚策曰'吾与子出兵矣'，言吾为子出兵也。汉书高帝纪'汉王为义帝发丧'，汉纪为作'与'。"戴氏震孟子字义疏证云："宋以来儒者，举凡饥寒愁怨、饮食男女、常情隐曲之感，则名之曰'人欲'，故终其身见欲之难制。其所谓'存理'，空有理之名，究不过绝情欲之感耳。何以能绝？天下必无舍生养之道而得存者。凡事为皆有于欲，无欲则无

〔一〕"言"下原衍"之"字，据经传释词删。

为矣。有欲而后有为，有为而归于至当不可易之谓理。无欲无为，又焉有理！老、庄、释氏生于无欲无为，故不言理；圣人务在有欲有为之咸得理。是故君子亦无私而已矣，不贵无欲。君子使欲出于正，不出于邪，不必无饥寒愁怨、饮食男女、常情隐曲之感。于是谗说诬辞，反得刻议君子而罪之，此理欲之辨，使君子无完行者，为祸如是也。以无欲然后君子，而小人之为小人也，依然行其贪邪。独执此以为君子者，谓不出于理则出于欲，不出于欲则出于理。其言理也，如有物焉，得于天而具于心，于是未有不以意见为理之君子，且自信不出于欲，则曰心无愧怍。夫古人所以不愧不怍者，岂此之谓乎？不悟意见多偏之不可以理名，而持之必坚，意见所非，则谓其人自绝于理，此理欲之辨，适成忍而残杀之具，为祸又如是也。夫尧舜之忧'四海困穷'，文王之'视民如伤'，何一非为民谋其人欲之事。惟顺而导之，使归于善。今既截然分理欲为二，治己以不出于欲为理，治人亦必以不出于欲为理，举凡民之饥寒愁怨、饮食男女、常情隐曲之感，咸视为人欲之甚轻者矣。轻其所轻，乃吾重天理也，公义也。言虽美，而用之治人则祸其人。至于下以欺伪应乎上，则曰人之不善，胡弗思圣人体民之情，遂民之欲，不待告以天理公义而人易免于罪戾者之有道也。孟子于民之'放辟邪侈无不为'，以'陷于罪'，犹曰'是罔民也'，又曰'救死而恐不赡，奚暇治礼义哉'。古之言理也，就人之情欲求之，使之无疵之为理。今之言理也，离人之情欲求之，使之忍而不顾之为理。此理欲之辨，适以穷天下之人，尽转移为欺伪之人，为祸何可胜言也！其所谓欲，乃帝王之所尽心于民；其所谓理，非古圣贤之所谓理；盖离乎老释之言以为言，是以弊至此也。然宋以来儒者皆力破老释，不自知杂袭其言而一一傅合于经，遂曰六经孔孟之言。其惑人也易而破之也难，数百年于兹矣。人心所知，皆彼之言，不复知其异于六经孔孟之言矣。世又以躬行实践之儒，信焉不疑。夫杨、墨、老、释皆躬行实践，劝善惩恶，救人心，赞治化，天下尊而信之，帝王因尊而信之者也。孟子、韩子辟之于前，闻孟子、韩子之言，人始知其与圣人异而究不知其所以异。至宋以来儒者之言，人咸曰是与圣人同也。辩之，是欲立异也。此如婴儿中路失其父母，他人子之而为其父母，既长，不复能知他人之非其父母，虽告以亲父母而决为非也，而怒其告者。故曰破之也难。"○注"尔近"至"得矣"○正义曰：尔与迩通，仪礼燕礼"南乡尔卿"，特牲馈食礼"视命尔敦"，尔字皆训近，皆为迩也。赵氏佑温故录云:"读'尔也'自为句。"**民之归仁也,犹水之就下,兽之走圹也。故为渊敺鱼者,獭也。为丛敺爵者,鹯也。为汤武敺民者,桀与纣也。今天下之君有好仁者则,诸侯皆为之敺矣。虽欲无王,不可得矣。**【注】民之思明君,犹水乐埤下,兽乐圹野,敺之则归其所乐。獭,猵也。鹯,土鹯也。故云诸侯好为仁者,敺民若此也。汤武行之矣,如有则之者,虽欲不王,不可得也。

【疏】注"民之"至"所乐"○正义曰:埤与卑通,亦作"庳"。国语周语云"晋侯执玉卑",注云:"卑,下也。"说文土部云:"圹,堑穴也。一曰大也。"其训大者,通于旷,毛诗小雅何草不黄篇"率彼旷野",传云:"旷,空也。"昭公元年左传云"居于旷林",贾注云:"旷,大也。"野空阔故大。大即广也,故字亦通于广。赵氏以圹野释之,读圹为旷也。说文马部云:"驱,驱马也。从马,区声。敺,古文驱。"段氏玉裁说文解字注云:"攴者,小击也。今之扑字。鞭棰策,所以施于马而驱之也。故古文从攴,引申为凡驾驭追逐之称。周礼:'以灵鼓敺之,以炮土之鼓敺之。'孟子:'为渊敺鱼,为丛敺爵,为汤武敺民。'皆用古文,其实皆可作驱,与殳部之殴义别。"○注"獭猵也"○正义曰:王氏念孙广雅疏证云:"说文'猵,獭属也'。或从宾作'獱'。又云:'獭,如小狗,水居食鱼。'李善羽猎赋注引郭璞三仓解诂云:'獱,似狐,青色,居水中食鱼。'吕氏春秋孟春纪'獭祭鱼',高诱注云:'獭,獱,水禽也。取鲤鱼置水边,四面陈之,世谓之祭鱼。'淮南子兵略训:'蓄池鱼者必去猵獭,为其害鱼也。'故盐铁论轻重篇云:'水有猵獭而池鱼劳。'御览引博物志云:'獱,头如马,腰以下似蝙蝠,毛似獭,大可五六十斤。'名医别录陶注亦云:'獭有两种,獱獭形大,头如马,身似蝙蝠。'则獱乃獭之大者。而颜师古注汉书扬雄传以獱为小獭,非也。"○注"鹯土鹯也"○正义曰:尔雅释鸟云"晨风,鹯",注云:"鹞属。"邵氏晋涵尔雅正义云:"鹯为鹰类,有生于土窟者,故亦谓之土鹯。诗疏引陆玑疏云:'鹯似鹞,青黄色,燕喙,向风摇翅,乃因风飞急,疾击鸠鸽燕雀食之。'"○注"诸侯"至"得也"○正义曰:"好为仁者"当作"为好仁者"。"若此",此指獭鹯。赵氏读"有好仁者则"为句,言汤武好仁,桀纣为之驱民使归之。今天下之君有好仁者以汤武为法则，今之诸侯皆为之驱民，亦如桀纣为汤武驱民矣。**今之欲王者，犹七年之病求三年之艾也。苟为不畜，终身不得。苟不志于仁，终身忧辱，以陷于死亡。**【注】今之诸侯，欲行王道，而不积其德，如至七年病而却求三年时艾，当畜之乃可得。以三年时不畜藏之，至七年而欲卒求之，何可得乎。艾可以为灸人病，干久益善，故以为喻。志仁者，亦久行之。不行之，则忧辱以陷死亡，桀纣是也。【疏】注"艾可"至"益善"〇正义曰：毛诗王风"彼采艾兮"，传云："艾，所以疗疾。"名医别录云："艾叶，味苦微温，主灸百病，一名冰台，一名医草。"阮氏元校勘记云："灸，音久，亦音究。孙氏不为音。俗讹作'炙'。"说文火部云："灸，灼也。从火，久声。"〇注"以三年不畜藏之"〇正义曰：赵氏解"为"为何为奚为之为。为，犹以也。故云以三年。王氏引之经传释词云："为，犹使也。亦假设之词也。孟子离娄篇'苟为不畜'，又'苟为无本'，告子篇曰'苟为不熟'，皆言苟使也。"**诗云：'其何能淑，载胥及溺。'此之谓也。"**【注】诗，大雅桑柔之篇。淑，善也。载，辞也。胥，相也。刺时君臣何能为善乎，但相与为沈溺之道也。【疏】注"诗大"至"道也"〇正义曰：诗在大雅桑柔第五章。笺云："淑，善。胥，相。及，与也。女若云其于政事何能善乎，则女君臣皆相与陷溺于祸难。"孔氏正义云："王肃以为如今之政其何能善，但君臣相与陷溺而已。"赵氏与王肃同。

章指言：水性趋下，民乐归仁。桀纣之敺，使就其君。三年之艾，畜而可得。一时欲仁，犹将沈溺。所以明鉴戒也。【疏】"犹将沈溺"〇正义曰：阮氏元校勘记云："沈，依说文当作'湛'。沈，假借字。沉，俗字。"

10 **孟子曰："自暴者，不可与有言也。自弃者，不可与有为也。言非礼义，谓之自暴也。吾身不能居仁由义，谓之自弃也。**【注】言人尚自暴自弃，何可与有言有为。**仁，人之安**

宅也。义，人之正路也。旷安宅而弗居，舍正路而不由，哀哉！"【注】旷，空。舍，纵。哀，伤也。弗由居是者，是可哀伤哉。【疏】注"旷空"至"伤哉"〇正义曰：论衡艺增篇云："旷，空也。"吕氏春秋无义篇云"则无旷事矣"，高诱注云："旷，废也。"文选西京赋云"矢不虚舍"，薛综注云："舍，放也。"放即纵也。广雅释诂舍、纵并训置，则舍亦纵也。说文口部云："哀，闵也。"国策秦策云"天下莫不伤"，注云："伤，愍也。"愍即闵也。

章指言：旷仁舍义，自暴弃之道也。【疏】"旷仁"至"道也"〇正义曰：前言"不能居仁由义"是自弃，则旷弗居、舍弗由承上仁义而言，乃自谓不能而旷之舍之，与非之以为不足居、不足由而旷之舍之，同一旷仁舍义也，故兼暴、弃言之。或说下二节专指自弃者，以自暴者已不可与之言也。

11 **孟子曰："道在迩而求诸远，事在易而求诸难。人人亲其亲，长其长，而天下平。"**【注】迩，近也。道在近而患人求之远也，事在易而患人求之难也，谓不亲其亲，不事其长，故其事远而难也。【疏】"道在"至"天下平"〇正义曰：自首章言平治天下必因先王之道，行先王之法，反复申明，归之于居仁由义。何为仁，亲亲是也。何为义，敬长是也。道，即平天下之道也。事，即平天下之事也。指之以在迩在易，要之以其亲其长。亲其亲，则不致于无父；长其长，则不致于无君。尧舜之道，孝弟而已。其为人也孝弟，犯上作乱未之有也。舍此而高谈心性，辨别理欲，所谓求诸远、求诸难也。或说："道可致而不可求，求便非易简之道。"盖读远字难字为句，谓道在迩不必他求也，若求诸，则远矣；事在易不必他求也，若求之，则难矣。迩，考文古本作"尔"。

章指言：亲亲敬长，近取诸己，则迩而易也。

12 **孟子曰："居下位而不获于上，民不可得而治也。获于上有道，不信于友，弗获于上矣。信于友有道，事亲弗**

悦，弗信于友矣。悦亲有道，反身不诚，不悦于亲矣。诚身有道，不明乎善，不诚其身矣。【注】言人求上之意，先从己始，本之于心；心不正而得人意者，未之有也。【疏】"居下位"至"身矣"○正义曰：礼记中庸篇与此同。郑氏注云："获，得也。言臣不得于君，则不得居位治民。言知善之为善，乃能行诚。"戴氏震孟子字义疏证云："诚，实也。据中庸言之，所实者，知仁勇也。实之者，仁也，义也，礼也。由血气心知而语于智仁勇，非血气心知之外别有智有仁有勇以予之也。就人伦日用而语于仁，语于礼义，舍人伦日用，无所谓仁、所谓义、所谓礼也。血气心知者，分于阴阳五行而成性者也，故曰'天命之谓性'。人伦日用，皆血气心知所有事，故曰'率性之谓道'。全乎知仁勇者，其于人伦日用行之，而天下睹其仁，睹其礼义，善无以加焉，'自诚明'者也。学以讲明人伦日用，务求尽夫仁，尽夫礼义，则其智仁勇所至，将日增益以于圣人之德之盛，'自明诚'者也。质言之曰人伦日用，精言之曰仁曰义曰礼。所谓'明善'，明此者也。所谓'诚身'，诚此者也。质言之曰血气心知，精言之曰智曰仁曰勇。所谓'致曲'，致此者也。所谓'有诚'，有此者也。言乎其尽道，莫大乎仁，而兼及义，兼及礼；言乎其能尽道，莫大于智，而兼及仁，兼及勇。是故善之端不可胜数，举仁义礼三者而善备矣。德性之美不可胜数，举智仁勇三者而德备矣。曰善曰德，尽其实之谓诚。"**是故诚者，天之道也。思诚者，人之道也。至诚而不动者，未之有也。不诚，未有能动者也。"**【注】授人诚善之性者，天也，故曰天道。思行其诚以奉天者，人道也。至诚则动金石，不诚则鸟兽不可亲狎，故曰未有能动者也。【疏】"诚者"至"动者也"○正义曰：礼记中庸云："诚者，天之道也。诚之者，人之道也。"注云："言诚者，天性也。诚之者，学而诚之者也。"赵氏佑温故录云："中庸言'诚之者'，而下详其目，故以'慎思'为诚之一事，乃就所学所问而次第及之，然后进以'明辨''笃行'。孟子浑括其辞，独揭一'思'字加本句上，则统所知所行而归重言之，明示人以反求诸身为诚身之要。惟思故能择善，惟思故能固执，君子无往而不致其思，无思而不要于诚，故曰'君子有九思'，曰'思不出其位'，孟子尝警人之弗思而教以思，则得之先立乎大。"程氏瑶田通艺录论学小记云："诚者，实有而已矣。天实有此天也，地实有此地也，人实有此人也。人有性，性有仁义礼智之德，无非实有者也。故曰性善也者，实有此善焉者也。故曰诚者物之终始，不诚无物。死乃无此人，未死则实有此人，实有此性，实有此性之善。实有此性之善，故曰诚者；能实有此性之善，故曰诚之者。诚之者，自明诚者也。能自明诚，实有此能也。能由教入，实有此能也，故曰自诚明谓之教。虽不谓之性，非不实有此性也；如不实有此性，则自诚明者，天下一人而已矣。有诚者，无诚之者，虽有教无益也。惟人皆实有此性，故人人能择善固执以诚之，而实有此教矣。非实有此人之气质，亦安能实有此性之善乎？若夫未死先已，未终先终，不诚矣。惟不实有，故曰无物。是不诚之者也，非不能诚之也。是故不空之谓实，不无之谓有，皆指物而言。而二氏空之无之，是已无物矣。此不必与辨者也。今乃指其所谓空与无者，而曰虽空而实实，虽无而实有，此释氏所谓'色即是空，空即是色'，其语不反觉精妙邪？从空无下转出实有，异乎吾学从物上致力焉者也。"谨按：由悦亲而信友，由信友而获上，由获上而治民，皆人伦日用之常也。必反身而归之于诚，其反身而诚也，必归之以明善。盖伏羲之前，未有人伦，不知有善，何以有诚。乃天既授人以善性，此诚者，天之道也。人性既诚有此善，则自能明，故先觉者自诚而明，因以觉人，而人亦无不自诚而明。然未明，患其不明；既明矣，又患其不诚。故莫不知亲之当悦也，友之当信也，上之当获而民之当治也。亦莫不曰吾能悦亲也，吾能信友也，吾能获乎上而治乎民也。乃民不治，上不获，友不信，亲不悦，此非不明之故，而不诚之故。不诚者，非天不以诚授我也，是我未尝思也。是以孟子既由诚身而归重于明善，又由明善而申言思。诚既明矣，又思其诚。诚身乃能悦亲，信友，获上，治民，所谓动也。悦亲而亲悦，信友而友信，事上而上获，治民而民治，至诚而动物也。不诚则悦亲而亲不悦，信友而友不信，事上而上不获，治民而民不治，所谓未有能动者也。惟天实授我以善，而我乃能明；亦惟我实有此善，而物乃可动。诚则明，明生于天道之诚；明则诚，诚又生于人道之思诚。人能思诚，由其明也。人能明，由其诚也。惟天下至诚，为能尽其性；能尽其性，则能尽人之性；能尽人之性，则能尽物之性；能尽物之性，则可以赞天地之化育；可以赞天地之化育，则可以与天地参矣。此自诚明谓之性也。其次致曲，曲能有诚，诚则形，形则著，著则明，明则动，动则变，变则化，惟天下至诚为能化，自明诚谓之教也。曲者，明而不诚也。未明之先，则自诚而明，以尽其性；既明之后，则自明而诚，以致其曲。致曲之功，仍在于明，盖虽明而仍未明，所以曲也。何也？明于悦亲，而未明诚于悦亲也。明于信友，而未明诚于信友也。明于事上治下，未明诚于事上、诚于治下也。故诚其身，仍必明其善矣。孟子此章，括中庸之旨而言之。○注"至诚"至"亲狎"○正义曰：此本列子黄帝篇为说。动金石者，"有一人从石壁中出，子夏言'游金石蹈水火皆可'"是也。鸟兽不可亲狎者，"海上沤鸟，舞而不下"是也。张湛注云："海童诚心充于内，坦荡形于外，虽未能利害两忘，猜忌兼消，然轻群异类，亦无所多怪。"又云："诚心无二者，则处水火而不燋溺，涉木石而不悸骇，触锋刃而无伤残，履危险而无颠坠，万物靡逆其心，人兽不乱群。"韩诗外传云："昔者楚熊渠子夜行，见寝石以为伏虎，弯弓而射之，没金饮羽，下视，知其石也，因复射之，矢跃无迹。熊渠子见其诚心，而金石为之开。"吕氏春秋精通篇："钟子期夜闻击磬者而悲，叹嗟曰：悲夫悲夫！心非臂也，臂非椎非石也，悲存乎心，而木石应之。故君子诚乎此而谕乎彼，感乎己而发乎人。"又具备篇云："诚有诚乃合于情，精有精乃通于天，木石之性，皆可动也，又况于有血气者乎！故凡说与治之务莫若诚。"

章指言：事上得君，乃可临民；信友悦亲，本在于身。是以曾子三省，大雅矜矜，以诚为贵也。【疏】"曾子三省大雅矜矜"○正义曰：周氏广业孟子章指考证云："是章归重诚身，故赵氏特引'三省'证之。下二句乃申赞之辞。"诗序云："雅者，正也。"雅诗皆正人君子所作，张楫谓"小雅之材七十二人，大雅之材三十二人"是也。因借言凡有美德者，皆称大雅。史记孟子传："不能尚德若大雅。"文选西都赋"大雅宏达"，李善注云："大雅谓有大雅之才者，诗有大雅，故以立称。"汉书赞云："夫惟大雅，既明且哲，以保其身。"赵氏于盆成括章亦言"大雅先人"。又文选韦孟讽谏诗"矜矜元王"，李善注引孔安国尚书传曰："矜矜，戒惧。"则知赵意谓雅德君子常自恐惧修省，必以诚身为贵也。班固幽通赋："盖惴惴之临深兮，乃二雅之所祗。"

13　孟子曰："伯夷辟纣，居北海之滨，闻文王作兴，曰：'盍归乎来，吾闻西伯善养老者。'【注】伯夷让国，遭纣之世，辟之，隐遁北海之滨，闻文王起兴王道，盍归乎来，归周也。【疏】"伯夷"至"老者"○正义曰：史记周本纪云："伯夷、叔齐在孤竹，闻西伯善养老，盍往归之。太颠、闳夭、散宜生、鬻子、辛甲大夫之徒，皆往归之。"此伯夷归文王之事也。王氏引之经传释词云："来，句末语助也。孟子'盍归乎来'，庄子人间世篇'尝以语我来'，又'子其有以语我来'，来字皆语助。"○注"闻文王起兴王道"○正义曰：毛氏奇龄四书賸言云："赵注'闻文王作兴'，以兴字句。离骚：'吕望之鼓刀兮，遭周文而得举。'王逸注：'太公避纣，居东海之滨，闻文王作兴。'则正引孟子文而以兴字句者。"翟氏灏考异云："毛诗酌篇正义：'孟子说伯夷居北海之滨，太公居东海之滨，闻文王作兴而归之。'中论亡国篇：'昔伊尹在田亩之中，闻成汤作兴，而自夏如商。太公辟纣之恶，居于东海之滨，闻文王作兴，亦自商如周。'毛西河之说良是。离骚章句外，更有诗疏、中论可证。又子华子北宫子仕篇：'王者作兴，将以濯涤。'用此'作兴'二字。子华子虽似后人拟托，然犹唐以前书，亦可备一证也。"**太公辟纣，居东海之滨，闻文王作兴，曰：'盍归乎来，吾闻西伯善养老者。'**【注】太公，吕望也。亦辟纣世，隐居东海，曰闻西伯养老。二人皆老矣，往归文王也。【疏】"太公"至"老者"○正义曰：史记齐太公世家云："吕尚盖尝穷困年老矣，以渔钓奸周西伯。西伯猎，遇太公于渭之阳，载与俱归，立为师。或曰：太公博闻，尝事纣，纣无道，去之，游说诸侯，无所遇而卒西归周西伯。或曰：吕尚处士，隐海滨，周西伯拘羑里，散宜生、闳夭素知而招吕尚，吕尚亦曰：'吾闻西伯贤，又善养老，盍往焉。'"史记列三说，是当以孟子为断。陶潜圣贤群辅录引尚书大传云："太公辟纣，居东海之滨，皆率其属曰：'盍归乎？吾闻西伯昌善养老。'此二人者，盖天下之大老也。往而归之，是天下之父归之也。天下之父归之，其子曷往？"王楙野客丛书云："渊明引此，谓出尚书大传，知孟子引逸书之辞。"○注"太公"至"东海"○正义曰：阎氏若璩释地续云："齐世家：'太公望吕尚者，东海上人。'注未悉。后汉琅邪国海曲县，刘昭引博物记注云：'太公吕望所出，今有东吕乡，又钓于棘津，其浦今存。'又于清河国广川县棘津城，辨其当在琅邪海曲，此城殊非。余谓海曲故城，通典称在莒县东，则当日太公辟纣，居东海之滨，即是其家。汉崔瑗、晋卢无忌立齐太公碑，以为汲县人者，误。伯夷，孤竹国之世子也。前汉辽西郡令支县有孤竹城，括地志孤竹古城在卢龙县南十二里，余谓今永平府治。河入海从右碣石，正古之北海，在今昌黎县西北，亦是当日避纣处，去其国都不远。通志以居北海为潍县者，亦误。"**二老者，天下之大老也。而归之，是天下之父归之也。天下之父归之，其子焉往？**【注】此二老，犹天下之父也。其余皆天下之子耳。子当随父。二父往矣，子将安如？言皆将往也。【疏】注"子将安如"○正义曰：尔雅释诂云："如，往也。"广雅释诂云："归，往也。"韩本将往作"归往"，闽、监、毛三本同。**诸侯有行文王之政者，七年之内，必为政于天下矣。"**【注】今之诸侯，如有能行文王之政者，七年之间，必足以为政矣。天以七纪，故七年。文王时难故久，衰周时易故速也。上章言大国五年者，大国地广人众，易以行善，故五年足以治也。【疏】注"天以七纪"○正义曰：昭公十年左传郑裨灶云"天以七纪"，注云："二十八宿，四七。"按白虎通嫁娶篇云："七，岁之阳也。"又云"阳数七"。说文云："七，阳之正也。如日月五星为七政。"周髀算经："以日月运行之圆周为七衡。"易复卦彖传云："七日来复，天行也。"国语周语云"自鹑及驷七列，南北之揆七〔一〕同"，韦昭注云："鹑火之分，张十三〔二〕度。驷，天驷。房五度。岁月之所在从张至房七列，合七宿，谓张、翼、轸、角、亢、氐、房也。""岁在鹑火午〔三〕，辰星在天鼋子。鹑火，周分野。天鼋及辰水〔四〕星，周所出；自午至子，其度七同。"皆以七纪数也，不独二十八宿四七而已。乃尚书洛诰："惟周公诞保文武受命，惟七年。"马融注云："周公摄政七年，天下太平。"郑氏注云："文王得赤雀，武王俯取白鱼，受命皆七年。文武受命七年而崩，周公不敢过其数也。"此言行

〔一〕"七"原误"北"，据国语改。
〔二〕"三"原误"六"，据国语韦解改。
〔三〕"午"原误"五"，据国语韦解改。
〔四〕"水"字原脱，据国语韦解补。

文王之政，故以七年言之。周公成文武之德，七年而天下太平，诸侯效法文王，是可为证。远征天纪，或近迂矣。

章指言：养老尊贤，国之上务，文王勤之，二老远至。父来子从，天之顺道。七年为政，以勉诸侯，欲使庶几于行善也。

14　孟子曰："求也为季氏宰，无能改于其德，而赋粟倍他日。孔子曰：'求非我徒也，小子鸣鼓而攻之可也。'

【注】求，孔子弟子冉求。季氏，鲁卿季康子。宰，家臣。小子，弟子也。孔子以冉求不能改季氏使从善，为之多敛赋粟，故欲使弟子鸣鼓以声其罪，而攻伐责让之。曰"求非我徒"，疾之也。【疏】注"求孔子"至"疾之也"○正义曰：论语先进篇云："季氏富于周公，而求也为之聚敛而附益之。子曰：'非吾徒也，小子鸣鼓而攻之可也。'"集解孔曰："冉求为季氏宰，为之急赋税也。"郑曰："小子，门人也。鸣鼓，声其罪以责之也。"哀公十一年左传云："季孙欲以田赋，使冉有访诸仲尼。曰：'丘不识也。'三发，卒曰：'子为国老，待子而行，若之何子之不言也？'仲尼不对。而私于冉有曰：'君子之行也，度于礼，施取其厚，事举其中，敛从其薄，如是则以丘亦足矣。若不度于礼，而贪冒无厌，则虽以田赋，将又不足。且子季孙若欲行而法，则周公之典在；若欲苟而行，又何访焉？'弗听。"十二年春王正月："用田赋。"用田赋自是季氏，孔子直责冉有，谓冉有为之聚敛而附益之，斥为非吾徒。孟子言"无能改于其德，而赋粟倍他日"。赋粟倍他日，即指季氏"用田赋"。缘冉有为其宰，不能改之使从善，则季氏赋粟倍他日，即为冉有为之聚敛而附益之。皇侃论语义疏引缪协云："季氏不能纳谏，故求也莫能匡救，致讥于求，所以深疾季也。"是也。邢昺疏以为"冉子聚敛财物"，失之矣。季孙斯以哀公三年卒，康子即位，用田赋时正康子为政，故知季氏为季康子也。杜预注左传"用田赋"云："丘赋之法，因其田财通出马一匹，牛三头，今欲别其田及家财各为一赋，故言田赋。"孔氏正义云："司马法：'四丘为甸，有马四匹，牛十二头，是为革车一乘。'今用田赋，贾逵以

为'欲令一井之间出一丘之税,井别出马一匹,牛三头'。如此则一丘之内有一十六井,其出马牛乃多于常一十六倍。杜以如此则非民所能给,故改之。旧制丘赋一马三牛,今别其田及家资各为一赋,计一丘民之家资,令出一马三牛,田之所收,更出一马三牛,是倍于常也。"说文支部云:"攻,击也。"人部云:"伐,击也。"是攻即伐也。庄公二十九年左传云:"凡师有钟鼓曰伐。"释例云:"鸣钟鼓以声其过曰伐。"经言"鸣鼓而攻",故赵氏以攻伐释之,乃系假借用兵之鸣鼓而攻。其实孔子言攻,但为责让,故又以责让释之。论衡顺鼓篇云:"攻者,责也。责让之也。"周礼春官大祝"五曰攻,六曰说",注云:"攻、说,则以辞责之。"是也。**由此观之,君不行仁政而富之,皆弃于孔子者也。况于为之强战。争地以战,杀人盈野;争城以战,杀人盈城:此所谓率土地而食人肉,罪不容于死。**【注】孔子弃富不仁之君者,况于争城争地而杀人满之乎。此若率土地使食人肉也。言其罪大,死刑不足以容之。【疏】注"孔子弃富不仁之君者"○正义曰:不仁之君解君不行仁政,富不仁之君解而富之,谓富此不行仁政之君也。赵氏于经文,每颠倒解之。荀子王制篇云"不安职则弃",弃即棄也。如"移之郊""移之遂""屏之远方"之意也。**故善战者,服上刑。连诸侯者,次之。辟草莱、任土地者,次之。"**【注】孟子言天道重生,战者杀人,故使善战者服上刑。上刑,重刑也。连诸侯,合从者也。罪次善战者。辟草任土,不务修德而富国者,罪次合从连横之人也。【疏】注"孟子言天道重生"○正义曰:韩非子解老篇云:"凡兵革者,所以备害也。重生者,虽入军,无忿争之心。"又云:"礼天地之道,故曰无死地焉。动无死地,而谓之善摄生矣。爱子者,慈于子;重生者,慈于身。"春秋繁露王道通云:"仁之美者在于天,天,仁也。天覆育万物,既化而生之,有养而成之,事功无已,终而复始。"又云:"阳气生而阴气杀,是故阳常居实位而行于盛,阴常居空位而行于末。天之好仁而近,恶戾之变而远,大德而小刑之意也。"又暖燠孰多篇云:"天之道,出阳为暖以生之,出阴为清以成之,是故非薰也不能有育,非溧也不能有熟。自正月至于十月而天之功毕。计其间,阴与阳各居几何?薰与溧其日孰多?距物之初生至其毕成,露与霜其下孰倍?故从中春至于秋,气温柔和调,及季秋九月,阴乃始多于阳,天于是时出溧下霜。出溧下霜,而天降物固已皆成矣。功已毕成之后,阴乃大出。天之成功也,少阴与而太阴不与,少阴在内而太阴在外,故霜加物而雪加于空。空者,亶地而已,不逮物也。"此天道重生之说也。○注"上刑重刑也"○正义曰:方言云:"上,重也。"尚书吕刑云:"上刑适轻下服,下刑适重上服。"某氏传云:"重刑有可以亏减,则之轻服下罪。一人有二罪,则之重而轻并数。"江氏声尚书集注音疏云:"服,治也。下服,减等也。上服,加等也。本在上刑之科而情适轻,则减一等治之。本在下刑之科而情适重,则加一等治之。"按重刑,死刑也。上言"罪不容于死",则上刑不得适轻服,上刑则不减等下服也。合从,苏秦是也。连横,张仪是也。辟草莱,任土地,商鞅等是也。井田之法,有莱田,有一易再易之田,有阡陌径遂,皆开垦,是为辟草莱。吕氏春秋有任地篇,乃讲耕耨蓄藏之术,专以富国为事,则不务修德。善战者,兵家也。连诸侯,从横家也。辟草任土,农家也。阮氏元校勘记云:"廖本作'辟草任土',孔本、韩本作'辟草任地'。按音义出'任土',别作'任地',非也。"阎氏若璩释地又续云:"连诸侯,是封建之将尽也。辟草莱,任土地,是井田之将尽也。"陈组绶燃犀解云:"连诸侯而使之战,辟草莱任土地而助之战,均非身亲为战者,姑次之。"

章指言:聚敛富君,弃于孔子。冉求行之,固闻鸣鼓。以战杀民,土食人肉,罪不容死,以为大戮,重人命之至也。【疏】"聚敛富君"○正义曰:韩本、孔本作"富民",非。○"以为大戮"○正义曰:宣公十二年左传云:"古者明王伐不敬,取其鲸鲵而封之,以为大戮。"○"重人命之至也"○正义曰:汉书萧望之传云:"狱吏〔一〕显等曰:'人命至重,望之所坐语言薄罪,必亡所忧。'"

15　孟子曰:"存乎人者,莫良于眸子,眸子不能掩其恶。【注】眸子,目瞳子也。存人,存在人之善恶也。【疏】注"眸子"至

〔一〕按:萧望之传无"狱吏"二字,且弘恭、石显非狱吏,焦氏臆加,误。

"恶也"○正义曰:荀子非相篇"尧舜参牟子",注云:"牟与眸同。"说文目部云:"盲,目无牟子。""瞴,卢童子也。""睐,目童子不正也。"牟、童皆不从目。刘熙释名释形体云:"瞳子,瞳,重也。肤幕相裹重也。子,小称也。主谓其精明者也。或曰:眸子,眸,冒也。相裹冒也。"荀子大略篇云"眸而见之也",注云:"眸,谓以眸子审视之也。"广雅释亲云:"珠子谓之眸。"盖亦有从目者。尔雅释训云:"存,存在也。"说文土部云:"在,存也。"礼记文王世子云"必在视寒暖之节",注云:"在,察也。"赵氏以在释存而云存在人之善恶。章指云"存而察之",盖以存为在,即以在为察,谓察人之善恶也。**胸中正,则眸子瞭焉。胸中不正,则眸子眊焉。**【注】瞭,明也。眊者,蒙蒙目不明之貌。【疏】注"瞭明"至"之貌"○正义曰:周礼春官眡瞭注云:"瞭,目明者。"说文目部云:"眊,目少精也。"目少精,即是不明。刘熙释名释天云:"蒙,日光不明,蒙蒙然也。"广雅释训云:"蒙蒙,暗也。"眊、蒙一音之转,故赵氏以眊之不明犹目之蒙蒙也。翟氏灏考异云:"论衡本性篇:'孟子相人以眸子焉,心清而眸子瞭,心浊而眸子眊。'又佚文篇同。白氏六帖述孟子曰:'人之善不善在其目,其心正则童子瞭然,其心不正则童子眊然。'大戴记曾子立事篇:'目者,心之浮也。言者,事之指也。作于中则播于外矣。故曰以其见者占其隐者。'盖孟子此章所本。故既详言眸子,下复兼听言言之。"**听其言也,观其眸子,人焉廋哉!"**【注】廋,匿也。听言察目,言正视端,人情可见,安可匿哉。【疏】注"廋匿也"○正义曰:论语为政篇云"人焉廋哉",集解引孔曰:"廋,匿也。"方言云:"廋,隐也。"故赵氏以匿释廋,章指又以不隐释之。

章指言:目为神候,精之所在,存而察之,善恶不隐,知人之道,斯为审矣。【疏】"目为神候精之所在"○正义曰:白虎通性情篇云:"肝,木之精也。万物始生,故肝象木色青而有枝叶,目为之候。"此神候,犹云精候耳。周氏广业孟子章指考证云:"精与睛通,目珠子也。魏志管辂曰:'吾目中无守精。'晋书:'顾恺之每画人,或数年不点眼精。'是也。"按精即谓肝木之精,目既为肝木之精之候,则精神即在此目矣。上言神，下言精，正是一事。大戴记曾子天圆云"阳之精气曰神"是也。不必为目珠之睛所假借。

16　孟子曰："恭者不侮人，俭者不夺人。侮夺人之君，惟恐不顺焉，恶得为恭俭？【注】为恭敬者，不侮慢人。为廉俭者，不夺取人。有好侮夺人之君，有贪陵之性，恐人不顺从其所欲，安得为恭俭之行也。【疏】注"为恭"至"取人"○正义曰：尔雅释诂云："恭，敬也。"吕氏春秋遇合篇"是侮也"，高诱注云："侮，慢也。"淮南子原道训云"不以廉为悲"，高诱注云："廉，犹俭也。"刘熙释名释言语云："廉，敛也。自检敛也。"贾子道术篇云："广较自敛谓之俭。"说文又部云："夺，手持隹失之也。"支部云："敚，强取也。周书曰：'敚攘矫虔。'"夺取当作"敚"，经典通作"夺"。夺为手持隹鸟失之，即脱去之脱也。夺乃敚之假借。**恭俭岂可以声音笑貌为哉！"**【注】恭俭之人，俨然无欲，自取其名，岂可以和声谄笑之貌强为之哉。【疏】注"恭俭"至"为之哉"○正义曰：尔雅释诂云："俨，敬也。"礼记曲礼云："毋不敬，俨若思。"论语子张篇云："望之俨然。"俨然即俨若，谓恭敬也。无欲谓廉俭也。论语宪问篇云："公绰之不欲。"说文欠部云："欲，贪欲也。"不贪欲，故为廉也。俨然而恭，无欲而俭，恭俭之名，以俨然无欲取之，故云自取其名。贾子六术篇云："是故五声宫商角徵羽，唱和相应而调和，调和而成理，谓之音。"白虎通礼乐篇云："音者，饮也。言其刚柔清浊，和而相饮也。"赵氏以和声释声音，谓声而音言其和也。貌，说文作"皃"，云："皃，颂仪也。从人白，象人面形。"君子乐然后笑，笑貌则笑见于面，故赵氏以谄笑之貌释之。赵氏前注"谄笑"，云"强笑也"。

章指言：人君恭俭，率下移风；人臣恭俭，明其廉忠；侮夺之恶，何由干之而错其心。【疏】"人臣恭俭明其廉忠"○正义曰：孟子言"侮夺人之君"，赵氏推及人臣，盖孟子指当世诸侯，在两汉则宰辅皆是也。赵氏习见当时张禹、胡广之流，故及此耳。史记鲁世家："君子曰：季文子廉忠矣。"

17　淳于髡曰："男女授受不亲，礼与？"【注】淳于髡，齐人也。问礼男女不相亲授。【疏】注"淳于髡齐人也"○正义曰：战国策齐策云："淳于髡一日而见七人于宣王。"又："齐欲伐魏，淳于髡止之。"史记孟荀列传云："淳于髡，齐人也。博闻强记，学无所主，其谏说慕晏婴之为人也，然而承意观色为务。客有见髡于梁惠王云云，惠王欲以卿相位待之，髡因谢去，于是送以安车驾驷，束帛加璧，黄金百镒，终身不仕。"又云："齐诸驺子亦颇采驺衍之术以纪文，于是齐王嘉之。自如淳于髡以下，皆命曰列大夫，为开第康庄之衢。"滑稽传云："淳于髡，齐之赘婿也。长不满七尺，滑稽多辩，数使诸侯，未尝屈辱。齐威王时，淳于髡说之以隐，于是乃朝诸县令长七十二人，赏一人，诛一人，奋兵而出，诸侯振惊，皆还齐侵地，威行三十六年。"然则髡在齐仕威、宣两朝，又仕于梁惠王者也。阎氏若璩释地又续云："孟子与淳于髡问答仅两章，后章是去齐之后不待言，前章似相值于梁惠王朝。何则？魏世家明云'卑礼厚币以招贤者，邹衍、淳于髡、孟轲皆至梁'，孟子素不见诸侯，只因惠王延礼，始至其国，又未尝仕，真有孔子循道弥久、温温无所试之象，髡故发问夫子何不援天下。不然，于齐则仕矣，髡将讥其援之无效，与或力不能援，讵肯作是语？千载而下，殆可以情测哉。"周氏广业孟子出处时地考云："淳于髡见史记滑稽传，威王八年，使之赵，请救兵。至与孟子相见，年当耆老，而称孟子为夫子，自称曰髡，知年相若也。"○注"问礼男女不相亲授"○正义曰：礼记曲礼云："男女不杂坐，不同椸枷，不同巾栉，不亲授。"坊记云："好德如好色，诸侯不下渔色，故君子远色以为民纪，故男女授受不亲。"注云："不亲者，不以手相与也。"内则曰："非祭非丧，不相授器。其相授，则女受以篚；其无篚，则皆坐奠之而后取之。"

孟子曰："礼也。"【注】礼不亲授。

曰："嫂溺，则援之以手乎？"【注】髡曰，见嫂溺水，则当以手牵援之不邪。【疏】注"则当以手牵援之"○正义曰：礼记中庸篇"不援上"，注云："援，谓牵持之也。"

曰："嫂溺不援，是豺狼也。【注】孟子曰，人见嫂溺不援出，是为豺狼之心也。男女授受不亲，礼也。嫂溺援之以手者，权也。”【注】孟子告髡曰，此权也。权者，反经而善也。【疏】注“权者反经而善也”○正义曰：桓公十一年公羊传云：“权者何？权者，反于经然后有善者也。权之所设，舍死亡无所设。行权有道，自贬损以行权，不害人以行权。杀人以自生，亡人以自存，君子不为也。”疏云：“权之设，所以扶危济溺，舍死亡无所设也。若使君父临溺河井，岂不执其发乎？是其义也。”论语子罕篇云：“可与立，未可与权。唐棣之华，偏其反而。”注云：“赋此诗以言权道，反而后至于大顺也。”说者疑于经不可反。夫经者，法也。制而用之谓之法，法久不变则弊生，故反其法以通之。不变则不善，故反而后有善。不变则道不顺，故反而后至于大顺。如反寒为暑，反暑为寒，日月运行，一寒一暑，四时乃为顺行；恒寒恒燠，则为咎征。礼减而不进则消，乐盈而不反则放，礼有报而乐有反，此反经所以为权也。

曰：“今天下溺矣！夫子之不援，何也？”【注】髡曰，今天下之道溺矣，夫子何不援之。

曰：“天下溺，援之以道；嫂溺，援之以手。子欲手援天下乎？”【注】孟子曰，当以道援天下而道不得行，子欲使我以手援天下乎。【疏】“天下溺”至“天下乎”○正义曰：此孟子论权与道合之义也。权者，变而通之之谓也。变而通之，所谓反复其道也。孟子时，仪、衍之流，以顺为正，突梯滑稽，如脂如韦，相习成风，此髡之所谓权也。孟子不枉道以见诸侯，正所以挽回世道，矫正人心，此即孟子援天下之权也。髡以枉道随俗为权，孟子以道济天下为权。髡讥孟子不枉道是不以权援天下，不知孟子之不枉道，正是以权援天下。权外无道，道外无权，圣贤之道，即圣贤之权也。髡不知道，亦不知权矣。

章指言：权时之义，嫂溺援手。君子大行，拯世以道，道之指也。

18　公孙丑曰：“君子之不教子，何也？”【注】问父子不亲教何也。【疏】“君子之不教子”○正义曰：阎氏若璩释地又续云：“古人文字简，须读者会其意所指，如'君子之不教子'，子谓不肖子也。犹左传叔向曰'肸又无子'，子谓贤子也。不然，当日杨食我见存。观孟子直承曰'势不行也'，则知丑所问，原非为周公之于伯禽，孔子之于伯鱼一辈子言矣。"

孟子曰："势不行也。教者必以正。以正不行，继之以怒；继之以怒，则反夷矣。夫子教我以正，夫子未出于正也，则是父子相夷也。父子相夷，则恶矣。【注】父亲教子，其势不行。教以正道而不能行，则责怒之。夷，伤也。父子相责怒，则伤义矣。一说曰，父子反自相非若夷狄也。子之心责其父云，夫子教我以正道，而夫子之身未必自行正道也。执此意则为反夷矣，故曰恶也。【疏】注"夷伤也"○正义曰：易序卦传云："进必有所伤，故受之以明夷。夷者，伤也。"教之以正道，子违而不行，即继以怒，求之太骤也。反夷有二解：一属上读，谓父之教子，本望其善，非伤之也，今继以怒，反是伤之矣。一属下读，父既继之以怒，其子不受而心诽以报之，因父之伤己而反以伤其父。下"夫子教我以正，夫子未出于正也"，即申上反夷之事也。赵氏言"子之心责其父"云云，而承之云"执此意则为反夷"，是以反夷属其子，即指心责其父云云也。举"一说云父子反自相非"，谓父子本宜有恩，而反相非责，此解反字有不同，故以一说别之。父子相责怒解父子相夷，则伤义矣解则恶矣，恶谓伤义。经先言反夷后言相夷，赵氏先解相夷后解反夷，因反夷有"反自相非"之一说，故倒相夷在前。一说以夷为夷狄，则反不得为报，故为反自相非也。庄子应帝王云："告我君人者，以己出经。"释文引司马注云："出，行也。"是未出于正即未行于正。不必形之于口即此心责，而执此意即为反以相伤也。**古者易子而教之。父子之间不责善，责善则离，离则不祥莫大焉！"**【注】易子而教，不欲自责以善。父子主恩，离则不祥莫大焉。

章指言：父子至亲，相责离恩；易子而教，相成以仁，教之义也。

19 孟子曰："事孰为大？事亲为大。守孰为大？守

身为大。不失其身而能事其亲者，吾闻之矣。失其身而能事其亲者，吾未之闻也。【注】事亲，养亲也。守身，使不陷于不义也。失不义，则何能事父母乎。孰不为事？事亲，事之本也。孰不为守？守身，守之本也。【注】先本后末，事守乃立也。【疏】"孰不"至"本也"○正义曰：礼记哀公问孔子云："君子无不敬也，敬身为大。身也者，亲之枝也，敢不敬与？不能敬其身，是伤其亲；伤其亲，是伤其本；伤其本，枝从而亡。"又云："君子言不过辞，动不过则，百姓不命而敬恭，如是则能敬其身；能敬其身，则能成其亲矣。"孟子此义，盖本于此。言不过辞，行不过则，则能守身，不陷于不义矣。曾子养曾晳，必有酒肉，将彻，必请所与，问有余，必曰有。曾晳死，曾元养曾子，必有酒肉，将彻，不请所与，问有余，曰亡矣，将以复进也。此所谓养口体者也。若曾子，则可谓养志也。事亲若曾子者可也。"【注】将彻请所与，问曾晳所欲与子孙所爱者也。必曰有，恐违亲意也，故曰养志。曾元曰无，欲以复进曾子也。不求亲意，故曰养口体也。事亲之道，当如曾子之法，乃为至孝也。【疏】"将以复进也"○正义曰：孔氏广森经学卮言云："注云'欲以复进曾子也'，此似不然。曾元但不能养志耳，何至啬饮食之费以欺其亲，遂同下愚所为。且以情揆之，既对无余，而复以余进，其父能无疑乎？能无怒乎？夫曰'亡矣'者，乃实无也。曾子之'必曰有'，虽无亦曰有，所谓孝子唯巧变，故父母安之者。曾元不能，但道其质而已。此与'必曰有'对文，而不云'必曰亡'，非实有言无明矣。盖'将以复进也'亦曾元之辞，言余则无矣，若嗜之，将复作新者以进之尔。"按孔氏之说是也。孟子深于易，悉于圣人通变神化之道，故此篇首言行先王之道，而要之以道揆，盖不独平天下宜如是也。人伦日用，均宜如是。既明援天下以道，道何在，通变神化也。如父之教子，宜以正矣；有时而"势不行"，则宜变通，使"易子而教"。子之事亲，宜其养矣；有时而"问有余"，则宜变通，使"必曰有"以"养志"。父子之间，且宜如是，何在而可不揆以道乎？于父之教子也，曰"夫子未出于正"；于子之事亲也，曰"守身为大"。不失其身，则出于正；未出于正，则失其身；父当如是以教其子，子当如是以事其父，又两章互发明者也。

章指言：上孝养志，下孝养体，曾参事亲，可谓至矣。孟子言之，欲令后人则曾子也。

20 孟子曰："人不足与適也，政不足间也，惟大人为能格君心之非。【注】適，过也。诗云："室人交遍適我。"间，非。格，正也。时皆小人居位，不足过责也。政教不足复非訧，独得大人为辅臣，乃能正君之非法度也。【疏】"政不足间"○正义曰：诸本作"政不足与间也"，音义出"足间"二字，则赵氏本无与字。○注"適过"至"交也"○正义曰：毛诗邶风北门作"室人交遍谪我"，传云："谪，责也。"谪与適通。方言云："谪，过也。南楚以南，凡相非议人谓之谪。"商颂殷武"勿予祸適"，笺云："適，过也。"列子力命篇云"不相谪发"，释文云："谪，谓责其过也。"小尔雅广言、方言皆云："间，非也。"方言云："格，正也。"僖公二十六年穀梁传云："人，微者也。"庄公十七年穀梁传云："人者，众辞也。"下言大人，上言人不足间，则人兼微、众二义，故云时皆小人居位，小之言微也，皆之言众也。文选卢子谅赠刘琨诗注引韩诗章句云："尤，非也。"訧与尤通，故赵氏以非释间，又以訧释非。或作"非说"，误也。上二章言父子，此章言君臣。父之教子，必先自出于正；子之事父，必先不失其身。君之定国，必先正其心之非；而臣之辅君，必先自居于正。大人者，与天地合其德，与日月合其明，与四时合其序，与鬼神合其吉凶。臣之身无不正，以是辅君，而君心之非自格；君无不正，而国自安定。然则臣之德未至于大人，而徒见居位者皆小人而过责之，徒见政事之未善而非訧之，不自觉其未正，而刺刺焉言君之不正，其乖忤抵触，不相激而成祸不止，卒之人相倾轧，政益乖违，犹自以为直为忠，而予君以非，是未读孟子者也。顾非在君心而能格之，既未尝过责其所用之人，又未尝非訧其所行之政，而曰能格，则是格也，非以言格之，非以貌格之，即以自修其身，成大人，故能格之也。然则未能格君心之非者，亦自反己未为大人可耳。**君仁莫不仁，君义莫不义，君正莫不正，一正君而国定矣。"**【注】正君之身，一国定矣。欲使大人正之。【疏】"君仁"至"定矣"○正义曰:何为正,仁义而已。何以为大人,居仁由义而已。

章指言:小人为政,不足间非;贤臣正君,使握道机。君正国定,下不邪侈,将何间也。

21　孟子曰:"有不虞之誉,有求全之毁。"【注】虞,度也。言人之行,有不度其将有名誉而得者,若尾生本与妇人期于梁下,不度水之卒至,遂至没溺,而获守信之誉。求全之毁,若陈不瞻将赴君难,闻金鼓之声,失气而死,可谓欲求全其节,而反有怯弱之毁者也。【疏】注"虞度"至"之誉"○正义曰:尔雅释言云:"虞,度也。"庄子盗跖篇云:"尾生与女子期于梁下,女子不来,水至不去,抱梁柱而死。"释文云:"尾生一本作'微生'。战国策作'尾生高',高诱以为鲁人。"○注"求全"至"毁者也"○正义曰:太平御览引韩诗外传云:"崔杼杀庄公,陈不占东观渔者,闻君难,将往死之,飡则失哺,上车失轼。仆曰:'敌在数百里外,今食则失哺,上车失轼,虽往,其有益乎?'陈不占曰:'死君,义也。无勇,私也。'遂驱车至门,闻钟鼓之音,战斗之声,遂骇而死。君子闻之曰:陈不占可谓志士矣,无勇而能行义,天下鲜矣。"事亦载新序义勇篇。广雅释言云:"占,瞻也。"占与瞻古通。襄公二十五年左传云:"崔杼之难,申蒯侍渔者,退谓其宰曰:'尔以帑免,我将死。'其宰曰:'免,是反子之义也。'与之皆死。"杜预注谓侍渔为监取鱼之官。侍之言寺也,寺之言司也,侍渔即司渔,即所谓东观渔者。申、陈音近,申蒯盖即陈不占,占之为蒯,犹觇之为窥。周秦人姓氏,往往记录有异同,以声音求之,尚可仿佛耳。

章指言:不虞获誉,不可为戒;求全受毁,未足惩咎。君子正行,不由斯二者也。【疏】"不虞获誉不可为戒"○正义曰:易萃卦象传云:"戒不虞。"襄公三年左传云:"不虞之不戒。"戒,犹备也。赵氏本此,谓此不虞之誉,非可豫备致之也。

22　孟子曰:"人之易其言也,无责耳矣。"【注】人之轻易其言，不得失言之咎责也。一说人之轻易不肯谏正君者，以其不在言责之位者也。【疏】注"人之"至"责也"○正义曰：礼记乐记云"易慢之心入之矣"，注云："易，轻易也。"说文训责为求，求之义不足以尽，故以咎释之。说文人部云："咎，灾也。从人从各，各者，相违也。"轻易其言，至于相违成灾咎，则已晚矣。无责之时，先当自慎矣。

章指言：言出于身，驷不及舌，不惟其责，则易之矣。

23　孟子曰："人之患在好为人师。"【注】人之所患，患于不知己未有可师而好为人师者，惑也。【疏】"人之患在好为人师"○正义曰：礼记乐记"论伦无患"，注云："患，害也。"章指言"不慎则有患"，则此患字正与上章责字同。易其言则有灾咎，好为师则有患害，皆深切言之也。易其言，如赵括、韩非凡好建白相倾轧攻击者，皆是也。好为师，如杨朱、墨翟凡立宗旨以传授聚讲者，皆是也。

章指言：君子好谋而成，临事而惧，时然后言，畏失言也。故曰师哉师哉，桐子之命，不慎则有患矣。

【疏】"君子"至"言也"○正义曰：周氏广业孟子章指考证云："四句似与本章不甚合，恐有误，似宜在前'驷不及舌'句下。"按"故曰"二字承上，则非有误，盖赵氏以两章相贯而言。此好为人师之人，即易其言之人，皆由于不知临事而惧、好谋而成也。盖未能博学详说、习先圣之道，而执其一端，自以为是，不顾其成，不知其害；用之于君父僚友，则轻易其言，以为蹇直，不学者依附之，又轻易其言，而高谈心性，传播宗旨，入主出奴，各成门户；始则害乎风俗人心，继则祸于朝廷军国，而或且曰此正人，此君子，则不虞之誉也。以上三章相贯，赵氏牵连言之，为知言矣。○"故曰师哉师哉桐子之命"○正义曰：周氏广业孟子章指考证云："古本旁注'桐读为僮'，音义云：'与童字同。'按二语出扬子法言学行篇，司马光集注：'桐，侗也。桐子，侗然未有所知之时、制命于师也。'

孔、韩本哉并作‘乎’。”按左传哀五年齐景公卒，五公子争立，莱人歌曰：“师乎师乎，何党之乎！”此师字作众字解，与此绝异。乎、哉虽同一语助，不可改易。

24　**乐正子从于子敖之齐。乐正子见孟子。**【注】鲁人乐正克，孟子弟子也。从于齐之右师子敖。子敖使而之鲁，乐正子随之来之齐也。孟子在齐，乐正子见之也。

孟子曰：“子亦来见我乎？”【注】孟子见其来见迟，故云亦来也。

曰：“先生何为出此言也？”【注】乐正子曰，先生何为非克而出此言。

曰：“子来几日矣？”【注】孟子问子来几日乎。【疏】“子来几日矣”○正义曰：下赵氏以昔者为数日之间。数日即几日，是孟子已知乐正子来已几日，此乃实诘之辞。**曰：“昔者。”**【注】克曰昔者来至。昔者，往也。谓数日之间也。【疏】注“昔者”至“间也”○正义曰：楚辞离骚云“昔三后之纯粹兮”，注云：“昔，往也。”公孙丑篇“昔者辞以疾”，承上“明日出吊”言，故赵氏解为昨日。此上承几日，则不止昨日，故以数日之间解之。若昨日来，今日见，尚不得为迟之又久也。

曰：“昔者，则我出此言也，不亦宜乎！”【注】孟子曰，昔者来至，而今乃来，我出此言，亦其宜也。孟子重爱乐正子，欲亟见之，思深望重也。

曰：“舍馆未定。”【注】克曰，所止舍馆未定，故不即来。馆，客舍。【疏】注“馆客舍”○正义曰：周礼委人“凡军旅之宾客馆焉”，注云：“馆，舍也。”乐正子虽从子敖之便而来，既至齐，遂不相依，而自投客舍，此语亦有意也。

曰：“子闻之也，舍馆定然后求见长者乎？”【注】孟子曰，子闻见长者之礼，当须舍馆定乃见之乎。

曰:“克有罪。”【注】乐正子谢过服罪也。

章指言:尊师重道,敬贤事长,人之大纲。乐正子好善,故孟子讥之,责贤者备也。【疏】“责贤者备也”○正义曰:论语微子篇云“无求备于一人”,求,犹责也。淮南子氾论训云:“君子不责备于一人。”汉书王嘉传上疏哀帝云:“惟陛下留神于择贤,记善忘过,容忍臣子,勿责以备。”新唐书太宗纪赞云:“春秋之法,常责备于贤者。”毛氏奇龄圣门释非录云:“王草堂曰:‘乐正子不绝驩,或驩故以礼遇之,未可遽绝,原非失身。’赵氏云‘孟子讥之,责贤者备’,此为得之。”

25 孟子谓乐正子曰:“子之从于子敖来,徒餔啜也。我不意子学古之道而以餔啜也。”【注】子敖,齐之贵人右师王驩也。学而不行其道,徒食饮而已,谓之餔啜也。乐正子本学古圣人之道,而今随从贵人,无所匡正,故言不意子但餔啜也。【疏】注“学而”至“啜也”○正义曰:赵氏以食饮解餔啜,于章指又以沉浮释之,则餔啜二字乃假借之辞,非实指饮食也。楚辞渔父云:“举世皆浊,何不淈其泥而扬其波;众人皆醉,何不餔其糟而啜其醨。”王逸注“淈泥”云“同其风也”,注“扬波”云“与沉浮也”,注“餔糟”云“从其俗也”,注“啜醨”云“食其禄也”,然则餔啜即与世推移、同流从俗之意。向来说此章者,率谓驩本幸佞,乐正子必不从之以求爵位,欲见其师而资斧未充,因乘子敖之便,未免依附。又谓观餔啜二字,当时必有优渥可凭藉者。顾乐正子,孟门之贤者也,自鲁之齐,亦非甚远,何至以车马资粮之乏而从子敖?且子敖虽便,岂能无端而从之?既可相从,必为相识,即偶从一相识贵人之便,为之师者,遂直揭其丑,以为饮食之人,何至于此?盖乐正子从于子敖之齐,非偶然从其便也。是时孟子仕齐,出吊于滕,驩且尝为辅行,驩之在鲁,必谬托为孟子之交,此乐正子所以识之也。以孟子道行于齐,驩又招之以礼,故从子敖之齐,此实录也。不知是时孟子虽仕齐,而道实不行,仕不受禄,久非其志。在孟子方将致臣而去,则乐正何为贸贸而来,故以餔啜言之。谓此来但为沉浮随俗，不能行道匡正，非谓偶从子敖，遂为饮食之人之可贱恶也。赵氏得之。赵氏佑温故录云：“或疑不过附便偕行，因以得见长者，则亦可谓之因，不可谓之从。然既为长者来，即当直造师门，何劳别定舍馆，知其说有不然也。凡言从者，皆彼为政而我从之。子敖有纳交孟子之心，或欲假诸徒以致其师，必将有术以动乐正，乐正子与子敖，或故或新，其来见必有欲白之辞。孟子则一见斥之，又明揭其从子敖。”

章指言：学优则仕，仕以行道；否则隐逸，兔罝穷处。餔啜沉浮，君子不与，是以孟子咨嗟乐正子也。

【疏】“兔罝穷处”○正义曰：周氏广业孟子章指考证云：“兔罝，古本、宋本、足利、孔本、韩本并作‘兔置’，今从小字宋本。按诗周南‘肃肃兔罝’，郑笺云‘兔罝之人，贤者也’。墨子曰：‘文王举闳夭、泰颠于罝网之中，授之政。’正与诗意合。文选桓温荐谯元彦表‘兔罝绝响于中林’，五臣注刘良曰：‘兔罝，网也。诗曰肃肃兔罝，喻殷纣之贤人，退于山林，网禽兽而食之。’赵氏引此，以见不当徒餔啜之意。”按赵氏谓仕所以行道，道不能行，则当隐处，不可沉浮随俗，与世推移，是不以餔啜为口腹也。

26 孟子曰：“不孝有三，无后为大。【注】于礼有不孝者三事，谓阿意曲从，陷亲不义，一不孝也；家贫亲老，不为禄仕，二不孝也；不娶无子，绝先祖祀，三不孝也。三者之中，无后为大。**舜不告而娶，为无后也，君子以为犹告也。”**【注】舜惧无后，故不告而娶，君子知舜告焉不得而娶。娶而告父母，礼也。舜不以告，权也。故曰犹告，与告同也。【疏】注“舜不以告权也”○正义曰：孟子之书，全是发明周易变通之义。道不行而徒沉浮餔啜，不可变通者也。为无后不告而娶，可变通者也。赵氏以权明之是也。告则不得娶，至于无后，故不告与告同。谓告，礼也，道也。不告与告同，则亦礼也，道也。告而得娶而不告，与告而不得娶而必告，皆非礼非道；于此量度之，则权之即礼即道明矣。

章指言：量其轻重，无后不可，是以大舜受尧二女。夫三不孝，蔽者所阍；至于大圣，卓然匪疑，所以垂法也。

27 孟子曰："仁之实，事亲是也。义之实，从兄是也。智之实，知斯二者弗去是也。【注】事皆有实。事亲从兄，仁义之实也。知仁义所用而不去之，则智之实也。【疏】注"事皆"至"实也"〇正义曰：仁义之名至美，慕其名者，高谈深论，非其实也。孟子指其为事亲从兄，然则于此二者有未尽，虽日驰骛于仁义之名，皆虚妄矣。不知仁义之实在此二者，非智之实也。知仁义之用在斯二者而不能力行，则所知仍虚而不实矣。礼之实，节文斯二者是也。乐之实，乐斯二者。【注】礼乐之实，节文事亲从兄，使不失其节，而文其礼敬之容，而中心乐之也。【疏】注"礼乐"至"乐之也"〇正义曰：太过则失其节，故节之。太质则无礼敬之容，故文之。礼之为节文，乐之为乐，不待言者也。然节文在斯二者，乐在斯二者，乃为礼乐之实。凡实字皆指事亲从兄，仁义智礼乐之名，皆为斯二者而设。乐则生矣，生则恶可已也。恶可已，则不知足之蹈之，手之舞之。"【注】乐此事亲从兄，出于中心，则乐生其中矣。乐生之至，安可已也。岂能自觉足蹈节、手舞曲哉？【疏】注"乐此"至"曲哉"〇正义曰：礼记乐记云："故歌之为言也，长言之也。说之故言之；言之不足，故长言之；长言之不足，故嗟叹之；嗟叹之不足，故不知手之舞之，足之蹈之。"注云："不知手之舞之，足之蹈之，欢之至也。"诗序亦云："情动心中而形于言，言之不足，故嗟叹之；嗟叹之不足，故永歌之；永歌之不足，不知手之舞之，足之蹈之也。"然则不知手之舞之足之蹈之，乐之事也。而必由事亲从兄二者而生，乃为实。不从事亲从兄二者而生，虽不知手之舞之足之蹈之，仍非其实也。全氏祖望经史问答云："古来圣人，言语中极言孝弟之量者，始于孔子。其论大舜，推原其大德受命之由，本于大孝。其论武周，推极于郊社禘尝之礼乐，以为达孝。曾子申之以上老老民兴孝，上长长民兴弟，为平天下之大道。有子申之以孝弟，则犯乱不作，为仁之本。其言之广狭，各有所当，而义则一。而最发明之者为孟子，曰'人人亲其亲，长其长，而天下平'，曰'达之天下'，曰'尧舜之道，孝弟而已'，而尤畅其说于是章，综罗五德，至于制礼作乐之实，不外乎此。河间献王采乐记，亦引孔子之言，以为'宗祀明堂，所以教孝；享三老五更于太学，冕而总干，执酱执爵，所以教弟'，皆是章之疏证也。如此解节文，解手舞足蹈，方有实地。蔡文成以为舞蹈只是手足轻健之意，则是不过布衣野人之孝弟耳，孟子意中却不然。虽有其德，苟无其位，则一身一家之中，手舞足蹈之乐亦自在，而究未可以言礼乐之全量也。"又云："孝弟之量，原未易造其极，故古今以来，所称孝弟，不过至知而弗去一层，其于礼乐二层皆未到；便到得知而弗去一层，已是大难。假如尹伯奇履霜之操，尹伯封彼黍之诗，天然兄弟，兄则事亲，弟则从兄，皆是贤者。然吉甫非竟顽父也，不能化而顺之。其余如申生、急子、寿子、司马牛、匡章，皆值父兄之变，甚者以身为殉。不然者，弃家蕉萃，以终其身，其志节可哀，而使圣人处之，其节文之处，自有中道，诸君恐尚多未尽善处。是其于礼之实，尚待拟议，况乐乎？彼其繁冤悲怨，足以感动天地，然不足以语乐而生，生而至于舞蹈也，是非大舜不能也。故孟子下章，即及舜之事亲而天下化，盖以类及之也。其安常履顺而极其盛，则武周矣。周公于管、蔡之难，非不值其变也，然其成文武之德者大，破斧缺斨之恫，不足以玷其麟趾驺虞之仁也。是则礼乐之极隆者也。然则无位者之孝弟，至于曾、闵，尚未足尽礼乐之实耶？曾子以皙为之父，处其常；闵子乃处其变。然闵子竟能化其父母，便是足蹈手舞地位；曾子之养志，便是恶可已。"

章指言：仁义之本，在于孝弟；孝弟之至，通于神明；况于歌舞，不能自知，盖有诸中形诸外也。【疏】"仁义"至"外也"〇正义曰：论语学而篇云："孝弟也者，其为仁之本与。""孝弟之至，通于神明"，见孝经感应章第十六。歌舞即谓足蹈手舞也。言歌者，以乐记"蹈舞为歌"言也。仁义智礼乐必本孝弟乃实，孝弟必依仁义智礼乐，乃至本末兼该，内外一贯。说仁义而不本孝弟，说孝弟而不极于礼乐，皆失之也。

28　孟子曰："天下大悦而将归己，视天下悦而归己犹草芥也，惟舜为然。【注】舜不以天下将归己为乐，号泣于天。不得乎亲，不可以为人。不顺乎亲，不可以为子。舜尽事亲之道而瞽瞍厎豫，瞽瞍厎豫而天下化，瞽瞍厎豫而天下之为父子者定，此之谓大孝。"【注】舜以不顺亲意为非人子。厎，致也。豫，乐也。瞽瞍，顽父也。尽其孝道，而顽父致乐，使天下化之，为父子之道者定也。【疏】注"舜以不顺亲意为非人子"○正义曰：赵氏以不顺乎亲所以不得乎亲，故不顺亲意兼括"不得""不顺"两语。而并"不可以为人""不可以为子"两语为为非人子。毛氏奇龄四书賸言补云："不得乎亲，是不相能，如虐子教子类。顺则悦之矣，即下文'厎豫'，所谓'厎致豫悦'是也。悦亲之由，全在舜能尽其道，与中庸'顺乎亲有道'正同。"○注"厎致"至"定也"○正义曰："厎，致也"，尔雅释言文。"豫，乐也"，尔雅释诂文。致乐者，由不乐而至于乐也。以父之顽如瞽瞍，而舜尽事亲之道，卒能至于豫乐，则是天下无难事之亲。凡其亲不能致乐者，皆人子于事亲之道未尽也。夫以瞽瞍之顽而致乐，则天下之事亲者，皆由是而化，亦由是而定。定者，人子不得疑于父母之难事而不尽其道也。阎氏若璩释地又续云："余尝以五帝纪'舜之践帝位，载天子旗往朝父[一]瞽瞍，夔夔惟谨如子道'。此方是'瞽瞍亦允若''瞽瞍厎豫'时候。较舜之身为庶人，仅云不格奸者，殊有浅深次第之不同。只观帝使其子九男二女节有'为不顺于父母'语，天下大悦而将归己节有'不得乎亲'语，此皆试舜于畎亩之中事也。况前此虽云'克谐以孝'，舜犹不告而娶，以为告则不得娶，是子不能得之于父也。尧亦知告焉则不得娶，是君并不能得于臣也。其顽至此，则既娶之后，犹复欲杀之而分其室，万章断非传闻，史迁断非无据可知。而诸儒或疑之，或傅会之，概未尝设身乎处地与为按文切理者也。大抵亲但不至于奸恶，其格浅；亲能谕之于道，其格深。以舜之圣，年逾六十，始臻斯境，岂易言哉！"按尚书尧典云："克谐以孝，烝烝乂，不格奸。"江氏声集注音疏述其师惠

〔一〕"父"字原脱，据四书释地又续补。

松厓先生云："杨孟文石门颂曰'烝烝艾'，是本诸尚书，则古尚书作'艾'也。艾，养。格，至也。言舜能和于弟，孝于亲，厚以奉养，使不致于奸恶。伪孔本艾作'乂'，训为治，正义云：'上历言三恶，此美舜能养之。'盖孔颖达必见汉注有训艾为养者，故为此言，由此知艾当训养。"此说是也。克谐以孝，则舜之和其兄弟，以怡父母，于此句见之。然徒以和孝之虚情，焉能变化其顽嚚之本质，故必厚以养之。奸，私也。瞽瞍盖亦市井之人，营营于耳目口体之欲，故违于德义耳。既厚以养之，则已得满所欲，岂尚与人争利而无赖乎？所以不至于私。圣人变通神化之用，必从实处行之可知。舜之耕稼陶渔，而号泣如穷人者，均坐此耳。迨至践帝位以天下养，而又能夔夔齐栗，既养其身，又悦其心，所以致乐也。今之孝者，能养而不能敬，固不可以为大孝；舍厚养而但空言克谐，亦未必其即谐也。菽水承欢，可以事贤父，未可以例瞽瞍，况以曾子养志于曾皙，且须酒肉，则所以事亲之道，可于是参之矣。

章指言：以天下之富贵，为不若得意于亲，故能怀协顽嚚，底豫而欣，天下化之，父子加亲，故称盛德者必百世祀，无与比崇也。【疏】"故称"至"崇也"○正义曰：昭公八年左传史赵云："自幕至于瞽瞍无违命，舜重之以明德，寘德于遂，遂世守之。及胡公不淫，故周赐之姓，使祀虞帝。臣闻盛德必百世祀，虞之世数未也。继守将在齐，其兆既存矣。"史记陈杞世家赞云："舜之德，可谓至矣！禅位于夏，而后世血食者，历三代。及楚灭陈，而田常得政于齐，卒为建国，百世不绝，苗裔兹兹，有土者不乏焉。"

孟子正义卷十六

孟子卷第八

离娄章句下凡三十三章。

1　**孟子曰："舜生于诸冯，迁于负夏，卒于鸣条，东夷之人也。**【注】生，始。卒，终。记终始也。诸冯、负夏、鸣条，皆地名，负海也。在东方夷服之地，故曰东夷之人也。【疏】注"生始"至"始也"○正义曰：荀子礼论篇云："生，人之始也。死，人之终也。"尔雅释诂云："卒，终也。"礼记曲礼云："大夫曰卒。"孔氏正义云："大夫是有德之位，仕能至此，亦是毕了平生，故曰卒也。"檀弓云："君子曰终，小人曰死。"注云："事卒为终，消尽为澌。"孔氏正义云："言但身终，功名尚在。"舜、文王为天子诸侯，不当称卒，其称卒，为"君子曰终"之义，故以始终言之也。○注"诸冯负夏"至"人也"○正义曰：诸冯，不可考。史记五帝本纪云："舜，冀州之人也。舜耕历山，渔雷泽，作什器于寿丘，就时于负夏。"集解引郑康成云："负夏，卫地。"索隐云："就时犹逐时，若言乘时射利也。尚书大传云：'贩于顿丘，就时负夏。'孟子曰：'迁于负夏。'是也。"翟氏灏考异云："司马迁、伏生之意，似读孟子迁字如益稷篇懋迁之迁。书序云：'伊尹相汤伐桀，升自陑，遂与桀战于鸣条之野，作汤誓。夏师败绩，汤遂从之，遂伐三朡，俘厥宝玉，谊伯、仲伯作典宝。'后汉书郡国志'济阴郡定陶县有三鬷亭'，三鬷即三朡，由鸣条遂伐三朡，则鸣条当亦不远，其所在则未详也。郑康成以为'南夷地名'，盖檀弓谓'舜葬于苍梧之野'，而孟子言'卒于鸣条'。又吕氏春秋简选篇：'言殷汤登自鸣条，乃入巢门。'淮南子主术训：'汤困桀鸣条，擒之焦门。'修务训：'汤整兵鸣条，困夏南巢，谯以其过，放之历山。'南巢即焦门，在今江南巢县，均与鸣条皆贯，故郑意鸣条之在南也。"赵氏佑温故录云："赵注不详地所在之实而言名，又言'负海'，岂以为经'负'字释乎？必无之理也。负海也者，明其地之负海也。夷考负夏，卫地，见檀弓注。鸣条，见书序。史记则曰：'舜，冀州之人也。'古冀州，直北位，非东，亦未尝近海。惟青、徐、扬三州，禹贡并言海，而徐、扬之海在东南，惟青居大东，海在其北，故郡称北海。海在北，如负之者然。赵氏盖略闻诸冯之地之负海，而未得其实，故浑而言之。今青州府有诸城县，大海环其东北，说者以为即春秋书'城诸'者，其地有所谓冯山、冯村，盖相传自古，窃疑近是。凡言人地，以所生为断，迁卒皆在后，孟子亦据舜生而言东也。由此以推，则知历山、雷泽、河滨，与夫负夏、寿丘、顿丘之皆东土，班班可考。若河东之虞，盖本舜祖虞幕之封，故书称虞舜，史言冀州，犹后人称祖籍，标郡望耳。然自汉以来，皆专主河东，于是诸冯湮，注意隐矣。"按孔本作"负负海也"，上"负"字衍。**文王生于岐周，卒于毕郢，西夷之人也。**【注】岐周、毕郢，地名也。岐山下周之旧邑，近畎夷。畎夷在西，故曰西夷之人也。书曰："太子发上祭于毕，下至于盟津。"毕，文王墓，近于酆、镐也。【疏】注"岐周"至"镐也"○正义曰：汉书地理志："右扶风美阳，禹贡岐山在西北。中水乡，周大王所邑。"又云："大王徙郊，文王作酆。"颜师古注云："郊，今岐山县是。酆，今长安西北界灵台乡丰水上是。"文王生时，尚未徙丰，岐在丰西，而近于畎夷。阎氏若璩释地续云："畎夷，即文王之所事者。采薇序：'文王时，西有昆夷之患。'是也。引书，在太誓篇，云：'惟四月，太子发上祭于毕，下至于孟津之上。'此即后出之太誓，合今文二十八篇为二十九篇者也。赵氏时此篇尚存，故直引为书曰云云。今见于毛诗周颂思文正义所引伪孔传所传之太誓三篇，无此文也。"孔氏广森经学卮言云："郢与程通，周书史记解曰：'昔有毕程氏，损禄增爵，群臣貌匮，此而戾民，毕程氏以亡。'毕程本商时国，为周所灭，文王遂居之。大匡解曰：'惟周王宅程三年，遭天之大荒。'是也。土地名字，后人多改从阝旁，其实仍当读程，以别于郢楚之郢。文王既伐于崇，作邑于丰，然其卒也，还葬毕程，故成王葬周公于毕，以为从文王墓。孟子不言卒于丰，而言卒于毕郢，就据其葬地言之耳。"刘氏台拱经传小记释毕郢云:"自来注孟子者,不详郢地所在。汉书地理志右扶风安陵,阚骃以为本周之程邑。括地志云:'安陵故城在雍州咸阳县东二十一里,周之程邑也。'此邑中之地为程也。其西有毕陌,一名毕原,皇甫谧所谓'安陵西毕陌'。元和郡县志云:'毕原,即咸阳县所理也。原南北数十里,东西二三百里,亦谓之毕陌。'此邑外之地为毕也。毕者,程地之大名;程者,毕中之小号也。杜佑云'王季都毕',通国内言之。春秋昭九年传周景王之言曰:'我自夏以后稷,魏、骀、芮、岐、毕,吾西土也。'注言'在夏世以后稷功,受此五国为西土之长'。是则岐也毕也,皆古之建国也。周者,大王所邑,而岐之小别也,故系岐而言之曰岐周。程者,王季所邑,而毕之小别也,故系毕而言之曰毕程。吕览具备篇云:'武王尝穷于毕程矣。'毕程即毕郢。周书史记解云'昔有毕程氏',则毕郢之名之所起远矣。又按毕地有二,其一文王墓地也。太史公曰'毕在镐东南杜中',皇览云'周文王、武王、周公冢在京兆长安县镐聚东杜中',而括地志以为'在雍州万年县西南二十八里毕原上',则唐亦谓之毕原。是故有咸阳县之毕原,所谓'文王卒于毕郢'也。有万年县之毕原,所谓'文王葬于毕'也。一在渭北,一在渭南,异所同名,往往相乱。杜佑言'毕,初王季都之,后毕公封焉'。此言在渭北者当矣。而以为文王所葬则失之。帝王世纪云:'文武葬于毕,毕在杜南。'晋书地道记亦云:'毕在杜南。'与毕陌别,此则文武所葬不在毕陌明矣。是以裴骃辨之云:'皇览曰:秦武王冢在扶风安陵县西北毕陌中大冢是也。人以为周文王冢,非也。周文王冢在杜中。'张守节亦云:'括地志云:秦惠文王陵在雍州咸阳县西北一十四里,秦悼武王陵在雍州咸阳县西十里,俗名周武王陵非也。'群书剖析,具有明文。惟颜师古注汉书刘向传'文王、周公葬于毕',用毕陌为释,而杜亦云然。自兹以降,莫不谬指秦陵,诬称周墓,传之方志,载之祀典,误所从来,非一世矣。赵岐注言'毕,文王墓,近于酆、镐之地',此言在渭南者当矣。而以训毕郢则失之。文王始亦宅程,周书称'文王在程,作程寤、程典'。其后作邑于酆,而先君宗庙,故居宫室,犹于是乎存,因是往来旧都而末年仍卒乎此。以情事推之,昭然可见。卒于毕郢,不言为葬,而赵以墓地当之,毕地既误,何郢之可言? 阙而不究,其不以此乎?"陆贾新语术事篇云:"文王生于东夷,大禹出于西羌,世殊而地绝,法合而度同。"此本孟子。而以文王生东夷者,对西羌言之，则岐周之地为东也。盐铁论国病篇贤良曰："禹出西羌，文王生北夷。"**地之相去也千有余里，世之相后也千有余岁，得志行乎中国，若合符节，先圣后圣，其揆一也。"**【注】土地相去千有余里，千里以外也。舜至文王，千二百岁。得志行政于中国，盖谓王也。如合符节，节，玉节也。周礼有六节。揆，度也。言圣人之度量同也。【疏】注"土地相"至"外也"○正义曰：礼记王制云："自东河至于东海，千里而遥；自东河至于西河，千里而近；自西河至于流沙，千里而遥。"文王所生之岐周，在西河之西，而未至流沙；舜所生之诸冯，在东河之东，而未至东海。约在二千里之内，一千里之外，故云千有余里也。舜生于帝尧四十年内外，寿百有十岁，历夏十七帝，并浞之四十三年，共四百四十二年。文王生于商祖甲时，约五百二三十年。自舜之生，至文王之生，约计一千一百年之内。赵氏言舜至文王千二百岁者，盖自舜生之年数，至文王之卒，当商纣时也。周礼地官掌节："掌守邦节而辨其用，以辅王命。守邦国者用玉节，守都鄙者用角节。凡邦国之使节，山国用虎节，土国用人节，泽国用龙节，皆金也，以英荡辅之。门关用符节，货贿用玺节，道路用旌节。"秋官小行人："达天下之六节：山国用虎节，土国用人节，泽国用龙节，皆以金为之。道路用旌节，门关用符节，都鄙用管节，皆以竹为之。"然则符节乃六节中之一，而玉节亦掌节八节中之一。乃孟子言符节，而赵氏以玉节释节字，又引周礼之六节，何也？说文节部云："节，瑞信也。守邦国者用玉节，守都鄙者用角节，使山邦者用虎节，土邦者用人节，泽邦者用龙节，门关者用符节，货贿用玺节，道路用旌节。"竹部云："符，信也。汉制以竹长六寸，分而相合。"盖符与节为瑞信之通名。说文玉部云："瑞，以玉为信也。"春官典瑞："掌玉瑞玉器之藏。"郑注序官云："瑞，节瑞也。典瑞，若今符玺郎。"又注其职云："瑞，符信也。"节为瑞信之名，则是玉节乃节之本，故掌守邦节。郑氏注云："邦节者，珍圭、牙璋、穀圭、琬圭、琰圭也。"此皆玉也，而八节亦首以玉，而角金竹附之，故赵氏直以节为玉节。又以节之名通于角金竹所为，故申之云周礼有六节也。玩说文，则节为玉节之名，符为竹节之名，郑氏注掌节云："以金为节，铸象焉，今汉有铜虎符。符节者，如今宫中诸官诏符也。"注小行人云："管节，如今之竹使符也。"然则汉时金竹皆名为符。天官小宰："以官府之八成经邦治，四曰听称责以傅别。”注云：“故书作‘傅辨’，郑大夫读为符别。”则符之名不必专于门关之所用。周氏柄中辨正云：“史记言黄帝合符釜山，盖符与节皆信也。故或言节，或言符，或并言符节，实一而已。孟子所言，岂专指八节中之符节哉？荀子儒效篇云：‘张法而度之，则晻然若合符，是大儒者也。’注云：‘如合符节，言不差错也。晻与暗同，符节相合之物也。周礼门关用符节，盖以全竹为之，剖之为两，各执其一，合之以为验也。’杨氏以符节为门关所用，与赵氏义异。乃荀子谓‘张法而度之’，即孟子所谓揆矣。揆者，通变神化之用也。”陈组绶燃犀解云：“符节，言其验也。揆，言其度也。盖指圣人之所以度量天下者言。事有古今，量度主焉。按图索骏，胶柱鼓瑟，安有是处？夫孰知不一者为之一，而至合者在至不合乎？不曰得位，而曰得志，位者所以抒其志也。”

章指言：圣人殊世而合其道，地虽不比，由通一轨，故可以为百王法也。

2 **子产听郑国之政，以其乘舆济人于溱、洧。**【注】子产，郑卿。为政，听讼也。溱、洧，水名。见人有冬涉者，仁心不忍，以其乘车度之也。【疏】注“子产”至“度之也”○正义曰：子产，子国之子公孙侨也。陈氏厚耀春秋世族谱云：“襄公八年，代子皮为政，昭公二十年卒。郑卿多无谥。晋语‘郑简公使公孙成子来聘’，韦注云：‘成子，子产之谥也。其子思，思亦谥桓。’岂以贤者之故邪？”淮南子氾论训云“听天下之政”，高诱注云：“政，治也。”周礼地官乡师“各掌其所治乡之教而听其治”，注云：“听，谓平察之。”尚书大传云“诸侯不同听”，郑氏注云：“听，议狱也。”赵氏以听为平察，故以政指讼狱也。阎氏若璩释地云：“溱、洧，二水名。说文引诗‘溱与洧’作‘潧’，曰：‘潧水出郑国，洧水出颍川阳城山东南入颍。’史记注引括地志以为‘古新郑城南，洧与溱合’，水经亦云。余读郦道元注，于溱水相邻者，若丹水、汝水、颍水、濮水、渠水、沙水，皆不载有桥梁，独洧水一则曰：‘又东径阴坂北，水有梁焉。’再则曰：‘又屈而南流，其水上有梁，谓之桐门桥。’则洧水之宜置有梁，孟子言殊非无因。窃以诸葛武侯相蜀，好治官府次舍桥梁道路，所至井灶藩溷，皆应绳墨。子产治郑，何独不然，此亦不过偶于桥有未修，以车济人，而孟遂即其事以深论之。"礼记仲尼燕居云："子产，犹众人之母也。能食之，不能教也。"注云："子产尝以其乘车济冬涉者，而车梁不成，是慈仁亦违礼。"家语正论解："子游问于孔子曰：'夫子之极言子产之惠也，可得闻乎？'孔子曰：'谓在爱民而已矣。'子游曰：'爱民谓之德教，何翅惠哉？'孔子曰：'夫子产者，犹众人之母也，能食之，而不能教也。'子游曰：'其事可言乎？'孔子曰：'子产以所乘之车济冬涉，是爱而无教也。'"车即舆，郑氏言乘车，此同之。乘车是所乘之车。音义音剩，则读为千乘万乘之乘，非也。尔雅释言云："济，渡也。"度与渡同。说苑政理篇云："景差相郑，郑人有冬涉水者，出而胫寒，后景差过之，下陪乘而载之，覆以上衽。"此所记与孟子异。**孟子曰："惠而不知为政。岁十一月徒杠成，十二月舆梁成，民未病涉也。【注】**以为子产有惠民之心，而不知为政。当以时修桥梁，民何由病苦涉水乎。周十一月，夏九月，可以成步度之功。周十二月，夏十月，可以成舆梁也。**【疏】**"惠而不知为政"○正义曰：此申明有仁心而民不被泽之义。○注"周十"至"梁也"○正义曰：国语周语单子云："夫辰角见而雨毕，天根见而水涸，故先王之教曰：'雨毕而除道，水涸而成梁。'故夏令曰：'九月除道，十月成梁。'"注云："天根，氐、亢之间也。涸，竭也。谓寒露雨毕之后五日，天根朝见，水潦尽竭也。月令：'仲秋，水始涸。'天根见，乃尽竭。九月雨毕，十月水涸。夏令，夏后氏之令，周所因也。除道所以便行旅，成梁所以便民使不涉也。"礼记月令注引王居明堂礼云："季秋除道致梁，以利农也。"孔氏正义曰："农既收则当运辇，故法地治道，水上为梁，便利民之转运。"准此，则季秋致梁即十一月徒杠成，十月成梁即十二月舆梁成。翟氏灏考异云："尔雅释宫注引孟子'岁十月徒杠成'，疏曰：'孟子十一月，此作十月，脱误。或所见本异。'今注疏本赵注云：'周十月，夏九月，可以成步度之功。周十一月，夏十月，可以成舆梁也。'与尔雅注所引却合。然周正建子，夏正建寅，人人之所熟悉，安可以如是言之？旧本赵氏注，上自为周十一月，下自为周十二月，此旧书所以可贵。"阮氏元校勘记云："'周十月夏九月'，闽、监、毛三本同。廖本、孔本、韩本作'周十一月'，推求文义，赵注本作'周十月夏八月'、'周十一月夏九月'，而经文本作'岁十月徒杠成,十一月舆梁成',后人乱之。而闽、监、毛本尚存旧迹,廖、孔、韩本则似是而实非也。周礼之例,凡夏正皆曰岁,凡曰岁终,曰正岁,曰岁十有二月,皆谓夏时也。凡言正月之吉,不曰岁,谓周正也。说详戴震文集。孟子言'岁十月,十一月',谓夏正。两言'七八月之间',则谓周正。正与周礼同例。赵注未解其例,今本则经注又皆舛误矣。夏令曰'十月成梁',孟子与国语合。"按赵氏注明作"夏九月"、"夏十月",则其时之本自是"十一月徒杠成,十二月舆梁成",仲尼燕居正义引孟子亦作"岁十一月徒杠成,十二月舆梁成",则据闽、监、毛三本之"十月十一月",而改赵氏为"夏八月"、"夏九月",恐亦无确证。备录如右,识者参之。段氏玉裁说文解字注云:"榷,水上横木,所以渡者。桥,水梁也。梁,水桥也。释宫云:'石杠谓之徛。'孟子'岁十月徒杠成',赵岐释为'步渡',郭释云'步渡彴',然则石杠者,谓两头聚石,以木横架之,可行,非石桥也。凡直者曰杠,横者亦曰杠。杠与榷双声,孝武纪曰'榷酒酤',韦昭曰:'以木渡水曰榷,谓禁民酤酿,独官开置,如道路设木为榷,独取利也。'水梁者,水中之梁也。梁者,宫室所以关举南北者也。然其字本从水,则桥梁其本义,而栋梁其假借也。凡独木者[一]曰杠,骈木者曰桥,大而为陂陀者曰桥。梁之字,用木跨水,则今之桥也。孟子'舆梁成',夏令'十月成梁',大雅'造舟为梁',皆今之桥制。见于经传者,言梁不言桥也。若尔雅'堤谓之梁',毛传'石绝水曰梁',谓所以偃塞取鱼者,亦取亘于水中之义。谓之梁,凡毛诗自'造舟为梁'外,多言鱼梁。"**君子平其政,行辟人可也,焉得人人而济之?故为政者,每人而悦之,日亦不足矣。"**

【注】君子为国家平治政事刑法,使无违失。其道辟除人,使卑辟尊可为也,安得人人济渡于水乎。每人而辄欲自加恩以悦其意,则日力不足以足之也。

【疏】注"君子"至"足之也"○正义曰:淮南子时则训"平词讼",高诱注云:"平,治也。"礼记王制云"齐其政",注云:"政谓刑禁。"论语为政篇云"道之以政",集解引孔曰:"政,法教也。"赵氏解平其政为治政事刑法,以政即刑禁法教也。桥梁不修,民苦冬涉,则政有违失矣。其道辟除人者,道字释行字。说

〔一〕"者"字原脱,据说文段注补。

文辵部云："道，所行道也。"郑氏注礼记射义、仪礼丧服传皆云："道，犹行也。"是也。音义出"辟人"，云："丁、张并音闢，亦如字，注'辟除'同。"又出"卑辟"，云："音避。"周礼秋官条狼氏"掌鞭以趋辟，王出入则八人夹道"，注云："趋辟，趋而辟行人。"秋官野庐氏"凡有节者及有爵者至，则为之辟"，注云："辟，辟行人。"小尔雅广言云："辟，除也。"是辟人即辟除人，谓屏人使避之。段氏玉裁说文解字注云："僻，辟也。辟者，法也。引申为辟人之辟，辟人而人避之亦曰辟。若周礼阍人：'凡外内命妇出入，则为之辟。'孟子：'行辟人可也。'曲礼：'若主人拜，则客还辟，辟拜。'郊特牲：'有由辟焉。'包咸论语注：'躩，盘辟皃也。'投壶：'主人盘旋曰辟，宾盘旋曰辟。'大射仪'宾辟'，注曰：'辟，逡遁不敢当盛。'他书辟人、辟邪、辟寒、辟尘之类，语意大略相似。自屏之者言，则阍人、离娄篇、郊特牲是也。自退者言，则曲礼、投壶、论语注所云是也。"辟之言边也，屏于一边也，僻之本义如是。然则辟除人与卑辟尊，字同义亦同。音义虽兼存两音，音两而义一也。俗以辟除之辟作闢，辟尊之辟作避，非古义矣。以每人而悦之为欲自加恩以悦其意者，庄子人间世"无门无毒"，释文："毒，崔本作'每'，云贪也。"汉书贾谊传服赋云"夸者死权，品庶每生"，孟康云："每，贪也。"说文贝部云："贪，欲物也。"赵氏以每为贪，以贪为欲，每人而悦，是贪于悦人，故云欲自加恩以悦其意也。赵氏佑温故录云："此节正辨子产以乘舆济人之无其事也。君子，即谓子产。子产有君子之道者也。其为政使都鄙有章，上下有服，田有封洫，庐井有伍，大夫之忠俭者从而与之，泰侈者因而毙之，盖能平其政，非务悦人明矣。济涉细事，本不足为执政轻重，而当执政经临，舆卫森严，津吏祗候，即有往来喧竞，自当静俟轩车，必无辱观听而烦左右者。大夫之乘，非小人所得假，其人既众，岂一舆所能用？此必无之理，曾子产而有之？而世徒妄传失实，是则子产不知为政也，是子产将不得为君子也。"

章指言：重民之道，平政为首；人君由天，天不家抚：是故子产渡人，孟子不取也。【疏】"人君由天"○正义曰：音义云："丁云：'由，义当作犹。犹，如也。古字通用。'"

3　孟子告齐宣王曰："君之视臣如手足，则臣视君如腹心；君之视臣如犬马，则臣视君如国人；君之视臣如土芥，则臣视君如寇雠。"【注】芥，草芥也。臣缘君恩，以为差等，其心所执若是也。【疏】注"芥草芥也"○正义曰：方言云："芥，草也。自关而西或曰草，或曰芥。"哀公元年左传逢滑曰："臣闻国之兴也，视民如伤，是其福也。其亡也，以民为土芥，是其祸也。楚虽无德，亦不艾杀其民。吴日敝于兵，暴骨如莽。"注云："芥，草也。"又云："草之生于广野，莽莽然，故曰草莽。"然则土芥谓视之如土如草，不甚爱惜也。孟子本诸逢滑。○注"臣缘"至"是也"○正义曰：赵氏以视为心相视，非形相视，故曰心之所执若是。

王曰："礼为旧君有服，何如斯可为服矣？"【注】宣王问礼旧臣为旧君服丧服。问君恩何如则可为服。【疏】注"礼旧臣为旧君服丧服"○正义曰：仪礼丧服："为旧君、君之母妻，传曰：'为旧君者，孰谓也？仕焉而已者也。何以服齐衰三月也？言与民同也。君之母妻，则小君也。'大夫在外，其妻长子为旧国君，传云：'何以服齐衰三月也？妻言与民同也。长子言未去也。'旧君，传云：'大夫为旧君，何以服齐衰三月也？大夫去君，归其宗庙，故服齐衰三月也。言与民同也。何大夫之谓乎？言其以道去君，而犹未绝也。'"然则有致仕之旧君，有去国之旧君。致仕则君恩本未绝，故不特为君服，且为君之母妻服。若已去国则不服，惟妻子仍居本国者服。虽待放于郊，尚未去国，乃为旧君服。

曰："谏行言听，膏泽下于民，有故而去，则君使人导之出疆，又先于其所往，去三年不反，然后收其田里，此之谓三有礼焉。如此则为之服矣。【注】为臣之时，谏行言从，德泽加民，若有他故，不得不行，譬如华元奔晋、随会奔秦是也。古之贤君遭此，则使人导之出竟，又先至其所到之国，言其贤良，三年不反，乃收其田莱及里居也。此三者有礼，则为之服矣。【疏】注"若有"至"秦是也"○正义曰：成公十五年左传云："秋八月，葬宋共公，于是华元为右师，荡泽为司马。荡泽弱公室，杀公子肥，华元曰：'我为右师，君臣之训，师所司也。今公室卑而不能正，吾罪大矣！不能治官，敢赖宠乎？’乃出奔晋。”文公六年左传云：“八月乙亥，晋襄公卒，灵公少，晋人以难故，欲立长君。赵孟曰：‘立公子雍。’使先蔑、士会如秦逆公子雍。”七年左传云：“穆嬴日抱太子以啼于朝，出朝则抱以适赵氏，宣子与诸大夫皆患穆嬴，且畏偪，乃背先蔑而立灵公，以御秦师。戊子，败秦师于令狐，至于刳首。己丑，先蔑奔秦，士会从之。”十三年左传云：“赵宣子曰：‘随会在秦，贾季在狄，难日至矣，若之何？’郤成子曰：‘贾季乱，且罪大，不如随会能贱而有耻，柔而不犯，其知足使也，且无罪。’”此华元奔晋、随会奔秦之事也。〇注“古之”至“服矣”〇正义曰：昭公元年穀梁传云：“疆之为言犹竟也。”竟与境通，是出疆即出境也。广雅释诂云：“往，至也。”尔雅释诂云：“到，至也。”是往即到也。史记郦生列传云：“沛公麾下骑士，适郦生里中子也。郦生谓之曰：‘吾闻沛公慢而易人，多大略，此真吾所愿从游，莫为我先，若见沛公，谓曰：臣里中有郦生，年六十余，长八尺，人皆谓之狂生，生自谓我非狂生。’”“臣里中”云云，即为之先也。庄子秋水篇云：“庄子钓于濮水，楚王使大夫二人往先焉，曰：‘愿以竟内累矣。’”释文云：“先焉，先谓宣其言也。”此“又先于其所往”之先，与之同，故赵氏云言其贤良。盖先则有所宣之言，如二大夫之于庄子，骑士之于郦生也。阮氏元校勘记云：“‘乃收其田里田业也里居也’，闽、监、毛三本同，廖本、韩本作‘乃收其田莱及里居也’，孔本、考文古本作‘乃收其田莱及里居也’，足利本作‘乃收其田里田莱及里居’。音义亦出‘田莱’，莱当作‘采’。大夫采地字古书多或作‘菜’，菜误为莱。作业则更误矣。”三者有礼，使人导之出疆，一也。又先于其所往，二也。去三年不反，然后收其田里，三也。**今也为臣，谏则不行，言则不听，膏泽不下于民，有故而去，则君搏执之，又极之于其所往，去之日遂收其田里，此之谓寇雠。寇雠何服之有？”**【注】搏执其族亲也。极者，恶而困之也。遇臣若寇雠，何服之有乎。【疏】注“搏执”至“有乎”〇正义曰：音义云：“搏，音博。”说文手部云：“搏，索持也。”宀部云：“索，入家搜也。”颜氏家训引通俗文云：“入室求曰搜。”入其家室，搜索而持执之，故知为搏执其族亲。族亲，指其父母妻子兄弟而言，故入其家而索之族亲，正释搏字，其义精矣。礼记月令：“孟秋之月，命有司修法制，缮囹圄，具桎梏，禁止奸，慎罪邪,务搏执。”郑氏不注。高诱注吕氏春秋云:“慎戒有奸罪者,搏执之也。”亦未详溯。按此奸邪,盖指邪说左道之类。罪此邪人,必审慎得其实,既审得其实,则必搜索其家,执而禁之。圣人于惑民致乱之奸邪,不姑息以遗患如此。孟子之“搏执”,非月令之“搏执”,亦明矣。说文穴部云:“穷,极也。”论语尧曰篇云“四海困穷”,集注引包曰:“困,极也。”极是困穷,极之于其所往,即困之于其所往也。缘其所以困之之故,则云恶而困之也。尚书洪范云“鲧则殛死”,释文云:“殛,本作‘极’。”极鲧于羽山,亦是困之于羽山,郑志答赵商云:“鲧非诛死,鲧放居东裔,至死不得反于朝。”盖置鲧于东海,永不复用,又收管之不许他往,所以困之穷之,使之终死于是,所谓极也。此“极之于其所往”,盖既不得如士会之复归,又不能若贾季之送帑,且如商任之会,禁锢栾盈,使诸侯不得受,则所以困之穷之者至矣。是时臣之心惟恐遭其荼毒,故拟之曰寇雠,非真如兴曲沃之甲,转身为乱贼也。礼记檀弓云:“穆公问于子思曰:‘为旧君反服,古与?’子思曰:‘古之君子,进人以礼,退人以礼,故有旧君反服之礼也。今之君子,进人若将加诸膝,退人若将队诸渊,毋为戎首,不亦善乎!又何反服之礼之有?’”注云:“言放逐之臣,不服旧君也。”为兵主来攻伐曰戎首。孟子此章,正申明子思之义。

章指言:君臣之道,以义为表,以恩为里;表里相应,犹若影响。旧君之服,盖有所兴,讽谕宣王,劝以仁也。

4 孟子曰:“无罪而杀士,则大夫可以去;无罪而戮民,则士可以徙。”【注】恶伤其类,视其下等,惧次及也。语曰:“鸢鹊蒙害,仁鸟曾逝。”此之谓也。【疏】注“恶伤”至“谓也”○正义曰:士大夫为类而六等,上士一位,下于大夫,士农工商为四民,是士与民为类。士居四民之首,则民下于士,故为下等也。引语者,汉书梅福传云:“成帝委任大将军王凤,凤专执擅朝,而京兆尹王章素忠直,讥刺凤,为凤所诛。福上书曰:‘夫戴鹊遭害,则仁鸟增逝;愚者蒙戮,则知士深退。’”颜师古注云:“戴,鵶也。音缘。"礼记中庸引诗"鸢飞戾天",释文云:"本又作'䳒'。"阮氏元校勘记云:"'仁鸟增逝',闽、监、毛三本同。廖本、孔本、韩本增作'曾'。作曾是。曾,高也。"

章指言:君子见几而作,故赵杀鸣犊,孔子临河而不济也。【疏】"君子"至"济也"〇正义曰:易系辞传云:"几者,动之微,吉之先见者也。君子见几而作,不俟终日。"史记孔子世家云:"孔子将西见赵简子,至于河,闻窦鸣犊、舜华死,临河而叹曰:'美哉水,洋洋乎!丘之不济此,命也夫!'子贡趋而进曰:'敢问何谓也?'孔子曰:'窦鸣犊、舜华,晋之贤大夫也。丘闻之也:刳胎杀夭,则骐驎不至郊;竭泽涸渔,则蛟龙不合阴阳;覆巢毁卵,则凤皇不翔。何则?君子讳伤其类也。'"

5　孟子曰:"君仁莫不仁,君义莫不义。"【注】君者,一国所瞻仰以为法,故必从之。【疏】"君仁"至"不义"〇正义曰:前言人臣格君心之非,明人臣当自修其身。此言人君自格其心,明人君当自修其身。

章指言:君以仁义率众,孰不顺焉,上为下效也。【疏】"上为下效也"〇正义曰:白虎通三教篇云:"教者,效也。上为之,下效之。"

6　孟子曰:"非礼之礼,非义之义,大人弗为。"【注】若礼而非礼,陈质娶妇而长,拜之也。若义而非义,藉交报仇是也。此皆大人所不为也。【疏】注"若礼"至"之也"〇正义曰:若,犹似也。似礼非礼,似义非义,皆似是而非者也。周氏广业孟子古注考云:"陈质,疑是奠贽之义。"董子繁露五行相胜篇云:"营荡为齐司寇,太公问治国之要,曰:'在仁义而已。仁者爱人,义者尊老。爱人者有子不食其力,尊老者妻长而夫拜之。'太公曰:'寡人欲以仁义治齐,今子以仁义乱齐,寡人立而诛之,以定齐国。'"此拜妻之证也。阮氏元校勘记云:"音义陈质本亦作'贾'。按孙志祖云:'长读长幼之长。长字句绝。'"按古事相传,名姓往往各异,如虞庆之为高阳魋,盍胥之为古乘。此营荡之为陈质,亦其类耳。○注"藉交报仇是也"○正义曰:周氏广业孟子古注考云:"史记货殖传云:'闾巷少年,借交报仇,篡逐幽隐,实皆为财用耳。'游侠传云:'郭解少时阴贼,以躯借交报仇。'汉书:'朱云少时,通轻侠,借交报仇。'师古注:'借,助也。音子夜切。'孙公音义:'藉,慈夜切。义与借同。'则藉交即借交也。"

章指言:礼义人之所以折中,履其正者,乃可为中,是以大人不行疑礼。【疏】"礼义人之所以折中"○正义曰:礼记仲尼燕居云:"夫礼,所以制中也。"表记云:"义者,天下之制也。"文选羽猎赋云"不制中以泉台",注引韦昭云:"制或为'折'。"

7 孟子曰:"中也养不中,才也养不才,故人乐有贤父兄也。【注】中者,履中和之气所生,谓之贤。才者,谓人之有俊才者。有此贤者,当以养育教诲不能,进之以善,故乐父兄之贤以养己也。【疏】注"中者"至"谓之贤"○正义曰:白虎通五行篇云:"中,和也。中和居六德之首。"周礼乡大夫"兴贤者能者",注云:"贤者,有德行者。"履中和之气所生,则有德行;有德行,故谓之贤。说文贝部云:"贤,多才也。"老子云"不尚贤",王弼注云:"贤,犹能也。"然则中、才皆得谓之贤,故下承言贤父兄,兼中与才而言也。赵氏以中为贤,下亦云"贤者养育教诲不能",不能即不才,则贤者亦兼指才而言矣。○注"才者是谓人之有俊才者"○正义曰:淮南子氾论训云"天下雄俊豪英",注云:"才过千人为俊。"礼记王制云:"司徒论选士之秀者而升之学曰俊士。"月令云"命太尉赞杰俊",注云:"杰俊,能者也。"天官太宰"四曰使能",注云:"能,多才艺者。"国语晋语云"夫教者,因体能质而利之者也",注云:"能,才也。"○注"有此贤者"至"己也"○正义曰:礼记文王世子云"立太傅少傅以养之",注云:"养,犹教也。言养者积浸成长之。"说文𠫓部云:"育,养子使作善也。虞书曰:'教育子。'"马融注尧典"教胄子"云:"胄,长也。教长天下之子弟。"尔雅释诂云:"育,长也。"马亦读胄为育。孟子言"得天下英才而教育之",教育即尧典之"教育",教育连文,育即是教。此"中也养不中，才也养不才”，即是中也教不中，才也教不才也。注云“乐父兄之贤以养己”，即是乐父兄之贤以教己也。故赵氏以育释养，又以教诲释养育，下言训导，训导亦教诲也。礼记内则云“献其贤者于宗子”，注云：“贤，犹善也。”以贤教不贤，是以善教不善，则不善者进之以善。贤既得兼才、能而言，则以贤教不贤，亦是以能教不能，则不能者亦进之以能。上云“有此贤者”，下云“教诲不能，进之以善”，互发明之也。**如中也弃不中，才也弃不才，则贤不肖之相去，其间不能以寸。”**【注】如使贤者弃愚，不养其所当养，则贤亦近愚矣。如此，贤不肖相觉，何能分寸，明不可不相训导也。【疏】注“不养”至“愚矣”○正义曰：诸本作“不养其所以当养”，廖本无“以”字是也。子弟之不中不才，父兄所当教也。弃而不教，是未知当教也。以子弟为父兄所当教，而且不知，是亦近于愚矣。○注“如此贤”至“分寸”○正义曰：阮氏元校勘记云：“孔本觉作‘较’，非。按音义出‘相觉’，丁云：‘义当作校。’盖觉即校之假借字，古书往往用觉字。”卢氏文弨钟山札记云：“觉有与校音义并同者，诗定之方中正义引郑志云‘今就校人职相觉甚异’，赵岐注孟子中也养不中章‘如此，贤不肖相觉，何能分寸’，又富岁子弟多赖章‘圣人亦人也，其相觉者以心知耳’，续汉书律历志中‘至元和二年，太初失天愈远，日月宿度相觉浸多’，晋书傅玄传‘古以步百为亩，今以二百四十步为亩，所觉过倍’，宋书天文志‘斗二十一，井二十五，南北相觉四十八度’，凡此皆以觉为校也。后人有不得其义而致疑者，更或辄改他字，故为详证之。”说苑辨物篇云：“十分为一寸。”赵氏连言分寸，明此寸谓十分之寸也。

章指言：父兄已贤，子弟既顽，教而不改，乃归自然。

8　**孟子曰：“人有不为也，而后可以有为。”**【注】人不为苟得，乃能有让千乘之志。【疏】“人有”至“有为”○正义曰：有不为，是介然自守，行己有耻。赵氏以不为苟得解之是也。义可为乃为之，义所不可为则不为。人能知择，故有不为者，有为者。让千乘，仍是不为苟得，赵氏以让千乘为有为，故云义乃可申。荀子不苟篇云："君子行不贵苟难，说不贵苟察，名不贵苟传，唯其当之为贵。负石而赴河，是行之难为者也，而申徒狄能之。然而君子不贵者，非礼义之中也。山渊平，天地比，入乎耳，出乎口，钩有须，卵有毛，是说之难持者也，而惠施、邓析能之。然而君子不贵者，非礼义之中也。盗跖吟口，名声若日月，与舜禹俱传而不息。然而君子不贵者，非礼义之中也。"赵氏以不为为不为非义，盖本于此。

章指言：贵廉贱耻，乃有不为；不为非义，义乃可申。

9 孟子曰："言人之不善，当如后患何？"【注】人之有恶，恶人言之，言之当如后有患难及己乎。【疏】"言人"至"患何"○正义曰：孟子距杨墨，比之为禽兽，正所以息其无父无君之患也。若言人之不善，而转贻将来之患，则患不在人之不善，而转在吾之言矣。是当审而慎之。

章指言：好言人恶，殆非君子，故曰"不忮不求，何用不臧"。

10 孟子曰："仲尼不为已甚者。"【注】仲尼弹邪以正，正斯可矣，故不欲为已甚泰过也。【疏】"仲尼不为已甚者"○正义曰：郝敬孟子说解云："孟子不见诸侯，而齐、梁好士，未尝不往。仕不受禄，而宋、薛之馈，未尝不受。道不苟合，而不为小丈夫之悻怒，故去齐三宿。廉不苟取，而不为陈仲子之矫情，故交际不辞。匡章得罪于父，不以人言而不加礼貌。夷之受学于墨，不以异端而吝其教诲。其告君也，园囿亦可，台池鸟兽亦可，好货好色亦可，故曰人不足责，政不足间，惟格君心之非而已。是故以臧仓之谤，不遇于鲁，而未怨其沮己。以王驩之佞幸，出吊于滕，而未尝不与之朝暮。虽不悦于公行子之家，而从容片辞，嫌疑立解。宛然若孔子待阳货、公伯寮气象，岂非愿学之深，有得于温良恭俭让之遗范者欤？是故以伯夷为隘，柳下惠为不恭，以仲尼为不为已甚，其所向慕可知。而世儒犹谓其锋铓太露，何欤？"

章指言：论曰："疾之已甚，乱也。"故孟子讥逾墙距门者也。

11　孟子曰："大人者，言不必信，行不必果，惟义所在。"【注】果，能也。大人杖义，义有不得必信其言，子为父隐也。有不能得果行其所欲行者，若亲在不得以其身许友也。义或重于信，故曰惟义所在。

【疏】注"大人杖义"○正义曰：诸本作"仗"，孔本作"杖"，当为杖。说文木部云："杖，持也。"汉书高帝纪云"杖义而西"，注云："杖亦倚任之义。"○注"义有"至"隐也"○正义曰：论语子路篇云："父为子隐，子为父隐，直在其中矣。"吕氏春秋当务篇云："楚有直躬者，其父窃羊而谒之上。上执而将诛之[一]，直躬者请代，将诛矣[二]，告吏曰：'父窃羊而谒之，不亦信乎？父诛而代之，不亦孝乎？'荆王乃不诛。孔子曰：'异哉！直躬之为信也。一父而载取名焉，故直躬之信，不若无信。'"○注"有不"至"友也"○正义曰：赵氏以能释果，见梁惠王篇。礼记中庸云"果能此道矣"，注云："果，犹决也。"果能二字连文，是果即能。果义为决，能义亦为决。周礼春官大卜"五曰果"，注[三]云："果，谓以勇决为之。"此云有不能得果行其所欲行者，叠能、得、果三字，不果行即不得行，不得行即不能行也。礼记曲礼云："父母存，不许友以死。"注云："为忘亲也。死为报仇雠。"孔氏正义云："亲亡，则得许友报仇，故周礼有主友之雠，视从父兄弟。白虎通云：'亲友之道，不得行者，亦不许友以死耳。'"论语子路篇云："言必信，行必果，硁硁然小人哉。"集解引郑曰："行必果，所欲行必敢为之。"阳货篇云："好信不好学，其蔽也贼。"集解引孔曰："父子不知相为隐之辈也。"又云："恶果敢而窒者。"

章指言：大人之行，行其重者，不信不果，所求合

〔一〕"之"字原脱，据吕氏春秋补。

〔二〕"矣"字原脱，据吕氏春秋补。

〔三〕"果"下原有"德"字，据周礼删。"注"字原无，据周礼郑注及本书前后文例补。

义也。

12 孟子曰："大人者，不失其赤子之心者也。"【注】大人谓君。国君视民，当如赤子，不失其民心之谓也。一说曰，赤子，婴儿也。少小之心，专一未变化，人能不失其赤子时心，则为贞正大人也。【疏】注"大人"至"大人也"○正义曰：前一说是也。婴儿无知，大人通变，其相异远矣。赵氏虽存两说，章指则以前一说为定。程氏瑶田通艺录论学小记云："孟子曰：'大人者，不失其赤子之心者也。'则诚意莫如赤子。而赤子非能格物以致其知者也，此可以见人性之善。而吾人之学，必先于格物以致其知者何也？盖以意诚诚矣，意之诚诚如赤子之无妄矣，而卒不得谓之为明明德者也。明明德者，无所不知之诚；赤子之诚，一无所知之诚也。故赤子之诚，虽与圣人之诚通一无二，而赤子之为赤子，则不必其皆为圣人。然则使赤子中有生而能为圣人者，亦必不能不格物致知，而徒恃其一无所知之诚以造乎其极也。此吾夫子所以终其身于格物致知，而至于七十，乃自信其从心所欲不逾矩也。此古昔圣人所以缘人情以制礼，而礼仪三百，威仪三千，所以必待其人而后行者。待此格物以致其知之人，乃能于独见独闻之时，慎之又慎，以造其意而诚之，而于是乎能行此礼也。此之谓明明德，而大异乎赤子一无所知之诚矣。"按程氏主后一说，而亦疑赤子之心不可以拟大人，故为之分别而申言之。康诰言"如保赤子"，上承"惟民其毕弃咎"，下接"惟民其康乂"。孟子因墨者夷之引此而解之云："赤子匍匐将入井，非赤子之罪也。"盖以愚民无知比赤子无知。礼记大学引此释之云："心诚求之，虽不中不远矣。"郑氏注云："养子者，推心为之，而中于赤子之嗜欲也。"皆以保之养之言。说苑贵德篇云："圣人之于天下百姓也，其犹赤子乎？饥者则食之，寒者则衣之，将之养之，育之长之，惟恐其不至于大也。"此正所谓不失赤子之心也。荀子臣道篇云："若驭朴马，若养赤子，若食馁人，故因其惧也而改其过，因其忧也而辨其故，因其喜也而入其道，因其怒也而除其怨，曲得所谓焉。"此且以比暴君，未闻赤子之心可以比大人也。孟子方言"不为已甚"，"为义所在"，所以发明圣人通变之旨，岂取一"专一未变化"之赤子而拟之哉？老子云："众人熙熙，如登春台；我独泊然其未兆，如婴儿之未孩。”又云:“知其雄,守其雌,为天下谿;为天下谿,常德不离,复归于婴儿。”此亦自比愚人之无知,讥圣人之朴散,为老氏清净之宗,与孟子正相反者。此赵氏又一说之义也。人之为赤子,犹天地有洪荒,伏羲以前,无三纲六纪、饮食男女之事,与禽兽同。自伏羲定人道,而乃有君臣父子夫妇之伦,人道不定,天下大乱,可推而知也。庄子缮性篇乃云:“古之人在混茫之中,与一世而得淡漠焉。是时也,阴阳和静,鬼神不扰,四时得节,万物不伤,群生不夭,人虽有知,无所用之。”岂知晦芒憔悴之初,八卦未画,四时何由而节,渔佃之利未兴,弧矢之威未作,人与鸟兽相杂,其灵于鸟兽者凡几?不知粒食,其疾病疢毒于鸟兽蠃蜮之肉者又凡几?而谓之不伤不夭,不亦妄乎!赤子之无知,故匍匐可以入井,必多方保护之,教诲之,自桑弧蓬矢,方名六甲,就外傅,入小学,以至博学无方,乃能知类通达,强立而不反。若失而不教,则终于愚而无知,吾见若而人者,人诈之而莫悟,众挤之而弗酬,众共以为愿,可谓不失其赤子之心矣。卒之文字不能通,农商不成就,衣食不能自力,父母不能养,妻子不能保,自转死于沟壑,彼老氏之徒,乃以为真朴未散,不亦傎乎!夫老庄之徒,非不学者也。学而不能知圣人之道,故为是诐辞耳。于是受其说者,以为不必博文,不必好古,不必审问而明辨,第静其心,存其心,守其心,则不失乎赤子之心,而即为大人。于是佣人匠贾,皆可自命为圣贤,相习成风,其祸于天下,与吃菜事魔者等矣。夫孟子所谓“大人”,即易之“利见大人”也。前云“惟大人为能格君心之非”,故申言其所以为大人者如是。一则云“非礼之礼,非义之义,大人弗为”,再则云“大人者,言不必信,行不必果,惟义所在”,此又云“不失其赤子之心”,后又云“正己而物正”,高出乎事君人、安社稷,达可行于天下之人之上,而岂拟以无知之赤子哉!大人以先觉觉后觉,以先知觉后知,不以己之圣而忘人之愚,不以己之明而忘人之闇,如羲、农、黄帝、尧、舜、文王、周公、孔子是也。惟不失其赤子之心,所以正己而物正。孟子盖深于易,而此其发明之者也。

章指言:人之所爱,莫过赤子,视民则然,民怀之矣。大人之行,不过是也。

13　孟子曰："养生者不足以当大事，惟送死可以当大事。"【注】孝子事亲致养，未足以为大事；送终如礼，则为能奉大事也。【疏】"养生"至"大事"○正义曰：由养志而申言之也。周礼仓人"凡国之大事"，注云："大事谓丧戎。"礼记杂记云"于士既事成踊"，注云："事谓大小敛之属。"少仪云"丧俟事，不犆吊"，注云："事，朝夕哭时。"说文史部云："事，职也。"谓人子之职，惟此为大。

章指言：养生竭力，人情所勉。哀死送终，行之高者。事不违礼，可谓难矣，故谓之大事。

14　孟子曰："君子深造之以道，欲其自得之也。【注】造，致也。言君子问学之法，欲深致极竟之以知道意，欲使己得其原本，如性自有之也。【疏】注"造致"至"有之也"○正义曰：郑氏注礼记、周礼、仪礼皆云："造，至也。"至即致也。尔雅释诂云："极，至也。"国语吴语云"饮食不致味"，注云："致，极也。"楚辞谬谏云"又何路之能极"，注云："极，竟也。"赵氏以致释造，又以极释致，以竟释极。下资之深解为得其根，则深为深浅之深，异于略观大意，不求深解以终其学。赵氏以问学之法表明之，即下章博学、详说之事也。戴氏震孟子字义疏证云："论语曰：'多闻阙疑，慎言其余；多见阙殆，慎行其余。'又曰：'多闻择其善者而从之，多见而识之，知之次也。'又曰：'我非生而知之者，好古敏以求之者也。'然闻见不可不广，而务在能明于心，一事豁然，使无余蕴，更一事亦如是，久之心知之明，进于圣智。易曰：'精义入神，以致用也。'又曰：'智周乎万物，而道济天下，故不过。'孟子曰：'君子深造之以道，欲其自得之也。自得之则居之安，居之安则资之深，资之深则取之左右逢其源。'凡此皆精于道之谓也。"按易系辞传云："夫易，所以极深而研几也。唯深也，故能通天下之志。唯几也，故能成天下之务。"深造即极深也。以道即研几也。自得，则通天下之志，成天下之务也。"一阴一阳之谓道"，道者，反复变通者也。博学而不深造，则不能精；深造而不以道，则不能变；精且变，乃能自得；自得，乃能不疾而速，不行而至，为至神也。非博学，无以为深造之本;非深造,无以为以道之路;非以道,无以为自得之要;非自得,无以为致用之权。读书好古而能自得之,乃不空疏,不拘滞,而示之以深造、以道,又申之以博学、详说,两章牵连互发,赵氏以问学之法标之,可谓知言矣。**自得之则居之安,居之安则资之深,资之深则取之左右逢其原,故君子欲其自得之也。"**【注】居之安,若己所自有也。资,取也。取之深,则得其根也。左右取之在所逢遇,皆知其原本也。故使君子欲其自得之也。【疏】注"居之"至"之也"○正义曰:此节发明"自得"之义。小尔雅广言云:"资,取也。"礼记孔子闲居云"必达于礼乐之原",注云:"原,本也。"尔雅释诂云:"逢,遇也。"虽生知之圣,必读书好古,既由博学而深造之以道,则能通古圣之道,而洞达其本原。而古圣之道,与性相融,此自得之,所谓如性自有之也。如性自有之,故居之安。凡之字皆指所学而言。未能自得,则道不与性融,不能通其变而协其宜。道与性隔,性与道睽,故居之不安。既自得而居之安,则取于古圣之道,即取乎吾之性,非浅袭于口耳之间,非强拟于形似之迹,故资之深也。至于资之深,左取而左宜之,右取而右有之,无不逢其原也。左右者,两端也。取之左右逢其原,即执其两端,用其中于民也。"学而不思则罔",罔者,不能自得之也。"思而不学则殆",殆者,空悟而本无所居,则不安也。深造凭于心之虚,以道凭于学之实。得之,得此道也。自得之,则学洽于思。居之,居此道也。居之安,则思蕴于学。舍学而言恃心,舍心而守学,两失之矣。

章指言:学必根原,如性自得,物来能名,事来不惑,君子好之,朝益暮习,道所以臻也。【疏】"学必"至"臻也"○正义曰:根原即根本也。孔本作"根源",非是。"物来能名",详见公孙丑下篇。汉书隽不疑传赞云:"隽不疑学以从政,临事不惑,遂立名迹,终始可述。"管子弟子职云:"朝益暮习,小心翼翼,一此不解,是谓学则。"

15 孟子曰:"博学而详说之,将以反说约也。"【注】

博，广。详，悉也。广学悉其微言而说之者，将以约说其要。意不尽知，则不能要言之也。【疏】注“博广”至“言之也”○正义曰：郑氏注周礼、仪礼，多以广释博，荀子修身篇云“多闻曰博”是也。说文心部云：“悉，详尽也。”言部云：“说，说释也。”诗卫风氓篇云“犹可说也”，笺云：“说，解也。”淮南子主术训“所守甚约”，高诱注云：“约，要也，少也。”广学则无不学，大戴记曾子立事云：“博学而孱守之，微言而笃行之。”赵氏本此，以微言即详说。微有二义：一幽隐，一纤细。言幽隐则轻浅者不易解，言纤细则高简者不屑解。悉其微言而说之，则尽其幽隐纤细之言，而解释之要，即根原也。不博学而徒凭空悟者，非圣贤之学，无论也。博学而不能解说，文士之浮华也。但知其一端，则诐而非要；但知其大略，则浅而非要；故必无所不解，而后能知其要。博、详与约相反，惟博且详，反能解得其约；舍博且详而言约，何以能解？申鉴时事篇云：“道虽要也，非博无以通矣。博其方，约其说。”赵氏云不能尽知，则不能要言之，得之矣。戴氏震孟子字义疏证云：“约，谓得其至当。”阮氏元曾子注释云：“孔门论学，首在于博。孔子曰：‘君子博学于文，约之以礼。’达巷党人以博学深美孔子。孔子又曰：‘博学之，审问之。’颜子曰：‘夫子循循然善诱人，博我以文，约我以礼。’子夏曰：‘博学而笃志。’孟子曰：‘博学而详说之。’故先王遗文，有一未学，非博也。”按孔孟所以重博学者，即尧舜变通神化之本也。人情变动，不可以意测，必博学于古，乃能不拘一端。彼徒执一理，以为可以胜天下，吾见其乱矣。

章指言：广寻道意，详说其事，要约至义，还反于朴，说之美者也。

16　孟子曰：“以善服人者，未有能服人者也。以善养人，然后能服天下。天下不心服而王者，未之有也。”【注】以善服人之道治世，谓以威力服人者也。故人不心服。以善养人，养之以仁恩，然后心服矣。文王治岐是也。天下不心服，何由而王也。【疏】注“以善”至“心服矣”○正义曰：赵氏解善服人为善于服人，善养人为善于养人，故以服为威力、养为仁恩也。两善字皆虚活。近时通解善即指仁义,以仁义求胜于人,即有相形相忌之意,何能服人?

章指言:五伯服人,三王服心,其服一也,功则不同。上论尧舜,其是违乎?【疏】"五伯服人"○正义曰:音义出"五伯",云:"如字。丁云:'伯者,长也。言为诸侯之长。'亦音霸。"诸本俱作"霸",非赵氏旧矣。

17　孟子曰:"言无实不祥,不祥之实,蔽贤者当之。"【注】凡言皆有实。孝子之实,养亲是也。善之实,仁义是也。祥,善。当,直也。不善之实何等也。蔽贤之人,直于不善之实也。【疏】注"凡言"至"实也"○正义曰:说文言部云:"直言曰言。"论衡书说篇云:"出口为言,言谓言语,言语中有所谓不祥者,恒言也。"尔雅释诂云:"祥,善也。"说文示部云:"祥,福也。"礼记中庸云:"国家将兴,必有祯祥;祸福将至,善必先知之。"祥、善、福三字义相近。章指以"蒙显戮"为"不祥",则以善释祥,固以福为善也。吕氏春秋孟夏纪云"必当其位",注云:"当,直也。"赵氏以"实不祥"三字连属,谓人每言不祥,不过空泛言之,无有指实其所以不祥之处。试为按之,不祥之实,惟蔽贤者与相直也。蔽贤为不善之实,犹养亲为孝之实,仁义为善之实也。

章指言:进贤受上赏,蔽贤蒙显戮,故谓之不祥也。【疏】"进贤受上赏蔽贤蒙显戮"○正义曰:汉书武帝纪元朔元年诏云:"且进贤受上赏,蔽贤蒙显戮,古之道也。"亦见说苑谈丛[一]篇。鹖冠子道端篇云:"进贤受上赏,则下不相蔽。"晏子春秋谏下篇云:"国有三不祥:有贤而不知,一不祥;知而不用,二不祥;用而不任,三不祥也。"亦见说苑君道篇。

〔一〕"谈丛"原误"丛说",据说苑改。

18　徐子曰："仲尼亟称于水曰：'水哉，水哉！'何取于水也？"【注】徐子，徐辟也。问仲尼何取于水而称之也。

孟子曰："原泉混混，不舍昼夜，盈科而后进，放乎四海。有本者如是，是之取尔。【注】言水不舍昼夜而进。盈，满。科，坎。放，至也。至于四海者，有原本也。以况于事，有本者皆如是，是之取也。【疏】"原泉混混"○正义曰：阮氏元校勘记云："'源泉混混'，闽、监、毛三本同。宋九经本、岳本、咸淳衢州本、廖本、孔本、韩本源作'原'。原正字，源俗字。上文'取之左右逢其原'，不从水，可以证从水之误矣。"段氏玉裁说文解字注云："混，丰流也。盛满之流也。孟子曰'源泉混混'，古音读如衮，俗字作'滚'。山海经曰'其源浑浑泡泡'，郭云：'水渍涌也。'衮、咆二音。浑浑者，假借浑为混也。"王氏念孙广雅疏证云："司马相如上林赋云'汩乎混流'，重言之则曰混混。荀子富国篇云'财货浑浑如泉源'，浑与混同。淮南子原道训云：'混混汩汩。'"○注"盈满科坎"○正义曰：说文皿部云："盈，满器也。"王氏念孙广雅疏证云："科，空也。史记张仪传'虎贲之士，跿跔[一]科头'，集解云：'科头，谓不著兜鍪入敌也。'亦空之义也。说文：'窠，空也。'孟子离娄篇'盈科而后进'，赵岐注云：'科，坎也。'义并相近。"又云："释水：'欿，窞，科，臽，坑也。'说文：'阬，虚也。'阬与坑同。坑之言康也，尔雅：'康，虚也。'康，坑，欿，科，渠，皆空之转声也。孟子离娄篇'原泉盈科而后进'，尽心篇'流水之为物也，不盈科不行'，赵岐注并云：'科，坎也。'太玄从'次五，从水之科满'，科亦坎也。范望注以科为法，失之。"○注"放至"至"取也"○正义曰：礼记祭义云"推而放诸东海而准"，注云："放，犹至也。"至于四海即"注诸海"、"入于海"之海。阎氏若璩释地又续云："胡朏明执尔雅四海解以解凡云四海者，曰：'九夷八狄七戎六蛮谓之四海，古书所称四海，皆以地言，不以水言，故尔雅此条系释地不系水。'余曾以书经质孟子'放乎四海'，禹'以四海为壑'，此得谓不以水言邪？大抵四海之义有二：有宜从尔雅解者，'四海遏密八音'是也。有宜从郑康成周礼注'四海犹四方也'解者，如上云'天下慕之'，下云

[一]"跔"字原误"跼"，据史记改。

'溢乎四海',上云'中天下而立',下云'定四海之民',盖四海即天下字面也。"按阎氏所云四海之义有二者,当一指水,一指地。而指地之中,又有此二义:一为尔雅所云,一为郑氏周礼注所云也。况者,比也,譬也。以水之有原本者,比事之有原本者。**苟为无本,七八月之间雨集,沟浍皆盈,其涸也,可立而待也。**【注】苟,诚也。诚令无本,若周七八月夏五六月天之大雨,潦水卒集,大沟小浍皆满。然其涸干可立待者,以其无本故也。【疏】注"苟诚"至"故也"○正义曰:论语里仁篇云"苟志于仁矣",集解引孔曰:"苟,诚也。"礼记月令:"季夏之月,水潦盛昌,大雨时行。仲秋之月,水始涸。"是雨集在周八月,夏六月也。乃孟秋之月,亦备水潦,盖夏至之后,五六月间多大雨者,常也。或秋霖不时而至,亦所当备。孟子奉周朔,举其常耳。浍大于沟,此言"大沟小浍",当有误。程氏瑶田通艺录沟洫疆理小记云:"遂人职云:'凡治野,夫间有遂,遂上有径;十夫有沟,沟上有畛;百夫有洫,洫上有涂;千夫有浍,浍上有道;万夫有川,川上有路,以达于畿。'郑氏注:'以南亩图之,则遂纵沟横,洫纵浍横,九浍而川周其外焉。'按亩,长亩也。一夫之田,析之百甽以为百亩。南亩者,自北视之,其亩横陈于南也。南亩故甽横;甽流于遂,故遂纵;遂在两夫之间,故谓之夫间。夫间,东西之间也。其南北之间,则沟横连十夫,故曰十夫有沟,不可谓二十夫之间,故变间言夫也。沟经十夫,流入于洫,洫之长如沟,纵承十沟,十沟之水皆入焉,故曰百夫有洫也。洫之水入浍,浍长十倍于洫,而横承十洫之分布千夫中者,故曰千夫有浍也。浍十之,横贯万夫之中,十浍之水并入于川,故曰万夫有川,浍横川自纵也。郑氏谓'九浍而川周其外',恐不然矣。川上有路,以达于畿,安得有纵路复有横路邪?其横者则二万夫间之道也。浍但言九,亦考之不察矣。'匠人为沟洫,耜广五寸,二耜为耦,一耦之伐,广尺深尺谓之甽,田首倍之;广二尺,深二尺,谓之遂;九夫为井,井间广四尺,深四尺,谓之沟;方十里为成,成间广八尺,深八尺,谓之洫;方百里为同,同间广二寻,深二仞,谓之浍,专达于川,各载其名。凡天下之地势,两山之间,必有川焉;大川之上,必有涂焉。'按甽在一夫百亩中,物其土宜而为之南亩,甽横顺其亩之首尾,以行水入于遂,故遂在田首。井田夫三为屋,三夫田首,同枕一遂;遂在屋间,非夫间也。谓之屋者,三夫相连绵如屋然，但疆之以别夫而已。不若遂人夫为一遂以受甽水，此所以别夫间而言田首也，而郑氏犹以‘遂者夫间小沟’释之。遂非不在夫间，而记变其文者，盖自有义，不宜袭用遂人之文矣。遂流井外，沟横承之，井中无沟，沟当两井之间，故以井间命之。其长连十井，不嫌井间之称。溷十井之纵者，其纵亦遂之在屋间而受甽水者也。沟十之，含百井为一成，十沟之水，咸入于洫，洫纵当两成之间，故曰成间有洫也。洫之长连十成，亦不嫌成间之称。溷十成之横者，其横亦沟之在井间而受遂水者也。洫十之，含万井为一同，十洫之水，咸入于浍，浍横当两同之间，故曰同间有浍也。浍达于川，川在山间，命之曰两山之间，以例浍在同间，洫在成间，沟在井间，其事相同，厥名斯称矣。况夫间为两夫之间，人所共知，遥相疏证，辨惑析疑，旧闻舛互，咎安辞哉？是故万井之田一浍，界两同之间；万夫之田十浍，纳百洫之水，故一同之浍，独著‘专达于川’之文；而万夫有川，但准沟水十遂之目，形体之端绪不同，标录自尔殊致矣。贾公彦云：‘井田之法，甽纵遂横，沟纵洫横，浍纵川横。’余谓纵横无定法，视其亩之东南而为之。如贾说，是东亩法耳。左传晋使齐尽东其亩，以晋伐齐必向东，东亩则川横而川上路乃可东西行，故曰‘惟吾子戎车之利’也。此甽纵为东亩、甽横为南亩之确证，遂人、匠人二法所同者。贾氏不明匠人于遂不命夫间之故，而以为夫间纵者但分其界而无遂，又不明遂人夫间之遂，亦于田首为之，而以为田首必在百亩之南，故必易其纵横，以通其说。若然，是井田之制，必无南亩矣。岂其然乎？而后世解斯记者，亦由不明田首之遂不命夫间之故，而以为与遂人夫间之遂同其实而横为之，于三夫相连之中因置间字之义，勿复深考，而强以屋间之遂当井间之沟，以井间之沟当成间之洫，以成间之洫当同间之浍，而以同间之浍当两山之间之川，而于是专达于川之一浍，不得不十倍增之，而又或以为九矣。神禹之治水也，浚甽浍以入于川，是故水之行于地中也，小大之形三者而已。故制字以象形，一水为𡿨，即甽，二𡿨为巜，即浍，众巜为川。及其尽力于沟洫也，则以为非多其广狭浅深之等，不足以尽疏瀹之理，而奠万世农业之安，于是由川而浍，又等而增之而洫而沟而遂，乃以承夫百亩中之甽，夫然后一旦雨集，以大受小，递相承焉，不崇朝而尽达于川矣。其承甽者名之为遂何也？虑其蓄而弗畅也，故遂之。曷为承之以沟也？一纵一横，乃见交畅之义。沟，冓也。纵横之说也。名之曰沟，所以象其形，象形曰沟，会意曰洫，洫字从血，以洫承沟，谓是血脉之流通也。浍，会也。会上众水，以达于川，初分终合，所以尽水之性情，而不使有泛溢之害也。郑氏注小司徒云：'沟洫为除水害。'余亦以为备潦，非备旱也。岁岁治之，务使水之来也，其涸可立待。若以之备旱，则宜豬之不宜沟之，宜蓄之不宜泄之。今之递广而递深也，是沟之法，非豬之法，是泄之，非蓄之也。故使沟洫之制存而不坏，岂惟原田之利农，无水潦之患，而天下之川，亦因之而治矣。夫川之淤塞也，有所以淤塞之者也。沟洫不治，则入川之水，皆污浊之浑流，实足以为川害。然则沟洫不坏，即谓天下之川永无崩决之虞可也。"尔雅释诂云："涸，竭也。"章指以"不竭"为"有本"，是以竭释涸也。吕氏春秋慎大篇云"商涸旱"，高诱注云："涸，枯也。"艺文类聚引洪范五行传云："旱之言干。"广雅释诂云："㬠，干也。"㬠即枯，干枯皆燥，水竭故燥也。**故声闻过情，君子耻之。"**【注】人无本行，暴得善声，令闻过其情，若潦水不能久也，故君子耻之。

章指言：有本不竭，无本则涸，虚声过实，君子耻诸，是以仲尼在川上曰："逝者如斯。"【疏】"虚声过实"○正义曰：礼记大学云"无情者不得尽其辞"，注云："情，犹实也。"故此以过实为过情。○"是以"至"如斯"○正义曰：论语子罕篇云："子在川上，曰：'逝者如斯夫，不舍昼夜。'"

19 孟子曰："人之所以异于禽兽者几希，庶民去之，君子存之。【注】几希，无几也。知义与不知义之间耳。众民去义，君子存义也。【疏】注"几希无几也"○正义曰：告子篇"其好恶与人相近也者几希"，注云："几，岂也。岂希，言不远也。"尽心篇"其所以异于深山之野人者几希"，注云："希，远也。当此之时，舜与野人相去岂远。"此两注互相训诂。几通作𣁽，𣁽与岂通。尔雅释诂云："𣁽，汔也。"郭璞注云："谓相摩近。"方言云："希，摩也。"广雅希、剀皆训磨，磨、摩皆通靡。"几者动之微"，微、靡义同无。几、希二字叠韵，几训近，希训少，无几即甚近甚少之谓。以希为远，则几为岂，以几为近，则以希为少，二义可互明。又"其妻妾不羞也而不相泣者几希矣"，注云："言今苟求富贵，妻妾虽不羞泣者，与此良人妻妾何异也。"何异犹曰几何，亦岂远之意。○注"知义与不知义之间耳"○正义曰：饮食男女，人有此性，禽兽亦有此性，未尝异也。乃人之性善，禽兽之性不善者，人能知义，禽兽不能知义也。因此心之所知而存之，则异于禽兽。心虽能知之，而舍而去之，则同于禽兽矣。庶民不能自存，必赖君子教而存之。此孟子道性善之本旨，而赵氏能明之，赵氏不愧通儒也。**舜明于庶物，察于人伦，由仁义行，非行仁义也。"**【注】伦，序。察，识也。舜明庶物之情，识人事之序，仁义生于内，由其中而行，非强力行仁义也。故道性善，言必称尧舜。【疏】注"伦序"至"尧舜"○正义曰：说文人部云："伦，辈也。一曰道也。"等辈则有类次，故赵氏以序释伦。仪礼既夕记云"伦如朝服"、礼记中庸云"毛犹有伦"，注并云："伦，比也。"颜师古匡谬正俗云："序，比也。"伦、比、序，义亦同也。"一曰道"，则人伦即是人道。论语微子篇云"而乱大伦"，集解引包曰："伦，道理也。"则人伦又即人理。楚辞怀沙云"孰察其拨正"王逸注、吕氏春秋功名篇云"不可不察"高诱注皆云："察，知也。"知即识也。庶物即禽兽也。"明于庶物"，知禽兽之性情，不可教之使知仁义也。同此饮食男女，人有知则有伦理次序，察于人伦，知人可教之使知仁义也。舜，君子也。庶民不能明于庶物，察于人伦，故去之。舜能明于庶物，察于人伦，故存之。性本知有仁义，因而存之，是由本知之仁义行也。若禽兽性本不知有仁义，而强之行仁行义，则教固必不能行，威亦必不能制，故庶民不知仁义者，君子教之使知，则庶民亦能知仁义，庶民知仁义而行之，亦是由仁义行，非强之以所本不能知，而使之行仁义也。此庶民所以异于庶物也。明庶物，察人伦，始于伏羲氏，其时民全不知有人伦之序，同于禽兽，直可谓之昧，不可谓之去。人道既定，庶民虽愚，皆知有人伦矣，故其不仁义也，非昧也，是去之也。舜明之察之，通变神化，使之由仁义行，由即"民可使由之"之由。是时民皆知有仁义，而莫不曰行仁，莫不曰行义，以仁济其不仁，以义济其不义，盖行仁义，正所以去仁义也。由仁义行，则百姓日用而不知，乃正所以存仁义也。此孟子所以不称伏羲氏而称尧舜也。

章指言：人与禽兽，俱含天气，就利避害，其间不

希。众人皆然，君子则否，圣人超绝，识仁义之生于己也。【疏】“人与”至“不希”○正义曰：白虎通礼乐篇云：“人无不含天地之气，有五常之性者。”汉书匈奴传孝文后二年遗匈奴书云：“下及鱼鳖，上及飞鸟，跂行喙息，蠕动之类，莫不就安利避危殆。”

20　孟子曰：“禹恶旨酒，而好善言；【注】旨酒，美酒也。仪狄作酒，禹饮而甘之，遂疏仪狄，而绝旨酒。书曰“禹拜谠言”。【疏】注“旨酒”至“谠言”○正义曰：战国策魏策云：“梁王魏婴觞诸侯于范台，酒酣，请鲁君举觞，鲁君兴，避席择言曰：‘昔者帝女令仪狄作酒而美，进之禹，禹饮而甘之，遂疏仪狄，绝旨酒，曰：后世必有以酒亡其国者。’”引书详见公孙丑篇。汤执中，立贤无方；【注】执中正之道，惟贤速立之，不问其从何方来，举伊尹以为相也。【疏】注“执中”至“相也”○正义曰：礼记檀弓云“左右就养无方”，内则云“博学无方”，注皆云：“方，常也。”荀子臣道篇云：“应卒遇变，齐给如响，推类接誉，以待无方，曲成制象，是圣臣者也。”注云：“齐，疾也。应事而至谓之给。夫卒变人所迟疑，今圣臣应之疾速，如响之应声。无方，无常也。待之无常，谓不滞于一隅也。”此以无常为不滞于一隅，则兼方所之义言之。论语八佾篇云：“父母在，不远游，游必有方。”此方固指方所，而郑氏亦训为“有常”。赵氏以无方为不问其从何方来，是以方为方所之方。云“惟贤速立之”，即荀子“应卒遇变，齐给如响”之谓，是兼以无方为无常矣。盖执中无权，犹执一之害道。惟贤则立，而无常法，乃申上执中之有权，无方当如郑氏注之为无常也。史记殷本纪云：“伊尹欲干汤而无由，乃为有莘氏媵臣，负鼎俎以滋味悦汤，致于王道。”赵氏引伊尹，似谓自媵臣保伍中升之，仍无常之谓也。越绝书外传枕中篇云：“汤执其中和，举伊尹，收天下雄隽之士。”此即本孟子此言而衍之。以执中为“执中和”，以无方为“收天下雄隽之士”，亦以无方所言，与赵氏同。文王视民如伤，望道而未之见；【注】视民如伤者，雍容不动扰也。望道而未至，殷录未尽，尚有贤臣，道未得至，故望而不致诛于纣也。【疏】注“视民”至“扰也”○正义曰：周氏广业孟子章指考证云:“左传逢滑曰:‘臣闻国之兴也,视民如伤,是其福也。’杜注:‘如伤,恐惊动。’与赵注‘雍容不动扰也’正合。”按吕氏春秋分职篇云“天寒起役恐伤民”,注云:“伤,病也。”文王视民如有疾病,凡有疾病之人不可动扰,故如伤为不动扰,因不动扰,故雍容不急迫也。○注“望道”至“纣也”○正义曰:汉书司马相如传子虚赋云“先生又见客”,颜师古注云:“见,犹至也。”白虎通历述帝王之号,自伏羲定人道,祝融属续三皇之道,颛顼专正天人之道,舜能推信尧道。夏者,大也。明当守持大道。殷者,中也。明当为中和之道也。周者,至也,密也。道德周密,无所不至也。又云:“王者受命,质家言天命己,使己诛无道。”赵氏之意,谓纣无道,诛之所以致道。文王三分天下有其二,以服事殷,故望道而未至,道即命也。天命已在文王,而不代殷有天下也。近时通解有二:一谓文王以纣在上,望天下有治道而未之见,此仍赵氏义而稍变者也。一读而为如,谓文王爱民无已,未伤如伤,望道心切,见如未见也。**武王不泄迩,不忘远;**【注】泄,狎。迩,近也。不泄狎近贤,不遗忘远善,近谓朝臣,远谓诸侯也。【疏】注“泄狎”至“侯也”○正义曰:方言云:“媟,狎也。”说文女部云:“媟,嬻也。”荀子荣辱篇云:“桥泄者,人之殃也。”注云:“泄与媟同。”泄本发洩之洩,通于媟,故以狎释之也。“迩,近”,尔雅释诂文。说文辵部云:“遗,亡也。”心部云:“忘,不识也。”诗邶风绿衣“曷维其亡”,笺云:“亡之言忘也。”是忘即遗亡也。武王以太公望为师,周公旦为辅,召公、毕公之徒左右王师,修文王绪业。说苑载其问太公,贾子新书载其问王子旦,问粥子,管子载其问癸度,观兵孟津,自称太子发,言奉文王以伐,不敢自专,乃告司马司徒司空诸节齐栗,此皆不泄迩之事也。是迩谓朝臣也。牧誓告“友邦冢君,及庸、蜀、羌、髳、微、卢、彭、濮人”,大传言“牧野既事而退,柴于上帝,祈于社稷,奠于牧室,率天下诸侯执豆笾,骏奔走”,史记言“封诸侯,班赐宗彝,作分殷之器物,封先圣王之后,封功臣谋士”,此皆不忘远之事也。是远谓诸侯也。**周公思兼三王,以施四事,其有不合者,仰而思之,夜以继日,幸而得之,坐以待旦。”**【注】三王,三代之王也。四事,禹汤文武所行事也。不合,己行有不合也。仰而思之,参诸天也。坐以待旦,言欲急施之也。【疏】“周公”至“待旦”○正义曰:细审此章之指,云“兼三王”,明三王不相沿袭可知也。云"其有不合,仰而思之",则所以通变神化可知也。禹承尧舜之后,天下乂安,则易生骄泆,故恶旨酒,好善言,以通其变。夏之末,必各执偏意,而用人拘以资格,故汤执中,立贤无方,以通其变。商纣之初,民伤已极,而天眷未更,故文王但爱民以辅救之,守臣节以帅天下诸侯,则所以通其变于汤之放桀也。武王时,纣益无道,故不泄迩,不忘远,修己以安天下,则所以通其变于文王之服事也。凡三王之事,皆各有合;至周公相成王,成文武之德,其时又异于禹汤文王之时,则所以合不合者,非思莫得也。三王四事,先王之法也。有不合,则思所为以道揆也。尧舜以通变神化治天下,为万世法。孟子历述禹汤文王周公以明之,皆法尧舜之变通神化者也。江氏声尚书集注音疏云:"孟子'周公思兼三王,以施四事',伏生大传则云'周公兼思三王之道,以施于春秋冬夏',据此,则孟子所言三王谓天地人三统,四事谓四时之事。是则帝王出政,必参乎三才,合乎四时。"按参三才合四时,亦损益通变之义。○注"己行有不合也"○正义曰:阮氏元校勘记云:"'己行有不合世',岳本、廖本、孔本、考文古本同。闽、监、毛三本世作'者',韩本作'也'。韩本是也。"○注"仰而思之参诸天也"○正义曰:易系辞传云"仰则观象于天",诗大雅云汉云"瞻仰昊天",列子黄帝篇云"中道仰天而叹",故以仰为参诸天。按自下望上为仰,自后观前亦为仰,此仰思盖即谓仰举三王之事而思其合也。

章指言:周公能思三王之道,以辅成王太平之隆,礼乐之备,盖由此也。

21　孟子曰:"王者之迹熄而诗亡,诗亡然后春秋作。

【注】王者,谓圣王也。太平道衰,王迹止熄,颂声不作,故诗亡。春秋拨乱,作于衰世也。【疏】"王者"至"秋作"○正义曰:顾氏栋高春秋大事表王迹拾遗序云:"孟子曰:'王者之迹熄而诗亡,诗亡然后春秋作。'东迁以后,政教号令不行于天下,然当春秋初年,声灵犹未尽泯也。郑伯、虢公为王左右卿士,郑据虎牢之险,虢有桃林之塞,左提右挈,俨然三辅雄封。其时赋车万乘,诸侯犹得假王号令以征伐与国,故郑以王师伐郕,秦偕王师伐魏。二郕本附庸也,进爵而为子;滕、薛、杞本列侯也,降爵而为子伯;列国之卿,犹请命于天子;诸

侯之妾，犹不敢僭同于夫人；虎牢已兼并于郑，仍夺之还王朝；曲沃以支子篡宗，赫然兴师而致讨；卫朔逆命，子突救卫书'王人'；樊皮叛王，虢公奉命诛不服：庶几得命德讨罪、兴灭继绝之义。然郑以懿亲，而且交质矣；曲沃之伐，不惟无功，日后荀贾且为晋所灭；甚至射王中肩，列国无为王敌忾者；而僖王之世，命曲沃为晋侯，贪宠赂，奖篡弑，三纲尽矣。嗣后王室益微，迨至晋灭虢而襄王复以温、原赐晋，举崤函之险固，河内之殷实，悉举而畀诸他人，自是王朝不复能出一旅，与初年声势大异矣。以文武成康维持巩固之天下，而陵夷衰微至此，岂一朝一夕之故哉！惠、襄以后，世有兄弟之难，子颓、子带、子朝迭乱王室，数数勤诸侯之师，盖齐家之道有阙，政本不修，皇纲陵迟，君子闵焉。独能凭借先灵，称述祖制，折服强暴，若襄王拒请隧，定王诘巩伯，而王孙满以片言却强楚于近郊之外，譬之以太阿授人，而欲以朽索控踶跑之马，呜呼其难哉！"杨氏椿与顾栋高书云："窃尝论春秋家之弊在于贱霸，谓春秋专治桓文之罪。桓文时，天命未改，周室已衰，陵夷至于敬王然后王迹熄者，桓文之力也，故孔子仁管仲而正齐桓。孟子生战国，王者之不作已久，生民之憔悴已甚，齐宣有其地有其民而不行王政，仅仅以桓文为问，故孟子斥之为不足道耳。要之，桓文正未可轻贬者也。孟子曰：'王者之迹熄而诗亡，诗亡然后春秋作，其事则齐桓、晋文。'盖自隐五年王师伐翼伐曲沃，至庄六年救卫，未尝无征伐之事，而是非倒置，喜怒失常，故号令不行，每战辄败。庄十四年诸侯伐宋，齐桓请师于周，单伯会之，取成于宋而还。自是大盟会大征伐必皆请王人主之，诸侯亦遂无敢抗者。定四年刘子会召陵而后，成桓公之会侵郑，单平公之会黄池，皆不复见于经，盖霸者之事即王者之迹，霸者亡而王迹熄矣。"顾氏镇虞东学诗迹熄诗亡说云："孟子历叙群圣之事，而以孔子作春秋继之。迹熄诗亡，著明所以作春秋之义。盖自郑康成曰'不能复雅'之云，而范宁序穀梁，遂谓'列黍离于国风，齐王德于邦君'。然考赵岐注孟子，则曰'太平道衰，王迹止熄，颂声不作，故诗亡'。是汉儒原立两义，后世郑学盛行，遂遗赵说，李迂仲兼而存之，古义略具。愚窃以为所欲究者，王迹耳。王者之迹，何预于诗？春秋之作，何预于迹？此义不明，则不独黍离降风，支离莫据，即迂仲诸说，亦可存而不论。盖王者之政，莫大于巡守述职，巡守则天子采风，述职则诸侯贡俗，太史陈之，以考其得失，而庆让行焉，所谓迹也。夷、厉以来，虽经板荡，而甫田东狩，舄芾来同，挞伐震于徐方，疆理及乎南海，中兴之迹，烂然著明，二雅之篇可考焉。洎乎东迁，而天子不省方，诸侯不入觐，庆让不行，而陈诗之典废，所谓‘迹熄而诗亡’也。孔子伤之，不得已而托春秋以彰衮钺，所以存王迹于笔削之文，而非进春秋于风雅之后。诗者，风雅颂之总名，无容举彼遗此。若疑国风多录东周，鲁颂亦当僖世，则愚谓诗之存亡，系于王迹之熄与不熄，不系于本书之有与无也。”赵氏佑温故录云：“注‘太平道衰，王迹止熄，颂声不作，故诗亡’，不用雅亡风降之说，独为正大，而向来罕述之者。”**晋之乘，楚之梼杌，鲁之春秋，一也。其事则齐桓、晋文，其文则史，孔子曰：‘其义则丘窃取之矣。’”**【注】此三大国史记之名异。乘者，兴于田赋乘马之事，因以为名。梼杌者，嚚凶之类，兴于记恶之戒，因以为名。春秋，以二始举四时，记万事之名。其事，则五伯所理也。桓公，五伯之盛者，故举之。其文，史记之文也。孔子自谓窃取之，以为素王也。孔子人臣，不受君命，私作之，故言窃，亦圣人之谦辞。【疏】“晋之”至“之矣”○正义曰：万氏斯大学春秋随笔云：“春秋书弑君，诛乱贼也。然而赵盾、崔杼之事，时史亦直载其名，安见乱贼之惧，独在春秋而不在诸史？曰：孟子言之矣。春秋之文则史也，其义则孔子取之。诸史无义，而春秋有义也。义有变有因，不修春秋曰‘雨星不及地尺而复’，君子修之曰‘星賨如雨’。诸侯之策曰‘孙林父、宁殖出其君’，春秋书之曰‘卫侯衎出奔’。此以变为义者也。晋史书曰‘赵盾弑其君’，春秋亦曰‘赵盾弑其君’。齐史书曰‘崔杼弑其君’，春秋亦曰‘崔杼弑其君’。此以因为义者也。因与变相参，斯有美必著，无恶不显，三纲以明，人道斯立，春秋之义，遂与天地同功。彼董狐、南史、左氏传春秋而获存晋乘、楚梼杌，孟子论春秋而幸及当时，则书久则亡焉。惧在春秋而不在诸史，有由然也。虽然，以盾、杼之奸恶，齐、晋得以名赴，春秋得以名书，赖史官之直笔也。使晋、宋、吴、莒之弑逆，得董狐、南史其人，则书必以名，赴必以实，鲍与庚舆必不书人书僵，仆、光必不称国，良史又曷可少哉！”按昭公十二年公羊传引孔子之言云：“春秋之信史也，其序则齐桓、晋文，其会则主会者为之也，其词则丘有罪焉尔。”此与孟子所述略同。其云有罪者，则括“知我罪我”之言。何休注云：“其贬绝讥刺之辞有所失者，是丘之罪与。”赵氏注“罪我，为时人见弹贬者”，义同公羊氏。以此当其义，则义指贬刺拨乱可知。孟子述孔子之言，特指出义字，义者，宜也。舜之所察，周公之所思，皆此义。利者，义之和，变而通之以尽利，察于民之故，乃能变通，即舜之“察于人伦”也。天下何思何虑，天下同归而殊途，百致而一虑，精义入神以致用，即周公之“思兼三王”也。舜察之，故由仁义行而不行仁义。周公思之，故知其有不合而兼三王。孔子当迹熄诗亡之后，作春秋以拨乱反正，亦由察之思之而知其义也。舜以王，周公以相，所变通在行在施，孔子不得位，所变通在言，亦变通趋时之妙也。○注“此三”至“谦辞尔”○正义曰：杜预春秋序云：“春秋者，鲁史记之名也。记事者，以事系日，以日系月，以月系时，以时系年，所以纪远近，别同异也。故史之所记，必表年以首事；年有四时，故错举以为所记之名也。”孔氏正义云：“昭二年韩起聘鲁，称见鲁春秋。外传晋语司马侯对晋悼公云：‘羊舌肸习于春秋。’楚语申叔时论傅太子之法云：‘教之以春秋。’礼坊记曰：‘鲁春秋记晋丧曰，杀其君之子奚齐。’又经解曰：‘属辞比事，春秋教也。’凡此诸文所说，皆在孔子之前，则知未修之前，旧有春秋之目。据周世法则，每国有史记，当同名春秋。”按墨子书称“吾见百国春秋”，又云“著在周之春秋”，“著在燕之春秋”，“著在宋之春秋”，“著在齐之春秋”，则孔氏以为“同名春秋”，似矣。乃孟子于晋楚明举乘、梼杌两名，故赵氏以为三大国史记之名异。孔氏春秋正义又云：“春秋是其大名，晋楚私立别号。鲁无别号，故守其本名。”是也。乘是兵车之名，管子书亦有乘马、臣乘马、乘马数、问乘马等篇，本以一乘四马，广及阴阳地里农耕国筴之事，晋史之名乘，或亦同之。兴于此，谓作于此也。文公十八年左传云：“颛顼有不才子，不可教训，不知话言，舍之则嚚，傲很明德，以乱天常，天下之民，谓之梼杌。”贾逵注云：“梼杌，凶顽无俦匹之貌。”是梼杌为嚚凶之类。史记以梼杌名，亦铸鼎象物，使民知神奸之例，故云兴于记恶之戒。说文木部作“梼柮”，云：“断木也。”引春秋传。国语周语云“商之兴也，梼杌次于丕山”，注云：“梼杌，鲧也。”服虔引神异经云：“梼杌，状似虎，毫长二尺，人面虎足猪牙，尾长丈八尺，能斗不退。”音义云：“乘，丁音剩，云‘晋名春秋为乘者，取其善恶无不载。梼杌，恶兽名也。楚谓春秋为梼杌者，在记恶而兴善也’。”恶兽，本服虔假兽之恶人之恶为戒，其义亦同。惟梼杌皆从木，则为断木之定名。说文页部云：“顽，棞头也。”木部云：“棞，梡木未析也。”“梡，棞木薪也。”“析，破木也。”按薪有析者有不析，其未析者名梡，即名楓。纵破为析，横断为梼杌，断而未析其头则名顽，是梼杌即顽之名。因其顽，假断木之名以名之为梼杌，亦戒恶之意也。孔氏春秋正义云：“年有四时，不可遍举四字以为书号，故交错互举，取春秋二字以为所记之名。春先于夏，秋先于冬，举先可以及后，言春足以见冬，故举二字以包四时也。四时之内，一切万物生植孕育尽在其中，春秋之书，无物不包，无物不记。贾逵云：‘取法阴阳之中，春为阳中，万物以生；秋为阴中，万物以成。’贺道养云：‘春贵阳之始，秋取阴之初。’”赵氏言“二始举四时”，二始即春为阳始，秋为阴始。举谓包举，即举春秋以包冬夏也。记万事之名，即所谓无物不记也。董仲舒对策云：“孔子作春秋，先正王而系万事，见素王之文焉。”赵氏名记万事之名以为素王，亦本此为说也。素王详见滕文公篇。吕氏春秋知士篇云“孟尝君窃以谏静郭君”，高诱注云：“窃，私也。”故以窃取为私作。何休以孔子称有罪为“圣人德盛尚谦”，故自名。论语述而篇言“窃比于我老彭”，亦自谦之辞。此云“丘窃取之”，既自名，又称窃，故云亦圣人之谦辞也。

章指言：诗可以言，颂咏太平，时无所咏，春秋乃兴，假史记之文，孔子正之以匡邪也。【疏】“诗可以言颂咏太平”〇正义曰：毛诗序云：“发言为诗。”又云：“维天之命，太平告文王也。”宣公十五年公羊传云“什一行而颂声作矣”，注云：“颂声者，太平歌颂之声，帝王之高致也。”

22　孟子曰：“君子之泽，五世而斩；小人之泽，五世而斩。【注】泽者，滋润之泽。大德大凶，流及后世，自高祖至玄孙，善恶之气乃断，故曰五世而斩。【疏】注“泽者”至“而斩”〇正义曰：说文水部云：“泽，光润也。”毛诗小雅节南山“国既卒斩”，传云：“斩，断也。”赵氏以君子为大德，小人为大凶，其善恶之气，流于后世，犹水之润泽。近时通解以君子为圣贤在位者，小人为圣贤不在位者。**予未得为孔子徒也。予私淑诸人也。”**【注】予，我也。我未得为孔子门徒也。淑，善也。我私善之于贤人耳。盖恨其不得学于大圣也。【疏】注"予我"至"人耳"○正义曰:"予我","淑善",皆尔雅释诂文。江氏永群经补义云:"孟子言予私淑诸人,人谓子思之徒,是孟子与子思年不相接。孔丛子有孟子、子思问答语,不足信。"

章指言:五世一体,上下通流,君子小人,斩各有时。企以高山,跌以陷污,是以孟子恨不及乎仲尼也。

【疏】"跌以陷污"○正义曰:方言云:"跌,蹶也。"汉书晁错传云"跌而不振",注云:"跌,足失据也。"又扬雄传解嘲云"不知一跌将赤吾之族也",注云:"跌,足失厝也。"

孟子正义卷十七

23　孟子曰："可以取，可以无取；取伤廉。可以与，可以无与；与伤惠。可以死，可以无死；死伤勇。"【注】三者，皆谓事可出入，不至违义，但伤此名，亦不陷于恶也。【疏】注"三者"至"恶也"○正义曰：赵氏以出解无取、无与、无死，以入解取、与、死。一事可出可入，谓取可，无取亦可，是事之两可者也。既可取、可与、可死，故取、与、死亦非恶。但既可以无取，可以无与，可以无死，故取、与、死则伤廉、惠、勇之名。可以取，可以无取，取则伤廉之名，此廉士所知也，亦人所共知也。若可以与，可以无与，则忠厚长者岂不以必与为惠乎？若可以死，可以无死，则忠臣烈士岂不以必死为勇乎？而不知其伤惠、伤勇，正与伤廉者同。伤廉不得名为廉也，伤惠、伤勇不得名为惠、名为勇也。说苑权谋篇引扬子曰："事之可以之贫、可以之富者，其伤行者也。事之可以之生、可以之死者，其伤勇者也。"赵氏之义本此。毛氏奇龄圣门释非录云："金仁山谓：此必战国之世，豪侠之习胜，多轻施结客若四豪之类，刺客轻生若荆、聂之类，故孟子为当时戒耳。"

章指言：廉勇惠，人之高行也，丧此三名，列士病诸，故设斯科以进能者也。【疏】"列士病诸"○正义曰：韩本、考文古本作"列"。孔本作"则列"是也。周髀算经云："此列士之遇智。"说苑臣术篇云："列士者，所以参大夫也。"刘向有列士传三卷，见隋书经籍志。

24　逢蒙学射于羿，尽羿之道，思天下惟羿为愈己，于是杀羿。【注】羿，有穷后羿。逢蒙，羿之家众也。春秋传曰："羿将归自田，家众杀之。"【疏】注"羿有"至"杀之"○正义曰：襄公四年左传魏庄子云"夏训有之曰有穷后羿"，注云："有穷，国名。后，君也。羿，有穷君之号。"孔氏正义云："羿居穷石之地，故以穷为国号，以有配之，犹言有周、有夏也。"古司射之官多名羿，故赵氏明此羿为有穷后羿，非他司射者也。引春秋传，即襄公四年左传。传云："将归自田，家众杀而亨之，以食其子。"楚辞离骚云："羿淫游以佚田兮，又好射夫封狐；国乱流其鲜终兮，浞又贪夫厥家。"注云："浞，寒浞，羿相也。言羿因夏衰乱，代之为政，娱乐田猎，不恤民事，信任寒浞，使为国相。浞行媚于内，施赂于外，树之诈慝，而专其权势。羿田将归，使家臣逢蒙射而杀之。"是左传所云家众即逢蒙，左传不详言其姓名。孔氏正义云："家众，谓羿之家众人，反羿而从浞，为浞杀羿也。"史记龟策传云"羿名善射，不如雄渠、蠭门"，集解云："淮南子曰：'射者重以逢蒙门子之巧。'刘歆七略有蠭门射法。"荀子王霸篇云："羿、蠭门者，善服射者也。"注云："蠭门即逢蒙，学射于羿。"吕氏春秋具备篇云："今有羿、蠭蒙、繁弱于此而无弦，则必不能中也。"高诱注云："羿，夏之诸侯，有穷之君也。善射，百发百中。蠭蒙，羿弟子也，亦能百中。"淮南子原道训云"重之羿、逢蒙子之巧"，高诱注云："羿，古诸侯有穷之君也。逢蒙，羿弟子。皆攻射而百发百中。"盖蒙、门一音之转，蒙即门。裴骃引此作"逢蒙门子"〔一〕，衍一门字也。列子汤问篇云："甘蝇，古之善射者，彀弓而兽伏鸟下。弟子名飞卫，学射于甘蝇，而巧过其师。纪昌者，又学射于飞卫。纪昌既尽卫之术，计天下之敌己者一人而已，乃谋杀飞卫。"吕氏春秋听言篇云："蠭门始习于甘蝇。"与孟子所述事近而异。孟子曰："是亦羿有罪焉。"【注】罪羿不择人也，故以下事喻之。公明仪曰："宜若无罪焉。"曰："薄乎云尔，恶得无罪？郑人使子濯孺子侵卫，卫使庾公之斯追之。子濯孺子曰：'今日我疾作，不可以执

〔一〕按：殿本史记裴骃集解作"逢门子"，逢门即逢蒙，不误。焦氏所据盖误本。

弓，吾死矣夫！'【注】孺子，郑大夫。庾公，卫大夫。疾作，疟疾。【疏】注"孺子"至"疟疾"○正义曰：孺子为郑人所使，故知是郑大夫。庾公为卫人所使，故知为卫大夫。襄公十四年左传云："卫公出奔齐，孙氏追之。初，尹公佗学射于庾公差，庾公差学射于公孙丁。二子追公，公孙丁御公。子鱼曰：'射为背师，不射为戮，射为礼乎？'射两軥而还。尹公佗曰：'子为师，我则远矣。'公孙丁授公辔而射之，贯臂。"注云："子鱼，庾公差。"孔氏正义云："孟子云云，其姓名与此略同，行义与此正反，不应一人之身有此二行。孟子辨士之说，或当假为之辞，此传应是实也。"毛氏奇龄四书賸言云："郑人使子濯孺子侵卫事，左传是孙林父追卫献公事，非郑侵卫而卫使追也。且是尹公佗学射于庾公差，非庾公差学射于尹公佗，其中或射或不射，即此事而不甚合。大抵春秋战国间，其记事不同多类此。"按此知孟子未见左传，则左传固晚出之书也。赵氏佑温故录云："古说有难尽解者，孺子'今日我疾作'，注何必知是疟疾？殆以言今则有昨，言作则有止，疾之以日作止者，疟是也。然疾尽有偶然一作与年月一作、多日不作而作者，安必其独疟乎？"按书金縢："王有疾弗豫，史乃册祝曰：惟尔元孙某，遘厉虐疾。"某氏传云："虐，暴也。"周氏用锡尚书证义云："厉，作也。虐，古疟省。月令'民多疟疾'，月令在孟秋。注云：'疟疾，寒热所为者。'今月令疟疾为'厉疫'，盖疟疾寒热暴至，故名疟。诸凡暴至之疾均可谓之虐，昭公十九年左传'许悼公疟'，此疟亦是暴至之疾，与武王之'遘虐疾'正同。"孺子若素有恒疾，则知其期，不当使来侵郑；突然疾作，知是暴疾，故以虐疾明之耳，疟即虐也。**问其仆曰：'追我者谁也？'其仆曰：'庾公之斯也。'曰：'吾生矣。'**【注】仆，御也。孺子曰吾必生矣。【疏】注"仆御也"○正义曰：毛诗小雅出车"召彼仆夫"，传云："仆夫，御夫也。"文选思玄赋云"仆夫俨其正策兮"，旧注云："仆夫，谓御车人也。"**其仆曰：'庾公之斯，卫之善射者也。夫子曰吾生，何谓也？'曰：'庾公之斯学射于尹公之他，尹公之他学射于我。夫尹公之他端人也，其取友必端矣。'**【注】端人，用心不邪辟。知我是其道本所出，必不害我也。【疏】注"知我是其道本所出"○正义曰：

庄子庚桑楚云"出无本",郭象注云:"欻然自生非有〔一〕本。"释文云:"出,生也。本,始也。"董子对策云:"道之大原出于天;天不变,道亦不变。是以禹继舜,舜继尧,三圣相受,而守一道。"原,即本也。凡授受相承,皆有其始,故斯学于他,他学于孺子,为其所出之本始也。**庾公之斯至,曰:'夫子何为不执弓?'曰:'今日我疾作,不可以执弓。'曰:'小人学射于尹公之他,尹公之他学射于夫子,我不忍以夫子之道反害夫子。虽然,今日之事,君事也。我不敢废。'抽矢叩轮去其金,发乘矢而后反。"**【注】庾公之斯至,竟如孺子之所言。而曰我不敢废君事,故叩轮去镞,使不害人,乃以射孺子,礼射四发而去。乘,四也。诗云:"四矢反兮。"孟子言是以明羿之罪。假使如子濯孺子之得尹公之他而教之,何由有逢蒙之祸。【疏】注"礼射"至"反兮"○正义曰:毛诗齐风猗嗟云:"四矢反兮,以御乱兮。"传云:"四矢,乘矢。"笺云:"反,复也。礼射三而止,每射四矢,皆得其故处,此之谓复射。必四矢者,象其能御四方之乱也。""发乘矢而后反",反是还归,庾斯发四矢而还归于卫,不追孺子,故赵氏以去解之。云礼射四发而去,谓既去矢镞,乃以礼射四发其矢而归去。引诗以证四发为礼射。至诗之反,谓反覆其正鹄之故处,与反去不同,赵氏引之,非以诗之反即庾公之发四矢而反也。仪礼大射仪云"司马师坐乘之",注云:"乘,四四数之。"聘礼云"乘皮设",注云:"物四曰乘。"礼记少仪云"其以乘壶酒",注云:"乘壶,四壶也。"方言云:"四雁曰乘。"凡四皆为乘,是乘为四也。

章指言:求交取友,必得其人,得善以全,善凶获患,是故子濯济难,夷羿以残,可以鉴也。

25　孟子曰:"西子蒙不洁,则人皆掩鼻而过之。【注】西子,古之好女西施也。蒙不絜,以不絜汗巾帽而蒙其头也。面虽好,

〔一〕"非有"原误"无无",据庄子郭注改。

以蒙不絜，人过之者，皆掩鼻惧闻其臭。【疏】注“西子古之好女西施也”○正义曰：管子小称篇云：“毛嫱、西施，天下之美人也。盛怨气于面，不能以为可好。”西施见管子，故赵氏以为古之好女也。周氏柄中辨正云：“西子即西施。张邦基墨庄漫录云：‘管仲在灭吴前二百余年，而其书已云西施，岂越之西施冒古之美人以为名邪？’按傅玄谓管子书过半是后人好事者所加，其称如西施，或是后人附益。然庄子‘厉与西施’，司马彪注云：‘夏姬。’夫越女名西施，夏姬亦称西施，则又似古有此美人，而后世相因，借以相美，如善射者皆称羿之类。”○注“蒙不”至“其臭”○正义曰：贾谊新书劝学篇云：“夫以西施之美而蒙不洁，则过之者莫不睨而掩鼻。今以二三子材而蒙愚惑之智，予恐过之有掩鼻之客也。”淮南子修务训云：“今夫毛嫱、西施，天下之美人，若使之衔腐鼠，蒙猬皮，衣豹裘，带死蛇，则布衣韦带之人过者，莫不左右睥睨而掩鼻。”此本孟子而衍之。高诱注云：“虽有美姿，人恶闻其臭，故睥睨掩其鼻，孟子曰：‘西子蒙不洁，则人皆掩鼻而过之。’是也。”赵氏言汗巾帽蒙其头，亦本淮南为说。周礼夏官方相氏“掌蒙熊皮”，注云：“蒙，冒也。”说文冃部云：“冒，蒙而前也。”考工记韗人“凡冒鼓”，注云：“冒，蒙鼓以革。”刘熙释名释首饰云：“帽，冒也。”汉书隽不疑传“著黄冒”，注云：“冒，所以覆冒其首。”是蒙为冒，而冒即帽，故以巾帽释蒙字也。**虽有恶人，斋戒沐浴，则可以祀上帝。”**【注】恶人，丑类者也。面虽丑，而斋戒沐浴，自治絜净，可以侍上帝之祀。言人当自治以仁义，乃为善也。【疏】注“恶人丑类者也”○正义曰：书洪范“六极，五曰恶”，郑氏注云：“恶，貌不恭之罚。”貌恭则容俨形美而成性，以终其命，容毁故致恶也。庄子德充符云“卫有恶人焉曰哀骀它”，郭象注云：“恶，丑也。”释文引李云：“哀骀，丑貌。它，其名。”吕氏春秋去尤篇云：“鲁有恶者，其父出而见商咄，反而告其邻曰：‘商咄不若吾子矣。’且其子至恶也，商咄至美也。”高诱注云：“恶，丑也。”昭公二十八年左传云“鬷蔑恶”，又云“昔贾大夫恶”，皆指貌丑。此恶人对上西子，知为丑类者也。

章指言：貌好行恶，西子冒臭；丑人洁服，供事上帝；明当修饰，惟义为常也。【疏】“明当修饰”○正义曰：盐铁论殊路章云：“蒙以不洁，鄙人掩鼻；恶人盛饰，可以宗祀上帝。”

26　孟子曰："天下之言性也，则故而已矣。故者以利为本。【注】言天下万物之情性，当顺其故，则利之也。改戾其性，则失其利矣。若以杞柳为杯棬，非杞柳之性也。【疏】注"言天"至"之性也"○正义曰：曲阜孔氏所刻赵氏注如此，其义明白可见。故，即"苟求其故"之故。推步者求其故，则日至可知；言性者顺其故，则智不凿。易文言传云："利者，义之和也。"荀子臣道篇云："从命而利君谓之顺。"修身篇云："以善和人者谓之顺。"诗郑风"知子之顺之"，笺云："顺，谓与己和顺。"利之义为顺，故虞翻易注谓巽为利，是利为顺其故也。贾子道术篇云："心兼爱人谓之仁，反仁为戾。"仁为性，反其仁则乖戾，故失其利也。白氏珽[一]湛囦静语云："庄周有云：'吾生于陵，而安于陵故也。长于水，而安于水性也。'此适有故与性二字，疑战国时有此语。"毛氏奇龄四书賸言补云："'天下之言性也，则故而已矣'，观语气，自指泛言性者，与'人之为言''彼所谓道'语同。至'以利为本'，然后断以己意。因是时俗尚智计，多用穿凿，故原有训智者。淮南原道训'不设智故'，谓不用机智穿凿之意，正与全文言智相合。是以孟子言天下言性，不过智计耳。顾智亦何害，但当以通利不穿凿为主。夫所恶于智，为穿凿也。如不穿凿，则行水治秝，智亦大矣。"按孟子此章，自明其"道性善"之旨，与前"异于禽兽"相发明也。易杂卦传云："革，去故也。鼎，取新也。"故，谓已往之事。当时言性者，多据往事为说，如云"文武兴则民好善，幽厉兴则民好暴"，"以尧为君而有象，以瞽瞍为父而有舜"，及荀子性恶篇所云"曾、骞、孝已，独厚于孝之实，而全于孝之名，秦人不如齐鲁之孝具敬父"，皆所谓故也。孟子独于故中指出利字，利即周易"元亨利贞"之利。系辞传云："变而通之以尽利。"彖传云："乾道变化，各正性命，保合太和乃利贞。"利以能变化，言于故事之中，审其能变化，则知其性之善。利者义之和，礼记表记云："道者，义也。"注云："谓断以事宜。"春秋繁露仁义法云："义者，谓宜在我者。"其性能知事宜之在我，故能变通。上古之民，始不知有父，惟知有母，与禽兽同，伏羲教之嫁娶定人道，无论贤智愚不肖，皆变化而知有夫妇父子；始食鸟兽蠃蛖之肉，饥则食，饱

〔一〕原无撰者姓名。案前后引书例皆著"某氏某"，此不应独异，今补入。

弃余，神农教之稼穑，无论贤智愚不肖，皆变化而知有火化粒食，是为利也。于故之中知其利，则人性之善可知矣。系辞传云："感而遂通天下之故。"又云："是以明于天之道，而察于民之故。"又云："又明于忧患与故。"通者，通其故之利也。察者，察其故之利也。明者，明其故之利也。故者，事也。传云："通变之谓事。"非利不足以言故，非通变不足以言事。诸言性者，据故事而不通其故之利，不察其故之利，不明其故之利，所以言性恶，言性善恶混，或又分气质之性，义理之性，皆不识故以利为本者也。孟子私淑孔子，述伏羲、神农、文王、周公之道，以故之利而直指性为善，于此括全易之义，而以六字尽之云："故者以利为本。"明人之所以异于禽兽者，在此利不利之间，利不利即义不义，义不义即宜不宜。能知宜不宜，则智也。不能知宜不宜，则不智也。智人也，不智禽兽也。几希之间，一利而已矣，即一义而已矣，即一智而已矣。**所恶于智者，为其凿也。**【注】恶人欲用智而妄穿凿，不顺物之性，而改道以养之。【疏】注"恶人"至"养之"〇正义曰：说文金部云："凿，穿木也。"成公十三年公羊传云"公凿行也"，注云："凿犹更造之意。"故赵氏以穿释凿，又以改释之。改即更造也。赵氏以养物言，言当顺其情性以养之，不可戾其情性以养之。按此智，即人性之利也。孔子言"性相近习相远"，"惟上智与下愚不移"，移，谓变通也。禽兽无知，直不能移其性之不善，所以与人异。则人无论贤愚皆能知，即皆能转移，愚者可以转而善，智者可以转而为不善，此习所以相远。智者何以转而为不善，为其凿也。惟其因智而凿，故恶其智。盖伏羲以前人，苦于不知，则恶其愚。黄帝、尧、舜以后人，不苦于不知，正苦于知而凿其知，则圣人转恶其智，故无为而治，可使由而不可使知也。凿有二义：其一为空，荀子哀公篇云"五凿为正"是也。其一为细，楚辞离骚云"精琼靡以为粻"，注云："精，凿也。凡物精之则细小。"是也。凿其内则空，凿其外则细，空虚细小，皆非大智。下言"行所无事则智大"，此孟子自明凿字之意，"行所无事""由仁义行"也。然则行仁义则为凿，夫知其为仁义，是已智矣。乃假仁以济其不仁，假义以济其不义，用忠孝廉直之名，以行其巧诈离奇之术，是凿也，是智小也。知其为仁为义，是已智矣。乃无所依据，凭己之空见以为仁，凭己之空见以为义，极精微奥妙之论，而不本读书好古之实，是凿也，是智小也。**如智者若**

禹之行水也，则无恶于智矣。禹之行水也，行其所无事也。【注】禹之用智，决江疏河，因水之性，因地之宜，引之就下，行其空虚无事之处。【疏】注“禹之”至“之处”○正义曰：赵氏谓水性就下，宜行地中，故决江疏河，使由地中行。空虚，谓地中也。水行地上，则失水之性，而水不能安于无事矣。胡氏渭禹贡锥指云：“贾让曰：‘昔大禹治水，山陵当路者毁之，故凿龙门，辟伊阙，析底柱，破碣石。’此凿山之事也。孟子曰：‘禹掘地而注之海。’太史公曰：‘禹厮二渠以引其河，北载之高地，过洚水，至于大陆。’此穿地之事也。儒者蔽于一己之意见，凡耳目所不曾及，皆以为妄，过泥‘禹之行水，行所无事’之言，谓禹绝无所穿凿。殊不知尧之水灾，非寻常之水灾；禹之行水，非寻常之行水；审如所云，则后世筑堤置埽、开渠减水之人，皆得与禹功并垂天壤矣。鲧何以绩用弗成，禹何以配天无极哉？”按禹凿山穿地，不能无事，正所以使水行所无事。若禹只凭空论，无有实事，则水转不能无事矣。圣人明庶物，察人伦，仰而思之，夜以继日，忧勤极矣。乃所以使民行所无事也。春秋繁露王道通三篇云：“阳常居实位而行于盛，阴常居空位而行于末。故阴夏入居下，不得任岁事；冬出居上，置之空处也。养长之时伏于下，远去之，弗使得为阳也。无事之时，起之空处，使之备次陈守闭塞也。”阴阳终始篇云：“阴之行，固常居虚而不得居实，至于冬而止空虚，太阳乃得北就其类，而与水起寒。”此谓寒水之性，宜居空虚无事。赵氏之言本此。**如智者亦行其所无事，则智亦大矣。**【注】如用智者不妄改作，作事循理，若禹行水于无事之处，则为大智也。【疏】“如智”至“亦大矣”○正义曰：孟子以禹之行水，明大智者之行所无事。行所无事，即舜之无为而治也。礼记中庸云：“舜其大智也与？舜好问而好察迩言，隐恶而扬善，执其两端，用其中于民。”舜之大智，即舜之无为；而舜之无为，本于好问察言，执两用中；好问察言，执两用中，则由仁义行，所以无为而治。孟子恐人以行所无事为老氏之清净无为，故以禹之行水例之。行水必决河疏江，凿山穿地，而乃能使水行所无事。无为而治，必好问察言，执两用中，而乃能使民由仁义行。中庸云：“天命之谓性，率性之谓道，修道之谓教。”率乎性则行所无事，自以为智而用其智，则非率性而天下亦不能行所无事，此智之大小所由分也。**天之高也，星辰之远也，苟求**

其故，千岁之日至，可坐而致也。"【注】天虽高，星辰虽远，诚能推求其故常之行，千岁日至之日可坐知也。星辰日月之会，致，至也。知其日至在何日也。【疏】"天之"至"致也"○正义曰：礼记中庸篇云："今夫天，斯昭昭之多，及其无穷也，日月星辰系焉。"素问云："黄帝曰：'地之为下否乎？'岐伯曰：'地为人之下，太虚之中也。'曰：'凭乎？'曰：'大气举之也。'"盖地居中，天周其外。而地之去天，楚辞天问虽云"圜则九重"，而其里度实不可知。其高之无穷也，所可测者日月星辰而已。星者，二十八宿也。辰者，十二次也。分天为十二次，依于星象，天本无度，以星辰为度；星辰本无度，以日行为度，故测天者先测星辰，测星辰者先求日至。东方之宿角、亢、氐、房、心、尾、箕为苍龙，南方之宿东井、鬼、柳、七星、张、翼、轸为朱鸟，西方之宿奎、娄、胃、昴、毕、觜、参为白虎，北方之宿斗、牛、女、虚、危、室、壁为玄武。蔡邕月令章句云："周天三百六十五度四分度之一，分为十二次，日月之所躔也。每次三十度三十二分之十四，日至其初为节，至其中为中气。自危十度至壁八度谓之'豕韦之次'，立春、雨水居之。自壁八度至胃一度谓之'降娄之次'，惊蛰、春分居之。自胃一度至毕六度谓之'大梁之次'，清明、谷雨居之。自毕六度至井十度谓之'实沈之次'，立夏、小满居之。自井十度至柳三度谓之'鹑首之次'，芒种、夏至居之。自柳三度至张十二度谓之'鹑火之次'，小暑、大暑居之。自张十二度至轸六度谓之'鹑尾之次'，立秋、处暑居之。自轸六度至亢八度谓之'寿星之次'，白露、秋分居之。自亢八度至尾四度谓之'大火之次'，寒露、霜降居之。自尾四度至斗六度谓之'析木之次'，立冬、小雪居之。自斗六度至须女二度谓之'星纪之次'，大雪、冬至居之。自须女二度至危十度谓之'玄枵之次'，小寒、大寒居之。"此十二次即为十二辰，天每日左旋一周，日每日右行一度，天行赤道，日行黄道；黄道斜交于赤道，其交处为春秋分。自春分交赤道之北，至夏至而极北，距赤道最远；转而南行，至秋分交赤道之南，至冬至而极南，距赤道最远；又转而北行，至春分复交于赤道，其道斜络于二十八宿之间，故日之出入南北，皆以星辰为识。尧典"日中星鸟，日永星火，宵中星虚，日短星昴"，月令"孟春日在营室，仲春日在奎，季春日在胃，孟夏日在毕，仲夏日在东井，季夏日在柳，孟秋日在翼，仲秋日在角，季秋日在房，孟冬日在尾，仲冬日在斗，季冬日在婺女”，是也。日每岁环行于十二辰二十八宿之间，则此黄道之络于星辰者，为日躔之轨迹，即所谓故也。求其故，求日所行于星辰之度也。日所行之度即其故，而可知其所在，则两分两至定矣。日之行，极于两至，故以日至言之。张氏尔岐蒿庵闲话云：“历法每十九年为一章，第一章之初，年月日时俱会于甲子朔旦冬至，是为‘历元’。以后章首冬至必在朔旦，而非甲子日时。四章七十六年为一蔀，朔旦冬至在夜半子，与第一章同，而月日非甲子。二十蔀为一纪，凡一千五百二十年，冬至朔旦，乃甲子日甲子时而非甲子岁首。三纪共四千五百六十年，至朔同日，而年月日时俱会于甲子如初矣。孟子所谓‘千岁之日至’，正求此一元之初，年月日时俱会甲子朔旦冬至者也。”梅氏文鼎历学疑问云：“造法者，必有起算之端，是谓‘律元’。然律元之法有二：其一远溯初古，为七曜齐元之元，自汉太初至金重修大明术各所用之积年是也。其一为截算之元，自元授时不用积年日法，直以至元辛巳为元，而今西法亦以崇祯庚辰为元是也。二者不同，然以是为起算之端，一而已矣。夫所谓‘七曜齐元’者，谓上古之时，岁月日时皆会甲子，而又日月如合璧，五星如联珠，取以为造法之根数也。使其果然，虽万世遵用可矣。乃今二十一史中所载诸家历元无一同者，是其积年之久近，皆非有所受之于前，直以巧算取之而已。然谓其一无所据而出于胸臆，则又非也。当其立法之初，亦皆有所验于近事，然后本其时之所实测，以旁证于书传之所传，约其合者，既有数端，遂援之以立术，于是溯而上之，至于数千万年之远，庶几各率可以齐同，积年之法所由立也。然既欲其上合律元，又欲其不违近测，畸零分秒之数，必不能齐，势不能不稍为整顿，以求巧合。其始也，据近测以求积年；其既也，且将因积年而改近测矣。又安得以为定法乎？授时术知其然，故一以实测为凭，而不用积年虚率，上考下求，即以至元十八年辛巳岁前天正冬至为元，其见卓矣。”孟子“千岁日至”，赵注只云日至可知其日，疏则直云“千岁以后之日至可坐而定”，初不言立元。方氏观承五礼通考云：“孟子此章极精，并无律元之说。立元至太初术始有之。孟子当时岂知后世将有太初之术而预言之？夫律岂无元，然随代可立，不必追上古十一月甲子朔夜半冬至耳。孟子所谓日至者，亦兼二至在内，非专指冬至也。周礼土圭反专重夏至，尧典观象亦兼永短二至，其专以冬至为元者，亦始自太初也。孔子删书，断自尧典；司马迁作史，必欲追至黄帝，而穿凿附会不少矣。”按孟子以水之“行所无事”，比例率性者之“行所无事”，仍恐其不明也，故又例之以求日至。夫天之行赤道，日之行黄道，其所躔于星辰，而为分为至，不容小智之凿者也。谈性者可以凿空，求日至者断不容凿空，故孟子举一必不容凿空之日至以例言性，所以明性之不容凿空也。何也？凡治历者极精微巧妙，必与实测相孚，稍一凿空，便与天行不合。所以学问之事至于测天，断不容以小智妄说也。天之行如此，吾测之，吾求其故也，其至可致也。人之性如此，吾察之，吾求其故也，其利可知也。引喻之义，全在求其故。言性者，虽以故为说，实未尝求其故，故不知以利为本。言天者，虽以故为说，实未尝求其故，故千岁之日至不能坐而致。礼记礼器云“物产之致也精微”，注云：“致，致密也。”乐记云“致乐以治心”，注云：“致，犹深审也。”然则可坐而致即可坐而密，亦即可坐而深审。凡治历必求其密，密必由于深审，所以必深审而密者，则以天行不测，以变为常，至于千岁，则不能不通其变。盖不能离其故，而不能拘守其故，所以必求其故；求其故，即实测而深审之，斯其术乃可坐而知其密也。梅氏文鼎历学疑问云：“治历者当顺天以求合，不当为合以验天。若预为一定之法，而不随时修改，以求无弊，是为合以验天乎？吾尝征之天道矣。日有朝有禺，有中有昃，有夜有晨，此历一日而可知者也。月有朔有生明，有弦有望，有生魄，有下弦，有晦，此历一月而可知者也。时有春夏秋冬，昼夜有永短，中星有推移，此历一岁而可知者也。乃若荧惑之周天则历二年，岁星则十二年，土星则二十九年。夫至于十二年二十九年而一周，已不若前数之易见矣。又其每周之间，必有过不及之余分，所差甚微，非历多周，岂能灼见，乃若岁差之行，六七十年始差一度，历二万五千余年而始得一周，虽有期颐上寿，所见之差不过一二度，亦安从辨之？迨其历年既久，差数愈多，然后共见而差法立焉。此非前人之智不若后人也，前人不能预见后来之差数，而后人则能尽考前代之度分，理愈久而愈明，法愈修而愈密，势则然耳。问者曰：若是则圣人之智有所穷欤？曰：使圣人为一定之法，则穷矣。惟圣人深知天载之无穷而不为一定之法，必使随时修改以求合天，是则合天下万世之聪明以为其耳目，圣人之所以不穷也。”按自黄帝迎日推策，考定日星，少皞立司分司至之官，颛顼制历，由来尚矣。而尧典则纪嵎夷、南交、西、朔方之宅，舜又有璇玑玉衡之在，周礼地官用土圭之法以测日景之长短，历代皆用实测，未有凿空以言者也。诚以寒暑昼夜有常，而其差则随时而变，非即其故而时时求测之，不易合也。人性之善，亦如寒暑昼夜之有常也。至其智之随时而变，亦如天行之有岁差也。非即其故而时时察之思之，不易言也。岁而无差，则故不必求，日至不千岁，则差不著见。孟子言日至而曰千岁，千岁二字即括岁差而言。舍故则日至不可知，泥其故而不能随时以实测求之，则千岁之日至不可致。此孟子言历之精，即孟子言性之精也。江氏永冬至权度云："履端于始，序则不愆，术家详求冬至，且求千岁以上冬至，证之史传，或离或合，其故难言。元史有六术冬至，开载鲁献公戊寅至至元庚辰四十九事，纪大衍、宣明、纪元、统天，重修大明、授时时刻之异同，勿庵梅氏因之作春秋以来冬至考，删去献公一事，各以其术本法详衍，算术虽明，而未有折衷。永因梅氏所考定者，用实法推算，有不合者，断其为术误史误，俟知数者考焉。一论'平岁实'，太阳本天有平行，尽黄道一周为'平岁实'，与月五星周平朔策，合率同理。别有本轮均轮最高最卑之行，以视行加减平行，二十四气，时刻多少，岁岁不同；而古今冬至，不能以一率齐之，是为活泛之岁实。犹之月有实会，逐月不同；五星有实合，每周不同也。授时、大统以前，太阳高卑之理未明，虽知一岁之行有盈缩，不悟盈缩之中为平岁实；但求岁实于活泛之冬至，故一术必更一周率与岁实，然合今则戾古，合古又违今。统天术遂立距差躔差之法，暗藏消长，以求上下两合，授时术本之，有百年长一消一之说。西法本回回，以春分相距，测定岁周，小余五小时三刻三分四十五秒，以万分通之，为二四二一八七五，此为平行之岁实小余，而各节气之定气，则以均度加减定之，此不易之法也。欲考往古冬至，当以'平岁实'为本，算当年平冬至时刻，乃以定冬至较之，知其距最卑之远近，或与今法有不合，则知其时本轮均轮之有半径差，有相去之远者，则知史传所记非实测。所谓'苟求其故，千岁之日至可坐而致'者，此为庶几焉。倘以授时之岁实为岁实，而以百年长一消一为准，则非法矣。一论'最卑行'，太阳本轮最卑点为缩末盈初之端，岁有推移，与月入转五星入律，皆有盈度同理。平冬至之改为定冬至也，视此点之前后远近，以加度而减时，减度而加时焉。至元辛巳间，最卑与平冬至同度，自是以前，定冬至皆在平冬至前，以后定冬至皆在平冬至后，最卑有行度故也。西法近率，最卑岁行一分一秒十微，以远年冬至考之，此率似微朒，大约当加二秒，上求古时定冬至，以此为准焉。一论'轮径差'，既卑既有行度矣，而太阳之体在均轮，均轮之心在本轮，本轮之心在本天，此两轮半径，古今又有不同，则距地远近两心有差，西法始定两轮半径，并千万分之三十五万八千四百一十六，而今又渐减，则古时必多于此半径，大则加减差亦大，而以均度变时分，加减于平冬至者，视今时必稍赢焉，此差率出于恒差之外，术家亦不能定者也。上考往古，又当以此消息之。”

章指言：能修性守故，天道可知，妄智改常，必与道乖，性命之指也。【疏】“修性守故”○正义曰：周氏广业孟子章指考证云：“修，文选注作‘循’，唐人书修循二字多混淆。”

27 **公行子有子之丧，右师往吊，入门，有进而与右师言者，有就右师之位而与右师言者。**【注】公行子，齐大夫也。右师，齐贵臣王驩，字子敖。公行之丧，齐卿大夫以君命会，各有位次，故下云朝廷也。与言者，皆谄于贵人也。【疏】“公行子”至“言者”○正义曰：顾氏炎武日知录云：“礼，父为长子斩衰三年，故云公行子有子之丧，而孟子与右师及齐之诸臣皆往吊。”毛氏奇龄经问云：“或问公行子有子之丧，说者皆曰公行子丧亲而身居子位，名曰子丧，谓有人子之丧也。然乎？曰：非也。公行子有子之丧，谓公行子丧其子，非身居子丧也。凡丧必有主，然有君为臣主者，有父为子主者，如小记云‘父主子丧而有杖’，又奔丧云‘凡丧，父在父为主’，是子丧父主，明有定礼。当时公行氏丧子，正身为丧主，以受宾吊，一如檀弓所云‘子夏丧其子而曾子吊之’。礼，凡称有某丧，皆实指死者言之，谓其人之死丧也。若以指生者，则檀弓‘曾子有母之丧’，‘子路有姊之丧’，不成有人母人姊之丧乎？”钱氏大昕潜研堂答问云：“问：公行子有子之丧，何以君命往吊？曰：仪礼丧服篇‘父为长子斩衰三年’，传曰：‘何以三年也？正体于上，又乃将所传重也。庶子不得为长子三年，不继祖也。’郑氏注云：‘此言为父后者然后为长子三年，重其当先祖之正体，又以其将代己为宗庙主也。’公行子当是为父后者，其子盖长子也。大夫之嫡长，在国谓之国子，入学与世子齿焉者也。在家谓之门子，春秋传‘大夫门子，皆从郑伯’是也。故其丧也，父为之服斩衰三年，君使人吊，卿大夫咸往会焉。周礼卿大夫士之丧，职丧以国之丧礼莅其禁令。孟子所称不历位不逾阶之礼，即职丧之禁令也。”赵氏佑温故录云：“进，前也。此右师甫入门未即位时，趋迎揖之者，即所谓逾阶也。与下就右师之位，皆人之进，人之就。众人皆往吊，先集而右师独后至，书法特书‘右师往吊’，亦似以右师主其事，孟子盖不得已从众也。”○注“公行子齐大夫也”○正义曰：荀子大略篇云：“公行子之之燕。”注云：“孟子曰：‘公行子有子之丧，右师往吊。’赵岐注云：‘齐大夫也。’子之，盖其先也。”广韵“公”字注云：“孟子有公行子著书，左传晋成公以卿之庶子为公行大夫，其后氏焉。”

孟子不与右师言。右师不悦，曰：“诸君子皆与驩言，孟子独不与驩言，是简驩也。”【注】右师谓孟子简其无德，故不与言，是以不悦也。【疏】“是简驩也”○正义曰：吕氏春秋骄恣篇云“自骄则简士”，高诱注云：“简，傲也。”说苑修文篇云：“君子思礼以修身，则怠惰慢易之节不至。”又云：“孔子曰：‘可也简。’简者，易野也。易野者，无礼文也。”简则非礼，故孟子以礼言之。

孟子闻之曰：“礼，朝廷不历位而相与言，不逾阶而相揖也。我欲行礼，子敖以我为简，不亦异乎！”【注】孟子闻子敖之言，曰我欲行礼，故不历位而言，反以我为简易也。云以礼者，心恶子敖，而外顺其辞也。【疏】“礼朝廷”至“揖也”○正义曰：礼记曲礼云：“临丧不笑，揖人必违其位。”孔氏正义云：“位，谓己之位也。于位而见前人己所宜敬者，当离己位而向彼遥揖。礼以变为敬，是以燕礼‘君降阶尔卿大夫’，郑注云：‘尔，近也。’揖而后移近之，明君臣皆须违位而揖也。”陈祥道礼记讲义云：“此所言，乃燕居之礼。孟子所言，朝廷之礼。朝廷尚严，燕居尚和，言之不同，所主之礼异也。”○注“反以我为简易也”○正义曰：赵氏以易释简也。闽、监、毛三本作“异”，非是。

章指言：循礼而动，不合时人；阿意事贵，胁肩所尊，俗之情也。是以万物皆流，而金石独止。【疏】“阿意事贵”○正义曰：汉书刘向传武帝诏曰：“周堪不能阿尊事贵。”○“是以万物皆流而金石独止”○正义曰：说苑谈[一]丛篇云：“水浮万物，玉石留止。”

28　孟子曰：“君子所以异于人者，以其存心也。君子以仁存心，以礼存心。仁者爱人，有礼者敬人；爱人者人恒爱之，敬人者人恒敬之。【注】存，在也。君子之在心者，仁与礼也。爱敬施行于人，人必反之己也。【疏】注“存在也”○正义曰：赵氏以在释存，盖以在为察，在心即省察其心，下文自反皆察也。有人于此，其待我以横逆，则君子必自反也：我必不仁也，必无礼也，此物奚宜至哉？【注】横逆者，以暴虐之道来加我也。君子反自思省，谓己仁礼不至也。物，事也。推此人何为以此事来加我。【疏】注“物事”至“加我”○正义曰：毛诗大雅烝民“有物有则”，传云：“物，事也。”尔雅释诂云：“宜，事也。”韩非子喻老篇云：“事，为也。”是奚宜即何为也。至之义为来，故云来加我。其自反而仁矣，自反而有礼矣，其横逆由是也，君子必自反也：我必不忠。【注】君子自谓，我必不忠。自反而忠矣，其横逆由是也，君子曰：此亦妄人也已矣！如此则与禽兽奚择哉？于禽兽又何难焉？【注】妄人，妄作之人。无知者与禽兽何择异也。无异于禽兽，又何足难也。【疏】“又何难焉”○正义曰：周礼调人“掌司万民之难而调和之”，注云：“难相与为仇雠。”○注“妄人”至“知者”○正义曰：礼记儒行篇云“今众人之命儒也妄”，注云：“妄之言无也。”虞翻解易无妄云：“妄，亡也。”亡即无也。不知而作，是为妄作，故妄作即犹禽兽之无知也。○注“与禽兽何择异也”○正义曰：吕氏春秋简选篇云“与恶剑无择”，高诱注云：“择，别也。”又离谓篇云“其与桥言无择”，高诱注云：“择，犹异也。”是故君子有终身之忧，无一朝之患也。乃若所忧则有之：舜人也，

[一]“谈”原误“说”，据说苑改。

我亦人也。舜为法于天下，可传于后世，我由未免为乡人也。是则可忧也。【注】君子之忧，忧不如尧舜也。【疏】"是故"至"忧也"〇正义曰：礼记檀弓云："子思曰：'丧三日而殡，凡附于身者，必诚必信，勿之有悔焉耳矣。三月而葬，凡附于棺者，必诚必信，勿之有悔焉耳矣。丧三年以为极，亡则弗忘之矣。故君子有终身之忧，而无一朝之患。'"郑氏注以"终身之忧"为"念其亲"，"无一朝之患"为"毁不灭性"，"盖君子有终身之忧，无一朝之患"，此二语当古有之，子思引以说人子之念亲，孟子引之说君子之待横逆，故下申言之。贾谊新书劝学篇云："谓门人学者：舜何人也，我何人也？夫启耳目，载心意，从立移徙，与我同性，而舜独有贤圣之名，明君子之实，而我曾无邻里之闻。宽徇之智者，独何与？然则舜僶俯而加志，我儃僈而弗省耳。"此即用孟子之言而衍之，故下即言"西子蒙不洁"，亦用孟子语也。忧之如何？如舜而已矣。【注】忧之当如之何乎，如舜而后可，故终身忧也。若夫君子所患则亡矣，非仁无为也，非礼无行也。如有一朝之患，则君子不患矣。"【注】君子之行，本自不致患，常行仁行礼。如有一朝横来之患，非己愆也。故君子归天，不以为患也。【疏】注"故君子归天"〇正义曰：后汉书顺帝纪云"令刺史二千石之选归任三司"，注云："归，犹委任也。"此云归天，谓委任于天也。

章指言：君子责己，小人不改，比之禽兽，不足难矣。蹈仁行礼，不患其患，惟不若舜，可以忧也。

29　禹、稷当平世，三过其门而不入，孔子贤之。颜子当乱世，居于陋巷，一箪食，一瓢饮，人不堪其忧，颜子不改其乐，孔子贤之。孟子曰："禹、稷、颜回同道，【注】当平世三过其门者，身为公卿，忧民急也。当乱世安陋巷者，不用于世，穷而乐道也。孟子以为忧民之道同，用与不用之宜若是也，故孔子俱贤之。禹思天下有溺者，由己溺之也。稷思天下有饥者，由己饥之也。是以

如是其急也。禹、稷、颜子，易地则皆然。【注】禹、稷急民之难若是，颜子与之易地，其心亦然。不在其位，劳佚异矣。【疏】“禹思”至“饥之也”〇正义曰：音义于上章“我由未免为乡人也”云：“丁云：‘由与犹义同，后皆放此。’”然则此由亦犹也。谢少宰墉谓“由当读如字。盖己既为司空，则天下之溺由于己；己既为后稷，则天下之饥由于己。读为犹，尚是譬况未合”。此深得孟子之旨矣。**今有同室之人斗者，救之，虽被发缨冠而救之可也。乡邻有斗者，被发缨冠而往救之，则惑也。虽闭户，可也。”**【注】缨冠者，以冠缨贯头也。乡邻，同乡也。同室相救，是其理也，喻禹、稷走赴。乡邻非其事，颜子所以阖户而高枕也。【疏】注“缨冠者以冠缨贯头也”〇正义曰：说文糸部云：“缨，冠系也。”刘熙释名释首饰云：“缨，颈也。自上而下系于颈也。”急于戴冠，不及使缨摄于颈，而与冠并加于头，是以缨为冠，故云缨冠，赵氏此注精矣。〇注“以冠缨贯头”〇廷琥曰：按刘熙释名释首饰云：“冠，贯也。所以贯韬发也。”说文云：“毌，读若冠。”是冠有贯义。〇注“颜子所以闭户而高枕也”〇正义曰：楚辞九辨云：“尧舜皆有举任兮，故高枕而自适。”韩非子守道篇云：“战如贲、育，守如金石，则君人者高枕而守已完矣。”战国策魏策：“张仪曰：‘则大王高枕而卧，国必无忧矣。’”贾谊新书益壤篇、史记留侯世家、扬雄解嘲皆云“高枕”。

章指言：上贤之士，得圣一概，颜子之心，有同禹、稷，时行则行，时止则止，失其节则惑矣。【疏】“上贤之士得圣一概”〇正义曰：扬子法言重黎篇序云：“仲尼以来，国君将相，卿士名臣，参差不齐，一概诸圣。”〇“失其节则惑矣”〇正义曰：易杂卦传云：“节，止也。”失节，谓不知止。

30　**公都子曰：“匡章，通国皆称不孝焉。夫子与之游，又从而礼貌之，敢问何也？”**【注】匡章，齐人也。一国皆称不孝，问孟子何为与之游，又礼之以颜色喜悦之貌也。【疏】注“又礼”至“貌也”○正义曰:荀子礼论篇云“情貌之尽也”,注云:“情,忠诚也。貌,恭敬也。言人所施忠敬,无尽于君者。”说苑修文篇云:“书曰五事,一曰貌,貌若男子之所以恭敬,妇人之所以姣好也。其以入君朝,尊以严;其以入宗庙,敬以忠;其以入乡曲,和以顺;其以入州里族党之中,和以亲。”荀子言礼貌属君,则当为尊严。孟子之礼貌在匡章,则当为和亲。故以为颜色喜悦之貌也。楚辞九章惜诵篇云“情与貌其不变”,注云:“志愿为情,颜色为貌。”

孟子曰:“世俗所谓不孝者五:惰其四支,不顾父母之养,一不孝也;博奕,好饮酒,不顾父母之养,二不孝也;好货财,私妻子,不顾父母之养,三不孝也;从耳目之欲,以为父母戮,四不孝也;好勇斗很,以危父母,五不孝也。章子有一于是乎?【注】惰懈不作,极耳目之欲以陷罪,戮及父母,凡此五者,人所谓不孝之行,章子岂有一事于是五不孝中也。【疏】“好勇斗很”○正义曰:翟氏灏考异云:“说文彳部:‘很,胡恳切,不听从也。盭也。’犬部:‘狠,五还切,吠斗声。’两字截然不同。此斗很字必当如曲礼‘很毋求胜’之很,而坊本多误作‘狠’。据广韵‘很’字下注云:‘俗作狠。’盖以狠代很,唐固尝有之。然音与义悉大别,纵或俗行,不可施诸经典。”荀子荣辱篇云:“斗者,忘其身者也,忘其亲者也,忘其君者也。行其少顷之怒,而丧终身之躯,然且为之,是忘其身也。室家立残,亲戚不免于刑戮,然且为之,是忘其亲也。”注云:“盖当时禁斗杀人之法,戮及亲戚。”尸子曰:“非人君之用兵也,以为民伤斗,则以亲戚徇一言而不顾之也。”**夫章子,子父责善而不相遇也。责善,朋友之道也。父子责善,贼恩之大者。**【注】遇,得也。章子子父亲教,相责以善,不能相得,父逐之也。朋友切磋,乃当责善耳。父子相责以善,贼恩之大也。【疏】注“遇得也”○正义曰:隐公四年夏,公及宋公遇于清。穀梁传云:“遇者,志相得也。”桓公十年秋,公会卫侯于桃丘,弗遇。穀梁传云:“弗遇者,志不相得也。”○注“章子”至“大也”○正义曰:全氏祖望经史问答云:“章子之事,见于国策,姚氏引春秋后语证之,所纪略同。吴礼部曰:孟子以为子父责善而不相遇,恐即此事。然必国策所云,何以言责善?况在威王时，颇疑与孟子不相接。答曰：章子见国策，最早当威王时，据国策威王使章子将而拒秦，威王念其母为父所杀，埋于马栈之下，谓曰：'全军而还，必更葬将军之母。'章子对曰：'臣非不能更葬母。臣之母，得罪臣之父，未教而死。臣葬母，是欲死父也。故不敢。'军行，有言章子以兵降秦者三，威王不信，有司请之，王曰：'不欺死父，岂欺生君。'章子大胜秦而返。国策所述如此。然则所云责善，盖必劝其父以弗为已甚而父不听，遂不得近，此自是人伦大变，章子之黜妻屏子，非过也。然而孟子以为贼恩则何也？盖章子自胜秦以前，所以处此事者，本不可以言遇。然其胜秦而还，则王必葬其母矣，而章子之黜妻屏子，终身如故，是在章子亦以恫母之至，不仅以一奉君命，得葬了事，未尝非孝，而不知是则似于扬父生前之过，自君子言之，以为非中庸矣。故孟子亦未尝竟许之。而究之矜其遇，谅其心，盖章子自是至性孤行之士，晚近所不可得，虽所行未必尽合，而直不失为孝子。但章子之事，未必在威王之世，威王未尝与秦交兵，齐秦之斗在宣王时，而伐燕之役，将兵者正是章子，则恐其误编于威王策中者。即不然，亦是威王末年。"**夫章子岂不欲有夫妻子母之属哉？为得罪于父，不得近，出妻屏子，终身不养焉。**【注】夫章子岂不欲身有夫妻之配，子有子母之属哉，但以身得罪于父，不得近父，故出去其妻，屏远其子，终身不为妻子所养也。**其设心以为不若是，是则罪之大者。是则章子已矣。"**【注】章子张设其心，执持此屏出妻子之意，以为人得罪于父，而不若是以自责罚，是则罪益大矣。是章子之行已矣，何为不可与言。【疏】注"章子"至"之意"○正义曰：说文言部云："设，施陈也。"弓部云："张，施弓弦也。"是设即张也。张则有强义，昭公十四年左传云"臣欲张公室也"，国策西周策云"破秦以张韩魏"，注皆以张为强，是也。以此意张设于心，强而莫改，故为执持此意也。○注"是章"至"与言"○正义曰：周氏广业孟子古注考云："宋本古本有之，今并阙。"

章指言：匡章得罪，出妻屏子，上不得养，下以责己，众曰不孝，其实则否，是以孟子礼貌之也。

31　曾子居武城，有越寇。或曰："寇至，盍去诸？"【注】盍，何不也。曾子居武城，有越寇将来，人曰寇方至，何不去之。【疏】"曾子居武城有越寇"○正义曰：周氏柄中辨正云："史记仲尼弟子列传：'曾参，南武城人。澹台灭明，武城人。'后人遂疑鲁有两武城，而谓子羽为今费县之武城，曾子则别一武城，在今之嘉祥县。愚按：嘉祥县有南武山，上有阿城，亦名南武城，后人因南武山之城，遂附会为曾子所居，此大谬也。新序云：'鲁人攻鄪，曾子辞于鄪君。'战国策甘茂亦言'曾子处鄪'，是曾子所居，即费县之武城，非有二地，而史记云南武城者，因清河有东武城，在鲁之北，故加南以别之，据汉人之称耳。武城，汉志作'南成'，后汉志作'南城'，至晋始为南武城，今故城在费县西南九十里，属兖州府。"又云："汉志'越王勾践尝治琅玡，起馆台'。考春秋时，琅玡为今山东沂州府，鲁费在沂州府费县西南七十里，武城在县西南九十里。哀八年：'吴伐鲁，从武城。初武城人或有因于吴境田焉，拘鄫人之沤菅者，曰：何故使吾水滋？及吴师至，拘者道之以伐武城。'观此则沂州之地，久已为吴之错壤，越灭吴而有其地，且徙治琅玡，则与武城密迩，阎潜丘谓'吴未灭与吴邻，吴既灭与越邻'是也。或云越寇季氏，非寇鲁。此并无所据。左传哀二十一年，越人始来。二十三年，叔青如越，越诸鞅来报聘。二十四年，公如越。二十五年，公至自越。二十六年，叔孙舒帅师会越人纳卫侯。二十七年，越使后庸来聘。是年八月，公如越。越又尝与鲁泗东地方百里。以此观之，越自灭吴后，与鲁修好，未尝加兵，而哀公尝欲以越伐鲁而去三桓。武城近费，季氏之私邑在焉。说者因谓越寇季氏非寇鲁，亦臆度之言耳。"赵氏佑温故录云："仲尼弟子列传'曾参，南武城人。澹台灭明，武城人'，同言武城，而上独别之以南，明是两地。曾子居武城，自即今费县之武城，为子游、子羽邑，而非即南武城为曾子本邑者。若其本邑也，则家室在焉，丘墓在焉，即云为师，亦党庠里塾之常，所谓乡先生者矣。一旦寇难之来，方将效死，徙无出乡，相守望扶持之义，而徒以舍去鸣高，岂絜人情？嘉祥今于曲阜为西南，与钜野县皆古大野地，曾子祠墓存焉。质诸传记，或离或合，要于鲁有两武城。武城地险多事，故见经屡，南武城没不见经，而曾子自为南武城人，非武城人。"

曰:"无寓人于我室,毁伤其薪木。寇退,则曰:修我墙屋,我将反。"【注】寓,寄也。曾子欲去,戒其守人曰,无寄人于我室,恐其伤我薪草树木也。寇退,则曰治墙室之坏者,我将来反。【疏】注"寓寄"至"来反"○正义曰:方言云:"寓,寄也。齐、卫、宋、鲁、陈、晋、汝、颍、荆州、江、淮之间,或曰寓。"孔氏广森经学卮言云:"按两'寇退'文复。以前十一字皆曾子属武城人语,言无毁伤我薪木,假令寇退,则急修我墙屋,我犹反耳。此曰字,义如'曰为改岁'之曰,语辞也。"

寇退,曾子反。左右曰:"待先生如此其忠且敬也。寇至则先去以为民望,寇退则反,殆于不可。"【注】左右相与非议曾子者,言武城邑大夫敬曾子,武城人为曾子忠谋,劝使避寇,君臣忠敬如此,而先生寇至则先去,使百姓瞻望而效之,寇退安宁则复来还,殆不可如是。怪曾子何以行之也。【疏】"殆于不可"○正义曰:王氏引之经传释词云:"于,犹为也。礼记郊特牲'埽地而祭,于其质也',又曰'于其质而已矣',皆谓为其质不为其文也。大戴礼曾子本孝篇曰'如此而成于孝子也',言如此而后成为孝子也。孟子'殆于不可',言殆为不可也。于与为同义。"

沈犹行曰:"是非汝所知也。昔沈犹有负刍之祸,从先生者七十人,未有与焉。"【注】沈犹行,曾子弟子也。行谓左右之人曰,先生之行,非汝所能知也。先生,曾子也。往者先生尝从门徒七十人,舍吾沈犹氏,时有作乱者曰负刍,来攻沈犹氏,先生率弟子去之,不与其难。言师宾不与臣同。【疏】注"沈犹行曾子弟子也"○正义曰:广韵二十一侵:"沈,直深切。汉复姓有沈犹氏。"翟氏灏考异云:"荀子儒效篇:'仲尼将为司寇,沈犹氏不敢朝饮其羊。'沈犹,盖鲁之著氏也。汉书楚元王传'景帝封其子岁为沈犹侯',晋灼注曰:'沈,音审。'王子侯表属千乘郡高宛。地与氏,古应相因,地既读审,氏亦未必他读,广韵所收,惟备博闻而已。"○注"时有作乱者曰负刍"○正义曰:钱氏大昕潜研堂答问云:"春秋有曹伯负刍,史记有楚王负刍,负刍为人名审矣。"

子思居于卫,有齐寇。或曰:"寇至,盍去诸?"子思曰:

"如伋去,君谁与守?"【注】伋,子思名也。子思欲助卫君赴难。【疏】注"伋子"至"赴难"○正义曰:史记孔子世家云:"孔子生鲤,字伯鱼,伯鱼年五十,先孔子死。伯鱼生伋,字子思,年六十二,尝困于宋。子思作中庸。"

孟子曰:"曾子、子思同道。曾子,师也,父兄也。子思,臣也,微也。曾子、子思,易地则皆然。"【注】孟子以为二人同道。曾子为武城人作师,则其父兄,故去留无毁。子思,微少也,又为臣。委质为臣当死难,故不去也。子思与曾子,易处同然。【疏】注"故去留无毁"○廷琥按:说文土部云:"毁,缺也。"广雅释言云:"毁,亏也。"去留无毁,谓曾子处师位,去留皆可,于道无所亏缺也。

章指言:臣当营君,师有余裕,二人处义,非殊者也。是故孟子纪之,谓得其同。【疏】"谓得其同"○正义曰:周氏广业孟子章指考证云:"同,小字宋本、足利本并作'宜'。"

32 储子曰:"王使人瞰夫子,果有以异于人乎?"【注】储子,齐人也。瞰,视也。果,能也。谓孟子曰,王言贤者身貌必当有异,故使人视夫子能有异于众人之容乎。【疏】"王使人瞰夫子"○正义曰:阮氏元校勘记云:"'王使人瞯夫子',宋九经本、岳本、咸淳衢州本、孔本、韩本、考文古本同。监、毛二本瞯作'瞰',闽本注作'矙'。按音义出'瞯',夫作'瞯',盖此正与滕文公篇'阳货瞰孔子'同字,音勘,讹为'瞯',而以古苋切之,非也。下章同。"○注"储子"至"容乎"○正义曰:储子见战国策燕策,谓齐宣王破燕者。此亦言储子为相,是为齐人也。王氏念孙广雅疏证云:"覵之言间也,间,覗也。方言云:'瞯,眄也。吴、扬、江、淮之间曰瞯。'孟子离娄篇'王使人瞯夫子',注云:'瞯,视也。'瞯与覵同。"按赵氏以视释瞰,自非瞯字。荀子非相篇云:"相人,古之人无有也。学者不道也。古者有姑布子卿,今之世梁有唐举,相人之形状颜色而知其吉凶妖祥,世俗称之,古之人无有也。学者不道也。故相形不如论心,论心不如择术,形不胜心,心不胜术。"相,即视也。周礼大司徒“以相民宅而知其利害”,注云:“相,占视也。”赵氏盖以齐王使善相人者相孟子之形状也。下注言“尧舜之貌与凡人同,所以异乃仁义之道在内”,即荀子“相形不如相心”之说也。

孟子曰:“何以异于人哉?尧舜与人同耳。”【注】人生同受法于天地之形,我当何以异于人哉。且尧舜之貌,与凡人同耳,其所以异,乃以仁义之道在于内也。

章指言:人以道殊,贤愚体别,头员足方,善恶如一。储子之言,齐王之不达也。【疏】“头员足方”○正义曰:大戴记曾子天员篇云:“单居离问于曾子曰:‘天圆而地方者,诚有之乎?’曾子曰:‘天之所生上首,地之所生下首;上首之谓圆,下首之谓方。’”注云:“人首圆足方,因系之天地。”汉书刑法志云“人肖天地之貌”,注引应劭云:“肖,类也。头员象天,足方象地。”周氏广业孟子章指考证云:“应氏说本孝经援神契。”

33 **齐人有一妻一妾而处室者,其良人出,则必餍酒肉而后反。其妻问所与饮食者,则尽富贵也。**【注】良人,夫也。尽富贵者,夫诈言其姓名也。【疏】注“良人”至“名也”○正义曰:仪礼士昏礼云“媵御良席在东”,注云:“妇人称夫曰良。孟子曰:‘将见良人之所之。’”王氏念孙广雅疏证云:“良,长也。齐语云:‘四里为连,连为之长;十连为乡,乡有良人。’是良与长同义。妇称夫曰良人,义亦同也。”又云:“郎之言良也,少仪‘负良绥’,郑注云:‘良绥,君绥也。’良与郎,声之侈弇耳。犹古者妇称夫曰良,而今谓之郎也。”当时富贵之人,皆有姓名,其夫必悉言之。经浑括其辞云“则尽富贵”,故赵氏明之。

其妻告其妾曰:“良人出,则必餍酒肉而后反,问其与饮食者,尽富贵也,而未尝有显者来。吾将瞷良人之所之也。”【注】妻疑其诈,故欲视其所之。【疏】“吾将瞷良人之所之也”○正义曰:臧氏琳经义杂记云:“祭义记:‘燔燎膻芗,见以萧光。’又:‘荐黍稷,羞肝肺首心,见间以侠甒。'注:'见及见间,皆当为覸,字之误也。燔燎馨香,覸以萧光,取牲祭脂也。覸以侠甒,谓杂之两甒醴酒也。'正义曰:'覸,谓杂也。'据意皆是覸杂之理,观此可知。说文见部无'覸'字,覞部云:'覵,很视也。齐景公之勇臣有成覵者。'今孟子滕文公上'成覸谓齐景公曰',与离娄下'覸良人'同字。然则覸即覵之俗。说文:'覞,并视也。从二见。'覵从覞,故郑训为杂,与说文义合。孟子'将覵良人之所之'者,谓齐人妻将杂并众人之中,而视其夫所至也。赵氏只训为视,语意未周。"按郑以覸为杂者,读覸为间杂之间也。赵氏本瞷自是瞰,故训为视。释名释恣容云:"视,是也。察其是非也。"此不过察其是非,不必为间谍也。

蚤起,施从良人之所之,遍国中无与立谈者。卒之东郭墦间,之祭者乞其余,不足,又顾而之他。此其为餍足之道也。【注】施者,邪施而行,不欲使良人觉也。墦间,郭外冢间也。乞其祭者所余酒肉也。【疏】注"施者邪施而行"○正义曰:钱氏大昕潜研堂答问云:"施,古斜字。史记贾生列传'庚子日施兮',汉书作'斜'。邪、斜音义同也。"按施与迤通,淮南子要略训云"接径直施",注云:"施,衺也。"故赵氏以邪释施。程氏瑶田通艺录沟洫疆理小记云:"'东郭墦间',墦之言坟也。以不坟者间之,则墦间亦犹两者之间类也。"王氏念孙广雅疏证云:"释丘:'墦,冢也。'说文:'冢,高坟也。'墦之言般也,方言云:'般,大也。'山有嶓冢之名,义亦同也。"阎氏若璩释地云:"余每读'东郭墦间之祭者',赵注:'墦间,郭外冢间也。'以为此古墓祭之切证。不知何缘至东汉建宁五年,蔡邕从车驾上陵,谓同坐者曰'闻古不墓祭',魏文帝黄初三年诏曰'古不墓祭',自作终制曰'礼不墓祭',此言既兴,下到今纷纷撰述,皆以墓祭为非古。余谓孟子且勿论,请博征之。成阳灵台碑:'庆都仙殁,盖葬于兹,名曰灵台,上立黄屋,尧所奉祠。'非墓祭之见于集乎?韩诗外传:'曾子曰:椎牛而祭墓,不如鸡豚逮亲存。'非墓祭之见于子乎?周本纪'成王上祭于毕',毕,文王墓地也。非墓祭之见于史乎?周礼冢人'凡祭墓为尸',非墓祭之见于经乎?更有可言者,孟子之前,孔子卒,葬鲁城北泗水上,鲁世世相传,以岁时奉祠孔子冢,岂有非礼之祭,而敢辄上圣人之冢者哉?"曹氏之升摭余说云:"何氏焯读书记云,宋元刊本以‘卒之东郭墦间’句,‘之祭者乞其余’句,‘不足’句,‘又顾而之他’句。上文‘瞷良人之所之’,此‘卒之’字、‘之祭者’字、‘之他’字,紧相贯注。按卒字句,之字属下东郭,东郭之墦冢非一,不必冢间皆有祭者,则其之东郭墦间矣。再瞷之,乃之祭者乞其余矣。赵氏言乞祭者所余酒肉,固以‘之祭者乞其余’为句。”

其妻归告其妾,曰:“良人者,所仰望而终身也,今若此。”与其妾讪其良人,而相泣于中庭。【注】妻妾于中庭悲伤其良人,相对泣涕而谤毁之。【疏】注“妻妾”至“毁之”○正义曰:说文言部云:“讪,谤也。”一切经音义引苍颉篇曰:“讪,诽毁也。”容斋二笔谓:“孟子‘齐人有一妻一妾’云云,反复数十百语,而以‘今若此’三字结之。比诸左传‘叔孙武叔使郈马正侯犯杀郈宰’云云,末以‘使如之’三字结之。”按孟子叙事,前云“其良人出,则必餍酒肉而后反,其妻问所与饮食者,则尽富贵也。其妻告其妾曰,良人出,必餍酒肉而后反,问所与饮食者,尽富贵也”,复上文,不嫌烦也。下云“蚤起,施从良人之所之,遍国中无与立谈者,卒之东郭墦间,之祭者乞其余,不足,又顾而之他,此其为餍足之道也,其妻归告其妾”,“蚤起”下四十四字,上承“吾将瞷良人之所之也”,下接“其妻归告其妾”,所瞷于目中者如此,所归而告于妾者亦如此。用“其妻归告其妾”六字括上四十四字,不须复述也。既告之后,乃复曰“良人者,所仰望而终身者也,今若此”,此字指上四十四字,已归而告,故用此字指之。“其妻归告其妾”六字句,不连曰字也。其下原有讪毁之辞,不复行之于文,故于“今若此”三字下云“与其妾讪其良人”,乃浑括之辞,与“则尽富贵”同。今若此三字非结语也。**而良人未之知也,施施从外来,骄其妻妾。**【注】施施犹扁扁,喜悦之貌。以为妻妾不知,如故骄之也。【疏】注“施施犹扁扁喜悦之貌”○正义曰:音义云:“施施,丁依字。诗曰:‘将其来施施。’”按毛诗王风丘中有麻传云:“施施,难进之意。”笺云:“施施,舒行伺间,独来见己之貌。”赵氏皆不用,以为“犹扁扁”者,诗小雅巷伯“缉缉翩翩”,释文云:“翩字又作‘扁’。”张华鹪鹩赋云“翩翩然有以自乐也”,施之义为衺,偏之义亦为衺。施施犹扁扁,即犹偏偏,以转注为假借也。汉书叙传云“魏其翩翩”,颜师古注亦云:“翩翩,自喜之貌。”

由君子观之，则人之所以求富贵利达者，其妻妾不羞也而不相泣者，几希矣！【注】由，用也。用君子之道观之，今求富贵者，皆以枉曲之道，昏夜乞哀而求之，以骄人于白日，由此良人为妻妾所羞为所泣伤也。几希者，言今苟求富贵，妻妾虽不羞泣者，与此良人妻妾何异也。【疏】注"由用也"○正义曰：毛诗王风"君子阳阳，右招我由房"，传云："由，用也。"此由如字，故训用。下"由此良人"之由，则为犹之通借字。

章指言：小人苟得，谓不见知；君子观之，与正道乖。妻妾犹羞，况于国人，著以为戒，耻之甚焉。

孟子正义卷十八

孟子卷第九

万章章句上凡九章。【注】万章者，万姓，章名，孟子弟子也。万章问舜孝，犹论语颜渊问仁，因以题篇。【疏】注"万章"至"子也"○正义曰：齐乘云："万章，滕州南万村有墓，齐人，孟子弟子。"赵氏佑温故录云："万章上卷，皆以类相从，论次古帝王圣贤遗事。盖自仲尼没而微言绝，七十子丧而大义乖，诗书传记之称述，或失其指归，帝王圣贤之行事，徒便于依托，放恣横议，而讹传悠缪之谈以滋。孟子独得圣人之传，深窥古人之心，与其徒相发明而是正之。万子尤孟门高弟，故其辨难独多。然则孟子诚不在禹下，而万章之功亦伟矣。"

1　**万章问曰："舜往于田，号泣于旻天，何为其号泣也？"**【注】问舜往至于田，何为号泣也。谓耕于历山之时。【疏】注"舜往"至"于田"○正义曰：礼记玉藻云"大夫有所往"，注云："往，之也。"吕氏春秋贵生篇云"必察其所以之"，高诱注云："之，至也。"是往即至也。王氏鸣盛尚书后案云："'往于田'三句见孟子，不言是书辞。"江氏声尚书集注音疏云："文似尚书，而不称书曰。说文日部引虞书云：'仁覆闵下，则称旻天。'据许君五经异义引古尚书说'仁覆闵下，则称旻天'，则日部所引虞书，乃古尚书说也。"

孟子曰："怨慕也。"【注】言舜自怨遭父母见恶之厄而思慕也。

万章曰："父母爱之，喜而不忘；父母恶之，劳而不怨。然则舜怨乎？"【注】言孝法当不怨。如是舜何故怨。【疏】"父母"至"不怨"○正义曰：礼记祭义云："曾子曰：父母爱之，喜而弗忘；父母恶之，惧而无怨。"注云："无怨，无怨于父母之心。"亦见大戴记曾子大孝篇。尸子劝学篇引曾子云："父母爱之，喜而不忘；父母恶之，惧而无咎。"

曰："长息问于公明高曰：'舜往于田，则吾既得闻命矣。号泣于旻天，于父母，则吾不知也。'公明高曰：'是非尔所知也。'【注】长息，公明高弟子。公明高，曾子弟子。旻天，秋也。忧，阴气也。故诉于旻天。高非息之问不得其义，故曰非尔所知。【疏】注"旻天"至"旻天"○正义曰：尔雅释天云："秋为旻天。"刘熙释名释天云："秋曰旻天。旻，闵也。物就枯落，可闵伤也。"礼记乡饮酒义云："秋之为言愁也。"春秋繁露官制象天云："秋者，少阴之选也。"说文心部云："惪，愁也。""愁，惪也。"忧愁即闵伤，故云忧。"阴气"，闽、监、毛三本作"幽阴"。尔雅释言云："号，谑也。"宣公十二年左传"号申叔展"，国语晋语"公号庆郑"，颜氏家训风操篇云"礼以哭有言者为号"，此云号泣，则是且言且泣，故云诉也。夫公明高以孝子之心为不若是恝。【注】恝，无愁之貌。孟子以万章之问，难自距之，故为言高、息之相对如此。夫公明高以为孝子不得意于父母，自当怨悲，岂可恝恝然无忧哉。因为万章具陈其意。【疏】注"恝无愁之貌"○正义曰：臧氏琳经义杂记云："说文心部无'恝'字，有'忿'字，云'忽也。从心，介声。孟子曰：孝子之心不若是忿'。据此，知古本孟子作'忿'，今作'恝'为俗字。忽，忘于心，即是无愁，与赵氏义合，知本作'忿'也。"段氏玉裁说文解字注云："忿、恝古今字。"我竭力耕田，共为子职而已矣。父母之不我爱，于我何哉！【注】我共人子之事，而父母不我爱，于我之身，独有何罪哉。自求责于己而悲感焉。【疏】"我竭"至"何哉"○正义曰：此即代述诉天之言也。我虽竭力耕田，不过共子职而已。此外宜尽者甚多，则得罪于父母处亦甚多，不知父母之不我爱，是于何罪也。何哉，正言罪之多也。一说此申言上"恝"字，若恝然无愁，则以我既竭力耕田共子职矣，尚有何罪，而父母不我爱哉？孝子必不若是也。此说与经文不达，宜从赵氏。**帝使其子九男二女，百官牛羊仓廪备，以事舜于畎亩之中。**【注】帝，尧也。尧使九子事舜以为师，以二女妻舜，百官致牛羊仓廪，致粟米之饩，备具馈礼，以奉事舜于畎亩之中。由是遂赐舜以仓廪牛羊，使得自有之。尧典曰"釐降二女"，不见九男。孟子时，尚书凡百二十篇，逸书有舜典之叙，亡失其文。孟子诸所言舜事，皆尧典及逸书所载。独丹朱以胤嗣之子臣下以距尧求禅，其余八庶无事，故不见于尧典。犹晋献公之子九人，五人以事见于春秋，其余四子，亦不复见。【疏】注"帝尧"至"有之"〇正义曰：尧舜皆称帝，此使事舜者尧，知帝即尧也。二女事舜是妻舜，九男云事舜，自是事以为师。周礼秋官掌客："掌四方宾客之牢礼、饩献、饮食之等数。"其馈礼，"牵四牢，米百有二十筥"。掌讶："若将有国宾客至，则戒官修委积。"注云："官谓牛人、羊人、舍人、委人之属。"贾氏疏云："以委积有牛羊豕米禾刍薪之等，舍人掌给米禀，委人掌刍薪之委。"是牛羊米粟，皆有官掌之，故云百官致牛羊仓廪，致粟米之饩。仓廪亦百官所致也。以周礼推之，尧时当亦然也。后云"牛羊父母，仓廪父母"，则是为舜所自有，故赵分别言之。言此牛羊仓廪为百官所致者，乃初以宾礼馈舜之饩牵也。其舜得自有之者，则尧所赐也。〇注"尧典"至"复见"〇正义曰：虞书尧典云："岳曰：'瞽子，父顽，母嚚，象傲，克谐以孝，烝烝乂，不格奸。'帝曰：'我其试哉！女于时，观厥型于二女。'釐降二女于妫汭，嫔于虞。"江氏声尚书集注音疏云："二女，长曰娥皇，次曰女英，夫妇之际，人道之大伦，故尧欲以此观舜。论衡正说篇云：'妻以二女，观其夫妇之法。'是也。"王氏鸣盛尚书后辨云："'慎徽五典'与'帝曰钦哉'紧相承接，本系一篇，直至'陟方乃死'，皆尧典也。此伏生本，而孔安国所得真古文与之合。安国于尧典之外又有舜典，如论语'天之历数'，孟子'祇载见瞽瞍'，皆舜典文。但逸书不列学官，藏在秘府，人不得见。"按赵氏言"逸书有舜典之叙，亡失其文"，是赵氏未见古文舜典，盖疑九男事在所亡失之舜典中。史记五帝本纪云："尧乃以二女妻舜，以观其内；使九男与处，以观其外。舜居妫汭，内行弥谨，尧二女不敢以贵骄事舜亲戚，甚有妇道，尧九男皆益笃。"毛氏奇龄舜典补亡云："尚书有尧舜二典，出伏生壁中，谓之今文。汉司马谈作本纪时，采其文,依次抄入纪中。相传亡舜典一篇,不知何时而亡。细检其辞,则舜典尚存半篇在尧典后,徒以编今文者脱去书序,误与尧典连篇,谓但有尧典而无舜典,而其在古文,则实亡舜典前截,未尝全亡。而不晓舜典后截在尧典中,以致萧齐建武间,吴人姚方兴得舜典二十八字于大桁头,妄搀之'釐降二女'之后'慎徽五典'之前,以为舜典不亡。而不知'慎徽五典'以后至'放勋殂落',尚是尧典,惟'月正元日'以后始是舜典。春秋战国间,诸书引经,凡称尧典者,只在'慎徽五典'以后'放勋殂落'以前,史记五帝本纪则正载二典之全者,虽引掇皆不用原文,然踪迹可见。是自'曰若稽古帝尧'起至'放勋乃殂落'止是尧纪,即是尧典。自'月正元日'起至'舜生三十征庸'止是舜纪,即是舜典。而'月正元日'以前,则尚有舜典半截在帝舜纪中,因即取帝舜纪文在'月正元日'以前者补舜典之亡。虽其辞与本经不同,然大概可睹也。"毛氏此说,则史记言"九男",即剌取舜典之文,正可申明赵氏注义。惠氏栋古文尚书考云:"孟子赵岐注云云,则可证其未尝见古文舜典矣。盖古文舜典别自有一篇,与今文之尚书析尧典而为二者不同,故孟子引'二十有八载,放勋乃徂落'为尧典,不为舜典。史记载'慎徽五典'至'四罪而天下咸服'于尧本纪,不于舜本纪。孟子时典谟完具,篇次未乱,固的然可信。马迁亦亲从安国问古文,其言亦未为谬也。余尝意'舜往于田''祗载见瞽瞍'与'不及贡以政''接于有庳'等语,安知非舜典之文?又'父母使舜完廪'一段,文辞古崛,不类孟子本文。史记舜本纪亦载其事,其为舜典之文无疑。"惠氏略与毛氏同。段氏玉裁尚书撰异云:"赵氏言'皆尧典及逸书所载',此尧典乃舜典之误,'及'字衍,传写之失也。此章及不告而娶章,及'原原而来'数语,及'祗载见瞽瞍'数语,皆当是舜典中语。盖舜登庸以后事全见于尧典,登庸以前及家庭事乃在舜典也。此注上文云'逸书有舜典之叙,亡失其文',则此正当作'孟子所言诸舜事皆舜典逸书所载',谓亡失文中语也。'舜'既讹'尧',浅人乃又妄添'及'字。"吕氏春秋去私篇云:"尧有子十人,不与其子而授舜。"高诱注云:"孟子曰'尧使九男二女事舜',此曰'十子',殆丹朱为胄子,不在数中。"赵氏于丹朱外称八庶,不依吕览,以丹朱在九子中。史记索隐引皇甫谧云:"尧娶散宜氏之女曰女皇,生丹朱,又有庶子九人,皆不肖也。"此依吕览为说也。孔氏广森经学卮言云:"丹朱之外,尚有九庶,高诱亦以意推说耳。若据庄子'尧杀长子考监明',

则丹朱本以次长宜嗣。或当事舜之时，长子已亡，惟有九男，丹朱仍得在数中，又未可定。”谓丹朱独见尧典者，尧典云：“帝曰：‘畴咨若时登庸。’放齐曰：‘胤子朱启明。’”马融注云：“羲和为卿官，尧之末年，皆以老死，庶绩多阙，故求贤顺四时之职，欲用以代羲和。”周氏用锡尚书证义云：“释言：‘若，顺也。’释诂：‘登，成也。’周礼司勋：‘民功曰庸。’若时登庸，顺天时以成民功也。”史记本纪于“命羲和”之下即承云“尧曰：谁可顺此事？放齐曰：嗣子丹朱开明”。此事指上羲和而言，马氏正本此为注。然则并非求禅，未知赵氏所本。赵氏佑温故录云：“天下定于与子，本万古之常经。自尧始变之，亦以得人如舜而然耳，然且至历年多，施泽于民久而后定。若当洪水未作，天下方平，尧止应率其常，苟欲息肩，亦惟禅子，朱即不肖，择在朝贤相以辅之可矣。万不获已，择九男中之贤与之可矣。必无预设成心，急图改计，求不知谁何之人，造次而为之，是乱天下也。岂尧之所以为尧哉？彼以畴咨为求禅，不可不辨也。”引晋献公之事者，僖公二十四年左传介之推云：“献公之子九人，惟君在矣。”君谓重耳。五人以事见于春秋者，重耳之外，若申生、夷吾、奚齐、卓子是也。**天下之士多就之者，帝将胥天下而迁之焉；为不顺于父母，如穷人无所归。**【注】天下之善士，多就舜而悦之。胥，须也。尧须天下悉治，将迁位而禅之。顺，爱也。为不爱于父母，其为忧愁，若困穷之人，无所归往也。

【疏】注“天下”至“悦之”○正义曰：史记五帝本纪云：“一年而所居成聚，二年成邑，三年成都。”吕氏春秋慎人篇云：“舜耕于历山，陶于河滨，钓于雷泽，天下悦之，秀士从之。”善士即秀士也。又云：“其遇时也，登为天子，贤士归之，万民誉之，丈夫女子，振振殷殷，无不戴说。”○注“胥须”至“禅之”○正义曰：汉书叙传上集注引应劭云：“胥，须也。”史记廉颇蔺相如传索隐云：“胥、须古人通用。”管子大匡云“姑少胥，其自及也”，注云：“胥，待也。”待即须也。尧待天下悉平，谓既历试诸艰，齐七政，类上帝，辑五瑞，作教刑四罪，而天下咸服，然后令舜摄行天子之政也。按尔雅释诂云：“胥，相也。”方言云：“胥，辅也。吴越曰胥。”胥天下，即辅相天下，易所谓“裁成辅相，以左右民”也。史记本纪云：“尧知子丹朱之不肖，不足授天下，于是乃权授舜，授舜则天下得其利而丹朱病，授丹朱则天下病而丹朱得其利，尧曰‘终不以天下之病而利一人’，而卒授舜以天下。”以利天下而授舜，即是辅相天下也。说文辵部云：“迁，登也。”登即升也，进也。谓进而升诸君位也。○注“顺爱”至“往也”○正义曰：赵氏以不顺于父母即上云“父母之不我爱”，故以顺为爱也。论语尧曰篇云：“四海困穷。”广雅释诂云：“困，穷也。”“归，往也。”**天下之士悦之，人之所欲也，**【注】欲，贪也。【疏】注“欲贪也”○正义曰：说文欠部云：“欲，贪欲也。”吕氏春秋大乐篇云“天使人有欲”，论威篇云“人情欲生而恶死”，高诱皆以贪释欲。**而不足以解忧。好色，人之所欲，妻帝之二女，而不足以解忧。富，人之所欲，富有天下，而不足以解忧。贵，人之所欲，贵为天子，而不足以解忧。人悦之、好色、富、贵，无足以解忧者，惟顺于父母可以解忧。**【注】言为人所悦，将见禅为天子，皆不足以解忧。独见爱于父母为可以解己之忧。**人少则慕父母，知好色则慕少艾，有妻子则慕妻子，仕则慕君，不得于君则热中。**【注】慕，思慕也。人少，年少也。艾，美好也。不得于君，失意于君也。热中，心热恐惧也。是乃人之情。【疏】注“艾美好也”○正义曰：翟氏灏考异云：“程氏考古篇曰：‘经传无以艾为好之文。衢有士子陈其所见云：少当读为少长则习骑射之少，艾当为乂，艾即衰减之义。慕少艾云者，知好色则慕，差减于孺子时也。’按曲礼‘五十曰艾’，疏谓‘发苍白色如艾也’。盖古但训艾为白，而白义含有二焉：以发苍白言谓之老，以面白皙言则谓之美，同取于艾之色也。战国策魏牟谓赵王曰‘王不以予工乃与幼艾’，高诱注云：‘艾，美也。’屈子九歌‘怂长剑兮拥幼艾’，王逸注亦以艾为‘美好’。晋语狐突语申生曰‘国君好艾大夫殆’，韦昭注以艾为‘嬖臣’，乃指男色之美好者。汉张衡东京赋‘齐腾骧以沛艾’，薛综注以沛艾为‘作姿容貌’。程氏谓传载中无以艾为好者，岂诚说乎？说文只据鲁颂、曲礼训为‘长老’，遗孟子、国语、国策等所用一义，不当因以改读孟子。”翟氏说是也。然艾古通乂，亦通刈，说文云：“乂，芟草也。或从刀。”是乂、刈、艾字同。书皋陶谟云“俊乂在官”，马、郑注并云：“才德过千人为俊，百人为乂。”以美好为乂，犹以美才为俊，即犹以美士为彦。乂为芟草，故乂亦为绝。宣公十五年左传云

"酆舒有三隽才",注云:"隽,绝异也。"隽即俊,美好之为艾,又如称美色者为绝色。彼以艾无美好之义者,鄙矣。然亦非取于艾色之白也。○注"热中心热恐惧也"○正义曰:礼记文王世子云"礼乐交错于中",注云:"中,心也。"故热中为心热。素问阴阳应象大论云:"人有五藏,化五气以生喜怒悲忧恐。北方生寒,在变动为栗,在志为恐。"宣明五气篇云:"五精所并,精气并于肾则恐。"王冰注云:"心虚则肾并之为恐。"然则恐惧生于寒,不生于热;生于心虚,不生于心热。赵氏以"不得于君"是不为君所宠用,将被谪斥,故恐惧耳。近时通解以热中为躁急是也。腹中论云:"帝曰:'夫子数言热中消中不可服高梁芳草石药,石药发瘨,芳草发狂。夫热中消中者,皆富贵人也。今禁高梁,是不合其心,禁芳草石药,是病不愈,愿闻其说。'岐伯曰:'夫芳草之气美,石药之气悍,二者其气急疾坚劲,故非缓心和人,不可以服此二者。'"又云:"热气慓悍,药气亦然。"此谓热中之病,心不和缓;心不和缓,是为焦急。孟子借病之热中,以形容失意于君者也。**大孝终身慕父母,五十而慕者,予于大舜见之矣。"**【注】大孝之人,终身慕父母,若老莱子七十而慕,衣五采之衣,为婴儿匍匐于父母前也。我于大舜见五十而尚慕父母。书曰:"舜生三十征庸,三十在位。"在位时尚慕,故言五十也。【疏】注"若老莱"至"前也"○正义曰:旧疏引高士传云:"老莱子,楚人。少以孝行养亲,极甘脆,年七十,父母犹存。莱子服荆兰之衣,为婴儿戏亲前,言不称老,为亲取食上堂,足跌而偃,因为婴儿啼,诚至发中。楚室方乱,乃隐耕于蒙山之阳,著书号莱子,莫知所终。"今皇甫谧高士传无此文。马氏骕绎史引列女传云:"老莱子孝养二亲,行年七十,作婴儿自娱,著五采斒斓衣,尝取浆上堂,跌仆,因卧地为小儿啼,或弄雏鸟于亲侧。"今刘向列女传亦无此文。○注"书曰"至"五十也"○正义曰:阮氏元校勘记云:"廖本、孔本、韩本、足利本作'三十在位',闽、监、毛三本三作'五',考文古本作'二'。段玉裁曰:'作五者非也,作三者亦未是,作二者是也。古文尚书舜生三十登庸,三十在位,五十载,马融、王肃、姚方兴本之为舜年百十二岁之说。今文尚书舜生三十征庸,二十在位,五十载,大戴礼五帝德、史记五帝本纪、皇甫氏帝王世纪皆本之为舜年百岁之说。王充、赵岐皆从今文者也。论衡气寿篇曰:舜生三十征用,二十在位,五十载陟方乃死。

适百岁矣。赵注此章五十而慕云:书曰舜生三十征庸,二十在位。在位时尚慕,故言五十也。合三十二十,正是五十,乃为五十而慕之证。今本作三十在位,何可通邪?今本论衡亦改二十在位作三十在位,使下文适百岁之语不可接,皆由不知今文、古文之异也。郑康成注古文,而用今文正古文。正义曰:郑玄读此经云,舜生三十,谓生三十年也。登庸二十,谓历试二十年。在位五十载陟方乃死,谓摄位至死为五十年,舜年一百岁也。此正郑说三当作二,以今正古,故正义冠之以郑玄读此经云六字。不则直曰郑某云郑云而已,未尝有郑玄读此经云之例。读此经者,明此经之本不如是也。此所以马、王、姚作三十在位,而郑作二十也。'"

章指言:夫孝百行之本,无物以先之。虽富有天下,而不能取悦于其父母,莫有可也。孝道明著,则六合归仁矣。【疏】"夫孝"至"先之"○正义曰:周氏广业孟子章指考证云:"孔、韩本作'夫',古本作'大'。"白虎通:"孝道之美,百行之本也。"汉书平当上言称孝经曰:"人之行,莫大于孝。"郑康成论语注:"孝为百行之本。人之为行,莫先于孝。"汉书杜钦传钦对策白虎殿云:"孝,人行之所先也。"

2 万章问曰:"诗云:'娶妻如之何,必告父母。'信斯言也,宜莫如舜。舜之不告而娶,何也?"【注】诗,齐风南山之篇。言娶妻之礼,必告父母。舜合信此诗之言,何为违礼,不告而娶也。【疏】注"诗齐"至"娶也"○正义曰:引诗在南山篇第三章。传云:"必告父母庙。"笺云:"取妻之礼,议于生者,卜于死者,此之谓告。"盖诗为文姜嫁鲁桓公而发,时鲁惠公及仲子俱殁,桓娶文姜,无父母可告,故传以为"告庙",而笺则兼言生死以补之。舜之告,则议于生者矣。近时通解"信斯言也,宜莫如舜",谓"诚如诗之所言,则告而娶,宜莫如舜"。诗在舜后,赵氏谓"舜合信此诗之言",非其义也。

孟子曰:"告则不得娶。男女居室,人之大伦也。如告

则废人之大伦，以怼父母，是以不告也。”【注】舜父顽母嚚，常欲害舜，告则不听其娶，是废人之大伦，以怨怼于父母也。【疏】注“舜父”至“母也”〇正义曰：“父顽母嚚”，尚书尧典文。史记五帝本纪云：“瞽瞍爱后妻子，常欲杀舜。”后焚廪掩井，亦其事也。尔雅释言云：“怼，怨也。”

万章曰：“舜之不告而娶，则吾既得闻命矣。帝之妻舜而不告，何也？”【注】礼，娶须五礼，父母亢答以辞，是相告也。帝，谓尧也。何不告舜父母也。【疏】注“礼娶”至“告也”〇正义曰：五礼者，盖纳采、问名、纳吉、纳征、请期，然后亲迎也。仪礼士昏礼记纳采之辞云：“昏辞曰：‘吾子有惠，贶室某也，某有先人之礼，使某也请纳采。’对曰：‘某之子蠢愚，又弗能教，吾子命之，某不敢辞。’致命曰：‘敢纳采。’”记问名之辞云：“问名曰：‘某既受命，将加诸卜，敢请女为谁氏？’对曰：‘吾子有命，且以备数而择之，某不敢辞。’”记纳吉之辞云：“纳吉曰：‘吾子有贶命，某加诸卜，占曰吉，使某也敢告。’对曰：‘某之子不教，唯恐弗堪，子有吉，我与在，某不敢辞。’”记纳征之辞云：“纳征曰：‘吾子有嘉命，贶室某也。某有先人之礼，俪皮束帛，使某也请纳征。’致命曰：‘某敢纳征。’对曰：‘吾子顺先典，贶某重礼，某不敢辞，敢不承命。’”记请期之辞云：“请期曰：‘吾子有赐命，某既申受命矣。惟是三族之不虞，使某也请吉日。’对曰：‘某既前受命矣，唯命是听。’曰：‘某命某听命于吾子。’对曰：‘某固惟命是听。’使者曰：‘某使某受命，吾子不许，某敢不告期。’曰‘某日’。对曰：‘某敢不须敬。’”凡此，皆父母亢答之辞也。史记郦生陆贾传云“与天子抗衡”，索隐引崔浩云：“抗，对也。”抗与亢通，亢答即对答。汉书高帝纪“沛公还军亢父”，注引郑氏云：“亢音人相抗答。”是也。

曰：“帝亦知告焉则不得妻也。”【注】帝尧知舜大孝，父母止之，舜不敢违，则不得妻之，故亦不告。【疏】注“帝尧”至“不告”〇正义曰：赵氏佑温故录云：“此言瞽义不可以违帝，而可以禁其子；帝力可以制瞽，而不可强舜为违父也。”析义精审。

万章曰：“父母使舜完廪，捐阶，瞽瞍焚廪；使浚井，出，从而掩之。【注】完，治也。廪，仓。阶，梯也。使舜登廪屋，而捐去其阶，焚烧其廪也。一说捐阶，舜即旋从阶下，瞽瞍不知其已下，故焚廪也。使舜浚井，舜入而即出，瞽瞍不知其已出，从而盖其井，以为死矣。【疏】注“完治”至“死矣”○正义曰：说文宀部云：“完，全也。古文以为宽字。”礼记祭统云“不明其义，君人不全”，注云：“全，犹具也。”盖原有此廪屋，有破毁处，使舜登而补葺完全之，亦是治也。说文云：“亩，谷所振入宗庙粢盛，仓黄亩而取之，故谓之亩。从入回，象屋形中有户牖。”“仓，谷藏也。仓黄取而藏之，故谓之仓。”吕氏春秋季春纪“发仓窌”，高诱注云：“方者曰仓。”荀子荣辱篇云“有囷廪”，注云：“方曰廪。”是仓、廪通称也。刘熙释名释宫室云：“阶，梯也。如梯之有等差也。”礼记丧大记云“虞人设阶”，注云：“阶，所乘以升屋者。”说文木部云：“梯，木阶也。”盖阶与梯略有别。此完廪所用以升屋者则是木阶，故以梯释之，以别乎东阶西阶之阶也。说文手部云：“捐，弃也。”弃即去也，故云捐去其阶。一说旋阶者，训捐为旋也。尔雅释器云：“环谓之捐。”小尔雅广言云：“旋，还也。”环、还字通，捐为环，是即为旋也。捐阶与出对言，出是入而即出，故以捐阶是旋从阶下也。史记五帝本纪云：“尧乃赐舜絺衣与琴，为筑仓廪，予牛羊。瞽瞍尚复欲杀之，使舜上涂廪，瞽瞍从下纵火焚廪，舜乃以两笠自捍而下，去，得不死。后瞽瞍又使舜穿井，舜穿井为匿空旁出，舜既深入，瞽瞍与象共下土实井，舜从匿空出，去。”索隐引列女传云“二女教舜鸟工上廪”是也。正义引通史云：“瞽叟使舜涤廪，舜告尧二女，女曰：‘时其焚汝，鹊汝衣裳鸟工往。’舜既登廪，得免去。舜穿井，又告二女，二女曰：‘去汝裳衣龙工往。’入井，瞽叟与象下土实井，舜从他井出去也。”按今列女传但言“舜往飞出”，不言鸟工。盖飞出即所谓旋也。通史梁武帝撰，见隋书经籍志。或云使完廪者，父母也。焚廪者，瞽瞍也。只一瞽瞍，此舜所以得免。“出从而掩之”，此句尤明，盖虽惑于后妻，而父子之恩原不泯断，到死生之际，自有以斡旋之，即谓之慈父可也。史记集解引刘熙云：“舜以权谋自免，亦大圣有神人之助也。”

象曰：‘谟盖都君咸我绩。【注】象，舜异母弟。谟，谋。盖，覆也。都，于也。君，舜也。舜有牛羊仓廪之奉，故谓之君。咸，皆。绩，功也。象言谋覆于君而杀之者皆我之功。欲与父母分舜之有，取其善者，故引其功也。【疏】注“象舜”至“功也”○正义曰：史记五帝本纪云：“舜父瞽叟盲，而舜母死，瞽叟更娶妻而生象。”是象为舜异母弟也。尔雅释诂云：“谟，谋也。”释言云：“弇，盖也。”孙炎注云：“盖，亦覆之意。”襄公十七年左传云“不如盖之”，服虔注云：“盖，覆盖之。”是盖为掩，即为覆也。尔雅释诂云：“都，于也。”近时通解谓舜所居三年成都，故谓都君。赵氏谓“有仓廪牛羊之奉，故谓之君”，奉即汉帝纪“列侯幸得餐钱奉邑”之奉。广雅释诂云：“奉，禄也。”既食禄奉，则是尊官。仪礼丧服传“君至尊也”，注云：“天子诸侯及卿大夫有地者皆曰君。”虽成都未尝君之，故解都为于。是时未知所处何等，故但以奉知为君也。“咸，皆也”，“绩，功也”，均尔雅释诂文。阮氏元释盖云：“尔雅释言：‘盖，割裂也。’害、曷、盍、末、未，古音皆相近，每加偏旁，互相假借，若以为正字，则失之。书吕刑曰‘鳏寡无盖’，盖即害字之借，言尧时鳏寡无害也。伪传云：‘使鳏寡得所，无有掩盖。’失之矣。尔雅释文‘盖’，舍人本作‘害’。孟子‘谋盖都君’，此兼井廪言之，盖亦当训为害也。若专以谋盖为盖井而不兼焚廪，则‘咸我绩’咸字无所著矣。”**牛羊父母，仓廪父母。**【注】欲以牛羊仓廪，与其父母。**干戈朕，琴朕，弤朕，二嫂使治朕栖。’**【注】干，楯。戈，戟也。琴，舜所弹五弦琴也。弤，雕弓也。天子曰雕弓，尧禅舜天下，故赐之雕弓也。栖，床也。二嫂，娥皇、女英。使治床，欲以为妻也。【疏】注“干楯”至“妻也”〇正义曰：干楯，戈戟，详见梁惠王下。邵氏晋涵尔雅正义云：“通典引扬雄清英云：‘舜弹五弦之琴而天下化，尧加二弦，以合君臣之思。’”是舜弹五弦之琴也。音义云：“弤，都礼切。丁音雕，云‘义与弴同’。赵氏读弤为雕，故以为雕弓。”毛诗大雅行苇“敦弓既坚”，传云：“敦弓，画弓也。天子敦弓。”释文云：“敦音雕。”孔氏正义云：“敦与雕，古今之异。雕是画饰之义，故曰敦弓画弓也。冬官‘弓人为弓’，唯言用漆，不言画，则漆上又画之。彼不言画，文不具耳。此述天子择士，宜是天子之弓，故言天子敦弓。其诸侯公卿宜与射者，自当各有其弓，不必画矣。定四年公羊传何休注云：‘天子雕弓，诸侯彤弓，大夫婴弓，士卢弓。’事不经见，未必然也。”按氐、周皆训至，说文车部云：“軧，抵也。”郑氏士丧礼注云：“辋，軧也。”軧、軧字同。辋之为抵，犹雕之为弤矣。乃此时尧不当有禅舜之意，以弤为天子之弓，于义未协。赵氏佑温故录云：“弤或别一弓之名，舜所常用，亦如五弦之琴为舜自作者耳。”按广韵引埤苍云："弤，舜弓名。"赵氏佑温故录之说为得之矣。广雅释器云："栖谓之床。"释诂云："栖，歧也。"王氏念孙广雅疏证云："栖者，人物所栖也。即庋阁之意也。"艺文类聚引尸子云："尧闻其贤，征之草茅之中，与之语礼乐而不逆，与之语政，至简而易行，与之语道，广大而不穷，于是妻之以媓，媵之以娥。"列女传母仪传云："有虞二妃者，帝尧之二女也。长娥皇，次女英。"汉书古今人表女英作女莹。大戴礼记帝系篇云："舜娶于帝尧之子，谓之女匽。"匽、英一声之转也。荀子修身篇云："少而理曰治。"吕氏春秋振乱篇云"欲民之治也"，高诱注云："治，整也。"使二嫂整理安息之处，犹云侍寝也。**象往入舜宫，舜在床琴。象曰：'郁陶思君尔。'忸怩。**【注】象见舜生在床鼓琴，愕然反辞曰，我郁陶思君，故来。尔，辞也。忸怩而惭，是其情也。【疏】注"象见"至"情也"〇正义曰：说文土部云："在，存也。"存亡，犹死生也。故以生释在。史记五帝本纪云："象乃止舜宫居，鼓其琴。舜往见之，象愕不怿曰：'我思舜正郁陶。'舜曰：'然，尔其庶矣。'"此与孟子略不同。按孟子之文，舜已出井，而象乃掩盖。是舜先已在宫，象掩毕而后来，未见舜，先已闻琴，故愕然反。愕与遻同，说文辵部云："遻，相遇惊也。"汉书张良传云"良愕然，欲欧之"，注云："愕，惊貌也。"淮南子氾论训云"纣居于宣室而不反其过"，高诱注云："反，悔也。"列子仲尼篇云"回能仁而不能反"，注云："反，变也。"谓悔其不当来，而变易其初心也。史记以瞽瞍与象实土后，舜乃从匿空旁出，故以为象先居舜宫，鼓其琴，舜后入宫见之。若此，则象先不知舜未死，既居舜宫，必已彰其跋扈之迹，则郁陶思舜之言，何能自掩，史记非也。惟舜先从井出，潜自入宫，知象将来，故鼓琴以示之。既示其未死，且感以和，此象所以愕然而悔也。说苑建本篇云："曾子芸瓜，而误斩其根。曾皙怒，援大杖击之。曾子仆地，有顷，苏，蹷然而起，退屏鼓琴而歌，欲令曾皙听其歌声，令知其平也。孔子闻之，告门人曰：'参来勿内也。汝闻瞽瞍有子名曰舜，舜之事父也，索而使之，未尝不在；侧求而杀之，未尝可得；小棰则待，大棰则走，以逃暴怒也。'"然则舜之床琴，非漫然矣。王氏念孙广雅疏证云："方言：'郁悠，思也。晋、宋、卫、鲁之间谓之郁悠。'郁犹郁郁也，悠犹悠悠也。楚辞九辨云'冯郁郁其何极'，郑风子衿篇云'悠悠我思'，合言之则曰郁悠。方言注云：

'郁悠，犹郁陶也。'凡经传言郁陶者，皆当读如'皋陶'之陶。郁陶、郁悠古同声。旧读陶如'陶冶'之陶，失之矣。阎氏若璩尚书古文疏证云：'尔雅释诂篇：郁陶，繇，喜也。郭璞注引孟子郁陶思君。礼记曰：人喜则斯陶。邢昺疏引孟子赵注云：象见舜正在床鼓琴，愕然反辞曰：我郁陶思君，故来。尔，辞也。忸怩而惭，是其情也。又引下檀弓郑注云：陶，郁陶也。据此则象曰郁陶思君尔，乃喜而思见之辞，故舜亦从而喜曰：惟兹臣庶，女其于予治。孟子固已明言象喜亦喜，盖统括上二段情事，其先言象忧亦忧，特以引起下文，非真有象忧之事也。因悉数诸书，以郁陶为忧思之误。'念孙按：象曰'郁陶思君尔'，则郁陶乃思之意，非喜之意，言我郁陶思君，是以来见，非喜而思见之辞也。孟子言'象喜亦喜'者，象见舜而伪喜，自述其郁陶思舜之意，故舜亦诚信而喜之，非谓郁陶为喜也。凡人相见而喜，必自道其相思之切，岂得即道其相思之切为喜乎？赵注云：'我郁陶思君，故来。'是赵意亦不以郁陶为喜。史记五帝纪述象之言，亦云'我思舜正郁陶'，楚辞九辩云'岂不郁陶而思君兮'，则郁陶为思，其义甚明，与尔雅之训为喜者不同。郭璞以孟子证尔雅，误也。阎氏必欲解郁陶为喜，喜而思君尔，甚为不辞。既不达于经义，且以史记及各传注为非，慎矣。又按尔雅：'悠伤，忧思也。'悠、忧、思三字同义，故郁悠既训为思，又训为忧。管子内业篇云'忧郁生疾'，是郁为忧也。说文：'悠，忧也。'小雅十月之交篇'悠悠我里'，毛传云：'悠悠，忧也。'是悠为忧也。悠与陶古声同。小雅鼓钟篇'忧心且妯'，众经音义引韩诗作'忧心且陶'，是陶为忧也。故广雅释言云：'陶，忧也。'合而言之则曰郁陶。九辩'郁陶而思君'，王逸注云：'愤念蓄积盈胸臆也。'魏文帝燕歌行云'忧来思君不敢忘'，又云'郁陶思君未敢言'，皆以郁陶为忧。凡一字两训而反覆旁通者，若乱之为治，故之为今，扰之为安，臭之为香，不可悉数。尔雅云：'郁陶，繇，喜也。'又云：'繇，忧也。'则繇字即有忧、喜二义，郁陶亦犹是也。是故喜意未畅谓之郁陶，檀弓正义引何氏隐义云：'郁陶，怀喜未畅意。'是也。忧思愤盈亦谓之郁陶，孟子、楚辞、史记所云是也。暑气蕴隆亦谓之郁陶，挚虞思游赋云：'戚溽暑之郁陶兮，余安能乎留斯。'夏侯湛大暑赋云：'何太阳之赫曦，乃郁陶以兴热。'是也。事虽不同，而同为郁积之义，故命名亦同。阎氏谓'忧喜不同名，广雅误训陶为忧'，亦非也。"尔为辞者，礼记檀弓"尔毋从从尔"，注云："尔，语助。"是也。方言云："忸怩，惭䀹也。楚、郢、江、淮之间谓之忸怩，或谓之䐶咨。"戴氏震方言疏证云："晋语'君忸怩颜'，韦昭注云：'忸怩，惭貌。'赵岐注孟子云：'忸怩而惭。'广雅：'忸怩，䐶咨也。'忸怩、䐶咨并双声。"广雅疏证云："忸与恧同。恧字从心，衄声。忸怩、䐶咨，皆局缩不伸之貌也。释言云：'衄，缩也。'缩与惭义相近，缩谓之衄，又谓之蹴，犹惭谓之忸怩，又谓之䐶咨也。"**舜曰：'惟兹臣庶，汝其于予治。'**【注】兹，此也。象素憎舜，不至其宫也。故舜见来而喜曰，惟念此臣众，汝故助我治事。【疏】注"兹此"至"治事"○正义曰：尔雅释诂云："兹，此也。""惟，思也。""庶，众也。"诗周颂维天之命序释文引韩诗云："惟，念也。"汝其于予治解为汝故助我治事者，白虎通五行篇云："姑者，故也。"毛诗周南卷耳"我姑酌彼金罍"，传云："姑，且也。"汝其于予治，谓汝姑且于予治也。于与於通。尔雅释诂云："於，代也。"代予治即是助我治也。王氏引之经传释词云："于，为也。为，助也。赵注'女故助我治事'是也。"阎氏若璩释地又续云："孟子或问著于淳熙丁酉后，其辞曰：'林氏谓司马公以为是时尧将以天下禅舜，瞽、象虽愚，亦岂不利其子与兄之为天子而欲杀之乎？借使杀之，尧必诛己，宜亦有所不敢矣。苏氏以为舜之侧微，既能使瞽、象之不格奸矣，岂至此而犹欲害之哉？以此皆疑孟子之误。程子以为此非孟子之言，乃万章传闻之误，而孟子有不暇辨耳。是数说者，恐其皆未安也。盖天下之事有不可以常情测度者，使瞽、象而犹知利害之所在，则亦未为甚顽且傲，而舜之所处亦未足为天下之至难矣。不格奸者，但能使之不陷于刑戮。且圣贤于世俗传闻之事，有非实者，必辩而明之，以晓天下后世，岂有知其不然而不暇辩者哉？'余谓世诬舜以瞽瞍朝己，孟子则辩其必无；诬舜以放象，则辩其未尝有。凡于传讹之迹，未有不辩而明之，以晓天下后世者。岂有知其不然，而故设言其理？若金氏谓'只在发明圣人处变之心，苟得其心，则事迹有无，都不必辩'，殆几于戏矣。人固习而不察耳。"**不识舜不知象之将杀己与？"**【注】万章言，我不知舜不知象之将杀之与，何为好言顺辞以答象也。

曰："奚而不知也？象忧亦忧，象喜亦喜。"【注】奚，何也。孟子曰，舜何为不知象恶己也。仁人爱其弟，忧喜随之。象方言思君，故以顺辞答之。

曰："然则舜伪喜者与？"【注】伪，诈也。万章言，如是则为舜行至诚，而诈喜以悦人矣。【疏】注"伪诈也"○正义曰：淮南子本经训云"其心愉而不伪"，高诱注云："伪，虚诈也。"

曰："否。昔者有馈生鱼于郑子产，子产使校人畜之池，校人烹之，反命曰：'始舍之，圉圉焉，少则洋洋焉，攸然而逝。'子产曰：'得其所哉，得其所哉！'"【注】孟子言否，云舜不诈喜也。因为说子产以喻之。子产，郑子国之子公孙侨，大贤人也。校人，主池沼小吏也。圉圉，鱼在水羸劣之貌。洋洋，舒缓摇尾之貌。攸然，迅走水趋深处也。故曰得其所哉。重言之，嘉得鱼之志也。【疏】注"孟子言否云舜不诈喜也"○正义曰：段氏玉裁说文解字注云："否，不也。不者，事之不然也。否者，说事之不然也。故音义皆同。孟子'万章曰然则舜伪喜者与，孟子曰否'，注：'孟子言舜不诈喜也。'又'咸丘蒙问舜南面而立，瞽瞍亦北面而朝之，孟子曰否'，注：'言不然也。'又'万章曰尧以天下与舜有诸，孟子曰否'，注：'尧不与之。'又'万章问曰人有言，伊尹以割烹要汤，孟子曰否然也'，万章又问'孔子于卫主痈疽，孟子曰否然也'，万章又问'百里奚自鬻于秦养牲者，孟子曰否然'，注皆曰：'否，不也。不如是也。'注以不如是释否然，今本正文皆误作'否不然'，语赘而注不可通矣。否字引申之义训为不通，如易之'泰否'，尧之'否德'，小雅之'否难知也'，论语之'予所否者'，皆殊其音，读符鄙切。"○注"校人主池沼小吏也"○正义曰：校人，见周礼夏官，掌马政。郑康成以为"主马者，必仍校视之"。贾氏疏以为"读从曲礼与少仪'效马效羊'，取效见义"。此于畜鱼之校人无涉。汉书司马相如传上林赋云"天子校猎"，颜师古注云："校猎者，以木相贯穿，总为阑校，遮止禽兽而猎取之。说者或以为周官校人掌田猎之马，因云校猎，亦失其义。养马称校人者，谓以为阑校以养马耳，故呼为闲也。"按师古解校人是也。广雅释木云："校，椒柴也。"哀公四年公羊传云："亡国之社盖掩之，掩其上而柴其下。"地官媒氏注云："亡国之社，奄其上而栈其下。"是柴即栈，亦校即栈也。管子内业篇云："傅马栈者最难，先傅曲木，曲木又求曲木，曲木已傅，直木无所施矣。先傅直木，直木又求直木，直木已傅，曲木亦无所施矣。"淮南子道应训云"柴箕子之门"，注云："箕子亡之朝鲜，旧居空，故柴护之。”盖编木围其四面，用之于亡国之社，则为柴其下；用之以护箕子之居，则为柴箕子之门；用于车上为车箱，则为栈车，亦为柴车；用以畜马，则为马栈，亦即为校为闲；用以畜鱼，则为积柴为椮，即亦为校。尔雅释器云：“椮谓之涔。”毛诗正义引孙炎云：“积柴养鱼曰涔。”说文木部云：“栫，以柴木雝也。”郭璞江赋云：“栫淀为涔。”编木为栈以养马，因而主马者称校人；编木为涔以养鱼，因而主鱼者称校人。此校人所以为主池沼小吏也。春秋左传：吴囚邾子于楼台，栫之以棘。谓以棘柴其下也。说文木部云：“校，木囚也。”以编木囚系人，与以编木系马畜鱼同。礼记礼运云：“凤凰麒麟，皆在郊棷，龟龙在宫沼。”此郊棷盖即校棷，即所谓以木相贯穿为阑校，以遮禽兽也。○注“圉圉”至“志也”○正义曰：尔雅释言云：“圉，禁也。”圉与圄通，宣公四年左传云“圄伯嬴”，注云：“圄，囚也。”说文囗部云：“圉，囹圉，所以拘罪人。”囹圉即囹圄也。下洋洋为舒缓摇尾，此时尚未改幽闭囚禁之状，故为圉圉。国语晋语：“优施歌曰：暇豫之吾吾，不如鸟乌；人皆集于苑，己独集于枯。”注云：“吾吾，不敢自亲之貌。苑，茂木貌。”施谓鸟乌集于茂木则暇豫，里克不暇豫而集于枯，则吾吾不如鸟乌。吾吾为集枯之状，不能暇豫，故先云暇豫之欲其不吾吾也。此吾吾即圄圄，不敢自亲之貌，即在水羸劣之貌也。毛诗大雅“牧野洋洋”，传云：“洋洋，广也。”陈风“泌之洋洋”，传云：“洋洋，广大也。”广大则不局促，不局促故舒缓。哀十七年左传云“如鱼竀尾，衡流而方羊”，孔氏正义云：“郑众以为鱼肥则尾赤。方羊，游戏。”洋洋犹言方羊，鱼游尾动，故以摇尾状其舒缓游戏之情也。攸与悠同，尔雅释诂云：“悠，远也。”舍人注云：“行之远也。”远与深义同。逝如论语“逝者如斯夫”之逝。阳货篇“日月逝矣”，皇侃疏云：“逝，速也。”走水趣深处解攸然，迅字解逝字。闽、监、毛三本“水趣”二字倒，“嘉”误作“喜”。**校人出，曰：‘孰谓子产智，予既烹而食之，曰得其所哉，得其所哉！’故君子可欺以其方，难罔以非其道。彼以爱兄之道来，故诚信而喜之，奚伪焉？”**【注】方，类也。君子可以事类欺，故子产不知校人之食其鱼。象以其爱兄之言来向舜，是亦其类也。故诚信之而喜，何为伪喜也。【疏】注“方类”至“类欺”○正义曰：淮南子精神训云“以万物为一方”，高诱注云：“方，类也。”方之义为比，类之义亦为比。凡事之荒诞非理者,则无所比类。校人之言有伦有脊,实有此圉圉洋洋攸然而逝之情而比类之也,故不虞其欺耳。

章指言:仁圣所存者大,舍小从大,达权之义也。不告而娶,守正道也。

3　万章问曰:"象日以杀舜为事,立为天子则放之,何也?"【注】怪舜放之何故。【疏】注"怪舜放之何故"○正义曰:翟氏灏考异云:"韩非有云:'瞽瞍为舜父而舜放之,象为舜弟而舜杀之。放父杀弟,不可为仁。'则云象欲杀舜,犹其缪之小焉者矣。万章知无放瞍杀象之事,而不能无疑于放象之说,孟子力辨其并无之,则其余邪说悉不待辨而息已。"

孟子曰:"封之也。或曰放焉。"【注】舜封象于有庳,或有人以为放之。

万章曰:"舜流共工于幽州,放驩兜于崇山,杀三苗于三危,殛鲧于羽山,四罪而天下咸服,诛不仁也。象至不仁,封之有庳,有庳之人奚罪焉?仁人固如是乎?在他人则诛之,在弟则封之。"【注】舜诛四佞,以其恶也。象恶亦甚,而封之,仁人用心,当如是乎。罪在他人当诛之,在弟则封之。【疏】"舜流"至"咸服"○正义曰:此虞书尧典文也。段氏玉裁说文解字注云:"𥨍,塞也。读若虞书'窜三苗'之窜。二窜本皆作'𥨍',妄人所改也。""窜三苗于三危",与言流言放言极一例,谓放之令自匿。故孟子作"杀三苗",即左传"𥺦蔡叔"之𥺦。𥺦为正字,窜、杀为同音假借。殛鲧为极之假借。左传曰:"流四凶族,投诸四裔。"刘向曰:"舜有四放之罚。"屈原曰"永遏在羽山,夫何三年不施",王注:"言尧长放鲧于羽山,绝在不毛之地,三年不舍其罪也。"周礼"废以驭其罪",注:"废犹放也。舜极鲧于羽山是也。"此条释文宋本"极,纪力反"可证。洪范"鲧则殛死",释文:"本又作'极'。"多方"我乃其大罚殛之",释文:"本又作'极'。"左传昭七年"昔尧殛鲧于羽山",释文:"本又作'极'。"鲁颂"致天之届,于牧之野",笺云:"届,极也。"引书"鲧则极死"。又云"天所以罚极纣于商郊牧野”,正义云:“‘届极’,‘虞度’,释言文。释言又云:‘极,诛也。’武王致天所罚,诛纣于牧野。定本集注皆云‘殛纣于牧野’。殛是杀,非也。”小雅“后予极焉”,毛曰:“极,至也。”郑曰:“极,诛也。”正义曰:“‘极至’,释诂文。‘极诛’,释言文。”合鲁颂、小雅两笺两正义观之,则释言之为“殛诛”甚明。今尔雅作“殛,诛也”,盖误以洪范、多方殛字郑作“极”例之,则知周礼注引“极鲧于羽山”,郑所见尚书自是极,不作“殛”也。假殛为极,亦如孟子假杀为窜,鲧因极而死于东裔。韦昭注晋语云:“殛,放而杀也。”此当作“放而死也”。高注吕览云“先殛后死”,此当作“先极后死”。若吕览“副之以吴刀”,山海经“杀鲧于羽郊”,则言之不从,不可信矣。然则马注尚书,赵注孟子,韦注国语,皆云“殛,诛也”何也?曰:此皆用释文“极,诛也”之文,谓正文殛当作“极”也。江氏声尚书集注音疏云:“史记云:‘请流共工于幽陵,以变北狄;放讙兜于崇山,以变南蛮;迁三苗于三危,以变西戎;殛鲧于羽山,以变东夷。’竄,塞也。谓塞之使不得通中国。周礼大司马职云‘犯令陵政则杜之’,郑注云:‘杜之者,杜塞使不得与邻国交通。’亦此义也。殛诛,诛谓责遣之,非杀之也。”按万章以舜放象为问,故举四罪之放以例之。○“封之有庳”○正义曰:顾氏炎武日知录云:“水经注王隐曰:‘应阳县本泉陵之北部,东五里有鼻墟,象所封也。山下有象庙。’后汉东平王苍传注:‘有鼻,国名,在今永州营道县北。’袁谭传注:‘今犹谓之鼻亭。’舜都蒲版,而封象于道州鼻亭,在三苗以南荒服之地,诚为可疑。如孟子所论,亲之欲其贵,爱之欲其富,又且欲其源源而来,何以不在中原近畿之地,而置之三千余里之外邪?盖上古诸侯之封万国,其时中原之地,必无闲土可以封故也。”阎氏若璩释地续云:“有庳之在今永州府零陵县,已成千古定所。经文‘欲常常而见之,故源源而来’。不及待一年之贡期,五年之朝期,以伸吾亲爱情者,有兄居蒲版,弟居零陵,陆阻太行,水绝洞庭,较诸驩兜放处尤远千里之程。且果零陵之国,比岁一至,则往反几将万里,其劳已甚,数岁而数至,势必日奔走于道路风霜之中而不少宁息,亲爱弟者,固如是乎?盖有庳之封,必近在帝都,而今不可考。或曰:然则今零陵曷为传有是名也?括地志云:‘鼻亭神在营道县北六十里,故老传言舜葬九疑,象来至此,后人立祠,名为鼻亭神。’此为得之。”翟氏灏考异云:“汉书邹阳传作‘封之于有畀’,服虔注曰:‘畀,音畀予之畀。’师古注曰:‘音鼻。’又武五子传‘舜封象于有鼻'，师古注曰：'有鼻在零陵，今鼻亭是也。'后汉东平王苍传：'昔象封有鼻。'三国志乐陵王茂传亦曰：'昔象之为虐，至甚而大，舜犹侯之有鼻。'庳与鼻皆从畀与之畀，音皆读为庇，故其字得通借。"○注"舜诛四佞"○正义曰：书言"四罪"，赵氏谓之"四佞"者，明其罪在佞也。论衡答佞篇云："富贵，皆人所欲也。虽有君子之行，犹有饥渴之情。君子则以礼防情，以义制欲，故得循道，循道则无祸。小人纵贪利之欲，逾礼犯义，故进得苟佞，苟佞则有罪。夫贤者〔一〕君子也，佞人小人也。佞人问曰：行合九德则贤，不合则佞；世人操行者，可尽谓佞乎？曰：诸非皆恶，恶中之逆者，谓之无道；恶中之巧者，谓之佞人。圣王〔二〕刑宪，佞在恶中；圣王赏劝，贤在善中。纯洁之贤，善中殊高，贤中之圣也。善中大佞，恶中之雄也。"○注"仁人用心当如是乎"○正义曰：当与尝通，万章上篇"是时孔子当厄"，说苑引作"是孔子尝厄"。荀子君子篇"先祖当贤"，注云："当或为尝。"是也。礼记少仪"马不常秣"，释文云："常本亦作'尝'。"是当、尝、常三字通。国语周语"固有之乎"，注云："固，犹尝也。"礼记曲礼"求毋固"，注云："固，常也。"固之义为常、尝，即亦为当，故赵氏以当释之。王引之经传释词云："固，犹乃也。"

曰："仁人之于弟也，不藏怒焉，不宿怨焉，亲爱之而已矣。亲之欲其贵也，爱之欲其富也，封之有庳，富贵之也。身为天子，弟为匹夫，可谓亲爱之乎？"【注】孟子言仁人于弟，不问善恶，亲爱之而已。封之欲使富贵耳，身为天子，弟虽不仁，岂可使为匹夫也。

"敢问或曰放者，何谓也？"【注】万章问放之意。

曰："象不得有为于其国，天子使吏治其国，而纳其贡税焉，故谓之放。岂得暴彼民哉！【注】象不得施教于其国，天子使吏代其治，而纳贡赋与之，比诸见放也。有庳虽不得贤君，象亦不侵其民也。【疏】"象不"至"民哉"○正义曰：赵氏佑温故录云："象不得有为，非舜禁之

〔一〕"者"原误"人"，据论衡改。
〔二〕"王"原误"人"，据论衡改。

使不得也，乃或之见为如是耳。盖天子使吏治其国，即大国三卿，皆命于天子，使其大夫为三监，监于方伯之国，国三人事，古封建之本如是，后世始擅命自为。然汉制诸侯王犹为置傅相，盖循古意。舜固以之休逸象，优其赋入，以奉养象。或者不察，遂妄意舜之禁象，使不得有为，故谓之放。就令如此，象亦岂有暴民之事哉？是皆孟子推或言之意，又正答'有庳之人何罪'一语意也。故下复有'虽然'一转，此时象久被舜烝乂之教，亦自不至于暴民。然舜之为是，正不虑象之暴民，第欲其常常来见；唯使治国有人，赋入无缺，故象得轻身，时来欢聚，与他人必及朝贡之期者不同。又时以政事相接，使象得观己所行，以益进于善，此之谓也。与上'故谓之'相比照，论舜之待象，当如此不当如彼也。盖孟子所以发明仁人亲爱之心，委婉详尽如此。"**虽然，欲常常而见之，故源源而来，不及贡，以政接于有庳，**【注】虽不使象得豫政事，舜以兄弟之恩，欲常常见之无已，故源源而来，如流水之与源通。不及贡者，不待朝贡诸侯常礼乃来也。其间岁岁自至京师，谓若天子以政事接见有庳之君者，实亲亲之恩也。【疏】注"欲常常见之无已"○正义曰：诗大雅文王笺云："长，犹常也。"说文云："长，久远也。"长而又长，故为无已。○注"故源源而来如流水之与源通"○正义曰：说文言部云："谚，徐语也。从言，原声。孟子曰：'故谚谚而来。'"段氏玉裁说文解字注云："赵注'如流水之与源通'，据此谚本作'源'，源古作'原'，盖许引孟'原原而来'，证从原会意之旨。"○注"不及"至"恩也"○正义曰：虞书尧典云："五载一巡守，群后四朝。"郑康成注云："四朝，四季朝京师也。巡守之年，诸侯见于方岳之下。其间四年，四方诸侯分来朝于京师也。"王氏鸣盛尚书后案云："郑意谓每天子巡守之明年，东方诸侯春季来朝京师；其又明年，南方诸侯夏季来朝；又明年，西方诸侯秋季来朝；又明年，北方诸侯冬季来朝；又明年，则天子复巡守矣。孝经郑注云：'诸侯五年一朝天子，天子亦五年一巡守。'熊氏以为虞夏制法，诸侯之朝，代为四部，四年乃遍，总是五年一朝，天子乃巡守。孝经注，先儒疑非郑注。然此条则是熊氏推衍，亦得郑意。"按此所谓常礼也。常礼五年一朝，此不待朝贡常礼，故岁岁自至京师也。谓若天子以政事接见有庳之君者，诗郑风缁衣序云："父子并为周司徒，善于其职。"孔氏正义云："武公既为郑国之君，又复入作司徒。”卫风淇澳序云:“淇澳,美武公之德也。以礼自防,故能入相于周。”孔氏正义云:“武公将兵,佐周平戎,甚有功,平王命为公。”卒章传云:“卿士者,卿为典事,公其兼官。”在尚书如苏公为司寇,齐侯吕伋为天子虎贲氏,皆以诸侯兼理京师之政事,推之于虞,当亦有然。有庳之君,不依朝贡常期,而岁岁自至,故若兼治京师政事,而天子以政事接见之也。经文直云“以政接于有庳”,则是实有政事,原非空至。观上云“汝其于予治”,则象以诸侯兼治王朝政事可知。封象于有庳而兼掌朝政,所以不得有为于其国也。人见其不得有为于国,故谓之放。不知所以不得有为于其国者,正有为于天子之朝也。其非放也明矣。赵氏增“若”字,则以本非有政事矣。**此之谓也。”**【注】此“常常”以下,皆尚书逸篇之辞。孟子以告万章,言此乃象之谓也。【疏】注“此常”至“谓也”○正义曰:赵氏盖亦以此文在舜典中也。江氏声尚书集注音疏云:“据云‘此之谓也’,则‘有庳’以上自是古书成文,当是尚书文矣。其‘欲常常’句承‘虽然’之下,虽然云者,承上转下之词,则‘欲常常’二句乃孟子之言,非古书成文矣。断自‘不及贡’始,以为尚书逸文,庶几近之也。”

章指言:恳诚于内者,则外发于事,仁人之心也。象为无道极矣,友于之性,忘其悖逆,况其仁贤乎!

【疏】“友于之性”○正义曰:后汉书袁绍传云:“友于之性,生于自然。”

4　咸丘蒙问曰:“语云:‘盛德之士,君不得而臣,父不得而子。舜南面而立,尧帅诸侯北面而朝之,瞽瞍亦北面而朝之,舜见瞽瞍,其容有蹙。孔子曰:于斯时也,天下殆哉岌岌乎!’不识此语诚然乎哉?”【注】咸丘蒙,孟子弟子。语者,谚语也。言盛德之士,君不敢臣,父不敢子,尧与瞽瞍皆臣事舜,其容有蹙踖不自安也。孔子以为君父为臣,岌岌乎,不安貌也,故曰殆哉。不知此语实然乎。

【疏】注“咸丘蒙孟子弟子”○正义曰:广韵“丘”字注云:“汉复姓四十四氏,孟子有咸丘蒙隐居。”阎氏若璩释地续云:“古人以所居之地得姓氏,不必定常于其地,如咸丘鲁地而蒙则齐人是。咸丘二字,见尔雅‘左高曰咸丘’,见春秋桓公七年'焚咸丘',杜注:'咸丘,鲁地,高平国钜野县南有咸亭。'咸丘复氏自以此。"○注"其容"至"实然乎"○正义曰:赵氏连云"蹙踖",盖读蹙为"曾西蹴然"之蹴,即"踧踖"也。楚辞离骚云"高余冠之岌岌兮",注云:"岌岌,高也。"高则危而不安。汉书韦贤传云"岌岌其国",注引应劭云:"岌岌,欲毁坏也。"翟氏灏考异云:"'舜见瞽瞍其容有蹙'五句,墨子非儒篇:'孔某与其门弟子闲坐,曰:夫舜见瞽瞍蹴然,此时天下圾乎。'韩非子忠孝篇引记曰:'舜见瞽瞍,其容造焉。孔子曰:当是时也,危哉天下岌岌,有道者,父固不得而子,君固不得而臣也。'文选讽谏诗注引孟子曰:'天下殆哉岌岌乎。'按韩非所引之记,即咸丘蒙所引之语,盖当时早有以此等说笔之于书者矣。蹙、造二字古通,韩诗外传:'史鱼死,不于正堂治丧,卫君问知其故,造然召蘧伯玉贵之,而退弥子瑕。'淮南子道应训:'孔子观宥卮,造然革容曰:善哉持盈者乎!'并以造代蹙。'殆哉岌乎',乃时人恒语。庄子天地篇述许由之言,亦云'殆哉圾乎天下',音义曰:'圾,本又作岌。'管子小问篇:'桓公言欲胜民,管仲曰:危哉,君之国岌乎!'"

孟子曰:"否。【注】言不然也。**此非君子之言,齐东野人之语也。**【注】东野,东作田野之人所言耳。咸丘蒙,齐人也,故闻齐野人之言。书曰"平秩东作",谓治农事也。【疏】注"东野"至"事也"○正义曰:赵氏以东为东作治农事,故引书尧典以证之,非东为东方之东也。阎氏若璩释地续云:"赵氏注此章,于东字妙有体会,不然,何不云齐之西或北野人乎?至今济南府齐东县,则置于元宪宗三年,以镇而名,于孟子无涉。"**尧老而舜摄也。尧典曰:'二十有八载,放勳乃徂落,百姓如丧考妣,三年,四海遏密八音。'**【注】孟子言舜摄行事耳,未为天子也。放勳,尧名。徂落,死也。如丧考妣,思之如父母也。遏,止也。密,无声也。八音不作,哀思甚也。【疏】"尧典曰"○正义曰:毛氏奇龄四书賸言云:"孟子'尧典曰二十有八载'至'四海遏密八音',今所行尚书在舜典中。按伏生尚书原只尧典一篇,无'粤若稽古帝舜'二十八字,以旧别有尧典,而其时已亡,故东晋梅赜献尚书孔传亦无舜典。至齐建武年,吴兴姚方兴于大航头得孔氏传古文，始分舜典为二，以'慎徽五典'至末谓之舜典，而加二十八字于其中，此伪书也。故汉光武时，张纯奏'宜遵唐尧之典，二月巡狩'，至章帝时，陈宠奏'言唐尧著典，眚灾肆赦'，皆是舜典文，而皆冠以尧典之名。即前汉王莽传所引十有二州，皆称尧典。后西晋武帝初，幽州秀才张髦上疏，引'肆类上帝'诸文，亦称尧典。自伪书一出，而群然改从，则是古书一篇而今误分之，非古书二篇而今误合之也。"今尚书作"帝乃殂落，百姓如丧考妣三载"。臧氏琳经义杂记云："孟子万章上'尧典曰：二十有八载，放勳乃徂落，百姓如丧考妣三年，四海遏密八音'，春秋繁露暖燠孰多篇：'尚书曰：二十有八载，放勳乃殂落，百姓如丧考妣，四海之内，阏密八音三年。'说文歺部：'殂，往死也。虞书曰：放勋乃殂落。'此可证尚书本作'放勳'。释文引马融注，以放勳为尧名。孟子滕文公上'放勳日劳之来之'，注：'放勳，尧号也。'此古义也。"王氏鸣盛尚书后案云："史记'尧立七十年，得舜，二十年而老，令舜摄行天子之政，荐之于天。尧辟位，凡二十八年而崩'，徐广曰：'尧在位凡九十八年。'按上文尧欲巽位，自言'朕在位七十载'，合二十八载，凡九十八年，史记与经合。"段氏玉裁说文解字注云："殂，往死也。从歺，且声。虞书曰：'勋乃殂。'二徐本皆如是，宋本说文及洪迈所引皆可证。至集韵、类篇乃增'放'字，至李仁甫乃增之曰'放勋乃殂落'，或用改大徐本。'尧典曰二十有八载，放勳乃殂落'，见孟子、春秋繁露、皇甫谧帝王世纪所引皆如是。此作'勋乃殂'，据力部，勳者小篆，勋者古文，勳则许所称真壁中文也，而无'放''落'二字。盖孟子、董子所称者皆今文尚书也，许所称者古文尚书也。孟子何以称今文尚书？伏生本与孔安国本皆出周时。放勋何以但称勋？或言放勋，或言勋，一也。盖当时臣民所称不一也。殂落何以但言殂？云殂则已足矣，不必言殂落也。释诂：'崩，薨，无禄，卒，殂落，殪，死也。'白虎通曰：'书言殂落，死者各自见义。尧见惨痛之，舜见终，各一也。'此其所据皆今文尚书，且尔雅无妨'殂''落'二字各为一句也。师古注王莽传，引虞书'放勳乃殂'，则唐初尚书尚有无落字者。"阎氏若璩释地又续云："百姓义二：有指百官言者，书百姓与黎民对，礼大传百姓与庶民对是也。有指小民言者，不必夏代，亦始自唐虞之时，百姓不亲，五品不逊是也。四书中百姓凡二十五见，惟'百姓如丧考妣三年'指百官，盖有爵土者为天子服斩衰三年，礼也。孟子已明注曰'舜帅诸侯以为尧三年丧'，丧并平声。持服曰丧，‘如丧考妣三年’，即檀弓‘方丧三年’耳。”江氏声尚书集注音疏云：“孟子所引，上言‘二十有八载’，下云‘三年’，则尧典之文可载、年皆有。伪孔氏因尔雅‘唐虞曰载’之文，改年为载，且三年是丧考妣之期，当属上为句，不可改载而下属也。此经下文别言‘四海’，乃谓民间，则百姓自是群臣矣。”○注“放勳尧名”○正义曰：名号通称，详见滕文公篇。○注“如丧”至“甚也”○正义曰：赵氏言思之如父母，犹云亲其君如父母也。盖谓百姓即下四海之民，惟如丧考妣，所以遏密八音也，故云八音不作，哀思甚也。两思字相贯为一事也。“遏，止也”，尔雅释诂文。说文言部云：“谧，静语也。一曰无声也。”诗周颂“夙夜基命宥密”，礼记孔子闲居引此诗注云：“密，静也。”贾子新书礼容篇引诗作“宥谧”。赵氏读密为谧，故云无声也。**孔子曰：‘天无二日，民无二王。’舜既为天子矣，又帅天下诸侯以为尧三年丧，是二天子矣。”**【注】日一，王一，言不得并也。【疏】“孔子曰”至“二王”○正义曰：礼记曾子问篇云：“孔子曰：天无二日，土无二王，尝禘郊社，尊无二上。”坊记云：“子云：天无二日，土无二王，家无二主，尊无二上。”丧服四制云：“天无二日，土无二王，国无二君，家无二尊。”大戴礼记本命篇云：“天无二日，国无二君，家无二尊。”

咸丘蒙曰：“舜之不臣尧，则吾既得闻命矣。【注】不以尧为臣也。**诗云：‘普天之下，莫非王土；率土之滨，莫非王臣。’而舜既为天子矣，敢问瞽瞍之非臣如何？”**【注】诗，小雅北山之篇。普，遍。率，循也。遍天下，循土之滨，无有非王者之臣，而曰瞽瞍非臣如何也。【疏】注“诗小雅”至“之臣”○正义曰：诗在小雅北山第二章。毛传云：“溥，大。率，循。滨，涯也。”说文日部云：“普，日无色也。”水部云：“溥，大也。”孟子作“普”，是假借字。诗作“溥”，正字也。仪礼士虞礼记云“普淖”，注云：“普，大也。”诗大雅召旻“溥斯害矣”，笺云：“溥，遍也。”周遍即大也。“率，循也”，尔雅释诂文。孔氏诗正义云：“说文云：‘浦，水滨。’广雅云：‘浦，涯。’然则浒、滨、涯、浦皆水畔之地，同物而异名也。诗意言民之所居，民居不尽近水，而以滨为言者，古先圣人谓中国为九州，以水中可居曰洲，言民居之外皆在水也。”邹子曰：“中国名赤县，赤县内自有九州，禹之序九州是也。其有瀛海环之。”是地之四畔皆至水也。滨是四畔近水之处，言“率土之滨”，举其四方所至之内，见其广也。

曰：“是诗也，非是之谓也。劳于王事，而不得养父母也。曰此莫非王事，我独贤劳也。【注】孟子言此诗非舜臣父之谓也。诗言皆王臣也，何为独使我以贤才而劳苦，不得养父母乎，是以怨也。【疏】“此莫”至“劳也”〇正义曰：王氏念孙广雅疏证云：“贤，劳也。小雅北山篇‘我从事独贤’，孟子万章篇引此诗而释之曰：‘此莫非王事，我独贤劳也。’贤亦劳也。贤劳犹言劬劳，故毛传云：‘贤，劳也。’盐铁论地广篇亦云：‘诗云莫非王事，而我独劳，刺不均也。’郑笺、赵注并以贤为贤才，失其义也。”段氏玉裁说文解字注云：“贤，多财也。贤本多财之称，引伸之凡多皆曰贤。人称贤能，因习其引伸之义，而废其本义矣。小雅‘大夫不均，我从事独贤’，传曰：‘贤，劳也。’谓事多而劳也。故孟子说之曰‘我独贤劳’。戴先生曰：‘投壶某贤于某若干纯，贤，多也。’”按吕氏春秋慎人篇云：“舜自为诗曰：‘普天之下，莫非王土；率土之滨，莫非王臣。’所以见尽有之也。”盖当时相传此诗为舜作，故咸丘蒙引见为问。孟子直据北山之诗解之，则诗非舜作明矣。六经之学，至战国疏陋已极，孟子不独论舜，兼以明诗。**故说诗者，不以文害辞，不以辞害志，以意逆志，是为得之。如以辞而已矣，云汉之诗曰：‘周余黎民，靡有孑遗。’信斯言也，是周无遗民也。**【注】文，诗之文章，所引以兴事也。辞，诗人所歌咏之辞。志，诗人志所欲之事。意，学者之心意也。孟子言说诗者当本之志，不可以文害其辞，文不显乃反显也，不可以辞害其志。辞曰：“周余黎民，靡有孑遗。”志在忧旱，灾民无孑然遗脱不遭旱灾者，非无民也。人情不远，以己之意，逆诗人之志，是为得其实矣。王者有所不臣，不可谓皆为王臣，谓舜臣其父也。【疏】“故说诗”至“得之”〇正义曰：说文文部云：“文，错画也。”序云：“仓颉之初作书，盖依类象形，故谓之文。”宣公十五年左传云：“故文反正为乏。”国语晋语云：“夫文虫皿为蛊。”是文即字也。段氏玉裁说文解字注云：“词，意内而言外也。从司言。有是意于内，因有是言于外，谓之词。意者，文字之义也。言者，文字之声也。词者，文字形声之合也。词与辛部之辞，其意迥别。辞者，说也。从𤔔辛。𤔔辛犹理辜，谓文辞足以排难解纷也。然则辞谓篇章也。词者，意内而言外，从司言。此谓摹绘物状，及发声助语之文字也。积文字而为篇章，积词而为辞。孟子曰'不以文害辞，不以词害志'也。孔子曰'言以足志'，词之谓也。'文以足言'，辞之谓也。大行人'故书计词命'，郑司农云：'词当为辞。'此二篆之不可混一〔一〕也。"顾氏镇虞东学诗以意逆志说云："书曰：'诗言志，歌永言。'而孟子之诏咸丘蒙曰：'以意逆志，是为得之。'后儒因谓吟哦上下，便使人有得；又谓少间推来推去，自然推出道理。此论读书穷理之义则可耳，诗则当知其事实，而后志可见，志见而后得失可判也。说者又引子贡之'知来'，子夏之'起予'，以为圣门之可与言诗者如是，而后世必求其人，凿其事，此孟子所谓'固哉高叟'者，而非圣贤相与言诗之法也。不知学者引申触类，六通四辟，无所不可，而考其本旨，义各有归。如切磋本言学问之事，则凡言学问者无不可推，而谓诗论贫富可乎？素绚本有先后之序，则凡有先后者无不可推，而谓诗论礼后可乎？断章取义，当用之论理论事，不可用以释诗也。然则所谓逆志者何？他日谓万章曰：'颂其诗，读其书，不知其人，可乎？'是以论其世也。正惟有世可论，有人可求，故吾之意有所措，而彼之志有可通。今不问其世为何世，人为何人，而徒吟哦上下，去来推之，则其所逆，乃在文辞而非志也。此正孟子所谓'害志'者，而乌乎逆之，而又乌乎得之？孟子之论北山也，惟知为行役者之刺王，故逆之而得其叹贤劳之志。其论凯风也，惟知七子之母未尝去其室，故逆之而得其过小不怨之志。不然，则'普天''率土'，特悉主悉臣之恒谈耳；'凯风自南，吹彼棘心'，亦'蓼蓼者莪，匪莪伊蒿'之同类耳。何由于去古茫茫之后，核事考情，而得其所指哉！夫不论其世，欲知其人，不得也。不知其人，欲逆其志，亦不得也。孟子若预忧后世将秕糠一切，而自以其察言也，特著其说以防之。故必论世知人，而后逆志之说可用之。"○注"文诗"至"之辞"○正义曰：说文彡部云："彣，䖀也。"有部云："䖀，有彣彰也。"然则文章之文本作"彣"，省而作"文"，与文字之文义别。赵氏以文章释文，是读文为彣也。淮

〔一〕"一"字原脱，据说文段注补。

南子本经训云"发动而成于文",高诱注云:"文,文章也。"礼记仲尼燕居云"文为在礼",注云:"文章所为。"皆以文为彣,与赵氏同。辞则孟子已明指"周余黎民,靡有孑遗"为辞,即"普天之下"四句为辞,此是诗人所歌咏之辞已成篇章者也。○注"文不显乃反显也"○正义曰:赵氏以文为文章,是所引以兴事即篇章上之文采。如"我独贤劳",辞之志也。"莫非王臣",则辞之文也。说诗当以辞之志为本而显之。若不以意逆志,则志宜显而反不显,文不显而反显矣。文字于说诗非所取,故解为诗之文章,诗之文章即辞之文采也。○注"辞曰"至"父也"○正义曰:云汉诗在大雅。序言宣王"遇灾而惧",每章首言旱既太甚,知诗人之志在忧旱灾也。毛传云:"孑然遗失也。"笺云:"黎,众也。周之众民,多有死亡者矣。幸其余无有孑遗者,言又饿病也。"孔氏正义云:"孑然,孤独之貌。言靡有孑遗,谓无有孑然得遗漏。"按遗失,失即佚,遗佚即遗漏。无有遗漏,是皆不免于死亡。下云"昊天上帝,则不我遗,胡不相畏,先祖于摧",笺云:"天将遂旱饿杀我与?先祖何不助我恐惧,使天雨也。"然则"靡有孑遗"乃虚设之辞,谓旱灾如此,先祖若不助我恐惧,使天雨,则昊天上帝既不欲使我民有遗留,周余黎民必将饥馑饿病,无有孑遗也。不逆"胡不相畏"之志,则周真无遗民。不逆"我从事独贤"之志,则溥天之下真莫非王臣。赵氏言"民无孑然遗脱不遭旱灾者",与毛、郑义异。白虎通有王者不臣篇,言王者所不臣者三,谓"二王之后、妻之父母、夷狄"也。是王者有所不臣也。妻之父母且不臣,而转臣父乎? **孝子之至,莫大乎尊亲;尊亲之至,莫大乎以天下养。为天子父,尊之至也。以天下养,养之至也。**【注】尊之至,瞽瞍为天子父。养之至,舜以天下之富奉养其亲。至,极也。**诗曰:'永言孝思,孝思惟则。'此之谓也。**【注】诗,大雅下武之篇。周武王所以长言孝道,欲以为天下法则,此舜之谓也。

【疏】注"诗大"至"谓也"○正义曰:诗在大雅下武篇第三章。毛传云:"则其先人也。"笺云:"长我孝心之所思,所思者,其维则三后之所行。子孙以顺祖考为孝。"义与赵氏异。赵氏以孝思为孝道者,说文亼部云:"仑,思也。"段氏玉裁说文解字注云:"侖下云:'仑理也。'大雅毛传云:'论,思也。'论者仑之假借。思与理义同也。"吕氏春秋察传篇云"必验之以理",高诱注云:"理,道理也。”淮南子本经训云“喜怒刚柔，不离其理”，高诱注云：“理，道也。”是思亦道也。大王、王季、文王皆明哲可法，故毛以则为则其先人。舜之父顽，未可法则，故赵氏不从毛义，而云为天下则法也。笺解“永言配命”，以为武王言。赵氏以此永言为“周武王所以长言孝道”，则与郑同。**书曰：‘祗载见瞽瞍，夔夔斋栗，瞽瞍亦允若。’是为父不得而子也。”**【注】书，尚书逸篇。祗，敬。载，事也。夔夔斋栗，敬慎战惧貌。舜既为天子，敬事严父，战栗以见瞽瞍，瞍亦信知舜之大孝。若是为父不得而子也，以是解咸丘蒙之疑。【疏】注“书尚”至“之疑”○正义曰：此引书，不见二十八篇之中，故为逸篇，盖亦舜典文也。“祗，敬也”，尔雅释诂文。周书谥法解云：“载，事也。”国语楚语云“为斋敬也”，礼记内则云“进退周旋慎齐”，是齐为敬慎也。论语八佾篇云“使民战栗”，毛诗秦风黄鸟“惴惴其慄”，传云：“慄慄，惧也。”栗通慄，是为战惧也。赵氏以夔夔为齐栗之貌，故云敬慎战惧貌也。阎氏若璩释地又续云：“炳烛斋随笔曰：‘夔，一足之物也。凡人之立，常时则两足舒布，有所畏则两足紧并，有若一足之物，故曰夔夔也。史记使天下之士重足而立，亦此意。’按酷吏义纵传：‘南阳吏民，重足一迹。’语尤显白。”尔雅释诂云：“允，信也。”赵氏以瞽瞍亦信知舜之大孝释瞽瞍亦允，是读允字句，若字属下，为孟子说书之辞。近读允若为句，从晚出古文大禹谟也。江氏声尚书集注音疏云：“孟子既引此经，遂言曰‘是为父不得而子也’。赵氏读允字绝句，若字属下入孟子语中，似不合孟子语意，故声裁节之而别为之解。允，诚也。若，善也。舜敬事瞽瞍，见之必敬慎战栗，瞽瞍化之，亦诚实而善。所谓‘烝烝乂，不格奸’也。”

章指言：孝莫大于严父而尊之矣，行莫过于蒸蒸执子之政也。此圣人之轨道，无有加焉。【疏】“孝莫大于严父”○正义曰：见孝经圣治章第九。“执子之敬”，一本作“执子之政”。

孟子正义卷十九

5　万章曰："尧以天下与舜，有诸？"【注】欲知尧实以天下与舜否。

孟子曰："否。【注】尧不与之。天子不能以天下与人。"【注】当与天意合之，非天命者，天子不能违天命也。"尧曰咨尔舜，天之历数在尔躬"，是也。【疏】注"尧曰"至"是也"○正义曰：文见论语尧曰篇。

"然则舜有天下也，孰与之？"【注】万章言谁与之也。

曰："天与之。"【注】孟子言天与之。

"天与之者，谆谆然命之乎？"【注】万章言天有声音命与之乎。【疏】注"万章"至"之乎"○正义曰：说文言部云："谆，告晓之孰也。从言，享声。读若庉。"段氏玉裁说文解字注云："大雅：'诲尔谆谆。'左传：'年未盈五十，而谆谆如八九十者。'孟子：'谆谆然命之乎。'大雅'谆谆'，郑注中庸引作'忳忳'，云：'忳忳，恳诚貌也。'其中恳诚，其外乃晓告之孰，义相足也。"按告晓之孰则有声音，故云天有声音也。尔雅释诂云："命，告也。"命之即是告晓之。谆谆然命之，则恳诚而孰告之也。

曰："否。天不言，以行与事示之而已矣。"【注】孟子曰，天不言语，但以其人之所行善恶，又以其事从而示天下也。

曰："以行与事示之者，如之何？"【注】万章欲知示之之意。

曰："天子能荐人于天，不能使天与之天下；诸侯能荐人于天子，不能使天子与之诸侯；大夫能荐人于诸侯，不能使诸侯与之大夫。昔者尧荐舜于天而天受之，暴之于民而民受之，故曰天不言，以行与事示之而已矣。"【注】孟子言下能荐人于上，不能令上必用之。舜，天人所受，故得天下也。

曰："敢问荐之于天而天受之，暴之于民而民受之，如何？"【注】万章言天人受之，其事云何。

曰："使之主祭而百神享之，是天受之。使之主事而事治，百姓安之，是民受之也。天与之，人与之，故曰天子不能以天下与人。【注】百神享之，祭祀得福也。百姓安之，民皆讴歌其德也。舜相尧二十有八载，非人之所能为也，天也。【注】二十八年之久，非人为也，天与之也。尧崩，三年之丧毕，舜避尧之子于南河之南，天下诸侯朝觐者不之尧之子而之舜，讼狱者不之尧之子而之舜，讴歌者不讴歌尧之子而讴歌舜，故曰天也。夫然后之中国，践天子位焉。而居尧之宫，逼尧之子，是篡也，非天与也。【注】南河之南，远地南夷也。故言然后之中国。尧子，胤子丹朱。讼狱，狱不决其罪，故讼之。讴歌，讴歌舜德也。

【疏】"三年之丧毕"○正义曰：赵氏佑温故录云："程氏逸笺言：后汉李固传：'昔尧殂之后，舜仰慕三年，坐则见尧于墙，食则见尧于羹。'此舜居尧丧之实事。"○"而居尧之宫"○正义曰：王氏引之经传释词云："而，犹如也。易明夷象传'君子以莅众，用晦而明'，虞注云：'而，如也。'诗君子偕老曰'胡然而天也，胡然而帝也'，毛传云：'尊之如天，审谛如帝。'都人士曰'垂带而厉'，笺曰：'而厉，如鞶厉也。'孟子万章篇'而居尧之宫，逼尧之子'，而字并与如字同义，故二字可以互用。诗都人士曰：'彼都人士，垂带而厉。彼君子女，卷发如虿。'大戴记卫将军文子篇曰：'满而不满实如虚，过之如不及。'孟子离娄篇曰：'文王视民如伤，望道而未之见。'"○注"南河"至"中国"○正义曰：史记集解引刘熙云："南河，九河之最在南者。"又云："天子之位，不可旷年，于是遂反格于文祖而当帝位。帝王所都为中，故曰中国。"张守节史记正义云："括地志：'故尧城在濮州鄄城县东北十五里。又有偃朱故城，在县西北十五里。'濮北临漯，大川也。河在尧都之南，故曰南河。禹贡'至于南河'是也。其偃朱城所居，即舜让避丹朱于南河之南处也。"按禹贡"浮于江、沱、潜、汉，逾于洛，至于南河"，指豫州北之河。濮在豫河之东南，固可谓之南河之南。九河在兖州，濮亦适当其南，故刘熙以为"九河之最南者"。所解南河不同，而其指濮则一也。曹、濮之间，春秋时尚戎狄杂处，则以为南夷，似亦可，乃赵氏称远地南夷，则不同熙说矣。盖远在豫河之南，戎狄之地也。濮去冀州固非远地矣。阎氏若璩释地续云："古帝王之都，皆在冀州。尧治平阳，舜治蒲坂，禹治安邑。安邑在今夏县西北十五里，三都相去各二百余里，在大河之北；其河之南，则豫州地，非帝畿矣。舜避尧之子于此，得毋亦如左氏所云'越竟乃免'乎？禹避于阳城，益避于箕山之阴，皆此意。"文选陆机答贾长渊诗云"狱讼违魏，讴歌适晋"，注引孟子万章作"天下朝觐狱讼者"。又云："舜曰天也，夫然后归中国，践天子之位焉。"史记五帝本纪云："狱讼者不之丹朱而之舜，讴歌者不讴歌丹朱而讴歌舜，舜曰天也。"与文选注所引同。刘熙言"于是遂反"，则熙所据之本正作"归中国"，故以反释归。然则赵本作"之中国"，与刘异。周礼地官大司徒云"凡民之不服教而有狱讼者"，注云："争罪曰狱，争财曰讼。"贾氏疏云："秋官大司寇：'以两造禁民讼，以两剂禁民狱。'狱讼相对，故狱为争罪，讼为争财。若狱讼不相对，则争财亦为狱，其义具在秋官。"按秋官大司寇言"诸侯之狱讼，卿大夫之狱讼，庶民之狱讼"，小司寇"听万民之狱讼，命夫命妇不躬坐狱讼，以五声听狱讼，以三刺断庶民狱讼之中"，士师"察狱讼之辞"，乡士、遂士"听其狱讼，辨其狱讼"，礼记月令"孟秋决狱讼"，淮南子氾论训云"有狱讼者摇鞀"，皆称狱讼。文选注所引，正与之同。赵氏本作"讼狱"，故解云狱不决其罪，故讼之。是以讼狱为讼此狱。刘熙释名释宫室云："狱，确也。言实确人情伪也。"狱不决其罪，则不能确人情伪，故争讼之也。盖主狱讼自有其官，惟主狱者不能决，乃上就舜而讼之，如后世叩阍击登闻鼓，此赵氏之义也。**泰誓曰：'天视自我民视，天听自我民听。'此之谓也。"**

【注】泰誓，尚书篇名。自，从也。言天之视听，从人所欲也。【疏】注“泰誓”至“欲也”○正义曰：泰誓，详见前。此二语，今文尚书无之。阮氏元校勘记云：“宋九经本、咸淳衢州本泰作‘大’，廖本、孔本、韩本作‘太’，注同。泰、太皆俗，古只作‘大’。”

章指言：德合于天，则天爵归之；行归于仁，则天下与之。天命不常，此之谓也。

6　万章问曰：“人有言，至于禹而德衰，不传于贤而传于子，有诸？”【注】问禹之德衰，不传于贤而自传于子，有之否乎。【疏】“人有言”至“于子”○正义曰：翟氏灏考异云：“新序节士篇：‘禹问伯成子高曰：昔者尧治天下，吾子立为诸侯。尧授舜，吾子犹存焉。及吾在位，子辞诸侯而耕，何故？子高曰：昔尧之治天下，举天下而传之他人，至无欲也。择贤而与之，至公也。舜亦犹然。今君之所怀者私也，百姓知之，贪争之端自此始矣。德自此衰，刑自此繁矣。吾不忍见，以是野处也。’韩非子外储说：‘潘寿对燕王曰：禹爱益，而任天下于益；已而以启人为吏，及老而以启为不足任天下，故传天下于益，而势重尽在启也。已而启以友党攻益，而夺之天下。是禹名传天下于益，而实令启自取之也。此禹之不及尧舜明矣。’万章所谓人言，盖此等言也。故孟子姑援别典之说，明益方避启而未尝贪其位，启顺人心即位而未尝夺于益，以绝其尤甚之谬妄，而禹德盛衰，不暇更置辨也。”

孟子曰：“否。不然也。”【注】否，不也。不如人所言。【疏】注“否不也不如人所言”○正义曰：阮氏元校勘记云：“岳本、廖本、孔本、韩本、考文古本、足利本并有注‘否不也不如人所言’八字，注疏本无之。有者是也。因此可正今本经文之误。经文本作‘孟子曰否然也’三字一句，无‘不’字，故注之云‘否，不也。不如人所言’。孟子之否然，即今人之不然也。他否字皆不注，独此注者，恐人之误断其句于‘否’字句绝，则‘然也’不可通矣。”**天与贤则与贤，天与子则与子。**【注】言随天也。**昔者舜荐禹于天，十有七年。舜崩，三年之丧毕，禹避舜之子于阳城，天**

下之民从之，若尧崩之后不从尧之子而从舜也。禹荐益于天，七年。禹崩，三年之丧毕，益避禹之子于箕山之阴，朝觐讼狱者不之益而之启，曰：'吾君之子也。'讴歌者不讴歌益而讴歌启，曰：'吾君之子也。'丹朱之不肖，舜之子亦不肖。舜之相尧、禹之相舜也，历年多，施泽于民久。启贤，能敬承继禹之道。益之相禹也，历年少，施泽于民未久。

【注】舜荐禹，禹荐益，同也。以启之贤，故天下归之，益又未久故也。阳城，箕山之阴，皆嵩山下深谷之中以藏处也。【疏】"丹朱"至"亦不肖"○正义曰：阎氏若璩释地续云："汉历志引帝系曰：'陶唐氏让天下于虞，使子朱处于丹渊为诸侯。'丹渊虽有范汪荆州记、魏王泰括地志各言所在，恐未可据信，盖世远也。因思尧在位七十年，放齐曰'胤子朱启明'，止曰朱，未有国也。及后三载，荐舜于天，朱始出封丹，故有丹朱之号。其避尧之子，则以朱奔父丧在平阳耳。丹朱，狸姓，在周为傅氏，见国语。"燃犀解引徐自淇云："二子不肖，但不似父之神圣耳。使果大不肖，则且起而与舜禹争天下，安能成父之志？昔人称丹朱自托于傲，以成禅让，真无愧为尧之子。"○注"阳城"至"处也"○正义曰：史记夏本纪云："舜荐禹于天为嗣，十七年而帝舜崩。三年丧毕，禹辞避舜之子商均于阳城。"集解引刘熙云："今颍川阳城是也。"本纪又云："帝禹东巡狩，至于会稽而崩，以天下授益。三年之丧毕，益让帝禹之子启，而辟居箕山之阳。"集解云："孟子阳字作'阴'。刘熙曰：'嵩高之北。'"阎氏若璩释地云："阳城，山名。汉颍川有阳城县，以山得名，洧水所出。唐武后改曰告成，后又曰阳邑。五代周省入登封，故此山在今登封县北三十八里，去嵩山几隔三十里，安得即云'嵩山下之深谷'与？箕山为嵩高之北，而张守节云：'箕山一名许由山，在洛州阳城县南十三里。'括地志遂云：'阳城县在箕山北十三里。'守节又云：'阳城县在嵩山南二十三里。'括地志遂云：'嵩山一名外方山，在洛州阳城县西北二十三里。'足互相证明，断断其非一山也。郦道元注先叙太室山，次五渡水，并属嵩高县。又叙禹避商均于此，及周公测日景处。次箕山及上有许由冢，并属阳城县。虽同见颍水条内，而山固区以别矣。赵氏所以误

者，注书在藏于复壁时，想无多书册可讨寻，又无交游以质问，虚理或可意会，实迹岂容臆度，地理多讹，正坐此尔。"周氏炳中辨正云："箕山之阴，史记作'箕山之阳'。山北曰阴，阳城在箕山之北，故张守节云'阴即阳城也'。史记作阳，则为箕山之南，与孟子不合，故张守节疑史记箕字是嵩字之讹。盖阳城在嵩山南二十三里，则为嵩山之阳也。赵注'阳城，箕山之阴，皆嵩山下深谷中可藏处'。阎百诗非之，其说良然。但谓箕山为嵩高之北，此本刘熙语，愚谓北字疑讹。括地志：'阳城县在箕山北十三里，嵩山在阳城县西北二十三里。'则阳城在嵩山之南，箕山又在阳城之南，非北也。"**舜禹益相去久远，其子之贤不肖，皆天也，非人之所能为也。莫之为而为者，天也。莫之致而至者，命也。**【注】莫，无也。人无所欲为而横为之者，天使为也。人无欲致此事而此事自至者，是其命禄也。【疏】注"莫无"至"禄也"〇正义曰：毛诗大雅抑篇"莫扪朕舌"，传云："莫，无也。"荀子致士篇云"凡流言、流说、流事、流谋、流誉、流愬，不官而衡至者，君子慎之"，注云："流者，无根源之谓。不官，谓无主首也。"衡读为横，横至，横逆而至也。此言横为之，犹荀子言"衡至"。从为顺，横为逆。从所欲为而为，顺也。无所欲为而为，故为横也。"是其命禄也"，闽、监、毛三本作"是其命而已矣故曰命也"。**匹夫而有天下者，德必若舜禹，而又有天子荐之者。故仲尼不有天下，继世以有天下。**【注】仲尼无天子之荐，故不得有天下。继世之君，虽无仲尼之德，袭父之位，非匹夫，故得有天下也。【疏】"继世以有天下"〇正义曰：赵氏属上，近时通解属下。**天之所废，必若桀、纣者也。故益、伊尹、周公不有天下。**【注】益值启之贤，伊尹值太甲能改过，周公值成王有德，不遭桀纣，故以匹夫而不有天下。**伊尹相汤以王于天下。汤崩，大丁未立，外丙二年，仲壬四年，大甲颠覆汤之典刑，伊尹放之于桐。三年，大甲悔过，自怨自艾，于桐处仁迁义，三年以听伊尹之训己也，复归于亳。**【注】大丁，汤之大子，未立而薨。外丙立二年，仲壬立四年，皆大丁之弟也。大甲,大丁子也。伊尹以其颠覆典刑,放之于桐邑。处,居也。迁,徙也。居仁徙义,自怨其恶行。艾,治也。治而改过,以听伊尹之教训己,故复得归之于亳,反天子位也。【疏】注“大丁”至“子也”○正义曰:史记殷本纪云:“汤崩,太子太丁未立而卒,于是乃立太丁之弟外丙,是为帝外丙。帝外丙即位三年崩,立外丙之弟中壬,是为帝中壬。帝中壬即位四年崩,伊尹乃立太丁之子太甲。太甲,成汤適长孙也,是为帝太甲。”赵氏所本也。书序云:“成汤既没,太甲元年,伊尹作伊训、肆命、徂后。”江氏声尚书集注音疏云:“成汤之殁久矣,于此言成汤既殁者,盖三篇皆称述成汤,故推本之耳。孟子万章篇云:‘汤崩,太丁未立,外丙二年,仲壬四年,太甲颠覆汤之典型。’则成汤之殁,距太甲元年,中隔两君,历有年所,非汤殁之后即为太甲元年也。”○注“伊尹”至“位也”○正义曰:史记殷本纪云:“帝太甲既立三年,不明,暴虐,不遵汤法,乱德,于是伊尹放之于桐宫。三年,伊尹摄行政当国,以朝诸侯。帝太甲居桐宫三年,悔过自责反善,于是伊尹乃迎帝太甲而授之政。”书序云:“太甲既立,不明,伊尹放诸桐,三年,复归于亳,思庸,伊尹作太甲三篇。”周氏柄中辨正云:“当以书序为正,盖居桐在谅阴时。自史记以放桐在既立三年后,于是霍光将废昌邑,田延年遂以伊尹废太甲以安社稷为辞。”王氏鸣盛尚书后案云:“郑康成所传真古文,原有伊训,其书虽亡,犹见于汉书律历志所引,曰:‘惟太甲元年十有二月乙丑朔,伊尹祀于先王,诞资有牧方明。’盖刘向、歆父子领校秘书,亲见古文,歆撰三统历载伊训,故班固采入律历志,的确可信。孟子言汤崩太丁未立先卒,外丙立二年崩,仲壬立四年崩,乃立太甲。赵岐注甚明,史记殷本纪及律历志说并同。真伊训所云太甲元年,乃仲壬崩之明年。书序‘成汤既没,太甲元年’,既者,追溯之辞,不可泥。商人以丑月为正月,则十二月是子月,据刘歆以三统历推是年为太甲元年十二月乙丑朔旦冬至,至朔同日,历家以为历元。伊尹祀于先王者,以冬至配上帝故也。律历志既引此文而解之云:‘言虽有成汤、太丁、外丙之服,以冬至越茀祀先王于方明,以配上帝。’是朔旦冬至之岁也。且无论太甲继仲壬不继汤,即为继汤,汤必以去年崩,至逾年正月,太甲改称元年,至此十二月朔,乃行郊祀之礼。十二月是元年末,非元年初也。乃伪作者并朔字去之,改为即位陈训,遂掩却‘至朔同日’之事,以改祀先王为奠殡告即位,并谓此时汤崩方逾月。果如此,则崩年即改称元年矣。崩年改元,乱世之事,曾谓伊尹为之乎?”又云:“如伪书则是自汤崩太甲立,不率教即被放,后改悔,复迎归复位,其事皆在二十六月之内,悖谬极矣。放君大变之事,伊尹岂轻有是举?不明则训之,冀其改悔;不改则又诫之,至再至三犹不改,然后不得已而放之。计始立至被放,必不在一二年之内。即放后亦必令其动心忍性,徐徐熟察,实见其能改,方始迎归。必不乍放乍迎,如置棋然也。史记殷本纪首三年字指初即位后,下三年字指被放后,盖前后共六年,最为明白。书序云:‘太甲既立,不明,伊尹放诸桐,三年复归于亳。’既之为言,可该久远,不必在一二年内。古文简略,省首三年字耳,与史记不乖刺也。孟子‘太甲颠覆汤之典型,伊尹放之于桐。三年,太甲悔过,自怨自艾,于桐处仁迁义,三年,以听伊尹之训己也,复归于亳’。据文似在桐有六年之久。孟子行文取便,要其为六年则同。奈何作伪者竟谓太甲即位未久,即被放废,放后未几,又即复位。伊尹之无人臣礼,一至于此,伤教害义,不可不辨。”阎氏若璩释地又续云:“郑康成书序注:‘桐,地名也。有王离宫焉。’初不指为汤葬地。余以后汉书‘梁国虞县有桐亭,太甲所放处’,应即在于此。虞今归德虞城县,距汤都南亳仅七十里,方可伊尹既摄国政,复时时往训太甲三年。不然,如人言汤亳为偃师,去虞城八百余里,尹岂有缩地之法,分身以应乎?汤都仍属谷熟镇为是。”周氏柄中辨正云:“汤都实在偃师,史记正义引晋太康地记云:‘尸乡南有亳坂,东有城,太甲所放处也。尸乡在洛州偃师县西南五里。’据此,则太甲放处,密迩汤都。阎氏指桐亭为放处,而移汤都于谷熟以就之,非也。”尚书后案云:“赵岐注桐为邑,亦不云葬地。缘孔传欲傅会太甲居近先王,致生此说。后儒见有‘居忧’字,并谓桐宫乃谅阴三年之制,非关放废。显悖孟子,尤为怪矣。”毛诗召南殷其雷“莫敢遑处”,小雅四牡〔一〕“不遑启处”,传皆云:“处,居也。”“迁,徙也”,“乂,治也”,并尔雅释诂文。艾、乂字通。**周公之不有天下,犹益之于夏,伊尹之于殷也。孔子曰:‘唐虞禅,夏后、殷、周继,其义一也。’”**【注】周公与益、伊尹,虽有圣贤之德,不遭者时,然孔子言禅、继其义一也。【疏】“孔子”至“一

〔一〕“牡”原误“壮”,据毛诗改。

也"○正义曰：义者，宜也。孟子私淑孔子，全得其通变神化之学，故于此明之。

章指言：笃志于仁，则四海宅心；守正不足，则圣位莫继：丹朱、商均是也。是以圣人孜孜于仁德也。

7　万章问曰："人有言伊尹以割烹要汤，有诸？"【注】人言伊尹负鼎俎而干汤，有之否。【疏】注"人言"至"之否"○正义曰：翟氏灏考异云："墨子尚贤篇：'昔伊尹为莘氏女师仆，亲为庖人，汤得而举之。'庄子庚桑楚：'汤以胞人笼伊尹，秦穆公以五羊之皮笼百里奚。'史记殷纪：'阿衡欲干汤而无由，乃为有莘氏媵臣，负鼎俎，以滋味悦汤。'吕不韦书有本味一篇，言有侁氏得婴儿于空桑之中，令烰人养之，是为伊尹。汤请有侁为婚，有侁以伊尹为媵送女。尹说汤以至味，极论水火调剂之事，周举天下鱼肉之美、菜果之美、和之美、饭之美、水之美者，而云非为天子不得具。割烹要汤之说，无如此篇之详尽者。其文若果之美者，箕山之东有卢橘，应劭史记注引之；饭之美者，玄山之禾，南海之秬，许慎说文引之。所称书目，俱不曰吕览，曰伊尹。考班固艺文志有伊尹二十七篇，列于小说家。盖吕氏聚敛群书为书，所谓本味篇，乃剟自伊尹说中，故汉人之及见原书者，犹标著其原目如此。夫小说之怪诞猥鄙，何足挂唇，而其时枉己辱身之徒，援以自卫，津津乐道，至辗转传闻于孟子之门，又乌可不辨论哉！马迁自命良史，殷纪中杂陈二说，且次孟子正说于后。又作孟子传而云牛鼎之意。近世学者，不复料前古有小说，而但奉迁史为信书，则虽经孟子明辨，犹其惑未尽祛也。愚故追索其根株，以实抉之曰：是说也，但本伊尹说也。伊尹说，乃怪诞猥鄙之小说也。"

孟子曰："否。不然。【注】否，不是也。【疏】"否不然"○正义曰：阮氏元校勘记云："不字衍文，说见上注。'否不是也'，当同前后章作'否不也不如是也'，夺三字。"**伊尹耕于有莘之野，而乐尧舜之道焉。非其义也，非其道也，禄之以天下，弗顾也；系马千驷，弗视也。非其义也，非其道也，一介不以与人，一介不以取诸人。**【注】有莘，国名。伊尹初隐之时，耕于有莘之国，乐仁义之道。非仁义之道者，虽以天下之禄加之，不一顾而觎也。千驷，四千匹也。虽多不一眄视也。一介草不以与人，亦不以取于人也。【疏】注“有莘国名”○正义曰：大戴记帝系篇：“鲧娶于有莘氏之女，谓之女志氏。”汉书古今人表：“女志，鲧妃，有娎氏女。”此唐虞以前之有莘，未知所在。列女传：“汤妃有娎者，有娎氏之女也。”又：“大姒者，武王之母，禹后有娎姒氏之女。”于大姒别之曰禹后姒氏，而汤妃则曰有娎氏。史记殷本纪云：“阿衡欲干汤而无由，乃为有莘氏媵臣。”正义引括地志云：“古莘国在汴州陈留县东五里，故莘城是也。”吕氏春秋本味篇：“有侁氏采得婴儿于空桑，后居伊水，命曰伊尹。”元和郡县志：“汴州陈留县故莘城，在县东北三十五里，古莘国地。汤伐桀，桀与韦顾之君，拒汤于莘之墟，此即汤妃所生之国，伊尹耕于是野者也。”阎氏若璩释地云：“汴州陈留县，古莘国地，计其去汤都南亳不过四百里，所以汤使可三往聘。若大姒所产之莘国，则在今西安府郃阳县南二十里，道遥远矣。”○注“虽以”至“人也”○正义曰：“禄之以天下”，谓为天子也，故曰以天下之禄加之。说文页部云：“顾，还视也。”书多方云“开厥顾天”，郑氏注云：“顾，由视念也。”还视，谓回首而视，心念之不能舍也。说文见部云：“觎，欲也。”欲与念义同，故以觎释顾也。诗郑风清人“驷介旁旁”，笺云：“驷，四马也。”千驷，是为四千匹。礼记曲礼云“毋淫视”，注云：“淫视，睇眄也。”以眄释视，谓欣慕此千驷而淫视之也。方言云：“芥，草也。自关而西或曰草，或曰芥。”赵氏读介为芥，故以草释之也。**汤使人以币聘之，嚣嚣然曰：‘我何以汤之聘币为哉！我岂若处畎亩之中，由是以乐尧舜之道哉！’**【注】汤闻其贤，以玄纁之币帛往聘之。嚣嚣然，自得之志，无欲之貌也。曰岂若居畎亩之中而无忧哉，乐我尧舜仁义之道。【疏】注“嚣嚣”至“貌也”○正义曰：尔雅释言云：“嚣，闲也。”注云：“嚣然闲暇貌。”淮南子本经训云“闲静而不躁”，高诱注云：“闲静，言无欲也。”**汤三使往聘之。既而幡然改曰：‘与我处畎亩之中，由是以乐尧舜之道，吾岂若使是君为尧舜之君哉，吾岂若使是民为尧舜之民哉，吾岂若于吾身亲见之哉！**【注】幡，反也。三聘既至，而后幡然改本之计，欲就汤聘，以行其道，使君为尧舜之君，使民为尧舜之民。【疏】注"幡反也"○正义曰：音义云："幡，张云：'与翻同。'"荀子强国篇云"反然举恶桀纣而贵汤武"，注云："反，音翻。翻然，改变貌。"幡然即翻然，翻然即反然也。天之生此民也，使先知觉后知，使先觉觉后觉也。予，天民之先觉者也。予将以斯道觉斯民也。非予觉之而谁也？'【注】觉，悟也。天欲使先知之人悟后知之人。我先悟觉者也，我欲以此仁义之道觉悟未知之民。非我悟之，将谁教乎。【疏】注"觉悟也"○正义曰：说文见部云："觉，寤也。"寤、悟字通。思天下之民匹夫匹妇有不被尧舜之泽者，若己推而内之沟中。其自任以天下之重如此，故就汤而说之，以伐夏救民。【注】伊尹思念不以仁义之道化民者，如己推排内之沟壑中也。自任其重如此，故就汤说之，伐夏桀救民之厄也。吾未闻枉己而正人者也，况辱己以正天下者乎？【注】枉己者尚不能以正人，况于辱己之身而有正天下者乎。圣人之行不同也，或远或近，或去或不去，归絜其身而已矣。【注】不同，谓所由不同。大要当同归，但殊涂耳。或远者，处身远也。或近者，仕者近君也。或去者，不屑就也。或不去者，云焉能浼我也。归于絜身，不污己而已。【疏】"圣人"至"而已矣"○正义曰：程氏瑶田通艺录论学小记云："孔子之栖栖皇皇，为天下也。然而为己而已。道至于赞化育，参天地，始完得尽己之性也。沮、溺、丈人、晨门、荷蒉、仪封人诸人，考其言论，察其举止，岂若隐者流哉！其为己也，亦岂绝不为人谋乎？故曰：'圣人之行不同也，或远或近，或去或不去，归絜其身而已矣。'洁身者，岂独善其身而不兼善天下之谓哉？穷则独善，沮、溺、丈人之行也。达则兼善，大圣人之志也。是志也，盖隐居之所求，而行义以达之者也，故曰：'君子之仕也，行其义也。道之不行，已知之矣。'明乎此而君子为己之学，与为仁由己不由人之义，不昭然若揭乎！"吾闻其以尧舜之道要汤，未闻以割烹也。【注】我闻伊尹以仁义干汤，致汤为王，不闻以割烹牛羊为道。伊训曰：'天诛造攻自牧宫，朕载自亳。'"【注】伊训，尚书逸篇名。

牧宫,桀宫。朕,我也,谓汤也。载,始也。亳,殷都也。言意欲诛伐桀,造作可攻讨之罪者,从牧宫桀起,自取之也。汤曰,我始与伊尹谋之于亳,遂顺天而诛也。【疏】注"伊训"至"诛也"〇正义曰:伏生今文二十九篇无伊训,孔安国古文五十八篇有伊训,次咸有一德、典宝之后,为今文所无,故为逸篇。惠氏栋古文尚书考云:"郑康成注书序典宝引伊训云'载孚于亳',又云'征是三朡',则此篇汉末犹存。崔寔政论曰:'皋陶陈谟,而唐虞以兴;伊箕作训,而殷周用隆。'则伊训之篇,子真曾见之矣。"江氏声尚书集注音疏云:"牧宫桀宫者,言天诛之所自,则自是桀宫,下又别言自亳,亳是殷都,则牧宫是桀宫矣。'朕我',释诂文。云谓汤也,则未然也。诗周颂序云:'载见诸侯,始见乎武王庙也。'故云载始也。书序云:'汤始居亳,从先王居。'故云亳殷都也。此篇是伊尹训太甲之文,'朕载自亳'之语,无以见是述汤言。古人朕字上下通称,安见伊尹不称朕乎?声谓伊尹自谓也。"按赵氏以作释造,谓桀自造作可攻讨之罪,故天诛之。自之训由,由通犹,犹即猷。尔雅释诂云:"猷,谋也。"故赵氏以谋之于亳释自亳,两自字义别也。晚出古文伊训作"造攻自鸣条",某氏传训造为始。赵氏不训造为始者,汤始征自葛载,其后又伐韦伐顾伐昆吾,而后乃伐桀,牧宫既为桀宫,不得为始攻自桀也。若鸣条,尤不可言始矣。所与谋者,顺天救民之事,非割烹也。汤谋之于亳,非伊尹以割烹要之,此孟子引书之意;谓伊尹攻桀自亳,与孟子引书不合矣。

章指言:贤达之理世务也,推正以济时物,守己直行,不枉道而取容,期于益治而已矣。【疏】"不枉道而取容"〇正义曰:史记白起王翦传赞:"偷合取容。"朱建传云:"行不苟合,义不取容。"

8 万章问曰:"或谓孔子于卫主痈疽,于齐主侍人瘠环,有诸乎?"【注】有人以孔子为然。痈疽,痈疽之医也。瘠,姓。环,名。侍人也。卫君、齐君之所近狎人。【疏】注"有人"至"狎人"〇正义曰:孟子对云"不然",故注言或以孔子为然也。战国策卫策云"卫灵公近痈疽",

高诱注云："孟子有其人，盖医之幸者。"翟氏灏考异云："说苑至公篇述此章文，孔子上无'或谓'二字，痈疽作'雍雎'，侍作'寺'，瘠作'脊'。史记孔子世家'雍渠为骖乘'，韩非子作'雍钼'。辗转相推，雍钼、雍雎为一人，而痈疽亦即雍渠，均以声同通借字耳。"阎氏若璩释地又续云："周礼疡医'掌肿疡、溃疡之祝药'，肿疡，气聚而不散者。溃疡，血溢而将破者。虽痈浅于疽，而二疡皆有之。战国策：'卫灵公时，痈疽弥子瑕专君之势，以蔽左右。'盖亦下士之职云。"钱氏大昕潜研堂答问云："孔子世家：'卫灵公与夫人同车，宦者雍渠骖乘，出，使孔子为次乘。'又报任安书云：'卫灵公与雍渠同载，孔子适陈。'雍渠即孟子所称痈疽，赵氏以为痈疽之医者，似是臆说。"

孟子曰："否。不然也。好事者为之也。【注】否，不也。不如是也。好事毁人德行者为之辞也。【疏】"否不然也"○正义曰：阮氏元校勘记云："不字，衍文。"**于卫主颜雠由。弥子之妻，与子路之妻，兄弟也。弥子谓子路曰：'孔子主我，卫卿可得也。'子路以告，孔子曰：'有命。'孔子进以礼，退以义，得之不得曰有命，而主痈疽与侍人瘠环，是无义无命也。**【注】颜雠由，卫贤大夫，孔子以为主。弥子，弥子瑕也，因子路欲为孔子主。孔子知弥子幸于灵公，不以正道，故不纳之而归于命。孔子进以礼，退以义，必曰有天命也。若主此二人，是为无义无命也。【疏】"孔子进"至"有命"○正义曰：张氏尔岐蒿庵闲话云："人道之当然而不可违者，义也。天道之本然而不可争者，命也。贫富贵贱得失死生之有所制而不可强也，君子与小人一也。命不可知，君子当以义知命矣，凡义所不可，即以为命所不有也。故进而不得于命者，退而犹不失吾义也。小人尝以智力知命矣，力不能争，则智邀之，知力无可施，而后谓之命也。君子以义安命，故其心常泰；小人以智力争命，故其心多怨。众人之于命，亦有安之矣。大约皆知其无可奈何而后安之者也。圣人之于命安之矣，实不以命为准也，而以义为准。故虽力有可争，势有可图，而退然处之，曰义之所不可也。义所不可，斯曰命矣。故孔子之于公伯寮，未尝无景伯之可恃也。于卫卿，未尝无弥子瑕之可缘也。孟子之于臧仓，未尝无乐正子之可力为辩而重为请也。亦曰义所不在耳。义所不在，斯命所不有矣。故圣贤之于命，一于义者也，安义斯安命矣。众人之于命，不必一于义也。而命皆有以制之，制之至无可奈何而后安之。故圣贤之与众人，安命同也，而安之者不同也。”○注“颜雠由”至“孔子主”○正义曰：全氏祖望经史问答云：“汉书古今人表以颜浊邹为颜涿聚。浊邹，子路妻兄，见史记孔子世家。索隐疑其与孟子不合，其实无所为不合也。孔丛子言雠由善事亲，其后有非罪之执，子路裒金以赎之，或疑其私于所昵，而孔子白其不然。则于妻兄有证，是雠由即浊邹也。孔子在卫，主伯玉亦主雠由，则雠由之贤亚于伯玉，因东道之谊，而列于门墙，固其宜也。至涿聚，则齐人也。吕览言其少为梁父大盗，而卒受业于孔子，得为名士。亦见庄子。然则于卫之雠由无豫矣。涿聚死事于齐，见左传犁丘之役。然则颜涿聚者，颜庚也，非浊邹也。张守节附会于字音，更不足信。”阎氏若璩释地又续云：“颜雠由，子路妻兄，则亦弥子瑕妻兄。弥子瑕见主其妻兄之家，遂谓主我卫卿可得，语亦非无因云。”翟氏灏考异云：“弥子欲借重于孔子，孔子拒之，此文甚明。吕氏慎大览乃云：‘孔子道弥子瑕，见釐夫人因也。’淮南泰族训亦云：‘孔子欲行王道，七十说而无所偶，故因卫夫人、弥子瑕而欲通其道。’当时谤孔子者，且不仅造为痈疽、瘠环言矣。”按痈疽与弥子瑕，同幸于卫君，二人专君之势，以蔽于左右。韩非子说难云：“昔者弥子瑕有宠于卫君。卫国之法，窃驾君车者罪刖。弥子瑕母病，人间往夜告弥子，弥子矫驾君车以出。君闻而贤之曰：‘孝哉！为母之故，忘其刖罪。’异日，与君游于果园，食桃而甘，不尽，以其半啖君。君曰：‘爱我哉！忘其口味，以啖寡人。’”然则弥子之宠，甚于痈疽。弥子有子路之亲，且自求结交于孔子，孔子且以义命拒之，则主痈疽必无之事矣。盖因参乘之事而傅会之耳。**孔子不悦于鲁卫，遭宋桓司马将要而杀之，微服而过宋。是时孔子当厄，主司城贞子，为陈侯周臣。**【注】孔子以道不合，不见悦鲁卫之君而去。适诸侯，遭宋桓魋之故，乃变更微服而过宋。司城贞子，宋卿也。虽非大贤，亦无谄恶之罪，故谥为贞子。陈侯周，陈怀公子也，为楚所灭，故无谥，但曰陈侯周。是时孔子遭厄难，不暇择大贤臣，而主贞子为陈侯周臣。于卫齐无厄难，何为主痈疽、瘠环也。【疏】注“孔子”至“过宋”○正义曰：不为苟合取容，故不悦。赵氏以道不合明之是也。史记孔子世家云:“定公十四年,孔子年五十六,由大司寇行摄相事。齐人闻而惧,于是选齐国中女子好者八十人,皆衣文衣而舞康乐,文马三十驷,遗鲁君。季桓子微服往观再三,将受,乃语鲁君为周道游,往观终日,怠于政事。孔子遂行,宿乎屯,歌曰:‘彼妇之口,可以出走;彼妇之谒,可以死败。盖优哉游哉,维以卒岁。’桓子喟然叹曰:‘夫子罪我以群婢故也夫!’孔子遂适卫,主于子路妻兄颜浊邹家。”此不悦于鲁之事也。又云:“卫灵公致粟六万。居十月,去卫,将适陈,过匡,月余反乎卫,主蘧伯玉家。居卫月余,灵公与夫人同车,宦者雍渠参乘,出,使孔子为次乘,招摇市过之,于是丑之,去卫适曹。是岁鲁定公卒,孔子去曹适宋。”此不悦于卫之事也。又云:“与弟子习礼大树下,宋司马桓魋欲杀孔子,拔其树,孔子去。弟子曰:‘可以速矣!’孔子曰:‘天生德于予,桓魋其如予何!’”此微服过宋之事也。○注“司城”至“臣也”○正义曰:赵氏此注甚详明。上言“宋桓司马”已标国名,司城贞子蒙上“宋”字为宋臣,为孔子在宋时所主也。过宋,则不在宋而适陈,故下明标“陈侯周”,言孔子适陈,为陈侯周之臣也。惟史记以司城贞子为孔子适陈所主,是贞子为陈卿,非宋卿。孔氏广森经学卮言云:“赵氏云‘司城贞子,宋卿也’,下又云:‘是时孔子遭厄难,不暇择大贤臣,而主贞子为陈侯周臣也。’则司城仍似陈卿。盖顺经意,明是陈人,特胶于司城当为宋官,故依违两说之。愚谓陈之司寇,可效楚官名司败,安见其司空不可效宋官,亦名司城邪?若以左传‘子展入陈,司空致地’之文为疑,则服注以‘三司’为‘陈官’者,固不若刘炫谓为‘郑官’之说善也。且司城亦不定是贞子之官,檀弓有司寇惠子、司徒敬子,郑注云:‘司徒,官氏也。’惠子虽官司寇,至其子虎,则亦以‘司寇’为氏,见于世本。宋华、向之族奔陈者非一,而司城师之后仲佗,即宋人之在陈者,安知非有以先世宋官为其族氏者乎?宋大夫皆遵殷之制,以字为谥,通在传世,本未有称子而配谥者。今据称贞子,即决非宋卿,愚故独信史记世家曰‘孔子遂至陈,主于司城贞子家’,为读孟子不误也。近儒有谓夫子在陈,不得谓之为臣者,此尊圣而过耳。羁旅之臣,是亦臣也。还以孟子之言证之,‘孔子三月无君,则皇皇如也’。若所至之国皆不为臣,不且终岁无君乎?但世家载‘至陈岁余,吴王夫差伐陈,取三邑而去。楚围蔡,蔡迁于吴’。此鲁哀公二年之事。而又云:‘居陈三岁,陈常被寇,于是孔子去陈。过蒲,会公叔氏以蒲畔，蒲人止孔子曰：苟毋适卫，吾出子。与之盟，出孔子东门，孔子遂适卫。卫灵公闻孔子来，喜，郊迎。'校其年岁，灵公殁已久矣。考先圣生平，尝再至陈。十二诸侯年表'陈湣公六年'下云'孔子来'，是初如陈也。主司城贞子者，再如陈也。过蒲要盟，则初至陈而去陈时事，太史公误著之于此耳。先圣年谱，率多附会失实，唯当以世家近古为最可据。然颇复错乱，观其叙归与之叹，主蘧伯玉之事，及蔡之请迁于吴，皆前后两见，非稍为整比，条理棼然。谨按：世家先圣自三十五岁以前皆居鲁，尝为乘田，为委吏。昭公二十五年，三家攻昭公，鲁乱，始适齐，闻韶，学之三月，是其时事。故昭公二十七年，吴公子札聘于上国，而檀弓记先圣在齐，尝观季札葬子于嬴博之间，此可证者也。顾世家既误以孟僖子不能相礼之岁就为其死岁，故并南宫敬叔之随子适周，亦举而置诸适齐之前。考左传孟僖子实卒于昭二十四年，将死，乃命敬叔来学，比敬叔服阕，鲁已无君矣。知所谓'言于鲁君与之一车两马'者，必定公，非昭公也。子在周时，家语有刘文公论圣人之语。定公四年，文公即卒，元二两年，未没昭公之丧，访乐苌宏，又非攸宜，前后推校，则适周其在定之三年欤？世家云：'定公九年，以孔子为中都宰，一年，四方皆则之。由中都为司空，由司空为大司寇。'定公十年，会于夹谷，摄相事。十三年，堕三都。十四年，与闻国政。三月，季桓子受齐女乐，孔子遂行。此并与左传合。且定十四年，春秋经不书冬，公羊师说亦以为齐人归女乐之岁也。世家云：'孔子遂适卫，主于子路妻兄颜浊邹家。居顷之，去卫，将适陈，过匡，匡人止孔子。去即过蒲，月余，反乎卫。'按此过蒲之下，即当以后文'会公叔氏以蒲畔'云云，至'作为陬操以哀之'六百六十四字移置其间。盖过匡至陈，去陈过蒲，自蒲如卫，去卫如晋，临河而返，乃复至卫，主蘧伯玉家，寻以丑南子之行，会灵公礼貌衰，又复去卫。世家'他日灵公问兵陈，孔子曰：俎豆之事，则尝闻之；军旅之事，未之学也。明日，与孔子语，见蜚鸿，仰视之，色不在孔子，孔子遂行'四十七字，则又当移于'于是丑之'之下、'去卫过曹，是岁鲁定公卒'之上。检子国注论语问陈章即云：'孔子去卫过曹，如曹，曹不容，又之宋。'与世家云去卫过曹，去曹适宋，桓魋欲杀孔子，去适郑，遂至陈者正合。其所以在陈绝粮者，或如子国所言，吴伐陈，陈乱乏食之故，抑或就以微服避难，仓卒丧其所赍，皆未可知。要与异日在蔡被围之事不可混合为一也。既至陈，主司城贞子家，于是有对肃慎矢之语,有桓僖庙灾之语,最后有归与归与之语,实哀公之三年,而陈侯周之十年也。世家又云:‘明年,孔子自陈迁于蔡三岁,楚使人聘孔子,陈蔡大夫围孔子于野,楚昭王兴师迎孔子,然后得免。其秋,楚昭王卒,于是孔子自楚返乎卫。’由是推之,定十四年以前,仕鲁时也。哀元年以迄六年,居陈蔡时也。自六年返卫,以迄左传所载鲁人以币召夫子之岁,则恒在于卫,孟子所谓于卫孝公公养之仕者也。子之去鲁,所谓大夫以道去君者,非有君命召,则终不可复归。夫岂出入自如,而好为旅人哉?其见卫灵公,主颜雠由,畏于匡,畏于蒲,历曹、郑、杞、宋,遭宋桓司马之难,则皆在定末哀初一二年间也。是为先圣出处大端,敬征审而备识之。”云陈侯周陈怀公子者,史记陈世家云:“惠公卒,子怀公柳立,卒吴,陈乃立怀公之子越,是为湣公。湣公六年,孔子适陈。二十四年,楚惠王复国,以兵北伐,杀陈湣公,遂灭陈而有之。是岁,孔子卒。”然则陈侯周有谥矣,又名越,与孟子异。阸,古厄字。诗谷风笺云:“厄难,勤苦之事也。”是厄即难也。**吾闻观近臣,以其所为主;观远臣,以其所主。若孔子主痈疽与侍人瘠环,何以为孔子?”**【注】近臣,当为远方来贤者为主。远臣自远而至,当主于在朝之臣贤者。若孔子主于卑幸之臣,是为凡人耳,何谓孔子得见称为圣人。

章指言:君子大居正,以礼进退,屈伸达节,不违贞信,故孟子辩之,正其大义也。【疏】“君子大居正”○正义曰:隐公三年公羊传文。

9　万章问曰:“或曰,百里奚自鬻于秦养牲者五羊之皮,食牛,以要秦缪公,信乎?”【注】人言百里奚自卖五羖羊皮,为人养牛,以是而要秦缪公之相,实然否。【疏】注“人言”至“然否”○正义曰:毛氏奇龄四书賸言云:“孟子百里奚事,赵岐注谓‘奚自卖五羖羊皮,为人养牛’。卖己物以养人牛,贫而不吝,可以为要誉之具,此依文度事,其解不过如此。实则百里五羊,有必不可解者。奚旧称五羖大夫,其人全以此得名,是必有一五羊实事,流传人间,乃言人人殊。如扊扅之歌曰‘百里奚新娶我兮五羊皮'，是聘物也。又曰'西入秦，五羊皮'，则携作客赀者也。史记'百里奚亡秦走宛，楚鄙人执之，缪公以五羊之皮赎之归秦'，是又赎奚物也。其不可凭如此。若谓得五羊之皮为之食牛，从来无此说，且此亦何足要誉。赵氏去古未远，或有师承。"赵氏佑温故录云："百里奚有五羖大夫之称，孟子亦言其举于市，则养牛之言非无据。但谓以要秦缪公，非耳。注'人言百里奚自卖五羖羊皮为人养牛'，当读卖字为句，卖下五上脱一'得'字。遂似奚自有羊卖之，反为人牧，理所必无，毛西河不审而妄争。"周氏柄中辨正云："朱竹垞五羖辨言：'赵注人言百里奚自卖五羖羊皮，为人养牛，盖言衣此食牛也。扊扅之歌云百里奚初娶我时五羊皮，又曰西入秦，五羖皮，然则奚盖服五羊之皮入秦者。纫五羊为裘，毛之最丰，而贱者所服也。范处义诗补传释羔羊之诗云：素丝必以五言，盖合五羊之皮为一裘，循其合处，以素丝为英饰也。百里奚衣五羊之皮，为秦养牲，盖仿古制。古之羔裘，其制甚精，养牲者被五羊之皮，盖贱者之服，而召南在位之君子亦服之，非节俭而何。其说竟与余合。史记百里奚亡秦走宛，楚鄙人执之，缪公闻百里奚贤，欲重赎之，请以五羖羊皮赎之，楚遂许与之。盖百里奚在秦，五羖其素所被服，缪公虑楚不信，故以奚所衣之服与之。不然，五羖微物，楚人岂贪之乎？'按扊扅歌乃汉词赋家所为，本不足据。其以史记赎奚事为证，亦非是。史记言欲重赎之恐楚人不与者，此即齐欲请管仲于鲁，而桓公谓'知吾将用之，必不与我矣'之意。故其谓楚人曰'吾媵臣'，微之也。请赎以五羖羊皮，示其无足重轻也。所以杜楚人之疑，而使之不忌也。若谓以此取信于楚，则奚之素所被服，楚人乌得知之？史记商鞅传又载赵良之言曰：'五羖大夫，荆之鄙人也。自鬻于秦客，被褐食牛，期年，缪公知之，举之牛口之下，而加之百姓之上。'史迁所传，已自相矛盾。则并赎奚之事，亦属传疑，不足信也。至所引范处义释诗之说，则尤为不根。夫五纶、五緎、五总，丝数，非缝数也。戴侗六书故曰：'纶、緎、总俱以五言，皆丝之量数。'更证之西京杂记云：'五丝为緵，倍緵为升，倍升为緎。'是緎为丝数，益无可疑。范氏谓合五羊为一裘，则羔羊，儿羊也，岂有儿羊而五皮而可以成裘者哉？尝考韩诗外传云：'百里奚，齐之乞者也。逐于齐，自卖五羊皮，为一轭车人秦。'战国策：'百里奚，虞之乞人。传买以五羊之皮。'说苑：'百里奚自卖，取五羊皮伯氏养生。'又臣术篇云：'贾人买百里奚以五羖羊皮，使将盐车之秦。'又善说篇云：

'百里奚自卖五羊之皮,为秦人虏,缪公得之。'诸说并以五羊皮为自鬻之直。竹垞所云,则昔人未有作此解者。惟庄子庚桑楚篇云:'汤以庖人笼伊尹,秦缪公以五羊之皮笼百里奚。'陆德明音义既引史记赎奚事,又曰:'或云,百里奚好五色皮裘。'此颇合于竹垞之解,而又不能引据,徒割截赵注,以就其说。"阎氏若璩释地又续云:"百里奚此事,当孟子时已无所据。夫曰'虞人也',址贯见矣。'不谏之秦',行踪见矣。'年已七十',齿已见矣。又曰'举于市',仕宦见矣。独秦之号为五羖大夫,传至孝公时,犹啧啧于赵良之口,则当以秦本纪补之。盖其由虞之秦,不知又何故亡秦走宛。宛今南阳府南阳县,秦缪公时地属楚,楚鄙人执之,缪公闻百里奚贤,欲重赎之,恐楚人不与,乃使人谓楚曰:'吾媵臣百里奚在焉,请以五羖羊皮赎之。'楚人遂许与之。缪公释其囚,授之国政,故有五羖大夫之号。其云'吾媵臣',亦系托词以诳楚。左氏媵秦穆姬者,乃虞大夫井伯,非百里奚也。汉表以次之于各等矣。或问谓之举于市者,何故?余曰:论语'市脯'注云:'市,买也。'说文云:'买,市也。'孟子盖谓百里奚从买得来耳。细读孟子合左传,奚之去虞,当于僖二年宫之奇谏不听之日,不待僖五年宫之奇复谏以其族行之日,故曰先去。安得有如史记奚为晋虏,以媵于秦之妄说。"

孟子曰:"否。不然。好事者为之也。【注】好事毁败人之德行者,为之设此言。【疏】"否不然"○正义曰:阮氏元校勘记云:"不字,衍文。"**百里奚,虞人也。晋人以垂棘之璧与屈产之乘,假道于虞以伐虢,宫之奇谏。**【注】垂棘,美玉所出地名。屈,产地,良马所生。乘,四马也。皆晋国之所宝。宫之奇,虞之贤臣。谏之不欲令虞公受璧马,假晋道。【疏】"晋人"至"奇谏"○正义曰:事见僖公二年"虞师、晋师灭下阳"左传及五年冬"晋人执虞公"左传。阎氏若璩释地云:"杜注'虞国在河东大阳县',余谓山西之平陆县也。'虢,西虢国,弘农陕县东南有虢城',余谓河南之陕州也。名虽二省,而界相连。裴骃引贾逵注云:'虞在晋南,虢在虞南。'一言之下,而形势了然。尔时为晋献公十九年,正都于绛,绛在太平县之南。绛州之北,土人至今呼故晋城,遗址宛然。"○注"垂棘"至"所生"○正义曰:僖公二年公羊传"白璧"注云:"屈产,出名马之地。乘,备驷也。垂棘,出美玉之地。玉以尚白为美。"徐氏疏云:"谓屈产为地名,不似服氏谓产为产生也。"阎氏若璩释地云:"通典:'慈州文城郡,理吉昌县,春秋时,晋之屈邑,献公子夷吾所居。汉河东北屈县。左传云:晋有屈产之乘,此有骏马。'与刘昭注后汉志同。余谓今山西吉州是。乐史傅会为石楼县。但石楼乃汉西河土军县,非北屈地,自非垂棘。又见成五年,杜但注云晋地。"**百里奚不谏,知虞公之不可谏而去之秦,年已七十矣,曾不知以食牛干秦缪公之为污也,可谓智乎?不可谏而不谏,可谓不智乎?知虞公之将亡而先去之,不可谓不智也。时举于秦,知缪公之可与有行也而相之,可谓不智乎?相秦而显其君于天下,可传于后世,不贤而能之乎?**【注】百里奚知虞公之不可谏而去之秦,年七十而不知食牛干人君之为污,是为不智也。欲言其不智,下有三智,知食牛干秦为不然也。卒相秦显其君,不贤之人,岂能如是,言其实贤也。**自鬻以成其君,乡党自好者不为,而谓贤者为之乎?**【注】人自鬻于污辱,而以傅相成立其君,乡党邑里自喜好名者,尚不肯为也,况贤人肯辱身而为之乎。【疏】"百里奚"至"为之乎"○正义曰:赵氏以"百里奚不谏"冠此两节之首,盖谓奚所以不谏者,知虞公之不可谏也。下"不可谏而不谏,可谓不智乎",即申此二句之义。知即智矣,于其间反入"不智"一层,此孟子属文之法,故用而字转捩,若曰百里奚不谏,乃是知其不可谏也。知其不可谏而即不谏,是其智也。而去之秦年已七十,曾不知以食牛干秦穆为污,可谓智乎?错综言之也。又因其一智,推而为三智。知虞公之不可谏而不谏,一智也。知虞公之将亡而先去之,二智也。知缪公之可与有行而相之,三智也。三智从三知字而出,智属知,贤属能。但知而不能,不可为贤,故又实能相其君以显于天下,是非独智,而且贤矣。前以知断其不知之非,后以能断其不为之是也。一说晋时强大,可与晋敌者莫如秦,奚故去虞入秦,三置晋君,正是为虞报仇,所以不谏而去之秦者以此。翟氏灏考异云:"战国时处士横议,蔑人伦,废礼义,以为亲可怨,弟可放,夫妇可苟合也。窃威福之柄,萌篡逆之心,以为君臣无定分,禅继无定命也。枉己辱身,营营富贵利达之途,以为苟贱可甘,近幸可援也。爰是造为事端，托诸舜禹伊孔，谓圣人且有然者，欲假以济其私而掩其丑。孟子惧焉。故特设为门弟子疑难问答，著诸简编，以彻抉其樊篱。好辨章所谓‘正人心，息邪说，距诐行，放淫辞’者，正于此篇详尽见之。风俗通言孟子退与万章之徒作书，而举好辨章文为旨，万章之徒，非就此篇实据之欤？故此篇虽若泛论往事，而实为孟子一书之领要。观孟子论百里奚已无所据，惟以事理反覆推之，则列国之信史，若辈恶其害己，并早灭于秦火前矣。观马迁为史，凡孟子所既辨斥，仍多取为实录，则时之邪说惑人深，几于杯水车薪之不可熄矣。使非此篇之传，虽舜禹伊孔，且无以见白于今日，其他是非之颠倒者，可胜言乎？”

章指言：君子时行则行，时舍则舍，故能显君明道，不为苟合而违正也。【疏】“不为苟合”○正义曰：史记封禅书云：“阿谀苟合之徒。”

孟子正义卷二十

孟子卷第十

万章章句下凡九章。

1　孟子曰："伯夷目不视恶色，耳不听恶声，非其君不事，非其民不使，治则进，乱则退。横政之所出，横民之所止，不忍居也。思与乡人处，如以朝衣朝冠坐于涂炭也。当纣之时，居北海之滨，以待天下之清也。故闻伯夷之风者，顽夫廉，懦夫有立志。【注】孟子反覆差伯夷、伊尹、柳下惠之德，以为足以配于圣人，故数章陈之，犹诗人有所诵述，至于数四，盖其留意者也。义见上篇矣，此复言不视恶色，谓行不正而有美色者，若夏姬之比也；耳不听恶声，谓郑声也。后世闻其风者，顽贪之夫更思廉洁，懦弱之人更思有立义之志也。【疏】"伯夷"至"立志"○正义曰：赵氏佑温故录云："伯夷叔齐，论语每言之，必兼二人，而孟子则独举伯夷。史记之言伯夷，以让国，以耻周也，而孟子则言其辟纣，且屡言之。此章与前伯夷隘章，极言其恶恶，非君不事，不立恶人之朝，犹是辟纣意。于耻周有可通，于让国则绝无与也。若以史传为不实，则非让国，何为子贡援以问卫事？论语言饿于首阳，言逸民，明是耻粟采薇事，史即可为经注也。孟子何独有异？窃以伯夷当纣之时，亲稔其暴，至于脯醢无罪诸侯，为从古所未有；廉来之助恶，皆非可以力争，而自以远国疏臣，欲谏正之不得，徒苟奉职贡，而以为耻，固久有欲辟之心矣，而不忍言，因生事之既终,有遗命之可托,遂以不顾而逃。叔齐与兄同志者也,亦以有托而逃。叔齐特从兄也,孟子故不及之,为其举兄可以见弟也。其事从让国起,而其心实从辟恶起。史传据事言之,孟子原心论之也。然而曰待天下之清,则夷惟辟纣之恶,未尝不待纣之改。辟之已耳,其于君臣之大义,未尝有他志也,故以谏武王。武诛纣,遂以耻周粟,而孔子特表之曰'不念旧恶'。是则伯夷之所以为伯夷者,其行事甚委曲,其用心甚平直,第求无污于己,而非必有苛于人,故得为圣之清。"○注"若夏姬之比也"○正义曰:列女传孽嬖篇云:"陈女夏姬者,大夫夏征舒之母也。其状美好无匹,内挟伎术,盖老而复壮者。三为王后,七为夫人,公侯争之,莫不迷惑失意。颂曰:'夏姬好美,灭国破陈。走二大夫,杀子之身。殆误楚庄,败乱巫臣,子反悔惧,申公族分。'"○注"顽贪之夫更思廉洁"○正义曰:毛氏奇龄四书賸言云:"孟子'顽夫廉',顽字,古皆是贪字。汉王吉传:'孟子云,闻伯夷之风者,贪夫廉,懦夫有立志。'晋书羊祜传亦曰:'贪夫反廉,懦夫立志,虽夷、惠之操,无以尚也。'南史称'任昉能使贪夫不取,懦夫有立志'。"臧氏琳经义杂记云:"韩诗外传云:'伯夷目不视恶色,耳不听恶声,非其君不事,非其民不使。横政之所出,横民之所止,不忍居也。思与乡人居,若朝衣朝冠坐于涂炭也。故闻伯夷之风者,贪夫廉,懦夫有立志。'又汉书王贡两龚鲍传序引孟子云:'闻伯夷之风者,贪夫廉,懦夫有立志。奋乎百世之上,行乎百世之下,莫不兴起,非贤人而能若是乎?'又后汉书王龚传云:'闻伯夷之风者,贪夫廉,懦夫有立志。'丁鸿传论曰:'孟子曰:闻伯夷之风者,贪夫廉,懦夫有立志。'列女传:'曹世叔妻云:昔夷齐去国,天下服其廉。'高、李注引孟子曰:'闻伯夷之风者,贪夫廉,懦夫有立志。'又艺文志隐逸下引魏王粲吊夷齐文曰:'厉清风于贪士,立果志于懦夫。'当亦用孟子。孟子万章、尽心皆作'顽夫廉',赵氏于万章下注云:'顽贪之夫,更思廉洁。'于尽心下注云:'顽,贪。'是赵本作'顽'矣。据下文'懦夫有立志','鄙夫宽,薄夫敦',皆以相反者言之,则作'贪'为是。赵氏以顽训贪,未详其所出。而两汉及唐人皆引作'贪',知必非无本矣。孟子汉有刘熙注,梁有綦母邃注,作'贪'者或见于二家之本与?"王氏念孙广雅疏证云:"顽,钝也。如淳注汉书陈平传云:'顽顿,谓无廉隅也。'顿与钝同。孟子万章篇云:'顽夫廉。'"按王氏说是也。顽之义为钝,廉之义为棱,棱则有隅角,钝则无锋锷,二者正相对。吕氏春秋慎大篇云"暴戾顽贪",是顽亦贪也。诸书引作"贪",亦顽训贪之证。国语晋语"少懦于诸侯",注云:"懦,弱也。"说文心部"懦,驽弱者也"。故以懦为弱。**伊尹曰:'何事非君,何使非民,治亦进,乱亦进,曰:天之生斯民也,使先知觉后知,使先觉觉后觉。予,天民之先觉者也。予将以此道觉此民也。'思天下之民匹夫匹妇有不与被尧舜之泽者,如己推而内之沟中。其自任以天下之重也。**【注】说与上同。**柳下惠不羞污君,不辞小官,进不隐贤,必以其道,遗佚而不怨,厄穷而不悯,与乡人处,由由然不忍去也,尔为尔,我为我,虽袒裼裸裎于我侧,尔焉能浼我哉!故闻柳下惠之风者,鄙夫宽,薄夫敦。**【注】鄙狭者更宽优,薄浅者更深厚。【疏】注"鄙狭"至"深厚"〇正义曰:周礼地官遂人:"掌邦之野,以土地之图经田野,五家为邻,五邻为里,五里为酂,五酂为鄙,五鄙为县。"刘熙释名释州国云:"鄙,否也。小邑不能远通也。"吕氏春秋尊师篇云"子张,鲁之鄙家也",爱类篇云"墨子见荆王曰,臣北方之鄙人也",高诱注皆云:"鄙,小也。"又君守篇云"鲁鄙人遗宋元王闭",高诱注云:"鄙人,小人也。"小即狭也,对下宽言之,故不训小而训狭也。贾子道术篇云:"优贤不逮谓之宽。"诗大雅瞻卬"维其优矣",笺云:"优,宽也。"是宽即优也。淮南子齐俗训云"烦拿浇浅",高诱注云:"浅,薄也。"是薄即浅也。毛诗邶风北门"王事敦我",传云:"敦,厚也。"薄既是浅,则厚即是深,故云深厚。**孔子之去齐,接淅而行。去鲁,曰:'迟迟吾行也,去父母国之道也。'可以速而速,可以久而久,可以处而处,可以仕而仕,孔子也。"**【注】淅,渍米也。不及炊,避恶亟也。鲁,父母之国,迟迟不忍去也。是其道也。孔子圣人,故能量时宜,动中权也。【疏】注"淅渍米也"至"亟也"〇正义曰:说文水部云:"滰,浚干渍米也。孟子曰:'孔子去齐,滰淅而行。'""淅,汏米也。"段氏玉裁说文解字注云:"毛诗传曰:'释,淅米也。'尔雅:'溞溞,淅也。'孟子注:'淅,渍米也。'凡释米、淅米、渍米、汏米、淅米、淘米、洮米、漉米，异称而同事。淅箕谓之籅，自其方沤未淘言之曰渍米，不及淘抒而起之曰滰。万章篇今滰作'接'，当是字之误。"王氏念孙广雅疏证云："浚滰，盝也。说文：'湑，莤酒也。一曰浚也。'郑兴注周官甸师云：'莤读为缩束茅立之祭前，沃酒其上，酒渗下去，若神饮之，故谓之缩。缩，浚也。'说文：'滰，浚干渍米也。'引孟子'孔子去齐，滰淅而行'。今本'滰'作'接'，所见本异也。'滰'之言'竟'，谓漉干之也。今俗语犹谓'漉干渍米'为'滰干'矣。西汉丛语云：'异闻集引李吉甫南铭曰：孟子去齐而滰淅，唐本作滰字。'"

孟子曰："伯夷，圣之清者也；伊尹，圣之任者也；柳下惠，圣之和者也；孔子，圣之时者也。孔子之谓集大成。集大成也者，金声而玉振之也。金声也者，始条理也；玉振之也者，终条理也。【注】伯夷清，伊尹任，柳下惠和，皆得圣人之道也。孔子时行则行，时止则止。孔子集先圣之大道，以成己之圣德者也，故能金声而玉振之。振，扬也。故如金音之有杀，振扬玉音，终始如一也。始条理者，金从革，可治之使条理。终条理者，玉终其声而不细也，合三德而不挠也。

【疏】注"振扬"至"不挠也"○正义曰：说文手部云："振，举救也。一曰奋也。""扬，飞举也。"吕氏春秋必己篇云"尽扬播入于河"，高诱注云："扬，动也。"淮南子本经训云"共工振滔洪水"，高诱注云："振，动也。"是振与扬同义也。程大昌演蕃露云："管子曰：'玉有九德，叩之其音清专彻远，纯而不杀乱也。'此诸家之言孔子玉振者。曰：其谓终条理者，为其叩之，其声首尾如一，不比金之始洪终杀，是为终条理。"按"始条理"，音义云："本亦作'治条理'，下同。"玩赵氏言"金从革，可治之使条理"，则赵氏本正作"治条理"也。下文"始条理者，智之事也"，注云："智者知理物。"理物即治物，以理字解治字，正作"治条理者，智之事也"。玉终其声之声指金声，金声有杀，以玉振扬之，所谓治之使条理也。杀则细，振以终之，则其声不细矣。金音，音字解声字。近时通解谓：金，镈钟也，声以宣之于先。玉，特磬也，振以收之于后。条理是节奏次弟。金以始此条理，玉以终此条理，所为集大成也。王氏念孙广雅疏证云："中庸'振河海而不泄'，郑注云：'振，犹收也。'孟子万章篇云：'金声而玉振之也。'周官职币：'掌式法以敛官府都鄙与凡用邦财者之币，振掌事者之余财。'敛、振皆收也。故郑注云:'振,犹抍也,检也。'广雅卷三云:'抍,收也。'孟子梁惠王篇注云:'检,敛也。'贾疏云:'以财与之谓之抍,知其足剩谓之检。'皆失之。秦风小戎篇'小戎俴收',毛传云:'收,轸也。'正义曰:'轸所以收敛所载,故名收焉。'轸与振亦声近义同。"**始条理者,智之事也。终条理者,圣之事也。**【注】智者知理物,圣人终始同。【疏】"始条"至"事也"○正义曰:戴氏震孟子字义疏证云:"理者,察之而几微,必区以别之名也,是故谓之分理。在物之质曰肌理,曰腠理,曰文理。得其分,则有条而不紊,谓之条理。孟子称'孔子之谓集大成'曰:'始条理者,智之事也。终条理者,圣之事也。'圣智至孔子而极其盛,不过举条理以言之而已矣。易曰'易简而天下之理得',自乾简言,故不曰仁智而曰易简。以易知,知一于仁爱平恕也。以简能,能一于行所无事也。易则易知,易知则有亲,有亲则可久,可久则贤人之德。若是者,仁也。简则易从,易从则有功,有功则可大,可大则贤人之业。若是者,智也。天下事情,条分缕晰,以仁且智当之,岂或爽失几微哉!中庸曰:'文理密察,足以有别也。'乐记曰:'乐者,通伦理者也。'郑康成注云:'理,分也。'许叔重说文解字序曰:'知分理之可相别异也。'古人所谓理,未有如后儒之所谓理者矣。"**智,譬则巧也。圣,譬则力也。由射于百步之外也,其至,尔力也,其中,非尔力也。"**【注】以智,譬由人之有技巧也,可学而益之。以圣,譬由力之有多少,自有极限,不可强增。圣人受天性,可庶几而不可及也。夫射远而至,尔努力也。其中的者,尔之巧也。思改其手用巧意,乃能中也。【疏】注"以智"至"中也"○正义曰:说文工部云:"巧,技也。"故以技释巧也。章指云:"言圣人犹力,力有常也。贤者由巧,巧可增也。"与此注相发明。赵氏以巧比三子,以力比孔子,三子可学,孔子不可及也。然则两"尔"字宜皆指三子。其至,如清、任、和为三子之力所可至。其中,如孔子"圣之时"为三子之力所不可至。至、中俱承上力字。至为三子之力,中为孔子之力。乃注云"其中的者,尔之巧也"。意殊矛盾,不可详知。又云"改其手用巧意乃能中",似谓孔子之时,三子力不能及,故改而用巧为清、任、和,则中字转属三子之清、任、和矣。又似谓孔子以时为中的,三子各以清、任、和为中的,三子自知不能为孔子之中的,因思改而用巧为三子之中的,故各用清、任、和也。是孔子以力中的，三子不以力而以巧中的也。以力，则但能至，不能中也。赵氏本义，未知何如，姑拟之以质知者。近时通解，智巧即灵明不测妙乎神也，圣力即造诣独到因乎应也。圣知兼备，而惟智乃神；巧力并用，而惟巧乃中。此孔子所以独为圣之时。或云，巧力之喻，是孟子自拟作圣之功。由射于百步之外，望道之比也。孔子之圣，非力可拟，力则人，巧则天也。

章指言：圣人由力，力有常也。贤者由巧，巧可增也。仲尼天高，故不可阶；他人丘陵，丘陵由可逾：所谓小同而大异者也。

2 **北宫锜问曰："周室班爵禄也，如之何？"**【注】北宫锜，卫人。班，列也。问周家班列爵禄，等差谓何。【疏】注"班列也"○正义曰：方言云："班，彻，列也。北燕曰班，东齐曰彻。"戴氏震方言疏证云："赵岐孟子注'孟子班爵禄'云：'班，列也。'春秋昭公二年左传'送从逆班'，杜预注云：'班，列也。'任昉奏弹曹景宗曰'荣高列侯'，李善注引方言：'列，班也。'所引即此文。诗大雅'王命召伯，彻申伯土田'，毛传：'彻，治也。'郑笺云：'治者，正其井牧，定其赋税。'亦于班列之义为近。广雅：'列，班，布也。'"

孟子曰："其详不可得闻也。诸侯恶其害己也而皆去其籍，然而轲也尝闻其略也：【注】详，悉也。不可得备知也。诸侯欲恣行，憎恶其法度，妨害己之所为，故灭去典籍。今周礼司禄之官无其职，是则诸侯皆去之，故使不复存也。轲，孟子名。略，粗也。言尝闻其大纲如此。今考之礼记王制则合也。【疏】注"详悉"至"存也"○正义曰："详悉"，见离娄下。荀子非相篇云"详则举小"，注云："详，周备也。"故又以备释详也。周礼地官："司禄，中士四人，下士八人，府二人，史四人，徒四十人。"注云："主班禄。"贾氏疏云："在此者，其职既阙，未知所掌云何，但班禄者用粟与之，司禄职次仓人，明是班多少之官，故郑云主班禄。"○注"今考之礼记王制则合也"○正义曰：礼记正义云："郑目录云：'名曰王制者，以其记先王班爵授禄祭祀养老之法度，此于别录属制度。王制之作，盖在秦汉之际。'郑答临硕云：'孟子当赧王之际，王制之作，复在其后。'卢植云：'汉孝文皇帝令博士诸生作此王制之书。'周礼春官内史：'王制禄则赞为之，以方出之。'郑司农、郑康成皆引王制以注之。"赵氏佑温故录云："自当以孟子为正，不必与周礼规规求合也。与孟子合者惟王制，犹不免有不合者，由其又在孟子后，杂采遗文所致，即孟子亦第言闻其略也。郑康成于王制与周礼不合处，辄谓之夏殷制，皆求其说而不得，从而为之辞而已。即如百里、七十里、五十里，孟子明言周室，得谓之夏殷制欤？于是又以开方法两圆之。然子二百里、男百里，又何法？又岂所谓同一位者欤？唯其不必求合而必求合也。然则奚其不合？盖注以'周礼司禄官无其职'为诸侯去籍证，周礼本不完之书，司禄之亡犹他官之阙，未必去籍独去此，即去，亦其中一端。就孟子、王制所言之与周礼不合，初非独此班爵禄事矣，是不足以定也。若谓尽去其合而独存其不合，则是周礼一书已自有不能尽合之失，更不足以定也。彼其放恣横议之习已久，秦至敢于燔烧三代之书，诸侯皆秦也，何嫌于窜易一朝之制？去者既全去之，其姑存者争以意增损之，上下相蒙，若为故然，盖所必至，不待刘歆之徒也。恐刘歆亦定负此枉于千古也。然则宜其不合之多矣。文景时去古尤近，诸儒纂辑王制，何不就其所据书名人代，明白标举，而一概浑同，使后学至莫别其由然，斯则前儒之过欤！"翟氏灏考异云："周礼司禄之官，今无其职，赵氏据此为战国诸侯去籍之证。孟子于典籍既亡之后，侧闻其略，自不能颟若画一。且有嫌于时君之争并无厌也，故于所闻异词中，宁信其数之少，而不肯失之多。若王制，乃汉文帝敕令博士诸生采集传记，斟酌损益，以成其篇，制禄爵节明属采自孟子。时周礼未显于世，诸博士犹不及见之，故惟以孟子一书为本，其所以微有异同，正博士之所斟酌损益，何可转据之议孟子乎？"**天子一位，公一位，侯一位，伯一位，子男同一位，凡五等也。**【注】公谓上公九命及二王后也。自天子以下，列尊卑之位，凡五等。【疏】"天子"至"等也"○正义曰：礼记王制云："王者之制禄爵：公、侯、伯、子、男，凡五等。"彼言王者之制，故不数天子，与此异。白虎通爵篇云："天子者，爵称也。爵所以称天子者何？王者父天母地，为天之子也。所以名之为公侯者何？公者，通也。公正无私之意也。侯者，候也。候逆顺也。伯者，白也。子者，孳也。孳孳无已也。男者，任也。”顾氏炎武日知录云：“为民而立之君，故班爵之意，天子与公侯伯子男一也，而非绝世之贵。代耕而赋之禄，故班禄之意，君卿大夫士与庶人在官一也，而非无事之食。是故知天子一位之意，则不敢肆于民上以自尊；知禄以代耕之义，则不敢厚取于民以自奉。不明乎此，而侮夺人之君，常多于三代以下矣。”○注“公谓”至“后也”○正义曰：周礼春官典命：“掌诸侯之五仪，诸臣之五等之命：上公九命为伯，其国家、宫室、车旗、衣服、礼仪，皆以九为节。侯伯七命，其国家、宫室、车旗、衣服、礼仪，皆以七为节。子男五命，其国家、宫室、车旗、衣服、礼仪，皆以五为节。”又云：“王之三公八命。”注云：“上公，谓王之三公有德者，加命为二伯。二王之后，亦为上公。”贾氏疏云：“三公八命，出封皆加一等，谓若周公、太公有德，封于齐鲁，身虽在王朝，使其子就国，亦是出封加命为上公九命者。”白虎通爵篇云：“春秋传曰：‘天子三公称公，王者之后亦称公，其余大国称侯，小国称伯子男也。’”**君一位，卿一位，大夫一位，上士一位，中士一位，下士一位，凡六等。**【注】诸侯法天子，臣名亦有此六等，从君下至于士也。【疏】“君一”至“六等”○正义曰：王制云：“诸侯之上大夫卿、下大夫、上士、中士、下士，凡五等。”诸侯即君也。王制五等不连诸侯，孟子六等连君，不连君，犹不连天子也。白虎通爵篇云：“卿之为言章也，章善明理也。大夫之为言大扶，扶进人者也。故传曰：‘进贤达能，谓之卿大夫。’王制云‘上大夫卿’也。士者，事也，任事之称也。故传曰：‘通古今，辩然不，谓之士。’诸侯所以无公爵者，下天子也。故王制曰：‘上大夫，下大夫，上士，中士，下士，凡五等。’此谓诸侯臣也。大夫但有上下，士有上中下何？明卑者多也。爵皆一字，大夫独两字何？春秋传曰：‘大夫无遂事。’以为大夫职在之适四方，受君之法，施之于民，故独两字言之。或曰：大夫，爵之下者也。称大夫，明从大夫以上受下施，皆大自著也。天子之士，独称元士何？士贱，不得体君之尊，故加元以别于诸侯之士也。礼经曰‘士见于大夫’，诸侯之士也。王制曰：‘王者八十一元士。’”沈氏彤周官田禄考云：“周天子具六官，官之爵六等：曰公，曰孤卿，曰中大夫、下大夫，曰上士，曰中士，曰下士，庶人在官者属焉。凡天子之官之爵，其有常数可周知而见本经及注者，公三人，孤三人，卿五官官一人，又地官乡大夫每乡卿一人，六乡则六人，凡十一人。中大夫，天官四人，地官五人，又州长每州一人，三十州则三十人，遂大夫每遂一人，六遂则六人，春官五人，夏官十四人，秋官四人，凡六十八人。下大夫，天官十二人，地官十五人，又党正每党一人，百五十党则百五十人，县正每县一人，三十县则三十人，春官二十四人，夏官三十人，秋官八人，凡二百六十九人。上士，天官四十六人，地官四十八人，又族师每族一人，七百五十族则七百五十人，鄙师每鄙一人，百五十鄙则百五十人，春官五十三人，夏官六十七人，又仆夫十人，秋官二十人，又象胥每翟一人，六翟则六人，凡千一百五十人。中士，天官百一十八人，地官百四十八人，又闾胥每闾一人，三千闾则三千人，酇长每酇一人，七百五十酇则七百五十人，春官百五十八人，夏官百五十八人，秋官百五十二人，又象胥每翟二人，六翟则十二人，凡四千四百九十六人。下士，天官百七十九人，又寺人五人，地官二百七十二人，又比长五家一人，万五千比则万五千人，里宰每里一人，三千里则三千人，司门每门二人，王城十二门则二十四人，司关每关二人，王畿十二关则二十四人，场人每场二人，九谷九场则十八人，春官二百七十五人，夏官二百四十三人，又驭夫二人，趣马百九十二人，庾人每闲二人，天子十二闲则二十四人，秋官百九十三人，又条狼氏八人，象胥每翟八人，六翟则四十八人，凡万九千五百有七人。其不见经注而数皆可推者，上士为郊之县正，十一县则十一人。中士为郊之鄙师，野之县正，郊五十五鄙，野九百五十三县，人各如县鄙之数，凡千有八人。下士为郊之酇长，野之鄙师，郊二百七十四酇，野四千七百六十五鄙，人各如鄙酇之数，凡五千有三十九人。通计三万一千五百六十五人。若内诸侯之官之爵，由经注及他传记所见推之，则在公四等，自卿而下；在孤卿三等，自大夫而下；在大夫二等，自上士而下。其数，公之卿二人，下大夫五人，上下士各若干人；孤卿之大夫二人，上士五人，下士若干人；大夫之上士二人，下士五人。其县鄙之士，皆上士为县正，下士为鄙师。公七县三十三鄙，孤卿二县八鄙，大夫二鄙，上下士各皆如县鄙之数。通计爵数之可知者，在公四十七人，在孤卿十七人，在大夫九人。若外诸侯之官之爵，则在上公六等，自孤而下；在侯伯五等，在子男四等，皆自卿而下。其数，公之孤一人，卿三人，下大夫五人，上士二十七人，中下士各若干人；侯伯之卿大夫士如之，子男之卿大夫亦如之，士则上二十七人，下若干人，无中。此皆见于经注及他传记。其无所见而可推知者，上公为大国，三乡三遂。卿，乡大夫三人；下大夫，州长十五人，遂大夫三人，凡十八人。上士，党正七十五人，县正十五人，凡九十人。中士，族师三百七十五人，鄙师七十五人，凡四百五十人。下士，闾胥千五百人，酂长三百七十五人，凡千八百七十五人。其野二百二十六县，千一百三十鄙，中士为县正，下士为鄙师，皆各如县鄙之数。侯伯为次国，二乡二遂。卿，乡大夫二人。下大夫，州长十人，遂大夫二人，凡十二人。上士，党正五十人，县正十人，凡六十人。中士，族师二百五十人，鄙师五十人，凡三百人。下士，闾胥千人，酂长二百五十人，凡千二百五十人。其野，侯百四十四县，七百一十九鄙；伯七十二县，三百六十一鄙，皆中士为县正，下士为鄙师，各如其县鄙之数。子男为小国，一乡一遂。卿，乡大夫一人；下大夫，州长五人，遂大夫一人，凡六人。上士，党正二十五人，县正五人，凡三十人。下士，族师百二十五人，鄙师二十五人，凡百五十人。其野，子三十一县，百五十五鄙，上士为县正，下士为鄙师，皆各如县鄙之数。男一鄙，下士为鄙师，如其数。通计爵数之可知者，在上公三千八百二十八人，在侯二千五百二十二人，在伯二千有九十二人，在子四百有八人，在男二百二十三人。周官之爵，曰公，曰孤，曰卿，曰中大夫，曰下大夫，曰上士，曰中士，曰下士，凡八等。而合孤卿为一等，中下大夫为一等，何也？曰：典命'王之三公八命，其卿六命'，不别言三孤命数，则并孤于卿矣。云'其大夫四命'，则大夫不以中下殊矣。爵与命之等常相因，故二者皆合为一等也。且考工记称'九卿'，郑康成以'六卿三孤'注之，则孤亦名卿而为一等。孟子、王制序大夫皆止一等，是又不分二等之明证也。经何以无上大夫？曰：上大夫即孤卿也。大戴记盛德篇云：'三少，皆上大夫也。三少谓三孤。'王制云：'诸侯之上大夫卿。'天子亦然。凡内外诸侯之官，其爵等人数，何以定之？曰：大宰云：'乃施典于邦国，而建其牧，立其监，设其参，传其伍，陈其殷，置其辅。'注云：'监，谓公侯伯子男各监一国。参，谓卿三人。伍，谓大夫五人。殷，谓众士，王制诸侯上士二十七人。辅，府史庶人在官者。'此外诸侯官爵等人数之大略也。何以知上公之一孤也？曰：典命'公之孤四命'，注以为'九命上公，得置孤卿一人'也。何以知子男之无中士也？曰：襄十一年公羊传云'古者上士下士'，明中士非周官初制也。若子男而有中士，则田禄不皆以四为差，而国亦不足于用矣。公羊所云，乃通指诸侯，今独归之子男何也？曰：惟子男不当有中士耳。谓公侯伯而亦无中士，传之误也。”**天子之制，地方千里，公侯皆方百里，伯七十里，子男五十里，凡四等。不能五十里，不达于天子，附于诸侯曰附庸。**【注】凡此四等，制地之等差也。天子封畿千里，诸侯方百里，象雷震也。小者不能特达于天子，因大国以名通，曰附庸也。【疏】“天子”至“附庸”○正义曰：王制云：“天子之田方千里，公侯田方百里，伯七十里，子男五十里。不能五十里者，不合于天子，附于诸侯曰附庸。”注云：“不合，谓不朝会也。小城曰附庸。附庸者，以国事附于大国，未能以其名通也。此地，殷所因夏爵三等之制也。殷有鬼侯、梅伯。春秋变周之文，从殷之质，合伯子男以为一，则殷爵三等者，公、侯、伯也。异畿内谓之子。周武王初定天下，更立五等之爵，增以子男，而犹因殷之地，以九州之界尚狭也。周公摄政致太平，斥大九州之界，制礼成武王之意，封王者之后为公，及有功之诸侯，大者地方五百里，其次侯四百里，其次伯三百里，其次子二百里，其次男百里，所因殷之诸侯，亦以功黜陟之。其不合者，皆益之地为百里焉。是以周世有爵尊而国小、爵卑而国大者。”阎氏若璩释地又续云：“孟子一则公侯皆方百里，再则大国地方百里，证以周公、太公，其封齐鲁不过方百里耳。而孟子时鲁地且五倍之，以为有王者作，鲁必在所削，安得有成王封周公于曲阜，地方七百里之说哉？为此说者乃明堂位，篇中多诬，不可胜举。余尝上稽周易‘雷闻百里’，公侯国制，厥象取此，下征鲁颂‘革车千乘’，惟百里国数适相应。子产曰：‘昔天子之地一圻，列国一同。’同方百里也。今晋地多数圻矣，皆侵小故。管仲曰：‘昔赐我先君履，南至于穆陵，北至于无棣。’穆陵，山名，今在沂水县。无棣，沟名，今为海丰、庆云两县。南北相距七百里，亦应是后来侵小所至。”周氏柄中辨正云：“封国之制，孟子言‘公侯百里，伯七十里，子男五十里’，与王制同。周官大司徒则谓‘公五百里，侯四百里，伯三百里，子二百里，男百里’，与孟子异。郑康成谓孟子所言周初制，周公斥大九州之地，始皆益之。此说最谬。后儒陆农师、易山斋、金仁山辈，并言周之幅员，不广于虞夏，安得加封若此。且武王封之，周公大之，其势必有所并。有所并，必有所徙，一公之封，而子男之国，为之徙者二十余，封数大国，天下尽扰，此必不然之事。唐仲友谓：‘古之封国，有军有赋。自军言之，则方百里而具三军，方七十里而具二军，方五十里而具一军。自赋言之，则公之国方二百一十里而具千乘，伯之国方一百四十里而具六百乘，男之国方百里而具三百乘。子下同于男，侯上同于公。自是而外，则山川土田附庸皆在封疆之内，然皆非出车制赋之壤。孟子言百里、七十里、五十里者，独举军制而言也。周官于诸公言五百里、诸侯言四百里、伯言三百里、子言二百里者，包山川土田附庸于封疆内也。于诸男言百里者，独举其出军赋之封疆也。凡此皆省文而互见，详而考之，未有不合者。'按唐氏此说，极为支离。即以周礼观之，自诸公至诸男，封疆之数，递为降杀，各以百里为等差。今忽分二解，于公侯伯子则以为兼虚封，于诸男则以为举实封，此在周礼先不可通，而以牵合孟子之说，其谁信之！陈氏礼书谓：'孟子三等之地，正封也。周官五百里四百里云云者，则所统之附庸。'叶少蕴又谓：'兼山林川泽而言。'汪武曹驳之云：'方五百里者，为方百里者二十五也。岂公之正封止得方百里者一，而附庸反得方百里者二十四乎？方四百里者，为方百里者十六也。岂侯之正封止得方百里者一，而附庸反得方百里者十五乎？即合山林川泽言之，亦不应如此之多。'则其说又难通矣。惠氏据尚书大传谓：'诸侯受封，必有采地。封五百里与四百里者，其采百里；封三百里者，其采七十里；封二百里与百里者，其采五十里。采则全入于其君，而封为天子之土，故天子得而食之。王制言采，周官言封，二者必合而相备。'按大传言'百里诸侯之国，以五十里为采；七十里诸侯，以二十里为采；五十里诸侯，以十里为采'，此说合于孟子，而异于周礼。惠氏假借傅会，以调和其说，巧则巧矣，而非其实也。李刚主谓：'百里专言土田山川附庸，则量功而锡，不在百里内。孟子曰，天子巡狩有庆，庆以地。是初封百里，而其后庆地何算，故周礼约其数曰，公不过五百里，侯不过四百里，伯子男不过三百里二百里。'此说亦本之唐仲友。按周礼明言'凡建邦国，以土圭土其地而制其域'，则五百里四百里乃其疆域，于建国之初已定之，岂有豫约庆地之数，而为之制其域者？果如其说，本文何以不云'公之地无过五百里，侯之地无过四百里'邪？任钓台又疑大司徒文误，当是'方百里五，方百里四'，此亦不然。职方氏明言千里之地，'以方五百里封公则四公，以方四百里封侯则六侯'，若止方百里五，则千里当封二十公；方百里四，则千里当封二十五侯。职方之制，合于大司徒，其非误文可知矣。然则孟子与周礼决不可合，自当以孟子为正。或反据周礼以疑孟，不亦谬哉！”○注“诸侯方百里象雷震也”○正义曰：白虎通爵篇云：“人皆千乘，象雷震百里所润同。”卢氏文弨校云：“御览载援神契曰：‘二王之后称公，大国称侯，皆千乘，象雷震百里所润云雨同。’梁云：‘周礼小司徒注：十终为同，同方百里。疏云：谓之为同者，取象雷震百里所闻同。易震正义：雷之发声，闻乎百里。古帝王制国，公侯地方百里，故以象焉。’”○注“小者”至“庸也”○正义曰：白虎通爵篇云：“人皆五十里，差次功德，小者不满为附庸。附庸者，附大国以名通也。”隐公元年公羊传疏引春秋说云：“庸者，通也。”此赵氏所本也。孔氏广森经学卮言云：“不达于天子者，春秋所谓未能以其名通也。繁露曰：‘附庸，字者方三十里，名者方二十里，人氏者方十五里。’书大传曰：‘古者诸侯始受封则有采地，百里诸侯以三十里，七十里诸侯以二十里，五十里诸侯以十五里。其后子孙虽有罪黜，其采地不黜，使其子孙贤者守之，世世以祠其始受封之人，此之谓兴灭国，继绝世。昔齐人灭纪，纪季以酅为齐附庸。酅者，纪之采也。然则附庸多亡国之后、先世有功德者，故追录之，使世食其采，以臣属于大国。三十里者，其先公侯也。二十里者，其先伯也。十五里者，其先子男也。’董仲舒说正与书传相合。”**天子之卿受地视侯，大夫受地视伯，元士受地视子男。**【注】视，比也。天子之卿大夫士所受采地之制也。【疏】“天子”至“子男”○正义曰：周氏柄中辨正云：“王制：‘天子三公之田视公侯，天子之卿视伯，天子之大夫视子男，天子之元士视附庸。’与孟子不合，当以孟子为正。盖古者三公不必备，常以六卿兼之。卿兼公孤，亦止食卿之禄，公孤之爵不为位，故无禄，则受地当自卿始。此孟子是而王制非也。内臣之命降于外诸侯，而禄必视乎外，故以六命之卿视九命之公侯，四命之大夫视七命之伯，三命之元士视五命之子男，皆卑其命而崇其禄者。元士之命，不下于附庸，而受地视附庸，则非卑其命而崇其禄之义，与卿大夫不一例矣。此又孟子是而王制非者也。吴氏礼记纂言反谓‘孟子当诸侯去籍之时，但以意言其大略，不若王制所记为得之’，颠倒甚矣。”沈氏彤周官田禄考云：“上公之地方五百里，侯方四百里，伯方三百里，子方二百里，男方一百里，见大司徒之经。而孟子云：‘公侯皆方百里，伯七十里，子男五十里。’大都之地方八十里，加为百里；小都方四十里，加为五十里；家邑方二十里，加为二十五里。本载师及小司徒之经注。而孟子云：'天子之卿受地视侯，大夫受地视伯，元士受地视子男。'其说并殊于周官，何也？曰：孟子因籍去而仅闻其略，此所云并周所沿夏商之制耳。考诸周官，畿内外皆无七十里之国。王制有七十里之国，注疏以为夏商之制，而汤国七十里，即见孟子书。由是以观，而其他之沿于夏商亦明矣。王制谓'天子之三公之田视公侯，卿视伯，大夫视子男，元士视附庸'，与孟子之说又殊，何也？曰：王制盖别有所据，然要非周所定制也。其曰田者，即孟子之地。篇末云'方百里者为田九十亿亩'，则未去三之一而已称田矣。或以为皆实田，误也。周公于畿内外之国，既各别差其里数，而尚存夏殷之制，何也？曰：周制初定，岂得尽行。苟前代诸国，无故而增减其地势，必烦扰不安，故且因之。周公别差诸国之里数，畿内视夏商则减，畿外则大增，何也？曰：畿外诸国，夏商以来，渐相吞并，廓地已大，周公因更定其制，以安其无辜者，而又以待封大功德之臣，俾错处其间，以藩卫王室，故大增。若畿内诸国，本无权力，又象贤而世守者少，周公因稍更焉，以就井田，以四上下之差，故减也。然则孟子于畿外诸国，谓齐鲁俱封百里，而以今鲁方百里者五为当损，何也？曰：此孟子即所传闻以论当时之地域，意在风止其战伐耳。若论封疆之实，则必如晏子春秋内篇谓太公受地五百里，史记汉兴以来诸侯年表谓伯禽、康叔各四百里者，乃与周官之制合也。后人好以孟子驳周官，否则强傅会之，皆未及深考者也。"胡氏匡衷仪礼释官云："诸侯孤卿大夫之采地，无明文可证，唯杂记疏引熊氏云'公大都采地方百里，侯伯大都方五十里，子男大都方二十五里'，中都无文，'小都一成之地方十里'。今按公之采地当三等，侯伯子男采地当二等。公之孤方百里，卿方五十里，大夫方十里。侯伯之卿大夫亦如之。子男之卿方二十五里，大夫方十里。据周礼大国有孤，如天子三公。天子之公采地与卿异，则大国之孤亦当与卿异。侯伯子男无孤，惟有卿大夫，故采地当但分二等，不必有中都也。侯伯之卿采地与公之卿俱方五十里者，以其命数同也。子男之卿异于公侯伯者，以子男国小地狭，故卿降而为方二十五里。大夫仍方十里不降者，据孟子言班禄之制，大小国大夫之禄不殊而卿以上各异，则知侯国之大夫采地皆一成也。"**大国地方百里，君十卿禄，卿禄四大夫，大**

夫倍上士，上士倍中士，中士倍下士，下士与庶人在官者同禄，禄足以代其耕也。【注】公侯之国为大国。卿禄，居于君禄十分之一也。大夫禄，居于卿禄四分之一也。上士之禄，居大夫禄二分之一也。中士下士，转相倍。庶人在官者，未命为士者也。其禄比上农夫。士不得耕，以禄代耕也。【疏】注"庶人"至"士者也"○正义曰：胡氏匡衷仪礼释官云："燕礼云〔一〕'尊士旅食于门西两圜壶'，注云：'旅，众也。士众食，谓未得正禄者，所谓庶人在官者也。'按士旅食谓未得爵命之士，疏以为府史胥徒，非也。王制云：'大乐正论造士之秀者，以告于王，而升诸司马曰进士。司马辨论官材，论进士之贤者，以告于王，而定其论。论定然后官之，任官然后爵之，位定然后禄之。'盖上士中士下士，此正爵也。下士食九人以上，此正禄也。学校之士，升于司马，隶于司士，论定后官，而未得正爵正禄者，则群食于公，谓之旅食。檀弓所谓'仕而未有禄者'，司士职所谓'以久奠食'，即此。但未得正爵，故谓之庶人在官者。赵岐注孟子亦云：'庶人在官，未命为士者。'非谓府史胥徒也。若府史胥徒，官长所除，不命于国君，当为燕之所不及，安得与诸臣相献酬乎？"又云："古者有未得爵命之士谓之士，旅食其禄，与庶人在官者等，亦谓之庶人在官者。周礼序官'若地官邻长'，贾公彦云：'邻长，是不命之士为之。'是也。孟子云：'上士一位，中士一位，下士一位。'此正爵也。谓之命士。若学校之士，升于司马，隶于司士，而未有命者，则先试之以官，俟其任官，然后以正爵命之。所试之官，则如邻长之类。诸侯之官，降天子一等，凡天子下士之官，诸侯当使不命之士为之，但无正爵，则亦未得九人以上之正禄，故比诸府史以下。庶人在官者，兼不命之士，方为赅备。大夫以上有采地者，其禄取于采地，无则以公田所入之税禄之。士无采地，其禄一受于公，故周礼有司禄主班禄。礼运云：'大夫有采，以处其子孙。'国语云：'大夫食邑，士食田。'韦注云：'受公田也。'此足证诸侯之士无地矣。"**次国地方七十里，君十卿禄，卿禄三大夫，大夫倍上士，上士倍中士，中士倍下士，下士与庶人在官者同禄，禄足以代其耕也。**【注】伯为次国。大

〔一〕"胡氏匡衷仪礼释官云燕礼云"十二字据胡氏原书及焦氏文例补。

夫禄，居卿禄三分之一也。**小国地方五十里，君十卿禄，卿禄二大夫，大夫倍上士，上士倍中士，中士倍下士，下士与庶人在官者同禄，禄足以代其耕也。**【注】子男为小国。大夫禄，居卿禄二分之一也。【疏】"大国"至"耕也"○正义曰：王制云："诸侯之下士视上农夫，禄足以代其耕也。中士倍下士，上士倍中士，下大夫倍上士，卿四大夫禄，君十卿禄。次国之卿三大夫禄，小国之卿倍大夫禄，君十卿禄。诸侯之下士，禄食九人，中士食十八人，上士食三十六人，下大夫食七十二人，卿食二百八十八人，君食二千八百八十人。次国之卿，食二百一十六人，君食二千一百六十人。小国之卿，食百四十四人，君食千四百四十人。"周氏柄中辨正云："安溪李文贞公曰：'诸侯之卿不命于天子者，其禄秩与大夫等。命于天子者，不论大小国，其禄皆当四大夫也。但大国三卿，皆命于天子，故视大夫四倍。次国三卿，二卿命于天子，其一与大夫同禄，则以三卿与三大夫总较，惟三倍耳。小国三卿，一卿命于天子，其二与大夫同禄，则以三卿与三大夫相较，惟二倍耳。故曰次国之上卿，位当大国之中卿，中当其下，下当其上大夫。小国之上卿，位当大国之下卿，中当其上大夫，下当其下大夫。当大夫者，皆非命卿也。秩既相当，禄亦相等明矣。'考王制言'大国之卿四大夫禄，食二百八十八人；次国之卿三大夫禄，食二百一十六人；小国之卿倍大夫禄，食百四十四人'，孔疏：'卿禄重，故随国之大小为节。'则谓'命于天子者，其禄皆当四大夫'，非也。王制又云：'次国之卿，命于其君者，如小国之卿。'孔疏：'次国三卿，二卿命于天子者，禄各食二百一十六人。而卿命于其君者为贱，禄不可等天子命者，故视小国卿食一百四十四人。'则谓'不命于天子者与大夫同禄'，亦非。况诸侯有大夫五人，但以三大夫与三卿相较，尤不合。"**耕者之所获，一夫百亩，百亩之粪，上农夫食九人，上次食八人，中食七人，中次食六人，下食五人。庶人在官者，其禄以是为差。"**【注】获，得也。一夫一妇，佃田百亩。百亩之田，加之以粪，是为上农夫。其所得谷，足以食九口。庶人在官者，食禄之等差由农夫，有上中下之次，亦有此五等，若今之斗食佐史除吏也。【疏】"耕者"至"为差"○正义曰：王制云："制农田百亩，百亩之分，上农夫食九人，其次食八人，其次食七人，其次六人，下农夫食五人。庶人在官者，其禄以是为差也。"注云："农夫皆受田于公，田肥墽者有五等，收入不同也。庶人在官，谓府史之属，官长所除，不命于天子国君者。分或为'粪'。"翟氏灏考异云："孟子自君卿顺序，王制自农夫倒序，文有繁省，义未有锄铻也。惟一云'下士与庶人在官者同禄'，一云'下士视下农夫'，小异。盖庶人在官，有府史胥徒四等，其禄以农之五等为差，则为府者当视上农，而史暨胥徒以次视中下矣。下士与为府者同。故虽两说之，而义仍一。周礼小司徒：'上地家七人，中地家六人，下地家五人。'礼记讲义云'周礼农夫之差，三等而已'。孟子则五等者，先王之于民，养之欲其富，保之欲其庶，故家七人者，必授以九人之上地；家六人者，必授以七人之中地；而下地则以地称人而已。管子揆度篇：'上农挟五，中农挟四，下农挟三。'吕览士容论：'上田夫食九人，下田夫食五人，可以益，不可以损，一人治之，十人食之，六畜皆在其中矣。'"周氏柄中辨正云："周家授田之制，如大司徒、遂人之说，则田肥者少授之，田瘠者多授之。如小司徒之说，则口众者授之肥田，口少者授之瘠田。如孟子、王制之说，则一夫定以百亩为率，而良农食多，惰农食少。愚按：三说本同，当以孟子、王制为主，而参观周礼之说。盖田有不易一易再易之殊，左氏异义：'自衍沃之地九夫为井而外，又有二而当一，以至九而当一者。此大司徒、遂人授田，所以有多寡之差也。'孟子、王制言'一夫百亩'，则周礼'不易之地'，左传'衍沃之地'，举其最上者以定赋也。至小司徒之法，亦具于遂人中。遂人云：'以岁时稽其人民而授之田野。'盖人有生耗，即田有予取，故稽而授之。或以小司徒之说为疑者，未考遂人'岁时稽授'之法也。"○注"获得"至"吏也"○正义曰：史记春申君传集解引韩婴章句云："获，得也。"毛诗齐风"无田甫田"，释文云："无田，音佃。"孔氏正义云："上田谓垦耕，下田谓土地。犹多方云：'宅尔宅，田尔田。'今人谓佃食，古之遗语也。"按说文人部："佃，中也。"攴部："畋，平田也。"多方正作"畋"，此注云佃，乃畋之假借，而通作田也。周礼地官遂人"上地夫一廛，田百亩"，注云："郑司农云：户计一夫一妇而赋之田。"赵氏本此为说也。按夫之名从人起，亦从田起。六尺为步，步百为亩，亩百为夫，此夫指地而言。缘一夫授田百亩，故百亩之地，即以"一夫"名之。此上言"耕者所获"，下言"上农夫食九人"，则以人言也。

同受此百亩之田，而其所得谷，或足以食九口，或足以食八口，或足以食七口，以至仅能食六口五口，所以多寡不一者，以粪种培溉之有殊也。地官草人："掌土化之法，以物地相其〔一〕宜而为之种。凡粪种，骍刚用牛，赤缇用羊，坟壤用麋，渴泽用鹿，咸潟用貆，勃壤用狐，埴垆用豕，疆檃用蕡，轻爂〔二〕用犬。"秋官剃氏："掌杀草，若欲其化也，则以水火变之。"注云："谓以火烧其所芟萌之草，已而水之，则其土亦和美矣。"月令："季夏烧剃行水，利以杀草，如以热汤。"是其时著之，此皆粪饶之事也。汉书百官公卿表云："县令长，皆秦官，掌治其县。万户以上为令，秩千石至六百石。减万户为长，秩五百石至三百石。皆有丞尉，秩四百石至二百石，是为长吏。百石以下，有斗食佐史之秩，是为少吏。大率十里一亭，亭有长；十亭一乡，乡有三老，有秩、啬夫、游徼。三老掌教化，啬夫职听讼收赋税，游徼徼循禁贼盗。"颜师古引汉官名秩簿云："斗食月奉十一斛，佐史月奉八斛。一说斗食者，岁奉不满百石，计日而食一斗二升，故云斗食也。"后汉百官志："斗食奉月十一斛，佐史奉月八斛。"与名秩簿同。刘昭引汉书音义云："斗食，禄日以斗为计。"此师古所引或一说也。赵氏举其时奉禄有斗食、佐史两目，用以除吏，吏即有秩、三老、啬夫、游徼、亭长五者也。

章指言：圣人制禄，上下差叙，贵有常尊，贱有等威。诸侯僭越，灭籍从私，孟子略记，言其大纲，以答北宫子之问。【疏】"贵有常尊贱有等威"○正义曰：宣公十二年左传随会之言也。○"诸侯僭越灭籍从私"○正义曰：汉书艺文志云："及周之衰，诸侯将逾法度，恶其害己，皆灭去其籍，自孔子时已不具。"

3　万章问曰："敢问友。"【注】问朋友之道也。

孟子曰："不挟长，不挟贵，不挟兄弟而友。友也者，友其德也，不可以有挟也。【注】长，年长。贵，贵势。兄弟，兄弟有富

〔一〕"其"原误"与"，据周礼改。
〔二〕"爂"原误"檃"，据周礼、阮氏校勘记、说文火部改。

贵者。不挟是乃为友，谓相友以德也。【疏】注“兄弟兄弟有富贵者”○正义曰：赵氏以挟贵为挟在己身之富贵，挟兄弟为挟兄弟之富贵，兄弟即包上贵字而言。江氏永群经补义云：“古人以昏姻为兄弟，如张子之于二程，程允夫之于朱子，皆有中表之亲，既为友则有师道，不可谓我与彼为姻亲，有疑不肯下问也。挟兄弟而问，与挟故而问相似。俗解谓不挟兄弟多人而友，兄弟多人有何可挟乎？须辨别之。”赵氏佑温故录云：“兄弟，等夷之称。必其人之与己等夷而后友之，则不肯与胜己处，不能不耻下问矣。兄弟有富贵者，则仍挟贵意耳。”**孟献子，百乘之家也。有友五人焉：乐正裘、牧仲，其三人则予忘之矣。献子之与此五人者友也，无献子之家者也。此五人者，亦有献子之家，则不与之友矣。**【注】献子，鲁卿，孟氏也。有百乘之赋。乐正裘、牧仲其五人者，皆贤人无位者也。此五人者，自有献子之家，富贵而复有德，不肯与献子友也。献子以其富贵下此五人，五人屈礼而就之也。【疏】注“献子”至“而就之也”○正义曰：陈氏厚耀春秋世族谱云：“孟孙、叔孙、季孙，俱出桓公，谓之三桓。公子庆父生公孙敖，公孙敖生文伯，鲁语称孟文子。文子生孟献子仲孙蔑，文十五见，襄十九卒。国语晋语赵简子曰‘鲁孟献子有斗臣五人’，注云：‘斗臣，捍难之士。’未知即此五人否？汉书古今人表孟献子、乐正裘、牧中并居第四等，是以其德同也。”礼记坊记云：“家富不过百乘。”胡氏匡衷仪礼释官云：“左传‘唯卿备百邑’，郑志以为‘邑方二里’，据小司徒‘四井为邑’言之，其说自确。百邑，即方二十里之县，小国之卿采地也。此免余主辞邑，故据卿禄之少者言之。自卿以上，乃有百邑，则大夫不得备百邑，故惟一成方十里也。周礼司勋：‘掌赏地之政令，凡赏无常，轻重视功。’又云：‘惟加田无国正。’诸凡云百乘者，当据采地之外有加赐者言之。如左传鲁赐季友汶阳之田及费，晋赏桓子狄臣千室，亦赏士伯以瓜衍之县是也。杜预解百邑以为一乘之邑，百邑即百乘，说无所据。”赵氏以无献子之家为贤人无位，有献子之家为富贵而复有德。旧疏云：“此五人如亦有献子之家富贵，则不与献子为友，无他，以其两贵，不能以相下故也。献子与之为友，则以贵下贱故也。”近时通解“无献子之家”，谓视之若无，不歆羡之也。“有献子之家”，谓有之为重也。五人知有献子之家，则知有贵；知有贵,则献子不与之友。知有献子之贵,则献子不与友,献子之不挟贵可知。**非惟百乘之家为然也,虽小国之君亦有之。费惠公曰:'吾于子思,则师之矣。吾于颜般,则友之矣。王顺、长息,则事我者也。'**【注】小国之君,若费惠公者也。王顺、长息,德不能见师友,故曰事我者也。【疏】注"小国之君若费惠公者也"○正义曰:顾氏炎武日知录云:"春秋时有两费:其一见左传成公十三年,晋侯使吕相绝秦曰'殄灭我费滑',注:'滑国都于费,今河南缑氏县。'襄公十八年'楚芀子冯、公子格率锐师侵费滑',盖本一地,秦灭之而后属晋耳。其一僖公元年'公赐季友汶阳之田及费',齐乘:'费城在费县西北二十里,鲁季氏邑。'在子思时,滑国之费,其亡久矣,疑即季氏之后而僭称公者。鲁连子称陆子谓齐湣王曰:'鲁费之众臣,甲舍于襄贲。'而楚人对顷襄王有'邹、费、郯、邳',殆所谓泗上十二诸侯者邪?仁山金氏曰:'费本鲁季氏之私邑,而孟子称小国之君,曾子书亦有费君、费子之称,盖季氏专鲁,而自春秋以后,计必自据其邑,如附庸之国矣。'大夫之为诸侯,不待三晋而始然,其来亦渐矣。"阎氏若璩释地续云:"余更博考之:吕氏春秋言'以滕、费则劳,以邹、鲁则逸'。刘向说苑言'鲁人攻鄪,曾子辞于鄪君,鄪君曰,寡人之于先生也'。鲁世家言'悼公时,三桓胜,鲁如小侯,卑于三桓之家'。六国表并同。则为季氏之疆僭,以私邑为国号,殆无复疑。"毛氏奇龄经问云:"或问孟子有费惠公,且曰'小国之君',按战国并无费国,有谓费在春秋系鲁都,或是鲁君。则鲁此时为鲁缪公,并无惠公,且鲁有惠公,未有子孙与祖宗可同谥者。有谓费本季氏严邑,或即季氏子孙世居费者遂于此僭称公欤?曰:俱不然。鲁国无恙,固无有降而称费国之理,即季氏子孙世为鲁卿,亦断无有出居于费者。大夫有采邑,但收其赋税而不居其地,故孟孙之郕,叔孙之郈,季孙之费,皆他人居之。春秋公敛处父居郕,侯犯居郈,南蒯、公山弗狃、阳虎皆居费是也。季氏宗卿,焉得居费?若谓鲁惠、费惠不当同谥,则卫有两庄公,燕有三桓公,祖宗谥法,何曾禁同,而以此立说,则又误矣。大抵春秋战国间凡都邑之长,皆与有地之君相比,原有邑宰都君之称,以长于其地也。此所称国,犹颛臾、郜、极各为君臣,因亦得以公名之。此不特楚僭称王,始有申公、叶公之称,即以齐言之,在春秋有棠公,在战国有薛公,其称邑以公,皆是也。况鲁在战国，方五百里，则费或稍宽，其得以都君而僭国君，容有然耳。”惠氏士奇春秋说云：“虞、虢、焦、滑、霍、扬、韩、魏，皆姬姓也。滑国都于费，谓之费滑。水经注：‘缑氏县故滑费，春秋滑国都。’庄公十六年同盟于幽，滑伯与焉。滑一名费，犹宋一名商。孟子所谓费惠公者，滑伯之后也。自秦人灭滑，而滑或属周，或属晋，或属郑。属周者曰冯滑，见定公六年传。属晋者曰虚滑，见成公十七年传。属郑者曰费滑，见襄公八年传。盖滑介于周、郑之间，仍为附庸于晋、郑，故至战国而郯、邳、邹、费犹号小国之君。说者不知春秋有费滑，遂谓战国无费，而以鲁之费当之，误矣。”按汉书古今人表费惠公、颜敢、王慎、长息，同列第四等。敢、般形近而讹，顺、慎字通。**非惟小国之君为然也，虽大国之君亦有之。晋平公之于亥唐也，入云则入，坐云则坐，食云则食，虽蔬食菜羹，未尝不饱，盖不敢不饱也。然终于此而已矣。**【注】大国之君，如晋平公者也。亥唐，晋贤人也，隐居陋巷者。平公尝往造之，亥唐言入，平公乃入，言坐乃坐，言食乃食也。蔬食，粝食也。不敢不饱，敬贤也。终于此，平公但以此礼下之而已。【疏】注“大国”至“而已”○正义曰：太平御览引皇甫士安高士传云：“亥唐者，晋人也。晋平公时，朝多贤臣，祁奚、赵武、师旷、叔向，皆为卿大夫，名显诸侯；唐独不官，隐于穷巷。平公闻其贤，致礼与相见而请事焉。平公待于门，唐曰‘入’，公乃入。唐曰‘坐’，公乃坐。唐曰‘食’，公乃食。唐之食公也，虽蔬食菜羹，公不敢不饱。”史记晋世家云：“悼公卒，子平公彪立。”抱朴子钦士篇云：“晋文接亥唐，脚痹而坐，不敢正。”此文为平之讹。其逸民篇云：“晋平非不能吏亥唐也，然尊而肆之，贵而重之，诚以百行殊尚，默默难齐，乐尊贤之美称，耻贼善之丑迹。”亥唐一作“期唐”。亥之为期，犹箕之为荄也。惠氏栋左传补注云：“史赵以亥字推算其年者，盖以亥为绛县人之名，即孟子之亥唐。韩非子言‘晋平公于唐亥’云云，或孟子传写倒其名氏也。”诗大雅召旻“彼疏斯粺”，笺云：“疏，粗也。谓粝米也。”蔬与疏通。赵氏佑温故录云：“晋平承悼公复伯之烈，而不能继兴，悼之末年，已不免弛，平益替焉。溴梁盟而大夫张，平邱盟而诸侯散，自是天下变亟，六卿祸成，方且违叔向，筑虒祁，其不知求贤辅国亦甚矣。区区礼一亥唐，不过取快佚游，苟图虚誉，非有‘示我周行’之诚，唐复无可表见，即使不终于此，而与共职位，岂遂能破相疑之势，树疏逖之勋哉！孟子持以为友道证，未暇深论晋本末也。”**弗与共天位也，弗与治天职也，弗与食天禄也，士之尊贤者也，非王公之尊贤也。**【注】位、职、禄，皆天之所以授贤者。而平公不与亥唐共之，而但卑身下之，是乃匹夫尊贤之礼耳。王公尊贤，当与共天职也。**舜尚见帝，帝馆甥于贰室，亦飨舜，迭为宾主，是天子而友匹夫也。**【注】尚，上也。舜在畎亩之时，尧友礼之。舜上见尧，尧舍之于贰室。贰室，副宫也。尧亦就飨舜之所设，更迭为宾主。礼谓妻父曰外舅，谓我舅者吾谓之甥。尧以女妻舜，故谓舜甥。卒与之天位，是天子之友匹夫也。【疏】注“尚上”至“夫也”○正义曰：尚与上通。论衡须颂篇引尚书或说云：“尚者，上也。”仪礼觐礼云“尚左”，注云：“古文尚作‘上’。”是也。说文贝部云：“贰，副益也。”尔雅释宫云：“宫谓之室。”是贰室即副宫也。赵氏以尧馆舜于贰室则舜飨尧之所设，尧亦就往舜宫飨舜之所设，是为更迭为宾主也。诗小雅彤弓“一朝飨之”，笺云：“大饮宾曰飨。”周礼秋官大行人“飨礼九献”，注云：“飨，设盛礼以饮宾也。”是以酒食待宾客为飨。赵氏以飨舜为尧就飨舜之所设，则谓舜设盛礼飨尧，而尧就飨其所飨。此飨当解作受，哀公十五年左传云“其使终飨之”，注云：“飨，受也。”是也。小尔雅广诂云：“迭，更也。”故以更释迭。一说“亦飨舜”是以禄养舜，即上“共天禄”意。以君臣之礼更为宾主之礼，谓略上下而交际往来，非尧为主则舜为宾，舜为主则尧为宾也。尔雅释亲云“妻之父为外舅”，又云“谓我舅者吾谓之甥也”，郭氏注云：“谓我舅者吾谓之甥。然则亦宜呼婿为甥，孟子曰‘帝馆甥于贰室’是也。”**用下敬上，谓之贵贵；用上敬下，谓之尊贤：贵贵尊贤，其义一也。”**【注】下敬上，臣恭于君也。上敬下，君礼于臣也。皆礼所尚，故云其义一也。

章指言：匹夫友贤，下之以德；王公友贤，授之以爵。大圣之行，千载为法者也。【疏】“大圣之行千载为法”○正义曰：襄公三十一年左传云：“文王之行，至今为法。”

孟子正义卷二十一

4 万章曰："敢问交际何心也？"【注】际，接也。问交接道当执何心为可者。【疏】注"际接也"○正义曰：尔雅释诂云："际，捷也。"捷与接通。说文手部云："接，交也。"是际亦交也。执，持也，操也。谓诸侯以礼仪币帛与士相交接，其道当操持何心。

孟子曰："恭也。"【注】当执恭敬为心。

曰："却之却之为不恭，何哉？"【注】万章问却不受尊者礼谓之不恭，何然也。【疏】注"却不受尊者礼谓之不恭"○正义曰：音义出"却之"，云："正体卻字，下皆同。或作'郤'，误。"此谓当从卩作"卻"，不当从邑作"郤"也。文选东京赋云"卻走马以粪车"，薛综注云："卻，退也。"吕氏春秋知接篇云"无由接固却其忠言"，高诱注云："卻不用。"退其所交接之礼物而不用，即不受也。叠言"卻之卻之"者，卻之至再，坚不受也。万章以不受亦是廉以律己，何以为不恭。一说"卻之"是万章问，"卻之为不恭"是孟子答。"何哉"又是万章问。

曰："尊者赐之，曰：其所取之者义乎，不义乎？而后受之。以是为不恭，故弗卻也。"【注】孟子曰，今尊者赐己，己问其所取此物，宁以义乎得无不义，乃后受之。以是为不恭，故不当问尊者不义而卻之也。【疏】注"今尊"至"卻之也"○正义曰：己问解曰字，赵氏以曰是问之之词。问此所赐之物义不义，彼必以义对，故受之也。若不义，则卻之矣。尊者赐而问其义不义，是轻慢之也。轻慢故不恭，故不问其义不义而不卻也。

曰："请无以辞卻之，以心卻之，曰其取诸民之不义也，而以他辞无受，不可乎？"【注】万章曰，请无正以不义之辞卻也。心知其不义，以他辞让，无受之，不可邪。

曰："其交也以道，其接也以礼，斯孔子受之矣。"【注】孟子言其来求交己以道理，其接待己有礼者，若斯，孔子受之矣。言可受也。【疏】"其交"至"之矣"○正义曰：以道，谓所赐有名，如馈赆闻戒。以礼，谓仪及其物。云受之矣，不问其义也。

万章曰："今有御人于国门之外者，其交也以道，其馈也以礼，斯可受御与？"【注】御人，以兵御人而夺之货。如是而以礼道来交接己，斯可受乎。【疏】注"御人"至"之货"○正义曰：尚书牧誓"弗御克奔"，郑注云："御，强御，谓强暴也。克，杀也。不得暴杀纣师之奔走者。"然则御人于国门之外，即暴人于国门之外也。王氏鸣盛尚书后案云："诗大雅荡云'曾是强御'，毛传：'强御，强梁御善也。'崧高'不畏强御'，疏亦云：'强梁御善之人。'赵岐注'御人以兵'，古者捍人以兵曰御，以兵伤人亦曰御也。"受御，谓受此所御得之货。

曰："不可。康诰曰：'杀越人于货，闵不畏死，凡民罔不譈。'是不待教而诛者也。殷受夏，周受殷，所不辞也。于今为烈，如之何其受之？"【注】孟子曰不可受也。康诰，尚书篇名。周公戒成王，封康叔。越，于，皆於也。杀于人，取于货，闵然不知畏死者。譈，杀也。凡民无不得杀之者也。若此之恶，不待君之教命，遭人则讨之。三代相传以此法，不须辞问也。于今为烈烈明法，如之何受其馈也。【疏】注"康诰尚"至"康叔"○正义曰：书序云："成王既伐管叔、蔡叔，以殷余民封康叔，作康诰。"赵氏以为周公戒成王封康叔者，康诰云："王若曰：孟侯，朕其弟，小子封。"郑注云："依略说，太子十八为孟侯，而呼成王。"王氏鸣盛尚书后案云："成王即位年十三，至是六年，十八矣。十八为孟侯。此伏生书传略说义也。彼文云：'天子太子十八曰孟侯。孟侯者，四方诸侯来朝，迎于郊。'见周礼秋官大行人疏。伏生书传，秦火以前先师遗义，故郑用之。文王世子篇：'仲尼曰：昔周公摄政，践阼而治，抗世子法于伯禽，所以善成王也。'又云：'成王幼，不能践阼，故抗世子法于伯禽，使与成王居，欲令成王知父子君臣长幼之义。'是周公居摄，以世子礼教成王，呼成王为孟侯，不足异也。赵岐注孟子，以康诰为周公戒成王及康叔封而作，是亦以孟侯为成王可知。"江氏声尚书集注音疏云："郑康成注伏生大传云：'孟，迎也。孟侯，呼成王也。'"○注"越于"至"之者也"○正义曰：尚书康诰云："凡民自得罪，寇攘奸宄，杀越人于货，暋不畏死，罔弗譈。"赵氏以越、于皆於者，尔雅释诂云："粤，于，於也。"史记宋世家集解引马融云："越，於也。"越、粤通也。江氏声尚书集注音疏云："越，於也。于，犹取也。凡民所由得罪，以寇攘奸宄，杀人取货也。杀于人，取其货，冒冒然不畏死刑，凡民无不怨之，此言不待教而诛者也。七月诗云'一之日于貉'，毛传云：'于貉，谓取狐狸皮也。'故于犹取也。孟子万章篇引'杀越人'，赵氏以为杀于人，据其解越为于，则越乃假借字，当以粤为正。孟子说此经云'是不待教而诛者也'。上文'义刑义杀，勿庸以即'，言当先教后罚[一]。此言'杀人取货'，则强暴之人不可教训者，明不在先教之列。"说文支部云："暋，冒也。周书曰：'暋不畏死。'"段氏玉裁说文解字注云："今本尔雅：'昏，暋，强也。'盘庚'不昏作劳'，郑注：'昏读为暋，勉也。'似郑所据尔雅与今本不同。康诰'暋不畏死'，孟子作'闵'。立政'其在受德暋'，心部作'忞'。"王氏鸣盛后案云："冒昧为恶，自强为恶，义亦同。"按赵氏以不知畏死解闵然，则谓其冒昧无知，顾杀人取货，罪犯不赦，岂有不知者，惟知之而故犯之，乃为自强。闵为暋之假借，知其不当为而强为之也。王氏念孙广雅疏证云："憝，恶也。说文：'憝，怨也。'康诰'罔不憝'，传云：'人无不恶之者。'孟子万章篇引书作'譈'。荀子议兵篇云'百姓莫不敦恶'，法言重黎篇'楚憞群策而自屈其力'，李轨注云：'憝，恶也。'譈、憞、敦并与憝同。凡人凶恶亦谓之憝，康诰云'元恶大憝'，逸周书铨法解云'近憝自恶'，是也。方言：'谆，憎所疾也。宋鲁凡相疾苦谓之谆憎，若秦晋言可恶矣。'谆与憝声亦相近。"按赵氏训譈为杀，以为凡民无不得杀之，与训怨训恶不同。譈字说文所无。庄子逍遥游云"越人断

〔一〕"罚"原误"杀"，据尚书集注音疏改。

发文身”，释文云：“司马本作‘敦’，云：‘敦，断也。’”又说剑篇云“试使士敦剑”，释文引司马注云：“敦，断也。”说文斤部云：“断，截也。”释名释言语云：“绝，截也。如割截也。”然则敦有割截斩断之义。赵氏读譈为敦，故以为杀也。礼记乐记云“故乐者天地之命”，注云：“命，教也。”是教亦命也。说文辵部云：“遭，遇也。”言部云：“诛，讨也。”赵氏以“不待教而诛”为孟子解说“凡民罔不譈”之义，既凡民无不得杀之，则不待教即是不待君之教命，遭遇此杀人取货之人，人即得而诛讨之。不待教命而诛，故不须辞问。国语鲁语云“鲁大夫辞而复之”，注云：“辞，请也。”不须请问，极言其当讨也。国语晋语云“君有烈名”，注云：“烈，明也。”管子心术篇云：“杀戮禁诛谓之法。”盐铁论刑德篇云：“法者，所以督奸也。”于今为烈，赵氏以为烈烈明法，谓此不待教而诛之法，三代传之，至今犹明显也。遭遇此等之人，方且诛讨之，奈何受其馈。以烈烈解烈字，又以明字解烈烈，犹毛诗传以洸洸溃溃解洸溃，乐记以肃肃雍雍解肃雍也。

曰：“今之诸侯取之于民也，犹御也。苟善其礼际矣，斯君子受之，敢问何说也？”【注】万章曰，今诸侯赋税于民，不由其道，履亩强求，犹御人也。苟善其礼以接君子，君子且受，受之何说也。君子，谓孟子。【疏】注“万章”至“人也”○正义曰：春秋宣公十五年“初税亩”，穀梁传云：“古者什一藉而不税。初税亩者，非公之去公田，而履亩十取一也。”杨氏疏引徐邈以为“除去公田之外，又税私田之什一”。私田本不当税，今履而税之，是为强求。孟子时，诸侯横敛，有不止于税亩者矣。赵氏第举此一端以为例耳。

曰：“子以为有王者作，将比今之诸侯而诛之乎？其教之不改而后诛之乎？夫谓非其有而取之者，盗也。充类至，义之尽也。孔子之仕于鲁也，鲁人猎较，孔子亦猎较。猎较犹可，而况受其赐乎？”【注】孟子谓万章曰，子以为后如有圣人兴作，将比地尽诛今之诸侯乎，将教之其不改者乃诛之乎。言必教之，诛其不改者也。殷之衰，亦犹周之末，武王不尽诛殷之诸侯，灭国五十而已。知后王者亦不尽诛也。谓非其有而窃取之者为盗。充，满。至，甚也。满其类大过至者，但义尽耳，未为盗也。诸侯本当税民之类者，今大尽耳，亦不可比于御。孔子随鲁人之猎较，猎较者，田猎相较夺禽兽，得之以祭，时俗所尚，以为吉祥。孔子不违而从之，所以小同于世也。猎较尚犹可为，况受其赐而不可也。

【疏】注"将比地尽诛今之诸侯乎"○正义曰：音义出"将比"，云："丁毗失切，云：'比地而诛，犹言比屋而诛也。'亦毗志切。"礼记乐记云"比于慢矣"，注云："比，犹同也。"后汉书郑康成传注云："比牒，犹连牒也。"比而诛之即同而诛之，比地而诛之即连地而诛之也。○注"谓非"至"比于御"○正义曰：吕氏春秋重己篇云"味众珍则胃充"，高诱注云："充，满也。"楚辞离骚云"苏粪壤以充帏兮"，注云："充，犹满也。"吕氏春秋求人篇云"至劳也"，高诱注云："至，大也。"诗小雅巧言"昊天泰怃"，笺云："泰，言甚也。"泰与大同，是至即甚也。故赵氏以甚释至，又以大过释至。礼记缁衣云"行无类也"，注云："类，谓比式。"方言云："类，法也。"什一而税，此法式也。充类，谓已盈满其法式。乃于法式之外又多取之，则是充类而又大甚，是为充类至。充类至，则是为义之尽。义者，宜也。尽亦至也。诸侯本当税民之类者，当字解义字。取税于民，本为义类，但于所当取之法式为太甚，故为义之尽。赵氏以大释尽，明尽与至其义一也。与盗为非类，故不可比于御。白氏珽〔一〕湛囦静语云"充类至一句，义之尽也一句"是也。近时通解，夫谓非其有而取之即为盗者，乃充不取之类，至于义之至极而后为然也。○注"猎较者"至"世也"○正义曰：张氏尔岐蒿庵闲话云："古人田猎既毕，择取三等中杀者，每等得十，以充君庖。其余则与士众习射于射宫，射而中，田不得禽则得禽；田得禽而射不中，则不得禽。盖田时各奋武勇，及既获，则公之，辞让而后取也。若夫猎较者，不复习射，唯以所获之多少为所取之多少，当其猎时，自互相攫夺。此亦古法变坏之一端，然皆用以祭其祖先，殊无大过。"周氏柄中辨正云："王罕皆谓较夺禽兽以祭，正与下正祭器相应，赵义为长。愚谓不特此也。周礼获禽者取左耳，及弊田，植虞旗，致禽而珥焉。言致禽于旗下，取耳以较所获之多少。则猎而较获，正

〔一〕"白氏珽"三字原无。案前后引书例皆著作者姓名"某氏某"，今补入。

礼之所有，不得为弊俗，故赵说为长。杨文采曰：'还与卢令，齐俗也。犹但以便捷轻利相称誉。鲁俗重礼教，君戾泮宫，而无小无大，从公于迈，犹有先王之遗风焉。何至公行攘夺，曾齐俗之不若乎？其意盖在贵四方之异物，所得之多且异者，则于献禽时夸耀于众，谓人莫己若耳。非独较多寡，亦较珍异也。'杨氏此说，亦自近理。然孟子引此正以较夺禽兽与取非其有一例，故举以相形。若作比较解，则与取民犹御豪无干涉，下文不当云'猎较犹可，况受其赐矣'。尝推求猎较之故，大抵出于鲁之三家，非田猎之百姓相较夺也。襄三十年传：'郑丰卷将祭，请田，子产弗许，曰：惟君用鲜，众给而已。'是因祭而猎，惟诸侯得行之，而大夫不与焉。鲁自三家僭窃，礼则拟于君，祀则丰于昵，务以多品异物为观美，于是有田猎较夺之事。若谓鲁人之习俗如是，则孔子为政，能使市不饰贾，涂不拾遗，而独不能变此陋习乎？且庶民有何祭器？庶民之祭，岂得用四方之食，而烦孔子之簿正邪？知此则无疑于赵氏较夺之说矣。"孔氏广森经学卮言云："言鲁人猎较，孔子为政，亦听之而不禁耳，非亦从而身为之也。"焦氏袁熹此木轩四书说云："此鲁人，皆士大夫奉祭祀者也。习俗已然，本非礼所得用，而孔子不违，以小同于俗，不汲汲于更张也。"

曰："然则孔子之仕也，非事道与？"【注】万章问孔子之仕，非欲事行其道与。【疏】注"非欲事行其道与"○正义曰：韩非子喻老篇云："事，为也。"礼记乐记云"事蚤济也"，注云："事，犹为也。"檀弓云"不仁而不可为也"，注云："为，犹行也。"吕氏春秋爱类篇云"无不行也"，高诱注云："行，为也。"行、事、为三字义同，故以行释事，事道即行道也。

曰："事道也。"【注】孟子曰，孔子所仕者，欲事行其道。

"事道，奚猎较也？"【注】万章曰，孔子欲事道，如何可猎较也。

曰："孔子先簿正祭器，不以四方之食供簿正。"【注】孟子曰，孔子仕于衰世，不可卒暴改戾，故以渐正之。先为簿书，以正其宗庙祭祀之器。即其旧礼，取备于国中，不以四方珍食供其所簿正之器度，珍食难常有，乏绝则为不敬，故猎较以祭也。【疏】注"孔子"至"祭也"○正义曰：赵氏以孔子仕衰世，不可遽然矫戾改变其俗，先此宗庙祭祀之器且有不正者，不独猎较也。若一时既正其祭器，又禁其猎较，则卒暴难行，故正之以渐，先簿正其祭器，不即禁其猎较也。音义出“簿正”，云：“丁步古切，本多作‘薄’。”钱氏大昕养新录云：“经典无‘簿’字，惟孟子有‘先簿正祭器’一语。孙奭音义云：‘本或作薄。’则北宋本犹不尽作‘簿’也。唐美原神泉诗碑篆书主簿字从艸，是唐人尚识字。”按簿书之簿即帷薄之薄，刘熙释名释书契云：“笏，忽也。君有教命及所启白，则书其上，备忽忘也。或曰簿，言可以簿疏物也。”毕氏沅释名疏证云：“簿，俗字也。据汉夏承碑‘为主薄督邮’，韩敕碑‘主薄鲁薛陶’，武荣碑‘郡曹史主薄’，古薄字皆从艸明矣。然诸史书并从竹，如籍、藉之类，亦互相通。古用笏，汉魏以来谓之簿，即手板也。蜀志称‘秦宓以簿击颊’，即此是已。”书之于簿谓之簿，故先为簿而书之，以正其宗庙祭祀之器也。猎较皆取国中所备，若不猎于国中，而取珍食于四方，四方远在鲁国之外者也，则恐难常有，而不免有时乏绝，转为不敬，孔子所以不禁其猎较也。近时通解，则以簿正祭器，不以四方之食供簿正，即是阴止其猎较之术。张氏尔岐蒿庵闲话云：“夫子欲革其俗，故先簿正祭器，使上下尊卑，祭有常器，器有常品。用三鼎五鼎者乃有兽腊，庶人只用特牲，则所获兔麋之属皆不得用，而人将渐知顾礼，觉其较夺之非。”此则四方指鲁国中之四方，若是则孔子簿正祭器，正是禁止其猎较，不得云亦猎较矣。惟正祭器是一事，禁猎较又是一事，二者相度，则祭器不可不正，故先正之。不以四方难得之食供簿正，恐其乏绝不敬，则猎较尚不为无说，故姑容之。此圣人权衡之当，而先正渐正之宜也。所以对奚猎较之义，谓因此所以亦猎较也。

曰：“奚不去也？”【注】万章曰，孔子不得行道，何为不去。

曰：“为之兆也。兆足以行矣，而不行，而后去，是以未尝有所终三年淹也。【注】兆，始也。孔子每仕，常为之正本造始，欲以次治之，而不见用，占其事始而退。足以行之矣而君不行也，然后则孔子去矣。终者，竟也。孔子未尝得竟事一国也、三年淹留而不去者也。【疏】注“兆始”至“治之”○正义曰：哀公元年左传云：“有田一成，有众一旅，能布其德，而兆其谋。”注云：“兆，始也。”兆其谋，承上始有一成一旅而言，是兆之义为始也。广雅释诂造、本皆训始，故以始释兆，又以“正本造始”申言之。始亦先也，先簿正祭器，为之正本造始也。以渐止其猎较，是欲以次治之也。○注

"而不"至"而退"○正义曰:此二句解"而不行而后去"。不见用,是不行也。仪礼士冠礼、乡饮酒礼注皆云:"退,去也。"是去即退也。谓虽不见用,亦示以可行之兆而去,如吉虽未形于事而龟筮先见其兆。周礼春官占人注云:"占蓍龟之卦兆吉凶。"经言兆,故赵氏以占言之。○注"足以"至"去矣"○正义曰:此顺解"足以行矣,而不行,而后去"也。而后去,不遽去也。虽不行,必为之兆而后去,故不遽也。孔子亦猎较,已是道不行,而必先簿正祭器,以为之兆,而后乃退去。为之兆,原在不行之后,经先言"为之兆",故赵氏屈曲申明之,此赵氏解经之妙也。万章问云:道不行奚为不去?曰:不行而不去者,为之兆也。所以为之兆者,以示兆足以行;兆足以行,而君不行,所以为之兆而后去也。不行在为之兆之前已然,非为之兆而君不行也。经文奥折,赵氏得之。○注"终者"至"去者也"○正义曰:诗大雅瞻卬"谮始竟背",笺云:"竟,犹终也。"说文音部云:"乐曲尽为竟。"尔雅释诂云:"淹,久也。"宣公十二年左传云"二三子无淹久",注云:"淹,留也。"故以三年淹为留而不去。淹留至于终竟三年,则得竟事一国;未尝终竟三年之留,是未尝得竟事一国也。谓为之兆而后乃去,虽不遽去,而亦未尝久留终于三年。**孔子有见行可之仕,有际可之仕,有公养之仕。于季桓子,见行可之仕也。于卫灵公,际可之仕也。于卫孝公,公养之仕也。**【注】行可,冀可行道也。鲁卿季桓子秉国之政,孔子仕之,冀可得因之行道也。际,接也。卫灵公接遇孔子以礼,故见之也。卫孝公以国君养贤者之礼养孔子,故宿留以答之矣。【疏】注"行可"至"道也"○正义曰:史记孔子世家云:"定公十四年,孔子年五十六,由大司寇行摄相事,诛鲁大夫乱政者少正卯,与闻国政三月,粥羔豚者弗饰贾,男女行者别于涂,涂不拾遗,四方之客至乎邑者,不求有司,皆予之以归。"是所为行可之仕也。桓子以定公五年秉国政,尝穿井得土缶,中若羊,以问孔子。孔子为司寇,沟昭公墓而合之。家语:"谓季桓子曰:贬君以彰己罪,非礼也。今合之,所以掩夫子以不臣。"然则是时季桓子实能听用孔子之言。定公十年公羊传云:"孔子行乎季孙,三月不违。"注云:"孔子仕鲁,政事行乎季孙,三月之中不见违过。是违之也。不言政行乎定公者,政在季氏之家。"十二年公羊传云:"孔子行乎季孙,三月不违。曰家不藏甲,邑无百雉之城，于是帅师堕郈，帅师堕费。”孔子世家云：“齐人闻而惧曰：‘孔子为政必霸，霸则吾地近焉。我之为先并矣。’于是送齐国中女子好者八十人，皆衣文衣而舞康乐，文马三十驷，遗鲁君。陈女乐文马于鲁城南高门外，季桓子微服往观再三，将受，乃语鲁君为周道游，往观终日，怠于政事。桓子卒受齐女乐，三日不听政，郊又不致膰俎于大夫。孔子遂行，宿乎屯，而师已送曰：‘夫子则非罪。’孔子曰：‘吾歌可夫。’歌曰：‘彼妇之口，可以出走；彼妇之谒，可以死败。盖优哉游哉，维以卒岁。’师已反，桓子曰：‘孔子亦何言？’师已以实告。桓子喟然叹曰：‘夫子罪我以群婢故也。’”然则孔子之仕鲁，以季桓子不违；去鲁，以季桓子之受女乐，故云于季桓子见行可之仕也。○注“际接”至“见之也”○正义曰：周氏柄中辨正云：“史记：‘孔子在卫，卫灵公致粟六万。’此固公养之实据。然以其接遇有礼，不徒能养，故曰际可之仕，则非公养之仕矣。”○注“卫孝公”至“答之矣”○正义曰：毛氏奇龄四书賸言云：“春秋、史记并无孝公，惟夫子于卫灵死后，在哀七年当出公辄时，亦曾至卫。但出公并不谥孝。然舍此又别无他公往来，疏谓仍是灵公。史记春秋年表：‘卫灵三十八年，孔子来，禄之如鲁。’又孔子世家：‘卫灵问孔子居鲁得禄几何，对曰奉粟六万。卫人亦致粟六万。’此正公养之实据。然明明有孝公字，岂可不信孟子而反信史记？惟赵岐注：‘卫孝公以国君养贤之礼养孔子，故孔子为宿留以答之。’其曰‘养贤之礼’，曰‘宿留’，似古原有成文而邠卿引之者，汉去古未远，必有师承，未可以今世所见疑古人也。”翟氏灏考异云：“卫辄使石曼姑率师距蒯聩于戚，公羊传云：‘固可以距之也。’辄以王父命辞父命，是父之行乎子也。以家事辞王事，是上之行乎下也。故檀弓正义谓‘卫辄拒父’，而公羊以为‘孝子’，后儒之论且然，则当时臣下之谥以掩非，想自有之矣。若其一人两谥，更无足怪。蒯聩谥庄公，汉书人表谓之简公，则亦尝有两谥。”赵氏佑温故录云：“谥法解无出，卫孝公之即出公辄无疑。出公者，特当其出奔在外之称，及后返国称后元年，二十一年卒，而谥为孝，史不备耳。经每有可以正史者。”周氏柄中辨正云：“盖出公继立时，孔子又尝过卫，大约其致粟仍袭灵公之旧，而礼遇不深，故第为公养之仕耳。”宿留，详见公孙丑篇。

章指言：圣人忧民，乐行其道，苟善辞命，不忍逆距，不合则去，亦不淹久，盖仲尼行止之节也。

5 孟子曰："仕非为贫也，而有时乎为贫；娶妻非为养也，而有时乎为养。【注】仕本为行道济民也，而有以居贫亲老而仕者。娶妻本为继嗣也，而有以亲执釜灶，不择妻而娶者。【疏】注"仕本"至"娶者"○正义曰：韩诗外传云："曾子仕于莒，得粟三秉，方是之时，曾子重其禄而轻其身。亲没之后，齐迎以相，楚迎以令尹，晋迎以上卿，方是之时，曾子重其身而轻其禄。怀其宝而迷其国者，不可与语仁；窘其身而约其亲者，不可与语孝。任重道远者，不择地而息；家贫亲老者，不择官而仕。"列女传贤明篇："周南之妻云：家贫亲老，不择官而仕；亲操井臼，不择妻而娶。"为贫者，辞尊居卑，辞富居贫。【注】为贫之仕，当让高显之位，无求重禄。辞尊居卑，辞富居贫，恶乎宜乎，抱关击柝。【注】辞尊富者，安所宜乎，宜居抱关击柝，监门之职也。柝，门关之木也。击，椎之也。或曰，柝，行夜所击木也。传曰："鲁击柝闻于邾。"【疏】注"监门之职也"○正义曰：周礼地官司门"祭祀之牛牲系焉，监门养之"，注云："监门，门徒。"荀子荣辱篇云"或监门御旅，抱关击柝，而不自以为寡"，杨氏注云："监门，主门也。抱关，门卒也。击柝，击木所以警夜者。"史记信陵君列传云："魏有隐士曰侯嬴，年七十，家贫，为大梁夷门监者。"既云终不以监门困故而受公子财，又云嬴乃夷门抱关者也，故赵氏以监门为抱关击柝者。○注"柝门"至"于邾"○正义曰：说文门部云："关，以木横持门户也。"赵氏解柝有二：一为门关之木，谓即此横持门户者也。一为行夜所击木，周礼天官宫正"夕击柝以比之"，郑司农云："柝，戒守者所击也。"夏〔一〕官挈壶氏"县壶以序聚欜"，秋官〔二〕野庐氏"若有宾客，则令守涂地之人聚欜之"，修闾氏"掌比国中宿互欜者"，郑司农

〔一〕"夏"原误"秋"，据周礼改。

〔二〕"秋官"二字原无。焦氏误以挈壶氏隶秋官，故以秋官之野庐氏、修闾氏承之。今既正挈壶氏隶夏官，故于此补"秋官"二字。

云："击欜，两木相敲行夜时也[一]。"引传云"鲁击柝闻于邾"，哀公七年左传文。行夜即巡夜。阮氏元校勘记云："行字如月令'出行田原'之行，经典释文皆下孟反。"秋官司寤氏"掌夜时以星分夜，以诏夜士夜禁"，注云："夜士，主行夜徼候者。"贾氏疏云："行夜徼候者，若宫伯'掌受八次八舍'，注云：'于徼候便也。'则行夜往来周旋，谓徼候者也。"按赵氏以抱关击柝为监门之职，则柝即是关。若以柝为行夜所击，则是抱关为一职，击柝又为一职。柝、欜字通也。为门关之木，则击为椎之使固；为行夜之木，则击为敲之使有声，义亦别矣。

孔子尝为委吏矣，曰'会计当而已矣'。尝为乘田矣，曰'牛羊茁壮长而已矣'。位卑而言高，罪也。立乎人之本朝而道不行，耻也。"【注】孔子尝以贫而禄仕。委吏，主委积仓庾之吏也。不失会计，当直其多少而已。乘田，苑囿之吏也，主六畜之刍牧者也。牛羊茁壮肥好长大而已。茁，生长貌也。诗云"彼茁者葭"。位卑不得高言豫朝事，故但称职而已。立本朝，大道当行，不行为己之耻。是以君子禄仕者，不处大位。【疏】注"委吏"至"少而已"○正义曰：周礼地官："遗人中士二人，下士四人。""掌邦之委积。"注云："委积者，廪人、仓人计九谷之数足国用，以其余共之，所谓余法用也。少曰委，多曰积。"又"委人中士二人，下士四人"，"军旅共其委积薪刍"，注云："主敛甸稍刍薪之赋，以共委积。""仓人中士四人，下士八人。""掌粟入之藏，辨九谷之物，以待邦用。若谷不足，则止余法用。有余则藏之。"注云："止，犹杀也。杀余法用，谓道路之委积。"然则委积为遗人、委人、仓人所共掌，故以委吏为主委积仓庾之吏也。说文人部云："会，合也。"言部云："计，会也，算也。"天官小宰"听出入以要会"，注云："谓计最之簿书，月计曰要，岁计曰会。"宰夫"乘其财用之出入"，注云："乘，犹计也。"贾氏疏云："计者，算法乘除之名出于此也。"大宰"岁终则令百官府各正其治，受其会，三岁则大计群吏之治而诛赏之"，注云："会，大计也。"然则零星算之为计，总合算之为会。说文田部云："当，田相值也。"吕氏春秋孟夏纪云"必当其位"，高诱注云："当，直也。"直、值同。直其多少无差，故不失也。孙氏星衍平

〔一〕按此为郑玄注宫正文。修闾氏郑司农注作"欜谓行夜击欜"。

津馆文稿委吏解云："史记孔子世家云：'孔子尝为季氏史，料量平。'史记所言，正足证孟子。周礼遗人掌邦及乡里、门关、郊里、野鄙、县都之委积，地官司徒之属，是其事也。司会则逆群吏之治而听其会计，冢宰之属。孔子正为遗人之官。称季氏史者，时季氏秉国政，得专司徒之事，孔子为其属，故季氏史亦鲁臣，非仕于私家也。会计是司会之事，所云当者，读如'奏当'之当，谓料量委积，上之司会，适当国家会计之数，不为季氏求赢余也。故史记则云料量平，说文料字解量也。料量犹言概量，以概平斗斛，无浮入也。此正对求也为季氏聚敛附益言之，不独辞尊居卑，亦辞富居贫之一端。若止以供职为当，则人人能之，且国家亦不容有不供职之吏也。"○注"乘田"至"者葭"○正义曰：周礼地官："囿人中士四人，下士八人。"注云："囿，今之苑。"赵氏苑囿之吏，似指此。周氏柄中辨正云："毛大可曰：'苑囿，囿人所掌，只游观鸟兽之事，并无牛羊，亦并不刍牧。考周礼牛人有职人，主刍豢者。职通作"樴"，杙也，所以系牛。凡牧人掌牧六牲，牛人掌养国之公牛，必授职人刍豢之。史记谓之司职吏，其又名乘田者，以公牛刍豢皆甸田中事也。'愚按：古乘与甸通，毛说良是。"引诗者，毛诗召南驺虞篇文。传云："茁，出也。"说文艸部云："茁，艸初生出地貌。诗曰：'彼茁者葭。'"尔雅释诂云："壮，大也。"茁为草木生出之名，借以形容牛羊，故以肥好解之，然后引诗以明其本义。音义云："长，张丈切。"吕氏春秋谕大篇、任数篇高诱注皆云："长，大也。"故以大释长。长是生长，茁是生长之貌。茁壮言其貌之肥好，而以长字承之，犹言其生长则茁壮肥好也。

章指言：国有道则能者取卿相，国无道则圣人居乘田，量时安卑，不受言责，独善其身之道也。

6　万章曰："士之不托诸侯，何也？"【注】托，寄也。谓若寄公食禄于所托之国也。【疏】注"托寄"至"国也"○正义曰：方言云："托，寄也。"凡寄为托，仪礼丧服传齐衰三月章"寄公为所寓"，传曰："寄公者何也？失地之君也。"毛诗邶风式微序云："式微，黎侯寓于卫，其臣劝以归也。"笺云："寓，寄也。黎侯为狄人所逐，弃其国而寄于卫。"孔氏正义云："此被狄所逐而云寄者，若春秋出奔之君所在亦曰寄，故左传曰：'齐以郲寄卫侯。'是也。丧服传失地之君，谓削地尽者，与此别。"

孟子曰："不敢也。诸侯失国而后托于诸侯，礼也。士之托于诸侯，非礼也。"【注】谓士位轻，本非诸侯敌体，故不敢比失国诸侯得为寄公也。【疏】注"士位轻"○正义曰：周氏广业孟子出处时地考云："古之上士中士下士者，皆有职之人也。其未仕而读书谭道者，通谓之儒。周礼'儒以道得民'，鲁论'女为君子儒'，是也。间亦称士，如管子士农工商为四民，曾子'士不可以不宏毅'之类。春秋而后，有游士、处士，则皆无位而客游人国者矣。孟子所言士亦有二，万章之'不托诸侯'，彭更之'无事而食'，及王子垫所闻，此无位者也。答北宫锜，及'士以旗，大夫以旂'，'前以士，后以大夫'，则并指有位者也。"

万章曰："君馈之粟，则受之乎？"【注】士穷而无禄，君馈之粟，则可受之乎。

曰："受之。"【注】孟子曰，受之也。

"受之何义也？"【注】万章曰，受粟何意也。

曰："君之于氓也，固周之。"【注】氓，民也。孟子曰，君之于民，固当周其穷乏，况于士乎。【疏】注"氓民也"○正义曰：详见公孙丑篇。不言君之于民而言氓者，氓是自他国至此国之民，与寄之义合。

曰："周之则受，赐之则不受，何也？"【注】万章言士穷，君周之则受，赐之则不受，何也。周者，谓周急禀贫民之常科也。赐者，谓礼赐横加也。【疏】注"周者"至"科也"○正义曰：周与赒通，周礼地官乡师："以岁时巡国及野，而赒万民之艰厄，以王命施惠。"注云："艰厄，饥乏也。郑司农云：'赒读为周急之周。'"贾氏疏云："读从论语'周急不继富'之周。"又司稼"掌均万民之食而赒其急"，注云："赒禀其艰厄。"说文禾部云："禀，赐谷也。"广雅释诂云："禀，予也。"禀贫民之常科，谓因民贫乏，以谷给予之，此常法也。礼记月令"季春之月，天子布德行惠，开府库，出币帛，周天下"，注云："周，谓给不足也。"吕氏春秋季春纪高诱注则云："周，赐也。"盖周与赐义亦通，而并举则各别也。○注"赐者谓礼赐横加也"○正义曰：横加，谓不当赐而赐也。

曰:"不敢也。"【注】孟子曰,士不敢受赐。

曰:"敢问其不敢何也?"【注】万章问何为不敢。

曰:"抱关击柝者,皆有常职以食于上,无常职而赐于上者,以为不恭也。"【注】孟子曰,有职事者,可食于上禄。士不仕,自以不任职事而空受赐为不恭,故不受也。【疏】注"有职"至"受也"〇正义曰:周礼天官大宰"禄位以驭其士",注云:"禄,若今月奉也。自卿大夫以至庶人,在官皆有禄。"吕氏春秋怀宠篇云"皆益其禄",高诱注云:"禄,食也。"礼记王制云"王者之制禄爵",注云:"禄所受食。"故以禄解食于上之食也。既不仕,即不当食其禄。不仕而受其赐,即是受其禄也。不仕而受其禄,即是以士而托于诸侯。不恭即非礼也。

曰:"君馈之则受之,不识可常继乎?"【注】万章曰,君礼馈贤臣,贤臣受之,不知可继续而常来致之乎,将当辄更以君命将之也。【疏】"曰君"至"继乎"〇正义曰:前章言馈也以礼,则孔子受之,是君馈之则受之,不待复问矣,故直以可常继为问耳。前云"为贫而仕,恶乎宜乎,抱关击柝",谓仕有常职以受禄也。盖赐为馈与禄之通称;前云"尊者赐之",赐即馈也,赐之可受者也。此云君馈之粟则受之,又云无常职而赐于上,以为不恭,赐非馈也,赐之不可受者也。盖仕有常职,则可受其禄;不仕无常职,则可受其馈,不可受其禄。君馈之以惠及氓则为周,以礼下贤则为交际,皆可受者也。合上二章,其义备矣。

曰:"缪公之于子思也,亟问,亟馈鼎肉,子思不悦,于卒也,摽使者出诸大门之外,北面稽首再拜而不受,曰:'今而后知君之犬马畜伋。'盖自是台无馈也。【注】孟子曰,鲁缪公时,尊礼子思,数问,数馈鼎肉,子思以君命烦,故不悦也。于卒者,末后复来时也。摽,麾也。麾使者出大门之外,再拜叩头不受,曰今而后知君犬马畜伋。伋,子思名也。责君之不优以不烦,而但数与之食物,若养犬马。台,贱官主使令者。传曰:"仆臣台。"从是之后,台不持馈来,缪公愠也。愠,恨也。【疏】"鼎肉"〇正义曰:礼记少仪云"其以鼎肉则执以将命",注云:"鼎肉,谓牲体已解，可升于鼎。”○注“于卒者末后复来时也”○正义曰：尔雅释诂云：“卒，终也。”仪礼燕礼云“卒受者以虚觯降奠于篚”，注云：“卒，犹后也。”故以末后解之。据“自是台无馈”，则此为末后也。据“亟馈”，则此为复来也。○注“摽麾”至“不受”○正义曰：音义云：“摽，音杓，又音抛。”庄十三年公羊传云：“已盟，曹子摽剑而去之。”注云：“摽，辟也。时曹子端剑守桓公，已盟，乃摽剑置地，与桓公相去离。”释文云：“摽剑，普交反。辟也。辟剑置地。刘兆云：‘辟，捐也。’”此音与孟子同。毛诗邶风柏舟“寤辟有摽”，传云：“辟，拊心也。摽，拊心貌。”释文云：“摽，符小反。”与公羊传音异。而摽、辟同为拊心，则摽正即是辟，与公羊注同矣。毛诗召南“摽有梅”，传云：“摽，落也。”此摽乃芆字之假借，因思曹沫摽剑，此摽亦芆，谓坠落其剑于地也。哀公十三年左传云：“长木之毙，无不摽也。”此摽亦芆也。木之长者既枯毙，久之，枝格必坠落。杜氏注摽为击，失其义矣。说文手部：“擘，扐也。”“扐，裂也。一曰手指扐也。”“麾，旌旗所以指麾也。”麾即俗麾字，麾通扐，扐训擘，擘即“寤辟有摽”之辟。摽训麾，犹训辟也。礼记礼运云“捭豚”，释文云：“捭又作‘擘’。”孔氏正义云：“捭拆豚肉，拆即分裂之义。”说文手部又云：“拊，揗也。”“揗，摩也。”则拊心是以手抚摩其心。云擘云摽，则当是以两手分摩，盖怨愤悒郁之极，用手开解之。辟亦阐也，阐亦开也。盖自上分而落于下为摽，自近分而屏于远亦为摽，其义可引申而见。“摽使者出诸大门之外”，自近分而屏于远也，是可推而通矣。阎氏若璩释地又续云：“周礼吉拜，是拜而后稽颡；凶拜，是稽颡而后拜。则凡先稽首后再拜，凶拜之类也。先再拜后稽首，吉拜之类也。吉拜，拜之常，故主于受；凶拜，拜之异，故主不受。”说文手部云：“𢷎，首至手也。古文从二手。扬雄说从两手下。”首部云：“䭫，䭫首也。”页部云：“顿，下首也。”段氏玉裁释拜云：“拜者何也？头至手也。头至手，故经谓之拜手。凡经或言拜手，或单言拜，一也。周礼大祝谓之空首，郑曰：‘空首，拜头至手，所谓拜手也。’何休注公羊宣六年传‘头至手曰拜手’，某氏注尚书召诰曰‘拜手，首至手’，皆其证也。何以谓之头至手也？说文解字曰：‘跪者，所以拜也。’既跪而拱手，而头俯至于手，与心平，是之谓头至手，荀卿子曰‘平衡曰拜’是也。头不至于地，是以周礼谓之空首。曰空首者，对稽首、顿首之头著地言也。拜本专为空首之称，引申之则稽首、顿首、肃拜皆曰拜。稽，说文作‘䭫’。稽首者何也？拜头至地也。既拜手，而拱手下至于地，而头亦下至于地，荀卿子曰‘下衡曰稽首’是也。白虎通姓名篇、郑注周礼大祝、何注公羊宣六年、某氏注尚书召诰，皆曰‘拜头至地曰稽首’。拜重手，故字从手；𩠐重首，故字从首也。顿首者何也？头叩地也。叩者何？敂也。敂者何？击也。既拜手而拱手下至于地，而头不徒下至地，且敂触之，是之谓顿首。稽首者，言乎首舒迟至于地也。顿首者，言乎首急遽至于地也。是稽、顿之别也。周礼言顿首不言稽颡，礼经十七篇、礼记、群经言稽颡不言顿首，稽颡与顿首有二欤？曰无二也。何以知其无二也？郑注周礼顿首曰：‘头叩地也。’注士丧礼曰：‘稽颡，头触地也。’又檀弓注云：‘稽颡者，触地无容。’叩地触地之非有二可知矣。至地者，以首不以颡；敂地者，必以颡，故谓之稽颡，亦谓之颡。公羊昭二十五年：‘再拜颡何？曰：颡犹今叩头矣。’亦谓之顿颡。吴语‘诸稽郢行成于吴，曰顿颡于边。’何言乎稽颡？稽之言至也，其至地与稽首同，其以颡与稽首异也。荀卿子曰‘平衡曰拜，下衡曰稽首，至地曰稽颡’，是即郑君之‘头至手曰空手，头至地曰稽首，头叩地曰顿首’也。周礼大祝‘九拜，一曰稽首，二曰顿首，三曰空首’，此三者，盖拜之经欤？‘四曰振动，五曰吉拜，六曰凶拜，七曰奇拜，八曰褒拜，九曰肃拜’，此六者，其举前三者，权其吉凶轻重之宜而用之欤？他经曰拜手曰拜无曰空首者，故知空首即拜手也。拜者，拜手之省文也。礼经十七篇、礼记曰稽颡无言顿首者，故知周礼之顿首即稽颡也。凡言拜手稽首，言拜稽首，言再拜稽首，皆先空首而后稽首也。言拜而后稽颡者，先空首而后顿首也。言稽颡而后拜者，先顿首而后空首也。言稽颡不拜者，顿首而不空首也。拜者常礼，稽首者，敬之至也。稽颡者，哀之至也。凡祭必稽首，诸侯于天子稽首，大夫于国君稽首，于邻国之君稽首，于君夫人邻国君夫人稽首。礼有非祭非君而稽首者，特牲馈食礼：‘宿尸，尸许诺，主人再拜稽首。’少牢馈食礼：‘宿尸，祝摈主人再拜稽首，尸拜许诺，主人又再拜稽首。’此皆未入庙之尸也，而再拜稽首者，郑重之至，以定其为尸也。士昏礼：‘宾升北面荐雁，再拜稽首。’妻之父，非君也，以逆女之事至重，稽首主为授女，故主人不答拜。聘礼：‘郊劳，宾用束锦傧劳者，劳者再拜稽首受。’注云：‘尊国宾也。’又‘受饔饩，傧大夫，大夫北面当楣再拜稽首受币’，注云：‘尊君客也。’下文皆云‘宾再拜稽首送币’，又下文‘大夫饩宾，宾再拜稽首受’，是亦犹上文尊国宾、尊君客之再拜稽首也。

凡行礼必拜手，凡敌者拜手，卿大夫互相于，一也。凡诸侯相于拜手，凡臣于君、君于臣皆拜手。凡丧必稽颡以拜宾，即顿首也。何以谓之振动也？郑曰：'战栗变动之拜也。'有不必拜手而拜手者，有不必稽首而稽首者，有不必顿首而顿首者，如文三年晋侯享公，公降拜；襄四年穆叔如晋，歌鹿鸣之三，三拜；如雒诰成王拜手稽首于周公，襄九年鲁襄公稽首于晋君，如昭二十五年季孙意如稽颡于叔孙昭子，昭八年陈无宇稽颡于栾施，公羊昭二十五年昭公、子家羁再拜颡于齐侯，是皆谓之振动。振动者，言非常也，因事制宜之谓也。吉拜者何也？谓拜之常也。当拜而拜，当稽首而稽首，是吉拜也。吉拜对凶之辞也，凡稽首未有用于凶者也。凶拜者何也？拜而后稽颡，稽颡而后拜，皆凶拜也。凡顿首未有不用于凶者也。奇拜者何也？谓一拜也。奇者，不耦也。凡礼经言拜不言再者，皆谓一拜也。经有明言一拜者，士相见礼曰君答一拜，聘礼曰公一拜送几，又宾不降一拜。稽首顿首，则经未尝有言再者。褒拜者何也？谓再拜已上也。褒者，大也。有所多大之辞也。凡礼经聘礼、少牢馈食礼、特牲馈食礼言三拜，及僖十五年左传言三拜稽首，襄四年言三拜，定四年言九顿首，以及妇人之侠拜，皆是也。肃拜者何谓也？举首下手之拜也，妇人之拜也。少仪曰：'妇人虽有君赐，肃拜。'是则肃拜为妇人之常，犹拜手为男子之常也。妇人以肃拜当男子之空首，以手拜当男子之稽首，以稽颡当男子之顿首。"○注"台贱"至"恨也"○正义曰：台即佁也。方言云："佁，𤸨，农夫之丑称也。南楚凡骂庸贱谓之田佁，或谓之𤸨。"台为贱称，故官之贱者名台。引传者，昭公七年左传："芋尹无宇曰：人有十等，下所以事上，上所以共神也。故王臣公，公臣大夫，大夫臣士，士臣皂，皂臣舆，舆臣隶，隶臣僚，僚臣仆，仆臣台。"服虔云："台，给台下微名也。"台次舆、隶、僚、仆之下，是贱官主使令者，故引此以证也。论语学而篇云"人不知而不愠"，郑氏注云："愠，怨也。"说文心部云："恨，怨也。""怨，恚也。"毛诗大雅绵"肆不殄厥愠"，传云："愠，恚也。"是愠、恨、怨、恚四字义同。赵氏以台无馈为缪公心不平子思之言，而不使之馈，故以为愠，又以恨明之。阮氏元校勘记云："'愠恨也'，玩此三字，似经文有夺，抑注文作'缪公愠恨也'五字，今本衍二字耳。"**悦贤不能举，又不能养也，可谓悦贤乎？"**【注】孟子讥缪公之虽欲有悦贤之意，而不能举用，使行其道，又不能优养终竟之，岂可谓能悦贤也。【疏】注"又不能优养终竟之"○正义曰：赵氏以缪公愠恨子思之言，不使台馈食，为不能优养终竟之。近时通说，缪公因子思不悦，自愧，故台无馈。此不能养指上亟问亟馈事，非指台无馈也。

曰："敢问国君欲养君子，如何斯可谓养矣？"【注】万章问国君养贤之法也。【疏】"敢问"至"养矣"○正义曰：此因孟子言不能养而问也。

曰："以君命将之，再拜稽首而受。其后廪人继粟，庖人继肉，不以君命将之。子思以为鼎肉使己仆仆尔亟拜也，非养君子之道也。【注】将者，行也。孟子曰，始以君命行，礼拜受之。其后仓廪之吏继其粟，将尽复送，厨宰之人日送其肉，不复以君命者，欲使贤者不答以敬，所以优之也。子思所以非缪公者，以为鼎肉使己数拜故也。仆仆，烦猥貌。谓其不得养君子之道也。【疏】注"将者"至"道也"○正义曰：毛诗传以行释将，不一而足，赵氏所本也。尔雅释言云："将，送也。"孙炎注云："行之送也。"是将有行、送二义。以君命将之亦即是以君命送之，故继粟继肉，皆以送字明之。廪人继粟，廪人送之，不以君命送之也。庖人继肉，庖人送之，不以君命送之也。周礼地官廪人："掌九谷之数，以待国之匪颁、赒赐、稍食。"天官庖人："共宾客之禽献。"胡氏匡衷侯国官制考云："周礼廪人下大夫二人，据少牢大夫有廪人，则诸侯当亦有之。国语云：'敌国宾至，廪人献饩。'是诸侯有廪人也。礼记祭统云：'夫祭有畀辉胞翟阍者，惠下之道也。唯有德之君，为能行此。胞者，肉吏之贱者也。'诗简兮疏云：'胞即周礼庖人。'汉书百官公卿表有胞人，师古曰：'胞人，主掌宰割者。'胞与庖同。天子庖人中士，诸侯当下士为之。凡诸侯之官，降天子一等。"赵氏兼言仓廪之吏者，粟藏于仓，仓人主之。廪人之粟，亦取之自仓，故兼言仓廪之吏也。桓公四年公羊传云"三曰充君之庖"，注云："庖，厨也。"淮南子说林训云"治祭者庖"，注云："庖，宰也。"是庖人为厨宰之人也。说文二部云："亟，敏疾也。"段氏玉裁说文解字注云："今人亟分入声去声。入之训急也，去之训数也。古无是分别，数亦急也，非有二义。”赵氏以亟拜为数拜，又云欲使贤者不答以敬，所以优之也。毛诗大雅瞻卬“维其优矣”，笺云：“优，宽也。”国语鲁语云“独恭不优”，注云：“优，裕也。”优裕是不急数，使之亟拜，非所以优裕之矣。说文業[一]部云：“僕，渎僕也。”段氏玉裁说文解字注云：“渎、僕叠韵字。渎，烦渎也。僕如孟子书之仆仆。”烦猥犹烦渎也。广雅释诂云：“烦，劳也。”释言云：“猥，顿也。”**尧之于舜也，使其子九男事之，二女女焉，百官牛羊仓廪备，以养舜于畎亩之中，后举而加诸上位，故曰王公之尊贤者也。”**【注】尧之于舜如是，是王公尊贤之道也。九男以下，已说于上篇。上位，尊帝位也。【疏】“尧之”至“者也”〇正义曰：此因养以及举也。虽能养，仍必举之，乃为尊贤。百官，即廪人、庖人之属。牛羊仓廪备，则继肉继粟，不烦渎矣。加之上位，谓慎徽五典，纳于百揆，宾于四门，纳于大录，极而至于登庸摄政也。

章指言：知贤之道，举之为上，养之为次，不举不养，贤恶肯归？是以孟子上陈尧舜之大法，下刺缪公之不宏。【疏】“下刺缪公之不宏”〇正义曰：廷琥按：孔本宏作“闳”。

7 万章曰：“敢问不见诸侯，何义也？”【注】问诸侯聘请而夫子不见之，于义何取。

孟子曰：“在国曰市井之臣，在野曰草莽之臣，皆谓庶人。庶人不传质为臣，不敢见于诸侯，礼也。”【注】在国谓都邑，民会于市，故曰市井之臣。在野，野居之人。莽，亦草也。庶，众也。众庶之人，未得为臣。传，执也。见君之质，执雉之属也。未为臣则不敢见之，礼也。【疏】注“在国”至“之属也”〇正义曰：仪礼士相见礼云：“宅者，在邦则

〔一〕“業”原误“举”，据说文改。

曰市井之臣，在野则曰草茅之臣，庶人则曰刺草之臣。”注云：“宅者，谓致仕者，去官而居宅，或在国中，或在野。”此宅者指已仕而罢官之人，与孟子言“庶人”未仕之人有别。按宅者谓士之家居而未仕者也。可以孟子之言证礼所云。若去官致仕，终不可为庶人矣。阎氏若璩释地续云：“后汉刘宠传：‘拜会稽太守，山民愿朴，乃有白首不入市井者。父老自称山谷鄙生，未尝识郡朝。’郡朝，太守之厅事也。此可证市井贴在国都言。张守节曰：‘古人未有市及井，若朝聚井汲水，便将货物于井边货卖，故言市井。’”淮南子本经训云“野莽白素”，泰族训云“食莽饮水”，注皆云：“莽，草也。”草莽，犹草茅也。“庶，众也”，尔雅释诂文。释名释书契云：“传，转也。转移所在，执以为信也。”是传有执义。音义云：“质，丁读如贽。”士相见之礼“冬用雉，夏用腒”，执雉请见，必由将命者传之，故谓之传贽。礼云：“见于君，执挚至下，容弥蹙。庶人见于君，不为容，进退走。”贾氏疏云：“此不言民而言庶人，则是庶人在官，即府史胥徒是也。”然则自卿大夫士以至庶人在官，皆得执挚见君而为臣。孟子所谓庶人，未在官者也。庶人之挚用鹜，赵氏概举见君之挚，故云执雉之属，括执羔执雁执鹜而言之也。

万章曰：“庶人召之役，则往役，君欲见之，召之则不往见之，何也？”【注】庶人召使给役事则往供事，君召之见，不肯往见，何也。

曰：“往役，义也。往见，不义也。且君之欲见之也，何为也哉？”【注】孟子曰，庶人法当给役，故往役，义也。庶人非臣也，不当见君，故往见，不义也。且君何为欲见之而召之也。【疏】注“庶人法当给役”○正义曰：礼记王制云：“用民之力，岁不过三日。”注云：“治宫室城郭道渠。”周礼地官乡大夫：“以岁时登其夫家之众寡，辨其可任者，国中自七尺以及六十，野自六尺以及六十有五，皆征之。”贾氏疏云：“谓筑作挽引道渠之役。若田猎，五十则免，是以祭义云‘五十不为甸徒’。若征伐，六十乃免，是以王制云‘六十不与服戎’。”此皆法当给役之事也。言分则为庶人，言德则为士。往役为庶人之分，往见则失士之节，故有义不义之分也。君以庶人待之，即召之役，义所当往；君而欲见之，则是待之以士，乃不师之友之而召之，此士所以不往也。

曰："为其多闻也，为其贤也。"【注】万章曰，君以是欲见之也。

曰："为其多闻也，则天子不召师，而况诸侯乎？为其贤也，则吾未闻欲见贤而召之也。【注】孟子曰，安有召师召贤之礼而可往见也。缪公亟见于子思曰：'古千乘之国以友士，何如？'子思不悦曰：'古之人有言曰，事之云乎，岂曰友之云乎！'子思之不悦也，岂不曰以位，则子君也，我臣也，何敢与君友也？以德，则子事我者也，奚可以与我友？千乘之君，求与之友而不可得也，而况可召与？【注】鲁缪公欲友子思，子思不悦而称曰，古人曰见贤人当事之，岂云友之邪。孟子云，子思所以不悦者，岂不谓臣不可友君，弟子不可友师也。若子思之意，亦不可友，况乎可召之。【疏】"古之人"至"云乎"○正义曰：阎氏若璩释地三续云："事之云乎，岂曰友之云乎，此外惟公羊庄公二十四年传'然则曷用，枣栗云乎，腶脩云乎'，何休注曰：'云乎，辞也。'按云乎是辞，则但云古之人有言曰，事之岂曰友之，语意自了。"齐景公田，招虞人以旌，不至，将杀之。志士不忘在沟壑，勇士不忘丧其元，孔子奚取焉？取非其招不往也。"【注】已说于上篇。

曰："敢问招虞人何以？"【注】万章问招虞人当何用也。

曰："以皮冠。庶人以旃，士以旂，大夫以旌。【注】孟子曰，招礼若是。皮冠，弁也。旃，通帛也。因章曰旃。旂，旌有铃者。旌，注旄竿首者。【疏】注"皮冠弁也"○正义曰：周氏柄中辨正云："周礼司服'凡甸冠弁服'，郑注：'冠弁，委貌，此田猎之冠也。'薛氏礼图以冠弁即皮弁，又以皮弁即皮冠，此说非是。襄十四年传'卫献公射鸿于囿，孙、宁二子从之，不释皮冠而与之言，二子怒'，孔疏谓'敬大臣宜去皮冠'。若皮冠即弁，则卫献之不释皮冠，正自应尔，孙、宁二子何为而怒乎？然则皮弁者礼服之冠，皮冠盖加于礼冠之上，田猎则以御尘，亦以御雨雪。楚灵狩于州来，去皮冠而与子革语，必非科头也。可见去皮冠而仍有礼冠矣。以其为田猎所有事，故招虞人以之，而礼冠中不数也。或云天子田猎服委貌，诸侯服皮冠，亦是臆说。”○注“旃通”至“首者”○正义曰：周礼春官司常云：“交龙为旗，通帛为旃，析羽为旌。”尔雅释天云：“注旄首曰旌，有铃曰旂，因章曰旃。”郑氏注司常云：“通帛谓大赤，从周正色，无饰。”郭氏注尔雅云：“以帛练为旒，因其文章，不复画之。”赵氏解旃，既云“通帛”，又云“因章”，兼周礼、尔雅言之也。郭氏注“旂”云：“县铃于竿头，画蛟龙于旒。”是兼司常“交龙”言之。郑氏注“旌”云：“全羽析羽皆五采，系之于旞旌之上，所谓注旄于竿首也。”是合尔雅“注旄首”言之。赵氏言“注旄干首”为旌，于尔雅增“干”字；言“旌有铃”为旂，于尔雅增“旌”字；盖旌则注旄于干，旂则系铃于干，以旌明旂，谓旂系铃于干，犹旌注旄于干，非谓既析旄又系铃也。周氏柄中辨正云：“毛大可曰：‘此为孟子解，当据司常大阅文。凡大阅治徒役，必有诸侯卿大夫士及州里庶人。顾士未有位，惟诸侯得召之，而侯车载旂，故即以旂招士。孤卿可招庶人，而孤卿载旃，故即以旃招庶人。’愚按：斿车载旌，斿车者，五路中之木路，田猎乘之，巾车云‘木路以田’是也。王正田猎则建大麾，小田猎则建旌，故即以旌招大夫，此正所谓以所招之人之物，与旂招士、旃招庶人一例也。”陈氏礼书曰：“孤卿建旃，庶人，孤卿之所治者也，故招以旃。诸侯建旂，士，君之所礼也，故招以旂。斿车载旌，大夫从斿燕之乐者也，故招以旌。以此解孟子，何不可焉？”阎氏若璩释地三续云：“余既笃信左传，亦间以孟子较之，则以孟子为据，如昭二十年齐侯田于沛是也。传言‘招虞人以弓’，不合孟子者一。‘旃以招大夫，弓以招士’，不合孟子者二。不引‘志士不忘在沟壑’二语，而撰‘守道不如守官’为仲尼曰，为柳子厚之所驳，不合孟子者三。此三者既不可信，则言昔我先君田，各招大夫士以其物，又岂可信哉？皮冠者，诸侯田猎之冠，故即以皮冠招掌田猎之人。虞人既至，先示以期日，即告以田于某所，庶几虞人芟除其草莱，为可阵之地，招之须及早。若庶人士大夫，皆从公干狩之人。周礼大司马至期立熊虎之旗，于期所以集众，故曰以旗致民。又曰：‘质明弊旗，诛后至者。’此岂待招而后至者哉？孟子缘答虞人以皮冠，遂连类而及庶人士大夫平日之招，以明各有等威。据左传而谓四招者皆田制，拘矣。”廷琥按：赵注“旄竿首者”，孔本竿作

"干"。**以大夫之招招虞人，虞人死不敢往；以士之招招庶人，庶人岂敢往哉？况乎以不贤人之招招贤人乎？**【注】以贵者之招招贱人，贱人尚不敢往，况以不贤人之招招贤人乎。不贤之招，不以礼也。**欲见贤人而不以其道，犹欲其入而闭之门也。夫义，路也。礼，门也。惟君子能由是路，出入是门也。**【注】欲人之入而闭其门，可得而入乎。闭门，犹闭礼也。**诗云：'周道如厎，其直如矢，君子所履，小人所视。'"**【注】诗，小雅大东之篇。厎，平。矢，直。视，比也。周道平直，君子履直道，小人比而则之。以喻虞人能效君子守死善道也。【疏】注"诗小"至"道也"○正义曰：诗在小雅大东第一章。厎，诗作"砥"。孔氏正义云："砥谓砺之石。禹贡曰'砺砥砮丹'，以砥石能磨物使平。矢则干必直，砥言周道，则其直亦周道也。如矢言其直，则如砥言其平，互相通也。"翟氏灏考异云："说文厂部：'厎，柔石也。'重文作'砥'，并职雉切。广部：'底，山居也，下也。都礼切。'厎实砥之本字；故禹贡'厎柱析城'，汉书'厎砺其节'，'厎砺名号'，皆以厎为砥。今坊刻经文，多上加点，与底下字无别，读者遂误音如邸。并诗之砥字或亦误为邸音。"按厎、底并从氏声，义异而音则通。礼记王制云"天子三公之田视公侯"，杂记云"妻视叔父母姑姊妹"，注并云："视，犹比也。"广雅释诂云："视，效也。"效即法，法即则，故既以比释视，又以则效解之。"守死善道"，论语述而篇文。赵氏以引诗"君子所履"证君子之由是路，"小人所视"证虞人之非其招不往。按毛诗本意，周道谓周家贡赋赏罚之道。如砥言其均平，如矢言其不偏。君子所履，谓君子效法而履行之。小人所视，谓小人视其平直而供承之。所履所视，皆谓周道，非谓小人比效君子。然则孟子引诗，以"周道如厎，其直如矢"证义之为路，礼之为门，礼义即道也。不独君子履此道，小人亦视此道。小人视此道，故以大夫之招招虞人，虞人死不敢往也。君子履此道，故君子由是路，出入是门也。抑君子履之，故召之则不往见之也。小人视之，故庶人不传质为臣，不敢见诸侯也。

万章曰："孔子君命召，不俟驾而行，然则孔子非与？"【注】俟，侍也。孔子不待驾而应君命也。孔子为之非与。

曰："孔子当仕，有官职，而以其官召之也。"【注】孟子曰，孔子所以不待驾者，孔子当仕，位有官职之事，君以其官名召之，岂得不颠倒。诗云："颠之倒之，自公召之。"不谓贤人无位而君欲召见也。【疏】注"孔子"至"见也"○正义曰：仕于朝，则有爵次之位，周礼天官大宰"禄位以驭其士"是也。礼记乐记云"乐之官也"，注云："官，犹事也。"淮南子俶真训云"大夫安其职"，高诱注云："职，事也。"官、职义皆为事，故云位有官职之事。事以位别，名以事起，司某事则以某官为名，故君以官名召之也。引诗者，齐风东方未明之篇。笺云："群臣促遽，颠倒衣裳。"赵氏引此，谓孔子不俟驾而朝，犹齐臣颠倒衣裳而朝，其促遽以应召一也。无位则无官职之事，故不可召见之。赵氏佑温故录云："此言亦孟子权以答问，而于孔子事君之正，固未尽发。何也？孟子之不见诸侯，皆君非其君；孟子又仕而不受禄，可以不应其召。若孔子仕鲁，乃本国之君，即不当仕有官职，本有可召之义，所恶乎往见者，为其无因而妄干耳。是以庶人不传贽为臣，所以循其为庶人，若君欲见之而召之，方勤丘园之贲，岂效汶上之辞？吾知孔子必不为已甚也，即孟子亦不为已甚也。"

章指言：君子之志，志于行道，不得其礼，亦不苟往。于礼之可，伊尹三聘而后就汤；道之未洽，沮、溺耦耕，接舆佯狂，岂可见乎？【疏】"接舆佯狂"○正义曰：楚辞九章涉江云"接舆髡首兮桑扈裸行"，注云："接舆，楚狂接舆也。髡，剔也。首，头也。自刑身体，避世佯狂也。"史记范睢传云："箕子、接舆，漆身为厉，被发为狂。"东方朔非有先生论云："接舆避世，箕子被发佯狂。"论语微子篇云"楚狂接舆歌而过孔子"，集解引孔曰："接舆，楚人也。佯狂而来歌。"

8　孟子谓万章曰："一乡之善士斯友一乡之善士，一国之善士斯友一国之善士，天下之善士斯友天下之善士。【注】乡，一乡之善者。国，国中之善者。天下，四海之内也。各以大小来相友,自为畴匹也。【疏】注“乡一”至“匹也”○正义曰:赵氏以一国之善士为国中之善者,而以国中解国字。闽、监、毛三本则作“国一国之善者”,此误国中为一国也。推之乡一乡之善者亦是乡乡中之善者,以乡中解乡字,犹以国中解国字也。乡为乡中、国为国中,故天下为四海之内。盖取善无穷,在一乡则友一乡,在一国则友一国,在天下则友天下。赵氏谓各以大小来相友,自为畴匹,谓一乡之善士与一乡之善士友,一国之善士与一国之善士友,天下之善士与天下之善士友。**以友天下之善士为未足,又尚论古之人,颂其诗,读其书,不知其人可乎?是以论其世也。是尚友也。”**【注】好善者以天下之善士为未足极其善道,尚,上也,乃复上论古之人。颂其诗,诗歌颂之故曰颂。读其书,犹恐未知古人高下,故论其世以别之也。在三皇之世为上,在五帝之世为次,在三王之世为下,是为好上友之人也。【疏】注“好善”至“人也”○正义曰:以友天下之善士为未足,因而上友古人。此互明友一乡未足,则进而友一国;友一国未足,则进而友天下;友天下犹未足,则进而友古人也。惟一乡斯友一乡,惟一国斯友一国,惟天下斯友天下,何也?同在一乡,乃知此一乡之善士也。同在一国,乃知此一国之善士也。同在今世之天下,乃知今世天下之善士也。若生今世而上友古人,则不同世何以知其人之善?故必颂其诗、读其书而论其世,惟颂其诗、读其书而论其世,乃可以今世而知古人之善也。上下两节,互明如此。周礼春官大师注云:“颂之言诵也。”颂其诗,即诵其诗。段氏玉裁说文解字注云:“讽,诵也。诵,讽也。读,籀书也。大司乐‘以乐语教国子,兴道讽诵言语’,注:‘倍文曰讽,以声节之曰诵。’倍同背,谓不开读也。诵则非直背文,又为吟咏以声节之。周礼经注析言之,讽诵是二;许统言之,讽诵是一也。竹部:‘籀,读书也。’鄘风传曰:‘读,抽也。’方言曰:‘抽,读也。’盖籀、抽古通用。史记‘紬史记石室金匮之书’,字亦作‘紬’,抽绎其义蕴,至于无穷,是之谓读。故卜筮之辞曰籀,谓抽绎易义而为之也。尉律学僮十七已上始试讽籀书九千字,乃得为吏。讽谓背其文,籀谓能绎其义。太史公作史记,曰‘余读高祖侯功臣’,曰‘太史公读列封[一]至

[一]“封”原误“侯”,据说文段注、史记惠景闲侯者年表序改。

便侯曰[一]'，'太史公读秦楚之际'，曰'余读谍记'，曰'太史公读春秋历[二]谱谍'，曰'太史公读秦记'，皆谓䌷绎其事以作表也。汉儒注经，断其章句为读，如周礼注'郑司农读火绝之'，仪礼注'旧读昆弟在下'，'旧读合大夫之妾为君之庶子女子子嫁者未嫁者'，是也。拟其音曰读，凡言'读如''读若'皆是也。易其字以释其义曰读，凡言'读为''读曰''当为'皆是也。人所诵习曰读，如礼记注云'周田观文王之德，博士读为厥乱劝宁王之德'是也。讽诵亦为读，如礼言'读赗''读书'，左传'公读其书'，皆是也。讽诵亦可云读，而读之义不止于讽诵；讽诵止得其文词，读乃得其义蕴。孟子云'诵其诗，读其书'，则互文见义也。"赵氏佑温故录云："'三皇之世为上，五帝之世为次，三王之世为下'三语，当有成文，其即上古中古下古之谓邪？然经言诗书，固不必远追书契以前。"按古人各生一时，则其言各有所当。惟论其世，乃不执泥其言，亦不鄙弃其言，斯为能上友古人。孟子学孔子之时，得尧舜通变神化之用，故示人以论古之法也。赵氏先解"颂其诗"，而以论世属之"读其书"，似颂诗不必论世。大戴记卫将军文子问于子贡曰："吾闻夫子之施教也，先以诗世。"孔氏广森补注云："诗世者，诵其诗，论其世也。周礼曰：'讽诵诗，世奠系。'"然则诗书俱宜论世，赵氏盖亦以论世兼承"颂其诗""读其书"，而先解颂字，系"颂诗"下耳。

章指言：好高慕远，君子之道，虽各有伦，乐其崇茂，是以仲尼曰"毋友不如己者"。高山仰止，景行行止。

9　齐宣王问卿，孟子曰："王何卿之问也？"【注】王问何卿也。

王曰："卿不同乎？"曰："不同。有贵戚之卿，有异姓之卿。"【注】孟子曰，卿不同。贵戚之卿，谓内外亲族也。异姓之卿，谓有

〔一〕"曰"字原脱，据说文段注补。

〔二〕"历"字原脱，据说文段注、史记十二诸侯年表序补。

德命为三卿也。【疏】注"贵戚"至"卿也"〇正义曰:贵戚之卿,以亲而任,故云内外亲族也。异姓之卿,以贤而任,故云有德命为三卿也。

王曰:"请问贵戚之卿。"【注】问贵戚之卿如何。

曰:"君有大过则谏,反覆之而不听则易位。"【注】孟子曰,贵戚之卿,反覆谏君,君不听,则易君之位,更立亲戚之贤者。【疏】"君有大过则谏"〇正义曰:贵戚必待大过方谏,余则有异姓卿在也。〇注"更立亲戚之贤者"〇正义曰:孔本作"立亲戚之贵者",非。

王勃然变乎色。【注】王闻此言,愠怒而惊惧,故勃然变色。

曰:"王勿异也!王问臣,臣不敢不以正对。"【注】孟子曰,王勿怪也。王问臣,臣不敢不以其正义对。

王色定,然后请问异姓之卿。【注】王意解,颜色定,复问异姓之卿如之何也。

曰:"君有过则谏,反覆之而不听则去。"【注】孟子言异姓之卿谏君不从,去而待放,遂不听之,则去而之他国也。【疏】注"谏君"至"国也"〇正义曰:周氏广业孟子古注考云:"公羊宣元年'晋放其大夫胥甲父于卫',传云:'放之者何?犹云无去是云尔。古者大夫已去,三年待放。君放之,非也。大夫待放,正也。'白虎通谏诤篇:'援神契曰:三谏待放,复三年,尽惓惓也。言放者,臣为君讳,若言有罪放之也。所谏事已行者,遂去不留。凡待放,冀君用其言耳。事已行,灾咎将至,无为留之也。臣待放于郊,君不绝其禄者,示不欲其去也。'郑康成诗桧风羔裘笺:'三谏不从,待放而去。'与此赵注俱用此事。"按仪礼丧服"旧君"注云:"以道去君,谓三谏不从,待放于郊未绝者。"贾氏疏云:"此以道去君,据三谏不从,在境待放,得环则还,得玦则去。"礼记曲礼云:"为人臣之礼不显谏,三谏而不听则逃之。"注云:"逃,去也。君臣有义则合,无义则离。"又云:"大夫士去国,逾竟为坛位。"孔氏正义云:"此大夫士三谏而不从,出在境上,大夫则待放三年,听于君命,若与环则还,与玦便去。隐义云:'去国当待放也,若士不待放。'"又云:"所以待放必三年者,三年一闰,天道一变,因天道变,望君自改也。"然在竟未去,听君环玦,不谓待归而谓待放者，既已在竟，不敢必还，言惟待君见放乃去也。此云遂不听之者，谓赐玦也。故去而之他国。荀子大略篇云："召人以瑗，绝人以玦，反绝以环。"注云："古者臣有罪待放于境，三年不敢去。与之环则还，与之玦则绝，皆所以见意也。"

章指言：国须贤臣，必择忠良，亲近贵戚，或遭殃祸。伊发有莘，为殷兴道，故云成汤立贤无方也。

【疏】"或遭殃祸"○正义曰：周氏广业孟子章句疏证云："正义作'祸殃'，与韵协。"○"伊发有莘为殷兴道"○正义曰：音义云："丁云：'言伊尹有莘之媵臣，发起于草莱，为殷汤兴其王道也。'"周氏广业孟子章指疏证云："越绝书：'殷汤臣伊尹，伐夏放桀，而王道兴踪。'史记：'伊尹为有莘氏媵臣，以滋味说汤，致于王道。'按赵氏之意，谓以贵戚为卿，致于易位，是为祸殃。不若任贤以异姓为卿，三谏而去，无易位之祸也。引伊尹者，言异姓出自草莱，有益于国，良于亲近贵戚也。"

孟子正义卷二十二

孟子卷第十一

告子章句上凡二十章。【注】告子者，告，姓也。子，男子之通称也。名不害。兼治儒墨之道者。尝学于孟子，而不能纯彻性命之理。论语曰"子罕言命"，谓性命之难言也。以告子能执弟子之问，故以题篇。【疏】注"告子"至"题篇"○正义曰：赵氏以告子名不害，盖以为即浩生不害也。阎氏若璩释地又续云："浩生，复氏。不害，其名。与见公孙丑之告子，及以告子题篇者，自各一人。赵氏偶于告子篇误注曰名不害，且臆度其尝学于孟子执弟子问者。"毛氏奇龄亦以赵氏为错。胡氏煦篝灯约旨云："告子，孟子之弟子也。后来荀扬如性恶、礼伪、善恶混之说，皆各执一见，终身不易。而告子则往复辨论，不惮烦琐，又且由浅入深，屡易其辞，安知最后无复有言，不既晓然于性善之旨乎？今人谓告子诸章皆告子之言，其言固屡易其说矣，安有自谓知性，曾无定论，犹向他人屡易其说者也。屡易其说，则请益之辞也。今观其立言之叙：其始杞柳之喻，疑'性善'为矫揉，此即性伪之说也。得戕贼之喻，知非矫揉矣，则性中有善可知矣。然又疑性中兼有善恶，而为湍水之喻，此即善恶混之说也。得搏激之说，知性本无恶矣。则又疑'生之谓性'，此即佛氏之见也。得犬牛之喻，知性本善矣。则又疑'仁内而义外'，及得耆炙之喻，然后知性中之善，如是其确而切、美且备也。今知读书穷理，以文章取功名止耳，求寝食不忘，谆谆性学如告子者，几无人矣。告子之未可量也，顾乃以孟子为辟告子何邪？”翟氏灏考异云：“管子戒篇：‘仁从中出，义由外作。’墨子经下篇：‘仁义之为内外也，爱利不相为内外，所爱利亦不相为内外；其为仁内也，义外也，举爱与所利也。’告子‘仁内义外’之言，远本管子，而近受自墨子。墨子公孟篇：‘二三子曰：告子言义而行甚恶，请弃之。墨子曰：不可。告子言谈甚辨，言仁义而不吾毁。’又告子受教于墨之实验。赵氏云‘告子兼治儒墨’，非仅泛度为言。”

1　**告子曰：“性，犹杞柳也。义，犹杯棬也。以人性为仁义，犹以杞柳为杯棬。”**【注】告子以为人性为才干，义为成器，犹以杞柳之木为杯棬也。杞柳，柜柳也。一曰：杞，木名也。诗云：“北〔一〕山有杞。”杯棬，杯素也。【疏】注“告子”至“素也”○正义曰：杞柳植物有枝干，故赵氏以人性为才干。杯棬是器，故赵氏以义为成器。杞柳本非杯棬，其为杯棬也，有人力以之也。以喻人性本非仁义，其为仁义也，有人力以之也。非人力，则杞柳不可以为杯棬；非人力，则人性不可以为仁义。尔雅释木云：“椵，柜桏。”郭氏注云：“未详。或曰：桏当为柳，柜桏以柳皮可煮作饮。”陶隐居本草别录云：“榉树削取里皮，去上甲煎服之，夏日作饮，去热。”此榉树即柜柳，柜即榉也。寇宗奭本草衍义云：“榉木，今人呼为榉柳，叶谓柳非柳，谓槐非槐，本最大者高五六十尺，合二三人抱，湖南北甚多，然亦不材也，不堪为器，用嫩枝取以缘栲栳与箕唇。”缘栲栳箕唇，即为杯棬之类，故赵氏以杞柳为柜柳也。毛诗郑风“无折我树杞”，传云：“杞，木名也。”陆玑毛诗草木疏云：“杞，柳属也。生水旁，树如柳，叶粗而白色，木理微赤，故今人以为车毂。”是杞柳亦是木名，毛传以树杞之杞为木名，正指杞柳。赵氏言“一曰木名”，引诗以证之者，诗在小雅南山有台第三章。传不释何物，即指树杞也。而释文引草木疏则云：“其树如樗，一名狗骨。”陈氏大章诗名物集览云：“狗骨即今丝棉树。”按丝棉树与柜柳固殊，此赵氏所以分别之与？杯素者，尔雅释木“椵，

〔一〕“北”，毛诗小雅南山有台篇作“南”。

落”，郭氏注亦云：“可以为杯器素。”诗正义引某氏云：“可作杯圈。”圈即棬。邢氏疏云：“素，谓朴也。”段氏玉裁说文解字注云：“朴，木素也。素犹质也。以木为质，未雕饰如瓦器之坯然。士丧礼、周礼槁人皆云‘献素献成’，注云：‘形法定为素，饰治毕为成。’是也。”盖杯盏之类，饰以雕漆，华以金玉，未饰未雕之先，以杞柳等木为之质，故为素也。礼记玉藻云“母殁而杯圈不能饮焉”，注云：“圈，屈木所为，谓卮匜之属。”已可用为饮，则非未成之朴矣。方言云：“杯其通语也。”大戴记曾子事父母篇卢辩注云：“杯，盘盎盆盏之总名也。”盖杯为总名，其未雕未饰时，名其质为棬，因而杯器之不雕不饰者即通名为棬也。翟氏灏考异云：“赵氏训杯棬为杯素，孙氏音杯为柸，盖素与坏，柸与坯，惟以木作土为别，字体音义则并同也。说文系传曰：‘杍即孟子所谓杯棬也。’以柸作杯，殊失赵氏训素本意。”又云：“荀子性恶篇：‘工人斫木而成器，器生于工人之伪，非故生于木之性也。圣人积思虑，习伪故，以生礼义而起法度。然则礼义法度者，是生于圣人之伪，非故生于人之性也。’又曰：‘檃栝之生于枸木也，绳墨之起于不直也，立君上，明礼义，为性恶也。’皆与告子此说正同。”

孟子曰：“子能顺杞柳之性而以为杯棬乎？将戕贼杞柳而后以为杯棬也？【注】戕，犹残也。春秋传曰：“戕舟发梁。”子能顺完杞柳，不伤其性而成杯棬乎，将斧斤残贼之，乃可以为杯棬乎。言必残贼也。【疏】注“戕犹”至“贼也”○正义曰：宣十八年“邾人戕缯子于缯”，穀梁传云：“戕，犹残也。”赵氏引春秋传者，襄二十八年左传云：“陈无宇济水而戕舟发梁。”是也。彼注亦云：“戕，残落也。”易丰卦传云“自藏也”，释文引郑氏注作“戕”，云：“戕，伤也。”故又以伤明之。伤残则不能完全，故以顺为完。说文宀部云：“完，全也。”吕氏春秋本生篇“以全天为故者也”，高诱注云：“全，犹顺也。”是完即顺也。贼，害也。义与伤同。**如将戕贼杞柳而以为杯棬，则亦将戕贼人以为仁义与？**【注】孟子言以人身为仁义，岂可复残伤其形体乃成仁义邪。明不可比杯棬也。**率天下之人而祸仁义者，必子之言夫！”**【注】以告子转性以为仁义，若转木以成器，必残贼之。故言率人以祸仁义者，必子之言。夫，叹辞也。【疏】注“以告”至“之言"○正义曰:金匮妇人杂病篇云:"转胞不得溺,以胞系了戾,故致此病。"嵇康与山巨源绝交书云"令胞中略转",略转犹了戾。方言云:"軫,戾也。"郭璞注云:"相了戾也。"广雅以转戾释軫軳,是转即軫,义皆为戾。了与戾一声,軫与转一声。转木谓矫戾其木,转性谓矫戾其性矣。吕氏春秋孟春纪"无变天之道",高诱注云:"变,犹戾也。"故章指云"残木为器,变而后成",变亦谓矫戾,与转同义,非变通转运之谓。盖人性所以有仁义者,正以其能变通,异乎物之性也。以己之心,通乎人之心,则仁也。知其不宜,变而之乎宜,则义也。仁义由于能变通,人能变通,故性善;物不能变通,故性不善,岂可以草木之性比人之性?杞柳之性,必戕贼之以为杯棬;人之性,但顺之即为仁义。故不曰戕贼性以为仁义,而曰戕贼人以为仁义也。比人性于草木之性,草木之性不善,将人之性亦不善矣。此所以祸仁义,而孟子所以辨也。杞柳之性,可戕贼之以为杯棬,不可顺之为仁义,何也?无所知也。人有所知,异于草木,且人有所知而能变通,异乎禽兽,故顺其能变者而变通之,即能仁义也。杞柳为杯棬,在形体不在性,性不可变也。人为仁义,在性不在形体,性能变也。以人力转戾杞柳为杯棬,杞柳不知也。以教化顺人性为仁义,仍其人自知之,自悟之,非他人力所能转戾也。刘熙释名释言语云:"顺,循也。循其理也。"尔雅释诂云:"率,循也。"故周书大匡云"州诸侯咸率",孔晁注云:"率,奉顺也。"孟子所谓"顺性",即中庸所云"率性"。胡氏煦篝灯约旨云:"性相近云者,第如云不远云尔。后说上智下愚,不说贤不肖,原指天资明昧而言。盖贤不肖皆有为立事之后所分别之品行,而智愚则据性之所发而言也。人初生,便解饮乳,便解视听,此良知也。然壮年知识,便与孩提较进矣;老年知识,便与壮年较进矣;同焉此人,一读书,一不读书,其知识明昧又大相悬绝矣。同焉受业,一用心,一不用心,其知识多寡又大相悬绝矣。则明之与昧,因习而殊,亦较然矣。圣人言此,所以指明学者达天,径路端在学习,有以变化之耳。又以见习染之污,溺而不知返者,非其本性然也。"○注"夫叹辞也"○正义曰:句末用"夫"字,与论语"有是夫""善夫"等句同,故知为叹辞。

章指言:养性长义,顺夫自然;残木为器,变而后成。告子道偏,见有不纯,内仁外义,违人之端,孟子拂之，不假以言也。【疏】“顺夫自然”○正义曰：孔本作“顺天”。

2 告子曰：“性犹湍水也，决诸东方则东流，决诸西方则西流，人性之无分于善不善也，犹水之无分于东西也。”【注】湍者，圜也。谓湍湍潆水也。告子以喻人性若是水也。善恶随物而化，无本善不善之性也。【疏】注“湍者”至“性也”○正义曰：说文水部云：“湍，急濑也。”急则有所分，告子以喻人性之无分善不善，则不取其急，故赵氏以圜训之。广雅圜、圌皆训圆。圌通作篅。说文竹部云：“篅以判竹，圜以盛谷者〔一〕。”刘熙释名释宫室云：“圌以草作之团团然也。”淮南子精神训高诱注云：“篅读颛顼之颛。”汉书贾捐之传云“颛颛独居一海之中”，颜师古注云：“颛与专同。专专，圆貌也。”赵氏读湍为圜，湍湍犹颛颛也。惟水流回漩，故无分东西，此以无上下者而言，赵氏体告子之意以为训，精矣。毛诗周南“葛藟萦之”，传云：“萦，旋也。”音义云：“萦字书作‘潆’，余倾切，波势回貌。”按潆即萦也。随物而化，谓习于善则善，习于恶则恶也。乃人性有上智下愚之不移，则不得谓随物而化也。

孟子曰：“水信无分于东西，无分于上下乎？人性之善也，犹水之就下也。人无有不善，水无有不下。今夫水，搏而跃之，可使过颡；激而行之，可使在山：是岂水之性哉？其势则然也。人之可使为不善，其性亦犹是也。”【注】孟子曰，水诚无分于东西，故决之而往也。水岂无分于上下乎，水性但欲下耳。人性生而有善，犹水欲下也。所以知人皆有善性，似水无有不下者也。跃，跳。颡，额也。人以手跳水，可使过颡，激之可令上山，皆迫于势耳，非水之性也。人之可使为不善，非顺其性也，亦妄为利欲之势所诱迫耳，犹是水也。言其本性非不善也。【疏】注“跃跳”至“善也”○正义曰：说文足部云：“跳，蹶也。一曰跃也。”是跃为跳也。方言云：“中夏谓之额，东齐谓之颡。”是颡即额也。

〔一〕“者”原误“也”，据说文改。

赵氏言人以手跳水，手字释搏字。音义云："搏，张补各切，云：'以手击水。'丁作'抟'，音团。"通俗文云："抟黍为手团。"盖掬其掌，以超腾其水，义亦可通。以杞柳为杯棬，比以人性为仁义，是以人之善由戕贼而成也，不顺也。孟子则明示以顺其性为善。以水无分于东西，比人性无分于善不善，是以人之善不善皆由决而成也，皆顺也。孟子则明示以不顺其性乃为不善。两章互相发明。搏而跃之使过颡，激而行之使在山，犹戕贼杞柳为杯棬也，不顺也。顺其性则善，不顺其性则可使为不善，而人性之善明矣。且水之东西，无分优劣，而人之善不善，则判若天渊。决东决西，本不足以比人性之善不善。决东则东流，东必下，决西则西流，西必下，此但可喻人性之善，故云人无有不善，水无有不下。告子始以不顺其性为善，既知顺其性为善矣，又并以顺其性为不善，云杞柳，云湍水，皆拟不于伦也。

章指言：人之欲善，犹水好下，迫势激跃，失其素真，是以守正性者为君子，随曲拂者为小人也。【疏】"失其"至"人也"○正义曰：庄子刻意篇云："能体纯素，谓之真人。"淮南子精神训云："所谓真人者，性合于道也。"赵氏言素真，郭象所谓"不假于物而自然者"也。真之义同于正，故上言素真，下言正性。诗皇矣篇"四方以无拂"，笺云："拂，犹佹也。言无复佹戾文王者。"曲，邪也。邪则不正，佹戾则非自然，搏跃过颡，非水之自然，故为曲拂也。

3　**告子曰："生之谓性。"**【注】凡物生同类者，皆同性。【疏】"生之谓性"○正义曰：荀子正名篇云："生之所以然者，谓之性。"春秋繁露深察名号篇云："如其生之自然之资，谓之性。"白虎通性情篇云："性者，生也。"论衡初禀篇云："性，生而然者也。"说文心部云："性，人之阳气，性善者也。从心，生声。"性从生，故生之谓性也。○注"凡物"至"同性"○正义曰：物生同类者，谓人与人同类，物与物同类。物之中则犬与犬同类，牛与牛同类。人与物不同类，则人与物之性不同。赵氏盖探孟子之旨而言之，非告子意也。

孟子曰："生之谓性也，犹白之谓白与？"【注】犹见白物皆谓之同白,无异性也。

曰:“然。”【注】告子曰然。

“白羽之白也,犹白雪之白;白雪之白,犹白玉之白与?”【注】孟子以为羽性轻,雪性消,玉性坚,虽俱白,其性不同。问告子,子以三白之性同邪。【疏】注“孟子”至“同邪”〇正义曰:文选雪赋注引刘熙注云:“孟子以为白羽之性轻,白雪之性消,白玉之性坚,虽俱白,其性不同。问告子,告子以为三白之性同。”与赵氏此注同。告子但言“生之谓性”,未见其非。若如赵氏说,凡同类者性同,则不同类者性不同,是性之不同亦如三白之不同也。故孟子先诘之,得其瑕而后辨。

曰:“然。”【注】告子曰然,诚以为同也。

“然则犬之性犹牛之性,牛之性犹人之性与?”【注】孟子言犬之性岂与牛同所欲,牛之性岂与人同所欲乎。【疏】注“孟子”至“欲乎”〇正义曰:孟子此章,明辨人物之性不同。人之性善,物之性不善。盖浑人物而言,则性有善有不善。专以人言,则无不善,故首章不曰戕贼性以为仁义,必明之曰戕贼人以为仁义。次章不曰性无有不善,而曰人无有不善。惟告子亦云“人性之无分于善不善”,性上明标以人,故孟子必辨之曰:“人性之善也,犹水之就下也。”性上亦必明标以人,人性之异乎物,已无待言,此章则明辨之也。礼记乐记云:“人生而静,天之性也。感于物而动,性之欲也。物至知知,然后好恶形焉。”人欲即人情,与世相通,全是此情。“己所不欲,勿施于人”,“己欲立而立人,己欲达而达人”,正以所欲所不欲为仁恕之本。“人生而静”,首出人字,明其异乎禽兽。静者,未感于物也。性已赋之,是天赋之也。

感于物而有好恶,此欲也,即出于性。欲即好恶也。“物至知知”二句,申上感物而为欲也。知知者,人能知而又知,禽兽知声不能知音,一知不能又知。故非不知色,不知好妍而恶丑也;非不知食,不知好精而恶疏也;非不知臭,不知好香而恶腐也;非不知声,不知好清而恶浊也。惟人知知,故人之欲异于禽兽之欲,即人之性异于禽兽之性。赵氏以欲明性,深能知性者矣。叶绍翁四朝闻见录云:“刘黻,字季文,号静春,其自为论云:‘惟人受天地之中以生,故谓之性，岂物之所得而拟哉？凡混人物而为一者，必非识性者也。孟子道性善，亦第谓人而已。假如或兼人物而言，则犬之性犹牛之性，牛之性犹人之性，当如告子之言。'"李氏光地榕村藏稿自记云："孟子所谓性善者，人性也。故既言人性异于犬牛，又言犬马与我不同类，又言违禽兽不远，可见所谓性善者，惟指人性为说。人性所以善，以其阴阳之交，五行之秀气，孔子所谓'天地之性人为贵'也。夫以其禀阴阳五行之全而谓之善，则孟子论性，已兼气质矣。谓孟子专以天命言性，遗却气质，与孔子言相近者异，岂其然乎！"戴氏震孟子字义疏证云："性者，分于阴阳五行以为血气、心知、品物，区以别焉，举凡既生以后所有之事，所具之能，所全之德，咸以是为其本，故易曰'成之者性也'。气化生人生物以后，各以类滋生久矣，然类之区别，千古如是也，循其故而已矣。在气化曰阴阳，曰五行，而阴阳五行之成化也，杂糅万变，是以及其流形，不特品物不同，虽一类之中又复不同。凡分形气于父母，即为分于阴阳五行，人物以类滋生，皆气化之自然。中庸曰：'天命之谓性。'以生而限于天，故曰天命。大戴礼记曰：'分于道之谓命，形于一之谓性。'分于道者，分于阴阳五行也。一言乎分，则其限之于始，有偏全、厚薄、清浊、昏明之不齐，各随所分而形于一，各成其性也。然性虽不同，大致以类为之区别，故论语曰'性相近也'，此就人与人近言之也。孟子曰：'凡同类者举相似也，何独至于人而疑之？圣人与我同类者。'言同类之相似，则异类之不相似明矣。故诘告子'生之谓性'曰：'然则犬之性犹牛之性，牛之性犹人之性与？'明乎其不可混同言之也。凡有生，即不隔于天地之气化，阴阳五行之运而不已，天地之气化也。人物之生生本乎是，由其分而有之不齐，是以成性各殊。是以本之以生，见乎知觉运动也亦殊。气之自然潜运，飞潜动植皆同，此生生之机肖乎天地者也。而其本受之气，与所资以养之气则不同。所资以养之气，虽由外而入，大致以本受之气召之。五行有生克，遇其克之者则伤，甚则死，此可知性之各殊矣。气运而形不动者，卉木是也。凡有血气者，皆形能动者也。由其成性各殊，故形质各殊，则其形质之动而为百体之用者，利用不利用亦殊。知觉云者，如寐而寤曰觉，心之所通曰知，百体皆能觉，而心之知觉为大。凡相忘于习则不觉，见异焉乃觉。鱼相忘于水，其非生于水者不能相忘于水也，则觉不觉亦有殊致矣。闻虫鸟以为候，闻鸡鸣以为辰，彼之感而觉，觉而声应之，又觉之殊致有然矣，无非性使然也。若夫乌之反哺，雎鸠之有别，蜂蚁之知君臣，豺之祭兽，獭之祭鱼，合于人之所谓仁义者矣，而各由性成。人则能扩充其知至于神明，仁义礼智无不全也。仁义礼智非他，心之明之所止也，知之极其量也。知觉运动者，人物之生；知觉运动之所以异者，人物之殊其性。孟子言'人无有不善'，以人之心知异于禽兽，能不惑乎所行之为善。且其所谓善也，初非无等差之善，即孔子所云'相近'，孟子所谓'苟得其养，无物不长；苟失其养，无物不消'，所谓'求则得之，舍则失之，或相倍蓰而无算者，不能尽其才者也'，即孔子所云习至于相远。不能尽其才，言不扩充其心知而长恶遂非也。彼悖乎礼义者，亦自知其失也。是人无有不善，以长恶遂非，故性虽善，不乏小人。孟子所谓'梏之反覆'，'违禽兽不远'，即孔子所云'下愚之不移'。孟子曰：'如使口之于味也，其性与人殊，若犬马之与我不同类也，则天下何耆皆从易牙之于味也！'又言'动心忍性'，是孟子矢口言之，无非血气心知之性。孟子言性，曷尝岐而二哉！问：凡血气之属皆有精爽，而人之精爽可进于神明。论语称'上智与下愚不移'，此不待习而相远者。虽习不足以移之，岂下愚之精爽与物等与？曰：生而下愚，其人难与言礼义，由自绝于学，是以不移。然苟畏威怀惠，一旦触于所畏所怀之人，启其心而憬然觉悟，往往有之。苟悔而从善，则非下愚矣。加之以学，则日进于智矣。以不移定为下愚，又往往在知善而不为、知不善而为之者，故曰不移，不曰不可移。虽古今不乏下愚，而其精爽几与物等者，亦究异于物，无不可移也。"程氏瑶田通艺录论学小记云："有天地然后有天地之性，有人然后有人之性，有物然后有物之性。有天地人物，则必有其质，有其形，有其气矣。有质有形有气，斯有是性，是性从其质其形其气而有者也。是故天地位矣，则必有元亨利贞之德，是天地之性善也。人生矣，则必有仁义礼智之德，是人之性善也。若夫物则不能全其仁义礼智之德，故物之性不能如人性之善也。使以性为超乎质形气之上，则未有天地之先，先有此性，是性生天地，天地又具此性，以生人物。如是则不但人之性善，即物之性亦安得不善。惟指其质形气而言，故物之性断乎不能如人性之善。虽虎狼有父子，蜂蚁有君臣，而终不能谓其性之善也。何也？其质形气，物也，非人也。物与物虽异，均之不能全乎仁义礼智之德也。人之质形气，莫不有仁义礼智之德，故人之性断乎其无不善也。然则人之所以异于物者，异于其质形气而已矣。自不知性者，见夫质形气之下愚不移，遂以性为不能无恶，而不知质形气之成于人者，无不善之性也。后世惑于释氏之说，遂欲超乎质形气以言性，而不知惟质形气之成于人者始无不善之性也。然则人之生也，有五官百骸之形以成人，有清浊、厚薄之气质，不能不与物异者，以成人品之高下，即有仁义礼智之德，具于质形气之中以成性，性一而已，有善而已矣。如必分言之，则具于质形气者为有善有恶之性，超乎质形气者为至善之性。夫人之生也，乌得有二性哉？气质之性，古未有是名，必区而别之曰此气质之性也，盖无解于气质之有善恶，恐其有累于性善之旨，因别之曰有气质之性，有理义之性也。虽然安得谓气质中有一性，气质外复有一性哉？且无气质则无人，无人则无心，性具于心，无心安得有性之善？故溯人性于未生之前，此天地之性，乃天道也。天道亦有于其形其气，有天之形与气，然后有天之道。主于其气之流行不息者而言之，故曰'一阴一阳之谓道'也。道在于天，生生不穷，因物付物，乃谓之命，故曰'维天之命，於穆不已'也。若夫天人赋禀之际，赋乃谓之命，禀乃谓之性，所赋所禀，并据气质而言。性具气质中，故曰'天命之谓性'，岂块然赋之以气质，而必先谆然命之以性乎？若以赋禀之前而言性，则是人物同之，犬之性犹牛之性，牛之性犹人之性，何独至于人而始善也。故以赋禀之前而言性，释氏之言性也。所谓'如何是父母未生前本来面目'也。是故性善断以气质言，主实有者而言之。人之气有清浊，故有智愚。然人之智固不同于犬牛之智，人之愚亦不同于犬牛之愚。犬牛之愚，无仁义礼智之端。人之愚，未尝无仁义礼智之端。是故智者知正其衣冠矣，愚者亦未尝不欲正其衣冠也。其有不然者，则野人之习于乡俗者也。然野人亦自有智愚。其智者，亦知当正其衣冠，而习而安焉，此习于恶则恶之事也。其愚者，见君子之正其衣冠也，亦有所不安于其心，及欲往见君子，必将正其衣冠焉，此习于善则善之事也。"

章指言：物虽有性，性各殊异。惟人之性，与善俱生。赤子入井，以发其诚。告子一之，知其粗矣；孟子精之，是在其中。

4　告子曰："食色，性也。仁，内也，非外也。义，外

也，非内也。”【注】人之甘食悦色者，人之性也。仁由内出，义在外也，不从己身出也。【疏】“食色”至“内也”○正义曰：饮食男女，人之大欲存焉。欲在是，性即在是。人之性如是，物之性亦如是。惟物但知饮食男女，而不能得其宜，此禽兽之性，所以不善也。人知饮食男女，圣人教之，则知有耕凿之宜，嫁娶之宜，此人之性所以无不善也。人性之善，所以异于禽兽者，全在于义。义外非内，是人性中本无义矣。性本无义，将人物之性同。告子始以仁义同比杯棬，则仁亦在性外，此分仁义言之。管子戒篇云：“仁从中出，义从外作。”朱长春云：“仁内义外昉于此。”告子亦有本之言。

孟子曰：“何以谓仁内义外也？”【注】孟子怪告子是言也。【疏】“何以”至“外也”○正义曰：易文言传云：“义以方外。”告子所云义外，或同此意，故诘之。

曰：“彼长而我长之，非有长于我也。犹彼白而我白之，从其白于外也。故谓之外也。”【注】告子言见彼人年长大，故我长敬之。长大者，非在于我也，犹白色见于外也。【疏】注“告子”至“外也”○正义曰：吕氏春秋谕大篇云“万夫之长”，高诱注云：“长，大也。”礼记祭义云：“立敬自长始。”彼长之长，指彼人之年长，故以大释之。我长之长，指我因其长而敬之，故以敬明之。长大之年，在彼不在我，故云非有长于我。彼在我之外，是长大之年在彼，即是外也。非有长于我，即是从其长于外。从其白于外，即是非有白于我，互文相例也。近解非有长于我，谓非我先预有长之心。

曰：“异。于白马之白也，无以异于白人之白也。不识长马之长也，无以异于长人之长与？且谓长者义乎，长之者义乎？”【注】孟子曰，长异于白，白马白人，同谓之白可也。不知敬老马无异于敬老人邪？且谓老者为有义乎，将谓敬老者为有义乎？敬老者，己也，何以为外也？【疏】注“长异”至“外也”○正义曰：孔氏广森经学卮言云：“赵氏读‘异于白’为句。此答告子‘犹彼白而我白之’语。意言长之说异于白之说，不相犹也。古人文字，不必拘拘定以白马与白人相偶。若必谓白字当属马上,或绝‘异’字为一句,下乃言人之于白马之白,无以异于白人之白,文义亦通。先断之曰异,而后申其所以异之处,正同他章每先曰否,而次详其所以否之实也。”按孔氏说是也。异字断句,即赵氏长“异于白”之谓也。于白马之白也,无以异于白人之白也,所谓白马白人,同以为白可也。白无异于白,长则有异于长,此长之所以异于白也。仪礼乡饮酒礼云“众宾之长升”,注云:“长,其老者。”国语晋语云“齐侯长矣”,韦昭注云:“长,老也。”是长即老也。告子以长为义,而不知以长之为义,故先以白马、白人不异,别出长马、长人不同。言长人之长,必用我心长之,分明权在长之者而不在长者。长之既在我心,则权度悉由中出,安得以义为外乎? 长之权全在我,安得云非有长于我也?

曰:“吾弟则爱之,秦人之弟则不爱也,是以我为悦者也,故谓之内。长楚人之长,亦长吾之长,是以长为悦者也,故谓之外也。”【注】告子曰,爱从己,则己心悦,故谓之内。所悦喜老者在外,故曰外。【疏】“吾弟”至“外也”○正义曰:此告子再申“义外”之说也。孟子诘之以长者义、长之者义,告子固不得云长者义也,故又以弟与长分别言之。义虽属长之者,乃长之者因长者而生,故仍以为外耳。弟同而爱与不爱异,是爱之权在我;长同则长之无不同,是长之权在彼。理本不足,难以豁然。

曰:“耆秦人之炙,无以异于耆吾炙,夫物则亦有然者也。然则耆炙亦有外与?”【注】孟子曰,耆炙同等,情出于中。敬楚人之老,与敬己之老,亦同己情往敬之。虽非己炙,同美,故曰物则有然者也。如耆炙之意,岂在外邪。言楚秦,喻远也。【疏】注“耆炙”至“远也”○正义曰:耆,犹爱也。告子以爱不同明长同,孟子则以嗜之同明长同爱不同。权固由我,耆炙同,情亦出中。嗜同则情出于中,岂长同而情在于外乎? 爱之长之,皆是以我为悦。秦人之弟非吾弟,以其亲不同,故不同爱。楚人之长非吾长,以其长同,故同长。秦人之炙非吾炙,以其美同,故同嗜。物亦有然,谓炙之同美,犹长之同长也。知吾所以嗜之者由心辨其美,则知吾所以长之者由心识其长。若谓义之同长为外,则食之同美亦可谓之外乎。告子既知甘食为性,故孟子以嗜炙明之。孟子、告子居齐，故以秦楚为远。音义云："耆，本亦作'嗜'。"

章指言：事虽在外，行其事者皆发于中，明仁义由内，所以晓告子之惑也。

5 孟季子问公都子曰："何以谓义内也？"【注】季子亦以为义外也。【疏】"孟季子"○正义曰：翟氏灏考异云："赵注未有孟字，而疏直以季任当之，知当时所据经文实亦未有孟字。盖此与任人'食色'之问同在一时，观两章文势画一，可见也。窃尝疑季子为孟子弟，有所疑问，何不亲诣孟子？孟子亦何不诏之面命，而必辗转于公都子？又疑宋政和五年诏以乐正子享孟子庙，孟仲子封新泰伯，与公孙丑、万章等十七人皆从祀，虽季孙、子叔之在疑似间者未尝缺失，而何独无孟季子？今乃知孟子书中本不云孟季子也。"赵氏佑温故录云："孟仲子为孟子从昆弟而学于孟子，则孟季子当亦其伦，何至执告子之言，重相驳难，全背孟子？殆别一人，故注无文与？"

曰："行吾敬，故谓之内也。"【注】公都子曰，以敬在心而行之，故言内。

曰："乡人长于伯兄一岁，则谁敬？"【注】季子曰，敬谁也。

曰："敬兄。"【注】公都子曰，当敬兄也。

"酌则谁先？"【注】季子曰，酌酒则先酌谁。

曰："先酌乡人。"【注】公都子曰，当先乡人。

"所敬在此，所长在彼，果在外非由内也。"【注】季子曰，所敬者兄也，所酌者乡人也，如此义果在外不由内也。果，犹竟也。【疏】注"果犹竟也"○正义曰：国语晋语"果丧其田"，韦昭注云："果，犹竟也。"吕氏春秋忠廉篇云"果伏剑而死"，高诱注云："果，终也。"终与竟义同。果在外非由内，谓终竟是义外非内也。

公都子不能答，以告孟子。【注】公都子无以答季子之问。

孟子曰："敬叔父乎，敬弟乎？彼将曰敬叔父。曰弟为

尸则谁敬,彼将曰敬弟。子曰恶在其敬叔父也,彼将曰在位故也。子亦曰在位故也,庸敬在兄,斯须之敬在乡人。”【注】孟子使公都子答季子如此。言弟以在尸位,故敬之。乡人在宾位,故先酌之耳。庸,常也。常敬在兄,斯须之敬在乡人也。【疏】注“言弟”至“人也”○正义曰:孟子教公都子折破季子“先酌乡人”之说,仿其说以难之也。弟不在尸位,则叔父之敬,无时可易;乡人不在宾位,则伯兄之敬,无时可易。庸敬、斯须之敬,因事转移,随时通变,吾心确有权衡,此真义内也。“庸,常”,尔雅释诂文。赵氏佑温故录云:“古礼之繁可议,莫如祭必用尸。孙为王父尸,所使为尸者,于祭者为子行也而北面事之,则父且敬子,何况兄弟。此不言子,独言弟,特取与敬兄对文。盖举仪礼嗣举奠之礼,祭自君夫人、宾三献既行,则有上嗣举奠以献尸,而后行酬。既醉之朋友,谓众宾。‘君子有孝子’,谓主祭者长嗣也。则尸用众子或从子,是其弟矣。”顾氏炎武日知录云:“先王治天下之具,五典五礼五服五刑,其出乎身加乎民者,莫不本之于心,以为之裁制。亲亲之杀,尊贤之等,礼所生也。酌乡人、敬尸二事,皆礼之用也,而莫非义之所宜。自此道不明,而二氏空虚之教至于捶提仁义,绝灭礼乐,从此起矣。自宋以下,一二贤智之徒,病汉人训诂之学,得其粗迹,务矫之以归于内,而达道达德九经三重之事置之不论,此真所谓告子未尝知义者也。董子曰:‘宜在我而后可以称义,故言义者,合我与宜以为一言,以此操之,义之言我也。’此与孟子之言相发。”

季子闻之曰:“敬叔父则敬,敬弟则敬,果在外,非由内也。”【注】随敬所在而敬之,果在外。【疏】注“随敬”至“在外”○正义曰:季子谓敬因人转移,而中无所主,则前言所辨,终竟不易也。

公都子曰:“冬日则饮汤,夏日则饮水,然则饮食亦在外也。”【注】汤水虽异名,其得寒温者,中心也。虽随敬之所在,亦中心敬之,犹饮食从人所欲,岂可复谓之外也。【疏】注“汤水”至“外也”○正义曰:汤水之异,犹叔父与弟之异,冬则欲其温,夏则欲其寒,是饮食从人所欲,非人从饮食为转移也。故饮汤饮水,外也;酌其时宜而饮者,中心也。敬叔父敬弟,外也；酌其所在而敬者，中心也。孟子言位，公都子言时，义之变通，时与位而已矣。孟子学孔子之时，而阐发乎通变神化之道，全以随在转移为用，所谓“集义”也。而告子造“义外”之说，不随人为转移，故以“勿求于气”“勿求于心”为“不动心”，与孟子之道适相反。“义外”之说破，则通变神化之用明矣。毛氏奇龄四书賸言云：“嗜食在内，与敬长在外正别，此何足辨，亦何足以服告子？冬日则饮汤，夏日则饮水，与‘嗜秦人之炙’二句相反。使难者曰‘冬则饮汤，夏则饮水，果在外，非由内也’，何以解之？尝以二者问先仲氏，先仲氏一曰：敬长无人我，以长在人耳。今嗜炙亦无人我，此非人也，物也。且其无人我而必长人者，以长在外耳。今嗜炙主爱，而亦无人我，而惟外是爱，此非长在外，即爱亦在外也。上言长马之长异乎长人之长，则人物有别矣。此紧承‘长楚人之长’二句，爱在外与嗜炙在内大别，此借仁内以驳义外也。一曰：以在位而易其敬，犹之以在时而易其饮也。夫嗜食甘饮者，爱也。爱亦在外矣。嗜炙是同嗜，此是异饮，嗜炙以仁内驳义外，此以义外驳仁内，不同。”

章指言：凡人随形，不本其原，贤者达情，知所以然。季子信之，犹若告子，公都受命，然后乃理。

6　公都子曰：“告子曰：‘性无善无不善也。’【注】公都子道告子以为人性在化，无本善不善也。【疏】注“人性在化”○正义曰：化，变化也。**或曰：‘性可以为善，可以为不善，是故文武兴则民好善，幽厉兴则民好暴。’**【注】公都子曰，或人以为可教以善不善，亦由告子之意也。故文武圣化之起，民皆喜为善；幽厉虐政之起，民皆好暴乱。**或曰：‘有性善，有性不善，是故以尧为君而有象，以瞽瞍为父而有舜，以纣为兄之子且以为君而有微子启、王子比干。’**【注】公都子曰，或人以为人各有性，善恶不可化移，尧为君，象为臣，不能使之为善。瞽瞍为父，不能化舜为恶。纣为君，又与微子、比干有兄弟之亲，亦不能使此二子为不仁。是亦各有性也。【疏】“或曰性可”至“比干”○正义曰：孔氏广森经学卮言云：“王充论衡本性篇云：‘周人世硕以为人性有善有恶，举人之善性，养而致之，则善长；恶性养而致之，则恶长。故世子作养书一篇。宓子贱、漆雕开、公孙尼子之徒亦论性情，与世子相出入。'按公都子此问，即其说也。汉艺文志世子二十一篇，名硕，陈人，七十子之弟子。韩非子八儒有漆雕氏之儒，世子或其徒与？盖或人二说，皆原于圣门，而各得其一偏。可以为善，可以为不善，所谓'性相近，习相远'也。有性善有性不善，所谓'上智与下愚不移'者也。古论语传曰：'辟如尧舜，禹稷契与之为善则行，鲧、驩兜欲与为恶则诛，可与为善，不可与为恶，是谓上智。桀纣，龙逢、比干欲与为善则诛，于莘、崇侯与之为恶则行，可与为恶，不可与为善，是谓下愚。'详见汉书古今人表，与或人舜象之喻略同。"○注"纣为君"至"不仁"○正义曰：顾氏炎武日知录云："以纣为弟，且以为君，而有微子启；以纣为兄之子，且以为君，而有王子比干。并言之，则于文有所不便，故举此以该彼，此古人文章之善。"翟氏灏考异云："陆象山集与周元忠书曰：'以纣为兄之子，此是公都子引当时人言。史记微子是纣庶兄，皆帝乙之子也。比干则但云纣之亲戚，太史公亦莫知为谁子也。今据公都所引文义，则是以微子、比干为帝乙之弟，而纣于二人为兄之子也。此是孟子所载，与史记不同处。'按史记以微子为纣庶兄，溯其所原，乃属吕氏春秋。吕氏言宜难深信。殷王兄终弟及者十四，其后之转及兄子惟沃甲一人，则凡前王子未嗣立者，其孙曾中之嫡系，讵不得当元子称邪？箕子称微子曰王子，孟子书两称王子比干，二人称谓同，或其行辈亦同，故赵氏谓'纣与微、比皆有兄弟之亲'。若言于纣父，皆兄弟也。此孟子所载，与史记不同处。象山言最为超卓，孟门所闻，必当实于史记，读孟子者似不必因史记生疑也。"**今曰性善，然则彼皆非与？"**【注】公都子曰，告子之徒，其论如此，今孟子曰，人性尽善，然则彼之所言皆非邪。【疏】"今曰"至"非与"○正义曰：戴氏震孟子字义疏证云："问：告子言'生之谓性'，言'性无善无不善'，言'食色，性也，仁内义外'，朱子以为同于释氏；其'杞柳''湍水'之喻，又以为同于荀扬。然则荀扬亦与释氏同与？曰：否。荀扬所谓性者，古今同谓之性，即后儒称为气质之性者也。但不当遗理、义而以为恶耳。在孟子时，则公都子引或曰'性可以为善，可以为不善'，或曰'有性善，有性不善'，言不同而所指之性同。荀子见于圣人生而神明者，不可概之人人，其下皆学而后善，顺其自然则流于恶，故以恶加之。论似偏，与'有性不善'合。然谓礼义为圣心，是圣人之性独善，实兼公都子两引或曰之说。扬子见于长善则为善人，长恶则为恶人，故曰'人之性也善恶混'，又曰'学则正，否则邪'，与荀子论断似参差而匪异。韩子言'性之品有上中下三，上焉者善焉而已矣，中焉者可导而上下也，下焉者恶焉而已矣'。此即公都子两引或曰之说，会通为一。朱子云：'气质之性固有美恶不同矣，然以其初而言，皆不甚相远，但习于善则善，习于恶则恶，于是始相远耳。''人之气质，相近之中又有美恶，一定，而非习之所能移也。'直会通公都子两引或曰之说解论语矣。程子云：'有自幼而善，有自幼而恶，是气禀有然也。善固性也，然恶亦不可不谓之性也。'此与'有性善有性不善'合，而于'性可以为善，可以为不善'，亦未尝不兼，特彼仍其性之名，此别之曰气禀耳。程子又云：'人生而静以上不容说，才说性时，便已不是性也。'朱子释之云：'人生而静以上是人物未生时，止可谓之理，未可名为性，所谓在天曰命也。才说性时，便是人生以后，此理已堕形气中，不全是性之本体矣。所谓在人曰性也。'据乐记，'人生而静'与'感于物而动'对言之，谓方其未感，非谓人物未生也。中庸'天命之谓性'，谓气禀之不齐，各限于生初，非以理为在天在人异其名也。况如其说，是孟子乃追溯人物未生、未可名性之时而曰性善。若就名性之时，已是人生以后，已堕在形气中，安得断之曰善？由是言之，将天下古今惟上圣之性不失其性之本体，自上圣而下，语人之性，皆失其性之本体。人之为人，舍气禀气质，将以何者谓之人哉？是孟子言人无有不善者，程子、朱子言人无有不恶，其视理俨如有物，以善归理，虽显遵孟子性善之云，究之孟子就人言之者，程、朱乃离人而空论夫理，故谓孟子'论性不论气不备'。若不视理如有物，而其见于气质不善，卒难通于孟子之直断曰善。立说似同于孟子而实异，似异于荀子而实同也。孟子不曰性无有不善而曰'人无有不善'。性者，飞潜种植之通名；性善者，论人之性也。如飞潜动植，举凡品物之性，皆就其气类别之。人物分于阴阳五行以成性，舍气类更无性之名。医家用药，在精辨其气类之殊，不别其性，则能杀人。使曰此气类之殊者已不是性，良医信之乎？凡植禾稼卉木，畜鸟兽虫鱼，皆务知其性。知其性者，知其气类之殊，乃能使之硕大蕃滋也。何独至于人而指夫分于阴阳五行以成性者，曰此已不是性也，岂其然哉？自古及今，统人与百物之性以为言，气类各殊是也。专言乎血气之伦，不独气类各殊，而知觉亦殊。人以有礼义，异于禽兽，实人之知觉大远乎物则然，此孟子所谓性善。而荀子视礼义为常人心知所不及，故别而归之圣人。程子、朱子见于生知安行者罕觏，谓气质不得概之曰善，荀扬之言，固如是也。特以如是则悖于孟子，故截气质为一性，言君子不谓之性。截理义为一性，别而归之天，以附合孟子。其归之天不归之圣人者，以理为人与我。是理者，我之所无也。以理为天与我，庶几凑泊附著，可融为一。是借天为说，闻者不复疑于本无，遂信天与之得为本有耳。彼荀子见学之不可以已，非本无何待于学。而程子、朱子亦见学之不可以已，其本有者，何以又待于学？故谓'为气质所污坏'，以便于言本有者之转而如本无也。于是性之名移而加〔一〕之理，而气化生人生物，适以病性。性譬水之清因地而污浊，不过从老、庄、释氏所谓真宰真空者之受形以后，昏昧于欲，而改变其说。特彼以真宰真空为我，形体为非我，此仍以气质为我，难言性为非我，则惟归之天与我而后可谓之我有，亦惟归之天与我而后可为完全自足之物，断之为善，惟使之截然别于我，而后虽天与我完全自足，可以咎我之坏之而待学以复之，以水之清喻性，以受污而浊喻性堕于形气中污坏，以澄之而清喻学。水静则能清，老、庄、释氏之主于无欲、主于寂静是也。因改变其说为主敬，为存理，依然释氏教人认本来面目，教人常惺惺之法。若夫古圣贤之由博学、审问、慎思、明辨、笃行以扩而充之者，岂徒澄清已哉！程子、朱子于老、庄、释氏既入其室、操其矛矣，然改变其言，以为六经孔孟如是，按诸荀子差近之，而非六经孔孟也。"谨按：礼记乐记云："好恶无节于内，知诱于外，不能反躬，天理灭矣。"注云："理，犹性也。"以性为理，自郑氏已言之，非起于宋儒也。理之言分也。大戴记本命篇云："分于道之谓命。"性由于命，即分于道。性之犹理，亦犹其分也。惟其分，故有不同；亦惟其分，故性即指气质而言。性不妨归诸理，而理则非真宰真空耳。

孟子曰："乃若其情，则可以为善矣，乃所谓善也。若夫为不善，非才之罪也。【注】若，顺也。性与情，相为表里，性善胜

〔一〕"加"字原脱，据孟子字义疏证补。

情，情则从之。孝经曰："此哀戚之情。"情从性也，能顺此情，使之善者，真所谓善也。若随人而强作善者，非善者之善也。若为不善者，非所受天才之罪，物动之故也。【疏】"乃若"至"罪也"○正义曰：程氏瑶田通艺录论学小记云："孟子以情验性，总就下愚不移者，指出其情以晓人。如言恻隐、羞恶、辞让、是非之情，为仁义礼智之端，谓人皆有之者，下愚不移者亦有也。故乍见孺子入井，皆有怵惕恻隐之心，正谓下愚不移者皆如是也。故曰'乃若其情，则可以为善'。乃若者，转语也。即从下文若夫字生根。其情者，下愚不移者之情，即下文为不善者之情也。曰可以为善者，可不可未可知之辞，然而未尝不可以为善也。若夫为不善，乃其后之变态，非其情动之初，本然之才便如此也。性善之义，至孟子言之，乃真透根之论。即今日人人可自验，人人可自信其性之无不善也。孔子曰：'性相近也，习相远也。'此专论习也。习与性对言，性自性，习自习，习相远，愈见性之相近也。习之相远也，远于智愚之相移也。性之相近也，愚者之性未尝远于智者也。盖气禀受质而成人之形，其心即具人之性，人与物异，故性无不善也。而不能无智愚之殊者，以气质不能不分高下厚薄，因而知觉不能不分差等。其上焉者，智也。等而渐下，则不智而愚矣。愚非无其智也，郁其智而不达则愚。智愚虽分，性未始不相近。相近云者，弗无其善之云也。然知觉既有智愚之殊，而薰习复有邪正之异，于是智者习于善则愈远于愚，即愚者习于善亦可远于本然之愚。若智者习于恶，则可远于其本然之智；而愚者习于恶，则愈远于智。智有等差，习而移之，下达者可至于下愚。移而智者，性达而性之善见；移而愚者，性不达而性之善不见。夫岂性有不善哉？不见其善而已矣。然则相远者，因习而移其智愚，非移其相近之性也。智愚每因于习之所移，见人不可不谨所习，而不得以此罪性也。惟夫生而上智之人，知觉独异，虽与不善者相习，不能移而转之乎愚；其本非上智而移而至于上智者，亦若是则已矣。而生而下愚之人，知觉极庸，虽与善者相习，亦不能移而转之乎智；其本非下愚，而移而至于下愚者，亦若是则已矣。其不移者，非其性之善本有加于人、本有损于人也。其移焉者，非其性之善忽有加于人、忽有损于人也。夫性未有不相近者也。何以知其然也？仁义礼智之性，其端见于恻隐、羞恶、辞让、是非之情者，虽下愚之人，未尝不皆有也。由是言之，孟子'性善'之说，以情验性之指，正孔子'性相近'之义疏矣。情其善之自然而发者也，才其能求本然之善而无不得者也，性善故情善而才亦善也。诚意之功，在毋自欺，而毋自欺之事曰慎独，意非私意之谓，乃真好真恶之情发于性者。此真好真恶之情，人皆有之，孟子所谓‘乃若其情，可以为善’者也。”戴氏震孟子字义疏证云：“问：公都子问性，列三说之与孟子言性善异者，乃舍性而论情，偏举善之端为证。彼荀子之言性恶也，曰：‘今人之性，生而有好利焉，顺是，故争夺生而辞让亡焉；生而有疾恶焉，顺是，故残贼生而忠信亡焉；生而有耳目之欲，有好声色焉，顺是，故淫乱生而礼义文理亡焉。然则从人之性，顺人之情，必出于争夺，合于犯分乱理而归于暴。故必将有师法之化，礼义之导，然后出于辞让，合于文理而归于治。用此观之，然则人之性恶明矣。’是荀子证‘性恶’，所举者亦情也。安见孟子之得而荀子之失与？曰：人生而后有情有欲有知，三者血气心知之自然也。给于欲者，声色臭味也，而因有爱畏。发乎情者，喜怒哀乐也，而因有惨舒。辨于知者，美丑是非也，而因有好恶。声色臭味之欲资以养其生，喜怒哀乐之情感而接于物，美丑是非之知极而通于天地鬼神。声色臭味之爱畏以分，五行生克为之也。喜怒哀乐之惨舒以分，时遇顺逆为之也。美丑是非之好恶以分，志虑从违为之也。是皆成性然也。有是身，故有声色臭味之欲。有是身，而君臣父子夫妇昆弟朋友之伦具，故有喜怒哀乐之情。惟有欲有情而又有知，然后欲得遂也，情得达也。天下之事，使欲之得遂，情之得达，斯已矣。惟人之知，小之能尽美丑之极致，大之能尽是非之极致。然后遂己之欲者，广之能遂人之欲；达己之情者，广之能达人之情。道德之盛，使人之欲无不遂，人之情无不达，斯已矣。欲之失为私，私则贪邪随之矣。情之失为偏，偏则乖戾随之矣。知之失为蔽，蔽则差谬随之矣。不私，则其欲皆仁也，皆礼义也。不偏，则其情必和易而平恕也。不蔽，则其知乃所谓聪明圣知也。孟子举恻隐、羞恶、辞让、是非之心谓之心，不谓之情。首云‘乃若其情’，非性情之情也。孟子不又云乎：‘人见其禽兽也，而以为未尝有才焉，是岂人之情也哉？’情，犹素也，实也。孟子于性，本以为善，而此云‘则可以为善矣’。可之为言，因性之等差而断其善，则未见不可也。下云‘乃所谓善也’，对上‘今曰性善’之文。继之云‘若夫为不善，非才之罪也’。为，犹成也。卒之成为不善者，陷溺其心，放其良心，至于梏亡之尽，违禽兽不远者也。言才则性见，言性则才见，才于性无所增损故也。人之性善，故才亦美，其往往[一]不美，未有非陷溺其心使然，故曰‘非天之降才尔殊也’。才可以始美而终于不美，由才失其才也。不可谓性始善而终于不善。性以本始言，才以体质言也。体质戕坏，究非体质之罪，又安可究其本始哉！”谨按：孟子“性善”之说，全本于孔子之赞易。伏羲画卦，观象以通神明之德，以类万物之情，俾天下万世无论上智下愚，人人知有君臣父子夫妇，此“性善”之指也。孔子赞之则云：“利贞者，性情也。六爻发挥，旁通情也。”禽兽之情，不能旁通，即不能利贞，故不可以为善。情不可以为善，此性所以不善。人之情则能旁通，即能利贞，故可以为善。情可以为善，此性所以善。禽兽之情何以不可为善，以其无神明之德也。人之情何以可以为善，以其有神明之德也。神明之德在性，则情可旁通；情可旁通，则情可以为善。于情之可以为善，知其性之神明。性之神明，性之善也。孟子于此，明揭“性善”之旨在其情，则可以为善，此融会乎伏羲、神农、黄帝、尧、舜、文王、周公、孔子之言，而得其要者也。说文心部云：“性，人之阳气，性善者也。”“情，人之阴气，有欲者。”情阴而有欲，故贪淫争夺，端由此起，荀子谓“从人之性，顺人之情，必出于争夺，合于犯分乱理而归于暴”是也。情欲之为不善，“有师法之化，礼义之道，即能出于辞让，合于文理而归于治”。此孟子所谓“可以为善”也。荀子据以为“性恶”，荀子但知礼而不通易者也。孟子据以为“性善”，孟子深通于易而知乎礼之原也。孔子以旁通言情，以利贞言性，情利者，变而通之也。以己之情，通乎人之情；以己之欲，通乎人之欲。己欲立而立人，己欲达而达人，己所不欲，勿施于人。因己之好货，而使居者有积仓，行者有裹粮；因己之好色，而使内无怨女，外无旷夫。如是则情通，情通则情之阴已受治于性之阳，是性之神明有以运旋乎情欲，而使之善，此情之可以为善也。故以情之可以为善，而决其性之神明也。乃性之神明，能运旋其情欲，使之可以为善者，才也。孔子赞易云：“立天之道曰阴与阳，立地之道曰柔与刚，立人之道曰仁与义。”是为三才。有此才，乃能迭用柔刚，旁通情以立一阴一阳之道。才以用言，旁通者情，所以能旁通而穷理尽性以至于命者，才也。通其情可以为善者，才也。不通情而为不善者，无才也。云非才之罪，犹云无才

〔一〕“往”字原不重，据孟子字义疏证补。

之罪也。盖人同具此神明，有能运旋乎情，使之可以为善。有不能运旋乎情，使之可以为善。此视乎才与不才，才不才则智愚之别也。智则才，愚则不才。下愚不移，不才之至，不能以性之神明运旋情欲也。惟其才不能自达，圣人乃立教以达之。其先民不知夫妇之宜别，上下尊卑之宜有等，此才不能自达也。伏羲教之，无论智愚，皆知夫妇之别，皆知上下尊卑之等，所谓通其神明之德也。使性中本无神明，岂教之所能通？民之不知有父，但知有母，与禽兽同。圣人教民，民皆知人道之宜定，而各为夫妇，各为父子，以此教禽兽，仍不知也。人之性可因教而明，人之情可因教而通。禽兽之性虽教之不明，禽兽之情虽教之不通。孔子曰："五十学易，可以无大过矣。"可以无大过，即是可以为善。性之善，全在情可以为善；情可以为善，谓其能由不善改而为善。孟子以人能改过为善，决其为性善。伏羲之前，人同禽兽，其贪淫争夺，思之可见，而伏羲能使之均归于伦常之中。瞽瞍之顽，象之傲，亦近乎下愚矣，而舜能使之厎豫，信乎无不可以为善之情也。可以为善，原不谓顺其情即善。"乃若"，宜如程氏瑶田之说。赵氏以顺释若，非其义矣。○注"若顺"至"性也"○正义曰："若顺"，尔雅释言文。情发于外，性藏于内，故相表里。性之善，不为情欲所乱，性能运情，情乃从性，则情可为善。引孝经者，丧亲章第十八云："孝子之丧亲也，哭不偯，礼无容，言不文，服美不安，闻乐不乐，食旨不甘，此哀戚之情也。"赵氏谓孝子仁于其亲，由于天性，而情即从其性之仁为哀戚，是性善胜情，情则从之之证也。赵氏以若其情为顺其情，故反言不顺其情是随人而强作善者，则情非从性矣。**恻隐之心，人皆有之。羞恶之心，人皆有之。恭敬之心，人皆有之。是非之心，人皆有之。恻隐之心，仁也。羞恶之心，义也。恭敬之心，礼也。是非之心，智也。仁义礼智，非由外铄我也，我固有之也，弗思耳矣。故曰求则得之，舍则失之，或相倍蓰而无算者，不能尽其才者也。**

【注】仁义礼智，人皆有其端，怀之于内，非从外消铄我也。求存之，则可得而用之。舍纵之，则亡失之矣。故人之善恶，或相倍蓰，或至于无算者，不得相与计多少，言其绝远也。所以恶乃至是者，不能自尽其才性也。故使有恶人，非天独与此人恶性。其有下愚不移者，譬如被疾不成之人，所谓童昏也。

【疏】注"仁义"至"我也"○正义曰:前以情之可以为善明性善,此又以心之有恻隐、羞恶、恭敬、是非明性善也。惟性有神明之德,所以心有是非;心有是非,则有恻隐、羞恶、恭敬矣。戴氏震孟子字义疏证云:"问:孟子言性,举仁义礼智四端,与孔子之举智愚有异乎?曰:人之相去,远近明昧,其大较也,学则就其昧焉者牖之明而已。人虽有智有愚,大致相近,而智愚之甚远者盖鲜。智愚者,远近差等殊科,而非相反。善恶则相反之名,非远近之名。知人之成性,其不齐在智愚,亦可知任其愚而不学不思乃流为恶。愚非恶也,人无有不善明矣。举智而不及仁、不及〔一〕礼义者,智于天地、人物、事为咸足以知其不易之则,仁有不至,礼义有不尽,可谓不易之则哉?发明孔子之道者,孟子也。无异也。"说文金部云:"铄,销金也。"国语周语云"众口铄金",史记索隐引贾逵云:"铄,消也。"消铄我,犹云戕贼人。以仁义礼智为由外铄我,当时盖有此言,如庄子言"纯朴不残孰为仁",故孟子直斥其非,而以为我固有之也。孔氏广森经学卮言云:"尔雅释诂云:'铄,美也。'仁义礼智,得之则美,失之则丑。然美在其中,非由外饰成我美者也。所以不愿人之文绣也。"○注"譬如"至"昏也"○正义曰:国语晋语"胥臣曰僮昏不可使谋",韦昭注云:"僮,无知。昏,闇乱也。"此与籧篨、戚施、僬侥、侏儒、蒙瞍、嚚喑、聋聩〔二〕同为八疾。又云:"质将善而贤良赞之,则济可俟〔三〕。若有违质,教将不入,其何善之为!"此言僮昏之人不可教之以善,故赵氏引以证下愚不移也。周礼秋官司刺"三赦曰蠢愚",注云:"蠢愚,生而痴騃童昏者。"礼记礼器云:"体不备,君子谓之不成人。"生而痴騃童昏,既列于八疾,则与体不备同,故为被疾不成之人。赵氏以下愚为此痴騃童昏之人,则是不移由有疾所以不移也。无此疾者,固无不可移者矣。尤与"性善"之旨合。譬如者,赵氏自谦未定。**诗曰:'天生蒸民,有物有则。民之秉夷,好是懿德。'孔子曰:'为此诗者,其知道乎!故有物必有则,民之秉夷也,故好是懿德。'"**

〔一〕"不及"二字原脱,据孟子字义疏证补。按戴氏原文,仁与礼义分言之,故当补。

〔二〕"聋聩"二字原脱,据国语补。

〔三〕"俟"下原衍"也"字,据国语删。

【注】诗,大雅蒸民之篇。言天生众民,有物则有所法则,人法天也。民之秉夷,夷,常也。常好美德。孔子谓之知道,故曰人皆有善也。【疏】注“诗大”至“善也”○正义曰:诗在大雅烝民篇第一章。蒸,诗作“烝”。夷,诗作“彝”。传云:“烝,众。物,事。则,法。彝,常。懿,美也。”笺云:“秉,执也。天之生众民,其性有物象,谓五行仁义礼智信也。其情有所法,谓喜怒哀乐好恶也。然而民所执持有常道,莫不好有美德之人。”赵氏义与毛同。不释秉义,当亦同笺训执持也。赵氏既以法释则,又以有物有则为人法天,是以有物指天,有则指人之法天,盖亦如笺物象之说,性为天所命,性之有仁义礼智信,即象天之木金火土水,故以性属天,以六情从五性,是以人之情法天之性,即前“性善胜情,情则从之”之义也。程氏瑶田通艺录论学小记云:“天分以与人而限之于天者,谓之命。人受天之所命而成之于己者,谓之性。此限于天而成于己者,及其见于事为,又有无过无不及之分,以为之则。是则也,以德之极地言之,谓之中庸。以圣人本诸人之四德之性,缘于人情而制以与人遵守者言之,谓之威仪之礼。盖即其限于天成于己者之所不待学而可知,不待习而可能者也。亦即其限于天成于己者之所学焉而愈知,习焉而愈能者也,是之谓性善。”孔子释诗,增“必”字“也”字“故”字,而性善之义见矣。

章指言:天之生人,皆有善性,引而趋之,善恶异衢,高下相悬,贤愚舛殊,寻其本者,乃能一诸。【疏】“善恶异衢”○正义曰:荀子劝学篇云“行衢道〔一〕者不至”,杨倞注云:“衢道,两道也。今秦俗犹以两为衢,古之遗言与?”

7 孟子曰:“富岁子弟多赖,凶岁子弟多暴,非天之降才尔殊也,其所以陷溺其心者然也。【注】富岁,丰年也。凶岁,饥馑也。子弟,凡人之子弟也。赖,善。暴,恶也。非天降下才性与之异,以饥寒之厄,陷溺其心,使为恶者也。【疏】注“富岁丰年也”○正义曰:论语颜渊

〔一〕“道”原误“路”,据荀子改。

篇"富哉言乎",集解引孔安国云:"富,盛也。"吕氏春秋当染篇"弟子弥丰",高诱注云:"丰,盛也。"是富即丰也,故富岁为丰年。○注"赖善"○正义曰:吕氏春秋离俗篇"苟可得已,则必不之赖",高诱注云:"赖,利也。一曰善也。"段氏玉裁说文解字注云:"赢,贾有余利也。赖,赢也。高帝纪'始大人常以臣无赖',应劭曰:'赖者,恃也。'晋灼曰:'许慎曰:赖,利也。无利入于家也。或曰:江淮之间谓小儿多诈狡狯为亡赖。'按今人云无赖者,谓其无衣食致然耳。方言云:'赖,仇也。南楚之外曰赖。赖,取也。'"王氏念孙广雅疏证云:"卫策云:'为魏则善,为秦则不赖矣。'小雅采菽篇'亦是戾矣',毛传云:'戾,至也。'正义云:'明王之德能如此,亦是至美矣。'郑注粜誓云:'至,犹善也。'是戾与善同义。又郑注大学云:'戾之言利也。'利与善义亦相近,故利谓之戾,亦谓之赖。善谓之赖,亦谓之戾。戾、赖语之转耳。"阮氏元云:"'富岁子弟多赖',赖即懒。按说文女部云:'嬾,懈也。从女,赖声。一曰餥也。'贝部云:'赖,赢也。从贝,剌声。'礼记月令云'不可以赢',注云:'赢,犹解也。'解即懈。赢、赖、解同义。然则富岁子弟多赖,谓其粒米狼戾,民多懈怠。月令'不可以赢',即是不可以懒。而子弟多赖,即是子弟多懈也。赖与暴俱是陷溺其心。若谓丰年多善,凶年多恶,未闻温饱之家皆由礼者矣。"阮氏说是也。○注"非天"至"恶者也"○正义曰:戴氏震孟子字义疏证云:"才者,人与百物各如其性以为形质,而知能遂区以别焉,孟子所谓'天之降才'是也。气化生人生物,据其限于所分而言谓之命,据其为人物之本始而言谓之性,据其体质而言谓之才。由成性各殊,故才质亦殊。才质者,性之所呈也。舍才质安睹所谓性哉?以人〔一〕物譬之器,才则其器之质也,分于阴阳五行而成性各殊,则才质因之而殊。犹金锡之在冶,冶金以为器,则其器金也;冶锡以为器,则其器锡也:品物之不同如是矣。从而察之,金锡之精良与否,其器之为质,一如乎所冶之金锡,一类之中又复不同如是矣。为金为锡,及其金锡之精良与否,性之喻也。其分于五金之中,而器之所以为器即于是乎限,命之喻也。就器而别之,孰金孰锡,孰精良与孰否,才之喻也。故才之美恶,于性无所增,亦无所损。夫金锡之为器,一成而不变者也。人又进乎是。自圣人而下,其等差凡几?或疑

〔一〕"人"字原脱,据孟子字义疏证补。

人之才非尽精良矣，而不然也。犹金之五品，而黄金为贵，虽其不美者〔一〕，莫与之比贵也，况乎人皆可以为贤为圣也！后儒以不善归气禀，孟子所谓性，所谓才，皆言乎气禀而已矣。其禀受之全，则性也。其体质之全，则才也。禀受之全，无可据以为言，如桃杏之性，全于核中之白，形色臭味无一弗具，而无可见，及萌芽甲坼，根干枝叶，桃与杏各殊，由是为华为实，形色臭味无不区以别者，虽性则然，皆据才见之耳。成是性，斯为是才。别而言之，曰命，曰性，曰才；合而言之，是谓天性。故孟子曰：'形色，天性也。惟圣人然后可以践形。'人物成性不同，故形色各殊。人之形，官器利用大远乎物，然而于人之道不能无失，是不践此形也。犹言之而形不逮，是不践此言也。践形之与尽性尽其才，其义一也。"赵氏以与之异释尔殊，盖以尔字为助词，与之异但释殊字也。王氏引之经传释词云："尔，犹如此也。'非天之降才尔殊也'，言非天之降才如此其异也。凡后人言'不尔''乃尔''果尔''聊复尔耳'者，并与此同义。"

今夫麰麦，播种而耰之，其地同，树之时又同，浡然而生，至于日至之时，皆熟矣。虽有不同，则地有肥硗，雨露之养，人事之不齐也。【注】麰麦，大麦也。诗云："贻我来麰。"言人性之同，如此麰麦。其不同者，人事雨泽有不足，地之有肥硗耳。硗，薄也。【疏】"播种而耰之"○正义曰：说文木部云："櫌，摩田器也。从木，憂声。论语曰：'櫌而不辍。'"段氏玉裁说文解字注云："五经文字曰：'经典及释文皆作耰。郑曰：耰，覆种也。与许合。许以物言，郑以人用物言。'齐语'深耕而疾耰之，以待时雨'，韦曰：'耰，摩平也。'齐民要术曰：'耕荒毕，以铁齿鎘楱再遍杷之。漫掷黍穄，劳亦再遍。'即郑所谓'覆种也'。许云摩田，当兼此二者。贾又曰：'春耕寻手劳，秋耕待白背。'劳，古曰耰，今曰劳。劳，郎到切，集韵作'捞'。"谨按：捞，今俗所谓抄也。土初耕，尚粗成块，以铁齿杷之则细，屡杷则愈细，所谓抄也。先杷其土令细，是摩平也。既布种又杷之，是覆种也。摩平、覆种二事，而皆用此耰。覆种亦是摩田，而摩田不皆覆种也。此播种而耰，当是覆种。论语"耰而不辍"，方在耦耕之后，盖始摩平其粗块，不必即覆种矣。音义引丁

〔一〕"者"原误"也"，据孟子字义疏证改。

云:"音忧,蘲苗根也。"时方播种,尚未生苗,种已生苗,讵容摩平,丁说非是。○"至于日至之时皆熟矣"○正义曰:孔氏广森经学卮言云:"日至之时,谓仲夏日至。管子轻重乙曰:'九月种麦,日至而获。'轻重己曰:'以春日至始,数九十二日,谓之夏至而麦熟。'"赵氏佑温故录云:"孟子两言日至:'千岁之日至',冬日至也。'至于日至之时',夏日至也。割麦无过夏至,月令'孟夏之月,麦秋至',乃大概言之。然有先四月熟者,有后四月熟者,要及夏至,则无不熟,故言皆熟。乃举最迟者以尽其余,而下别言不同。此时有不熟,则无可复待,有尽去为晚禾地矣。"○注"麰麦"至"来麰"○正义曰:程氏瑶田通艺录九谷考云:"来,小麦也。麰,大麦也。王祯农书载杂阴阳书曰:'大麦生于杏,二百日秀,秀后五十日成。小麦生于桃,二百一十日秀,秀后六十日成。'生于杏,生于桃,并指秀时也。农桑辑要载崔实曰:'凡种大小麦,得白露节可种薄田,秋分种中田,后十日种美田。'二书言大小麦,皆宿麦也。汉书武帝纪注师古曰:'秋冬种之,经岁乃成,故云宿麦。'吕氏春秋:'孟夏之昔,杀三叶而获大麦。'高诱注:'大麦,旋麦也。'按旋之言疾也,与宿麦对言,是谓大麦为春麦。玉篇:'麰,春麦也。'盖同之矣。余居北方,见种春麦者多矣,然皆小麦也。崔实曰:'正月可种春麦,尽二月止。'亦不分大小麦。广志:'旋麦,三月种,八月熟,出西方。'似亦言小麦,而非高氏注之旋麦。玉篇:'麷,大麦也。'今考崔寔言种大小麦,并以白露节为始,惟麷麦早晚无常。是大小麦之外,复有麷麦。说者以麷为大麦类,然则麷为大麦之别种,非谓大麦尽名麷也。"王氏念孙广雅疏证云:"释草:'大麦,麰也。'周颂思文云'贻我来牟',传云:'牟,麦也。'笺云:'武王渡孟津后五日,火流为乌,五至以谷俱来,此谓贻我来牟。'又臣工'於皇来牟',笺云:'於美乎赤乌,以牟麦俱来。'是不以来为麦也。汉书刘向传引诗作'厘麰',而释之云:'釐麰,麦也。始自天降。'则来、牟俱是麦,于文义为允也。说文云:'来,周所受瑞麦。来麰,一来二锋,象芒刺之形。天所来也,故为行来之来。'引诗云:'诒我来麰。'又云:'齐人谓麦为秾。'秾与来通。又云:'麰,来麰,麦也。'则亦以来麰为麦,与刘向同,但不言大小耳。李善注典引,引韩诗薛君章句云:'麰,大麦也。'麰与麰同。来麰对文,麰为大则来为小矣。古谓大为牟,御览引淮南子注云:'牟,大也。'大麦故称牟也。"○注"硗薄也"○正义曰:说文石部云:"磬,坚也。""确,磬也。""硗,磬也。"毛诗王风

"丘中有麻",传云:"丘中硗埆之处。"硗埆即硗确也。一切经音义引孟子注云:"硗确,薄瘠地也。"又引通俗文云:"物坚硬谓之硗确。"盖地土肥则和柔,坚硬则五谷不生,故薄也。**故凡同类者举相似也,何独至于人而疑之,圣人与我同类者。**【注】圣人亦人也,其相觉者,以心知耳。盖体类与人同,故举相似也。**故龙子曰:'不知足而为屦,我知其不为蒉也。'屦之相似,天下之足同也。**【注】龙子,古贤者也。虽不知足大小,作屦者犹不更作蒉。蒉,草器也。以屦相似,天下之足略同故也。【疏】注"蒉草器也"○正义曰:礼记曲礼云:"天子之六工,曰土工、金工、石工、木工、兽工、草工,典制六材。"注云:"惟草工职亡。"盖谓作萑苇之器,蒉为草器,盖即草工所职,凡苇竹所编者是也。论语宪问篇有"荷蒉",太平御览引郑氏注云:"蒉,草器也。"说文艸部云:"蒉,草器也。臾,古文蒉,象形。论语曰:'有荷臾而过孔氏之门。'"又子罕篇云"譬如为山,未成一篑",集解引包曰:"篑,土笼也。"篑与蒉通。草器盖即盛土之笼,于臾之象形,可知其状矣。晋书音义云:"蒉,本作'蒯'。"蒉本与蒯通,檀弓"杜蒉",左传作"屠蒯"是也。今俗呼竹篮之小者为蒯子,犹古之遗称也。**口之于味有同耆也,易牙先得我口之所耆者也。如使口之于味也,其性与人殊,若犬马之与我不同类也,则天下何耆皆从易牙之于味也!至于味,天下期于易牙,是天下之口相似也。**【注】人口之所耆者相似,故皆以易牙为知味,言口之同也。【疏】"口之"至"似也"○正义曰:僖十七年左传云:"雍巫有宠于卫共姬,因寺人貂以荐羞于公。"注云:"雍巫,雍人名巫,即易牙。"孔氏正义云:"此人为雍官,名巫而字易牙也。"战国策魏策云:"齐桓公夜半不嗛,易牙乃煎熬燔炙,和调五味而进之,桓公食之而饱,至旦不觉,曰'后世必有以味亡其国者'。"此易牙知味之事也。孟子此章,特于口味指出性字,可知性即在饮食男女。曰"其性与人殊",可知人性不同于犬马。同一饮食,而人能嗜味,鸟兽不知嗜味。推之同一男女,人能好色,鸟兽不知好色。惟人心最灵,乃知嗜味好色;知嗜味好色,即知孝弟忠信礼义廉耻。理义之悦心,犹刍豢之悦口,悦心是性善,悦口亦是性善。**惟耳亦然。至**

于声，天下期于师旷，是天下之耳相似也。【注】耳亦犹口也。天下皆以师旷为知声之微妙也。惟目亦然。至于子都，天下莫不知其姣也。不知子都之姣者，无目者也。【注】目亦犹耳也。子都，古之姣好者也。诗云："不见子都，乃见狂且。"傥无目者，乃不知子都好耳。言目之同也。【疏】注"子都"至"狂且"〇正义曰：引诗在郑风山有扶苏。毛传云："子都，世之美好者也。"孔氏正义云："都，谓美好而闲习于礼法。"然则孔氏不以子都为人名。乃孟子深于诗，其称子都正本于诗，而与易牙、师旷并举，则子都实有其人矣，赵氏引诗以证是也。阎氏若璩释地续云："子都，古之美人也。亦未详为男为女。杜氏注左有之，于隐十一年传云：'子都，郑大夫公孙阏。'故郑风当昭公时，遂以为国中美男之通称，曰'不见子都'。"荀子非相篇云："古者桀纣，长巨姣美，天下之杰也。"姣与美连文，是姣即美。又成相篇云"君子由之佼以好"，佼亦姣也。卫风硕人笺云："长丽佼好。"齐风还篇"子之昌兮"，毛传云："昌，佼好貌。"释文皆云："佼，本作'姣'。"是姣即好也。吕氏春秋达郁篇云"侍者曰公姣且丽"，高诱注云："姣、丽，皆好貌也。"韩诗外传云："以为姣好邪，则太公年七十二，龀然而齿堕矣。"盐铁论殊路篇云："毛嫱，天下之姣人也。"故曰口之于味也有同耆焉，耳之于声也有同听焉，目之于色也有同美焉。至于心，独无所同然乎？【注】言人之心性皆同也。【疏】"至于心独无所同然乎"〇正义曰：毛氏奇龄賸言补云："至于心独无所同然，承上'同耆''同听'言，谓同如是耳，与前'惟耳亦然'诸然字相应。"心之所同然者何也？谓理也义也。圣人先得我心之所同然耳。故理义之悦我心，犹刍豢之悦我口。"【注】心所同耆者，义理也。理者，得道之理，圣人先得理义之要耳。理义之悦心，犹刍豢之悦口，谁不同也。草食曰刍，谷食曰豢。【疏】"心之"至"我口"〇正义曰：戴氏震孟子字义疏证云："当孟子时，天下不知理义之为性，害道之言纷出以乱先王之法，是以孟子起而明之。人物之生，类至殊也。类也者，性之大别也。孟子曰：'凡同类者举相似也，何独至于人而疑之，圣人与我同类者。'诘告子'生之谓性'，则曰：'犬之性犹牛之性，牛之性犹人之性与？'盖孟子道性善，非言性于同也。人之性相近，胥善也。明理义之为性，所以正不知理义之为性者也，是故理义性也。由孟子而后，求其说而不得，则举性之名而曰理也。是又不可。耳之于声也，天下之声，耳若其符节也。目之于色也，天下之色，目若其符节也。鼻之于臭也，天下之臭，鼻若其符节也。口之于味也，天下之味，口若其符节也。耳目鼻口之官，接于物而心通其则，心之于理义也，天下之理义，心若其符节也。是皆不可谓之外也，性也。耳能辨天下之声，目能辨天下之色，鼻能辨天下之臭，口能辨天下之味，心能动天下之理义，人之才质得于天，若是其全也。孟子曰'非天之降才尔殊也'，曰'乃若其情，则可以为善矣，乃所谓善也。若夫为不善，非才之罪也'。惟据才质而言，始确然可以断人之性善。人之于圣人也，其才非如物之与人异。物不足以知天地之中正，是故无节于内，各遂其自然，斯已矣。人有天德之知，能践乎中正，其自然则协天地之顺，其必然则协天地之常，莫非自然也。物之自然不足语于此。孟子道性善，察乎人之才质所自然，有节于内之谓善也。告子谓'性无善无不善'，不辨人之大远乎物，概之以自然也。告子所谓无善无不善也者，静而自然，其神冲虚，以是为至道。及其动而之善之不善，咸目为失于至道，故其言曰'生之谓性'。及孟子诘之，非豁然于孟子之言而后语塞也，亦穷于人与物之灵蠢殊绝，犬牛类又相绝，遂不得漫以为同耳。主才质而遗理义，荀子、告子是也。荀子以血气心知之性，必教之理义，逆而变之，故谓'性恶'，而进其劝学修身之说。告子以上焉者无欲而静，全其无善无不善，是为至矣，下焉者理义以梏之，使不为不善。荀子二理义于性之事能，儒者之未闻道也。告子贵性而外理义，异说之害道者也。凡远乎易、论语、孟子之书者，性之说大致有三：以耳目百体之欲为说，谓理义从而治之者也。以心之有觉为说，谓其神独先，冲虚自然，理欲皆后也。以理为说，谓有欲有觉，人之私也。三者之于性也，非其所去，贵其所取。彼自贵其神，以为先形而立者，是不见于精气为物，秀发乎神也。以有形体则有欲，而外形体、一死生、去情欲以安其神，冥是非、绝思虑以苟语自然。不知归于必然，是为自然之极致，动静胥得，神自安也。自孟子时，以欲为说，以觉为说，纷如矣。孟子正其遗理义而已矣。心得其常，耳目百体得其顺，纯懿中正，如是谓之理义。故理义非他，心之所同然也。何以同然，心之明之所止，于事情区以别焉，无几微爽失，则理义以名。专以性属之理,而谓坏于形气,是不见于理之所由名也。""问:孟子云:'心之所同然者,谓理也,义也。圣人先得我心之所同然耳。'是理又以心言何也?曰:心之所同然始谓之理,谓之义;则未至于同然,存乎其人之意见,非理也,非义也。凡一人以为然,天下万世皆曰是不可易也,此之谓同然。举理以见心能区分,举义以见心能裁断。分之,各有其不易之则,名曰理;如斯而宜,名曰义。是故明理者,明其区分也;精义者,精其裁断也。不明,往往界于疑似而生惑;不精,往往杂于偏私而害道。求理义而智不足者也,故不可谓之理义。自非圣人,鲜能无蔽;有蔽之深,有蔽之浅者。人莫患乎蔽而自智,任其意见,执之为理义。吾惧求理义者以意见当之,孰知民受其祸之无所终极也哉!""六经、孔、孟之言以及传记群籍,理字不多见。今虽至愚之人,悖戾恣睢,其处断一事,责诘一人,莫不辄曰理者,自宋以来始相习成俗,则以〔一〕理为如有物焉,得于天而具于心,因以心之意见当之也。于是负其气,挟其势位,加以口给者理伸;力弱气慑,口不能道辞者理屈。呜呼,其孰谓以此制事、以此制人之非理哉!即其人廉深自持,心无私慝,而至于处断一事,责诘一人,凭在己之意见,是其所是而非其所非,方自信严气正性,嫉恶如仇,而不知事情之难得,是非之易失于偏,往往人受其祸,己且终身不寤,或事后乃明,悔已无及。天下智者少而愚者多,以其心知明于众人,则共推之为智,其去圣人甚远也。以众人与其所共推为智者较其得理,则众人之蔽必多;以众所共推为智者与圣人较其得理,则圣人然后无蔽。凡事至而心应之,其断于心,辄曰理如是,古圣贤未尝以为理也。不惟古圣贤未尝以为理,昔之人异于今人之一启口而曰理,其亦不以为理也。昔人知在己之意见不可以理名,而今人轻言之。夫以理为如有物焉,得于天而具于心,未有不以意见当之者也。今使人任其意见则谬,使人自求其情则得,子贡问曰:'有一言而可以终身行之者乎?'子曰:'其恕乎!己所不欲,勿施于人。'大学言治国平天下,不过曰'所恶于上,毋以使下;所恶于下,毋以事上',以位之卑尊言也。'所恶于前,毋以先后;所恶于后,毋以从前',以长于我与我长言也。'所恶于右,毋以交于左;所恶于左,毋以交于

〔一〕"则以"原误"然则",据孟子字义疏证改。

右’，以等于我言也。曰‘所不[一]欲’，曰‘所恶’，不过人之常情，不言理而理尽于此。惟以情絜情，故其于事也，非心出一意见以处之。苟舍情求理，其所谓理，无非意见也。未有任其意见而不祸斯民者。”“问：以意见为理，自宋以来莫敢致斥者，谓理在人心故也。今曰理在事情，于心之所同然，洵无可疑矣。孟子举以见人性之善，其说可得闻与？曰：孟子言：‘口之于味也有同耆焉，耳之于声也有同听焉，目之于色也有同美焉。至于心，独无所同然乎？’明理义之悦心，犹味之悦口、声之悦耳、色之悦目之为性。味也、声也、色也在物，接于我之血气；理义在事，而接于我之心知。血气心知，有自具之能：口能辨味，耳能辨声，目能辨色，心能辨夫[二]理义。味与声色，在物不在我，接于我之血气，能辨之而悦之，其悦者必其尤美者也。理义在事情之条分缕析，接于我之心知，能辨之而悦之，其悦者必其至是者也。子产言‘人生始化曰魄，既生魄，阳曰魂’。曾子言‘阳之精气曰神，阴之精气曰灵。神灵者，品物之本也’。盖耳之能听，目之能视，鼻之能臭，口之知味，魄之为也，所谓灵也，阴主受者也。心之精爽，有思辄通，魂之为也，所谓神也，阳主施者也。主施者断，主受者听，故孟子曰：‘耳目之官不思，心之官则思。’是思者，心之能也。精爽有蔽隔而不能通之时，及其无蔽隔，无弗通，乃以神明称之。凡血气之属，皆有精爽，其心之精爽，钜细不同。如火光之照物，光小者，其照也近，所照者不谬也，所不照则疑谬承之。不谬之谓得理。其光大者，其照也远，得理多而失理少。且不特远近也，光之及又有明闇，故于物有察有不察，察者尽其实，不察斯疑谬承之。疑谬之谓失理。失理者，限于质之昧，所谓愚也。惟学可以增益其不足而进于智，益之不已，至于其极，如日月有明，容光必照，则圣人矣。此中庸‘虽愚必明’，孟子‘扩而充之之谓圣人’。神明之盛也，其于事靡不得理，斯仁义礼智全矣。故理义非他，所照所察者之不谬也。何以不谬？心之神明也。人之异于禽兽者，虽同有精爽，而人能进于神明也。理义岂别若一物，求之所照所察之外；而人之精爽能进于神明，岂求诸气禀之外哉？”“问：后儒以人之有嗜欲出于气禀，而理者，别于气禀者也。今谓心之精爽，学以扩充之，进于神明，则

〔一〕“不”字原脱，据孟子字义疏证补。

〔二〕“夫”字原脱，据孟子字义疏证补。

于事靡不得理，是求理于气禀之外者非矣。孟子专举理义以明性善，何也？曰：古人言性，但以气禀言，未尝明言理义为性，盖不待言而可知也。至孟子时，异说纷起，以理义为圣人治天下之〔一〕具，设此一法以强之从，害道之言，皆由外理义而生。人徒知耳之于声、目之于色、鼻之于臭、口之于味之为性，而不知心之于理义，亦犹耳目鼻口之于声色臭味也。故曰'至于心独无所同然乎'，盖就其所知以证明其所不知，举声色臭味之欲归之耳目鼻口，举理义之好归之心，皆内也，非外也。比而合之，以解天下之惑，俾晓然无疑于理义之为性，害道之言，庶几可以息矣。孟子明人心之通于理义，与耳目鼻口之通于声色臭味，咸根于性，非由后起。后儒见孟子言性，则曰理义，则曰仁义礼智，不得其说，遂于气禀之外增一理义之性，归之孟子矣。""问：声色臭味之欲亦宜根于心，今专以理义之好为根于心，于'好是懿德'固然矣，抑声色臭味之欲徒根于耳目鼻口与？心，君乎百体者也。百体之能皆心之能也，岂耳悦声，目悦色，鼻悦臭，口悦味，非心悦之乎？曰：否。心能使耳目鼻口，不能代耳目鼻口之能。彼其能者各自具也，故不能相为。人物受形于天地，故恒与之相通。盈天地之间，有声也，有色也，有臭也，有味也，举声色臭味，则盈天地之间者无或遗矣。外内相通，其开窍也，是为耳目鼻口。五行有生克，生则相得，克则相逆，血气之得其养、失其养系焉。资于外足以养其内，此皆阴阳五行之所为，外之盈天地之间，内之备于吾身，外内相得无间而养道备。'民之质矣，日用饮食'，自古及今，以为道之经也。血气各资以养，而开窍于耳目鼻口以通之，既于是通，故各成其能而分职司之。孔子曰：'少之时，血气未定，戒之在色。及其壮也，血气方刚，戒之在斗。及其老也，血气既衰，戒之在得。'血气之所为不一，举凡身之嗜欲，根于血气明矣，非根于心也。孟子曰：'理义之悦我心，犹刍豢之悦我口。'非喻言也。凡人行一事，有当于理义，其心气必畅然自得；悖于理义，心气必沮丧自失。以此见心之于理义，一同乎血气之于嗜欲，皆性使然耳。耳目鼻口之官，臣道也。心之官，君道也。臣效其能而君正其可否。理义非他，可否之而当，是谓理义。然又非心出一意以可否之也。若心出一意以可否之，何异强制之乎！是故就事物言，非事物之外别有理义也。'有物必

〔一〕"之"字原脱，据孟子字义疏证补。

有则'，以其则，正其物，如是而已矣。就人心言，非别有理以予之而具于心也。心之神明，于事物咸足以知其不易之则。譬有光皆能照，而中理者，乃其光盛，其照不谬也。人之血气心知本乎阴阳五行者，性也。如血气资饮食以养，其化也，即为我之血气，非复所饮食之物矣。心知之资于问学，其自得之也亦然。以血气言，昔者弱而今者强，是血气之得其养也。以心知言，昔者狭小而今也广大，昔者闇昧而今也明察，是心知之得其养也。故曰'虽愚必明'。人之血气心知，其天定者往往不齐。得养不得养，遂至于大异。苟知问学犹饮食，则贵其化，不贵其不化。记问之学，入而不化者也。自得之，则居之安，资之深，取之左右逢其原，我之心知，极而至乎圣人之神明矣。神明者，犹然心也。非心自心而所得者藏于中之谓也。心自心而所得者藏于中，以之言学，尚为物而不化之学，况以之言性乎！""问：宋以来之言理也，其说为'不出于理则出于欲，不出于欲则出于理'，故辨乎理、欲之界，以为君子小人于此焉分。今以情之不爽失为理，是理者存乎欲者也。然则无欲亦非与？曰：孟子言'养心莫善于寡欲'，明乎欲不可无也，寡之而已。人之生也，莫病乎无以遂其生。欲遂其生，亦遂人之生，仁也。欲遂其生，至于戕人之生而不顾者，不仁也。不仁，实始于欲遂其生之心，使其无此欲，必无不仁矣。然使其无此欲，则于天下之人生道穷促，亦将漠然视之。己不必遂其生，而遂人之生，无是情也。然则谓'不出于正则出于邪，不出于邪则出于正'，可也。谓'不出于理则出于欲，不出于欲则出于理'，不可也。欲其物，理其则也。不出于邪而出于正，犹往往有意见之偏，未能得理。而宋以来之言理欲也，徒以为正邪之辨而已矣。不出于邪而出于正，则谓以理应事矣。理与事分为二，而与意见合为一，是以害事。夫事至而应者，心也。心有所蔽，则于事情未之能得，又安能得理乎？自老氏贵于'抱一'，贵于'无欲'，庄周书则曰：'圣人之静也，非曰静也善，故静也。万物无足以挠心者，故静也。水静犹明，而况精神，圣人之心静乎？夫虚静恬澹、寂寞无为者，天地之平，而道德之至。'此老庄之说，非中庸'虽愚必明'之道也。有生而愚者，虽无欲，亦愚也。凡出于欲，无非以生以养之事，欲之失为私，不为蔽。自以为得理，而所执之实谬，乃蔽而不明。天下古今之人，其大患，私与蔽二端而已。私生于欲之失，蔽生于知之失；欲生于血气，知生于心。因私而咎欲，因欲而咎血气，因蔽而咎知，因知而咎心，老氏所以言'常使民无知无欲'，彼自外其形骸，贵其真宰，后之释氏，其论说似异而实同。宋儒出入于老、释，故杂乎老、释之言以为言。记曰：'饮食男女，人之大欲存焉。'圣人治天下，体民之情，遂民之欲，而王道备。人知老、庄、释氏异于圣人，闻其无欲之说，犹未之信也。于宋儒，则信以为同于圣人。理欲之分，人人能言之，故今之治人者，视古圣贤体民之情，遂民之欲，多出于鄙细隐曲，不措诸意，不足为怪。而及其责以理也，不难举旷世之高节，著于义而罪之。尊者以理责卑，长者以理责幼，贵者以理责贱，虽失，谓之顺。卑者幼者贱者以理争之，虽得，谓之逆。于是下之人不能以天下之同情、天下所同欲达之于上。上以理责其下，而在下之罪，人人不胜指数。人死于法，犹有怜之者；死于理，其谁怜之！呜呼，杂乎老、释之言以为言，其祸甚于申、韩如是也。六经、孔、孟之书，岂尝以理为如有物焉，外乎人性之发为情欲者而强制之也哉！孟子告齐梁之君，曰'与民同乐'，曰'省刑罚，薄税敛'，曰'必使仰足以事父母，俯足以畜妻子'，曰'居者有积仓，行者有裹囊'，曰'内无怨女，外无旷夫'，仁政如是，王道如是而已矣。""问：乐记言灭天理，穷人欲，其言有似于以理欲为邪正之别，何也？曰：性，譬则水也。欲，譬则水之流也。节而不过，则为依乎天理，为相生养之道，譬则水由地中行也。穷人欲而至于有悖逆诈伪之心，有淫佚作乱之事，譬则洪水横流，泛滥于中国也。圣人教之反躬，以己之加于人，设人如是加于己，而思躬受之之情，譬则禹之行水，行其所无事，非恶泛滥而塞其流也。恶泛滥而塞其流，其立说之工者，且直绝其原，是遏欲无欲之喻也。'口之于味也，目之于色也，耳之于声也，鼻之于臭也，四体之于安佚也'，此后儒视为人欲之私者，而孟子曰'性也'，继之曰'有命焉'。命者限制之名，如命之东则不得而西，言性之欲之不可无节也。节而不过，则依乎天理，非以天理为正，人欲为邪也。天理者，节其欲而不穷人欲也。是故欲不可穷，非不可有，有而节之，使无过情，无不及情，可谓之非天理乎！""试以人之形体与人之德性比而论之，形体始乎幼小，终于长大；德性始乎蒙昧，终乎圣智。其形体之长大也，资于饮食之养，乃长日加益，非'复其初'。德性资于学问，进而圣智，非'复其初'明矣。人物以类区分，而人所禀受，其气清明，异于禽兽之不可开通。然人与人较，其材质等差凡几？古圣贤知人之材质有等差，是以重问学，贵扩充。老、庄、释氏谓有生皆同，故主于去情欲以勿害之，不必问学以扩充之。在老、庄、释氏既守己自足矣，因毁訾仁义以伸其说。荀子谓常人之性，学然后知礼义，其说亦足以伸。陆子静、王文成诸人同于老、庄、释氏而改其毁訾仁义者，以为自然全乎仁义，巧于伸其说者也。程子、朱子尊理而以为天与我，犹荀子尊礼义以为圣人与我也。谓理为形气所污坏，是圣人而下形气皆大不美，即荀子性恶之说也。而其所谓理，别为凑泊附著之一物，犹老、庄、释氏所谓真宰、真空之凑泊附著于形体也。理既完全自足，难于言学以明理，故不得不分理气为二本而咎形气。盖其说杂糅傅合而成，令学者眩惑其中，虽六经、孔、孟之言具在，咸习非胜是，不复求通。呜呼，吾何敢默而息乎！"○注"理者得道之理"○正义曰：易说卦传云："和顺于道德而理于义，穷理尽性，以至于命。"孔子言道德性命，指出理字，此孟子所本也。道者，行也。凡路之可通行者为道，则凡事之可通行者为道。得乎道为德，对失道而言也。道有理也，理有义也。理者，分也。义者，宜也。其不可通行者，非道矣。可行矣，乃道之达于四方者，各有分焉，即各有宜焉。趋燕者行乎南，趋齐者行乎西，行焉而弗宜矣。弗宜即为失道。趋燕者虽行乎北而或达乎赵，趋齐者虽行乎东而或止乎鲁，行焉而仍弗宜矣。弗宜则非义，即非理。故道之分有理，理之得有义。理于义者分而得于义也。惟分，故有宜有不宜。理分于道，即命分于道，故穷理尽性，以致于命。孟子以理义明性，即孔子以理于义明道也。赵氏以得道之理明之，得道之理，即和顺于道德而理于义也。后儒言理，或不得乎孔孟之旨，故戴氏详为阐说是也。说者或并理而斥言之，则亦芒乎未闻道矣。○注"草食曰刍谷食曰豢"○正义曰：礼记月令"仲秋案刍豢"，注云："养牛羊曰刍，犬豕曰豢。"说文艸部云："刍，刈草也。"饲牛羊以草，故即称牛羊为刍。乐记云"夫豢豕为酒"，注云："以谷食犬豕曰豢。"是犬豕谷食者也，故即称犬豕为豢。大戴记曾子天圆篇云："宗庙曰刍豢，山川曰牺牷。"阮氏元校勘记云："宋本食作'牲'。"

章指言：人禀性俱有好憎，耳目口心，所悦者同，或为君子，或为小人，犹麰麦不齐，雨露使然也。孟子言是，所以勖而进之。【疏】"人禀性俱有好憎"○正义曰：好憎即好恶。孟子以悦心悦口言性，悦即是好。赵氏兼言好恶，好恶，情也。仍申明可为善之义也。凌氏廷堪好恶说云："人之性受于天，目能视则为色，耳能听则为声，口能食则为味，而好恶实基于此。大学言'好恶'，中庸申之以'喜怒哀乐'，盖好极则生喜，又极则为乐；恶极则生怒，又极则为哀；过则佚于情，反则失其性矣。性者，好恶二端而已。大学云：'好人之所恶，恶人之所好，是谓拂人之性。'然则人性初不外乎好恶也。受亦好也，故正心之忿懥、恐惧、好乐、忧患，齐家之亲爱、贱恶、畏敬、哀矜、敖惰，皆不离乎人情也。大学性字，只此一见，即好恶也。左传昭公二十五年太叔对赵简子曰：'天地之经，而民实则之。则天之明，因地之性，生其六气，用其五行。气为五味，发为五色，章为五声，淫则昏乱，民失其性。'此言性，即食味、别声、被色者也。又云：'是故审行信令，祸福赏罚，以制死生。生，好物也。死，恶物也。好物，乐也。恶物，哀也。哀乐不失，乃能协于天地之性，是以长久。'盖喜怒哀乐，皆由好恶而生，好恶正，则协于天地之性矣。"

孟子正义卷二十三

8　孟子曰："牛山之木尝美矣。以其郊于大国也，斧斤伐之，可以为美乎！是其日夜之所息，雨露之所润，非无萌蘖之生焉，牛羊又从而牧之，是以若彼濯濯也。人见其濯濯也，以为未尝有材焉，此岂山之性也哉？【注】牛山，齐之东南山也。邑外谓之郊。息，长也。濯濯，无草木之貌。牛山木尝盛美，以在国郊，斧斤牛羊，使之不得有草木耳，非山之性无草木也。【疏】注"牛山"至"之貌"○正义曰：阎氏若璩释地续云："牛山齐之东南山，是赵氏在复壁中所注，方向少错，无论。今目验在临淄县南一十里，亦在唐临淄县南二十一里，括地志所谓'管仲冢与桓公冢连在牛山上'是。郦道元注：'牛山，一名南郊山，天齐渊出焉。齐以此得名。'梁刘昭不知引何人孟子注云：'南小山曰牛山。'晋左思齐都赋云：'牛岭镇其南。'列子力命篇：'齐景公游于牛山，北临其国城而流涕。'夫临曰北，正以山实在南。""邑外谓之郊"，尔雅释地文。息之义与生同，生亦长也。王氏念孙广雅疏证云："镸，长也。息与镸通。剥彖传云：'君子尚消息盈虚。'消息即消长也。"毛诗言濯濯者二，大雅灵台篇"麀鹿濯濯"，传云："濯濯，娱游也。"崧高篇"钩膺濯濯"，传云："濯濯，光明也。"濯是洗浣溉涤之名，物经涤濯，别垢污悉去，故光明为濯濯。山有草木，则阴翳不齐，草木尽去，不异洗濯者然，故赵氏以濯濯为无草木之貌也。**虽存乎人者，岂无仁义之心哉？其所以放其良心者，亦犹斧斤之于**

木也。旦旦而伐之，可以为美乎？其日夜之所息，平旦之气，其好恶与人相近也者几希。【注】存，在也。言虽在人之性，亦犹山之有草木，人岂无仁义之心邪。其日夜之思欲息长仁义，平旦之志气，其好恶，凡人皆有与贤人相近之心。几，岂也。岂希，言不远也。【疏】注"存在"至"远也"○正义曰：尔雅释言云："存，存在也。"是存即在也。良之义为善，良心即善心，善心即仁义之心。放者，存之反也。吕氏春秋顺民篇云"以与吴王争一旦之死"，高诱注云："旦，朝也。"旦旦犹云朝朝，亦即日日也。旦旦，言非一日也。日日放其良心，犹日日伐其山木。山木由此不美，人心亦由此不良。良亦美也。"其日夜之所息"，赵氏解为其日夜之思欲息长仁义，息之义为生长，所息指生长此心之仁义。仁义不能无端生长，故赵氏以思欲明之。盖虽放其良心，其始陷溺未深，尚知自悔，虽为不仁而思欲尚转而及仁，虽为不义而思欲尚转而及义。此思欲之所转，即仁义之心所生长。相近即"性相近"之相近。放失之后，其平旦之气，好恶尚与人相近，则"性善"可知矣。赵氏以人为贤人，谓能存仁义之心，未放失其良者也。其实"与人相近"，正谓与禽兽相远。谓之为人性原相近，但日放一日，则日远于人一日，日远于人一日，即日近于禽兽一日，而其日夜所息，则仍与人近而不远，此孟子以放失仁义之人，明其性之善也。旦旦伐之而所习仍相近，则良心不易亡如此，此极言良心不遽亡，非谓良心易去也。故赵氏以几希为不远也。或以息为歇息，非是。以几希为甚微，亦失之。赵氏佑温故录云："岂希言不远，与前注'几希无几也'异。盖亦随文见义与。"则其旦昼之所为，有梏亡之矣。梏之反覆，则其夜气不足以存。夜气不足以存，则其违禽兽不远矣。人见其禽兽也，而以为未尝有才焉者，是岂人之情也哉！【注】旦昼，昼日也。其所为万事，有梏乱之，使亡失其日夜之所息也。梏之反覆，利害干其心，其夜气不能复存也。人见恶人禽兽之行，以为未尝有善才性，此非人之情也。【疏】注"旦昼"至"情也"○正义曰：说文旦[一]

〔一〕"旦"原误"日"，据说文改。

部云："旦，明也。"昼日之出入，与夜为界。宣公八年穀梁传"祭之旦日之享宾也"，注云："旦日，犹明日也。"汉书高帝纪"旦日合战"，注云："旦日，明日也。"赵氏言昼日也，是以日释昼也。旦昼犹云明日，谓今日夜所息平旦之气，才能不远于人，及明日出见纷华，所悦而所息者乃梏亡矣。音义云："丁云：'梏，古沃切，谓悔吝利害也。'"言利害之乱其性，犹桎梏之刑其身，此梏从木。书粊誓"今惟淫舍牿牛马"，郑氏注云："牿，桎梏之梏。"是桎梏之梏通作牿，故梏亡作牿亡也。赵氏云其所为万事，有牿乱之，则是以乱释牿。毛诗小雅何人斯云"只搅我心"，传云："搅，乱也。"诗大雅抑篇"有觉德行"，礼记缁衣引作"有梏德行"，是梏与觉古通。后汉书马融传广成颂云"梏羽群"，注云："梏，诸家并古酷反。"案字书捁从手，即古文搅字，谓搅扰也。捁、牿、梏同。赵氏读牿为搅，故训为乱。丁氏以为桎梏，非其义也。何氏焯读书记云："有牿之有当读去声。"读去声则为又，谓才有所生息，又梏乱而亡失之也。反覆即反复。息而牿，牿而又息，息而又牿，其始息多于牿，久则牿多于息。息则仁义之心存，牿则利害之见胜，牿之不已，则心但知有利害，不复能思欲息长仁义，是利害之邪，干犯仁义之良，故夜气不足以存也。至牿之反覆，夜气不足以存，乃违禽兽不远。然则人之不远于禽兽，亦非一日所遽至也。坤文言传云："非一朝一夕之故，其所由来者渐矣，由辨之不早辨也。"系辞传云："小人不耻不仁，不畏不义，不见利不劝，不威不惩，小惩而大诫，此小人之福也。"又云："善不积，不足以成名；恶不积，不足以灭身。小人以小善为无益而弗为也，以小恶为无伤而弗去也，故恶积而不可掩，罪大而不可解。"旦旦伐之，牿之反覆，即渐积之谓也。当其日夜所息，好恶尚与人近，是时早辨，尚不至于牿亡，此圣人设教，所以耻之以仁，畏之以义，劝以利而惩以威也。**故苟得其养，无物不长；苟失其养，无物不消。孔子曰：'操则存，舍则亡，出入无时，莫知其乡。'惟心之谓与？"**【注】诚得其养，若雨露于草木，法度于仁义，何有不长也。诚失其养，若斧斤牛羊之消草木，利欲之消仁义，何有不尽也。孔子曰，持之则在，纵之则亡，莫知其乡。乡犹里，以喻居也。独心为若是也。【疏】注"诚得"至"是也"○正义曰：楚辞离骚云"苟余情其信姱以练要兮"，注云："苟，诚也。"故以诚释苟。人之自治，必以问学，圣人治人,则以礼乐,皆以法度于仁义也。息仁义,必以思欲;养仁义,必以法度。赵氏深能发孟子之旨。或谓静以任其自然,非其义也。说文水部云:“消,尽也。”故以尽释消。手部云:“操,把持也。”礼记曲礼“操右契”,注云:“操,持也。”故以持释操。舍即放,放即纵。论语雍也篇“以与尔邻里乡党乎”,集解引郑曰:“五家为邻,五邻为里,万二千五百家为乡,五百家为党也。”论语里仁篇“里仁为美,择不处仁”,集解引郑曰:“里者,民之所居也。居于仁者之里,是为善也。”乡大于里,而皆为民之所居,故云乡犹里,以喻居也。惟,犹独也。近读乡为向,释名释州国云:“万二千五百家为乡。乡,向也。众所向也。”乡里之乡,本取义于向,则其义通矣。毛氏奇龄圣门释非录云:“‘出入无时,莫知其乡’,直接‘惟心之谓’句,分明指心言,盖存亡即出入也。惟心是一可存可亡、可出可入之物,故操舍惟命,若无出入,则无事操存矣。大易‘憧憧往来’,往来者,出入也。大学心有所,心不在,有所不在,亦出入也。是心原可出入而操舍者,则因其出之入之也。”

章指言:秉心持正,使邪不干,犹止斧斤不伐牛山,山则木茂,人则称仁也。

9 孟子曰:“无或乎王之不智也。【注】王,齐王也。或,怪也。时人有怪王不智而孟子不辅之,故言此也。【疏】注“王齐王也或怪也”○正义曰:孟子仕齐久。下云“吾见亦罕,吾退而寒之者至”,则是孟子仕齐,乃有是语,故知王为齐王也。吕氏春秋审为篇云“世必惑之”,高诱注云:“惑,怪也。”或与惑同。**虽有天下易生之物也,一日暴之,十日寒之,未有能生者也。吾见亦罕矣,吾退而寒之者至矣,吾如有萌焉何哉?**【注】种易生之草木五谷,一日暴温之,十日阴寒以杀之,物何能生。我亦希见于王,既见而退,寒之者至,谓左右佞谄顺意者多。譬诸万物,何由得有萌牙生也。【疏】注“种易”至“生也”○正义曰:小尔雅广言云:“暴,晒也。”说文日部云:“晒,暴也。”日光所晒,故温。草木五谷,虽有经冬而生者,然其种必得温和之气,乃能萌动。今农人清明后浸稻种,既发牙矣，设遇风霜，则必枯萎，是阴寒以杀之也。尔雅释诂云："希，罕也。"毛诗郑风大叔于田"叔发罕忌"，传云："罕，希也。"故罕见即希见也。说文艸部云："萌，草芽也。""芽，萌芽也。"牙与芽通，故幼小称童牙。萌牙即萌蘖也。**今夫弈之为数，小数也。不专心致志，则不得也。**【注】弈，博也。或曰围棋。论语曰："不有博弈者乎。"数，技也。虽小技，不专心则不得也。【疏】注"弈博"至"弈者乎"○正义曰：方言云："簙谓之蔽，或谓之箘，秦晋之间谓之簙，吴楚之间或谓之蔽，或谓之箭里，或谓之簙毒，或谓之夗专，或谓之匴璇，或谓之棋。所以投簙谓之枰，或谓之广平。所以行棋谓之局，或谓之曲道。围棋谓之弈，自关而东齐鲁之间皆谓之弈。"戴氏震疏证云："簙、博古通用。说文云：'簙，局戏也。六箸十二棋也。古者乌胄作簙。''箘，簙棋也。''局博所以行棋。''弈，围棋也。'荀子大略篇云'六贰之博'，杨倞注云：'即六博也。今之博局，亦二六相对也。'楚辞招魂篇'菎蔽象棋，有六簙些'，王逸注云：'菎，玉也。蔽，簙箸以玉饰之也。投六箸，行六棋，故谓六簙也。'史记范雎蔡泽列传：'君独不观夫博者乎，或欲大投，或欲分功。'春秋襄二十五年左传：'今宁子视君，不如弈棋。'广雅'簙箸谓之箭'，'夗专，簙也'，'广平，枰也'，'曲道，梮也'，'围棋，弈也'，皆本此。"王氏念孙广雅疏证云："梮通作局。韩非子外储说云：'秦昭王以松柏之心为博箭。'西京杂记云：'许博昌善陆博法，用六箸，以竹为之，长六分，或用二箸。'列子说符篇释文引六博经云：'博法，二人相对坐向局，局分为十二道，两头当中名为水。用棋十二枚，法六白六黑，又用鱼二枚，置于水中。其掷采以琼为之。二人互掷采行綦，棋行到处，即竖之，名为骁棋，即入水食鱼，亦名牵鱼。每一牵鱼，获二筹；翻一鱼，获三筹。若已牵两鱼而不胜者，名曰被翻双鱼。彼家获六筹，为大胜也。'广平，为博局之枰，取义于平也。说文云：'枰，平也。'韦昭博弈论云：'所志不出一枰之上。'"小尔雅广服"棋局谓之弈"，宋氏翔凤训纂云："说文：'弈，围棋也。'广雅释言：'围棋，弈也。'弈通作亦。大戴礼小辨篇：'夫亦，固十棋之变由不可既也。'亦即弈字。文选博弈论注引邯郸淳艺经曰：'棋局纵横，各十七道，合二百八十九道，白黑棋子各一百五十枚。'后汉书张衡传'弈秋以棋局取誉'，注云：'弈，围局也。棋即所执之子。'按博弈皆用棋，弈为围棋，博为局戏。说文：‘簿，局戏也。六箸十二棋也。’法与围棋异。”按谓博与弈异是也。博盖即今之双陆，弈为围棋，今仍此名矣。以其局同用板平承于下，则皆谓之枰；以其同行于枰，皆谓之棋。史记日者列传：“旋式正棋。”刘徽九章算术：“句股幂，用诸色棋别之。”凡用以布列者之通名。而博之棋，上高而锐，如箭亦如箸，今双陆棋俗谓之锤，尚可考见其状，故有箭箸之名。今双陆枰上，亦有水门，其法古今有不同，如弈古用二百八十九道，今则用三百六十一道，亦其例也。班固弈旨云：“夫博悬于投，不专在行，优者有不遇，劣者有侥幸，虽有雌雄，不足以为平也。至于弈则不然，高下相推，人有等级，若孔氏之门，回、赐相服，循名责实，谋以计策，若唐虞之朝，考功黜陟，器用有常，施设无祈，因敌为资，应时屈伸。”此分别博弈甚明。盖弈但行棋，博以掷采而后行棋，后人不行棋而专掷采，遂称掷采为博，博与弈益远矣。赵氏以论语博、弈连言，故以博释弈，其实弈为围棋之专名，与博同类而异事也。引论语在阳货篇第十七。○注“数技”至“得也”○正义曰：吕氏春秋察贤篇“任其数而已矣”，淮南子原道训“贵其周于数”，高诱注并云：“数，术也。”礼记乡饮酒义“古之学术道者”，注云：“术，犹艺也。”坊记“尚技而贱事”，注云：“技，犹艺也。”技、术皆训艺。数之为技，犹数之为术，即数之为艺。礼记少仪“游于艺”，注云：“艺，六艺也。一曰五礼，二曰六乐，三曰五射，四曰五御，五曰六书，六曰九数。”九数为六艺之一，故数可称艺。其实数之名，汉书律历志云一十百千万是也。九数之用，其为方田、粟米、差分、少广、商功、均输、方程、赢不足、旁要，今有重差、夕桀、句股，其用大矣。而一枰之间，方罫之内，胜负视乎多寡，所以商度而计较者，亦数之类也，故云小数。致之言细密也，用志不细不密，则负矣。故专一其心，以细密其志也。致是细密，细密即是精。赵氏章句不解“致志”，而章指云“不精不能”，不精即解不致志，不能即解不得也。赵氏注中所略，每于章指补之。

弈秋，通国之善弈者也。使弈秋诲二人弈，其一人专心致志，惟弈秋之为听；一人虽听之，一心以为有鸿鹄将至，思援弓缴而射之，虽与之俱学，弗若之矣。为是其智弗若与？曰非然也。”【注】有人名秋，通一国皆谓之善弈曰弈秋。使教二人弈，其一人惟秋所善而听之，其一人念欲射鸿鹄，故不如也。为是谓其智不如也，曰非也，以不致志也。故齐王之不智，亦若是。【疏】“思援弓缴而射之”〇正义曰：说文手部云：“援，引也。”淮南子说山训云“好弋者先具缴与矰”，注云：“缴，大纶。”说文糸部云：“繁，生丝缕也。”文选文赋李善注引说文云：“谓缕系矰矢而以惟射也。”矢部云：“矰，惟射矢也。”隹部云：“惟者，繁射飞鸟也。”诗郑风女曰鸡鸣笺、齐风卢令笺皆云：“弋，缴射也。”孔氏正义曰：“以绳系矢而射鸟谓之缴射。”说文糸部又云：“缗，钓鱼繁也。”然则繁为生丝缕之名，可用以系弓弋鸟，亦可用以系竿钓鱼。〇“曰非然也”〇正义曰：王氏引之经传释词云：“有一人之言而自为问答者，则加曰字以别之，孟子‘为其智弗若与，曰非然也’是也。”为与谓同义，言谓是其智弗若也。赵注云“为是谓其智弗如也”，分为与谓为二，失之。〇注“有人”至“弈秋”〇正义曰：古之以技传者，每称之为名，如医和、卜徒父是也。此名弈秋，弈是技名，故知秋为其名，因通国皆谓之善弈，故以弈加名称之也。文选齐故安陆昭王碑文云：“弈思之微，秋储无以竞巧。”注云：“孟子曰‘弈秋，通国之善弈者也’。储，谓储蓄精思也。”储字承上思字，储蓄精思，正是专心致志，李善注是也。王应麟以储亦“善弈之人”，非是。艺文类聚引尸子云：“鸿鹄在上，杅弓鞸弩以待之。若发若否，问二五曰弗知。非二五难计也，欲鸿之心乱也。”此文残阙，当即孟子此文之意。俱学者，俱习也。智，即性之神明也。弗若者，习相远也。非然者，非性本相远也。此章以智明性，与前章以仁义明性互见之。

章指言：弈为小数，不精不能，一人善之，十人恶之，虽竭其道，何由智哉！诗云：“济济多士，文王以宁。”此之谓也。【疏】“诗云”至“谓也”〇正义曰：周氏广业孟子章指考证云：“济济二句，左传成二年楚子重引之云：‘文王犹用众，况吾侪乎。’荀卿、梅福、王褒皆以为文王赖多士以宁。独管子云：‘济济者，诚庄事断也。多士者，多长者也。周文王诚庄事断，故国治；其群臣明理以佐主，故主明。主明而国治，竟内被其泽利，殷民举首而望文王，愿为文王臣。’以济济指文王言。贾谊新书又云：‘辅翼文王，则身必已安也。’以宁指多士言。二解并异。”按此诗为大雅文王篇第三章。传云：“济济，多威仪也。”孔氏正义云：“释训云：‘济济，容止也。’孙炎云：‘济济,多士之容止也。'少仪云:'朝廷之仪,济济翔翔。'与此同。"济济与多士连文,自指多士,赵氏引以与一人善之相对,多士则宁一人,则不智也。

10 孟子曰:"鱼,我所欲也。熊掌,亦我所欲也。二者不可得兼,舍鱼而取熊掌者也。生,亦我所欲也。义,亦我所欲也。二者不可得兼,舍生而取义者也。【注】熊掌,熊蹯也,以喻义。鱼,以喻生也。【疏】注"熊掌熊蹯也"○正义曰:周礼秋官穴氏:"掌攻蛰兽,各以其物火之,以时献其珍异皮革。"注云:"蛰兽,熊罴之属。"贾氏疏云:"谓熊罴之皮及熊蹯之等。"文公元年左传云:"以宫甲围成王,王请食熊蹯而死。"注云:"熊掌难熟,冀久将有外救。"宣公二年左传云"宰夫胹熊蹯不熟",宣公六年公羊传"熊蹯不熟",注云:"蹯,掌也。"生亦我所欲,所欲有甚于生者,故不为苟得也。死亦我所恶,所恶有甚于死者,故患有所不辟也。如使人之所欲莫甚于生,则凡可以得生者,何不用也!使人之所恶莫甚于死者,则凡可以辟患者,何不为也!【注】有甚于生者,谓义也。义者不可苟得。有甚于死者,谓无义也。不苟辟患也。莫甚于生,则苟利而求生矣。莫甚于死,则可辟患不择善,何不为耳。【疏】注"莫甚"至"为耳"○正义曰:赵氏谓人之所欲莫甚于生,是不知好义之人也。不知好义,乃苟求得生。人之所恶莫甚于死者,是不知恶不义之人也。不知恶不义,乃苟于辟患,是指丧失其良心者而言,于下"由是"云云不贯。近时通解,则以此为反言,以决人性之必善,必有良心,以为下"人皆有之"张本。欲生恶死,人物所同之性。乃人性则所欲有甚于生,所恶有甚于死,此其性善也,此其良心也。何以见其欲有甚于生,于其不为苟得见之。何以见其恶有甚于死,于其患有所不辟见之。惟其有此良心,乃能如是。使本无良心,则惟欲生而已,惟恶死而已。所欲无有甚于生,则何以不为苟得,所恶无有甚于死,则何以患有所不辟,反复以明人必有此良心。或谓此言生死之权度,所欲有甚于生则不苟得此生,所恶有甚于死则不苟于辟患，此舍生而取义之事也。使无义可取，则此时所欲，莫甚于生，则又以得生为是；此时所恶，莫甚于死，则又以辟患为是。生而不义，则不苟生；生而义，则亦不苟死。不为苟得，患有所不辟，为贪生亡义者言也。可以得生，何不用；可以辟患，何不为：为轻生不知义者言也。义不在生，亦不在死，当死而死，当生而生，圣人之权也。**由是则生而有不用也，由是则可以辟患而有不为也，是故所欲有甚于生者，所恶有甚于死者，非独贤者有是心也，人皆有之，贤者能勿丧耳。**【注】有不用，不用苟生也。有不为，不为苟恶而辟患也。有甚于生，义甚于生也。有甚于死，恶甚于死也。凡人皆有是心，贤者能勿丧亡之也。【疏】"由是"至"丧耳"○正义曰：赵氏以"由是"以下为一节，盖以两"由是"与"是故"二字相呼吸。○注"不为苟恶"○正义曰：苟恶，谓不肯苟且为恶也。**一箪食，一豆羹，得之则生，弗得则死。嘑尔而与之，行道之人弗受。蹴尔而与之，乞人不屑也。**【注】人之饿者，得此一器食可以生，不得则死。嘑尔犹呼尔，咄啐之貌也。行道之人，道中凡人，以其贱已，故不肯受也。蹴，蹋也。以足践蹋与之，乞人不絜之。亦由其小，故轻而不受也。【疏】注"嘑尔"至"貌也"○正义曰：音义云："嘑，呼故切。咄，丁都忽切，叱也。啐，七内切，呼也。"呼与嘑通。文公元年左传"江芈怒曰呼役夫"，注云："呼，发声也。役夫，贱者称。"怒而称以贱者，而先发声为呼，则呼是怒声。文选送于陟阳侯诗注引仓颉篇云："咄，啐也。"曹植赠白马王彪诗注引说文云："咄，叱也。"说文口部："叱，诃也。""吒，叱怒也。"言部云："诃，大言而怒也。"嘑之训为号，赵氏以与"嘑尔"之义不合，故用左传"呼"字读之。又解以咄啐，明其为怒也。或以嘑为召呼，乃行道之人，招之使食，未见其必不肯受。下云"道中凡人，以其贱已"，正用呼役夫之意也。道中即路中。○注"蹴蹋"至"絜之"○正义曰：说文足部云："蹴，蹑也。""蹋，践也。""蹑，蹈也。""蹈，践也。"蹴、蹑、蹋、践、蹈五字相转注。以足践履之，则污而不絜。毛诗邶风谷风"不我屑以"，传云："屑，洁也。"洁与絜同。不屑，是不以为洁也。**万钟则不辩礼义而受之，万钟于我何加焉？为宫室之美，妻妾之奉，所识穷乏者**

得我与？【注】言一箪食则贵礼，至于万钟，则不复辩别有礼义与不。钟，量器也。万钟于己身何加益哉，己身不能独食万钟也。岂不为广美宫室，供奉妻妾，施与所知之人穷乏者。【疏】注“言一”至“乏者”○正义曰：嘑尔蹴尔，无礼者也。不受不絜，贵礼也。万钟或以礼或不以礼，以礼则义可受，不以礼则义不可受，此宜辨别者也。不辨，则有非礼而受者矣。音义云：“辩，丁本作‘变’，云：‘于义当为辩，辩，别也。’”阮氏元校勘记云：“周易坤释文：‘由辩，荀作变。’是辩、变古字通用。”按今本作“变”。五经文字云：“辩，理也。”“辨，别也。”经典或通用之。昭公三年左传云：“釜十则钟。”考工记桌氏“量之以为鬴”。鬴即釜，是钟为量器也。釜为六斗四升，钟为十釜，是六斛四斗也。淮南子修务训“蟆蟆然日加数寸”，注云：“加，犹益也。”人日食几何，故于己身何有加益。昭公六年左传“奉之以仁”，注云：“奉，养也。”广雅释言云：“供，养也。”故以供释奉。说文人部云：“供，设也。一曰供给。”谓蓄妻妾，则给以养之。奉，即禄食也。诗大雅瞻卬篇“君子是识”，笺云：“识，知也。”得字赵氏无释，而云“施与”。音义出“得我与”，云：“张云平声，亦如字。”以施释与，则赵氏读与如字。得我与，谓得获我之所施与也。读与为平声，则得我不可为得获之得。哀公二十四年左传云“公如越，得大子适郢”，注云：“适郢，越王大子得相亲悦也。”得与德通，礼记乐记云：“德者，得也。”国策齐策云“必德王”，秦策云“必不德王”，此得我即德我，所知之人穷乏，而我施与之，则彼必以我为恩德而亲悦我也。近时通解如是。乡为身死而不受，今为宫室之美为之；乡为身死而不受，今为妻妾之奉为之；乡为身死而不受，今为所识穷乏者得我而为之：是亦不可以已乎？此之谓失其本心。”【注】乡者不得箪食而食则身死，尚不受也。今为此三者为之，是亦不可以止乎，所谓失其本心也。

章指言：舍生取义，义之大者也。箪食万钟，用有轻重，纵彼纳此，盖违其本。凡人皆然，君子则否，所以殊也。

11　孟子曰："仁，人心也。义，人路也。舍其路而弗由，放其心而不知求，哀哉！【注】不行仁义者，不由路、不求心者也。可哀悯哉。【疏】注"可哀悯哉"○正义曰：说文口部云："哀，闵也。"人有鸡犬放，则知求之，有放心而不知求，学问之道无他，求其放心而已矣。"【注】人知求鸡狗，莫知求其心者，惑也。学问所以求之。【疏】注"学问所以求之"○正义曰：前言"放其良心"，"失其本心"，"操则存，舍则亡"，"贤者能勿丧"，盖所以放之失之舍之丧之者，由于不能操之，所以不能求之也。何以操之？惟在学问而已。学问，即中庸所云"博学之，审问之"，论语所谓"博学而笃志，切问而近思"，孔子所云"好古敏求"，孟子所云"诵诗读书"，圣人教人学以聚之、问以辨之者，无有他意，不过以此求其放心而已。顾氏炎武日知录云："'学问之道无他，求其放心而已矣'，然则但求放心，可不必于学问乎？与孔子之言'吾尝终日不食，终夜不寝，以思，无益，不如学也'者，何其不同邪？他日又曰：'君子以仁存心，以礼存心。'是所存者，非空虚之心也。夫仁与礼，未有不学问而能明者也。孟子之意，盖曰能求放心，然后可以学问。'使弈秋诲二人弈，其一人专心致志，惟弈秋之为听；一人虽听之，一心以为有鸿鹄将至，思援弓缴而射之，虽与之俱学，弗若之矣。'此放心而不知求者也。然但知求放心，而未尝穷中罫之方，悉雁行之势，亦必不能从事于弈。"赵氏佑温故录云："注'学问所以求之'一语，精义。然求放心非学问不为功，须兼到乃尽耳。求放心，即是求仁义而全乎人也。"

章指言：由路求心，为得其本；追逐鸡狗，务其末也。学以求之，详矣。【疏】"由路"至"详矣"○正义曰：求心在于知义，知义在于学问，赵氏深得孟子之旨，通儒也。

12　孟子曰："今有无名之指屈而不信，非疾痛害事也。如有能信之者，则不远秦楚之路，为指之不若人也。【注】无名之指，手之第四指也。盖以其余指皆有名。无名指者，非手之用指也。虽不疾痛妨害于事，犹欲信之，不远秦楚，为指不若人故也。【疏】注"无名"至"故也"○正义曰：无名指，详见滕文公篇下。楚辞招魂云"敬而无妨些"，王逸注云："妨，害也。"故害事为妨害于事。但不信则非疾痛，或虽不疾痛，而以不信妨事，尚须虑之，而又为无名之指，非手之所常用，则不信亦不妨害事，可不虑也。**指不若人，则知恶之；心不若人，则不知恶，此之谓不知类也。"**【注】心不若人，可恶之大者也。而反恶指，故曰不知其类也。类，事也。【疏】注"类事也"○正义曰：吕氏春秋达郁篇云"得其细，失其大，不知类耳"，高诱注云："类，事也。"礼记学记云"九年知类通达"，注云："知类，知事义之比也。"

章指言：舍大恶小，不知其要，忧指忘心，不向于道，是以君子恶之也。

13　孟子曰："拱把之桐梓，人苟欲生之，皆知所以养之者。至于身而不知所以养之者，岂爱身不若桐梓哉？弗思甚也。"【注】拱，合两手也。把，以一手把之也。桐，梓，皆木名也。人皆知灌溉而养之，至于养身之道，当以仁义，而不知用，岂于身不若桐梓哉，不思之甚也。【疏】注"拱合"至"名也"○正义曰：尚书序云："伊陟相大戊，亳有祥桑谷共生于朝。"史记集解引郑氏注云："两手搤之曰拱。"王氏鸣盛尚书后案云："共与拱通，僖三十二年传'尔墓之木拱'，杜预曰：'合手曰拱。'吕览季夏纪制乐篇载此事，高诱注亦云：'满两手曰拱。'是也。"说文手部云："把，握也。"庄子人间世云"宋有荆氏者，宜楸柏桑其拱把而上者"，释文云："拱，恭勇反。把，百雅反。司马云：'两手曰拱，一手曰把。'"毛诗鄘风定之方中云"树之榛栗，椅桐梓漆"，笺云："树此六木于宫。"谓桐梓与榛栗椅漆为六，是桐梓皆木名。尔雅释木云"荣桐木"，注云："即梧桐。"又云"椅梓"，注云："即楸。"是也。齐民要术有种桐梓法。

章指言：莫知养身而养树木，失事违务，不得所

急，所以戒未达者也。【疏】“而养树木”○正义曰：孔本树上有“其”字。阮氏元校勘记云：“孔本、韩本衍‘其’字。”

14 孟子曰：“人之于身也兼所爱，兼所爱，则兼所养也。无尺寸之肤不爱焉，则无尺寸之肤不养也。【注】人之所爱则养之。于身也，一尺一寸之肤养相及也。【疏】注“人之”至“相及也”○正义曰：赵氏之意，以身对心而言，心身皆人之体，爱心亦兼爱身，则养心亦兼养身，故先言人之所爱则养之，浑括身心而言。次言于身也，一尺一寸之肤养相及，明养身由养心而兼及之也。肤为肌肉，属身言。所以考其善不善者，岂有他哉？于己取之而已矣。【注】考知其善否，皆在己之所养也。【疏】注“考知”至“养也”○正义曰：考与攷同。周礼夏官大司马“以待攷而诛赏”，注云：“考，谓考校其功。”诗大雅文王有声篇“考卜维王”，笺云：“考，犹稽也。”养身为养心之所兼，则大小显然可见，善则为大人，不善则为小人。欲知其为大人小人，则不必攷校稽察于他事，即其所养在何体，则知之矣。体有贵贱，有小大，无以小害大，无以贱害贵，养其小者为小人，养其大者为大人。【注】养小则害大，养贱则害贵。小，口腹也。大，心志也。头颈，贵者也。指拇，贱者也。不可舍贵养贱者也。务口腹者为小人，治心志者为大人。【疏】注“养小”至“大人”○正义曰：赵氏佑温故录云：“大贵小贱，无可易也。注以大谓心志，小谓口腹，是已，忽增出贵谓头颈，贱谓指拇，则支矣。按‘头颈贵者’以下十八字，于上下文义不贯，恐非赵氏原文。”今有场师，舍其梧槚，养其樲棘，则为贱场师焉。【注】场师，治场圃者。场以治谷。圃，园也。梧，桐，槚，梓，皆木名。樲棘，小棘，所谓酸枣也。言此以喻人舍大养小，故曰贱场师也。【疏】注“场师”至“师也”○正义曰：周礼地官载师“以场圃任园地”，注云：“圃，树果蓏之属。季秋于中为场。”场人“每场下士二人”，“掌国之场圃，而树之果蓏珍果之物，以时敛而藏之”，注云：“场，筑地为墠，季秋除圃中为之。诗云：‘九月筑场圃,十月纳禾稼。’”场为纳禾稼而筑,故云场以治谷。场为圃中之地,园圃乃树草木,今言养其樲棘,故连圃言之。尔雅释言云:“师,人也。”盖场师即场人也。场人称师,犹工师医师渔师之属。尔雅释木“椋梧”与“桐荣木”别,“槄山榎”与“椅梓”别,盖梧虽与桐异而为一类,故梧亦称梧桐。梓虽与榎异,考工记注云:“梓,榎属。”以其属统言之,则梧亦桐也,榎亦梓也。段氏玉裁说文解字注云:“槚,楸也。释木‘槐小叶曰榎’,郭云:‘槐当为楸,楸细叶者为榎。’又‘大而皵楸,小而皵榎’,郭云:‘老乃皮粗皵为楸,小而皮粗皵为榎。’又‘槄,山榎’,郭云:‘今之山楸。’榎者槚之或字。”阮氏元校勘记云:“樲棘,古书皆作‘樲枣’。尔雅‘遵羊枣’注引孟子‘养其樲枣’,古本尔雅皆同。唐宋人本草注亦作‘樲枣’。毛传云:‘棘者,枣也。’统言之也。故羊枣虽小而得称枣。‘樲棘小棘’,此是‘樲枣小枣’之误,不可不正。小棘之语,尤为不通。”说文解字注云:“释木曰:‘樲,酸枣。’孟子曰:‘舍其梧槚,养其樲枣。’赵曰:‘樲枣,小枣,所谓酸枣也。’孟子本作‘酸枣’,宋刻尔雅及玉篇、唐本草,又本草图经皆可证。今本改作‘樲棘’,非是。樲之言副贰也,为枣之副贰,故曰樲枣。本草经曰:‘酸枣,味酸平,主心腹寒热,邪结气聚,四肢酸疼,温痹烦心不得眠。诸家皆云:似枣而味酸。’”按齐民要术种枣第三十三云:“孟子尝曰樲枣。”艺文类聚引孟子作“养其樲枣”。则樲棘宜作“樲枣”是也。钱氏大昕养新录云:“尔雅‘樲,酸枣’。不闻樲棘为小枣。梧、槚二物,则樲、棘必非一物。樲为酸枣,棘即荆棘之棘也。”**养其一指而失其肩背而不知也,则为狼疾人也。**【注】谓医养人疾,治其一指,而不知其肩背之有疾,以至于害之,此为狼藉乱不知治疾之人也。【疏】注“谓医”至“人也”○正义曰:寻常养身,即但养一指,不致失其肩背。惟疾病隐于肩背而见于一指,医但见其指有疾,而不能知疾之在肩背,徒治其指,而转有伤害于肩背。老子云“轻则失本”,王弼注云:“失本,谓丧身也。”易“东北丧朋”,释文引马注云:“丧,失也。”国语晋语“而先纣丧”,韦注云:“丧,败也。”国策秦策云“纷强欲败之”,高诱注云:“败,害也。”是失、丧、败、害四字转注,失即害也。赵氏读狼疾为狼藉,而以乱释之。汉书刘屈氂传云“事籍籍如此”,注云:“籍籍,犹纷纷也。”吕氏春秋慎大篇高诱注云:“纷纷,淆乱也。”楚辞忧苦篇“心纷错而不受",王逸注云:"纷错,愦乱也。"狼藉犹纷错,害而不知,此医之昏愦瞀乱者矣。滕文公上篇"狼戾",赵氏以为"犹狼藉",又云:"饶多狼藉,捐弃于地。"凡饶多则纷错,故为乱。而饶多亦为丰盛,故史记陆贾传"名声籍甚",汉书注引孟康云:"言狼籍之甚。"史记集解引汉书音义云:"言狼籍甚盛。"盛与乱之训不同,而皆本于饶多则一也。注中"医养人疾"、"不知治疾"两疾字,与经文疾字无涉。经文"疾"字,赵氏以籍字读之也。**饮食之人,则人贱之矣,为其养小以失大也。饮食之人无有失也,则口腹岂适为尺寸之肤哉?"**【注】饮食之人,人所以贱之者,为其养口腹而失道德耳。如使不失道德,存仁义以往,不嫌于养口腹也。故曰口腹岂但为肥长尺寸之肤邪,亦为怀道德者也。【疏】注"如使"至"德者也"○正义曰:尔雅释诂云:"适,往也。"国策秦策云"疑臣者不适三人",高诱注云:"适音翅,翅与啻同。不啻,犹云不但也。"然则适如字则为之往之义,读如翅则为啻但之词。赵氏既云存仁义以往,是以往释适字。又云口腹岂但为肥长尺寸之肤邪,直以但字代适字。然则赵氏兼存两义也。饮食之人,不以嗟来为耻,故其往食也,人贱之。存仁义而往,如大烹以养圣贤,则"不家食吉,利有攸往"矣。谓其往因行仁义,非因贪口腹,故不为尺寸之肤;为仁义而饮食,则亦岂但为口腹。两读皆可通,此所以兼存与?王氏引之经传释词云:"家大人曰:说文'适,从辵啻声'。适、啻声相近,故古字或以适为啻。"

章指言:养其行,治其正,俱用智力,善恶相厉,是以君子居处思义,饮食思礼也。【疏】"是以君子"至"礼也"○正义曰:国语楚语蓝尹亹谓子西曰:"君子临政思义,饮食思礼,同宴思乐,在乐思善。"昭公三十一[一]年左传云:"君子动则思礼,行则思义,不为利回,不为义疚。"

15　**公都子问曰:"钧是人也,或为大人,或为小人,何**

〔一〕"一"原误"二",据左传改。

也？”【注】钧，同也。言有大有小何也。【疏】注“钧同也”○正义曰：僖公五年左传“均服振振”，贾注、服注皆云：“均，同也。”说文金部云：“钧，三十斤也。”土部云：“均，平遍也。”同为平遍之义，钧为均之通借字，故训同也。

孟子曰：“从其大体为大人，从其小体为小人。”【注】大体，心思礼义。小体，纵恣情欲。

曰：“钧是人也，或从其大体，或从其小体，何也？”【注】公都子言人何独有从小体也。

曰：“耳目之官不思，而蔽于物。物交物，则引之而已矣。心之官则思，思则得之，不思则不得也。此天之所与我者，先立乎其大者，则其小者弗能夺也。此为大人而已矣。”【注】孟子曰，人有耳目之官，不思，故为物所蔽。官，精神所在也。谓人有五官六府。物，事也。利欲之事，来交引其精神，心官不思善，故失其道而陷为小人也。比方天所与人情性，先立乎其大者，谓生而有善性也。小者，情欲也。善胜恶，则恶不能夺。【疏】注“人有”至“不能夺”○正义曰：荀子正名篇云：“缘天官，形体色理以目异，声音清浊调竽奇声以耳异，甘苦咸淡辛酸奇味以口异，香臭芬郁腥臊洒〔一〕酸奇臭以鼻异，疾养沧热滑铍轻重以形体异，说故喜怒哀乐爱恶欲以心异。心有征知，征知则缘耳而知声可也，缘目而知形可也。然而征知必将待天官之当簿其类，然后可也。五官簿之而不知，心征之而无说，则人莫不然，谓之不知，此所缘而以同异也。”又天论篇云：“耳目鼻口形，能各有接而不相能也，夫是之谓天官。心居中虚，以治五官，夫是之谓天君。”吕氏春秋贵生篇云：“耳虽欲声，目虽欲色，鼻虽欲芬香，口虽欲滋味，害于生则止。在四官者，不欲利于生者则弗为。由此观之，耳目鼻口，不得擅行，必有所制。譬之若官职不得擅为，必有所制。”高诱注云：“四官，耳目鼻口也。制，制于心也，制于君也。”吕氏以耳目鼻口为四官，心为君，官制于君。说文

〔一〕“洒”原误“酒”，据荀子改。

自[一]部云："官，吏事君也。"此心不在官之列也。荀子天论以耳目鼻口形为天官，以心为天君，此义与吕氏同。其正名篇之天官即此天官，五官即此耳目鼻口形，不连心言，故五官簿之不知，与心征之无说对言，是不列五官也。杨倞以耳目鼻口心为五官，失荀子意矣。孟子称耳目为官，亦称心为官，盖心虽能统耳目，而各有所司，心不能代耳司听，代目司视，犹耳目能听能视而不能思。耳目不能思，须受治于心之思；心不能司听司视，而非心之思，则视听不能不蔽于物。广雅释诂云："官，君也。"以其能治耳目之所司，则为君；以其各有所司，则君亦是官。礼记聘义云"精神见于山川"，注云："精神，亦谓精气也。"大戴记曾子天员云："阳之精气为神。"精气在心为思，在耳为听，在目为视，以其各有所主为官，以其各有所施为事，洪范"敬用五事"是也。物之义为事，耳目之视听事也，外来之利欲亦事也。物交物，谓以外来之利欲交于耳目之视听。斯时若不以心之思治之，则视听之事蔽于利欲之事。视听之事所以蔽于利欲之事者，缘利欲之事交接于视听之事，因而引诱此视听也。甲乙经云："鼻者，肺之官。目者，肝之官。口者，脾之官。舌者，心之官。耳者，肾之官。肺合大肠，为传道之府。心合小肠，为受盛之府。肝合胆，为清净之府。脾合胃，为五谷之府。肾合膀胱，为津液之府。少阴属肾，上连肺，故将两藏三焦为中渎之府。水道出焉，属膀胱，是孤之府。此六府之所合也。"心属五藏，耳目属五官，而耳目与五藏相表里，心与六府相表里，孟子以心与耳目同为官，故赵氏举五官，连六府以明之。周礼春官大师注郑司农云："比者，比方于物也。"故以比为比方。阮氏元校勘记云："'此天之所以与我者'，廖本、闽、监、毛三本同。岳本、孔本、韩本此作'比'。按朱子文集云：'旧官本皆作比字，注中此乃亦作比方。'又集注云：'旧本多作比，而赵注亦以比方释之。今本既多作此，而注亦作此乃，未详孰是。'赵注既云'比方'，安可因近本之讹而疑之。上文官有二，故比方之而先立乎其大者，文意甚明。汉书贾谊传'比物此志也'，如淳曰：'比谓比方也。'今多讹为'此物'。公羊传注'父老比三老孝弟官属'，今本比亦讹'此'。'此乃天所与人情性'，廖本、闽、监、毛三本同。岳本、孔本、韩本此乃作'比方'，按比方是。"倪氏思宽二初斋读书记云："'此天之所以与

〔一〕"自"原误"宀"，据说文改。

我者'，此字旧本作'比'，依旧本。比方之中，即含下大小分列之义，孟子此节，详辨耳目之官。心之官，原取比方之意，旧本自不可易。"王氏引之经传释词云："说文曰：'皆，俱词也。从比从白。'徐锴曰：'比，皆也。'孟子：'比天之所以与我者，先立乎其大者，则其小者弗能夺也。'家大人曰：言耳目心思皆天之所与我者，而心为大。赵注以比为比方，谓比方天所与人性情，失之。或改比为此，改赵注比方为此乃，尤非。"谨按孟子之意，自以大者指心，小者指耳目。"小者不能夺"，是思则得也。赵氏以大者指性善，小者指情欲，情欲即耳目之蔽于物。缘性善故心能思，立其大者，则心之思有以治耳目之听视；不立其大者，则耳目之听视有以夺心之思。赵氏以性情言之，盖小固属耳目，大亦不离耳目。以心治耳目，则能全其善性，即为养其大体。以耳目夺心，则蔽于情欲，即为养其小体。赵氏恐人舍耳目之听视，而空守其心思，故不以心与耳目分大小，而以善性情欲分大小。此赵氏深知孟子之旨，有以发明之也。善胜恶即解立字，非谓天以善性与人即是立，不待操存，自能使小者不夺也。戴氏震孟子字义疏证云："人之才，得天地之全能，通天地之全德，其见于思乎！思诚，则立乎其大矣。耳目之官不思，物之未交，冲虚自然，斯已矣。心之官异是。人皆有天德之知，根于心，自诚明也。思中正而达天德，则不蔽，不蔽则莫能引之以入于邪，自明诚也。耳之能听也，目之能视也，鼻之能臭也，口之知味也，物至而迎而受之者也。心之精爽，驯而至于神明也，所以主乎耳目百体者也。声之得于耳也，色之得于目也，臭之得于鼻也，味之得于口也，耳目百体之欲，不得则失其养，所谓养其小者也。理义之得于心也，耳目百体之欲之所受裁也，不得则失其养，所谓养其大者也。'人之所以异于禽兽也者几希'，虽犬之性、牛之性，当其气无乖乱，莫不冲虚自然也。动则蔽而罔罔以行。人不求其心不蔽，于是恶外物之惑己而强御之，可谓之所以异乎？是以老聃、庄周之言尚无欲，君子尚无蔽。尚无欲者，主静以为至，君子达天德，秉中正，欲勿失之盈以夺之，苟焉以求静，而欲之剪抑窜绝，君子不取也。"程氏瑶田通艺录论学小记云："孟子谓'心之官则思，先立乎其大者'，谓心能主乎耳目，非离乎耳目之官而专致力于思。然则所谓'先立乎其大者'，舍视听言动，无下手处也。不知循物，寂守其心，此异学之所以歧也。吾学则不然，吾于物之不当为者，而断乎其不为，此吾志之定于其先，而立乎其大者。而至于耳目交物之时，而果能造不为之意，此之谓‘无恶于志’，此之谓‘慎独’。”

章指言：天与人性，先立其大，心官思之，邪不乖越，故谓之大人也。

16　孟子曰："有天爵者，有人爵者。仁义忠信，乐善不倦，此天爵也。公卿大夫，此人爵也。【注】天爵以德，人爵以禄。古之人修其天爵，而人爵从之。今之人修其天爵，以要人爵，既得人爵，而弃其天爵，则惑之甚者也。【注】人爵从之，人爵自至也。以要人爵，要，求也。得人爵，弃天爵，惑之甚也。【疏】注"要求也"○正义曰：吕氏春秋劝学篇"以要不可必"，又直谏篇"将以要利矣"，高诱注并云："要，求也。"终亦必亡而已矣。"【注】弃善忘德，终必亡之。

章指言：古修天爵，自乐之也。今求人爵，以诱时也。得人弃天，道之忌也。惑以招亡，小人事也。

17　孟子曰："欲贵者，人之同心也。人人有贵于己者，弗思耳。人之所贵者非良贵也，赵孟之所贵，赵孟能贱之。【注】人皆同欲贵之心。人人自有贵者在己身，不思之耳。在己者，谓仁义广誉也。凡人之所贵富贵，故曰非良贵也。赵孟，晋卿之贵者。能贵人，能贱人，人之所自有者，他人不能贱之也。【疏】注"凡人"至"贱之也"○正义曰：良之训为善，毛、韩之传诗，郑氏之注礼记、周礼，笺诗，何氏注公羊传，韦氏注国语，高氏注吕氏春秋，许氏说文解字，张氏广雅，司马氏注庄子，某氏传尚书，孟康、如淳注汉书，孔晁注周书无不然，故良心即指仁义之心，谓善心也。此良贵，赵氏明指仁义广誉，则亦当训为善，谓贵之善者也。人所贵者富贵，富贵之贵，不如仁义之贵良也。易文言传云："元者，善之长也。"元有善义，亦有首义，故尔雅释诂云："元，良，首也。"良训善，因亦为元首。此善于彼，则此居彼上，故左传所云“良医”，即周礼所云“上医”，若曰此医之善者，亦即医之首也。山海经西山经“瑾瑜之玉为良”，注云：“良，言最善也。”最善，善之最，即善之长，善之长即善之甚，故赵氏解良知、良能为甚知、甚能，皆由善之义引申者也。人人所自有，此是解人人有贵于己者，言仁义不待外求。富贵则赵孟能贵能贱，此仁义之贵，比校富贵之贵所以为良，非良字有自有之训也。良贵犹云最贵，非良贵犹云非最贵也。自儒者误以良为自有之训，遂造为“致良知”之说，六书训诂之学不明，其害如此。周氏柄中辨正云：“孙奕示儿编：‘晋有三赵孟，赵朔之子曰武，谥文子，称赵孟。赵武之子曰成，赵成之子曰鞅，又名封父，谥简子，亦称赵孟。赵鞅之子曰无恤，谥襄子，亦称赵孟。’按吴斗南云：‘赵盾字孟，故其子孙皆称赵孟。’”**诗云：‘既醉以酒，既饱以德。’言饱乎仁义也，所以不愿人之膏粱之味也。令闻广誉施于身，所以不愿人之文绣也。”**【注】诗，大雅既醉之篇。言饱德者，饱仁义于身，身之贵者也，不愿人之膏粱矣。膏粱，细粱如膏者也。文绣，绣衣服也。【疏】注“诗大”至“服也”○正义曰：引诗在大雅既醉篇第一章。素问生气通天论云“高梁之变”，王冰注云：“高，膏也。梁，粱也。”又腹中论云：“夫子致言热中消中，不可服高梁。夫热中消中者，皆富贵人也。今禁高梁，是不合其心。”注云：“高，膏。梁，米也。”国语晋语“栾伯请公族大夫，公曰夫膏粱之性难正也”，韦昭注云：“膏，肉之肥者。粱，食之精者。言食肥美者率多骄放。”此与素问义合。富贵之人，不徒食精米，必兼以肥，故左传曹刿云“肉食者鄙”，肉即膏，食即粱也。礼记丧大记云“不辟粱肉”，肉即指膏也。说文肉部云：“膏，肥也。”米部云：“粱，米名也。”明分为二。赵氏言“细粱如膏”，则专指粱米而言。周氏柄中辨正云：“赵注‘膏粱，细粱如膏者’。此犹山海经之‘膏菽’‘膏稻’‘膏黍’‘膏稷’，郭注谓‘味滑如膏者’也。按膏粱对下文绣，文是衣，绣是裳，则膏、粱亦当是二物。”谨按：礼记月令仲秋“文绣有恒”，注云：“文谓画也。祭服之制，画衣而绣裳。”孔氏正义云：“尚书咎繇谟云：‘予欲观古人之象，日月、星辰、山龙、华虫、作会。’是衣画也。‘宗彝、藻火、粉米、黼黻、絺绣。’是裳绣也。画色轻，故在衣以法天；绣色重，故在裳以法地也。”此周氏所本也。乃赵氏云“文绣绣衣服也”，亦不分为二。刘熙释名释言语云：

"文者,会集众采以成锦绣,会集众文以成词谊,如文绣然也。"又释采帛云:"绣,修也。文修修然也。"是文绣不分也。说文糸部云:"绘,会五采绣也。虞书曰:'山龙华虫作绘。'"段氏玉裁说文解字注云:"绘、会叠韵。今人分皋陶谟'绘绣'为二事,古者二事不分,统谓之设色之工而已。缋训画,绘训〔一〕绣。""绌,绣文如聚细米也。绣,谓画也。今皋陶谟作'粉米',许见壁中古文作'黺绌'。黹部云:'黺,画粉也。'此云:'绌,绣文如聚细米也。'皆古文尚书说也。"孙氏星衍五服五章今文论云:"大传曰:'山龙,青也。华虫,黄也。作绘,黑也。宗彝,白也。璪火,赤也。'说文:'黔,沃黑色。''娢,女黑色。'义皆为黑。会绣此四色于玄衣,合为五色,故于黑色独云'作绘'也。大传又云:'天子衣服,其文华虫、作绘、宗彝、璪火、山龙,诸侯作绘、宗彝、璪火、山龙,子男宗彝、璪火、山龙,大夫璪火、山龙,士山龙。自天子至士皆服山龙。'周礼节服氏:'掌祭祀朝觐,衮冕六人,维王之大常。'是下士亦服衮龙之证,周时沿古制也。士山龙亦在玄衣,故礼器云:'士玄衣纁裳也。'尔雅云:'衮,黻也。'广雅云:'山龙,彰也。'说文'黺'字解云:'以山龙华虫为衮衣。'衮为画龙之衣,山龙为五等共有之章服,故尔雅、广雅单举之以该华虫等五章服色。天子备五色,得服华虫,大戴礼五帝德称'帝喾服黄黼黻衣',言天子有华虫,独得服黄。说文黺、黼、黻三字皆从黹,黹即刺绣,黼为白与黑相次文,黻为黑与青相次文,黺为画粉。绌为绣文如聚米,又绣为五采备也,是黺、黼、绌、黻皆绣文。说文云:'绘,会五采绣也。'言玄衣黑衣,会山龙青、华虫黄、宗彝白、璪火赤而成五采。云彝从糸,糸,綦也者,言绣文如彝器之博棋文而艾白色。云璪玉饰如水藻文者,言绣文如冠玉之文,谓之藻火,即色赤而文似藻。史记夏本纪以文绣二字释山龙,至绨绣经文,文亦画也。大戴礼称'黄帝黼黻衣大带黼裳',孟子称'舜被袗衣',赵氏注:'袗,画也。被画衣黼黻绨绣也。'史记五帝本纪云:'赐舜绨衣,与琴。'以袗衣为绨衣者,刺绣于绨,说文以袗为玄服,可证玄衣加绘绣,故亦谓之玄衮。五帝本纪称'尧黄收纯衣',纯衣即黄黼黻衣。言其玄质则曰纯,言其画采有华虫则曰黄。刺绣之事,以纨葛之精细者为质布,画山龙等五章于上而绣之,所谓画衣,盖画而绣之。经云'以五采彰施于五色',五

〔一〕二"训"字原均误"谓",据说文段注改。

色，画也。五采，绣也。故月令云：'命妇官染采。'以黼黻之文刺于山龙等五章空隙之处，复分画其界域，俾五色不能相乱，故谓之为黺，视其文如聚米也。荀子正论篇论天子则'服五采，杂间色，重文绣'。云五采，如今文说山龙等五色也。间色，如黼黻各有二色相间也。重文绣，谓衣裳俱用之重袭也。经文'山龙、华虫、作绘、宗彝、藻火'在上者，因刺绣必先布画五章，而后刺粉米黼黻之文。衣则以黼黻加山龙以下五等，裳则黄质而有赤色；称为纁裳，仅用粉米黼黻而已。王制正义引郑注易下系云：'南方色赤，黄而兼赤，故为纁也。'合之考工记及说文'黼为白黑相次，黻为黑青相次'，纁裳不必有五章，而五色已备。诗人谓之绣裳，绣是备五采之名也。"江氏声尚书集注音疏云："说文黹部：'黺，画粉也。卫宏说。'糸部：'絑，绣文如聚细米也。'盖绣必先画，以粉画为聚米之形，乃后依其画粉而刺之，故谓之黺絑。但黺絑实为一章，若用画粉为解，似分黺絑为二，故不别解黺义，而合为黺絑也。然则绣皆先用粉画之，独于絑言黺者，举一以见例也。"

章指言：所贵在身，人不知求，膏粱文绣，己之所优，赵孟所贵，何能比之，是以君子贫而乐也。

18　孟子曰："仁之胜不仁也，犹水胜火。今之为仁者，犹以一杯水救一车薪之火也，不熄，则谓之水不胜火。此又与于不仁之甚者也。亦终必亡而已矣。"【注】水胜火，取水足以制火。一杯水何能胜一车薪之火也，以此谓水不胜火。为仁者亦若是，则与作不仁之甚者也。亡，犹无也。亦终必无仁矣。【疏】注"为仁"至"仁矣"○正义曰：亦若是者，因杯水之仁不能救舆薪之不仁，则谓之不仁胜仁也。仪礼士昏礼记云"我与在"，注云："与，犹兼也。"广雅释诂云："兼，同也。"此又与于不仁之甚者也，即此又同于不仁之甚者也。则与作不仁之甚者也，即则同作不仁之甚者也。此读为预。近解作助，则读如字。国策秦策云"不如与魏以劲之"，高诱注云："与，犹助也。"惟其信不仁而屈仁，则足以助不仁；惟其助不仁，则虽有杯水之仁，亦同于不仁之甚。而此所有杯水之仁，且终亦归于不仁，则不特同之而已。说文亡部云："无，亡也。"亡、无二字相通，惟其丧亡，所以无也。赵氏读亡为无，以为终必无仁，盖既自以为仁不胜不仁，则为仁之心沮，而为不仁之意萌，久而并此杯水之仁而亦丧之，则终于无仁而已矣。然则当不能胜之时，须自知仁之本微，发愤而充之扩之，则不胜进而为胜，何至于亡乎。

章指言：为仁不至，不反诸己，谓水胜火，熄而后已。不仁之甚，终必亡矣。为道不卒，无益于贤也。【疏】"无益于贤也"○正义曰：荀子正论篇云："今宋子不能解人之恶侮，而务说人以勿辱也，岂不过甚矣哉！金舌弊口，犹将无益也。不知其无益则不知，知其无益也，直以欺人则不仁，不仁不知，辱莫大焉。将以为有益于人，则与无益于人也。"赵氏以孟子言"与于不仁之甚"，犹荀子言"与无益于人"，故用此语以明与字之义。宋子言见侮之不辱，将以为有益于人，不知同于无益于人。此言仁不胜不仁者自以为有仁，不知同于不仁之甚也。赵氏每以注中未详者于章指补明，若此尤甚奥矣。

19　孟子曰："五谷者，种之美者也。苟为不熟，不如荑稗。夫仁亦在乎熟之而已矣。"【注】熟，成也。五谷虽美，种之不成，不如荑稗之草其实可食。为仁不成，犹是也。【疏】注"熟成"至"是也"○正义曰：吕氏春秋明理篇"五谷萎败不成"，又贵信篇"则五种不成"，高诱注并云："成，熟也。"是熟即成也。齐民要术种谷篇引孟子"不如稊稗"，古从夷从弟之字多通。尔雅释草云"蕛英"，注云："蕛似稗，布地生秽草。"邵氏晋涵正义云："蕛一名英，孟子云'不如荑稗'，荑即蕛也。庄子知北游云'道在蕛稗'，李颐〔一〕以为二草名。蕛有米而细，故别于秕。秋水篇云'似蕛米之在太仓'，司马彪云：'稊米，小米也。'一切经音义引尔雅注云：'荑似稗，布地秽草也。今之稗子是也。'按蕛似稗耳，非即稗也。蕛与稗俱堪水旱，种无不熟，

〔一〕"颐"原作"氏"，据尔雅正义改。

北方农家种之,以备凶年。”程氏瑶田通艺录九谷考云:“说文:‘稗,禾别也。’稗似禾而别于禾之谷,余见京东州县农家种之,茎劲采不下垂,略似粟,但谷色近黑耳。宋靖康之乱,没为奴婢者,使供作务,人月支稗子五斗,春得米斗〔一〕八升。由是言之,稗斗才得米三升六合耳。而农人种之者,所以备凶年,氾胜之云‘稗堪水旱,种无不熟’是也。又说文:‘䅊,黍属。’䅊音卑,今谷名中无卑音者,余以意断之曰‘禾别曰稗’‘黍别曰䅊’而未敢信也。丙申岁,居京师,庭中芒种后生一本数十茎,贴地横出,至生节处乃屈而上耸,节如鹤膝,茎淡紫色,叶色深绿,每一茎又节节抽茎成数穗,穗疏散,至大暑后而谷熟,光泽如黍,余以为此必䅊也。见农人问之,则曰‘稗也’。余曰:‘农家所种稗,似粟,与此殊不类。’则对曰:‘此野稗也。亦曰水稗。’余乃检玉篇、广韵中䅊皆有稗音,䅊为黍别无疑也。稗、䅊并宜卑湿地,又视禾黍为卑贱,故字皆从卑。梁太清三年,鄱阳王范屯濡须,粮乏,采菰稗菱藕以自给。其所谓稗,即野稗也。曹植七启云‘芳菰精稗’,亦指野稗。谓之精者,修辞家之美称,与召旻诗毛氏传所云‘彼宜食疏,今反食精稗’者异义。”谨按:“不如荑稗”,犹孔子言“博弈犹贤”。孔子非教人学博弈,孟子非教人种荑稗也。解者谓是理消物长之喻,不如荑稗,是天理之槁枯,不胜人欲之长旺,非孟子义也。

章指言:功毁几成,人在慎终,五谷不熟,荑稗是胜,是以为仁必其成也。

20　孟子曰:“羿之教人射,必志于彀,学者亦必志于彀。【注】羿,古之工射者。彀,张也。张弩向的者,用思专时也。学者志道,犹射者之张也。【疏】“必志于彀”○正义曰:阮氏元校勘记云:“‘必志于彀’,孔本、韩本、考文古本、足利本同。闽、监、毛三本志作‘至’,下同。浦镗云:‘志误至。’”翟氏灏考异云:“注疏本志俱作‘至’。宋刻九经下一志字作‘至’,南轩孟子说上一志字作‘至’。按章句曰:‘张弩向的,用思专时也。

〔一〕“斗”字原脱,据通艺录改。

学者志道，犹射者之张也。’则原本宜皆志字。南轩注‘羿教人使志于彀’，则其上一正文亦不应作‘至’。”〇注“羿古”至“张也”〇正义曰：说文弓部云：“芎，帝喾射官，夏少康灭之。论语曰：‘芎善射。’”段氏玉裁说文解字注云：“邑部‘穷’下云：‘夏后时诸侯夷羿国也。’羽部‘羿’下云：‘亦古诸侯也。’皆即此。芎，帝喾射官，为诸侯，自鉏迁于穷石，所谓‘有穷后羿’也。芎与羿古盖同字。而尧时射师弹十日者，高诱云：‘此尧时羿，非有穷后羿。’”按说文弓部又云：“彀，张弩也。”“弩，弓有臂者。”周礼四弩，夹弩、庾弩、唐弩、大弩。毛诗小雅宾之初筵篇“发彼有的”，传云：“的，质也。”礼记射义引此诗，注云：“的，谓所射之识也。”弓弩既张则心用于中的，故志专向于的。赵氏谓用思专于张弩之时，非谓用志于张弩也。商书盘庚上云“若射之有志”，郑氏注云：“夫射者张弓属矢，而志在所射必中，然后发之。”此经云“必志于彀”，与书义同，赵氏注亦与郑同也。阮氏元校勘记云：“张弩向的，所谓‘若虞机张，往省括于度则释’也。”**大匠诲人，必以规矩，学者亦必以规矩。”**【注】大匠，攻木之工。规，所以为圆也。矩，所以为方也。诲，教也。教人必以规矩。学者以仁义为法式，亦犹大匠以规矩者也。【疏】注“规所以为圆也”〇正义曰：孔本无“也”字。〇注“诲教也”〇正义曰：说文言部云：“诲，晓教也。”

章指言：事各有本，道有所隆，彀张规矩，以喻为仁，学不为仁，犹是二教，失其法而行之也。

孟子正义卷二十四

孟子卷第十二

告子章句下凡十六章。

1　**任人有问屋庐子曰："礼与食孰重？"**【注】任国之人问孟子弟子屋庐连。问二者何为重。【疏】注"任国"至"为重"○正义曰：阎氏若璩释地云："任，国名，太皞之后，风姓。汉为任城县，后汉为任城国，今济宁州东任城废县是。去古邹城仅百二三十里，宜屋庐子明日即可往问。礼称宰我无宿问，连不诚有予之风哉。"翟氏灏考异云："广韵'卢'字下注云：'孟子有屋庐著书。'郑樵通志氏族略云：'晋贤人屋庐子著书，言彭、聃之法。'按屋庐子未闻著书，即在当时有之，孟子之徒岂应言彭、聃之法？或为别一人与？"

曰："礼重。"【注】答曰礼重。

"色与礼孰重？"曰："礼重。"【注】重如上也。

曰："以礼食则饥而死，不以礼食则得食，必以礼乎？亲迎则不得妻，不亲迎则得妻，必亲迎乎？"【注】任人难屋庐子，云若是则必待礼乎。【疏】"以礼食"○正义曰：阎氏若璩释地三续云："所谓礼食者，坊记云：'故食礼主人亲馈则客祭，主人不亲馈则客不祭。故君子苟无礼，虽美不食焉。'"按襄公三年左传云："晋侯以魏绛为能以刑佐民矣，反役，与之礼食，使佐新军。"国语晋语亦有此文，韦昭注云："礼食，公食大夫之礼。"孔氏左传正义云："与之礼食者，若公食大夫礼以大夫为宾，公亲为之特设礼食。”仪礼公食大夫礼：“宰夫自东房授醯酱，公设之。公立于序内西乡。”注云：“不立阼阶上，示亲馔。”又：“大羹湆不和，实于镫。宰右执镫，左执盖，由门入，升自阼阶，尽阶不升堂，授公，公设之于酱西。”又：“宰夫授公饭粱，公设之于湆西。”此即亲馈之礼也。又：“宾升席坐，取韭菹以辩擩于醢，上豆之间祭。”云云。又：“宾坐席末取粱即稻，祭于酱湆间。”此即主人亲馈则客祭之礼也。○“亲迎”○正义曰：周氏柄中辨正云：“亲迎之礼，自诸侯至士庶皆行之。天子之亲迎，则礼无明文。左氏谓‘天子不亲迎’，公羊谓‘天子亦亲迎’，后儒或从左氏，或从公羊，愚独取唐陆淳‘尊无二上不当亲迎’之说，以为定论。或言无礼文可征，不知礼固有即此可以通彼者。士昏礼父醮子而命之迎，若宗子父母皆没，则不亲迎，以无命之者也。由此推之，则天子之不亲迎可知矣。或问：然则诸侯即位而娶，无命之者，亦不亲迎乎？曰：是不然。诸侯虽无父命，有王命。古者诸侯之娶，告于天子，天子命之，故杂记云：‘夫人之不命于天子，自鲁昭始也。’夫有天子之命，则亲迎焉宜也。若天子，则真无命之者也。”

屋庐子不能对。明日之邹，以告孟子。

孟子曰：“於！答是也何有。【注】於，音乌，叹辞也。何有，为不可答也。【疏】注“於音”至“答也”○正义曰：说文云：“乌，孝鸟也。孔子曰：‘乌，盱呼也。’取其助气，故以为乌呼。𢊁象古文乌省。”𢊁即於字。然则乌、於本一字，后人以於通于，故赵氏音乌。音乌犹读为乌也。以为叹辞，即乌呼之辞也。论语里仁篇“能以礼让为国乎何有”，何氏注云：“何有，言不难也。”雍也篇“於从政乎何有”，皇氏疏引卫瓘云：“何有者，有余力也。”若以雍也篇“於从政乎何有”，则於如字不读乌。若曰於答此任人之说，何难之有？赵氏言何有为不可答也，则谓任人设难为不可答，正与何氏解何有为不难者相反。后汉书曹世叔妻传引论语曰“能以礼让为国，于从政乎何有”，注云：“何有，言若无有。”此似与赵氏之意相近。盖赵氏谓揣本齐末，知其大小轻重乃可言，可言即可答。此叹其不可答，谓未能揣本齐末、知其大小轻重也。以何有为不可答，故断於字为句，而以为叹辞也。**不揣其本而齐其末，方寸之木，可使高于岑楼。金重于羽者，岂谓一钩金与一舆**

羽之谓哉？取食之重者，与礼之轻者而比之，奚翅食重！取色之重者，与礼之轻者而比之，奚翅色重！【注】孟子言夫物当揣量其本，以齐等其末，知其大小轻重，乃可言也。不节其数，累积方寸之木，可使高以岑楼。岑楼，山之锐岭者。宁可谓寸木高于山邪？金重于羽，谓多少同而金重耳。一带钩之金，岂重一车羽邪？如取食色之重者，比礼之轻者，何翅食色重哉？翅，辞也。若言何其不重也。【疏】注"夫物"至"山邪"○正义曰：方言云："度高为揣。"昭公三十二年左传云"揣高卑"，杜预用方言解之。度与量义同，揣量即揣度也。说文立部云："竱，等也。从立，专声。春秋传曰：'竱本肇末。'"段氏玉裁说文解字注云[一]："等者，齐简也。故凡齐皆曰等。齐语'竱本肇末'，韦昭注云：'竱，等也。肇，正也。谓先等其本，以正其末。'孟子曰'不揣其本而齐其末'，揣盖竱之假借字。赵注'揣量'，似失之。木部'椯'下云：'一曰度也。'孟子正当从木作'椯'。韵书谓称量曰'敁敠'，丁兼、丁括反，即竱语之转也。"王氏念孙广雅疏证云："方言：'岑，高也。'尔雅：'山小而高，岑。'孟子告子篇'可使高于岑楼'，赵岐注云：'岑楼，山之锐岭者。'释名：'岑，嶃也。嶃嶃然也。'岑、嶃声相近，故吕氏春秋审忌篇'齐攻鲁求岑鼎'，韩非子说林篇作'谗鼎'，谗与岑皆言其高也。说文：'厰，崟也。'又云：'嵒，山岩也。读若吟。'僖三十三年穀梁传云'必于殽之岩唫之下'，楚辞招隐士'嶔岑碕礒兮'，上音钦，下音吟。又云'状貌崟崟兮峨峨'，张衡思玄赋云'冠岩其映盖兮'，合言之则曰岑崟，说文'山之岑崟也'，汉书司马相如传'岑崟参差'，史记作'岑岩'，扬雄传'玉石嶜崟'，萧该音义引字诂云：'嶜，古文岑字。'张衡南都赋'幽谷嶜岑'，上音岑，下音吟。嵇康琴赋'崔嵬岑嵓'，并字异而义同。释丘：'培，塿，冢也。'方言云：'冢，秦晋之间谓之坟，或谓之培，或谓之堬，或谓之埰，或谓之埌，或谓之垄。自关而东谓之丘，小者谓之塿，大者谓之丘。'培亦高貌也。风俗通义云：'部者，阜之类也。今齐鲁之间，田中少高印者名之为部。'义并与培同。塿亦高貌也，赵注'岑楼，山之锐岭者'，

〔一〕"段氏玉裁说文解字注云"十字原无。按此下系引段注，依前后文例补此十字。

义与塿同。方言注云:‘培塿,亦堆高之貌。’因名之也。培塿堬,声之转也。冢谓之堬,亦谓之培塿;罂谓之甂,亦谓之瓿瓺;北陵谓之西隃,小山谓之部娄,义并相近也。”赵氏谓不节其数,累积方寸之木,节其数,谓但以一木为节。累积,譬如岑楼高一丈,则累积此木百余,即高过于一丈矣。方寸之木,本不能高于岑楼,今累积之,故可使高也。犹食色本不能重于礼,今变通之,故可使之重也。周氏柄中辨正云:“寸木高于岑楼,犹韩非子所谓立尺材于高山之上。”按近时通解如是,与赵氏义异。○注“一带钩之金”○正义曰:孔氏广森经学卮言云:“晏子春秋曰:‘大带重半钧,舄屦倍重。’郑君说,东莱称以大半两为钧。”然则带钩金半钧,才重三分两之一。○注“翅辞也”至“重也”○正义曰:阮氏元校勘记云:“翅辞也者,翅是语辞,即不啻也。说文口部云:‘啻,语时不啻也。’奚翅、不啻,犹史汉之言‘伙颐’。或析翅字训但,误矣。注云‘若言何其重也’,正谓食色之重者。后人添不字,遂不可解矣。”段氏玉裁说文解字注云:“疧,病不翅也。翅同啻,口部‘啻’下云:‘语时不啻也。’仓颉篇曰:‘不啻,多也。’世说新语云:‘王文度弟阿,至恶乃不翅。’晋宋间人,尚作此语。古书或言不啻,或言奚啻,啻皆或作翅。国语云‘奚翅其闻之也’,韦注云:‘奚,何也。何啻,言所闻非一也。’孟子‘奚翅色重’,赵注:‘翅,辞也。若言何其重也。’今刻本作‘何其不重也’,误。”**往应之曰:‘纱兄之臂而夺之食则得食,不纱则不得食,则将纱之乎?逾东家墙而搂其处子则得妻,不搂则不得妻,则将搂之乎?’”**【注】教屋庐子往应任人如是。纱,戾也。搂,牵也。处子,处女也。则是礼重、食色轻者也。【疏】注“纱戾”至“轻者也”○正义曰:王氏念孙广雅疏证云:“抮,盭也。抮,玉篇‘音火典切,引戾也’。方言‘軫,戾也’,郭璞注云:‘相了戾也。江东音善。’说文:‘纱,转也。’考工记弓人‘老牛之角纱而昔’,郑众注云:‘纱,读如抮转之抮。’释文:‘纱,刘徒展反,许慎尚展反,角绞缚之意也。’孟子告子篇‘纱兄之臂而夺之食’,赵岐注云:‘纱,戾也。’音义:‘纱,张音軫,又徒展反。’淮南子原道训‘扶摇抮抱,羊角而上’,高诱注云:‘抮抱,了戾也。抮读与左传感而能眕者同。’释训云:‘軫轸,转戾也。’并声近而义同。说文:‘戾,曲也。’‘盭,弼戾也。’盭与戾通。”音义云:“搂,音娄。”文选琴赋注引刘熙注云:“搂,牵也。”赵氏与刘同。说文牛部云:“牵,引前也。”毛诗唐[一]风山有枢“弗曳弗娄”,传云:“娄,亦曳也。”释文引马云:“牵也。”楚辞怨思篇“曳慧星之皓旰兮”,注云:“曳,引也。”搂之为牵,即娄之为曳也。尔雅释诂云:“搂,聚也。”郭璞注云:“搂,犹今言拘搂聚也。”说文手部云:“搂,曳聚也。”许之言曳聚,犹郭言拘搂聚。曳聚者,牵引使聚合也。搂必兼曳、聚二义,而尔雅言聚以见曳,毛传言曳以见聚,说文备其义耳。文选射雉赋云“来若处子”,徐爰注云:“处子,处女也。庄周云:‘藐姑射之山,有神人居,绰约若处子。’善曰:司马兵法曰:‘始如处女。’”庄周见逍遥游。彼释文云:“处子,在室女也。”易咸九三传云“咸其股亦不处也”,虞翻注云:“巽为处女。”凡士与女未用,皆称处矣。

章指言:临事量宜,权其轻重,以礼为先,食色为后,若有偏殊,从其大者。屋庐子未达,故譬搂紾也。

2 曹交问曰:“人皆可以为尧舜,有诸?”

孟子曰:“然。”【注】曹交,曹君之弟。交,名也。答曰然者,言人皆有仁义之心,尧舜行仁义而已。【疏】注“曹交”至“名也”○正义曰:王应麟困学纪闻云:“左传哀公八年宋灭曹,至孟子时曹亡久矣。曹交盖以国为氏者。”惠氏士奇春秋说云:“曹灭于哀之八年,复见于哀之十四年‘宋向魋入于曹以叛’,杜注‘曹,宋邑’非也。曹伯爵而当甸服,故曰曹为伯甸。其国虽小,岂徒一邑哉?盖宋虽灭曹,仍为附庸于宋,故至战国而尚有曹君,赵岐注孟子曰:‘曹交,曹君之弟。’然则曹与滑,皆灭而仍存者也,故春秋言入不言灭者,以此。”阎氏若璩释地续云:“楚简王十四年越灭郯,后八十四年楚灭越。郯实为楚所有,乃顷襄王十八年有邹、费、郯、邳四国,则郯系重封者。薛任姓,虽未知为谁所灭,而齐湣王三年以封田婴,故纪年称‘薛子婴来朝’。其子文,战国策、史记并称‘薛公后’,中立为诸侯,无所属,非灭薛之后复有薛乎?又中山本鲜虞国,一灭于魏文侯十七年癸酉,再灭于赵惠文三年乙丑,相距百一十

〔一〕“唐”原误“魏”,据毛诗改。

三年，中虽未详知何年复国及何以复国，要中山之后有中山，载世家列传者班班也。安知曹灭于宋在春秋哀八年，下到孟子居邹时已一百七十余年，不更有国于曹者？交为其介弟，观其言愿因邹君假馆舍，备门徒，俨然滕更挟贵之风，孟子则麾而去之，故赵岐以为曹君之弟，非无谓也。”按二说，一以为曹虽灭而仍为附庸，一以为曹灭后有国于曹者，皆以为实有曹君，交实为曹君之弟，与赵氏注相引申，而辨王氏“曹亡久矣”之说。毛氏奇龄经问云：“盛唐问：孟子曹交，赵岐注‘曹君之弟’，按春秋哀八年‘宋人入曹’，左传竟云‘灭曹执曹伯以归’，如此则孟子时已无曹矣。其曰‘曹君之弟’何居，得非经只书入，原未尝灭乎？曰：经有书灭而并未灭者，定六年‘郑帅师灭许’是也。有书入而即是灭者，此‘宋人入曹’是也。史记曹世家载‘曹伯阳十五年宋灭曹，执曹伯阳及公孙强以归而杀之，曹遂绝其祀’，则曹此时信亡矣。赵岐之注，不知何所本，当是误耳。然则孟子之曹交何如？曰：此张南士曾辨之，当是曹姓而交名者。何以言之？其曰：交得见于邹君，可以假馆。邹者鲁县，邹即邾，春秋注‘邾本曹姓，为颛顼之后’，则曹交者，与邹君同姓，故得见邹君而假馆焉。或即邹君之弟。战国礼衰，不分宗，不别氏，弟得以其戚戚君，故兄弟同姓，未可知也。”江氏永群经补义云：“春秋之末，曹已为宋所灭，曹交非曹君之弟，或是曹国之后以国为姓，或是邹君之族人。邹本邾国，邾本姓曹，故曰‘交得见于邹君，可以假馆’。盖欲于其同宗之为君者假馆也，便有挟贵之意。”此二说，则仍王氏之说，而又为曹、邹同姓之说。按以曹君之弟假馆于邹君，不必定为同宗。至以交为邹君之弟，则交明云“得见邹君”，此岂亲弟口吻？则赵氏之说，未可非也。赵氏佑温故录云：“曹之复，事在春秋后，赵氏盖当有所案据。惟是曹交已知问尧舜，忧食粟，请受业，不可谓非有志，而孟子告之甚直且详。即其言邹君，言假馆，亦情事所有，未足遂为深怪，而孟子复诏以‘归而求之有余师’，盖学在身体力行，不在口说，古人从师，非必朝夕一堂，始为受业也。非弃之也，故注无讥辞。自伪疏好逞臆于注外，遂以曹交挟贵而问，孟子辞之。然谓不屑教诲，则既明明教诲之矣，而何与滕更之不答同哉！”

“交闻文王十尺，汤九尺，今交九尺四寸以长，食粟而已，如何则可？”【注】交闻文王与汤皆长而圣，今交亦长，独但食粟而已，当如何。【疏】“交闻”至“则可”○正义曰：春秋繁露三代改制质文篇云：“天将授舜，主天法商而王，祖锡姓为姚氏，至舜形体大上而员首，而明有二童子。天将授禹，主地法夏而王，祖锡姓为姒氏，至禹生，发于背，形体长，长足肵疾。天将授汤，主天法质而王，祖锡姓为子氏，至汤体长专小足。天将授文王，主地法文而王，祖锡姓姬氏，至文王形体博长，有四乳而大足。”然则汤九尺，所云长专也。文王十尺，所云博长也。皆天授，故曹交举而言之。史记正义引帝王世纪云：“文王龙颜虎眉，身长十尺，有四乳。”

曰：“奚有于是？亦为之而已矣。有人于此，力不能胜一匹雏，则为无力人矣。今曰举百钧，则为有力人矣。然则举乌获之任，是亦为乌获而已矣。夫人岂以不胜为患哉？弗为耳。【注】孟子曰，何有于是言乎？仁义之道，亦当为之，乃为贤耳。人言我力不能胜一小雏，则谓之无力之人。言我能举百钧，百钧，三千斤也，则谓之有力之人矣。乌获，古之有力人也。能移举千钧。人能举其所任，是为乌获才也。夫一匹雏不举，岂患不能胜哉？但不为之耳。【疏】注“何有于是言乎”○正义曰：小尔雅广言云：“奚，何也。”是奚有即何有，赵氏解答是也。何有为不可答，则是以何有为无有。此何有于是，亦是无有于是，盖谓其不必如是说也。按何有亦宜解作不难，是字指文王汤之能为尧舜，谓不难于汤文之为尧舜也。○注“人言我力不能胜一小雏”○正义曰：音义出“匹雏”，云：“匹，张如字。丁作‘疋’，云：‘注云：疋雏，小雏也。’匹不训小，而训诂及诸书疋训耦，训小无文。今按方言：‘尐，小也。’音节盖与疋字相似，后人传写误耳。”王氏念孙广雅疏证云：“说文：‘尐，少也。’物多则大，少则小，故方言云：‘尐，小也。’广韵‘巙尐，小也’。方言注作‘懱截’。孟子告子篇‘力不能胜一匹雏’，赵岐注云：‘言我力不能胜一小雏。’孙奭音义谓‘尐与疋字相似，后人传写误耳’。按孙说是也。玉篇：‘鷑，小鸡也。’鷑与尐通，小鸡谓之鷑，犹小蝉谓之蠽。尔雅‘蠽，茅蜩’，注云：‘江东呼为茅蠽，似蝉而小。’说文：‘鬣，束发少小也。’张衡西京赋云：‘朱鬟鬣髽。’尐、鷑、蠽、鬣，并音姊列反，其义同也。方言谓小鸡为秖子，秖、鷑一声之转。广韵：‘吣，姊列切。鸣吣吣也。’吣吣犹啾啾，亦一声之转也。”按礼记曲礼云“庶人之挚匹”，注云：“说者以匹为鹜。"释文云:"匹依注作'鹜',音木。"玉篇、集韵有鸣字。以此通之,孟子似匹雏即鹜雏。乃郑云"说者谓匹为鹜"者,白虎通瑞贽篇引曲礼而解之云:"匹谓鹜也。"郑所云说者指此。周礼春官大宗伯:"以禽作六贽,庶人执鹜。"用以相准,故白虎通以匹为鹜。匹之训为偶为双,不知何物而拟之云。此所云匹者谓鹜,谓两鹜也,非匹有鹜训。郑云说者以匹为鹜,即与匹谓鹜同义。训诂之体,凡谓之云者,皆非定称。释文音匹为木,孔氏正义直云:"匹,鹜也。"皆非是。至造为鸣字,尤非矣。张氏读匹雏如字,亦义为偶为双。力不能胜一双雏,则是两雏。说文隹部云:"雏,鸡子也。"礼记月令"仲夏之月,天子以雏尝黍"。淮南时则训注云:"雏,新鸡也。"然则雏为鸡之名,读匹为尐,则尐雏即是小鸡。读匹如字,则匹雏是即双鸡。曲礼单云匹,故拟之为鹜。此已连称匹雏,不得又援礼注以匹为鹜也。学者以匹为鹜,转忘乎雏为鸡矣。〇注"乌获"至"为之耳"〇正义曰:史记秦本纪云:"武王有力好戏,力士任鄙、乌获、孟说皆至大官。"是乌获为古之有力人。韩非子观行篇云:"乌获轻千钧而重其身,非其身重于千钧也,势不便也。"是乌获能举千钧也。国语鲁语云"不能任重",韦昭注云:"任,胜也。"论衡效力篇云:"世称力者,常褒乌获。然则董仲舒、扬子云,文之乌获也。秦武王与孟说举鼎不任,绝脉而死。少文之人,与董仲舒等诵胸中之思,必将不任,有绝脉之变。"又云:"夫一石之重,一人挈之;十石以上,二人不能举也。世多挈一石之任,寡有举十石之力。"此所云任,皆胜也。乌获能移举千钧,此乌获之任也。人亦能移举千钧,则是举乌获之任,能举乌获之任即为乌获。此亦为之为,与上"为无力人""为有力人"二为字同。上两为字,赵氏俱以谓解之,是人称谓之。此为乌获,亦是人见其能举乌获之任,即称谓之为乌获而已。乌获之力,不能强学,故必视能举其任,而乃可谓之乌获。若一匹雏,则断无不能举之人,今曰不能胜,此岂足患,由不肯为耳。弗为耳之为解作行为,与上三为字不同。赵氏之意,以孟子胜一匹雏比人之为尧舜,谓人之为尧舜,非如为乌获必能举乌获之任。人之为尧舜,第如举一匹雏,人人不患其不胜,特患其不为。自解者以为乌获比为尧舜,则移举千钧,讵容漫致。阎氏若璩释地三续引陈几亭之言,谓人皆可以为尧舜,不闻人皆可以为乌获,以此讥孟子言辞小失,由未知孟子之旨,亦未审赵氏之注也。不胜,原即不能胜,故以不胜为患,即是以不能胜匹雏为患。

以不能举乌获之任为患，则挟山超海，语人曰我不能也。以不能胜匹雏为患，则为长者折枝，语人曰我不能也。为尧舜，非举乌获之任也，乃举一匹雏之力也。何也？尧舜之道，不过孝弟，人之于孝弟，未有不能胜者也。故儒生能说百万章句，连句结章，篇至百十，作春秋，删五经，秘书微文，无所不定，此乌获之任也，非人人所能为也。孝弟之道，人人能为，一匹雏之胜也。此赵氏之义也。又按盐铁论能言篇："大夫曰：夫坐言不行，则牧童兼乌获之力。"窃谓此即本孟子。牧童，即力不能胜匹雏之人。若不行而徒言，则自言能举百钧，即可谓之乌获矣。然则必能举乌获之任，乃可为乌获；力不能胜一匹雏之人，而徒空言自诩其举百钧，岂得真为乌获乎？此于孟子"今曰"二字体会而出。乌获不可以空言冒，尧舜不可以形体求。不可举尧舜之任，但形体似尧舜，不可为尧舜；犹不能举乌获之任，但口称能举百钧，不可为乌获。此又一义也。姚氏文田求是斋自订稿云："或疑不胜匹雏，如何可以至乌获，因遂讥孟子为妄说。不知不胜匹雏与举百钧，皆必无之事，皆代其人摹写之辞，并非正论。有人于此，于众方角力之时，而彼独逡巡退缩曰，吾之力，虽一匹雏不能胜也。力虽薄，亦何至不胜匹雏，然由其颓靡之习，则必终为无力之人矣。今或不然，于众皆畏惮之事，而彼独毅然不顾曰，吾之举，不至于百钧不止也。力虽果，亦岂能遂举百钧。然竭其迈往之材，久之固亦得为有力之人矣。天下之称有力者莫如乌获，其所任皆举之而莫能胜也。然试思彼亦人耳，安在乌获之遂绝于天下也者。设使若人者驯而致之，而一旦遂至于乌获，则亦一乌获而已矣。人于尧舜，何独不然。吾故曰奚有于是，亦为之而已矣。然则人且曰吾弗胜者何也？凡事必历乎其途，然后可以知其难易。今之人直未一身历焉，而遽以不能胜自谢也，此何异于不胜匹雏之说也。恶知夫尧舜之可为，更非若乌获之不可强而至哉？本文意甚绵密，学者粗心读之，未免以辞害意。"**徐行后长者谓之弟，疾行先长者谓之不弟。夫徐行者，岂人所不能哉？所不为也。**【注】长者，老者也。弟，顺也。人谁不能徐行者，患不肯为也。【疏】注"长者"至"为也"〇正义曰：国语晋语云"齐侯长矣"，注云："长，老也。"广雅释诂同。是长者即老者也。荀子修身篇云："端悫顺弟。"汉书萧望之传云"前单于慕化乡善称弟"，苏林云："弟，顺也。"颜师古云："弟为悌。"阮氏元校勘记云:"'孝悌而已矣',闽、监、毛三本同。宋九经本、岳本、咸淳衢州本、孔本、韩本悌作'弟'。按悌者俗字〔一〕。"徐行,举一匹雏也。疾行,不能胜一匹雏也。故云人谁不能徐行者。**尧舜之道,孝弟而已矣。子服尧之服,诵尧之言,行尧之行,是尧而已矣。子服桀之服,诵桀之言,行桀之行,是桀而已矣。"**【注】孝弟而已,人所能也。尧服,衣服不逾礼也。尧言,仁义之言。尧行,孝弟之行。桀服,谲诡非常之服。桀言,不行仁义之言。桀行,淫虐之行也。为尧似尧,为桀似桀。

曰:"交得见于邹君,可以假馆,愿留而受业于门。"【注】交欲学于孟子,愿因邹君假馆舍,备门徒也。

曰:"夫道,若大路然,岂难知哉?人病不求耳。子归而求之,有余师。"【注】孟子言尧舜之道,较然若大路,岂有难知,人苦不肯求耳。子归曹而求行其道,有余师,师不少也。不必留此学也。【疏】注"孟子"至"学也"○正义曰:史记平津侯主父传云:"较然著明。"又伯夷传云:"此其尤大彰明较著者也。"汉书谷永传云:"白气较然,起乎东方。"张安世传云:"贤不肖较然。"较然皆言其明白易见也。吕氏春秋权勋篇云"触子苦之",贵卒篇云"皆甚苦之",高诱注并云:"苦,病也。"是病即苦也。吕氏春秋辨士篇云"无使不足,亦无使有余",高诱注云:"余,犹多也。"多即不少也。论语子张篇云:"夫子焉不学,而亦何尝师之有?"述而篇云:"三人行,必有我师焉。"皆有余师之谓也。

章指言:天下大道,人并由之,病于不为,不患不能,是以曹交请学,孟子辞焉。盖诗三百,一言以蔽之。【疏】"盖诗"至"蔽之"○正义曰:周氏广业孟子章指考证云:"言在思无邪而已。盖歇后语东汉已有之。"韩退之论语笔解云:"蔽,犹断也。李翱云:'诗三百断在一言,终于颂而已。'"或赵氏亦取一言断之

〔一〕焦氏引阮元"孝悌而已矣"句校记,当入下"尧舜之道"节,而该节无疏。殆属稿未就,引文误入本节。

义，以为道在于为而已。

3 公孙丑问曰："高子曰：小弁，小人之诗也。"孟子曰："何以言之？"曰："怨。"【注】高子，齐人也。小弁，小雅之篇，伯奇之诗也。怨者，怨亲之过，故谓之小人。【疏】注"高子"至"小人"○正义曰：公孙丑篇"高子以告"，注云："高子，亦齐人，孟子弟子。"尽心篇"孟子谓高子"，注云："高子，齐人，尝学于孟子，乡道而未明，去而学于地术。"此注则但称齐人。毛诗序云："丝衣，绎宾尸也。高子曰：灵星之尸也。"孔氏正义云："高子者，不知何人。孟轲弟子有公孙丑者，称高子之言，以问孟子。则高子与孟子同时，赵岐以为齐人。此言高子，盖彼是也。"翟氏灏考异云："韩诗外传又称高子与孟子论卫女之诗。此人似长于孟子，以叟称之。与尹士、追蠡二章之高子盖有别。"赵氏佑温故录云："前已有'高子以告'，注：'高子齐人，孟子弟子。'此又论诗后论声乐，毛诗序亦有高子曰之文，疑即释文所述吴人徐整言子夏授高行子，是亦一传诗者。盖本学于子夏，而后又从孟子，则其齿宿矣，故得间称叟，而曰固，曰茅塞，是后注所谓'乡道未明'者。然毛诗以小弁为平王事，故得言亲之过大，以所关在天下国家之大，故较之凯风失在一身者则为小矣。足明孟子所主诗说与毛同。高子亦未尝不同，特其见理未精，得孟子析言之而后明，遂为毛诗授受所从出。注则以为伯奇之诗，是见琴操尹吉甫爱后妻子而弃其適子伯奇者，或以为韩诗说。盖赵注言诗，往往从韩，如引摽有梅之摽作莩，解'以御于家邦'之御为享，与毛异趣。以鸱鸮诗为刺邠君，并违尚书。孙氏音义间有证明，而此独阙。第观注云'父虐之'，其辞甚轻，则亦与母不安其室者，均为人子所遭之不幸，不足深较大小，适足以见所传之不确，此毛诗所以单行至今，而三家多放失也。"按琴操云："履霜操者，尹吉甫之子伯奇所作也。吉甫，周上卿也。有子伯奇。伯奇母死，吉甫更娶后妻，生子曰伯邦，乃谮伯奇于吉甫曰：'伯奇见妾有美色，然有欲心。'吉甫曰：'伯奇为人慈仁，岂有此也？'妻曰：'试置妾空房中，君登楼而察之。'后妻知伯奇仁孝，乃取毒蜂缀衣领，伯奇前持之。于是吉甫大怒，放伯奇于野。伯奇编衣荷而衣之，采楟花而食之，清朝履霜，自伤无罪见逐，乃援琴而鼓之。"

太平御览引韩诗云："黍离，伯封作也。"曹植令禽恶鸟论云："昔尹吉甫信后妻之谗，而杀孝子伯奇。其弟伯封求而不得，作黍离之诗。"此伯奇之事，而不言其为小弁之诗。汉书中山靖王胜传云："斯伯奇之所流离，比干所以横分也。诗云：'我心忧伤，惄焉如捣，假寐永叹，唯忧用老，心之忧矣，疢如疾首。'臣之谓也。"此上言伯奇，下引小弁之诗，乃中间以比干，则未必以小弁为伯奇所作。惟论衡书虚篇云："伯奇放流，首发早白。诗云：'惟忧用老。'"则或者当时有伯奇作小弁之说也。毛诗序云："小弁，刺幽王也。太子之傅作焉。"孔氏正义云："以此述太子之言，太子不可作诗以刺父，自傅意述而刺之。"其首章"民莫不谷，我独于罹"，传云："幽王取申女，生太子宜臼，又说褒姒，生子伯服，立以为后，而放宜臼，将杀之。"末章"我躬不阅，遑恤我后"，传云："念父孝也。"引孟子此文。

曰："固哉，高叟之为诗也！有人于此，越人关弓而射之，则己谈笑而道之，无他，疏之也。其兄关弓而射之，则己垂涕泣而道之，无他，戚之也。小弁之怨，亲亲也。亲亲，仁也。固矣夫，高叟之为诗也！"【注】固，陋也。高子年长。孟子曰，陋哉高父之为诗也。疏越人，故谈笑。戚，亲也。亲其兄，故号泣而道之，怪怨之意也。伯奇仁人而父虐之，故作小弁之诗曰"何辜于天"，亲亲而悲怨之辞也。重言固陋，伤高叟不达诗人之意甚也。【疏】注"固陋"至"甚也"○正义曰：论语述而篇"俭则固"，集解引孔氏云："固，陋也。"荀子修身篇云"少见曰陋"，所见寡少，不能通达，故又云不达诗人之意。不达正是固。礼记曲礼云"君子谓之固"，注云："固，谓不达于礼也。"坚守一说而不能通，是为固也。广雅释亲云："叟，父也。"故以高叟为高父。音义出"为诗"，云："丁云：'为，犹解说也。'"按论语阳货篇云"女为周南、召南矣乎"，皇氏疏云："为，犹学也。"为本训治，学之即是治之，治之则必解说之矣。音义出"关弓"，云："丁、张并音弯。"文选三都赋刘逵注引孟子此文作"弯"。王氏念孙广雅疏证云："抓之言弙也，说文：'弙，满弓有所乡也。'字亦作'扜'。吕氏春秋壅塞篇'扜弓而射之'，高诱注云：'扜，引也。'古声并与抓同。弯亦抓也。语之转耳。说文：'弯，持弓关矢也。'昭二十一年左传'豹则关矣'，杜预注云：'关，引弓也。'史记陈涉世家'士不敢贯弓而报怨',汉书作'弯'。弯、关、贯并通。"道,言也。大戴记曾子制言中云:"君子虽言不受必忠曰道。"道之,谓戒其不可射也。然疏则言之和,故谈笑;亲则言之迫,故号泣。号泣则欲其言之必受也。广雅释诂云:"亲,傶,近也。"说文戚为斧钺之名,与傶通,故为亲也。"何辜于天,我罪伊何",小弁首章之文。毛氏传云:"舜之怨慕曰,号泣于旻天于父母。"孔氏正义云:"毛意嫌子不当怨父以诉天,故引舜事以明之。言大舜尚怨,故太子亦可然也。"赵氏特引此句,以明小弁之怨同于舜之号泣。而特不以为宜臼之诗而言"伯奇仁人而父虐之",盖以宜臼非仁人,不得比于舜之怨,故取他说也。曹氏之升摭余说云:"此章只是论诗,不是论平王,诗原非平王作也。平王既立,遣师戍申,是但知有母,不知有父;但知申侯立己为有德,而不知申侯弑父为可诛。忘亲逆理如此,则谓宜臼为小人,并其诗而斥为小人之诗,何不可者?故孟子曰'何以言之',而不虞其以怨为小人也。盖宜臼之不仁,全是不怨而愈疏。宜臼不怨,而其傅道之以怨,明示以亲亲之道,而竦动其固有之仁,奈何反以其怨为小人哉!"刘氏始兴诗益云:"孟子'亲之过大',据此一语,可断其为幽王太子宜臼之诗。盖太子者国之根本,国本动摇,则社稷随之而亡,故曰亲之过大。若在寻常放子,则己之被谗见逐,祸止一身,其父之过,与凯风七子之母不安其室等耳,何得云亲之过大哉?又诗二章曰'踧踧周道,鞫为茂草,我心忧伤,惄焉如捣',此有伤周室衰乱之意。若寻常放子,其于国家事何有焉!"

曰:"凯风何以不怨?"【注】诗邶风凯风之篇也。公孙丑曰,凯风亦孝子之诗,何以独不怨。【疏】注"诗邶"至"不怨"○正义曰:毛诗序云:"凯风,美孝子也。卫之淫风流行,虽有七子之母,犹不能安其室,故美孝子能尽其孝道,以慰其母心,而成其志尔。"笺云:"不安其室,欲去嫁也。成其志者,成其孝子自责之意。"是凯风亦孝子之诗也。

曰:"凯风,亲之过小者也。小弁,亲之过大者也。亲之过大而不怨,是愈疏也。亲之过小而怨,是不可矶也。愈疏,不孝也。不可矶,亦不孝也。孔子曰:'舜其至孝矣!五十而慕。'"【注】孟子曰,凯风言"莫慰母心",母心不悦也。知亲之过小也。小弁曰“行有死人，尚或墐之”，而曾不闵已，知亲之过大也。愈，益也。过已大矣，而孝子不怨，思其亲之意何为如是，是益疏之道也，故曰不孝。矶，激也。过小耳，而孝子感激，辄怨其亲，是亦不孝也。孔子以舜年五十，而思慕其亲不怠，称曰孝之至矣。孝之不可以已也，知高叟讥小弁为不得矣。

【疏】注“凯风”至“不孝也”○正义曰：赵氏说小弁，既不用诗序，而以为父虐伯奇。虐，谓放之于野。以此为过大，故以凯风之母但心不悦，母心不悦，视虐放于野为小，故引诗语以明大小之义，盖亦不用凯风诗序“不安其室”之事也。毛氏奇龄四书賸言云：“先仲氏曰：齐、鲁、韩三家以凯风为母责子诗，予向取其说以说国风；既读孟子，则尤与‘不可矶’，并幽王逐子，尹吉甫杀子义合。彼皆戕害其子，故过大；此但责子过情，故过小。若不安室，则过不小矣。”此即赵氏义也。阎氏若璩释地又续云：“宋晁说之以道诗序之论曰：‘孟子：凯风，亲之过小者也。而序诗者曰：卫之淫风流行，虽有七子之母，犹不能安其室。是七子之母者，于先君无妻道，于七子无母道，过孰大焉。孟子之言妄与？孟子之言不妄，则序诗非也。’黄太冲亟取其说，载孟子师说。余按序又曰：‘故美七子能尽其孝道，以慰其母心，而成其志尔。’成志，成母守节之志，非如郑笺指孝子自责言。因检孔疏，亦言‘母遂不嫁’，为之快绝。复忆东汉姜肱，性笃孝，事继母恪勤，母既年少，又严厉，肱感凯风之孝，兄弟同被而寝，不入房室，以慰母心焉。叹作诗者能安母于千载之上，感诗者亦能安母于千载之下，诗之有益人伦如此。当日采风者亲睹其事，序诗者申美其事，遂不为圣人所删，序曷可非也。盖七子之母徒有欲嫁之志云尔，若果嫁矣，则真于先君无妻道，于七子无母道，是之谓恶，岂仅仅过而已哉！”周氏柄中辨正云：“从一而终者，妇人之大节，而孟子以凯风为亲之过小，岂小其失节哉？尝即‘不可矶’之义求之，盖曰一念虽差，过而未遂，斯为小矣。人子当此，惟有负罪引慝，积诚婉谕，可以挽回，若遂呼天怨怼，则己心未尽，奚以悟亲之心，或反至激怒而成之。故曰不可矶亦不孝也。”谨按：周氏解大小二字是也。盖小大犹云微著，母不安室，与父乱德政，其过同。但母志未著，则微而可以感消；父乱已成，则著而不容膜视。赵氏以激释矶，盖即读矶为激，不可矶即不可激也。楚辞招魂云“激楚之结”，王逸注云：“激，感也。”赵氏读矶为激而释之为感，故云孝子感激，辄怨其亲，谓母以不悦激发其子，子因其激而遂怨，是不可耐此激发也。

阮氏元校勘记云："'不可矶'，按段玉裁曰：'注中训矶激也。但于双声求之，矶与杚概字古音同，谓摩也。故毛诗音义云：矶，居依反，又古爱反，古假借字耳。近人以石激水解之，殊误。说文固无矶字。'"按说文木部云："概，所以杚斗斛也。""杚，平也。"易"月几望"，荀爽作"月既望"。周礼犬人"几珥"，注云："几，读为刉。"从既从气，与从几原可相通。广雅释诂云："杚，摩也。"摩之即所以平之，然则不可矶即不可杚，亦即不可平。因母不安其室，心不能平，因而怨怼，与不可激之义亦相近。或矶即"事父母几谏"之几，显露其亲之过，是不可几也。广雅释水云："矶，碛也。"碛石在水中。晋书音义云："矶，大石激水也。"此因矶之读激，而附合于矶之为碛，故有此解，赵氏则无之也。尔雅释诂云："俞，益也。"俞，即古愈字。诗小雅小明篇"政事愈蹙"，笺云："俞，犹益也。"益疏，谓疏之甚也。盖温柔敦厚，诗教也。凡臣之于君，子之于亲，朋友相规，兄弟相戒，均宜缠绵恺恻，相感以情而不可相持以理，宜相化以诚而不可相矜以气。是以诗可以兴观群怨，迩之事父，远之事君，如凯风之孝子，以至诚之情自责，以感动其母，此诗教之常也。高子既授子夏之诗，习知其义，而小弁之诗，情辞愤激，迥非凯风可比，实与诗教相背，故以为小人之诗。不知艳妻已煽，谗口已成，周室将亡，殊非小故，为臣子者，竟惟以低声缓步，谈笑处之，则视君父不啻路人，不亦疏已甚乎！高子但守其常，不通其变，故孟子以固执勖之。然臣子事君父之道，究以凯风为正。事犹未著，失亦无多，不难平心婉议；诚有未便，惟宜载睍睆之音，乐棘心之养，消之于未形。乃直指其非，自沽其直，以激其君父之怒，害及其身，祸于家国，是则不可矶之为不孝也。故孟子虽讥高子为固，而仍以不可矶切言之。则高子者，盖不失为经师者也。舜之五十而慕，正与凯风七子同。母不安室，七子自责以慰安之，而母即不嫁。父顽母嚚，舜自责以乂养之，而瞽瞍即厎豫。然则天下无不可事之君父，故谏有五，而知患祸未萌，深睹其事未彰，而讽告焉，是为讽谏，孔子独从之。孟子引舜之"五十而慕"，以证凯风之"不怨"，非引以证小弁之"怨"也。

章指言：生之膝下，一体而分，喘息呼吸，气通于亲。当亲而疏，怨慕号天，是以小弁之怨，未足为愆也。【疏】"生之"至"于亲"○正义曰：仪礼丧服传"世父母叔父母"，传云："世父叔父何以期也？与尊者一体也。父子一体也，夫妻一体也，昆弟一体也。故父子首足也，夫妻牉合也，昆弟四体也。"白虎通谏诤篇云："子谏父，父不从，不得去者，父子一体，而分无相离之法。"吕氏春秋精通篇云："周有申喜者，亡其母。闻乞人歌于门下而悲之，动于颜色，谓门者内乞人之歌者。自觉而问焉，曰何故，而乞与之语，盖其母也。故父母之于子也，子之于父母也，一体而两分，同气而异息，若草莽之有华实也，若树木之有根心也，虽异处而相通，隐志相及，病疾相救，忧思相感，生则相欢，死则相哀，此之谓骨肉之亲。"

4　宋牼将之楚，孟子遇于石丘，曰："先生将何之？"

【注】宋牼，宋人名牼。学士年长者，故谓之先生。石丘，地名也。道遇，问欲何之。【疏】注"宋牼"至"名也"○正义曰：庄子天下篇云："墨子真天下之好，宋钘、尹文子闻其风而悦之，作为华山之冠以自表。见侮不辱，救民之斗；禁攻寝兵，救世之战：以此周行天下，上说下教，虽天下不取，强聒而不舍者也。"荀子非十二子篇云："不知壹天下、建国家之权称，上功用，大俭约而僈差等，曾不足以容辨异，县君臣，然而其持之有故，其言之成理，足以欺惑愚众，是墨翟、宋钘也。"杨倞注云："宋钘，宋人，与孟子、尹文子、彭蒙、慎到同时。孟子作'宋牼'。牼与钘同，音口茎反。"又天论篇云："宋子有见于少，无见于多。"注云："宋子名钘，宋人也。与孟子同时。下篇云：'宋子以人之情为欲寡，而皆以己之情为欲多，为〔一〕过也。'据此说，则是少而不见多也。钘音形，又胡泠反。汉书艺文志有宋子十八篇，班固曰：'荀卿道宋子，其言黄老意。'"又艺文志名家者流有尹文子一篇，颜师古引刘向云："与宋钘俱游稷下。"礼记曲礼云"从于先生"，注云："先生，老人教学者。"国策卫策云"乃见梧下先生"，注云："先生，长者有德者称。"齐策云"孟尝君宴坐谓三先生"，注云："先生，长老先己以生者也。"牼盖年长于孟子，故孟子以先生称之而自称名。阎氏若璩释地续云："齐宣王喜文学游说之士，自如驺衍、淳于髡、田骈、接子、慎

〔一〕按杨倞所引为荀子正论篇文，"为"字正论篇作"是"。

到、环渊之徒七十六人，皆赐列第为上大夫，不治而议论，是以齐稷下学士复盛。孟子固尝与宋轻有雅故，于齐别去，久之忽邂逅石丘，呼以先生，请其所之，殆非未同而言者比也。”石丘，赵氏但云地名，或以为宋地，盖以轻为宋人也。张氏宗泰孟子诸国年表说云：“当孟子时，齐秦所共争者惟魏。若楚虽近秦，时方强盛，秦尚未敢与争。惟梁襄王元年癸卯，有楚与五国共击秦不胜之事，而独与秦战，则在怀王十七年。先是十六年秦欲伐齐，而楚与齐从亲，惠王患之，乃使张仪南见楚王，王为仪绝齐，而不得秦所许，故分楚商於之地，怀王大怒，发兵西攻秦，秦亦发兵击之。十七年春，与秦战丹阳，大败，虏大将军屈丏等，遂取汉中。王复怒，悉国兵袭秦，战于蓝田，又大败。韩魏闻之，袭楚至邓，楚乃引兵归。此事恰当孟子时，孟子是年因燕人畔去齐，疑孟子或有事于宋，而自宋至薛，因与宋轻遇于石丘。”

曰：“吾闻秦楚搆兵，我将见楚王说而罢之；楚王不悦，我将见秦王说而罢之。二王我将有所遇焉。”【注】轻自谓往说二王，必有所遇，得从其志。【疏】“搆兵”○正义曰：国策秦策云“秦楚之兵，构而不离”，又齐策“秦楚构难”，高诱注云：“构，连也。”吕氏春秋审为篇云“民相连而从之”，高诱注云：“连，结也。”又勿躬篇云“车不结轨”，高诱注云：“结，交也。”搆与构通。交、结、连、构四字义同，构兵即交兵也。说文冓部云：“冓，交积材也。”木部云：“构，盖也。杜林以为椽桷字。”椽桷亦以交于楣栋得名，由冓之交取义也。

曰：“轲也请无问其详，愿闻其指，说之将何如？”【注】孟子敬宋轻，自称其名曰轲，不敢详问，愿闻其指，欲如何说之。【疏】“愿闻其指”○正义曰：指与旨同。礼记王制云“有旨无简不听”，注云：“有旨，有其意。”汉书河间献王德传云“文约指明”，注云：“指谓意之所趋，若人以手指物也。”

曰：“我将言其不利也。”【注】轻曰，我将为二王言兴兵之不利也。

**曰：“先生之志则大矣，先生之号则不可。先生以利说秦楚之王,秦楚之王悦于利,以罢三军之师,是三军之士乐罢而悦于利也。为人臣者怀利以事其君,为人子者怀利以事其父,为人弟者怀利以事其兄,是君臣父子兄弟终去仁义,怀利以相接,然而不亡者,未之有也。【注】孟子曰,先生志诚大矣,所称名号,不可用也。二王悦利罢三军,三军士乐之而悦利,则举国尚利以相接待而忘仁义,则其国亡矣。【疏】注"则举国"至"仁义"○正义曰:大戴记保傅篇云"接给而善对",注云:"接给,谓应所问而给也。"又文王官人篇云"取接给而广中者",注云:"接给,谓应所问而对。"周礼天官太府"以待王之膳服",外府"而待邦之用",注并云:"待,犹给也。"接待即接给也。刘熙释名释丧制云:"终,尽也。"吕氏春秋音律篇"数将几终",高诱注亦云:"终,尽也。"终去仁义是尽去仁义,故云举国尚利忘仁义,举国皆忘,是尽去也。亡与忘通,礼记少仪云"有亡而无疾",注云:"亡,去也。"故以去仁义为忘仁义也。先生以仁义说秦楚之王,秦楚之王悦于仁义,而罢三军之师,是三军之士乐罢而悦于仁义也。为人臣者怀仁义以事其君,为人子者怀仁义以事其父,为人弟者怀仁义以事其兄,是君臣父子兄弟去利,怀仁义以相接也,然而不王者,未之有也。何必曰利!"【注】以仁义之道,不忍兴兵,三军之士悦,国人化之,咸以仁义相接,可以致王,何必以利为名也。

章指言:上之所欲,下以为俗。俗化于善,久而致平;俗化于恶,失而致倾。是以君子创业,慎其所以为名也。【疏】"俗化"至"名也"○正义曰:文子精诚篇云:"见其俗而知其化。"荀子正名篇云:"王者之制名,名定而实辨,道行而志通,则慎率民而一焉。"昭公三十一年左传云:"君子曰:名之不可不慎也如是。"

5 孟子居邹,季任为任处守,以币交,受之而不报。处于平陆,储子为相,以币交,受之而不报。【注】任,薛之同姓小国也。季任,任君季弟也。任君朝会于邻国,季任为之居守其国也。致币帛之礼以交孟子,受之而未报也。平陆,齐下邑也。储子,齐相也。亦致礼以交孟子,受而未答也。【疏】注"任薛"至"国也"○正义曰:汉书地理[一]志:"东平国任城,故任国,太昊后,风姓。"隐公十一年"滕侯、薛侯来朝",左传云:"寡人若朝于薛,不敢与诸任齿。"孔氏正义引世本氏姓篇云:"任姓:谢、章、薛、舒、吕、祝、终、泉、毕、过,言此十国皆任姓也。"又引谱云:"薛,任姓,黄帝之苗裔奚仲,封为薛侯,今鲁国薛县是也。"任,风姓,薛,任姓,非同姓之国,赵氏盖误以任为任姓与?钱氏大昕养新录云:"国君之弟以国氏,字当在国下。春秋桓十七年蔡季自陈归于蔡,蔡侯弟也。庄二年纪季以酅入于齐,纪侯弟也。依春秋例,季任当为'任季',传写颠倒耳。"阎氏若璩释地续云:"平陆为今汶上县,去齐都临淄凡六百里,而储子既相,必朝夕左右为王办政事,非奉王命,似亦未易出郊外,何以孟子望其身亲至六百里外之下邑,方为礼称其币?既思范雎列传云:'秦相穰侯东行县邑,东骑至湖关。'湖今阌乡县,去秦都咸阳亦几六百里,是当日国相皆得周行其境之内,非令所禁,故曰储子得之平陆。"**他日,由邹之任见季子,由平陆之齐不见储子。屋庐子喜曰:"连得间矣!"问曰:"夫子之任见季子,之齐不见储子,为其为相与?"**【注】连,屋庐子名也。见孟子答此二人有异,故喜曰,连今日乃得一见夫子与之间隙也。俱答二人,独见季子不见储子者,以季子当君国子民之处,储子为相,故轻之邪。【疏】注"俱答二人"○正义曰:赵氏以之任之齐即是答其币交之礼。但答季子则见之,答储子则不见,所异在见不见而答则同是也。若谓不见储子即是不答,讵有远以币交,既受其礼,而至其地不答者乎?

曰:"非也。书曰:'享多仪,仪不及物曰不享,惟不役志于享。'为其不成享也。"【注】孟子曰,非也。非以储子为相,故不见。尚书洛诰篇曰"享多仪",言享见之礼多仪法也。物,事也。仪不及事,谓

〔一〕"地理"原误"艺文",据汉书改。

有阙也。故曰不成享礼。储子本礼不足，故我不见也。【疏】注"尚书"至"享礼"○正义曰：书序云："召公既相宅，周公往营成周，使来告卜，作洛诰。"此文云："公曰：已，汝惟冲子，惟终。汝其敬识百辟享，亦识其有不享；享多仪，仪不及物，惟曰不享。惟不役志于享，凡民惟曰不享。"郑氏注云："朝聘之礼至大，其礼之仪不及物，谓所贡篚者多而威仪简也。威仪既简，亦是不享也。"江氏声尚书集注音疏云："享，献也。言当识别诸侯之享与不享。孟子告子篇引此经，赵岐训物为事，不若郑注义长。据孟子所引无'惟'字。惟不役志于享，故谓之不享，凡民亦惟谓是不享也。"赵氏以孟子自以"不成享"解经文，故以不及事为有阙。有阙即是不成享。淮南子精神训云"可以为天下仪"，高诱注云："仪，法也。"赵氏以法训仪，谓享献之礼宜多仪法。今仪法有阙，即是不成享献。仪不及物，谓享献所当具之仪法，仪法所当行之事，今不足也。赵氏以不足解不及。素问天玄纪大论云"各有太过不及也"，王冰注云："不及，不足也。"郑氏以仪为威仪，物即指所享之物，谓享献宜多威仪。今仪不及物，是仪少而物多。意虽与赵亦略同，然储子以币交，币即物也。得之平陆而不自往，是威仪不及币物也。郑氏之义，尤与孟子引经之旨为切矣。周氏用锡尚书证义云："多如汉书袁盎传皆多盎之多。享多仪，享以仪为多也。"

屋庐子悦。或问之，屋庐子曰："季子不得之邹，储子得之平陆。"【注】屋庐子已晓其意，闻义而服，故悦也。人问之曰何为若是，屋庐子曰，季子守国，不得越境至邹，不身造孟子，可也。储子为相，得循行国中，但遥交礼，为其不尊贤，故答而不见。【疏】注"闻义而服"○正义曰：阮氏元校勘记云："闽本作'闻义服'，监本服上剜增'而'字，毛本、孔本、韩本、考文古本同监本。按当作'闻义则服'，用弟子职语。"

章指言：君子交接，动不违礼，享见之仪，亢答不差，是以孟子或见或否，各以其宜也。【疏】"亢答不差"○正义曰：周氏广业孟子章指考证云："古本亢作'允'，似误。亢谓不见储子，答谓见季子。"按周说非也。赵氏明言"答而不见"，则不见非不答也。汉书高帝纪云"沛公还军亢父"，注引郑氏云："亢音人相抗答。"亢犹当也。当即应也。亢答犹云应答耳。

6　淳于髡曰："先名实者，为人也。后名实者，自为也。夫子在三卿之中，名实未加于上下而去之，仁者固如此乎？"【注】淳于，姓。髡，名。齐之辨士。名者，有道德之名也。实者，治国惠民之功实也。齐大国有三卿，谓孟子尝处此三卿之中矣，未闻名实下济于民，上匡其君，而速去之，仁者之道，固当然邪。【疏】注"齐大"至"中矣"○正义曰：礼记王制云："大国三卿，皆命于天子。"孔氏正义云："大国，谓公与侯也。崔氏云：'三卿者，依周制而言，谓立司徒兼冢宰之事，立司马兼宗伯之事，立司空兼司寇之事。故春秋左传云：季孙为司徒，叔孙为司马，孟孙为司空。此是三卿也。'以此推之，知诸侯不立冢宰、宗伯、司寇之官也。"全氏祖望经史问答云："孟子之世，七国官制尤草草，国策中惟魏曾有司徒之官一见，亦不足信。大抵三卿者，指上卿亚卿下卿而言，但未尝有司徒等名。乐毅初入燕，乃亚卿，是其证也。或曰：一卿是相，一卿是将，其一为客卿，而上下本无定员。亦通。"周氏柄中辨正云："国策'魏王使司徒执范痤'，鲍注云：'本周卿，此主徒颖者。'然芒卯为魏司徒，居中用事，此魏有司徒之证。楚襄王立昭常为大司马，使守东地，此楚有司马之证。史记赵世家惠文王四年，公子成为相，李兑为司寇，此赵有司寇之证。又楚有司马名翦，周有司寇名布，皆见国策。岂可谓七国时无此官？但三官并设者甚少，则以上卿亚卿下卿为三卿，其说自不可易。"

孟子曰："居下位，不以贤事不肖者，伯夷也。五就汤、五就桀者，伊尹也。不恶污君，不辞小官者，柳下惠也。三子者不同道，其趋一也。"【注】伊尹为汤见贡于桀，桀不用而归汤，汤复贡之，如此者五，思济民，冀得施行其道也。此三人虽异道，所履者一也。【疏】注"伊尹"至"一也"○正义曰：翟氏灏考异云："胡应麟少室山房笔丛曰：'孟子称伊尹五就桀，盖屡言之，以明圣人去就不常，非定以为五也。'胡氏谓无五就之事，而古凡频屡之辞，云三者多，云五未别见也。鬼谷子忤合篇：'伊尹五就汤，五就桀，然后合于汤。'鬼谷与孟子并时，其言合符，则孟子所得于传闻者，当实云五。"礼记曲礼云"帷簿之外不趋"，注云："步而张足曰趋。"

刘熙释名释姿容云:“疾行曰趋。趋,赴也。赴所期也。”礼记表记云“处其位而不履其事”,注云:“履,犹行也。”国语晋语云“下贰代履”,韦昭注云:“履,步也。”趋与履义相近,故以其趋为所履也。

“一者,何也?”【注】髡问一者何也。

曰:“仁也。君子亦仁而已矣,何必同。”【注】孟子言君子进退行止,未必同也,趋于履仁而已。髡讥其速去,故引三子以喻意也。

曰:“鲁缪公之时,公仪子为政,子柳、子思为臣,鲁之削也滋甚。若是乎贤者之无益于国也。”【注】髡曰,鲁缪公时,公仪休为执政之卿。子柳,泄柳也。子思,孔伋也。二人为师傅之臣,不能救鲁之见削夺,亡其土地者多。若是,贤者无所益于国家,何用贤为。【疏】注“公仪休为执政之卿”○正义曰:史记循吏列传云:“公仪休者,鲁博士也。以高弟为鲁相,奉法循理,无所变更,百官自正。食禄者不得与下民争利,受大者不得取小。”盐铁论相刺章:“大夫曰:昔鲁穆公之时,公仪为相,子柳、子原为之卿,然北削于齐,以泗为境,南畏楚人,西宾秦国。”此即因孟子而演焉者也。卢氏文弨群书拾补云:“子原,说苑杂言篇作子庚,乃泄柳字。”吕氏春秋观表篇云“魏国从此削矣”,高诱注云:“削,弱也。”此之削弱,由于彼之夺取,故云削夺,又申之云亡其土地。说文水部云:“滋,益也。”公孙丑上“则弟子之惑滋甚”,赵氏以益甚释之。此训为多,土地之亡,日见其多,斯所存乃见其削弱也。

曰:“虞不用百里奚而亡,秦缪公用之而霸,不用贤则亡,削何可得与?”【注】孟子云,百里奚所去国亡,所在国霸。无贤国亡,何但得削,岂可不用贤也。

曰:“昔者王豹处于淇而河西善讴,绵驹处于高唐而齐右善歌,华周、杞梁之妻善哭其夫而变国俗,有诸内必形诸外,为其事而无其功者,髡未尝睹之也。是故无贤者也,有则髡必识之。”【注】王豹,卫之善讴者。淇,水名。卫诗竹竿之篇曰:“泉源在左,淇水在右。”硕人之篇曰:“河水洋洋,北流活活。”卫地滨于淇水,在北流河之西，故曰处淇水而河西善讴，所谓郑卫之声也。绵驹，善歌者也。高唐，齐西邑。绵驹处之，故曰齐右善歌。华周，华旋也。杞梁，杞殖也。二人，齐大夫死于戎事者。其妻哭之哀，城为之崩，国俗化之，则效其哭。髡曰，如是歌哭者尚能变俗，有中则见外。为之而无功者，髡不闻也。有功，乃为贤者；不见其功，故谓之无贤者也。如有之，则髡必识知之。【疏】注"王豹"至"善歌"○正义曰：周礼春官小师："掌教鼓鼗柷敔埙箫管弦歌。"毛诗魏风园有桃"我歌且谣"，传云："曲合乐曰歌。"楚辞大招云"讴和杨阿"，王逸注云："徒歌曰讴。"然则讴、歌同一长言，而歌依于乐，讴不依于乐，此所以分也。说文欠部云："歌，咏也。"言部云："讴，齐歌也。"齐歌之说有二：汉书高帝纪"皆歌讴思东归"，注云："讴，齐歌也。谓齐声而歌。或曰：齐地之歌。"段氏玉裁说文解字注云："假令齐声而歌，则当曰众歌，不曰齐歌。李善注吴都赋引曹植妾薄相行曰：'齐讴楚舞纷纷。'太平御览引古乐志曰：'齐歌曰讴，吴歌曰歈，楚歌曰艳，淫歌曰哇。'若楚辞'吴歈蔡讴'，孟子'河西善讴'，则不限于齐也。"谨按：区有众义，说文区从品在匚中，品，众也。尔雅释器云"玉十谓之区"，考工记㮚氏"四豆为区"，皆取积众之名。刘熙释名释形体云："躯，区也。是众名之大总若区域也。"聚众声而为讴，故云讴和杨阿，谓齐声相和也。汉书地理志："河内郡共，北山，淇水所出，东至黎阳入河。""魏郡邺，故大河在东北入海。"史记河渠书云："道河自积石，历龙门，南到华阴，东下底柱，及孟津雒汭，至于大邳。于是禹以为河所从来者高，水湍悍，难以行平地，数为败，乃厮二渠以引其河，北载之高地，过降水，至于大陆，播为九河，同为逆河，入于渤海。"载之高地，即邺东也。沟洫志："王横曰：'禹之行河水，本随西山下东北去。周谱定王五年河徙，则今所行非禹所穿也。又秦攻魏，决河灌其都，决处遂大，不可复补，宜却从完平处更开空，使缘西山足乘高地而东北入海。'贾让云：'今行上策，徙冀州之民当水冲者，决黎阳遮害亭，放河使北入海。'"横言"缘西山足乘高地"，即太史公言"载之高地"；让言"西薄大山"，即横所谓"随西山下"。此即邺东大河故道，由黎阳北行，故淇水至黎阳入河。若黎阳之河既竭，不北行入海，则淇水已合于清河矣。惟河水至黎阳北流，故卫风硕人云："河水洋洋，北流活活。"左传称"齐先君所履，西至于河"。是齐在河东，卫在河西，故卫称河西也。河水北流，淇水全在卫地，故云"卫地滨于淇水，在北流河之西”。盖赵氏当东汉时，鄴河久竭，河徙东行，卫地不在河西，而淇水不滨卫地，故两引诗以明古河与淇之所在，此赵氏地学之精也。胡氏渭禹贡锥指云：“诗卫风：‘河水洋洋，北流活活。’河至大伾山西南，折而北径朝歌之东，故谓之北流。史记卫世家：‘封康叔为卫君，居河淇閒故商墟。’商墟即古朝歌城，淇水径其西，河水径其东，是为河淇之间。故淳于髡曰‘王豹处于淇而河西善讴’是也。”汉书地理志平原郡有高唐，地在齐国之西，西在右，故其地为齐右也。韩诗外传云：“淳于髡曰：昔者揖封生高商，齐人好歌。”高商盖即高唐，揖封盖即绵驹。臧氏琳经义杂记云：“文选陆士衡乐府吴趋行：‘楚妃且勿叹，齐娥且莫讴。’唐刘良注：‘齐娥，齐后也。善为讴歌，人皆采以为曲。’李善注：‘齐娥，齐后也。孟子淳于髡曰：昔绵驹处高唐而齐后善谓。’今孟子作‘齐右善歌’，赵注：‘高唐，齐西邑，绵驹处之，故曰齐右善歌。’则赵注本不作‘后’字，而李、刘注文选，皆以齐娥为齐后，李注又引孟子证之，盖有别本作‘后’字者。”按作“后”字非也。河西齐右，言其相化者众，若善歌仅一齐后，非髡之旨也。○注“华周”至“其哭”○正义曰：襄公二十三年左传云：“齐袭莒，杞殖、华还载甲，夜入且于之隧，宿于莒郊。明日，先遇莒子于蒲侯氏。莒子重赂之，使无死。华周对曰：‘贪货弃命，亦君所恶也。昏而受命，日中而弃之，何以事君？’莒子亲鼓之，从而伐之，获杞梁。齐侯归，遇杞梁之妻于郊，使吊之。辞曰：‘殖之有罪，何用命焉？若免于罪，犹有先人之敝庐在，下妾不得与郊吊。’齐侯吊诸其室。”礼记檀弓亦载此事，言“杞梁妻迎其柩于路而哭之哀”。是华周即华旋，杞梁即杞殖。旋与还同。乃皆言杞梁死，杞梁之妻哭。按左传载华周之言，则周志在死决矣。古人之文，每用互见，盖周之言梁亦同之，梁之死周亦同之。梁妻以有对君之言而传，不必周之妻不哭也。列女传贞顺篇云：“杞梁之妻无子，内外皆无五属之亲，既无所归，乃枕其夫之尸于城下而哭。内诚动人，道路过者莫不为之挥涕，十日而城为之崩。”此亦专言杞梁。乃说苑善说篇：“孟尝君曰：昔华舟、杞梁战而死，其妻悲之，向城而哭，隅为之崩，城为之阤。”又立节篇云：“杞梁、华舟至莒城下，莒人以炭置地，二人立有间，不能入。隰侯重为右，曰：‘吾闻古之士犯患涉难者，其去遂于物也。来，吾逾子。’隰侯重伏楯伏炭，二子乘而入，顾而哭之。华舟后息，杞梁曰：‘汝无勇乎，何哭之久也？’华舟曰：‘吾岂无勇哉，是其勇与我同也，而先吾死，是以哀之。'莒人曰:'子毋死,与子同莒国。'杞梁、华周曰:'去国归敌,非忠臣也。去长受赐,非正行也。且鸡鸣而期,日中而忘之,非信也。深入多杀者,臣之事也。莒国之利,非吾所知也。'遂进斗,杀二十七人而死。其妻闻之而哭,城为之阤,而隅为之崩。"此与孟子合。且足以发明左传。舟、周古字通。赵氏言城为之崩,本列女传、说苑所记也。论衡感虚篇云:"传书言杞梁氏之妻向城而哭,城为之崩。此言杞梁从军不还,其妻痛之,向城而哭,至诚悲痛,精气动城,故城为之崩也。夫言向城而哭者,实也。城为之崩者,虚也。或时城适自崩,杞梁妻适哭于下,世好虚不原其实,故崩城之名,至今不灭。"然则城崩之说,由来久矣。诗大雅皇矣"不识不知",识亦知也。

曰:"孔子为鲁司寇,不用,从而祭,燔肉不至,不税冕而行。不知者以为为肉也,其知者以为为无礼也。乃孔子则欲以微罪行,不欲为苟去,君子之所为,众人固不识也。"

【注】孟子言孔子为鲁贤臣。不用,不能用其道也。从鲁君而祭于宗庙,当赐大夫以胙。燔肉不至,膊炙者为燔,诗云"燔炙芬芬"。反归其舍,未及税解祭之冕而行,出适他国。不知者以为不得燔肉而愠也,知者以为为君无礼,乃欲以微罪行。燔肉不至,我党从祭之礼不备,有微罪乎,乃圣人之妙旨。不欲为,诚欲急去也。众人固不能知君子之所为,谓髡不能知贤者之志。【疏】"孔子为鲁司寇"○正义曰:阎氏若璩释地续云:"司寇,鲁官名,在司徒司马司空三桓世为之三卿之下。侯国本无大称,史记世家作大司寇,非也。然司寇,鲁有以初命之大夫为者,孔子是。韩诗外传犹载孔子为鲁司寇命辞曰:'宋公之子、弗甫何孙鲁孔丘,命尔为司寇。'无大字。有以再命之卿为之者,臧孙纥是。襄二十一年季孙谓武仲曰:'子为司寇。'及后二年,出奔邾也,书于经以为卿。故若孔子虽与闻国政,实止大夫而非卿,故经没而不见。不然,齐来归郓、讙、龟阴田,圣人未尝以己功而讳之,岂有孔子出奔,载诸策书,修春秋时竟削之哉!"毛氏奇龄经问云:"陈佑问:司空司寇,皆卿名也。鲁之三卿,则三家并为之,何有于夫子,此岂三家之外夫子别为一卿乎?抑亦即此三卿而夫子代为其一乎?且三卿之名,止司徒司马司空也,若增司寇一名,即六卿矣,侯国焉得有六卿也?且司寇,卿名也。近淮南阎氏谓孔子初命为大夫而非卿,不知

何据？又谓侯国无大小卿，鲁国焉得有大司寇，则是夫子为司寇或有之，曰大则未也。曰：鲁国三卿，季氏为司徒，叔孙为司马，孟孙为司空，此是左传文，无可疑者。特夫子由司空为司寇，则或代孟孙为之，或别设一官，皆不可考。惟礼注崔氏说礼云：'三卿，周制。立司徒兼冢宰之事，立司马兼宗伯之事，立司空兼司寇之事。'则似冢宰宗伯司寇皆司徒司马司空兼官，不必别设。孟孙既为司寇，则不当又有司空。夫子既为司空，不当又进为司寇。而予谓不然者，据春秋传臧孙纥为司寇，夏父弗忌为宗伯，皆非孟孙、叔孙兼官。且隐十一年羽父请杀桓以求太宰，是时羽父已掌兵柄，见为司马而尚求太宰，且不求司徒而求太宰，则太宰非兼官，且非司徒之兼官，抑可知矣。尝读书大传，谓天子三公，皆六卿为之，而分为三等：一冢宰司徒，二宗伯司马，三司寇司空。而三等之中，又取每等之下者以为名，故曰司徒公、司马公、司空公，而其余不然。世但知三公为三官，而不知六卿皆公也。由此推之，则侯国三卿，必仿其制，虽六卿皆备，而只以三官为名，抑或设冢宰时阙司徒，设司寇时阙司空，皆未可知。是六卿虽具，而仍不碍为三卿。天子之公与诸侯之卿，其制一也。若谓孔子只初命大夫而非卿，则六官者，卿名也。六官在朝名官卿，在乡名乡卿，在军即名军卿，卿可名大夫，大夫不得名卿也。或者大国三卿，皆命于天子；次国三卿，二卿命于天子，一卿命于其君。鲁本次国，而夫子又异姓之卿，不必为天子所命而命于鲁君则容有之。然鲁君所命，历有明据。韩诗外传云：'孔子为鲁司寇，其命辞曰：宋公之子、弗甫何孙鲁孔丘，命尔为司寇。'此是命卿之辞，非命大夫之辞也。至谓侯国无大小卿，鲁但有司寇，不当有大司寇，则又不然。王制侯国三卿，俱有下大夫五人。其所云下大夫者，即小卿也。所谓五人，则公羊谓司徒二人，司空二人，司马止一人，统为五人。其以此为舍中军之解，或未可信，然其为小卿，则说同也。故崔氏礼注谓司徒以下有小宰、小司徒二人，司空以下有小司空、小司寇二人，惟司马下只小司马一人，为五人。是有小即有大，小者大夫，则大者卿矣。夫子为司空，或是小卿，故其进为司寇，则加大以别之。此正由大夫而进为卿之明证。若谓夫子自称从大夫后，则季氏何尝非鲁大夫乎？"周氏柄中辨正云："春秋之例，大夫名见于经者，皆卿也。鲁臧宣叔为司寇，而经书'臧孙许及晋侯盟'，又书'臧孙许帅师'，其卒也，书'臧孙许卒'，则俨然卿矣。臧武仲为司寇，而经书'臧孙纥出奔'，又俨然卿矣。卿则非小司寇,谓之大焉可矣。至于相,则当国执政之称,执政必上卿,而孔子以司寇当国,故谓之摄。如齐有命卿国、高,而管仲以下卿执政;郑有上卿子皮,而子产以介卿听政,是也。成十五年公羊传云'臧宣叔者,相也'。宣叔为司寇,谓之为相。此孔子摄行相事之证。或以为摄夹谷之相者,非也。"○注"从鲁"至"去也"○正义曰:周礼春官大宗伯"以脤膰之礼亲兄弟之国",注云:"脤膰,社稷宗庙之肉以赐同姓之国,同福禄也。"说文肉部云:"胙,祭福肉也。"僖公九年左传云:"王使宰孔赐齐侯胙曰:天子有事于文武,使孔赐伯舅胙。"此赐胙之事也。燔与膰同,说文作"䊩",云:"宗庙火孰肉。春秋传曰:'天子有事,䊩焉以馈同姓诸侯。'"诗小雅楚茨正义云:"燔者,火烧之名。炙者,远火之称。以难熟者近火,易熟者远之,故肝炙而肉燔。生民传曰'傅火曰燔',瓠叶传曰'加火曰燔',对遥炙者为近火,故云'傅火''加火[一]'。其实燔[二]亦炙,非炮烧之也。"傅火即膊炙,刘熙释名释饮食云:"膊,迫也。薄椓肉迫著物使燥也。"迫著即近意,膊炙,谓近而炙之,即傅火也。考工记庐人"重欲傅人",注云:"傅,近也。"傅、膊声同义同也。引诗在大雅凫鹥第五章,毛传皆[三]以祭宗庙之明日,设礼以燕尸,故引以明宗庙之祭有燔肉。郑氏以燔炙为亵味,乃祀门户小神之用,赵氏所不取也。史记孔子世家云:"齐陈女乐,季桓子微服往观,怠于政事。子路曰:'夫子可以行矣。'孔子曰:'鲁今且郊,如致膰乎大夫,则吾犹可以止。'桓子卒受齐女乐,三日不听政,郊又不致膰俎于大夫,孔子遂行。宿乎屯,而师己送曰:'夫子则非罪。'"江氏永乡党图考云:"孔子世家诛少正卯,三月大治,归女乐,去鲁适卫,皆叙于定公十四年,非也。考十二诸侯表及鲁世家皆于定十二年书女乐去鲁事,年表及卫世家皆于灵公三十八年书孔子来,禄之如鲁。卫灵三十八年当鲁定公十三年,盖女乐事在十二、十三冬春之间,去鲁实在十三年春。鲁郊尝在春,故经不书。"赵氏不用史记而言从鲁君祭于宗庙,盖以春秋书郊在定公十五年夏五月辛亥时,孔子已去鲁也。赵氏佑温故录云:"郊本鲁之僭,不当在常事得礼不书之例。鲁盖有

〔一〕"火"原误"之",据阮元校勘记改。
〔二〕"燔"原误在"其实"二字上,据阮元校勘记改。
〔三〕"皆",疑当作"亦"。

时举有时不举，故经有书有不书。膰者，祭肉之名，不必独以郊是也。赐大夫胙，礼也。不得燔肉，是君失赐胙之礼。知者与不知者所见略同，特一以肉，一以礼，而皆归过于君。乃孔子以不欲归罪于君，而自以微罪行，何也？燔肉不至于大夫固君之疏，亦从祭者之不备也。我亦从祭者，使君失赐胙之礼，凡从祭者均不能无过，则我党皆有微罪，我亦不免于微罪，故以此罪行，为圣人之妙旨也。赵氏此解，从史记'夫子则非罪'一言悟入，盖孔子当时临行必自称此罪，故师己曰'夫子则非罪'也。知与不知皆莫测夫子妙旨，故云众人不识。"阎氏若璩释地续云："去鲁曰'迟迟吾行也'，正道路低回欲绝语。何故前此助祭反舍，未及税所著之冕辄行，以适他国，不几悻悻乎，与接淅曷异乎？盖孔子为鲁司寇，既不用其道，宜去一；燔俎又不至，宜去二。其去之之故，天下自知之。但孔子不欲其失纯在君相，己亦带有罪焉。其所为有罪，即在'不税冕而行'一句。盖冕原祭服，礼'大夫冕而祭于公'是也。今也戴于道路间，尚非罪乎？故当时不知者以孔子为为肉，纵在知者，亦以孔子为为无礼。乃孔子之意，则欲以己不税冕之罪行，不欲为苟去。苟去犹言徒去。空空而去，无己一点不是处，是为徒去。乐毅报燕王尚云'忠臣去国，不洁其名'，况孔子乎？又礼'大夫士去国，不说人以无罪'，注云：'己虽遭放逐，不自以无罪解说于人，过则称己也。'史记世家师己送曰：'夫子则非罪。'观此，似孔子当日自认一罪名而行，师己则送而解之。千载而下，犹可以情测云。或云：以膰肉不至遂行，无乃太甚，此之谓'以微罪行'。鲁人为肉、为无礼之议，正惬孔子微罪之心。"

章指言：见几而作，不俟终日。孔子将行，冕不及税，庸人不识，课以功实。淳于虽辨，终亦屈服，正者胜也。

孟子正义卷二十五

7　孟子曰："五霸者，三王之罪人也。【注】五霸者，大国秉直道以率诸侯，齐桓、晋文、秦缪、宋襄、楚庄是也。三王，夏禹、商汤、周文王是也。【疏】注"五霸"至"楚庄是也"○正义曰：白虎通号篇云："五霸者何谓也？昆吾氏、大彭氏、豕韦氏、齐桓公、晋文公也。昔三王之道衰，而五霸存其政，率诸侯朝天子，正[一]天下之化，兴复中国，攘除夷狄，故谓之霸也。昔昆吾氏霸于夏者也，大彭氏、豕韦氏霸于殷者也，齐桓、晋文霸于周者也。或曰：五霸谓齐桓公、晋文公、秦穆公、楚庄王、吴王阖闾也。霸者，伯也。行方伯之职，会诸侯，朝天子，不失人臣之义，故圣人与之，非明王之法不张。霸，犹迫也，把也。迫胁诸侯，把持其政。论语曰：'管仲相桓公，霸诸侯。'春秋曰：'公朝于王所。'于是知晋文之霸也。尚书曰：'邦之荣怀，亦尚一人之庆。'知秦穆之霸也。楚胜郑而不告，从而攻之，又令还师而佚晋寇，围宋，宋因而与之平，引师而去。知楚庄之霸也。蔡侯无罪而拘于楚，吴有忧中国心，兴师伐楚，诸侯莫敢不至。知吴之霸也。或曰，五霸谓齐桓公、晋文公、秦穆公、宋襄公、楚庄王也。宋襄伐齐，不擒二毛，不鼓不成列，春秋传曰：'虽文王之战不是过。'知其霸也。"毛氏奇龄四书賸言云："孟子称五霸，赵岐注齐桓、晋文、秦穆、宋襄、楚庄，此是汉儒之言。按荀子王霸篇齐桓、晋文、楚庄、吴阖闾、越勾践，谓之五霸。此战国时所定，与后汉不同。故明卢东元谓'秦穆公用之而霸，此据

〔一〕"正"字原脱，据白虎通补。

春秋传秦用孟明遂霸西戎语,未霸中国'。此言良然。若丁公著以夏昆吾、商大彭、豕韦,合齐桓、晋文为五霸,则于'桓公为盛',就当时盟会,较量优劣为未合矣。"阎氏若璩释地三续云:"昆山顾亭林炎武谓五伯有二:有三代之五伯,杜元凯注左传成二年者是。有春秋之五伯,赵台卿注孟子五霸章是。孟子止就东周后言之,而以桓为盛,如严安所谓周之衰,三百余岁而五伯更起者也。然亭林欲去宋襄而进句践,亦未允。襄虽未成霸,然当时以其有志承桓,故并数为五,有是称谓云尔。岂惟赵氏,即董仲舒亦云然矣。仲舒云:'仲尼之门,五尺之童皆羞称五伯。夫惟宋襄辈在仲尼之前,故言羞称。不然,勾践也霸且不出仲尼后哉?"按赵氏以齐桓、晋文、秦穆、宋襄、楚庄为五伯,本春秋说。○注"三王"至"是也"○正义曰:白虎通号篇云:"三王者何谓也?夏殷周也。诗云:'命此文王,于周于京。'此改号为周,易邑为京也。"风俗通皇霸篇云:"礼号谥记说:'夏禹、殷汤、周武王,是三王也。'尚书说:'文王作罚,刑兹无赦。'诗说:'有命自天,命此文王,文王受命,有此武功,仪刑文王,万国作孚。'春秋说:'王者孰谓?谓文王也。'按易称'汤武革命'。尚书:'武王戎车三百两,虎贲八百人,擒纣于牧之野。惟十有三祀,王访于箕子。'诗云:'亮彼武王,袭伐大商,胜殷遏刘,耆定尔功。'由是言之,武王审矣。论语:'文王率殷之叛国,以服事殷。时尚臣属,何缘便得列三王哉?"谨按:三王或列周武王,或列周文王,故应氏并列二说,而辨其宜列武王也。白虎通不言禹汤而专详文王,正以禹汤称王,不待详说。惟三王列文王不列武王,故引诗明文王即政立号也。赵氏列文王不列武王,盖即本尚书说、诗说、春秋说,与白虎通同。闽、监、毛三本赵注作"周文武",非是。**今之诸侯,五霸之罪人也。今之大夫,今之诸侯之罪人也。**【注】谓当孟子之时诸侯及大夫也。诸侯臣总谓之大夫。罪人之事,下别言之。**天子适诸侯曰巡狩,诸侯朝于天子曰述职。春省耕而补不足,秋省敛而助不给,入其疆,土地辟,田野治,养老尊贤,俊杰在位,则有庆,庆以地。入其疆,土地荒芜,遗老失贤,掊克在位,则有让。一不朝则贬其爵,再不朝则削其地,三不朝则六师移之。**

是故天子讨而不伐，诸侯伐而不讨。五霸者，搂诸侯以伐诸侯者也。故曰五霸者，三王之罪人也。【注】巡狩述职，皆以助人民。庆，赏也。养老尊贤，能者在位，赏之以地，益其地也。掊克不良之人在位，则责让之。不朝至三，讨之以六师。移之，就之也。讨者，上讨下也。伐者，敌国相征伐也。五霸强搂牵诸侯以伐诸侯，不以王命也。于三王之法，乃罪人也。【疏】注"庆赏"至"地也"○正义曰：尔雅释言云："庆，贺也。"说文贝部云："贺，以礼相奉庆也。""赏，赐有功也。"诗小雅楚楚者茨"孝孙有庆"，笺云："庆，赐也。"淮南子时则训云"行庆赏"，高诱注云："赏，赐予。"赏、庆皆训赐，则庆即赏。仪礼士丧礼注云："贺，加也。"加亦益也，故赵氏以赏释庆，又以益释赏也。礼记王制云："有功德于民者，加地进律。"加地即贺以地，贺以地即庆以地也。阎氏若璩释地又续云："王制：'方千里者封方百里之国三十云云，名山大泽不以封，其余以为附庸闲田。'诸侯之有功者，取于闲田以禄之；其有削地者，归之闲田。则孟子所谓'庆以地'，即于此一州之内也。故当其屡有所庆，天子不见其不足；或屡有所削，天子亦不见其有余。盖原在王畿千里外，而天子初无所与焉。"○注"掊克"至"让之"○正义曰：毛诗大雅荡篇"曾是掊克"，传云："掊克，自伐而好胜人也。"孔氏正义云："自伐解掊，好胜解克，定本掊作'倍'，倍即掊也。倍者，不自量度，谓己兼倍于人而自矜伐，论语云'愿无伐善'是也。克者，胜也。己实不能，耻于受屈，意在陵物，必胜而已，如此者谓之克也。"笺云："女曾任用是恶人，使之处位执职事。"恶人即不良之人。音义云："掊，丁薄侯切，深也，聚敛也。"盖谓深克朘民之人，与毛传不同。段氏玉裁说文解字注云："掊，杷也。史汉皆言'掊视得鼎'，师古曰：'掊，手杷土也。'大雅'曾是掊克'，定本掊作'倍'。孟子书亦作'掊克'，赵注但云'不良也'。毛意谓掊为倍之假借字，掊有聚意，与捊音义近，有深取意则不同捊。毛诗释文云：'掊克，聚敛也。'此谓同捊也。方言曰：'掊，深也。'郭注云：'掊克，深能。'以深释掊，以能释克，此亦必古说，但皆非毛义。方言掊训深，与许说合。"国语周语云"刑不祭，伐不祀，征不享，让不贡"，注云："让，谴责也。"○注"移之"至"命也"○正义曰：吕氏春秋义赏篇云"赏重则民移之"，高诱注云："移，犹归也。"广雅释诂云："就，归也。"荀子大略篇云"移而从所仕"，杨倞注云："移，就也。"是移之即就之也。六师本在王畿，移而就此，是为移之，即为就之。李太青云："不朝者三，则非方伯连帅能制其命，亦非折简可致，故须以天子六师移之。见先王武备之豫，纪律之臧，兵出于国都而此无征发之劳，威行于侯服而彼无震惊之患，如以物加移之而已。作移易者，恐非。"说文言部云："诛，讨也。""讨，治也。"段氏玉裁说文解字注云："发其纷纠而治之曰讨，秦风传云：'蒙，讨羽也。'笺云：'蒙，尨也。讨，杂也。画杂羽之文于伐，故曰尨伐。'据郑所言，则讨者乱也。治讨曰讨，犹治乱曰乱也。论语'世叔讨论之'，马曰：'讨，治也。'学记'古之学者，比物丑类'，丑或作'讨'。凡言讨论、探讨，皆谓理其不齐者而齐之也。"侯国乱天子治之，故讨为上讨下之辞。上讨下，即上治下，礼记王制云"畔者君讨"是也。隐公四年"卫人杀州吁于濮"，公羊传云："其称人何？讨贼之辞也。"白虎通诛伐篇云："讨，犹除也。欲言臣当扫除弑君之贼也。"何氏本之。曲礼"驰道不除"，注云："除，治也。"除贼亦治贼也。庄公二十九年左传云"凡师有钟鼓曰伐"，杜预春秋释例云："鸣钟鼓以声其过曰伐。"盖诸侯奉王命以声诸侯之罪，既伐之，当必告于王以治之。五霸不奉王命，而牵搂诸侯以伐诸侯，所以为三王之罪人。搂之为牵，详见前。五霸不上禀天子之命，而以其命牵引诸侯，盖伐之即专治之矣。**五霸桓公为盛，葵丘之会诸侯，束牲载书而不歃血。初命曰：'诛不孝无易树子，无以妾为妻。'再命曰：'尊贤育才，以彰有德。'三命曰：'敬老慈幼，无忘宾旅。'四命曰：'士无世官，官事无摄；取士必得，无专杀大夫。'五命曰：'无曲防，无遏籴，无有封而不告。'曰：'凡我同盟之人，既盟之后，言归于好。'今之诸侯，皆犯此五禁，故曰今之诸侯，五霸之罪人也。**【注】齐桓公，五霸之盛者也。与诸侯会于葵丘，束缚其牲，但加载书，不复歃血，言畏桓公，不敢负也。不得专诛不孝。树，立也。已立世子，不得擅易也。不得立爱妾为嫡也。尊贤养才，所以彰明有德之人。敬老爱小，恤矜孤寡，宾客羁旅，勿忘忽也。仕为大臣，不得世官，贤臣乃得世禄也。官事无摄，无旷庶僚也。取士必得贤，立之无方也。无专杀大夫，不得以私怒行诛戮也。无敢违王法，而以己曲意设防禁也。无遏止谷籴，不通邻国也。无以私恩擅有所封赏，而不告盟主也。言归于好，无构怨也。桓公施此五命，而今诸侯皆犯之，故曰罪人也。【疏】"葵丘之会诸侯"○正义曰：阎氏若璩释地续云："春秋有二葵丘：一齐地，近在临淄县西，连称、管至父所戍者。一宋地，司马彪云：'陈留郡外黄县东有葵丘聚，齐桓公会此城中。'远在齐之西南，故宰孔称'齐侯西为此会'也。"全氏祖望经史问答云："葵丘有三：其一在齐，其一在陈留之外黄，其一在晋，见于水经注。然宰孔论桓公之盟以为西略，则似非陈留之外黄也。答云：杜预以为外黄。亦有以为汾阴之葵丘者，而杜非之，以为若是汾阴，则晋乃地主，夏会秋盟，岂有不预之理。杜言亦近是。然愚则窃以为宰孔明言西略，而以为陈留是仍东略也，则宜在汾阴。盖当时之不服桓公者楚，而晋实次之，周惠王之言可验也。故桓公特为会于晋地以致之，亦霸者之用心也。"翟氏灏考异云："春秋僖公九年九月戊辰，诸侯盟于葵丘。左传：'齐侯盟诸侯于葵丘曰：凡我同盟之人，既盟之后，言归于好。'穀梁传：'葵丘之盟，陈牲而不杀，读书加于牲上，壹明天子之禁，曰：毋壅泉，毋讫籴，毋易树子，毋以妾为妻，毋使妇〔一〕人与国事。'管子大匡篇：'桓公问管仲何行，对曰：公内修政而劝民，可以信于诸侯矣。公许诺，乃弛关市之征，为赋禄之制。既已，管仲请曰：问病臣，愿赏而无罚，五年诸侯可令传。公曰诺。既行之，又请曰：诸侯之君有行事善者，以重币贺之。诸侯之臣有谏其君而善者，以玺问之，以信其言。公既行之，问管仲曰将何行，对曰：君教诸侯为民聚食，诸侯之兵不足者君助之发，如此则始可加之政矣。公既行之，又问管仲曰何行，对曰：君会其君臣父子。公曰：会之道奈何？曰：诸侯毋专立妾以为妻，毋专杀大臣，无国劳，无专予禄，士庶人毋专弃妻，毋曲堤，毋贮粟，毋禁材，行此卒岁，则始可以罚矣。君乃布之于诸侯，诸侯许诺，受而行之。管仲曰：可以加政矣。曰：从今以往二年，適子不闻孝，不闻爱其弟，不闻敬老国良，三者无一焉，可诛也。诸侯之臣及国事，三年不闻善，可罚也。君有过，大夫不谏，士庶人有善，而大夫不进，可罚也。桓公受而行之，近侯莫不请事，兵车之会六，乘

〔一〕"妇"原误"国"，据四书考异、僖九年穀梁传改。

车之会三，飨国四十有二年。’又霸形篇：‘与楚王遇于召陵之上而令之曰：毋贮粟，毋曲堤，毋擅废適子，毋置妾以为妻。’按春秋三传无如孟子之详。管子大匡虽其文极参错，而事语实相当。其云適子不闻孝者诛，即诛不孝也。云君有善者以币贺之，臣有善者以玺问之，即尊贤育才，以彰有德也。云爱其弟敬老国良，即敬老慈幼也。云弛关市之征，及问病臣，即无忘宾旅也。云为赋禄之制，即士无世官，官事无摄也。云士庶人有善不进者罚，即取士必得也。云无国劳，毋专予禄，即无有封而不告也。余如无易树子，无以妾为妻，无专杀大夫，无曲防，无遏籴，更较然著同文矣。其曰既行之又请云云，又问云云，亦与孟子初命至五命相值。”谨按：孟子五命，乃葵丘之会所命次第如此，与管子不同。○注“束缚”至“负也”○正义曰：毛氏奇龄经问云：“问：孟子‘葵丘之会诸侯，束牲载书而不歃血’，载书，谓载其盟书于牲上也。赵岐注有曰：‘但加载书，不复歃血。’则既载而又加，不其复与？曰：载非加也。载书者，盟载书也。周礼司盟‘掌盟载之法’，谓盟有载事，因而为书，其法则杀牲取血，坎其牲而加书于上以埋之。故左传襄二〔一〕十六年伊戾诬太子痤与客盟，谓‘坎用牲加书’是也。穀梁传云：‘葵丘之会，陈牲而不杀，读书加于牲上，壹盟天子之禁。’此加字并不训载字。然犹恐相混不分别，故赵氏云‘但加载书’，则了然矣。盖载书有用牲者，有不用牲者。襄九年‘郑与晋盟，晋士庄子为载书，荀偃曰：改载书’，此用牲者也。若襄十年‘郑子孔当国，为载书，以位序听政辟’，则但作书以示诸侯受职听讼之法，此时未尝用牲也。又襄二十二年‘臧武仲据防出奔，季孙召外史掌恶者而问载书之首章’，则逐臣示戒，当用牲乎？然则用牲曰载，不用牲亦曰载，牲且无有，加于何所？故曰载者，事也，非加也。此明著者也。”阎氏若璩释地又续云：“襄九年‘晋士庄子为载书’，杜注：‘载书，盟书也。’周礼司盟‘掌盟载之法’，注云：‘载盟辞也。盟者书其辞于策，杀牲取血，坎其牲，加书于上而埋之，谓之载书。’可见载书二字是实字，非如今人解以载为加。赵氏注‘束缚其牲，但加载书，不复歃血’，得之矣。”毛氏、阎氏二说略同，盖以赵氏“但加载书”解为但加盟书也。按赵氏解经之例，每以叠字为训。说文车部云：“载，乘也。”淮南子氾论训云“强弱相乘”，高诱注云：

〔一〕“二”字原脱，据左传补。

"乘,加也。"是载之训为加,赵氏叠加载二字,即以加释载,犹叠束缚二字,即以缚释束。但加载书,谓但加载此书,非谓但加此载书也。若载不训加,第是盟书,则经称"束牲盟书"为不辞,赵氏加字为无涉于经文矣。秋官司盟"掌盟载之法",注云:"载盟辞也。"四字为句,谓经言盟载,是载此盟辞也,非是以盟辞解载字。下云"盟者书其辞于策",此解盟字。则盟字即孟子此文之书字。下云"杀牲取血,坎其牲,加书于上而埋之,谓之载书",此解载字。书辞于策为盟,即为书;加载于牲上为载书,即为盟载。郑注甚明。贾氏疏云:"载者,正谓以牲载此盟书于上,故谓之载也。"赵氏此注,与穀梁传同,与郑氏注亦同。毛氏、阎氏未识赵氏叠字为训之例,亦未识郑氏注司盟之义,而谓赵氏不以载为加,失之甚矣。庄公二十七年穀梁传云:"衣裳之会十有一,未尝有歃血之盟也,信厚也。"注云:"十三年会北杏,十四年会鄄,十五年又会鄄,十六年会幽,二十七年又会幽,僖元年会柽,二年会贯,三年会阳谷,五年会首戴,七年会宁母,九年会葵丘。"僖公九年传云"葵丘之盟,陈牲而不杀",注云:"所谓无歃血之盟。郑君曰:'盟牲,诸侯用牛,大夫用豭。'"杨氏疏云:"衣裳之会,皆不歃血,而此会独言之者,以此会桓德极盛,故详其事实,余盟亦不歃血耳。八年洮会云'沟血与郑伯'者,彼兵车之会故也。徐邈云:'陈牲者,不杀埋之,陈示诸侯而已。加于牲上者,亦谓活牲,非死牲。'"此不歃血之事也。○注"不得专诛"至"易也"○正义曰:孔本作"得专诛不孝",毛氏汲古阁本作"不得专诛不孝"。依毛本则与经文"诛不孝"似相戾,宜孔本是也。乃既云"得专诛不孝",又云"已立世子,不得擅易",如当时晋杀其世子申生,固以归胙于公而置毒也,以归胙置毒杀,即以不孝诛矣。夫已立之世子,将废立之,必以不孝为之罪,然则"诛不孝""无易树子"二事,殊相抵牾。盖赵氏以"诛不孝无易树子"七字作一句,谓子之不孝者当诛,但已立为世子,不得以其不孝而专诛而擅易之,须公论而后诛之。方言云:"树,植立也。燕之外郊,朝鲜、洌水之间,凡言置立者谓之树植。"僖公三年公羊传云"无易树子",注云:"树,立也。"赵氏与之同。"不得擅易",然则世子诚不孝,亦当白之天下,公论诛之。"无易树子"是无擅易树子,则诛不孝亦是公诛不孝,公诛不孝即是不得专诛不孝也。桓公命诸侯,不可云"毋专诛不孝",亦不可云"毋易不孝之树子",故为互辞。赵氏探其旨,一云"不得专诛",一云"不得擅易",实能斡旋经文而弥缝其阙隙也。且实能禁当时假不孝之名以擅易树子也。○注“尊贤”至“之人”○正义曰：尔雅释诂云：“育，养也。”彰与章同。书尧典云“平章百姓”，郑氏注云：“章，明也。”○注“敬老”至“忽也”○正义曰：贾子道术篇云：“亲爱利子谓之慈。”周礼地官大司徒“以保息六养万民，一曰慈幼”，注云：“慈幼，谓爱幼少也。”其“二曰养老，三曰振穷”，注云：“穷者有四：曰矜，曰寡，曰孤，曰独。”此命言敬老慈幼，故赵氏连类言恤矜孤寡也。说文心部云：“忽，忘也。”○注“仕为”至“僚也”○正义曰：大戴礼千乘篇云：“凡事尚贤进能，使知事爵不世，能官之不愆。”孔氏广森补注云：“古者有世禄无世位，故春秋讥尹氏也。大夫不世。苟有能者，必官之，无失人。”书皋陶谟云：“无旷庶官。”僚亦官也。王肃注云：“不可不得其人也。”旷之言空，不得其人，则空虚其职。论语八佾篇“管氏官事不摄”，包氏注云：“礼国君事大，官各有人，大夫并兼事。”大而兼摄之，则必空旷其事，故引书文以明之也。○注“无敢”至“禁也”○正义曰：管子两言“无曲堤”，然则防即堤也。谓曲设堤防，以障遏水泉，使邻国受水旱之害。赵氏言曲意设防禁，则虚指王法而言，谓王法所不禁，而曲意以禁之，是为违王法。周礼秋官序官“使帅其属而掌邦禁”，注云：“禁，所以防奸者也。”故以防为禁也。然堤为防之正训，僖公三年公羊传云：“桓公曰：无障谷，无贮粟，无易树子，无以妾为妻。”障谷即曲防也。何氏注云：“无障断川谷专水利也。”盖所以障之者，防也。僖公九年穀梁传则云“毋雍泉”，注云：“专水利以障谷。”此以公羊传之障谷解雍泉，所以雍之者，防也。阎氏若璩释地续云：“汉贾让奏言：‘盖堤防之作，近起战国，雍防百川，各以自利。齐与赵魏以河为竟，赵魏濒山，齐地卑下，作堤去河二十五里，河水东抵齐堤，则西泛赵魏。赵魏亦为堤去河二十五里，则是河水西抵赵魏堤，亦东泛齐矣。’夫曰近起战国，岂非葵丘既会，申明天子之禁，诸侯犹有所惮而不敢为。至七雄地大势专，人人得自为鲧而不难以邻国为壑也。”○注“无以私”至“主也”○正义曰：僖公二年“城楚丘”，左传云：“诸侯城楚丘而封卫焉。”公羊传云：“曷为不言桓公城之？不与诸侯专封也。诸侯之义不得专封。”此言不得专封，谓不待天子之命，而桓公自封之。此五命之告，若指告天子，则桓公封卫，转是自犯其禁矣。故赵氏以为不告盟主。此五霸之盛亦即五霸所以为三王之罪人也。其后十四年城缘陵以迁杞，宣公十一年楚庄王封陈，皆自以为盟主得专封也。卫、杞、陈皆亡灭而复封，存亡继绝，即示私恩。其成公十八年“伐宋彭城”，公羊传云：“鱼石走之楚，楚为之伐宋，取彭城，以封鱼石。楚已取之矣，曷为系之宋？不与诸侯专封也。”昭公四年公羊传云：“庆封走之吴，吴封之于防。然则曷为不言伐防？不与诸侯专封也。”襄公二十八年左传云：“庆封奔吴，吴句余予之朱方。”昭公四年左传云“使屈申围朱方”，注云：“朱方，吴邑，齐庆封所封也。”然则防即朱方。徐氏公羊传疏云：“庆封往前已封于防为小国，楚取宋邑封鱼石，吴以己邑封庆封，与齐桓封卫、楚庄封陈异，而同为以私恩擅封，故公羊传于楚丘、缘陵、彭城、防皆以专封言之也。”阎氏若璩释地续云：“郝京山解‘无曲防’三句，以周礼大宗伯‘以凶礼哀邦国之忧’分配之曰：‘以丧礼哀死亡，即有封必告也。封必告，死葬相助也。’又曰：‘封与窆同。窆，悲验切，葬下棺也。礼记县棺而封是。凡诸侯告薨，则同盟皆吊；五月而葬，则同盟皆会。此独言葬者，葬则有赗，有赙，有赠，有襚。春秋天王葬且不会，如武氏子来求赙之类，友邦可知矣。无不告者，告则会也。封建大事，岂赘之末简？无不者，甚多之辞。命与恤灾同，其为死葬甚明也。’余谓左传‘诸侯城楚丘而封卫焉’，国语‘翟人攻邢，桓公筑夷仪以封之’，何尝无封国，第少耳。无不者，甚多之辞，妙。盖三者皆属交邻国之事，无尊王在内，解自胜。”**长君之恶其罪小，逢君之恶其罪大。今之大夫皆逢君之恶，故曰今之大夫，今之诸侯之罪人也。”**【注】君有恶命，臣长大而宣之，其罪在不能距逆君命，故曰小也。逢，迎也。君之恶心未发，臣以谄媚逢迎，而导君为非，故曰罪大。今诸侯之大夫皆逢君之恶，故曰罪人也。【疏】注“君有”至“小也”○正义曰：君有恶命，即上云犯此五禁者也。音义云：“长，张丈切。丁又如字。两读皆有大义。”吕氏春秋本味篇云“长泽之卵”，高诱注云：“长泽，大泽。”此长如字也。谕大篇云“万夫之长”，高诱注云：“长，大也。”此长张丈切也。长通张，诗大雅韩奕“孔修且张”，传云：“张，大也。”礼记乐记云“长言之也”，注云：“长言之，引其声也。”国语周语云：“宣，所以施教也。”谓张施其命而遍布之。故以大释长，又以宣申明之。距逆此恶命，则不敢施行于外。赵氏盖读长如字，而为张大之义也。○注“逢迎”至“罪大”○正义曰：方言云：“逢，逆，迎也。自关而东曰逆，自关而西或曰迎，或曰逢。”赵氏所本也。荀子修身篇云：“以不善先人者谓之谄。"庄子渔父篇云:"希意道言谓之谄。"鬼谷子权篇云:"谄,先意承欲者也。"谄,古谄字。君心之恶未发而臣先其意导之,所谓"以不善先人"也,所谓"希意道言"也。襄公三年左传云"称其雠,不为谄",注云:"谄,媚也。"君先有意而臣张布之,是顺从也。君未有意而臣先导之,是迎合也。故以迎训逢,又以谄媚申明之,又以导字申明之。

章指言:王道寖衰,转为罪人,孟子伤之,是以博思古法,匡时君也。

8 鲁欲使慎子为将军。孟子曰:"不教民而用之,谓之殃民。殃民者,不容于尧舜之世。一战胜齐,遂有南阳,然且不可。"【注】慎子,善用兵者。不教民以仁义而用之战斗,是使民有殃祸也。尧舜之世,皆行仁义,故好战殃民者,不能自容也。就使慎子能为鲁一战取齐南阳之地,且犹不可。山南曰阳,岱山之南,谓之南阳也。【疏】注"慎子善用兵者"○正义曰:荀子解蔽篇云:"慎子蔽于法而不知贤。"天论篇云:"慎子有见于后,无见于先。"非十二子篇云:"尚法而无法,下修而好作,上则取听于上,下则取从于俗,终日言成文典,及紃察之,则倜然无所归宿,不可以经国定分。然而其持之有故,其言之成理,足以欺惑愚蒙,是慎到、田骈也。"庄子天下篇云:"不顾于虑,不谋于知,于物无择,与之俱往,古之道术有在于是者,彭蒙、田骈、慎到闻其风而悦之。"又云:"慎到弃知去己,而缘不得已,泠汰于物,以为道理。"史记孟子列传云:"自驺衍与齐之稷下先生,如淳于髡、慎到、环渊、接子、田骈、驺奭之徒,各著书言治乱之事,以干世主。慎到,赵人。学黄老道德之术,因发明序其指意,故慎到著十二论。"徐广云:"今慎子。"张守节正义云:"慎子十卷在法家,则战国时处士。"汉书艺文志法家者流有"慎子四十二篇,名到,先申韩,申韩称之"。到与孟子同时。此慎子宜即是到,乃史但言其学黄老,为法家者流,不当使为将军,故赵氏不以为到,而以其使为将军,则以为善用兵者耳。○注"是使民有殃祸也"○正义曰:说苑君道篇云:"殃者,祸之先者也。"○注"就使"至"阳也"○正义曰:"山南曰阳",僖公二十八年穀梁传文。阎氏若璩释地云："左传'晋于是始启南阳'，杜注：'在晋山南河北，故曰南阳。'余谓即今太行山之南河内、济源、修武、温县地。孟子'遂有南阳'，赵注：'山南曰阳，岱山之南，谓之南阳也。'余谓史称泰山之阳则鲁，其阴则齐。南阳属齐，必齐之地，深插入鲁界中者。鲁故欲一战有之。二南阳所指各不同。"全氏祖望经史问答云："问：遂有南阳，按晋之南阳易晓，而齐之南阳仅一见于公羊传所云'高子将南阳之甲以城鲁'，一见于国策所云'楚攻南阳'。阎百诗以为泰山之阳本是鲁地，特久为齐夺者，似得之。而先生以为南阳即汶阳，其说果何所据？答云：此以汉地志及水经合之左传，便自了然。盖山南曰阳，是南阳所以得名也。水北曰阳，是汶阳所以得名也。春秋之世，齐鲁所争，莫如南阳。隐桓之世，以许田易泰山之祊，是南阳尚属鲁。及庄公之末，则已似失之，故高子将南阳之甲以城鲁。然僖公犹以汶阳之田赐季友，则尚未尽失。而鲁颂之祝之以'居尝与许'，尝亦南阳之境，盖大半入齐矣。自成公以后，则尽失之。盖汶水出泰山郡之莱芜县，西南过嬴县，桓三年公会齐侯于嬴者也。又西南过牟县，牟故鲁之附庸也。又东南流径泰山，又东南流径龟阴之田，即左氏定十年齐所归也。又东南流径明堂，又西南流径徂徕山，又南流径阳关，即左氏襄十七年逆臧孙之地。又南径博县，即左氏哀十一年会吴伐博者也。又南径龙乡，即左氏成二年齐侯围龙者也。又南径梁父县之菟裘城，左氏隐十一年所营也。又西南过刚县，汉之刚，乃春秋之阐，其西南则汶阳之田。又西南则棘，左氏成三年所围也。又西南为遂，左氏庄十三年齐所灭也。又西南为下讙，左氏桓三年齐侯送姜氏之地。又西南为郈，则叔孙氏邑。又西南为平陆。按左氏郓、讙、龟阴、阳关，皆齐鲁接境地，通而言之，皆汶阳之田，而皆在泰山之西南，汶水之北，则汶阳非即南阳乎？故慎子欲争南阳，亦志在复故土，孟子则责其不教民而用之耳。"

慎子勃然不悦曰："此则滑厘所不识也。"【注】滑厘，慎子名。不悦，故曰我所不知此言何谓也。【疏】注"滑厘慎子名"○正义曰：赵氏以慎子自称滑厘不识，则滑厘是慎子之名。慎子名滑厘，故不以为到也。按厘与来通，诗周颂思文"贻我来牟"，汉书刘向传作"饴我厘麰"是也。尔雅释诂云："到，至也。"礼记乐记云"物至知知"，注云："至，来也。"到与来为义同。然则慎子名滑厘，其字为到与？与墨子之徒禽滑厘同名。或以慎子即禽滑厘，或以慎子师事禽滑厘，称其师滑厘不识，皆非是。

曰："吾明告子：天子之地方千里，不千里，不足以待诸侯。诸侯之地方百里，不百里，不足以守宗庙之典籍。周公之封于鲁为方百里也，地非不足，而俭于百里。太公之封于齐也，亦为方百里也，地非不足也，而俭于百里。今鲁方百里者五，子以为有王者作，则鲁在所损乎，在所益乎？徒取诸彼以与此，然且仁者不为，况于杀人以求之乎！

【注】孟子见慎子不悦，故曰明告子，天子诸侯地制如是。诸侯当来朝聘，故言守宗庙典籍，谓先祖常籍法度之文也。周公太公，地尚不能满百里，俭而不足也。后世兼侵小国，今鲁乃五百里矣。有王者作，若文王武王者，子以为鲁在所损之中邪，在所益之中也，言其必见损也。但取彼与此为无伤害，仁者尚不肯为，况战斗杀人以求广土地乎。【疏】注"诸侯"至"文也"〇正义曰：上言"不足以待诸侯"，谓朝覲聘问，备其燕享赐予之礼，故此宗庙典籍，赵氏即举诸侯朝聘言也。其实天子诸侯所用多矣，不止是也。尔雅释诂云："典，常也。"故以典籍为常籍。说文竹部云："籍，簿书也。"周礼秋官小行人"掌邦国宾客之礼籍"，注云："礼籍，名位尊卑之书。"孙炎注尔雅云："典，礼之常也。"国语周语云"省其典图形法"，注云："典，礼也。"仪礼士昏礼云"吾子顺先典"，注云："典，法也。"然则典籍即礼籍，礼籍为名位尊卑之书，即是法度之文。典籍受之天子，传自先祖，藏诸宗庙，宗庙之典籍，即先祖之典籍也。以先祖为宗庙，犹后世称先君为某庙也。说文丌部云："庄都说：典，大册也。"则典籍犹言册籍。〇注"周公"至"损也"〇正义曰：说文人部云："俭，约也。"淮南子主术训"所守甚约"，高诱注云："约，少也。"赵氏以俭为少，故以为不能满。毛氏奇龄四书賸言云："孟子'天子之地方千里，诸侯皆方百里'，其地字王制改作'田'字，田即地也。但地有山林、川泽、城郭、宫室、陂池、涂巷种种，而田则无有，故田较之地，则每里减三分之一，是地有千里者，田未必有千里矣。既云班禄，禄出于田，当纪实数，焉得以三分减一之地而强名千里？汉后儒者所

以不能无纷纷也。不知孟子所云地字,亦只是田字。鲁欲使慎子为将军章'周公之封于鲁也为方百里也,地非不足也,而俭于百里'。又曰'不百里,不足以守宗庙之典籍'。则较量千百,惟恐不足,当必是实数可知。而按其上文,仍是地字,固知地即田耳。"顾氏栋高春秋大事表云:"伯禽初封曲阜,汉书地理志云:'成王以少皞之墟曲阜,封周公子伯禽为鲁侯。'今为山东兖州府曲阜县。后益封奄。隐二年入极,十年败宋师于菅,辛未取郜,辛巳取防,僖十七年灭项,三十三年伐邾取訾娄,文十年伐邾取须句,宣四年伐莒取向,宣九年取根牟,十年伐邾取绎,成六年取鄟,襄十三年取邿,二十一年邾庶其以漆、闾丘来奔,昭元年伐莒取郓,四年取鄫,五年莒牟夷以牟娄及防兹来奔,十年伐莒取郠,三十一年邾黑肱以滥来奔,哀二年伐邾取漷东田及沂西田,三年城启阳,哀十七年越使后庸来言邾田,二月盟于平阳。平阳在兖州府邹县西南,本邾邑,为鲁所取。鲁在春秋,实兼九国之地。极、项、鄟、邿、根牟,鲁所取也。向、须句、鄫、郠,则邾、莒灭之,而鲁从而有之者也。余读隐五年'公矢鱼于棠'传曰:'非礼也,且言远地也。'哀十四年'西狩获麟',欧阳子曰:'西狩,言远也。'余往来京师,亲至兖州鱼台县,访隐公观鱼处;询之土人,云'距曲阜不二百里'。又北至汶上,为齐鲁接界,俱计日可到,其西南则宋、郑、卫及邾、莒、杞、鄫诸国地,犬牙相错,时吞灭弱小,以自附益。祊益之郑,防取之宋,须句取之邾,向、鄫取之莒,而邾则空其国都,致邾众退保峄山,与莒争郓无休日。逮晋文分曹地,则有东昌府濮州西南。而越既灭吴,与鲁泗东方百里,地界稍稍扩矣。"**君子之事君也,务引其君以当道,志于仁而已。"**

【注】言君子事君之法,牵引其君以当正道者,仁也。志仁而已,欲使慎子辅君以仁。**【疏】**注"牵引其君"○正义曰:说文牛部云:"牵,引前也。"是引即牵也。

章指言:招携怀远,贵以德礼,及其用兵,庙胜为上,战胜为下,明贱战也。【疏】"招携"至"战也"○正义曰:僖公七年左传云:"招携以礼,怀远以德,德礼不易,无人不怀。"注云:"携,离也。"周氏广业孟子章指考证作"义胜为上",云:"古本义作'庙',孔、韩同。"按管子霸形篇:"霸王之形,德义胜之,智谋胜之,兵战胜之。"孙子云:"夫未战而庙胜者,得算之多者也。"二字俱有所本,从义为长。汉书赵充国奏"留田便宜"曰:"帝王之兵,以全取胜,是以贵谋而贱战。"

9　孟子曰:"今之事君者,皆曰我能为君辟土地,充府库。今之所谓良臣,古之所谓民贼也。【注】辟土地,侵邻国也。充府库,重赋敛也。今之所谓良臣者,于古之法为民贼。伤民,故谓之贼也。【疏】注"伤民故谓之贼也"○正义曰:荀子修身篇云:"害良曰贼。"楚辞沉江云"览私微之所伤",注云:"伤,害也。"伤民即害良也。**君不乡道,不志于仁,而求富之,是富桀也。**【注】为恶君聚敛以富之,为富桀也。谓若夏桀也。**我能为君约与国,战必克。今之所谓良臣,古之所谓民贼也。**【注】连诸侯以战,求必胜也。**君不乡道,不志于仁,而求为之强战,是辅桀也。**【注】说与上同。**由今之道,无变今之俗,虽与之天下,不能一朝居也。"**【注】今之道非善道,今之世俗,渐恶久矣,若不变更,虽得天下之政而治之,不能自安一朝之间居其位也。【疏】注"今之"至"位也"○正义曰:道为道德之道,上云君不乡道是也。道之训亦为行,今之道犹云今之行。国语周语云"由是第之",韦昭注云:"由,从也。"一人行之,人人从之,则为俗。广雅释诂云:"渐,渍也。"谓渍染而成恶俗也。太玄玄冲云"更变而共笑",是变为更改,谓更改其害良而志于仁也。礼记乐记云"居吾语汝",注云:"居,犹安坐也。"不能一朝居,即是不能一朝安,谓其危亡之速也。陈氏说书云:"与之天下,不能一朝居,何也?其国虽富强,而民心先已失,孟子之言,至于秦而验矣。"

章指言:善为国者,以藏于民。贼民以往,其余何观。变俗移风,非乐不化,以乱济民,不知其善也。

【疏】"变俗移风非乐不化"○正义曰:孝经广要道章第十一云:"移风易俗,莫善于乐。"

10 白圭曰："吾欲二十而取一，何如？"【注】白圭，周人也。节以货殖，欲省赋利民，使二十而税一。【疏】注"白圭"至"税一"○正义曰：史记货殖列传云："白圭，周人也。当魏文侯时，李克务尽地力，而白圭乐观时变，故人弃我取，人取我与，能薄饮食，忍嗜欲，节衣服，与用事僮仆同苦乐，趋时若猛兽挚鸟之发。故曰吾治生产，犹伊尹吕尚之谋、孙吴用兵、商鞅行法是也。盖天下言治生祖白圭。"赵氏以孟子白圭，即此人也。阎氏若璩释地续云："史记货殖传，此一白圭也，圭其名；孟子白圭，此一白圭也，其名丹，圭则字尔。先后殊不同时，赵氏傅会为一人，吾尝断之曰此两人也。韩非书'白圭相魏'，邹阳书'白圭战亡六城，为魏取中山'。又'白圭显于中山，中山人恶之魏文侯，文侯投以夜光之璧'。魏拔中山，在文侯十七年癸酉，下逮孟子乙酉至梁，凡七十三年。纵存，尚能为国筑堤防、治水害乎？"毛氏奇龄说与阎氏同。全氏祖望经史问答云："宋人鲍彪已尝言之。但魏人，当昭王时，是孟子之后辈，见国策。不知潜丘何以不引及？鲍彪谓当是孟子所称者。"周氏广业孟子时地出处考云："阎百诗、毛初晴并言有两白圭，今考韩非子有云：'白圭之行堤也，塞其穴，故无水难。'吕氏春秋载白圭与惠施析辩二条，新序有孟尝君问白圭之文，则其为别一人，似无可疑。乃史又称白圭自言'吾治生产，犹商鞅行法'，则正与孟子同时。战国策昭王时白圭始见，而拔中山者，言乐羊不言白圭；史及邹阳之说，又恐误以武侯为文侯。"孟子曰："子之道，貉道也。万室之国一人陶，则可乎？"【注】貉，夷貉之人，在荒服者也。貉之税，二十而取一。万家之国，使一人陶瓦器，则可乎。以此喻白圭所言也。【疏】注"貉夷"至"服者也"○正义曰：说文豸部云："貉，北方貉豸种也。"周礼夏官职方氏"辨其邦国都鄙、四夷、八蛮、七闽、九貉、五戎、六狄之人民"，郑司农云："北方曰貉狄。"书禹贡云："五百里荒服，三百里蛮，二百里流。"胡氏渭禹贡锥指云："单言蛮，则为四裔之通称。蛮在荒服，知貉即在荒服也。"○注"使一人陶瓦器则可乎"○正义曰：考工记云"抟埴之工二陶旊"，注云："抟之言拍也。埴，黏土也。"吕氏春秋慎人篇云"陶于河滨"，高诱注云："陶，作瓦器。"曰："不可，器不足用也。"【注】白圭曰，一人陶，则瓦器不足以供万室之用也。曰："夫貉，五谷不生，惟黍生之。

无城郭宫室宗庙祭祀之礼，无诸侯币帛饔飧，无百官有司，故二十取一而足也。【注】貉在北方，其气寒，不生五谷。黍早熟，故独生之也。无中国之礼，如此之用，故可二十取一而足也。【疏】注"貉在"至"之也"〇正义曰：程氏瑶田通艺录九谷考云："黍之不黏者，其熟最疾，播在黏者之后，获在黏者之前。孟子曰：'夫貉，五谷不生，惟黍生之。'以貉地生物之气，时日最短，故必中土熟之最疾者，播乃有秋。然则孟子之所谓黍，盖黍之不黏者，乃[一]谓穄也。后汉书乌桓列传：'其土地宜穄。'三国志乌丸传注引王沈魏书'乌丸地宜青穄'。唐书北狄传'奚稼多穄'。奚，即乌桓也。乌桓地东连鲜卑，其西为匈奴，又西为乌孙。匈奴、乌孙当中土之正北，地极寒。汉书匈奴传云：'居于北边，逐水草迁徙，无城郭常居耕田之业。'虽于屠贰师之年云'年稼不熟'，颜师古[二]以为'亦种黍穄'，实则以畜牧为事，故自君王以下，咸食畜肉耳。又按匈奴传，孝文帝时，以匈奴处北，杀气早降，诏遗单于秫糵金帛绵絮。武帝时，单于遗书，欲取稷米五千斛。亦可见其不事农业，即黍穄亦未必能生矣。乌桓诸国，在匈奴东，地气稍暖，故能生穄。吾疑其地殆即孟子所谓貉与？且貉亦非尽不生五谷者也，貉之地甚广也。周官职方氏所掌有九貉，郑志答赵商问云'在东方'。汉书高帝纪有北貉，而战国策苏秦说秦惠王曰：'大王之地，北有胡、貉、代马之用。'又可见貉地亘秦之北皆是矣。谓可致其物以为用，其非以貉为界又可知。后汉书'句骊亦名貊耳'，是貉之一国，亦必非不生五谷之貉也。又载诸国在鲜卑东者，皆言其宜五谷。然则五谷不生之貉，居貊耳。鲜卑之西北，所谓乌桓宜穄，奚稼多穄之地无疑矣。"说文："黍，禾属而黏者也。以大暑而种，故谓之黍。孔子曰：'黍可为酒，禾入水也。'""穈，穄也。""穄，穈也。"按说文以禾况黍，谓黍为禾属而黏者，非谓禾为黍属而不黏者也。是故禾属之黏者黍，则禾属而不黏者穈。对文异，散文则通称。经传中见黑黍、白黍、黄黍、赤黍，不见黑穈、白穈、黄穈、赤穈，以是知散文通称黍也。饭用米之不黏者，黏者酿酒以为饵糍酏粥之属，故簠簋实穈为

〔一〕"乃"原误"所"，据九谷考改。
〔二〕"古"下原衍"曰"字，据九谷考删。

之，以供祭祀，故又异其名曰穄。黍之不黏者独有异名，祭尚黍也。**今居中国，去人伦，无君子，如之何其可也？陶以寡且不可以为国，况无君子乎！欲轻之于尧舜之道者，大貉小貉也。欲重之于尧舜之道者，大桀小桀也。”**【注】今之居中国，当行礼义，而欲效夷貉无人伦之叙，无君子之道，岂可哉。陶器者少，尚不可以为国，况无君子之道乎。尧舜以来，什一而税，足以行礼，故以此为道。今欲轻之二十税一者，夷貉为大貉，子为小貉也。欲重之过什一，则夏桀为大桀，子为小桀也。【疏】注“无君子之道”○正义曰：赵氏以去人伦、无君子为一事。去人伦则举国不知礼义，皆小人而无君子矣。故言无君子之道，谓无君子者无君子之道也。近时通解以君子即指百官有司。○注“尧舜”至“桀也”○正义曰：宣公十五年公羊传云：“古者什一而籍。古者曷为什一而籍？什一者，天下之中正也。多乎什一，大桀小桀；寡乎什一，大貉小貉。”注云：“蛮貉无社稷宗庙百官制度之费，税薄。”何氏本孟子注公羊传，赵氏即本公羊传注孟子。徐氏疏云：“夏桀无道，重赋于人。今过什一，与之相似。若十取四五，则为桀之大贪；若取二三，则为桀之小贪。若十四五乃取其一，则为大貉行；若十二十三乃取一，则为小貉行。”徐氏解大小，不取赵氏。尚书大传说多方云：“古者十税一。多于十税一，谓之大桀小桀；少于十税一，谓之大貊小貊。王者十一而税，而颂声作矣。故书曰：‘越惟有胥赋，小大多政。’”貊与貉字通。伏氏以小桀大桀、小貊大貊明多方小大二字。政者，正也。尚书今作“正”。江氏声尚书集注音疏云：“胥谓繇役。繇役亦赋也，故曰胥赋。”盖胥赋即税，正即谓什一中正，谓胥赋之轻重一本于中正，小之不致为小桀小貉，大之不致为大桀大貉。徐氏解公羊传，义与此同。

章指言：先王典礼，万世可遵，什一供贡，下富上尊。裔土简惰，二十而税，貉道有然，不足为贵，圭欲法之，孟子斥之以王制也。【疏】“什一供贡下富上尊”○正义曰：二句见汉书叙传述食货志。

11 **白圭曰："丹之治水也，愈于禹。"**【注】丹，名。圭，字也。当诸侯时有小水，白圭为治除之，因自谓过禹也。【疏】注"丹名"至"除之"○正义曰：说文丹部云："丹，巴越之赤石也。"说苑修文篇云："圭者，玉也。"考工记匠人注云："圭之言圭，洁也。"洁者，洁白也。玉之白者为圭，石之赤者为丹，赤炽盛而以洁白消之，此名字所以取与？韩非子喻老篇云："千丈之堤以蝼蚁之穴溃，故曰白圭之行堤也，塞其穴，是以白圭无水难。"此白圭治除小水之证也。**孟子曰："子过矣！禹之治水，水之道也。是故禹以四海为壑。今吾子以邻国为壑。水逆行谓之洚水，洚水者，洪水也。仁人之所恶也，吾子过矣！"**【注】子之所言过矣。禹除中国之害，以四海为沟壑，以受其害水，故后世赖之。今子除水，近注之邻国，触于洚水之名，仁人恶为之。自以为愈于禹，子亦甚过矣。【疏】注"禹除"至"甚矣"○正义曰：水之道犹云水之路，谓水所行之路，而禹顺导之耳。说文㕡部云："叡，沟也。读若郝。壑，或从土。"是壑即沟也。害水犹云灾水。触即触类之触。不使水归四海，而归邻国，则非水之道。非水之道，则水不顺行而逆行矣。逆之为洚，犹逆之为逢，见其逆行，触类而长之，即是禹时之洪水。禹治洪水，使不为后世害。圭放洪水，使为邻国害，圭且为仁人所恶矣。悖乎禹，岂愈于禹与？

章指言：君子除害，普为人也。白圭壑邻，亦以狭矣。是故贤者志其大者远者也。【疏】"是故贤者志其大者远者也"○正义曰：本襄公三十一年左传子皮语。

12 **孟子曰："君子不亮，恶乎执？"**【注】亮，信也。易曰"君子履信思顺"。若为君子之道，舍信将安执之。【疏】注"亮信"至"执之"○正义曰："亮，信也"，尔雅释诂文。与谅同。说文言部云："谅，信也。"谅即亮也。引易者，系辞上传云："易曰：'自天祐之，吉无不利。'子曰：祐者，助也。天之所助者，顺也。人之所助者，信也。履信思乎顺，又以尚贤也。是以自天祐之，吉无不利也。"引此以见君子之道不外乎信，故为君子之道舍此乌执乎？赵氏以安训恶，音义云"恶音乌"是也。何异孙十一经问对云："问：此恶字作平声，还作去声？对曰：亮与谅同。孔子曰：'岂若匹夫匹妇之为谅哉？'又曰：'君子贞而不谅。'谅者，信而不通之谓。君子所以不亮者，非恶乎信，恶乎执也。故孟子又曰：'所恶执一者，为其贼道也。'"

章指言：论语曰："自古皆有死，民无信不立。"重信之至也。【疏】"论语"至"至也"〇正义曰：所引在论语颜渊第十二。集解引孔氏曰："死者，古今常道也。人皆有之。治邦不可失信也。"乃论语又云："好信不好学，其蔽也贼。"盖好信不好学，则执一而不知变通，遂至于贼道。君子贞而不谅，正恐其执一而蔽于贼也。友谅兼友多闻。多闻，由于好学则不至于贼。又云："言必信，硁硁然，小人哉！"孟子此章，正发明孔子"不谅"之旨也。

13 **鲁欲使乐正子为政。**【注】乐正子克也。鲁君欲使之执政于国。【疏】注"乐正子克也"〇正义曰：文选褚渊碑文云"孟轲致欣于乐正"，注引刘熙曰："乐正，姓也。子，通称也。名克。"

孟子曰："吾闻之，喜而不寐。"【注】喜其人道德得行，为之喜而不寐。

公孙丑曰："乐正子强乎？"曰："否。""有知虑乎？"曰："否。""多闻识乎？"曰："否。"【注】丑问乐正子有此三问之所能乎。孟子皆曰否，不能有此也。【疏】注"丑问"至"能乎"〇正义曰：强犹果，有知虑犹达，多闻识犹艺，孔子称此三者于从政乎何有。从政宜才，执政宜德，此章亦与论语互相发。

"然则奚为喜而不寐？"【注】丑问无此三者，何为喜而不寐。

曰："其为人也好善。"【注】孟子言乐正子之为人也能好善，故为之喜。

"好善足乎？"【注】丑问人但好善，足以治国乎。

曰："好善优于天下，而况鲁国乎！夫苟好善，则四海之内皆将轻千里而来告之以善，夫苟不好善，则人将曰訑訑，予既已知之矣。訑訑之声音颜色，距人于千里之外。

【注】孟子曰，好善，乐闻善言，是采用之也。以此治天下可以优之虞舜是也，何况于鲁不能治乎。人诚好善，四海之士皆轻行千里以善来告之。诚不好善，则其人将曰訑訑贱他人之言。訑訑者，自足其智、不嗜善言之貌。訑訑之人发声音见颜色，人皆知其不欲受善言也。道术之士闻之，止于千里之外而不来也。【疏】注"好善"至"治乎"〇正义曰：优即足也。乃足则仅足而已，优则饶裕有余矣。礼记中庸篇云："舜好问而好察迩言，隐恶而扬善，执其两端，用其中于民。"孟子亦云："舍己从人，乐取于人以为善。"是舜乐闻善言而采用之也。舜以此治天下而有余，克以此治鲁国，岂不足乎？章指言"好善从人，圣人一概"，与此相发明。〇注"诚不好善"至"来也"〇正义曰：音义出"訑訑"，云："张吐禾切，云：'盖言辞不正、欺罔于人、自夸大之貌。'丁云：'此字音他，又达可切。'说文云'欺也'。字作𧨳者，音怡。𧨳𧨳自足其智，不耆善言之貌。今诸本皆作'訑'，即不合注意，当借读为𧨳，音怡。"阮氏元校勘记云："'訑訑'，字作𧨳者，今诸本皆作'訑'。按说文作'詑'，方言作'𧨳'，皆训欺。孟子是此字，注'自足其智，不耆善言'，义之引伸。丁、张音义皆确。自訑讹𧨳，乃别为音，而孙氏又为曲说，不可从。"谨按：说文言部云："詑，沇州谓欺曰詑。从言，它声。"一切经音义引纂文云："兖州人以相欺为訑人。音汤和反。""訑，避也。"訑即𧨳，詑即訑，𧨳为詑之俗，訑为詑之通也。战国策燕策："燕王谓苏代曰：'寡人甚不喜訑者言也。'苏代对曰：'周地贱媒，为其两誉也。之男家曰女美，之女家曰男美。'又云：'事非权不立，非势不成。夫使人坐受成事者，惟訑者耳。'观代之言，訑为欺谩不实，明矣。男女未必诚美，而媒者谩以为美，此訑也，欺也。己本无所知，而以为予既已知之，亦訑也，欺也。訑訑既为自足其智不耆善言之貌，则曰訑訑者，不得为不好善者之言。上云"夫苟好善，则四海之内"云云，此云"夫苟不好善，则人将曰訑訑"。将曰之将，与将轻之将同。人见此不好善之人，而状其貌曰訑訑，又述其言曰"予既已知之矣"。既，犹尽也。予尽知之，谓人之言不足以益之。是贱人之言也。赵氏云其人，谓与

相亲近之人。惟与相亲近,故见其声音笑貌如此。贱他人之言解予既已知之也。訑訑是见颜色,予既已知之是发声音,人状其貌、述其言如是,是人皆知其不欲受善言也。人皆知其不欲受善言,是不独道术之士,而道术之士闻人言如此,岂肯至乎?是其訑訑之声音颜色有以拒止之也。**士止于千里之外,则谗谄面谀之人至矣。与谗谄面谀之人居,国欲治,可得乎?"**【注】怀善言之士止于千里之外,不肯就之,则邪恶顺意之人至矣。与邪恶居,欲使国治,岂可得乎。【疏】注"则邪恶顺意之人至矣"○正义曰:庄子渔父篇云:"希意道言谓之谄,不择是非而言谓之谀,好言人恶谓之谗。"吕氏春秋贵因篇云"谗慝胜良",高诱注云:"谗,邪也。"此赵氏以邪释谗也。荀子修身篇云"以不善先人者谓之谄",不善即恶也。此赵氏以恶释谄也。说苑臣术篇云"从命病君谓之谀",此赵氏以顺意释面谀也。说文言部云:"谀,谄也。""谄,谀也。谄,谄或从臽。"段氏玉裁说文解字注云:"谀者所以为谄,谄者未有不谀。"按谀但顺意而已,长君之恶也。谄则道之为不善,逢君之恶也。谗则因道之为不善,而除去不便已意之人。谗因于谄,谄因于谀,谀因于訑,訑不好善也。

章指言:好善从人,圣人一概,禹闻谠言,答之而拜。訑訑吐之,善人亦逝,善去恶来,道若合符。诗曰:"雨雪瀌瀌,见晛聿消。"此之谓也。【疏】"诗曰"至"谓也"○正义曰:引诗,小雅角弓之篇。序云:"刺幽王也。不亲九族,而好谗佞。"汉书刘向上封事云:"谗邪进则众贤退,群枉盛则正士消,诗云:'雨雪麃麃,见晛曰消。'"赵氏本诸此也。

14 陈子曰:"古之君子,何如则仕?"【注】陈臻问古之君子得何礼可以仕也。

孟子曰:"所就三,所去三。迎之致敬以有礼,言将行其言也,则就之。礼貌未衰,言弗行也,则去之。其次,虽未行其言也,迎之致敬以有礼,则就之。礼貌衰,则去之。

其下，朝不食，夕不食，饥饿不能出门户，君闻之曰：'吾大者不能行其道，又不能从其言也，使饥饿于我土地，吾耻之。周之。'亦可受也，免死而已矣。"【注】所去就，谓下事也。礼者，接之以礼也。貌者，颜色和顺，有乐贤之容。礼衰，不敬也。貌衰，不悦也。其下者，困而不能与之禄，则当去；矜其困而周之，苟免死而已。此三就三去之道。穷饿而去不疑也，故不言去。免死而留，为死故也。权时之宜，嫌其疑也，故载之也。【疏】"周之"至"已矣"○正义曰：音义云："周与赒同，救赡也。"翟氏灏考异云："柳柳州集上李中丞启曰：'孟子书言诸侯之士曰：使之穷于吾地，则赒之，赒之亦可受也。'用赒字。"按大之既不能行道，又不能从其言，所以不去者，饥饿不能去也。受其所周，即是就。云可受，亦就之可者也。但免死而已。既不死，可以出门户，则仍去，故云权时之宜。顾氏炎武日知录云："免死而已矣，则亦不久而去矣。故曰所去三。"

章指言：仕虽正道，亦有量宜。听言为上，礼貌次之，困而免死，斯为下矣。备此三科，亦无疑也。

15 孟子曰："舜发于畎亩之中，傅说举于版筑之间，胶鬲举于鱼盐之中，管夷吾举于士，孙叔敖举于海，百里奚举于市。故天将降大任于是人也，必先苦其心志，劳其筋骨，饿其体肤，空乏其身，行拂乱其所为，所以动心忍性，曾益其所不能。【注】舜耕历山，三十征庸。傅说筑傅岩，武丁举以为相。胶鬲，殷之贤臣，遭纣之乱，隐遁为商，文王于鬻贩鱼盐之中得其人，举之以为臣也。士，狱官也。管仲自鲁囚执于士官，桓公举以为相国。孙叔敖隐处，耕于海滨，楚庄王举之以为令尹。百里奚亡虞适秦，隐于都市，缪公举之于市而以为相也。言天将降下大事，以任圣贤，必先勤劳其身，饿其体而瘠其肤，使其身乏资绝粮，所行不从，拂戾而乱之者，所以动惊其心，坚忍其性，使不违仁，困而知勤，曾益其素所不能行。【疏】注"舜耕"至"征庸"○正义曰：见书尧典及史记五帝本纪。○注“傅说”至“为相”○正义曰：书序云：“高宗梦得说，使百工营求诸野，得诸傅岩，作说命三篇。”马融注云：“高宗始命为傅氏。”郑氏注云：“得诸傅岩，高宗因以傅命说为氏。”史记殷本纪云：“武丁夜梦得圣人，名曰说。以梦所见，视群臣百吏，皆非也。于是乃使百工营求之野，得说于傅险中。是时说为胥靡筑于傅险，见于武丁，武丁曰是也。得而与之语，果圣人，举以为相，殷国大治，故遂以傅险姓之，号曰傅说。”徐广曰：“尸子云：傅岩在北海之洲。”张守节正义云：“地理志云：傅险即傅说版筑之处。所隐之处，窟名圣人窟，在今陕州河北七里，即虞国虢国之界。”按墨子尚贤篇云：“昔者傅说居北海之州，圜土之上，衣褐带索，庸筑于傅岩之城，武丁得而举之，立为三公。”墨子、尸子皆周时人，其言傅岩在北海，当有所据。阎氏若璩释地云：“傅氏之岩在虞、虢之间，今平陆县东三十五里是。俗名圣人窟，为说所佣隐止息处，非于此筑也。岩东北十余里，即左传之颠軨阪，有东西绝涧，左右幽空，穷深地壑，中则筑以成道，指南北之路，谓之为軨桥也。说身负版筑，为人所执役，正于此地，至今涧犹呼沙涧水，去傅岩一十五里，墨子、尸子并以傅岩在北海洲者，大非。”阎氏本张守节之说，其云颠軨阪云云，则水经注文也。然后世之地附会古人之迹甚多，墨子以为筑城，称其“庸筑”，则但佣工为人版筑。史记言“胥靡”，晋灼汉书注云：“胥，相也。靡，随也。古者相随坐轻刑之名。”汉书贾谊传服赋云：“傅说胥靡，乃相武丁。”张晏曰：“胥靡，刑名也。傅说被刑，筑于傅岩，武丁以为己相。”然则说之版筑，由于被刑矣。王氏鸣盛尚书后案云：“荀子非相篇云‘傅说之状，身如植鳍’，杨倞注云：‘植，立也。如鱼之立。’然则说形本自有异，故可以形求也。”○注“胶鬲”至“臣也”○正义曰：胶鬲事，详见公孙丑上篇。鱼盐则别无可证。赵氏佑温故录云：“古者诸侯岁贡士于天子，文王之举胶鬲，乃进之于纣，与伊尹五就桀为汤进之桀、不复进用至五者同，故得与微、箕并称纣辅相。而注言文王举之以为臣，背矣。纣犹知用胶鬲，而仍与不用同，此纣之终于亡也。然久而后失之，则鬲之功亦不细。故虽不得如傅说诸人发名成业之盛，而同谓之天降大任。迨后殷命再黜，鬲之去从显晦，迄无可见，亦足慨矣。”○注“士狱”至“相国”○正义曰：书尧典云“汝作士”，史记集解引马氏注云：“士，狱官之长。”周礼地官大司徒云“其附于刑者归于士”，注云：“士，谓主断刑之官。”庄公九年左传云：“鲍叔帅师来言曰：‘子纠亲也，请君讨之。管、召雠也，请受而甘心焉。'乃杀子纠于生窦，召忽死之。管仲请囚，鲍叔受之，及堂阜而税之。归而以告曰：'管夷吾治于高傒，使相可也。'公从之。"此举于士之事也。○注"孙叔"至"令尹"○正义曰：阎氏若璩释地云："赵氏注：'孙叔敖隐处，耕于海滨，楚庄王举之以为令尹。'此亦是随文解之，事实无所征。庄王时，楚南境东境去海尚远，而史记称'孙叔敖，楚之处士'。荀子、吕氏春秋并以为'期思之鄙人'，期思故城在今固始县西北七十里。固始本寝丘，即庄王感优孟之言以封其子者，传十世不绝。其得为令尹也，史记、说苑、列女传谓进自虞丘子，吕氏春秋谓沈尹茎力，新序谓楚有善相人者招聘之，皆无起家海滨说。盖孟子所据之书籍，今不可考矣。又考孙叔敖即宣十一年令尹芀艾猎，乃芀贾之子。贾字伯嬴，宣四年官司马，为子越椒所恶，囚而杀之。意者子遂式微，窜处海滨，不七八年庄知其贤，擢为令尹与？但芀贾乃薳吕臣之子，吕臣继子玉官令尹，出自公族，自应为楚郢人，何得远在期思之鄙？意者叔敖子实不才，徒世守封土，莫显于朝，后人遂以其子孙之占籍，上系诸先人与？"毛氏奇龄经问云："张燧问：孙叔敖举于海，淮安阎氏谓孙叔敖即宣十一年楚令尹芀艾猎，此可信与？曰：孙叔敖自是处士，凡荀子、吕览、史记以及刘向之说苑、新序、列女传皆明载其人。赵岐旧注，原是有据。以愚考之，则实楚之蓼国人，及楚庄灭蓼而后荐而举用之。史记孙叔敖传谓叔敖楚之处士，虞丘相荐于王而代为楚相，未审为何所人也。惟荀子、吕览皆有孙叔敖为期思之鄙人语。考期思本蓼国地，即春秋之寝丘也。汉名寝县，东汉名固始。楚子于宣八年灭蓼，而宣十二年即有孙叔敖之名，见于策书。则以蓼名期思，必蓼灭而后期思之鄙人始得用虞丘之荐而举为令尹，此固按之春秋，互证之他书，而显有然者。况史记滑稽传又云：'叔敖死，其子穷困负薪，庄王听优孟之言，封其子于寝丘。'其封寝丘者，亦正以寝丘即期思，本叔敖故居，因封之。则是所居所封皆蓼国，其为蓼人无疑也。若云楚公族，则公族世爵，未有身为令尹而其子负薪者，又未有止封以地而不即予以爵者。此其误始于服虔、杜预之注左传，而孔氏正义不能辨正。左传宣十一年有令尹芀艾猎城沂事，其明年晋楚战于邲，又有令尹孙叔敖不欲战而楚王命之战事，以为两年相距不甚远，而止此令尹，必属一人。而不知隔岁易官，在列国多有之。况左氏行文，必名字兼称，既曰'令尹孙叔敖不欲'，又曰'若事得捷则孙叔为无谋矣’，则一称敖名，一称叔字，是必氏孙字叔而敖其名，与芀贾之子明属两人。其所大误者，则以战邲时随武子称有芀敖，而杜氏以为即兼称也。武子以为楚虽与战，其平时讨郑入郑，军政秩然，且以为芀敖为宰，择楚国之令典云云，此言平时也，其时芀敖不在军也。杜氏既疑令尹属一人，而芀敖一名，则又氏本芀猎，而名近孙叔，是必一人而兼称者，遂公然以叔敖当之。殊不知一军之中，叔敖既帅师，又使叔敖典军制，势必不能。此芀敖是宰，楚制有令尹、大宰二官，令尹极尊，太宰极卑，策书太宰伯州犁是也。孙叔令尹，岂得与芀敖太宰合作一人？侍人贾举，非死者贾举，名虽连称，人实有两也。襄十五年芀子冯为司马，此芀艾猎之子也。世本亦不识叔敖出处，然不敢谓叔敖、艾猎是一人。但芀艾猎者，叔敖之兄，故其注芀子冯则曰‘叔敖从子’。今杜氏谓艾猎与叔敖一人，则芀子冯为艾猎子，即叔敖子矣。乃其注是传亦曰‘叔敖从子’，则何说焉？阎氏谓芀贾官司马时为子越椒所杀，故其子叔敖窜处海滨，则又不然矣。宣四年芀贾为工正，与斗椒共谮杀令尹斗般，而椒为令尹，贾为司马。既而椒复恶贾，囚贾而杀之，因之攻王，王遂灭斗氏。是贾以怨杀，并非国法，且王灭斗氏，随取杀贾者而尽灭之，有何仇患而窜处远地，至于式微？然则其曰举于海何居？曰：此正所谓期思之鄙人者也。蓼本楚外国，而期思又当淮西之地，淮水经期思之北而东注于海。禹贡淮与海并称，地志‘淮康’与‘海康’并称，居淮之滨即居海之滨，以淮通于海也。是以从来称淮地多称海疆，如鲁诗‘来淮夷’则曰‘遂荒大东，至于海邦’，江汉‘伐淮夷’则曰‘于疆于理，至于南海’，盖海不必在波涛间矣。况国语于吴曰‘奄有东海’，于越曰‘滨于东海之陂’，而蓼介楚外，原属吴越，春秋楚子灭蓼时有云‘及滑汭盟吴越而还’，则正以期思以东皆在吴越属国中也。吴越名海，则期思亦海矣。要之，孟子当不谬耳。”周氏柄中辨正云：“叔敖避仇远窜，此情事所或有，阎说近之。僖二十四年传‘凡、蒋、邢、毛、胙、祭’，杜注：‘蒋在弋阳期思县。’水经注‘期思县，故蒋国，周公之后，楚灭之’。然则非蓼国也。文五年传‘楚灭蓼’，杜注：‘蓼今安丰蓼县。’然则非期思也。判然二地，毛说非是。”按毛氏四书改错云：“孙叔，蒋之期思人。其地与蓼近。”又云：“蒋、蓼，楚外国。”期思之为蒋地，毛氏固已自知，自改正矣。卢氏文弨钟山札记云：“毛检讨作经问及四书索解，力辨叔敖非楚公族，并非芀氏，乃蓼国期思之处士。余按宣十一年‘楚令尹芀艾猎城沂',杜注云:'孙叔敖也。'十二年邲之战,随武子云'芳敖为宰,择楚国之令典,军行右辕'云云。又云:'令尹孙叔敖弗欲战,南辕反旆。'又云:'王告令尹改乘辕而北之。'军事以车为重,而令尹实主之,则士会所称芳敖,非即叔敖乎？则其为一人,为芳氏,实无可疑。高诱注吕氏春秋情欲篇、知分篇皆云:'叔敖,蒍贾之子。'蒍即芳也。服虔注左传云:'艾猎,芳贾之子孙叔敖也。'杜氏从之。总之,左氏芳敖一言,可为芳氏之确证。与其信诸子也,不如信传。"孙氏星衍孙叔敖名字考云:"芳敖,字孙叔。古人名与字配,孙当读为逊,与敖相辅也。左传宣十二年晋随武子曰'芳敖为宰,择楚国之令典'。下云'嬖人伍参欲战,令尹孙叔敖弗欲',加字于名上,犹称孔父嘉之例。下文参曰'孙叔为无谋矣',下文又云'孙叔曰进之',可证孙叔为敖之字。孔颖达引世本,艾猎为叔敖之兄。高诱注吕氏春秋云'孙叔敖,楚大夫芳贾之子'是也。芳贾盖有二子:一芳艾猎,一芳敖,字孙叔。敖既称叔,宜尚有兄矣。服虔、杜预以芳敖、芳艾猎为一人,与世本异。敖字孙叔,既两见传文,何得又名艾猎？以此知世本之说最古,可从矣。汉碑以为名饶,饶与敖音相近,当据古书有作孙叔饶者而言。碑云字叔敖则误。"谨按:古人事迹,非可臆断。右诸说各有所是,故备录之。乃孟子言"举于海",则与"期思之鄙人"近,毛氏之说,未可非也。○注"百里"至"相也"○正义曰:奚事详见万章上篇。周氏柄中辨正云:"毛大可云:'食牛养牲,在田宅而不在市,以市宜贩畜,不宜牧畜也。举市与史记赎奚正相合。按字书,市训买,赎亦训买,故市货称赎货。举于市,犹言举于赎买间也。'按毛氏信秦本纪赎奚之说,不信商君传举之牛口之下之说,故以市为赎买。大抵养牲贩卖,初非二事。说苑:'秦穆公使贾人载盐,贾人以五羊皮买奚,使将盐车往。穆公视盐,见牛肥,曰:任重道远,而牛肥何也？奚对曰:食之以时,使之不暴,有险,先之以身。穆公知其贤,以为上卿。'然则百里奚为人养牲,即为人贩卖。以养牲言则曰举之牛口之下,以贩卖言则曰举于市,非有二也。"谨按:毛氏训市为买,与阎氏说同,是也。周氏以为贩牲于市,固为臆说,说苑言贾人以五羊皮买奚,因以说秦穆公,此正好事者所造自鬻于秦、以干秦穆公事也。孟子所斥之矣。阎氏说已见前。○注"言天"至"能行"○正义曰:尔雅释言云:"降,下也。"释诂云:"劳,勤也。"文选东京赋"舆徒不劳",薛综注云:"劳,苦也。"赵氏以苦即是劳,以勤释劳,即释苦。内而心志,外而筋骨，皆统之以身，故以勤劳其身解苦其心志二句也。饿则羸瘠，饿其身体，则瘠形于肌肤矣。吕氏春秋季春纪云“振乏绝”，高诱注云：“行而无资曰乏。”周礼地官遗人疏引书传云：“行而无资谓之乏，居而无食谓之困。”后汉书贾逵传云“屡空则从孤竹之子于首阳山矣”，注云：“空，乏也。”空即是乏。空乏是无资，故以绝粮解之。空乏，犹乏绝也。淮南子主术训云“岂能拂道理之数”，高注云：“拂，戾也。”汉书杜钦传云“言之则拂心逆指”，注云：“拂，谓违戾也。”拂戾则逆，逆即不顺，从之言顺也，故以戾释拂，而解之以所行不从也。所为即所行，所行拂戾，于是乱其所为矣。易说卦传云：“震，动也。”彖传云：“震惊百里，惊远而惧迩也。”故以惊释动，文选高唐赋“使人心动”，注亦云：“动，惊也。”广雅释言云：“忍，耐也。”说文心部云：“忍，能也。”能与耐同。广雅释诂云：“能，任也。”孟子道性善，仁义礼智生于心，即本于性，任其性，即“仁以为己任”也。故云“坚忍其性，使不违仁”。若不能任其性，则将戕贼其性，灭亡其性，而违仁矣。坚者，强也。毛诗郑风将仲子兮“无折我树檀”，传云：“檀，强韧之木。”孔氏正义云：“檀材可以为车，故云强韧之木。”强韧即强忍，谓其材性能胜任，不易损坏也。以性之仁自任，不使为外物所诱，丧其仁以失其性，是为忍性。荀子儒效篇云：“志忍私，然后能公；行忍性情，然后能修。”非十二子篇云：“忍性情，綦溪利跂。”荀子以性为恶，故杨倞注云：“忍谓违矫其性也。”孟荀同言忍性，而义不可混。违其性而后能修，是荀之旨也，杨氏得之。任其性而后能仁，是孟之旨也，赵氏得之。性殊善恶，则忍判从违，盖忍原有两义，段氏玉裁说文解字注云：“忍之义，坚行止，敢于杀人谓之忍，敢于不杀人亦谓之忍。”荀子忍性，敢于违其性也。孟子忍性，敢于任其性也。或以荀之忍性为孟之忍性，以性为嗜欲血气，而持之禁之，非孟子之义，亦失赵氏坚忍之义。赵氏以坚忍其性解忍性，而申以使不违仁，赵氏洵通儒也。音义云：“张云：‘曾与增同。’丁云：‘依注曾读当作增，依字训义亦通。’”按赵氏谓素所不能行者，即仁也。因己之劳苦空乏，推之于人，则有以动其不忍之心，而任其安天下之性，故向有所不能者，皆增益而能矣。**人恒过，然后能改；困于心，衡于虑，而后作；征于色，发于声，而后喻。**【注】人常以有缪思过行，不得福，然后乃更其所为，以不能为能也。困瘁于心。衡，横也。横塞其虑于胸臆之中，而后作为奇计异策，愤激之说也。征验见于颜色，若屈原憔悴，渔父见而怪之。发于声而后喻，若宁戚商歌，桓公异之。【疏】注"人常"至"能也"〇正义曰：尔雅释诂云："恒，常也。"礼记乐记云"过制则乱，过作则暴"，注云："过犹误也。"仲尼燕居云"不能诗，于礼缪"，注云："缪，误也。"是缪即过也。思误则行误，因致愆咎，故不得福。更即改也。始以缪而不得福，一更改即能得福，是以不能为能也。吕氏春秋不广篇云："以其所能，托其所不能，若舟之与车。"高诱注云："舟不能陆，车不能浮，然更相载。"〇注"困瘁"至"说也"〇正义曰：广雅释言云："困，悴也。"悴与瘁古字通。荀子大略篇云："患至而后虑者谓之困。"毛诗陈风"衡门之下"，传云："衡门，横木为门。"考工记弓人注云："衡，古文横，假借字也。"大戴记曾子大孝篇云："夫孝，置之则塞于天地，衡之而衡于四海。"注云："衡，犹横也。"是横与塞义相近。礼记乐记云"号以立横"，注云："横，充也。"充亦塞也。故读衡为横，而又以塞释之。史记齐太公世家云："周西伯昌之脱羑里，归与吕尚阴谋修德以倾商政，其事多兵权与奇计。"陈丞相世家云："封平以户牖乡，用其奇计策，卒灭楚。"赵氏谓作为奇计异策，指此类与？云愤激之说，似指苏秦去秦而归事，夜发书伏诵，引锥自刺其股，可谓困心横虑矣。期年，揣摹成用，说当世之君，当时天下之大，万民之众，王侯之威，谋臣之权，皆欲决于苏秦之策，则所谓奇谋异策也。太史公自序云："屈原放逐，著离骚；韩非囚秦，说难孤愤。诗三百篇，大抵圣贤发愤之所为作也。此人皆意有所郁结，不得通其道〔一〕也，故述往事，思来者。"是则赵氏所云愤激之说邪？然仪、秦事孟子羞称。近时通解作为兴起，谓心之谋虑，阻窒不通，然后乃奋兴而为善也。此过之穷蹙于己者。征色，谓为人所忿嫉。发声，谓为人所诮让。然后乃儆悟通晓也。此则过之暴著于人者。〇注"征验"至"怪之"〇正义曰：书洪范云"念用庶征"，郑氏注云："征，验也。"楚辞渔父第七云："屈原既放，游于江潭，行吟泽畔，颜色憔悴，形容枯槁，渔父见而问之。"王逸注云："怪屈原也。"〇注"发于"至"异之"〇正义曰：吕氏春秋举难篇云："宁戚欲干齐桓公，穷困无以自进，于是为商旅，

〔一〕"道"原误"通"，据史记改。

将任车以至齐，暮宿于郭门之外。桓公郊迎客，夜开门，辟任车，爝火甚盛，从者甚众。宁戚饭牛居车下，望桓公而悲，击牛角疾歌。桓公闻之，抚其仆之手曰：'异哉！之歌者，非常人也。'命后车载之。"高诱注以为歌硕鼠。列女传辩通篇云："宁戚欲见桓公，道无从，乃为人仆，将车宿齐东门之外。桓公因出，宁戚击牛角而商歌甚悲，桓公异之。"赵氏所本也。商歌，盖谓其音悲楚，即此硕鼠三章，疾歌而为商音也。艺文类聚引琴操，则别有"商歌"，云"南山矸，白石礀"云云，则后人所伪造。**入则无法家拂士、出则无敌国外患者，国恒亡。然后知生于忧患，而死于安乐也。"**【注】人，谓国内也。无法度大臣之家、辅拂之士。出，谓国外也。无敌国可难，无外患可忧，则凡庸之君，骄慢荒怠，国常以此亡也。故知能生于忧患、死于安乐也。死，亡也。安乐怠惰，使人亡其知能也。【疏】注"辅拂之士"○正义曰：音义云："拂音弼。"荀子臣道篇云："有能抗君之命，窃君之重，反君之事，以安国之危，除君之辱，功伐足以成国之大利，谓之拂。"说苑臣术篇引此文拂作"弼"。贾子保傅篇云："洁廉而切直、匡过而谏邪者，谓之拂。拂者，拂天子过者也。"大戴记保傅篇载此文上二拂字作"弼"。说文弜部云："弼，辅也。"重文作"㢸"。手部云："拂，过击也。"然则弼为本字，以㢸从弗声，同拂，故假借拂也。○注"故知"至"能也"○正义曰：音义出"知生"字，云："丁依注音智，注同。陆如字，云：'言忧患者以生全，安乐者得死亡也。'"赵氏读知为智，故以知能明之。即德慧术智恒存乎疢疾之义。乃知能可言生，不可言死，故以死为亡，谓死于安乐，即是安乐怠惰，亡其知能。然揆经文之意，然后二字终不可达。以死为亡，究为曲说。陆氏读如字是。春秋繁露竹林篇云："深本顷公之所以大辱，身几亡国，为天下笑，其端乃从慑鲁胜卫起。伐鲁，鲁不敢出；击卫，大败之。因得气而无敌国以兴患也。故曰得志有喜，不可不戒，此其效也。自是后顷公恐惧，不听声乐，不饮酒食肉，内爱百姓，问疾吊丧，外敬诸侯，从会与盟，卒终其身，家国安康。是福之本生于忧，而祸起于喜也。"此正发明孟子此文之义。

章指言：圣贤困穷，天坚其志；次贤感激，乃奋其虑；凡人佚乐，以丧知能，贤愚之叙也。

16　孟子曰："教亦多术矣。予不屑之教诲也者，是亦教诲之而已矣！"【注】教人之道多术。予，我也。屑，絜也。我不絜其人之行，故不教诲之。其人感此，退自修学而为仁义，是亦我教诲之一道也。【疏】注"予我也屑絜也"○正义曰："予，我也"，尔雅释诂文。"屑洁"，详见公孙丑上篇。方言云："屑，洁也。"

章指言：学而见贱，耻之大者，激而厉之，能者以改。教诲之方，或折或引，同归殊涂，成之而已。【疏】"或折或引"○正义曰：战国策西周策云"则周必折而入于韩"，注云："折，屈也。"引，谓引而信之也。或折或引即或屈或信。折一本作"抑"。

孟子正义卷二十六

孟子卷第十三

尽心章句上凡四十七章。【注】尽心者，人之有心，为精气主，思虑可否，然后行之，犹人法天。天之执持维纲，以正二十八舍者，北辰也。论语曰："北辰居其所而众星共之。"心者，人之北辰也。苟存其心，养其性，所以事天也。故以"尽心"题篇。【疏】注"人之"至"法天"○正义曰：荀子解蔽篇云："心者，形之君而神明之主也。出令而无所受令。"春秋繁露循天之道篇云："凡气从心，心，气之君也。"淮南子原道训云："夫心者，五藏之主也。所以制使四支，流行血气，驰骋于是非之境，而出入于百事之门户者也。"精神训云："是故血气者，人之华也。而五藏者，人之精也。夫血气能专于五藏而不外越，则胸腹充而嗜欲省矣。胸腹充而嗜欲省，则耳目清、听视远矣。耳目清、听视远谓之明。五藏能属于心而无乖，则教志胜而行不僻矣。教志胜而行之不僻，则精神盛而气不散矣。"此心为精气主之说也。驰骋于是非之境，而行之不僻，即思虑可否，然后行之之谓也。犹与由通。所以然者，由人之性善，故其心能变通，以天为法则也。庄子天运篇云："天其运乎，地其处乎，日月其争于所乎？孰主张是，孰维纲是，孰居无事推而行是？意者其有机缄而不得已邪，意者其运转而不能自止邪！"楚辞天问篇云"斡维焉系"，王逸注云："维，纲也。"文选长笛赋注引字林云："维，持也。"诗周颂"执竞武王"，笺云："执，持也。"仪礼乡射礼云"下纲不及地武"，注云："纲，持舌绳也。”执、持、维、纲四字同义。赵氏取庄子此文,而以执持释维纲。庄子以天之运转,孰维纲而使之推行;赵氏以天之运,其所以维纲者北辰,而引论语以证之。周礼春官冯相氏“掌二十有八星之位”,秋官哲蔟氏“掌二十有八星之号”,注云:“星谓从角至轸。”尔雅释天云:“寿星,角、亢也。天根,氐也。天驷,房也。大辰,房〔一〕心、尾也。析木之津,箕、斗之间,汉津也。星纪,斗、牵牛也。玄枵,虚也,颛顼之虚,虚也,北陆,虚也。营室谓之定。娵觜之口,营室、东壁也。降娄,奎、娄也。大梁,昴也,西陆,昴也。浊谓之毕。咮谓之柳。柳,鹑火也。”此二十八舍之星。角、亢、氐、房、心、尾、箕,为东方苍龙之宿。斗、牛、女、虚、危、营室、东壁,为北方玄武之宿。奎、娄、胃、昴、毕、觜、觿、参,为西方白虎之宿。东井、舆鬼、柳、七星、张、翼、轸,为南方朱鸟之宿。尔雅于北缺危,于西缺胃、觜、参,于南止有柳,盖举其宜释者,余从略也,而承之云“北极谓之北辰”,孙炎注云:“北极,天之中,以正四时。”赵氏本于此,故谓正二十八舍者,北辰也。二十八舍,东西南北分主四时。正四时,即正二十八舍矣。邵氏晋涵尔雅正义云:“尔雅约举二十二舍十二次,而继以北辰者,以其为众星所拱也。”屈原赋天问:“斡维焉系,天极焉加。”戴氏震注云:“天极,论语所谓北极,周髀所谓正北极,步算家所谓不动处,亦曰赤道极,是为左旋之枢。贾逵、张衡、蔡邕、王蕃、陆绩皆以纽星为不动处;梁祖暅测纽星离不动处一度奇,元郭守敬测离三度奇矣。”赵氏以心比北辰,以四体五官等比二十八舍。二十八舍听令于北辰,则正而不忒;四体五官听令于心,则善而不恶,法天即所以事天也。引论语,在为政第二。

1　**孟子曰:“尽其心者,知其性也。知其性,则知天矣。**【注】性有仁义礼智之端,心以制之。惟心为正。人能尽极其心,以思

〔一〕“房”字原脱,据尔雅补。

行善，则可谓知其性矣。知其性，则知天道之贵善者也。【疏】注“性有”至“善者也”○正义曰：礼记表记云“义者，天下之制也”，注云：“制，谓裁制。”人之心能裁度，得事之宜，所以性善，故仁义礼智之端，原于性而见于心。心以制之，即所谓思虑可否，然后行之也。惟心为正，谓心能裁度，以正四体五官也。即天之北辰，执持维纲，以正二十八舍也。吕氏春秋明理篇云“五帝三王之于乐尽之矣”，高诱注云：“尽，极也。”礼记大学篇云“是故君子无所不用其极”，注云：“极，犹尽也。”故尽其心即极其心。性之善，在心之能思行善，故极其心以思行善，则可谓知其性矣。知其性，谓知其性之善也。天道贵善，特钟其灵于人，使之能思行善。惟不知己性之善，遂不能尽极其心，是能尽极其心以思行善者，知其性之善也。知其性之善，则知天道之好善矣。赵氏之义如此。戴氏震原善云：“孟子曰：‘尽其心者，知其性也。知其性，则知天矣。’耳目百体之所欲，血气资之以养，所谓性之欲也，原于天地之化者也。是故在天为天道，在人，咸根于性而见于日用事为为人道。仁义之心，原于天地之德者也，是故在人为性之德。斯二者一也。由天道而语于无憾，是谓天德；由性之欲而语于无失，是谓性之德。性之欲，其自然之符也；性之德，其归于必然也。归于必然适全其自然，此其为自然之极致。诗曰：‘天生蒸民，有物有则，民之秉常，好是懿德。’凡动作威仪之则，自然之极致也，民所秉也。自然者，散之普为日用事为；必然者，秉之以协于中，达于天下。知其自然，斯通乎天地之化；知其必然，斯通乎天地之德；故曰知其性，则知天矣。天人道德，靡不豁然于心，故曰尽其心。”**存其心，养其性，所以事天也。**【注】能存其心，养育其正性，可谓仁人。天道好生，仁人亦好生。天道无亲，惟仁是与，行与天合，故曰所以事天。**夭寿不贰，修身以俟之，所以立命也。”**【注】贰，二也。仁人之行，一度而已。虽见前人或夭或寿，终无二心，改易其道。夭若颜渊，寿若邵公，皆归之命。修正其身，以待天命，此所以立命之本也。【疏】注“贰二”至“本也”○正义曰：礼记王制云“丧事不贰”，注云：“贰之言二也。”国语周语云“百姓携贰”，韦昭注云：“贰，二心也。”昭公二十八年左传云“心能制义曰度”，一度而已，不改易也。史记仲尼弟子列传云：“回年二十九，发尽白，蚤死，孔子哭之恸。”此夭若颜渊之说也。论衡气寿篇云：“周公居摄七年，复政退老，出入百岁矣。邵公，周公之兄也。至康王之时，尚为大保，出入百有余岁矣。"又云："传称邵公百八十。"此寿若邵公之说也。程氏瑶田论学小记云："心者，身之主也。万物皆备于吾之身，物则即具于吾之心。而以为吾之性如是，而心可不尽乎！曷为而可谓之尽其心也？由尽己之性而充极之，至于尽人之性，尽物之性，而心尽矣。是非先有以知其性不能也。曷知乎尔？格物以致其知，斯能穷尽物则，以知其心所具之性，而因以尽其心。然则尽其心者，知其性也。夫是性也，天之分与我者也。性不异乎天，而天岂异乎性？知性知天非二事，亦无二时也。知其性则知天矣。夫然而心可不存乎？不存则放。夫然而性可不养乎？不养则戕。父母生我以身，而不毁伤其身者，能事亲者也。天分我以心与性，而能不放之不戕之，非所以事天乎！故苟能存其心而养其性，则必其明物察伦，以致其知者既详且尽，而见之于行，必能居仁由义，以尽其道。而其功之盛，必将有以驯致夫参天地、赞化育之能。任则至重也，道则至远也，死而后已者也。夫然后天之所以与我以为性而具于心者，是我所受之命，而夭寿不贰，修身以俟之矣，岂非所以立命乎！"按程氏说是也。尽其心，即伏羲之"通德类情"，黄帝尧舜之"通变神化"。惟知人性之善，故尽其心以教之，知性即是知天，知天而尽其心以教之，即所以事天。所以尽其心者，不过存其心、养其性也。尽其性，以尽人之性，尽物之性，赞天地之化育，所以成天之能，犹人臣赞君之治，以成君之功。圣人事天，犹人臣事君也。天之命有夭寿穷达智愚贤不肖，而圣人尽其心以存之养之，存之养之，即所以修身使天下皆归于善。天之命虽有不齐，至是而皆齐之，故为立命知性，知天穷理也。尽其心以存之养之修之，尽性也，立命至于命也。孟子此章，发明易道也。

章指言：尽心竭性，所以承天，夭寿祸福，秉心不违，立命之道，惟是为珍。

2 **孟子曰："莫非命也，顺受其正。**【注】莫，无也。人之终无非命也。命有三名，行善得善曰受命，行善得恶曰遭命，行恶得恶曰随命。惟顺受命为受其正也。【疏】注"莫无也"至"正也"〇正义曰：诗周颂时迈"莫不震叠"，韩诗云："莫，无也。"莫、无声相近，赵氏以无释莫是也。非命二字相连，即下非正命。韩诗外传云："孔子曰：人有三死而非命也者，自取之也。"非命二字与此同。莫非命，禁戒之辞，谓不可非命而死也。顺受其正，乃为知命。不知命，或死于岩墙之下，或桎梏而死，是即死于非命。死于非命，即不能顺受其正，即是不知命。如是则通章一气贯注。赵氏谓人之终无非命，盖以命有三名，人之终不出乎受命、遭命、随命。三命中惟"行善得善"乃为顺受正。揆诸孟子之旨，固不如是。三命之说，音义云："丁云：'三命事出孝经援神契。'"按礼记祭法注云："司命主督察三命。"孔氏正义引孝经援神契云："命有三科，有受命以任庆，有遭命以谪暴，有随命以督行。受命，谓年寿也。遭命，谓行善而遇凶也。随命，谓随其善恶报之。"白虎通寿命篇云："命有三科以记验，有寿命以保度，有遭命以遇暴，有随命以应行。寿命者，上命也。若言文王受命惟中身，享国五十年。随命者，随行为命，若言怠弃三正，天用剿绝其命矣。又欲使民务仁立义，无滔天，滔天则司命举过，言则用以弊之。遭命者，逢世残贼，若上逢乱君，下必灾变暴至，天绝人命，沙鹿崩于受邑[一]是也。冉伯牛危言正行，而遭恶疾，孔子曰：'命矣夫，斯人也，而有斯疾也。'"论衡命义篇云："传曰：'说命有三，一曰正命，二曰随命，三曰遭命。正命，谓本禀已自得吉也。性然骨善，故不假操行以求福而吉自至，故曰正命。随命者，戮力操行而吉福至，纵情施欲而凶祸到，故曰随命。遭命者，行善得恶，非所冀望，逢遭于外而得凶祸，故曰遭命。"白虎通、论衡小有异同，赵氏与白虎通合。乃下节注云："知命者欲趋于正，故不立岩墙之下，恐厌覆也。尽修身之道以寿终者，得正命也。"此以寿终为正命，而本之以修身，则仍行善得善之义。盖分随命中之善报，合诸受命之年寿，而以恶报独为随命。论衡全本孝经纬，以年寿得诸自然，不由善报，与赵氏为异也。**是故知命者不立乎岩墙之下。尽其道而死者，正命也；**【注】知命者欲趋于正，故不立岩墙之下，恐压覆也。尽修身之道以寿终者，为得正命也。**桎梏死者，非正命也。"**【注】畏压溺死，礼所不吊，故曰非正命也。【疏】注"畏压"至"命

[一] 此文疑有误。春秋纬作"沙鹿崩，水袭邑"。盖即春秋僖公十四年"沙鹿崩"，公羊传云："沙鹿者何？河上之邑也。此邑也，其言崩何？袭邑也。"

也”○正义曰：礼记檀弓云：“死而不吊者三，畏、厌、溺。”注云：“谓轻身忘孝也。”注“畏”云：“人或时以非罪攻己，不能有以说之死之者，孔子畏于匡。”注“厌”云：“行止危险之下。”注“溺”云：“不乘桥船。”厌即压覆也。吕氏春秋孟夏纪劝学篇云：“曾点使曾参，过期而不至，人皆见曾点曰：‘无乃畏邪？’曾点曰：‘彼虽畏，我存，夫安敢畏！’孔子畏于匡，颜渊后，孔子曰：‘吾以汝为死矣。’颜渊曰：‘子在，回何敢死！’”两事相比，回何敢死，正是回何敢畏。高诱注“畏”为“死”，谓由畏而死，即檀弓“死而不吊”之畏矣。以畏而死，则子必不死，故知子在；以畏而死，则不可死，故颜子不敢死，即曾子安敢畏。立岩墙之下恐其压，压而死犹畏而死，俱为非命。孟子此文，与“子在回何敢死”相发明。子在者，圣人知命，不死于非命也。回何敢死者，大贤知命，不死于非命也。孟子言不立岩墙之下，不桎梏而死，示人知命之学，不可死于非命也。故莫非命之莫，读如易“莫夜有戎”、“莫击之”之莫。莫即无，无即毋，说文女部云：“毋，止之也。”非命二字相连，莫字不与非字连也。论语言“五十而知天命”，“不知命无以为君子也”，又云“死生有命”，又云“道之将行也与命也，道之将废也与命也”，孟子既云“夭寿不贰，修身以俟之，所以立命”，此章又详言之。又云“口之于味也，目之于色也，耳之于声也，鼻之于臭也，四体之于安佚也，性也，有命焉，君子不谓性也。仁之于父子也，义之于君臣也，礼之于宾主也，知之于贤者也，圣人之于天道也，命也，有性焉，君子不谓命也”。皆发明孔子知命之说也。死生穷达，皆本于天，命当死而营谋以得生，命当穷而营谋以得达，非知命也。命可以不死而自致于死，命可以不穷而自致于穷，亦非知命也。故子畏于匡，回不敢死，死于畏，死于桎梏，死于岩墙之下，皆非命也，皆非顺受其正也。知命者不立岩墙之下，然则立岩墙之下，与死于畏，死于桎梏，皆为不知命。味色声臭安佚听之于命，不可营求，是知命也。仁义礼智天道，必得志乃可施诸天下，所谓“道之将行，命也”。不得位，则不施诸天下，所谓“道之将废，命也”。君子以行道安天下为心，天下之命立于君子，百姓之饥寒囿于命。君子立命则尽其心，使之不饥不寒。百姓之愚不肖囿于命，君子立命则尽其心，使之不愚不不肖。口体耳目之命，己溺己饥者操之也。仁义礼智之命，劳来匡直者主之也。皆尽其心也，故己之命听诸天，所谓“修身以俟之”。而天下之命任诸己，所谓“尽心”，所谓“立命”也。于己则俟命，于天下则立命，于正命则顺受，于非命则不受，圣贤知命之学如是。俗以任运之自然为知命，将视天下之饥寒愚不肖而不必尽其心，且自死于畏，自死于桎梏，自死于岩墙之下，而莫知避也。阮氏元校勘记云："'畏压溺死'，闽、监、毛三本同，廖本、孔本、韩本、考文古本无死字。按无者非。"

章指言：人必趋命，贵受其正，岩墙之疑，君子远之。

3　孟子曰："求则得之，舍则失之，是求有益于得也，求在我者也。【注】谓修仁行义，事在于我，我求则得，我舍则失，故求有益于得也。**求之有道，得之有命，是求无益于得也，求在外者也。"**【注】谓贤者修其天爵，而人爵从之，故曰求之有道也。修天爵者，或得或否，故言得之有命也。禄爵须知己，知己者在外，非身所专，是以云求无益于得也，求在外也。【疏】注"禄爵须知己"○正义曰：史记管晏列传云："吾闻君子诎于不知己，而信于知己者，故须知己而后禄爵可得也。"翟氏灏考异云："两'是求'字皆作一读。其上二语，皆古语常言。荀子不苟篇云：'操之则得之，舍之则失之。'文子符言篇云：'求之有道，得之有命。'"

章指言：为仁由己，富贵在天，故孔子曰"如不可求，从吾所好"。

4　孟子曰："万物皆备于我矣，反身而诚，乐莫大焉。

【注】物，事也。我，身也。普谓人为成人已往，皆备知天下万物，常有所行矣。诚者，实也。反自思其身所施行，能皆实而无虚，则乐莫大焉。【疏】注"物事"至"大焉"○正义曰：周礼地官大司徒"以乡三物"，礼记月令"兼用六物"，注皆云："物，犹事也。"尔雅释诂云："身，我也。"说文戈部云："我，施身自谓也。"礼记祭义云"成人之道也"，注云："成人，既冠者。"成人已往，男子年二十已上也。是时知识已开，故备知天下万事。我本自称之名，此我既指人

之身，即指天下人人之身，故云普谓人。人有一身即人有一我。未冠或童昏不知，既冠则万事皆知矣。既知则有所行，故云常有所行矣。淮南子说林训云"其乡之诚也"，高注云："诚，实也。"礼记礼运云"此顺之实也"，注云："实，犹诚也。"**强恕而行，求仁莫近焉。"**【注】当自强勉以忠恕之道，求仁之术，此最为近。【疏】注"当自"至"为近"○正义曰：淮南子修务训"功可强成"，高诱注云："强，勉也。"反身而诚，即忠恕之道也，宜勉行之。戴氏震孟子字义疏证云："中庸曰：'忠恕违道不远。'孟子曰：'强恕而行，求仁莫近焉。'盖人能出于己者必忠，施于人者以恕，行事如此，虽有差失，亦少矣。凡未至乎圣人，未可语于仁，未能无憾于礼义，如其才质所及，心知所明，谓之忠恕可也。圣人仁且智，其见之行事，无非仁，无非礼义，忠恕不足以名之。然而非有他也，忠恕至斯而极也。故曾子曰：'夫子之道，忠恕而已矣！'"段氏玉裁说文解字注云："恕，仁也。从心，如声。孔子曰：'能近取譬，可谓仁之方也矣。'孟子曰：'强恕而行，求仁莫近焉。'是则为仁不外于恕，析言之则有别，浑言之则不别也。"谨按：此章申明知性之义也。知其性而乃尽其心。然则何以知其性？以我推之也。我亦人也，我能觉于善，则人之性亦能觉于善，人之情即同乎我之情，人之欲即同乎我之欲，故曰万物皆备于我矣。己欲立而立人，己欲达而达人，己所不欲，勿施于人，即反身而诚也，即强恕而行也。圣人通神明之德，类万物之情，亦近取诸身而已矣。

章指言：每必以诚，恕己而行，乐在其中，仁之至也。

5　孟子曰："行之而不著焉，习矣而不察焉，终身由之而不知其道者，众也。"【注】人皆有仁义之心，日自行之于其所爱而不能著明其道，以施于大事。仁妻爱子，亦以习矣，而不能察知可推以为善也。由，用也。终身用之，以为自然，不究其道可成君子，此众庶之人也。【疏】注"人皆"至"人也"○正义曰：小尔雅广诂云："著，明也。"楚辞怀沙篇云"孰察其拨正"，吕氏春秋功名篇云"不可不察"，王逸、高诱注并云："察，知也。"

其实察与著义同,礼记中庸"言其上下察也",注云:"察,犹著也。"毛诗王风君子阳阳"右招我由房",传云:"由,用也。"著、察、知三字义同。赵氏以不知其道为不究其道者,究之义为穷,为极,盖以察深于著而知,则察之极也。说苑修文篇云:"安故重迁,谓之众庶。"文选幽通赋云"斯众兆之所惑",曹大家注云:"众,庶也。"众庶谓凡夫也。赵氏谓凡夫但能以仁义施于所爱之妻子,而不能扩充推之于大事,所以不能为君子,但为众庶也。按孟子此章亦所以发明易道也。行、习即由之也。著、察即知之也。圣人知人性之善,而尽其心以教之,岂不欲天下之人皆知道乎?所以可使由之、不可使知之者,则以行而能著、习而能察者,君子也;行而不著、习而不察者,众庶也。则以能知道者,君子也;终身由之而不知其道者,众庶也。众庶但可使由,不可使知,故必尽其心,通其变,使之不倦,神而化之,使民宜之也。自首章以下,章虽分而义实相承,玩之可见。易上系传云:"一阴一阳之谓道。继之者,善也。成之者,性也。仁者见之谓之仁,知者见之谓之知,百姓日用而不知,故君子之道鲜矣。"日用而不知,即所谓终身由之而不知其道也。百姓,即众庶也。道,即君子之道,一阴一阳者也。惟其性善,所以能由,惟其能由,所以尽其心。以先觉觉之,其不可知者,通变神化而使由之。尽其心,显诸仁也。不能使知之,藏诸用也。圣人定人道,虽凡夫无不各以夫妻父子为日用之常,日由于道之中,而不知其为道也,此圣人知天立命之学也。圣人知民不可使知,则但使之行、习,而不必责以著、察。说者乃必以著、察知道,责之天下之凡夫,失孟子之意矣。

章指言:人有仁端,达之为道,凡夫用之,不知其为宝也。

6 孟子曰:"人不可以无耻,【注】人不可以无所羞耻也,论语曰"行己有耻"。【疏】注"人不"至"有耻"○正义曰:国语周语云"奸礼为羞",注云:"羞,耻也。"说文心部云:"耻,辱也。"礼记缁衣云"惟口启羞","或承之羞",注并云:"羞,犹辱也。"故下注以辱释耻,此以羞释耻也。引论语在子路篇第十三。集解引孔氏云:"有耻,有所不为也。"**无耻之耻,无耻矣。"**【注】人能耻己之无所耻,是为改行从善之人,终身无复有耻辱之累也。【疏】注“人能”至“累也”〇正义曰：无耻二字，承上无耻，则无耻即谓无所羞耻也。无所羞耻而之于耻，是改无耻为耻。惠氏栋后汉书补注云：“光武纪注‘秀之字曰茂’，洪迈曰：‘汉高祖讳邦，荀悦曰：之字曰国。惠帝讳盈，之字曰满。谓臣下所避以相代也。盖之字之义训变，左传周史以周易见陈侯者，陈侯使筮之，遇观之否。谓观六四变为否也。’栋谓：之犹适也，适则变矣。系辞传云‘惟变所适’，京房论卦有通变是也。避讳改文，与卦变同，故云之。按此无耻之耻，谓由无耻改变而适于耻。赵氏以改行解之，正以之为之字、之卦之之也。

章指言：耻身无分，独无所耻，斯必远辱，不为忧矣。

7　孟子曰：“耻之于人大矣！为机变之巧者，无所用耻焉。【注】耻者，为不正之道，正人之所耻为也。今造机变阱陷之巧以攻战者，非古之正道也，取为一切可胜敌也，宜无以错于廉耻之心。【疏】注“耻者”至“之心”〇正义曰：易彖传每以正大连言，大之义为长，正之义亦为长。赵氏以大之义近于正，耻之于人大矣，犹云耻之于人正矣，故云正人之所耻为。章指云：“不慕大人，何能有耻？”固以正人为大人矣。正人之所耻，必是不正，故云为不正之道，正人之所耻为也。墨子公输篇云“公输盘九设攻城之机变”，故以机变之巧指攻战言。九设攻城之机变，篇中止言为云梯一事，尚有其八。备城门篇云：“禽滑厘曰：今之世常所以攻者，临、钩、冲、梯、堙、水、穴、突、空洞、蚁附、轒辒、轩车，凡十二。”又云：“问穴土之守邪，若彭有水浊非常者，此穴土也。急堑城内，穴直之，穿井城，五步一井，传城足高地丈五尺，地得泉三尺而止，令陶者为罂，容四十斗以上，固顺之以薄鞈革，置井中，使聪耳者伏罂听之，审知穴之所在，凿内迎之。”又有备穴篇，穴即阱陷也。此皆攻城之机变，赵氏略举阱陷以概其余耳。书粊誓云：“敜乃阱。”然则王者攻战之正道不用阱陷，故此机变阱陷之巧，非古之正道也。汉书翟方进传云“奏请一切增赋”，张晏云：“一切，权时也。”路温舒传云：“是以狱吏专为深刻，残贼而亡极，偷为一切，不顾国患。”如淳云：“偷，苟且也。一切，权时也。”后汉书王霸传云：“苏茂客兵远求，粮食不足，故数挑战，以徼一切之胜。”李贤注云：“一切，犹权时也。”此云一切可胜敌，谓权时取胜敌而已，不计正不正也。正人既以不正为耻，此非古之正道而苟且为之，是不以不正为耻，非正人矣，故云宜无错于廉耻之心。音义云：“错，音措。”说文手部云：“措，置也。”近时通解机变谓机械变诈。按淮南子原道训云“故机械之心藏于胸中”，高诱注云：“机械，巧诈也。”是不必指攻战言之。**不耻不若人，何若人有。”**【注】不耻不如古之圣人，何有如贤人之名也。【疏】注“不耻”至“名也”○正义曰：阮氏元校勘记云：“注意谓取法乎上，乃得乎中也。闽、监、毛三本圣人、贤人并作‘圣贤’。”

章指言：不慕大人，何能有耻？是以隰朋愧不及黄帝，佐齐桓以有勋；颜渊慕虞舜，仲尼叹庶几之云。【疏】“隰朋”至“之云”○正义曰：周氏广业孟子章指考证云：“左传昭十三年：‘叔向曰：齐桓，卫姬之子也。有鲍叔牙、隰朋以为佐。’列子力命篇：‘管夷吾有病，小白问恶乎属国而可？对曰：隰朋可。其为人也，上忘而下不叛，愧其不若黄帝，而哀不己若者。’又见庄子徐无鬼篇，文与列子同。文选张华励志诗‘隰朋仰慕，子亦何人’，李善注引作庄子是也。又吕氏春秋贵公篇云：‘隰朋之为人也，上志而下求，丑不若黄帝，而哀不己若者。’高诱注：‘丑其德不若黄帝。’又管子小匡篇于诸侯使‘隰朋为行’，尹知章注：‘行，行人也。’贾谊新书所谓‘中主者齐桓公’是也。得管仲、隰朋，则九合诸侯。说苑：‘管仲治内，隰朋治外。’数书皆出周秦西汉，故赵氏据以为说。易系辞传‘颜氏之子其殆庶几乎’，虞翻注云：‘几者，神妙也。颜子知微，故殆庶几。’孔子曰‘回也其庶几乎’，孔颖达亦云：‘颜子庶于几。’王充论衡：‘颜渊曰：舜何人也，予何人也，五帝三王皆圣，颜渊独慕舜者，知己步骤有同也。’亦可为慕舜之证。”

8 **孟子曰：“古之贤王，好善而忘势。**【注】乐善自卑，若高宗得傅说而禀命。【疏】注“乐善”至“禀命”〇正义曰：傅说详见告子下篇。云禀命者，盖谓傅说三篇也。但此三篇，伏氏、孔氏皆无，惟礼记文王世子、学记、缁衣等篇引兑命曰，郑氏注云：“兑，当作‘说’，谓殷高宗之臣傅说也，作书以命高宗。”国语楚语云：“白公子张曰：‘昔殷武丁能耸其德，至于神明，以入于河，自河徂亳，于是乎三年，默以思道，卿士患之曰：王言以出令也。若不言，是无所禀令也。武丁于是作书曰：以余正四方，余恐德之不类，兹故不言。如是而又使以象梦求四方之贤圣，得傅说以来，升为三公，而使朝夕规谏。’”禀命即禀令，赵氏本此也。**古之贤士，何独不然，乐其道而忘人之势。**【注】何独不然，何独不有所乐有所忘也。乐道守志，若许由洗耳，可谓忘人之势矣。【疏】注“若许由洗耳”〇正义曰：史记伯夷列传云：“说者云：尧让天下于许由，许由不受，耻之逃隐。”正义引皇甫谧高士传云：“许由，字武仲。尧闻，致天下而让焉。乃退而遁于中岳，颍水之阳、箕山之下隐。尧又召为九州长，由不欲闻之，洗耳于颍水滨。时有巢父牵犊欲饮之，见由洗耳，问其故，对曰：‘尧欲召我为九州长，恶闻其声，是故洗耳。’巢父曰：‘子若处高岸深谷，人道不通，谁能见子？子故浮游，欲求其名誉，污吾犊口。’牵犊上流饮之。”**故王公不致敬尽礼，则不得亟见之。见且由不得亟，而况得而臣之乎？”**【注】亟，数也。若伯夷非其君不事，伊尹乐尧舜之道，不致敬尽礼，可数见之乎。作者七人，隐各有方，岂可得而臣之。【疏】注“亟数也”〇正义曰：音义云：“亟，去吏切。数，音朔。”说文二部云：“亟，敏疾也。”尔雅释诂云：“数，疾也。疾，速也。”段氏玉裁说文解字注云：“今人亟分入声去声，入之训‘急也’，去之训‘数也’，古无是分别，数亦急也，非有二义。”〇注“作者七人隐各有方”〇正义曰：论语宪问篇云“作者七人矣”，集解引包氏曰：“作，为也。为之者凡七人，谓长沮、桀溺、丈人、晨门、荷蒉、仪封人、楚狂接舆也。”义疏引郑氏注云：“伯夷、叔齐、虞仲辟世者，荷蓧、长沮、桀溺辟地者，柳下惠、少连辟色者，荷蒉、楚狂接舆辟言者。七当为十之误。”此云隐各有方，谓辟世辟地辟色辟言之不同，而晨门、仪封人隐于吏，丈人、沮、溺隐于耕，接舆隐于狂，是亦各有方矣。

章指言：王公尊贤，以贵下贱之义也。乐道忘势，不以富贵动心之分也。各崇所尚，则义不亏矣。【疏】“以贵下贱”○正义曰：易屯初九传文。

9 孟子谓宋句践曰：“子好游乎？吾语子游。人知之亦嚣嚣，人不知亦嚣嚣。”【注】宋，姓也。句践，名也。好以道德游，欲行其道者。嚣嚣，自得无欲之貌。【疏】注“宋姓”至“之貌”○正义曰：宋句践姓名未见他书。赵氏佑温故录云：“注‘好以道德游，欲行其道者’，按道德非游具，盖观孟子进而数之，其亦有异于纵横捭阖者流与？”嚣嚣，见万章上篇。按“嚣嚣”见于经籍者，义多不一，大抵皆由假借也。诗大雅板篇“听我嚣嚣”，传云：“嚣嚣，犹謷謷也。”笺云：“女反听我言，謷謷然不肯受。”此嚣嚣为謷謷之假借。小雅十月之交“谗口嚣嚣”，释文引韩诗作“嗸嗸”。嗷嗷即謷謷，楚辞九思怨上篇云“令尹兮謷謷”，王逸注云：“謷謷，不听话言而妄语也。”是也。法言君子篇云：“或曰：人有齐死生，同贫富，等贵贱，何如？曰：信死生齐、贫富同、贵贱等，则吾以圣人为嚣嚣。”吴秘注云：“若信是言，则吾以圣人六经之旨为嚣嚣之虚语耳。”又云：“或曰：世无仙则焉得斯语？曰：语乎者，非嚣嚣也与？”吴秘注云：“嚣嚣然方士之虚语耳。”此以嚣嚣为虚，故广雅释训云：“嚣嚣，虚也。”文选养生论云“终朝未餐则嚣然思食”，注云：“嚣然，饥意也。”此嚣乃枵之假借，尔雅释天云：“元枵，虚也。”孙炎注云：“枵之言耗。耗，虚之意也。”是也。庄子骈拇篇云：“自三代以下者，天下何其嚣嚣也。”郭象注云：“横其嚣嚣，弃情逐迹，如将不及，不亦多忧乎？”释文云：“嚣嚣，许桥反，又五羔反。崔云：‘忧世之貌。’”汉书王莽传赞云“嚣然丧其乐生之心”，颜师古注云：“嚣然，众口愁貌也。”说文口部云：“嗷，众口愁。诗曰：‘哀鸣嗷嗷。’”然则此嚣嚣乃亦嗷嗷之假借也。说文㗊部云：“嚣，声也。气出头上。”周礼秋官司虣“禁其斗嚣者”，注云：“嚣，讙也。”成公十六年左传云“在陈而嚣”，杜预注云：“嚣，喧哗也。”诗小雅车攻篇云“之子于苗，选徒嚣嚣”，传云：“嚣嚣，声也。”然则惟此嚣嚣为嚣之本义。尔雅释言以闲释嚣，此嚣为闲之假借，嚣嚣即闲闲也。楚辞湘君篇“告余以不闲”，王逸注云：“闲，暇也。”招魂篇“待君之闲些”，注云：“闲，静也。”暇则自得，静则无欲。章指云“内定常满”，礼记大学云“定而后能静”，周书谥法解云“大虑静民曰定”，定亦清静也。自得无欲，则广博而盛，庄子齐物论云“大知闲闲”，释文引简文云：“广博之貌。”广雅释训云：“闲闲，盛也。”是也。段氏玉裁说文解字注云：“孟子‘人知之亦嚣嚣，人不知亦嚣嚣’，言人自得无欲，如气上出悠闲也。”此以嚣字气出头上为闲，乃赵氏自读嚣嚣为闲闲，非取嚣字本义为自得无欲也。**曰：“何如斯可以嚣嚣矣？”**【注】句践问何执守可嚣嚣也。

曰：“尊德乐义，则可以嚣嚣矣。【注】尊，贵也。孟子曰，能贵德而履之，乐义而行之，则可以嚣嚣无欲矣。【疏】注“尊贵也”○正义曰：大戴记本命篇云：“贵贵尊尊，义之大者也。”尊贵义近，故以贵释尊。易上系传云“天尊地卑”，虞翻注云：“天贵故尊。”**故士穷不失义，达不离道。穷不失义，故士得己焉；达不离道，故民不失望焉。**【注】穷不失义，不为不义而苟得，故得己之本性也。达不离道，思利民之道，故民不失其望也。**古之人得志泽加于民，不得志修身见于世，穷则独善其身，达则兼善天下。”**【注】古之人得志君国，则德泽加于民人。不得志，谓贤者不遭遇也。见，立也。独治其身，以立于世间，不失其操也，是故独善其身。达谓得行其道，故能兼善天下也。【疏】注“见立”至“操也”○正义曰：吕氏春秋适威篇云“汤武通于此论，故功名立”，高诱注云：“立，犹见也。”淮南子主术训云“德无所立”，高诱注云：“立，见也。”赵氏注孟子，训诂多与高氏同。盖见之义为显，不得志不可云显，故解为立也。按说文云：“见，视也。”视即示，修身以示于世，亦所以教也。伯夷、柳下惠为百世师，非示于世乎。

章指言：内定常满，嚣嚣无忧，可出可处，故云以游。修身立世，贱不失道，达善天下，乃用其宝。句践

好游，未得其要，孟子言之，然后〔一〕乃喻。

10 孟子曰："待文王而后兴者，凡民也。若夫豪杰之士，虽无文王犹兴。"【注】凡民，无自知者也。故须文王之大化，乃能自兴起以趋善道。若夫豪杰才知千万于凡人者，虽不遭文王，犹能自起以善守身正行，不陷溺也。【疏】注"凡民"至"溺也"○正义曰：宋本、孔本作"无异知者也"，闽、监、毛三本作"自知"。按自知是也。不能自知，故必待文王之化而兴起也。王氏念孙广雅疏证云："仉，轻也。仉之言汎也。方言：'仉，僄，轻也。楚凡相轻薄谓之相仉，或谓之僄也。'孟子'待文王而后兴者凡民也'，凡亦与仉通。"按说文云："凡，最括也。"吕氏春秋任地篇云"凡草生藏"，高诱注云："凡草，庶草也。"以此准之，则凡民犹云庶民。赵氏前以庶解众，又以凡夫解之。此不解释凡字，盖以为庶民也。最括，亦众数之称，故凡又训皆。郑氏注仪礼以为"非一"，注周礼以为"无常数"，凡通于汎，汎亦有众义。因汎之本训为浮，浮则轻，故仉僄犹汎漂也。还以仉汎之轻浮，通凡之义亦为轻浮，则缘其为众庶而轻微之，又引申之义耳。惟"凡民"是众民无常数之称，而才过千人为豪，万人为杰，则有常数，故赵氏云豪杰才知千万于凡人。豪杰千万于凡人，是凡即此千人万人之总称矣。赵氏训释字义，每于互见之，可谓精矣。吕氏春秋孟秋纪高诱注云："才过万人曰桀。"鹖冠子能天篇云："德千人者谓之豪。"故云千万于凡民。尔雅释言云："兴，起也。"兴于善为兴，兴于不善亦为兴，吕氏春秋义赏篇云："奸伪杂乱贪戾之道兴。"是也。故赵氏以起释兴。一则云"趋善道"，再则云"以善守身正行不陷溺"，盖有所作而行为兴，有所守而不行，亦为兴也。

章指言：小人待化，乃不辟邪，君子特立，不为俗移，故称豪杰自兴也。【疏】"乃不辟邪"○正义曰：周氏广业孟子章指考证云："孔、韩本作'邪辟'。左传子产曰：'辟邪之人，而皆

〔一〕"后"原误"得"，据汉魏丛书钞本孟子章指改。

及执政。’”

11　孟子曰：“附之以韩魏之家，如其自视欿然，则过人远矣。”【注】附，益也。韩魏，晋六卿之富者也。言人既自有家，复益韩魏百乘之家，其富贵已美矣。而其人欿然不以足，自知仁义之道不足也，此则过人甚远矣。【疏】注“附益”至“远矣”○正义曰：汉书诸侯王表云“设附益之法”，张晏注引律郑氏说云：“封诸侯过限曰附益。”故赵氏以益释附也。以益释附，益为增益，故云人自有家，复益以韩魏百乘之家也。百乘之家，益之自外；仁义之道，根之于心。但视外所附，则见其富贵；自视其中之所有，故欿然知不足也。自知由于自视，自视仁义之心，不移于富贵，益于外不能益于中也。段氏玉裁说文解字注云：“欿，欲得也。从欠，臽声。声若贪。孟子：‘附之以韩魏之家，如其自视欿然。’张镒曰：‘欿，音坎，内顾不足而有所欲也。’玉裁按：孟子假欿为坎，谓视盈若虚也。太玄‘雷推欿窞’，即坎窞也。今本太玄欿字伪不可识。”晏子春秋问下云“锟然不满”，孙氏星衍音义云：“玉篇‘锟，丑甚切’。此当为欿然之假音。”

章指言：人情富盛，莫不骄矜，若能欿然，谓不如人，非但免过，卓绝乎凡也。【疏】“人情富盛莫不骄矜”○正义曰：老子云：“富贵而骄，自遗其咎。”定公十三年左传史鰌云：“富而不骄者鲜。”晏子春秋杂下云：“富而不骄者，未尝闻之。”

12　孟子曰：“以佚道使民，虽劳不怨。【注】谓教民趋农，役有常时，不使失业，当时虽劳，后获其利，则佚矣。若亟其乘屋之类也，故曰不怨。【疏】注“若亟其乘屋之类”○正义曰：详见滕文公上篇。赵氏彼注云：“言农民之事无休已。”故引为劳之证。以生道杀民，虽死不怨杀者。”【注】谓杀大辟之罪者，以坐杀人故也。杀此罪人者，其意欲生民也。故虽伏罪而死，不怨杀者。【疏】注“谓杀”至“故也”○正义曰：礼记文王世子云："其死罪，则曰某之罪在大辟。"书吕刑云："大辟疑赦，其罚千锾，阅实其罪。"徐氏文靖管城硕记云："犯法者事有可疑，则赦之，而又不径赦之也，罚之以示惩。若乃简阅其情，实无可疑者，其罪之。实与疑对，罪与赦对，实则不疑，罪则不赦也。大辟之法亦然，疑则赦之使赎，实则罪之不赦也。岂谓赎之以金，虽大辟亦许其赎免哉？是大辟之罪，阅实则杀之也。"周礼秋官司刑"掌五刑之法，杀罪五百"，注云："杀，死刑也。"书传曰："降畔寇贼，劫略夺攘，挢虔者其刑死。"然则大辟之罪不止坐杀人，赵氏略举之耳。荀子正论篇云："杀人者不死，伤人者不刑，是谓惠暴而宽贼也。"又云："杀人者死，伤人者刑，百王之所同也。"

章指言：劳人欲以佚之，杀人欲以生之，则民无怨讟也。【疏】"则民无怨讟也"○正义曰：方言云："讟，谤也。"宣公十二年左传云："君无怨讟。"昭公元年左传云："民无谤讟。"说文言部云："讟，痛怨也。"

13　孟子曰："霸者之民，驩虞如也。王者之民，皞皞如也。杀之而不怨，利之而不庸，民日迁善而不知为之者。【注】霸者行善恤民，恩泽暴见易知，故民驩虞乐之也。王者道大法天，浩浩而德难见也。杀非不教，故杀之人不怨也。庸，功也。利之使趋时而农，六畜繁息，无冻馁之老，而民不知犹是王者之功。修其庠序之教，使日迁善，亦不能觉知谁为之者。言化大也。【疏】注"霸者"至"之也"○正义曰：音义云："驩虞，丁云：'义当作欢娱，古字通用耳。'"翟氏灏考异云："文选张景阳咏史诗'朝野多欢娱'，注引孟子'霸者之民，驩虞如也'，云娱与虞古字通用。又苏子卿诗'欢娱在今夕'，注云：'孟子霸者之民，欢娱如也。'按汉书魏相传'君安虞而民和睦'，匡衡传'未有游虞弋射之宴'，虞悉通娱。"按说文女部云："娱，乐也。"虞为假借字，故白虎通号篇云："虞者，乐也。"说文欠部云："欢，喜乐也。"马部云："驩，马名。"驩亦假借字，荀子大略篇云"夫妇不得不驩"，一切经音义引三苍云："驩，古欢字。"驩虞即欢娱，故赵氏云乐之也。○注"王者”至“见也”〇正义曰：音义云：“张云：‘皞与昊同。’”说文胡老切，义与浩同，古字通用。赵氏读皞皞为浩浩，说文日部云：“皞，皓旰也。”夰部云：“昊，春为昊天，元气昊昊。”皓旰即浩浩瀚瀚，淮南子俶真训高诱注云：“浩浩瀚瀚，广大貌也。”诗王风黍离传云：“元气广大，则称昊天。”浩、昊、皓、皞古字皆通。盖水之广大为浩浩，天之广大则为皞皞，故赵氏以道大法天解之，则仍以皞皞为元气广大，以浩浩明之耳。天气广大，故难见；王者道大法天，其广大故亦难见。所以广大难见，则下申言之。〇注“庸功也”〇正义曰：周礼夏官司勋云：“民功曰庸。”**夫君子所过者化，所存者神，上下与天地同流，岂曰小补之哉！”**【注】君子通于圣人，圣人如天，过此世能化之，存在此国，其化如神，故言与天地同流也。天地化物，岁成其功，岂曰使成人知其小补益也。【疏】注“君子”至“益也”〇正义曰：君子为圣贤之通称，故云通于圣人。法言道术篇云：“乐道者谓之君子。”礼记哀公问云：“君子者，人之成名也。”易上系传云“是故君子所居而安者”，虞翻注云：“君子，谓文王是也。”隐公六年公羊传云“首时过则书”，何休注云：“过，历也。”过此世，谓生于此世也。存在此国，以在释存也。过以世，言别生死也。存以国，言判彼此也。如尧舜生唐虞，则唐虞之民皆化；孔子在鲁国，则鲁国三月大治。成人详见前。闽、监、毛三本无“成”字。音义云：“陆云：‘言君子所过人者在于政化，存其身者在于神明。’”此与赵氏义异。按易序卦传云：“不养则不可动，故受之以大过。有其信者必行之，故受之以小过。”过之义为动为行，所过者化，犹云所行者化也，所动者化也。行动著于外，存者运于中，所行动者，民即变化，由于所存者神也。民日迁善为化，不知为之者则神也。易下系传云：“黄帝氏没〔一〕，尧舜氏作，通其变，使民不倦；神而化之，使民宜之。”所过者化，所存者神，神而化之也。能通其变为权，霸者亦知乘时运用，以得人心，而远乎圣人之道者，未能神而化也。大而化之之谓圣，圣而不可知之之谓神，神化者，通其变而民不知也。杀之威刑也，利之善政也，惟圣人有所裁成辅相于威刑善政之中，即有所盈虚消息于威刑善政之外，此全系乎一心之运用。所谓“修己以敬”，所

〔一〕“氏没”二字原脱，据周易补。

谓"笃恭而天下平",所谓"为政以德",所谓"无为而治,恭己正南面",所谓"执其两端,用其中于民",所谓"惟天为大,惟尧则之,荡荡乎民无能名焉",皆以言乎所存者神也。威刑善政,则所行所动也。民日迁善,化也。不怨不庸,由所存者神而不知为之也。所过有定,而所存无定。夫行而无定者,水流也。故云与天地同流。天地变化,人不可知;圣人成天地之能,人亦不可知。不可知,故不可使知之;民日迁善,则可使由之也。说文衣部云:"补,完衣也。"完,全也。衣有不全,补全之则必有所增益,故补之义为益。荀子臣道篇云"事暴君者有补削,无挢拂",杨倞注云:"补谓弥缝其阙。"僖公二十六年左传:"展喜对齐侯曰:桓公是以纠合诸侯,而谋其不协,弥缝其阙,而匡救其灾。"然则小补谓霸者之民所由欢虞也。有阙则望补者切,有灾则思救者殷,而弥缝之,匡救之,恩泽暴见,民所以乐也。王者裁成辅相,则不待其阙而先默运之,不使有阙;不待其灾而豫防御之,不使有灾:此所以神,所以不知。且补阙者,益于此或损乎彼,支于左或诎于右,一利兴而一害即由此起,故为小补。王者之治,德施于普,变化于微,天下受其福而无能名,诚如天之元气,皞皞而无已也。荀子议兵篇云:"仁人之兵,所存者神,所过者化。"杨倞注云:"所存止之处,畏之如神;所过往之国,无不从化。"此别一义,与孟子语同而旨异。

章指言:王政皞皞,与天地同道;霸者德小,民人速睹:是以贤者志其大者也。

14　孟子曰:"仁言,不如仁声之入人深也。【注】仁言,政教法度之言也。仁声,乐声雅颂也。仁言之政虽明,不如雅颂感人心之深也。**【疏】**注"仁言政教法度之言也"○正义曰:诗小雅彤弓"受言藏之",笺云:"言者,谓王策命也。"礼记曲礼"士载言",注云:"言,谓会同盟要之辞。"是国家命令谓之言,故以仁言为政教法度之言。章指云:"明法审令,民趋君命。"以令命申释言字。法即法度,谓以法度载之于言以示民,使民趋于善,是为仁也。○注"仁声"至"深也"○正义曰:说文耳部云:"声,音也。"礼记月令"去声色",注云:"声,谓乐也。"吕氏春秋高诱注此语云:"声,五声也。宫商角徵羽为五声。"故以声为乐声。乐记云:"乐也者,圣人之所乐也。而可以善民心，其感人深，其移风易俗，故先王著其教焉。”又云：“先王耻其乱，故制雅颂之声以道之，使其声足乐而不流，使其文足论而不息，使其曲直繁瘠，廉肉节奏，足以感动人之善心而已矣。”雅颂之声，能深感人心，是仁声也。**善政，不如善教之得民也。**【注】善政使民不违上，善教使民尚仁义，心易得也。【疏】注“善政”至“得也”○正义曰：赵氏以仁言为政教法度之言，然则此又于仁言中分别其政不如教也。下申言所以不如。**善政民畏之，善教民爱之。善政得民财，善教得民心。”**【注】畏之，不逋怠，故赋役举，而财聚于一家也。爱之，乐风化而上下亲，故欢心可得也。

章指言：明法审令，民趋君命；崇宽务化，民爱君德：故曰“移风易俗，莫善于乐”。

15 **孟子曰：“人之所不学而能者，其良能也。所不虑而知者，其良知也。**【注】不学而能，性所自能。良，甚也。是人之所能甚也。知亦犹是能也。【疏】注“不学”至“能也”○正义曰：“良甚”之义，详见告子上篇。良能犹言甚能，良知犹言甚知。甚能、甚知即最能、最知，最能、最知即知之最、能之最也。**孩提之童，无不知爱其亲者；及其长也，无不知敬其兄也。**【注】孩提，二三岁之间，在襁褓知孩笑可提抱者也。少知爱亲，长知敬兄，此所谓良能良知也。【疏】注“孩提”至“抱者也”○正义曰：说文口部云：“咳，小儿笑也。孩，古文咳。”是孩为笑也。说文手部云：“提，挈也。”“挈，县持也。”淮南子俶真训云“提挈天地”，高诱注云：“一手曰提。”刘熙释名释姿容云：“提，地也。臂垂所持近地也。”礼记曲礼“长者与之提携”，注云：“提携将行。”赵氏以二三岁之童未可牵行而提挈，故以抱解之。说文抱作“褎”，在衣部，云：“褎，裹也。”论语阳货篇“然后免于父母之怀”，集解引马氏注云：“子生未三岁，为父母所怀抱也。”是一二岁之儿宜抱也。国策秦策云“是抱空质也”，高诱注云：“抱，持也。”然则持可通称为抱，则抱亦可通称为提。音义云：“襁褓，说文：‘负儿衣也。’博物志曰：‘织缕为之，广八寸，长一尺二寸，以负小儿于背上。'声类曰：'襁者，小儿被子也。'"按论语子路篇云"襁负其子而至矣"，集解引包氏云："负者以器曰襁。"说文糸部别有"繦"字，云："觕纇也。""緥，小儿衣也。"段氏玉裁说文解字注云："吕览明理篇'道多緥繦'，高注：'緥，小儿被也。繦，褛格上绳也。'又直谏篇'繦緥'注云：'繦，缕格绳。緥，小儿被也。'褛即缕，格即络，织缕为络，以负之于背，其绳谓之繦。高说最分明。博物志云：'织缕为之，广八寸，长二尺。'乃谓其络，未及其绳也。凡绳韧者谓之繦。"又衣部云："禧，褓也。诗曰：'载衣之禧。'"段氏玉裁注云："小雅斯干曰'载衣之裼'，传曰：'裼，緥也。'此谓裼，即禧之假借也。"又以衣部"襁"字为后人所增，若许氏本有此字，当与"禧"字相属。谨按：今毛诗传作"褓"，笺云："褓，夜衣也。"释文云："韩诗作'禘'，齐人名小儿被为禘。"孔氏正义云："书传说成王之幼，云'在襁褓'，褓，缚儿被也。故笺以为'夜衣'。"史记鲁世家云"成王少在强葆之中"，索隐云："强葆，即襁褓。古字少，假借用之。"正义云："强，阔八寸，长八尺，用约小儿于背而负行。葆，小儿被也。"汉书宣帝纪"曾孙虽在襁褓"，李奇云："襁，络也。以缯布为之，络负小儿。褓，小儿大藉也。"孟康曰："褓，小儿被也。"颜师古匡谬正俗云："藏繦，谓绳贯钱，故总谓之繦耳。孔子云：'四方之人，繦负其子而至。'谓以绳络而负之，故谓繦褓耳。"然则褓为小儿被名，襁为绳名，褓不必负，赵世家云"衣以文葆"是也。繦不必褓，论语"襁负其子"是也。繦可用绳，亦可用缯布；褓可藉于下，亦可覆于上。藉则李奇云"大藉"是也，覆则礼记月令正义云"保即襁保，保谓小被，所以衣覆小儿"是也。文选嵇康幽愤诗注引韦昭云："緥，若今时小儿腹衣。"腹衣盖今俗兜子是也。亦被之类，而稍别焉者也。被为夜间所藉覆，故亦云夜衣。说文以緥为"小儿衣"，以襁为"负儿衣"，与繦字为"觕纇"者别。古者衣被通称织缕，广八寸，长二尺，亦被形，其旁有绳以便负，故云负儿衣，与繦字专为"觕纇"者不同。段氏谓襁字非许氏原有，恐未然矣。段氏谓"博物志但言织缕，未及其绳"。余谓段氏直以绳为繦，而未及其缕络。繦从糸，专为绳名。襁从衣，则合织缕与绳而为负儿衣之名也。**亲亲，仁也。敬长，义也。无他，达之天下也。"**【注】人，仁义之心少而皆有之。欲为善者无他，达，通也。但通此亲亲敬长之心，推之天下人而已。【疏】注"人仁"至"人而已"○正义曰:吕氏春秋重己篇云"理塞则气不达",高诱注云:"达,通也。"孟子前言众庶终身由之而不知其道,民日迁善而不知为之,此则言所知也。所不知者道,所无不知者爱亲敬长,圣人因其有此知,故以仁义之道达之天下。所以以仁义之道达之天下者,以"亲亲仁也,敬长义也"。孩提之童,无不知爱其亲,则仁可达矣。及其长也,无不知敬其兄,则义可达矣。有此亲亲敬长之心者,性善也。通此亲亲敬长之心,推之天下人者,圣人之尽心也。自圣人尽其心为天下立命,其智者益知之;其众庶虽不能知之,而亦可由之矣。此一章仍申明知性、知天之旨也。孙氏星衍原性篇云:"何以言'性待教而为善',易言天道阴阳,地道柔刚,人道仁义,后以裁成,辅相左右民。礼记言尽人物之性,与天地参。书言刚克柔克正直。刚属性,柔属情,平康之者教也。礼记谓天命谓性,率性谓道,修道谓教。教者何?性有善而教之以止于至善,故礼记之言'明德'也,曰'新民',曰'止至善'。止者,如文王止于仁敬孝慈信,即性中之五常,必教而能之,学而知之也。孟子以孩提之童爱其亲、敬其长是也。然童而爱其亲,非能爱亲,慈母乳之而爱移;敬其长,非能敬长,严师扑之而敬移。然则良知、良能不足恃,必教学成而后真知爱亲敬长也。故董仲舒之言'性待教为善'是也。"谨按:孟子言良能为不学而能,良知为不虑而知。其言孩提之童,无不知爱其亲,则不言无不能爱其亲也;其言及其长也,无不知敬其兄,则不言无不能敬其兄也。盖不虑而知,性之善也,人人所然也。不学而能,惟生知安行者有之,不可概之人人。知爱其亲,性之仁也,而不可谓能仁也。知敬其兄,性之义也,而不可谓能义也。曰亲亲,则能爱其亲矣,仁矣,故曰亲亲仁也。曰敬长,则能敬其兄矣,义矣,故曰敬长义也。何以由知而能也,何以由无不知而无不能也?无他,有达之者也。圣人通神明之德,类万物之情,而达之天下也。

章指言:本性良能,仁义是也。达之天下,恕乎已也。

16 孟子曰:"舜之居深山之中,与木石居,与鹿豕游,其所以异于深山之野人者,几希!【注】舜耕历山之时,居木石之间。鹿豕近人，若与人游也。希，远也。当此之时，舜与野人相去岂远哉。**及其闻一善言，见一善行，若决江河，沛然莫之能御也。”**【注】舜虽外与野人同其居处，闻一善言则从之，见一善行则识之，沛然不疑，辟若江河之流，无能御止其所欲行。【疏】注“沛然”至“欲行”○正义曰：孟子三言“沛然”：梁惠王上篇“沛然下雨”，此言大雨润物，故赵氏以润释之。离娄上篇“沛然德教溢乎四海”，此言德教满溢，故赵氏以大释之。此言“沛然莫之能御”，谓舜舍己从人，取人为善，有所闻见，即取而行之，故赵氏以行释之。楚辞湘君篇“沛吾乘兮桂舟”，王逸注云：“沛，行貌。”文选吴都赋“常沛沛以悠悠”，刘逵注云：“沛沛，行貌。”广雅释训云：“沛沛，流也。”一切经音义引三苍云：“沛，水波流也。”流之义亦同于行。此沛然上承若决江河，是为水流，即为水行。以水之行状舜之行，而云沛然不疑者，不疑能决也。承上若决之决，江河决，则莫能御止其行；舜决，亦莫能御止其行。赵氏解经，精密如此。

章指言：圣人潜隐，辟若神龙，亦能飞天，亦能小同，舜之谓也。【疏】“圣人”至“小同”○正义曰：周氏广业孟子章指考证云：“扬子法言：‘或曰龙必欲飞天乎？曰：时飞则飞，时潜则潜。’班固宾戏：‘泥蟠而天飞者，应龙之神也。’又关尹子云：‘若龙，若蛟，若龟，若鱼，若蛤，龙皆能为之。’所谓小同也。”

17　孟子曰：“无为其所不为，无欲其所不欲，如此而已矣。”【注】无使人为己所不欲为者，无使人欲己之所不欲者，每以身况之如此，则人道足也。【疏】注“无使”至“足也”○正义曰：诗王风扬之水“彼其之子”，笺云：“其或作记，或作已，读声相似。”郑风羔裘“彼其之子”，韩诗外传作“彼己之子”。曹风候人“彼其之子”，国语晋语作“彼己之子”。是其与己字通，故赵氏以其所不欲为己所不欲也。荀子儒效篇云：“贵名不可以比周争也，不可以夸诞有也，不可以执重有也，必将诚此，然后就也。故君子务积德于身，而处之以遵道。”积德于身即是诚此，故杨氏注云：“此，身也。”赵氏云每以身况之如此，亦以身字释此字。如此即是如身，如身即是如己，故云无使人为己所不欲为者,无使人欲己之所不欲者也。

章指言:己所不欲,勿施于人,仲尼之道也。

18　孟子曰:"人之有德慧术知者,恒存乎疢疾。【注】人所以有德行智慧道术才智者,在于有疢疾之人,疢疾之人又力学,故能成德。【疏】注"人所"至"成德"○正义曰:周礼地官师氏"以三德教国子",注云:"德行,内外之称。在心为德,施之为行。"论衡书说篇云"实行为德",德行并举义有别,单举德,亦是行,故以行释德也。方言云:"知或谓之慧。"礼记乐记"不接心术",注云:"术犹道也。"贾子道术篇云:"道者,所从接物也。其末者谓之术。"又云:"术也者,所从制物也,动静之数也。"墨子经上篇云:"知,材也。"老子云"绝圣弃知",王弼注云:"圣智,才之善也。"淮南子主术训云"任人之才,难以至治",高诱注云:"才,智也。"盖德慧组于内,术智见于外,故以智释慧,又以才释智。慧为心之明,才则用之当矣。慧术知皆本于德,故以成德包之。诗小雅小弁"心之忧矣,疢如疾首",笺云:"疢,犹病也。"释文云:"疢本作'疹'。"下言孤臣孽子,此云疢疾,盖即本于小弁之称疢疾也。独孤臣孽子,其操心也危,其虑患也深,故达。"【注】此即人之疢疾也。自以孤微,惧于危殆之患而深虑之,勉为仁义,故至于达也。【疏】注"自以"至"达也"○正义曰:襄公二十七年公羊传云"是则臣仆庶孽之事也",何休注云:"庶孽,众贱子,犹树之有孽生。"此以众释庶,以贱释孽。华严经音义引王肃尚书注云:"微,贱也。"赵氏言自以孤微,孤谓孤臣,微谓孽子也。说文歺部云:"殆,危也。"危部云:"危,在高而惧也。"淮南子说林训云"而殆于蝍蛆",高诱注云:"殆,犹畏也。"国策西周策云"窃为君危之",高诱注云:"危,不安也。"有所畏惧,故心不能安。赵氏以殆释危,又以惧释之,其义备矣。在高而惧者,畏其倾败也。吕氏春秋壹行篇云"强大行之危",高诱注云:"危,倾陨也。"骄恣篇云"不知化者举自危",高诱注云:"危,败也。"广雅释诂云:"殆,坏也。"倾陨败坏,所以可患,因而虑之,且深虑之,求所以避此患而免此危者,惟有勉为仁义而已矣。书尧典云:"明四目,达四显。"通达则明显，故章指以显释达，谓以忠孝之名显于天下后世也。

章指言：孤孽自危，故能显达；膏粱难正，多用沉溺：是故在上不骄，以戒诸侯也。

19　孟子曰："有事君人者，事是君则为容悦者也。"【注】事君求君之意，为苟容以悦君而已。【疏】注"事君"至"君而已"○正义曰：吕氏春秋似顺篇云"夫顺令而取容者，众能之"，高诱注云："容，悦也。"容、悦二字同义，相叠为双声。毛诗曹风"蜉蝣掘阅"，传云："掘阅，容阅也。"邶风谷风"我躬不阅"，传云："阅，容也。"容阅即容悦。后汉书陈蕃传上疏云："臣闻有事社稷者，社稷是为；有事人君者，容悦是为。"亦容悦二字连缀。赵氏分言之，以悦君明苟容，亦以悦释容。**有安社稷臣者，以安社稷为悦者也。**【注】忠臣志在安社稷而后悦也。**有天民者，达可行于天下而后行之者也。**【注】天民，知道者也。可行而行，可止而止。【疏】注"天民"至"而止"○正义曰：孟子引伊尹自称"我天民之先觉者也"，则天民指伊尹、太公一流矣。庄子庚桑楚云："人之所舍，谓之天民；天之所助，谓之天子。"郭象注云："出则天子，处则天民，此二者皆以泰然而自得之，非为而得之也。"列子杨朱篇称舜禹周公为天人，称孔子为天民之遑遽者，称桀为天民之逸荡者，纣为天民之放纵者。当时称天民者，别有异说，故孟子明之。**有大人者，正己而物正者也。"**【注】大人，大丈夫不为利害动移者也。正己物正，象天不可言而万物化成也。【疏】注"大人"至"成也"○正义曰：大人之称有二，论语季氏篇云"畏大人"，仪礼士相见疏引郑氏云："大人为天子诸侯为政教者。"何晏论语注云："即圣人与天地合其德者也。"昭公十八年左传："葬曹平公。往者见周原伯鲁焉，与之语，不说学。归以语闵子马。闵子马曰：'夫必多有是说，而后及其大人。大人患失而惑，又曰可以无学，无学不害。'"此大人指原伯鲁，故注云"大人，在位者"。管子幼官篇云："民之所利立之，所害除之，则民人从；立为六千里之侯，则大人从。"尹知章注云："大人，谓天子三公四辅。"此郑氏之义也。易称"利见大人"，"大人虎变”，虞翻谓“乾称大人”，此何氏之义也。孟子离娄下篇两云“大人”，其一，“言不必信，行不必果，惟义所在”，赵氏云“大人杖义”，是以德言也。其一，“不失其赤子之心”，赵氏云“大人谓君”，是以位言也。此注以大丈夫解之，大丈夫得志与民由之，不得志独行其道，亦不以位言。乃下云“象天不言，而万物化成”，此则非不得志者。史记索隐引向秀注易乾卦云：“圣人在位，谓之大人。”此解易之言大人是也。而孟子之言大人，盖即谓此。孟子深于易，此大人即举易之大人而解之也。正己物正，笃恭而天下平也。惟黄帝尧舜通变神化，乃足以当之，故又进于天民一等也。

章指言：容悦凡臣，社稷股肱，天民行道，大人正身。凡此四科，优劣之差。【疏】“凡此四科”○正义曰：说文禾部云：“科，程也。从禾，从斗。斗者，量也。”“程，品也。十发为程，十程为分，十分为寸。”有优劣之差，则有品次，故谓之科。周氏广业孟子章指考证云：“公羊传疏‘春秋设三科，科者，段也’。”

20　孟子曰：“君子有三乐，而王天下不与存焉。父母俱存，兄弟无故，一乐也。仰不愧于天，俯不怍于人，二乐也。得天下英才而教育之，三乐也。【注】天下之乐，不得与此三乐之中。兄弟无故，无他故。不愧天，又不怍人，心正无邪也。育，养也。教养英才，成之以道，皆乐也。【疏】注“兄弟无故无他故”○正义曰：仪礼士昏礼记云“某以非他故，不足以辱命”，注云：“非他故，弥亲之辞。”觐礼云“天子曰非他，伯父实来，予一人嘉之”，注云：“言非他者，亲之辞。”诗小雅頍弁云“岂伊异人，兄弟匪他”，笺云：“此言王当所与宴者，岂有异人疏远者乎？皆兄弟，与王无他，言至亲。”赵氏以无他故解无故，谓兄弟相亲好也。○注“育养”至“以道”○正义曰：说文㐬部云：“育，养子使作善也。虞书曰：‘教育子。’”是育为养也。阎氏若璩释地三续云：“天下英才，极言之，非广言之。犹施伯谓管子曰‘天下才’，司马懿谓诸葛武侯曰‘天下奇才也’云尔。”**君子有三乐，而王天下不与存焉。”**【注】孟子重言，是美之也。

章指言：保亲之养，兄弟无他，诚不愧天，育养英才，贤人能之，乐过万乘，孟子重焉，一章再云也。【疏】"一章再云也"○正义曰：周氏广业云："董子繁露：'孔子曰：书之重，辞之复，不可不察也，其中必有美者焉。'此即一章再云之义也。左传范献子曰'夫子实云'，襄二十三年传'季孙再三云'。"

21 孟子曰："广土众民，君子欲之，所乐不存焉。中天下而立，定四海之民，君子乐之，所性不存焉。【注】广土众民，大国诸侯也。所乐不存，乐行礼也。中天下而立，谓王者。所性不存，谓性仁义也。【疏】注"乐行礼也"○正义曰：礼记乐记云："揖让而治天下者，礼乐之谓也。暴民不作，诸侯宾服，兵革不试，五刑不用，百姓无患，天子不怒，如此则乐达矣。合父子之亲，明长幼之序，以敬四海之内，天子如此则礼行矣。"又云："王者功成作乐，治定制礼。"中庸云："非天子不议礼，不制度，不考文。"是行礼者天子之事。君子不以大国诸侯为乐，而乐于中天下而立，中天下而立是王者，故知所乐为行礼也。礼运云："礼行于郊，而百神受职焉；礼行于社，而百货可极焉；礼行于祖庙，而孝慈服焉；礼行于五祀，而正法则焉。"亦王者行礼之谓也。君子所性，虽大行不加焉，虽穷居不损焉，分定故也。【注】大行，行政于天下。穷居，不失性也。分定故不变。【疏】注"大行"至"不变"○正义曰：大行，即所谓"武王、周公继之，然后大行"也。易序卦传云："缓必有所失，故受之以损。"故以不失解不损。音义云："分，扶问切。"礼记礼运云："故礼达而分定。"荀子王制篇云："分均则不偏。"分者，盖所受分于道之命也。既分得人之性，自有人所当为之职分，自有人所不易之分，主是为分也，故谓之分定。君子所性，仁义礼智根于心，其生色也睟然，见于面，盎于背，施于四体，四体不言而喻。"【注】四者根生于心，色见于面。睟然，润泽之貌也。盎，视其背而可知，其背盎盎然盛。流于四体，四体有匡国之纲。口不言，人以晓喻而知之也。

【疏】注"四者"至"知之也"〇正义曰：毛氏奇龄四书賸言补云："孟子'仁义礼智根于心'，亦谓根之于心，犹言本诸身，非谓作心之根也。根于心，犹下云盎于背，若云仁义礼智作背之盎，则亦无是理。"按赵氏言根生于心，是以生于心解根于心。广雅释诂云："根，始也。"荀子礼论篇云："生者，人之始也。"赵氏注离娄下篇"舜生于诸冯"亦云："生，始也。"生与根同有始义，故以生释根。段氏玉裁说文解字注云："色，颜气也。颜者，两眉之间也。心达于气，气达于眉间，是之谓色。颜气与心，若合符卪，故其字从人卪。记曰：'孝子之有深爱者必有和气，有和气者必有愉色，有愉色者必有婉容。'又曰：'戎容，盛气颠实扬休，玉色。'孟子曰：'仁义礼智根于心，其生色也睟然，见于面。'生色而后见于面，所谓'阳气浸淫，几满大宅'，许曰'面颜前也'是也。鲁颂'载色载笑'，传曰：'色，色温润也。'大雅'令仪令色'，笺云：'善威仪，善颜色也。'内则云'柔色以温之'，玉藻云'色容庄'，'色容颠颠'，'色容厉肃'，论语曰'色难'，'色思温'，'色勃如也'，'正颜色'，引申之为凡有形可见之称。"音义云："睟，音粹。"华严经音义引孟子注云："睟，面色润也。"未知何人注，与赵氏略同。睟字，孟子外，法言、太玄经有之。法言君子篇云："牛玄骍白，睟而角，其升诸庙乎，是以君子全德。"注云："色纯曰睟。宋咸曰：'宗庙之牛贵纯毛，如黑赤白三色各纯粹，而角握中礼，则可升诸庙矣。所以君子亦贵纯全其德。'"然则睟即粹。淮南时则训云"视肥臞全粹"，高诱注云："粹，毛色之纯也。"法言之睟，即时则之粹矣。其君子篇又云："或问君子似玉，曰纯沦温润。"吴秘注云："沦，犹泽也。"纯沦温润，四字连言，赵氏盖本此以睟为纯，又以纯沦即温润，故以睟然为润泽之貌。太玄经以睟准乾，故玄冲云："睟，君道也。"即取文言传"纯粹精"之义。论语八佾篇云"从之纯如也"，郑氏注云："纯如，感人之貌。"何氏注云："纯如，和谐也。"荀子礼论篇云"故说豫娩泽发于颜色者也"，杨倞注云："说读为悦。豫，乐也。娩，媚也。泽，颜色润泽也。"豫乐犹和谐，娩泽即润泽。凡忧戚则憔悴，豫乐则光泽，是和谐与润泽，义亦可通矣。玉篇目部云："睟，思季切，视也。又润泽貌，孟子曰：'其色睟然。'"周氏广业孟子逸文考云："此睟然，当连上读。"按赵氏云色见于面，固以睟然属色，读"其生色也睟然"句可也。音义云："盎，张乌曩切，又乌浪切。陆云：'盎于背，如负之于背。'"按尔雅释器云："盎谓之缶。"说文皿部云："盎，盆也。"此陆氏所以言"如负之于背"。然如盆缶之器,负之于背,何以见仁义礼智之盛。庄子德充符言瓮瓷大瘿说齐桓公,陆其谓是乎?瓷即盎字。周礼天官酒正"辨五齐之名,三曰盎齐",注云:"盎,犹翁也。成而翁翁然葱白色。"刘熙释名释饮食云:"盎齐,盎,滃也。滃滃然浊色也。"说文水部云:"泱,滃也。"襄公二十九年左传:"吴季札来聘,为之歌齐,曰:'美哉,泱泱乎大风也哉!'"注云:"泱泱,宏大之声。"史记吴世家载此,裴骃集解引服虔云:"泱泱,舒缓深远,有大和之意。"索隐云:"泱泱犹汪汪洋洋,美盛貌也。"吕氏春秋古乐篇云"其音英",高诱注云:"英,和盛貌。"诗小雅白华篇"英英白云",释文云:"韩诗作'泱泱'。"盎通于泱,即通于英。尔雅释草云:"荣而不实者谓之英。"吕氏春秋务大篇云"其名无不荣者",高诱注云:"荣,显也。"然则盎于背即英于背,英于背即荣于背,荣于背即显于背,赵氏言盎盎然盛,正是泱泱然盛。视其背而可知,则显之谓也。此但言其仁义礼智之生于心者,在前则见于面,在后则显于背。陆氏不明声音假借之学,而以为如负,望文生意,失之甚矣。韩诗外传云:"姑布子卿相孔子曰:'从前视之,盎盎乎似有王者;从后视之,高肩弱脊,此惟不及四圣者也。'"此盎盎谓前不谓后,则盎岂负于背之名乎?论语为政篇"施于有政",集解包氏云:"施,行也。"书古太誓"流之为雕",马氏注云:"流,行也。"礼记中庸篇"君子和而不流",注云:"流,犹移也。"史记万石张叔传云"剑,人之所施易",如淳云:"施读曰移。"是施与流义同,故施于四体即流于四体。易文言传云:"君子黄中通理,正位居体,美在其中,而畅于四支,发于事业,美之至也。"虞翻云:"体谓四支,四支谓股肱。"美在中即仁义礼智根于心。先畅四支,而乃发于事业。事业者,匡国之谓也。故四体为匡国之纲。诗大雅假乐篇云:"抑抑威仪,德音秩秩,无怨无恶,率由群匹,受福无疆,四方之纲。"又抑篇云:"敬慎威仪,维民之则。"威仪者,足容重,手容恭,趋以采齐,行以肆夏,进则揖之,退则扬之,无非见于四体,即此为四方之纲,维民之则,亦所为匡国之纲。曹风鸤鸠篇云:"其仪不忒,正是四国。"正是四国,即匡国也。叠言四体者,谓即此四体,人见之已喻其仁义礼智之所施,不俟教令清明,而天下皆乐仰之。赵氏恐人仞不言,谓四体不能言,特标明云口不言,盖不必俟仁义礼智之形于口,而人已喻也。形于口,则讦谟定命,远犹辰告之谓,其喻益可知矣。孟子立言之妙,赵氏能阐明之。广雅释言云:"喻,晓也。"阮氏元校勘记云:

"'人自晓喻而知也',闽、监、毛三本同。宋本、岳本、孔本、韩本、考文古本自作'以'。按以即已字,礼记檀弓注云'以与已字本同'是也。不言已喻,正言其形于言也。自字非是。"

章指言:临莅天下,君国子民,君子之乐,尚不与存。仁义内充,身体履方,四支不言,蟠辟用张。心邪意溺,进退无容,于是之际,知其不同也。【疏】"仁义"至"无容"○正义曰:此申言"施于四体"之义也。淮南子本经训"戴圆履方",方谓地。赵氏此云履方,盖以方为礼记经解"由礼谓之有方之士"之方,方亦正也。荀子修身篇云:"礼者,所以正身也。"此身体履方之谓也。音义云:"蟠,音盘。辟,音阚。"礼记投壶篇云:"主人般还曰辟,宾般还曰辟。"释文云:"般,步干反。还,音旋。辟,音避。"孔氏正义云:"主人见宾之拜,乃般曲折还谓宾曰:今辟而不敢受。"般、盘、蟠古字通。然则辟当音避,不音阚也。汉书儒林传云"鲁徐生善为颂",苏林云:"汉旧仪有二郎,为颂貌威仪事,有徐氏,徐氏后有张氏,不知经,但能盘辟为礼容。天下郡国有容史,皆诣鲁学之。"颜师古云:"颂读与容同。"何武传云"召见,槃辟雅拜",服虔云:"行礼容拜也。蟠辟则进退有容。"赵氏以施于四体为威仪致密无所失,前云匡国之纲,此直以蟠辟明之,义互见矣。又反言心邪意溺则无容,明仁义内充施布于四体为有容也。吕氏春秋先已篇云"琴瑟不张",高诱注云:"张,施也。"赵氏又以用张互释施字也。论语乡党篇云"足躩如也",集解包氏云:"盘辟貌也。"先进篇云"师也辟",子张篇云"堂堂乎张也",又云"吾友张也为难能也",包氏云:"言子张容仪之难及。"广雅释训云:"堂堂,容也。"此圣贤施于四体之事。

孟子正义卷二十七

22　孟子曰："伯夷辟纣，居北海之滨，闻文王作兴，曰：'盍归乎来！吾闻西伯善养老者。'大公辟纣，居东海之滨，闻文王作兴，曰：'盍归乎来！吾闻西伯善养老者。'【注】已说于上篇。天下有善养老，则仁人以为己归矣。【注】天下有若文王者，仁人将复归之矣。五亩之宅，树墙下以桑，匹妇蚕之，则老者足以衣帛矣。五母鸡，二母彘，无失其时，老者足以无失肉矣。百亩之田，匹夫耕之，八口之家，足以无饥矣。【注】五鸡二彘，八口之家畜之，足以为畜产之本也。【疏】"足以无饥矣"○正义曰：阮氏元校勘记云："宋九经本、宋本、岳本、咸淳衢州本、孔本、韩本、考文古本、足利本同。闽、监、毛三本足误可。"所谓西伯善养老者，制其田里，教之树畜，导其妻子，使养其老。五十非帛不暖，七十非肉不饱，不暖不饱，谓之冻馁。文王之民无冻馁之老者，此之谓也。"【注】所谓无冻馁者，教导之使可以养老者耳，非家赐而人益之也。【疏】"不暖不饱谓之冻馁"○正义曰：赵氏佑温故录云："无帛肉之不暖饱，与无衣食之不暖饱稍差。才不暖不饱，尚未即冻馁，而已谓之冻馁矣。谓之者，文王谓之也。"

章指言：王政普大，教其常业，各养其老，使不冻馁。二老闻之,归身自托。众鸟不罗,翔凤来集,亦斯类也。【疏】"众鸟不罗翔凤来集"○正义曰:周氏广业孟子章指考证云:"汉书路温舒上言曰:'臣闻乌鸢之卵不毁,而后凤皇集。'即此意。楚辞宋玉九辨:'众鸟皆有所登栖兮,凤独遑遑而无所集。'"

23 孟子曰:"易其田畴,薄其税敛,民可使富也。食之以时,用之以礼,财不可胜用也。【注】易,治也。畴,一井也。教民治其田畴,薄其税敛,不逾什一,则民富矣。食取其征赋以时,用之以常礼,不逾礼以费财也。故畜积有余,财不可胜用也。【疏】注"易治也"○正义曰:音义云:"易,以豉切。"毛诗小雅甫田篇"禾易长亩",传云:"易,治也。"吕氏春秋辩土篇云"农夫知其田之易也",高诱注云:"易,治也。易读如'易纲'之易。"○注"畴一井也"○正义曰:一切经音义引国语贾氏注云:"一井为畴。九夫为一井。"赵氏所本也。说苑辨物篇云:"畴也者何也?所以为麻也。"史记天官书"视封疆田畴之正治",如淳引蔡邕云:"麻田曰畴。"韦昭注国语周语、齐语皆云:"麻地曰畴。"说文田部则云:"畴,耕治之田也。"按易否九四"畴离祉",九家注云:"畴者,类也。"荀子劝学篇言"草木畴生",书洪范言"洪范九畴",国语齐语云"人与人相畴,家与家相畴",皆以俦类言。一井八家所共,相与为畴,故名为畴。吕氏春秋慎大篇云"农不去畴",即农不去井也。麻田之说,赵氏所不取。民非水火不生活,昏暮叩人之门户求水火,无弗与者,至足矣。圣人治天下,使有菽粟如水火。菽粟如水火而民焉有不仁者乎?"【注】水火能生人,有不爱者,至饶足故也。菽粟饶多若是,民皆轻施于人,何有不仁者也。【疏】注"至饶"至"若是"○正义曰:足为手足之足,而或训为止。此云至足,与论语"百姓足"之足同。刘熙释名释形体云:"足,续也。言续胫也。"足有继续之义,故得为饶。小尔雅广诂云:"饶,多也。"贾子新书忧民篇云:"国无九年之蓄,谓之不足。"然则有九年之蓄,谓之足矣。有九年之蓄,则饶多矣。故以饶释之,又以多申之。

章指言：教民之道，富而节用，蓄积有余，焉有不仁，故曰“仓廪实知礼节”也。【疏】“仓廪实知礼节”○正义曰：语出管子牧民篇。

24　孟子曰：“孔子登东山而小鲁，登泰山而小天下。故观于海者难为水，游于圣人之门者难为言。【注】所览大者意大，观小者志小也。【疏】“孔子登东山而小鲁”○正义曰：弘明集宗炳明佛论云：“登东山而小鲁，登泰山而小天下。”周氏广业孟子逸文考云：“论又有云：‘昔仲尼布五经于鲁，以化天下；及其眇邈太、蒙之颠，而天下与鲁俱小。’此并用孟文也。今作‘孔子登东山’，考鲁无东山之名。论语‘颛臾为东蒙主’注孔云：‘使主祭蒙山也。’皇侃、邢昺二疏并云‘蒙山在东，故云东蒙主’。鲁颂‘奄有龟、蒙’，毛传：‘龟山、蒙山也。’正义亦云论语疏云：‘颛臾主蒙山。’水经注：‘琅邪郡临沂县有洛水，出太山南武阳县之冠石山，一名武水，东流过蒙山下，有蒙祠。又东南迳颛臾城，即孔子称颛臾为东蒙主也。’史记‘蒙、羽其乂’，索隐云：‘蒙山在泰山蒙阴县西南。’然则孟子之东山当作蒙山，宗少文必非无据也。即令云东山其为蒙山，固无可疑。”按阎氏若璩释地云：“或曰：费县西北蒙山，正居鲁四境之东，一名东山。孟子云‘孔子登东山而小鲁’，指此。疑近是。”然则蒙山一名东山，宗炳盖以蒙山代东山，古人引经，原有此例。依宗论以东山为蒙山可也，以为孟子本作蒙山，则失之矣。观水有术，必观其澜。【注】澜，水中大波也。【疏】注“澜水中大波”○正义曰：尔雅释水云：“河水清且澜猗，大波为澜。”说文水部云：“涟，澜或从连。”澜、涟一字也。刘熙释名释水云：“风行水波成文曰澜。澜，连也。波体转流相及连也。”日月有明，容光必照焉。【注】容光，小郤也。言大明照幽微。【疏】注“容光”至“幽微”○正义曰：音义云：“郄，丁去逆切，义与隙同。”说文𨸏部云：“隙，壁际也。”礼记三年问释文云：“隙本作‘郤’。”段氏玉裁说文解字注云：“左传曰：‘墙之隙坏，谁之咎也。’际，自分而合言之。隙，自合而分言之。引申之凡坼裂皆曰隙，假借以郤为之。”按隙之假借为邑部

"郤",其卩部"却"乃"却之却之为不恭"之却,或写从卩,非也。音义作"郄",广韵十九铎云:"郤,俗从⿱⿰乂乂谷。"张有复古编云:"郤,别作'郄',非。"隙为坼裂之名,故一切经音义引国语贾氏注云:"隙,衅也。"衅则隙之小者,惟遮隔其光则已,苟有丝发之隙可以容纳,则光必入而照焉。容光非小隙之名,至于小隙,极言其容之微者,以见其照之大也,故以小郤明容光。**流水之为物也,不盈科不行。君子之志于道也,不成章不达。"**【注】盈,满也。科,坎也。流水满坎乃行,以喻君子学必成章乃仕进也。【疏】注"盈满"至"进也"〇正义曰:"盈科",详见离娄上篇。礼记儒行篇云"上通而不困",注云:"上通,谓仕道达于君也。"达与通义同,故文选颜延年拜陵庙诗云"晚达生戒轻",李善注云:"达,宦达也。"故以达为仕进。廷琥云:"坎,孔本作'欿'。"

章指言:闳大明者无不照,包圣道者成其仁,是故贤者志大,宜为君子。

25 孟子曰:"鸡鸣而起,孳孳为善者,舜之徒也。鸡鸣而起,孳孳为利者,跖之徒也。欲知舜与蹠之分,无他,利与善之间也。"【注】蹠,盗蹠也。蹠、舜之分,以此别之。【疏】注"蹠盗蹠也"〇正义曰:音义云:"张云:'蹠与跖同,之石切。'"庄子有盗跖篇,云:"孔子与柳下季为友。柳下季之弟名曰盗跖。盗跖从卒九千人,横行天下,侵暴诸侯,穴室枢户,驱人牛马,取人妇女,贪得忘亲,不顾父母兄弟,不祭先祖,所过之邑,大国守城,小国入保,万民苦之。"释文云:"按左传展禽是鲁僖公时人,至孔子生八十余年。若至子路之死百五六十岁,不得为友。是寄言也。"李奇注汉书云:"跖,秦之大盗也。"

章指言:好善从舜,好利从跖,明明求之,常若不足,君子小人,各一趣也。

26　孟子曰："杨子取为我，拔一毛而利天下，不为也。【注】杨子，杨朱也。为我，为己也。拔己一毛以利天下之民，不肯为也。【疏】注"杨子"至"为也"○正义曰：列子有杨朱篇，张湛注云："或云字子居，战国时人，后于墨子。"杨子与禽滑厘辨论，其说在爱己，不拔一毛以利天下，与墨子相反。是篇载杨朱之言云："伯成子高不以一豪利物，舍国而隐耕；大禹不以一身自利，一体偏枯。古之人损一豪利天下，不与也。悉天下奉一身，不取也。人人不损一豪，人人不利天下，天下治矣。禽子问杨朱曰：'去子体之一毛以济一世，汝为之乎？'杨子曰：'世固非一毛之所济。'禽子曰：'假济，为之乎？'杨子弗应。禽子出语孟孙阳，孟孙阳曰：'子不达夫子之心，吾请言之。有侵若肌肤获万金者，若为之乎？'曰：'为之。'孟孙阳曰：'有断若一节得一国，子为之乎？'禽子默然有间。孟孙阳曰：'一毛微于肌肤，肌肤微于一节，省矣。然则积一毛以成肌肤，积肌肤以成一节，一毛固一体万分中之一物，奈何轻之乎？'禽子曰：'吾不能所以答子。然则以子之言问老聃、关尹，则子言当矣。以吾言问大禹、墨翟，则吾言当矣。'"吕氏春秋不二篇云"阳生贵己"，高注云："轻天下而贵己。孟子曰：'杨子拔体一毛以利天下，弗为也。'"贵己即为己。墨子兼爱，摩顶放踵利天下，为之。【注】墨子，墨翟也。兼爱他人，摩突其顶，下至于踵，以利天下，己乐为之也。【疏】注"墨子"至"之也"○正义曰：史记孟子荀卿列传后附云："墨翟，宋之大夫，善守御，为节用。或曰并孔子时，或曰在其后。"武氏亿授堂文钞跋墨子云："汉书艺文志'墨子七十一篇'注云：'名[一]翟，为宋大夫，在孔子后。'而不著其地。惟吕氏春秋慎大览高诱注：'墨子名翟，鲁人也。'鲁即鲁阳，春秋时属楚，古人于地名两字，或单举一字，是其例也。盖墨子居于鲁阳，疑尝为文子之臣。观鲁问一篇，言'吾愿主君之上者尊天事鬼，下者爱利百姓'。翟之尊文子为主君，意其属于文子也。外传楚语'惠王以梁与鲁阳文子'，注：'文子，平王之孙，司马子期子鲁阳公也。'惠王十年，为鲁哀公十六年，孔子方卒，则翟实当楚惠王时，上接孔子未卒，故太史公一云并孔子时。自班志专谓在孔子后，后人益为

〔一〕"名"原误"墨"，据汉书改。

推衍，至如毕氏据本书称中山诸国亡于燕、代、胡、貉之国，以中山之灭在赵惠文王四年，当周赧王二十年，则翟实六国时人，至周末犹存。窃以翟既与楚惠王接时，后必不能历一百九十余年尚未即化，此固不然也。中山诸国之亡，盖墨子之徒续记而窜入其师之说，以贻此谬，何可依也。"音义云："突，丁徒忽切，穿突也。"襄公二十五年左传"宵突陈城"，注云："突，穿也。"此丁公著所本。乃城可言穿，顶不可言穿。庄子说剑篇云"吾王所见剑士皆蓬头突鬓"，荀子非相篇"孙叔敖突秃"，杨倞注云："突，谓短发可凌突人者，故庄子说赵剑士蓬头突鬓。"突、秃声转，突即秃，杨氏解为"短发"是也。赵氏以突明摩，谓摩迫其顶，发为之秃。丁氏以突为穿，失赵义矣。文选江淹上建平王书注引孟子"墨子兼爱，摩顶致于踵，利天下为之"，刘熙曰："致，至也。"又任昉奏弹曹景宗注引孟子"墨子兼爱，摩顶致于踵"，赵岐曰："致，至也。"周氏广业孟子古注考云："据此，则赵、刘所有之本注并同矣。困学纪闻言选注引赵岐作致于踵，今本作放踵，注无致至也三字。孙宣公音义放踵下，据丁氏云方往切，至也。是唐宋本已皆作放。今考文选刘峻广绝交论'皆愿摩顶至踵'，注引孟子'摩顶放踵'，赵岐曰：'放，至也。'同在一书，所引互异，可见赵氏注本唐世已有其二，非至宋始作'放踵'也。又文选洞箫赋注引毛氏诗传'颜叔子纳邻之釐妇，使执烛，放乎平旦'事，下引赵岐孟子章句曰'放，至也。方往切'。今惟'放乎琅邪'注有'放至也'三字，无'方往切'。'摩顶放踵'注直云'摩突其顶，下至于踵'。为致为放，莫可究详矣。"翟氏灏考异云："风俗通十反篇'墨翟摩顶以放踵，杨朱一毛而不为'，放字与今孟子同。江书、任弹两注所引'致于踵'者，疑当时刘注本独如是。任弹下赵岐二字当亦为刘熙，传写者迁讹然尔。"谨按：墨子有兼爱三篇，无"摩顶放踵"语。庄子天下篇云："墨子称道曰：'禹亲自操稿耜，而九杂天下之川，腓无胈，胫无毛，沐甚风栉疾雨，置万国。禹，大圣也。而形劳天下如此。使后世之墨者多以裘褐为衣，跂蹻为服，日夜不休，以自苦为极。曰〔一〕不能如此，非禹之道也，不足为墨。'墨翟、禽滑厘之意则是，其行则非也。将使后世之墨者，必自苦以腓无胈，胫无毛，相进而已矣。乱之上也，治之下也。"孟子推其泛爱兼利、生勤死薄之道，而拟之为"摩

〔一〕"曰"上原衍"以"字，据庄子删。

顶放踵"，即"自苦以腓无胈胫无毛"之意耳。**子莫执中，**【注】子莫，鲁之贤人也。其性中和专一者也。【疏】注"子莫"至"一者也"〇正义曰：子莫未详。或谓庄子有云"儒、墨、杨、秉四"，秉别无所闻，恐即当时子莫执中一家之说。音义云："陆云：'言子等无执中。'"此异于赵氏，非也。孔子称尧咨舜执中，孟子称汤执中，此句下云"执中为近之"，何遽戒人莫执中也。陆氏穿凿，不足以易赵也。**执中为近之。执中无权，犹执一也。**【注】执中和，近圣人之道，然不权圣人之重权，执中而不知权，犹执一介之人，不得时变也。【疏】注"执中"至"变也"〇正义曰：白虎通五行篇云："中央者，中和也。"说文丨部云："中，和也。"寒往则暑来，暑往则寒来，是为时执中者，但取不寒不暑也。圣人之道，以时为中，趋时则能变通，知变通则权也。文公十二年公羊传云"惟一介断断焉无他[一]技"，注云："一介，犹一概。"此云执一介即执一概也。不知权宜，一概如此，所以犹执一也。戴氏震孟子字义疏证云："权，所以别轻重也。凡此重彼轻、千古不易者，常也。常则显然共见其千古不易之重轻。而重者于是乎轻，轻者于是乎重，变也。变则非智之尽，能辨察事情而准，不可以知之。孟子之辟杨墨也，曰：'杨墨之道不息，孔子之道不著，是邪说诬民，充塞仁义也。仁义充塞，则率兽食人，人将相食。'今人读其书，孰知所谓率兽食人，人将相食者安在哉？孟子又曰：'杨子取为我，拔一毛而利天下，不为也。墨子兼爱，摩顶放踵利天下，为之。子莫执中，执中为近之。执中无权，犹执一也。所恶执一者，为其贼道也，举一而废百也。'今人读其书，孰知无权之故，举一而废百之为害至钜哉？孟子道性善，于告子言'以人性为仁义'，则曰'率天下之人而祸仁义'。今人读其书，又孰知性之不可不明，戕贼人以为仁义之祸何如哉？老聃、庄周无欲之说，及后之释氏所谓空寂，能脱然不以形体之养与有形之生死累其心，而独私其所谓长生久视，所谓不生不灭者，于人物一视而同用其慈，盖合杨墨之说以为说。由其自私，虽拔一毛可以利天下，不为；由其外形骸，溥慈爱，虽摩顶放踵以利天下，为之。宋儒易老、庄、释氏之所私者而贵理，易彼之外形体者而咎气质；其所谓理，依然

〔一〕"焉"原作"兮"，"他"字原脱，据公羊传改补。

'如有物焉宅于心'。于是辨乎理欲之分,谓'不出于理,即出于欲;不出于欲,则出于理'。虽视人之饥寒号呼,男女哀怨,以至垂死冀生,无非人欲,空指一绝情欲之感者为天理之本然,存之于心。及其应事,幸而偶中,非曲体事情,求如此以安之也。不幸而事情未明,执其意见,方自信天理非人欲,而小之一人受其祸,大之天下国家受其祸,徒以不出于欲,遂莫之或寤也。凡以为理宅于心,不出于欲则出于理者,未有不以意见为理而祸天下者也。人之患,有私有蔽,私出于情欲,蔽出于心知。无私,仁也。不蔽,智也。非绝情欲以为仁,去心知以为智也。是故圣贤之道,无私而非无欲;老、庄、释氏,无欲而非无私。彼以无欲,成其自私者也。此以无私,通天下之情,遂天下之欲者也。凡异说皆主于无欲,不求无蔽,重行不先重知。人见其笃行也,无欲也,故莫不尊信之。圣贤之学,由博学、审问、慎思、明辨而后笃行,则行者,行其人伦日用之不蔽者也,非如彼之舍人伦日用、以无欲为能笃行也。人伦日用,圣人以〔一〕通天下之情,遂天下之欲,权之而分理不爽,是谓理。古今不乏严气正性、疾恶如雠之人,是其所是,非其所非,执显然共见之重轻,实不知有时权之而重者于是乎轻,轻者于是乎重。其是非轻重一误,天下受其祸而不可救。岂人欲蔽之也哉?自信之理非理也。然则孟子言执中无权,至后儒又增一执理无权者矣。"

所恶执一者,为其贼道也,举一而废百也。"【注】所以恶执一者,为其不知权,以一知而废百道也。【疏】注"所以"至"道也"○正义曰:易系传云:"天下何思何虑?天下同归而殊途,一致而百虑。"途既殊,则虑不可不百,虑百则不执一也。执一则不百虑,不百虑,故废百矣。杨子为我,执一于为我也。墨子兼爱,执一于兼爱也。孟子所以距杨墨,距其执一也,故举一执中之子莫。然则凡执一者,皆能贼道,不必杨墨也。杨子惟知为我,而不复虑及兼爱;墨子惟知兼爱,而不复虑及为我;子莫但知执中,而不复虑及有当为我、当兼爱之事。杨则冬夏皆葛也,墨则冬夏皆裘也,子莫则参乎裘葛之中,而冬夏皆夹也。不知趋时者,裘葛夹皆藏之于箧,各依时而用之,即圣人一贯之道也。圣人之道,善与人同,执两端以用其中,故执中而非执一。曾子居武城,

〔一〕"以"字原脱,据孟子字义疏证补。

寇至则去，寇退则反，薪木亦戒其毁伤；颜子居陋巷，不改其乐；而不同于杨子之为我者，不执一也。禹治水，劳身焦思，至于偏枯胝胼，藏窍不通，而不同于墨子之兼爱者，不执一也。故曰"禹稷颜回同道"，又曰"禹稷颜子易地则皆然"。惟易地皆然，则不执一。同道者，一致也。易地皆然者，百虑也。执一则为杨墨，不执一则为禹稷颜曾。孟子学尧舜孔子之道，知道在变通神化，故杨墨之执一，不知变通，则距之。距之者，距其悖乎尧舜孔子之道也。不然，杨朱屏气虚名，齐生死，固高旷绝俗之士。至墨翟以救世为心，其言曰："国家昏乱，则语之尚贤尚同；国家贫，则语之节用节葬；国家喜音沉湎，则语之非乐非命；国家淫僻，则语之尊天事鬼；国家务夺侵陵，则语之兼爱非攻。"读其书，岂不谓之仁人君子？非孟子深明乎变通神化之道，确有以见其异乎尧舜孔子之权，安能反复申明以距之哉！学者尚有申墨子之说者，不知道者也。

章指言：杨墨放荡，子莫执一，圣人量时，不取此术。孔子行止，惟义所在。

27 **孟子曰："饥者甘食，渴者甘饮，是未得饮食之正也，饥渴害之也。**【注】饥渴害其本，所以知味之性，令人强甘之。【疏】注"令人强甘之"○正义曰：饥渴者急欲得饮食，以不甘为甘，故为强甘。**岂惟口腹有饥渴之害，人心亦皆有害。**【注】为利欲所害，亦犹饥渴得之。**人能无以饥渴之害为心害，则不及人不为忧矣。"**【注】人能守正不为邪利所害，虽谓富贵之事不及逮人，犹为君子，不为善人所忧患也。【疏】注"人能"至"患也"○正义曰：说文又部云："及，逮也。"淮南子修务训云"尧舜之圣不能及"，高诱注云："及，犹如也。"不及人即不如人。赵氏谓人之贫贱者，所为之事，不能及富贵之人，为利所动，不能守正，必为强夺诈取之事，以伤害善人，则善人忧患之。使不为利欲所害，虽不及富贵之人，亦不肯为祸于善人，故善人不为所忧患。强夺诈取，犹饮食之不甘者也。以饥渴而甘其所不甘，则因富贵不如人，亦将为其所不可为，此何必贫贱富贵之悬殊者也。同一贫贱，而彼稍逊，则己妒而伤之；同一富贵，而彼稍加一等，已百计排毁而倾轧之：皆心害也。受其害者，必善人也；害善人者，必小人非君子也。故云犹为君子，不为善人所忧患。近时通解不为忧谓己不忧不及人。

章指言：饥不妄食，忍情抑欲；贱不失道，不为苟求；能无心害，夫将何忧。

28 **孟子曰："柳下惠不以三公易其介。"**【注】介，大也。柳下惠执宏大之志，不耻污君，不以三公荣位易其大量也。【疏】注"介大"至"量也"○正义曰："介，大也"，尔雅释诂文。毛诗大雅生民"攸介攸止"、小明"介尔景福"，介，传皆训大。赵氏以惠不羞污君、不辞小官为大量是也。承上"不及人"而言之，士师之贱，不及三公之荣，若少存艳羡之心，则辞小官而不居矣，是其心之浅隘也。音义云："陆云：'介，谓特立之行。'"文选注引刘熙注云："介，操也。"陆氏盖本此。

章指言：柳下惠不恭，用志大也。无可无否，以贱为贵也。【疏】"无可无否"○正义曰：法言渊骞篇云："不夷不惠，可否之间。"

29 **孟子曰："有为者辟若掘井，掘井九轫而不及泉，犹为弃井也。"**【注】有为，为仁义也。轫，八尺也。虽深而不及泉，喻有为者中道而尽弃前行也。【疏】注"轫八尺也"○正义曰：音义云："轫，丁音刃，云：'义与仞同，借用耳。'"先儒以七尺为仞，注云八尺曰轫。程氏瑶田通艺录七尺曰仞说云："仞之数，小尔雅云：'四尺。'汉书食货志注引应劭云：'五尺六寸。'此其谬易见也。说文云：'仞，人伸臂一寻八尺。'王肃圣证论、赵岐孟子注、曹操、李筌孙子注、郭璞山海经注、颜师古司马相如传注、房玄龄管子注、鲍彪楚国语注并曰'八尺'。而郑康成周官、仪礼注、包咸论语注、高诱注吕氏春秋、王逸注大招招魂、李谧明堂制度论郭璞注、司马相如赋见司马彪说，则皆以为'七尺'。庄子'步仞之丘'，陆德明释文亦曰'七尺'。淮南子原道训注'八尺曰仞',而览冥训注则云'七尺曰仞',其注'百仞',亦曰'七百尺也'。是书有高诱、许慎二人之说,证以说文,则八尺者当为许氏所记杂高诱注中者;证以吕氏春秋注,则七尺者,诱之说也。近世方密之、顾亭林皆笃信八尺之说,瑶田以为仞七尺者是也。扬雄方言云:'度广以寻。'杜预左传'仞沟洫'注云:'度深曰仞。'二书皆言人伸两手以度物之名,而寻为八尺,仞必七尺,何也?同一伸手度物,而广深用之,其势自不得不异。人长八尺,伸两手亦广八尺,用以度广,其势全伸而不屈,故寻为八尺。而用之以度深,则必上下其左右手而侧其身焉,身侧则胸与所度之物不能相摩,于是两手不能全伸而成弧之形,弧而求其弦以为仞,必不能八尺,故七尺曰仞,亦其势然也。玉篇云:'度深曰测。'说文解'测'字曰:'深所至也。'测之为言侧也,余之说仞字,以为伸手度深,必侧其身焉,义与此合矣。"段氏玉裁说文解字注云:"程氏甚精,仞说可定矣。考工记:'广二寻,深二仞,谓之浍。'倘其度同八尺,何不皆曰二寻,如上文'广二尺,深二尺'之例也?"谨按:仞为七尺,程氏、段氏之言定矣。管子地员篇云:"夫管仲之匡天下也,其施七尺。渎田悉徙,命之曰五施,五七三十五尺而至于泉。赤垆历强肥,命之曰四施,四七二十八尺而至于泉。黄唐,命之曰三施,三七二十一尺而至于泉。斥埴,命之曰再施,二七十四尺而至于泉。黑埴,命之曰一施,七尺而至于泉。坟延者六施,六七四十二尺而至于泉。陕之芳七施,七七四十九尺而至于泉。祀陕八施,七八五十六尺而至于泉。杜陵九施,七九六十三尺而至于泉。延陵十施,七十尺而至于泉。环陵十一施,七十七尺而至于泉。蔓山十二施,八十四尺而至于泉。付山十三施,九十一尺而至于泉。付山白徒十四施,九十八尺而至于泉。中陵十五施,百五尺而至于泉。青山十六施,百一十二尺而至于泉。青龙之所居,庚泥不可得泉。赤壤势山十七施,百一十九尺而至于泉。其下清商,不可得泉。陛山白壤十八施,百二十六尺而至于泉。其下骈石,不可得泉。徙山十九施,百三十三尺而至于泉。其下有灰壤,不可得泉。高陵之山二十施,百四十尺而至于泉。山之上命之曰县泉,凿之二尺〔一〕乃至于泉。山之上命曰复吕,凿之三尺而至于泉。山之上命曰泉英,凿之五尺而至于泉。山之材,凿之二七十四尺而至于泉。山

〔一〕"尺"字原脱,据管子补。

之侧，凿之三七二十一尺而至于泉。"然则凿地之度，以七尺为准，仞与施，其数同也。自二尺至八仞言之，原不必九仞而已可得泉，但水土深浅不齐，必极之以二十施，则九仞仅有其半，故赵氏以中道言之。九仞而不及泉，明及泉者有不待九仞也。犹为弃井，明九仞功方得半也。不考管子，未知其旨。

章指言：为仁由己，必在究之，九轫而辍，无益成功，论之一篑，义与此同。【疏】"论之一篑"○正义曰：音义云："论，谓论语也。"

30 孟子曰："尧舜，性之也。汤武，身之也。五霸，假之也。【注】性之，性好仁，自然也。身之，体之行仁，视之若身也。假之，假仁以正诸侯也。【疏】注"性之"至"侯也"○正义曰：荀子正名篇云："性之和所生，精合感应，不事而自然，谓之性。"春秋繁露察名号篇云："如其生生自然之资，谓之性。"周髀算经云："此天地阴阳之性，自然也。"故以性为自然好仁也。广雅释亲云："体，身也。"大戴礼曾子大孝篇云："身者，亲之遗体也。"淮南子缪称训云"身君子之言信也"，高诱注云："身君子之言，体行君子之言也。"以体行解身字，与赵氏此注同，是身之即体之也。行仁，谓以德泽及人。视之若身，谓不异身受之也。说文人部云："假，非真也。"仪礼少牢馈食礼"假尔大筮有常"，注云："假，借也。"行仁视之若身，则实行之矣。五霸假借行仁之名，以正诸侯，非其实能行仁也。大戴记曾子立事云："太上乐乐善，其次安之，其下亦能自强。"卢辩注云："自强谓其身不为，太上谓五帝，其次谓三王，其下谓五霸。孟子曰'尧舜性之，汤武身之，五霸假之'。"**久假而不归，恶知其非有也？"**【注】五霸若能久假仁义，譬如假物，久而不归，安知其不真有也。【疏】注"五霸"至"有也"○正义曰：五霸假借仁义之名，旋复不仁不义，不能久也。假而能久，仁亦及人，究殊乎不能假而甘为不仁者也。

章指言：仁在性体，其次假借，用而不已，实何以易，在其勉之也。【疏】"用而不已实何以易"○正义曰：吕氏春秋顺说篇云"以之所归",高诱注云:"归,终也。"僖公二十四年左传"妇怨无终",注云:"终,犹已也。"此云用而不已,即是假而不归,以已释归也。实即指汤武身之,谓与身之何以易,曹风下泉所以思明王贤伯矣。考文古本无已字,落之也。

31　公孙丑曰:"伊尹曰:'予不狎于不顺,放大甲于桐,民大悦。大甲贤,又反之,民大悦。'贤者之为人臣也,其君不贤,则固可放与?"【注】公孙丑怪伊尹贤者而放其君何也。【疏】"伊尹曰予不狎于不顺"○正义曰:江氏声尚书集注音疏云:"自是尚书文,而不称书曰。"

孟子曰:"有伊尹之志则可,无伊尹之志则篡也。"【注】人臣秉忠志。志若伊尹,欲宁殷国则可放,恶而不即立君,宿留冀改而复之。如无伊伊之忠,见间乘利,篡心乃生,何可放也。

章指言:忧国忘家,意在出身,志在宁君,放恶摄政,伊周有焉。凡人志异,则生篡心也。

32　公孙丑曰:"诗曰'不素餐兮',君子之不耕而食,何也?"【注】诗,魏国伐檀之篇也。无功而食,谓之素餐。世之君子,有不耕而食,何也。【疏】注"诗魏"至"素餐"○正义曰:诗序云:"伐檀,刺贪也。在位贪鄙,无功而受禄,君子不得进仕尔。"毛传云:"素,空也。"空之言虚也,无功受禄,是虚得此餐也。

孟子曰:"君子居是国也,其君用之,则安富尊荣;其子弟从之,则孝悌忠信。不素餐兮,孰大于是!"【注】君子能使人化其道德,移其习俗,君安国富而保其尊荣,子弟孝悌而乐忠信,不素餐之功,谁大于是,何为不可以食禄。

章指言:君子正己,以立于世,世美其道,君臣是贵，所遇者化，何素餐之谓。

33　王子垫问曰："士何事？"【注】齐王子名垫也。问士当何事为事也。【疏】注"齐王"至"事也"○正义曰：孟子仕齐久，此称王子，故知为齐王之子也。顾氏炎武日知录云："士农工商，谓之四民，其说始于管子。穀梁成公元年传亦云：'三代之时，民之秀者，乃收之乡序，升之司徒，而谓之士。'固千百之中不得一焉。大宰：'以九职任万民，五曰百工，化饬八材。'计亦无多人尔。武王作酒诰之书曰：'妹土，嗣尔股肱，纯其艺黍稷，奔走事厥考厥长。'此谓农也。'肇牵车牛，远服贾，用孝养厥父母'，此谓商也。又曰'庶士有正，越庶伯君子，其尔听朕教'，则谓之士者，大抵皆有职之人矣。恶有所谓'群萃而州处，四民各自为乡'之法哉？春秋以后，游士日多，齐语言'桓公为游士八十人，奉以车马衣裘，多其资币，使周游四方，以号召天下之贤士'。而战国之君，遂以士为轻重，文者为儒，武者为侠。呜乎，游士兴而先王之法坏矣！彭更之言，王子垫之问，其犹近古之意与？"

孟子曰："尚志。"【注】尚，上也。士当贵上于用志也。【疏】注"尚上"至"志也"○正义曰：仪礼觐礼云"尚左"，注云："古文尚作'上'。"释文序录引书赞云："孔子撰书，尊而命之曰尚书，尚者，上也。"尊之犹贵之，故以上释尚，又以贵释上。程氏瑶田通艺录论学小记云："隐居以求其志，求其所达之道也。当其求时，犹未及行，故谓之志。行义以达其道，行其所求之志也。及其行时，不止于求，故谓之道。志与道，通一无二，故曰士何事，曰尚志。"

曰："何谓尚志？"

曰："仁义而已矣。杀一无罪，非仁也。非其有而取之，非义也。居恶在？仁是也。路恶在？义是也。居仁由义，大人之事备矣。"【注】孟子言志之所尚，仁义而已矣。不杀无罪、不取非有者为仁义。欲知其所当居者仁为上，所由者义为贵，大人之事备也。【疏】"大人之事备矣"○正义曰：程氏瑶田论学小记云："万物皆备于我，我者，己也。尚志者，居仁由义之谓也。不杀无罪曰居仁，不取非其有曰由义，尚志之时，虽曰士也，然岂待为大人而后谓之大人哉？盖大人之事，天生己时，已备之矣。”

章指言：人当尚志，志于善也。善之所由，仁与义也。欲使王子无过差也。

34　孟子曰：“仲子不义与之齐国而弗受，人皆信之，是舍箪食豆羹之义也。【注】仲子，陈仲子处於陵者。人以为廉，谓以不义而与之齐国，必不受之。孟子以为仲子之义，若上章所道箪食豆羹，无礼则不受，万钟则不辨礼义而受之也。【疏】注“仲子”至“受之也”○正义曰：仲子不义其兄之禄而处於陵，此实事也。不义而与之齐国而不受，无此事，人虚拟之也。不义与之齐国而不受，犹万钟之不受也。处於陵，犹箪食豆羹之不受也。亡亲戚君臣上下，是不知礼义之大者；若能不义与之齐国而不受，则宜知亲戚君臣上下矣。仲子既不知有亲戚君臣上下，又何能不义与之齐国而不受也？此赵氏义也。周氏柄中辨正云：“史记邹阳上梁王书，称於陵子仲辞三公，为人灌园。皇甫谧高士传载其事。愚谓果有此事，自是廉之实迹，匡章何以不称于孟子之前？孟子又何以设言与之齐国而弗受，而反不及其辞楚相邪？尝考韩诗外传：‘楚庄王使使赍金百斤聘北郭先生，先生曰：臣有箕帚之使，愿入计之。即谓妇人曰：楚欲以我为相。今日相，即结驷列骑，食方丈于前，如何？妇人曰：夫子以织屦为食，食粥毚履，无怵惕之忧者何哉？与物无治也。今如结驷列骑，所安不过容膝；食方丈于前，所甘不过一肉。以容膝之安，一肉之味，而徇楚国之忧，其可乎？于是遂不应聘，与妇去之。’此北郭先生之事，而高士传以为陈仲子。夫邹阳所云辞三公者，特言其不愿为三公耳，固不必实有一却聘之事。而士安附会其说，遂以北郭事移而属之仲子，岂可信乎？且於陵齐地，顾野王舆地志：‘齐城有长白山，陈仲子夫妻所隐处。’高士传称‘陈仲子适楚，居於陵，楚王闻其贤而聘之’。以齐地为楚地，傅会改易，灼然可知。而左袒仲子者，犹以辞三公为美谈，夫亦未之考耳。”**人莫大焉亡亲戚君臣上下。以其小者，信其大者，奚可哉？”**【注】人当以礼义为正。陈仲子避兄离母，不知仁义亲戚上下之叙，何可以其小廉，信以为大哉。【疏】注"人当"至"大哉"○正义曰：经言亡亲戚君臣上下，赵氏言不知仁义亲戚上下之叙。不言君臣者，以上下即君臣也。避兄离母，是不知亲戚。不义盖禄，是不知君臣。亲戚属仁，君臣属义，故不知仁义。书"惇叙九族"，是亲戚有叙也。周礼春官小宰"以官府之六叙正群吏"，注云："谓先尊后卑。"是上下有叙也。贾子新书六术篇云："人之戚属，以六为法。人有六亲，六亲始曰父，父有二子，二子为昆弟；昆弟又有子，子从父而昆弟，故为从父昆弟；从父昆弟又有子，子从祖而昆弟，故为从祖昆弟；从祖昆弟又有子，子从曾祖而昆弟，故为从曾祖昆弟；曾祖昆弟又有子，子为族兄弟，备此六者之谓六亲。亲之始于一人，世世别离，分为六亲。亲戚非六，则失本末之度。六亲有次，不可相逾。相逾则宗族扰乱，不能相亲。"然则亲戚专指同姓。吕氏春秋论人篇云："论人者，又必有六戚四隐。何谓六戚？父母兄弟妻子。"高诱注云："六戚，六亲也。"有父则有母，有子则有妻，与贾子之说，互相备也。庄公三十二年公羊传云"君亲无将"，注云："亲，父母也。"父母，六亲所由始也，故专得其称。礼记祭义"立爱自亲始，立敬自长始"，注云："亲，长，父兄也。"此亲专属父。仪礼丧服记"亲则月算如邦人"，注云："谓在五属之内。"周礼秋官掌戮"凡杀其亲者焚之"，注云："缌服以内也。"天官大宰"一曰亲亲"，注云："亲亲，若尧亲九族也。"书尧典"以亲九族"，马氏、郑氏注皆云："上自高祖、下至玄孙为九族。"凡称亲皆谓父族。丧服小记"妇祔于祖姑，祖姑有三人则祔于亲者"，注云："亲者，谓舅所生。"此以舅之生母为亲，仍六亲中之母也。毛诗大雅行苇"戚戚兄弟"，传云："戚戚，内相亲也。"笺云："王与族人燕，兄弟之亲，无远无近，俱揖而进之。"孔氏正义云："戚戚，犹亲亲。"礼记大传云："四世而缌，服之穷也。五世袒免，杀同姓也。六世亲属竭矣。其庶姓别于上，而戚单于下。"正义云："戚，亲也。"是戚亦与亲同，指同族而言。尔雅释亲先释宗族，六亲之正也。次因母而及母党，因妻而及妻党，因子而及昏姻，是连类而推及之。秋官小[一]司寇"一曰议亲之辟"，郑司农云："若今时宗室有罪

〔一〕"小"原误"大"，据周礼改。

先请是也。”而贾氏疏兼以外亲有服者言之，非其义也。乃曲礼“兄弟亲戚，称其慈也”，孔氏正义谓“亲言族内，戚言族外”。国语郑语云：“是非王之支子母弟甥舅也，则皆荆蛮戎翟之人也，非亲则顽。”韦昭注云：“亲，谓支子甥舅。”昭公二十五年左传云：“为父子兄弟，姑姊甥舅，昏媾姻亚，以象天明。”杜预注云：“六亲相睦。”盖自汉以来，有尚书欧阳、夏侯说云：“九族乃异姓有亲属者，父族四，母族三，妻党二。夫同姓称宗族，母妻称党。”自混党于族，遂亦称党为亲。汉儒说经，尚无以亲戚指异姓，而韦昭、杜预生于汉末，其时外戚之盛，逾于宗族，预又为司马懿之女婿，其以姻亚为亲宜矣。然左传言“父子，兄弟，姑姊，甥舅，昏媾，姻亚”，数虽有六，原无亲名，故孔氏正义辨之云：“老子云：‘六亲不和，焉有孝慈。’六亲，谓父子兄弟夫妇。”则以杜氏所云六亲为不然也。郑语“非亲”二字承上文“支子母弟甥舅”，故韦昭注云，其实亲字只属“支子母弟”，如小雅頍弁序云：“暴戾无亲，不能宴乐同姓，亲睦九族。”而末章连言“兄弟甥舅”，不得谓甥舅亦同姓九族也。赵氏以亲戚指母与兄是矣。仲子辟兄离母而亲其妻，是亲戚之叙失矣。翟氏灏考异云：“王氏翼注云：‘此作一句读，言人之罪莫有大于无亲戚君臣上下者。’荀卿不苟篇云：‘盗名不如盗货，田仲不如盗也。’又非十二子篇云：‘仲綦刻利跂苟，以分异人为高，不足以合大众，明大分。’韩非子外储说载宋屈谷谓：‘田仲不恃仰人而食，亦无益于人之国，盖坚瓠之类也。’战国策赵威后问齐使，则言其‘率民而出于无用，何为至今不杀乎’？仲子磏廉矫义，不惟人不信之，且多厌恶之矣。倘特因孟子之大声一呼，而仲遂败其伪与？”王氏引之经传释词云：“焉犹于也。‘人莫大焉无亲戚君臣上下’，言莫大于无亲戚君臣上下也。”

章指言：事有轻重，行有小大，以大包小可也，以小信大，未之闻也。

35 桃应问曰：“舜为天子，皋陶为士，瞽瞍杀人，则如之何？”【注】桃应，孟子弟子。皋陶为士官，主执罪人，瞽瞍恶暴而杀人，则皋陶如何。【疏】注“皋陶为士官主执罪人”○正义曰：书尧典云：“帝曰：皋陶，蛮夷猾夏，寇贼奸宄。汝作士，五刑有服，五服三就；五流有宅，五宅三居。惟明克允。"马氏注云:"士,狱官之长。"郑氏注云:"士,察也。主察狱讼之事。"礼记月令"孟秋,命理瞻伤",注云:"理,治狱官也。有虞氏曰士,夏曰大理,周曰大司寇。"士为刑官之长,故主执有罪之人。

孟子曰:"执之而已矣。"【注】孟子曰,皋陶执之耳。【疏】注"皋陶执之耳"○正义曰:皋陶既主执罪人,故执杀人者。

"然则舜不禁与?"【注】桃应以为舜为天子,使有司执其父,不禁止之邪。

曰:"夫舜恶得而禁之? 夫有所受之也。"【注】夫,辞也。孟子曰,夫舜恶得禁之。夫天下乃受之于尧,当为天理民,王法不曲,岂得禁之也。【疏】注"夫辞"至"禁之也"○正义曰:周礼秋官司烜"掌以夫遂取明火于日",郑司农注云:"夫,发声。"是夫为语辞也。赵氏以舜之天下受之于尧,故不得禁皋陶执杀人之罪人。惠氏士奇春秋说云:"夫有所受之也,恶乎受之? 曰:受之舜。杀人者死,天之道也。皋陶既受之舜矣,而舜复禁之,是自坏其法也。自坏其法,不可以治一家,况天下乎? 且受之舜犹受之天,受之天者,非谆谆然命之也,谓其法当乎天理、合乎人心而已。"

"然则舜如之何?"【注】应问舜为之将如何。

曰:"舜视弃天下犹弃敝蹝也。窃负而逃,遵海滨而处,终身䜣然,乐而忘天下。"【注】孟子曰,舜视弃天下如捐弃敝蹝。蹝,草履可蹝者也。敝喻不惜。舜必负父而远逃,终身䜣然,忽忘天下之为贵也。【疏】注"舜视"至"不惜"○正义曰:说文𠦒[一]部云:"弃,捐也。"手部云:"捐,弃也。"捐、弃二字转注,故以捐释弃也。文选北山移文注引刘熙注云:"蹝,草屦可履。"赵氏云草履可蹝,可蹝犹可履也。说文履部云:"屦,履也。""履,足所依也。"故可称草履,亦可称草屦。毛诗大雅生民"履帝武敏歆",传云:"履,践也。"以其可践,故名履。吕氏春秋长见篇云"视释天下若释躧",高诱注云:"释,弃也。"观表篇云"视舍天下若舍屣",高诱注云:"屣,弊

〔一〕"𠦒"原误"廾",据说文改。

履也。”庄子让王篇云“原宪华冠縰履杖藜而应门”，又云“曾子曳縰而歌商颂，声满天地”，释文云：“縰，三苍解诂作‘躧’，云：‘蹑也。’声类或作‘屣’。通俗文云‘履不著跟曰屣’，李云：‘縰履，谓履无跟也。’王云：‘体之能蹑举而曳之也。’”然则躧、屣、蹝三字同。说文足部云：“躧，舞履也。”革部云：“鞮，鞮属。”“鞮，革履也。”周礼春官鞮鞻氏注云：“鞻读如屦。鞮屦，四夷舞者所扉也。今时倡蹋鼓沓行者自有扉。”史记货殖传云“蹑利屣”，徐广云：“舞屣也。”段氏玉裁说文解字注云：“蹑，一作‘跕’。跕，吐协反。地理志‘跕躧’，臣瓒曰：‘蹑跟为跕。’按舞不纳履，故凡不著跟，曳之而行曰躧履，如隽不疑传、长门赋皆是也。西京赋说舞曰‘振朱屣于盘樽’，薛曰：‘朱屣，赤丝履也。’”谨按：说文躧、鞮虽分两字，而鞮为“鞮属”，鞮为“舞者所扉”，躧为“舞履”，则躧与鞮原为一物，故吕氏春秋同载。仆谓吴起之言，一云躧，一云屣。屣即是鞮，为舞者无跟之履。盖舞履名鞮，以其无跟，履之敝坏者不可以纳，但为蹑举而曳之，如原宪之“縰履”，曾子之“曳縰”，不必为舞履，以其无跟而亦称縰。此高诱所以训屣为“敝履也”，而皆非草履之名。乃刘、赵并以草履释之者，刘熙释名释衣服云：“齐人谓草屦曰扉。”于是杜预注僖公四年左传“扉屦”云：“扉，草屦。”因鞮鞻氏注言“舞者所扉”，扉既为草履之称，鞮既是蹝，故以屣为草履耳。阎氏若璩释地又续云：“蹝，其实止解履也，与史记虞卿‘蹑蹻’之蹻别。徐广曰：‘蹻，草履也。’又扉亦草履。”按扉为齐人称草履之名，而屣实无此称。释名又云：“屩，草履也。”“屩，蹻也。”出行著之，蹻蹻轻便，因以为名也。然则草履名屩，舞履名屣，阎氏谓其有别是也。赵氏云敝喻不惜者，释名于“齐人谓草履曰扉”之下又云：“不借，言贱易有，宜各自蓄之，不假借人也。齐人云搏腊，搏腊犹把作粗貌也。荆州人异粗丝麻韦草皆同名也。”古今注云：“不借者，草履也。”说文糸部云：“绁，一曰不借绁。”仪礼丧服传：“绳屦者，绳菲也。”注云：“绳菲，今时不借也。”齐民要术杂说第三十引崔寔四民月令云：“十月可拆麻缉绩布缕作白履不惜。”注云：“草履之贱者曰不惜。”然则不惜即不借，不借即扉。赵氏既以蹝为草履，故以其称敝者为喻不惜也。○注“舜必”至“贵也”○正义曰：阎氏若璩释地云：“滨，水涯也。古者海之滨便为政令所不及，故舜窃父处于此。伯夷、太公辟纣居于此，因悟‘执之而已矣’，即尚书‘尽执拘以归于周’之执，非指法言。”音义云：“䜣，音忻。”尔雅释诂云:“欣,乐也。”史记赵世家荀欣,汉书古今人表作荀䜣。说文欠部云:“欣,笑喜也。”言部云:“䜣,喜也。”段氏玉裁说文解字注云:“万石君传‘僮仆䜣䜣如也’,晋灼引许慎曰:‘䜣,古欣字。’盖灼所据说文欣在欠部‘欣’字下,似与今本不同。”

章指言:奉法承天,政不可枉,大孝荣父,遗弃天下。虞舜之道,趋将如此,孟子之言,揆圣意也。

36　孟子自范之齐,望见齐王之子,喟然叹曰:“居移气,养移体,大哉居乎,夫非尽人之子与!”【注】范,齐邑,王庶子所封食也。孟子之范,见王子之仪,声气高凉,不与人同。还至齐,谓诸弟子,喟然叹曰,居尊则气高,居卑则气下,居之移人气志,使之高凉,若供养之移人形身使充盛也。大哉居乎者,言当慎所居,人必居仁也。凡人与王子,岂非皆是人之子也。王子居尊势,故仪声如是也。【疏】注“范齐”至“食也”〇正义曰:阎氏若璩释地云:“今东昌府濮州范县,本春秋晋大夫士会邑,国语‘是以受随范’是。又半〔一〕属鲁,后汉志东郡范县有秦亭,即庄三十一年‘筑台于秦’、地道志‘在县西北’是也。孟子时则属齐。赵注云:‘范,齐邑,王庶子所封食也。’盖齐王之子,生长深宫,赐第于康衢,贵仕于朝内,岂容远在七八百里之下邑,而为孟子所见。其在范者,殆犹靖郭君、孟尝君之于薛乎?”〇注“孟子”至“是也”〇正义曰:以经言“自范之齐”,则是在范望见王子,至齐乃言,故云之范见王子之仪,还至齐,谓诸弟子。说文人部云:“仪,度也。”贾子新书容经云:“容貌可观,声气可乐。”又云:“夫有威而可畏谓之威,有仪而可象谓之文。”此仪即谓容仪、威仪。经言望见,遥而望之,故见其仪。仪字从望字推之。梁惠王上篇“望之不似人君”,注云“望之无俨然之威仪”是也。刘熙释名释天云:“气,忾也。忾然有声而无形也。”下云居移气,故云声气,亦即本容经“声气可乐”之语也。阮氏元校勘记云:“高凉,按凉字与亮同,古字通

〔一〕“半”原误“卒”,据释地改。

用。"按亮者,明也。乃声之高明由于志之高明,志之高明由于居之尊贵,故既言声气,又云气志。赵氏以养移体为比喻之辞,故云若供养之移人形身使充盛也。说文食部云:"养,供养也。"盖下专言居,故以养为喻也。夫居尊为居,居仁亦为居,以居仁与居尊较,则居仁为大矣,故云大哉居乎。当慎所居,犹云术不可不慎。同是居,宜择而居其大者,必以居仁为大也。即以居势言之,则居尊者高,居下者卑,居下者之气不如居尊者之高,而居势者之小又不如居仁者之大矣。同是子,而王子异于凡人,亦同是人,而君子异于小人,可相观而喻矣。孟子之言,含蓄不尽,赵氏注与章指互发明之。凡人即凡民,谓众庶。详见前。

章指言:人性皆同,居使之异,君子居仁,小人处利,譬犹王子,殊于众品也。

37 孟子曰:"王子宫室车马衣服多与人同,而王子若彼者,其居使之然也。况居天下之广居者乎?【注】言王子宫室乘服,皆人之所用之耳。然而王子若彼高凉者,居势位故也。况居广居,谓行仁义,仁义在身,不言而喻也。【疏】注"仁义在身不言而喻"○正义曰:详见前。谓仁义根于心,其施于四体者,威仪容度,益有可观。**鲁君之宋,呼于垤泽之门,守者曰:'此非吾君也,何其声之似我君也?'此无他,居相似也。"**【注】垤泽,宋城门名也。人君之声相似者,以其俱居尊势,故音气同也。以城门不自肯夜开,故君自发声。【疏】注"垤泽"至"发声"○正义曰:音义云:"呼,丁火故切。"阎氏若璩释地云:"垤泽,即襄十七年筑者讴曰之泽门,杜氏注'宋东城南门'是也。或曰:得无禹贡盟诸泽名其门乎?按盟诸泽在故宋国微子所封之东北,此自为南门耳。"又云:"三衢毛氏曰:呼,唤也。凡叹息招呼则平声,小尔雅'呜呼吁嗟',医书'一呼一吸为一息'之类也。叫号而呼则去声,诗'式号式呼'、左传'仓葛呼'之类也。果尔,鲁君于垤泽之门,自应如赵注云'以城门不自肯夜开,故君自发声'之呼为平声,不应音去声为叫号之呼明矣。近讲又云,有作鲁君自呼之声者,陋甚。

试看呼于门，于字是呵护传呼，来于垤泽之门，尤非人之声音关乎贵贱，呵护传呼乃贱者之役声，可习之而能，若鲁君与宋君声为居高养优所移，岂他人能似？仍属仓卒自呼，故为监门者所疑。”按字义，古不以音分，呼唤号呼虽有不同，而皆为声。赵氏以发声解之者，文公元年左传云“江芈怒曰呼”，注云：“呼，发声也。”礼记月令云“雷乃发声”，乐记云“其声发以散”，注云：“发，犹扬也。”国语周语云：“士气震发。”鬼谷子摩篇云“怒者动也”，国语周语云“怨而不怒”，韦昭注云：“怒，作气也。”盖发声者，奋作其气而扬厉其声之谓也。鲁君夜至宋城，监门者不肯开纳，故鲁君怒而发声，呼于门外。鲁君之呼，即犹江芈之呼，其声震动，故守者闻之。发声二字，解怒之呼，与杜氏同，杜氏当亦有所受也。因其不肯，所以发怒，注义甚明，正见威之可畏，与王子仪之可象，同一居尊势所移。若谓虑其夜不开城门，因而君预自请开。顾鲁君之来，守者岂不知，所以不肯开者，正以乘夜而来，讵非袭我，岂鲁君自呼以表其非他人而门即启乎？郅恽守上东城门，帝至见面于门且不受诏，岂异国之君自请于门，遂可信而纳之乎？且召评说文在言部作“评”，号嘑在口部作“嘑”。此呼字，说文口部云：“外息也。”呼、评、嘑三字不同。外息谓出其气，出其气正是震发其气。凡人气息和则呼吸相均，忿而为怒则呼长而吸小，故象其发怒之声而以为呼也。此呼正呼吸之呼，与召评、号嘑自别，无烦以平去分也。赵氏注“嘑尔而与之”，读嘑为呼而训为咄啐。此以嘑为呼之假借，咄啐为呼，正与此相发明矣。

章指言：舆服器用，人用不殊，尊贵居之，志气以舒。是以居仁由义，盎然内优，胸中正者，眸子不瞀也。【疏】“眸子不瞀”○正义曰：音义云：“瞀，丁云：‘案开元文字音茂，目不明也。’张亡角反。”玉篇目部云：“瞀，莫遘、亡角二切，目不明貌。”荀子非十二子云“世俗之沟犹瞀儒”，杨倞注云：“瞀，闇也。”闇亦不明也。瞀与眊一音之转。赵氏以瞀与优韵，则读若茂。

38　孟子曰：“食而弗爱，豕交之也。爱而不敬，兽畜之也。恭敬者，币之未将者也。恭敬而无实，君子不可虚

拘。”【注】人之交接，但食之而不爱，若养豕也。爱而不敬，若人畜禽兽，但爱而不能敬也。且恭敬者如有币帛，当以行礼，而未以命将行之也。恭敬贵实，如其无实，何可虚拘致君子之心也。【疏】注“且恭”至“心也”○正义曰：尔雅释言云：“将，送也。”孙炎注云：“行之送也。”周礼春官大史“及将币之日”，注云：“将，送也。”贾氏疏云：“币，谓璧帛之等。”礼记少仪云“闻始见君子者，辞曰某固愿闻名于将命者”，注云：“将，犹奉也。”孔氏正义云：“将命，谓传辞出入、通主客之言语者也。”将之义为送，为奉，而将币、将命皆是行礼，故将为行。赵氏之义，盖谓以币行礼，必以命行之乃为实。若但以币将，未以命将，则为无实，不可以虚致君子。说文手部云：“拘，止也。”毛诗大雅抑篇“淑慎尔止”，鲁颂泮水篇“鲁侯戾止”，传并云：“止，至也。”至即致，故以致释拘。近时通解谓币帛未将时已有此恭敬之心，乃是其实，若币行时方恭敬即是虚文，君子不可以虚文拘留之。

章指言：取人之道，必以恭敬，恭敬贵实，虚则不应，实者谓爱敬也。

39 **孟子曰：“形色，天性也。**【注】形，谓君子体貌严尊也。尚书洪范“一曰貌”。色，谓妇人妖丽之容。诗曰“颜如舜华”。此皆天假施于人也。【疏】注“形谓”至“人也”○正义曰：礼记乐记“在地成形”，注云：“形，体貌也。”书无逸“严恭寅畏”，郑氏注云：“恭在貌。”礼记大传“收族故宗庙严”，注云：“严，犹尊也。”洪范，商书篇名。云“二、五事，一曰貌，貌曰恭，恭作肃”，恭肃即尊严也。说文色部云：“色，颜气也。”一切经音义引三苍云：“妖，妍也。”妖丽，谓女子容色妍美。引诗，郑风有女同车篇。毛传云：“舜，木槿也。”太平御览引傅子云：“蕣华，丽木也。谓之曰治，或谓之治容，或谓之爱老冲。”舜为丽木，故以比颜色之美好。赵氏谓体貌尊严，与颜色妖丽，皆天之所生，故为天性。阮氏元校勘记云：“十行本舜字模糊，闽、监、毛三本如此。廖本、孔本、韩本、考文古本作‘蕣’。按音义出‘蕣’字，依说文则舜古字，蕣俗字也。”**惟圣人然后可以践形。”**【注】践，履居之也。易曰“黄中通理”。圣人内外文明，然后能以正道履居此美形。不言居色，主名尊阳抑阴之义也。【疏】注“践履”至“义也”○正义曰：说文足部云：“践，履也。”形而言践履，故以“居之”明之。礼记明堂位言“周公践天子之位”，即居天子之位也。引易者，坤六五文言传文，云“君子黄中通理，正位居体，美在其中，而畅于四支”。盖以践形为居体也。春秋繁露有阳尊阴卑篇，云：“三王之正，随阳而更起，以此见之，贵阳而贱阴也。故数日者据昼而不据夜，数岁者据阳而不据阴。是故春秋之于昏礼也，达宋公而不达纪侯之母，丈夫虽贱皆为阳，妇人虽贵皆为阴。”赵氏以男子生有美形，宜以正道居之；女子生有美色，亦宜以正道居之。乃上并称形色，下单言践形，不言践色，是尊阳抑阴，犹数昼不数夜，达宋公不达纪侯之母也。主名者，圣人为男子践形者之称。然则居色者之主名其圣女与？礼记大传云：“异姓主名治际会，名著而男女有别。”注云：“异姓，谓来嫁者也。立于母与妇之名耳。”赵氏以居色者为妇女，故假借此二字也。按此章乃孟子言人性之善异乎禽兽也。形色即是天性，禽兽之形色不同乎人，故禽兽之性不同乎人。惟其为人之形、人之色，所以为人之性。圣人尽人之性，正所以践人之形。苟拂乎人性之善，则以人之形而入于禽兽矣，不践形矣。孟子此章言性，至精至明。戴氏震孟子字义疏证云：“人物成性不同，故形色各殊。人之形，官器利用大远于物，而于人之道不能无失，是不践此形也。犹言之而行不逮，是不践此言也。”又原善云：“孟子曰：‘形色，天性也。惟圣人然后可以践形。’血气心知之得于天，形色其表也。由天道以有人物，五行阴阳，生杀异用，情变殊致。是以人物生生，本五行阴阳，征为形色。其偏全厚薄，胜负杂糅，能否精觕，清浊昏明，烦烦员员，气衍类滋，广博袭僢，闳钜琐微，形以是形，色以是色，咸分于道。以顺则煦以治，以逆则毒。性至不同，各呈乎才。人之才，得天地之全能，通天地之全德。从生而官器利用以驭，横生去其畏不暴其使，智足知飞走蠕动之性，以驯以豢；知卉木之性，良农以莳刈，良医任以处方。圣人神明其德，是故治天下之民，民莫不育于仁，莫不条贯于礼与义。”

章指言：体德正容，大人所履，有表无里，谓之柚梓，是以圣人乃堪践形也。【疏】“有表无里谓之柚梓”○正义曰：音义云：“柚梓，丁云：‘上以究切，似橙而酢。下音臻，从木辛。’字亦作'榛'。榛,似栗而小。"引此二物者,皆谓内不称外。周氏广业孟子章指考证云:"案榟字,宋本及韵会'榛'字注引此文并同。考说文:'亲,果实如栗。''榛,木也。'其字从辛从木。广雅作'辛栗',脱木字。陆玑诗疏、本草图经作'莘',谓是栗之一种,则改从莘。今此作'榟',木与草两岐,恐亦讹体。古本作'梓',尤非。"柚皮厚味甘,实酢不中啖,榛肉作胡桃味,而实肥者少,故江南谚云:"十榛九空。"赵氏以喻有表无里,殆以此邪?

40　齐宣王欲短丧,公孙丑曰:"为期之丧,犹愈于已乎?"【注】齐宣王以三年之丧为太长久,欲减而短之,因公孙丑使自以其意问孟子。既不能三年丧,以期年差愈于止而不行丧者。

孟子曰:"是犹或紾其兄之臂,子谓之姑徐徐云尔。亦教之孝悌而已矣。"【注】紾,戾也。孟子言有人戾其兄之臂为不顺也,而子谓之曰且徐徐云尔。是岂以徐之为差者乎?不若教之以孝悌,勿复戾其兄之臂也。今欲行其期丧,亦犹曰徐徐之类也。【疏】注"且徐徐云尔"○正义曰:毛诗周南卷耳"我姑酌彼金罍",传云:"姑,且也。"赵氏佑温故录云:"齐宣王欲短丧,意在变今非变古。盖当时久不行三年之丧,直已而已矣。齐王殆闻孟子之教,知已之不可,而又以三年为过,故欲酌易而从期。不知天下无得半之理,既知其非,不求其是,而小变之以为安,终身无望于是矣。故孟子于戴盈之请轻税,则喻之攘鸡;而公孙丑问短丧,则喻之紾兄。"

王子有其母死者,其傅为之请数月之丧,公孙丑曰:"若此者何如也?"【注】丑曰,王之庶夫人死,迫于適夫人,不得行其丧亲之数。其傅为请之于君,欲使得行数月丧,如之何。【疏】注"王之庶"至"之何"○正义曰:阎氏若璩释地又续云:"以经解经,莫合于丧服记公子为其母章以解王子为其母。此厌于父在,本无服,权为制练冠麻、麻衣縓缘、既葬而除之服。郑康成曰:'不夺其恩也。'无厌于嫡母之说。厌嫡母,误自赵岐,沿于孔疏。明初,大明令载'庶子为其所生母齐衰期',注曰:'谓嫡母在室者。'

后孝慈录成，益定制，读自制序文，真有冠履倒置之叹！”钱氏大昕潜研堂答问云：“问：‘王子有其母死者，其傅为之请数月之丧。’陈氏旸谓：‘王子所生之母死，厌于嫡母，而不敢终丧。’古人之于嫡庶，若是其严乎？曰：陈氏之说，本于赵邠卿，谓‘王之庶夫人死，迫于嫡夫人，不得行丧亲之数’。其实不然也。礼家无二尊，故有厌降之义。父卒为母齐衰三年，而父在则期，厌于父也。礼尊君而卑臣，亦有厌降之义。天子诸侯绝旁期，大夫降，故士之庶子父在为其母期，大夫之庶子父在为其母大功，公子父在为其母无服，厌于尊也。仪礼丧服记：‘公子为其母练冠麻、麻衣縓缘、既葬除之。’传曰：‘何以不在五服之中也？君之所不服，子亦不敢服也。’大功章‘公之庶昆弟为其母’，传谓‘先君余尊之所厌，不得过大功’。盖公之庶子虽父已先卒，犹厌于父之余尊，不得伸母之服，不言厌于嫡母也。公羊传‘母以子贵’，故春秋于成风、敬嬴、定姒、齐归之薨葬，曰夫人，曰小君，成其为君母也。惟嫡母在则不得伸其母。然则天子诸侯为其生母，谓厌于嫡母，可也。公子为其母，谓厌于嫡母，不可也。”

曰：“是欲终之而不可得也，虽加一日愈于已，谓夫莫之禁而不为者也。”【注】孟子曰，如是，王子欲终服其子礼而不能者也。加益一日，则愈于止，况数月乎。所谓不当者，谓无禁自欲短之，故讥之。

【疏】注“王子”至“讥之”〇正义曰：丧服传云：“疏衰裳齐、牡麻绖、冠布缨、削杖、布带、疏屦、期者，父在为母。”此子之礼也。今公子厌于父，为其母练冠麻、麻衣縓缘、既葬除之，注云：“诸侯之妾，贵者视卿，贱者视大夫，皆三月而葬。”然则仅丧三月，视期少九月，是不能终子礼也。其傅请数月之丧，盖即此三月既葬而除之丧。数月者，三月也。公子厌于父，君之所不服，子亦不敢服，则君于庶夫人无一日之丧者也。则公子亦宜不敢有一日之丧。然制礼者权情度义，不夺其母子之恩，故为制此三月之服。乃虽有此制，必请之于君，俾恩由君出，此傅所以为之请也。请之，盖旧例如此。若本无数月之丧之制，安容妄请乎？若依君所不服子不敢服之例，则当已而得有此推恩三月之礼，是加于已，故云“虽加一日愈于已”。若无此制，孟子岂如是言乎？夫以当已之丧而尚加三月，以伸母子之恩，而三年之丧降而为期，何以伸孝子之志？同一愈于此，为有所禁而加，彼为无所禁而短，或得或失，不待智者知之矣。

章指言：礼断三年，孝者欲益，富贵怠厌，思减其日。君子正言，不可阿情，丑欲期之，故譬以紾兄徐徐也。【疏】“礼断三年”○正义曰：礼记三年问云：“三年之丧，二十五月而毕，哀痛未尽，思慕未忘，然而服以是断者，岂不送死有已、复生有节也哉！”

41　孟子曰：“君子之所以教者五，【注】教民之道有五品。有如时雨化之者，【注】教之渐渍而沾洽也。有成德者，有达财者，有答问者，有私淑艾者。【注】私，独。淑，善。艾，治也。君子独善其身，人法其仁，此亦与教法之道无差也。【疏】注“私独”至“差也”○正义曰：吕氏春秋孝行篇“身者非其私有也”，高诱注云：“私，犹独也。”书尧典“烝烝乂”，史记五帝本纪作“烝烝治”，是乂即治也。洪范“恭作肃，从作乂”，诗小雅小旻篇云“或肃或艾”，是艾即乂也。君子独善其身，原未施教于人，但人以其仁为法，即不异亲受其教。赵氏以独善解私淑，则私淑指独善其身之人，艾字指人之法其仁以自治。按离娄下篇云：“予未得为孔子徒也，予私淑诸人也。”赵氏以为我私善之于贤人，则私淑属法其仁之人，与此注义异。然私淑艾三字殊不易达。国策秦策“赏不私亲近”，注云：“私，犹曲也。”楚辞离骚“皇天无阿私兮”，王逸注云：“窃爱为私。”曲、窃皆不直之义也。说文又部云：“叔，拾也。从又，尗声。汝南人名收芋为叔。”“又，手也。”叔从又，故为拾取之正训，毛诗豳风七月“九月叔苴”，传云：“叔，拾也。”是也。淑与叔通，诗陈风“彼美叔姬”，释文云：“本亦作‘淑’。”诗周南葛覃“是刈是濩”，释文云：“刈，本又作‘艾’。”韩诗云：“刈，取也。”礼记祭统“草艾则墨”，注云：“草艾，谓艾取草也。”是艾之义为取，与叔之义为拾同，盖私淑诸人即私拾诸人也。淑、艾二字义相叠，私淑艾者即私拾取也。亲为门徒，面相授受，直也。未得为孔子之徒，而拾取于相传之人，故为私。私淑犹云窃取也。彼言私淑诸人，不必又叠艾字，其义自足。此叠艾字以足其句，其实私淑艾犹私淑也。德恐其惑而不定，故成之。财，即才也。才恐其滞而不通，故达之。义易明，故赵氏不注。

音义云："陆云：'达财周恤之。'一本作'才'[一]，说云：'以有善才，就开其性理也。'"开其善才，此正义也。转附诸后，而取陆之说。陆直以财为货财，全不知古人六书通借之学，鄙不足议，况淑之为叔拾乎！**此五者，君子之所以教也。"**【注】申言之，孟子贵重此教之道。

章指言：教人之术，莫善五者。养育英才，君子所珍，圣所不倦，其惟诲人乎！

42　**公孙丑曰："道则高矣美矣，宜若登天然，似不可及也。何不使彼为可几及而日孳孳也？"**【注】丑以为圣人之道大高远，将若登天，人不能及也。何不少近人情，令彼凡人可庶几使日孳孳自勉也。【疏】注"可庶几使日孳孳自勉也"○正义曰：说文子部云："孳，汲汲生也。"又支部云："孜孜，汲汲也。周书曰：'孜孜无怠。'"孜、孳二字，古多通用。前"孳孳为善者"，音义引张云："与孜同，古字通用。下文同。"下文即指此章也。自勉与无怠，义亦相近。伪孔尚书传云："孳孳劝勉不怠。"戴氏震孟子字义疏证云："问：颜子喟然叹曰：'仰之弥高，钻之弥坚，瞻之在前，忽焉[二]在后。'公孙丑曰：'道则高矣美矣，宜若登天然，似不可及也。何不使彼为可几及而日孳孳也？'今谓人伦日用举凡出于身者谓之道，但就此求之，得其不易之则可矣，何以茫然无据又若是哉？曰：若孟子言'夫道若大路然，岂难知哉'，谓人人由之。如为君而行君之事，为臣而行臣之事，为父为子而行父之事行子之事，皆所谓道也。君不止于仁，则君道失；臣不止于敬，则臣道失；父不止于慈，则父道失；子不止于孝，则子道失。然则尽君道、臣道、父道、子道，非智仁勇不能也。质言之，曰达道，曰达德；精言之，则全乎智仁勇者，其尽君道、臣道、父道、子道，举其事而亦不过谓之道。故中庸曰：'大哉圣人之道，洋洋乎，发育万物，峻极于天。优优大哉！礼仪三百，威仪三千，待其人而后

〔一〕"作才"二字原脱，据孟子音义补。
〔二〕"焉"原误"然"，据孟子字义疏证改。

行。'极言乎道之大如是，岂出人伦日用之外哉！以至道归之至德之人，岂下学所易窥测哉！今以学于圣人者，视圣人之语言行事，犹学弈于弈秋者，莫能测弈秋之巧也，莫能遽几及之也。颜子之言又曰：'夫子循循然善诱人，博我以文，约我以礼。'中庸详举其目，曰博学，审问，慎思，明辨，笃行，而终之曰：'果能此道矣，虽愚必明，虽柔必强。'盖循此道以至乎圣人之道，实循此道以日增其智、日增其仁、日增其勇也，将使智仁勇齐乎圣人。其日增也有难有易，譬之学一技一能，其始日异而月不同；久之，人不见其进矣；又久之，己亦觉不复能进矣。人虽以国工许之，而自知未至也。颜子所以言'欲罢不能，既竭吾才，如有所立，卓尔，虽欲从之，末由也已'。此颜子之所至也。"李氏光地榕村藏稿云："丑非欲孟子贬其高美，欲孟子使己几及其高美耳。又非以其立教之高而谓如天不可几及，正谓其立教之循循有序而苦于高美者，速至之无期如天之不可几及耳。故孟子告之云云。"

孟子曰："大匠不为拙工改废绳墨，羿不为拙射变其彀率。君子引而不发，跃如也。中道而立，能者从之。"【注】大匠不为新学拙工故，为之改凿废绳墨之正也。羿不为新学拙射者变其彀率之法也。彀，弩张向表率之正体。望之极思用巧之时，不可变也。君子谓于射则引弓彀弩而不发，以待彀偶也。于道则中道德之中，不以学者不能，故卑下其道，将以须于能者往取之也。【疏】注"彀弩"至"取之也"○正义曰：告子上篇"必志于彀"，注云："彀，张也。张弩向的者，用思专时也。"此云弩张向表率之正体，以张弩向的准之，则表率之正体即指的而言。正体，谓正鹄之体，表即标也。周礼夏官射人注云：考工梓人职曰："张五采之侯，则远国属。"五采之侯即五正之侯。正之言正也，射者内志正则能中焉。画五正之侯，中朱，次白，次苍，次黄，玄居外。三正损玄黄，二正去白苍，而画以朱绿。画此五采以为标识，即以为法率，故赵氏以表释率，而以为正体也。小雅宾之初筵"发彼有的"，毛传以质释的。礼记射义注以所射之识释的。所射之识，犹云标也。望之极思用巧之时，即所谓用思专时也。按礼记缁衣引太甲曰："若虞机张，往省括于厥度，则释。"注云："机，弩牙也。度，谓所拟射也。虞人之射禽，弩已张于机间，视括与所射参相得，乃后释弦发矢。"机张，即孟子所谓彀也。淮南子览冥训云"以治日月之行律",高诱注云:"律,度也。"律与率同。行度可云行率,则孟子所云率,正即省括于度之度也。绳墨两事,彀率亦是两事。彀,谓张弩。率,谓省括于度。赵氏言极思用巧,即是省而率则,不必专指正之体耳。音义云:"丁云:'率,循也。谓彀张其弩,又当循其射道,令必中于表。'陆云:'率,法也。跃如,心愿中也。能者从之,当勤求也。则读为律。'丁训率为循,非其义;陆读为律,训法,近是矣。"说文弓部云:"引,开弓也。"淮南子说林训"引弓而射",高诱注云:"引,张弓也。"引为张弓,故赵氏即以彀弩释引弓。引弓不发即犹张弩不发,故云引弓彀弩而不发。音义云:"丁云:'跃如,犹如卓尔。'陆云:'跃如,心愿中。'陆是也。心愿中,故不发以待彀之偶。"尔雅释诂云:"偶,合也。"谓所张之彀,合乎所拟之率,则释之乃必中也。待其合而后发,故不遽发者必愿中也。跃如犹云跃跃,尔雅释训:"跃跃,迅也。"释诂云:"迅,疾也。"言手虽不发,心则跃跃疾去也。论语子罕篇"卓尔,虽欲从之,末由也已",郑氏注云:"卓尔,绝望之辞。"诗周颂"天作高山",笺云:"卓尔与天合其德。"丁氏之说,拟不于伦。赵氏以君子于射喻君子于道,引而不发,以待其偶;中道而立,以待其从。虽以彀弩释引弓,与上变彀率意不同也。

章指言:曲高和寡,道大难追。然而履正者不枉,执德者不回,故曰人能宏道。丑欲下之,非也。【疏】"曲高和寡"○正义曰:新序宋玉对楚威王曰:"其曲弥高者,其和弥寡。"

43　孟子曰:"天下有道,以道殉身;天下无道,以身殉道。未闻以道殉乎人者也。"【注】殉,从也。天下有道,得行王政,道从身施功实也。天下无道,道不得行,以身从道,守道而隐。不闻以正道从俗人者也。**【疏】**注"殉从也"○正义曰:文选通幽赋"岂余身之足殉兮",注引项岱云:"殉,从也。"史记屈原贾生传"贪夫殉财",索隐引臣瓒云:"亡身从物谓之殉。"庄子骈拇云"小人则以身殉利",释文引崔注云:"杀身从之曰殉。"

章指言:穷达卷舒,屈伸异变,变流从顾,守者所

慎，故曰金石独止，不殉人也。【疏】“金石独止”○正义曰：说苑谈〔一〕从篇云：“水浮万物，玉石留止。”

44　公都子曰：“滕更之在门也，若在所礼而不答，何也？”【注】滕更，滕君之弟，来学于孟子者也。言国君之弟而乐在门人中，宜答见礼，而夫子不答，何也。

孟子曰：“挟贵而问，挟贤而问，挟长而问，挟有勋劳而问，挟故而问，皆所不答也。滕更有二焉。”【注】挟，接也。接己之贵势，接己之有贤才，接己长老，接己尝有功劳之恩，接己与师有故旧之好，凡恃此五者，而以学问望师之待以异意而教之，皆所不当答。滕更有二焉，接贵接贤，故不答矣。【疏】注“挟接也”○正义曰：说文手部云：“挟，俾持也。”楚辞天问“何冯弓挟矢”，王逸注云：“挟，持也。”广雅释诂云：“接，持也。”是挟与接义同也。仪礼乡射礼“兼挟乘矢”，大射仪“挟乘矢”，注并云：“方持弦矢曰挟。古文挟皆作‘接’。”是挟与接字通也。挟为俾持，接为方持，义有不同，而为持则同，故云挟，接也。昭公十九年左传“以持其世而已”，释文云：“持，本作‘恃’。”庄子徐无鬼“恃源而往者也”，释文云：“恃，本亦作‘持’。”持、恃同声义通，挟之为持，即为恃，故赵氏既以接释挟，又云恃此五者，挟贵、挟贤、挟长、挟有勋劳、挟故，即持贵、持贤、持长、持有勋劳、持故，亦即恃贵、恃贤、恃长、恃有勋劳、恃故也。

章指言：学尚虚己，师诲贵平，是以滕更恃二，孟子弗应。

45　孟子曰：“于不可已而已者，无所不已；于所厚者薄，无所不薄也。其进锐者其退速。”【注】已，弃也。于义所不

〔一〕“谈”原误“说”，据说苑改。

当弃而弃之则不可。所以不可而弃之，使无罪者咸恐惧也。于义当厚而反薄之，何不薄也。不忧见薄者亦皆不自安矣。不审察人而过进不肖越其伦，悔而退之必速矣。当翔而后集，慎如之何。【疏】注“已弃”至“慎也”○正义曰：论语公冶长篇“三已之”，对上三仕，则已为罢黜。昭公二十九年左传“水官弃矣”，杜预注云：“弃，废也。”是已即弃也。赵氏以无罪而黜则凡仕者皆自危，故云使无罪者咸恐惧也。○注“于义当厚”至“安矣”○正义曰：何不薄，犹云何人不为所薄。素与亲厚者，本不忧其薄，今见其自薄于所当厚，则人人不安，而亲厚不可恃也。○注“不审”至“之何”○正义曰：庄子天下篇云“锐则挫矣”，郭象注云：“进躁无崖为锐。”进之太过，故以过进解其进锐也。越其伦，即卑逾尊，疏逾戚，故引“翔而后集”，与梁惠王下篇故国章章指同。论衡状留篇云：“吕望之徒，白首乃显；百里奚之知，明于黄发。深为国谋，因为王辅，皆夫沉重难进之人也。轻躁早成，祸害暴疾，故曰其进锐者退速。”后汉书李固传阳嘉二年固对策云：“先帝宠遇阎氏，位号太疾，故其受祸，曾不旋时。老子曰：‘其进锐，其退速也。’”李贤注云：“案孟子有此文。”谢承书亦云孟子，而续汉书复云老子。按李固自是引孟子，宜以谢承书为是，范蔚宗本司马彪之误为老子耳，老子无此文也。赵氏注义，与王充、李固同。然则汉时解孟子此文，皆以刑赏用人言，赵氏盖有所自也。

章指言：赏僭及淫，刑滥伤善，不僭不滥，诗人所纪，是以季文三思，何后之有。【疏】“赏僭”至“所纪”○正义曰：襄公二十六年蔡声子谓楚子木曰：“善为国者，赏不僭而刑不滥。赏僭则惧及淫人，刑滥则惧及善人。若不幸而过，宁僭无滥，与其失善，宁其利淫，无善人则国从之。商颂有之曰：‘不僭不滥。’”说苑善说篇云：“晋诛羊舌虎，叔向为之奴，祁奚见范宣子曰‘善为国者’云云，文与此同。”荀子君臣篇作“赏僭则利及淫人，刑滥则害及君子”。

46　孟子曰：“君子之于物也，爱之而弗仁；【注】物，谓凡物可以养人者也。当爱育之，而不如人仁，若牺牲不得不杀也。【疏】注

"物谓"至"杀也"○正义曰:周礼天官宰夫"凡失财用物辟名者[一]",注云:"物,畜兽也。"说文牛部云:"物,万物也。牛为大物,故从牛,勿声。"下言牺牲,则物可以养人,谓六畜牛羊之类也。礼记乐记云:"仁以爱之。"荀子大略篇云:"仁爱也,故亲。"韩诗外传云:"爱由情出谓之仁。"说苑谈[二]丛云:"爱施者,仁之端也。"是爱与仁义亦通,故广雅释诂云:"爱,仁也。"此云爱之而弗仁,是仁与爱别,盖有爱物之爱,有爱人之爱,爱人之爱则谓之仁。春秋繁露仁义法云:"爱在人谓之仁。"爱在人乃谓之仁,然则爱在物不谓之仁矣。爱物者第养育之,不同于爱人之为仁,故云当爱育之,不如人仁。礼记祭义云:"古者天子诸侯,必有养兽之官,牺牷祭牲,必于是取之。"天官庖人"辨六畜之名物",注云:"六畜,六牲也。"始养之曰畜,将用之曰牲,是牺牲先养育之而后杀也。**于民也,仁之而弗亲。**【注】临民以非己族类,故不得与亲同也。【疏】注"临民"至"同也"○正义曰:说文人部云:"仁,亲也。"亲即是仁,而仁不尽于亲。仁之在族类者为亲,其普施于民者,通谓之仁而已。仁之言人也,称仁以别于物;亲之言亲也,称亲以别于疏。**亲亲而仁民,仁民而爱物。"**【注】先亲其亲戚,然后仁民,仁民然后爱物,用恩之次也。【疏】"亲亲"至"爱物"○正义曰:程氏瑶田通艺录论学小记云:"人有恒言,辄曰一公无私,此非过公之言,不及公之言也。此一视同仁、爱无差等之教也。其端生于意必固我,而其弊必极于父攘子证,其心则陷于欲博大公之名,天下之人,皆枉己以行其私矣。而此一人也,独能一公而无私,果且无私乎?圣人之所难,若人之所易,果且易人之所难乎?果且得谓之公乎?公也者,亲亲而仁民,仁民而爱物。有自然之施为,自然之等级,自然之界限,行乎不得不行,止乎不得不止。时而子私其父,时而弟私其兄,自人视之,若无不行其私者。事事生分别也,人人生分别也,无他,爱之必不能无差等,而仁之必不能一视也。此之谓公也,非一公无私之谓也。仪礼丧服传之言昆弟也,曰:'昆弟之义[三]无分,然

〔一〕"者"原误"也",据周礼改。
〔二〕"谈"原误"说",据说苑改。
〔三〕"义"原误"道",据仪礼改。

而有分者，则辟子之私也。子不私其父，则不成其子。'孔子之言直躬也，曰：'父为子隐，子为父隐，直在其中。'皆言以私行其公，是天理人情之至，自然之施为、等级、界限，无意、必、固、我于其中者也。如其不私，则所谓公者，必不出于其心之诚然，不诚则私焉而已矣。或问第五伦曰：'公有私乎？'曰：'吾兄子尝病，一夜十往，退而安寝。吾子有疾，虽不省视，而竟夜不眠。岂可谓无私乎？'呜乎，是乃所谓公也。是父子相隐者之为吾党直躬也。不博大公之名，安有营私之举？天不容伪，故愚人千虑，必有得焉，诚而已矣。"

章指言：君子布德，各有所施，事得其宜，故谓之义也。

47 **孟子曰："知者无不知也，当务之为急；仁者无不爱也，急亲贤之为务。**【注】知者，知所务善也。仁者，务爱贤也。【疏】注"知者"至"贤也"〇正义曰：说文力部云："务，趣也。"知所务，知所当趣向也。务爱贤，以爱释亲，宜急趣于爱贤也。**尧舜之知，而不遍物，急先务也。尧舜之仁，不遍爱人，急亲贤也。**【注】物，事也。尧舜不遍知百工之事，不遍爱众人，先爱贤使治民，不二三自往，亲加恩惠。【疏】注"物事"至"恩惠"〇正义曰：物之为事，详见前。百工，百官也。急亲贤为务，则知所当务，即知急亲贤也。知急亲贤，因即以亲贤为务，所以不必遍知百官之事，不必自往加惠于民。闽、监、毛三本二三自往作"一一自往"。按二三犹云再三，仪礼乡射礼"主人西南面三拜众宾"，注云："三拜，示遍也。"少牢馈食礼"主人西面三拜餋者"，注云："三拜，旅之示遍也。"二三自往，即遍义也。**不能三年之丧而缌小功之察，放饭流歠而问无齿决，是之谓不知务。"**【注】尚不能行三年之丧，而复察缌麻小功之礼。放饭，大饭也。流歠，长歠也。齿决，断肉置其余也。于尊者前赐饭，大饭长歠，不敬之大者。齿决，小过耳。言世之先务舍大讥小，若此之类也。【疏】注"放饭"至"过耳"〇正义曰：礼记曲礼："毋放饭，毋流歠。"又云："濡肉齿决，干肉不齿决。"注云："去手余饭于器中，人所秽。大歠嫌欲疾。决，犹断也。干肉坚，宜用手。"孔氏正义云："放饭者，手就器中取饭，饭若黏著手，不得拂放本器中者，去手余饭于器中，人所秽也。当弃余于篚，无篚弃余于会，会谓簋盖也。毋流歠者，谓开口大歠，汁入口如水流，则欲多而速，是伤廉也。濡肉齿决者，濡，湿也。湿软不可用手擘，故用齿断决而食之。干肉，脯属也。坚肕不可齿决断之，故须用手擘而食之。"按赵氏以流歠为长歠，与郑同。而以放饭为大饭，与郑异。大饭犹长歠也。吕氏春秋审分篇"无使放悖"，高诱注云："放，纵也。"又适威篇"故流于彘"，注云："流，放也。"是放饭犹流歠也。文选上林赋"流离轻禽"，注引张楫云："流离，放散也。"盖歠，歠之也；则饭，饭之也。流歠，谓流离而歠之；放饭，谓放纵而饭之。以孟子证曲礼，则饭读"饭黍""饭飧""饭疏食"之饭。段氏玉裁说文解字注云："饭，食也。食也者，谓食之也。此饭之本义也。引申之所食为饭。今人于本义读上声，于引申之义读去声，古无是分别也。"然则郑云"去手余饭"，则以饭为所食之饭，即指馈餾之粒，与歠为不类。而训放为去，去手之余饭，何以见其必为反本器？设去之反于篚，反于会，亦可云放饭也。放不得专为反本器之称，则不如赵氏之义为的矣。问无齿决者，盖食濡肉而以手决之，责问其何以不齿决也。

章指言：振裘持领，正罗维纲，君子百行，先务其崇，是以尧舜亲贤，大化以隆道为要也。【疏】"振裘持领正罗维纲"○正义曰：周氏广业孟子章指考证云："意林载桓谭新论云：'举网以纲，千目皆张，振裘持领，万毛自整。'"赵氏正用其语。

孟子正义卷二十八

孟子卷第十四

尽心章句下凡三十八章。

1　**孟子曰："不仁哉梁惠王也！仁者以其所爱，及其所不爱；不仁者以其所不爱，及其所爱。"**【注】梁，魏都也。以，用也。仁者用恩于所爱之臣民，王政不偏，普施德教，所不亲爱者并蒙其恩泽也。用不仁之政，加于所不亲爱，则有灾伤；加所爱之臣民，亦并被其害。惠王好战杀人，故孟子曰不仁哉。【疏】注"梁魏都也以用也"○正义曰：汉书地理志："陈留郡浚仪，故大梁，魏惠王自安邑徙此。"应劭曰："魏惠王自安邑徙此，号曰梁。"按大梁为魏都，自惠王三十一年始，自是惠王遂称梁王焉。说文已部云："已，用也。目即以字。"

公孙丑问曰："何谓也？"【注】丑问及所爱之状何谓也。

"梁惠王以土地之故，糜烂其民而战之，大败，将复之，恐不能胜，故驱其所爱子弟以殉之，是之谓以其所不爱，及其所爱也。"【注】孟子言惠王贪利邻国之土地而战，其民死亡于野，骨肉糜烂而不收，兵大败而欲复战，恐士卒少不能用胜，故复驱其所爱近臣及子弟而以殉之。殉，从也。所爱从其所不爱而往趋死亡，故曰及其所爱也。东败于齐，长子死焉。【疏】"糜烂其民"○正义曰：王氏念孙广雅疏证云："说文：'麋，烂也。'孟子尽心篇'糜烂其民而战之'，越语'靡王躬身'，韦昭注云：

'靡,损也。'縻、糜、靡并通。楚辞招魂'縻散而不可止些',王逸注云:'縻,碎也。'九叹'名靡散而不彰',注云:'靡散,犹消灭也。'并与縻黴同。"段氏玉裁说文解字注云:"石部云:'碎,䊳也。'米部曰:'䊳,碎也。'二篆为转注。䊳,各书假靡为之,孟子假糜为之。碎者,破也。䊳者,破之甚也。王逸注离骚'琼爢'云:'爢,屑也。'爢即䊳字。广雅糜字二见:曰'糜,饘也',与说文同。曰'糜,糏也',即说文之'䊳,碎也'。凡言粉碎之义当作䊳。"又云:"縻,烂也。古多假糜为之。糜训糁,縻训烂,义各有当矣。孟子'糜烂其民而战之',文选答客难'至则糜耳',皆用假借字耳。"按淮南子说山训"烂灰生蝇",高诱注云:"烂,腐也。"刘熙释名释饮食云:"糜,煮米使糜烂也。"糜即粥,比饭为烂,故糜即烂,义与縻通也。

章指言:发政施仁,一国被恩;好战轻民,灾及所亲。著此魏王,以戒人君也。

2 孟子曰:"春秋无义战,彼善于此,则有之矣。征者,上伐下也。敌国不相征也。"【注】春秋所载战伐之事,无应王义者也,彼此相觉有善恶耳。孔子举豪毛之善,贬纤介之恶,故皆录之于春秋也。上伐下谓之征。诸侯敌国,不得相征。五霸之世,诸侯相征,于三王之法,不得其正者也。【疏】"春秋"至"有之矣"○正义曰:春秋繁露竹林篇云:"春秋之法,凶年不修旧,意在无苦民尔。苦民尚恶之,况伤民乎?伤民尚痛之,况杀民乎?凶年修旧则讥,造邑则讳。是害民之小者,恶之小也;害民之大者,恶之大也。今战伐之于民,其为害几何?考意而观指,则春秋之所恶者,不任德而任力,驱民而残贼之,其所好者设而勿用仁义以服之也。诗云:'弛其文德,洽此四国。'此春秋之所善也。夫德不足以亲近,而文不足以来远,而断断以战伐为之者,此固春秋之所甚疾已,皆非义也。"又云:"春秋爱人而战者杀人,君子奚说善杀其所爱哉?故春秋之于偏战也,比之诈战则谓之义,比之不战则谓之不义。不义之中有义,义之中有不义,辞不能及,皆在于指,非精心达思者,其孰能知之!"此即发明孟子"无义战"之义也。万氏斯大学春秋随笔云:"礼乐征伐自天子出,皆御世之权。其足以取威制胜,使人慑服而屈从之,尤莫如征伐。故欲知春秋大势者，当于诸国之侵伐观之。据公羊传例，将尊师众称某帅师，将尊师少称将；将卑师众称师，将卑师少称人。君将不言帅师，书其重者。以是按之经传，终春秋惟鲁君将称公，讳之或称师称及，大夫将称氏名，微者不言将。列国之师，自隐至文，君将恒称爵，略之或称师称人，大夫将悉称师称人，无有书氏名者。大夫将书氏名，自文三年晋阳处父伐楚救江始。窃疑公羊例未合。王氏沿曰：'处父书氏名者，政在诸侯，则大夫皆称人；政在大夫，故称氏名以罪之也。处父盟鲁侯，改蒐于董，易军班，今救江而伐楚，专之甚者也。故始之也。'陈君举亦曰：'大夫帅师于是始，大夫始强也。'赵子常因二说而通之曰：'公羊之例，当时史法也。夫子修春秋，征伐自诸侯出，则君将称君，大夫将称人，治在诸侯也。征伐在大夫，则大夫将称大夫，治在大夫也。惟内大夫悉从其恒称，以见实也。'於乎，可谓尽发不传之秘矣。盖史官有一定之法，夫子有笔削之权；史法以征事实，笔削则显世变。执事以读春秋，二百四十二年天下大势，了然于心目间矣。内大夫何以悉称氏名？春秋，鲁史也。春秋无义战，敌国不相征，凡书侵伐，皆罪也。灭入迁取，罪之尤者也。"惠氏士奇春秋说云："古者王巡守，大司马起师合军以从，于是救无辜，伐有罪，所以威天下而行其禁令焉。环人掌四方之故，扬军旅，降围邑，而九伐之法，贼贤害民则伐之，负固不服则侵之。是故伐也，侵也，围也，救也，皆王者之师。不虐五谷，不伐树木，不焚室屋，不取六畜，兵之来也，除民之雠，顺天之道而已。公羊曰：'精者曰伐，觕者曰侵。'左氏曰：'有钟鼓曰伐，无者曰侵，轻者袭。'钟鼓言其器也，精觕言其情也。独穀梁曰：'苞人民、殴牛马曰侵，斩树木、坏宫室曰伐，不义孰甚焉。'此春秋之侵伐，岂王者之师哉？要而论之，大曰伐，小曰侵，侵之轻且密者曰袭，迟曰围，急曰救。故伐者伐其君，侵者侵其地，袭则掩之，围则合之，救则分之，行师之道备矣。周室既卑，征伐不出乎天子，皆出自诸侯及其大夫，故春秋无义战，莫如庄六年王人救卫为尤甚。先是宋公不王，诸侯以王命讨之，故公会齐侯于防而谋伐宋，其不会王命者，蔡人、卫人、郕人而已。及郑伯不朝，蔡人、卫人、陈人从王伐郑，则诸侯犹知有王命也。陈蔡邻于楚，楚之属国，是时楚方平汉阳，未暇谋中夏，故陈蔡犹得从王，君子以为近正。及桓十六年卫侯朔出奔齐，公羊以为得罪于天子，故称名以绝之，则似未得其实。盖宣公杀急子、寿子，皆朔构而杀之，故国人怨朔而悲二子，遂出朔而立公子黔牟，似请命于天王而立之。说者以为出朔而立黔牟者，卫之左右二公子也，未闻有天王之命。如其然，则五国共伐卫而纳朔，王人何为独救黔牟？明黔牟乃王命立之，五国逆王命而伐卫。吾闻狄伐邢，而齐人救邢，义也。诸侯伐卫而王人救卫，则王人夷于齐人，而中国皆戎翟矣。君子伤诸夏之无君，故一出一入皆称名，一伐一救皆称人。人诸侯者罪之，人子突者微之，此天子之使也，曷为微之？以天王之使而不能救黔牟，为尊者讳耻，故微之。然则何以知王命立黔牟？以左传知之。传曰：'卫侯入，放公子黔牟于周。'不杀之而放之，且放之于周，则王命立黔牟明矣。立之者，周也。故放之于周，若曰以黔牟付王人云尔。黔牟立于桓十六年，放于庄六年，前后八年在位，春秋曷为阙而不书？且卫之叔武及公孙剽，皆尝在位而不终者也，春秋皆书于册，曷为独阙黔牟？讳之也。讳有三：一曰为天王讳，二曰为鲁讳，三曰为中国讳。曷为为中国讳？王人救卫，未闻中国有一人从王者，君子耻之，故春秋不得不褒二霸之功。齐之霸，始于庄，终于僖；晋之霸，始于僖，终于定。故曰其事则齐桓晋文，推戴维持，皆齐桓晋文之力，春秋实以二霸为始终焉。隐、桓之时互相侵伐者，惟东诸侯而已，西则晋为大，南则楚为雄。桓二年蔡、郑会于邓，始惧楚，楚熊通自立为武王。桓六年合诸侯于沈鹿，黄、随不会，使人让黄而伐随，始开百濮之地，由是南诸侯皆服于楚。其子熊赀，是为文王，当鲁庄之十年，始败蔡师于莘，蔡本东诸侯，至是始属楚，而楚遂有虎视中原之志。十五年齐始霸，十六年同盟于幽，始与郑成，而荆伐郑，盖楚与中原争郑自此始。楚成王时，令尹子文当国，楚益盛。僖元年荆始改号为楚。自元年至四年，楚人再伐郑，一侵郑，郑伯欲成，孔叔不可，曰：'齐方勤我，弃德不祥。'则齐桓实能以德绥之也。自荆败蔡师于莘，惟十三年蔡人与于北杏之会，自是会盟征伐，蔡皆不与焉。盖役属于楚，负楚之固，而不服于齐，故僖四年齐桓会七国之师侵蔡，所谓负固不服则侵之也。说者谓潜师掠境曰侵，失之矣。会而侵，则非潜师矣。侵而溃，则非掠境也。欲伐乃侵，先溃蔡；既侵遂伐，卒帖荆。自此至十五年，楚人一灭弦，一围许，一伐黄，一伐徐，一败徐，其氛未息，乌在其能帖荆哉？帖荆者，以其不复能争郑也。且齐桓之于楚，以文服，不〔一〕以力

〔一〕"不"字原脱，据春秋说补。

服，召陵之役，虽以兵车而不伤一卒，不折一矢，无异衣裳之会，故春秋善之。庄三十年齐人伐山戎，是时戎翟并兴，中国不绝若线，齐方救邢戍卫，奔命不遑，山戎病燕，犹邢、卫也。邢、卫近而燕远，岂以其远而弃之！桓公内无因国，外无从诸侯，越千里之险，北伐山戎，危之乎？抑贬之乎？曰：否，善之也。善之则曷为称人？称人者，以桓公能急人之急，病人之病，故轻千里而不爱一身。齐侯来献戎捷，礼与？曰：礼也。左氏曷为谓之非礼？左氏言当献于王，不当献于鲁。献于王不书，献于鲁则书曰来献，尊宗国也。穀梁子曰'军得曰捷'，戎捷者，戎菽也。周书王会有'山戎菽'，管子亦云：'北伐山戎，出冬葱与戎菽，布之天下。'桓公以此遗鲁，而尊之曰献，犹曲礼献粟献米云尔。齐桓殁而楚氛益炽，败宋伐陈而鲁卫亦靡然从之。僖二十七年遂合陈、蔡、郑、许以围宋，而晋文勃兴，释宋围而败楚师于城濮，由是楚氛息矣。君子谓晋文之功大于齐桓。然齐桓以德，诸侯爱之。晋文以力，诸侯畏之。自是楚不敢复争郑者十有五年。秦晋构兵，始于殽之战，其后兵连不息，报复无常，而秦遂合于楚，卒为晋患，故春秋于殽之战，狄秦而微晋交讥之。与晋争中原者，楚也。秦晋甥舅之国，城濮之战，秦有功焉。合秦以敌楚，文公之善谋也。且晋不败秦，何害于霸，而汲汲焉背殡而要秦于险，君子是以贬晋襄公。春秋诸儒，以秦誓编于书，故盛称穆公之德，而春秋独于秦穆无善辞，学者疑之。秦用孟明，所谓仡仡勇夫也。既丧师于殽，匹马只轮无反，仍不悔过，甫及三年，复以愤兵而败于彭衙。秦穆诚能询兹黄发，焉用此仡仡勇夫而大辱国哉！故君子有取于秦誓，所谓不以人废言；而春秋以其言行不相顾，故无善辞。文三年秦伯伐晋称人，四年晋侯伐秦称爵，安见其尊秦也？令狐之役曲在晋，两称人。及十年秦伐晋，康公自将，春秋不书爵，不称人，直以秦为狄矣。盖自殽之战，秦穆之毒晋尤深，思天下可以敌晋者惟楚，于是遣楚囚斗克归楚求成，共谋伐晋，始作秦誓，旋遣楚囚，诚所谓今之谋人，姑将以为亲者，其心忌克，惟图报复而已。秦楚合而晋霸少衰矣。及晋厉公立，合诸侯伐秦，且先使吕相绝秦。是时秦桓与晋厉既为令狐之盟，而又召狄与楚，欲道以伐晋，故声其罪以讨之。于是诸侯朝王，仍自京师从刘康公、成肃公伐秦，君子谓是师也，名之正，辞之顺，春秋书之特详，明与厉公以复霸也。故吾谓厉公非无道之主以此。其后悼公三驾伐郑，而楚不能复救郑，郑遂属晋。襄十四年晋悼伐秦，棫林之役，迁延而退，为诸侯笑，远不如晋厉麻隧之师，诸侯皆睦于晋，春秋诸儒，褒悼而贬厉，非公论也。”○注“孔子”至“秋也”○正义曰：春秋繁露王道篇云：“春秋纪纤芥之失，反之王道。”说苑至公篇云：“夫子行说七十诸侯，无定处，意欲使天下之民各得其所，而道不行，退而修春秋，采豪毛之善，贬纤介之恶，人事挟，王道备，精和圣制，上通于天而麟至。”

章指言：春秋拨乱，时多争战，事实违礼，以文反正，征伐诛讨，不自王命，故曰无义战也。【疏】“春秋”至“反正”○正义曰：哀公十四年公羊传云：“君子曷为为春秋？拨乱世，反诸正，莫近诸春秋。”史记太史公自序引此，又云：“夫不通礼义之旨，至于君不君，臣不臣，父不父，子不子，此四行者，天下之大过也。以天下之大过予之，则受而弗敢辞，故春秋者，礼义之大宗也。夫礼禁未然之前，法施已然之后。法之所为用者易见，而礼之所为禁者难知。壶遂曰：‘孔子之时，上无明君，下不得任用，故作春秋，垂空文以断礼义，当一王之法。’”

3　孟子曰：“尽信书则不如无书，吾于武成，取二三策而已矣。仁人无敌于天下，以至仁伐至不仁，而何其血之流杵也？”【注】书，尚书。经有所美，言事或过，若康诰曰“冒闻于上帝”，甫刑曰“帝清问下民”，梓材曰“欲至于万年”，又曰“子子孙孙永保民”，人不能闻天，天不能问民，万年永保，皆不可得为书，岂可案文而皆信之哉。武成，逸书之篇名。言武王诛纣，战斗杀人，血流舂杵。孟子言武王以至仁伐至不仁，殷人箪食壶浆而迎其师，何乃至于血流漂杵乎。故吾取武成两三简策可用者耳，其过辞则不取也。【疏】注“书尚”至“信之哉”○正义曰：书者，文字之名。说文解字序云：“著于竹帛者谓之书。书者，如也。”周礼地官大司徒：“六艺，礼、乐、射、御、书、数。”此书即保氏六书，于是凡典籍统谓之书，论衡正说篇云“五经总名为书”是也。礼记经解以诗教、书教、乐教、易教、礼教、春秋教并称，此书专指尚书。赵氏以上言书、下言武成，故知书尚书也。尚书在孟子时有百篇，举武成以为例，所言“尽信书则不如无书”，非专指武成而言，故赵氏广而推之康诰、甫刑、梓材诸篇也。康诰云“惟时怙冒闻于上帝”，王氏鸣盛尚书后案云：“冒闻于上帝为句，古读也。赵氏注孟子吾于武成节引此。君奭篇亦有此句，则知古有此语矣。”冒有上进意，故云冒闻也。春官大宗伯“以禋祀祀昊天上帝”，郑司农云：“上帝，玄天也。”闻于上帝，即是闻于天，故云人不能闻天。甫刑即吕刑。吕之称甫，犹唐之称晋也。吕刑云“皇帝清问下民”，郑氏注云：“皇帝清问以下，乃说尧事。”惠氏栋九经古义云：“王伯厚曰：‘皇帝始见于吕刑，赵岐注孟引甫刑曰：帝清问下民。’栋按：孔传云：‘君帝，帝尧也。’是孔氏本作‘君帝。’”谨按：孔传以君帝释皇帝，而亦以为尧，不以为天也。赵氏所见吕刑无皇字固矣。盖赵氏读“帝清”二字相连，帝为王天下之名，而古亦称天为帝。文选吴都赋“回曜灵于太清”，刘逵注云：“太清，谓天也。”啸赋亦云“飘游云于太清”，盖赵氏以帝清犹太清，单称帝不必是天，称帝清则必非天子，故以帝清问下民为天问民也。闽、监、毛三本依吕刑增作“皇帝清问下民”，阮氏元校勘记云：“宋本、廖本、孔本、韩本、考文古本、足利本无皇字。按无者是。困学纪闻所引正同。按闽、监、毛三本增皇字，因又增云‘天子不能问于民’，而诸本亦无子字。且天子问民，何不能也。”梓材云：“欲至于万年，惟王子子孙孙永保民。”○注“武成”至“取也”○正义曰：书序云：“武王伐殷，往伐归兽，识其政事，作武成。”郑氏注云：“著武道至此而成。武成逸书，建武之际亡。”王氏鸣盛尚书后案云：“孔壁所得真古文本有武成，因其不列学官，藏在秘府，故谓之逸书。建武是光武帝纪年，武成至此时又亡。其逸文残缺者仅存八十二字，见汉书律历志。”又后辨云：“梅鷟谓：‘赵岐孟子尽信书一章注云云，平正无碍，甚得孟子口气。而晚出武成则言前徒倒戈，攻于后以北，血流漂杵，是纣众自杀之血，非武王杀之之血，其言可谓巧矣。然孟子非不通文义之人，何至读书误认纣众自杀，以为武王虐杀哉！’鷟说善矣而未尽也。纣众倒戈，自相攻杀，事见荀子儒效篇、成相篇、史记殷本纪、淮南子泰族训、刘向列女传嬖孽传、常璩华阳国志巴志篇，非尽出妄造。孟子在魏晋间不甚重，不过诸子中之一耳，纵错会经文，亦何损？而武王之为仁人，为王者师甚著，岂不可力为回护，去其虐杀，以全吾经，此则作伪者之微意耳。但孟子亲见百篇尚书，必不误认。王充论衡语增篇云：‘察武成之篇，牧野之战，血流浮杵。'武成亡于建武之际，仲任犹及见之。详其意，彼真本武成必不以倒戈事与流杵事为一。盖此语自是两敌相争，描摹至此，若徒党自相翦屠，何必加以此语，故晚出武成虽敢与孟子违，而犹阴为孟子地。孔传云：'血流漂舂杵，甚之言，非含不可尽信之意乎？'贾谊过秦论云：'秦追亡逐北，流血漂卤。'战国策言'武安君与韩魏战伊阙，流血漂卤'。此等为杀人多之恒辞，故孟子特为武王辨。"按论衡艺增篇云："夫武成之篇，言武王伐纣，血流浮杵，助战者多，故至血流如此，皆欲纣之亡也。土崩瓦解，安肯战乎？武成言血流浮杵，亦太过焉。死者血流，安能浮杵？"按武王伐纣于牧之野，河北地高壤，靡不干燥，兵顿血流，辄燥入土，安得杵浮？且周殷士卒，皆赍盛粮，或作干粮，无杵臼之事，安得杵而浮之？言血流杵，欲言诛纣惟兵顿士伤，故至浮杵。是杵为杵臼之杵，故赵氏言血流舂杵。说文木部云："杵，舂杵也。"

章指言：文之有美过实，圣人不改，录其意也。非独书云，诗亦有言，"嵩高极天，则百斯男"，亦已过矣。【疏】"嵩高极天则百斯男"○正义曰：庄公四年公羊传云："九世犹可以复雠乎？虽百世可也。"何休注云："百世，大言之耳。犹诗云：'嵩高维岳，峻极于天，君子万年。'"毛诗大雅思齐篇"太姒嗣徽音，则百斯男"，传云："太姒十子，众妾则宜百子也。"然则文王宜有百子，故周南螽斯亦美后妃不妒忌而子孙众多，此与百世不同。李樗诗经讲义云："诗中言多则曰'则百斯男'，言少则曰'靡有孑遗'，言广则曰'日辟国百里'，言狭则曰'一苇杭之'，皆甚辞也。"是又因赵氏章指推言之耳。

4　孟子曰："有人曰'我善为陈，我善为战'，大罪也。国君好仁，天下无敌焉。南面而征北夷怨，东面而征西夷怨，曰：'奚为后我？'【注】此人欲劝诸侯以攻战也，故谓之有罪。好仁无敌，四夷怨望迟，愿见征，何为后我。已说于上篇。【疏】"北夷"○正义曰：宋本、孔本、韩本同，闽、监、毛三本夷作"狄"，石经此字漫漶。案伪疏引作

“北夷”，作夷是也。**武王之伐殷也，革车三百两，虎贲三千人，王曰：‘无畏，宁尔也，非敌百姓也。’若崩厥角、稽首。征之为言正也，各欲正己也，焉用战！”**【注】革车，兵车也。虎贲，武士为小臣者也。书云：“虎贲赘衣，趣马小尹。”三百两，三百乘也。武王令殷人曰，无惊畏，我来安止尔也。百姓归周，若崩厥角，额角犀厥地，稽首拜命，亦以首至地也。各欲令武王来征己之国，安用善战陈者。【疏】注“革车”至“乘也”○正义曰：礼记明堂位“革车千乘”，注云：“革车，兵车也。”周礼春官巾车云“革路以即戎”是也。夏官有“虎贲氏下大夫二人，中士十有二人，虎士八百人”，注云：“虎士，徒之选有勇力者。”赵氏谓武士为小臣，引书立政证之。盖立政言“亦越文王武王”，则此虎贲为文武时官，于武王伐殷时较切，周礼则为天子后所制矣。周氏用锡尚书证义云：“顾命‘狄设缀衣’，正义云：缀衣，是黼扆之类，以周礼考之，即幕人也。幕人掌帷幄，虎贲司宿卫，皆左右亲近者也。”以勇力为左右近臣，故云武士为小臣者也。赘衣，立政作“缀衣”，缀、赘古字通也。毛诗召南鹊巢“百两御之”，传云：“百两，百乘也。”孔氏正义云：“谓之两者，风俗通以为车有两轮，马有四匹，故车称两，马称匹。”书序云：“武王戎车三百两，虎贲三百人，与受战于牧野。”江氏声尚书集注音疏云：“虎贲，言猛怒如虎之奔赴也。三百人当为三千人，孟子曰：‘武王之伐殷也，革车三百两，虎贲三千人。’司马法曰：‘革车一乘，士十人，徒二十人。’乐记曰：‘虎贲之士说剑。’然则虎贲士也，一乘十人，三百两则三千人矣。”翟氏灏考异云：“书牧誓序：‘武王戎车三百两，虎贲三百人。’风俗通义皇霸篇引书‘武王戎车三百两，虎贲八百人’。墨子明鬼篇‘武王以择车百两，虎贲之卒四百人’。周书克殷解：‘周车三百五十乘，陈于牧野，既以虎贲戎车驰商师，商师大败。’孔晁注云：‘戎车三百五十乘，则有虎贲三千五百人。’按每车一两，当有虎贲十人，孟子言自无误，诸书未可信也。战国策苏秦说魏曰：‘武王卒三千人，革车三百乘，斩纣于牧。’又说赵曰：‘武王之卒，不过三千人，车不过三百乘，而为天子。’吕氏春秋仲秋纪：‘武王虎贲三千人，简车三百乘，以要甲子之战。’言皆与孟子合。”周氏柄中辨正云：“有两司马法，一云‘一车甲士三人，步卒七十二人’，一云‘成出一乘，甲士十人，步卒二十人’。孔仲达成元年‘丘甲’正义云：‘一士二徒者，乡遂之兵；一士二十四徒者，都鄙之兵。古者天子用兵，先用六乡，六乡不足取六遂，六遂不足取都鄙及诸侯。若诸侯出兵，先尽三乡三遂，乡遂不足，然后总征境内。’由此推之，武王所用，正是乡遂之兵。吕氏春秋云：‘武王革车三百，甲卒三千，征敌破众。’韩非子云：‘武王将素甲三千，领与纣战。’虎贲安知不指战士言？或谓据周礼虎贲非甲士，必以虎贲配一车，则书序是，孟子非矣。愚谓周礼虎贲不离王之先后，又岂以一人配一车而战者邪？”〇注“武王”至“地也”〇正义曰：武王之言，必由传命宣喻之，故云令也。广雅释诂云：“畏，惧也。畏，恐也。”易震象传云：“震惊百里，惊远而惧迩也。”惊即恐惧也，故以无畏为无惊也。毛诗周南葛覃“归宁父母”，传云：“宁，安也。”尔雅释诂云：“安，止也。”故以宁尔为安止尔也。汉书诸侯王表“汉诸侯王厥角稽首”，应劭曰：“厥者，顿也。角者，额角也。稽首，首至地也。”邱迟与陈伯之书云：“朝鲜昌海，蹶角受化。”李善注引孟子此文赵岐注云：“厥角叩头，以额角犀厥地也。”于此注增以也二字，义尤明畅。文选羽猎赋“蹶浮麋”，应劭亦云：“蹶，顿也。”是厥、蹶古字通，故李善直以厥角注蹶角，然则厥角犹顿首，故云厥地也。释名释形体云：“角者，生于额角也。”国语郑语云“恶角犀丰盈”，韦昭注云：“角犀，谓颜角有伏犀。”赵氏以额释角，又以犀申言之。额犀二字，皆释角字也。厥角是以角蹶地。若崩者，状其厥之多而迅也。白虎通云：“崩之言㒑然僵伏。”说文山部云：“崩，山坏也。”山坏则自高僵伏于地。毛诗小雅无羊云“不骞不崩”，传云：“崩，群疾也。”盖一群之羊全病，僵伏不起，诗人以山之坏状之。此殷民归周，以额角犀蹶地，其状若僵伏，而加“若崩”二字，极状其人之众多，如山之下坠，如羊之群疾而僵伏，方闻“宁尔”之令，猝然厥地，其声其状，可于“若崩”二字见之。厥本又作“屈”，屈其额角犀于地，猝然下伏也。既伏地，又稽首拜命，故云亦以首至地也。音义云：“丁云：‘额，即额字。犀，音西。义与栖迟同，息也，久也。字从尸下辛。或作犀牛字，误也。’”阮氏元校勘记云：“宋本、孔本、韩本犀作‘屖’，段玉裁云：‘丁说殊误，字当作犀，从牛。国语云角犀丰盈，国策曰眉目准额犀角，权衡偃月，今人谓之天庭，古谓之犀角，相书云伏犀贯顶。’即其理也。”按说文尸部：“屖，屖迟也。从尸，辛声。”尔雅释诂云：“栖迟，息也。”此丁氏所本。然栖迟义为游息，于此不切。丁氏盖不知厥即蹶，而以厥地为其地，故改犀为屖，而以为止息其地也。

不知上云“若崩”，下云“稽首”，则一时众声之轰然，而首之上下不已，何止息之有？丁氏之误，诚误也。段氏玉裁说文解字注云：“厥，发石也。引申之凡有撅发皆曰厥。山海经曰‘相柳之所抵厥’，郭云：‘抵，触。厥，掘也。孟子若崩厥角稽首。’晋灼注汉书曰：‘厥，犹竖也。叩头则额角竖。’按厥角者，谓额角如有所发。角部‘觸’字下云‘角有所触发’是也。”钱氏大昕潜研堂答问云：“应劭云‘厥者，顿也’，晋灼云‘厥，犹竖也’，二义小有不同，应说近之。”○注“各欲”至“之国”○正义曰：廷琥云：“毛本无各字。”

章指言：民思明君，若旱望雨，以仁伐暴，谁不欣喜，是以殷民厥角，周师歌舞，焉用善战，故云罪也。【疏】“周师歌舞”○正义曰：周氏广业孟子章指考证云：“乐稽耀嘉曰：‘武王兴师诛商，万国咸喜，军渡孟津，前歌后舞，克商之后，民乃大安，家给人足，酌酒郁摇。’见艺文类聚。又蜀志先主谓庞德曰：‘武王伐纣，前歌后舞，非仁者邪？’”

5 孟子曰：“梓匠轮舆，能与人规矩，不能使人巧。”【注】梓匠轮舆之功，能以规矩与人。人之巧在心，拙者虽得规矩，不以成器也。

章指言：规矩之法，喻若典礼，人不志仁，虽诵宪籍，不能以善。善人修道，公输守绳，政成器美，惟度是应，得其理也。【疏】“虽诵”至“守绳”○正义曰：周氏广业孟子章指考证云：“文子道德篇云：‘守其法籍，行其宪令。’荀子：‘公输不能加于绳。’王褒圣主得贤臣颂云：‘离娄督绳，公输削墨。’”

6 孟子曰：“舜之饭糗茹草也，若将终身焉。及其为天子也，被袗衣，鼓琴，二女果，若固有之。”【注】糗饭，干糒也。袗，画也。果，侍也。舜耕陶之时，饭糗茹草，若将终身如是。及为天子，被画衣，黼黻絺绣也。鼓琴，以协音律也。以尧二女自侍，亦不佚豫，如固自当有之也。【疏】"饭糗"○正义曰：段氏玉裁说文解字注云："米部云：'糗，熬米麦也。'周礼'羞笾之实，糗饵粉餈'，郑司农云：'糗，熬大豆与米也。粉，豆屑也。''玄谓：糗者，捣粉熬大豆为饵餈之黏著以坋之耳。'按先郑云'熬大豆及米'，后郑但云'熬大豆'，注内则又云'梼熬谷'，不同者，黍粱菽麦皆可为糗，故或言大豆以包米，或言谷以包米豆，而许云'熬米麦'，又非不可熬大豆也。熬者，干煎也。干煎者，鬻也。鬻米豆舂为粉，以坋饵餈之上，故曰糗饵粉餈。郑云捣粉之，许但云熬不云捣粉者，郑释经，故释粉字之义；许解字，则糗但为熬米麦，必待臬之而后成粉也。粊誓'峙乃糗粮'，某氏云：'糗糒之粮。'孟子曰'舜之饭糗茹草'，赵云：'糗饭，干糒也。'左传'为稻醴粱糗'。广韵曰：'糗，干饭屑也。'此皆谓熬谷米粉者也。糒，干饭也。释名曰：'干饭，饭而暴干之也。'周礼廪人注曰：'行道曰粮，谓糒也。止居曰食，谓米也。'干饭今多为之者。"谨按：说文鬲部云："鬻，熬也。"鬻，尺沼切。一切经音义云："炒，古文鬻、䰒、煼、𤎅四形，崔寔四民月令作'炒'。然则熬米麦即是炒米麦。今农家米麦豆皆炒食，米即谓之炒米，豆即谓之炒豆。炒米可以沸水渍之当饭，大麦小麦炒之，又必磨之为屑，用沸水和食，谓之焦面，所谓糗也。糒乃今之饭干，与此不同，而皆可为行粮。惟农食朴俭，省蒸煮之费，往往炒米麦为饭，是则舜之饭糗耳。○"茹草"○正义曰：王氏念孙广雅疏证云："方言：'茹，食也。吴越之间，凡贪饮食者谓之茹。'郭璞注云：'今俗呼能麤食者为茹。'按大雅烝民篇云'柔则茹之，刚则吐之'，是食谓之茹也。礼运云'饮其血，茹其毛'，孟子尽心篇云'饭糗茹草'，是食麤食者谓之茹也。麤与疏义相近，食麤食者谓之茹，故食菜亦谓之茹。食菜谓之茹，故所食之菜亦谓之茹。庄子人间世篇'不茹荤'，汉书董仲舒传云'食于舍而茹葵'，是食菜谓之茹也。食货志云'菜茹有畦'，七发云'秋黄之苏，白露之茹'，是所食之菜亦谓之茹也。"茹草二字，赵氏皆无训。草者，史记陈丞相世家云"更以恶草具进楚使"，汉书音义云："草，粗也。"索隐云："战国策云'食冯谖以草具'，如淳云：'藁草麤恶之具也。'"范雎列传云"使舍食草具"，索隐云："谓亦舍之而食以下客之具。草具，谓麤食草菜之馔具也。"然则茹草犹云茹麤矣。○"被袗衣鼓琴"○正义曰：任氏大椿深衣释例云："孟子'被袗衣，鼓琴'，赵岐注：'袗，画也。黼黻絺绣也。'

夫鼓琴，宴居时也。舜于养老朝燕，仅服白布深衣，而燕居则服黼黻绨绣，非所以明质，故袗衣当非画衣也。史记‘尧乃赐舜绨衣与琴’，与舜被袗衣鼓琴事适相会。然则袗衣或即绨衣与？赐予止用绨葛布衣，可知当时之质。”孔氏广森经学卮言云：“袗非画也。义如‘袗绨绤’之袗。史记本纪‘尧赐舜绨衣与琴’是也。”孔氏、任氏引史记说之，是也。绨绤为袗，故孟子谓之袗衣。得被袗衣者，以尧赐绨也。得鼓琴者，以尧赐琴也。二女所以侍者，帝釐降二女也。以耕夫一旦膺天子之知，赐赏若此，明其荣显也。若徒袗绨绤而鼓琴，则不过习为山人耳。赵氏以袗衣黼黻绨绣，本尚书皋陶谟，乃郑氏读绨为黹，此以绨绣为“袗绨绤”之绨，与郑氏异。以袗训画，则以绘与绣互见，非袗有画义也。段氏玉裁说文解字注云：“衣部：‘袗，禅衣也。一曰盛服。裖，袗或从辰。’参本训‘稠发’。凡参声字多为浓重，上林赋‘磬石裖崖’，孟康曰：‘裖，袗致也。以石致川之廉也。’是裖与参稹字义同。孟子‘被袗衣’，袗衣亦当谓盛服，赵云画衣者，不得其说，姑依皋陶谟作绘言之耳。”钱氏大昕养新录云：“钱塘梁侍讲同书尝告予云：‘古书袗训单，又训同，皆无盛服之意。’三国志魏文帝纪注有云：‘舜承尧禅，被珍裘，妻二女，若固有之。’此必用孟子之文，袗衣当是珍裘也。”○“二女果”○正义曰：臧氏琳经义杂记云：“说文女部：‘婐，姬也。一曰女侍曰婐。读若骒，一曰若委。从女，果声。孟轲曰：舜为天子二女婐。’据此，知孟子本作‘二女婐’，今作果者，是婐之省。赵氏训为侍，与说文合。”

章指言：厄穷不悯，贵而思降，凡人所难，虞舜所隆，圣德所以殊也。

7　孟子曰：“吾今而后知杀人亲之重也。杀人之父，人亦杀其父；杀人之兄，人亦杀其兄：然则非自杀之也，一间耳！”【注】父仇不同天，兄仇不同国，以恶加人，人必加之，知其重也。一间者，我往彼来，间一人耳。与自杀其亲何异哉。【疏】注“父仇不同天兄仇不同国”○正义曰：大戴记曾子制言上云：“父母之雠，不与同生；兄弟之雠，不与聚国。”礼记檀弓云：“子夏问于孔子曰：‘居父母之仇如之何？’夫子曰：‘寝苫枕干，不仕，弗与共天下也。遇诸市朝，不反兵而斗。’曰：‘请问居昆弟之仇如之何？’曰：‘仕弗与共国。衔君命而使，虽遇之，不斗。’”阮氏元曾子注释云：“居仇之说，檀弓、曲礼、周官地官调人及此曾子所言，互有异同。然周礼、孔子、曾子之言，三者同义，惟曲礼错出，不可从。周礼调人云：‘凡过而杀伤人者〔一〕，以民成之。凡和难，父之仇辟诸海外，兄弟之仇辟诸千里之外。’此专言过杀，非本意杀，故调人得以使之远避平成之。与孔、曾所言有意辱杀之雠不同。又调人曰‘凡杀人有反杀者，使邦国交雠之’者，此言谋杀一人，恐此人子弟报仇，因复杀其子弟也。又调人曰‘凡杀人而义者，不同国，令勿雠，雠之则死’者，此谓杀其谋杀君父之人为义，其杀人君父之人之父兄子弟不得再以此人为仇，仇之则罪当死也。故周礼与孔、曾合，以为不合者，误解之耳。若曲礼言‘兄弟之雠不反兵，交游之雠不同国’，及公羊‘复百世之雠’，则太过，不合圣贤之道矣。”赵氏言此者，不同天、不同国，可知其必报，故云以恶加人，人必加之。其情重大，非可平成之者也。列子天瑞篇释文云：“间，隔也。”间一人，犹云隔一人也。翟氏灏考异云：“墨子兼爱篇：‘我先从事乎恶人之亲，人能报我以爱利吾亲乎？必先从事乎爱利人之亲，然后人报我以爱利吾亲也。’此言略与孟子言似。然孟子特戒人恶害人父兄已耳，不必定爱利之也。故儒墨之言，大要在有无差等之别。”

章指言：恕以行仁，远祸之端。暴以残民，招咎之患。是以君子好生恶杀，反诸身也。

8　孟子曰：“古之为关也，将以御暴；今之为关也，将以为暴。”【注】古之为关，将以御暴乱，讥闭非常也。今之为关，反以征税出入之人，将以为暴虐之道也。【疏】注“讥闭非常也”○正义曰：周礼地官司关：“国凶札则无关门之征，犹几。”注云：“谓无租税，犹苛察，不得令奸人出

〔一〕“者”字原脱，据周礼补。

人。”几即讥也。易复象传云：“先王以至日闭关，商旅不行。”

章指言：修理关梁，讥而不征，如以税敛，非其式程，惧将为暴，故载之也。【疏】“修理关梁”○正义曰：礼记月令：“季冬之月，谨关梁。”玉藻云：“年不顺成，关梁不租。”注云：“此周礼也。殷则关但讥而不征，虽不赋，犹为之禁，不得非时取也。”

9 **孟子曰：“身不行道，不行于妻子。使人不以道，不能行于妻子。”**【注】身不自履行道德，而欲使人行道德，虽妻子不肯行之。言无所则效也。使人不顺其道理，不能使妻子顺之，而况他人乎。

章指言：率人之道，躬行为首。论语曰：“其身不正，虽令不从。”【疏】“论语”至“不从”○正义曰：引论语，在子路第十三。

10 **孟子曰：“周于利者，凶年不能杀；周于德者，邪世不能乱。”**【注】周达于利，营苟得之利而趋生，虽凶年不能杀之。周达于德，身欲行之，虽遭邪世，不能乱其志也。【疏】注“周达”○正义曰：周有达义者，刘熙释名释船云：“舟言周流也。”易系辞传云：“舟楫之利，以济不通。”舟取义于周，是周有达义也。赵氏谓达于取利，则凡苟得之利，皆营求之，故虽凶荒之年，有心计足以趋生，故不死。不达于德则不能行，达而行之则志定，不为邪世所乱。近时通解周为遍匝，谓积蓄无少匮也。积于利，故不困于凶年；积于德，故不染于邪世。

章指言：务利蹈奸，务德蹈仁，舍生取义，其道不均也。

11 **孟子曰：“好名之人，能让千乘之国；苟非其人，箪食豆羹见于色。”**【注】好不朽之名者，轻让千乘，子臧季札之俦是也。

诚非好名者，争箪食豆羹变色，讼之致祸，郑子公染指鼋羹之类是也。【疏】注"好不"至"俦是也"〇正义曰：襄公二十四年左传云："范宣子曰：'古人有言，死有不朽，何谓也？'叔孙穆叔曰：'太上有立德，其次有立功，其次有立言，虽久不废，此之谓不朽。'"陆贾新语辅政篇云："功垂于无穷，名传于不朽。"故以好名为好不朽之名。诸本作"伯夷季札之俦"，宋本作"子臧季札之俦"，周氏广业孟子古注考云："伯夷，圣之清者，岂好名之人？晋孙盛泰伯三让论云：'三以天下让，言非常让，若臧、札之伦者也。'潘岳西征赋云：'臧、札飘其高厉，委曹、吴而成节。'盖季札自言愿附子臧，故后人每并称之。"今依宋本。史记吴世家云："寿梦有子四人，长曰诸樊，次曰余祭，次曰余昧，次曰季札。季札贤而寿梦欲立之，季札让不可，于是乃立长子诸樊，摄行事当国。王诸樊元年，诸樊已除丧，让位季札。季札谢曰：'曹宣公之卒也，诸侯与曹人不义曹君，将立子臧。子臧去之，以成曹君。君子曰：能守节矣。君义嗣，谁敢干君？有国非吾节也。札虽不材，愿附于子臧之义。'吴人固立季札，季札弃其室而耕，乃舍之。"此子臧、季札轻让千乘之事也。宣公四年左传云："楚人献鼋于郑灵公。公子宋与子家将见，子公之食指动，以示子家曰：'他日我如此，必尝异味。'及入，宰夫将解鼋，相视而笑。公问之，子家以告。及食大夫鼋，召子公而弗与也。子公怒，染指于鼎，尝之而出。公怒，欲杀子公。子公与子家谋先。子家曰：'畜老牛犹惮杀之，而况君乎？'反谮子家，子家惧而从之。夏，弑灵公。"是因饮食致祸也。阮氏元校勘记云："'染指鼋羹之类'，闽、监、毛三本同。宋本、孔本、韩本、考文古本鼋作'鼋'。音义出'鼋羹'，云：'左传作鼋。'此则注文本用鼋字。改为鼋，非也。"钱氏大昕养新录云："孔子疾没世而名不称，孟子亦恶人之不好名，名谓不朽之名也。不好名，亦专于好利，虽箪食豆羹且不能让，况千乘乎？"按明人陈子龙已云："三代以下，惟恐不好名。"非其人者，谓非好名之人也。如此解为当。

章指言：廉贪相殊，名亦卓异，故闻伯夷之风，懦夫有立志也。

12 孟子曰："不信仁贤则国空虚，无礼义则上下乱，无政事则财用不足。"【注】不亲信仁贤，仁贤去之，国无贤人，则空虚也。无礼义以正尊卑，则上下之叙泯乱。无善政以教人农时，贡赋则不入，故财用不足。【疏】注"不亲信仁贤"○正义曰：不信则疑之，不亲则疏之，疑由于疏，疏亦由于疑，故以亲信连言之。○注"则上下之叙泯乱"○正义曰：书吕刑云："民兴胥渐，泯泯棼棼。"周书祭公解云"汝无泯泯棼棼"，孔晁注云："泯，芬乱也。"泯亦训灭，毛诗大雅桑柔篇"靡国不泯"，传云："泯，灭也。"是也。泯乱亦灭乱也。尔雅释诂云："灭，绝也。"释水云："正绝流曰乱。"是乱有绝义，与灭同。泯为灭，亦为乱矣。○注"无善"至"不入"○正义曰：赋出于农，不教人农时，则田野荒芜，水旱无备，故贡赋不入也。

章指言：亲贤正礼，明其五教，为政之源，圣人以三者为急也。

13 孟子曰："不仁而得国者有之矣，不仁而得天下，未之有也。"【注】不仁得国者，若象封有庳，叔鲜、叔度封于管、蔡，以亲亲之恩而得国也。虽有诛亡，其世有土。丹朱、商均，天子元子，以其不仁，天下不与，故不得有天下也。

章指言：王者当天，然后处之。桀、纣、幽、厉，虽得犹失，不以善终，不能世祀，不为得也。【疏】"王者当天"○正义曰：贾谊新书数宁篇云："臣闻之，自禹已下五百岁而汤起，自汤已下五百余年而武王起，自武王已下，过五百岁矣。圣王不起何慅矣？及秦始皇帝，似是而卒非也，终于无状。及今天下集于陛下，臣观宽大知通，窃曰是以掺乱业，握危势，若今之贤也，明通以足天纪，又当天。"按赵氏于不仁得天下前举丹朱、商均，此举桀、纣、幽、厉，皆非得天下之人，似乎所引未切矣。观此云"虽得犹失，不以善终"云云，虽承桀、纣、幽、厉，实指后羿、新莽一流。盖是时曹操俨然无人臣之节，赵氏属意荆州，此数语实指操而言。于"不仁得国"取象及管、蔡，皆宗室同姓之得国者。盖当时如袁绍、公孙瓒皆不仁得国者也，故有所忌讳，不言异姓也。玩其取贾子"当天"二字,固以此似是而非者,终于无状,而谬托丹朱、商均、桀、纣、幽、厉,实以秦皇斥操耳。而亦有所忌讳,不明言之也。知人论世,表而出之。

14 **孟子曰:"民为贵,社稷次之,君为轻。是故得乎丘民而为天子,**【注】君轻于社稷,社稷轻于民。丘,十六井也。天下丘民皆乐其政,则为天子,殷汤周文是也。【疏】注"丘十六井也"○正义曰:周礼地官小司徒"九夫为井,四井为邑,四邑为丘"。一邑四井,四邑故为十六井。然则丘民犹言邑民、乡民、国民也。王氏念孙广雅疏证云:"丘,众也。孟子尽心篇:'得乎丘民而为天子。'庄子则阳篇云:'丘里者,合十姓百名以为风俗也。'释名云:'四邑为丘,丘,聚也。'皆众之义也。"**得乎天子为诸侯,**【注】得天子之心,封以为诸侯。**得乎诸侯为大夫。**【注】得诸侯之心,诸侯封以为大夫。**诸侯危社稷,则变置。**【注】诸侯为危社稷之行,则变更立贤诸侯也。【疏】注"诸侯"至"侯也"○正义曰:孝经诸侯章云:"在上不骄,高而不危;制节谨度,满而不溢。高而不危,所以长守贵也。满而不溢,所以长守富也。富贵不离其身,然后能保其社稷。"反是,则为危社稷之行矣。说文攴部云:"变,更也。"吕氏春秋当务篇云"而不可置妾之子",高诱注云:"置,立也。"则变置即更立也。**牺牲既成,粢盛既絜,祭祀以时,然而旱干水溢,则变置社稷。"**【注】牺牲已成肥腯,稻粱已成絜精,祭祀社稷,常以春秋之时。然而其国有旱干水溢之灾,则毁社稷而更置也。【疏】注"牺牲"至"置也"○正义曰:牺牲贵肥腯,故以肥腯为成。国语周语"被除其心精也",韦昭注云:"精,洁也。"又楚语"玉帛为二精",注云:"明洁为精。"故以絜释精。礼记月令:"季冬之月,命太史次诸侯之列,赋之牺牲,以共皇天上帝社稷寝庙之祀。"此社稷用牺牲也。郊特牲云:"唯社丘乘共粢盛,所以报本反始也。"此社稷用粢盛也。白虎通社稷篇云:"祭社稷用三牲何?重功故也。尚书曰:'乃社于新邑,牛一,羊一,豕一。'王制曰'天子社稷皆太牢，诸侯社稷皆少牢’〔一〕何？宗庙太牢，所以广孝道也。社稷为报功，诸侯一国，所报者少故也。”又云：“岁再祭之何？春求秋报之义也。故月令：‘仲春之月，择元日，命民社。’‘仲秋之月，择元日，命民社。’”卢氏文弨校云：“今月令无‘仲秋之月择元日命民社’之文，而御览五百三十二引礼记月令，仲春仲秋皆有之，并注云：‘赛秋成也。元日，秋分前后戊日。’”陈祥道礼书云：“先王之祭社稷，春有祈，秋有报，孟冬大割祠。春祈而歌载芟，秋报而歌良耜，此祭之常者也。”上变置为更立贤诸侯，此变置社稷，亦是更立社稷，以诸侯例之，自是更立社稷之主。故旧疏云：“自颛顼以来，用句龙为社，柱为稷，及汤之旱，以弃易柱。”毛氏奇龄四书賸言云：“自颛顼至周，水旱不一，而易祀者止一柱，似亦未可为据者。”全氏祖望经史问答云：“当以疏说为是。盖古人之加罚于社稷者有三等，年不顺成，八蜡不通，乃暂停其祭，是罚之轻者。又甚，则迁其坛壝之地，罚稍重矣。又甚，则更其配食之神，罚最重。然亦未尝轻举此礼，盖变置至神示，所关重大，故自汤而后，罕有行者。尝谓国家之有水旱，原恃乎我之所以格天者，而未尝以人听于神。阴阳不和，五行失序，于是有恒雨恒旸之咎，不应于社稷之神是咎。且亦安知社稷之神，不将大有所惩创于国君而震动之，使有以知命之不常，天之难谌？而吾乃茫然于其警戒之所在，反以人跛扈之气，责报于天，文过于己，是取灭亡之道也。乃若圣王则有之。圣王之于天地，其德相参，其道相配，而其自反者，已极尽而无憾，故汤之易稷是也。夫天人一气也，在我非尸位，则在神为溺职，虽黜之非过矣。但是可为贤主道，而不可为慢神之主道也。鲁穆公暴巫焚尪，县子尚以为不可，况其进于此者。疏说变置是也，而未可轻言之也。北梦琐言载潭州马希声以旱闭南岳庙事，可为慢神之戒。李阳冰令缙云，大旱，告于城隍之神，五日不雨焚其庙，此乃行古礼也。及期，雨合沾足，阳冰乃与耆老吏民，自西谷迁庙于山巅，以答神休。此盖因前此焚庙之祷，嫌其得罪于神而更新之，不为罚而为报，是亦变通古礼而得之者。左氏昭公十有六〔二〕年：‘郑大旱，使屠击等有事于桑山，斩其木，

〔一〕按白虎通引王制，此下有“宗庙俱太牢社稷独少牢”十字，而焦引删之。然下文所答，即对此问，删之则其义不明。盖亦焦氏偶然失检耳。

〔二〕“六”原误“七”，据左传改。

不雨,子产曰:有事于山,蓺山林也。而斩其木,其罪大矣。夺之官邑。'夫斩木是古礼,亦变置之意也。子产以为非者,即未可轻言之意也。云汉之诗曰'靡神不举',正与八蜡不通之说并行不悖,未有毅然以蔑绝明神自任者。"周氏柄中辨正云:"赵氏谓'毁其社稷而更置之',不言如何更置。陈无已谓'迁社稷坛壝于他处,如句容有盗,改置社稷而盗止;下邳多盗,迁社稷于南山之上,盗亦衰息'。万充宗则谓'水旱之方,就此方之社稷,变其常祭,以示减杀。如郊特牲所云年不顺成,八蜡不通;穀梁所谓大祲之岁,鬼神有祷无祀之意'。如陈说,则古者立社必在库门内,夏左殷右,周复左,此一朝定制,未闻有迁之他处者。如万说,则与变置之字义又不合。此变置与上节变置同义,则当为更立之意,不但杀其祭礼而已也。任钓台曰:'变置,必是毁其坛壝,以致责罚之意,明春复立耳。'此说得之。"

章指言:得民为君,得君为臣,民为贵也。先黜诸侯,后毁社稷,君为轻也。重民敬祀,治之所先,故列其次而言之。

15　孟子曰:"圣人百世之师也,伯夷、柳下惠是也。【注】伯夷之清,柳下惠之和,圣人之一概也。【疏】注"圣人之一概也"○正义曰:毛诗卫风载驰传云:"是乃众幼稚且狂,进取一概之义。"孔氏正义云:"一概者,一端不晓变通。"然则圣人之一概犹云圣人之一端也。**故闻伯夷之风者,顽夫廉,懦夫有立志。闻柳下惠之风者,薄夫敦,鄙夫宽。奋乎百世之上,百世之下闻者莫不兴起也,非圣人而能若是乎,而况于亲炙之者乎?"**【注】顽,贪。懦,弱。鄙,狭也。百世,言其远也。兴起,志意兴起也。非圣人之行,何能感人若是。谕闻尚然,况于亲见勋炙者乎。【疏】"奋乎"至"起也"○正义曰:毛氏奇龄四书賸言云:"孟子'奋乎百世之上百世之下'一气不断,古文排句,辞例如此,言兴乎前以及乎后也。若以'百世之下'连下读,则失辞例矣。"汉王吉传云:"孟子云:奋乎百世之上,行乎百世之下,莫不兴起。"按论衡知实篇引云:"百世之下，闻之者莫不兴起，非圣而若是乎，而况亲炙之乎?""百世之下"固属下读，与亲炙相对，亲炙则百世之上与夷、惠同时之人矣。毛说非也。○注"谕闻"至"炙者也"○正义曰：说文耳部云："闻，知闻也。"广雅释言云："谕，晓也。"晓闻犹知闻也。毛诗大雅云汉"忧心如熏"，传云："熏，灼也。"孔氏正义云："熏灼俱焚炙之义。"阮氏元校勘记云："毛本作'熏'，孔本作'薰'，韩本作'勋'。按音义出'勋炙'，云'字与熏同'，则作'薰''熏'并非古本。"

章指言：伯夷柳下，变贪厉薄，千载闻之，犹有感激，谓之圣人，美其德也。

16 孟子曰："仁也者，人也。合而言之，道也。"【注】能行仁恩者，人也。人与仁合而言之，可以谓之有道也。【疏】"仁也"至"道也"○正义曰：段氏玉裁说文解字注云："仁，亲也。从人二。中庸曰：'仁者，人也。'注：'人也，读如相人偶之人，以人意相存问之言。'大射仪'揖以耦'，注：'言以者，耦之事成于此意相人耦也。'聘礼'每曲揖'，注：'以相人耦为敬也。'公食大夫礼'宾入三揖'，注：'相人耦。'诗匪风笺云：'人偶能烹鱼者，人偶能辅周道治民者。'正义曰：'人偶者，谓以人意尊偶之也。'论语注人偶，同位人偶之辞。礼注云人偶，相与为礼仪。皆同也。按人耦犹言尔我，亲密之词。独则无耦，耦则相亲，故其字从人二。孟子曰'仁也者人也'，谓能行仁恩者人也。又曰'仁[一]人心也'，谓仁乃是人之所以为心也。与中庸语意皆不同。"

章指言：仁恩须人，人能宏道也。

17 孟子曰："孔子之去鲁，曰'迟迟吾行也'，去父母国之道也。去齐，接淅而行，去他国之道也。"【注】迟迟，接淅，注义见万章下首章。【疏】"去他国之道也"○正义曰：万章下篇无

〔一〕"仁"字原脱，据说文段注、孟子补。

此句。

章指言:孔子周流不遇,则之他国,远逝惟鲁斯恋,笃父母国之义也。

18　孟子曰:"君子之戹于陈、蔡之间,无上下之交也。"【注】君子,孔子也。论语曰:"君子之道三,我无能焉。"孔子乃尚谦,不敢当君子之道,故可谓孔子为君子也。孔子所以戹于陈、蔡之间者,其国君臣皆恶,上下无所交接,故戹也。【疏】注"孔子"至"戹也"○正义曰:音义云:"戹,或作'厄',同。"一切经音义引苍颉篇云:"厄,困也。"吕氏春秋知士篇云"静郭君之交",高诱注云:"交,接也。"广雅释诂云:"接,持也。"淮南子修务训云"援丰条",高诱注云:"援,持也。"赵氏以上指君,下指臣,上无贤君,下无贤臣,皆不与孔子合,故无援以至于困戹。故既以接释交,章指又以援释交也。史记孔子世家云:"孔子在陈、蔡之间,楚使人聘孔子,孔子将往拜礼。陈蔡大夫谋相与发徒役围孔子于野,不得行,绝粮。"此孔子厄于陈、蔡之事也。说文食部云:"䬴,饥也。从食,戹声。"厄于陈、蔡之间,谓绝粮。厄当读䬴,谓饥于陈、蔡之间也。荀子宥坐篇云:"孔子南适楚,厄于陈、蔡之间,七日不火食,藜羹不糂,弟子皆有饥色。"下数句正申解厄字。上下无交,即指大夫相谋。

章指言:君子固穷,穷不变道。上下无交,无贤援也。

19　貉稽曰:"稽大不理于口。"【注】貉,姓。稽,名。仕者也。为众口所讪。理,赖也。谓孟子曰,稽大不赖人之口,如之何。【疏】注"貉姓"至"赖也"○正义曰:音义云:"丁云:'貊鹤二音。既是人姓,当音鹤。纂文曰:俗人姓也。'张亡百切。说文云'北方人豸种也'。"按下自称稽,则稽自是名,貉当是姓矣。御览引风俗通氏姓篇序云:"姓有九,或氏于号,或氏于谥,或氏于爵,或氏于国,或氏于官,或氏于字,或氏于居,或氏于事,或氏于职。”此貉非号谥官爵，故以为俗人姓也。张以为貉人名稽，则不以为姓，与赵氏异。以为众所讪，知是仕者。说文人部云：“俚，聊也。”国策秦策云“百姓不聊生”，注云：“聊，赖也。”广雅释言云：“俚，聊也。俚，赖也。”理、俚声同字通。国语晋语“君得其赖”，韦昭注云：“赖，利也。”不理于口，犹云不利于人口也。隐公四年公羊传云：“吾为子口隐矣。”言出于口，故以人言为人口。

孟子曰：“无伤也，士憎兹多口。【注】审己之德，口无伤也。离于凡人而为士者，益多口。【疏】注“离于”至“多口”○正义曰：赵氏以憎为增之假借，故以益释之。尔雅释言云：“增，益也。”是也。荀子大略篇云“君子听律习容而后士”，贾子新书道术篇云“守道者谓之士”，是士离于凡人。观章指凡人即凡品，士即指孔子、文王也。憎，方言训惮，说文训恶，广雅训苦。潜夫论交际篇云：“孔子恂恂，似不能言者。又称：訚訚言惟谨也。士贵有辞，亦憎多口。”此为憎恶，与赵氏义不同。翟氏灏考异云：“理兼条分、修治之义，离骚‘令蹇修以为理’，五臣注云：‘令之以通辞理。’稽曰不理，盖自病其言之无文，故纂文有俗人之称，潜夫论有‘士贵有辞’之说也。孟子云憎多口，即论语‘御人口给，屡憎于人’之意，谓徒理于口，亦为士君子所憎恶。惟能以文王、孔子之道理其身心，即有憎其口之不理者，特群小辈耳，于己之声闻无陨越也。引诗断章取两愠字，申达憎义。”赵氏佑温故录云：“憎如字读，自明上理字乃分辨之意，不必依旧训赖。求理于口，徒兹多口，有道之士所不取也。此读兹为滋，谓士憎恶以辨谤，故益滋多口也。”**诗云‘忧心悄悄，愠于群小’，孔子也。‘肆不殄厥愠，亦不殒厥问’，文王也。”**【注】诗，邶风柏舟之篇。曰“忧心悄悄”，忧在心也。“愠于群小”，怨小人聚而非议贤者也。孔子论此诗，孔子亦有武叔之口，故曰孔子之所苦也。大雅绵之篇曰“肆不殄厥愠”，殄，绝；愠，怒也。“亦不殒厥问”，殒，失也。言文王不殄绝畎夷之愠怒，亦不能殒失文王之善声问也。【疏】注“诗”至“苦也”○正义曰：序云：“柏舟，言仁而不遇也。卫顷公之时，仁人不遇，小人在侧。”毛氏传云：“愠，怒也。悄悄，忧貌。”笺云：“群小，众小人在君侧者。”孔氏正义云：“言仁人忧心悄悄然而怨此群小人在于君侧者也。”诗非为孔子作，孟子引以况孔子，谓孔子当日为群小非议，有如此诗。论与伦通，礼记中庸“毛犹有伦”，注云："伦，比也。"孔子伦此诗，谓孔子比拟此诗，则如叔孙、武叔之毁，见论语子张篇。是群小之口，亦孔子之所苦也。○注"大雅"至"问也"○正义曰：毛诗大雅绵传云："肆，故今也。愠，恚。陨，坠也。"笺云："小聘曰问。文王见太王立冢土，有用大众之义，故不绝去其恚恶恶人之心，亦不废其聘问邻国之礼。"恚，犹怒也。笺以绝释殄，废、坠与失义亦相近，惟郑氏以问为聘问，赵氏读问为令闻之闻，以为善声闻，则不合。赵氏说诗，每殊于郑。毛氏但训陨为坠，郑笺原不必同毛，赵氏未详所受耳。下云"混夷駾矣"，混夷即畎夷，故云不殄绝畎夷之愠怒。笺以不殄愠，愠在文王，赵以愠在畎夷。孟子引此以证"多口"，则畎夷之愠，畎夷之多口也。而文王不必殄绝之，亦不因其愠而失令闻，在孟子义宜如是也。因念愠于群小，亦当是为群小所愠，即群小之多口也。顾氏镇虞东学诗云："惟是忧心之悄悄，常惧祸至之无日，而群小之申申者，方愠怒之不殄，诗意宜如是也。"

章指言：正己信心，不患众口，众口喧哗，大圣所有，况于凡品之所能御，故答貉稽曰无伤也。

20 孟子曰："贤者以其昭昭，使人昭昭；今以其昏昏，使人昭昭。"【注】贤者治国，法度昭昭，明于道德，是躬化之道可也。今之治国，法度昏昏，乱溃之政也。身不能治，而欲使他人昭明，不可得也。【疏】注"贤者"至"得也"○正义曰：楚辞云中君"烂昭昭兮未央"，王逸注云："昭昭，明也。"故云明于道德。广雅释训云："惛惛，乱也。"毛诗大雅召旻篇"无不溃止"，传云："溃，乱也。"故以昏昏为溃乱之政。吕氏春秋有度篇云"不昏乎其所已知"，高诱注云："昏，闇也。"又诬徒篇云"昏于小利"，高诱注云："昏，迷也。"故章指以闇迷释昏昏。

章指言：以明招闇，闇者以开；以闇责明，闇者愈迷。贤者可遵，讥今之非也。

21 孟子谓高子曰："山径之蹊间，介然用之而成路，

为间不用,则茅塞之矣。今茅塞子之心矣。"【注】高子,齐人也。尝学于孟子,乡道而未明,去而学于他术。孟子谓之曰,山径,山之领。有微蹊,介然人遂用之不止,则蹊成为路。为间,有间也。谓废而不用,则茅草生而塞之,不复为路。以喻高子学于仁义之道,当遂行之,而反中止,比若山路,故曰茅塞子之心也。【疏】注"山径"至"心也"○正义曰:王氏念孙广雅疏证云:"释丘:'岭,陉,阪也。'陉之言径也,孟子尽心篇'山径之蹊间介然',赵岐注云:'山径,山之领。'法言吾子篇云:'山岾之蹊,不可胜由矣。'马融长笛赋云:'膺峭阤,腹陉阻。'并字异而义同。岭之言领也,岭通作领,列子汤问篇云:'终北国中,有山名曰壶领。'"程氏瑶田通艺录沟洫疆理小记云:"孟子'山径之蹊间',蹊字之义,一见于月令'孟冬塞蹊径',郑氏注:'徯径,鸟兽之道也。'吕氏春秋、淮南子并作'蹊径',一见于郑氏注周易'径路,为山间鹿兔之蹊'。又左传'牵牛以蹊人之田',汉书货殖传'鹰隼未击,矰弋不施于蹊隧'。然则蹊者,兽蹄之所经,无垠堮,非有一定之迹可睹指者也。今乃介然用之而成路,是路之成成于蹊间也。"孔氏广森经学卮言云:"赵注以'介然'属上句,愚读长笛赋'间介无蹊',似古读有以'间介'绝句者。间介,盖隔绝之意。径,路也。蹊,足迹也。言虽有足迹隔绝之处,然人苟由之,皆可以成路云尔。"赵氏佑温故录云:"介,亦分别意,如字读,旧惟以'介然'属上句,非耳。山径之蹊间,谓小道丛杂处。介然用之,谓人力辟除之。"谨按:荀子修身篇云"善在身,介然必以自好也",杨倞注云:"介然,坚固貌。易曰:'介如石焉。'"汉书律历志上云"介然有常",注云:"介然,特异之意。"说文八部云:"介,画也。"蹊无一定之迹,则不可以成路。盖山领广阔,原可散乱而行,纵横旁午,不相沿践,今介然专行一路,特而不散,自画而不乱,此蹊间所以能成路。蹊间之成路,全在特行而不旁逾,此"介然"二字,定属下"用之",即荀子、律历志之介然专行一路,所以有常而坚固也。方言云:"用,行也。"介然用之,即是介然行之。为间不用,即是为间不行。下云"当遂行之",赵氏以行释用也。赵氏注滕文公上篇"夷子怃然为间"云:"为间,有顷之间也。"此云为间,有间也。按有间之义,数端各不同。吕氏春秋去私篇"居有间",高诱注云:"间,顷也。"此言须臾之时,所谓有顷之间也,以时言也。昭公七年左传"晋侯有间",杜预注云:"间,差也。"此有间谓病愈,方言云:"南楚病愈者,或谓之间。"是也。淮南子俶真训云"则丑美有间矣",高诱注云:"间,远也。"谓丑与美相隔之远也。国语晋语"使无有间隙",韦昭注云:"间隙,瑕衅也。"昭公十三年左传云"诸侯有间者",注云:"间,隙也。"大抵间为隔别之义,所隔者少则为顷,所隔者多则为远。无病与有病别,则间为愈;相怨与相好别,则间为隙。故史记黥布传以行他道为间道,此为间不用,谓别行他路,遂与此路隔别而不行。赵氏谓高子去而学于他道,正此为间之喻也。若有顷之间,何遽遂为茅塞?盖废此不行,以别有行处,为他歧之惑也。

章指言:圣人之道,学而时习,仁义在身,常常被服,舍而不修,犹茅是塞,明为善之不可倦也。【疏】"常常被服"〇正义曰:阮氏元校勘记云:"宋本、孔本、韩本、足利本作'当常'。"

22　高子曰:"禹之声,尚文王之声。"孟子曰:"何以言之?"【注】高子以为禹之尚贵声乐过于文王。孟子难之曰何以言之。【疏】注"禹之尚贵声乐过于文王"〇正义曰:以贵释尚,以乐释声,俱详见前。倪氏思宽二初斋读书记云:"'禹之声尚文王之声',此声字即'凫氏为声'之声也。考工记前言'凫氏为声',后言'凫氏为钟',可知声即是钟。盖声以钟为主,故即以钟为声,郑注'声钟錞于之属'是也。"姚氏文田求是斋自订稿云:"此解尚字,与礼记'殷人尚声'义同。"

曰:"以追蠡。"【注】高子曰,禹时钟在者,追蠡也。追,钟钮也。钮擘啮处深矣,蠡蠡欲绝之貌也。文王之钟不然,以禹为尚乐也。【疏】注"追钟"至"貌也"〇正义曰:说文金部云:"钮,印鼻也。"此以追为钟钮,即为钟鼻矣。淮南子要略训"擘画人事之终始者也",高诱注云:"擘,分也。"文选西京赋"擘肌分理",注引周礼郑注云:"擘,破裂也。"周礼郑注谓考工记旅人"髻垦薜暴不入市",注云:"薜,破裂也。"薜、擘古字通也。淮南子人间训"剑之折,必有啮",高诱注云:"啮,缺也。"赵氏以擘啮二字解蠡字,谓破裂缺齾也。缘其破缺之深，故欲绝。说文䖵部云："蠡，虫啮木中也。"段氏玉裁说文解字注云："蠡之言劙也，如刀之劙物。楚辞'览芷圃之蠡蠡'，又借为禾黍离离字。孟子'以追蠡'，赵注曰：'追，钟钮也。钮擘啮处深矣，蠡蠡欲绝之貌。'此又以蠡同离同劙。方言曰：'劙，解也。'又曰：'蠡，分也。'皆其义也。不知假借之旨，乃云钟钮如虫啮而欲绝，是株守许书之辞，而未能通许书之意矣。"蠡蠡既通于禾黍之离离，楚辞思古云"曾哀凄欷心离离兮"，注云："离离，剥裂貌。"此蠡蠡欲绝之貌，正本诸离离之剥裂也。抑黍实下垂，其蒂之系微细欲绝，亦有如钟之下垂，其钮欲绝，所以称离离矣。程氏瑶田通艺录考工创物小记云："钟县谓之旋。所以县钟者，设于甬上。参分其甬长，二在上，一在下，其设旋处也。孟子谓之'追蠡'，言追出于甬上者乃蠡也。蠡与螺通。螺小者谓之蜁蜗，郭璞江赋所谓'鹦螺蜁蜗'是也。曰旋曰蠡，其义不殊，盖为金枘于甬上，以贯于县之者之凿中，形如螺然，如此则宛转流动，不为声病，此古钟所以侧县也。旋转不已，日久则刓敝滋甚，故孟子以'城门之轨'譬之。"姚氏文田求是斋自订稿云："以追为钟钮，既无他证，语又迂曲。一说追与搥同，击也。说文'旝'字注：'建大木，置石其上，发以机以追敌。'亦谓击敌也。则此说似为近是。追者，言所击之处，蠡则其如木之啮也。三代之乐不殊，而禹之钟独形其残缺，苟非当日之数数用之，而何以有是也。"

曰："是奚足哉？城门之轨，两马之力与？"【注】孟子曰，是何足以为禹尚乐乎。先代之乐器，后王皆用之。禹在文王之前千有余岁，用钟日久，故追欲绝耳。譬若城门之轨，啮其限切深者，用之多耳，岂两马之力使之然与。两马者，春秋外传曰："国马足以行关，公马足以称赋。"【疏】注"是何"至"称赋"○正义曰：礼记明堂位云："拊搏、玉磬、揩击、大琴、大瑟、中琴、小瑟，四代之乐器也。"又云："垂之和钟，叔之离磬，女娲之笙簧。"又云："凡四代之服、器、官，鲁兼用之。"是先代之乐器，后王皆用之也。禹之钟既为后王所用，则追之蠡不得独由禹所用矣。姚氏文田求是斋自订稿云："高子以禹尚乐，故其器用至残缺，今其钟在者犹可证，乃谓禹自常用也，故孟子以后王皆用晓之。"考工记："匠人营国，国中九经九纬，经涂九轨。"注云："轨谓辙广。乘车六尺六寸，旁加七寸，凡八尺，是谓辙广。"高诱注吕氏春秋勿躬篇、淮南子冥览训皆云："车两轮间曰轨。"礼记中庸云："今天下车同轨。"隐公元年左传云："同轨毕至。"周之车轨，制以八尺，其车之制同，则两轮行地之迹自无不同，故在地之迹亦名为轨。史记司马相如传"结轨还辕"，索隐引张揖云："轨，车迹也。"东京赋"宪先灵而齐轨"，薛综注云："轨，迹也。"轨同迹同，故前后相沿，在城门限切必深而成缺啮，故赵氏以啮释轨，明此轨属城门，受车轮之缺也。毛氏奇龄四书賸言云："与兄孙讲禹之声章，追何以蠡？曰：用之者多也。城门之轨何以非两马之力？曰：用之者久也。然则经涂九轨，而每门三涂，只各一轨，则凡一用而门必三之。此正用之多而谓久可乎？车之涉轨也，门与涂同时，无久暂也。匠人既造门，亦即造涂，未尝前年有门，今年始有涂，何谓久也？试亦于'是奚足哉'一语，复诵之乎？儿子远宗恍然曰：得之矣。孟子文多微辞，于此则微辞中又急拄其口，使之自解，只'是奚足哉'四字尽之。盖此语专辟禹之追蠡，不关考击，并不及文乐。犹之门轨之啮，不关马力，并不及涂轨。盖一比较则多寡生，而只论此追，亦只论此轨，则久暂之意自见言外，故曰是，是追蠡也。追蠡为考击所致，得毋门轨之啮是马力与？即此一语，而年世久远，非一朝用力所能到，意隐隐可验。所谓急破其惑，不烦证明。乘车多四马，谓两服两骖也。去四言两，已不可晓，况诘问之意正欲张马力之多，而反从减，此是何意？及观赵岐注，谓两马是公马、国马，引春秋外传为证。然国马、公马亦多无解者。古关隘邮驿皆有都鄙所赋马供往来之用，谓之国马，以此为民间所出马也。至公家乘车及乡遂赋兵、牵载任器，则马皆官给，谓之公马，以为总之公牧者也。故周礼牧人所掌皆称国马，而驭夫、趣马又分公马而驾治之。虽无大分别，要之行城之马则只此两等。然则两马谓两等马耳。"谨按：春秋外传者，国语楚语斗且与其弟论令尹子常之言也。韦昭本作"国马足以行军"，云："国马，民马也。十六井为丘，有戎马一匹，牛三头，足以行军。公马，公之戎马。称，举也。赋，兵也。"赵氏所见本，盖与韦异。姚氏文田求是斋自订稿云："赵氏以两马为国马、公马，不如丰氏'一车所驾'之说为长。但当云城中车可散行，城门则车皆由之，两马之力乃以车多反言，则文义自明。如泥'两马'二字，即国中之轨亦岂两马所能成？故不可以辞害意也。左氏哀公二十七年传'陈成子属孤子，三日朝，设乘车两马'，注：'乘车两马，大夫服。'史记孔子世家'鲁君与之一乘车，两马'，又左哀公十七年传'乘衷甸，两牡’,注:‘衷甸一辕,卿车。’疏:‘兵车一辕,而二马夹之,其外更有二骖,是为四马。今止乘两牡,谓之衷乘者,衷,中也。盖以四马为上乘,两马为中乘,大事驾四,小事驾二,为等差故也。异义:古毛诗说,天子之大夫皆驾四,故诗云四牡骓骓,周道倭迟是也。其诸侯大夫士〔一〕,唯驾二,无四。二十七年陈成子以乘车两马,赐颜涿聚之子。士丧礼云:赙以两马。是惟得驾两,无上乘也。’皆可为一车所驾之证。”曹氏之升摭余说云:“古驾车之法,夏驾二马谓之丽,殷驾三马谓之骖,周自天子至大夫,皆驾四马谓之驷。孟子若曰不知禹声,盍观禹迹?彼城门之轨,道止一达,车从中央,禹以来阅千八百年于兹,殷之骖于此门也,周之驷亦于此门也,而谓门限切深,犹是夏先王两马之力与?”谨按:夏驾二马,见毛诗卫风干旄,正义引王肃云:“夏后氏驾两谓之丽,殷益以一騑谓之骖,周人又益一騑谓之驷。”此说于先王之乐器、后王皆用之说尤切,录之以备参考。限切者,阮氏元校勘记云:“段玉裁云:‘门限亦名门切。丁氏云限迹切深,由不解切字也。’”

章指言:前圣后圣,所尚者同,三王一体,何得相逾。欲以追蠡,未达一隅,孟子言之,将启其蒙。

23 齐饥,陈臻曰:“国人皆以夫子将复为发棠,殆不可复。”【注】棠,齐邑也。孟子尝劝王发棠邑之仓,以振贫穷,时人赖之。今齐人复饥,陈臻言一国之人皆以为夫子复若发棠时劝王也。殆不可复言之也。【疏】注“棠齐邑也”○正义曰:襄公六年“齐侯灭莱”,左传云:“王湫帅师及正舆子棠人军齐师,齐师大败之。丁未入莱,莱共公浮柔奔棠。晏弱围棠,十一月丙辰而灭之。”注云:“棠,莱邑也。北海即墨县有棠乡。”十八年“齐侯驾,将走邮棠”,注云:“邮棠,齐邑。”二十五年左传“齐棠公之妻”,注云:“棠公,齐棠邑大夫。”阎氏若璩释地云:“齐灭莱邑,故为齐有,后孟子为发棠,即此是也。今即墨县甘棠乡。”顾氏栋高春秋大事表云:“邮棠,故莱邑也。山

〔一〕“士”字原脱,据左传孔疏补。

东登州即墨县有棠乡，为莱之棠邑。东昌府堂邑县为齐棠邑，棠公为棠邑大夫。孟子劝齐王发棠，即此。后讹棠为堂。”周氏柄中辨正云：“顾亭林山东考古录云：‘当时即墨为齐之大都，仓廪在焉，故云发棠。’则棠为莱邑，非今之堂邑县也。大事表疑误。”

孟子曰：“是为冯妇也。晋人有冯妇者，善搏虎，卒为善士。则之野，有众逐虎，虎负嵎，莫之敢撄，望见，冯妇趋而迎之。冯妇攘臂下车，众皆悦之，其为士者笑之。”【注】冯，姓。妇，名也。勇而有力，能搏虎。卒，后也。善士者，以善搏虎有勇名也，故进之以为士。之于野外，复见逐虎者。撄，迫也。虎依陬而怒，无敢迫近者也。冯妇耻不如前，见虎，走而迎之，攘臂下车，欲复搏之。众人悦其勇猛，其士之党笑其不知止也。故孟子谓陈臻，今欲复使我如发棠时言之于君，是则我为冯妇也，必为知者所笑也。【疏】注“冯姓”至“虎者”〇正义曰：仪礼燕礼“卒受者”，注云：“卒，犹后也。”卒之义为终，终亦后也。卒为善，足见前此恃力无赖为不善也。不善改而为善，何以有士称，故赵氏申明之。毛诗正义云：“士者，男子成名之大号。”故有勇名而进以为士，如称勇士是也。本称勇士，改而为善，乃为善士也。申此者，赵氏以士字连善字，恐章句不明也。刘昌诗芦浦笔记云：“余味此段之言，恐合以‘卒为善’为一句，‘士则之’为一句，‘野有众逐虎’为一句。盖有搏虎之勇而卒能为善，故士以为则；及其不知止，则士以为笑也。”周密志雅堂杂抄云：“一本以‘善’字‘之’字点句，前云‘士则之’，后云‘其为士者笑之’，文义相属，于章旨亦合。”阎氏若璩释地又续云：“古人文字，叙事未有无根者。惟冯妇之野，然后众得望见冯妇。若如宋周密断‘士则之’为句，野字遂属下，野但有众耳，何由有冯妇来？此为无根。或曰：固已，恐从未见‘则之野’此句法。余曰：周书‘则至于丰’。”〇注“撄迫”至“止也”〇正义曰：淮南子俶真训云“撄人心也”，高诱注云：“撄，迫也。”说文辵部云：“迫，近也。”故赵氏以迫释撄，又以近释迫。音义云：“丁于盈切。埤苍云：‘撄，梏也。’”梏之犹云系之，盖读撄为缨，系之以缨即谓之缨也。庄子大宗师“其名为撄宁”，释文引崔氏注云：“撄，有所系著也。”此亦以撄为缨也。庄子在宥云“汝慎无撄人心”，司马彪注云：“撄，引也。”引亦牵系之义。

然是时众方与虎相持，何得遽言梏系，迫之义长矣。音义云："隅，子于切，又子侯切，隅也。"隅即嵎，说文自部云："隅，陬也。""陬，阪隅也。"诗小雅正月"瞻彼阪田"，笺云："崎岖硗埆之处。"故马融广成颂云："负隅依险。"段氏玉裁说文解字注云："负，恃也。左传曰：'昔秦人负恃其众，贪于土地，逐我诸戎。'孟子曰：'虎负嵎，莫之敢撄。'虎有所恃而张，故云依陬而怒也。"谨按：注中见虎二字解望见二字，明"望见"二字断句，"冯妇趋而迎之"六字断句，是时妇犹在车中，令趋车迎之也。将近矣，冯妇又攘臂下车。赵氏以耻不如前明所以趋迎、所以下车之故。而以冯妇二字贯于见虎走迎之上，则望见为冯妇望见明矣。先言望见，后言冯妇者，属文之法也。自则之野贯下此望见者，自即是之野者望见，不可云望见有众逐虎虎负嵎莫之敢撄，故倒言之也。是时知止，则可以不趋迎、不下车。连用冯妇者，若曰谁迫之使趋迎，冯妇也，谁迫之使下车，冯妇也。皆形容其不知止之状也。说文走部云："趋，走也。"故以走释趋，谓行之疾也。说文手部云："攘，推也。""推，排也。"推排其两手于前作搏势也。孟子属文奇奥，赵氏每能曲折达之。卒为善士，何至又为士之党笑之，则因其之野望见如是，趋迎如是，下车如是也。则字非虚用也。

章指言：可为则从，不可则凶，言善见用，得其时也。非时逆指，犹若冯妇，暴虎无已，必有害也。【疏】"暴虎无已"○正义曰：尔雅释训云："暴虎，徒搏也。"毛诗郑风大叔于田"襢裼暴虎，献于公所"，传云："暴虎，空手以搏之。"僖公元年穀梁传："公子友谓莒拿曰：'吾二人不相说，士卒何罪？'屏左右而相搏，公子友处下，左右曰：'孟劳。'孟劳者，鲁之宝刀也。"先搏时无刀，是搏即无兵空手相击，故江熙云："佻身独斗，潜刃相害。"僖公二十八年左传"晋侯梦与楚子搏"，注云："搏，手搏。"惟手无兵空搏，故楚子伏而盬其脑。盖相搏而颠，楚子以身压，晋文以口嗻，皆不用兵也。搏从手，空手即是搏，非搏有徒不徒之别也。故赵氏以暴虎释经之搏虎。暴、搏一音之转。广雅释诂云："㩧，击也。"㩧同擈，擈亦搏也。

24 孟子曰："口之于味也，目之于色也，耳之于声也，

鼻之于臭也，四肢之于安佚也，性也。有命焉，君子不谓性也。【注】口之甘美味，目之好美色，耳之乐音声，鼻之喜芬香，臭，香也。易曰"其臭如兰"。四体谓之四肢，四肢解倦，则思安佚不劳苦，此皆人性之所欲也。得居此乐者，有命禄，人不能皆如其愿也。凡人则触情从欲，而求可乐；君子之道，则以仁义为先，礼节为制，不以性欲而苟求之也，故君子不谓性也。

【疏】注"臭香"至"如兰"○正义曰：礼记月令："春月其味酸，其臭膻。夏月其味苦，其臭焦。中央其味甘，其臭香。秋月其味辛，其臭腥。冬月其味咸，其臭朽。"孔氏正义云："通于鼻者谓之臭，在口者谓之味。臭则气也。"味有五，臭亦有五，孟子于口目耳鼻浑言味色声臭，而于四体言安佚以互见之。则味必嗜甘，色必好美，声必喜音，臭非谓臭，专属诸香也。引易者，系辞上传文也。其臭如兰，则臭有不如兰者矣。虞翻注易云："臭，气也。"不专以为香也。荀子王霸篇云："夫人之情，目欲綦色，耳欲綦声，口欲綦味，鼻欲綦臭，心欲綦佚。"此与孟子义同。杨倞注云："臭，气也。凡气香亦谓之臭。礼记曰：'佩容臭。'綦，极也。佚，安乐也。"此注先训气，后言香，为得其意矣。又正名篇云："香臭、芬郁、腥臊、洒酸、奇臭以鼻异。"注云："芬，花草之香气也。郁，腐臭也。礼记：'鸟皫色而沙鸣郁。'酸，暑湿之酸气也。奇臭，众臭之异者。气之应鼻者为臭，故香亦谓之臭。礼记曰：'皆佩容臭。'"此独冠以香臭者，明其下皆臭也。礼记内则"皆佩容臭"，注云："容臭，香物也。"庾氏云："以臭物可以修饰形容，故谓之容臭。"此亦以臭不专于芬香，惟芬香可饰形容，故别之云容也。周礼天官宫人："除其不蠲，去其恶臭。"礼记大学篇云："如恶恶臭，如好好色。"臭之恶者为恶臭，犹臭之香者为香臭。僖公四年左传云："一薰一莸，十年尚犹有臭。"注云："薰，香草。莸，臭草。十年有臭，言善易消，恶难除。"孔氏正义云："臭是气之总名，原非善恶之称，但既谓善气为香，故专以恶气为臭。十年香气尽矣，恶气尚存。"此臭字乃朽字之假借。月令："其臭朽。"说文歺部朽为歾之重文，"歾，腐也"。列子周穆王篇云："闻歌以为哭，视白以为黑，飨香以为朽，尝甘以为苦。"朽与香对，则薰香莸臭者，乃薰香莸朽也。广雅释器云："歾，臭也。"谓臭为歾之假借，歾为臭之正也。恶臭作歾，腐秽之气也。鼻所嗅之总名作臭，非臭之名或专于香，或专于恶也。**仁之于父子**

也，义之于君臣也，礼之于宾主也，知之于贤者也，圣人之于天道也，命也。有性焉，君子不谓命也。”【注】仁者得以恩爱施于父子，义者得以义理施于君臣，好礼者得以礼敬施于宾主，知者得以明知知贤达善，圣人得以天道王于天下，皆命禄，遭遇乃得居而行之，不遇者不得施行。然亦才性有之，故可用也。凡人则归之命禄，任天而已，不复治性；以君子之道，则修仁行义，修礼学知，庶几圣人亹亹不倦，不但坐而听命，故曰君子不谓命也。【疏】“仁之”至“命也”○正义曰：戴氏震孟子字义疏证云：“人之血气心知，原于天地之化育者也。有血气，则所资以养其血气者，声色臭味是也。有心知，则知有父子，有昆弟，有夫妇，而不止于一家之亲也，于是又知有君臣，有朋友，五者之伦，相亲相治，则随感而应为喜怒哀乐。合声色臭味之欲，喜怒哀乐之情，而人道备。欲根于血气，故曰性也，而有所限而不可逾，则命之谓也。仁义礼智之懿不能尽人〔一〕如一者，限于生初，所谓命也，而皆可以扩而充之，则人之性也。谓者〔二〕，犹云借口于性耳。君子不借口于性以逞其欲，不借口于命之限之而不尽其材。后儒未详审文义，失孟子立言之指。不谓性非不谓之性，不谓命非不谓之命。由此言之，孟子之所谓性，即口之于味，目之于色，耳之于声，鼻之于臭，四体之于安佚之为性；所谓人无有不善，即能知其限而不逾之为善，即血气心知能底于无失之为善，所谓仁义礼智，即以名其血气心知，所谓原于天地之化者之能协于天地之德也。此荀杨之所未达，而老、庄、告子、释氏昧焉而妄为穿凿者也。”程氏瑶田通艺录论学小记云：“性命二字，必合言之而治性之学始备。五官百骸，五常百行，无物无则，性命相通，合一于则，性乃治矣。孟子曰：‘口之于味也，目之于色也，耳之于声也，鼻之于臭也，四肢之于安佚也，性也。有命焉，君子不谓性也。’谓我之口而嗜乎味，我之目而美乎色，我之耳而悦乎声，我之鼻而知乎臭，我之四肢而乐乎安佚，其必欲遂者，与生俱生之性也。其不能必遂者，命之限于天者也。五者，吾体之小者也。遂己所成之性恒易，而顺天所限之命恒难。性易遂，则必过乎其

〔一〕“人”原误“一”，据孟子字义疏证补。
〔二〕“者”字，焦氏以意补。一说“谓”下当补“性”字。

则;命难顺,则不能使不过乎其则。治性之道,以不过乎则为断,节之以命,而不畏其难,顺斯不过乎其则矣。'仁之于父子也,义之于君臣也,礼之于宾主也,智之于贤者也,圣人之于天道也,命也。有性焉,君子不谓命也。'谓以吾心之仁而施于父子,以吾心之义而施于君臣,以吾心之礼而施于宾主,以吾心之智而施于贤者,以吾心所具圣人之德与天道相贯通,其必欲遂者,与生俱生之性也。其不能必遂者,命之限于天者也。五者,吾体之大者也。遂己所成之性恒难,而顺天所限之命恒易。性难遂,则必不及乎则;命易顺,则任其不及乎则。治性之道,以必及乎则为断,勉之以性,而不畏其难遂,斯必及乎其则矣。"阮氏元校勘记云:"'知之于贤者也',闽、监、毛三本知作'智'。按音义出'知之',云:'音智,注同。'则作智非也。'有性焉',各本同。孔本焉作'也'。"○注"圣人"至"命也"○正义曰:天道,即元亨利贞之天道。乾道变化,各正性命,保合太和,此天道也。通神明之德,使天下各遂其口鼻耳目之欲,各安其仁义礼知之常,此圣人之于天道也。乃伏羲、神农、黄帝、尧、舜、禹、汤、文、武得位而天道行,所谓"道之将行也与命也"。孔子不得位而天道不行,所谓"道之将废也与命也"。赵氏谓遭遇乃得行之,不遇者不得施行是也。道行则民遂其生,育其德;道不行则民不遂其生,不育其德。故口鼻耳目之欲不遂,属之命;而仁义礼智之德不育,亦属之命。然颛愚之民,不能自通其神明之德,又不遇劳来匡直者有以辅翼之,固限于命矣。若君子处此,其口鼻耳目之欲,则任之于命而不事外求;其仁义礼智之德,则率乎吾性之所有而自修之,不委诸教化之无人,而甘同于颛愚之民,所谓"虽无文王犹兴"也。且由是推之,父顽母嚚,命也。而舜则大孝烝烝,瞽瞍底豫,此仁之于父子,君子不谓命也。罪人斯得,命也。而周公则勤劳王家,冲人感悟,此义之于君臣,君子不谓命也。道大莫容,命也。而孔子则栖栖皇皇,不肯同沮、溺之辟世,荷蒉之洁身,而明道于万世,此圣人于天道,君子不谓命也。大戴记千乘篇云:"以为无命,则民不偷。"以为无命,即是不谓命。

章指言:尊德乐道,不任佚性;治性勤礼,不专委命。君子所能,小人所病,究言其事,以劝戒也。【疏】"不任佚性"○正义曰:阮氏元校勘记云:"孔本、韩本、考文古本任作

‘追’。”○“治性行礼”○正义曰：周氏广业孟子章指考证云：“文选注引作‘治身勤礼’。”

25　浩生不害问曰：“乐正子，何人也？”【注】浩生，姓。不害，名。齐人也。见孟子闻乐正子为政于鲁而喜，故问乐正子何等人也。

孟子曰：“善人也，信人也。”【注】乐正子为人，有善有信也。

“何谓善？何谓信？”【注】不害问善信之行谓何。

曰：“可欲之谓善，有诸己之谓信，充实之谓美，充实而有光辉之谓大，大而化之之谓圣，圣而不可知之之谓神。乐正子二之中，四之下也。”【注】己之所欲，乃使人欲之，是为善人。己所不欲，勿施于人也。有之于己，乃谓人有之，是为信人。不意不信也。充实善信，使之不虚，是为美人。美德之人也。充实善信而宣扬之，使有光辉，是为大人。大行其道，使天下化之，是为圣人。有圣知之明，其道不可得知，是为神人。人有是六等，乐正子善信，在二者之中，四者之下也。【疏】“可欲之谓善”○正义曰：赵氏以己所不欲勿施于人为可欲。按此忠恕一贯之学，不仅于善也。吕氏春秋长攻篇“所以善代者乃万故”，高诱注云：“善，好也。所好于代者非一事。”中论夭寿篇引孟子“生我所欲也，义亦我所欲也”，欲作“好”。好善亦为善，善可欲，即可好，其人善则可好，犹其人不善则可恶。其人可恶，即为恶人；其人可好，自为善人也。○“有诸己之谓信”○正义曰：说文人部云：“信，诚也。”诚，犹实也。有即“亡而为有”之有，可好未必其不虚也，实有之矣，是为信也。赵氏引“不意不信”，语见论语宪问篇。谓不可亿度人之不信。引之者，盖谓宜己有此信，不可亿人之不信也。○“充实之谓美”○正义曰：诗召南小星〔一〕篇“实命不同”，释文引韩诗云：“实，有也。”即此有诸己者，扩而充之，使全备满盈，是为充实。诗邶风简兮云“彼美人兮”，笺云：“彼美人，谓硕人也。”首章“硕人俣俣”，传云：“硕人，大德也。俣俣，容貌大

〔一〕“星”原误“差”，据毛诗改。

也。"充满其所有，以茂好于外，故容貌硕大而为美。美指其容也。○"充实而有光辉之谓大"○正义曰：说文火部云："光，明也。""烨，光也。"辉与烨同。毛诗大雅皇矣篇"载锡之光"，传云："光，大也。"有光辉故大，充则畅于四体，光则照于四方，故赵氏云宣扬之。○"大而化之之谓圣"○正义曰：说文耳部云："圣，通也。"此谓德业照于四方而能变通之也。○"圣而不可知之之谓神"○正义曰：通其变，使民不倦，大而化之也。神而化之，使民宜之，圣而不可知之也。易系辞传云"阴阳不测之谓神"，不测即不可知。周书谥法解云"民无能名曰神"，不可知故无能名。孟子论乐正子，推极于圣神，至于神，则尧舜之治天下也。孟子所以言必称尧舜。

章指言：神圣以下，优劣异差，乐正好善，应下二科，是以孟子为之喜也。

孟子正义卷二十九

26　孟子曰："逃墨必归于杨，逃杨必归于儒，归斯受之而已矣。【注】墨翟之道兼爱，无亲疏之别，最为违礼。杨朱之道为己爱身，虽违礼，尚得不敢毁伤之义。逃者，去也。去邪归正，故曰归。去墨归杨，去杨归儒，则当受而安之也。【疏】"逃墨"至"而已矣"○正义曰：赵氏佑温故录云："旧谓墨无亲疏之别，最为违礼，杨尚得不敢毁伤之义。窃谓不然，此亦互见之耳。逃墨之人，始既归杨，及逃杨，势不可复归墨而归儒。假令逃杨之人，始而归墨，及逃墨，亦义不可复归杨而归儒可知也。亦有逃杨不必归墨而即归儒、逃墨不必归杨而即归儒者，非以两必字例，定一例如是逃、如是归，且以断两家之优劣也。杨之言似近儒之为己爱身，而实止知有己，不知有人，视天下皆漠不关情，至成刻薄寡恩之恶；墨之言亦近儒之仁民爱物，而徒一概尚同，不知辨异，视此身皆一无顾惜，至成从井救人之愚：其为不情则一。天下之不近人情者，鲜不为大奸慝，故孟子并断之无君父，极之于禽兽，非有罪名出入。"○注"逃者"至"曰归"○正义曰：礼记曲礼"三谏而不听则逃之"，注云："逃，去也。"诗曹风蜉蝣篇"于我归处"，笺云："归，依归。"广雅释诂云："归，就也。"归正犹云就正矣。伏生书大传云"和伯之乐，名曰归来"，郑氏注云："归来，言反其本也。"尔雅释言云："还，返也。"广雅释诂云："还，归也。"释言云："还，返也。"下云"追而还之"，又以还释归。**今之与杨墨辩者，如追放豚，既入其苙，又从而招之。"**【注】苙，兰也。招，罥也。

今之与杨墨辩争道者，譬如追放逸之豕。豚追而还之入兰则可，又复从而罥之，大甚。以言去杨墨归儒则可，又复从而罪之，亦云大甚。【疏】注"苙兰也"○正义曰：音义云："苙，丁音立。栏也，圈也。兰与栏字同。"戴氏震方言疏证云："方言曰：'苙，图也。'注云：'谓兰图也。'孟子'既入其苙'，赵岐注云：'苙，兰也。'兰、阑古通用。汉书王莽传'与牛马同兰'，颜师古注云：'兰，谓遮兰之，若牛马兰圈也。'"阮氏元校勘记云："兰者假借字，栏者俗字，阑者正字也。"○注"招罥也"○正义曰：音义云："罥，涓兖切。谓羁其足也。"按一切经音义引三苍云："罥作'羂'，又作'罥'。"说文网部云："羂，绾也。"系部云："绾，绢也。"周礼秋官冥氏"掌设弧张"，注云："弧张，罿罦之属，所以扃绢禽兽。"翨廷氏"掌攻猛鸟，各以其物为媒而掎之"，注云："置其所食之物于绢中，鸟来下则掎其脚。"绢即羂，亦即罥也。绢之为羂，犹尔雅释器"捐之为环"。声类云"罥以绳系取鸟兽也"，音义言"羁其足"，皆本此。然赵氏以罥释招，未详所本。赵氏佑温故录云："音义不为招字作音，字书引此经注，与诗'招招舟子'并列音昭之下，明其义有别音无别，不知今读何以相仍如翘字？此惟国语'齐武子好尽言以招人过'，注：'招，举也。'当读翘耳。亦犹'招招舟子'本当如字，而今乃与徵招、角招之招同读韶。然愚又谓招之为罥为羁，仅见此注，绝少作证。孟子之辟杨墨，方深望能言距之人而不可得，盖未必有追咎太甚之事。此节乃孟子自明我今之所以与杨墨辩者，有如追放豚然，惟恐其不归也。其来归者既乐受之使入其苙，未归者又从而招之，言望人之弃邪反正，无已时也。苙既处之有常，招又望之无已，如是则不咎其往之意，具见招字非但无取别音，并不烦别义耳。"○注"今之"至"太甚"○正义曰：襄二十九年左传云"辩而不德"，服氏注云："辩，答斗辩也。"吕氏春秋淫辞篇云"无与孔穿辩"，高诱注云："辩，相易夺也。"斗、夺皆谓争也。墨子经上云："辩，争彼也。"故赵氏以争释辩。书柴誓"马牛其风"，郑氏注云："风，走逸。"释名释天云："风，放也。"诗小雅北山篇"或出入风议"，传亦云："风，犹放也。"放、风一音之转，放逸即风逸也。方言云："猪，其子谓之豚。"尔雅释兽云："豕子，猪。"是豕即豚也。

章指言：驱邪反正，正斯可矣。来者不绥，追其前罪，君子甚之，以为过也。【疏】"来者不绥"〇正义曰：论语子张篇云"绥之斯来"，孔氏云："绥，安也。言孔子为政，安之则远者来至。"此言来者不绥，谓来归者不受而安之。

27　孟子曰："有布缕之征，粟米之征，力役之征。【注】征，赋也。国有军旅之事，则横兴此三赋也。布，军卒以为衣也。缕，鉄铠甲之缕也。粟米，军粮也。力役，民负荷斯养之役也。【疏】"有布"至"之征"〇正义曰：惠氏士奇礼说云："屋粟、邦布，见管子轻重篇。屋粟者，地税，夫一为廛，夫三为屋。荀子所谓'田野之税'，孟子所谓'粟米之征'。管子谓'籍于室屋'，妄矣。盖计亩以步，计井以屋，故小司徒得据而考焉而敛之旅师者是也。邦布者，口泉，众寡有数，长短有度，荀子所谓'刀布之敛'，孟子所谓'布缕之征'。管子谓'籍于万民六畜'，妄矣。盖家辨其物，岁入其书，故乡遂大夫得稽而征焉而入之外府者是也。凡田不耕者出屋粟，有田而不耕，使出三夫之地税。凡民无职者出夫布，无田乃无职，使出一夫之口泉。出之民曰夫布，入之国曰邦布，其实一也。"谨案：周礼地官载师"凡宅不毛者出里布"，郑司农云："里布者，布参印书，广二寸，长二尺，以为币，贸易物。诗云'抱布贸丝'，抱此布也。或曰：布，泉也。春秋传曰：'买之百两一布。'又廛人职：'掌敛市之次布、儳布、质布、罚布、廛布。'孟子曰：'廛无夫里之布。'不知言布参印书者何见，旧时说也。""玄谓：宅不毛者，罚以一里二十五家之泉。"征赋之称布，司农有此二义，一为泉布之布，则布即钱也。一为布参印书以为币，而引诗为证。毛诗卫风氓"抱布贸丝"，传云："布，币也。"笺云："币者，所以贸买物也。"孔氏正义云："知此布非泉而言币者，以言抱之，则宜为币。此布币谓丝麻布帛之布。币者，布帛之名，故鹿鸣云'实币帛筐篚'是也。"又云："司农之言，事无所出，故郑易之。"贾氏载师疏云："此说非，故先郑自破之。"是征赋之布为泉布，非布帛，孟子不云泉布之征而云"布缕之征"，布与缕连称，则布为布帛，此赵氏所以不用夫布里布等说，而以为军行之横征也。且屋粟里布，国之常赋，不容缺缓，即用二用三，何致民有殍而父子离，则赵氏义为长。〇注"布军"至"役也"〇正义曰：诗秦风无衣云"岂曰无衣，与子同袍"，次章云"与子同泽”，三章云“与子同裳”，是军卒当给以衣也。说文糸部云：“缕，线也。”“紩，缝也。”书粊誓“善敹乃甲胄”，郑氏注云：“敹，谓穿彻之。”王氏鸣盛尚书后案云：“甲胄皆以革为之。考工记函人‘犀甲七属，兕甲六属，合甲五属’，郑氏注云：‘属，谓上旅下旅札续之数。’是甲联合数革以为之也。又鞄人云‘察其线，欲其藏也’，杜子春云：‘线，谓缝革之缕。’是甲胄之革，皆必以线缕缝缀，郑云‘穿彻’，即缝缀也。”武氏亿释甲云：“以绳谓之缕，绳有饰谓之朱綅。逸周书‘年不登，甲不缨縢’，孔晁注曰：‘缕绳甲不以组。’书‘敹乃甲胄’，正义引郑云：‘敹，谓穿彻之。谓甲绳有断绝，当使敹理穿治之。’说文云：‘綅，线也。’鲁颂閟宫篇‘贝胄朱綅’，传：‘朱綅，以朱綅缀之。’疏谓‘以朱綅连缀甲也’。又按朱綅即胄之綅。太平御览诗云‘贝胄朱綅’，谓以贝齿饰胄，朱缕缀之也。少仪疏谓‘以朱绳缀甲’，故郑云‘亦铠饰也’。是郑所云‘铠饰’，而以亦字言之，明其蒙胄为义，疏但指连缀甲，于义犹未备也。”按王氏、武氏所详，是缕为紩甲之缕也。叶时礼经会元云：“六军人自为备，居有积仓，行有裹粮，非公家所给也。是以太宰之职，九赋敛财，皆有以待其用，独不及军旅。九式均财，皆有以为之法，而亦不及军旅。岂非农皆为兵，兵皆自赋，初无烦于廪给，故亦不烦于均节与？”谨按：梁惠王下篇引晏子，已云“今也不然，师行而粮食，饥者弗食，劳者弗息”，则春秋时行军转食，已有粟米之征。布缕粟米，既非常赋，则力役亦非徒役之正额。既转米粟，必有负荷之人，所谓劳者弗息也。音义云：“斯义同厮，贱役也。”宣十二年公羊传“厮役扈养，死者数百人”，何休注云：“艾草为防者曰厮，汲水浆者为役，养马者曰扈，炊烹者曰养。”史记张耳陈余传云“有厮养卒”，集解引韦昭云：“析薪为厮，炊烹为养。”斯之训为析，缘其任析薪，故名斯，厮其俗字也。苏林云：“厮，取薪者也。养，养人者也。”饮食所以养人，故炊烹者名养。**君子用其一，缓其二，用其二而民有殍，用其三而父子离。”**【注】君子为政，虽遭军旅，量其民力，不并此三役，更发异时。急一缓二，民不苦之。若并用二，则路有饿殍；若并用三，则分崩不振，父子离析，忘礼义矣。【疏】注“则分”至“义矣”○正义曰：论语季氏篇“邦分崩离析而不能守也”，集解引孔氏云：“民有异心曰分，欲去曰崩，不可会聚曰离析。”孟子言“父子离析”，赵氏兼及分崩，因有异心，各思逃窜，则父不顾子，子不顾父，故忘孝慈之礼义矣。

章指言：原心量力，政之善者；繇役并兴，以致离殍；养民轻敛，君子道也。

28　孟子曰："诸侯之宝三，土地、人民、政事。宝珠玉者，殃必及身。"【注】诸侯正其封疆，不侵邻国，邻国不犯，宝土地也。使民以时，民不离散，宝人民也。修其德教，布其惠政，宝政事也。若宝珠玉，求索和氏之璧，隋侯之珠，与强国争之，强国加害，殃及身也。【疏】"诸侯之宝三"〇正义曰：礼记檀弓云"仁亲以为宝"，注云："宝，谓善道可守者。"宝与保通，谓保守此土地人民政事也。〇注"求索"至"身也"〇正义曰：荀子大略篇云："和之璧，井里之厥也。玉人琢之，为天子宝。"韩非子和氏篇云："楚人和氏得玉璞楚山中，奉而献之厉王。厉王使玉人相之，玉人曰：'石也。'王以和为诳而刖其左足。及厉王薨，武王即位，和又奉其璞而献之。武王使玉人相之，又曰：'石也。'王又以和为诳而刖其右足。武王薨，文王即位，和乃抱其璞而哭于楚山之下，三日三夜，泪尽而继之以血。王闻之，使人问其故。和曰：'吾非悲刖也，悲夫宝玉而题之以石，贞士而名之以诳，此吾所以悲也。'王乃使玉人理其璞而得宝焉，遂命曰和氏之璧。"史记蔺相如传云："赵惠文王时，得楚和氏璧，秦昭王闻之，使人遗赵王书，愿以十五城请易璧。"秦亦不以城予赵，赵亦终不予秦璧，其后秦伐赵，拔石城，明年复攻赵，杀二万人。此所谓与强国争之，强国加害也。庄子让王篇云："随侯之珠，弹千仞之雀。"汉书邹阳传狱中上书云："故无因而至前，虽出随珠和璧，只怨结而不见德。"文选作"随侯之珠，夜光之璧"。淮南子览冥训云："譬如隋侯之珠，和氏之璧，得之者富，失之者贫。"高注云："隋侯，汉东之国，姬姓诸侯也。隋侯见大蛇伤断，以药傅之，后蛇于江中衔大珠以报之，因曰隋侯之珠，盖明月珠也。"史记李斯列传有"随和之宝"，正义引说苑云："昔随侯行遇大蛇中断，疑其灵，使人以药封之，蛇乃能去，因号其处为断蛇丘。岁余，蛇衔明珠，绝白而有光，因号随珠。"随侯之珠，无求索争国事，赵氏盖连及之。新序杂事篇云："秦欲伐楚，使使者观楚之宝器。楚王闻之，召令尹子西而问焉，曰：'秦欲观楚之宝器，吾和氏之璧,随侯之珠,可以示诸。’”求索或指此与?

章指言:宝此三者,以为国珍。宝于争玩,以殃其身。诸侯如兹,永无患也。

29　盆成括仕于齐,孟子曰:“死矣盆成括!”【注】盆成,姓。括,名也。尝欲学于孟子,问道未达而去。后仕于齐,孟子闻而嗟叹曰死矣盆成括,知其必死。【疏】注“盆成”至“必死”○正义曰:说苑建本篇有盆成子,是盆成二字为姓。周氏广业孟子出处时地考云:“死矣盆成括,正与孔子‘由其死矣’语同,何故斥之?又晏子外篇载景公命盆成括以母柩合葬于路寝事,晏子称之曰:‘括者,父之孝子,兄之顺弟。’又尝为孔子门人,是齐有两盆成括也。然孔庭从祀无盆成括。”

盆成括见杀,门人问曰:“夫子何以知其将见杀?”【注】门人问孟子何以知之。

曰:“其为人也小有才,未闻君子之大道也,则足以杀其躯而已矣。”【注】孟子答门人,言括之为人小有才慧,而未知君子仁义谦顺之道,适足以害其身也。【疏】注“小有”至“身也”○正义曰:淮南子主术训云“任人之才,难以至治”,高诱注云:“才,智也。”方言云:“智,或谓之慧。”是小有才谓有小慧也。论语卫灵公篇“群居终日,好行小慧,难矣哉”,集解郑注云:“小慧,谓小小之才智。”说文心部云:“慧,儇也。”慧则精明,精明则照察人之隐;慧则捷利,捷利则超越人之先:皆危机也。君子明足以察奸而仁义行之,智足以成事而谦顺处之,是为大道也。夫道大则能包容,小人以有孚而化;道大则无骄亢,异端以相感而通:于食有福,何害之有?

章指言:小知自私,藏怨之府;大雅先人,福之所聚。劳谦终吉,君子道也。【疏】“小知自私”○正义曰:史记贾生传服赋中语。○“大雅先人”○正义曰:文选西都赋云:“又有承明、金马,著作之庭,大雅宏达,于兹为群。”李善注云:“大雅,谓有大雅之才者。诗有大雅,故以立称焉。”又上林赋“掩群雅”,注引张揖云:“诗小雅之材七十四人,大雅之材三十一人。”后汉书文苑传孔融数祢衡曰:“正平大雅,固当尔邪?”刘劭人物志九征篇云:“具体而微,谓之德行。德行也者,大雅之称也。一至谓之偏材。偏材,小雅之质也。”先人与自私相对,谓以人为先,己退让处后也。鹖冠子近迭篇云:“庞子问鹖冠子曰:‘圣人之道何先?’鹖冠子曰:‘先人。’”义虽异而指略同。又按崔篆慰志赋云:“庶明哲之末风兮,惧大雅之所讥。”李贤注引诗大雅“既明且哲,以保其身”。大雅或指此,然与上“小知”不类,且“先人”无谓也。

30　**孟子之滕,馆于上宫。**【注】馆,舍也。上宫,楼也。孟子舍止宾客所馆之楼上也。【疏】注“馆舍”至“上也”○正义曰:仪礼聘礼“及馆”,周礼秋官司仪“致馆”,注并云:“馆,舍也。”吕氏春秋必己篇云“舍故人之家”,高诱注云:“舍,止也。”故以舍释馆,又以止释舍。又知士篇“静郭君善剂貌辩,于是舍之上舍”,注云:“上舍,甲第也。”此上宫当如上舍,谓上等之馆舍也。赵氏以为楼者,说文木部云:“楼,重屋也。”宫在屋之上,故名上宫。女部云:“娄,空也。”广部云:“廔,屋丽廔也。”囧部云:“囧,窗牖丽廔闿明也。”礼记月令“可以居高明”,注云:“高明,谓楼观也。”刘熙释名释宫室云:“楼,牖户之间诸射孔楼楼然也。”然则楼之名取于娄,丽廔以闿明释之,即玲珑之转声。盖其制窄狭而高,四面开窗牖,以上为称,而下言牖上,故以为楼也。

有业屦于牖上,馆人求之弗得,或问之曰:“若是乎从者之廋也?”【注】屦,扉屦也。业,织之有次业而未成也。置之窗牖之上,客到之后,求之不得,有来问孟子者曰是客从者之廋。廋,匿也。孟子与门徒相随,从车数十,故曰侍从者所窃匿也。【疏】注“屦扉”至“成也”○正义曰:说文履部云:“屦,履也。”尸部云:“扉,履属。”赵氏以綖为扉,而以草屦释之。此直以扉释屦,扉为草屦,故云织之有次业而未成,谓织草为扉,已有次第而尚未成。尔雅释诂云:“业,叙也。”国语晋语云“则民从事有业”,韦昭注云:“业,犹次也。”次与叙义同。云有次业者,以次释业也。说文欠部云:“次,不前不精也。”故以为未成。广雅释诂云：“业，始也。”与创、造、作等字相转注。然则业屦犹云造屦、创屦。屦始作为业，犹墙始筑为基，衣始裁为初，皆造而未终之称也。○注“廋匿”至“匿也”○正义曰：音义云：“廋，或作‘叟’，同音搜。”今诸本作“叟”，惟廖本作“廋”。论语为政篇“人焉廋哉”，集解孔氏云：“廋，匿也。”淮南子说山训“不匿瑕秽”，高诱注云：“匿，藏也。”不直言其窃，而诡云藏匿以为戏也。赵氏以匿释廋，又以窃释匿，谓或婉言匿，其实疑其窃也。故孟子直以窃对之。说文穴部云：“盗从中出曰窃。”隐公八年公羊传“称人则从不疑也”，注云：“从者，随从也。”仪礼乡饮酒礼“宾及众宾皆从之”，注云：“从，犹随也。”华严经音义引苍颉云：“侍，从也。”故从者为门徒相随，又云侍从者也。

曰：“子以是为窃屦来与？”【注】孟子谓馆人曰，子以是众人来随事我，本为欲窃屦故来邪。

曰：“殆非也。”【注】馆人曰，殆非为是来事夫子也。自知问之过。【疏】注“自知问之过”○正义曰：经云“馆人求之弗得，或问之”，注云“有来问孟子者”，而于孟子之答则云“孟子谓馆人”，此注云“馆人曰”，又云“自知问之过”，然则前来问者，即馆人也。盖馆中非一人，来问之馆人不必即求屦之馆人，抑馆中人公共求之，而问者止馆人中之一人，故别之云或问之也。

“夫予之设科也，往者不追，来者不拒，苟以是心至，斯受之而已矣。”【注】孟子曰，夫我设教授之科，教人以道德也。其去者亦不追呼，来者亦不逆拒，诚以是学道之心来至，我则斯受之。亦不知其取之与否，君子不保异心也。见馆人言殆非为是来，亦云不能保知，谦以答之。【疏】注“孟子”至“答之”○正义曰：臧氏琳经义杂记云：“以经省曰字，赵注特下‘孟子曰’以补之。章指云‘非己所绝’，已字正释经予字。”阮氏元校勘记云：“‘夫子之设科也’，闽、监、毛三本同。宋本、岳本、廖本、孔本、韩本子作‘予’。案注云‘夫我设教授之科’，伪疏亦云‘夫我之设科以教人’，则作予是也。予、子盖字形相涉而讹。”赵氏佑温故录云：“此作孟子语而云‘夫我’，赵氏从无改字，明是汉人经文不作‘夫子’，子乃予字，而夫音扶。作孟子言，适足见圣贤之大；作或人语，仍是意含隐讽矣。”论语述而篇“人洁己以进，与其洁也，不保其往也”，集解郑氏云：“往，犹去也。”说文言部云：“评，召也。”追呼谓追逐而召之，呼为评之假借也。管子七臣七主篇云“驰车充国者，追寇之马也”，房玄龄注云：“追，犹召也。”论语子张篇“其不可者拒之”，汉石经、皇侃义疏本作“距”。此不拒，孔本、韩本及闽、监、毛三本作“拒”，宋本、岳本、咸淳衢州本、廖本作“距”。距、拒古通也。国语、齐策“故专兵一志以逆秦”，韦昭注云：“逆，拒也。”诗大雅皇矣“敢距大邦”，孔氏正义云：“敢拒逆我大国。”亦以逆释拒。逆与顺对，不顺其来学之情而受，故拒之即逆之也。广雅释诂云：“窃，取也。”云亦不知其取之与否，即窃之与否也。有学道之心，又有窃屦之心，是有异心。见其有学道之心而受之，不能保其无窃屦之心，则或即为从者之廋，不可保也，即亦不可知也，故云不能保知。荀子法行篇云：“南郭惠子问于子贡曰：‘夫子之门，何其杂也！’子贡曰：‘君子正身以俟，欲来者不拒，去者不止。且夫良医之门多病人，檃栝之侧多枉木，是以杂也。’”孟子录此章，一以见设教者之大，一以见寄托者之多，所以销门户之见，而黜借荫之魄。赵氏生汉末，见当时跋扈之家，非不受学于大贤君子之门，而党籍中未尝无依附虚声之士，故有慨乎言之。

章指言：教诲之道，受之如海，百川移流，不得有拒。虽独窃屦，非己所绝，顺答小人，小人自咎，所谓造次必于是也。【疏】“受之如海，百川移流”○正义曰：扬子法言学行篇云：“百川学海，而至于海；丘陵学山，而不至于山，是故恶夫画也。”○“造次必于是”○正义曰：论语里仁篇中语。释文引郑氏云：“造次，仓卒也。”

31　孟子曰：“人皆有所不忍，达之于其所忍，仁也。【注】人皆有所爱，不忍加恶，推之以通于所不爱，皆令被德，此仁人也。【疏】“人皆”至“仁也”○正义曰：近时通解所不忍即下无害人之心。**人皆有所不为，达之于其所为，义也。**【注】人皆有不喜为，谓贫贱也。通之于其所喜为，谓富贵也。抑情止欲，使若所不喜为，此者义人也。【疏】

"人皆"至"义也"○正义曰:近时通解所不为即下无穿踰之心。○注"此者义人也"○正义曰:者字疑羡。**人能充无欲害人之心,而仁不可胜用也。**【注】人皆有不害人之心,能充大之以为仁,仁不可胜用也。【疏】注"能充大之"○正义曰:吕氏春秋必己篇"祸充天地",高诱注云:"充,犹大也。"**人能充无穿踰之心,而义不可胜用也。**【注】穿墙踰屋,奸利之心也。人既无此心,能充大之以为义,义不可胜用也。【疏】"穿踰"○正义曰:闽、监、毛三本此作"穿窬",下"穿踰之类"作"穿踰"。宋本、孔本、韩本皆作"踰"。说文穴部云:"窬,穿木户也。"辵部云:"逾,越进也。"逾即踰,窬、踰二字本异。礼记儒行"荜门圭窬",注云:"圭窬,门旁窬也。穿墙为之如圭矣。"圭窬即左传之"圭窦",故徐氏音豆,即读窬为窦也。其实窦、窬义皆为空而字不同,窬自音臾耳。赵氏云"穿墙踰屋",则自为踰越之踰。论语阳货篇云"其犹穿窬之盗也与",集解引孔氏云:"穿,穿壁也。窬,窬墙也。"释文云:"踰,本又作'窬'。"然则释文论语本作"穿踰",是论语之"穿窬"与孟子之"穿踰"一也。或借窬为踰,故有作"穿窬"者,其实皆穿踰也。**人能充无受尔汝之实,无所往而不为义也。**【注】尔汝之实,德行可轻贱人所尔汝者也。既不见轻贱,不为人所尔汝,能充大而以自行,所至皆可以为义也。【疏】注"尔汝"至"义也"○正义曰:尔汝,为尊于卑、上于下之通称。卑下者自安而受之,所谓实也。无德行者为有德行者所轻贱,亦自安而受之,亦所谓实也。盖假借尔汝为轻贱,受尔汝之实,即受轻贱之实,故云德行可轻贱人所尔汝者也,非谓德行可轻贱专在称谓之尔汝也。既实有当受之实,自不能不受。经言无受者,自勉于德行,不为人所轻贱也,故云既不为轻贱,不为人所尔汝。德行已高,自不为人所轻贱;犹分位已尊,自不为人所尔汝。非谓有可受之实而强项不受之也,谓耻有此不得不受之实而勉以去之也。但德行无穷,非仅免人轻贱而已,故又须充大之,使不独不为人轻贱,凡身所至,无非义之所至,斯为自强不息之道也。毛诗秦风无衣篇"与子偕行",传云:"行,往也。"礼记乐记云"乐至则无怨,礼至则无争",注云:"至,犹达也,行也。"赵氏以自行释往字,以所至申上达字,自行所至,皆可以为义,即是无所往而不达于义也。

荀子解蔽篇云:“偷则自行。”又云:“心者,出令而无所受令,自禁也,自使也,自夺也,自取也,自行也,自止也。”自行,谓任心所欲行,无有禁止。**士未可以言而言,是以言餂之也。可以言而不言,是以不言餂之也。是皆穿踰之类也。”**【注】餂,取也。人之为士者,见尊贵者未可与言而强与之言,欲以言取之也,是失言也。见可与言者而不与之言,不知贤人可与之言,而反欲以不言取之,是失人也。是皆趋利入邪无知之人,故曰穿踰之类也。【疏】注“餂取也”○正义曰:音义云:“丁曰:‘注云餂取也,今案字书及诸书并无此餂字。郭璞方言注云音忝,谓挑取物也。其字从金。今此字从食,与方言不同,盖传写误也。本亦作钻,奴兼切。’”按銛、钻二字,方言皆有之,一云“銛,取也”,注云:“谓挑取也。”一云“凡陈楚之郊、南楚之外,相谒而餐,或曰飵,或曰钻”。徐锴说文系传云:“相谒相见后,设麦饭以为常礼,如今人之相见饮茶也。”赵氏以取释餂,自本方言,丁公著谓“传写误”者是也。姚宽西溪丛语云:“玉篇食字部有‘餂’字,注‘音达兼反,古甜字’。然则字书非无此字,第与孟子言餂之义为不合耳。今以孟子之文考餂之义,赵岐以餂训取是也。当如郭氏方言,其字从金为銛。玉篇、广韵銛音他点反,‘取也’。广韵上声銛音忝,而平声又有銛字,音纤,训曰‘利也’。说文以銛为‘臿属’,乃音纤,其义与音忝者不同,各从其义也。”按銛乃挑之转音,以言銛即以言挑也。俗以锁钥不能开,用物挑之谓之銛,正是此銛也。臿为今之锹。锹,方言作“斛”,说文作“铫”,正以其挑取土而得名。锹有二种,一种坚厚,用以上挑可多得土。一种纤利,用以深入。此纤利者,形正近于舌,盖銛之遗也。汉书贾谊传吊屈原赋云“莫邪为钝兮铅刀为銛”,晋灼曰:“世俗以利为銛彻。”惟其利,故能挑取,其义亦相贯矣。龙龛手鉴食部平声有“餂”字,云“音甜,甘也”。又舌部云:“甛、胋、酟、餂、胡,五俗。甜,正。徒兼反。甘也。”然则餂乃甜之俗字,汉前无之。又按说文金部銛,从金,舌声。段氏玉裁说文解字注云:“舌字非声,当作〔一〕丙,舌貌也。他念切,在谷部。木部‘炊灶木’之栝,此〔二〕‘臿

〔一〕“作”下焦氏原以意增“丙声”二字,据说文段注删。
〔二〕“此”字原误在上句“木部”二字上,据说文段注乙正。

属’之硒,皆用为声。”依此,则铦宜作硒。若然,则硒为丙之通借,以言硒即是以言丙。魏校六书精蕴云:“说文丙字音忝,象舌在口外,露舌端舐物也。人有持短长术以言钩人者,孟子斥为穿踰。”是硒误为铦,又铦误为餂矣。附其说于此,以俟参考。○注“人之”至“类也”○正义曰:失言、失人,本之论语卫灵公篇。但彼之咎止于不智,故云“智者不失人,亦不失言”。此“以言餂”“以不言餂”,是以儇巧刺取人意,心术隐伏,以窃取人情,与窃人物无异,故云是皆穿踰之类。一不智,一巧智,两者正相反。然趋利入邪,亦终是无知而已。穿踰,人所耻而不为,以言不言餂,人所甘于为,而且自诩以为得计者,由不知此即穿踰之类,宜充而达之者也。充无穿踰之心,而不以言餂,不以不言餂,则庶几能勉进于义,而不为人所轻贱矣。前节意已结,此又申明充无穿踰之心如是也。

章指言:善恕行义,充大其美,无受尔汝,何施不可。取人不知,失其臧否,比之穿踰,善亦远矣。

32 孟子曰:“言近而指远者,善言也。守约而施博者,善道也。君子之言也,不下带而道存焉。【注】言近指远,近言正心,远可以事天也。守约施博,约守仁义,大可以施德于天下也。二者可谓善言善道也。正心守仁,皆在胸臆,吐口而言之,四体不与焉,故曰不下带。【疏】“善道也”○正义曰:说文辵部云:“道,所行道也。”礼记大学篇“是故君子有大道”,注云:“道,行所由。”是道即行,善道谓善行也。戴氏震孟子字义疏证云:“约,谓修其身。六经孔孟之言,语行之约,务是修身而已。语知之约,致其心之明而已。未有空指一而使人知之求之者。致其心之明,自能权度事情,无几微差失,又焉用求一知一哉!”○注“言近”至“存焉”○正义曰:“不下带而道存”,孟子自发明言近指远之义也。“修其身而天下平”,孟子自发明守约施博之义也。赵氏以修身明指身言,此不下带暗指心言,故以近言为正心。凡人束带于要限间,心在带之上。说文勹部云:“匈,膺也。”肉部云:“肊,胸肉也。”匈即胸,肊即臆。刘熙释名释衣服云:“膺,心衣,钩肩之间,施一袷以[一]奄心也。”胸臆当心，亦居带上，仁守于心，而吐于口，故四体不与也。守虽明言修身，而未言所以修身之事，赵氏以仁义明之，谓所以修身者为守此仁义也。仁者，元也。义者，利也。元亨利贞为四德，故云施德于天下。施德即施仁义也。既以正心明言近，以守仁明修身，又并云正心守仁皆在胸臆者，谓正心即守此仁义，修身即是正心，言如是，守即如是，虽分言之，实互言之也。事天之本，不外身心；平天下之功，不外仁义。孟子之旨，赵氏得之矣。春秋繁露人副天数篇云：“天地之象，以要为带。带而上者尽为阳，带而下者尽为阴，各其分。阳，天气也。阴，地气也。”董子之说，以天任阳不任阴，天之太阴，不用于物而用于空，此亦不下带而道存之义。**君子之守，修其身而天下平。**【注】身正物正，天下平矣。【疏】注“身正”至“平矣”〇正义曰：身正，成己也。物正，成物也。成己，仁也。成物，知也。以知行仁，事皆合于义，孔子所谓“修己以敬”“修己以安百姓”也。**人病舍其田而芸人之田，所求于人者重，而所以自任者轻。”**【注】芸，治也。田以喻身。舍身不治，而欲责人治，是求人太重，自任太轻。【疏】注“芸治也”〇正义曰：说文耒部云：“頛，除苗间秽也。”重文“䒙，頛或从芸。”芸为頛之假借，亦䒙之省文也。除秽即所以治之，故以治释芸。礼记曲礼“驰道不除”，注云：“除，治也。”是也。〇注“是求”至“太轻”〇正义曰：廷琥云：“孔本无是字，汲古阁本轻下有也字。”

章指言：言道之善，以心为原，当求诸己，而责于人，君子尤之，况以妄芸，言失务也。

33　**孟子曰：“尧舜，性者也。汤武，反之也。**【注】尧舜之体性，自善者也。殷汤周武反之于身，身安乃以施人，谓加善于民。【疏】注“尧舜”至“于民”〇正义曰：体性，犹荀子解蔽篇云“体道”，杨倞注云：“体，谓不离道也。”管子君臣上篇“则君体法而立矣”，房玄龄注云：“体，

〔一〕“以”原误“一”，据释名改。

犹依也。”依与不离义同,依性即中庸所云“率性”。人性本善,尧舜生知率性而行,自己为善者也。汤武以善自反其身,己身已安于善,然后加善于人。尧舜率性,固无所为而为;汤武反身而后及人,亦非为以善加人而始为善。此非尚论尧、舜、汤、武也,为托于尧、舜、汤、武者示之也。**动容周旋中礼者,盛德之至也。**【注】人动作容仪周旋中礼者,盛德之至也。【疏】注“人动”至“至也”〇正义曰:尔雅释诂云:“动,作也。”礼记少仪“祭祀之容”,注云:“容,即仪也。”冠一人字,明此泛言人,不指上尧、舜、汤、武。尧、舜、汤、武,或性或反,皆无所为而为,人之继尧、舜、汤、武而或性或反,皆如尧、舜、汤、武也。德盛于中,发扬于外,言非虚饰以悦人。**哭死而哀,非为生者也。**【注】死者有德,哭者哀也。【疏】注“死者”至“哀也”〇正义曰:三年之丧,期功之服,哀出至情,自无伪饰。惟因其人有德,虽非亲属,而亦哀之,出于真意,非以此结交其子弟父兄。**经德不回,非以干禄也。言语必信,非以正行也。**【注】经,行也。体德之人,行其节操,自不回邪,非以求禄位也。庸言必信,非必欲以正行为名也,性不忍欺人也。【疏】注“经行”至“人也”〇正义曰:僖公二十五年左传“赵衰以壶飧从径”,注云:“径,犹行也。”释文云:“读径为经。”文选魏都赋“延阁允宇以经营”,刘逵注云:“直行为经。”素问欬论王冰注引灵枢经云:“脉之所行为经。”是经为行也。体德,不离德也。在心为德,行而著之则为节操。毛诗小雅鼓钟篇“其德不回”,传云:“回,邪也。”国语周语“求福不回”,晋语“公室之不回”,注皆训回为邪。回邪不正之人,国所废黜不用,而此则自行其德,非由求固禄位,故为清操介节,以结上知也。言不信,则招尤谤而来恶名,今以不忍欺人,而庸言必信,非谓欲弋致方正之名也。**君子行法以俟命而已矣。”**【注】君子顺性蹈德,行其法度,夭寿在天,待命而已矣。【疏】注“君子”至“已矣”〇正义曰:顺性即率性,谓尧舜也。说文足部云:“蹈,践也。”践德,谓汤武反身也。毛诗小雅楚茨篇“礼仪卒度”,传云:“度,法度也。”说文又部云:“度,法制也。”人生有不容逾、不容缺之常度,则而行之,是为行法,周旋中礼,哭死而哀,经德不回,言语必信是也。其有所为而为,不出干禄、正行二端,乃君子于此二端，则俟之于命也。顺性蹈德，行其法度，盛德所致，自然周旋中礼也，哭死而哀也，经德不回也，言语必信也。为生者，为人也。若为人则此四者非干禄即正行。干禄固虚伪之小人，孟子特指出正行二字，其人严气正性，自命为君子，与干禄者之形相反，而与干禄者之虚伪则同。孟子指之为正行，赵氏申之云正行为名。后世此类，非不托于孔孟而高言尧舜，孟子则已于千古之上有以鉴之。自盆成以下，辨别士品，小慧之杀身，言铦之入邪，舍田之自轻，而此章分真伪于豪芒，则学道之人，不能保其窃屦，尤为切切者矣。

章指言：君子之行，动合礼中，不惑祸福，修身俟终，尧舜之盛，汤武之隆，不是过也。【疏】"尧舜之盛汤武之隆"○正义曰：史记太史公自序云："伏羲至纯厚，作八卦。尧舜之盛，尚书载之，礼乐作焉。汤武之隆，诗人歌之。"

34 **孟子曰："说大人则藐之，勿视其魏魏然。**【注】大人，谓当时之尊贵者也。孟子言说此大人之法，心当有以轻藐之，勿敢视之魏魏富贵若此而不畏之，则心舒意展，言语得尽。【疏】注"大人"至"得尽"○正义曰：此大人指当时诸侯而言，故云尊贵者。音义云："藐，丁音邈。藐然，轻易之貌。又音眇。"按广雅释诂云："邈，远也。"文选思玄赋"允尘邈而难亏"旧注、幽通赋"黄神邈而靡质兮"应劭注，皆训邈为远。庄子逍遥游"藐姑射之山"，释文引简文注，即以藐为远。盖说大人则藐之当释藐为远，谓当时之游说诸侯者，以顺为正，是狎近之也。所以狎近之者，视其富贵而畏之也。不知说大人宜远之。远之者，即下皆古之制，我守古先王之法，而说以仁义，不曲徇其所好，是远之也。以为心当轻藐，恐失孟子之旨。阮氏元校勘记云："'勿视其巍巍然'，闽、监、毛三本同。廖本、孔本、韩本巍作'魏'。音义出'魏魏'，丁云：'当作巍。'是经文本作'魏'，作'巍'非也。"按说文嵬部云："巍，高也。"论语泰伯篇"巍巍乎惟天为大"，是巍巍为大，故何晏注云："巍巍乎，高大之称也。"史记晋世家"魏大名也"，集解引服虔云："魏喻巍巍，高大也。"淮南本经训云"魏阙之高"，高诱注云："门阙高崇嵬嵬然。"又俶真训高诱注云："巍巍高大，故曰魏阙。"魏魏即巍巍，古或省山作"魏"。庄子知北游篇"魏魏乎其终而复始也",又天下篇"魏然而已矣",亦作"魏",省山。易系辞传云"崇高莫大乎富贵",故赵氏以富贵释之。经云"勿视其魏魏然"者,犹俗云不必以其富贵置在目中也。赵氏云"勿敢视之魏魏富贵若此而不畏之",勿敢视与勿视二义相反,勿敢视者,心畏其富贵,目不敢视也。勿视者,不以其富贵为重而视之也,勿敢视是畏,勿视是不畏,赵氏谓其富贵可畏若此而不畏之。盖在他人则勿敢视者,在我则勿视;在他人则畏之,在我则不畏之:曲折以互明其义也。**堂高数仞,榱题数尺,我得志弗为也。**【注】仞,八尺也。榱题,屋霤也。堂高数仞,振屋数尺,奢汰之室,使我得志,不居此堂也。大屋无尺丈之限,故言数仞也。【疏】注"仞八"至"仞也"○正义曰:仞,详见前。尔雅释宫云:"桷谓之榱,桷直而遂谓之阅,不受檐谓之交。檐谓之樀。"方言云"屋梠谓之欞",郭璞注云:"即屋檐也。亦呼为连绵。"刘熙释名释宫室云:"桷,确也。其形细而疏确也。或谓之椽。椽,传也。相传次而布列也。或谓之榱,在檼旁下列衰衰然垂也。梠,旅也。连旅旅也。或谓之櫋。櫋,绵也。绵连榱头使齐平也。檐,接也。接屋前后也。霤,流也。水从上流下也。"按屋自中栋至檐,用椽相比,近栋者名交,谓交于楣上也。接交而长,直下达于檐者名阅,以其下垂,故名榱矣。榱之抵檐处为榱题,其下覆以瓦,雨自此下溜,故为霤,亦为樀,樀取于滴也,今尚以瓦头为滴水。自瓦言之为霤,自椽言之为榱题,近在一所,故赵氏以屋霤释榱题也。霤属瓦,故亦作甗,广雅释宫云:"甍谓之甗。"是也。程氏瑶田通艺录云:"襄二十八年左传'庆舍援庙桷而动于甍',则甍为覆桷之瓦可知,言其多力,引一桷而屋宇为之动也。若以甍为屋极,则太公之庙必非容膝之庐,所援之桷必为当檐之题,题之去极甚远,安得援而动于极也。"程氏说是也。援桷甍动,亦屋霤与榱题相近在一所之证也。赵氏既以屋霤明榱题矣,又云:"堂高数仞,振屋数尺,奢太之室。"阮氏元校勘记云:"'榱题三尺',闽、监、毛三本同。廖本、孔本、韩本、考文古本榱题作'振屋'。"谨按:振字乃旅字之讹。说文木部云:"楣,秦名屋櫋联也。齐谓之檐,楚谓之梠。""橝,屋梠前也。"仪礼特牲馈食礼记"饎爨在西壁",注引旧说云:"南北直屋梠。"屋旅即屋梠,屋梠即屋檐,正榱头之所在。赵氏盖云屋旅数尺,讹旅为振,又倒屋旅为旅屋,遂不知其说,而竟改注文为榱题矣。

今仍存振屋二字而证明之，以著赵氏之义，识者察之。经传称堂高者，皆指堂阶而言。礼记礼器云："天子之堂九尺，诸侯七尺。"考工记云："殷人重屋，堂崇三尺；周人明堂，度九尺之筵，堂崇一筵。"注云："周堂高九尺，殷三尺，则夏一尺。"皆有尺寸之限矣。故赵氏以此堂高为大屋之高。周氏柄中辨正云："堂屋高卑之度，经无明文。惟考工记云：'王宫门阿之制，五雉；宫隅之制，七雉。'郑注：'雉，长三丈，高一丈。度广以广，度高以高。'则门阿高五丈，宫隅高七丈。尚书大传云：'天子之堂广九雉，三分其广以二为内，五分内以一为高，则三丈六尺。公侯七雉，三分广以二为内，五分内以一为高，则二丈八尺。伯子男五雉，三分广以二为内，五分内以一为高，则二丈。'然则堂高数仞并非逾制，而数仞之指堂阶无疑矣。"谨按：孟子亦浑言其堂之高耳，当时纵僭乎帝制，堂阶之高不必更逾九尺，而屋之高或进二丈八尺者为三丈六尺可也。所以总括之以数仞耳。赵氏以为大屋是也。韩诗外传云："曾子曰：吾尝南游于楚，得尊官焉，堂高九尺，榱题三围。"曾子大贤，即为尊官，何致僭天子九尺之阶？若三围，庄子人间世释文李云："经尺曰围。"然则三围者，三尺也。廷琥云："赵注堂高数仞，孔本作'高堂数仞'。"**食前方丈，侍妾数百人，我得志弗为也。**【注】极五味之馔食，列于前方一丈，侍妾众多至数百人也。【疏】注"极五"至"一丈"○正义曰：说文食部云："籑，具食也。馔，或从巽。"収部云："具，共置也。"列前有方丈之多，则极五味无不备置，故以馔释食，谓食言具食也。论语为政篇"有酒食，先生馔"，集解引马曰："馔，饮食也。"广雅释诂云："馔，食也。"是具食亦单谓之食。仪礼士冠礼"具馔于西塾"，注云："馔，陈也。"周礼秋官掌客"皆陈"，注云："陈，列也。"赵氏既以馔释食，又以列释馔，是食前即具食于前，亦即是列于前。晏子春秋问下云："昔吾先君桓公，善饮酒穷乐，食味方丈。"**般乐饮酒，驱骋田猎，后车千乘，我得志弗为也。**【注】般，大也。大作乐而饮酒。驱骋田猎，从车千乘，般于游田也。【疏】注"般大也"○正义曰："般，大"，详见公孙丑上篇。书无逸"文王不敢盘于游田"，文选西京赋"般于游畋，其乐只且"，薛综注云："盘，乐也。"此云盘于游田，般与盘通。书盘庚，汉书古今人表作般庚；君奭"时则有若甘盘"，史记燕世家作甘般是也。此与般乐之般训大者不同。**在**

彼者，皆我所不为也。在我者，皆古之制也。吾何畏彼哉？”【注】在彼贵者骄佚之事，我所耻为也。在我所行，皆古圣人所制之法，谓恭俭也。我心何为当畏彼人乎哉。

章指言：富贵而骄，自遗咎也。茅茨采椽，圣尧表也。以贱说贵，惧有荡心，心谓彼陋，以宁我神，故以所不为为之宝玩也。【疏】“茅茨”至“荡心”○正义曰：韩非子：“尧之有天下也，茅茨不剪，采椽不斫。”亦见淮南子主术训。史记自叙云：“墨者亦尚尧舜道，言其德行，曰堂高三尺，土阶三等，茅茨不翦，采椽不刮。”庄公四年左传：“楚武王曰：‘余心荡。’”

35　孟子曰：“养心莫善于寡欲。其为人也寡欲，虽有不存焉者，寡矣。【注】养，治也。寡，少也。欲，利欲也。虽有少欲而亡者，谓遭横暴，若单豹卧深山而遇饥虎之类也。然亦寡矣。【疏】注“养治”至“寡矣”○正义曰：周礼天官疾医“以五味五谷五药养其病”，注云：“养，犹治也。”说文宀部云：“寡，少也。”存与亡对，故以不存为亡。单豹事，庄子达生篇云：“田开之见周威公曰：‘善养生者若牧羊然，视其后者而鞭之。鲁有单豹者，岩居而水饮，而与民共利，行年七十，而犹有婴儿之色，不幸遇饿虎，饿虎杀而食之。有张毅者，高门县薄，无不走也，行年四十，而有内热之疾以死。豹养其内而虎食其外，毅养其外而病攻其内，此二子者，皆不鞭其后者也。’”吕氏春秋必己篇云：“单豹好术，离俗弃尘，不食谷实，不衣芮温，身处山林岩崛，以全其生，不尽其年，而虎食之。”高诱注云：“不食谷实，行气道引也。芮，絮也。幽通记曰‘单豹治里而外凋’，此之谓也。”亦见淮南子人间训。其为人也多欲，虽有存焉者，寡矣。”【注】谓贪而不亡，蒙先人德业，若晋栾黡之类也。然亦少矣，不存者众也。【疏】注“谓贪”至“众也”○正义曰：诗大雅桑柔篇“民之贪乱”，笺云：“贪，犹欲也。”吕氏春秋慎大篇云“暴戾贪顽”，高诱注云：“求无厌足为贪。”是贪为多欲也。引晋栾黡者，襄公十四年左传："秦伯问于士鞅曰：'晋大夫其谁先亡？'对曰：'其栾氏乎！'秦伯曰：'以其汰乎？'对曰：'然。栾黡汰虐已甚，犹可以免，其在盈乎！'秦伯曰：'何故？'对曰：'武子之德在民，如周人之思召公焉，爱其甘棠，况其子乎？栾黡死，盈之善未能及人，武子所施没矣，而黡之怨实章，将于是乎在。'"是其事也。黡虽不亡，而盈亦必亡，先德之恃，焉可久乎？

章指言：清净寡欲，德之高者，畜聚积实，秽行之下。廉者招福，浊者速祸，虽有不然，盖非常道，是以正路不可不由也。【疏】"清净寡欲"○正义曰：史记自叙云："李耳无为自化，清净自正。"礼记孔子闲居云"清明在躬"，注云："清谓清净。"说文水部云："瀞，无垢秽也。"瀞即净字。

36 **曾皙嗜羊枣，而曾子不忍食羊枣。公孙丑问曰："脍炙与羊枣孰美？"**【注】羊枣，枣名也。曾子以父嗜羊枣，父没之后，惟念其亲，不复食羊枣，故身不忍食也。公孙丑怪之，故问羊枣孰与脍炙美也。【疏】注"羊枣枣名也"○正义曰：尔雅释木云："遵，羊枣。"郭璞注云："实小而圆，紫黑色，今俗呼之为羊矢枣。孟子曰：'曾皙嗜羊枣。'"邵氏晋涵尔雅正义云："羊枣一名遵。说文：'枣，羊枣也。'是以为枣之总名也。"赵氏以枣名释之，以枣类众多，此其中一名耳。何氏焯读书记云："羊枣非枣也，乃柿之小者，初生色黄，熟则黑，似羊矢。其树再接则成柿。余乙卯客授临沂始睹之。沂近鲁地，可据也。今俗呼牛奶柿，一名檽枣，而临沂人亦呼羊枣曰檽枣。此尤可证柿之小者通得枣名，不必以尔雅'遵羊枣'之说为疑。"周氏柄中辨正云："陈禹谟名物考云：'尝道邹，登峄山，或以羊枣啖余，其状绝类柿，大仅如茨实，盖名为枣而去枣远矣。'"此皆得之亲见，益信何氏之说不诬。段氏玉裁说文解字注云："羊枣，即木部之梬，尔雅诸枣中之一，与常枣绝殊，不当专取以为训。枣树随地有之，尽人所识，赤心而外刺，非羊枣也。木部云：'梬，梬枣也。似柿而小，一曰檽。'按檽即释木之'遵，羊枣'也。凡物必得诸目验而折衷古籍，乃为可信。昔在西苑万善殿庭中曾见其树，叶似柿而不似枣，其实似柿，而小如指头。内监告余，用此树接之便成柿。古今注云：'梗枣，实似柿而小，味亦甘美。'师古曰：'梬枣，今之梗枣也。'梗与遵音相近，梗即遵字也。内则'芝栭'，贺氏曰：'芝，木椹。栭，软枣。'释文云：'栭本又作檽。'檽者梗之误。"○注"曾子"至"美也"○正义曰：尔雅释诂云："惟，思也。""身，我也。"赵氏谓曾子思念其父既殁，不复再食此羊枣，故己身不忍食之。礼记少仪云："牛羊鱼之腥，聂而切之为脍；麇鹿为菹，野豕为轩，皆聂而不切；麕为辟鸡，兔为宛脾，皆聂而切之；切葱若薤，实之醯以柔之。"注云："聂之言牒也，先藿叶切之，复报切之，则成脍。"内则云："脍，春用葱，秋用芥。肉腥细者为脍，大者为轩。"其余文与少仪略同。注云："言大切细切异名也。脍者必先轩之，所谓聂而切之也。此轩、辟鸡、宛脾，皆菹类也。酿菜而柔之以醯，杀腥肉及其气，今益州有鹿臡者，近由此为之矣。轩或为胖，宛或为郁。"说文肉部云："牒，薄切肉也。""脍，细切肉也。"牒即聂而切之，周礼天官醢人注引少仪作"牒而切之"。然则牒者切之成薄片，如今片肉也。又将所片细切成条，谓之报切。段氏玉裁说文解字注云："凡细切者，必疾速下刀。少仪注云：'报读为赴疾之赴。'"按报与躁音近，报之为疾，即躁之为疾，报而切之，即今肉躁子也。南史恩倖传云："宫中讹云赵鬼食鸭臛，诸鬼尽著调。"臛与调韵正读如躁。臛犹潚，潚亦为疾，盖汉言报，六朝言臛，今则为躁也。刘熙释名释饮食云："脍，会也。细切肉令散，分其赤白异切之，已乃会合和之也。"赤盖肉之精者，白盖肉之肥者，先分切而后合之，所以为会。醢人"五齐七菹"，注云："齐当为齑。五齑，昌本、脾析、蜃、豚拍、深蒲也。七菹，韭、菁、茆、葵、芹、箈、笋菹。凡醯酱所和，细切为齑，全物若牒为菹。"齑、菹之称菜肉通，此因少仪、内则麇鹿称菹，脾析为牛百叶，豚拍为豚胁，亦为齑，是齑、菹通称于肉。以细切为齑，则齑即脍之通称。盖肉之牒而切者为轩，又报切之则为脍。在菜，但牒切而不报、或全物不切是为菹，细切者为齑。以其皆为牒切，则肉亦名菹；以其皆为细切，则肉亦名齑。但菹之名可通于肉，而脍之名则不闻通于菜，是脍专为肉之细切者名也。菹、齑皆用葱薤醯酱和之，今人以生鰕生蜱蛸用酒酢椒薤拌食之，此古肉食为菹之遗，用全物而不切者也。说文艸部云："菹，酢菜也。"韭部云："齑，墜也。""墜，齑也。"通俗文云："淹韭曰齑，淹薤曰墜。"盖菹、齑之暂食者可用酢，其久藏者兼以盐，或用全，或用切，或用细切，其细切者，今尚名齑矣。而肉之牒切细切者，皆未有生用醯酢芥薤和食之制，盖脍之古法，今不可详矣。内则诸膳，有牛炙、牛脍、羊炙、豕炙、鱼脍，即仪礼公食大夫礼二十豆中物。孔氏正义云："牛炙，炙牛肉也。"毛诗小雅楚茨云"或燔或炙"，传云："炙，炙肉也。"笺云："炙，肝炙也。"孔氏正义云："燔者，火烧之名。炙者，远火之称。以难熟者近火，易熟者远之，故肝炙而肉燔也。生民传曰'傅火曰燔'，瓠叶传曰'加火曰燔'，对遥炙者为近火，故云傅火加之。燔其实亦炙，非炮烧之也，故量人注云'燔从于献酒之肉'，特牲注云[一]'燔炙肉'，是燔亦炙也。且燔亦炙，为脔而贯之以炙于火，如今炙肉矣。"瓠叶云"有兔斯首，炮之燔之"，次章云"炮之炙之"，传云："毛曰炮，加火曰燔，炕火曰炙。"笺云："柔者炙之，干者燔之。"孔氏正义云："凡治兔之所宜，若鲜明而新杀者，合毛炮之。若割截而柔者，则脔贯而炙之，若今炙肉也。干者，谓脯腊，则加之火上，若今之烧干脾[二]也。"礼记礼运云"以炮以燔，以亨以炙"，注云："炮，裹烧之也。燔，加于火上。炙，贯之火上。"内则独详于炮，云："炮取豚若牂，刲之刳之，实枣于其腹中，编萑以苴之，涂之以谨涂，炮之，涂皆干，擘之，濯手以摩之，去其皽。"注云："炮者，以涂烧之为名也。谨当为墐。墐涂，涂有穰草也。"此盖连毛以墐涂涂裹之，置火中烧，其毛随涂脱去，又用手摩去皮肉上之皽，更入鼎镬煮之。以其用涂包裹烧之，故名炮。炮者，包也。是为毛曰炮也。去皽之后，入镬煮之，则炮而烹矣。若不入鼎镬，近火炙之则为燔，远火炙之则为炙。考工记庐人"重欲傅人"，注云："傅，近也。"傅火，即近火也。是为炮之燔之也。段氏玉裁说文解字注云："瓠叶传云'炕火曰炙'，正义云：'炕，举也。'谓以物贯之而举于火上以炙之。"按炕俗字，古当作"抗"，方言曰："抗，县也。"是也。县而炙之，则远火也。是为炮之炙之也。软枣为人君燕食所加之庶羞，视公食大夫礼二十豆之用脍炙，礼之隆杀有差，即物之甘嘉或别，故以孰美为问耳。

孟子曰："脍炙哉！"【注】言脍炙固美也，何比于羊枣。

公孙丑曰："然则曾子何为食脍炙而不食羊枣？"曰：

〔一〕"注云"原误"曰"，据毛诗正义、阮元校勘记改补。

〔二〕"脾"原误"脯"，据毛诗正义改。

“脍炙所同也，羊枣所独也。讳名不讳姓，姓所同也，名所独也。”【注】孟子言脍炙虽美，人所同嗜。曾子父嗜羊枣耳，故曾子不忍食也。譬如讳君父之名，不讳其姓，姓与族同之，名所独也，故讳之也。

【疏】注“譬如”至“故讳之也”〇正义曰：周礼春官小史“若有事则诏王之忌讳”，注云：“先王死日为忌，名为讳。”礼记王制云“太史典礼，执简记，奉讳恶”，注云：“讳，先王名。恶，忌日，若子卯。”大史所奉之讳恶，即小史所诏之忌讳，盖虽小史掌之，而必由大史进之也。曲礼云：“卒哭乃讳。礼不讳嫌名，二名不偏讳。逮事父母，则讳王父母；不逮事父母，则不讳王父母。君所无私讳，大夫之所有公讳。诗书不讳，临文不讳，庙中不讳。”檀弓云“既卒哭，宰夫执木铎以命于宫曰，舍故而讳新”，注云：“故，谓高祖之父当迁者也。”桓公六年左传申繻云“周人以讳事神”，注云：“自父至高祖，皆不敢斥言。”孔氏正义云：“自殷以往，未有讳法，讳始于周。”然则周制以讳事神，天子诸侯讳高祖以下，郑氏谓适士以上讳祖，推之则大夫三庙，当讳曾祖，庶人不逮事父母者，虽不讳祖，亦仍讳父。是自天子至于庶人未有不讳父者，君之名则未有敢斥言者。此讳君父之名之事也。隐公八年左传：“无骇卒，羽父请谥与族。公问族于众仲。众仲对曰：‘天子建德，因生以赐姓，胙之土而命之氏。诸侯以字为谥，因以为族。官有世功，则有官族。邑亦如之。’公命以字为展氏。”注云：“立有德以为诸侯。因其所由生以赐姓，谓若舜由妫汭，故陈为妫姓。报之以土而命氏曰陈。诸侯位卑不得赐姓，故其臣因氏其王父字。或使即先人之谥称以为族。则有官族，邑亦如之，谓取其旧官旧邑之称以为族，皆禀之时君。诸侯之子为公子，公子之子为公孙，公孙之子以王父字为氏。无骇，公子展之孙，故为展氏。”由此言之，则姓可赐即可改，族由氏立，则姓不与族同矣。礼记大传云：“其庶姓别于上，而戚单于下，昏姻可以通乎？系之以姓而弗别，缀之以食而弗殊，虽百世而昏姻不通者，周道然也。”注云：“玄孙之子，姓别于高祖，五世而无服，姓世所由生。姓，正姓也。始祖为正姓，高祖为庶姓。”孔氏正义云：“正姓者，对氏族为正姓也。若炎帝姓姜，黄帝姓姬。周姓姬，本于黄帝。齐姓姜，本于炎帝。宋姓子，本于契。是始祖为正姓也。云高祖为庶姓者，若鲁之三桓庆父、叔牙、季友之后，及郑之七穆子游、子国之后为游氏、国氏之等。"然则庶姓者,氏也。同姓为一族,其以氏为族者,谓九族之族。盖一族分为九族,可各为氏,而九族总为一族,其姓仍同也。白虎通姓名篇云:"人所以有姓者何?所以崇恩爱,厚亲亲,远禽兽,别昏姻也。故纪世别类,使生相爱,死相哀,同姓不得相娶者,皆为重人伦也。姓者,生也。人禀天气所以生者也。所以有氏者何?所以贵功德,贱伎力,或氏其官,或氏其事,闻其氏即可知其德,所以勉人为善也。或氏王父字者何?所以别诸侯之后,为兴灭国,继绝世也。"此分别姓、氏甚详。段氏玉裁说文解字注云:"按人各有所由生之姓,其后氏别既久,而姓几湮。有德者出,则天子立之,令姓其正姓,若大宗然。如周语:'帝胙四岳国,赐姓曰姜,氏曰有吕;陈胡公不淫,故周赐之姓,命氏曰陈;飂叔安裔子董父事帝舜,帝赐之姓曰董,氏曰豢龙。'盖此三者,本皆姜、妫、董之子孙,故予之以其姓,又或特赐之姓。前无所承者,如史记、白虎通禹祖昌意以薏苡生,赐姓姒氏;殷契以玄鸟子生,赐姓子氏:斯皆因生以赐姓也。必兼春秋传之说,而姓之义乃完。""舜既姚姓,则妫为舜后之氏可知。姓氏之礼,姓统于上,氏别于下。郑驳五经异义云:'天子赐姓命氏,诸侯命族。族者,氏之别名;姓者,所以统系百世不别也;氏者,所以别子孙之所出,故世本之篇言姓则在上,言氏则在下也。'此由姓而氏之说也。既别为氏,则谓之氏姓,故风俗通、潜夫论皆以氏姓名篇,诸书多言氏姓。氏姓之见于经者,春秋隐九年'天王使南季来聘',穀梁传曰:'南,氏姓也。季,字也。'南为逗,'氏姓也'三字为句,此氏姓之明文也。史记陈杞世家:'舜为庶人时,尧妻之二女,居于妫汭,其后因为氏姓,姓妫氏。'五帝本纪曰:自黄帝至舜禹皆同姓,'帝禹为夏后而别氏姓,姓姒氏'。契为商姓子氏,弃为周姓姬氏,此皆氏姓之明文也。凡言赐姓者,先儒以为有德者则复赐之祖姓,使绍其后。故后稷赐姓曰姬,四岳尧赐姓曰姜,董父舜赐姓曰董,秦大费赐姓曰嬴,皆予以祖姓也。其有赐姓本非其祖姓者,如郑氏驳异义云:'炎帝姓姜,大皞之所赐也。黄帝姓姬,炎帝之所赐也。'是炎帝、黄帝之先固自有姓,而炎帝、黄帝之姜、姬实为氏姓之创始。夏之姓姒,商之姓子,亦同。然则单云姓者,未尝不为氏姓,单言氏者,其后以为姓,古则然矣。至于周,则以三代以上之姓及氏姓为昏姻不通之姓,而近本诸氏于官、氏于事、氏于王父字者,为氏不为姓,古今之不同也。"谨按:伏羲以上,人道未定,有男女而无夫妇,人知有母而不知父,无父子则无族矣。伏羲画八卦，定人道，使男女有别，男女有别则夫妇有义，夫妇有义则父子有亲。郑氏注昏义云："子受气性纯则孝。"受气纯则一本相生而有族，于是有赐姓之制，盖遵昏姻之礼，以长育子孙，则赐之姓以旌别之，所谓因生赐姓者，盖由此也。故云远禽兽、别昏姻也。其始未必人人皆赐姓，而得姓者为贵，久之相慕相习，则赐姓者非一时，此所以神农之姓赐于大皞，黄帝之姓赐于炎帝也。至国语晋语司空季子曰："黄帝之子二十五人，其同姓者二人而已。"惟青阳与夷鼓皆为己姓，其同生而异姓者，四母之子别为十二姓，凡黄帝之子二十五宗，其得姓者十四人为十二姓，此所谓姓即氏也。同是子而或得姓，或不得姓，即春秋时之公子，或赐氏，或不赐氏也。季子以怀嬴之故，附会其说，姓氏之分，未足为据。盖至黄帝时，天下已无不有姓之人，而族类繁滋，其先因其无族而赐姓，以别其为族，至是因其族多，而赐姓以别其族中之族，故一姓而有诸氏焉。久之忘其正姓，遂以氏为姓，而氏又分氏。书禹贡"锡土姓"，郑氏注云："天子建其国，诸侯胙之土，赐之姓，命之氏。"然则此赐姓即是命氏，是古时通谓之姓，周乃分正姓为姓，庶姓为氏耳。禹赐姒姓，契赐子姓，稷赐姬姓，皆与舜之姓妫同，所谓氏姓也。盖自黄帝以后，凡赐姓皆是赐氏。所谓因生以赐姓，在无族无姓以前，是因其生气不纯，而以姓表其同；在族既繁滋之后，是因其生气滋盛，而以姓表其异。其同，德也。其异，亦德也。故皆为天子建德，因生以赐姓也。若论正姓，惟伏羲初定人道时所赐，乃为真姓本族，自黄帝以后，庶姓之中更为庶姓，惟本其所知者以为姓，即以为族而已矣。

章指言：情礼相扶，以礼制情，人所同然，礼则不禁。曾参至孝，思亲异心，羊枣之感，终身不尝，孟子嘉焉，故上章称曰岂有非义而曾子言之者也。【疏】"思亲异心"○正义曰：荀子大略篇云："曾子食鱼有余，曰：'泔之。'门人曰：'泔之伤人，不若奥之。'曾子泣涕曰：'有异心乎哉！'伤其闻之晚也。"

37　万章问曰："孔子在陈曰：'盍归乎来！吾党之士狂简，进取，不忘其初。'孔子在陈，何思鲁之狂士？"【注】孔子厄陈，不遇贤人，上下无所交，盖叹息思归，欲见其乡党之士也。简，大也。狂者，进取大道而不得其正者也。不忘其初，孔子思故旧也。周礼“五党为州，五州为乡”，故曰吾党之士也。万章怪孔子何为思鲁之狂士也。【疏】注“简大”至“士也”○正义曰：此文见论语公冶长篇，但彼云“斐然成章，不知所以裁之”，与此不同。彼集解引孔氏云：“简，大也。孔子在陈思归欲去，故曰吾党之小子。狂简者，进趋于大道，穿凿以成文章，不知所以裁制。”盖孔氏读斐为匪，匪然即非然。包氏注：“不知而作为穿凿。”此孔氏以斐然成章为穿凿成文章，谓以非然者成为文章也。赵氏本此，以不得其正解之。仪礼觐礼云“伯父帅乃初事”，注云：“初，犹故也。”楚辞招魂“乐先故些”，注云：“故，旧也。”是不忘其初即不忘故旧也。“五党为州，五州为乡”，周礼地官大司徒文。引此者，所以别乎阿私曰党之党。盖赵氏生桓、灵时，目见当时南北部党人之议，朝廷捕而禁之，谓之党锢，恐学者误以圣人所称吾党之士，即此三君八俊、希风标榜之徒，故既以乡释党，又引周礼以明之。谓孔子所称吾党之士，即是吾乡之士也，非此朋党部党之谓也。旧疏不知赵氏之旨，妄肆讥评，而说者或谓孟子之文本作“五党之士”，故引五党释之，尤失之远矣。

孟子曰：“孔子‘不得中道而与之，必也狂猥乎！狂者进取，猥者有所不为也。’孔子岂不欲中道哉？不可必得，故思其次也。”【注】中道，中正之大道也。狂者能进取，猥者能不为不善。时无中道之人，以狂猥次善者，故思之也。【疏】“孔子”至“次也”○正义曰：此亦见论语子路篇，猥作“狷”。音义云：“猥，丁音绢，与狷同。”按说文犬部：“猥，疾跳也。一曰急也。”国语晋语“小心狷介”，韦昭注云：“狷者守分，有所不为也。”猥之为狷，犹捐之为环。又心部云：“懁，急也。读若绢。”段氏玉裁说文解字注云：“论语狷，孟子作‘猥’，其实当作懁。”

“敢问何如斯可谓狂矣？”【注】万章曰，人行何如斯则可谓之狂也。

曰：“如琴张、曾皙、牧皮者，孔子之所谓狂矣。”【注】孟子言人行如此三人者，孔子谓之狂也。琴张，子张也。子张之为人，踸踔谲诡，论语曰"师也辟",故不能纯善而称狂也。又善鼓琴,号曰琴张。曾皙,曾参父。牧皮,行与二人同,皆事孔子学者也。【疏】注"琴张"至"学者也"〇正义曰:琴张之名,一见于昭公二十年左传云:"琴张闻宗鲁死,将往吊之。仲尼曰:'齐豹之盗而孟絷之贼,女何吊焉?'"注云:"琴张,孔子弟子,字子开,名牢。"孔氏正义云:"家语云:'孔子弟子琴张,与宗鲁友。'七十子篇云:'琴牢,卫人,字子开,一字张。'则以字配姓为琴张,即'牢曰子云'是也。贾逵、郑众皆以为子张即颛孙师。服虔云:'案七十子传云子张少孔子四十余岁。'孔子是时四十,知未有子张。郑、贾之说,不知所出。"一见于庄子大宗师篇云:"子桑户、孟子反、子琴张三人相与友,曰:'孰能相与于无相与,相为于无相为?孰能登天游雾,挠挑无极,相忘以生,无所终穷?'三人相视而笑,莫逆于心,遂相与友。莫然有间,而子桑户死,未葬,孔子闻之,使子贡往侍事焉。或编曲,或鼓琴,相和而歌曰:'嗟来桑户乎!嗟来桑户乎!而已反其真,而我犹为人猗!'子贡趋而进曰:'敢问临尸而歌,礼乎?'二人相视而笑曰:'是恶知礼意。'"左传、庄子皆周人之书,赵氏岂不知之,而以琴张为子张?观左传正义所引郑、贾之说,则当时固以琴张为子张而赵氏本之也。服虔始疑而家语始以琴牢一字张,杜预注左传所本者,此也。然家语晚出之书,未足为据。论语子罕篇"牢曰子云吾不试故艺",郑氏注云:"牢,弟子子牢也。"不言即琴张。史记仲尼弟子传亦无琴牢其人。陈氏鳣论语古训云:"王肃家语叙云:'语云牢曰子云吾不试故艺,谈者不知为谁,多妄为之说。'孔子家语'弟子有琴张,一名牢,字子开,亦字张,卫人也'。肃云谈者,即指郑氏。夫论语记弟子不应称名,汉白水碑琴张、琴牢判为二人,肃臆说不可信。"按郑众、贾逵既以左传之琴张为子张,则当时说庄子亦必以琴张为子张,孟子反与琴张或编曲,或鼓琴,则编曲者反而鼓琴者张也。故谓子张善鼓琴,又正当时以庄子之琴张为颛孙师之证,而赵氏本之也。盖子张之为人,短之者甚多。荀子非十二子篇云:"弟佗其冠,神禫其辞,禹行而舜趋,是子张氏之贱儒也。"吕氏春秋尊师篇云:"子张,鲁之鄙家也,学于孔子。"郑氏解论语"堂堂乎张"云:"子张容仪盛而仁道薄。"至马融注"师也辟"则云:"子张才过人,失在邪僻文过。"直以辟为邪僻,此赵氏本之,谓其不能纯善也。汉书古今人表以子张与曾皙相次,列于第三,而以琴牢列于第四,似亦以子张即琴张,而琴牢别为"牢曰子云"之牢,别无琴张之名。赵氏生王肃前，未见有家语，自不知琴张即琴牢，以子张释之，非无本也。王氏念孙广雅疏证云："释训：'跐踔，无常也。'跐或作'踸'。楚辞七谏'马兰踸踔而日加'，王逸注云：'踸踔，暴长貌也。'暴长即无常之意。无常谓之踸踔，非常亦谓之踸踔。赵氏注孟子云：'子张之为人，踸踔谲诡。'是也。"文选东京赋"瑰异谲诡"，薛综注云："谲诡，变化也。"汉书刘辅传云"必有卓诡切至"，颜师古注云："诡，异于众也。"异于众，亦谓其非常矣。庄子寓言，恐非其实。

"何以谓之狂也？"【注】万章问何以谓此人为狂。

曰："其志嘐嘐然，曰古之人，古之人，夷考其行而不掩焉者也。【注】嘐嘐，志大言大者也。重言古之人，欲慕之也。夷，平也。考察其行，不能掩覆其言，是其狂也。【疏】注"嘐嘐志大言大者也"○正义曰：音义云："嘐嘐，火包切。"说文口部云："嘐，夸语也。"志大言大，是夸语矣。既欲之而又慕之，故重言古之人。说文心部云："慕，习也。"习者，重也。在心欲之不已，则形于口者亦不已。毛诗小雅出车"玁狁于夷"，节南山"式夷式已"，大雅桑柔"乱生不夷"，召旻"实靖夷我邦"，传皆训夷为平。尔雅释诂云："平，成也。"易复象传"中以自考也"，释文引郑氏注云："考，成也。"向秀云："考，察也。"礼记礼器"观物弗之察矣"，注云："察，犹分辨也。"平与辨义通，则夷考即是考察。说文大部云："奄，覆也。"掩与奄通。**狂者又不可得，欲得不屑不絜之士而与之，是獧也是又其次也。**【注】屑，絜也。不絜，污秽也。既不能得狂者，欲得有介之人，能耻贱污行不絜者，则可与言矣。是獧人次于狂者也。【疏】注"屑絜"至"狂者也"○正义曰：毛诗邶风谷风篇"不我屑以"，传云："屑，洁也。"古修洁之字皆作"絜"。楚辞招魂云"朕幼清以廉洁兮"，王逸注云："不污曰洁。"不污秽为絜，是污秽为不絜矣。汉书杨胡朱梅云传赞云"昔仲尼称不得中行则思狂狷"，颜师古注云："狷，介也。"故此注以狷为有介之人。有所不为，则有所介画，不妄为，故不以不絜为絜也。不絜是污秽之行，能耻之贱之，是不絜此不絜之行也。与之是进而教之，故为可与言。"是獧也是又其次也"八字一句，故易獧也为獧人以明之。**孔子曰:'过我门而不入我室,我不憾焉者,其惟乡原乎! 乡原,德之贼也。'"**【注】憾,恨也。人过孔子之门不入,则孔子恨之。独乡原不入者无恨心耳,以其贼德故也。【疏】注"憾恨也"至"故也"○正义曰:小尔雅广言云:"憾,恨也。"楚辞哀时命云:"志憾恨而不逞兮。"是也。荀子修身篇云"害良曰贼",有害于德,故云德之贼。语见论语阳货篇。

曰:"何如斯可谓之乡原矣?"【注】万章问乡原之恶云何。

曰:"何以是嘐嘐也? 言不顾行,行不顾言,则曰古之人,古之人行何为踽踽凉凉,生斯世也,为斯世也善,斯可矣。阉然媚于世也者,是乡原也。"【注】孟子言,乡原之人言何以是嘐嘐若有大志也,其言行不顾,则亦称古之人。古之人行何为踽踽凉凉,有威仪如无所施之貌也。乡原者,外欲慕古之人而其心曰,古之人何为空自踽踽凉凉,而生于今之世,无所用之乎。以为生斯世,但当取为人所善善人,则可矣。其实但为合众之行,媚,爱也。故阉然大见爱于世也。若是者谓之乡原。【疏】注"孟子"至"乡原"○正义曰:孟子言三字解曰字。何以是嘐嘐以下皆论乡原。嘐嘐,乡原之嘐嘐也。言何以是嘐嘐若有大志,谓乡原之言何以嘐嘐若有大志也,非如狂者之真有大志也。言不顾行,行不顾言,乡原之言行不顾也。狂者曰古之人古之人,乡原则亦曰古之人。但狂者之称古人,是欲之慕之;乡原之称古之人,则大言以讥斥之,谓古之人行何为踽踽凉凉,无所用于世。此乡原之大言,非如狂者之大言也。赵氏以上"古之人"为句,"古之人行何为踽踽凉凉"为句,"生斯世也"句,"为斯世也善"句,与"斯可矣"一连贯下相呼应,故云但当取为人所善善人也。毛诗唐风杕杜篇"独行踽踽",传云:"踽踽,无所亲也。"说文足部云:"踽,疏行也。"疏与亲反,无所亲,故疏。又水部云:"凉,薄也。从水,京声。"薄与疏义亦相近,不与人相亲,则不以周旋盘辟,施之于人,故云有威仪如无所施之貌也。音义以"古之人行"为句,何为之为,张云:"于伪反。"谓古人之行何所为而如是,生斯世也,但取为人所善之善人,此为字读如字矣。阉为宦竖之称。尔雅释天云"太岁在戊曰阉茂",李巡注云:"阉,蔽也。"赵氏读阉为奄。毛诗大雅皇矣篇"奄有四方",传云:"奄,大也。"故释为大。又思齐篇"思媚周姜",传云:"媚,爱也。"

万子曰:"一乡皆称原人焉,无所往而不为原人。孔子以为德之贼,何哉?"【注】万子,即万章也。孟子录之,以其不解于圣人之意,故谓之万子。子,男子之通称也。美之者,欲以责之也。万章言人皆以为原善,所至亦谓之善人,若是,孔子以为贼德,何为也。【疏】注"万子"至"为也"〇正义曰:臧氏琳经义杂记云:"赵注'万子即万章也'云云,是赵邠卿注本作万子。赵氏谓'其不解于圣人之意,美之者欲以责之',此说颇曲。夫公孙丑、万章、告子之徒,平日反覆辨难,往往数千百言,孟子皆据理告之,未尝责其不解,何至此忽欲责其不解,而反假以美之乎?盖乡原之行,孟子虽已告之,其所以称原者,孟子尚未言也。孟子未言,则万章不知。万章不问,则孟子终不言,后世之人亦终不知贼德、乱德者几何不接踵于世,而尧舜之道不可得入矣。是非有万章此问不可,故特称子以美之。"赵氏佑温故录云:"万章于此独称子,明有注文。然'万子曰'乃记体,不得谓孟子称之为子。不解之解读当为懈,言其问之审也。盖孟子七篇,万章传述之功居多,其于究论古帝王圣贤言行,惟万章独勤以详。孟子之功,莫大于尊仲尼,称尧舜,辟杨墨,而此章又终之辨乡原,以立万世之防,实万章相与发明之。此章则其问答终毕之事,故特著子称焉,以结七篇之局。"论语泰伯篇云"侗而不愿",释文引郑注云:"愿,善也。"赵氏读原为愿,故以原人为善人。

曰:"非之无举也,刺之无刺也,同乎流俗,合乎污世,居之似忠信,行之似廉洁,众皆悦之,自以为是,而不可与入尧舜之道,故曰德之贼也。【注】孟子言,乡原之人能匿蔽其恶,非之无可举者,刺之无可刺者,志同于流俗之人,行合于污乱之世,为人谋,居其身若似忠信,行其身若似廉洁为行矣,众皆悦美之,其人自以所行为是,而无仁义之实,故不可与入尧舜之道也。无德而人以为有德,故曰德之贼也。【疏】注"乡原"至"贼也"〇正义曰:无可非无可刺则真善矣,故赵氏以能匿蔽其恶解之。流俗之人,不可同志,则同之而不敢异;污乱之世,不可合行,则合之而不敢离。盖自托于达士之和光,而曲为浮沉俯仰之术,似忠信则非忠信，似廉絜则非廉絜。论语学而篇："曾子曰：为人谋而不忠乎，与朋友交而不信乎？"廉絜亦属与人交接之事，故赵氏括之以为人谋。惟其志行既同流合污，而其与此流俗污世之人共事，又能尽心力以为之谋，而不自私其财利，此人所以皆悦之也。彼见人皆悦之，遂亦自信为涉世之善法，故自以为是，而要之非仁义之实也。所谓非之无可举，刺之无可刺，亦此流俗污世之人耳。若孔子则已刺之为贼，孟子则已非之为不可入尧舜之道。**孔子曰：'恶似而非者：恶莠，恐其乱苗也；恶佞，恐其乱义也；恶利口，恐其乱信也；恶郑声，恐其乱乐也；恶紫，恐其乱朱也；恶乡原，恐其乱德也。'**【注】似真而非真者，孔子之所恶也。莠，茎叶似苗。佞人诈饰，似有义者。利口辩辞，似若有信。郑声淫人之听，似若美乐。紫色似朱，朱，赤也。乡原惑众，似有德者。此六似者，皆孔子之所恶也。【疏】注"莠茎叶似苗"○正义曰：毛诗齐风甫田"维莠骄骄"，传不言何物。小雅大田"不稂不莠"，传云："稂，童粱也。莠，似苗也。"按莠之为物有二：御览引韦昭问答云："甫田'维莠'，今何草？答曰：今之狗尾也。"夏小正："四月，秀幽。"国策魏西门豹云："幽，莠之幼也。似禾。"广雅释草云："莠，䕘也。"幽、䕘、莠一声之转。说文艸部以䕘次莨，莨即尔雅释草之孟狼尾。史记司马相如传上林赋"其卑湿则生藏莨"，集解引汉书音义云："莨，狼尾草也。"莨为狼尾，䕘为狗尾，所以相次也。则狗尾之名莠，乃䕘之通借字也。此"不稂不莠"，传既以稂为童粱，说文艸部云："蓈，禾粟之采生而不成者，谓之童蓈。"重文"稂"。采即穗字，为禾成秀之名。盖禾病则秀而不实，实者下垂，不实者直立而独露于外。童之犹言独也，稂是生而不成者，于是说文即以莠字次之，云："莠，禾粟下扬生莠也。"扬者，簸扬之谓。粟之不坚好者，簸扬之必在下，今农人尚呼之为下扬。农桑辑要云："谷种浮秕，去则无莠。"徐锴亦谓"莠出于粟秕"。今狗尾草遍野皆一种自生，不关粟秕所种，则下扬所生之莠别为似禾之物，与䕘之为狗尾者异也。盖即禾之秀而不实者，故即以莠名之。稂、莠一类，稂成于病，莠生自种，为有别耳。下扬中有米而不全浴，谓之半掩，故能生也。程氏瑶田以下扬为飞扬，段氏玉裁以下扬为下垂，难乎达矣。○注"佞人"至"恶也"○正义曰：论语阳货篇云"恶紫之夺朱也，恶郑声之乱雅乐也，恶利口之覆邦家者"，集解孔氏云："朱，正色。紫，间色之好者。恶其邪好而夺正色也。"包氏云："郑声，淫声之哀者，恶其夺雅乐也。"孔氏云："利口之人，多言少实，苟能说媚时君，倾覆其国家也。"此谓恶似而非，与彼义略别。尔雅释诂云："壬，佞也。"书皋陶谟云："何畏乎巧言令色孔壬。"孔壬，即庄公十七年公羊传所云"甚佞"。孔壬指巧言令色。巧言令色，即共工之"静言庸违，象恭滔天"。静言象恭，似乎有义矣，而不知实庸违滔天为甚佞也。韩非子八经篇云："言之为物也，以多信不然之物，十人云疑，百人然乎，千人不可解也。呐者言之疑，辩者言之信，奸之食上也，取资乎众籍〔一〕，信乎辩。"此辩辞所以若有信也。礼记乐记云："魏文侯问于子夏曰：'吾端冕而听古乐，则惟恐卧；听郑卫之音，则不知倦。'子贡对曰：'今君之所问者，乐也。所好者，音也。夫乐者，与音相近而不同。夫古者天地顺而四时当，民有德而五谷昌，疾疢不作而无妖祥，然后圣人作为父子君臣，以为纪纲，纪纲既正，天下大定，然后正六律，和五声，弦歌诗颂，此之谓德音，德音之谓乐。今君之所好，其溺音乎。郑音好滥淫志，宋音燕女溺志，卫音趋数烦志，齐音敖辟乔志，此四者皆淫于色而害于德，是以祭祀弗用也。"此郑声所以乱乐。论语卫灵公篇云"放郑声，远佞人，郑声淫，佞人殆"，孔氏云："郑声佞人，亦俱能感人心，与雅乐贤人同，而使人淫乱危殆，故当放远之也。"说文木部云："朱，赤心木。"木之赤心者名朱，朱即赤，故楚辞招魂、大招"朱颜"王逸注皆云："朱，赤也。"考工记"画缋之事，东方青，南方赤，西方白，北方黑"，故为正色。刘熙释名释采帛云："紫，疵也。非正色也。五色之疵瑕以惑人者也。"法言吾子篇云："或问苍蝇红紫曰明视，问郑卫之似曰聪听。中正则雅，多哇则郑。"汉书王莽传赞云"紫色蠅声"，应劭云："紫，间色。蠅，邪声也。"按蠅与哇同。**君子反经而已矣。经正则庶民兴，庶民兴，斯无邪慝矣。"**【注】经，常也。反，归也。君子治国家，归其常经，谓以仁义礼智道化之，则众民兴起而家给人足矣。仓廪实而知礼节，安有为邪恶之行也。【疏】注"经常"至"行也"○正义曰：白虎通五经篇云："经，常也。"说文辵部云："返，还也。"广雅释诂云："反，归也。"反与返同，

〔一〕"籍"原误"箝"，据韩非子改。

归即还也。吕氏春秋顺民篇云“汤克夏而正天下”，高诱注云：“正，治也。”荀子非相篇云：“起于上，所以道于下，正令是也。”赵氏以正为政教，故以道化释之。五常是仁义礼智信，经正是以仁义礼智道化之，谓经正之也。说文舁部云：“兴，起也。”毛诗小雅天保篇“以莫不兴”，传云：“兴，盛也。”使万物皆盛，草木畅茂，禽兽硕大。周礼地官旅师“掌聚野之锄粟、屋粟、间粟而用之，以质剂致民，平颁其兴积”，注云：“兴积，所兴之积，谓三者之粟也。县官征聚物曰兴。”贾氏疏云：“兴皆是积聚之义。”兴为积聚，又为茂盛，故以庶民兴为家给人足。“仓廪实而知礼节”，管子文，详见前。秋官大行人“殷覜〔一〕以除邦国之慝”，注云：“慝，恶也。”故以邪慝为邪恶也。庄公十一年公羊传云：“权者反于经，然后有善者也。”论语子罕篇云：“可与立，未可与权。唐棣之华，偏其反而。”何晏注云：“赋此诗以言权道，反而，后至于大顺。”赵氏之义，则孟子言“反经”与公羊传异。

章指言：士行有科，人有等级，中道为上，狂獧不合。似是而非，色厉内荏，乡原之恶，圣人所甚。反经身行，民化于己，子率而正，孰敢不正也？【疏】“子率而正，孰敢不正”○正义曰：史记平津侯主父列传赞云：“夫三公者，百寮之率，万民之表也。未有树直表而得曲影者也。孔子不云乎：‘子率而正，孰敢不正。’”赵氏本此，盖隐以公孙弘脱粟布被为乡原也。

38 孟子曰：“由尧舜至于汤五百有余岁，若禹、皋陶则见而知之，若汤则闻而知之。【注】言五百岁圣人一出，天道之常也。亦有迟速，不能正五百岁，故言有余岁也。见而知之，谓辅佐也。通于大贤次圣者，亦得与在其间，亲见圣人之道而佐行之，言易也。闻而知之者，圣人相去卓远，数百岁之间变故众多，逾闻前圣所行，追而遵之，以致其道，言难也。【疏】“由尧”至“知之”○正义曰：孟子言必称尧舜，以尧舜治天下之法

〔一〕“覜”原误“頫”，据周礼改。

为万世所不能易，故末自尧舜而下，言汤、文、孔子所闻而知之，禹、皋陶、伊尹、莱朱、太公望、散宜生所见而知之，无非尧舜之道。尧舜之道，通变神化之道也。上言乡原自以为是而不足与入尧舜之道，末言君子反经而已矣，然则反经者，尧舜之道也。又云“经正则庶民兴”，言经正则经有不正者矣。反经而经正，则不反经经有不正者矣。孟子所云“反经”，即公羊传所云“反经”，反经为权，权即通变神化。何为经？经者，常也。常者，不变之谓也。狂者常于高明，君子则反之以柔克；獧者常于沉潜，君子则反之以刚克，如是则其常而不能变者皆以反而归于正，此庶民所以皆兴起于善而无邪慝也。惟乡原非之无举，刺之无刺，其阉然媚世，本无一定之常，为刚克柔克所不能化；又自以为是，非劳来匡直所能移，故不可与入尧舜之道，实为圣世奸民而古今大慝也。此孔子所以恶之而思狂獧之士。狂者反经，则由狂而中正；獧者反经，则由獧而中正，故君子反经而经正也。乡原而外，皆可与入尧舜之道者也。此尧舜之道为万世君子之法，故汤、文王、孔子闻而知之，即知此反经经正之道也。禹、皋陶、伊尹、莱朱、太公望、散宜生见而知之，即知此反经经正之道也。反经为权，实即尧舜通变神化之道，公羊氏不能阐而明之，孟子则详言之矣。○注“卓远”○正义曰：楚辞逢尤篇“世既卓兮远眇眇”，注云：“卓，远也。”**由汤至于文王五百有余岁，若伊尹、莱朱则见而知之，若文王则闻而知之。**【注】伊尹，挚也。莱朱，亦汤贤臣也。一曰仲虺是也。春秋传曰“仲虺居薛，为汤左相”，是则伊尹为右相，故二人等德也。【疏】注“伊尹”至“德也”○正义曰：书君奭云：“我闻在昔成汤既受命，时则有若伊尹，格于皇天；在太甲，时则有若保衡。”毛诗正义引郑氏注云：“伊尹名挚，汤以为阿衡，以尹天下，故曰伊尹。”孙子用间篇云：“昔殷之兴也，伊挚在夏。”魏武帝注云：“伊尹也。”春秋繁露三代改制质文篇云：“汤受命，变夏作殷，作官于下洛之阳，名相官曰伊尹。”既是相，则仲虺同时为左相，知伊尹为右相矣。引春秋传者，定公元年左传薛宰曰：“薛之皇祖奚仲，居薛以为夏车正，奚仲迁于邳，仲虺居薛，以为汤左相。”书序云：“汤归自夏，至于大坰，仲虺作诰。”史记殷本纪作“中𦉪”，索隐云：“仲虺二音，𦉪作‘𤳳’，音如字。尚书又作‘虺’。”𦉪、莱一音之转。**由文王至于孔子五百有余岁，若太公望、散宜生**

则见而知之，若孔子则闻而知之。【注】太公望，吕尚也，号曰师尚父。散宜生，文王四臣之一也。吕尚有勇谋而为将，散宜生有文德而为相，故以相配而言之也。【疏】注"太公"至"之也"○正义曰：毛诗大雅大明篇："维师尚父，时维鹰扬，凉彼武王。"传云："师，大师也。尚父，可尚可父。鹰扬，如鹰之飞扬也。"笺云："尚父，吕望也。尊称焉。佐武王者，为之上将。"孔氏正义云："史记齐世家云：'太公望吕尚者，东海上人。西伯出猎得之，曰吾太公望子久矣，故号之曰太公望。载与俱归，立为太师。'刘向别录曰：'师之尚之父之，故曰师尚父。父亦男子之美称。'太誓注云：'师尚父，文王于磻溪所得圣人吕尚，立以为太师，号曰尚父，尊之。'如世家之文，则尚本是名，号之曰望。而雒师谋云'吕尚钓崖'，注云：'尚，名也。'又曰'望公七年，尚立变名'，注云：'变名为望。'盖因所呼之号，遂以为名，以其道可尊尚，又取本名为号也。孙子兵法曰'周之兴也，吕牙在殷'，则牙又是其名字也。"书君奭云："惟文王尚克修和我有夏，亦惟有若虢叔，有若闳夭，有若散宜生，有若泰颠，有若南宫括。"又曰："无能往来，兹迪彝教，文王蔑德降于国人，亦惟纯佑秉德，迪知天威，乃惟时昭文王，迪见冒闻于上帝，惟时受有殷命哉。"郑氏注云："诗传说'有疏附、奔走、先后、御侮之人'，而曰文王有四臣以受命，此之谓。"毛诗正义曰："引此四行，以证五臣，明非一臣有一行也。"王氏鸣盛尚书后案云："大雅绵诗毛传云：'率下亲上曰疏附，相道前后曰先后，谕德宣誉曰奔奏，武臣折冲曰御侮。'绝无所谓文王有四臣以受命之说。盖郑先受韩诗于张恭祖，后又通鲁诗，最后乃得毛诗，此所引诗传说，或韩诗、鲁诗说也。"赵氏所谓四臣之一，与郑氏说同。散宜生既在四臣之中，而降蔑德，秉文德，昭明德，故云有文德而为相也。按见而知之，谓亲见当时所以治天下如此。在尧舜时举一禹、皋陶，则稷、契、益等二十二人括之矣。在汤时举一伊尹、莱朱，则当时贤臣如女鸠、女房、义伯、仲伯、咎单等括之矣。在文王时举一太公望、散宜生，则虢叔、泰颠、闳夭、召公、毕公、荣公等括之矣。非谓见知者仅此一二人也。盖通变神化之道，作于黄帝、尧、舜，而汤、文王闻而知之，知而行之。其始百姓固日用而不知，而贤圣之臣为之辅佐者，亲见此修己以敬、无为而治之效，固无不知之也。钱氏大昕潜研堂答问云："大戴帝系篇：'尧娶于散宜氏之子，谓之女皇。'散宜盖古诸侯之国，散宜生殆其苗裔也。"**由孔子而来至于今百有余岁，去圣人之世若此其未远也，近圣人之居若此其甚也，然而无有乎尔，则亦无有乎尔！"**【注】至今者，至今之世，当孟子时也。圣人之间，必有大贤名世者。百有余年，适可以出，未为远而无有也。邹鲁相近，传曰"鲁击柝闻于邾"，近之甚也。言已足以识孔子之道，能奉而行之，既不遭值圣人，若伊尹、吕望之为辅佐，犹可应备名世，如傅说之中出于殷高宗也。然而世谓之无有，此乃天不欲使我行道也，故重言之，知天意之审也。言则亦者，非实无有也。则亦当使为无有也乎。尔者，叹而不怨之辞也。【疏】"然而无有乎尔则亦无有乎尔"○正义曰：赵氏以无有为无有名世之人。上云"然而无有"，谓当时之人以为无有，下云"则亦无有"，因人言无有，则亦当使之无有。音义云："陆本作'然而无乎尔则亦有乎尔'，云：'孟子意自以当之。'邹鲁相邻，故曰近圣人之居。无乎尔，有乎尔，疑之也。此意以况绝笔于获麟也。"赵氏佑温故录云："魏氏作孟子论，谓世未远，居甚近，盖将自负于颜、曾、思见知之列，而以闻知望天下后世之人。或者曰：颜、曾、思为孔子见知之人明矣，孟子何不正言而概以无有？曰：颜、曾、思之见知不待言也。盖古今道法之所以不坠者，固赖近有见知，远有闻知，而当见知已往，闻知未来，尤必有人焉，以延其绝续之交，然后见以绍见，闻以启闻，近不绝而远可续。观书陈伊尹保衡，而后则有太戊、盘庚、武丁之为君，伊陟、臣扈、巫咸、巫贤、甘盘之为臣，皆以传汤与伊、莱之道，故文王得以闻而知。子贡称文武之道未坠于地，贤者识其大，不贤者识其小，皆以存文与散、望之道，故夫子得以闻而知。推之禹皋至汤，虽书缺有间，然而歌称祖训，征迷政典，史记伊尹之于汤，言素王九主之事，其非无人焉相授受、相维持于尧舜之衰可知也。其人类不及圣，而足以为圣之资，否则各以五百余岁为断，亦云遥阔之甚矣。汤、文、孔子虽甚圣，其不叹文献无征者几希矣。独至春秋战国之际，而异学邪说，争鸣交煽，班生所谓'仲尼没而微言绝，七十子丧而大义乖'也，其孰是与于知之者？孟子未得为孔子徒，亦既不亲见圣，而犹以其近而未远为幸，因益以未远而无有为惧。夫未远而已无有知之者，复何望于远而知之哉！孟子力肩斯道，实自居于见闻绝续之交之一人，而备述所知，以上绍前之知，下遗后之知，其所绍直自禹以下，有不止于颜、曾、思者，而其所遗于后，为益无穷期矣。”谨按：此义与赵氏之旨小异而相近，然谓颜、曾、思为见知，非也。尧、舜、汤、文以此道措诸天下，而巍巍皞皞，一时辅佐之人共见之，是为见而知之。汤、文王之知，虽起于闻，而实征于见；禹、伊尹、周公虽见知，而非不可闻知。惟孔子但闻知而不能措之天下，使当时贤者得见而知，七十子学于孔子，亦皆闻而知之，非见而知之者也。孟子去孔子之生未远，邹鲁又相近，言庶几私淑其人得闻而知之也。然而尧、舜、汤、文不复见于世，则此闻而知者，无有措于天下，盖自孔子时已无有见而知之者矣。况生百年后，则亦无有见而知之者矣。尔者，辞之终也。乎尔者，决绝之中，尚有余望也。此孟子思王者之不作，而不欲徒托诸空言，其辞逊，其旨婉。或乃以孟子道统自居，夫道无所为统也。为道统之说者，失孟子之教矣。

章指言：天地剖判，开元建始，三皇以来，人伦攸叙。宏析道德，班垂文采，莫贵乎圣人。圣人不出，名世承间，虽有此限，盖有遇有不遇焉。是以仲尼至“获麟”而止笔，孟子以“无有乎尔”终其篇章，斯亦一契之趣也。【疏】“天地剖判”○正义曰：史记孟子荀卿列传云：“驺衍称引天地剖判以来。”韩非子解老篇云：“唯夫与天地之剖判也俱生。”广雅释天云：“太初，气之始也。生于酉仲，清浊未分也。太始，形之始也。生于戌仲，清者为精，浊者为形也。太素，质之始也。生于亥仲，已有朴素而未散也。三气相接，至于子仲，剖判分离，轻清者上为天，重浊者下为地，中和为万物。”○“圣人不出名世承间”○正义曰：见汉书楚元王传赞。○“盖有”至“止笔”○正义曰：荀子宥坐篇：“孔子曰：夫贤不肖者，材也。为不为者，人也。遇不遇者，时也。”论衡逢遇篇云：“伊尹箕子，才俱也。伊尹为相，箕子为奴。伊尹遇成汤，箕子遇商纣也。或以贤圣之臣，遭欲为治之君，而终有不遇，孔子孟轲是也。孔子绝粮陈蔡，孟轲困于齐梁，非时君主不用善也，才下知浅不能用大才也。”汉书儒林传序云：“因鲁春秋举十二公行事，绳之以文武之道，成一王法，至获麟而止。”班固答宾戏云：“孔终篇于西狩。”

孟子正义卷三十

孟子篇叙【疏】正义曰：音义云："此赵氏述孟子七篇所以相次叙之意也。"周氏广业孟子章指考证云："篇叙亦赵邠卿所作，其意盖本序卦，欲使知篇次相承，不容紊错也。虽配俪五七，未必尽符作述微旨，存之亦足见圣哲立言，事理毕该，随所推寻，无非妙绪矣。如鲁论群弟所记，宜无伦叙，而说者谓降圣以下，皆由学成，故首学而，成学乃可为政化民，故次为政，以类相求，实皆好学深思之效也。"

赵氏孟子篇叙者，言孟子七篇所以相次叙之意也。【疏】正义曰：明名篇叙者为七篇次序之义，非如诗序、书序之序也。

孟子以为圣王之盛，惟有尧舜，尧舜之道，仁义为上，故以梁惠王问利国，对以仁义，为首篇也。【疏】正义曰：易说卦传云："是以立天之道曰阴与阳，立地之道曰柔与刚，立人之道曰仁与义。"仁即元，义即利，仁义之为道，即元亨利贞之为德，此尧舜所以通变神化者也。孟子言必称尧舜，尧舜之道即仁义矣。

仁义根心，然后可以大行其政，故次之以公孙丑问管晏之政，答以曾西之所羞也。【疏】正义曰：根心，谓先王以不忍人之心行不忍人之政。

政莫美于反古之道，滕文公乐反古，故次以文公为世

子，始有从善思礼之心也。【疏】正义曰：思礼，谓三年之丧。

奉礼之谓明，明莫甚于离娄，故次之以离娄之明也。【疏】正义曰：说文収部云："奉，承也。"承先王之礼而行之，所谓述也。礼记乐记云："故知礼乐之情者能作，识礼乐之文者能述。作者之谓圣，述者之谓明。"

明者当明其行，行莫大于孝，故次以万章问舜往于田号泣也。【疏】正义曰：舜明于庶物，察于人伦，是明其行也。

孝道之本，在于情性，故次以告子论情性也。【疏】正义曰：人性善，所以能孝弟。

情性在内而主于心，故次以尽心也。【疏】正义曰："乃若其情，则可以为善矣。"是情合于性。"尽其心者，知其性也。"是性本于心。

尽己之心，与天道通，道之极者也。是以终于尽心也。【疏】正义曰：尽心则知性知天，故与天道通也。周氏广业孟子出处时地考云："建篇之首梁惠王也，赵氏之说踳矣。题辞谓'退自齐梁而著作，其篇目各自有名'，则未尽然。古人得志，泽加于民；不得志，修身见于世。立言不朽，虽圣人不能易，岂必穷愁始著书哉？特壮年志在行道，未遑专意耳。故其成在游梁之后，其著作断非始此。大率起齐宣王至滕文公为三册，记仕宦出处；离娄以下为四册，记师弟问答杂事。迨归自梁而孟子已老，于行文既绝少，又暮年所述，故仅与鲁事，分附诸牍末。其后门人论次遗文，分篇列目，以仁义两言为全书纲领，因割其六章冠首，而以梁惠王题篇，于梁齐之下，继以邹、滕、鲁。盖孟子生平所注意者，只此五国而已。乃其在梁也，始以去利行仁义期之，终料其嗜杀而去。于齐宣王，始以易牛之仁冀其王，终以伐燕之暴决于归。邹于仁政一言，行否未可知，而父母之邦，君子重之，且与齐宣皆属旧君，不容略也。滕文尊礼，孟子遇矣，而国小多故，莫必其成功。鲁则周公之后，孔子之乡，平公乘五百里之地，既知用乐正子，兼有见贤之意，似可与图功矣，而卒不遇。孟子一生行藏，首篇尽之矣。其曰'天欲平治天下，舍我其谁'，壮而欲行，厚望之辞也。功之成否，身之遇否，皆归之天。老不得志，绝望之辞也。首次二篇以天终，末篇以天始，梁惠王以王道始，尽心以圣学终，公孙丑由王道推本圣学，其为章二十有三，记齐事者十有五，余八章皆言仁义，又王道也。而齐之仕止，详见起讫，明是篇为在齐之日，公孙识之矣。滕文公亦兼举圣学王道，而滕系弱小，故其言井田学校，虽较详于齐梁，但可新其国耳，王非所能也。圣王不兴于上，圣道将绝于下，于是力辟杨墨以承之，许行、夷之以至陈仲子，皆邪说诐行之害仁义者也，故以不得已好辩终焉。离娄、万章、告子、尽心，发端言尧舜心性，与滕文公同；其后皆杂说训言，而万章一篇，又知人论世之林。此则七篇大致，可得而略言者。赵氏以为包罗天地，揆叙万类，仁义道德，性命祸福，粲然靡所不载，信矣。"谨按：周氏所云，似较赵氏为长。然探赵氏篇叙之旨，盖恐后人紊乱其篇次，增损其字数，故假其义以示其信耳。如后称字数，以五七不敢盈之义，则知三万四千六百有奇非传写之讹，三万五千二百有奇实增多之羡，讵真以孟子取五七不盈之义为此字数哉！

篇所以七者，天以七纪，璇玑运度，七政分离，圣以布曜，故法之也。【疏】正义曰："天以七纪"，昭公十年左传文也。尚书尧典云："在璇玑玉衡，以齐七政。"马氏注云："璇，美玉也。玑，浑天仪可转旋，故曰玑。七政者，北斗七星，各有所主：第一曰主日，法天。第二曰主月，法地。第三曰命火，谓荧惑。第四曰煞土，谓填星。第五曰伐水，谓辰星。第六曰危木，谓岁星。第七曰罚金，谓太白。日月五星各异，故名曰七政。"又云："日月星皆以璇玑玉衡，度知其盈缩。"尚书大传云："在旋机玉衡，以齐七政。旋机者何也？传曰：琁者，还也。机者，几也，微也。其变几微，而所动者大，谓之旋机。是故旋机谓之北极。"郑氏注云："七政，谓春秋冬夏天文地理人道，所以为七政也。人道尽而万事顺成。"马郑之说不同。赵氏此文作"璇玑"，不作琁机，则用马氏义也。浑天者，地在其中，天周其外，昼则日在地上，夜则日入地下。汉宣帝时司农中丞耿寿昌铸铜为之，象衡横其中，玑转于外，以知天度，故云璇玑运度也。范宁穀梁传序云"七曜为之盈缩"，杨氏疏云："谓之七曜者，日月五星，皆照天下，故谓之七曜。"日岁一周天，月月一周天，木星十二岁一周天，火星二岁一周天，土星二十八岁一周天，金水二星附日而行，亦一岁一周天。是七政分离，各行其度，而圣人造璇玑，使七政毕陈于目，故云圣以布曜。

布曜者，即布此七政之曜。言孟子一书，分而为七，如天之有七政，而舜以璇玑布之也。刘陶作七曜论以复孟子，疑即以七篇为七曜。赵氏盖本此。

章所以二百六十有九者，三时之日数也。不敢比易当期之数，故取其三时。三时者，成岁之要时，故法之也。【疏】正义曰：题辞称"二百六十一章"，此言九，当有误也。易系辞传云："乾之策二百一十有六，坤之策百四十有四，凡三百有六十，当期之日。"此云不敢比易当期之数，帀期四时十二月，三时则九个月，当有二百七十日，于数亦不能合。孔本作"常期"，音义云："'当期'音朞。"则本作"当"字，今正之。

三万四千六百八十五字者，可以行五常之道，施七政之纪，故法五七之数而不敢盈也。【疏】正义曰：五七当三万五千字，今不足，故云不敢盈。据今本共三万五千二百二十六字，多赵氏五百四十一字。以赵氏章句、章指核之，其字句较今所传不应减少，此明云"五七之数不敢盈"，则为三万四千有奇而不足五千，断非赵氏此数为传写有误。若过三万五千，则不当云五七之数不敢盈也。寻绎其故，赵氏本所不同者，当在"孟子曰"等文。盖问答则有"孟子曰""孟子对曰"，或单用"曰"字。其自为法度之言，则不必加"孟子曰"。如荀子儒效篇与秦昭王问答，议兵篇与陈嚣、李斯等问答，则用"孙卿子曰"，余皆不加"荀子曰"。惟自言本不加"孟子曰"，此赵氏所以定七篇为孟子自作。史记"太史公曰"，索隐云："杨恽、东方朔所加。"则"孟子曰"三字容为后人所加，如齐人有一妻一妾章、逢蒙学射于羿章章首皆无"孟子曰"，可例其余。曾子居武城章章首亦无"孟子曰"，而"孟子曰"三字在章末有之。又公孙丑上篇伯夷章章首有"孟子曰"，章末"伯夷隘"云云，又有"孟子曰"，亦后人增加未画一之证。凡孟子自言一百数十章，则多"孟子曰"一百数十。又赵氏于单言"曰"字或无"曰"字，必明标"孟子曰""孟子言"及"丑曰""克曰""相曰""髡曰""轻曰"云云，其"孟子谓戴不胜曰"，赵氏亦标云"孟子假喻"，疑章首"孟子"亦后人所加，赵氏本但云"谓戴不胜曰"，经无"孟子"字，赵氏乃以"孟子"标之也。"孟子曰子能顺杞柳之性""孟子曰水性无分于东西"，赵注皆明标"孟子曰"，盖赵氏本亦但有"曰"字，无"孟子"字，故标之也。以此推之，虽未能尽得其增加之迹，而赵氏之本转减少于今本五百四十一字者,约略可于此见之也。

文章多少,拟其大数,不必适等,犹诗三百五篇而论曰"诗三百"也。【疏】正义曰:论,谓论语也。谓以二百六十一法三时二百七十,以三万四千六百八十五字法五七三万五千,皆为不必适等。

章有大小,分章赋篇,篇趣五千,以卒其文,无所取法,犹论四百八十六章,章次大小,各当其事,亦无所法也。【疏】正义曰:大谓字数多,小谓字数少。分章以布于篇,每篇五千字,文即字也。卒其文者,七篇每篇以五千文为卒也。论语释文云:"学而凡十六章,为政二十四章,八佾二十六章,里仁二十六章,公冶长二十九章,雍也三十章,述而旧三十九章,今三十八章,泰伯二十一章,子罕三十一章,皇三十章,乡党一章,先进二十三章,颜渊二十四章,子路三十章,宪问四十四章,卫灵公四十九章,季氏十四章,阳货二十四章,微子十四章,子张二十五章,尧曰三章。"共五百六十八章。此依何晏集解,赵氏所云,未详所本,疑有讹字。

盖所以佐明六艺之文义,崇宣先圣之指务,王制拂邪之隐栝,立德立言之程式也。【疏】正义曰:文,六书训诂之文也。义,谓义理也。汉书刘歆传:"歆治左氏,引传文辨经,转相发明,由是章句义理备焉。"桓谭时政疏云:"今可令通义理。"是也。崇,犹尚也。宣,通也,发也。淮南子修务训云"名可务立",高诱注云:"务,事也。"马总意林云:"赵台卿作章句,章句曰指事。"指务即指事也。大戴礼记卫将军文子篇云:"外宽而内直,自设于隐栝之中,直己而不直于人,盖蘧伯玉之行也。"鬼谷子飞钳篇云:"其有隐栝,乃可征,乃可求,乃可用。"陶宏景注云:"隐栝以辅曲直。"荀子性恶篇云:"故檃栝之生,为枸木也;绳墨之起,谓不直也。直木不待檃栝而直者,其性直也;枸木必将待檃栝烝矫然后直者,以其性不直也。"杨注云:"枸读如钩,曲也。檃栝,正曲木之木也。"大略篇云:"乘舆之轮,太山之木也。示诸檃栝,三月五月,为帱菜,敝而不反其常。君子之檃栝,不可不谨也慎之。"注云:"示读为寘。檃栝,矫煣木之器也。"非相篇云"府然若渠匽檃栝之于己也",注云:"渠匽所以制水,檃栝所以制木。"尚书大传略说云:"子贡曰:檃栝之旁多曲木，良医之门多疾人。”韩非子显学篇云：“自直之箭，自圜之木，百世无有一，然而世皆乘车射禽者何也？隐栝之道用也。”难势篇云：“夫去隐栝之法，去度量之数，使奚仲为车，不能成一轮。”韩诗外传云：“磏仁虽下，圣人不废者，匡民隐括，有在是中者也。”盐铁论申韩篇：“御史曰：故设明法，除严刑，坊非矫邪，若隐栝辅檠之正侃剌也。”大论篇：“大夫曰：是犹不用隐括斧斤，欲挠曲直枉也。”书盘庚下篇“尚皆隐哉”，某氏传云：“相隐括以为善政。”何休公羊传序云：“遂隐栝使就绳墨焉。”说文木部云：“檃，栝也。”“栝，檃也。”字从木，故为矫制枸木之器。隐括，其通借字也。公羊疏云：“隐谓隐审，括谓检括。”后汉书邓训传云“训考量隐栝”，李贤注引荀子而释之云：“隐审量栝之。”失其义矣。淮南子本经训“曲拂邅回”，高诱注云：“拂，戾也。”汉书王莽传云：“拂世矫俗。”此云拂邪者，谓矫戾其邪，使之归于正，犹檃栝矫戾其曲木而归于直。荀子有王制篇云：“王者之制，衣服有制，宫室有度，人徒有数，丧祭械用皆有等宜，声则凡非雅声者举废，色则凡非旧文者举息，械用则凡非旧器者举毁，夫是之谓复古，是王者之制也。”制度所以去民之邪，谓王者欲为拂邪之制，则以孟子此书为檃栝也。说文禾部云：“程，品也。十发为程，十程为分，十分为寸。”史记太史公自序云“张苍为章程”，如淳云：“程者，权衡、丈尺、斛斗之平法也。”老子云“为天下式”，王弼注云：“式，模则也。”程式，谓尺寸模范可用为准则，故云立德立言之程式也。文选郭有道碑文云“隐括足以矫时”，李善注引刘熙孟子注云：“隐，度也。栝，犹量也。”又崔子玉座右铭“隐心而后动”，注引刘熙孟子注云：“隐，度也。”孟子本文无隐括二字，惟赵氏此篇叙有之。刘氏所注，未知所属。

洋洋浩浩，具存乎斯文矣。【疏】正义曰：礼记中庸篇云：“洋洋乎发育万物，峻极于天。”汉书韦贤传云“洋洋仲尼”，颜师古注云：“洋洋，美盛也。”淮南子俶真训云“浩浩瀚瀚”，高诱注云：“浩浩，广大貌。”论语子罕篇云：“文王既没，文不在兹乎！天之将丧斯文也，后死者不得与于斯文也；天之未丧斯文也，匡人其如予何？”赵氏以孟子似续孔子，如孔子似续文王。孟子之后，能知孟子者，赵氏始焉。

按孟子有不可详者三：其一为孟子先世，赵氏但云“邹人。或曰：鲁公族孟孙之后”。列女传、韩诗外传虽详说孟母之事，而不言何氏。孟氏谱言“父曰激公宜，母仇氏。一云：孟子父名彦璞"，未知所据。〇其二为孟子始生年月，陈士元杂记载孟氏谱曰："孟子以周定王三十七年四月二日生，即今之二月二日。赧王二十六年正月十五日卒，即今之十一月十五日。寿八十四岁。"此谱不知定于何时？陈氏疑定为安之讹。安王在位二十六年，是年乙巳；至赧王二十六年壬申，凡八十八年。谱谓"孟子寿八十四"，自壬申逆推之，当生于烈王己酉。周氏广业孟子出处时地考驳之，以为谱不足据，而拟为"生于安王十七年丙申，卒于赧王十三年乙未"。其为孟子作年谱者，纷纷更订，或云年七十四，或云年九十七，大抵皆出于臆，全无实证可凭。〇其三为孟子出游，赵氏以为先齐后梁，说者又以为先梁后齐，或以梁惠王有后元，或以为孟子先事齐宣，后事齐湣。考之国策、史记诸书，参差错杂，殊难画一。今撰正义，惟主赵氏，而众说异同，亦略存录，以备参考而已，实未易折衷也。至居邹、葬鲁、之滕、过薛、游宋、往任，其先后岁月，或据七篇虚辞，以测实迹，彼此各一是非，多不足采。

孟子弟子，赵氏注十五人：乐正子、公孙丑、陈臻、公都子、充虞、季孙、子叔、高子、徐辟、咸丘蒙、陈代、彭更、万章、屋庐子、桃应。学于孟子四人：孟仲子、告子、滕更、盆成括。宋政和五年从祀孟庙，去盆成括，详宋史礼志。国朝孟庙从祀，仍明制十八人，视宋政和无滕更，有盆成括。乾隆二十一年，礼部覆准去旧时侯伯封号，改题先贤先儒，以符礼制。内乐正克、公孙丑、万章、公都子四人，皆称"先贤某子"。陈臻、屋庐连、陈代、高子、孟仲子、充虞、徐辟、彭更、咸丘蒙、桃应、季孙、子叔、浩生不害、盆成括十四人，皆称"先儒某氏某"。周氏广业孟子出处时地考云："张九韶群言拾唾，孟子十七弟子，去季孙、子叔、滕更、盆成括，益以孟季子、周霄。朱彝尊经义考亦去季孙、子叔，而谓告子与浩生不害是二人，因去告子而列浩生不害，余并依赵氏。宫梦仁读书纪数略则易滕更、浩生不害、盆成括为孟季子、曹交、周霄。三书数同而又互异。窃谓曹、周二人，殊无取焉。高诱注吕览云："匡章，孟子弟子。"艺文类聚亦然。吕览有匡章与惠王又惠施问答，列从游于梁者耶？而赵注却止言齐人。夷子逃墨归儒，怃然受命，当在不距之科，而赵亦无明文。他若高注淮南有陈仲子，史记索隐有公明高，广韵有离娄，其误固不待辨。通志离氏注引风俗通云："离娄，孟子门人。"则传讹自汉矣。

孟子疏旧题“孙奭撰”，钱氏大昕养新录云：“孟子正义，朱文公谓邵武士人所作，卷首载孙奭序一篇，全录音义序，仅增三四语耳。晁公武读书志有孙奭音义而无正义，盖其时伪书未出；至陈振孙书录解题始并载之。马端临经籍考并两书为一条，云‘孟子音义正义共十六卷’。引晁氏曰：‘皇朝孙奭等采唐张镒、丁公著所撰，参附益其阙。古今注孟子者，赵氏之外，有陆善经。奭撰正义，以赵注为本，其不同者，时时兼取善经，如谓子莫执中为子等无执中之类。’今按子等无执中之说，初不载于正义，惟音义有之。马氏既不能辨正义之伪托，乃改窜晁语以实之，不知晁志本无正义也。”赵氏佑温故录云：“十三经注疏，孔颖达、贾公彦最为不可及，邢昺次之，以孟子疏为最下。其书不知何人作，而妄嫁名于孙奭，近世儒者咸谓之伪孙奭疏。予读孙奭孟子音义序，体裁有类孔氏，而简洁过之，全非作疏人手笔，其题曰音义序而已，未尝称疏也。曰‘惟是音释，宜在讨论’，曰‘集成音义二卷’，未尝言作疏也。故曰‘虽仰测至言，莫穷其奥妙；而广传博识，更俟乎发挥’。则知孙氏正本止就经文及注为之音释，且仅二卷，本未有疏，其所释非第字之本音本义而已，亦时就章句有所证明，存示异同，与陆德明释文仿佛，无取更有疏也。赵氏之为孟子题辞，末曰‘章别其指，分为上下，凡十四卷’，即今各卷题各章首‘正义曰’下所载此章云云，以为提纲者也。语多奥衍，时复用韵，与全疏绝不类，盖皆赵氏原文，即在各章注末；音义亦相缀属。而今概弃本来，剿为疏首，反割分音义之为章指者于疏尾，则为自作疏而自音之，从古岂尝有此？疏中背经背注极多，非复孔、贾之遗；甚至不顾注文，竟自凭臆立说，与其音义又时相矛盾，岂有一人之作而忽彼忽此者？孙氏用心详慎，音义可采者十五六，而疏不能十二。至其体例之踳驳，征引之陋略乖舛，文义之冗蔓俚鄙，随举比比。朱文公指为邵武士人作，不解名物制度，其实岂止名物之失哉！则未知孙氏之不及自为而假手其人与？抑孙之名盛而遂有伪托之者与？”

按为孟子作疏，其难有十：孟子道性善，称尧舜，实发明羲、文、周、孔之学，其言通于易，而与论语、中庸、大学相表里，未可以空悟之言臆之。其难一也。孟子引书辞，多在未焚以前，未辨今古文而徒执伪孔以相解说，往往凿枘不入。其难二也。井田封建，殊于周礼，求其画一，左支右诎。其难三也。齐梁之事，印诸国策、太史公书，往往龃龉。其难四也。水道必通禹贡之学，推步必贯周髀之精，六律五音，其学亦造于微，未容空疏者约略言之。其难五也。弃蹝招豚，折枝甕瓠，一事之微，非博考子史百家，未容虚测。其难六也。古字多转注假借，多赖即懒，姑嘬即咀，呼尔即呼，私淑即叔，凡此之类，不明六书，则训故不合。其难七也。赵氏书名章句，一章一句，俱详为分析，陆九渊谓“古注惟赵岐解孟子，文义多略”，真谬说也。其注或倒或顺，雅有条理，即或不得本文之义，而赵氏之意，焉可诬也？其难八也。赵氏时所据古书，今或不存，而所引旧事，如陈不瞻闻金鼓而死，陈质娶妇而长拜之，苟有可稽，不容失引。其难九也。孟子本文，见于古书所引者既有异同，而赵氏注各本非一，执误文讹字，其趣遂舛。其难十也。本朝文治昌明，通儒遍出，性道义理之旨，既已阐明；六书九数之微，尤为独造；推步上超乎一行，水道远迈于平当；通乐律者判弦管之殊，详礼制者贯古今之变；训诂则统括有书，版本则参稽罔漏；或专一经以极其原流，或举一物以穷其宧奥。前所列之十难，诸君子已得其八九，故处邵武士人时，为疏实艰；而当今日，集腋成裘，会鲭为馔，为事半而为功倍也。赵氏章句既详为分析，则为之疏者，不必徒事敷衍文义，顺述口吻，效毛诗正义之例，以成学究讲章之习。赵氏训诂，每叠于句中，故语似蔓衍而辞多佶聱；推发赵氏之意，指明其句中训诂，自尔文从字顺，条鬯明显矣。于赵氏之说或有所疑，不惜驳破以相规正。至诸家或申赵义，或与赵殊，或专翼孟，或杂他经，兼存备录，以待参考。凡六十余家，皆称某氏以表异之，著其所撰书名以详述之，汇叙于右：昆山顾氏炎武，字亭林。萧山毛氏奇龄，字大可。太原阎氏若璩，字百诗。宣城梅氏文鼎，字定九。安溪李氏光地，字厚庵。鄞县万氏斯大，字充宗。鄞县万氏斯同，字季野。江都孙氏兰，字滋九。邹平马氏骕，字宛斯。武进臧氏琳，字玉林。德清胡氏渭，字朏明。泰州陈氏厚耀，字泗源。济阳张氏尔岐，字稷若。钱唐冯氏景，字山公。元和惠氏士奇，字半农。婺源江氏永，字慎修。无锡顾氏栋高，字震沧。光山胡氏煦，字沧晓。当涂徐氏文靖，字位山。震泽沈氏彤，字冠云。常熟顾氏震，字虞东。无锡吴氏鼎，字尊彝。长洲何氏焯，字屺瞻。宝应王氏懋竑，字子中。临川李氏绂，字巨来。元和惠氏栋，字定宇。休宁戴氏震，字东原。鄞县全氏祖望，字绍衣。嘉定王氏鸣盛，字凤喈。华亭倪氏思宽，字存未。吴县江氏声，字叔沄。歙县程氏瑶田，字易畴。曲阜孔氏广森，字㧑仲。歙县金氏榜，字辅之。嘉定钱氏大昕，字晓征。偃师武氏亿，字虚谷。余姚卢氏文弨，字召弓。余姚邵氏晋涵，字二云。兴化任氏大椿，字幼植。江都汪氏中，字容甫。宝应刘氏台拱，字端临。嘉定钱氏塘，字岳原。嘉定谢氏墉，字金圃。镇洋毕氏沅，字秋帆。仁和赵氏佑，字鹿泉。通州王氏坦，字吉途。金坛段氏玉裁，字若膺。阳湖孙氏星衍，字渊如。歙县凌氏廷堪，字仲子。海宁周氏广业，字耕厓。溧阳周氏柄中，字烛斋。绩溪胡氏匡衷，字朴斋。钱塘翟氏灏，字晴川。萧山曹氏之升，字寅谷。长白都四德氏，字乾文。平湖周氏用锡，字晋园。海宁陈氏鳣，字仲鱼。甘泉钟氏怀，字保岐。武进臧氏庸，字在东。歙县汪氏莱，字孝婴。高邮王氏念孙，字怀祖。仪征阮氏元，字伯元。归安姚氏文田，字秋农。高邮王氏引之，字伯申。甘泉张氏宗泰，字登封。

先曾祖考讳源，先祖考讳镜，先考讳葱，世传王氏大名先生之学。循传家教，弱冠即好孟子书，立志为正义，以学他经，辍而不为，兹越三十许年。于丙子冬，与子廷琥，纂为孟子长编三十卷，越两岁乃完。戊寅十二月初七日，立定课程，次第为正义三十卷，至己卯秋七月草稿粗毕。间有鄙见，用“谨按”字别之。廷琥有所见，亦本范氏穀梁之例，录而存之。